MONUMENTA GERMANIAE HISTORICA

HILFSMITTEL

31

Shigeto Kikuchi

Herrschaft, Delegation und Kommunikation in der Karolingerzeit

Untersuchungen zu den Missi dominici (751–888)

Teil 2

2021

Harrassowitz Verlag · Wiesbaden

Shigeto Kikuchi

Herrschaft, Delegation und Kommunikation in der Karolingerzeit

Untersuchungen zu den Missi dominici (751–888)

Teil 2

2021
Harrassowitz Verlag · Wiesbaden

Bibliographische Information der Deutschen Nationalbibliothek
Die Deutsche Nationalbibliothek verzeichnet diese Publikation
in der Deutschen Nationalbibliografie; detaillierte bibliografische Daten
sind im Internet über https://dnb.de abrufbar.

Bibliographic information published by the Deutsche Nationalbibliothek
The Deutsche Nationalbibliothek lists this publication
in the Deutsche Nationalbibliografie; detailed bibliographic data
are available in the Internet at https://dnb.de.

Gedruckt auf alterungsbeständigem Papier
Satz: Dr. Anton Thanner, Weihungszell
Druck und Verarbeitung: Hubert & Co, Göttingen
Printed in Germany
ISBN 978-3-447-11180-5 (Teil 2)
ISSN 0343-1266

Inhaltsverzeichnis

[Teil 2]

Prosopographie der Missi dominici (751–887/888)

Vorbemerkungen

Diese Prosopographie hat zwei Zwecke. Zum einen ist beabsichtigt, eine Lücke im grundlegenden Werk Krauses zu füllen: Obwohl er mit den damals verfügbaren Quellenmaterialen die Namen aller Missi sowie Zeit, Art, Ort und Zweck ihrer Legation auflistete, war „die Thätigkeit der Missi im Einzelnen [...] einer besonderen Darstellung vorbehalten“[1]. Außerdem waren einige Missi ihm noch unbekannt. Also ist es sinnvoll, hier aufgrund der heutigen Quellenlage alle Missi und ihre Tätigkeit im Einzelnen darzustellen. Zum anderen bezweckt diese Prosopographie, einzelne Legationen in die politische Karriere des Beauftragten einzuordnen.

Die einzelnen Einträge sind folgendermaßen aufgebaut:

– Der Name eines Missus in der gängigen oder modernen (in der Regel deutschen) Form steht sowohl in der Rubrik als auch in den Texten immer in Majuskeln.

– Die lateinischen Formen des Namens stehen in der Rubrik in Klammern. Dabei führe ich nur die onomastischen Varianten an, die ich in den zitierten Texten gefunden habe. Eine namenkundliche Untersuchung ist hier nicht beabsichtigt.

– Der Rubrik folgt eine Angabe über Amt/Ämter, das/die der betreffende Missus innehatte, dann die nachweisbare Zeitdauer seiner Tätigkeit in Klammern.

– Unter dem Lemma „TÄTIGKEIT ALS KÖNIGSBOTE“ werden einzelne Tätigkeiten als Missus dominicus chronologisch (mit den Zeitangaben: Jahr. Monat. Tag.) dargestellt. In den Fällen, in denen die betreffenden Personen von einem Herrscher mit einem Auftrag, der mit dem eines Missus gut vergleichbar ist, „ausgesandt“ wurden, während sie in den Quellen nicht als *missus* oder *legatus* bezeichnet wurden, zeichne ich die Namen der vermutlichen Missi oder die betreffenden Tätigkeiten mit Sternchen (*) aus. Die Heerführer werden in der Regel nur dann in die Prosopographie aufgenommen, wenn sie in den Quellen mit einem *missus/legatus*-Titel bezeichnet wurden[2]. Zudem ist auch ein diplomatischer Auftrag in Betracht zu ziehen: Ausgeschlossen werden doch in der Regel solche namentlich bekannten

---

1) KRAUSE S. 197, Anm. 1.

2) Siehe oben Kapitel 3 § 2.

Personen, die zwar nach Rom zum Papst ausgesandt wurden, aber nur Briefe und/oder mündliche Botschaften überbrachten[3].

– Unter dem Lemma „KURZBIOGRAPHIE“ wird keine vollständige Lebensbeschreibung gegeben. Berücksichtigt sind hauptsächlich Herkunft, verwandtschaftliche Beziehungen, Beziehungen zu den Herrschern sowie mit Kollegen und Karrieren (in der Regel bis 888).

– Unter den anonymen Königsboten werden die zur innenpolitischen Verwaltung herangezogenen Königsboten aufgenommen. Die diplomatischen Gesandtschaften und die einfachen Boten werden hingegen ausgeschlossen.

3) Zu solchen Gesandten vgl. die prosopographischen Studien von HACK, Codex Carolinus 2 S. 987–1028.

AARON (Aaron)

Priester, Mönch (817–818)

TÄTIGKEIT ALS KÖNIGSBOTE:

817–818: *nuntius* Ludwigs des Frommen in Fulda mit ADALFRID (= KRAUSE II 64)

Brun Candidus berichtet in seiner Vita Aegil über eine kaiserliche Legation in Fulda nach dem Rücktritt des Abtes Ratgar (817)[4], der mit seinen Mönchen in Konflikt geraten war. In dieser Notlage des Klosters sandte Kaiser Ludwig AARON und ADALFRID mit ihren Kollegen (alle waren „Mönche aus dem Westen"). Nach einer geraumen Zeit des friedlichen Zusammenlebens beraten sich die Fuldaer Mönche mit den beiden *nuntii* und ihren Gefährten. Sie schickten ADALFRID und einige Mönche an den Hof zurück, um beim Kaiser die Genehmigung zur freien Abtswahl zu erwirken, während AARON in Fulda blieb[5].

---

4) AF a. 817 S. 20 f. Zu diesem Aufruhr in Fulda vgl. SEMMLER, Studien zum Supplex Libellus S. 290–292. In einer noch breiteren Perspektive, PATZOLD, Konflikte im Kloster Fulda zur Zeit der Karolinger.

5) Vita Aegil, Lib. 1, cc. 3,3–4,4 S. 5 f.: *Quo [*= Abt Ratgar*] iam decedente ob quandam discordiam, quam seminauerunt inter eum et fratres illius membra capitis omnium iurgiorum, surrexit statim cura et auxilium circa nos Hluduuici, serenissimi augusti. Cuius etiam cor nostra miseria adeo commouerat, ut diceret se tantum doloris numquam expertum excepto eo, qui ei acciderat ex morte beatae memoriae Karoli, genitoris sui. Hic igitur misit nuntios suos, Aaron et Adalfridum, cum sociis ipsorum, monachos scilicet occidentales, qui nos in temptatione temporalis miseriae consolando subleuarent et, si quae de regulae institutis apud nos aut incaepta aut dilapsa fuissent, fraterna dilectione praemonendo corrigerent. Eramus quidem multo tempore in coenobio degentes uitam quietam sub eorum magisterio addito praeposito et decanis ab eisdem constitutis. Postmodum namque congregatio fratrum inito consilio cum Aaron et sociis eius miserunt Adalfridum, unum ex eis, uirum, ut nobis uidebatur, bene morigeratum, et cum eo fratres nostros ad imperatoris clementiam, si forte dignaretur quid indignis de abbatis electione praemonstrare. Quibus sane clementer susceptis electionem concessit et, ut esset eadem electio secundum regulae auctoritatem, satis euidenter edocuit saepe commemorans austeritatem indiscreti pastoris. Cum autem reuersa esset haec eadem legatio et intrasset monasterium Fuldam, congregatis fratribus imperatoris mandatum exposuit hoc modo: „Fratres, Hluduuicus, serenus augustus, remandauit uobis salutem. Electionem uero, quam petistis, hilari uultu perdonauit. Insuper etiam hoc frequenti admonitione repetiuit, ut hunc talem, si quis sit, in hoc opus eligatis, qui uobis secundum Deum et sanctae regulae auctoritatem uelit esse pater et possit." His autem fratres auditis sermonibus proni adorauerunt gratias agentes imperatori. Postea uero a senioribus persuasum est cunctae congregationi, ut hoc negotium pre-*

Nachdem Eigil zum neuen Abt gewählt worden war, ging AARON mit ihm gemeinsam zum Kaiser zurück[6].

Obwohl man diesen missatischen Auftrag im Kontext der schon seit einigen Jahren wiederholten kaiserlichen Interventionen betrachten sollte, dürfte diese Legation zur reichsweiten Aussendung der monastischen Missi von 817[7] in Beziehung stehen[8], denn die beiden Missi wurden mit der Kontrolle des Lebens der Mönche und der Durchführung der „anianischen“ Reform beauftragt[9].

KURZBIOGRAPHIE[10]:

Brun Candidus zufolge kam AARON „aus dem Westen“, aber es ist schwierig, seine genauere Herkunft zu ermitteln. Die Forschung hat dazu bisher zwei Möglichkeiten vorgeschlagen. Die erste ist die von Jean Mabillon vorgeschlagene Identifizierung mit einem gleichnamigen Mönch in Bèze[11]. „Diese Gleichsetzung läßt sich weder beweisen noch gänzlich ablehnen“, meinte Josef Semmler und schlug die zweite Möglichkeit vor, dass AARON und ADALFRID „der Mönchsgruppe angehört haben [könnten], die Benedikt von Aniane aus Aniane nach Maursmünster verpflanzte und die er z. T. auch in Cornelimünster ansiedelte“[12]. Aber auch Semmlers Vermutung basiert nicht auf einer konkreten Quellenaussage[13]. Über die Person von AARON wissen wir sonst nur, dass er Priester war[14].

---

cibus altis Dei dispositioni commendare studerent et inuicem conloquendo et disputando semper ad eius referre uoluntatem.

6) Vita Aegil, Lib. 1, c. 9,1 S. 9.

7) Siehe die anonymen Missi „817. 9. b“ in der Prosopographie.

8) DEPREUX, Prosopographie S. 67. Im Gegensatz zu Depreux kann ich allerdings diese beiden Missi nicht im Zusammenhang mit den vom Astronomus (Astronomus c. 28) erwähnten Missi betrachten, weil dessen Beschreibung der Aussendung der Missi vielmehr zu 816 zu gehören scheint.

9) Zur von diesen Missi durchgeführten „anianischen“ Reform vgl. SEMMLER, Studien zum Supplex Libellus, bes. S. 294 f.; RAAIJMAKERS, Sacred time S. 67 f. und 145; RAAIJMAKERS, The making of the monastic community S. 130 f.

10) Literatur: DEPREUX, Prosopographie S. 67 f.

11) In den beiden überlieferten Listen der Mönche von Bèze sind jeweils zwei *Aaron mon.* eingetragen. OEXLE, Forschungen S. 69, g–4 und 9 sowie h–2 und 4. Zuerst bemerkte dies MABILLON, Annales S. 414. Ihm folgt Georg WAITZ, in: MGH SS 15,1 S. 223 Anm. 4.

12) SEMMLER, Studien zum Supplex Libellus S. 294 Anm. 224.

13) Zu den beiden Identifikationsversuchen vgl. OEXLE, Forschungen S. 74 f.

14) Vita Aegil, Lib. 1 c. 9,1 S. 9.

ABBO (Abbo)

Abt (853)

TÄTIGKEIT ALS KÖNIGSBOTE:

853. 11.: *missus* Karls des Kahlen in den Grafschaften Milos und ISEMBARDs (II) (d. h. in Autun, Mâcon, Dijon, Chalon-sur-Saône und Attuyer), Tonnerre, Beaune, Duesme und den Grafschaften Attelas und Romolds mit THEUTBALD, JONAS (II), ISEMBARD (II) und DADDO (= KRAUSE I 147)

ABBO war einer der Missi im burgundischen Missaticum um Autun und Langres, die im Herbst 853 mit einem Kapitular ausgesandt wurden[15].

KURZBIOGRAPHIE:

Er ist nicht zu identifizieren.

ACBERTUS (Acbertus)

Missus (791)

TÄTIGKEIT ALS KÖNIGSBOTE:

791. 8. 14.: *missus* Karls des Großen in *Vemundinga palatio publico* mit GODEBERTUS (= KRAUSE I 12)

Vor den königlichen Missi ACBERTUS und GODEBERTUS wurde der Streit zwischen dem Abt Ratbertus von St-Germain-des-Prés und dem Grafen Autbertus über einen Wald vom *Mons Adraldus* im Gau von Melun, in der Nähe von Marolles, gerichtlich entschieden, wobei der Abt klagte, dass der Graf zu Unrecht den Wald okkupiert hätte, den früher die Nibelungen, d. h. Großvater und Vater von HILDEBRAND (I), besessen hatten und den dann Karl der Große dem Kloster geschenkt habe[16]. Man muss die Vorgeschichte

15) MGH Capit. 2 Nr. 260 S. 276: *Missi autem et pagi per missaticos qualiter fuerunt tunc ordinati [...] 11. Teutboldus episcopus, Ionas episcopus, Isembardus et Abbo abba, Daddo missi in comitatibus Milonis et in comitatibus Isembardi, Augustuduno scilicet, Matisconense, Divionense, Cavillone, Hatuariis et in Tornedriso et in Belniso et in Dusmiso, comitatu Attelae et in comitatu Romoldi.*

16) Urk. St-Germain-des-Prés Nr. 22 S. 35 f. = ChLA 16 Nr. 633 (*Uemundinga*, 791. 8. 14.) S. 78–81, hier S. 78 und 80: *Notitia qualiter inter magnificum uirum Ratbertum, abbatem de monasterio sancti Uincentii et sancti Germani et inter inlustrem uirum, Autbertum, comitem, orta fuit intentio. Sed ueniens Ratbertus, abba, racemburgo, palatio publico, in uilla nuncupante Uemundinga, ante Acbertum et Godebertum, missos domni regis Karoli, uel ante presentiam bonorum hominum, qui ibidem aderant, interpellauit aliquem hominem nomine Autbertum comitem r[....]b[..] aduersus eum, eo quod siluam aliquam in pago Milidunense,*

dieses Streits in Betracht ziehen. Die in dieser missatischen Notitia erwähnte Schenkung Karls an das Kloster ist nachzuweisen in einer Urkunde vom 5. November 786 an das Kloster: Karl schenkte dem Kloster die „Villa" (nicht den Wald) Marolles (*villa Madriolas*), ohne die Familie der Nibelungen zu erwähnen, obwohl Graf Autbertus laut dieser Herrscherurkunde bis dahin die Villa als *beneficium* innegehabt hatte[17]. Autbertus dürfte wahrscheinlich mit dieser herrscherlichen Wohltat für das Kloster unzufrieden gewesen sein und deswegen versucht haben, dieses *beneficium* weiter zu behalten. Sowohl wegen der Dauer des Konflikts als auch der ehemaligen Zugehörigkeit des betreffenden Waldes zum Fiskus dürfte die Intervention der missatischen Gerichtsbarkeit nötig geworden sein.

KURZBIOGRAPHIE[18]:

Außer dieser Urkunde ist über ihn nichts bekannt[19].

---

in loco nuncupante Monte Adraldo, quam domnus rex Karolus in sua elemosina ad partem sancti Germani condonauit, ipsam siluam Autbertus, comes, post se malo ordine retineret iniuste uel indebite. Propter hoc quia Hildebrandus, comes, et filius suus Neuelongus ad ipsas Madriolas uisi fuissent tenuisse, tunc ipse Ratbertus, abba, tales testes habuit qui hoc testimoniauerunt [...] quod Autbertus, comes, neque in eodem loco, id est in Monte Adraldo, neque prope Madriolas, neque in ullo alio aliquo loco nullam portionem de silua nec de grossa nec de minuta habere deberet, sed potestas sancti Germani tenere et rectores ipsius monasterii atque fratres per largitionem seu concessionem domni Karoli, regis. Unde et Autbertus, comes, ante ipsos missos domni regis jam superius comprehensos ipsam siluam [...] cum suo vuadio potestatem sancti Germani [...] visus fuit revestisse. Dazu vgl. GANZ, Temptabat S. 13. MERSIOWSKY, Die Urkunde in der Karolingerzeit S. 536 Anm. 535, hat Zweifel daran, ob die *signa* der sieben *testes* in dieser originalen Urkunde jeweils eigenhändig sind.

17) D KdG 154 (Worms, 786. 11. 5.: teilweise interpoliert) S. 208 f. Aber nach Levillain können wir Autbertus weder als Graf von Melun noch als Verwandten der Nibelungen ansehen. LEVILLAIN, Nibelungen 1 S. 343–345.

18) Literatur: HENNEBICQUE-LE JAN, Prosopographica S. 239.

19) Ich halte es nicht für völlig unmöglich, ihn mit dem Grafen Egbert zu identifizieren, der 809–810 mit den sächsischen Grafen auf Befehl Karls jenseits der Elbe einen Ort „Esesfelth" besetzte und dort eine Befestigung baute. 811 war dieser Egbert als einer der 12 fränkischen Grafen beim Friedensschluss mit den Dänen anwesend. Dazu siehe die anonymen Missi „813. 9.*" in der Prosopographie. Zu Egbert vgl. ABEL/SIMSON 2 S. 412 f. mit Anm. 2 und S. 467; SCHULZE, Die Grafschaftsverfassung S. 292 Zu Esesfelth als „Reichsburg" vgl. SCHULZE, Die Grafschaftsverfassung S. 289 mit Anm. 107.

ADALBERT (I) (Adalbertus)

Missus (782)

TÄTIGKEIT ALS KÖNIGSBOTE:

782. 6. 3.: *missus* Karls des Großen in Narbonne mit GUALTARIUS, FULCO (I) und GIBUINUS (= KRAUSE I 5)

ADALBERT war einer der Vorsitzenden der Verhandlung über den Güterstreit zwischen der Kirche von Narbonne und dem Grafen Milo[20]. Neben den königlichen Missi waren zwei königliche Vasallen

---

20) Urk. Languedoc Nr. 6 (Narbonne, 782. 6. 3.) Sp. 47–50: *Daniel episcopo peregre profectus, remansit causilicus Arluinus. Igitur nunc in Dei nomine haec est noticia tradictionis judicius. Cumque residerent missi gloriosissimo atque scellentissimo dompno nostro Carolo rege Francorum in Narbona civitate, die Martis, per multorum altercationes audiendas et rectis negociis terminando, et per ordinatione de suos missos, id est Gualtario, Adalberto, Fulcone et Gibuino, et vassis dominicis, id sunt Rodestagnus et Abundancius; et judices, qui jussi sunt causas dirimere et legibus difinire, id est [...* 6 Namen*]; et aliorum bonorum ominum qui ibidem aderant, id est [...* 14 Namen*]; in eorum judicio vel presentia quos causas fecit esse presentes. Cumque ibidem residerent prescripti missi et judices vel plures bonis hominibus in Narbona civitate, ad rectas justicias terminandas et causarum exordias dirimendas, in eorum presentia ibique in supradictorum juditio veniens homo, nomine Arluinus, qui est assertor vel causilicus et mandatarius de Danielo archiepiscopo, et per ordinatione de dompno et regi nostro Carulo rege, et dixit: »jubete me audire cum isto presente Milone comite, qui tales villas, qui sunt in pago Narbonense, de causa aecclesiarum Sanctorum Justi et Pastoris, et Sancti Pauli, et Sancti Stephani; isto Milo comis eas retinet malum ordinem injuste. Haec sunt nomina de ipsas villas [...] Omnia et in omnibus quantum ibidem retinebat jam prescriptus archiepiscopus, per causa aecclesiarum Sanctorum Justi et Pastoris, et Sancti Pauli et Sancti Stephani, quod ego jamdictus Arluinus, qui sum asertor vel causilicus et mandatarius de jamdicto archiepiscopo Danielo, hoc adprobavi per series condiciones, quod iste Milo comis retinet ipsas villas malum ordinem injuste, et invasit de potestate de isto jam dicto archiepiscopo, cujus ego mandatarius sum.« A tunc nos missi, vassi dominici, et judices interrogavimus jamdicto Milone comite: »Qui respondis ad isto Arloyno, qui est mandatarius de jamdicto archiepiscopo de ac causa.« Tunc Milo comis in suum responsum dixit: »Ipsas villas senior meus Karolus rex michi eas dedit ad benefitio.« A tunc ipsi missi et judices et vassi dominici interrogaverunt Milone comite, si potebat abere condictiones, aut recogniciones, aut judicium, aut testes, pro quibus ipsas villas partibus suis retinere debeat; tunc Milo comis dixit: »Non habeo nullum judicium veritatis, nec nulla testimonia pro quibus ipsas villas partibus meis vindicare debeam, nec in isto placito, nec in alio, nec in tercio, nec nulloque tempore.« A tunc prefati missi, vassi dominici, et judices interroganverunt Arloyno, qui est assertor vel causilicus et mandatarius de jamdicto Danielo archiepiscopo, si potebat abere tale testimonia, pro quibus hoc quod dice-*

anwesend[21]. Nicht übersehen werden darf, dass Bischof Daniel von Narbonne zum Zeitpunkt des Prozesses nicht in seinem Bistum war. Während Jürgen Hannig ihn auf seiner Pilgerreise nach Jerusalem sieht[22], vermuten Elisabeth Magnou-Nortier und Shoichi Sato, dass er noch auf dem Rückweg vom Hof war, nachdem er sich beim König über Milo beschwert hatte[23]. Jedenfalls ist seine Abwesenheit merk-

---

bat super Milone comite hoc legibus aprovare potuisset: et tunc aseruit Arloynus, et dixit: »Sic habeo unde ad ipsa ora per judicio de supradictos missos, vassis dominicis, ac judices.« Arloynus mandatarius suam agramivit testimonia. Nuper veniens Arloynus a suam placitum quod arramitum abuit, et ibidem sua testimonia protulit bonos omines idoneos, his nominibus [... 13 Personen*], qui sic testificaverunt in supradictorum judicio, in facie Milone comite, et serie condiciones; hoc juraverunt in aecclesia Sanctae Mariae, qui sita est infra muros civitatis Narbona: »Quia nos supranominati testes scimus, et bene in veritate nobis cognitum manet, et vidimus ipsas villas superius scriptas cum fines et termines vel ajacencias, que ad ipsas villas pertinet, habentes et dominantem ad Danielo archiepiscopo, cujus iste Arloynus asertor, causilicus et mandatarius est, per causa aecclesiarum Sanctorum Justi et Pastoris, et Sancti Pauli, et Sancti Stephani; nam et nos [*13 Personen*] vidimus jamdictas villas cum illorum fines et termines, abentes et dominantem Danielo archiepiscopo, cujus iste Arloynus assertor et causilicus et mandatarius est, ab integre.« Et cum nos praefati missi, vassi dominici et judices videntes talem adprovationem de Arloyno assertore, causilico et mandatario Daniero archiepiscopo, et post tanta rei veritatem bene cognovimus, altercavimus inter nos ante prescriptos missos, vassis dominicis, et judices, vel plures bonis hominibus qui misso judicio residebant, et ordinavimus Milone comite, ut de ipsas villas se exigere fecisset, et Arloyno asertore, causilico et mandatario Danielo archiepiscopo, per suum sagonem revestire fecisset, sicut et fecit. Et congaudeat se Arloynus assertor, causilicus et mandatarius Danielo archiepiscopo in nostro judicio suam percepisset clara justicia. [...] S. Milo comis, qui hanc notitiam tradictionis, judicii et evacuationis feci et firmare rogavi bonis hominibus.* [... Unterschrift der Judices und Boni homines, aber ohne Unterschrift der Missi].

21) Einer der Vasallen war Rodestagnus, der wahrscheinlich später ab 801 als Graf von Gerona nachgewiesen ist. AUZIAS, L'Aquitaine S. 26 f.; SATO, Narbonne S. 123.

22) Ohne Quellenangabe. Vielleicht zitierte er den in ABEL/SIMSON 1 S. 438 Anm. 4, gefundenen Satz: *Danielo episcopo Jerosolymam profecto*. Aber das in der 1. Ausgabe von „Histoire de Languedoc" gedruckte Wort *jerosolymam* wurde in der 2. Auflage zu *peregre* korrigiert. Siehe oben.

23) Zu dieser Gerichtsurkunde vgl. ABEL/SIMSON 1 S. 438 f.; MAGNOU-NORTIER, Narbonne S. 66 und 363 f.; NEHLSEN VON STRYK, Die boni homines S. 111–137 mit anderen septimanisch-katalanischen Gerichtsurkunden; HANNIG, Pauperiores vassi S. 328; SATO, Narbonne.

würdig, zumal die Sachlage wegen der enormen Anzahl der völlig oder teils „usurpierten“ *villae* (54 an der Zahl) bedenklich war. Den Prozess gewann trotzdem die Partei der Narbonner Kirche, denn Graf Milo konnte nicht beweisen, dass er die Güter als Benefizien von Karl bekommen hatte.

KURZBIOGRAPHIE:

ADALBERT (I) ist schwer zu identifizieren. Hannigs Versuch der Identifikation scheint fehl zu gehen, weil er statt Adalbert fälschlicherweise Adalhart gesucht hat[24]. Wie Walther Kienast bemerkt[25], hat der Notar dieser Urkunde denselben Namen *Adalbertus*. Ob diese beiden *Adalberti* miteinander verwandt und in der Gegend von Narbonne einheimisch waren, ist unsicher. Bemerkenswert ist Philippe Depreux' Befund, dass ein *Adalbertus* am 3. August 794 in Jouac eine Königsurkunde Ludwigs des Frommen unterschrieb[26]. Depreux vermutet, dass dieser Adalbertus mit dem gleichnamigen Adalbert, der 820 in Quierzy nachweisbar war, identisch sein kann[27]. Wenn diese Karriere des Adalbertus' in Ludwigs Umgebung richtig rekonstruiert ist, dann dürfte es nicht völlig undenkbar sein, dass er schon 782 im Auftrag des karolingischen Herrschers im Süden des Reiches tätig war, d. h. mit unserem ADALBERT identisch ist. Wenn auch alle diese Versuche der Identifizierung unsicher sind, darf man doch vermuten, dass ADALBERT im Umkreis von Narbonne seinen Machtbereich hatte. Wenn er wegen der Beschwerde des Bischofs Daniel vom Hof aus nach Narbonne ausgeschickt worden wäre, ist es schwer zu klären, warum er (und seine missatischen Kollegen) Daniel nicht begleitete(n). Ein königliches Mandat mit der missatischen Beauftragung wurde ihm vielleicht durch einen Schnellboten zugestellt.

ADALBERT (II) (Adalbertus)

Seneschall, Graf von Metz (816 – †841. 5. 13.)

TÄTIGKEIT ALS KÖNIGSBOTE:

1) 816, vor November: *missus* Ludwigs des Frommen in der Nähe von Prüm (Rommersheim usw.) (= KRAUSE II 58)

ADALBERT wurde mit der Inquisition beim Streit zwischen den Mönchen von Prüm und den fiskalischen Leuten von Thommen

24) HANNIG, Pauperiores vassi S. 329 f.

25) KIENAST, Vasallität S. 181 Anm. 567.

26) BM² 516; UB Nouaillé Nr. 6 S. 9 f. = ChLA 19 Nr. 681 S. 36 f. = D LdF 1 (Jouac, 794. 8. 3.) S. 1–5, hier S. 4.

27) DEPREUX, Prosopographie S. 69: Adalbert (I).

beauftragt. Durch seine Inquisition wurde die Berechtigung der Beschwerde der Prümer Mönche gegen die widerrechtliche Aneignung eines Waldes durch die königlichen *servi* bestätigt. Aufgrund seines Berichts schickte dann der Kaiser einen zweiten Missus namens WITHAR zur Grenzbestätigung ab[28].

2) 825. 8.: *missus* Ludwigs des Frommen in der Kirchenprovinz Trier mit HETTI (= KRAUSE I 89)

Er war Missus neben HETTI in dessen Kirchenprovinz[29].

3) Ende 825: *missus* Ludwigs des Frommen in Remiremont (Kirchenprovinz Trier) mit HETTI (= KRAUSE I 97)

In der als Formular überlieferten Urkunde Ludwigs des Frommen werden ADALBERT und HETTI als *missi* bezeichnet. Sie hörten eine Klage eines gewissen Ingilbertus über die widerrechtliche Versklavung seiner Großmutter durch einen *actionarius* des Fiskus. Sie führten die Inquisition durch, aufgrund deren Ergebnisses der Kaiser seine Urkunde ausstellte[30].

4) 835: *legatus* Ludwigs des Frommen in Fulda (= –)

---

28) BM² 638; MRUB Nr. 51 S. 57 = D LdF 115 (Compiègne, 816. 11. 8.) S. 280–282, hier S. 281: ... *quia monachi ex monasterio, quod vocatur Prumia [...] adierunt serenitatem nostram retuleruntque, qualiter inter cęteras donationes quendam uualdum ibidem confirmasset. Dixerunt etiam, quod de eodem uualdo servi nostri ex fisco nostro, qui vocatur Tumbas, aliquam partem contra iustitiam occupassent. Nos quoque hęc audientes ilico missum nostrum nomine Adalbertum, siniscalcum videlicet nostrum, qui hoc per vęraces et meliores homines pagenses scilicet loci illius diligenter inquireret, utrum ita esset an non, misimus. At ille secundum quod illi iniunxeramus diligentissimam adhibens inquisitionem repperit, quod nostri servi aliquam partem ipsius uualdi iniuste ad partem nostram tenuissent. Sed dum hęc nobis relata forent, ut merces parentum nostrorum inviolabiliter conservaretur, misimus alium missum Uuitharium scilicet, ut* ...

29) MGH Capit. 1 Nr. 151 S. 308 = Ansegis 2, 25 S. 542: *In Treveris Hetti archiepiscopus et Adalbertus comes*...; Nr. 151, c. 2 S. 308 = Ansegis 2, 26 S. 545: *Commemoratio, quid ad praedictorum missorum legationem pertineat.*

30) Form. Imp. Nr. 9 S. 293: ... *quia quidam homo nomine Ingilbertus questus est coram missis nostris, Etti videlicet archiepiscopo et Adalberto comite, eo quod avia sua nomine Angelia ab Hildulfo actionario ad fiscum nostrum, qui vocatur Romaricus mons, iniuste ad servicium inclinata fuisset. Quae res dum ab eisdem missis et ceteris fidelibus nostris diligenter perscrutata et per homines bone fidei veraciter inquisita esset, inventum est, sicut iidem missi nobis renuntiaverunt, ita verum esse*; D LdF F 9 S. 1184.

ADALBERT wurde mit der Übermittlung des kaiserlichen Mandats an den Abt von Fulda beauftragt, um die Aufsicht über den gefangenen EBBO zu intensivieren[31].

Alle seine Legationen wurden in der mittelrheinischen Region geleistet.

KURZBIOGRAPHIE[32]:

ADALBERT (II) gehört zu den Hattonen. Als Seneschall nachweisbar ist er bei der Legation 1. Von Nithard wird er bald als Graf von Metz[33], bald als *dux Austrasiorum* bezeichnet[34]. Er nahm wahrscheinlich an der Reichsversammlung in Attigny vom November 834 teil[35], wobei der Kaiser ihm Güter im Wormsgau und Königssondergau schenkte[36]. Im Juni 838 nahm er an der Reichsversammlung in Nimwegen teil, dort ist er als Zeuge der Restitution eines Besitzes an das Kloster Fulda genannt[37]. 839–840 kämpfte er erfolgreich gegen Ludwig den Deutschen. ADALBERT ist vielleicht nachweisbar als Intervenient bei einer Urkundenausstellung Ludwigs des Frommen. Ludwig restituierte Bischof Aldrich von Le Mans und seiner Bischofskirche eine Villa im Pagus Chartres, die ADALBERT bisher als Beneficium innehatte. Die Herrscherurkunde wurde auf Bitte des *comes et consiliarius noster* ADALBERT ausgestellt[38]. Er starb 13. Mai 841[39].

31) Epistolarum Fuldensium fragmenta (13), in: MGH Epp. 5 S. 520: *(Ludovicus) Et captum illum [sc. Ebbonem] in Fuldense coenobium misit ac custodiri in carcere iussit eundemque, cum fama increbuisset, quod Lotharius eum conaretur in Italiam ad novas turbas evocare et quod ipse literas scriberet, quibus ecclesiam et rempublicam denuo perturbaret, praecepit abbati per Adalbertum legatum suum, ut eum diligentius et accuratius custodiret, ut patet ex epistolis abbatis ad Drogonem et ad Marquardum Prumiensem et ad Iuditham.*

32) Literatur: HLAWITSCHKA, Adalbert, Gf. v. Metz, in: Lex.MA 1 Sp. 97; DEPREUX, Prosopographie S. 69–72; INNES, State and society S. 205–208.

33) Nithard II c. 7 S. 68.

34) Nithard II c. 7 S. 70 und c. 9 S. 76.

35) BM² 931g.

36) BM² 932; Cod. dipl. Nassoicus Nr. 56 S. 23 f. = D LdF 343 (Attigny, 834. 11. 20.) S. 857 f.

37) BM² 977a; CD Fulda Nr. 513 (838. 6. 14.) S. 226 = D LdF Dep. 69 (Nimwegen, 838. 6. 14.) S. 1080 f.

38) BM² 973; Urk. Le Mans Nr. 51 (Aachen, 838. 4. 17.) S. 312 f. Diese Urkunde wird jedoch bei der Edition der Urkunden Ludwigs des Frommen zu Spuria gerechnet. D LdF †381 S. 950–952.

39) AF a. 841 S. 32.

Philippe Depreux lehnt die Identifikation dieses ADALBERT mit einem Stallgrafen *Adalbertus*[40] wegen der unglaublichen „Degradierung“ vom Seneschall zum Stallgrafen ab[41]. Andererseits soll es im Gegensatz zu Depreux' Darstellung[42] offen bleiben, ob ein *fidelis vassallus noster Adalbertus*, der am 4. Oktober 832 als Belohnung für seinen treuen Dienst eine Villa Fontanas im Pagus von Toulouse aus dem Königsgut erhielt[43], mit unserem ADALBERT (II) identisch ist, wenn dieser 832 schon Graf war[44]. Andererseits ist es nicht unmöglich, in diesem Vasallen einen Verwandten ADALBERTs (I) zu sehen, der ebenfalls in Septimanien tätig war.

ADALBERT (III) (Adalbertus, Adelbertus, Adelbert, Adelvertus)

Markgraf von Tuszien (847–886)

TÄTIGKEIT ALS KÖNIGSBOTE:

1) 847/848: *missus* Lothars I. in Süditalien mit WIDO (III) (= KRAUSE II 137)

ADALBERT wurde auf der 847 in der Francia abgehaltenen Reichsversammlung zum Heerführer gegen die Sarazenen in Süditalien ernannt[45]. Dieser Kriegszug dürfte erst 848 eingeleitet worden sein[46].

2) (852. 10. –) 853. 4.: *missus* Ludwigs II. von Italien in Lucca mit JOHANNES (IV) und GAUSBERT (= KRAUSE I 170)

Die von den kaiserlichen Missi Bischof JOHANNES von Pisa, Markgraf ADALBERT von Tuszien sowie GAUSBERT geleitete Gerichtssitzung verhandelte den Streit zwischen Bischof Jeremias von Lucca und dem Presbyter Bellisarius über den verpachteten Kirchenbesitz von Lucca. Während der Sitzung legte Bischof Jeremias ein Mandat des Kaisers vor, das diesbezüglich schon im Oktober 852 ausgestellt worden war, damit die Missi durch das Inquisitionsverfahren für die Rückerstattung der dem Bistum Lucca in Tuszien und in der Romania entfremdeten Güter sorgten. Warum die Sitzung in

---

40) Trad. Weissenburg Nr. 69 (Quierzy, 820. 9. 2.), hier S. 271.

41) DEPREUX, Prosopographie S. 69.

42) DEPREUX, Prosopographie S. 71.

43) BM² 907; Recueil des chartes de l'abbaye de La Grasse Nr. 11 S. 18 = D LdF 317 (Jouac, 832. 10. 4.) S. 785–787.

44) Zur Problematik vgl. DEUTINGER, Königsherrschaft S. 75–90 (S. 89 zu ADALBERT).

45) MGH Conc. 3 Nr. 12 S. 139: *In secunda scara sunt missi: Wito et Adalbertus.*

46) Dazu ZIELINSKI, Italienzug.

Lucca aber erst nach mehreren Monaten stattfand, ist nicht klar. Jedoch wurde nach der Vorlage dieses Mandats das Inquisitionsverfahren eingeleitet. Der Fall wurde nach der Vorlage des zweiten Mandats Ludwigs, gerichtet an alle Getreuen der Bischofskirche von Lucca, zugunsten dieser Kirche entschieden[47].

47) MANARESI Nr. 57 S. 198–205 = ChLA 80 Nr. 26 (Lucca, 853. 4.) S. 92–99, hier S. 93–95: *Dum a precelsa potestatem domni nostri Hludovici magni imperatori directi fuissent Iohannem, venerabilem sancte Pisensis Ecclesie episcopus, necnon et Adalbertum marhionem seu Gausbertum vassum et ministrum, missos ipsius imperialis potestatem, et coniunti fuissent hic civitate Lucha, curte videlicet ducale, et resedissent in iudicio in sala illa terrestile cum ipsis et nos Rachimbaldo schabinus Florentinensis urbem, Ardo, Adalberto, Chunimundo, Gherimundo, item Chunimundo et Andreas notariis et schabinis predicte Lucane civitati, ubi nobiscum aderant Eribrando, Teudimundo et Auriperto adque Sisimundo vassi domni imperatori, Vuidelgrimus gastaldius noster [... etc.], veneruntque ibi ante nos Hierremias, gratia Dei humilimus episcopus noster, una cum Teufridi, avocatus domui episcoporum ipsius sancti Martini, necnon, ex alia parte, Bellisarius presbiter una cum Leo avocato suo, Samuel et Ansualdo germani, filii quondam Anspaldi clerici, abendum inter se altercationem. Dicendum nobis ipse Teufridi avocato [...] Dictum hoc, fecimus nobis libellum ipsum legi. Contenebatur in eum, inter ceteros sermones, qualiter [...] Libellum ipsum relectum, interrogavimus iamdicto Ansualdo si [...] Refertum hoc, tunc ipse domnus Hieremias episcopus optulit brevem unum ubi contenebatur, itner ceteros sermones, qualiter domnus Hludovuicus, gratja Dei imperator augustus, invictissimi domni imperatoris Hlotthari filius, omnibus fidelibus suis notum esse volebat quia Iohannem venerabilem episcopum et Adalbertum dilectum marhionem suum necnon Gausbertum vassum et ministros suos missos suos constitutos abuisset, ut quicquit ex episcopatum Lucense apstractum invenissent, tam Tuscie partibus quamque Romanie, diligentissime sup sacramento per inquisitjonem investigare studissent adque secundum ipsam inquisitjonem difinissent; si vero aliqua orta fuisset comteptjo, que deliberare ibi menime potuissent, sub vuadia firmisque fidiussoribus hoc ante suam venire fecisset presentja, precipientes vero iamdictis missis suis ut ita per omnia ipsam iussionem suam adimplere decertassent, sicuti gratjam suam abere cupiissent; et ut hoc certjus credidisset de anulo suo supter iusserat sigellari. Brevem ipsum relectum, dicebat ipse Teufridi eorumdem Iohanni episcopi, Adalberti et Gausberti, missi domni imperatori: „Certe, si vos vultis ipsa inquisitjo facere, sicuti domnus imperator vobis mandavit, nunc certa invenitis veritas quomodo eclesis, casis et rebus ipsis peiorate sunt“. Tunc ipsi missi domni imperatori de nominati hominibus [...] suas fecerunt venire presentja, qui hoc sciebant et unusquisque eis iurare fecerunt a Dei euvangelia ut quicquit exinde sciret certa in omnibus eis dicere veritate [...] Post tec igitur inquisitjo facta et sagramenta deducta et invenissent ipsi missi domni imperatori quod ecclesiis ipsis peioratis essent, interrogaverunt iamdictis Bellisari-*

3) 855 Ende August/Anfang September: *missus* Ludwigs II. von Italien in Rom mit BERNHARD (I) und den anderen, anonymen Missi (= KRAUSE II 145)

Anlässlich der Wahl des neuen Papstes schickte Kaiser Ludwig seine Missi einschließlich der zwei namentlich genannten Grafen, ADALBERT und BERNHARD (I). Sie versuchten zunächst, einen Kandidaten der kaiserlichen Partei in Rom, ANASTASIUS, zu unterstützen, stimmten aber schließlich der Weihe des von römischen Klerus gewählten Papstes Benedikt III. zu[48].

4) 871, vor 12. 18.: *missus* Ludwigs II. von Italien in Lucca mit OSCHISUS, PLATO, ANDREAS (III), HILDEBRAND (III) und UBALD (= KRAUSE II 167)

Auf Bitte des Bischofs Gerhard von Lucca setzte Ludwig sechs Personen als Missi ein, damit sie im Bezug auf die entfremdeten Kirchengüter von Lucca das Inquisitionsverfahren durchführen konnten[49].

---

us presbiter [etc.] si [...] Professio hac facta, recolentis nobis in unum suprascriptis iudicibus, paruit nobis recte, una cum reliqui nobiscum ibi adesentibus, et inventa causa invenimus quod eclesis ipsis peiorati essent; ita iudicavimus et vuadia dare fecimus ipsum Samuel et Leo avocato iamdicti Bellsarii presbiteri [...] Et dum talia hec omnia ab ordine factum fuisset, tunc optulit iamfato domnus Hieremias episcopus preceptum unum a domno piissimo Hludovuicus imperator facto ubi legitur et nobis ostenso, quas ipsi missi domni imperatoris legi fecerunt, ubi contenebatur [... ein vollständiges Zitat des Mandats *...] Preceptum ipsum relectum, tunc ipsi missi domni imperatoris mandaverunt nobis ut quicquit exinde nobis rectum apparuisset, eidem Hieremie, a parte ipsius episcopatui Sancti Martini, renuntjassimus...* [Ohne Unterschriften der Missi]. Vgl. BZ 105. Das Mandat bezüglich der missatischen Inquisition ist D L II. It 7 S. 78; BZ 93. Das Mandat an die Getreuen der Kirche von Lucca ist D L II. It 6 S. 76f.; BZ 92. Die beiden sind in dem Placitum überliefert.

48) Lib. Pont. CVI, Vita Benedicti III cc. 7–8, 2 S. 141–144, hier S. 141: *... adventumque missorum nuntiantes imperialium ...; Post aliquos quoque dies ipsi quos praenuntiaverunt missi Hortam, quae XL miliaria a Roma distat, properaverunt. Ex quibus in ea Adelvertus Bernardusque ingressi comites ...* Vgl. BZ 136 und 140; BH 338, 339, 342, 344, 348, 349, 351 und 353.

49) D L II. It. Nr. 55 (vor 871. 12. 18.) S. 174f., inseriert in: MANARESI Nr. 71, hier S. 258f. = ChLA 82 Nr. 42 (Lucca, 871. 12. 18.) S. 138–145, hier S. 140. Das vollständige Zitat findet sich bei OSCHISUS in der Prosopographie.

KURZBIOGRAPHIE[50]:

ADALBERT (III) ist in der Forschung bekannt als Herzog Adalbert I. von Lucca-Tuszien, wird aber in den Quellen bald als *comes*, bald als *dux*, bald als *marchio* bezeichnet. Daneben ist er im Liber Pontificalis als *tutor Corsicanae* bezeichnet[51]. Er erbte die Machtbasis seines Vaters, des Grafen BONIFACIUS II. von Lucca. Im Juni 847 hielt ADALBERT *inlustrissimo (sic!) dux* in Lucca zusammen mit Bischof Ambrosius von Lucca eine Gerichtsversammlung ab[52]. Um die Zeit seiner zweiten Legation wurde er von Kaiser Ludwig II. als Leiter des Klosters Monte Amiata eingesetzt[53]. Direkt nach der Legation von 853 stellte der Kaiser zwei Urkunden für dieses Kloster aus. Mit einer Urkunde bestätigte er auf Bitte von ADALBERT den Besitz des Klosters[54], während er mit einem anderen Mandat allen Bischöfen, Grafen und anderen Amtsträgern die vollständige Restitution der entfremdeten Klostergüter befahl[55]. ADALBERT dürfte zu den Magnaten zählen, die im Mai 856 zusammen mit dem Kaiser in Brescia waren und deren Namen in den Liber vitae des Klosters San Salvatore aufgenommen wurden[56]. Anlässlich des Besitztausches zwischen Erzpriester Aufrid und Bischof Jeremias von Lucca ordnete *dux* ADALBERT 867 seine *missi* zur Grenzfeststellung ab[57]. Nach-

50) Literatur: HOFMEISTER, Markgrafen S. 333–348; HLAWITSCHKA, Franken S. 99 f, bes. Anm. 3; SCHWARZMAIER, Lucca S. 51, 55, 172, 186, 276–278, 283 f. und 366; KÖLZER, Adalbert I., Mgf. v. Tuszien, in: Lex.MA 1 Sp. 96. In der Forschung werden ADALBERT (III) und ADALBERT (IV) getrennt behandelt.

51) Lib. Pont. CIIII, Vita Sergii II c. 44, 2 S. 99.

52) MANARESI Nr. 51 S. 169–173; ChLA 79 Nr. 21 (Lucca, 847. 6. 25.) S. 79–83; BZ 47.

53) BZ 107.

54) Zwei Urkunden vom 4. Juni 853 sind überliefert und scheinen original zu sein. Während Herbert Zielinski das Stück in Siena, Archivio di Stato, Diplomatico, S. Salvatore, casella 5 für echt hält (BZ 108; D L II. It †71 S. 205–208 = ChLA 63 Nr. ** S. 100–105 [als „originale?"]), ediert Konrad Wanner das andere Stück in derselben casella 5 als echte (aber verunechtete) Urkunde Ludwigs (BZ F109; D L II. It 11 (Pavia, 853. 6. 4.) S. 83–87 = ChLA 63 Nr. * S. 94–99 [als „presunto originale"]). In den beiden ist ADALBERT als Leiter des Klosters bezeichnet und der Kaiser bestätigt den Klosterbesitz.

55) BZ 111 (853. 7.?); D L II. It 12 (853) S. 87 = ChLA 62 Nr. 37 (853) S. 132 f.

56) Der Memorial- und Liturgiecodex von San Salvatore / Santa Giulia in Brescia, fol. 8r1.6 S. 148. Hierzu vgl. ebd. S. 59–66.

57) UB Lucca 5,2 Nr. 798 S. 484 = ChLA 82 Nr. 29 (Lucca, 867. 3. 7.) S. 103–105. Eine vergleichbare Abordnung wird wieder 878 beim Gütertausch zwischen Bi-

gewiesen werden kann, dass ADALBERT im Juni 873 in Lucca in der Halle des Herzogshofes (*in caminata de curte ducalis*) zusammen mit den Schöffen eine Gerichtsversammlung abhielt[58].

Durch seine zweite Ehe mit Rothilde, Tochter WIDOs (III), schuf er eine Verbindung mit den Widonen in Spoleto. 878 unterstützte er zusammen mit Lambert von Spoleto, zumindest in den Augen des Verfassers der Fuldaer Annalen, die Position König Karlmanns in Rom[59], während Papst Johannes VIII. ihre Handlungen zu dieser Zeit als feindlich interpretierte und sie exkommunizierte[60]. Ende April oder Anfang Mai 880 beauftragte Karl III. ADALBERT und den Markgrafen Wido III. von Spoleto mit dem Schutz der Römischen Kirche[61]. Seine Tätigkeit gegen Ende seines Lebens wird sonst in den verschiedenen, in Lucca abgeschlossenen Tauschverträgen nachgewiesen, wobei er als örtlicher *dux* seine *missi* zur Grenzfestlegung abordnete[62].

---

schof Gerhard von Lucca und Erzpriester Christian nachgewiesen. UB Lucca 5,2 Nr. 884 S. 540 f. = ChLA 84 Nr. 21 (Lucca, 878. 11. 12.) S. 76–79.

58) MANARESI Nr. 73 S. 265–269 = ChLA 83 Nr. 15 (Lucca, 873. 6. 27.) S. 51–57; BZ 370. Vgl auch BZ 297.

59) AF a. 878 S. 91.

60) AB a. 878 S. 222 f.; Registrum Iohannis VIII. papae Nr. 73 (878 Anfang April an Johannes von Ravenna, ANSPERT von Mailand, Walpert von Aquileia und JOHANNES (VIII) von Pavia) S. 67–69 (BU 321–324); Nr. 74 (878 Ende April an Grafen Berengar) S. 69–71 (BU 333); Nr. 87 (878. 4. an Ludwig den Stammler) S. 82 f. (BU 317); Nr. 88 (Genua, 878 Anfang Mai an Ludwig den Stammler) S. 83 f. (BU 344); Nr. 89 (Genua, 878 Anfang Mai an Karlmann von Ostfrankenreich) S. 85 f. (BU 345); Nr. 96 (Genua, 878 Anfang Mai an ANSPERT von Mailand) S. 90 f. (BU 346); Nr. 107 (878 Mitte/Ende Mai an Karl III.) S. 99–100 (BU 350). Vgl. Jaffé[3] 6592, 6609, 6605, 6615, 6616, 6618 und 6628.

61) Registrum Iohannis VIII. papae Nr. 251 (880. 6. 26.), hier S. 219 f. Dazu vgl. BZ 619 und 625; BU 635; Jaffé[3] 6914.

62) UB Lucca 5.2 Nr. 936 S. 574= ChLA 85 Nr. 27 (Lucca, 885. 6. 14.) S. 92–95; UB Lucca 5.2 Nr. 941 S. 577 f. = ChLA 85 Nr. 34 (Lucca, 886. 2. 17.) S. 112–115; UB Lucca 5.2 Nr. 943 S. 579 f. = ChLA 85 Nr. 35 (Lucca, 886. 3. 11.) S. 116–119; UB Lucca 5.2 Nr. 945 S. 580 f. = ChLA 85 Nr. 37 (Lucca, 886. 5. 17.) S. 122–124; UB Lucca 5.2 Nr. 946 S. 581 f. = ChLA 85 Nr. 38 (Lucca, 886. 7. 1.) S. 125–129; UB Lucca 5.2 Nr. 947 S. 583 f. = ChLA 85 Nr. 39 (Lucca, 886. 7. 11.) S. 130–133.

ADALBERT (IV) (Adelbertus)

Graf (880)

TÄTIGKEIT ALS KÖNIGSBOTE:

1) 880 (April?): *missus* Karls III. in Italien mit JOHANNES (VIII) und ALBERICH (II) (= –)

Im ersten Jahr seiner Herrschaft in Italien ernannte Karl Bischof JOHANNES (VIII) von Pavia, Graf ADALBERT (IV) und Graf ALBERICH (II) von Mailand zu seinen Missi in Italien, die auf ihrer Legationsreise von Ort zu Ort reisten[63]. Möglicherweise steht dies im Zusammenhang mit jener Einsetzung von Missi in Norditalien, die im kurz zuvor von Karl gebilligten Friedensvertrag zwischen Venedig und seinen benachbarten Regionen erwähnt sind[64].

2) 880. 5. 17.: *missus* Karls III. in Como mit JOHANNES (VIII) und ALBERICH (II) (= KRAUSE I 186)

Ein Placitum vom Mai 880 bezeugt, dass diese drei Missi während ihrer Legationsreise in Como eine Gerichtssitzung abhielten. Beim Rechtsstreit zwischen den Klöstern Reichenau und S. Ambrogio in Mailand um den Besitz von sechs Mansen in Limonta wurde das Inquisitionsverfahren eingeleitet. Aus einem unbekannten Grund fehlt ADALBERTs Unterschrift diesem Placitum[65].

KURZBIOGRAPHIE[66]:

Die zweifelfreie Gleichsetzung mit einem bestimmten Grafen Adalbert ist nicht möglich. Nicht auszuschließen ist die Möglichkeit, ihn entweder mit ADALBERT (III) oder mit ADALBERT (V) zu identifizieren.

ADALBERT (V) (Adalbertus, Adilbertus)

Graf (854–894)

TÄTIGKEIT ALS KÖNIGSBOTE:

1) 876. 8.: *missus* Karls III. in Eschenz (= KRAUSE II 205)

---

63) MANARESI, Inquisitiones Nr. 8 (Como, 880. 5. 17.) S. 581–585, hier S. 582: *Dum dominus Karulus serenissimus rex sue pietatis in regnum Italicum suos constituisset missos Iohannes humilis episcopus, Adelbertus et Albericus comitibus, ut irent de loca in loco, quicquid ibi iniuste invenissent legali ordine ad finem perducerent.* Herbert Zielinski datiert diese Einsetzung auf die Zeit um Karls Abreise nach Norden, nämlich um den April 880. BZ 615. Vgl. D Ka III. 23a S. 39 f.

64) Siehe die anonymen Missi „880. 1." in der Prosopographie.

65) MANARESI, Inquisitiones Nr. 8 (Como, 880. 5. 17.), hier S. 582–585. Siehe den Text bei ALBERICH (II) in der Prosopographie.

66) Literatur: HLAWITSCHKA, Franken S. 99 f., bes. Anm. 3; BZ 615 und 620.

Als Karl III. und der Abt Wolvene des Klosters Rheinau, der ihm die Schenkung des Klosters für den Todesfall versprach, mit dem Grafen Gozbert (vielleicht GOZBERT?) Güter tauschten, wurde ADALBERT (V) mit der Vollziehung des Tauschverfahrens beauftragt[67].

2) 877. 8. 12.: *missus* Karls III. in Haagen nördlich von Lörrach (= KRAUSE II 207)

Als Abt Wolvene von Rheinau den oben erwähnten Gütertausch mit dem Grafen Gozbert beurkundete, war ADALBERT (V) wieder als königlicher Missus anwesend, diesmal als Zeuge[68].

KURZBIOGRAPHIE[69]:

ADALBERT (V) kann nach Ausweis der Quellen für etwa 40 Jahre lang in Alemannien, besonders im Alpgau, Thurgau, und im Osten der Bertoldsbaar nachgewiesen werden, bald mit, bald ohne Grafentitel. Zu bemerken ist, dass er in den beiden oben behandelten Fällen ohne Grafentitel aufgeführt wird[70]. ADALBERT nahm im Februar 858 wahrscheinlich an der Reichsversammlung zu Ulm teil, auf der Wolvene das von ihm selbst restaurierte Kloster Rheinau an Ludwig den Deutschen übergab. Einer der beiden Zeugen, die jeweils als *Adilbertus comes* unterschrieben, dürfte der hier behandelte ADALBERT sein[71]. Belegt sind Güterübertragungen ADALBERTs an das selbe Kloster in den 870er Jahren[72], kann man die beiden oben behan-

---

67) D Ka III. 1 (Eschenz, 876. 8.) S. 3 f., hier S. 4: *Actum in villa Aschinza domno Karolo precipiente et per eius missum Adilbertum nos de eadem commutacione revestiente, presente Salomone episcopo …*

68) UB Zürich Nr. 132 (Haagen, 877. 8. 12.) S. 54 f., hier S. 55: *Actum […] coram Adilberto misso dominico et multitudine populi et idoneis testibus, presente Salomone episcopo et Wolvene abbate et Gozperto comite et advocato Liutone, qui hanc commutacionem inter se fecerunt.*

69) Literatur: BORGOLTE, Die Grafen Alemanniens S. 21–28; GLANSDORFF, Prosopographie S. 57–60.

70) GLANSDORFF, Prosopographie S. 59, identifiziert vielleicht deswegen den Missus vom August 876 mit dem gleichnamigen Sohn des hier behandelten Grafen. DEUTINGER, Königsherrschaft S. 169 mit Anm. 169, hält es angesichts der Häufigkeit des Namens jedoch für fraglich, ob der Missus *Adilbertus* und der alemannische Graf Adalbert dieselbe Person sind.

71) UB Zürich Nr. 80 (Ulm, 858. 2. 19.) S. 28 f.; BORGOLTE, Die Grafen Alemanniens S. 23; GLANSDORFF, Prosopographie S. 59. Es ist nicht sicher, ob der in dieser Urkunde genannte Zeuge *Gozbertus comes* mit GOZBERT identisch ist.

72) UB Zürich Nr. 116 (Jestetten, 871 nach August) S. 46 und Nr. 121 (Gurtweil, 873/874) S. 48. Vgl. dazu BORGOLTE, Die Grafen Alemanniens S. 22 f.; GLANSDORFF, Prosopographie S. 58 f.

delten Legationen mit seinen guten Beziehungen zu Rheinau in Verbindung bringen: ADALBERT ist wohl kein dauerhafter Stellvertreter des Königs in der Region gewesen[73]. Die Forschung lässt dagegen offen, ob der *dilectus comes noster Adelbertus*, der 884 in Worms bei der Urkundenausstellung Karls III. für das Kloster Honau intervenierte, mit ADALBERT (V) identisch ist[74].

Als ein Paldinc 879 an der Königspfalz Bodman *ex permisso quoque ipsius domni regis Karoli* seinen von Ludwig dem Deutschen geschenkten Besitz im Linzgau dem Kloster St. Gallen übergab und im Austausch Klosterbesitz an einem nicht identifizierten Ort namens Achsetten am westlichen Bodensee erhielt, war ADALBERT dort neben den Grafen HILDEBOLD und Udalrich als Zeuge anwesend[75]. Bereits im März 877 war ADALBERT bei der Schenkung der Königstochter Bertha für ihr Kloster St. Felix und Regula zu Zürich zugegen, wobei es um ehemalige Königsgüter ging, die sie von Lothar II. erhalten hatte[76].

In der Forschung werden verwandtschaftliche Beziehungen zu den Hunfriden, zur Familie des Gründers von Rheinau (also der von Wolvene), zur Familie der Königin Hildegard (also der von GEROLD [I] und GEROLD [II]) oder zur Familie des Gründers von Hirsau vermutet[77].

---

73) Vgl. allerdings DEUTINGER, Königsherrschaft S. 169. Als die vier Missi Karls III. nämlich SALOMO (II), GOZBERT, HILDEBOLD und RUADHOH im November 886 als Zeugen beim Hörigentausch zwischen dem Abt Bernhard von St. Gallen und einem gewissen Tisi anwesend waren, war auch ADALBERT als örtlicher Graf zugegen, nicht aber als Missus. Siehe GOZBERT in der Prosopographie.

74) D Ka III. 101 (Worms, 884. 5. 23.) S. 163–165; BORGOLTE, Die Grafen Alemanniens S. 27; GLANSDORFF, Prosopographie S. 59. Zum Begriff *dilectus noster* vgl. DEUTINGER, Königsherrschaft S. 315 mit Anm. 123.

75) UB St. Gallen 3, Anhang Nr. 8 (Bodman, 879. 5. 1.) S. 688 f. Vgl. hierzu BORGOLTE, Die Grafen Alemanniens S. 23 f.; GLANSDORFF, Prosopographie S. 58. Man muss allerdings diese drei Grafen nicht unbedingt für Königsboten halten, im Gegensatz zur Auffassung von BORGOLTE, Die Grafen Alemanniens S. 24: „wohl zu recht […], zumal A[dalbert] und Hildebold in derselben Funktion auch sonst nachgewiesen sind“.

76) UB Zürich Nr. 131 (Cham, 877. 5. 18.) S. 53 f. Vgl. BORGOLTE, Die Grafen Alemanniens S. 25; GLANSDORFF, Prosopographie S. 58.

77) GLANSDORFF, Prosopographie S. 60 mit Anm. 271–274, meint, diese Hypothesen seien nicht miteinander unvereinbar. Vgl. allerdings BORGOLTE, Die Grafen Alemanniens S. 27 f.

ADALFRID (Adalfridus)

Mönch (817–818)

TÄTIGKEIT ALS KÖNIGSBOTE:

817–818: *nuntius* Ludwigs des Frommen in Fulda mit AARON (= KRAUSE II 64)

Anlässlich der Notlage des Klosters Fulda schickte der Kaiser Ludwig AARON und ADALFRID mit ihren Mitmönchen dorthin. Nach einer geraumen Zeit des friedlichen Zusammenlebens in Fulda reiste ADALFRID wegen der Wahl eines neuen Abtes an den Hof ab, während AARON dort blieb[78].

KURZBIOGRAPHIE[79]:

Josef Semmler vermutet, dass Einhard „bei der Reform von Fulda im Auftrag des Kaisers den westlichen Mönchen als Kenner der örtlichen Verhältnisse beratend zur Seite" stand. ADALFRID könne zu jener Mönchsgruppe gehört haben, „die Benedikt von Aniane aus Aniane nach Maursmünster verpflanzte [...] und die er z. T. auch in Corneilmünster ansiedelte". Dagegen ist allerdings Otto Gerhard Oexle. Über ADALFRID ist sonst nichts Weiteres bekannt.

ADALGAR (I) (Adalgarius)

Graf (836–856)

TÄTIGKEIT ALS KÖNIGSBOTE:

1) 853. 11.: *missus* Karls des Kahlen in Grafschaften BERENGARs (II), ENGISCALCHUS' und Gerhards sowie in den Grafschaften Reginars mit FULCO (IV), ENGISCALCHUS und BERENGAR (II) (= KRAUSE I 140)

ADALGAR war einer der Missi in einem Missaticum um Thérouanne, das allerdings im Kapitular nur mit den Namen der Inhaber der Grafschaften ohne geographische Angabe dargestellt wird. Nelsons Rekonstruktion zufolge ist dieses das kleinste unter den Missatica von 853[80].

2) 856. 7. 7.: *missus* Karls des Kahlen in Neustrien/Aquitanien mit ADALHARD (III), RUDOLF, RICHUIN und BERENGAR (II) (= –)

---

78) Vita Aegil, Lib. 1, cc. 3,3–4,4 S. 5 f. Siehe AARON in der Prosopographie.

79) Literatur: SEMMLER, Studien zum Supplex Libellus S. 294 mit Anm. 224; OEXLE, Forschungen S. 74 f.; DEPREUX, Prosopographie S. 72.

80) MGH Capit. 2 Nr. 260 S. 275: *Missi autem et pagi per missaticos qualiter fuerunt tunc ordinati [...] Folcoinus episcopus, Adalgarius, Engiscalcus et Berengarius missi in comitatu Berengarii, Engiscalchi, Gerardi et in comitatibus Reginarii.* Vgl. Karte bei NELSON, Charles the Bald S. 326 f.

Am 7. Juli 856 schickte Karl seine Missi mit einer Kapitelliste zu den rebellischen Franken und Aquitaniern zur Vermittlung zwischen ihnen und dem König ab. Alle Missi sind diejenigen Personen, die 853 als Missi nachgewiesen werden können[81].

KURZBIOGRAPHIE[82]:

ADALGAR (I) hat einen Leitnamen der Unruochinger. Er wurde 836 zusammen mit Hugo, Abt von St-Quentin und Halbbruder Ludwigs des Frommen, von Worms aus an Lothar I. in Italien abgeschickt, einerseits zum Krankenbesuch, andererseits zur Prüfung von Lothars Willen, zu Ludwig zu kommen, den Kirchen in der Francia die Güter in Italien zu restaurieren und Ämter und Güter der Anhänger Ludwigs in Italien zu restaurieren. Dabei werden beide vom Astronomus als *missi fidelissimi* bezeichnet[83]. Diese Delegation zeigt ADALGARs Anwesenheit bei der Reichsversammlung in Worms im September 836[84]. Er dürfte ebenso mit dem Grafen Adalgar identisch sein, der 838 an der Reichsversammlung in Nimwegen teilnahm, wobei er bei der Restitution eines Besitzes für das Kloster Fulda als Zeuge genannt ist[85]. Im gleichen Jahr wurde er mit einem gewissen Grafen Egilo[86] zu den aufständischen Abodriten und Wilzen geschickt[87]. Wahrscheinlich Ende Juli 840[88] wurden ADALGAR und Nithard als Missi von Karl dem Kahlen zu Lothar I. geschickt[89]. 841 wurde er von Hildegard, Lothars I. Schwester und dessen Anhängerin, in Haft genommen und Karl eilte zu seiner Freilassung[90]. Janet Nelson sucht seine Grafschaft in Thérouanne, was aber ohne Nachweis bleibt[91].

---

81) MGH Capit. 2 Nr. 262 S. 279–281, hier S. 279: *Haec, quae secuntur, capitula misit domnus rex Karolus ad Francos et Aquitanos, qui ab eo desciverant, anno incarnationis dominicae DCCCLVI. Nonis Iulii de palatio Carisiaco per fideles missos suos Adalardum abbatem, Rodulfum, Richuinum, Adalgarium et Berengarium.*

82) Literatur: WERNER, Bedeutende Adelsfamilien S. 133–137; DEPREUX, Prosopographie S. 73 f.

83) Astronomus c. 55 S. 506, 508; AB a. 836 S. 19.

84) Vgl. BM² 963.

85) BM² 977a; CD Fulda Nr. 513 (838. 6. 14.) S. 226.

86) Nach Ludwigs Tod war auch er auf der Seite Karls des Kahlen, wie ADALGAR. Vgl. BF 117.

87) AB a. 838 S. 25 f.

88) Zur Datierung BF 108.

89) Nithard II c. 2 S. 48.

90) Nithard III c. 4 S. 106–108.

91) NELSON, Charles the Bald S. 110.

ADALGAR (II) (Adalgarius)
Bischof von Autun (867–†893)

TÄTIGKEIT ALS KÖNIGSBOTE:
877. 8.: *missus* Karls des Kahlen in Ravenna (= KRAUSE II 131)

ADALGAR, der schon im Februar nach Italien geschickt wurde, war als kaiserlicher Missus bei der Synode in Ravenna anwesend, die auf Befehl des Kaisers abgehalten wurde, wobei Karls Kaisertum nochmals bestätigt wurde[92]. Als Karl den Jura überquerte, wurde er in Orbe von ADALGAR empfangen, wobei der Missus dem Kaiser mit einer schriftlichen Kopie der Synodalbeschlüsse Bericht über die Synode erstattete[93]. Außerdem brachte er dem Kaiser die Botschaft des Papstes, dass er nach Pavia kommen wolle, um sich mit dem Kaiser zu treffen[94].

KURZBIOGRAPHIE[95]:
ADALGAR (II) war als *notarius* am Karls Hof tätig und ist als solcher nachweisbar zwischen 867 und 875[96]. Er war der einzige Notar Karls, der während seines Hofdiensts als Petent in den Herrscherurkunden auftrat[97]: In einer Fassung des Diploms für die Kirche von

92) Das Synodalprivileg für die Kirche von Autun, in: Cart. Autun Nr. 30 (877. 11. 26.) S. 50 f. = MGH Conc. 5 Nr. 8 C S. 73–75, hier S. 73: *Adalgarius sanctae Augustudunensis ecclesiae episcopus, missus etiam imperialis* … Das Protokoll dieser Synode ist überliefert: ECKHARDT, Das Protokoll S. 304–311 (Edition) = MGH Conc. 5 Nr. 8 A S. 64–68. Vgl. HARTMANN, Die Synoden S. 347–349; BZ 516; BU 272 und 273; Jaffé³ 6552 und 6553.

93) AB a. 877 S. 214: … *Et [sc. Karolus] ueniens ultra Iurim usque ad Vrbam obuiam habuit Adalgarium episcopum, quem mense februario Romam direxit pro agenda synodo a papa Iohanne, cuius exemplar isdem Adalgarius pro munere magno imperatori detulit. Summa uero eiusdem synodi post multas et multiplices laudes imperatoris haec est.* Vgl. BZ 517.

94) AB a. 877 S. 215: *Nuntiauit etiam inter alia isdem Adalgarius imperatori quoniam Iohannes papa obuiam illi Papiam ueniret.* Vgl. BZ 517; BU 277; Jaffé³ 6556. Siehe AUDACHER in der Prosopographie.

95) Literatur: Fastes 2 S. 182 f.; POUPARDIN, Intruduction, in: D Prov S. ix–x; TESSIER, Introduction, in: D KdK 3 S. 80–82; BAUTIER, Introduction, in: D Odo S. xxix–xxxiii und cxlii–cxlviii; Cart. Flavigny S. 72, 75–78, 147; Cart. Montier-en-Der S. 364 mit Anm. 6.

96) Zuerst D KdK Nr. 304 (Orville, 867. 10. 30.), 2 S. 170–176, zuletzt ebd. Nr. 381 (Compiègne, 875. 6. 9.), 2 S. 352–356. Georges Tessier vermutet, er könnte Mönch im Kloster St-Germain-des-Prés gewesen sein. TESSIER, Introduction, in: D KdK 3 S. 58 und 90. Vgl. hierzu OEXLE, Forschungen S. 21 und 109.

97) So TESSIER, Introduction, in: D KdK 3 S. 81.

Châlons-en-Champagne wurde er als *cancellarius* bezeichnet[98], während er als *sacri palatii nostri [sc. regis] cancellarius* und Abt von Montier-en-Der den König um die Bestätigung des Immunitätsprivilegs Ludwigs des Frommen[99] bat[100]. Beide Urkunden wurden von ADALGAR als *notarius* anstelle GAUZLINs rekognosziert. Auf der Provinzialsynode von Chalon-sur-Saône wurde er 875 zum Bischof von Autun erhoben[101], wobei er anstelle des Königs die Synodalen dazu anregte, die Güter, die Karl der Klostergemeinschaft von St-Philibert geschenkt hatte, zu bestätigen[102]. Die Chronik des Klosters erwähnt diesen Bischof als Intervenienten bei der päpstlichen Bestätigung der 871 durch Karl den Kahlen gemachten Schenkung der königlichen Abtei St-Pourçain in Auvergne, obwohl von ihr nur ein gefälschtes Papstprivileg überliefert ist[103]. Nach der Reichsversammlung in Ponthion von 876, an der ADALGAR teilnahm[104], begleitete er zusammen mit Erzbischof Ansegis von Sens die päpstlichen Legaten nach Rom[105]. Wahrscheinlich bei dieser Gelegenheit bestätigte Papst Johannes VIII. auf ADALGARs Bitten den Besitz der Kirche von Autun, wobei es hauptsächlich um die *villa* von Tillenay ging, die Karl der Kahle ihr 859 restituiert hatte, also während der Amtszeit des Bischofs JONAS (II)[106]. Außerdem erhielt ADALGAR das

98) D KdK Nr. 381, 2 S. 352–356, die letzte Urkunde, die ADALGAR prüfte, siehe oben. Er bat zusammen mit Bischof Willibert.

99) BM² 575; Cart. Montier-en-Der Nr. 7 S. 64–66 = D LdF 56 (Aachen, 815. 2. 28.) S. 143 f.

100) D KdK Nr. 382 (867 – 875. 8.), 2 S. 356–358 = Cart. Montier-en-Der Nr. 12 S. 74–76.

101) Schon vor dieser Synode empfing er als *vocatus episcopus* von HINKMAR (I) vom Reims einen Brief über die Güter der Reimser Kirche in Aquitanien. HRE III c. 24 S. 325 (= SCHRÖRS Reg. 376).

102) MGH Conc. 5 Nr. 1 S. 2–5. Vgl. hierzu Chronicon Trenorchiense c. 27 S. 88 f. mit Anm. 4.

103) Chronicon Trenorchiense c. 23 S. 85 mit Anm. 4 sowie Appendice Nr. 16 (unecht, 876. 10. 15.) S. 115 f. (= BU †?197 = Jaffé³ ?6467). Die Schenkung Karls des Kahlen wurde am 30. Oktober 871 in Champlitte gemacht. D KdK Nr. 353, 2 S. 285–287. ADALGAR prüft diese Urkunde als *notarius* anstelle GAUZLINs.

104) MGH Capit. 2 Nr. 279 D, hier S. 350 = MGH Conc. 5 Nr. 6 (Ponthion, 876. 6. 21. – 7. 16.), D S. 47, 49 und 50.

105) AB a. 876 S. 206; BU 182. Vgl. Registrum Iohannis VIII. papae Nr. 24 (876. 11. 14.) S. 22 f. (= KRAUSE II 170); BU 211; Jaffé³ 6482.

106) Cart. Autun Nr. 25 S. 40 f. Zu dieser Urkunde und ihrer Datierung vgl. BZ

Pallium vom Papst[107]. Während seiner Legation 877 ließ er durch den Papst und die Synode von Ravenna die Zugehörigkeit des ehemaligen Königsklosters Flavigny, das Karl gerade vor seiner Legation urkundlich der Kirche von Autun übertragen hatte[108], bestätigen[109]. Interessanterweise rekognoszierte ADALGAR als *episcopus*, aber ohne höfischen Amtstitel, anstelle GAUZLINs die letzte Urkunde Karls für das Kloster Vézelay[110].

Gerade nach dem Tod des Kaisers spielte er politisch eine wichtige Rolle: Nach der Königskrönung Ludwigs des Stammlers in Troyes durch Johannes VIII. legten ADALGAR und Frothar von Bourges auf der bischöflichen Versammlung dem Papst eine Urkunde Karls des Kahlen vor, durch die der Kaiser seinem Sohn das Königtum (*regnum*) übertragen hatte, und baten ihn darum, diese urkundlich zu bestätigen[111]. Den Annalen von St-Bertin zufolge baten Frothar und ADALGAR bei dieser Gelegenheit außerdem zusammen den Papst um ein Dokument zur Verwirklichung eines angeblichen Befehls des verstorbenen Kaisers Karl, nämlich den Vollzug der Übergabe des Klosters St-Denis an die römische Kirche – aber dies wurde nicht verwirklicht. Aus HINKMARs (I) Sicht war dies ein Komplott einer

---

210. Die genannte Urkunde Karls ist: D KdK Nr. 216, 1 S. 544–547. Siehe JONAS (II) in der Prosopographie.

107) Registrum Iohannis VIII. papae Nr. 25 (876. 11. 16.) S. 23 f., hier S. 23; BU 213; Jaffé³ 6485.

108) D KdK Nr. 420 (Compiègne, 877. 2. 23.), 2 S. 435–437. Diese Privilegierung wurde auf ADALGARs Bitte verwirklicht. Wenn er noch bei der Ausstellung der Urkunde am Hof gewesen wäre, müsste seine Abreise nach Italien zwischen den letzten vier Tagen des Februars datiert werden.

109) Jaffé³ 6541; BU 259; Cart. Flavigny (877. 5. 29.) Nr. 23 S. 69–72 (das päpstliche Privileg). Jaffé³ 6554; BU 274; Cart. Autun Nr. 30 S. 50 f. = MGH Conc. 5 Nr. 8, C S. 73–75 (die Synodalurkunde, die auch die Zugehörigkeit der oben genannten *villa* von Tillenay bestätigt). Vgl. HARTMANN, Die Synoden S. 348.

110) D KdK Nr. 446 (*Rubiana villa*, 877. 9. 10.), 2 S. 501–503. Zur Identifikation dieses norditalienischen Orts vgl. ebd. S. 501 Anm. 1. Aber BZ 521 identifiziert diese *villa* mit Robbio östlich Vercellis. Robert-Henri Bautier vermutet, dass Karl damals vielleicht keine üblichen Notare um sich gehabt hätte. D Odo, Introduction S. xxx. Aber siehe D KdK Nr. 445, 2 S. 499–501, die am vorigen Tag ausgestellt und von AUDACHER *notarius* anerkannt wurde. Er war zwischen 871–877 am Hof Karls des Kahlen tätig. Siehe AUDACHER in der Prosopographie.

111) AB a. 878 S. 227 f.; MGH Conc. 5 Nr. 9 S. 80.

Partei gegen GAUZLIN, der damals diese Abtei innehatte[112]. Anfang 879 bekam die Bischofskirche von Autun ein Privileg Ludwigs des Stammlers, mit dem die *villa* Bligny, die früher dem Bistum entzogen und der Grafschaft zugeschrieben worden war, zurückgegeben und dem Unterhalt der vermehrten Zahl der Kanoniker zugewiesen wurde. Diese Privilegierung wurde auf Bitte des jüngst eingesetzten Grafen von Autun THEODERICUS (II) durchgeführt[113].

ADALGAR war später am Hof der Nicht-Karolinger: 879 auf der Seite BOSOs (IV), dann auf der Seite des Königs Odo. BOSO schenkte 879 dem Kloster Montier-en-Der seine von Karl erhaltenen Güter im Pagus Lassois[114]. Am 8. November 879 bestätigte BOSO auf ADALGARs Bitte die Güter der Kirche von Autun und schenkte ihr weitere Güter[115]. Ein Adalgarius, der in BOSOs Urkunde vom 2. oder 3. Dezember desselben Jahres als Vorsteher der Kanzlei erwähnt wird, ist in der Forschung mit ADALGAR identifiziert[116]. Aber nach der Wiedereroberung von Autun um Ende 880 trat er nicht mehr in dieser Funktion auf: Ende November 880 bekam die Kirche von Autun ein Privileg Karlmanns II., mit dem die *villa* Teigny der Bischofskirche zurückgegeben wurde, wie im oben genannten Privileg Ludwigs des Stammlers. Diesmal wurde die Urkunde auf Bitte des neuen Grafen von Autun, Richard, dem Bruder BOSOs aber politisch nicht von seiner Partei[117], und durch die Intervention eines Grafen Theodericus, wahrscheinlich wieder THEODERICUS (II), ausgestellt[118]. 883 bekam diese Bischofskirche auf Bitte ADALGARs und durch Intervetionen der Grafen THEODERICUS und Anscharius eine weitere Urkunde Karlmanns, womit ihr der König den Besitz der *villae* Bligny, Lucenay und Lantilly sowie des Klosters Fla-

112) AB a. 878 S. 228 f. GAUZLIN war sein Amtschef während seines Hofdienstes. Siehe GAUZLIN in der Prosopographie.

113) D LdSt Nr. 29 (Gondreville, 879. 1. 23.) S. 85–87.

114) D Prov 16 (879. 7. 25.) S. 31; BZ 2741. Vgl. D Prov, additions S. 127 f. = Cart. Montier-en-Der Nr. 20 (St-Dizier, 876. 10. 8.) S. 91–93; BZ (†)2658.

115) D Prov 17 (Lyon) S. 32 f.; BZ 2755.

116) D Prov 18 (Charlieu) S. 33–35; BZ 2757.

117) Zu ihm vgl. BOUCHARD, The Bosonids; SETTIPANI, La préhistoire S. 381–383. Möglicherweise ist er mit Missus RICHARD (III) identisch.

118) D Karlmann II (W) 49 (*apud Nerondam villam*, 880. 11. 30.) S. 123 f. Da diese Urkunde fast völlig den Text von 879 wiedergibt, vermutet Robert-Henri Bautier (in der Kopfbemerkung), dass sie wahrscheinlich von ADALGAR entworfen wurde. Vgl. BZ 2778.

vigny bestätigte, ein Gut namens Marigny zurückgab und die durch ADALGAR gewährte Ausstattung der Kanoniker bestätigte[119]. 893 ist ADALGAR als dritter Erzkanzler am Hof Odos nachgewiesen[120]. Vielleicht vor dieser Hoftätigkeit bekam die Bischofskirche von Autun auf gemeinsame Bitte ADALGARS und des Markgrafen Robert ein Privileg Odos, durch das die wieder entfremdete *villa* Tillenay der Kirche zurückgegeben wurde[121]. Aber kurz danach wurde er, wahrscheinlich 893, von einem Mönch seines Klosters vergiftet[122].

ADALGIS (I) (Adalgisus)

Kämmerer (782)

TÄTIGKEIT ALS KÖNIGSBOTE:

782: *missus/legatus* Karls des Großen in Sachsen mit GAILO und WORAD (= KRAUSE II 16)

Karl beauftragte drei seiner Hofbeamten, mit dem ostfränkischen und sächsischen Aufgebot gegen die Slawen zwischen Elbe und Saale zu marschieren. Da sie allerdings auf dem Weg über den Aufstand Widukinds informiert wurden, kämpfte das von den Missi geführte Heer gegen die aufständischen Sachsen. Den überarbeiteten Reichsannalen zufolge konkurrierten Graf Theoderich, ein Verwandter des Königs, und die herrscherlichen Missi während des Feldzugs um das Verdienst und die Ehre des Sieges. Zum Teil auch wegen dieser Rivalität kamen ADALGIS und GAILO auf dem Feldzug ums Leben[123].

---

119) D Karlmann II (W) 68 (Trucy, 883. 3. 6.) S. 176–179.

120) D Odo 33 (Chalon-sur-Saône, 893. 5. 28.) S. 145–147 und Nr. 34 (St-Denis, 893. 10. 15.) S. 147–150. In diesen beiden wurde er klar als *archicancellarius* bezeichnet.

121) D Odo 35 (888. 2. 29. – 894. 5. 1.) S. 150–154. Da diese Urkunde ohne Rekognitionszeile überliefert ist, ist es nicht klar, wer damals Erzkanzler war.

122) Vgl. Cart. Flavigny Nr. 25 (Chalon, 894. 5. 1.) S. 75–78 (Gerichtsurkunde über einen verdächtigen Mönch).

123) ARF a. 782 S. 60: *Ibi peracto placito reversus est domnus Carolus rex in Franciam. Et cum reversus fuisset, statim iterum Saxones solito more rebellati sunt, suadente Widochindo. Et ignorante hoc domno Carolo rege, misit missos suos Adalgisum et Gailonem atque Woradum, ut moverent exercitum Francorum et Saxonum super Sclavos paucos, qui rebelles fuerant. Et supranominati missi in via audientes, quod Saxones rebellati fuissent, coniungentes supradictam scaram, inruerunt super Saxones et nullum mandatum exinde fecerunt domno Carolo regi. Et commiserunt bellum cum Saxonibus; et fortiter pugnantes et multos Saxones interimentes victores extiterunt Franci. Et ciciderunt ibi duo ex ipsis missis, Adalgisus*

KURZBIOGRAPHIE[124]:
Den revidierten Reichsannalen zufolge war ADALGIS (I) in der Zeit

---

et Gailo, in monte, qui dicitur Suntdal; Ann. q. d. Einhardi, a. 782 S. 61 und 63: *Cumque conventu completo trans Rhenum in Galliam se recepisset, Widokindus, qui ad Nordmannos profugerat, in patriam reversus vanis spebus Saxonum animos ad defectionem concitavit. Interea regi adlatum est, quod Sorabi Sclavi, qui campos inter Albim et Salam interiacentes incolunt, in fines Thuringorum ac Saxonum, qui eis erant contermini, praedandi causa fuissent ingressi et direptionibus atque incendiis quaedam loca vastassent. Qui statim accitis ad se tribus ministris suis, Adalgiso camerario et Geilone comite stabuli et Worado comite palatii, praecepit, ut sumptis secum orientalibus Francis atque Saxonibus contumacium Sclavorum audaciam quanta potuissent celeritate conprimerent. Qui cum iussa facturi Saxoniae fines ingressi fuissent, compererunt Saxones ex consilio Widokindi ad bellum Francis inferendum esse praeparatos; omissoque itinere, quo ad Sclavos ituri erant, cum orientalium Francorum copiis ad locum, in quo Saxones audierant congregatos, ire contendunt. Quibus in ipsa Saxonia obviavit Theodericus comes, propinquus regis, cum his copiis, quas audita Saxonum defectione raptim in Ribuaria congregare potuit. Is festinantibus legatis consilium dedit, ut primo per exploratores, ubi Saxones essent vel quid apud eos ageretur, sub quanta fieri posset celeritate cognoscerent, tum, si loci qualitas pateretur, simul eos adorirentur. Cuius consilio conlaudato una cum illo usque ad montem, qui Suntal appellatur, in cuius septentrionali latere Saxonum castra erant posita, pervenerunt. In quo loco cum Theodericus castra posuisset, ipsi, sicut cum eo convenerat, quo facilius montem circumire possent, transgressi Wisuram in ipsa fluminis ripa castra posuerunt. Habitoque inter se conloquio veriti sunt, ne ad nomen Theoderici victoriae fama transiret, si eum in eodem proelio secum haberent. Ideo sine illo cum Saxonibus congredi decernunt, sumptisque armis non quasi ad hostem in acie stantem, sed quasi ad fugientium terga insequenda spoliaque diripienda, prout quemque velocitas equi sui tulerat, qua Saxones pro castris in acie stabant, unusquisque eorum summa festinatione contendit. Quo cum esset male perventum, male etiam pugnatum est; nam commisso proelio circumventi a Saxonibus, paene omnes interfecti sunt. Qui tamen evadere potuerunt, non in sua, unde profecti sunt, sed in Theoderici castra, quae trans montem erant, fugiendo pervenerunt. Sed maior Francis quam pro numero iactura fuit, quia legatorum duo, Adalgisus et Geilo, comitum quattuor aliorumque clarorum atque nobilium usque ad viginti interfecti, praeter ceteros, qui hos secuti potius cum eis perire quam post eos vivere maluerunt.* Vgl. einen knappen Eintrag in: Annales Sithienses, a. 782 S. 36: *Legati regis Adalgisus et Gailo a Saxonibus in proelio occiduntur, quorum mors quatuor milium et quingentorum hominum decollatione vindicata est.* Zum Ortsnamen Süntel vgl. SPRINGER, Die Sachsen S. 188. Zu diesem Feldzug vgl. ABEL/SIMSON 1 S. 415–432; SPRINGER, Die Sachsen S. 187–190.

124) ABEL/SIMSON 2 S. 548; BRUNNER, Oppositionelle Gruppen S. 47; HANNIG, Pauperiores vassi S. 332 f. Anm. 108.

der erläuterten Legation Kämmerer Karls des Großen. Nur hier findet er sich verzeichnet.

ADALGIS (II) (Adalgisus, Adelgis, Adelgisus, Adalghisus, Adelghisus)

Pfalzgraf, dann Graf von Parma (827–853)

TÄTIGKEIT ALS KÖNIGSBOTE:

1) 827. 3. 11.: *missus* des Kaisers (Ludwig des Frommen oder Lothars I.) in Ostiglia (= –)

In Gegenwart des Pfalzgrafen und kaiserlichen Missus ADALGIS (II) wurde die Besitzeinweisung aufgrund einer gerichtlichen Entscheidung durchgeführt. Seine Anwesenheit dürfte damit zusammenhängen, dass ein Teil der betreffenden Güter an die *pars regia* angrenzte[125].

2) 838. 5. 1.: *missus* Lothars I. in Rovigo mit WITGERIUS (= –)

In Rovigo wurde eine Gerichtsversammlung abgehalten, der die zwei Missi des fränkischen Kaisers, Graf ADALGIS und Bischof WITGERIUS von Turin sowie der päpstliche Missus, Bischof Theodor, vorsaßen. Verhandelt wurde der Streit zwischen der Kirche von Ravenna und dem kaiserlichen Vasallen Bruningus über die Kirchengüter. Die Entscheidung fiel zugunsten der Kirche von Ravenna. ADALGIS brachte dabei seinen eigenen *notarius* namens Gisolfus mit, der die Gerichtsurkunde schrieb[126].

---

125) MANARESI, Inquisitiones Nr. 2 (Ostiglia, 827. 3. 11.) S. 566–568, hier S. 566 f.: *Noticia brevis commemoracionis seu deliberationis, qualiter et in quorum presencia bonorum hominum se coniuncxerunt ides(!) Rotgildus prepositus monasterii Nonantule et Raginpertus monacho et Raginaldus advocatus ipsius monasterii, una cum Raginpertus scavino et advocato Vuaradi comiti de Verona agente causa eius ad Sancto Laurencio in Ostilia prope fluvio Pado, adesse cum eis [...* die Namen der Anwesenden *...], pro causa unde iam inter se vuadiatum habebant in presencia Ragimundi comiti et Adelgis comis palacii missi domni imperatoris, idest de silva illa que dicitur Ostilia, ut exinde plenam quartam porcionem dare deberet et medietatem de aliis tribus portionibus a parte ipsius monasterii quam a parte regia adquisita est per Anselmum abbatem iuxta eius iudicatum sicut iam a parte monasterii et inter partem Hucpaldi comitis iudicium habuerunt.*

126) MANARESI Nr. 43 (Rovigo, 838. 5. 1.) S. 139–144 = ChLA 54 Nr. 1, (Ravenna, 838. 5. 1.) S. 16–23, hier S. 17–19: *Dum in Dei nomine in iudicium resedissemus nos quidem Theodorus episcopus et missus domni apostolici nec non et Vuitgherius denique episcopus et Adalghisus comes missi domni imperatoris in finibus civitatem Gavellum, villa que nunccupatur Rodigo, ubi nobiscum aderant [...* die Namen

3) 841. 3. 22.: *missus* Lothars I. in Cremona (= KRAUSE II 133)

ADALGIS hielt in Cremona eine Gerichtsversammlung ab, wobei er wegen einer Schenkung Karls des Großen an die dortige Bischofskirche[127], die allerdings inzwischen der Kirche entfremdet worden war, eine eidlich eingeleitete Zeugenbefragung durchführte[128]. Aufgrund dieser Inquisition stellte Lothar I. eine Bestätigungsurkunde für diese Kirche aus[129].

---

der Anwesenden ...] *ab singulorum hominum causas audiendas et iuxta lege deliberandas. Ibique in nostris adsisterunt presentja idest Leo avocatus domni Georgii archiepiscopi sancte Ravenatis Ecclesie qui causa sancti Apollonari peragere videtur, seu et ex alia parte Bruningus vassus domni imperatoris inter se intentjonem habentes [...] Unde hanc notitja iudicati deliberatjonis ad augmentum et stabilitatem ad partem sancte Ravenatis Ecclesie ut nec in postero revolvantur causatjo Ghisulfo Adalghisi comiti(!) notario scribere monuimus [...] Ego Vuitgarius indignus sanctae Taurinensis Aecclesiae episcopus et missus domni imperatoris in hoc iudicato manu mea et. Ego Theodorus episcopus et missus sanctae Sedis apostolicae huic iudicato interfui et subscribsi. Adalghisus comes et missus domni imperatoris subscribsi.* Zu den paläographischen Merkmalen dieser Urkunde vgl. MERSIOWSKY, Die Urkunde in der Karolingerzeit S. 537 f.

127) BM² dep. Nr. 107 S. 845.

128) MANARESI, Inquisitiones Nr. 7 S. 576–581 = Le carte cremonesi Nr. 7 S. 20–23 = CDLM Cremona/Sicardo Nr. 56 (Cremona, 841. 3. 22.): *Dum per sanctionem sacri principis et serenissimi augusti Hlotharii magni et gloriosissimi imperatoris Adelghisus comes Cremonam advenisset ad perquirendum instituta precepti, que per Stephani eiusdem civitatis episcopi peticionem domnus et gloriosisimus et piissimus Karolus rex in eadem Ecclesia concessit habendum, id est curtem [...] et cum eo adessent Panchoardus, eiusdem civitatis episcopus, una cum sacerdotibus suis Benedicto diacono, eiusdem presulis nepote, capellano domni regis Hlodovuici augusti, Lotharii filius [...* 25 Personen *...] et Urso de Parma, isti vasalli suprascripti comitis [...* 15 Personen *...] isti vasalli episcopi. Sic in istorum omnium presentia sacerdotes et laici interrogati atque coniuncti in eadem fide sacerdotii et cristianitatis sue, quod de hac precepti investitura scirent, ut verum dicerent et per nullius hominis timorem neque blandimentum in aliqua parte deverterent. In primis Antonius presbiter dixit [...] Hii omnes investitura Atoni episcopo testati sunt, sed a Rotchildo Pipini baiulo malo ordine et contra legem desvestitus fuisse dixerunt. Facta hac notitia inquisitionis [*Datum *...] Scripsi ego Ingeprandus diaconus ex sanctione missi et comitis Adelgisi. Adelgisus comes in hac inquisitione a me facta subscripsi.* Vgl. BZ 4, wobei Herbert Zielinski notiert, dass die Anwesenheit eines Hofkapellans Ludwigs II. von Italien namens Benedikt nur aus seiner verwandtschaftlichen Beziehung mit dem Bischof von Cremona erklärt werden dürfte: Benedikt war Neffe des Bischofs Panchoard.

129) D Lo I. 58 S. 162–165, hier S. 164 = Le carte cremonesi Nr. 8 S. 24–26, hier

4) 847/848: *missus* Lothars I. in Süditalien mit EBERHARD (II), WIDO (IV) und LIUTFRID (II) (= KRAUSE II 136)

ADALGIS war einer der Missi, die als Heerführer der ersten Truppe bei dem Feldzug gegen die Sarazenen in Süditalien fungierten[130].

5) 853, Anfang Mai[131]: *missus* Ludwigs II. von Italien in Ravenna mit NOTING (= –)

Als Ludwig II. Ravenna verließ, ließ er Graf ADALGIS (II) und Bischof NOTING von Brescia als Missi dort, die den exkommunizierten ANASTASIUS Bibliothecarius dem Papst vorführen sollten. Aber sie konnten ihn nicht finden geschweige denn festhalten. Die beiden Missi waren dann am 29. Mai 853 in Ravenna zugegen, als Papst Leo IV. ANASTASIUS mit dem Anathema belegte[132].

S. 25 = CDLM Cremona/Sicardo Nr. 6 (Quincy, 841. 5. 12.): *Quod nos ad inquirendum missum nostrum Adalgisum comitem constituimus. Qui inquisita rei veritate nobis intimare studuit, qualiter predicta Ecclesia multis temporibus inde per donationem avi nostri vestituram habuisset. Que omnia veraciter cognoscentes placuit nobis nostram superaddere auctoritatem* … Zwei Jahre später wurde diese Bischofskirche von Lothar das Inquisitionsrecht verliehen. D Lo I. 71 S. 185 f. = Carte Cremona Nr. 9 S. 26 f. = CDLM Cremona/Sicardo Nr. 5 (Sospiro, 843. 4. 5.).

130) MGH Conc. 3 Nr. 12 S. 139: *In prima scara sunt missi: Ebrardus, Wito, Liutfridus, Adalgisus.* Vgl. BZ 46.

131) Vgl. BZ 106.

132) MGH Conc. 3 Nr. 32 (Rom, 853. 12., also rückblickend) S. 332: *Quod omni alacritate nostro repromisit perficere pontificio, diem constituens atque denuntians, in quo eum remeare sanciret. Missos etiam maiestatis suae nobiscum reliquid, Notingum scilicet episcopum Brexiensem et Adelgisum illustrem comitem, qui revertentem illum nostro conspectui presentarent. Quibus expectantibus illic nobiscum usque ad diem statutum et ultra prefatus presbiter non advenit ac idem missi se illum nobis representare non posse professi sunt. Post transactum autem placitum, dum eum mandatis nostris temere renitentem conspexisemus, ita ut neque iussis apostolicis oboedire voluisset neque sanctioni venerandi concilii conservatorem se, a quo sancta communione privatus existeret, exibuisset ac plurimos sua lesione pestifera maculasset, quin et domni Hlotharii prestantissimi imperatoris decreto redire iubenti pertinatiae suae intemperantia restitisset, ne ulterius suo exemplo ecclesiasticus ordo confunderetur et christianitatis religio profanaretur, anathematis eum vinculo cum sacerdotum nostrorum consensu nodavimus. Ubi etiam presto fuerunt iam dictus Notingus Brexiensis episcopus et Adelgisus illustris comes, prefati missi domni Hludoici serenissimi imperatoris.* Vgl. BZ 106; BH 287, 288 und 294.

* In einer angeblichen Synodalurkunde vom April 850, allerdings einer Fälschung des 12. Jahrhunderts, wird dargestellt, dass der Streit zwischen den Bistümern Arezzo und Siena vor Ludwig II., Papst Leo IV. und den kaiserlichen Missi – JOSEPH (II), ANGILBERT (II), NOTING und ADALGIS (II) – verhandelt worden wäre. Da starke Einwände gegen die Historizität dieser Darstellung erhoben worden sind, nehme ich diese „Legation" nicht in die Reihe der missatischen Tätigkeiten auf[133].

KURZBIOGRAPHIE[134]:

ADALGIS (II) gehörte zu den Supponiden. Als Graf von Parma ist er zuerst 835 nachgewiesen, als er die Schenkungsurkunde der Witwe König Bernhards für das Kloster S. Alessandro in Parma unterschrieb[135]. Im selben Jahr wurde er zusammen mit Pfalzgraf MAURINUS und Hofkapellan Ructald mit einer Untersuchung in Cremona beauftragt[136]. Graf ADALGIS war 844 bei der von Drogo von Metz geleitete Synode in Rom anwesend[137]. Als Graf ist er bis 853 nachweisbar. Er war einer der Begleiter Kaiser Ludwigs II., die sich im Mai 856 in Brescia aufhielten und in den Liber vitae des Klosters San Salvatore aufgenommen wurden[138].

Mit Philippe Depreux und im Gegensatz zu Eduard Hlawitschkas Auffassung kann dieser Graf von Parma mit dem gleichnamigen Pfalzgrafen identifiziert werden. Depreux zufolge dürfte außerdem der gleichnamige Graf, der 836 zusammen mit Erzbischof OTGAR von Mainz, Bischof Hildi von Verdun und Graf Warin zu Lothar I. abgeordnet wurde, mit ADALGIS identisch sein[139].

---

133) KRAUSE II 140 = MANARESI Nr. †53 (Rom, 850. 4.) S. 176–187. Vgl. MGH Conc. 3, Anhang S. 495–502; BZ †68; BH †227; Jaffé³ †5406.

134) Literatur: PIVANO, Il "comitato" S. 11–61; PIVANO, Le famiglie comitali di Parma dal secolo IX all' XI S. 502–504; HLAWITSCHKA, Franken S. 110 f. und 299–309; DEPREUX, Prosopographie S. 74–76; BOUGARD, Les Supponides S. 384–391.

135) ChLA 93 Nr. 2 (Parma, 835. 1. 16.) S. 19–23, hier S. 22.

136) D Lo I. 25 (Sospiro, 835. 3. 7.) S. 98 f. KRAUSE II 102, und BOUGARD, La justice S. 395 f., deperd. Nr. 28, sehen diese drei Personen als *missi*. Keiner von ihnen hatte allerdings einen Missus-Titel. Sie wurden wahrscheinlich nicht „geschickt", weil Lothar und sein Hof sich in Sospiro, also sehr in der Nähe von Cremona aufhielten.

137) Lib. Pont. CIII, Vita Sergii c. 14, 2 S. 89; MGH Conc. 3 Nr. 5 S. 25 f.; AB a. 844 S. 45 f.; BZ 26 und 27. Hierzu siehe BOSO (III) in der Prosopographie.

138) Der Memorial- und Liturgiecodex von San Salvatore / Santa Giulia in Brescia, fol. 8r1.4 S. 148. Hierzu vgl. ebd. S. 59–65.

139) Vita et translatio s. Severi c. 2 S. 292.

ADALHARD (I) (Adalardus, Hadalhardus, Adalhardus, Adalhard)

Abt von Corbie (um 751/752 – †826. 1. 2.[140])

TÄTIGKEIT ALS KÖNIGSBOTE:

1) 806, Frühling: *missus* Karls des Großen in der Gegend um Lüttich mit FULRAD (II), UNROCH und HROCCULF (= KRAUSE I 63)

ADALHARD und drei weitere Missi waren damit beauftragt, in ihrem Missaticum die Durchsetzung der von früheren Missi bekanntgemachten Bestimmungen zu überprüfen und die Ergebnisse der Inspektion auf der nächsten Versammlung im kommenden April dem Kaiser vorzutragen. Deswegen forderten die Missi brieflich die Grafen dazu auf, sich an die bisher schriftlich und mündlich befohlenen Vorschriften zu erinnern und sie zu befolgen. In ihrem Rundschreiben teilten sie mit, dass sie den bisherigen Missus Abt RADO von St-Vaast durch ADALHARD und HROCCULF ersetzen mussten, weil dieser wegen Krankheit seine Aufgabe nicht mehr erfüllen konnte[141].

---

140) Zu seinem Todesdatum KASTEN, Adalhard S. 168 f.

141) MGH Capit. 1 Nr. 85 S. 183 f.; ECKHARDT, Die Kapitulariensammlung Nr. LXIV S. 99–102, hier S. 99 f.: *Diligendo nobis in Domino illo comiti Hadalhardus, Fulradus, Unrocus, Senhrocculfus, missi domni imperatoris, in Domino salutem. Non est incognitum bonitati uestrę, qualiter domnus imperator in istis partibus iniunctam nobis habuit legationem suam, Radoni scilicet, Fulrado et Unroco, ut nos, quantum ualuissemus, et Dei et suam uoluntatem in ipsa legatione agere decertaremus. Sed quia modo Rado ex partę infirmatus est et ac uice in ipsa legatione secundum quod necesse est ire non potest, placuit domno imperatori, ut Adalhardum et Hrocculfum in supradicta legatione adiungeret, qualiter omnes pariter secundum quod tunc ratio permittit uel necessitas docet, sicut predictum est, ad Dei et suam uoluntatem peragendam decertando laboremus. Nos igitur in ipsa legatione positi idcirco ad uos hanc direximus ępistolam, ut uobis et ex parte domni imperatoris iuberemus et ex nostra parte exortando precaremur, ut de omni re, quantum ad ministerium uestrum pertinet, tam ex his, que ad Dei cultum, quaquę ex his, que ad domni nostri seruitium seu ad christiani populi saluationem vel custodiam pertinet, totis uiribus agere studeatis. Preceptum est nobis omnino et omnibus reliquis missis a domino nostro, ut medio Apreli ei ueraciter renuntiemus, quid in regno suo ex his, que ipse in istis annis per missos suos fieri iussit, factum sit uel quid dimissum sit, ut facientibus gratias condignans reddat et non facientibus secundum quod ei placet increpationes meritas rependat. Et quid plura uobis exinde dicere possumus? non uult omnino, nisi ut aut sic adimpletum ei nunciemus, sicut iussit, et quicquid exinde dimissum sit et per cuius neglegentiam dimissum sit. Nunc autem admonemus uos, ut capitularia uestra relegatis et, queque uobis per*

2) 809. 11.: *missus* Karls des Großen nach Rom mit BERNHARIUS und JESSE (= –)

Nach der Synode im November zu Aachen wurden ADALHARD, Bischof BERNHARIUS von Worms und Bischof JESSE von Amiens mit dem Konzilsbeschluss nach Rom geschickt, um das Problem des „Filioque" mit dem Papst Leo III. zu diskutieren[142].

3) Ende 810/Anfang 811: *missus* Karls des Großen in Italien mit den anderen, anonymen Missi (= KRAUSE I 54)

Nach dem Tod des Königs Pippin von Italien (810) wurde ADALHARD von Corbie mit der Regentschaft des Langobardenreiches beauftragt. Unklar ist dabei, wann genau er von Karl nach Italien delegiert wurde[143]. Der Terminus ad quem ist Mai 811, näm-

---

uerba commendata sunt, recolatis et tale exinde certamen habere studeatis, pro quo et apud Deum mercedem et apud ipsum magnum dominum nostrum condignam retributionem suscipiatis. Dazu vgl. ECKHARDT, Die Kapitulariensammlung S. 33–37; KASTEN, Adalhard S. 60 f.

142) Ratio de symbolo fidei inter Leonem III papam et missos Caroli imperatoris, in: MGH Conc. 2, Suppl. 2 S. 287: *Incipit ratio, quae habita est de symbolo fidei in secretario beati Petri apostoli inter domnum Leonem sanctissimum et coangelicum papam urbis Romae et Bernarium atque Iesse episcopos seu Adalardum abbatem, missos domni Caroli imperatoris, per indictionem secundam. Lectis a praedictis missis per ordinem testimoniis atque a domno apostolico diligentissime auditis ait (sc. Leo) …*; ARF a. 809 S. 129: *His ita gestis imperator de Arduenna Aquas reversus mense Novembrio concilium habuit de processione Spiritus sancti, quam questionem Iohannes quidam monachus Hierosolimis primo commovit; cuius definiendae causa Bernharius episcopus Wormacensis et Adalhardus abbas monasterii Corbeiae Romam ad Leonem papam missi sunt*; Ann. Maxim., a. 809 S. 24: … *ob quam definiendam Bernharius episcopus et Adelhardus abba Romam ad Leonem papam missi sunt.* Vgl. auch Äußerungen der kaiserlichen Missi nach Rom bei der Disputation über „Filioque". Ratio de symbolo S. 287–294. Vgl. auch Leonis III. papae epp. Nr. 9 S. 67 f.; Jaffé³ 4878 (Anfang 810). Zur Aachener Synode vom November 809, der Ratio de symbolo fidei und anderen Dokumenten, vgl. KASTEN, Adalhard S. 63; HARTMANN, Die Synoden S. 126 f.; WILLJUNG, Einleitung, in: MGH Conc. 2, Suppl. 2 S. 1–232, bes. S. 108–116.

143) Translatio sancti Viti c. 3 S. 36–38: *Sed iam dicto abbati illo [sc. Adalhardo] in tempore commissa erat cura maxima, videlicet ut regnum Longobardorum gubernare deberet, donec filius Pippini Bernhardus nomine cresceret. Nam ipse Pippinus, Karoli regis filius, ante triennii tempus obierat et ideo praedictus abbas non potuit perficere quod cupierat, et per sexennii tempus tardatum est opus…* Trotz des Wortlauts der *Translatio* ist die Forschung der Meinung, dass ADALHARD nicht seit dem Regierungsantritt Bernhards 813, sondern schon etwa drei Jahre

lich der Termin der Gerichtssitzung ADALHARDs als Missus in Norditalien (siehe unten). Hier anzuführen ist ein von ADALHARD ausgestelltes Dokument von 813 für Nonantola, worin er sich als einer der *missi* bezeichnet, die Karl nach dem Tod Pippins zur Regierung Italiens dorthin aussandte[144]. Deswegen ist diese Regentschaft ADALHARDs in seine missatischen Tätigkeiten einzuordnen.

4) 811. 5.: *missus* Karls des Großen in Norditalien (Notantola/Modena?) (= KRAUSE II 41)

In einer späteren Urkunde von 898 ist eine Gerichtsversammlung unter dem Vorsitz ADALHARDs zitiert. Vor diesem Missus wurde die Entscheidung über den Streit um Güter in Solara zwischen dem Kloster Nonantola, dessen Abt PETRUS (I) war, und dem Bischof Giso von Modena zugunsten des Klosters gefällt[145].

5) 812. 3.: *missus* Karls des Großen in Pistoia (= KRAUSE I 58)

ADALHARD von Corbie stellte auf Klage des Abtes Ildepertus von S. Bartolomeo in Pistoia das Privileg des Klosters, das eine Befreiung vom Kriegsdienst sowie von anderen öffentlichen Abgaben beinhaltete und das das Kloster während Ildepertus' Vertreibung verloren hatte, erneut aus[146].

---

zuvor mit der Regentschaft in Italien beauftragt worden sei. Vgl. ebd. S. 38 Anm. 32; BM² 450c; KASTEN, Adalhard S. 68 f., die allerdings das unten genannte Dokument von 813 nicht behandelt.

144) CDL Nr. 88 Sp. 164–166, hier S. 164 = ChLA 88 Nr. 29 (813. 6. 4.) S. 110–115, hier S. 110: *Cum post obitum piae memmoriae domni Pippini regi domnus imperator Carolus missos suos ad procurandam Italiam dirigeret, ipsique opus si iniuctum, quantum domino largiente poterant, peragere decertarent, contigit inter cerera ut Adalhardus abbas, qui unus ex ipsis erat [...] Ideoque ego qui supra Adalhardus ...*

145) MANARESI, Dep. Nr. 10 S. 592, erwähnt in: MANARESI Nr. 106 (*Quingentas*, 898. 7.), hier S. 392–394, zitiert aus S. 392 f.: ... *iudicatum unum in quo continebatur inter cetera qualiter domnus Carolus piissimo rex direxit suum missum nomine Adelardus abbas, ut in eius elemosina unde contentio erat inter patres superscripti monasterii Nonantulani et Aecclesiae Montinensis et populo Solariensis de illis rebus et paludibus seu et rebus de curte Canetulo in fine Solarienses deliberarent [...] Et erat scriptum et firmatum per manu Martino notario et a testibus roboratum et firmatum ab eodem Adelardo abbate et misso* ... Vgl. BOUGARD, La justice S. 406, Deperd. Nr. 78; BZ 1061.

146) MANARESI Nr. 25 (Pistoia, 812. 3.) S. 77–80, hier S. 78–80: *Dum in Dei nomine ego Adalardus abbas, vassus [*korr. zu *missus?] domni Caroli imperatoris, residissem in civitate Pistoria singulorum hominum causas audiendum vel deliberandum, sedentes ibi insimul Vuilleradus episcopus, Bonifatius ducx(!), Poto et Leo iu-*

6) 813. 4.: *missus* Karls des Großen in Lucca (= KRAUSE I 62)

Als ein Priester namens Alpulus vor ADALHARD erschien und appellierte, dass Bischof Jakob von Lucca ihm ohne Gerichtsverfahren seine Kirche entzogen hatte, wies ADALHARD durch den örtlichen Grafen Bonifacius von Lucca (Vater des Missus BONIFACIUS von Lucca/Tuszien) diesen Bischof an, Alpulus' Fall mit einem anderen Bischof und weiteren Geistlichen kirchenrechtlich zu untersuchen[147].

7) vor und an dem 813. 6. 4.: *missus* Karls des Großen in Nonantola (= KRAUSE I 61)

Im Auftrag Karls besuchte ADALHARD das Kloster Nonantola, um sich sowohl um die religiösen als auch die materiellen Bedürfnisse des Klosters zu kümmern. Nachdem er von einem Tausch zwischen Nonantola und dem Kloster S. Salvatore in Brescia hörte, führte er Abt PETRUS (I) zum Hof. ADALHARD wurde vom Kaiser damit

---

dices et Bonifredus notarius domni regis [... vier Personen *...] et Petrus ducx missi domni Leoni pape [...] ibi adstantibus, veniens ibi Ildepertus abbas ex monasterio sancti Bartholomei fundato a quondam Gaidualdo medico prope muro ipsius civitatis Pistoriensi et detulit nobis ad relegendum monimen et missum ab ipsso quondam Gaidualdo medico, qui continebatur, qualiter manifestaverat, ipsso monasterio in suo proprio edificasset et res nominative ibi contulisset et statuit eam, ut [...] Hec nos audientes et congnoscentes(!) quomodo ipsse abbas iniuste de ipsso monasterio fuerat eiectus et per iudicium de superscripti missi inibi fuerat revocatum, paruit nobis ut, iusta statuta ipssius quondam Gaidualdi medico, dum ipsse heredes reliquid qui hostem facerent, ut abbas ipsius monasterii hostem facerent non debere, nec nullam paratam ad missos dominico(!), nec coniecto, nec aliqua dationem per condicione ad palatio. Ideoque ego cui super Adalardus missus domni inperatoris comendavi ex ipsius domini nostri auctoritate et de sua iussione, ut ad modo liceat ipsso abbate vel posteris eius ad ipssum monasterium cum ipsa congregatione servorum Dei ibidem gentibus Domino famulari et pro salutem dominis nostris Domini misericordiam exorare et ab hoste et parata seo coniecta aut dationes per conditionem a palatio solutos manerent, anteposito si aliter fuerit iussio regalis.*

147) MANARESI Nr. 26 S. 80–83, hier S. 81 = ChLA 73 Nr. 50 (Lucca, 813. 4.) S. 164–171, hier S. 165 f.: ... *ipse autem Alpulus abiit et interpellavit virum venerabilem Adalardum abbatem missum domni nostri Caroli magni imperatoris, ut nos ei ecclesiam nostram [......] Sancti Iusti sine iudicio tulissemus. Ipse autem Adalardus eum commendavit Bonifatjo inlustrissimo comitj nostro et per eum nobis demandavit ut cum alio episcopo simul et cum sacerdotibus coniungere deberemus et sic eum canonico ordine iudicare deberemus, sicut et factum est.* Zu dieser Angelegenheit im weiteren Kontext der Verflechtungen zwischen Tuszien und Korsika vgl. ESDERS, Die „Capitula de expeditione Corsicana" S. 117 f.

beauftragt, für den Tausch zu sorgen, den er angesichts der Abwesenheit PETRUS' wegen seiner Legation nach Konstantinopel mit einem Breve billigte. ADALHARD unterschrieb die Urkunde mit einem Subskriptionszeichen[148].

8) 814. 2.: *missus* Karls des Großen in Spoleto (= KRAUSE I 64)

Vor das Gericht, das ADALHARD von Corbie als Missus in Spoleto hielt, kamen zwei streitende Parteien, nämlich einerseits die des Klosters Farfa und andererseits Rumuald und sein Sohn Herfoald, die ihr Erbrecht über die dem Kloster von dem gestorbenen Leo geschenkten Güter behaupten wollten. Unter dem Vorsitz ADALHARDs fiel die Entscheidung aufgrund der vorgelegten Verträge zugunsten des Klosters aus. Rumuald und sein Sohn kamen zur nächsten Sitzung, die ADALHARD neben dem Pfalzgrafen Suppo und dem Markgrafen WINIGIS (I) von Spoleto abhielt, und erbaten *misericordia*. Der Streit endete schließlich mit einem Kompromiss und die betreffenden Güter wurden aufgeteilt[149]. Marios Costambeys

---

148) CDL Nr. 88 Sp. 164–166, hier S. 164 = ChLA 88 Nr. 29 (813. 6. 4.) S. 110–115, Zitat aus S. 110: *Cum post obitum piae memmoriae domni Pippini regi(!) domnus imperator Carolus missos suos ad procurandam Italiam dirigeret, ipsique opus si iniuctum, quantum domino largiente poterant, peragere decertarent, contigit inter cerera ut Adalhardus abbas, qui unus ex ipsis [sc. missis] erat, ad monasterio Nonantulam veniens et de singolis(!) necessitatibus illorum tam spiritualibus quamque et corporalibus cum eis conferens, dictum est ei ab illis, si aliquod concambium inter ipsum monasterium in civitate Brexia fierit, magna eis oportunitas et necesitas esset. Ideoque ego qui supra Adalhardus, tam pro ipsa quamque et pro ceteris eiusdem necessitatibus, venerabilem Petrum abbatem ipsius mecum adsumens in praesentia domni imperatoris aduxi*... Hierzu vgl. BOUGARD, Adalhard de Corbie S. 53 ff. (mit Transkription und Übersetzung der Urkunde S. 62–67).

149) MANARESI Nr. 28 (Spoleto, 814. 2.) S. 85–89, hier S. 86–88: *Cum venissem ego Adalhard abbas, missus domni imperatoris Karoli, civitatem Spoletium, et resedissem in iudicio in palatio cum Sigualdo, Gradigis et Hisemundo episcopis, Leone iudice domni regis, Fratello abbate [*... neun Personen ...*] Ibique veniens ad reclamandum Benedictus abbas monasterii sanctę Dei genitricis Marię, siti Sabinis, una cum Iohanne advocato suo, quod quidam Leo de Reate fecisset traditionem in eodem monasterio de rebus suis, et haberet exinde convenientiam factam cum Herfoald genero eiusdem Leonis, filio Rumualdi castaldii [...] sed modo contradicunt eis ipsas res, et non permittunt ipsum monasterium habere secundum suam obligationem [...] Et post relecta munimina ipsa, interrogavimus ipsum Rumuald et Herfuald, si aliquid adversus hęc dicere voluissent. Qui dixerunt [...] Hoc dicto fecimus eum [sc. Rumuald] dare guadiam suprascripto Iohanni advocato, ut componeret ad partem eiusdem monasterii secundum ipsam convenientiam [...] et data*

zufolge spiegelten sich hierin die damaligen sozio-politischen Umstände in der Sabina. Da der Vater und sein Sohn auf einer örtlichen Gerichtsversammlung wegen der Parteilichkeit der Beisitzer nicht das erwünschte Ergebnis erwarten konnten, wandten sie sich an den karolingischen Missus als die höhere Instanz. Schließlich appellierten sie an die mit dem Missus zusammenarbeitenden Magnaten, die kein parteiisches Interesse in der Sabina hatten, wodurch sie die Chance bekamen, nicht durch *justitia* – so Costambeys, trotz der mehrmals in den Kapitularien den Missi vorgeschriebenen Durchsetzung der *justitia* –, sondern durch einen Kompromiss den Konflikt beizulegen[150].

KURZBIOGRAPHIE[151]:

ADALHARD (I) war Enkel Karl Martells, da er das Kind von dessen illegitimem Sohn Bernhard und dessen fränkischer Frau war. Angesichts der ausführlichen Biographie von Brigitte Kasten beschränkte ich mich hier darauf, seine bemerkenswerten Tätigkeiten im Dienst der karolingischen Herrscher zu nennen[152]. Um 780/781 wurde er von Monte Cassino nach Corbie als Abt zurückgerufen[153]. Als Karl der Große seinen Sohn Pippin als König im Langobardenreich einsetzte und dorthin schickte, begleitete ADALHARD ihn wahrscheinlich als einer seiner Regenten und Erzieher – darunter auch ANGILBERT (I). Nachdem er spätestens um 790 wieder nördlich der Alpen

guadia ista, suspendimus causas ipsas usque ad alium diem. Et dum coniungeremur cum Suppone comite palatii, Guinichis et Heccidoe ducibus, et pertractaremus, quomodo aut qualiter finem inter eos fecissemus, venientes alio die in eodem palatio suprascripto comiti et ducibus per ordinem illorum causas, sicut actę fuerant, intimavimus. Et dum ipse Rumuald inventus fuisset culpabilis, cępit rogare misericordiam, ut eum non opprimerent, sicut poterant, de ipsis compositionibus […] Et cum ita factum fuisset, guadiaverunt inter se ipsi […] ut ambularent ad dividendas ipsas res eiusdem Leonis; et pars monasterii tolleret medietatem, quę fuerat portio eiusdem Leonis; et ipse Scaptolfus et Rumuald cum filio suo atque Mausione tutore eiusdem Liupae, tollerent medietatem secundum legem. Vgl. TAURINO, Osservazioni S. 81 f.

150) COSTAMBEYS, Power and patronage S. 126–129.

151) Literatur: KASTEN, Adalhard; HENNEBICQUE-LE JAN, Prosopographica S. 239 (Nr. 9); SETTIPANI, La préhistoire S. 355 f.; DEPREUX, Prosopographie S. 76–79; BOUGARD, Adalhard de Corbie; DAVIS, Inventing the *missi* S. 18–23; DE JONG, Epitaph S. 19–25.

152) Zur Beweisführung siehe KASTEN, Adalhard, passim.

153) KASTEN, Adalhard S. 42 f.

war, wurde er ein wichtiger Berater des Herrschers[154]. Auch nach der zweiten Delegation nach Italien nach dem Tod Pippins hatte er großen Einfluss bei Karl, wie die Legation 7 zeigt. Seine Erfahrungen unter Karl dürften sich in seinem Werk De ordine palatii widerspiegeln[155]. Nach dem Tod Karls aber fiel er, ähnlich wie Andere in der engeren Umgebung Karls, in Ungnade des neuen Kaisers Ludwig und wurde wahrscheinlich schon 814 ins Kloster Noirmoutier verbannt[156]. Deswegen wurde das Kloster Corvey, dessen Gründung ADALHARD jahrelang geplant hatte, 815 ohne seine Mitwirkung zuerst als eine kleine Zelle in *Hethis* gegründet. Aber die wesentliche Gründungsphase dieses Klosters begann 822, also erst nach seiner Rückkehr aus der Verbannung 821[157]. Für dieses Kloster bekam er Ludwigs Unterstützung[158] und spielte auf der Reichsversammlung von Attigny 822, auf der seine öffentliche Versöhnung mit dem Kaiser erfolgte, eine führende Rolle[159], sodass er seinen Einfluss am Hof zurückbekommen zu haben scheint[160]. Nach 822 wissen wir nichts Wesentliches mehr über seine politische Tätigkeit.

---

154) Translatio sancti Viti c. 3 S. 36, erzählt, ADALHARD sei *inter primos palatii atque consiliarios regis*. GLATTHAAR, Subjektiver und indirekter Stil, bes. S. 16 ff., sieht eine große Rolle ADALHARDs bei der Entstehung verschiedener Kapitularien in Karls Kaiserzeit, sowohl als Berater am Kaiserhof als auch als Regent in Italien. MCCORMICK, Charlemagne's survey S. 80 mit Anm. 18 und S. 142–157, betont außerdem die Rolle, die ADALHARD bei der Gesandtschaft von 808 ins Heiligen Land und nach Bagdad spielte. Zu dieser Gesandtschaft gehörte vielleicht HROCCULF.

155) Umstritten ist immer noch, wann ADALHALD diesen Traktat schrieb. Vgl. Hinkmar, De ordine palatii S. 10 f. und 18–20; BACHRACH, Adalhard; MCKITTERICK, Charlemagne S. 151–155; BOUGARD, Adalhard de Corbie S. 52.

156) Vita sancti Adalhardi c. 32 Sp. 1525 und c. 39 Sp. 1529 f. Kurz vorher nahm er 814 an der Synode von Noyon teil, die WULFAR von Reims abhielt. HRE II c. 18 S. 173 f. mit Anm. 34.

157) ARF a. 821 S. 156.

158) BM² 779 (Güterschenkung usw.), 780 (Immunität) und 924 (Mandat für Missus Bischof BADURAD von Paderborn bezüglich des Klosters Corvey); D LdF 226 (Ingelheim, 823. 7. 27.) S. 559–562, Nr. 227 (Ingelheim, 823. 7. 27.) S. 563–565 und Nr. 330 ([Worms, 833. 6.]) S. 815–817.

159) BM² 758a.

160) Vgl. Agobardi Lugdunensis opera omnia Nr. 6 S. 115–117, wo ADALHARD als Vermittler beim Herrscher erscheint.

ADALHARD (II) (Adalardus, Adalhardus, Adelard, Adhelardus)
Vasall, Pfalzgraf, dann Herzog von Spoleto (821–824)

TÄTIGKEIT ALS KÖNIGSBOTE:

1) 821. 8.: *missus* Ludwigs des Frommen in Norcia mit ALEDRAMNUS und LEO (I) (= KRAUSE I 81)

Der Graf ALEDRAMNUS von Troyes und die kaiserlichen Vasallen ADALHARD und LEO (I) wurden als kaiserliche Missi schriftlich damit beauftragt, den Konflikt zwischen dem Kloster Farfa und Herzog WINIGIS (I) von Spoleto bezüglich der von Letzterem durchgeführten Konfiskation des Klostergutes beizulegen. Grundlage hierfür war die vorherige Untersuchung durch die Bischöfe RATOLD (I) und NORTPERT sowie durch LEO (I) und das betreffende kaiserliche Schreiben. Die Entscheidung fiel zugunsten des Klosters aus. Überliefert ist auch eine Urkunde über die Restitution des betreffenden Gutes[161].

---

161) Reg. Farfa 2 Nr. 269 (= Doc. 251) S. 207 f. = MANARESI Nr. 32 (Norcia, 821. 8.) S. 98–103, hier S. 99–102: *Dum a pietate domni [...] Hludovici magni imperatoris a finibus Spoletanis directi fuissemus nos Aledram comes et Adelard seu Leo vassi et missi ipsius augusti singulorum hominum causas audiendas et deliberandas et coniunxissemus Nursię, residentibus nobiscum ibidem in iudicio una simul cum Guinigis et Gerard ducibus [... episcopis ... abbatibus ... vassis domini imperatoris ... castaldiis ... et al.], retulit nobis ipse Ingoald abbas cum Audulfo advocato monasterii eius sanctę Marię sito in Acutiano: „Pręterito anno, quando fui in servitio domni imperatoris Francię, suggessi eius excellentię, eo quod quidam homo nomine Paulus cum coniuge sua Tassila se optulit in monasterio nostro sanctę Marię cum rebus suis et habuit per pręceptum Hildeprand ducis concessas res in finibus Spoletanis vivente ipso Paulo, et post eius mortem ipsas res pars monasterii nostri habuit usque illam diem, qua iste Guinigis ipsas res a parte ipsius monasterii tollere fecit iniuste per Hildericum castaldium suum de Reate. Tunc pręcepit ipse princeps Rothald et Nortepert ępiscopis seu isti Leoni, ut causam ipsam inquirerent et legibus iudicarent. Et, cum coniunxissent Spoletio, cępit quęrere iste Audulfus meus advocatus, quod iste Guinigis iniuste ipsas res ad regiam partem invasisset. [...* Darstellung der vorherigen Verhandlung *...] Unde quęrimus ut nobis iustitiam fieri iubeatis, sicut tibi Leoni domnus imperator in verbis commendavit et ecce indiculum domni imperatoris vobis exinde directum.“ Et cum illud nobis relegi fecissemus, continebatur in eo qualiter iusserit ipse princeps suprascriptis Aledramno et Leoni ut sine marriotione ei de omni causa quam cum Guinigis habebamus et mota fuerat vel inquisita in pręsentia suprascriptorum Rathaldi et Norteperti ępiscoporum vel aliorum hominum plęnam iustitiam facere ficissemus, ut ad eius aures amplius ei exinde non fuisset opus inquietare. [...] Deinde fecimus nos missi relegi cartulam ipsam, qualiter Paulus cum ipsa coniuge sua suas res per nominata loca*

2) 821 (fast gleichzeitig wie Legation 1): *missus* Ludwigs des Frommen in Italien (auch in Norcia?) mit ALEDRAMNUS und LEO (I) (= –)

Die Missi ALEDRAMNUS, ADALHARD und LEO (I) behandelten auch eine Klage des Klosters Farfa wegen anderer Klostergüter, die von einem gewissen Gemmolus und einer gewissen Maurica geschenkt wurden, aber von WINIGIS konfisziert wurden. Auch diese Entscheidung fiel zugunsten des Klosters aus[162]. Der Kaiser bestä-

---

in ipso contulisset monasterio et tradidisset. Iterum et fecimus nobis relegi primum prȩceptum quod Hildeprand dux in eundem Paulum emiserat, ubi continebatur qualiter donaverat ei casas tredecim [...] Deinde fecimus relegi illud prȩceptum confirmationis domni Hludovici imperatoris, qualiter [...] Et cum relecta fuissent, interrogavimus ipsum Guinigisum ducem per qualem rationem res Pauli aut eius coniugis ad regiam partem defendere vellet, aut forsitan haberet exinde amplius testes qualiter ipsas res defendere posset. Qui dixit: „[...] et per nullam reationem ipsas res ad regiam partem tenere possum cum lege [...]" Professione hac facta [...] fecimus revestire exinde ab eodem Guinigiso duce prȩdictum Ingoaldum abbatem et Audulfum eius advocatum de ipsis rebus prȩdicti Pauli et coniugis eius, quas ad regiam partem tenebat, ad partem ipsius monasterii sanctȩ Mariȩ. Et missos eis deputavit Ioseph et Sigefrit seu Theodipert castaldios, qui eos in ipsas res intromitterent. Et finitum est. [...] Et ego quidem Paulus notarius domni regis scripsi [...] Signum manus suprascripti Aledrammni missi, qui interfui. Signum manus suprascripti Adelardi missi, qui interfui. Leo missus domni imperatoris concordans subscripsi. Vgl. Reg. Farfa 2 Nr. 268 (= Doc. 250) S. 207: *Breve memoratorium qualiter uenit Teudipertus castaldius de Eciculis per iussionem missorum domni imperatoris Hludovici, idest Adelramnj et Adhelardi et Leonis, seu Guinichis ducis, et retradidit ad partem monasterii sanctae Mariae, seu domni Ingoaldi abbatis eiusdem monasterii, seu mansionem advocatum curtem in Pitte, cum omnibus ad eam pertinentibus* ... Zu dieser Legation vgl. TAURINO, Osservazioni S. 82–85.

162) BM² 766; Exzerpt in: MANARESI, Dep. Nr. 4 S. 589; Reg. Farfa 2 Nr. 282 (= Doc. 267) S. 218 = D LdF 215 (Worms, 822. 11. 6.) S. 529 f., hier S. 530: ... *vir venerabilis Ingoaldus abba ex monasterio sanctȩ Mariȩ semper virginis, quod est situm in territorio Sabinensi, detulit serenitati nostrȩ duo iudicia evindicata, quȩ ante Aledramnum et Adalardum seu et Leonem missos nostros facta fuerunt et eorum manibus roborata erant. Continebatur in uno, qualiter advocatus ipsius monasterii interpellasset Guinegisum ducem de rebus, quas quidam homo nomine Paulus et coniux sua eidem monasterio contulerant, et ipse Guinigisus easdem res de potestate ipsius monasterii abstraxisset et ad partem publicam eas revocasset. Continebatur etiam in alio, qualiter idem advocatus eundem Guinigisum ante predictos missos interpellaverat de rebus, quas quidam homines, Gemmolus videlicet et Maurica, ad ipsum delegaverant monasterium et idem Guinigisus eas exinde abstraxerat et iniuste parti publicȩ sociasset. Sed cum idem missi hanc causam veracit-*

tigte auf Bitte des Abtes urkundlich die Ergebnisse der beiden missatischen Richtertätigkeiten[163].

*3) 823 Sommer: (*missus*) Ludwigs des Frommen in Italien (= KRAUSE I 84)[164]

Nachdem Lothar I. aus Italien zurückgekehrt war, sandte Kaiser Ludwig seinen Pfalzgrafen ADALHARD wieder nach Italien, um dort unter Mitwirkung des Grafen Mauringus von Brescia die von Lothar in Gang gesetzte „Gerechtigkeit" durchzusetzen[165]. Die Reichsannalen stellen allerdings nicht eindeutig dar, dass ADALHARD „als Missus" geschickt wurde, im Gegensatz zu den Legationen von ADALHARD (I).

4) 823 Sommer(?)/spätestens vor 824. 12.: *missus* Ludwigs des Frommen in Italien (nahe Nonantula, Fiesso oder Reggio?) (= –)

Im Placitum WALAs* vom Dezember 824 ist erwähnt, dass ADALHARD vorher auf seiner Gerichtsversammlung zusammen mit Kapellan Magnus und LEO (I), die auch bei der Gerichtssitzung von 824 anwesend waren, eine Entscheidung über den Streit zwischen den Bewohnern von Fiesso und dem Kloster Nonantola um Fischteiche und Weiden im Grenzgebiet von Reggio und Fiesso zugunsten

---

er inquisissent et predictus Guinigisus coram illis astans nullam vęram auctoritatem ostendere potuisset, qualiter illas legibus defendere posset, iudicatum est illi, ut eas eidem advocato ad partem predicti monasterii secundum legem redderet, quod ita et fecit.

163) BM² 766; Reg. Farfa 2 Nr. 282 (= Doc. 267) S. 218 = D LdF 215 (Worms, 822. 11. 6.) S. 529 f. Vgl. Reg. Farfa 2 Nr. 298 (= Doc. 282bis) S. 233–238 = D Lo I. 51 (Chagny, 840. 12. 15.), 146–153, hier S. 151, wobei es sich um die hier behandelten zwei missatischen Rechtssprüche handelt, obwohl nur ALEDRAMNUS und LEO genannt sind: … *et res, quas advocatus predicti Ingoaldi abbatis, predecessoris scilicet Sichardi venerabilis abbatis, in presentia Adeldramni seu Leonis missorum quorundam genitoris nostri super Guinigisum quondam ducem legibus conquisivit et iudicia evindicata exinde accepit, id est res, quas Paulus et coniunx sua sive Gemmulus et Maurica ad idem delegaverunt monasterium…*

164) Viktor Krause entnimmt dem Text der Reichsannalen, dass auch Graf Maringus bei dieser Gelegenheit zum Missus ernannt worden sei. Ich stimme seiner Meinung nicht zu.

165) ARF a. 823 S. 161: *Qui cum imperatori de iustitiis in Italia a se partim factis partim inchoatis fecisset indicium, missus est in Italiam Adalhardus comes palatii, iussumque est, ut Mauringum Brixiae comitem secum adsumeret et inchoatas iustitias perficere curaret.*

des Klosters gefällt hatte[166]. Philippe Depreux datiert diese Sitzung auf 822, indem er diese Mission in Beziehung zur Tätigkeit WALAs* in Italien setzt. Depreux meint, dass ADALHARD zusammen mit WALA* diese Sitzung abgehalten hätte, aber im Text gibt es keinerlei Anhaltspunkte dafür[167]. Mir scheint die Datierung François Bougards überzeugend: er datiert diese Mission in den Sommer 823 (sonst grob zwischen Juni 823 und Dezember 824), im Hinblick auf die Legation *3 im Sommer 823[168]. Dass WALA* und ADALHALD den beiden Sitzungen, die in der betreffenden Urkunde dargestellt werden, nicht gemeinsam vorsaßen, dürfte dadurch erklärt werden, dass sie nicht gleichzeitig in Italien mit der kaiserlichen Mission beauftragt wurden[169].

KURZBIOGRAPHIE[170]:

Bei seiner Legation von 821 war ADALHARD (II) noch kaiserlicher Vasall, bei der Legation von 823 wurde er hingegen als Pfalzgraf bezeichnet. Während seiner Amtszeit als Pfalzgraf unterstützte er zusammen mit seinem Amtskollegen Geboin EINHARD* bei seiner Beschwerde vor dem Kaiser über eine Angelegenheit eines seiner *homines*[171]. Nach dem Tode Herzog Suppos wurde ADALHARD 824 in den Ducatus von Spoleto eingesetzt. Aber nach fünf Monaten starb er an hohem Fieber[172].

---

166) MANARESI, Dep. Nr. 12 S. 593 = MANARESI Nr. 36 S. 111: … *Quam cum relegi fecissemus, continebatur, qualiter presentia Adalhardi comitis palatii, missi domni imperatoris, et nostra Magni seu Leonis et reliquorum iudicum vel bonorum hominum ipse Raginaldus advocatus ad partem predicti monasterii [*…Textverlust…*]ambos ipsos Martionos vel ceteros eorum consortes per precepta regum et iudicata vel illorum professionem exinde vicerat.*

167) DEPREUX, Prosopographie S. 79 und 391 f.

168) BOUGARD, La justice S. 406, Deperd. Nr. 80.

169) Anders: WEINRICH, Wala S. 49.

170) Literatur: HLAWITSCHKA, Franken S. 29 Anm. 20; DEPREUX, Prosopographie S. 79 f.

171) Einharti epistolae Nr. 7 (vor 830?) S. 112 = Einhards Briefe Nr. 11 (vor 824) S. 92 f. Karl Hampe datiert diesen Brief grob *ante 830*. Er muss aber vor dem Tod ADALHARDs, also vor 824 entstanden sein. DEPREUX, Prosopographie S. 80 und 209; Einhards Briefe S. 93.

172) ARF a. 824 S. 166.

ADALHARD (III) (Adalardus)
Abt von St-Bertin (846–864)

TÄTIGKEIT ALS KÖNIGSBOTE:

1) 853. 11.: *missus* Karls des Kahlen in Noyon, Vermand, Arras, Courtrai, Flandern, Grafschaften Engilrams und Grafschaften WALTCAUDs mit IMMO (II), WALTCAUD und ODALRICUS (II) (= KRAUSE I 139)

ADALHARD war einer der Missi im nördlichsten Missaticum des Westfrankenreichs am Ärmelkanal[173].

2) 856. 7. 7.: *missus* Karls des Kahlen in Neustrien/Aquitanien mit RUDOLF, ADALGAR (I), RICHUIN und BERENGAR (II) (= –)

Am 7. Juli 856 sandte Karl seine Missi mit einer Kapitelliste zu den rebellischen Franken und Aquitaniern zwecks Vermittlung zwischen ihnen und dem König[174].

*3) nach 856. 9. 1.: (*missus*) Karls des Kahlen in Neustrien/Aquitanien mit RICHUIN, RUDOLF und BERENGAR (II) (= –)

Als dritte Verhandlungskommission wurden vier Missi, deren Mitglieder fast dieselben wie bei der ersten vom 7. Juli waren, mit einer neuen Kapitelliste an die Franken und Aquitanier ausgeschickt[175].

*4) 856. 9. 1. – 10. 10.: (*missus*) Karls des Kahlen in Neustrien/Aquitanien mit HINKMAR (I), IRMINFRID, RUDOLF, RICHUIN und BERENGAR (II) (= –)

Zur vierten Verhandlungskommission gegen die ungehorsamen Franken und Aquitanier zählten HINKMAR (I) von Reims und IRMINFRID von Beauvais neben den vier Missi der dritten Delegation[176].

---

173) MGH Capit. 2 Nr. 260 S. 275: 3. *Immo episcopus, Adalardus abba, Waltcaudus, Odelricus missi in Noviomiso, Vermendiso, Adertiso, Curtriciso, Flandra, comitatibus Engilramni et in comitatibus Waltcaudi.*

174) MGH Capit. 2 Nr. 262 S. 279–281, hier S. 279. Siehe den Text bei ADALGAR (I).

175) MGH Capit. 2 Nr. 264 S. 283 f., hier S. 283: *Istum missaticum transmisit domnus rex gloriosus Karolus per Adalardum abbatem et Richuinum et Rodulfum et Berengarium.*

176) MGH Capit. 2 Nr. 265 S. 284 f., hier S. 284: *Istum missaticum transmisit rex per Hincmarum et Yrminfridum episcopos et per Adalardum abbatem et Rodulfum et Richuinum et Berengarium.*

KURZBIOGRAPHIE[177]:
Karl Ferdinand Werner zählt ADALHARD (III) zu den Unruochingern. Als Kind wurde er von seinem Vater als Oblate dem Kloster St-Bertin übergeben, zu dessen Abt er 846 wurde[178]. Im Juli 858 reiste ADALHARD zusammen mit Grafen ODO (II) von Troyes ins Ostfrankenreich, um Ludwig den Deutschen nach Westen zu rufen[179]. Wegen dieser Untreue verlor ADALHARD 859 seine Abtei[180]. 861 wurde ihm diese zurückgegeben, aber er starb bereits 864[181].

ADALHARD (IV) (Adelardus)

Graf, Pfalzgraf (871–882/884)

TÄTIGKEIT ALS KÖNIGSBOTE:
866–875: *missus* Karls des Kahlen in Autun mit LIUDO (= KRAUSE I 162)

Bischof LIUDO von Autun und Graf ADALHARD führten auf ihrer Gerichtsversammlung eine Inquisition über den Streit zwischen Erzbischof Wulfad von Bourges und dem Grafen ECCHARDUS von Mâcon durch. Interessanterweise bezeugten die Versammelten einerseits gemäß dem dem König gelobten Treueid, andererseits gemäß dem im Taufritus enthaltenen Glaubenbekenntnis[182].
KURZBIOGRAPHIE[183]:
Nach der genealogischen Rekonstruktion durch Werner war ADALHARD (IV) Vater der zweiten Gemahlin Ludwigs des Stammlers,

177) Literatur: WERNER, Bedeutende Adelsfamilien S. 73 f.
178) Cart. St-Bertin Nr. 9 S. 92 f.; Gesta abbatum S. Bertini c. 58 S. 618.
179) AF a. 868 S. 49.
180) Cart. St-Bertin Nr. 36 S. 107; Gesta abbatum S. Bertini c. 64 S. 619.
181) Cart. St-Bertin Nr. 38 S. 109 f.; Gesta abbatum S. Bertini c. 66 S. 620.
182) UB Saint-Benoît-sur-Loire Nr. 24 (Mont, 866–875) S. 57–59: *Inquisitum cum exemplaribus de cartis quem fecerunt Leudo et Adelardus comes inter Vulfaldum et Heccardum de villa Pariciaco. Venerunt Leudo episcopus et Adelardus comes, missi dominici, in comitatu Augustidunense, in villa quae dicitur in Monte, et fecerunt ibi venire ipsos pagenses nobiliores et caeteris quampluris de jam dicto comitatu per bannum domni regis, et fecerunt requistum inter Vulfaldum episcopum et Heccardum comitem, per illos quem Vulfaldus ibi denominavit vel per caeteros, per illum sacramentum quem domni Karolo rege habebant jurata et per illam professionem quam in baptismo promiserunt ut veritatem dixissent de villa quae dicitur Patriciacus, quem Vulfaldus dicebat quod de sua ecclesia essere(!) debebat…*
183) Literatur: WERNER, Nachkommen S. 429–441; NELSON, Dispute settlement S. 53–55; NELSON, Charles the Bald S. 232 f., 246–251 und 266.

Adelheid. 871 wurden die seinem Oheim Eberhard entzogenen Güter im Mâconnais vom König zurückgegeben[184]. ADALHARD hatte also seine Machtbasis in Burgund. Während des letzten Italienzugs Karls des Kahlen blieb ADALHARD in der Francia als „Siegelbewahrer“ bei Ludwig dem Stammler, wobei er als *comes palatii* bezeichnet wurde[185]. Er war noch unter Karlmann II., Sohn Ludwigs, tätig[186].

ADALHELM (Adalhelmus)

Missus, dann Erzbischof von Bordeaux (816–828/829)

TÄTIGKEIT ALS KÖNIGSBOTE:

816: *missus* Ludwigs des Frommen in Bordeaux (= KRAUSE II 62)

Er ist einer der Missi, die einen Brief Ludwigs und den authentischen Text der Aachener Institutio canonicorum an Sichar von Bordeaux überbrachten[187].

KURZBIOGRAPHIE[188]:

Daniel Carlo Pangerl setzt ADALHELM mit dem späteren Erzbischof von Bordeaux gleich. Über diesen Erzbischof ist aber nur weniges bekannt. Im Rundschreiben Ludwigs des Frommen und Lothars an die Bischöfe erscheint er als Erzbischof von Bordeaux. So wird seine Bischofserhebung vor der Jahreswende 828/829 datiert[189].

ADALOCH (Adallohus, Adallahus)

Bischof von Straßburg (816–820)

TÄTIGKEIT ALS KÖNIGSBOTE:

820, vor 4. 27.: *missus* Ludwigs des Frommen in Italien (Piacenza) mit HARTMANN (= KRAUSE I 77 = II 72)

Ludwig beauftragte ADALOCH und HARTMANN mit einer Untersuchung (*inquisitio*) der Restituierung des Klosters Gravago an die Kirche von Piacenza[190].

184) D KdK Nr. 347 (Servais, 871. 6. 8.), 2 S. 272–274. Die Konfiskation war durch ODO (II) vollzogen worden.

185) MGH Capit. 2 Nr. 281 c. 17 S. 359.

186) D Karlmann II (W) 91 (882. 9. – 884. 12. 10.) S. 229 f.

187) MGH Conc. 2,1 Nr. 39, C. hier S. 458–460. Siehe ERMENFREDUS in der Prosopographie.

188) Literatur: Fastes 2, 62; PANGERL, Metropolitanverfassung S. 91, 310 Anm. 69 und S. 319.

189) MGH Capit. 2 Nr. 184 S. 2; ebd. Nr. 185 B S. 6.

190) BM² 715; D LdF 176 (Aachen, 820. 4. 27.) S. 436–438, hier S. 437: *Quam rem*

KURZBIOGRAPHIE[191]:
Seine Erhebung zum Bischof von Straßburg kann nicht genau datiert werden. ADALOCH bekam 816 eine Urkunde Ludwigs für seine Kirche zur Besitzbestätigung[192]. Um dieselbe Zeit bestätigte Ludwig der Kirche von Straßburg die Immunität mit Königsschutz[193]. Philippe Depreux vermutet, dass ADALOCH und HARTMANN schon vor ihrer belegten Legation in Italien gewesen seien[194]: Der Text der Urkunde von 820 erlaubt diese Auffassung[195]. Er war im September 820 bei der Reichsversammlung in Quierzy anwesend[196]. Nach diesem Ereignis, aber vor Juni 823, verstarb er[197].

ADALROCH (Adalroch, Adalrochus, Adelrochus)

Graf (867–880)

TÄTIGKEIT ALS KÖNIGSBOTE:
880. 4.: *missus* Karls III. in Turin mit GRAUSO (= KRAUSE II 176)

Nachdem das ordentliche Gericht des Grafen Suppo[198] den Rechtsstreit zwischen dem Kloster Novalesa und einem gewissen Maurinus über seine Hörigkeit nicht beenden konnte, wurden Graf ADALROCH und der kaiserliche Judex GRAUSO als kaiserliche Missi nach Turin abgeordnet und hatten bei der Gerichtssitzung Suppos den Beisitz. Nach der Untersuchung fiel das Urteil zugunsten des Klosters aus. Aber dieser Streit wurde damit nicht beendet. Das Placi-

---

iussimus missis nostris Adallaho venerabili episcopo et Hartmanno comiti, quos ad iustitias faciendas in Italiam misimus, diligenti inquisitione investigare et nobis, si ita verum esset, renunciare. Hanc causam subtiliter investigatam detulerunt iamdicti missi nostri ad nostram notitiam et eam quanta potuerunt subtilitate nobis exposuerunt.

191) Literatur: Reg. Strassburg S. 230–232; HLAWITSCHKA, Franken S. 29; DEPREUX, Prosopographie S. 82 f.

192) BM² 627; D LdF 106 (Aachen, 816. 8. 28.) S. 254–256.

193) D LdF Dep. 196 ([816–817]) S. 1158 f.

194) Seit 819? Vgl. MGH Capit. 1. Nr. 137–141 und oben Kapitel 2, § 2, 1, iv, zur Legation 818/819.

195) D LdF 176 (Aachen, 820. 4. 27.) S. 436–438, hier S. 437: ... *quos ad iustitias faciendas in Italiam misimus...*, also nicht nur wegen der Angelegenheit von 820.

196) Trad. Weissenburg Nr. 69 (Quierzy, 820. 9. 2. Tauschvertrag zwischen HUGO [I] von Tours und BERNHARIUS von Worms), hier S. 271.

197) Reg. Strassburg Nr. 69 S. 281 f..

198) Zu ihm vgl. HLAWITSCHKA, Franken S. 269–271, als Suppo (II.). Im Gegensatz zu Hlawitschkas Auffassung ist Suppo hierbei nicht als Missus bezeichnet.

tum dieser Sitzung wurde im November desselben Jahres am Hofgericht vor Karl als Beweis vorgelegt und ist nur in der Gerichtsurkunde des Hofgerichts zitiert überliefert[199].

KURZBIOGRAPHIE[200]:

ADALROCH wird von Eduard Hlawitschka mit einem *Adalroch nepos noster* identifiziert, der 867 in *comitatu Tarvisiano*, nämlich in der Gegend von Treviso, bei der Anfertigung des Testaments des Markgrafen EBERHARD (II) von Friaul anwesend war[201]. Damit ist er den Unruochingern zuzuordnen.

ADALUNG (Adalungus, Adalongus, Adalunc, Adelungus)

Abt von Lorsch und St-Vaast (804 – †838. 8. 24.[202])

TÄTIGKEIT ALS KÖNIGSBOTE:

1) 823: *missus* Ludwigs des Frommen in Rom mit HUNFRID (I) (= KRAUSE II 79a)

Nach dem Empfang der Nachricht, dass zwei römische Geistliche wegen ihrer Treue zu Lothar auf Befehl des Papstes getötet worden seien, entschied sich der Kaiser, seine Missi nach Rom zu delegieren. Vor der Absendung kamen die päpstlichen Gesandten mit der Rechtfertigungsbotschaft des Papstes. Nachdem Ludwig sich mit ihnen getroffen hatte, wurden die zwei kaiserlichen Missi, Abt ADALUNG von St-Vaast und Graf HUNFRID, die beide an der Versammlung in Frankfurt teilnahmen, zur Untersuchung nach Rom abgeordnet. Sie

199) MANARESI, Dep. Nr. 17 S. 595, inseriert in: MANARESI Nr. 89 (880. 11.) S. 318–322 (= D Ka III. 25 S. 41–43), hier S. 321 f.: *In constituta die, dum resedisset ipse Suppo illuster comes in predicta civitate Taurinis in curte ducati una simul cum Adalrocho comes et Grauso iudex, missi directi domni Karoli regi, in placito publico singulis hominibus causas audiendas et iustitias faciendas, resedissent cum eis* … *[*11 Personen*]* *et reliqui multis, ibique in eorum venisset presencia Amblulfus aba cum iam dicto Rodericus advocato prefati monasterii* … *Cum taliter professus et manifestus fuisset, rectum eorum iudicum et scavinorum paruisset esse et iudicassent, ut a modo et in antea fuisset servus sancti Petri ipsius monasterii iuxta sua professione. Erat notitia ipsa firmata ab Supponem comes et ab Adelrochum comes et Grausonem missi et ab Amolus episcopus et ab scavinis atque a ceteris nobiles homines et scripta per manus Iohanni notario et emissa* … Vgl. BZ 617 und 633.

200) Literatur: HLAWITSCHKA, Franken S. 113; MACLEAN, Kingship and politics S. 71.

201) Cart. Cysoing Nr. 1 (867. 12. 16.) S. 1–5, hier S. 5.

202) Zu seinem Todesdatum DEPREUX, Prosopographie S. 85 f.

kamen im November anlässlich der Reichsversammlung von Compiègne zurück und erstatteten dem Kaiser Bericht über die Umstände[203].
*2) 834. 6. 24.[204]: im Auftrag Ludwigs des Frommen auf dem „Lügenfeld" (= –)

Thegan berichtet einen Geschenkaustausch zwischen Ludwig und Papst Gregor IV. nach ihrem Gespräch auf dem „Lügenfeld", wobei der Kaiser dem Papst durch den ehrwürdigen Abt und Priester ADALUNG das königliche Geschenk überreichte[205].

KURZBIOGRAPHIE: [206]

ADALUNG ist seit 804 als Abt von Lorsch belegt[207]. Von Thegan wird er als *abbas et presbyter* bezeichnet. Um 808/809 wurde er Abt

---

203) ARF a. 823 S. 161 f.: *Nuntiatum est etiam, Theodorum sanctae Romanae ecclesiae primicerium et Leonem nomenclatorem, generum eius, in patriarchio Lateranense primo excaecatos ac deinde fuisse decollatos et hoc eis ob hoc contigisse, quod se in omnibus fideliter erga partes Hlotharii iuvenis imperatoris agerent; erant et, qui dicerent, vel iussu vel consilio Paschalis pontificis rem fuisse perpetratam. Ad quod explorandum ac diligenter investigandum missi sunt Adalungus abbas monasterii sancti Vedasti et Hunfridus comes Curiensis. Sed antequam illi fuissent profecti, venerunt legati Paschalis pontificis, Iohannes episcopus Silvaecandidae et Benedictus archidiaconus sanctae sedis apostolicae, rogantes imperatorem, ut illam infamiam a pontifice auferret, qua ille in memoratorum hominum necem consensisse credebatur. Quibus cum ille, iuxta quod ratio postulabat, respondisset eosque dimisisset, praedictos legatos suos ad investigandam rei veritatem, sicut prius disposuit, Romam ire praecepit [...] Legati Romam venientes rei gestae certitudinem adsequi non potuerunt, quia Paschalis pontifex et se ab huius facti communione cum magno episcoporum numero iureiurando purificavit et interfectores praedictorum hominum, quia de familia sancti Petri erant, summopere defendens mortuos velut maiestatis reos condemnabat, iure caesos pronuntiavit atque ob hoc cum praedictis, qui ad eum missi fuerant, legatis Iohannem Silvaecandidae episcopum et Sergium bibliothecarium, Quirinum quoque subdiaconum ac Leonem magistrum militum ad imperatorem misit. Qui cum tam per illos quam per suos legatos de sacramento pontificis et excusatione reorum comperisset, nihil sibi ultra in hoc negotio faciendum ratus, memoratum Iohannem episcopum et socios eius ad pontificem dato conveniente responso remisit.* Vgl. Astronomus c. 37 S. 416–420; Thegan c. 30 S. 218.

204) BM² 925c.

205) Thegan c. 42 S. 228: *Postquam uterque rediit ad tabernaculum, misit imperator dona regalia per Adalungum venerabilem abbatem atque presbyterum supradicto pontifici.*

206) Literatur: DEPREUX, Prosopographie S. 84–86.

207) Cod. Laures. 1, Chronik c. 17 S. 294.

von St-Vaast[208]. Er war einer der Zeugen des Testaments Karls des Großen[209]. 815 erhielt er zwei Urkunden Ludwigs des Frommen für sein Kloster Lorsch[210]. Auf der Reichsversammlung von Frankfurt im Juni 823 schenkte der Kaiser dem Kloster Lorsch Besitz – von der aus ADALUNG mit HUNFRID nach Rom geschickt wurde[211]. Zuletzt ist er als Abt von Lorsch am 23. Juli 837 belegt[212].

ADALWIN (Adaluuinus)

Bischof von Regensburg (791–816)

TÄTIGKEIT ALS KÖNIGSBOTE:

1) 802. 6. 11.: *missus* Karls des Großen in Regensburg mit ARN, AUDULF, DEOTKER und WERNER (II) (= KRAUSE I 29)

Er war einer der Vorsitzenden einer Gerichtsversammlung in Regensburg, wo der Streit zwischen den Geschwistern Kundperht und seiner Schwester, der Nonne Engilfrit, einerseits und der Freisinger Kirche andererseits über Besitz zugunsten der Bischofskirche entschieden wurde[213].

2) 802. 8. 4.: *missus* Karls des Großen in Freising mit ARN (= KRAUSE I 30)

Als die kaiserlichen Missi ARN von Salzburg und ADALWIN von Regensburg zusammen mit dem Judex ORENDIL und dem Grafen Reginhard eine Gerichtsversammlung hielten, kam der Vogt Lantfrid des Freisinger Bischofs ATTO und klagte, dass ein anderer Lantfrid sich widerrechtlich den Besitz des Klosters Schlehdorf ange-

---

208) Chronicon Vedastinum a. 808 S. 707.

209) Vita Karoli S. 84.

210) BM² 576 und 577; D LdF 57 (Aachen, 815. 3. 5.) und Nr. 58 (Aachen, 815. 3. 5.) S. 144–148.

211) BM² 777; D LdF 224 (Frankfurt, 823. 6. 22.) S. 551–553.

212) Cod. Laures. 3 Nr. 2328 S. 21.

213) Trad. Freising Nr. 183 (Regensburg, 802. 6. 11.) S. 174: *Dum resedissent missi serenissimi augusti Arnone scilicet archiepiscopo, Audulfo comiti, Adaluuino episcopo, Deotkero abbate atque Uuerinhario comite in loco qui dicitur Reganespuruch ad universorum causas audiendas vel recta iudicia terminanda ibique adveniens quedam femina nomine Engilfrit deo sacrata advocato Attoni episcopi nomine Kaganhart interpellabat, pariter et germanus suus Kundperht, dum dicerent […] Tunc ipsi praefati missi hanc causam puriter et diligenter inquirentes invenerunt, qualiter cum VII sacramentales coram Audulfo comite ad Feldum confirmatum fuit, quod plus legitime staret in dato supradicto viro ad ipsam ecclesiam quam eis reddere in hereditatem. Et statim diffinitum est in ipso placito …*

eignet hätte. ATTO war Abt dieses Klosters. Nach der gerichtlichen Untersuchung vermittelten die Missi zwischen den streitenden Parteien. Während Lantfrids Erbrecht auf einen Teil des betreffenden Besitzes, den sein Vater dem Kloster geschenkt hatte, anerkannt wurde, verzichtete er auf den übrigen Teil[214] und gab ihn zurück[215].

3) 802. 8. 4.: *missus* Karls des Großen in Freising mit ARN und ORENDIL (= KRAUSE I 31)

Auf derselben Gerichtsversammlung der Legation 2, wobei allerdings nicht nur ARN und ADALWIN, sondern auch ORENDIL als kaiserliche Missi auftraten, wurde ein Streit zwischen der Freisinger Kirche, vertreten vom Vogt Lantfrid, und einem gewissen Reginpert um einen zur Kirche in Schlehdorf gehörenden Besitz verhandelt. Auf dieser Sitzung wurde das Inquisitionsverfahren aufgrund des im selben Jahr dem Kaiser geleisteten Treueides durchgeführt und die Ent-

---

214) Trad. Freising Nr. 184b (Freising, 802. 8. 4.) S. 175–177: *Resedentibus missi serenissimi Caroli augusti Arnoni videlicet archiepiscopo necnon et Adaluuino antestite in loco qui dicitur Frigisingas ad universas causas exactandas ibique de praesente veniens advocatus Attoni episcopo nomine Lantfrid aliquo homine Lantfrido nomine filio Irminfrido interpellabat, dum diceret eo quod rebus ecclesiae sancti Petri iniuste usurparet in loco qui dicitur Scarantia una cum appendiciis suis loca nuncupatas in Flurininga [...* acht Ortsnamen *...] quas tradidit pater suus Irminfridus sub temporibus Joseppi episcopi cum licentia Tassiloni ducis. [...] Tunc ipse Lantfridus de praesente adstabat et hac causa denegare non valuit. Tum ipsi praefati missi una cum Orendilo iudice et Reginhardo comiti vel aliis quam plurimis in ipso placito adsistentibus hanc causam puriter et diligenter inquirentes invenerunt, qualiter ipsa traditio ab ipso Irminfrido sic firmata fuit ea vero ratione, ut si ipse filium procrearet, portionem suam in ipsa loca accipere deberet. Similiter et causa alia ibidem ventilata est, hoc est, ut ipse Lantfridus requirere aptabat portionem suam de ipso altare sancti Petri in praefato loco Scarantia. Tunc ipsi missi praedicti una cum ipsis placitantibus dixerunt inter se, ut licuisset praefatum Lantfridum ipsa portione patris sui sana manu sine compositione vel debitum imperialem et emendationem emunitatis reddere suamque portionem recipere et placitare de ipsa medietate altaris sancti Petri, ut numquam amplius repeteret ad partibus ipsius sanctę dei ecclesiae de ipsa sua portione. Quod presentialiter factum est eo vero tenore, ut [...] Et cum testibus veraciter adfirmatum ...* Vgl. auch Trad. Freising Nr. 184a (Freising, 802. 8. 4.) S. 175–177, die eine in Freising überarbeitete Fassung ist. Hierzu vgl. BROWN, Unjust Seizure S. 76–81.

215) Trad. Freising Nr. 185 (–, 802. 8.) S. 177 f. Die in Nr. 184a+b dargestellte Untersuchung ist hier als *inquisitio* bezeichnet.

scheidung zugunsten der Freisinger Kirche gefällt[216]. Reginpert gab ihr den betreffenden Besitz zurück[217].

4) 806. 12. 15.: *missus* Karls des Großen in Altötting mit ARN, AUDULF, WERNER (II) und COTEFRETUS (= KRAUSE I 48)

Auf der Gerichtsversammlung der fünf Missi in Altötting klagten Engilhard und Hroccolf gegen einen Kleriker Wago ihren Anteil am Erbgut ein, wobei eine Schenkungsurkunde als Beweismaterial diente[218]. Im unteren Teil der Gerichtsurkunde sind nur ARN und AUDULF als *missi* bezeichnet. Dies könnte eine Vorstellung einer Rangordnung unter den Missi widerspiegeln.

KURZBIOGRAPHIE[219]:

ADALWIN ist Bischof von Regensburg und Nachfolger SINTPERTs (I) (†791). Er gehört zur im Donaugau dominierenden Adelsgruppe. Er war 799 bei der Synode von Reisbach[220], 806 bei der von

---

216) Trad. Freising Nr. 186 (Freising, 802. 8. 4.) S. 178 f.: *Dum resedissent venerabiles missi domni Karoli magni imperatoris Arn videlicet archiepiscopus et Adaluuinus coepiscopus eius et Orendil iudex ad examinandas diversorum causas et cum lege atque iustitia terminandas in loco qui dicitur Frigisingas in mallo publico ibique adveniens advocatus Attonis episcopi nomine Lantfrid interpellabat quendam hominem nomine Reginperthum [...] Tunc praedicti missi dominici Arn archiepiscopus et Adaluuinus episcopus atque Orendil iudex ipsos homines qui hoc testificaverunt in medium vocaverunt et per sacramentum fidelitatis quem domno Karolo magno imperatori ipso praesente anno iuraverunt adtestati sunt eos, ut omnimodis absque ulla fraude vel ingenio ita ut veracissime de ipsa causa scirent ita in palam adnuntiarent ...*

217) Trad. Freising Nr. 187 (–, 802. 8.) S. 179.

218) Trad. Freising Nr. 227 (Altötting, 806. 12. 15.) S. 210 f.: *Dum resedissent ad Otingas fisco dominico missi domini nostri Karoli magni imperatoris, Arn archiepiscopus et Adaluuinus episcopus et Audulfus et Uuerinharius et Cotefretus comites, ad mandatum domni imperatoris audiendum sicut ipse praecepit imperator ibique in praesentia surrexerunt duo viri propinqui nomine Engilhardus et Hroccolfus, interpellaverunt Uuagonem quondam clericum dicentes, quod [...] Sed ipse Uuago clericus et Helmoinus suus advocatus in praesente adstabant et hac causa fortiter defendebant. Dicebant enim, quod [...] Unde et cartas traditionis eius in praesente attulerunt et testes veraces in eas scriptas ostenderunt, quod [...]. Propterea ipsi missi domni imperatoris Arn et Otulfus necnon et ceteri episcopi abbates comites atque iudices [...] invenerunt et diiudicaverunt, quod ...*

219) Literatur: HARTMANN, Die Synoden S. 147–149; FREUND, Bayerns Bischöfe S. 167 f.

220) MGH Conc. 2,1 Nr. 24 B,2 (Reisbach, 800, korr. zu 799) S. 214 f.; Trad. Freising Nr. 181 (Reisbach, 800, korr. zu 799) S. 172 f. Zur Datierung der ersten

Regensburg[221], 807 bei der von Salzburg[222] und 811 bei der von Freising[223] anwesend, die alle unter der Leitung ARNs von Salzburg abgehalten wurden. ADALWIN machte um 803 zwei Pilgerreisen zum Grab des heiligen Martin in Tours, wobei er als Überbringer von Briefen und Geschenken zwischen Alkuin und ARN fungierte[224]. Ohne Missustitel hielt er zusammen mit ARN und anderen Mächtigen verschiedene Gerichtsversammlungen ab[225]. Er hatte die Abteien St. Emmeram sowie St. Salvator an der Rezat inne[226]. Harald Willjung zufolge trug er mit seinem im Auftrag des Kaisers verfassten Gutachten über die *filioque*-Frage zur Aachener Synode von 809 bei[227].

ADDO (Addo, Ato, Atto)

Diakon, Abt von St-Hilaire in Poitiers, dann Bischof von Saintes (vor 779–819)

TÄTIGKEIT ALS KÖNIGSBOTE:

1) 779/780: *missus* Karls des Große in Rom (= –)

In einem Brief Hadrians an Karl um 779/780 ist ADDO als *missus* erwähnt[228]. Ob seine Rolle als Missus mehr umfasste, als Botschaf-

---

Sitzung der „Tripelsynode" in Reisbach auf 799 siehe SINTPERT* (II) in der Prosopographie.

221) Trad. Freising Nr. 231 (Regensburg, 806) S. 213.

222) MGH Conc. 2,1 Nr. 32 (Salzburg, 807. 1. 16.) S. 234.

223) Trad. Freising Nr. 299 (Freising, 811, vor 9. 27.) S. 258 f.

224) Alkuins Briefe Nr. 264 (803?, vor 4. 13.) und 265 (803[?]. 4. 13.) S. 421–424. Dazu Pokornys Bemerkung in MGH Capit. episc. 3 S. 213 mit Anm. 6., der hier nicht eine, sondern zwei Reisen ADALWINs sieht. Pokorny weist im Zusammenhang mit diesen Reisen darauf hin, dass die Interrogationes examinationis ADALWIN zugeschrieben werden könnten. Interrogationes examinationis, in: MGH Capit. episc. 3 S. 212–215. Zu diesem Text siehe oben Kapitel 2, § 2, 1, iv, über die Legation „801/802–803". Das als Capitula Bavarica bekannte Bischofskapitular dürfte auch entweder ADALWIN von Regensburg oder ARN von Salzburg zugeschrieben werden. Capitula Bavarica, in: MGH Capit. episc. 3 S. 189–198.

225) Trad. Freising Nr. 181 (Reisbach, 800, korr. zu 799) S. 172 f. (auf der Synode); Nr. 231 (Regensburg, 806) S. 213 f.; Nr. 242 (An der Roth, 806/810) S. 221 (neben Missus AUDULF); Nr. 299 (Freising, 811, vor 9. 27.) S. 258 f. (auf der Synode). Hierzu vgl. BROWN, Unjust seizure S. 106 f.

226) Trad. Regensburg Nr. 9 S. 7 f. und Nr. 11 S. 9 f.

227) MGH Conc. 2, Suppl. 2 S. 224 f. und 399–412.

228) Jaffé³ 4416 (779–780); Cod. Carol. Nr. 65 S. 592.: *Directus a vestigia rega-*

ten beider Seiten zu übermitteln, wird nicht deutlich. Möglicherweise betraf es eine Angelegenheit in Süditalien, über die der Papst ADDO ausführlich informiert hatte[229].

2) 787–788: *missus* Karls des Großen nach Benevent mit MAGINARIUS, JOSEPH (I), LIUDERICUS (I) und GODDRAMNUS (= –)

Fünf Missi wurden nach Süditalien geschickt, um dort die politische Stellung der Beneventaner zu untersuchen. Auf diese Legationsreise begab sich ADDO gemeinsam mit GODDRAMNUS. Als ADDO jedoch alleine in Salerno zurückbleiben musste, floh GODDRAMNUS vor der Bedrohnung der Beneventaner mit den anderen Kollegen[230]. ADDO kam später anscheinend allein mit einer Botschaft der Beneventaner an Karl zurück und erstattete dem Papst auch Bericht[231].

KURZBIOGRAPHIE[232]:

Im Brief Hadrians, der ADDOs frühere Reise nach Rom zusammen mit FULRAD (I) zur Sprache bringt, werden weder ADDO noch FULRAD als *missi* oder *legati* des Königs bezeichnet[233]. In einer Urkunde Ludwigs des Frommen vom 3. August 794 wird er als sein *parens* bezeichnet. Durch diese Urkunde bestätigte Ludwig der Zelle

---

lis excellentiae vestrae Addo Deo amabilis diaconus, noster vesterque fidelis, multa nobis consueta, quae erga nos et beatum Petrum apostolorum principem geritis, referuit.

229) Jaffé³ 4416; Cod. Carol. Nr. 65 S. 593: *De autem partibus Neapolitanis, sicut cum nefandissimi Greci seu Beneventani consiliant, qualiter vobis insinuantes per nostras apostolicas syllabas direximus, omnia minutius in ore posuimus fidelissimi vestri missi, scilicet Addoni diaconi, quod vobis enuncleatius simulque per ordinem enarrare debeat.*

230) Jaffé³ 4535 (788, nach dem 22. Januar) = Cod. Carol. Nr. 82 S. 615 f.; Jaffé³ 4537 (788, nach Januar) = Cod. Carol. Nr. 83 S. 616–619; Cod. Carol. Append. 2 S. 655–657 = ChLA 16 Nr. 629 S. 59–65 = Telma Nr. 2957 (MAGINARIUS' Zwischenbericht, und wahrscheinlich Anfrage, an Karl). Siehe auch MAGINARIUS und LIUDERICUS (I) in der Prosopographie.

231) Jaffé³ 4537; Cod. Carol. Nr. 83, hier S. 618: *Quia nos* [sc. Beneventaner] *aput regem Carolum emisimus missos nostros, petentes ab eo Grimaldum ducem nostrum recipiendi; insuper et per Attonem diaconem, ipso nobis pollicente, rogum emisimus, ut penitus eum ducem consequenter susciperemus.*

232) Literatur: FLECKENSTEIN, Hofkapelle S. 59 und 88; FELTEN, Laienäbte S. 183 f.; DEPREUX, Prosopographie S. 114 f.; HACK, Codex Carolinus 2 S. 987 f.

233) Jaffé³ 4416; Cod. Carol. Nr. 65 S. 593: *Praefatus autem Addo Deo amabilis diaconus olim, dum cum fratri nostro Fulrado Deo amabili religioso abbate et presbitero hic venisset*

Nouaillé des Klosters St-Hilaire, dem ADDO vorstand, die Immunität[234]. Ab 799 ist er als Bischof von Saintes belegt[235].

ADEGARIUS* (Adegarius)

Gesandter (824–825)

TÄTIGKEIT ALS KÖNIGSBOTE:

824–825: im Auftrag Ludwigs des Frommen nach Rom mit FRECULF (= –)

Dass ADEGARIUS* und FRECULF* im Auftrag Ludwigs nach Rom gesandt wurden, kann man aus der Darstellung der Reichsannalen über die Gesandten des byzantinischen Kaisers Michael schließen, die über die Bilderverehrung mit dem fränkischen Kaiser sowie dem Papst zu unterhandeln hatten und die Ludwig im November 824 in Rouen empfangen hatte. Nach dem Meinungsaustausch befahl der Kaiser, die griechischen Gesandten auf ihrer Reise nach Rom zu begleiten[236]. Obwohl die Absendung von ADEGARIUS* und FRECULF* als kaiserliche *missi* oder *legati* nach Rom nicht quellenmäßig nachzuweisen ist, zeigt ihr mündlicher Bericht auf der Pariser Synode von 825 über die Beratung mit dem Papst und den Bischöfen, dass sie diese Begleiter waren[237].

KURZBIOGRAPHIE:

Über ADEGARIUS* ist außer der oben genannten Tätigkeit nichts bekannt.

234) BM² 516; ChLA 19 Nr. 681 S. 36–39 = D LdF 1 (Jouac, 794. 8. 3.) S. 1–5.

235) UB Nouaillé Nr. 8 (–, 799. 3.) S. 11–13, wobei er noch *rector* von St-Hilaire war.

236) ARF a. 824 S. 165: *Nam et illuc legatos Michahelis imperatoris, qui ad eum mittebantur, sibi occurrere iussit [...]; inter caetera tamen ad legationem suam* (sc. Michaels) *pertinentia quaedam de imaginum veneratione protulerunt, propter quae se Romam ire atque apostolicae sedis praesulem consulere debere dixerunt. Quos cum legatione eorum audita ac responso reddito absolveret, Romam, ut se velle dicebant, ducere iussit.* Vgl. auch Michaels Brief, MGH Conc. 2,2 Nr. 44 A S. 475–480, bes. S. 479 f. Dazu BM² 793a; DE CLERCQ, La législation (814–900) S. 53.

237) MGH Conc. 2,2 Nr. 44 B S. 482: *Venerabilis namque Freculfus episcopus subtiliter prudenterque, qualiter ipse et Adegarius, socius illius, de hac re cum domno apostolico et cum venerandis episcopis et ministris illius egissent, viva voce parvitati nostrae innotuit.*

ADEGERIUS (Adegerius)

Missus (864)

TÄTIGKEIT ALS KÖNIGSBOTE:

864. 1. 1.: *missus* Ludwigs II. von Italien in *Villa Rufano* bei S. Martino alla Palma (Prov. Florenz) (= –)

Als Diakon und Hofkapellan Faremundus mit seinen Brüdern dem Kaiser Ludwig II. ihre *curtis* bei S. Martino alla Palma in Tuszien mit allen Pertinenzien schenkte, ließ Ludwig ihnen durch seinen Missus ADEGERIUS ein Pferd als Launegild geben[238].

KURZBIOGRAPHIE[239]:

Über ihn ist nichts Weiteres bekannt.

ADELHARD (Adalardus, Adelardus, Adellar)

Bischof von Verona (875/876 – 905/911)

TÄTIGKEIT ALS KÖNIGSBOTE:

1) 880. 12. (endete 12. 28.): *missus* Karls III. in Verona (= KRAUSE I 187)

ADELHARD hielt als königlicher Missus zwei Gerichtsversammlungen in Verona ab, auf denen der Streit zwischen dem Kloster S. Zeno in Verona und einem gewissen *vir illuster* Rotkarius über Weiderechte auf dem Berg Valle Strusa untersucht wurde. Nach der zweiten Sitzung fiel die Entscheidung zugunsten des Klosters[240].

---

238) BZ 214 (*Villa Rufano* bei S. Martino alla Palma, 864. 1. 1.); Addimenta ad Chronicon Casauriense Sp. 929 f. (a. 863), hier Sp. 930: *Et in tali tenore accepimus a vobis, quod per missum vestrum Adegerium launechild caballum unum, ut haec nostra donatio in vos et heredibus vestris firmissima maneat atque persistat.* Vgl. auch Chronicon Casauriense a. 866 Sp. 799 : *Unde receperunt per missum Domni Augusti nomine Adegerium, caballum unum peroptimum, sicut testatur chartula donationis eorumdem.* Zum langobardischen Rechtsbegriff „Launegild" als eine Schenkung unwiderruflich machende Gegengabe vgl. DORN, Schenkung, in: RGA 26, hier S. 626 f.

239) Literatur: BZ 214.

240) Cod. dipl. Veronese Nr. 273 S. 405–410 = MANARESI Nr. 90 S. 323–327 = ChLA 60 Nr. 1 (*iusta Lauretum*, 880. 12. 28.) S. 12–19, hier S. 14: *Dum resedisset domnus Adellar reverentissimus episcopus sancte Veronensis Ecclesie et missus domni Karoli victoriosissimi regis, considentibus cum eo Audabari vicecomes civitatis Veronensis, in vice Vualfrit comes, et missi et iudices sacri palacii Natalis et Martinus, seu* [10 Personen] *scavini Veronensis, necnon* [12 Personen] *et aliis pluribus, in caminata maiore iusta Lauretum per iussionem memorati sacerrimi episcopi, conquestus est Teuderulfus advocatus monasterii beati confessoris Christi Zenonis super Rotkarium virum illustrem, eo quod [...] Ad hec Rothekarius eisdem*

2) 882. 2.: *missus/legatus* Karls III. in Fano/Oberitalien (= KRAUSE II 177)

Obwohl Wido III. von Spoleto und Wido II. von Camerino auf der Reichsversammlung in Ravenna die Rückgabe der Güter in der Pentapolis an die Römische Kirche symbolisch versprachen, vernachlässigte ein Wido – nach Hlawitschka wahrscheinlich Wido III. – dieses Versprechen. ADELHARD wurde daraufhin zum Missus ernannt, um die versprochene Rückgabe vollziehen zu lassen. Er versuchte zuerst zusammen mit dem Papst Johannes VIII. selbst, dann

---

iudicibus interrogantibus si verum esset quod Teuderulfus conquerebatur, respondit [...] Tunc iudicaverunt predicti iudices ut daret Rothekarius vadimonium de ducendis consortibus et cartis ad placitum, et posuit fideiussore Adelberto scavino. Iterum in altero placito, in presencia prefacti domni nostri reverentissimi episcopi Adelardi et prenominatorum iudicum, requisivit Teuderulfus advocatus monasterii Sancti Zenonis ab eodem Rothekario dicens [...] Tunc ostendit Rothekarius cartam vindicionis que necdum unius anni spacium expleverat, in qua continebatur inter cetera quod [...] Perlecta eadem carta, Teuderulfus advocatus predicti monasterii dixit „Carta hec quam ostendisti nihil nostre partis adversatur atque inpedit, quia ecce pre manibus abeo cartam manifestacionis et sponsionis atque promissionis quam genitor tuus pro ipso monte in eodem monasterio fecit." Tunc predicti iudices eandem cartam legere fecerunt [...] Qua cartola perlecta, tunc interrogaverunt suprascripti iudices Rothekarium si [...] Cum ipse Rotekarius hec dixisset et professsus fuisset quod [...], tunc iudicatum est a prefacti iudicibus quod [...] Adelardus servus servorum Dei sanctae Veronensis Eclesiae episcopus et missus subscripsi. Problematisch ist, mit welchem Wort im Text das Wort *missi* verbunden werden soll. Nach der Textausgabe von Manaresi ist zu lesen (*in vice Vualfrit comes et missi*), dass Graf Waltfred von Verona damals auch herrscherlicher Missus gewesen sei, aber aus einem gewissen Grund an dieser Sitzung nicht hätte teilnehmen können. Deswegen hätte Vizegraf Audabar „in Vertretung des Grafen und Missus Waltfred" den Beisitz gehabt. So meint BZ 636 wie Manaresi. Dabei wäre es vorstellbar, dass Bischof und Graf von Verona nicht nur für diese Angelegenheit, sondern mehr oder weniger dauerhaft als Missi in der Gegend von Verona eingesetzt worden wären. Zu Waltfred vgl. HLAWITSCHKA, Franken S. 279–282. Aber wenn hier eine Bezeichnung *missi et iudices sacri palacii Natalis et Martius* zu lesen wäre, könnte man Hofrichter Natalis und Martius als herrscherliche Missi für diese Angelegenheit ansehen, obwohl sie diese Urkunde nur als *iudex domni regis* unterschrieben, während ADELHARD ausdrücklich als *episcopus et missus* unterschrieb. ChLA 60 S. 15. In der Tat waren diese zwei *iudices regis* im November 880, also ca. einem Monat zuvor, beim Hofgericht in Pavia anwesend. Sie könnten also vom Königshof „ausgeschickt" worden sein. MANARESI Nr. 89 S. 318–322; BZ 633. Ich lasse hier diese Frage offen.

unter Mitwirkung von dessen Legaten Walpert, mit Wido zu verhandeln. Aber laut dem Brief des Papstes Johannes an Karl konnte ADELHARD seinen Auftrag nicht ausführen[241].

KURZBIOGRAPHIE[242]:

ADELHARD nahm als Bischof von Verona an der Versammlung in Pavia teil, die Karl der Kahle im Februar 876 abhielt[243]. Ernst Dümmler und Hagen Keller betonen, ADELHARD und Graf Waltfred von Verona seien „unter den Großen des nordöstlichen Oberita-

241) Jaffé³ 6992; Registrum Iohannis VIII. papae Nr. 304 (882 Anfang März an Karl III.) S. 263 f.: … *de omnibus immobilibus rebus territorii sancti Petri, quas nobis Ravennę consistentibus in presentia serenitatis vestrę uterque Uuido marcio per reinvestitionem reddidit, nec unum recepimus locum, sed ipsi et homines eorum contra ius et ęquitatem omnia retinere pręsumunt. Nam nobis in Pentapoli, hoc est in urbe Fano, consistentibus Adelardus reverentissimus episcopus et diliciosus vester communisque fidelis secundum vestrę delegationis iussum advenit et ibi pręfati Uuidonis et satellitum eius, qui nostra violenter tulerunt ac retinent, presentiam pręstolati sumus, quatenus vel inde omnis emendationis et iustitię cepto initio per ceteras urbes de omnibus iuxta clementię vestrę decretum recipiendo coram legato vestro iustitias pariter proficisceremur. Sed illo semper fugiendo iudicium et vestrę iussionis piissimam sanctionem callide declinando non veniente, quia nobis sine profectu aliquo per ipsas civitates, quę illorum gravamine opprimuntur, proficisci evidenter extitit manifestum, direximus cum eodem Adelardo venerabili episcopo misso vestro Uualpertum reverentissimum episcopum et fidelem consiliarium nostrum, qui vice nostra recepisset ea loca iam bis nobis in vestra pręsentia reddita et legitimam de aliis omnibus emendationem. Qui videlicet profecti nullum iustitię fructum recipientes ad nos reversi sunt, nos autem omnem excusationis eorum defensionem penitus auferre volentes decrevimus eos iterum mittere, ut saltem postmodum reciperemus iustitiam. Qui cum ad prędictum Uuidonem rursum abissent, nichil emendationis nichilque redditionis ab eo vel sequacibus eius, sicut promissum fuerat, recipere potuerunt, sed ut antea sine aliquo ad nos effectu et noster reversus est et vester ad vos absque iustitię contemplatione omnimodo rediit, quamvis ingenti et fideli devotione ipse confrater noster Adelardus ad iustitiam exigendam multimodis decertasset. Nunc igitur pro certo scientes nullam nos de tantis malis posse habere iustitiam et emendationem per quemlibet celsitudinis vestrę legatum, nisi per vestram imperialem pręsentiam* … Vgl. HLAWITSCHKA, Widonen S. 80 f.; BZ 690; BU 713, 714.

242) Literatur: DÜMMLER, Gesta Berengarii S. 61–65; KELLER, Zur Struktur S. 207; HARTMANN, Die Synoden S. 346 und 348; BOUGARD, La justice S. 182, 296 f. und 411–413.

243) MGH Capit. 2 Nr. 220, hier S. 99 und Nr. 221, hier S. 103 = MGH Conc. 5 Nr. 3 A, hier S. 19 und Nr. 3 C, hier S. 24.

liens die einzigen (gewesen), die Karl den Kahlen anerkannten". Seine Beziehungen zu Papst Johannes VIII. verschlechterten sich im Frühling 877 kurzfristig, als der Papst ihm die Abtswürde von Nonantola, die Karl ihm gegeben hatte, nicht zugestand und ihn exkommunizierte[244]. Er war allerdings im Sommer 877 anwesend bei der von diesem Papst einberufenen Synode von Ravenna[245], wobei die Kaiserwürde Karls nochmals bestätigt wurde. Über den Rechtsstreit zwischen ihm und Bischof Adelchis von Trient über den zur Villa *Asiana* (Azzano) gehörenden Besitz wurde vor den päpstlichen Legaten und den königlichen Hofrichtern verhandelt. Die Entscheidung fiel zugunsten ADELHARDs aus[246]. 883 wurde ihm, vielleicht als Belohnung für seine politischen Dienste, von Karl III. die Kirche S. Fermo Maggiore in Verona übertragen[247]. Ab 888 war er Erzkanzler König Berengars I. und sein *consiliarius*[248]. Im Mai 898 nahm ADELHARD an der Synode von Ravenna teil[249].

ADREBALD (Adrebaldus)

Abt von Flavigny (834–†840)

TÄTIGKEIT ALS KÖNIGSBOTE:

838: *missus* Ludwigs des Frommen in Septimanien mit BONIFACIUS und DONATUS (= KRAUSE II 109)

Auf Bitte der Bewohner von Septimanien, die gegen Bernhard von Septimanien und seine *homines* Klage geführt hatten, schickte Ludwig

244) Cod. dipl. Veronese Nr. 253 S. 381–385 (Placitum) = MANARESI Nr. 81 S. 291–295 = ChLA 60 Nr. 30 ([Verona,] [877.] 1.) S. 136–139. Vgl. Cod. dipl. Veronese Nr. 254 (Johannes' Brief an Karl) S. 385 f.; Nr. 255 (Johannes' Brief an Kleriker von Verona) S. 387 f.; Nr. 256 (Johannes' Brief an Erzbischöfe von Ravenna, Mailand und Aquileia) S. 388 f. Vgl. BZ 514; BU 205–207, 240, 245, 253 und 254; Jaffé³ 6534–6536.

245) Cod. dipl. Veronese Nr. 259 S. 390 f.; MGH Conc. 5 Nr. 8 (877, Anfang bis Mitte August), hier S. 74. Vgl. ebd. Nr. 265 S. 393; BZ 516.

246) Johannis VIII papae epistolae Nr. 275 (881. 3. 4., an die Bischöfe von Bologna, Mantua, Vicenza und Ferrara) und Nr. 274 (881. 3., an Adelchis) S. 242 f. Dazu BZ 652; BOUGARD, La justice S. 413 (deperd. Nr. 112); BU 668 und 669; Jaffé³ 6951 und 6952.

247) Cod. dipl. Veronese Nr. 286 S. 429; BZ 730 (Deperditum).

248) Hierzu KELLER, Zur Struktur S. 207.

249) MGH Conc. 5 Nr. 43 (Ravenna, 898. 5.), hier S. 435.

seine drei Missi zur Untersuchung und Restitution der widerrechtlich entfremdeten Güter[250].

KURZBIOGRAPHIE[251]:

In der Krise von 833/834 versuchten Pippin I. von Aquitanien und die Parteigänger Ludwigs, unter denen Warin und Bernhard von Septimanien waren, ihre Gesandten zu Lothar I. abzusenden, um mit ihm über die Freilassung des alten Kaisers zu verhandeln. Aber diese Legation von ADREBALD und GAUSELMUS hatte keinen Erfolg[252]. 837 wurde er zusammen mit RICHARD (II) und FULCO (II) zu Lothar I. in Italien geschickt. Dabei beauftragte man ADREBALD auch mit einem Besuch beim Papst Gregor IV.[253]. ADREBALD wurde nicht als Abt erwähnt, als Lothar I. am 4. Dezember 840 auf Bitte der Mönche von Flavigny die Besitzbestätigung durch seinen Vater

---

250) Astronomus c. 59 S. 526–528: *In eodem loco et tempore pene omnes Septimanię nobiles affuerunt, conquerentes adversus Berhardum ducem illarum partium, eo quod homines illius tam rebus ecclesiasticis quamque privatis absque ullo respectu divino humanoque pro libitu abuterentur. Unde petierunt, ut domnus imperator sub protectionis sue eos susciperet munimine et post hęc tales missos in eandem terram dirigeret, qui et potestate et prudentia de ablatis equo libramine penderent et avitam eis legem conservarent. Ad quod peragendum missi sunt secundum postulationem eorum et domni imperatoris electionem Bonifatius comes et Donatus itidem comes, sed et Adrebaldus Flauiniacensis monasterii abbas.*

251) Literatur: Cart. Flavigny S. 146; DEPREUX, Prosopographie S. 88–90.

252) Astronomus c. 51 S. 486–488: *Pippinus vero Aquitania cum maxima manu exiens et ad Sequanam usque veniens [...] Porro Uuerinus et Berhardus comites, plurimis sotiorum ex Burgundię partibus coactis, ad Matronam fluvium usque pervenerunt [...] Instabat sane sanctae quadragesime tempus; cuius ebdomada prima, feria V., missi sunt ab illis legati, Adrebaldus abbas et Gautselmus comes, ad Hlotharium filium imperatoris postulantes, ut eis absolutus custodie vinculis imperator redderetur. Quorum si pareret postulationi, ipsi quoque ei causa apud patrem salutis et honoris olim dispositi forent, sin alias, etiamsi necesse esset cum sui periculo, eum requisituri et resistentibus sibi in hac re cum armis, Deo iudice, essent obviaturi. Sane huic mandato respondit Hlotharius, nullum plus se vel compati paterne calamitati vel congaudere prosperitati, nec debere sibi imputari culpam senioratus sibi oblati, cum ipsi eum destituissent ac prodidissent, neque carceralis custodiae nevum iure sibi inuri, cum constaret hoc actum iuditio episcopali. Cum hac ergo satisfactione praedicti remissi sunt legati ad eos, qui se miserant.*

253) BM² 965c; Astronomus, cc. 55–56 S. 510–512.

nochmals selbst bestätigte[254]. Er war wahrscheinlich schon verstorben[255].

AEHARDUS (Aehardus)

Missus (790)

TÄTIGKEIT ALS KÖNIGSBOTE:

790, vor 6. 9.: *missus* Karls des Großen im Mittelrheingebiet (im Lahn-, Einrich- und Eingersgau) mit ASOARIUS (= KRAUSE I 9)

Zur Revindikation des Besitzes eines gewissen Alpadus im Lahngau, Einrichgau und Engersgau zum Fiskus wurden die Missi Karls des Großen ASOARIUS und AEHARDUS entsandt[256].

KURZBIOGRAPHIE:

Über ihn ist sonst nichts bekannt[257].

AGHAN (Aghanus)

Graf von Lucca (838–840)

TÄTIGKEIT ALS KÖNIGSBOTE:

838. 4.: *missus* Lothars I. in Lucca mit CHRISTIAN (II) (= KRAUSE II 108)

Anlässlich des Streits zwischen dem Bischof von Lucca und dem Fiskus, vertreten durch den Vasallen Adegrim, über die Zugehörigkeit der Kirche S. Frediano in Lucca, führten die Missi AGHAN und CHRISTIAN (II) ein Inquisitionsverfahren durch[258].

---

254) D Lo I. 50 S. 144–146 = Cart. Flavigny Nr. 14 (Lucenay-l'Evêque, 840. 12. 4.) S. 50–52.

255) Vgl. DEPREUX, Prosopographie S. 89.

256) D KdG 165 (Mainz, 790. 6. 9.) S. 222–224. Das vollständige Zitat findet sich bei ASOARIUS in der Prosopographie.

257) ISPHORDING, Prüm S. 225.

258) MANARESI, Inquisitiones Nr. 6 S. 574–576= ChLA 77 Nr. 12 (Lucca, 838. 4.) S. 45–47, hier S. 46: *Notitja brevis que facta est de inquisitjone ecclesie Beati Vuintentji Christi marteris, ubi requiescit umatum corpus beati Fridiani Christi confensoris iusta Lucanam urbe, per Aghanum comite ipsius civitatis et Christianum venerabilem diaconum, missos domni Hlotthari piissimi augusti. Hosprandus archipresbiter eiusdem civitatis dixit [...* neun Priester und sechs Kleriker *...] isti omnes prefati clerici per sagramentum ad sancta Dei evangelia unianimiter testati sunt. [...* zwei Personen *...] Alamundus schabinus dixit: „Scivi eclesiam Sancti Fridiani abentem Iacobum episcopum et inperantem, set Adegrimus, vuassus domni regis, illam voluit contendere ad partem palatji, set minime potuit quoniam ipse episcopus eam pertinentem episcopatui sui faciebat". [...* neun Personen *...] isti omnes per*

KURZBIOGRAPHIE[259]:
AGHAN (oder Hagano/Agano) ist als örtlicher Graf von Lucca zwischen 838 und 840 belegt.

AGIPRAND (Agiprandus, Aliprandus)

Bischof von Florenz (826–833)

TÄTIGKEIT ALS KÖNIGSBOTE:
833, um Oktober: *missus* Lothars I. in Siena mit PETRUS (II) (= KRAUSE I 99)

Vor Oktober 833 wurden die Bischöfe AGIPRAND von Florenz und PETRUS (II) von Volterra von Lothar I. schriftlich damit beauftragt, den Streit zwischen Bischof Petrus von Arezzo (möglicherweise PETRUS [III]) und Abt Vigilius von Sant'Antimo zu Chiusi um die Zelle San Pietro d'Asso zu untersuchen[260]. Sie hielten im Oktober in Siena eine Gerichtsversammlung ab und nach der Verhandlung wurde das auf der Treue gegenüber dem Kaiser basierende Inquisitionsverfahren eingeleitet. Die Entscheidung fiel zugunsten der Kirche von Arezzo[261]. Die beiden Bischöfe unterschrieben das Placitum als *epi-*

---

sagramenti testum equaliter dixerunt. [... zwei Personen*] Facta est hec inquisitjo [...] Signum manus Aghani comitis et missi domni Hlottharii piissimi augusti, qui ibidem fuit. Ego Christianus diaconus et missus domni Hlotharii piissimi augusti ibi fui ...*

259) Literatur: SCHWARZMAIER, Lucca S. 172–178 und 186 f.

260) D Lo I. 152 S. 334 f. = MANARESI Nr. 42 (Siena, 833. 12.) S. 132–139, hier S. 135: *Petrus episcopus sepedicte Aretine ecclesie hostendit indiculum piissimi domni Hlottarii imperatori, qui dum nobis relectum fuisset, continebat in eum qualiter ipse domnus augusto nobis Agiprandi et Petroni episcopi iniunxserat adque inotuerat quod Petrus episcopus de Aritio eidem inotuerat, qualiter [...] ita et fatenter ipse iam dictus episcopus precepta et monimina se dixsisset habere, per quibus nobis per eundem indiculum precepit, ut eos pariter simulque cum eorum advocatis venire fecissemus et subtiliter investigassemus, si Vigilius abbas inde aliquam poteret hostendere firmitatem, per qua ad monasterium sibi commissum pertineret; sin autem hoc non invenissemus, et se per beneficii auctoritatem reclamasset, tunc suam decrevit voluntas iussioni, ut iam dicta monimina de ipso Petrone episcopo nobis presentare fecissemus; et si invenissemus quod ad predictum episcopatum pertenuisset, tunc absque aliqua dilatatione eum revestire fecissemus, cum omnia ad iamdicta cellulam aspicientem.*

261) MANARESI Nr. 42 (Siena, 833. 10.) S. 132–139, hier S. 133: *Dum in Dei nomine pro excellentissimo domno nostro et piissimo et a Deo coronato Hlottario augusto magno imperatore directi fuissemus nos Agiprando sancte Florentine Eclesie episcopus seo Petrus sancte Voloteranensis Eclesie episcopus pro causa beati Donati*

scopus ex iussione domni imperatoris hanc inquisitio feci et subscripsi, aber ohne Missus-Titel[262]. Am 9. Dezember 833 bestätigte Lothar aufgrund dieser missatischen Inquisition die Zugehörigkeit der Zelle zur Kirche von Arezzo[263].

Aretine Ecclesie et Petroni episcopi eiusdem Ecclesie, inquirendum inter ipsum Petronem episcopum, nec non et Vigilius abbas ex monasterio sancti Antemi terretorio Clusino, et dum coniungeresissemus Sena civitate et resedentem nos in iudicio domui Senensis ecclesie, una cum venerabilis Anastasius episcopus eiusdem civitati, seo Adelrat comes [vier Schöffen von Siena, vier aus Arezzo, zwei aus Volterra, vier kaiserliche Vasallen und acht *cives* von Arezzo sowie weitere *homines nubiles tam Franciscos quam et Langubardiscos* von den genannten Städten]; S. 137: *Et cum taliter refutasserunt, diximus nos suprascripti missi ipsius abbati: „Certe per ipsa ratio eum tenere amplius non valebis, quia domnus imperator nobis per iam dicto indiculum precepit, ut si tu firmitatem talem non ostendisset, quod ad parte monasterii tibi commissum pertenuisset et nos per ipsas moniminas istius Petroni episcopi invenissemus, quod ad episcopatum Aretine Ecclesie pertenuisset, absque ulla dilatatione revestiri fecissemus". Post hoc dictum ideoque et pro satisfactione et ut verum diligenter investigassemus lege, pro dictis variis ipsius abbati, quod dicebam quod, post pre ceptora (preceptora?) ipse parte sancti Donati et Aretine Ecclesie vestitura de ipso monasterio non fuisset, tunc nos suprascripti missi fecimus venire veraces homines adque sacerdotes, quas ipse Petrus episcopus nobis denominavit; ita et ipsi laici omnes a Dei evangelia iurare fecimus, et per ius eos interrogassemus de ipsa vistitura, et illi scirent nobis certam dicerent veritatem. Ita et ipsi sacerdotes coniuravimus eos in suum sacerdotium et fidelitatem, quas ad parte domni imperatori iuratum habebant, ut quid vera exinde scirent veritatem, ut et ipsi declararent de predicta vestitura. Qui et in primis omnium veniens Gumprandus arcidiaconus Aretine Ecclesie, imterrogatus a nobis, dixsit: „Bene scio et recordo et ibidem fui quando Anghelbertus misso domni Caroli regi revestivit Aripertum episcopum de monasterio sancti Petri sito Axso post confirmatione domni Leoni pape, ita et post preceptum hemissum eiusdem domni Caroli regi et ipse Aripertus episcopus hordinavi in ipso monasterio abbas nomine Augustino, Arnicauso, Ioannis, Landoari arcipresbiteri". […] omnes unianimiter una singulatim similiter testificati sunt, et dixserunt sicut et Gumprandus arcidiaconus superius dixsit. Testimonias inquisitas, et iudicatas adque preceptoras relectas et omnia ab ordine, qualiter superius de claravimus, et per veram legem inquisita, et cognoscentem dum per veram legem invenissemus, ita et iuxta iussione et indiculum piissimi domni imperatori, quod ipse monasterio sancti Petri ad Axso, cum rebus ad eum pertinentibus, pertineret a parte Aretine Ecclesie, iuxsta ipsum indiculum et iussio domni imperatori fecimus nos missi ipsi advocati Furvo et Urso revestire ipsi advocati Petroni episcopi Vuillerad et Agimundo et ipso monasterio sancti Petri, cum pertenentia sua, ad parte Aretine Ecclesie.*

262) Ebd. S. 139.

263) D Lo I. 14 (Aachen, 833. 12. 9.) S. 80–82.

KURZBIOGRAPHIE[264]:
AGIPRAND nahm 826 an der Synode in Rom teil[265].

AGIUS (Agius, Aius, Aigus, Avinus)
Bischof von Orléans (843–867)

TÄTIGKEIT ALS KÖNIGSBOTE:
855, vor 9. 25.: *missus* Karls des Kahlen im Kloster St-Benoit-sur-Loire mit WENILO, HILDEGAR und HEINARD (= –)

Auf Bitte der Mönche um die Delegation der Missi sandte Karl vier Geistliche an das Kloster zur Untersuchung der Besitzlage. Aufgrund dieser Untersuchung bestätigte Karl dem Abt und den Mönchen den Besitz und dessen Nutzung für sie selbst sowie zum königlichen Dienst[266]. AGIUS wurde zum Missus ernannt, weil das Kloster in seiner Diözese lag.

KURZBIOGRAPHIE[267]:
AGIUS war Kapellan Karls des Kahlen. Auf der Synode von Ver im Dezember 844 wurde seine Bischofserhebung thematisiert[268]. Aber schon an der Versammlung in Germigny-des-Prés von 843 nahm er als *vocatus episcopus* teil[269]. Weiter ist seine Teilnahme an verschiedenen Synoden/Reichsversammlungen nachweisbar[270]. Im Oktober 863

---

264) Literatur: HARTMANN, Die Synoden S. 175.

265) MGH Conc. 2,2 Nr. 46 S. 562.

266) D KdK Nr. 177 (*apud illum Casnum*, 855. 9. 25.), 1 S. 465–469, hier S. 467 f.: *... religiosi viri ex monasterio sancti Benedicti [...] ideoque nostram celsitudinem [...] adeuntes postulaverunt ad hanc aerumnam sublevandam et utilitatem eorum ordinandam missos sibi nostra clementia attribui. Quorum petitionibus annuentes misimus ad hoc opus peragendum Wenilonem archiepiscopum, sed et Agium, ejusdem parrochiae episcopum, necnon et Hildegarium, Meldensem episcopum, itemque Heinardum, abbatem monasterii quod vocatur Fossatis, ut hanc causam, prout melius valerent, ordinarent, qui, ita ut a nobis injunctum est, peragentes et ad idem monasterium venientes perquirere voluerunt quonam modo et ex quanta facultate rerum id fieri posset, nobisque et ipsam quantitatem attulerunt et a nostra serenitate talem auctoritatem confirmari poposcerunt, quatenus et praesentes et secuturi ejusdem loci monachi absque ulla penuria stipendiorum valerent Domino libere militare, et delectaret eos pro nobis et stabilitate regni nostri uxorisque ac prolis Dominum exorare.*

267) Literatur: Fastes 2, 463 f.

268) MGH Conc. 3 Nr. 7 c. 10 S. 42.

269) MGH Conc. 3 Nr. 1 S. 6.

270) MGH Conc. 3 Nr. 9 (Beauvais, 845. 4.) S. 54; Nr. 13 (Paris, 846/847) S. 148 f.; Nr. 20 (Anjou[?], 850. 7./8.) S. 203; Nr. 25 (Moret, um 850) S. 233 Nr.

hatte er beim Hofgericht in Verberie den Beisitz[271]. 852 wurde ihm von Karl eine Bestätigungsurkunde der früheren Privilegien für seine Kirche ausgestellt[272]. Im nächsten Jahr scheinen BURCHARD (III) und AGIUS bei der Vorbereitung des Feldzugs gegen die Dänen zusammengearbeitet zu haben[273].

AGNAR (Agnarius)

Missus (834)

TÄTIGKEIT ALS KÖNIGSBOTE:

834. 4. 9.[274]: *missus* Pippins I. von Aquitanien in der Nähe der *villa Faiha*[275] (= KRAUSE I 115)

Gratian, Vogt des Klosters Nouaillé, kam zu einer Versammlung in der Nähe der *villa Faiha*, um einen gewissen Agnald wegen seiner Gewalttätigkeit anzuklagen: Er hätte mit seinen Abhängigen widerrechtlich gegenüber den Leuten in der *villa Cavadato* Gewalt ausgeübt und den dortigen Wald geplündert. Aus dem Wortlaut der Urkunde könnte man schließen, dass der Missus AGNAR im Auftrag Pippins[276] (wahrscheinlich nach Gratians Bitte an Pippin) Gratian begleitet und ihm bei seiner Anklage gegen Agnald vor den versammelten Leuten geholfen hätte. Auch wenn AGNAR das Verfahren geführt hätte, ist seine richterliche Funktion in dieser Urkunde

---

27 (Soissons, 853. 4.) S. 264, 277 und 281; Nr. 31 (Verberie, 853. 8. 27.) S. 304 und 306; Nr. 34 (Bonneuil, 855. 8. 24.) S. 370; Nr. 37 (Sens, 856), 382; Nr. 47 (Savonnières, 859. 6. 14.) S. 463 und 468; MGH Conc. 4 Nr. 3 (Tusey, 860. 10. 22. – 11. 7.) S. 21, 37 und 40; Nr. 10 (Pîtres – Soissons, 862. 6.) S. 114 und 117; Nr. 18 (Verberie, 863. 10.) S. 167; Nr. 19 (Pîtres, 864. 6.) S. 173; Nr. 23 (Soissons, 866. 8.) S. 217, 221 und 227. An der Synode von Troyes (Herbst 867) nahm Erzdiakon Aimo anstelle von AGIUS teil. Ebd. Nr. 24 S. 245.

271) D KdK Nr. 258 (Verberie, 863. 10. 29.), 2 S. 81–86, hier S. 85.

272) D KdK Nr. 144 (Brienne, 852. 2. 10.), 1 S. 380–383.

273) AB a. 854 S. 69.

274) So nach der Datierung des Editors der Urkunde, Pierre de Monsabert. Léon Levillain datiert dagegen diese Urkunde auf 833. D Aq, Introduction, S. xxvii, Anm. 2.

275) Wenn *Faiha* mit *Faia*, dann mit *Faiga* identisch ist, könnte dieser Ort z. B. Faye-sur-Ardin in Poitou oder Faye-d'Anjou sein.

276) Léon Levillain meint, der Ausdruck *misso de jussione Pipini regis* dürfte „un capitulaire *de missis* de l'année courante qui ne nous est pas parvenu, mais qui doit être mentionné dans un livre qui recueille les actes des rois d'Aquitaine" andeuten. D Aq, Introduction, S. xxvii f. Aber diese *iussio* muss nicht unbedingt ein „Kapitular" sein.

nicht gut erkennbar. Auffällig ist dagegen die Tatsache, dass AGNAR und Agnald Brüder waren. Es war letztlich AGNAR, der durch *wadios* symbolisch die Beute zurückgab. Dann versprachen die beiden Brüder dem Kloster, am bestimmten Termin (am ersten Donnerstag nach dem 1. Mai) *jusititias reddere*, d. h. den Schaden wiedergutzumachen[277].

KURZBIOGRAPHIE:

Außer dieser Urkunde ist über diesen Missus nichts bekannt.

AIO (Aio, Haio)

Graf ([vor 774] 796–816)

TÄTIGKEIT ALS KÖNIGSBOTE:

1) um 804: *missus* Karls des Großen und Pippins von Italien in Istrien mit IZZO und CHADALOH (= KRAUSE I 37)

Zur Beilegung des Konflikt zwischen dem neu eingesetzten Herzog Johannes, den führenden Kirchenleuten und den örtlichen Bewohnern hielten Priester IZZO und die Grafen CHADALOH und AIO als Missi der Karolinger in Rižana/Risano eine Gerichtsversammlung ab, wobei sie ein umfangreiches Inquisitionsverfahren durchführten und die örtlichen Gewohnheiten untersuchen[278]. Nach-

277) UB Nouaillé Nr. 14 (*prope villam Faiham*, 834. 4. 9.) S. 26 f. (Zitat S. 27): *Veniens Gratianus advocatus ex monasterio Nobiliaco, ubi Godolenus rector esse videtur, die lunis* (korr. zu *Jovis*? So vermutet der Editor S. 26 Anm. 3) *5 Idus April, prope villam Faiham ad illam silvam una cum Agnario misso de jussione Pipini regis, vel aliis viris quam pluribus qui ibidem aderant, interpellabat aliquem hominem nomine Agnaldum, germanum ipsius Agnarii, dum diceret quod ipse Agnaldus veniens una cum aliis hominibus tam suis servis quam et aliis ingenuis et colonis, ipse Agnaldus venisset super homines in sua forcia ex villa Cavadado et exforciasset et eos batuisset injuste, et eorum dispolia distracta et alias res in ipsa silva, quam ipse Gratianus partibus Sancti Hilarii faciebat, dum ibi essent intendentes, ipsi viri Agnaldi exportassent. Sed si sic esset veritas, Agnaldus ad praesentes dedit in suis responsis et minime denegare potuit ibi non fuisset et sui homines ipsa spolia ad ipsos homines non exforciasset et per presentes Gratiano per suos wadios Agnarius reddidit et Weteranno colono Sancti Hilarii missum dedit cui ipsa dispolia ipse Agnaldus reddere deberet. Et talem placitum tam ipse Agnaldus, quam et ipse missus Gratiano donaverunt quod prima die Jovis, post Kalend. Maias proximas venturas tam de se quam et de suis servis quidquid lex est partibus Sancti Iuniani justitias reddere faciat.*

278) KRAHWINKLER, *In loco qui dicitur Riziano* S. 67–81, hier S. 67: *Cum per iussionem piissimi atque excellentissimi domini Caroli magni imperatoris et Pipini regis filii eius in Istria nos servi eorum directi fuissemus, idest Izzo presbiter atque*

dem die Eingliederung der Region Istrien ins Frankenreich 811 durch den Ausgleich mit Byzanz bestätigt wurde, erkannte Ludwig der Fromme urkundlich die Privilegien der örtlichen Eliten an, die teilweise schon 804 in Rižana/Risano gerichtlich vereinbart worden waren[279].

2) 811: *legatus* Karls des Großen nach Konstantinopel mit HAITO und HUGO (I) (= –)

Als diplomatischer Gesandter reiste AIO mit dem Bischof HAITO von Basel und dem Grafen HUGO (I) zum byzantinischen Kaiser Nikephoros I. nach Konstantinopel, wobei sie die byzantinische Gesandtschaft bei ihrer Heimkehr begleiteten. Interessanterweise wurde AIO vom Verfasser der Annalen im Gegensatz zu seinem Kollegen HUGO nicht mit einem *comes*-Titel bezeichnet[280].

Cadolao et Aio comites, pro causis sanctarum Dei ecclesiarum [et de iustitia] dominorum nostrorum seu et de violentia populi, pauperorum, orfanorum et viduarum, primis omnium venientibus nobis in territorio Caprense loco, qui dicitur Riziano, ibique adunatis venerabili viro Fortunato patriarcha atque Theodoro, Leone, Stauratio, Stefano, Laurentio episcopis et reliquis primatibus vel populo provincię Istriensium, tunc elegimus de singulis civitatibus seu castellis homines capitaneos numero centum septuaginta et duos, fecimus eos iurare ad sancta quattuor Dei evangelia et pignora sanctorum, ut omnia, quicquid scirent, de quo nos eos interrogaverimus, dicant veritatem, imprimis de rebus sanctarum Dei ecclesiarum, deinde de iustitia dominorum nostrorum seu et de violentia vel consuetudine populi terrę istius, orfanorum et viduarum, quod absque ullius hominis timore nobis dicerent veritatem.

279) D LdF 82 ([814–821, 815?]) S. 200–202, hier bes. S. 202: *Et quicumque iudicatum, quod legati domni et genitoris nostri Iso presbiter et Cadola atque Aio comites per iussionem eiusdem domni et genitoris nostri inter vos constituerunt et primates populi vestri centum et septuaginta duo per sacramentum confirmaverunt, ut si aliqua contumacia violaverit, noverit se pena, que in ipso iudịcatu conscripta est, esse multandum, id est novem libras auri ad palatium nostrum debeat solvere.*

280) ARF a. 811 S. 133 f.: *Absoluto atque dimisso Arsafio spathario – hoc erat nomen legato Nicifori imperatoris – eiusdem pacis confirmandae gratia legati Constantinopolim ab imperatore mittuntur, Haido episcopus Baslensis et Hug comes Toronicus et Aio Langobardus de Foro Iuli et cum eis Leo quidam spatharius, natione Siculus, et Willeri dux Veneticorum, quorum alter ante annos X Romae ad imperatorem, cum ibi esset, de Sicilia profugit et redire volens patriam remittitur, alter propter perfidiam honore spoliatus Constantinopolim ad dominum suum duci iubetur.* Bei Notkers Darstellung fehlt soger sein Name. Notker, II, 6 S. 55–57: *Post annos autem aliquot direxit illuc indefessus Karolus quendam episcopum, praecellentissimum mente et corpore virum, adiuncto ei comite nobilissimo*

KURZBIOGRAPHIE[281]:
AIO, ein langobardischer Machthaber in Norditalien, floh wohl 776 nach dem Scheitern des von *dux* Hrodgaud geleiteten großen Aufstandes der Langobarden in Friaul nach Osten zu den Awaren. Er wurde anlässlich des Feldzugs gegen diese von Pippin von Italien 796 gefangen genommen[282]. AIO konnte sich allerdings mit dem fränkischen König versöhnen und bekam am 2. Februar 799 eine Königsurkunde, durch die Karl diesem Langobarden seine entzogenen Güter in Friaul sowie im Gebiet von Verona und Vicenza zurückgab. Dabei wurde AIO im Unterschied zu den späteren Urkunden als *Langobardus* bezeichnet und trug noch keinen Grafen-Titel[283]. Nach der Versöhnung mit Karl stand AIO in seiner Gunst und wurde vor seiner ersten Legation in Istrien Graf. Ihm wurde am 7. Juli 809 in Aachen vom Kaiser urkundlich die Erlaubnis zur Aufteilung seines Erbgutes unter seinen Söhnen erteilt[284]. Zwei Jahre nach dem Tod Karls des Großen besuchte er den neuen Kaiser Ludwig in Aachen, um ihn um die Bestätigung seiner von Karl restituierten Güter zu bitten, was ihm Ludwig in einer Urkunde bestätigte[285].

AISTULFUS (Aistulfus, Astulfus)

Kapellan (Erzdiakon der Hofkapelle) (856–866)

TÄTIGKEIT ALS KÖNIGSBOTE:
1) 865. 3.: *missus* Ludwigs II. von Italien in Como (oder in der Lombardei?) mit EBERHARD (III) (= KRAUSE I 178)

Als AISTULFUS und EBERHARD (III) mit Begleitern auf ihrer Legationsreise nach Como kamen, hielt EBERHARD (III) dort mit einigen Beisitzern eine Gerichtssitzung ab. Wir wissen nicht, was

duce [duce Hugone in zwei Hss.*]; … Heittonem; hoc quippe nomen erat episcopi ad Constantinopolim quondam destinati.* Vgl. NERLICH, Diplomatische Gesandtschaften S. 265.

281) Literatur: HLAWITSCHKA, Franken S. 113 f.; KRAHWINKLER, Friaul S. 137–142 und 223; ESDERS, Regionale Selbstbehauptung S. 50 Anm. 4; KRAHWINKLER, *In loco qui dicitur Riziano* S. 122–124.

282) Hierzu ausführlich KRAHWINKLER, Friaul S. 137–140.

283) D KdG 187 (Aachen, 799. 2. 2.) S. 251 f. = Cod. dipl. veronese Nr. 62 (vor 799. 2. 2.) S. 74 f. und Nr. 63 (Aachen, [799.] 2. 2.) S. 75 f.

284) D KdG 209 S. 279 f. = Cod. dipl. veronese Nr. 90 (Aachen, 809. 7. 7.) S. 107–109.

285) BM² 622; JOPPI, Unedirte Diplome Nr. 3 S. 281 f. = D LdF 101 (Aachen, 816. 7. 31.) S. 244 f.

AISTULFUS derweilen tat und wo er sich aufhielt, denn die Urkunde unterzeichneten lediglich zwei *vasalli Aistulfi*[286].

2) 865: *legatus* Ludwigs II. von Italien nach Rom (= –)

In einem fragmentarisch überlieferten Brief an Ludwig berichtet der Papst Nikolaus I., er habe den kaiserlichen Legaten AISTULFUS empfangen und sei überrascht gewesen, dass er keine schriftliche Botschaft mitbrachte. Leider wissen wir nichts über den Inhalt dieser Legation. In Bezug auf das Gesandtschaftswesen ist die Beschwerde des Legaten über seinen Empfang durch die Römer von Interesse: Unter den Empfängern fand sich entgegen den Gewohnheiten Bischof Arsenius von Orte als einziger *optimas*. Der Beschwerde widersprach der Papst[287].

KURZBIOGRAPHIE[288]:

Ich stimme der von Joachim Fischer und Herbert Zielinski vorgenommenen Gleichsetzung von *Aistulfus* und *Astulfus* zu. AISTULFUS war Erzdiakon der Hofkapelle. Außerdem dürfte er mit dem Bi-

---

286) MANARESI Nr. 68 (Como, 865. 3.) S. 247 f.: *Dum ad potestatem domni Ludovuici imperatoris missis(!) directi fuissemus nos quidem Aistulfus archidiaconus capelle sacri palatii et Everardus vasso et senescallo domni imperatoris, una cum Rafredo, Rapaldo, Teutulfus iudicibus imperiales, qui cum ipsis ad ipsum missaticum aderant, inter quibus per singulas denominatas comitatoras dum venisemus nos superscriptis Aistulfus et Everardus in civitate Cumo, cepit ipse Eberardus una cum insimul cum Rafredo, Rapaldo resedere in iudicio in atrio eclesie sancte Eufemie…*

287) Nicolai I. papae epp. Nr. 121, in: MGH Epp. 6 S. 639: (Fragment 1) *Nobilissimus vir atque strenuus vestrae sublimitatis legatus ad nos licet nullam epistolam iuxta consuetudinem a vobis nostro pontificio detulisset, licet numquam apostolicae sedi moris fuerit absque signatis apicibus undecumque legationem suscipere, nos tamen vos in illo honorantes eiusque gravitatem et eloquiorum ipsius veridicas cognoscentes assertiones nichilominus eum et sicut decuit suscepimus et ei, sicut honestum fuit, credidimus.* (Fragment 2) *Illud vero, quod idem Astulfus dicebat fuisse consuetudinis praedecessorum nostrorum tempore, ut, ex quocumque regno aliqua legatio ad sedem apostolicam veniret, optimates Romani interessent, modo vero nullus intersit praeter Arsenium, ita non est. Verumtamen quid intersit, utrum in suscipienda legatione omnes in unum optimates Romani an tres ex his vel duo vel certe unus conveniat, dum tamen nil reprehensibile, nil perperam, Deo custode, nos penitus ignoramus. Nam si reprehensione aliquid dignum geritur, non tantum de non convocata turba a vobis, quantum a Domino de hoc, quod male agitur, potius redarguimur.* Vgl. BZ 242; BH 734; Jaffé³ 5957.

288) Literatur: FLECKENSTEIN, Hofkapelle S. 130; FISCHER, Königtum, Adel und Kirche S. 71; BZ 238 und 242.

schof Astulfus von Verona identisch sein, der 866 nachweisbar ist[289], und vielleicht auch mit dem 856 Mai im Gefolge Ludwigs in Brescia bezeugten Aistulf[290].

AITO (Aito)

Missus (805/806)

TÄTIGKEIT ALS KÖNIGSBOTE:

805/806: *missus* Karls des Großen in Magdeburg (= KRAUSE I 42)

AITO war einer der Missi, die mit der Kontrolle jener Kaufleute beauftragt waren, die über die Grenze in die slawische oder awarische Region reisen wollten. Dabei mussten die Missi nicht selbst umherreisen, sondern die Kaufleute hatten sie an bestimmten Orten aufzusuchen. Ein Viertel der beschlagnahmten Waffen, deren Export verboten worden war, konnten die Missi für sich selbst beanspruchen. Es handelt sich hierbei um eines der wenigen Beispiele von Zusatzprofit in der Stellung der Missi dominici[291].

KURZBIOGRAPHIE:

Außer diesem Kapitular finden sich keine weiteren Informationen über seine Persönlichkeit. Durch den Vergleich mit seinen bayerischen Missatskollegen (MADALGAUD [II], AUDULF und WERNER [II]) ist es aber denkbar, dass auch AITO in Sachsen um Magdeburg seine Machtbasis hatte. Mit den hier ergriffenen Maßnahmen wurde zwar auf die Ordnung in der Grenzregion gezielt, dabei muss man Magdeburg nicht zwangsläufig als Grenzposten am Rande des Reichs ansehen, obwohl der Kaiser 806, also kurz nach diesem

---

289) Cod. dipl. veronese Nr. 234 (Verona, [866.] 10. 22.) S. 359–362.

290) Der Memorial- und Liturgiecodex von San Salvatore / Santa Giulia in Brescia, fol. 8r1.8 S. 148, unter den anderen bedeutenden Persönlichkeiten vom Regnum Italiae. Vgl. ebd. S. 59–66.

291) MGH Capit. 1 Nr. 44 c. 7 S. 123: *De negotiatoribus qui partibus Sclavorum et Avarorum pergunt, quousque procedere cum suis negotiis debeant: id est partibus Saxoniae usque ad Bardaenowic, ubi praevideat Hredi; et ad Schezla, ubi Madalgaudus praevideat; et ad Magadoburg praevideat Aito; et ad Erpesfurt praevideat Madalgaudus; et ad Halazstat praevideat item Madalgaudus; ad Forachheim et ad Breemberga et ad Ragenisburg praevideat Audulfus, et ad Lauriacum Warnarius. Et ut arma et brunias non ducant ad venundandum; quod si inventi fuerint portantes, ut omnis substantia eorum auferatur ab eis, dimidia quidem pars partibus palatii, alia vero medietas inter iamdictos missos et inventorem dividatur.* Vgl. GLATTHAAR, Die drei Fassungen S. 466 f. und 474 f.

Kapitular, die Errichtung eines Kastells (*civitas/castellum*) am Ostufer der Elbe gegenüber Magdeburg befahl[292].

Die von Ernst Klebel vorgeschlagene Gleichsetzung von AITO und ODO (I), der als kaiserlicher *legatus* mit der Grenzverteidigung in Ostsachsen beauftragt war, steht nicht auf sicherem Grund, sie ist aber keineswegs unmöglich[293].

ALBERICH (I) (Albericus)

Bischof von Langres (821 – †838. 12. 21.[294])

TÄTIGKEIT ALS KÖNIGSBOTE:

1) 825. 8.: *missus* Ludwigs des Frommen in den Kirchenprovinzen Lyon, Tarentaise und Vienne mit RICHARD (II) (= KRAUSE I 96[295])

Er war als Missus zusammen mit dem Grafen RICHARD (II) mit der Legation in drei südöstlichen Kirchenprovinzen beauftragt[296].

2) 829: *missus* Ludwigs des Frommen, vielleicht im gleichen Missaticum wie bei der Legation 1, also in den Kirchenprovinzen Lyon, Tarentaise und Vienne (= KRAUSE I 104)

In der Tagesordnung für die geplanten Synoden ist das Problem der verschiedenen Klöster *in missatico Albrici* aufgelistet[297].

3) 829–836: *missus* Ludwigs des Frommen in Flavigny mit ALDRICH, MODOIN und BOSO (II) (= KRAUSE II 112)

---

292) ARF a. 806 S. 121; Chron. Mois. a. 806 S. 110. LÜCK, Der wilde Osten S. 125 f., bes. S. 126: „Dieses Regelwerk offenbart einen mit Anreizen für die Verantwortlichen bestärkten Willen des Kaisers, mittels des Rechts normale, d. h. friedliche Verhältnisse an der Ostgrenze, freilich unter der Kontrolle der Franken, zu wahren"; BRUNNER, Diedenhofener Kapitular, in: RGA 5 S. 407 f., hier S. 408: „Es handelt sich bei den genannten Orten jedenfalls nicht um Grenzposten des fr[än]k[ischen] Reiches gegen die Slaw[en], sondern um Niederlagstätten und Etappenhauptquartiere im fr[än]k[ischen] Landesinneren. Eine Art Markenorganisation ist aus der Nachricht nicht zu erschließen." Zum handelsgeschichtlichen Aspekt dieses Kapitels vgl. auch ADAM, Zollwesen S. 169 f.

293) Der Beweisgrund für sein These ist ein mögliches Schwanken der Schreibweise des Namens: Odo–Oudo–Audo und Aito–Atto–Ohto. KLEBEL, Ostgrenze S. 8 f.

294) Annales S. Benigni, a. 838 S. 39.

295) Aber versehentlich wurde die Kirchenprovinz Sens angeführt.

296) Ansegis, 2, 25 S. 541/545: *De nominibus locorum, in quibus missi dominici legatione funguntur [...] Ludunum, Tarentasia et Vienna Albricus episcopus et Richardus comes.*

297) MGH Capit. 2 Nr. 186 c. 4 S. 7: *De monasteriolis etiam diversis in missatico Albrici.*

Lothar I. bestätigte im Dezember 840 eine Urkunde seines Vaters für das Kloster Flavigny, die verloren gegangen ist. Aus Lothars Urkunde erfahren wir, dass Ludwig durch seine namentlich nachweisbaren vier Missi die Teilung der Klostereinkünfte zwischen dem Abt und den Mönchen festgelegt hatte. Leider ist unklar, wie diese Missi vor Ort die Angelegenheit regelten. Vermutlich hätten sie die Klostergüter – gegebenenfalls durch eine inquisitorische Beweisaufnahme – schriftlich aufgelistet[298]. Weiter ist zu fragen, was der Klostergemeinschaft Anlass zur Anrufung der kaiserlichen Autorität gab. Aus dem Wortlaut der Urkunde: *propter evitandas discordias* ist zu vermuten, dass es im Kloster einen sichtbaren Keim der Zwietracht oder sogar schon einen Konflikt gegeben hatte. Da es um eine innerklösterliche Angelegenheit ging, waren alle Missi Geistliche, deren Amtssitze in der Nähe dieses Klosters lagen. Wegen des Pontifikats ALDRICHs[299] kann diese Legation zwischen 829 und 836 datiert werden, aber eine weitere Präzisierung ist schwer.

KURZBIOGRAPHIE[300]:

ALBERICH (I) ist seit 821 als Bischof von Langres belegt[301]. Auf seine Bitte stellte Ludwig der Fromme ein Diplom für die Kanoniker

---

298) D Lo I. 50 S. 144–146 = Cart. Flavigny Nr. 14 (Lucenay-l'Evêque, 840. 12. 4.) S. 50–52, hier S. 50 f.: *... monachi ex coenobio Flauiniacensi [...] nostram adierunt clementiam detuleruntque nobis quandam ordinationem quam domnus et pie recordationis genitor noster Hludouicus augustus inibi propter evitandas discordias, per missos suos, per Haldricum scilicet sanctae Senonicensis eclesiae venerabilem quondam archiepiscopum necnon et Albericum Lingonensis eclesiae episcopum seu Motuinum Augustudunensis episcopum vel Bosonem venerabilem Sancti Benedicti abbatem, olim instituit, petierunt celsitudini nostre ut eandem ordinationem nostro corroboraremus precepto. Quorum precibus ob divinum amorem et mercedis nostre emolumento adquiescentes hos celsitudinis nostre fieri decrevimus apices, per quos memoratam genitoris nostri ordinationem et firmamus et omnino sancimus, ut sicut a prefatis missis domni et genitoris nostri ordinatum atque institutum esse dinoscitur, a cunctis abbatibus qui in eodem per tempora ordinati fuerint loco, deinceps stabile permaneat absque alicuius refragatione, id est [...* Auflistung der Güter *...] Abba et fratres aequaliter dividant forum venalium rerum [...] Hec omnia quae suprascripta sunt ita omnino ad eorum usus illis concedimus ad habendum sicut in ordinatione continetur quam pridem domnus et genitor noster per praefatos missos suos instituit...* Vgl. BM^2 1076.

299) Siehe ALDRICH in der Prosopographie.

300) Literatur: Fastes 2 S. 189; DEPREUX, Prosopographie S. 90–92.

301) Hierzu DEPREUX, Prosopographie S. 90 f. Anm. 3.

von Langres aus[302]. ALBERICH nahm 835 an der Reichsversammlung von Diedenhofen teil[303]. Seine Anwesenheit ist auch bei der Reichsversammlung vom April 838 in Aachen nachweisbar[304].

ALBERICH (II) (Albericus)
Graf von Mailand (847–880)

TÄTIGKEIT ALS KÖNIGSBOTE:

1) 880 (April?): *missus* Karls III. in Italien mit JOHANNES (VIII) und ADALBERT (IV) (= –)

Graf ALBERICH von Mailand wurde neben dem Bischof JOHANNES (VIII) von Pavia und dem Grafen ADALBERT (IV) als Missus Karls III. in Italien eingesetzt und mit einer Legationsreise beauftragt[305].

2) 880. 5. 17.: *missus* Karls III. in Como mit JOHANNES (VIII) und ADALBERT (IV) (= KRAUSE I 186)

Während ihrer Legationsreise 1 kamen diese drei Missi nach Como und hielten dort eine Gerichtssitzung ab, auf der ein Inquisitionsverfahren wegen des Streites zwischen den Klöstern Reichenau und S. Ambrogio in Mailand um den Besitz von sechs Mansen in Limonta eingeleitet wurde. Da diese Angelegenheit vorher vor dem König verhandelt worden war, wurde ALBERICH, der bei der Sitzung in Como mit der Selbstbezeichnung *ego* statt *nos* eine führende Rolle gespielt zu haben scheint, vor der Legationsreise mit der Beilegung dieses Konflikts durch eine inquisitorische Befragung beauftragt[306]. Seine führende Position unter den Missi dürfte mit seiner benachbarten Grafschaft Mailand erklärt werden, worauf vielleicht seine Unterschrift für die Urkunde ohne Missus-Titel hinweist[307]. Wenn

302) D LdF 341 (Langres, 834. 8. 19.) S. 853–856.

303) MGH Conc. 2,2 Nr. 55, B. S. 703.

304) Gesta Aldrici, Fragment Nr. 6 S. 159.

305) MANARESI, Inquisitiones Nr. 8 (Como, 880. 5. 17.) S. 581–585, hier S. 582. Siehe den Text bei ADALBERT (IV) in der Prosopographie.

306) Dieser Befund kann darauf hinweisen, wie eine „allgemeine" Legationsreise geographisch geplant werden konnte.

307) MANARESI, Inquisitiones Nr. 8 (Como, 880. 5. 17.), hier S. 582–585: ... *dum venissent ipsi missi [sc. Iohannes humilis episcopus, Adelbertus et Albericus comites], sicut eorum iniunctum erat, civitati Comani comitato Mediolanense, et ibi eos in domum eiusdem suprascripte Ecclesię Comensis pariter et Heribertus episcopus eiusdem sedis, per data licentia eiusdem presuli in iuditio resedentes singulorum hominum iustitiam fatiendam hac deliberandas, resedentibus cum eis [...] Ibique*

er wirklich allein beauftragt worden wäre[308], könnte das auch damit zusammenhängen, dass er in einer Urkunde Karls III. vom März 880 erwähnt ist, mit der Karl dem Kloster S. Ambrogio Königsschutz, Immunität und das Inquisitionsrecht verlieh. Der König bestätigte dabei dem Kloster auch einen Pfad um das Kloster herum, den ALBERICH zusammen mit dem Erzbischof ANSPERT von Mailand sowie allen örtlichen Geistlichen und Leuten dem Abt Petrus zur Befestigung des Klosterbezirks überlassen hatte[309].

KURZBIOGRAPHIE[310]:

847 wurde ALBERICH (II) zum *signifer* der ersten Truppen gegen die Sarazenen in Süditalien ernannt[311]. Seit März 848 ist er als Graf in Mailand nachweisbar[312]. Als örtlicher Graf hielt ALBERICH zumindest zwei Gerichtsversammlungen in Mailand, soweit die über-

---

retulit predictus Albericus comes et missus regalis: „Cum esset intentio inter parte monasterii Augia situm Alamania et monasterium sancti Ambrosii situm Mediolanium presentia domno regis de quibusdam rebus in finibus Mediolanensibus consistentis [...] tunc iussit mihi ipse dominus rex, ut ego comanentes homines loci ipsius nostri presentia venire fecissemus et diligenter per eos inquisissemus ipsos mansos utrum pertenuissent de curte de Lemonta, an Tremetia. Hecce hic presentes sunt homines commanentes loci ipsius, quos volo ut diligenter inquiramus, fortasse per eos inde veritatem inveniri possimus“. Cum ipse comes taliter retulisset, tunc predicti missi et auditores, advocantes homines quod inde veritatem scirent, dicebant, id sunt [...] Cum hii omnes taliter testificati et inventi essent retractibiles, tunc apposita sancta Dei evangelias, unus ad unus iurare fecerunt ut quid de predictis mansos in Lemonta, unde intentio esset, in partes predictis monasteriis scirent veritatem dicerent. Qui predictus Conibertus inquisitus dixit [...] Et qualiter ex hac causa inquisitio facta sit presentem notitia pro causa memorationis ego Ambrosius notarius ex iussione praedictorum missi scripsi et in istis interfui. [...] Ego Iohannes humilis episcopus et missus subscripsi. Signum manus suprascripti Alberici comitis, qui interfuit. (Unterschriften von zwei *iudices sacri palatii* und vier *iudices domni regis.* ADALBERTs Unterschrift fehlt.) BZ 620.

308) Vgl. BZ 616.

309) D Ka III. 22 (–, 880. 3. 21.) S. 34–36; BZ 611.

310) Literatur: HLAWITSCHKA, Franken S. 114–116; CASTAGNETTI, Transalpini S. 57–61.

311) MGH Conc. 3 Nr. 12 S. 139.

312) ChLA 94 Nr. 39 (Mailand, 848. 3. 15.) S. 149–151. Einige Vasallen des *Albericus comes* unterschrieben die Kaufurkunde eines gewissen Guntzius *ex genere Allamannorum.*

lieferten Quellen zeigen[313]. Und während Erzbischof ANSPERT und Graf BOSO (III) als kaiserliche Missi in Mailand den Streitfall zwischen dem Abt Petrus von S. Ambrogio in Mailand und dem Bischof Helibertus von Como über einen Besitz in Campione in einer Gerichtssitzung verhandelten, saß ALBERICH als örtlicher Graf der Versammlung bei[314]. Im Februar 876 nahm er an der Reichsversammlung in Pavia teil und unterschrieb die Urkunde bezüglich der Kaiserkrönung Karls des Kahlen[315]. Eduard Hlawitschka vermutet angesichts der fränkischen und alemannischen Abstammung seiner Vasallen und Untergebenen in Mailand, dass er selbst oder sein Vater aus den Gebieten nördlich der Alpen nach Italien gekommen sei.

ALBGARIUS (Albgarius, Alpcharius, Alpkarius, Alcharius, Halcarius)

Graf (807–842)

TÄTIGKEIT ALS KÖNIGSBOTE:

817: *missus(?)* Ludwigs des Frommen (= –)

Als der Legat des byzantinischen Kaisers Leo V. namens Nikephoros nach Aachen kam, wurden die Grenzprobleme in Dalmatien und Istrien verhandelt. Nachdem Ludwig der Fromme den Bericht des dortigen Grenzverteidigers CHADALOH gehört hatte, schickte er ALBGARIUS, der aber in den Quellen nicht klar mit einem Missus-Titel bezeichnet ist, zusammen mit CHADALOH und Nikephoros dorthin, damit sie vor Ort auch mit den Einheimischen einschließlich der Slawen verhandeln und sich auf die friedliche Ordnung im Grenzgebiet einigen konnten[316].

---

313) MANARESI Nr. 66 S. 237–242; Nr. 67 S. 242–246 = ChLA 95 Nr. 27 ([Mailand,] 864. 3.) S. 107–111; Nr. 29 (Mailand, 865. 1.) S. 115–121.

314) MANARESI Nr. 78 (Mailand, 874. 12. 28.) S. 283–287. Siehe ANSPERT und BOSO (III) in der Prosopographie.

315) MGH Capit. 2 Nr. 220, hier S. 99 = MGH Conc. 5 Nr. 3 A, hier S. 20.

316) AFR a. 817 S. 145: … *et quia res ad plurimos et Romanos et Sclavos pertinebat neque sine illorum praesentia finiri posse videbatur, illo decernenda differtur, missusque ad hoc cum Cadolane et praedicto legato [sc. Leonis imperatoris de Constaninopoli Niciforo nomine] in Dalmatiam Albgarius, Unrochi nepos.* Vgl. Astronomus S. 370: *In eo etiam commorans palatio, ad se venientem missum suscepit Leonis Constantinopolitani imperatoris nomine Niciforum. Legatio autem, excepta amicitia et sotietate, erat de finibus Dalmatinorum, Romanorum et Sclauorum; et quia nec hi praesentes erant nec Chadalo finium praefectus, neque sine illis hęc dirimi poterant, missus est in Dalmatiam ad haec pacificanda et componenda Albga-*

KURZBIOGRAPHIE[317]:
Aus der Wortwahl der Reichsannalen kann man vielleicht schließen, dass seine Blutverwandtschaft mit UNROCH bei ALBGARIUS' Einsetzung als kaiserlichen Stellvertreter in diplomatischen Angelegenheiten von Bedeutung war. Ob er durch die väterliche oder die mütterliche Seite UNROCHs Enkel ist, bleibt aber trotz einiger Versuche in der Forschung unentschieden.

Wegen seiner gesandtschaftlichen Tätigkeit im Grenzgebiet von Dalmatien versuchten einige Historiker, den in der Conversio Bagoariorum et Carantanorum erwähnten Grafen in Karantanien namens *Albgarius* mit unserem Missus ALBGARIUS zu identifizieren. Dafür scheinen aber bisher nicht genug Gründe angeführt worden zu sein[318].

Im Gegensatz dazu hat die bisherige Forschung seine Tätigkeiten in Alemannien und in Norditalien wahrscheinlich gemacht. In einer Gerichtsurkunde, die zwischen 823 und 840 datiert wird, erscheint *Alpcharius comes de Alamania*, den die Forschung mit ALBGARIUS identifiziert. Auf der vom kaiserlichem Missus LEO (I) geleiteten Gerichtsversammlung, auf der *Alpcharius* (ALBGARIUS) den Prozess gegen Diakon Ragipert und seinen Bruder Melfrit anstrengte, legte dieser Graf aus Alemannien eine Kaufurkunde vor, die zur Zeit ausgestellt wurde, als er unter Pippin von Italien *baiolus* der königlichen Tochter Adelaide war[319]. Als solcher reiste er zusammen mit dieser

rius cum Cadalo earundem finium principe. Vgl. BM² 642b. Siehe auch CHADOLAH in der Prosopographie.

317) Literatur: TELLENBACH, Der großfränkische Adel S. 58–60; HLAWITSCHKA, Franken S. 120–122; MITTERAUER, Karolingische Markgrafen, S. xx; BORGOLTE, Die Grafen Alemanniens S. 46–48; DEPREUX, Prosopographie S. 92 f.; NERLICH, Diplomatische Gesandtschaften S. 41 und 269; LUDWIG, Transalpine Beziehungen S. 202 f.; CASTAGNETTI, Transalpini S. 25–38; GLANSDORFF, Prosopographie S. 69 f.; WOLFRAM, Conversio Bagoariorum S. 174, 271 und 281.

318) Pro: Tellenbach, Mitterauer, Depreux. Dagegen oder unentschieden: Hlawitschka, Borgolte, Ludwig, Glansdorff, Wolfram. Vgl. Conversio c. 10 S. 120. Dieser Quellentext weist jedenfalls eher auf eine bayerische Herkunft von *Albgarius* hin.

319) MANARESI Nr. 45 (Mailand, 823. 4. – 840. 6. 20.) S. 147–151 = ChLA 94 Nr. 29 (Mailand, 834. 8. – 840. 6. 20.) S. 112–115. Siehe LEO (I) in der Prosopographie. *Alpcharius* hatte wohl 807 die betreffenden Güter gekauft. CDL Nr. 84 (Brescia, 807. 9. 11.) Sp. 157–159. Ein königlicher Vasall Petrus unterschieb diese Urkunde. Vgl. dazu CASTAGNETTI, Transalpini S. 27, der Petrus als Pippins Vasallen interpretiert. Andrea Castagnetti identifiziert ihn außerdem mit dem gleichnamigen kö-

Prinzessin in die Francia zum Hof Karls des Großen, der ALBGARIUS mit verschiedenen Aufgaben beauftragte und dafür mit einer Grafschaft honorierte[320]. Diese Grafschaft sucht die Forschung wegen der Bezeichnung *comes de Alamania* in Alemannien, und zwar im Hegau, wo er um 830 als örtlicher Graf erschien[321].

Es ist möglich aber keineswegs sicher, ihn mit einem *Albker* zu identifizieren, dessen Name im Reichnauer Verbrüderungsbuch um 824 zusammen mit Grafen HUGO (I) von Tours und MATFRIED von Orléans eingetragen ist[322], woraus man außerdem vielleicht auf seine enge Beziehung mit Lothar I. schließen dürfte[323]. Zuletzt taucht ALBGARIUS in den Quellen auf, als er 842 einmal im Namen seines Bruders, einmal allein an das Kloster S. Ambrogio in Mailand Schenkungen machte[324].

ALBOINUS* (Alboinus)

Graf (842…)

TÄTIGKEIT ALS KÖNIGSBOTE:

841/872[325]: *missus?* Ludwigs des Deutschen in Vilsingen mit GRIMALD, ATO und WILHELM* (= KRAUSE II 204)

Die vier namentlich bekannten Missi nahmen eidlich geäußerte Zeugenaussagen über die Güter des Klosters St. Gallen in Vilsingen ab[326].

---

niglichen Vasallen, der im August 806 in Pistoia zusammen mit Bischof Guillerad von Pistoia und *scabinus* Johannes Gericht hielt. MANARESI Nr. 19 S. 60–64.

320) ChLA 94 Nr. 29 (Mailand, 834. 8. – 840. 6. 20.) S. 112–115, hier S. 114.

321) Chart. Sangall. Nr. 345 (Büsslingen, 829./830. 5. 6./5.) S. 320 f.

322) Das Verbrüderungsbuch der Abtei Reichenau, Bl. 99, A/2 und S. 216. Einen weiteren Hinweis auf ALBGARIUS' Beziehung mit der norditalienischen Gesellschaft und Alemannien, oder sogar dem Kloster Reichenau, gibt ein Gedicht Walahfrid Strabos, also des Reichenauer Abtes, über einen *comes infimus Alpger*, der in Tortona eine dem örtlichen heiligen Bischof geweihte Kirche erbaute. Walahfridi Strabi carmina Nr. 68 S. 409. Hierzu BORGOLTE, ebd. S. 47.

323) Vgl. die Schenkungsurkunde Lothars I. an seinen *fidelis Alpcarius*, D Lo I. 66 (Aachen, 842. 2. 5.) S. 177 f. mit dem Kommentar des Editors. Hierzu vgl. auch DÜMMLER, MGH Poetae 2 S. 409 Anm. 4; MITTERAUER, ebd. S. 142; BORGOLTE, ebd. S. 47; GLANSDORFF, ebd. S. 70.

324) CDL Nr. 145 (Sumirago, 842. 4. 9.) Sp. 253 f. und Nr. 146 (Mailand, 842. 8. 26.) Sp. 254–256 (= ChLA 94 Nr. 31 S. 120–123.).

325) Zur Datierung vgl. BORGOLTE, Kommentar S. 455.

326) UB St. Gallen 2, Anhang Nr. 21 S. 397: *Noticia testium, qui cum juramento et fide data coram regalibus missis, videlicet Crimaldo abbate et Atone comite*

KURZBIOGRAPHIE[327]:
Sophie Glansdorff identifiziert ALBOINUS* mit demjenigen Grafen, der 842 in der östlichen Bertoldsbaar belegt ist[328].

ALBUIN (Albuinus, Albwinus)

Missus (773)

TÄTIGKEIT ALS KÖNIGSBOTE:
773, Anfang: *missus* Karls des Großen in Italien mit GEORG und WULFARD (= –)

ALBUIN war einer der drei Missi, die bei dem Konflikt zwischen dem Papst und dem Langobardenkönig Desiderius mit der Untersuchung beauftragt wurden, ob Desiderius der römischen Kirche tatsächlich die zu Unrecht besetzten Städte zurückgab. Von Rom aus wurden sie von päpstlichen Legaten begleitet und verhandelten vergeblich mit dem Langobardenkönig. Nach ihrer Rückkehr erstatteten sie Karl Bericht[329].

KURZBIOGRAPHIE[330]:
Versuche, diesen *deliciosus regis Albuinus* mit Alkuin zu identifizieren[331], sind vergeblich. Donald A. Bullough hat überzeugend gezeigt, dass es sich hier um einen vertrauten *vassus Albwinus* handelt, der Ende März 772 in Herstal am Hofgericht teilnahm[332]. Mit diesem kö-

---

aliisque comitibus Willihelmo et Alboino testificati sunt, quod ex traditione Perahtoldi comitis medietas omnis marchae […] ad monasterium sancti Galli juste et legaliter pertinere debent … Wenn man allerdings die Titulaturen in der Urkunde ernst nimmt, waren ALBOINUS* und WILHELM* nicht Missi im Gegensatz zu Krauses Meinung. Vgl. DEUTINGER, Königsherrschaft S. 174.

327) Literatur: GLANSDORFF, Prosopographie S. 70 f.

328) UB St. Gallen 2 Nr. 385 S. 4 f. = ChLA 104 Nr. 30 (Nusplingen, 842. 8. 29.) S. 84–87.

329) Lib. Pont. XCVII, Vita Hadriani I cc. 26 f., 1 S. 494; Jaffé³ 4298 (773 Anfang) und 4299. Siehe den Text bei GEORG in der Prosopographie.

330) Literatur: BULLOUGH, Albuinus deliciosus; LOHRMANN, Alkuin und Karl S. 16–20.

331) Vgl. neuerdings The lives of the 8th century popes, übers. v. DAVIS S. 131 Anm. 38.

332) D KdG 65 ([Herstal,] –) S. 94 f.; Cod. Laures., Chronik und Kopialbuch Nr. 3 (Herstal, Ende März 772) S. 273. Aber HACK, Codex Carolinus 2 S. 1002, Anm. 53 (trotz des Verweises auf Bulloughs Werk): „Die Frage, ob mit dem genannten Albuinus der bekannte angelsächsische Gelehrte gemeint ist, war lange Zeit umstritten, wird aber jetzt allgemein bejaht“.

niglichen Vasallen identisch ist ein Graf *Albuinus*, der im Dezember 775 am Hofgericht in Schlettstadt teilnahm[333]. Bullough wies auf die Verbreitung des Namens *Albuinus* in Alemannien und Bayern hin und neigte dazu, seine Heimat in Alemannien zu sehen[334].

ALBWIN (Albuuin)

Missus (819)

TÄTIGKEIT ALS KÖNIGSBOTE:

819: *missus* Ludwigs des Frommen in Sachsen/Thüringen mit WIGBALD (= –)

Im Codex Münster, Staatsarchiv, msc. VII. 5201 ist das Capitulare missorum von 818/819 überliefert, in dessen Überschrift die Namen der zwei Überbringer des Kapitulars genannt sind: *Hęc sunt cap. praecipue ad legationem missorum pertinentia ob memorię causam de quibus agere debent Albuuin et Uuicbald. Legatio omnium missorum nostrorum sunt …*[335] Nach dem Wortlaut liegt die Annahme nahe, dass es sich hier um eine Fassung des missatischen Kapitulars von 818/819 für die beiden hier genannten Missi handelt. Dieser in Corvey entstandene Codex enthält außerdem die Leges Saxonum und Thuringorum sowie das Capitulare Saxonicum[336]. Somit ist das Tätigkeitsgebiet dieser Missi höchstwahrscheinlich ebenfalls in Sachsen oder Thüringen zu suchen.

KURZBIOGRAPHIE[337]:

Der Name Albwin ist im Verzeichnis der Einzelschenkungen in Thüringen zum Kloster Fulda mehrmals aufgezeichnet[338]. Hier könnten sich ein örtlicher Besitzer Albwin und/oder seine gleichnamigen Nachkommen finden. Schon um 800 wird ein Grundherr Albwin

---

333) D KdG 110 (Schlettstadt, 775. 12.) S. 155 f. Bullough bemerkt, dass 777 mehrere Amtskollegen ALBUINs von 772 und 775 das Testament FULRADs (I) unterschrieben, während der Name ALBUINs fehlt. BULLOUGH, Albuinus deliciosus S. 88.

334) BULLOUGH, Albuinus deliciosus S. 89 f.

335) MORDEK, Bibliotheca S. 380.

336) MORDEK, Bibliotheca S. 378.

337) Literatur: WENSKUS, Sächsischer Stammesadel S. 88, 95 f.

338) Codex Eberhardi 2, 3.2 Thüringen (= DRONKE, Traditiones Kap. 38) 86va (Nr. 168: *Albwin comes de Ahegewe*) S. 142; 87vb (Nr. 224) S. 146. Vgl. auch ebd. 3.3 Südliche Rhön (DRONKE, Traditiones Kap. 39), 90va (Nr. 4) S. 154; 90vb (Nr. 8, mit zwei Söhnen) S. 154; ebd. 3.6 Wetterau, Maingau (DRONKE, Traditiones Kap. 42), 109ra (Nr. 27, mit seiner Frau) S. 201.

namensgebend für den Ort *Albwinestat*[339]. In der Tat ist der Name in den Fuldaer Urkunden viele Male zu finden[340]. Andererseits hatte ein Albwin in der zweiten Hälfte des 9. Jahrhunderts mit den Liudolfingern enge Beziehungen[341]. Obwohl uns ein entscheidender Beleg fehlt, um ALBWIN mit einem bestimmten Albwin in der Fuldaer Überlieferung zu identifizieren, können wir zumindest vermuten, dass auch ALBWIN in Thüringen und/oder in Sachsen seinen Besitz gehabt hat und Einfluss ausüben konnte[342].

ALDEBALD (Aldebaldus, Adelbaldus)

Missus (795)

TÄTIGKEIT ALS KÖNIGSBOTE:

795. 4. 27.: *missus* Ludwigs des Frommen (als König von Aquitanien) in Poitiers mit HERMINGAUD (= KRAUSE I 10)

Zur durch die Missi des aquitanischen Königs gehaltenen Gerichtsversammlung kam ein Odascira und erhob Anklage gegen Faramundus wegen des Besitzes in Pin-Saint-Denis-en-Aunis. Der Prozess scheint reibungslos am selben Tag entschieden worden zu

339) WENSKUS, Sächsischer Stammesadel, passim.

340) UB Fulda Nr. 58 (772. 2. 12.) S. 101 (als Zeuge); Nr. 61 (772. 5. 3.) S. 104 (als Zeuge); Nr. 63 (773. 3. 3.) S. 111 (als Zeuge); Nr. 97 (790) S. 58 = UB Fulda Nr. 265 S. 379–382 (*Albuuin presbyter* als Schenker und Zeuge, Besitz in *Heimmengeshusum*); Nr. 239 (796. 6. 5.) S. 345 (als Zeuge); Nr. 265 (800. 3. 22.) S. 379–382 (*Albuuin presbyter* als Schenker, Besitz in *Hemmingeshus*); Nr. 278 (801. 5. 31.) S. 404 (als Zeuge); CD Fulda Nr. 220 (?) S. 116 (als Zeuge); Nr. 221 (?) S. 116 (als Zeuge); Nr. 227 (806. 2. 27.) S. 119 (als Zeuge); Nr. 254 (811. 3. 27.) S. 131 (als Zeuge); Nr. 335 (?) S. 162 (als Zeuge); Nr. 379 (819. 2. 18.) S. 172 (als Zeuge); Nr. 405 (?) S. 183 (als Zeuge); Nr. 407 (823. 3. 15.) S. 184 (als Zeuge); Nr. 457 (825. 3. 18.) S. 202 (als Zeuge); Nr. 475 (827. 8. 11.) S. 209 (als Zeuge); Nr. 502 (837. 8. 13.) S. 221 (als Zeuge); Nr. 510 (838. 2. 10.) S. 225 (als Zeuge); Nr. 517 (838. 8. 30.) S. 228 (als Zeuge); Nr. 531 (841. 2. 22.) S. 236 (als Zeuge); Nr. 549 (842. 11. 17.) S. 245 (als Zeuge); Nr. 559 (850) S. 252 (als Zeuge); Nr. 563 (855. 2. 24.) S. 253; Nr. 567 (?) S. 255 (als Zeuge); Nr. 569 (?) S. 256 (als Schenker mit seinen Söhnen *Albuuin* und *Racholf*). Die Belege nach 870 führe ich hier nicht. Der Name Albwin findet sich auch unter den *mancipiae*.

341) WENSKUS, Sächsischer Stammesadel S. 77 und 110.

342) In den älteren Corveyer Traditionen (822–877) finden sich zudem einige Zeugen namens Alwini/Alfwini. Traditionen von Corvey Nr. 123, 250, 255 und 265 S. 103, 125 f. und 128.

sein[343]. Eine Besonderheit befindet sich in der Actumzeile: *Actum fuit Afrialdo in advocatione Adelbaldi et Hermengaudi missos.* Jan Frederik Niermeyer gibt dem Wort *advocatio* allein mit dem Beispiel dieser Urkunde die Bedeutung „Amtsbezirk eines Missus“[344].

Es ist aus dem Inhalt der Urkunde nicht erkennbar, warum diese beiden Missi statt des Grafen Abbo von Poitiers[345] dem Gericht vorsaßen, obwohl er bei der Sitzung anwesend war. Möglicherweise kamen die Missi nicht nur wegen dieser Angelegenheit, sondern mussten um diese Zeit in Poitiers eine allgemeine Gerichtsversammlung abhalten.

KURZBIOGRAPHIE[346]:

Über ALDEBALD ist außer dieser Urkunde nichts Sicheres bekannt. Wie Philippe Depreux notiert, ist es schwer, einen Adalbaldus, der einst Pippin dem Jüngeren einen Besitz im Moselgebiet schenkte, mit ALDEBALD in Verbindung zu bringen.

ALDRICH (Aldricus)

Kapellan, Abt von Ferrières, Erzbischof von Sens (775 – †836. 10. 10.[347])

TÄTIGKEIT ALS KÖNIGSBOTE:

1) vor 822. 6. 29.: *missus* Ludwigs des Frommen in St-Amand (= KRAUSE II 76)

---

343) UB Nouaillé Nr. 7 (Poitiers, 795. 4. 27.) S. 10f., hier S. 11: *Notitia qualiter veniens Odascira […] coram Aldebaldo et Hermingaude misso domno Klodowich rege Aquitaniorum vel aliis venerabilibus qui cum Adrarde… infensi repetibat adversus alicos istos nomine Faresmundo dicebant eo quod alode suo in pago Adeasnise in villa que dicitur Pino, quod illa mediet… et quod illa media illa alia medietate qui ei erat debita, ad habendum, et ipsa aede apud suam silvam judicatum fuit in ipsa die et probari debere ipsi Faramundo post se malere impedire et dim… indebiti sortem coram ipsis missis se recognovit et per vadius suus Faremundus de portione sua, de quorum in illa medietate nominatus Faremundus ipsius Abisanae vel filio suo Condraldo reddet pretio quod necessarium fuit Abisanae et felio suo Condraldo notitia recipere et fecisse scum(!). Actum fuit Afrialdo in advocatione Adelbaldi et Hermengaudi missos […] S Abbonis comitis.*

344) NIERMEYER, Lexikon, Art. advocatio. Vgl. auch WAITZ, Verfassungsgeschichte 3 S. 458.

345) Vgl. DEPREUX, Prosopographie S. 68.

346) Literatur: DEPREUX, Prosopographie S. 94

347) Zu seinem Todesdatum vgl. DEPREUX, Prosopographie S. 96 Anm. 28.

Zur Einführung und Befolgung der Regula Benedicti wurde ALDRICH ins Kloster St-Amand geschickt[348]. Diese Mission kann vielleicht in Zusammenhang mit den monastischen Legationen um 817 gebracht werden[349].

2) 829–836: *missus* Ludwigs des Frommen in Flavigny mit ALBERICH (I), MODOIN und BOSO (II) (= KRAUSE II 112)

ALDRICH war einer der Missi, die von Ludwig nach Flavigny geschickt wurden und die Teilung der Klostereinkünfte zwischen dem Abt und den Mönchen festlegten[350].

KURZBIOGRAPHIE[351]:

ALDRICH wurde im Kloster Ferrières unter Alkuins Leitung erzogen[352] und war Notar am Hof Karls des Großen[353]. Er wurde durch Erzbischof JEREMIAS zum Diakon, später zum Priester geweiht[354]. Ludwig der Fromme setzte ihn als *praeceptor palatinus* ein, um das Leben am Hof und andere wichtigere Angelegenheiten zu regeln[355]. Nachweisbar ist auch seine Tätigkeit als Vorsteher der Kanzlei Pippins I. von Aquitanien zwischen 827 und 829[356]. Er erwarb die Abtei Ferrières vor seiner Bischofserhebung[357], die mit Hilfe des Kaisers[358] zwischen dem Ende 828[359] und dem Juni 829 vollzogen wurde: An der Pariser Synode vom Juni 829 nahm er als Erzbischof von Sens

348) D LdF 210 (Strée, 822. 6. 29.) S. 518–521, hier S. 520: ... *Aldrico misso nostro, quem ad predictum cenobium direximus ad ordinem regule sancti Benedicti confirmandum...* ALDRICH war bei der Urkundenausstellung in Strée anwesend.

349) Vgl. SEMMLER, Benedictus II S. 24 f.; DEPREUX, Prosopographie S. 95 f. Josef Semmler vermutet außerdem, dass ALDRICH „auch in St. Riquier als *missus monasticus* gewirkt hätte".

350) D Lo I. 50 S. 144–146 = Cart. Flavigny Nr. 14 (Lucenay-l'Evêque, 840. 12. 4.) S. 50–52. Das vollständige Zitat und die Darstellung dieser Angelegenheit finden sich bei ALBERICH in der Prosopographie.

351) Literatur: Fastes 2 S. 417; FLECKENSTEIN, Hofkapelle S. 71; SEMMLER, Benedictus II S. 24 f. Anm. 69; DEPREUX, Prosopographie S. 94–96.

352) Vita Aldrici c. 1,2 S. 753.

353) D KdG 206 (Ingelheim, 807. 8. 7.) S. 275 f. Vgl. ebd. Nr. 207 (Aachen, 808. 5. 26.) S. 276–278.

354) Vita Aldrici c. 1,3 S. 753.

355) Vita Aldrici c. 1,4 S. 754.

356) D Aq, Introduction, S. xli.

357) Lupus 2 Nr. 130 S. 206; Frothar Nr. 13 S. 116. Vgl. Vita Aldrici c. 1,5 S. 754.

358) Lupus 2 Nr. 130 S. 206.

359) Im Rundbrief der beiden Kaiser war enthalten, ein zukünftiger Erzbischof von Sens sollte an der geplanten Synode in Paris teilnehmen. Nr. 185 B S. 6 =

teil[360]. Kurz vorher bereits waltete er seines Amtes als Metropolit und weihte auf Befehl Ludwigs (*ex precepto Ludouici imperatoris*) Bischof HERIBALD* von Auxerre[361]. Nach der Pariser Synode wurde das Kloster St-Denis grundlegend reformiert, wobei ALDRICH eine führende Rolle spielte[362]. Er war 835 anwesend bei der Absetzung EBBOs von Reims in Diedenhofen[363].

ALEDRAMNUS (Aledram, Aledramnus, Adadramnus, Aledrannus, Aledrans)

Graf von Troyes, dann Statthalter (Graf?) Barcelonas und der Spanischen Mark (820 – †vor 854/855. 4. 25.)

TÄTIGKEIT ALS KÖNIGSBOTE:

1) 821. 8.: *missus* Ludwigs des Frommen in Norcia mit ADALHARD (II) und LEO (I) (= KRAUSE I 81)

Graf ALEDRAMNUS von Troyes und die kaiserlichen Vasallen ADALHARD (II) und LEO (I) wurden als kaiserliche Missi schriftlich damit beauftragt, aufgrund der vorherigen Untersuchung durch die Bischöfe RATOLD (I) und NORTPERT sowie LEO (I) und des betreffenden kaiserlichen Schreibens den Konflikt zwischen dem Kloster Farfa und Herzog WINIGIS (I) von Spoleto bezüglich der von dem Letzteren durchgeführten Konfiskation des Klostergutes beizulegen[364].

2) 821 (fast gleichzeitig wie Legation 1): *missus* Ludwigs des Frommen in Italien (auch in Norcia?) mit ADALHARD (II) und LEO (I) (= –)

Die Missi ALEDRAMNUS, ADALHARD (II) und LEO (I) behandelten auch eine Klage des Klosters Farfa wegen anderer Klostergüter, die von einem gewissen Gemmolus und einer gewissen Maurica geschenkt, aber von WINIGIS konfisziert worden waren. Auch diese Entscheidung fiel zugunsten des Klosters aus. Der Kaiser bestätigte

---

MGH Conc. 2,2 Nr. 50 B S. 600: *futurus antistes Senonicus*; MGH Capit. 2 Nr. 184 S. 2 = MGH Conc. 2,2 Nr. 50 S. 597: *archiepiscopus Senonis qui fuerit*.

360) Cart. gén. Paris Nr. 35, hier S. 50 f. (= MGH Conc. 2,2 S. 605 f.).

361) Les gestes des évêques d'Auxerre c. 36 S. 149.

362) BM² 905; D LdF 315 (St-Denis, 832. 8. 26.) S. 774–779. MGH Conc. 2,2 Nr. 52 S. 683–687 zur Synode in St-Denis von 829/830. Er war auch im Januar 832 bei der Synode in St-Denis anwesend. MGH Conc. 2,2 Nr. 53 S. 694.

363) MGH Conc. 2,2 Nr. 55 B S. 703.

364) Reg. Farfa 2 Nr. 269 (= Doc. 251) S. 207 f. = MANARESI Nr. 32 S. 98–103, hier S. 99–102. Siehe den Text bei ADALHARD (II) in der Prosopographie.

auf Bitte des Abtes urkundlich die Ergebnisse der beiden missatischen Richtertätigkeiten[365].

KURZBIOGRAPHIE[366]:

Im Jahr vor der oben berichteten Legation war ein Graf *Adadramnus* im September 820 bei der Reichsversammlung in Quierzy anwesend[367]. Mit Philippe Depreux setze ich diesen Grafen mit Missus ALEDRAMNUS gleich. Auch Depreux zufolge, der die Identifikation von Henri d'Arbois de Jubainville teilweise bestätigt[368], hatte ALEDRAMNUS spätestens 837 seine Grafschaft in Troyes[369]. Ende 848 wurde ALEDRAMNUS, der zum Statthalter Barcelonas und der Spanischen Mark ernannt worden war, durch Wilhelm von Septimanien aus Barcelona vertrieben[370]. ALEDRAMNUS blieb jedoch im Süden und spielte im Oktober in Albi bei einer Urkundenausstellung Karls des Kahlen eine Rolle als Ambasciator, wobei Karl seinen *fideles* Königsgüter in der Gegend von Narbonne schenkte[371]. Nach Janet L. Nelson war dies für den König auch die Gelegenheit, über die Regierung der Spanischen Mark zu beraten, wovon die Annalen von St-Bertin im Jahr 849 berichten[372]. Obwohl ALEDRAMNUS zusammen mit ISEMBARD (II) von Wilhelm gefangen genommen wurde, kam er wieder an die Macht zurück, nachdem Wilhelm seinerseits in Gefangenschaft geriet. Dem Chronicon Fontanellense zufolge wurde Wilhelm durch ALDERAMNUS und die Goten hin-

365) BM² 766; Exzerpt in: MANARESI, Dep. Nr. 4 S. 589; Reg. Farfa 2 Nr. 282 (= Doc. 267) 2 S. 218 = D LdF 215 (Worms, 822. 11. 6.) S. 529f., hier S. 530. Siehe den Text bei ADALHARD (II) in der Prosopographie. Vgl. Reg. Farfa 2 Nr. 298 (= Doc. 282bis) S. 233–238 = D Lo I. 51 (Chagny, 840. 12. 15.), 146–153, hier S. 151.

366) Literatur: ARBOIS DE JUBAINVILLE, Champagne S. 59–61; LOT, Aye d'Avignon S. 145–149; DEPREUX, Prosopographie S. 100f.

367) Trad. Weissenburg Nr. 69 (Quierzy, 820. 9. 2.: Tauschvertrag zwischen HUGO [I] von Tours und BERNHARIUS von Worms), hier S. 271.

368) Aber Depreux lehnt seine andere Hypothese ab, dass ALEDRAMNUS schon unter Karl dem Großen tätig gewesen sei.

369) ARBOIS DE JUBAINVILLE, Champagne, Doc. Nr. VII S. 438.

370) AB a. 848 S. 56; Chron. Fontanellense, a. 849 S. 302 = Ann. Fontenelle, a. 849 S. 81, bezeichnet ihn als *custos illius urbis et limitis Hispanici.* Vgl. LOT und HALPHEN, Le règne de Charles le Chauve S. 206; BF 610.

371) D KdK Nr. 120 (Albi, 849. 10. 18.), 1 S. 317–319. Vielleicht in Bezug auf diese Urkunde bezeichnet d'Abadal ALEDRAMNUS als Graf von Narbonne. ABADAL I DE VINYALS, Els primers comtes S. 188 Anm. 3.

372) AB a. 849 S. 58. Vgl. Nelson, AB, a. 849 S. 68 Anm. 9.

gerichtet[373]. Da er in einer Herrscherurkunde für seinen Nachfolger in Troyes, ODO (II), am 25. April 854/855 als Verstorbener belegt ist[374], liegt sein Todestag vor diesem Datum[375].

ALTMAR (Altmarus)

Laienabt von Montier-en-Der (838–853)

TÄTIGKEIT ALS KÖNIGSBOTE:

1) 838: *missus* Ludwigs des Frommen in St-Calais (–)

Zur Untersuchung des Streites zwischen Bischof Aldrich von Le Mans und Abt Sigimund von St-Calais wurden Bischof Ebroin von Poitiers, Bischof Erchinrad von Paris, Graf Rorigo und ALTMAR mit anderen kaiserlichen Vasallen entsandt. Aber sie konnten den Streit nicht beilegen. Im Text der Gesta Aldrici ist nur ALTMAR deutlich als *missus palatinus* bezeichnet. Deswegen nehme ich nur ihn in der Prosopographie auf[376].

2) 853. 11.: *missus* Karls des Kahlen in Laon, Porcien, Soissons, Orxois und Valois mit PARDULUS und THEODACRUS (= KRAUSE I 138)

---

373) AB a. 850 S. 58 f.; Chron. Fontanellense, a. 849 S. 303 = Ann. Fontenelle, a. 849 S. 83.

374) D KdK Nr. 171 (Attigny, 854./855. 4. 25.), 1 S. 449–453.

375) Ein Mandat von *Karolus Dei fauente clementia augustus et triumphator perpetuus* an *Aledramnus fidelis noster* ist im Kopialbuch von Montier-en-Der überliefert. In der neuesten Edition schreibt Constance Brittain Bouchard, die Herausgeberin, dieses Mandat Karl dem Kahlen als Kaiser zu und vermutet, dass dieser Aledramnus „most likely“ mit unserem Missus ALEDRAMNUS oder seinem engen Verwandten identisch sein dürfte. Cart. Montier-en-Der Nr. 19 S. 89 f. Ich bin der Meinung, dass der Graf von Troyes und Missus Karls des Kahlen vor der Kaiserkrönung des letzteren schon gestorben war und nicht mit dem betreffenden *fidelis* identisch ist. Wenn man Karl dem Großen dieses Mandat zuschreiben dürfte, könnte dies die frühere Karriere von ALEDRAMNUS unter dem ersten fränkischen Kaiser erwähnen.

376) Gesta Aldrici, Fragmente c. 6, hier S. 155: *Precepit enim hanc iustitiam inquirere domnus imperator Ebroino Pictaviensis urbis episcopo et Erchinrado Parisiace civitatis episcopo et Rorigoni comiti et Altmaro seneschaldo domne Iudith imperatricis et misso palatino una cum aliis vassis dominicis. Sed dum hec res ad effectum tunc minime pervenit, propter alias necessitates et hoc domno imperatori renuntiatum esset, praecepit ut ante se in suo palatio ipsa altercatio finiretur.* Anders DEPREUX, Prosopographie S. 175, 186 und 368.

Er war einer der Missi im Missaticum um Laon[377].

KURZBIOGRAPHIE[378]:

Der ALTMAR von 838 ist wahrscheinlich mit jenem Altmar identisch, der unter Karl dem Kahlen mehrmals belegt ist. 838 (bei der Legation 1) war er Seneschall der Kaiserin Judith. Diese Beziehung zu Judith macht ALTMARs gutes Verhältnis zu Karl gut denkbar. Er ist einer derjenigen, die bis zur Rückgabe 845 einen Teil der zur Reimser Kirche gehörenden Güter als Lehen innehatten[379]. Aus dieser Zeit kannte er seinen Missatspartner PARDULUS. 845 ist ALTMAR als *rector* von Montier-en-Der belegt, dem Karl seine Besitzzuweisungen an seine Mönche auf seine Bitten hin bestätigte[380]. Dieses Privileg wurde 857 auf PARDULUS' Bitte durch Karl bestätigt. In dieser Urkunde von 857 ist ALTMAR als *illuster vir et memorati monasterii quondam rector* bezeichnet[381].

AMALAR (Amalarius, Amalharius)

Erzbischof von Trier (809/812–815), Diözesanverwalter von Lyon (835–838)

TÄTIGKEIT ALS KÖNIGSBOTE:

1) 813, Frühjahr: *missus/legatus* Karls des Großen nach Konstantinopel mit PETRUS (I) (= –)

Als Teil der diplomatischen Gesandtschaft zum Friedensschluss wurde er mit einem Brief Karls[382] an Kaiser Michael nach Byzanz

377) MGH Capit. 2 Nr. 260 S. 275: *Missi autem et pagi per missaticos qualiter fuerunt tunc ordinati. [...] 2. Pardulus episcopus, Altmarus, Theodacrus missi in Lauduniso, Portiano, Suessonico, Urciso et Vadiso.*

378) Literatur: WERNER, Frühzeit des französischen Fürstentums 2 S. 158 f.; FELTEN, Laienäbte S. 51; NEISKE, Montier-en-Der S. 253; DEPREUX, Prosopographie S. 101; BF 380.

379) Vgl. D KdK Nr. 75 (*villa Avegio*, 845. 10. 1.), 1 S. 210–213 = HRE III c. 4 S. 194 f.; BF 380 und 495.

380) D KdK Nr. 70 (Compiègne, 845. 5. 5.), 1 S. 198–201.

381) D KdK Nr. 191 (Quierzy, 857. 1. 25.), 1 S. 495–498, hier S. 497.

382) Epp. variorum Nr. 37, in: MGH Epp. 4 S. 555 f., hier S. 556: *Huius perfectionis desiderio accensi, praesentes legatos nostros, Amalharium venerabilem Treverorum episcopum et Petrum religiosum abbatem venerabilis monasterii sanctorum apostolorum ad tuae dilectae fraternitatis gloriosam praesentiam direximus, ut – iuxta quod fideles legati dilectae fraternitatis tuae Michahel venerabilis metropolita et Arsafius et Theognostus gloriosi protospatharii nobiscum fecerunt, suscipiendo a nobis pacti conscriptionem, tam nostra propria quam et sacerdotum et procerum*

abgeschickt[383]. Die Rückkehr der Gesandten im Jahr 814 ist in den Reichsannalen[384] und von Thegan[385] sowie dem Astronomus[386] aufgezeichnet. Sie begleiteten die byzantinischen Gesandten aus Kon-

nostrorum subscriptione firmatam – ita et memorati legati nostri foederis conscriptionem tuam, et sacerdotum patriciorumque ac procerum tuorum subscriptionibus roboratam, a sacrosancto altari tuae manus porrectione suscipiant; et, Deo iter illorum properante, ad nos deferant. Quia et ratio postulabat et talis fuit nostra et legatorum tuorum convenientia, ut post profectionem illorum, cum primum oportunum navigandi tempus adveniret, legatos nostros ad tuae dilectae fraternitatis gloriosam praesentiam mitteremus, qui supra dictam pacti seu foederis conscriptionem, te dante, susciperent et nobis adferrent. Quapropter rogamus dilectam et gloriosam fraternitatem tuam, ut, si tibi illa, quam nos fecimus et tibi misimus, pacti descriptio placuerit, similem illi – Grecis litteris conscriptam et eo modo, quo superius diximus, roboratam – missis nostris memoratis dare digneris; eosque, postquam ad te venerint et a te, sicut in tua caritate confidimus, benigne suscepti fuerint, absque non necessaria dilatione absolvere iubeas, ut de illorum reditu et de tuae dilectae fraternitatis rescripto, Domino opitulante, gaudeamus; et tibi largitor omnium bonorum Deus digna reconpensatione restituat, quod pacis, quam ille suos inter se habere precepit, amator et confirmator esse certasti.

383) ARF a. 813 S. 137: *Imperator Aquisgrani hiemavit et incipiente verni temperie Amalharium Treverensem episcopum et Petrum abbatem monasterii Nonantulas propter pacem cum Michahele imperatore confirmandam Constantinopolim misit.* Zu den anderen Quellenangaben über diese Gesandtschaft vgl. ABEL/SIMSON 2 S. 498 f. Anm. 4; BM² 476a; NERLICH, Diplomatische Gesandtschaften S. 267.

384) ARF a. 814 S. 140: *Inter quas praecipua fuit legatio de Constantinopoli directa. Nam Leo imperator, qui Michaheli successerat, dimisso Amalhario episcopo et Petro abbate, qui ad Michahelem quidem missi, ad se tamen venerunt, legatos suos, Christoforum spatarium et Gregorium diaconem, cum eis ad domnum Karolum et per eos descriptionem et confirmationem pacti ac foederis misit.*

385) Thegan c. 9 S. 190: *Inter quos venerunt legati Grecorum cum Amalhario Treuerensi episcopo, qui erat legatus bone memoriae Karoli ad principem Constantinopolitanum, cuius nomen modo memoriae non occurrit.*

386) Astronomus c. 23 S. 352–354: *Inter quas vel praecipua fuit imperatoris Constantinopolitani nomine Michahelis, cui domnus Karolus missos miserat Amalarium Treuerorum episcopum et Petrum Nonantule abbatem pacis confirmandę gratia. Qui revertentes missos supradicti Michahelis secum adduxerunt, Cristoforum protospatarium et Gregorium diaconem, ad imperatorem Karolum directos, super omnibus que scripta fuerant respondentes.*

stantinopel nach Aachen[387]. Über diese Reise verfasste AMALAR ein Gedicht und widmete es seinem Kollegen PETRUS (I)[388].

Anhand eines Briefs des Abtes PETRUS an ihn wird deutlich, dass AMALAR während dieser Reise eine Messerklärung verfasste[389]. Es ist ein interessantes Beispiel dafür, wie ein herrscherlicher Gesandter während seiner Dienstreise Zeit für seine eigenen Angelegenheiten verwenden konnte.

2) ? (831?/835?, nach Ostern): *(legatus?)* Ludwigs des Frommen (= –)

EINHARD* erwähnte in einem Antwortbrief an AMALAR seine *legatio*. Der Inhalt des Auftrags ist aus dem Wortlaut des Briefes nicht erkennbar. Auch unklar ist, was AMALAR den Kaiser durch EINHARD* hatte fragen lassen. Laut EINHARD* sollte AMALAR die bevorstehenden Ostertage zu Hause feiern. Danach würde er am Hof einen konkreten Auftrag erhalten[390].

Wolfgang Steck datiert diesen Brief auf 831. Seine Argumente sind: 1) da nur ein einziger Kaiser genannt ist, kann dieser Brief „nicht in die Zeit [...] fallen, als Lothar I., der Sohn Ludwigs des Frommen, in Dokumenten als Mitregent neben seinem Vater erwähnt wird". 2) Da AMALAR im Brief nicht als Erzbischof angeredet ist, war der Kaiser nicht Karl der Große. 3) Da nach der Abdankung des Trierer Erzbischofs nur zwei Reisen AMALARs überliefert sind, sollte man diese *legatio* mit einer von diesen gleichsetzen, entweder seiner Reise anlässlich der Pariser Synode vom November 825 oder

---

387) Zu diesem Gesandtschaftsaustausch von 813–814 vgl. CLASSEN, Karl der Große, das Papsttum und Byzanz S. 95 f.; NERLICH, Diplomatische Gesandtschaften S. 267 f.

388) Amalarii versus marini, in: MGH Poetae 1 S. 426–428.

389) Epistula Petri abbatis Nonantulani ad Amalarium (Petr.), in: Amalarii Episcopi Opera 1 S. 229 (I-A): ... *ut illum expositionis codicem quem, dictante Spiritu Sancto cordi tuo, in itinere maris exposuisti, nobis dirigere digneris ad augumentum et statum sanctae ecclesiae nostrae ...*

390) Einharti epistolae Nr. 4 (ca. 828./829. 3.) S. 111 = Einhards Briefe Nr. 3 (vor 840) S. 76: *Nescio quis prevenit adventum puesi* [korr. zu *pueri*] *vestri qui mihi litteras vestras attulit et effecit ut tibi mandaretur, quatinus proximo palmarum die ad imperatorem venisses sed postquam ego litteras vestras accepi et imperatorem de bis* [korr. zu *his*] *quae voluisti interrogavi precepit mihi vobis scribere ut sanctum pasche diem domi celebrasetis et ceterum comitatum vestrum post vos venire iuberetis eo modo ut quando ille ad vos in palatio venisset mandatis acceptis et ratione legationis vestrae vobis insinuata sine mora iter vestrum adgredi valeatis.* Zur Interpunktion vgl. STECK, Der Liturgiker Amalarius S. 91 Anm. 437.

seiner Romreise im Sommer 831. Da es in EINHARDs* Brief um das Osterfest vor der Abreise geht, dürfte die hier angesprochene *legatio* die des Sommers 831 sein[391]. Ich kann Stecks These nicht völlig verneinen. Aber es scheint mir auch möglich zu sein, dass diese *legatio* im Zusammenhang mit dem Auftrag der Verwaltung der Diözese von Lyon (835) zu sehen ist. Ich lasse deswegen die Identifizierung dieser Legation offen[392].

KURZBIOGRAPHIE[393]:

AMALAR ist als Liturgiker bekannt[394]. Die in der bisherigen Forschung allgemein anerkannten biographischen Angaben wie seine Herkunft aus Metz um 775 und seine frühere Karriere als Abt von Hornbach werden von Steck verneint. Er schlägt stattdessen die Herkunft „aus Burgund oder einem angrenzenden Gebiet“ vor[395]. Relativ gut nachweisbar ist die Bekanntschaft vor seiner Bischofserhebung mit Personen wie JEREMIAS[396], JONAS (I)[397] und Alkuin. Vielleicht war AMALAR Alkuins Schüler, wie es bereits seine Vorgänger als Trierer (Erz-)Bischöfe gewesen sind[398].

Es ist nicht klar, ob AMALAR gleich nach dem Tod des Bischofs Wizo von Trier 809 zum Bischof erhoben wurde[399]. Dass er allerdings spätestens 812 Erzbischof von Trier war, ist aus dem Brief-

391) STECK, Der Liturgiker Amalarius S. 92 f.

392) Vgl. zuletzt auch Einhards Briefe S. 77.

393) Literatur: ABEL/SIMSON 2 S. 498 f.; HANSSENS, Intruductio, in: Amalarii Episcopi Opera 1 S 58–82; WATTENBACH-LEVISON III S. 323–327; DUCKETT, Carolingian portraits S. 92–120; BAUTZ, Amalarius von Metz; FISCHER, Amalar v. Metz; ZECHIEL-ECKES, Florus S. 22–27; STECK, Der Liturgiker Amalarius, mit einer nützlichen Zeittafel auf S. 197–200. Depreux schließt allerdings bewusst AMALAR von seiner Prosopographie des Hofkreises Ludwigs des Frommen aus, weil er keineswegs Macht ausgeübt hätte. DEPREUX, Prosopographie S. 421.

394) Zu seiner umfangreichen Schriften vgl. einen Überblick von: HANSSENS, Introductio S. 49–58.

395) STECK, Der Liturgiker Amalarius S. 10 und 14 f.

396) AMALARs Brief an JEREMIAS „De nomine Ihu“ und seine Antwort: Amalarii Episcopi Opera 2 S. 386–388. Dazu STECK, Der Liturgiker Amalarius S. 82 f.

397) AMALARs Brief an JONAS: Amalarii Episcopi Opera 2 S. 388. Dazu STECK, Der Liturgiker Amalarius S. 83 f.

398) HANSSENS, Introductio S. 62 f.; OEXLE, Die Karolinger S. 334 Anm. 36; STECK, Der Liturgiker Amalarius S. 172–174.

399) HANSSENS, Introductio S. 64; STECK, Der Liturgiker Amalarius S. 7 Anm. 20. Sieben von den insgesamt neun Versionen der Namenliste der Trierer Erzbischö-

wechsel zwischen Karl dem Großen und AMALAR nachweisbar. Die drei Briefe aus diesem Briefwechsel sind sehr aufschlussreich im Hinblick auf die Stellung AMALARs und die damalige Situation in der Trierer Kirchenprovinz[400]. Karl sandte einen Rundbrief ausschließlich an die Metropolitanerzbischöfe in seinem Reich, um Auskunft über die Taufpraxis zu erhalten, und auch AMALAR wird zu den Adressaten gezählt[401]. Vorauszusetzen ist, dass dem Erzbischof von Trier die Suffraganbischöfe (Metz, Toul und Verdun) schon früher unterstellt worden waren. Zu bemerken ist, dass sowohl Karl als auch AMALAR die kaiserliche Initiative bei dieser Maßnahme (und wahrscheinlich auch bei der Bischofserhebung AMALARs) erwähnen. Jedoch stimmten die Auffassungen des Kaisers und seines Metropoliten vom Verhältnis zwischen Letzterem und seinen Suffraganen nicht miteinander überein, um eine endgültige Entscheidung fällen zu können. Daher forderte der Kaiser eine persönliche Unterredung ein[402]. Im Zusammenhang mit dieser komplizierten Situation darf vermutet werden, dass er um 813 auf Befehl Karls durch WULFAR von Reims zur Bischofsweihe FROTHARs* von Toul einberufen wurde, ob-

---

fe fehlt der Name Amalarius zwischen Wizo und Hetti. Series archiepiscoporum Treverensium, hrsg. v. O. HOLDER-EGGER, in: MGH SS 13 S. 299–301.

400) II-A) Epistula Caroli imperatoris ad Amalarium prior (Car. I), in: Amalarii Episcopi Opera 1 S. 235 f. = Text 14, in: KEEFE, Water and the Word 2 S. 261–263, zu diesem Text vgl. ebd. 1 S. 59–62; II-B) Epistula Amalarii ad Carolum imperatorem de scrutinio et baptismo (Bapt.), in: ebd. 2 S. 236–251 = Text 23, in: KEEFE, Water and the Word 2 S. 337–351; II-C) Epistula Caroli imperatoris ad Amalarium altera (Car. II), in: ebd. S. 251. Zur folgenden Beschreibung über diesen Briefwechsel und AMALARs Stellung vgl. OEXLE, Die Karolinger S. 334–339; STECK, Der Liturgiker Amalarius S. 58 f.

401) OEXLE, Die Karolinger S. 334 f. mit den bei Anm. 37 und 38 angeführten Quellen.

402) Karls Rundbrief: Car. I c. 3 S. 235 (= Text 14 S. 262); Car. I. c. 6 S. 236 (= Text 14 S. 263); AMALARs Antwort: Bapt. c. 1 S. 236 (= Text 23 S. 337); Bapt. cc. 55 f. S. 250 (= Text 23 S. 350): 55; Karls Antwort: Car. II c. 4 S. 251: ... *Karolus [...] Amalario venerabili episcopo in Domino salutem. [...] De episcopis suffraganeis ad ecclesiam Treforum in qua, Domino annuente, te praesulem esse volumus, sicut antenus(!) nostram ordinationem et dispositionem atque iussionem expectasti, volumus ut, interim quod ad nostrum venias conloquium, ita expectes, ceteris vero gradibus, id est presbyteris, diaconibus, et omni clero, vel plebi tuae tibi commissae, inter tuam parochiam commorantibus, cum omni devotione praedicare et docere viam veritatis studeas.* Vgl. auch STECK, Der Liturgiker Amalarius S. 58 f.; SCHIEFFER, Karl der Große und die Einsetzung der Bischöfe S. 455.

wohl er nach den Kanones eigentlich für Bischofserhebungen in der Kirchenprovinz Trier zuständig gewesen wäre[403]. Als Trierer Erzbischof weihte er allerdings auf Befehl des Kaisers die erste Kirche jenseits der Elbe[404].

Vor seiner Reise nach Osten von 813 (Legation 1) dürfte AMALAR schon HAITO, Bischof von Basel und Abt der Reichenau, kennengelernt haben, der bei der Legation nach Konstantinopel sein Vorgänger war[405]. Nicht klar ist, ob AMALAR schon vor der Reise nach Konstantinopel mit PETRUS (I) Bekanntschaft gemacht hatte. Spätestens auf dieser Dienstreise scheinen sie Freundschaft geschlossen zu haben. – Nach der Rückkehr bat PETRUS ihn in einem Brief darum, jene Messerklärung, die AMALAR unterwegs geschrieben hatte, und das Schreiben über die Taufe, das er im Auftrag von Karl verfasst hatte, zu übersenden[406]. AMALAR antwortete darauf mit seinen Briefen und legte außer den gewünschten Schreiben noch ein dem Abt von Nonantola gewidmetes Gedicht über ihre gemeinsame Reise und eine andere Messerklärung, die er nach seiner Heimkehr fertig geschrieben hatte, bei[407].

Nach der Rückkehr aus dem Osten und vor dem Auftreten des neuen Erzbischofs von Trier HETTI (August 816) verlor er aus unbekanntem Grund seinen Bischofssitz. Es scheint sich die Beziehung zum neuen Kaiser verschlechtert zu haben[408]. Zu dieser Zeit dürfte er

403) HRE II c. 18 S. 174. Dazu HANSSENS, Introductio S. 65; OEXLE, Die Karolinger S. 338 f.; STECK, Der Liturgiker Amalarius S. 7.

404) Vita Anskarii auctore Rimberto c. 12 S. 33; Rimpert, Vita Anskarii c. 12 S. 44. Dieses Ergebnis wird auf 811 datiert. HANSSENS, Introductio S. 64; STECK, Der Liturgiker Amalarius S. 7.

405) Zu ihrer früheren Bekanntschaft STECK, Der Liturgiker Amalarius S. 86. Später (ca. 823/829) schrieb AMALAR einen Brief an HAITO: Amalarii Episcopi Opera 2, S. 391 f. Zu diesem Brief und dessen Datierung STECK, Der Liturgiker Amalarius S. 85–87.

406) Epistula Petri abbatis Nonantulani ad Amalarium (Petr.), in: Amalarii Episcopi Opera 1 S. 229 (I-A).

407) Epistula Amalarii ad Petrum abbatem Nonantulanum (Non.), in: Amalarii Episcopi Opera 1 S. 229–231 (I-B). Zu diesen Messerklärungen vgl. STECK, Der Liturgiker Amalarius S. 62–76.

408) HANSSENS, Introductio S. 67; OEXLE, Die Karolinger S. 332–324; STECK, Der Liturgiker Amalarius S. 60–62. Deswegen ist mit unserem AMALAR ein Diakon Amalarius schwer zu identifizieren, der auf der Aachener Versammlung mit der Zusammenstellung von Satzungen über das Leben der Kanoniker und Kanonissen beauftragt worden sei und aus der Hofbibliothek die nötigen Bücher zur Verfü-

bei Hilduin, dem Abt von St-Denis, gewesen sein[409]. Im Dezember 825 erscheinen AMALAR und HALITGAR von Cambrai als Vertreter der Pariser Synode, die dem Kaiser ein synodales Gutachten über die Bilderfrage überbrachten[410]. Nach dem Juni 835 wurde AMALAR statt des abgesetzten Erzbischofs Agobard vom Kaiser mit der Verwaltung der Kirchenprovinz Lyon beauftragt. Aber dieser Auftrag endete 838 im Konflikt mit dem örtlichen Klerus, dessen Vertreter Florus von Lyon war[411]. Außer den oben genannten Beispielen stand AMALAR in Briefkontakt mit anderen Geistlichen, z. B. mit Bischof RANTGARIUS von Noyon[412]. Seine letzte nachweisbare Tätigkeit ist das Verfassen eines Gutachtens über die doppelte Prädestination um 850. Damals war er in der Reimser Kirchenprovinz und wurde entweder von Karl dem Kahlen oder HINKMAR (I) von Reims mit dieser Begutachtung beauftragt[413]. Er starb vor 852[414].

gung gehabt hätte. BM² 622a. Zu dieser Identifikation vgl. FLECKENSTEIN, Hofkapelle S. 60; DEPREUX, Prosopographie S. 421. Zur Verfasserschaft der Aachener Kanonikerregel vgl. SCHIEFFER, Domkapiteln S. 238 f. mit Anm. 49.

409) STECK, Der Liturgiker Amalarius S. 76–82.

410) MGH Conc. 2,2 Nr. 44 B (Libellus synodalis Parisiensis), hier S. 483; ebd. Nr. 44 C (Hludowici et Hlotharii imperatorum epistola ad Hieremiam Senonensem archiepiscopum et Ionam Aurelianensem episcopum directa), hier S. 533. Dazu BM² 818; D LdF B 11 ([Ende 825]) S. 1218; HARTMANN, Die Synoden S. 168–171.

411) Vgl. HARTMANN, Die Synoden S. 1194 f.; ZECHIEL-ECKES, Florus S. 21–71; STECK, Der Liturgiker Amalarius S. 105–118. STECK, ebd. S. 112–116, meint, dass eine Bischofssynode in Quierzy, auf der AMALAR nach seinem Gegner Florus wegen seiner irrtümlichen Lehre verurteilt worden sei, neben der dortigen Reichsversammlung „in Wirklichkeit nicht stattfand“. Dies sei „ein Propagandatrick des Florus“, „mittels der Verbreitung einer fiktiven Verurteilung Amalars durch die (vermeintliche) Synode von Quierzy zur Beschädigung von Amalars Ansehen in der Öffentlichkeit beizutragen“. Ebd. S. 117.

412) AMALARs Brief an Rantgarius: Amalarii Episcopi Opera 2 S. 389–391. Dazu STECK, Der Liturgiker Amalarius S. 84 f.

413) STECK, Der Liturgiker Amalarius S. 95–100.

414) Hierzu STECK, Der Liturgiker Amalarius S. 9.

AMBROSIUS (Ambrosius)

Missus (vor 835)

TÄTIGKEIT ALS KÖNIGSBOTE:

vor 835. 11. 24.[415]: *missus* eines Kaisers (Ludwigs des Frommen oder Lothars I.) mit ANSPERT in der Gegend von Como (= –)

Die beiden kaiserlichen Missi ANSPERT und AMBROSIUS führten mit einem Gastalden Gausus ein Inquisitionsverfahren bezüglich eines Fronhofes zu Conni, der in der *curtis domni imperatoris* zu Limonta lag aber zur Kirche von Missaglia gehörte, da ein kaiserlicher *actor* Angelbert dieser Domäne und Erzpriester Johannes von Missaglia, vom Vogt Adelpert vertreten, darum stritten, welche Abgaben die Bewohner dieses Fronhofes an den Fiskus leisten mussten.[416]. Das *breve inquisitionis* kann in seiner überlieferten Gestalt mit einem Abgabenverzeichnis verglichen werden[417].

KURZBIOGRAPHIE[418]:

François Bougard indentifiziert AMBROSIUS mit einem gleichnamigen Mann, der zwischen 844 und 880 als *scavinus* oder als *judex* in der Mailander Gegend nachweisbar ist.

ANASTASIUS (Anastasius)

Kardinalpriester, Gegenpapst, dann römischer Bibliothekar (800/817–†879)

TÄTIGKEIT ALS KÖNIGSBOTE:

869–870: *apocrisiarius*[419] Ludwigs II. von Italien nach Konstantinopel mit SUPPO und EBERHARD (III) (= –)

---

415) An diesem Tag schenkte Lothar I. dem Kloster S. Ambrogio in Mailand die betroffene *curtis* zu Limonta. D Lo I. 23 (Pavia, 835. 1. 24.) S. 93–95.

416) MANARESI, Inquisitiones Nr. 3 S. 568–570 = Inventari altomedievali Nr. 3,1 S. 21–23 = ChLA 94 Nr. 21 a (vor 835. 1. 24.) S. 84–86, hier S. 86: *Breve inquisitionis quod fecerunt Anspertus et Ambrosius missi, Gausus gastaldius, de causa domni imperatoris in curte Lemunta, unde intentionem habent Angelbertus, actor domni imperatoris de ipsa curte, cum Iohanne, archipresbitero de ecclesia Massalia, et advocato eius Adelpert, de casale ipsius ecclesię, qualem conditionem ad ipsam curtem domni imperatoris facere debeat; hoc est ipsum casale in loco qui nominatur Conni, qualiter exinde iuraverunt homines circum manentes ipsa loca, ut quicquid exinde scirent certam dicerent veritatem.* Vgl. BOUGARD, La justice S. 381.

417) Vgl. auch ChLA 94 Nr. 21 b (vor 835. 1. 24.) S. 86. Siehe oben Kapitel 3, § 2.

418) Literatur: BOUGARD, La justice S. 356 und 381.

419) Zu diesem Titel, der auch für kaiserliche Gesandte verwendet wurde, vgl. NERLICH, Diplomatische Gesandtschaften S. 105 f.

ANASTASIUS reiste im Auftrag Ludwigs II. mit SUPPO und EBERHARD (III) nach Konstantinopel, um eine Heirat des byzantinischen Prinzen Konstantin und der fränkischen Kaisertochter Irmingard zu verabreden. Nach dem Abschluss des Konzils von Konstantinopel wurde er von den päpstlichen Gesandten damit beauftragt, die in Griechisch geschriebenen Konzilsakten zu überprüfen[420]. Daniel Nerlich sieht „eine Sonderstellung" ANASTASIUS', „der als Vertreter Roms wie auch Ludwigs II. fungierte"[421].

KURZBIOGRAPHIE[422]:

Da wir jetzt eine umfassende Arbeit über ANASTASIUS haben[423], beschränkt sich dieses Biogramm auf einige Punkte, die für die vorliegende Arbeit interessant sind. Geboren zwischen 800 und 817 wurde

420) Gesta octavæ synodi S. 305: *Similiter consederunt in dextera parte gloriosissimi principes et apocrisiarii perspicui Hludowici imperatoris Italorum atque Francorum, vidilicet Anastasius Deo amabilis bibliothecarius Romæ, Suppo primus contofanariorum et consobrinus uxoris eius et Evrardus præpositus mensæ ipsius*; Lib. Pont. CVIII, Vita Hadriani II cc. 42–45, 2 S. 181 f.: *Denique gestis salubriter omnibus quae in decem sessionibus synodi textus complectitur, legati sanctae Romanae aecclesiae textum synodi, ne quid Greca levitas falsum suatim congesserit, Anastasio sanctae sedis apostolicae bibliothecario, qui tunc temporis pro causa Hludowici serenissimi nostri Augusti cum Suppone archiministro post eos Constantinopolim divina, ut creditur, dispensatione pervenerat, subtiliter inquirendum antequam subscribant committunt. […] Ac pro hoc incredibiliter consternati, Supponis archiministri et Anastasii disertissimi sanctae sedis apostolicae bibliothecarii fidelissimis auxiliis innituntur. Quibus diverso modo, non sine magno laboris periculo, imminentibus, libellos quidem vix tandem recipiunt, sed imperatoris iram pro nimia suae districtione fidei vehementer incurrunt*; Anastasii bibliothecarii epistolae Nr. 5 (871, an Papst Hadrian II. zur Überreichung der lateinischen Übersetzung der Konzilsakten; vgl. Jaffé³ 6298) S. 403–415, hier S. 410: *Igitur cum haec celebraretur venerabilis synodus, accidit me famulum vestrum missum a Hludowico piissimo imperatore cum duobus aliis viris insignibus interesse ferentem etiam legationem ab apostolicis meritis decorato praesulatu vestro, causa nuptialis commercii, quod efficiendum ex filio imperatoris Basilii et genita praefati Dei cultoris augusti ab utraque parte sperabatur simul et parabatur. In tam enim pio negotio et quod ad utriusque imperii unitatem, immo totius Christi ecclesiae libertatem pertinere procul dubio credebatur, praecipue summi pontificii vestri quaerebatur assensus*. Vgl. BZ 301; CÒ, Vescovi, re, imperatori S. 57–66 und 177 f.

421) NERLICH, Diplomatische Gesandtschaften S. 107 f.

422) Literatur: PERELS, Papst Nikolaus I. S. 185–241 und 317–322; RIESENBERGER, Prosopographie S. 150–152; ARNALDI, Anastasio.

423) CÒ, Vescovi, re, imperatori.

ANASTASIUS in Rom erzogen und 847/48 von Papst Leo IV. zum Kardinalpriester von S. Marcello ernannt[424]. In der Auseinandersetzung mit diesem Papst[425] wurde er im Dezember 850 auf der Synode von Rom exkommuniziert[426]. Nachdem Leos Versuch, im Frühling 853 durch die kaiserlichen Interventionen ANASTASIUS nach Rom kommen zu lassen, gescheitert war[427], wurde er zuerst im Mai 853 in Ravenna, dann erneut im Juni in Rom anathematisiert[428], was die römische Synode vom Dezember, zu der ANASTASIUS durch die päpstlichen Gesandten vorgeladen worden war[429], erneuerte[430]. Schon in der Zeit dieser Auseinandersetzung bestand ein gutes Verhältnis zwischen Kaiser Ludwig II. und ANASTASIUS[431], was dazu führte, dass dieser nach Leos Tod von der kaiserlichen Partei, in der Bischof Arsenius von Orte, ANASTASIUS' Oheim, dominierte[432], zum Gegenpapst erhoben wurde[433].

Nachdem Benedikt III. als Papst auch von den kaiserlichen Missi anerkannt worden war[434], erlaubte er ANASTASIUS, dem das Priesteramt aberkannt wurde, zunächst die Laienkommunion und versöhnte sich bald mit ihm: ANASTASIUS wurde möglicherweise während des Pontifikats Benedikts zum Abt von S. Maria in Trastevere ernannt[435]. Er war Berater des daraufolgenden Papstes Nikolaus I. und verfasste verschiedene Briefe in dessen Namen, allerdings ohne

424) BH 158; Cò, Vescovi, re, imperatori S. 14 mit Anm. 1.

425) Zu dieser bis zu Leos Tod dauernden Auseinandersetzung siehe Herbers, Leo IV. S. 214–224; Cò, Vescovi, re, imperatori S. 14–27.

426) MGH Conc. 3 Nr. 24 (Rom, 850. 12. 1.) S. 230 f.; BH 161, 208, 224, 225 und 237.

427) BZ 106; BH 287. Siehe ADALGIS (II) und NOTING in der Prosopographie.

428) BH 288, 291 und 292.

429) BH 294.

430) BZ 114; BH 307. Siehe JOSEPH (II), NOTING, PETRUS (IV) und PETRUS (V) in der Prosopographie.

431) Riesenberger, Prosopographie S. 150; Herbers, Leo IV. S. 218.

432) BZ 2589. Zu ihm siehe Riesenberger, Prosopographie S. 145–150.

433) BZ 135 und 136; BH 336, 338, 339, 342–347. Vgl. Cò, Vescovi, re, imperatori S. 27–35.

434) BZ 140; BH 348, 349, 351 und 353. Siehe ADALBERT (III) und BERNHARD (I) in der Prosopographie.

435) BH 355.

ein offizielles Amt inne zu haben[436]. Nikolaus' Nachfolger Hadrian II. ernannte ANASTASIUS zum Bibliothekar der römischen Kirche[437].

Wie oben erwähnt, galt er als Vertrauter Kaiser Ludwigs II. Vor seiner Legation nach Konstantinopel wurde er mit der Erziehung der Kaisertochter Irmingard beauftragt[438]. Außerdem verfasste er um 871 in Ludwigs Namen ein Schreiben an den byzantinischen Kaiser[439]. In diesem Kontext kann man die Tätigkeit von ANASTASIUS als päpstlicher Legat gut verstehen: Papst Johannes VIII., unter dem er weiter als Bibliothekar tätig war[440], schickte ihn und einen Abt Caesarius um 870/871 als Legaten nach Neapel, wo sie zusammen mit Abt Bertharius von Montecassino, der im Auftrag Kaiser Ludwigs II. dorthin kam, die Neapolitaner veranlassen sollten, den vertriebenen Bischof Athanasius wieder aufzunehmen[441]. ANASTASIUS ist noch einmal, wahrscheinlich zwischen März 874 und April 875, als päpstlicher Legat bei Ludwig II. in Mantua nachweisbar, obwohl der Zweck der Legation unklar ist[442].

ANDREAS (I) (Andreas)

Missus (761)

TÄTIGKEIT ALS KÖNIGSBOTE:

761: *missus* Pippins des Jüngeren in Rom mit GUNDERICUS (= KRAUSE II 7; vgl. auch II 6)

---

436) PERELS, Papst Nikolaus I. S. 242–280. Bespiele der Papstbriefe: BH 466, 560, 598, 626, 663, 710, 732, 753, 755, 760, 777, 822, 835 und 863 = Jaffé³ 5968, 5762, 5791, 5823, 5878, 5922, 5973, 5958, 5960, 5981, 5980, 6021, 6053 und 6081. Vgl. BH 600, 670, 763 und 804 = Jaffé³ 5796, 5867, 5964 und 6016.

437) AB a. 868 S. 144 = MGH Conc. 4 Nr. 27 S. 317.

438) HRE III c. 27 S. 351 (= SCHRÖRS Reg. 447); BZ 290 und 2747.

439) Chronicon Salernitanum c. 107 S. 107–121; BZ 325. Diesen Brief brachte AUPRAND nach Konstantinopel mit.

440) Zu ANASTASIUS als Verfasser der Papstbriefe vgl. BU 45, 66, 120, 149, 158, 159, 164, 165, 166, 167, 187, 196, 209, 211, 213, 229, 230, 259, 261 und 267 = Jaffé³ 6403, 6343, 6385, 6417, 6429, 6431, 6435, 6436, 6433, 6434, 6458, 6464, 6466, 6482, 6483, 6485, 6505, 6507, 6541, 6543 und 6545. Vgl. BU 96 (= Jaffé³ 6365) und 209 (zu BU 192 und 212).

441) BZ 322; Jaffé³ 6284.

442) Anastasii bibliothecarii epistolae Nr. 11 (an Bischof Landulf von Capua) S. 427 f., hier S. 428; BZ 408; BU 110; Jaffé³ 6396.

Wahrscheinlich auf briefliche Bitten des Papstes Paul I. im vorigen Jahr um die Abordnung der fähigen (*apti*) Missi zur Unterstützung[443], sandte Pippin zwei Missi, nämlich ANDREAS und GUNDERICUS. Aus einem anderen Brief des Papstes wissen wir, dass die Missi bei der Verhandlung zwischen dem Papsttum und den Missi des langobardischen Königs Desiderius anwesend waren[444].

KURZBIOGRAPHIE[445]:

Über ihn ist nichts Weiteres bekannt.

ANDREAS (II) (Andreas)

Missus (865/866)

TÄTIGKEIT ALS KÖNIGSBOTE:

865/866: *missus* Ludwigs II. von Italien in Chiusi und Siena (= KRAUSE II 157)

Für den Feldzug gegen die Sarazenen in Süditalien bot Ludwig das Heer aus Norditalien auf. ANDREAS (II) wurde damit beauftragt, in Chiusi und Siena die Mobilisierung zu kontrollieren und gegebenenfalls die Säumigen zu bestrafen[446].

443) Jaffé³ 4156 (nach 760. 4.); Cod. Carol. Nr. 20, hier S. 522: *Sed et hoc obnixę postulamus benignam excellentiam vestram: ut missos vestros aptos, quales vobis placuerint, ad nos dirigere debeatis, qui in nostro inveniantur esse auxilio. Unus tamen ex eis usque Ticino properare debeat, ut, dum cum Desiderio rege loquatus fuerit, quicquid eis in responsis reddiderit, vestrae excellentiae renuntiet; reliqui vero duo cum vestro disposito et ordinatione apud nos coniungere festinent, ut in nostro, ut dictum est, consistant auxilio.*

444) Jaffé³ 4163 (761); Cod. Carol. Nr. 21, hier S. 522: *Cum maximo honorificentiae conatu et dilectionis affectu, quas preclara excellentia vestra misit litteras, adferentibus Andrea et Gunderico sollertissimis viris, christianitatis vestrae missis, acceptantes suscepimus litteras. […]* (S. 524) *Et ideo a excellentiae vestrae dreximus, ut vestrum annuissetis dirigere missum, quatenus eius presentia inter partes iustitiae provenissent, ut non ex hoc aliqua a nostra vel Langobardorum parte ad easdem proveniendum iustitias dilatio proveniret. Unde pro vestra amplissima satisfactione adprobationem fecimus in praesentia praedictorum vestrorum fidelium missorum cum iam dictis Langobardorum regis missis; et satisfacti sunt vestri missi de tantis iniquitatibus et cognoverunt nostram veritatem et eorum mendacium. […] Prelati denique missi vestri omnia, quae a vobis illis iniuncta extiterunt, liquidius nobis retulerunt. De quibus ad singula responsum reddimus eosque de cunctis in formatos ad vos enarrandum absolvimus, perfitientes et causam predicti Andreae, ut eius fuit voluntas et vestra extitit preceptio.*

445) Literatur: HACK, Codex Carolinus 2 S. 989.

446) MGH Capit. 2 Nr. 218 c. 3 S. 95: … *sit missus […] Clusio et Sena Andreas*

KURZBIOGRAPHIE:
Über ihn ist nichts Weiteres bekannt.

ANDREAS (III) (Andreas)

Designierter Bischof von Florenz (871)

TÄTIGKEIT ALS KÖNIGSBOTE:
871, vor 12. 18.: *missus* Ludwigs II. von Italien in Lucca mit OSCHISUS, PLATO, ADALBERT (III), HILDEBRAND (III) und UBALD (= KRAUSE II 167)

Auf Bitte des Bischofs Gerhard von Lucca setzte Ludwig die Bischöfe OSCHISUS von Pistoia, PLATO von Pisa, *vocatus episcopus* ANDREAS (III) von Florenz, den Markgrafen ADALBERT (III), den Grafen HILDEBRAD (III) und den kaiserlichen *fidelis* UBALD als Missi ein, damit sie in Bezug auf die entfremdeten Kirchengüter von Lucca das Inquisitionsverfahren durchführen konnten[447].

KURZBIOGRAPHIE[448]:
Sowohl über seine Person als auch über seine Beziehung zu Gerhard von Lucca[449] ist nichts Weiteres bekannt.

ANGILBERT (I) (Angilbertus, Agilbertus, Anghelbertus)

Abt von St-Riquier (ca. 750 – †814. 2. 17.[450])

TÄTIGKEIT ALS KÖNIGSBOTE:
1) 787. 5.: *missus* Karls des Großen in Valva mit RESMO und HILPIDIUS (= KRAUSE II 20)

Karl beauftragte seine drei Missi mit der Inquisition des Streits zwischen dem Kloster S. Vincenzo al Volturno und den Bewohnern von Valva. Aus dieser Inquisition entstand ein Inventar[451].

[…] Nam si missus aliquis ausus fuerit pretermittere, quin ominibus, [qui] remanserint, presentaliter proprium tollat et eum foris eiciat, et si inventus fuerit ipse missus, proprium suum perdat. Et si comes aliquem excusatum aut bassallum suum, preter quod superius diximus, dimiserit, honorem suum perdat: similiter eorum ministri, si aliquem dimiserint, et proprium et ministerium perdant. Vgl. auch ebd. c. 2. Hierzu vgl. BZ 249.

447) D L II. It 55 (vor 871. 12. 18.) S. 174 f., inseriert in: MANARESI Nr. 71, hier S. 258 f. = ChLA 82 Nr. 42 (Lucca, 871. 12. 18.) S. 138–145, hier S. 140. Siehe OSCHISUS in der Prosopographie.

448) Literatur: BZ 339.

449) Zu Gerhard vgl. SCHWARZMAIER, Lucca S. 97–100.

450) Hariulf, Chronique II c. 12 S. 77 f.

451) MANARESI, Inquisitiones Nr. 1 (Peltino, 787. 5.) S. 559–566, hier S. 560: *Dum*

2) 787: *missus* Karls des Großen in der Villa Trita in Valva mit RESMO (= KRAUSE II 21)

Aufgrund der Ergebnisse der Inquisition, die die Missi ANGILBERT und RESMO durchgeführt hatten, sprach Karl dem Kloster S. Vincenzo al Volturno die Leute der Villa Trita als Hörige zu[452]. Wegen der Missi (ANGILBERT und RESMO) und des Begünstigten (Kloster S. Vincenzo al Volturno) wird in der Forschung diese Inquisition auf das gleiche Jahr mit der Legation 1 datiert.

3) 792: *missus* Karls des Großen nach Rom (= –)

Zur Übersendung des „capitulare adversus synodum, quae pro s. imaginum erectione in Nicaea acta est" an Papst Hadrian wurde ANGILBERT nach Rom geschickt. Hadrian schrieb einen Brief an den fränkischen König, in dem der Papst die einzelnen Kapitel in Details kommentierte[453]. Karl Hampe, Editor des Briefs, datiert diese Reise

---

per iussionem domini regis directi fuissemus ego Agilbertus et Resmo seu Hilpidius castaldeus in Balba pro intentionem qua vertebatur inter monachos de monasterio sancti Vincentii et cum ipso Paulo abbate eorum, quas habitant cum homines Balbenses de res illas, quas per Tasonem impuplicatas vel retulta sunt, unde hac causa diligenter vel subtiliter inquisivimus, et iurare fecimus primates homines Balbenses, ut quicquid exinde scirent nobis dicerent veritatem, idest in primis… Vgl. TAURINO, Osservazioni S. 77–79; BOUGARD, La justice S. 378 f.

452) D KdG 159 (ohne Eschatokoll) S. 216 f., hier S. 216: … *sed dum postea aliquas altercationes inter vos et ipsos homines, qui se per chartas ducum dicebant esse liberos, consurrexisse manifestum est, pro quibus nos missos nostros Risinum et Agilbertum ibidem directos habuimus, per quos omnem causam liquidius inquirentes omnem veritatem exinde cognovimus.* Vgl. TAURINO, Osservazioni S. 79.

453) Epistolae selectae pontificum Romanorum Nr. 2, in: MGH Epp. 5 S. 5–7, hier S. 7: *Preterea directus a vestra clementissima precelsa regalis potentia fidelem familiarem vestrum, videlicet Angilbertum abbatem et ministrum capellae, qui pene ab ipsis infantiae rudimentis in palatio vestro enutritus est et in omnibus consiliis vestris receptus, et ideo, sicut a vobis in omni familiaritate recipitur, ideoque et a nobis reciperetur et condecenter honoraretur. Unde pro nimio amore, quod erga vestram mellifluam gerimus regalem excellentiam, sicut misistis, cum nimio amore dulcedinis eximie eum suscipientes, prout voluit et qualiter voluit, cum magna familiaritate nobis enarrante, aure placabile et mente benigna eum suscepimus, et quasi vestrae corporalis excellentia nobis enarrante, nostrum ei poenitus credidimus consilium, ad profectum sanctae nostrae Romane ecclesiae et vestrae a Deo protecte regalis potentiae exaltatione. Inter quibus edidit nobis capitulare adversus synodum, quae pro sacris imaginibus erectione in Nicea acta est. Unde pro vestra melliflua regali dilectione per unumquemque capitulum responsum reddidimus*

und den Brief Hadrians auf 791[454]. Aber nach Ann Freeman sollen dieser Legation die Verhandlungen der Synode in Regensburg 792 vorausgegangen sein, denn diese Legation soll ihrer Ansicht nach mit der in den Reichsannalen berichteten Reise nach Rom identisch sein, bei der ANGILBERT den Bischof Felix von Urgell, der in Regensburg wegen seiner Lehre des Adoptianismus verurteilt wurde, unter Bewachung nach Rom brachte[455]. Ich folge hier der Auffassung Freemans. Nicht zu übersehen ist ein Brief Alkuins an Hadrian, in dem er diese Legation erwähnte. Interessant für diese Studie ist die Tatsache, dass Alkuin dem königlichen Missus auf der herrscherlichen Legationsreise seine eigene Bitte an den Papst anvertraute, über deren Inhalt wir aber leider keine konkreten Informationen mehr haben[456]. Das ist ein Beispiel der Nebentätigkeit eines herrscherlichen Missus.

... Der Papst betont hier die Vertraulichkeit mit ANGILBERT, „die gewissermaßen einem persönlichen Gespräch mit dem König gleichkommen sei". HACK, Codex Carolinus 1 S. 642. Vgl. auch MGH Conc. 2,2 Nr. 44 (Pariser Konzil, a. 825) S. 481: *Eandem porro synodum cum sanctae memoriae genitor vester coram se suisque perlegi fecisset et multis in locis, ut dignum erat, reprehendisset et quaedam capitula, quae reprehensioni patebant, praenotasset eaque per Angilbertum abbatem eidem Hadriano papae direxisset, ut illius iudicio et auctoritate corrigerentur, ipse rursus favendo illis, qui eius instinctu tam superstitiosa tamque incongrua testimonia memorato operi inseruerant, per singula capitula in illorum excusationem respondere quae voluit, non tamen quae decuit conatus est.*

454) Mühlbacher folgt ihm. BM[2] 311b. Vgl. auch Jaffé[3] 4579 (ca. 791).

455) MGH Conc. 2, Suppl. 1, Einleitung S. 3. Vgl. ARF a. 792 S. 90: *Heresis Feliciana primo ibi condempnata est; quem Angilbertus ad praesentiam Adriani apostolici adduxit, et confessione facta suam heresim iterum abdicavit.* Vgl. HACK, Codex Carolinus 1 S. 638–640. Das capitulare adversus synodum zeigt die Vorstufe des Opus Caroli regis contra synodum, d. h. der Libri Carolini. MGH Conc. 2, Suppl. 1 S. 4 ff.

456) Alkuins Briefe Nr. 27, hier S. 69: *Iam aliquas petitiones propriae necessitatis meae his quoque litteris insererem. Sed quia electissimus domini mei regis missus, filius equidem meus carissimus, Angilbertus ad beatissimam summae auctoritatis vestrae dirigitur paternitatem, non esse necesse putavi litteris exarare, quod ille vir fidelis et prudens melius viva voce secundum mandatum domni regis auribus excellentiae vestrae poterit intimare. Nam inter ceteras fidelissimae dilectionis, quam ad vos habet, legationes meae quoque necessitatis postulationes eodem praefato regiae voluntatis secretario commendavit, quem omnibus amicis valde esse fidelem probavimus; maxime vobis, ut vere dignum est, sanctissime pater. Qui vestram laudabili voce bonitatem saepissime domno regi sub praesentia multorum testium narrare solebat, et egregiae pietatis per vos gesta purae fidei verbis de vo-*

*4) 796: (als *missus?*) im Auftrag Karls des Großen nach Rom (= KRAUSE II 32)

Zur Vereidigung der Römer nach der Wahl Leos III. und zu dessen Ermahnung sowie zur Schenkung eines großen Teils der Beute des Awarenkrieges von 795 wurde er mit einem Brief Karls[457] nach Rom abgesandt[458].

5) nach 801. 3.: *missus* Karls des Großen in Arezzo (= KRAUSE II 38)

Zur Revestitur der Zelle San Pietro d'Asso an den Bischof von Arezzo wurde ANGILBERT (I) nach Arezzo entsandt[459].

---

bis proferre studuit, quatinus fidem piae dilectionis ostenderet et vestrae almitatis amorem plurimorum mentibus ingereret.

457) Alkuins Briefe Nr. 93 S. 136 f., hier S. 137: *Ad confirmandam vero huius dulcissimae dilectionis pacificam unanimitatem Angilberctum, manualem nostrae familiaritatis auricolarium, vestrae direximus sanctitati.*

458) ARF a. 796 S. 98: *Quo accepto peracta Deo largitori omnium bonorum gratiarum actione idem vir prudentissimus atque largissimus et Dei dispensator magnam inde partem Romam ad limina apostolorum misit per Angilbertum dilectum abbatem suum*; Ann. q. d. Einhardi, a. 796 S. 99: … *[Leo] rogavitque, ut aliquem de suis optimatibus Romam mitteret, qui populum Romanum ad suam fidem atque subiectionem per sacramenta firmaret. Missus est ad hoc Angilbertus, abbas monasterii sancti Richarii; per quem etiam tunc ad sanctum Petrum magnam partem thesauri, quem Ericus dux Foroiuliensis spoliata Hunorum regia, quae hringus vocabatur, eodem anno regi de Pannonia detulerat, misit.* Alkuins Briefe Nr. 92 S. 135 f. ist Karls Instruktion für ANGILBERT (*Homeriane puer*). Vgl. HACK, Codex Carolinus 1 S. 640–648, der betont, dass die Kommunikation zwischen dem Papst und ANGILBERT als ein gegenseitiges Gespräch (*conlatio mutua*) charakterisiert wird. Zur Reise nach Rom 796, vgl. ABEL/SIMSON 2 S. 113 f.; SCHIEFFER, Arn von Salzburg S. 107.

459) MANARESI Nr. 42 S. 138: *Qui et in primis omnium veniens Gumprandus arcidiaconus Aretine Ecclesie, interrogatus a nobis, dixsit: „Bene scio et recordo et ibidem fui quando Anghelbertus misso domni Caroli regi revestivit Aripertum episcopum de monasterio sancti Petri sito Axso post confirmatione domni Leoni pape, ita et post preceptum hemissum eiusdem domni Caroli regi et ipse Aripertus episcopus hordinavi in ipso monasterio abbas nomine Augustino, Arnicauso, Iohannis, Landoari arcipresbiteri"*. Diese Absendung folgte der Ausstellung der Urkunde Karls vom 4. März 801. D KdG 196 S. 263 f.

KURZBIOGRAPHIE[460]:

ANGILBERT (I) ist seit 790 nachweisbar als Abt von St-Riquier[461]. Er erhielt als Dichter im Hofkreis den Beinamen „Homerus“[462]. Seine Tätigkeit als *ambasciator* ist auch nachweisbar[463]. Während Josef Fleckenstein ihn als Mitglied der Hofkapelle Karls, danach als Leiter der Hofkapelle Pippins von Italien ansieht[464], ist nicht klar, „ob Angilbert als *primicerius* (Vorsteher der Hofkapelle) neben oder (zeitweise) statt Adalhard in Italien tätig war, wie gegebenenfalls die Kompetenzverteilung zwischen ihnen geregelt war.“[465] Jedenfalls waren ADALHARD (I) und ANGILBERT die wichtigsten Berater Pippins[466]. Obwohl ANGILBERT in den 790er Jahren wieder mehr Zeit in der Umgebung Karls verbrachte, hielt er weiter seine Verbindungen mit Italien aufrecht, wie seine mehrmaligen Legationen nach Italien zeigen. Die Reichsannalen berichten, dass ANGILBERT Bischof Felix von Urgell, der auf der Regensburger Reichsversammlung wegen seiner adoptianistischen Lehre verurteilt worden war, nach Rom vor Papst Hadrian abführte. Aber dort ist es nicht klar, ob er als Vertreter des Königs oder der Synodalväter reiste[467]. Seine Beziehungen zu Pippin blieben gut und er verfasste 796 eine Lobdichtung anlässlich des Siegs Pippins über die Awaren, als er dem jungen König

460) Literatur: HLAWITSCHKA, Franken S. 27 Anm. 20; HANNIG, Pauperiores vassi S. 323 f.; SCHALLER, Angilbert von St. Riquier, in: VL² 1 Sp. 358–363; SETTIPANI, La préhistoire S. 206; BOUGARD, La justice S. 179 Anm. 162.

461) Alkuins Briefe Nr. 9 S. 35. Vgl. FLECKENSTEIN, Hofkapelle S. 67

462) Alkuins Briefe Nr. 92 S. 135, Adresse.

463) D KdG 176 (Frankfurt, 794. 2. 22. für Kloster St. Emmeram) S. 238.

464) FLECKENSTEIN, Hofkapelle S. 67.

465) SCHALLER, Studien S. 334 f. Vgl. auch KASTEN, Adalhard S. 43–47.

466) ABEL/SIMSON 2 S. 435 f.

467) ARF a. 792 S. 90: *Natalem Domini et pascha in Reganesburg. Heresis Feliciana primo ibi condempnata est; quem Angilbertus ad praesentiam Adriani apostolici adduxit, et confessione facta suam heresim iterum abdicavit*; Ann. q. d. Einhardi, a. 792 S. 91: *Huius rei causa ductus (sc. Felix) ad palatium regis, – nam is tunc apud Reginum Baioariae civitatem, in qua hiemaverat, residebat, – ubi congregato episcoporum concilio auditus est et errasse convictus*; *ad praesentiam Adriani pontificis Romam missus ibi etiam coram ipso in basilica beati Petri apostoli heresim suam damnavit atque abdicavit*. Vgl. auch AF a. 792 S. 12. Dazu vgl. HEIL, Der Adoptianismus S. 103; HARTMANN, Die Synoden S. 104.

der Langobarden, der bei seinem Vater in Aachen einen Besuch machen wollte, auf seinem Reiseweg in Langres begegnete[468].

Bei der Weihe der Kirche seines Klosters St-Riquier waren der örtliche Metropolit MAGENARDUS von Rouen, der Bischof GEORG von Amiens und die acht weiteren Bischöfe sowie die zwei päpstlichen Legaten anwesend[469]. Die Anwesenheit dieser päpstlichen Legaten dürfte mit dem Aufenthalt ANGIBERTs in Rom zusammenhängen[470]. Alkuin schrieb 799 an ARN von Salzburg, dass der König dem Abt von Tours befohlen habe, *obviam Angilbercto* zum Nonnenkloster Chelles zu kommen, dem Karls Tochter Gisela vorstand[471]. Dass Karl 800 in ANGILBERTs Abtei Ostern feierte, zeigt wieder ANGILBERTs Königsnähe. Die von Rudolf Pokorny entdeckte Briefinstruktion an Karls Missi ist ihm zufolge der Feder ANGILBERTs zuzuschreiben[472].

ANGILBERT (II) (Angelberus, Angelpertus, Engelbertus)
Erzbischof von Mailand (824. 6. 27./28. – †859. 12. 13.[473])

TÄTIGKEIT ALS KÖNIGSBOTE:

1) vor 844. 4.: *missus* Lothars I. in Mailand mit LEODOINUS (= KRAUSE I 168)

Nach den mehrmaligen erfolglosen Gerichtssitzungen wurde der Streitfall zwischen dem Kloster S. Ambrogio in Mailand und einem gewissen Teutpertus de Vico Mercato vor den kaiserlichen Missi dargelegt. Erzbischof ANGILBERT von Mailand führte zusammen mit seinem Missatskollegen Graf LEODOINUS die gerichtliche Untersuchung durch. Da der Streit trotzdem nicht beigelegt werden konnte, wurde dieser Fall später nochmals auf einer Gerichtsversammlung

---

468) SCHALLER, Studien, bes. S. 335 mit Anm. 24 und S. 342 Anm. 64 zur Datierung, und S. 344 f. mit einer neuen Edition.

469) Angilberti abbatis de ecclesia Centulensi libellus c. 1 S. 174 (= in: Hariulf, Chronique II c. 8 S. 57–59). Dieses Büchlein ist ein Bericht über die Einrichtung, die Weihe und die Ausstattung des Klosters St-Riquier einschließlich der Reliquien sowie der Bücher.

470) Vgl. RIESENBERGER, Prosopographie S. 89.

471) Alkuins Briefe Nr. 165 S. 267.

472) POKORNY, Eine Brief-Instruktion S. 73 ff.

473) Catalogus archiepiscoporum Mediolanensium S. 104. Dazu SAVIO, Gli antichi vescovi 2,1 S. 318.

verhandelt, die Graf JOHANNES (III) im April 844 auf Befehl des Missus ANGILBERT abhielt[474].

2) 859. 5. 17.: *missus* Ludwigs II. von Italien in Mailand (=I 174)

Als Abt Petrus von S. Ambrogio in Mailand Anklage gegen den Vasallen des Erzbischofs Lupus erhob, ordnete ANGILBERT als örtlicher Erzbischof und kaiserlicher Missus eine gerichtliche Verhandlung an. Da der Fall trotz der beiden Verhandlungen nicht beigelegt werden konnte, wurde dieser wieder durch ANGILBERT aufgerollt. Bei der Entscheidung zugunsten des Klosters war seine Aussage ausschlaggebend, weil Lupus angeblich behauptete, dass er von ANGILBERT den betreffenden Besitz *in benefitio* erhalten hätte[475].

---

474) MANARESI Nr. 48 S. 156–160 = ChLA 94 Nr. 33 (Mailand, 844. 4.) S. 129–135, hier S. 130 f.: *Dum in Dei nomine, per admonitjonem domni Angelberti, archiepiscopo et misso domni imperatoris, in iudicium resedisemus nos Iohannes comis, Guntzo vicedomno, in clausura sancti Ambrosii foris civitatis Mediolanensis, ressedentjbus nobiscum Paulus et Stabelis iudicibus, Vualchario gastaldio [...] Ibique venerunt in nostris presentja, idest Teutpaldus de vico Lugurno, avocatus monasterii Sancti Ambrosii, nec non et Teutpertus de vico Mercato, intentjonem abentes. Dicebat ipse Teutpaldo avocato(!): „Malavi istum Teutpertus et Adelberto filio eius, quod contra lege aberint casis et rebus illis seo familiis in loco et fundum Balerna [...* Darstellung des Verlaufs des Streites und der mehreren Gerichtssitzungen *...] et iudicatum est eis, ut mihi a parte ipsius monasterii, postquam de auctorem ceciderunt, casas et res ipsas seo familia relaxarent; sed noluerunt redere. Post hec, venit presentja eidem domni Angelberti archiepiscopo et Leodoini comiti missi imperialis in eadem civitate Mediolano iste Bonifrit, avocatus ipsius monasterii, et quesivit eidem Teutperti exinde iustitjam; et ipsi missi comandaverunt istius Guntzoni vicedomno et Iohanni seo Rotperti scavinis et relicorum, ut causam ista deliberarint, et coniuncxerunt se eorum presentia et ceterorum; et ipse Bonifrit illis hac causa, qualiter inter nos acta est, nota fecisset; et iste Teutpert diceret quod verum non esset, ut de auctorem cecidisset; iudicatum est eis, ut ego, qui primis exinde avocatus fui et causa ipsa peregi, venire una insimul cum eumdem Ansulfo scavino et ceteri homines, qui se exinde recordarint; et taliter vuadiaverunt; et odiae exinde a placitum missum est. Ecce me Teutpaldus paratus cum isto Ansulfo scavino, interogate eum quit se exinde recordant, aut qualiter in eius presentia actum est". Cum ipse Teutpaldo avocato taliter omnia in nostris presentia retulisset, sic nos qui supra auditoribus interogavimus eundem Teutpert, quit adversus hec dicere volerit; qui dixit et professus est...* Vgl. BZ 20.

475) MANARESI Nr. 64 S. 229–234 = ChLA 95 Nr. 16 (Mailand, 859. 5. 17.) S. 63–69, hier S. 64 f.: *Dum reclamasset Petrus, vir venerabilis, abbas monasterii beati Christi confessoris Ambrosii, in qua eius sanctum corpus quiescit, fundatum prope civitatem Mediolanum, ad domnus Angilbertus, vir beatus, Sancte Mediolanensis*

3) 850/859: *missus* Ludwigs II. von Italien in Ravenna mit MILO (= –)

Ecclesie archiepiscopus et missus domni imperatoris, dicendum quod Lupus, filius quondam Adelgisi de Sclanno, vassallo eius, detinerit iniuste curte et senedochio illo in loco et fundo Colonia cum casis et omnibus rebus ad eos pertinentes vel aspitjentibus, qui fuerunt quondam Ariberti gasindium domni regis, quia legibus de datum et factum eidem Ariberti a parte eidem monasterii deberit pertinere. Hoc audito, ipse pontifex et missus domni imperatoris commendavit Gisoni diacono et vicedomno suo, ut facerit venire sui presentia eodem Lupone simul et avocatore da parte ipsius monasterii ex ac causa ad ratione standum et iuditjum abendum. Qui ipse Gisus diaconus et vicedomnus, iusta eidem pontifici mandatum, fecit sui venire presentia eodem Lupone simul et Ambrosius notarius, advocatus ipsius monasterii, in iuditjum; ubi cum eo aderant Vualdericus gastaldius et vicecomis ipsius civitatis, Ratfredus iudice domni imperatoris, Vuerolfo scavino, Petrus arcediaconus, Rachinardus diaconus [...] Tunc ceperunt inter se agere. [... die erste Verhandlung *...] Sicuti presenti ipse Lupus exinde auctorem dandum eidem Ambrosii advocatus vuadiam dedit, Ambrosius dedit ei vuadiam de placito et constitudo exinde inter se posuerunt. Statuta vero diae, venerunt ambas partes ad placitum, quas inter se posuerunt. Coniunxerunt se unacum Petrone abbate ipsius monasterii, presentia rememorato Gisoni diacono et vicedomnus, Sunderarii et Vuerolfi scavinis, Petri arcediacono [...* die zweite Verhandlung *...] Hoc factum pro certa clarificanda et ex ac causa invenienda veritatem, quid exinde ipse domnus Angilbertus archiepiscopus dicere voluerit, miserunt ipsis auditores causa ipsa coniungendum utraque partis presentia eidem pontifici et missus domni imperatoris, quatenus ipsius presentia finem accepit. Coniungentes utraque partes presentia rememorato domni Angilberti, archiepiscopus et missus domni imperatoris, in caminata solario eidem domui Sancti Ambrosii, ubi ipse domnus Angilbertus archiepiscopus pro hac causa deliverandum residebat, ubi cum eo aderant suprascriptis Gisus diacono, Sunderarius et Vuerolfus scavinis, Ambrosius presbiter, Aicho et Petrus subdiaconis [...] rememorantes hac causa et adnuntiata vel dicta eidem pontifici omnia ab ordine, qualiter hacta et vuadiata fuerat, hoc audito ipse pontifex dixit: „Vere de hac causa ego stio, et mihi bene cognitum est, quia aliter a parte domui nostri pertinere non debet, nec exinde talem rationem non abemus, per quod eum da parte ipsius monasterii legibus subtraere debeamus, nisi tantum quod noster antecessor eum de ipso monasterio sua sponte tullit et dedit eum in benefitio ad vassallo suo [...]“ Sicuti presenti ipse rememoratus domnus Angilbertus archiepiscopus manibus suis una simul cum eodem Lupone, vasallo suo, qui eis in benefitio abuit, exinde predicti Petrone abbate et Ambrosius advocatus a parte ipsius monasterii reddederunt et revestituerunt abendum. Post his omnibus impletis et perhactis, pertractantes ipsis auditores rectum eorum esse paruit et iudicaverunt, ut [...] Et in eo moti finita est hac causa. Et presente notitja ipse pontifex et misssus domni imperatoris unacum suprascriptis auditoribus a parte ipsius monasterii mihi Hilderati notarius scrivere admonuerunt.* Vgl. BZ 177.

In einer fragmentarisch überlieferten Urkunde ist berichtet, dass der Streit um einen Besitz zwischen der ravennatischen Kirche und gewissen Bewohnern von Comacchio in Gegenwart der zwei kaiserlichen Missi beigelegt wurde. Da diese Urkunde nur als Kopie des 12. Jahrhunderts überliefert ist, und da ihr das Protokoll und die Datierungszeile fehlen, ist sie nicht genau zu datieren. Die Lokalisierung der Gerichtsversammlung ist auch unmöglich. Im Gegensatz zu Raffaello Volpini, der *Hangelbertus custos sacre capelle palacii et missus* in der Zeugenliste mit unserem ANGILBERT (I) identifiziert und die Urkunde auf 801 datiert, identifiziert Ruggero Benericetti zu Recht *Hangelbertus* mit dem gleichnamigen Mailänder Erzbischof, weil ein Erzbischof von Ravenna namens Johannes nicht während der Kaiserzeit Karls des Großen nachweisbar ist. Der in der betreffenden Urkunde erwähnte Erzbischof von Ravenna ist Johannes VII. (850–878), dessen Amtszeit sich mit der von ANGILBERT (II) von Mailand teilweise überschneidet. Unklar ist, ob die Missi wegen der Beilegung dieses Konflikts abgeordnet wurden oder ob sie auf ihrer Legationsreise in ihrem Missaticum waren und eine Versammlung in der Gegend von Ravenna abhielten[476].

4) vor 865. 3. (Herbst 823/830...?): *missus* eines Kaisers (Ludwigs des Frommen oder Lothars I.?) (in Mailand?) mit URSINIANUS (= KRAUSE I 175)

In einem missatischen Placitum über den Streit zwischen dem Kloster S. Ambrogio in Mailand und gewissen Leuten über die Güter in Dongo und Gravedona ist ein älteres missatisches Placitum erwähnt, das die gleichen Güter behandelte. Von dieser Gerichtssitzung

---

476) VOLPINI, Placiti Nr. 1 (801) S. 275–280 = Le carte ravennati Nr. 19 (850. 4. – 859. 12. 13.) S. 44–48, hier S. 45–47: [Der Anfang der Urkunde fehlt, weshalb die Namen der Vorsitzenden unklar sind.] *Ibique nostris veniens presentia Segio et Romano diaconibus ipsius civitatis Ravenne et missi domni Iohanni scantissimi archiepiscopi, una cum Petro clerico et notario, avocatore iam fate ecclesie, nec non et, ex alia parte, homines ipsius Cumiaclo finibus comanentes, sunt Dominicus et [...* weitere 46 Personen *...]. Et ceperunt interpellare ipsi Sergius et Romanus diaconus una cum iam nominato Petro clerico et avocatore quod [...] Respondens ipsi Cummiaclense [...] Et finita est inter eos ec casacio. Pro futuris temporibu ne in alio modo auriatur hac noticia iudicati fieri comunal. [...] tabellio huius Cumiaclo ex iussione prefati augutalis missi scripsi. Ego Hangelbertus custos sacre capelle palacii et missus ut supra interfui. Ego Milo comes et misus domni inperatoris ut supra interfui.*

wurde die Entscheidung zugunsten des Klosters gefällt[477]. François Bougard zufolge kann dieses Placitum frühestens zwischen 814 und 830 datiert werden, und zwar in den Tätigkeitszeitraum des Notars URSINIANUS. Weiter ist zu entscheiden, wer der *missus Angilbertus archiepiscopus* war, denn im Mailänder Erzbistum folgten zwei gleichnamige Erzbischöfe aufeinander: Angilbert I. und sein Nachfolger ANGILBERT (II)[478]. Da die Amtszeit Angilberts I. sehr kurz war (19. Juli 822 – †9. Oktober 823)[479], ist es wahrscheinlicher, dass ANGILBERT (II) auch diesmal mit der missatischen Funktion beauftragt wurde, zumal er sonst mehrmals als Missus belegt ist. Damit ergibt sich ein Zeitraum von ca. sechs Jahren, vom Herbst 823 bis ca. 830. Natürlich ist die missatische Tätigkeit Angilberts I. nicht völlig auszuschließen, während URSINIANUS seinerseits auch nach 830 weiter tätig sein konnte.

KURZBIOGRAPHIE[480]:

Über seine Tätigkeit in den 820er und 830er Jahren ist wenig bekannt. ANGILBERT (II) nahm im Juni 827 an der Synode von Mantua teil[481]. 835 stellte Lothar I. auf Bitte ANGILBERTs eine Urkunde für das Kloster S. Ambrogio aus: Lothar bestätigte die Güter, die ANGILBERT zum Nießbrauch der Mönche urkundlich zuwies, und das Recht der freien Abtswahl, aber nur unter Zustimmung des Erzbischofs von Mailand[482]. Seine politische Tätigkeit wird nach der Reichsteilung quellenmäßig sichtbar. Seine Urkunde für das Kloster S. Faustino in Brescia wurde 842 auf einer Provinzialsynode von Mai-

477) MANARESI, Dep. Nr. 7 S. 591, erwähnt in: MANARESI Nr. 68 (Como, 865. 3.) S. 247–248: *Dicebat iam nominato Iordanne avocato: „Non est veritas, quod res ipsas aviani vestra Iohannię umquam fuissent. Sed ecce iudicato hic pre manibus habeo, quomodo iam antea casis et rebus ipsis per iudicatum in presentia Angilberti archiepiscopi et Ursiniani missi domni imperatoris victum habuit". Relecto ipso iudicato continebatur inter reliquas, quomodo Sunderarius presbiter et monachus ipsius monasterii, una cum Garimundo avocatore suo, casis et rebus ipsis in Dugno et Gravadona, qui fuerunt quondam Liuperti et Sichimundi avione istorum germanis, super Maria cum iugale suo Albino genetrice et genitor istorum germanis victe habuit.* Zur Gerichtssitzung in Como siehe EBERHARD (III) in der Prosopographie.

478) BOUGARD, La justice S. 403 f.

479) SAVIO, Gli antichi vescovi 2,1 S. 316 f.

480) Literatur: SAVIO, Gli antichi vescovi 2,1 S. 318–326; BERTOLINI, Angilberto.

481) MGH Conc. 2,2 Nr. 47 (Mantua, 827. 6. 6.), hier S. 585.

482) D Lo I. 26 S. 99–101 = ChLA 94 Nr. 22 (Pavia, 835. 5. 5.) S. 88–91.

land ausgestellt, der ANGILBERT vorsaß[483]. Er war am 15. Juni 844 bei der Synode in Rom anwesend[484]. Er war einer der Vorsitzenden der Synoden von Pavia um 849/850[485] und 850[486]. 857 stellte Ludwig II. auf seine Bitte eine Bestätigungsurkunde für einen Besitz des Mailänder Diakons Anspert aus, der wahrscheinlich identisch mit dem späteren Erzbischof ANSPERT ist[487].

ANSBERT (Ansbertus)

Missus (796)

TÄTIGKEIT ALS KÖNIGSBOTE:

796[488]: *missus* Karls des Großen in *Botedonovilla* im Gau von Autun mit HILDEBRAND (I) (= KRAUSE I 159)

Belegt ist ANSBERT als einer der Vorsitzenden bei einem Gerichtsverfahren, das über die Hörigkeit eines Dodo zum König verhandelte[489].

KURZBIOGRAPHIE:

Außer diesem Gerichtsverfahren ist nichts über ihn bekannt. Eventuell könnte er mit einem Grafen Ansbertus identisch sein, der bis 805/806 einen Westfalen namens Odo als Geisel hielt[490].

ANSEGIS (Ansegisus, Ansegysus, Ansgisus)

Abt von Fontenelle (807–†833)

TÄTIGKEIT ALS KÖNIGSBOTE:

1) vor 814: *legatus?* Karls des Großen (= –)

---

483) MGH Conc. 2,2 Nr. 62 (842) S. 814 f. Vgl. HARTMANN, Die Synoden S. 244.

484) Lib. Pont. CIII, Vita Sergii c. 14, 2 S. 89; MGH Conc. 3 Nr. 5 S. 25 f.; AB a. 844 S. 45 f.; BZ 26 und 27. Hierzu siehe BOSO (III) in der Prosopographie.

485) MGH Conc. 3 Nr. 21, hier S. 210; BZ 65; HARTMANN, Die Synoden S. 240.

486) MGH Conc. 3 Nr. 23, hier S. 220.

487) D L II. It 25 (*Nagariola*, 857. 6. 20.) S. 113 f. Zur Identität vgl. RIESENBERGER, Prosopographie S. 178; BZ 159–160.

488) Krause datiert aufgrund der älteren, frühneuzeitlichen Edition von Pérard diese Legation im Jahr 867. Aber diese Datierung wurde durch die Herausgeber der neueren Edition dieser Urkunde, Prou und Vidier, abgelehnt. Ich folge den Letzteren. Vgl. UB Saint-Benoît-sur-Loire S. 23 Anm. 3.

489) UB Saint-Benoît-sur-Loire Nr. IX S. 24. Das vollständige Zitat findet sich bei HILDEBRAND (I) in der Prosopographie.

490) MGH Capit. 1 Nr. 115 S. 233. Zu diesem alemannischen Grafen vgl. BORGOLTE, Die Grafen Alemanniens S. 55, der die Möglichkeit der Identifizierung mit unserem Missus nicht erwähnt.

Mehrmals wurde ANSEGIS in der Regierungszeit Karls des Großen verschiedenen Aufträgen (*legationes*) ausgesandt, obwohl er in Bezug auf diese Legationen in den Gesta sanctorum patrum Fontanellensis coenobii weder als *missus* noch als *legatus* bezeichnet ist[491].
2) 820 (vor 4. 28.): *missus* Ludwigs Frommen in Spoleto mit HAITO und GEROLD (II) (= KRAUSE I 78 = II 73)

Als ANSEGIS, Bischof HAITO von Basel und Graf GEROLD (II) als kaiserliche *missi* im Dukat Spoleto tätig waren, um Gerechtigkeit zu schaffen (*iustitias facere*), beauftragte der Kaiser sie zusätzlich – vielleicht durch ein briefliches Mandat – mit der Beilegung des Konfliktes zwischen dem Bischof Sigualdus von Spoleto und dem Abt Ingoald von Farfa[492]. Der Kaiser behielt sich aber vor, die Sache vor dem Hofgericht zu verhandeln, wenn die Missi nicht selbst diesen Streit schlichten könnten. Die beiden Parteien gelangten aber zu einer Einigung und der Konflikt endete durch die gegenseitigen Schenkungen und die schriftliche Fixierung des Abkommens vor den Missi. Diese scheinen dem Kaiser eine Kopie dieses Abkommens überbracht zu haben, sodass er durch sein Diplom dessen Aufrechterhaltung sicherte[493].

491) Chronique de abbés de Fontenelle c. 13, 1 S. 150: *Plurimis vero eiusdem regis iussu legationibus strenuissime functus est.*

492) Als Ingoald wegen dieser Angelegenheit am Aachener Hof erschien, war er wahrscheinlich *in servitio domni imperatoris in Francia.* Vgl. MANARESI Nr. 32, hier S. 99 mit Anm. 2; DEPREUX, Prosopographie S. 271. Da es sich allerdings bei diesem *servitium* nicht um eine missatische Legation handeln dürfte, schließe ich ihn von dieser Prosopographie aus.

493) BM^2 719; Reg. Farfa 2 Nr. 265 (= Doc. 247) S. 204 f. = D LdF 180 (Aachen, 820. 4. 28.) S. 445–447, hier S. 446 f.: … *pręcepimus missis nostris, Heitoni videlicet ępiscopo et Ansegiso abbati et Geraldo comiti, quos propter diversorum hominum causas et iustitias faciendas in ducatum Spoletanum direximus, ut audita eorum contentione et inquisita rei vęritate causa, quę inter eos vertebatur, si ibidem per eos definiri non potuisset, nostro iudicio definienda reservaretur. Sed adiuvante domino et predictis famulis suis pacis amorem inspirante convenit inter predictum venerabilem virum Sigualdum ępiscopum et memoratum religiosum abbatem Ingoaldum, ut omissa predicta controversia tale inter se pactum facerent atque confirmarent, per quod de suprascriptis ęcclesiis vel rebus ad eas pertinentibus nulla ulterius contentio posset exoriri. […] Et utraque pars alteri parti coram predictis missis nostris de eo, quod sibi invicem dederunt, vestituram fecerunt et hoc ordine sive tenore pax et concordia inter eos facta est, si nostra voluntas his eorum gestis assensum prebere voluisset, ut de superius comprehensa contentione, quę inter illos de memoratis ęcclesiis exorta erat, per huiusmodi pactuationem ita esse defi-*

3) um 830?: *legatus(?)* Ludwigs des Frommen nach Gothien (= KRAUSE II 85)

Anhand der Darstellung der Gesta wird nicht klar, wann genau und was ANSEGIS bei der „wichtigsten“ (*maxime*) Legation nach Gothien „gegen“ GAUSELMUS tat[494]. Bernhard Simson stellte diese Legation ohne genaue Datierung in den politischen Kontext um 826, als es zum Aufstand des Goten Aizo kam[495]. Dagegen behauptete Joseph Calmette, dass diese Legation erst 830, also im Zusammenhang der Vorwürfe gegen Bernhard von Septimanien – Bruder von GAUSELMUS – und seine Gefährten, erfolgt wäre[496]. Philippe Depreux stimmt Calmette zu und fügt eine Widerlegung der Datierung auf 826/827 hinzu: Um diese Zeit hätte ANSEGIS mit seiner Kapitulariensammlung beschäftigt sein müssen[497].

4) 814–833: *legatus(?)* Ludwigs des Frommen (= –)

Nach den Gesta leistete ANSEGIS wie unter Karl (siehe Legation 1) auch unter Ludwig mehrmals kaiserliche Legationen[498]. Es ist möglich, dass ANSEGIS mehr als zweimal (siehe Legationen 2 und 3) im Auftrag des Kaisers reiste.

---

nitum, ut nullo unquam tempore predicta contentio inter eos commoveretur. Et si iterum quęlibet pars eam repetere presumeret parti, cui litem intulerit, pęnę nomine auri mancusios quinque milia componat. De qua convenientia sive pactuatione duo scripta ipsorum et missorum nostrorum manibus roborata fecerunt, in quibus eiusdem pactuationis, sicut per eos factus est, modus continetur. Quę pactuatio sive convenientia cum nostris auribus per predictos missos nostros fuisset insinuata, complacuit nobis eam nostrę auctoritatis iussione confirmare. Ac proinde hanc nostram preceptionem conscribere iussimus, per quam decernimus atque iubemus, ut …

494) Chronique de abbés de Fontenelle c. 13, 2 S. 158: … *maxime ea [sc. legatio] quae tempore domni Hludouuici magni imperatoris iussu eiusdem partibus marcae Hispanicae celebrata est aduersus Gautselinum custodem limitis illius.*

495) SIMSON 1 S. 267–269, bes. S. 269 mit Anm. 1. Krause zitierte Simson und datierte diese Legation auf 826.

496) CALMETTE, Gaucelme S. 170 f.

497) DEPREUX, Prosopographie S. 106 Anm. 17. Vgl. auch DEPREUX, Der karolingische Hof S. 159.

498) Chronique de abbés de Fontenelle c. 13, 2 S. 158: *Iustitiae postremo uirtutem quam magnifice tenuerit testantur legationes, quibus iussu augustorum frequenter functus est …*

KURZBIOGRAPHIE[499]:
Nach den Gesta stammte ANSEGIS aus einer vornehmen Familie[500]. Nachdem er von Abt GERVOLD von Fontenelle, seinem Verwandten, die Tonsur erhielt, brachte dieser Abt ihn zum Hof und kommendierte ihn in die Hand Karls des Großen[501]. Eine Zeitlang blieb ANSEGIS am Königshof, wahrscheinlich als Hofkapellan[502]. Er erhielt die Klöster St-Sixtus in Reims und St-Menge in Châlons-en-Champagne, bevor er von Karl die Abtei Fly (St-Germer) als Prekarie (*in precarium; jure precarii ac beneficii*) erhielt und ihr *rector* wurde[503]. Nach 807 war er als *exactor operum regalium* unter der Leitung von EINHARD* am Aachener Hof tätig[504]. Diese engen Beziehungen zu Karl erklären seine mehrmaligen Legationen unter dessen Herrschaft (Legation 1). Auch unter Ludwig dem Frommen stand er in der Gunst des Herrschers. 817 wurde ihm das Kloster Luxeuil verliehen[505]. Am 2. April 823 wurde er als Nachfolger

499) Literatur: MGH Ansegis, S 4–10; DEPREUX, Prosopographie S. 104–106.

500) Chronique de abbés de Fontenelle c. 13, 1 S. 146.

501) Chronique de abbés de Fontenelle c. 13, 1 S. 148. Zu seiner Kommendation ebd. S. 148: *Denique non multo post ad palatium eum [sc. Ansegis] perducens, in manus gloriosissimi regis Karoli commendare studuit*. Aus den zwei Beispielen der Kommendation der Geistlichen an den König (ANSEGIS und WENILO) verallgemeinerte Fleckenstein die Vasallität der Hofkapelläne. FLECKENSTEIN, Hofkapelle S. 30–36. Aber Deutingers Kritik daran ist überzeugend: Ihre Kommendationen könnten keineswegs die Kommendation aller Hofkapelläne beim Amtseintritt beweisen; ihre Kommendationen müssten nicht unbedingt vasallitische Kommendationen sein; außerdem dürfte WENILO sich Karl dem Kahlen erst bei seiner Bischofserhebung kommendiert haben. DEUTINGER, Königsherrschaft S. 65 f.

502) Das ist gut denkbar, obwohl es keine direkte Quellenaussage dazu gibt. Dass ANSEGIS am Hof Karls als König verweilte (*Ansegisum Karoli residentem regis in aula*), kann die Dichtung eines Mönchs von Centula/St-Riquier belegen, wenn das Wort „*regis*" im Gedicht wirklich Karls Königszeit meint. Carmina Centulensia Nr. 101 (Ad Ansegisum), in: MGH Poetae 3, hier S. 334. Zu diesen Carmina vgl. Carmina Centulensia, in: Rep. Geschichtsquellen (http://www.geschichtsquellen.de/repOpus_00791.html [14. August 2020]). Außerdem war GERVOLD, der ANSEGIS nach dem Hof brachte, ehemaliger Kapellan der Königin Bertrada. Chronique de abbés de Fontenelle c. 12, 1 S. 134. Dazu FLECKENSTEIN, Hofkapelle S. 31 mit Anm. 127; DEPREUX, Prosopographie S. 104 mit Anm. 7.

503) Chronique de abbés de Fontenelle c. 13, 1 S. 150 und 148.

504) Chronique de abbés de Fontenelle c. 13, 1 S. 150.

505) Chronique de abbés de Fontenelle c. 13, 2 S. 152: .. *ad regendum beneficii iure…*

von EINHARD*[506] durch Ludwig zum Abt von Fontenelle eingesetzt[507]. In Übereinstimmung mit dem kaiserlichen Willen führte er in seinem Kloster die Benediktsregel ein[508]. Er blieb im Amt bis zu seinem Tod am 20. Juli 833[509].

Seine Verfasserschaft der Institutio Canonicorum von 816 ist nicht gesichert[510]. Aber als seine wichtigste literarische Tätigkeit ist ohne Zweifel seine Kapitulariensammlung anzuführen. Auch wenn er dieses Werk nicht im Auftrag des Hofes oder des Herrschers verfasste, hatte seine Sammlung, veröffentlicht als erste Kapitulariensammlung, „die den Anspruch erhob oder erheben konnte, das Kapitularienmaterial vollständig darzubieten", im Bereich der Reichsadministration große Bedeutung und erfuhr breite Rezeption[511].

ANSELMUS (Anselmus)

Designierter Bischof (847)

TÄTIGKEIT ALS KÖNIGSBOTE:

847: *missus* Lothars I. in Benevent mit PETRUS (III) und WIDO (III) (= –)

Lothar schickte drei Missi nach Bevenent als Unterhändler, Vermittler und Bürgen zur friedlichen Herrschaftsteilung zwischen Sikonulf und Radelchis. Gleichzeitig mussten diese Missi den Frieden zwischen den Franken und den Beneventanern sichern[512].

506) EINHARD* schickte einen Brief an ANSEGIS als neuen Abt und bat darum, ANSEGIS möge einen gewissen *homo N.*, dem einst EINHARD* ein Benefizium, vielleicht aus dem Klosterbesitz, verliehen hatte, dasselbe Benefizium weiter behalten lassen, bis EINHALD* bei den Kaisern Fürbitte für diesen Mann einlegen und ihm ein anderes Benefizium verschaffen könne. Einharti epistolae Nr. 1 (nach 823. 4. 2.) S. 109 = Einhards Briefe Nr. 1 (bald nach 823. 4. 2.?) S. 72 f.

507) Chronique de abbés de Fontenelle c. 13, 2 S. 152 Zu seiner Nachfolge nach EINHARDs* Tod, bes. zum Datum seines Amtseintritts, vgl. DEPREUX, Prosopographie S. 105 Anm. 15.

508) Chronique de abbés de Fontenelle c. 13, 2 S. 154: … *iuxta quod uoluntatem domni imperatoris super hoc nouerat, et quae regulae auctoritas dare mandabat …*

509) Chronique de abbés de Fontenelle c. 13, 8 S. 192.

510) SCHIEFFER, Domkapiteln S. 238 f. mit Anm. 49; HARTMANN, Die Synoden S. 159. Schmitz ist zurückhaltender: MGH Ansegis S. 7.

511) Ansegis, Einleitung S. 10–15, 23 f. und 80 ff. (Zitat aus S. 23). Vgl. AIRLIE, Ansegis.

512) MGH Conc. 3 Nr. 12 c. 11 S. 137: *Missos quoque nostros constitutos habemus Petrum venerabilem episcopum, Anselmum vocatum episcopum et Witonem inlustrem commitem, qui in Beneventum ad Sigenulfum et Radalgisum vadant et*

KURZBIOGRAPHIE:
Wilfried Hartmann weist auf denjenigen *vocatus episcopus Anselmus* hin, dessen Name im Reichnauer Verbrüderungsbuch eingetragen ist[513].

ANSFRID* (Ansfridus, Ansfrit, Ansfrith)

Abt von Nonantola (825 – †842. 3. 13.[?][514])

TÄTIGKEIT ALS KÖNIGSBOTE:
828: im Auftrag Ludwigs des Frommen nach Konstantinopel mit HALITGAR* (= –)

ANSFRID* wurde von Kaiser Ludwig zusammen mit HALITGAR* nach Konstantinopel geschickt, wo er vom byzantinischen Kaiser ehrenhaft empfangen wurde[515].

KURZBIOGRAPHIE[516]:
ANSFRID* ist ab dem Dezember 825 als Abt von Nonantola nachweisbar[517]: Ludwig der Fromme schenkte 825 in Aachen zusammen mit Lothar I. auf Bitte ANSFRIDs* urkundlich dem Kloster Nonantola ein fiskalisches Grundstück, das das Kloster bereits genutzt hatte[518]. Lothar I. bestätigte 830 wiederum auf Bitte ANSFRIDs* dem Kloster Güter und Rechte[519]. Derselbe Kaiser schenkte im Januar 837

---

eos inter se pacificent legesque et condiciones pacis aequissimas inter eos decernant et regnum Beneventanum, si pacificati fuerint, inter eos ęqualiter dividant atque ex nostra parte eis securitatem et consensum honoris sacramento confirment et ab eis similiter ad nostram partem adiutoriumque filii nostri expulsionemque Sarracenorum sacramentum accipiant.

513) MGH Conc. 3 S. 137, Anm. 21.

514) Catalogi abbatum Nonantulanorum, II, in: MGH SS rer. lang. S. 571; DEPREUX, Prosopographie S. 107 mit Anm. 13.

515) ARF a. 828 S. 174: *Halitgarius Camaracensis episcopus et Ansfridus abba monasterii Nonantulae Constantinopolim missi et a Michahele imperatore, sicut ipsi inde reversi retulerunt, honorifice suscepti sunt*; Astronomus c. 42 S. 444: *Ipso tempore Halitgarius Camaracensis episcopus et Ansfridus Nonantule monasterii abbas a transmarinis redeuntes partibus humanissime se retulerunt a Michahele susceptos*. Der Zweck der Delegation ist in den Quellen nicht erklärt. Vgl. BM² 844a.

516) Literatur: DEPREUX, Prosopographie S. 106 f.

517) Die Angabe im Äbtekatalog von Nonantola, ANSFRID sei 821 Abt geworden, ist falsch, weil sein Amtsvorgänger PETRUS (I) im Dezember 824 noch im Amt war. DEPREUX, Prosopographie S. 107 mit Anm. 10 und 13. Siehe PETRUS (I) in der Prosopographie.

518) ChLA 88 Nr. 33 S. 128–131 = D LdF 249 (Aachen, 825. 12. 1.) S. 620 f.

519) D Lo I. 7 S. 66–69 = ChLA 88 Nr. 35 (Mantua, 830. 3. 18.) S. 134–137.

Nonantola die Insel Vezzane und sprach ihm im folgenden Monat das Recht der freien Abtswahl zu[520]. Philippe Depreux bemerkt, dass diese Kaiserurkunden von 837 Abt ANSFRID* nicht erwähnen. Ihm zufolge dürfte dies Lothars Feindseligkeit widerspiegeln, weil ANSFRID* im Juli 833 in Italien nachweisbar ist[521] und deswegen bei der Empörung gegen Ludwig den Frommen nicht auf Lothars Seite gewesen zu sein scheint[522]. ANSFRID* ist zum letzten Mal im Dezember 837 als Abt von Nonantola nachweisbar[523]. Bemerkenswert ist, dass sein Amtsvorgänger PETRUS (I) auch als diplomatischer Gesandter nach Konstantinopel reiste[524].

ANSPERT (Anspertus)

(Missus, dann) Erzbischof von Mailand (835 – †881. 12. 7.)

TÄTIGKEIT ALS KÖNIGSBOTE:

1) vor 835. 1. 24.[525]: *missus* eines Kaisers (Ludwigs des Frommen oder Lothars I.) mit AMBROSIUS in der Gegend von Como (= –)

ANSPERT und AMBROSIUS führten als kaiserliche Missi mit einem Gastalden Gausus ein Inquisitionsverfahren bezüglich der *curtis* zu Limonta[526].

2) 874. 12. 28.: *missus* Ludwigs II. von Italien in Oberitalien (Mailand) mit BOSO (III) (= KRAUSE I 183)

Auf der Gerichtsversammlung der Missi, nämlich des Erzbischofs ANSPERT von Mailand und des Grafen BOSO (III), wurde der Streit zwischen dem Abt Petrus von S. Ambrogio in Mailand, vertreten durch Adelbertus *de Lampuniano*, und dem Bischof Helibertus von Como, vertreten durch Andreas *de Bulgari* und den Notar Gundoaldus, über Besitz in Campione verhandelt. Die Entscheidung fiel zugunsten von S. Ambrogio[527].

520) D Lo I. 31 S. 107 f. = ChLA 89 Nr. 5 (Königshof *Auriola*, 837. 1. 27.) S. 57–59; D Lo I. 32 S. 108 f. = ChLA 89 Nr. 6 (Nonantola, 837. 2. 3.) S. 60–63.

521) ChLA 89 Nr. Nr. 4 (*Ponte Marmoriolo*, 833. 7. 27.) S. 54–56.

522) DEPREUX, Prosopographie S. 107.

523) ChLA 89 Nr. 8 (*Piscaria*, 837. 12. 15.) S. 66 f.

524) Siehe PETRUS (I) in der Prosopographie.

525) An diesem Tag schenkte Lothar I. dem Kloster S. Ambrogio in Mailand die betroffene *curtis* zu Limonta. D Lo I. 23 (Pavia, 835. 1. 24.) S. 93–95.

526) MANARESI, Inquisitiones Nr. 3 S. 568–570 = ChLA 94 Nr. 21 a (vor 835. 1. 24.) S. 84–86, hier S. 86. Siehe AMBROSIUS in der Prosopographie.

527) MANARESI Nr. 78 (Mailand, 874. 12. 28.) S. 283–287, hier S. 284 f.: *Dum in Dei nomine civitate Mediolanum in episcopio sancte Mediolanensis Ecclesie in iu-*

KURZBIOGRAPHIE[528]:
ANSPERT stammte aus einer reich begüterten Familie um Mailand[529]. Er ist wahrscheinlich identisch mit dem Diakon Anspert, der 857 auf Bitte des Erzbischofs ANGILBERTs (II) von Mailand eine Bestätigungsurkunde seines Besitzes erwarb, der ihm kurz davor im Königsgericht als rechtmäßig zugesprochen worden war[530]. Im Januar 867 war er als *archidiaconus et vicedominus* der Mailander Domkirche bei einer vom Mailander Grafen geleiteten Gerichtssitzung zugegen[531] und wurde am 26. Juni 868 Erzbischof von Mailand[532]. Als solchen beauftragte ihn Papst Johannes VIII. 875 damit, zusammen mit den Bischöffen Liutfred von Pavia und Paul von Piacenza einen Termin zur Urteilsfällung bezüglich der ehebrecherischen Bava zu bestimmen. Der Papst verfügte die Exkommunikation, falls Bava, die von ihren Verwandten unterstützt wurde, sich weiter weigern sollte, zu ihrem Ehemann Radulph (*vir spectabilis Rodulfus nomine impera-*

---

dicium residentes vir beatissimus domnus Anspertus eidem sancte Mediolanensis Ecclesie archiepiscopus et Boso comes, missi domni imperatoris, una simul cum Albericus comes ipsius civitatis, singulorum hominum causas audiendas et deliberandas, resedentes cum eis [... Beisitzenden einschließlich zwei Bischöfe, sechs kaiserliche Judices sowie sieben Vasallen ANSPERTs ...*] Ibique in iudicium eorum venerunt presentia Petrus abbas monasterii beati Christi confessoris Ambrosii, in quo eius sanctum corpus humatum quiessit, fundatum prope ipsa civitate Mediolanum una cum Adelbertus de Lanpuniano advocatus ipsius monasterii, nec non ex alia parte suprascripto Helibertus sancte Comensis Eclesie episcopus, una cum Andreas de Bulgari et Gundoaldus notarius de vico Amni, advocatores da(!) parte ipsius episcopati Comensis, in placitum, quas ambe partis dicebat inter se positus, et per guadiam firmatum aberent, altercationis inter se abentes...* Kein Missus-Titel bei der Unterschrift. Vgl. BZ 403.

528) Literatur: SAVIO, Gli antichi vescovi 2,1 S. 332–342; RIESENBERGER, Prosopographie S. 177–184.

529) Vgl. das Testament ANSPERTs. ChLA 96 Nr. 9 (Mailand, 879. 11. 11.) S. 40–47.

530) D L II. It 25 (*Nagariola*, 857. 6. 20.) S. 113 f. Zur Identität vgl. RIESENBERGER, Prosopographie S. 178; BZ 159–160.

531) MANARESI Nr. 67 S. 242–246 = ChLA 95 Nr. 29 (Mailand, 865. 1.) S. 115–121.

532) Gerechnet von seinem Todesdatum (7. Dezember 881) zurück für 13 Jahre, fünf Monate und 13 Tage. Catalogus archiepiscoporum Mediolanensium, a. 868 S. 104 mit Anm. g; SAVIO, Gli antichi vescovi 2,1 S. 342.

torius homo) zurückzukehren[533]. Im Februar 876 in Pavia wählten die geistlichen und weltlichen Magnaten in Italien, an deren Spitze ANSPERT stand[534], Karl den Kahlen zu ihrem *protector*, *dominus* und *defensor*[535]. ANSPERTs Name findet sich auch an der Spitze der Unterschriftenliste des dort promulgierten Kapitulars[536]. Nach dem Tod Karls geriet er zusammen mit der Kaiserin Angilberga und SUPPO in Konflikt mit Papst Johannes VIII., weil ANSPERT auf der Seite des ostfränkischen Königtums stand[537], was im Mai 879 zu seiner Exkommunikation führte[538]. Vor der Exkommunikation allerdings wurde ANSPERT im Frühjahr und im Juli 878 vom Papst zum ostfränkischen König Karlmann delegiert, als Johannes in Rom durch Lambert von Spoleto und ADALBERT (III) bedroht wurde, die Karlmann unterstützten[539]. Anlässlich der Königserhebung Karls III. im Januar 880 in Ravenna dürfte ANSPERT sich mit dem Papst versöhnt haben und wieder ins Amt des Mailander Erzbischofs eingesetzt worden sein[540]. Vor dem 21. März 880 überließ er zusammen mit dem Grafen seiner Bischofsstadt, ALBERICH (II), dem Kloster S. Ambrogio den Pfad, der um das Kloster herumführte, damit auf

533) Jaffé³ 6397; Fragmenta registri Iohannis VIII. papae Nr. 55 (875) S. 308 f.; BU 129. Zu Liutfred und Paul vgl. RIESENBERGER, Prosopographie S. 172–177.

534) MGH Capit. 2 Nr. 220, hier S. 99 = MGH Conc. 5 Nr. 3 A S. 19 f. (Anerkennung Kaiser Karls des Kahlen durch die italischen Großen). Überliefert sind auch die Texte der Eide von ANSPERT und Karl. MGH Capit 2 Nr. 220 S. 100 = MGH Capit 5 Nr. 3 B S. 20 f.

535) Zur Problematik der nur in der frühneuzeitlichen Überlieferung gelesenen Variante *et Italici regni regem* vgl. BZ 496.

536) MGH Capit. 2 Nr. 221, hier S. 103 = MGH Capit. 5 Nr. 3 C, hier S. 24.

537) Vgl. RIESENBERGER, Prosopographie S. 181–183.

538) Jaffé³ 6781 (Rom, 879. 5. 1.); Registrum Iohannis VIII. papae Nr. 188 S. 150; BU 507. Der Papst wies Angilbergas Bitte um die Aufhebung der Exkommunikation des Erzbischofs zurück. Jaffé³ 6821 (879, Anfang August); Registrum Iohannis VIII. papae Nr. 212 S. 190 f.; BU 558.

539) Zur ersten Delegation: Jaffé³ 6616 (Genua, 878, Anfang Mai); Registrum Iohannis VIII. papae Nr. 89 S. 85 f.; BU 345 (an Karlmann). Vgl. Jaffé³ 6618([Genua, 878, Anfang Mai]); Registrum Iohannis VIII. papae Nr. 96 S. 90 f.; BU 346 (an ANSPERT). Zur zweiten Delegation: Jaffé³ 6668 ([Troyes, 878. 7.]); Registrum Iohannis VIII. papae Nr. 128 S. 114; BU 397 (an SUPPO). Diesmal zusammen mit SUPPO und dem Bischof Wibod von Parma. Zu Wibod siehe unten Appendix: Beispiele für Gesandtschaften zwischen den Karolingern nach 830, zur Gesandtschaft von „870“.

540) BZ 601; BU 613 und 614.

diesem Grund die Befestigung des Klosters errichtet werden konnte, was Karl III. mit seiner Urkunde für das Kloster bestätigte[541]. François Bougard identifiziert ANSPERT von Mailand mit Anspert der Legation 1[542]. Der zeitliche Abstand zwischen den beiden Legationen lässt an dieser Identifikation jedoch zweifeln.

ANTERNARO (Anternaro)

Missus (837)

TÄTIGKEIT ALS KÖNIGSBOTE:

837. 1. 25.: *missus* Ludwigs des Deutschen in Ainhofen/Bayern (= KRAUSE I 121)

Der 837 in Ainhofen abgehaltenen Gerichtsversammlung saß *missus regis* ANTERNARO neben einem Bischof und vier Grafen vor. Auf dieser Versammlung wurde ein Streit zwischen der Freisinger Kirche und den adligen Brüdern Isamhard sowie Ellanhard um deren erbrechtliche Ansprüche verhandelt. Aus der Urkunde ist ANTERNAROs Rolle während der Sitzung nicht zu erkennen[543].

KURZBIOGRAPHIE[544]:

Über ihn ist nichts Weiteres bekannt. Angesichts seiner „schwachen Position“ bei der Gerichtssitzung vermutet Jürgen Hannig, dass ANTERNARO ein *ad hoc* entsandter kleiner Vasall entweder vom Hof oder aus der Pfalzverwaltung gewesen sei.

---

541) D Ka III. 22 (880. 3. 21., ohne Ortsangabe) S. 34–36; BZ 611.

542) BOUGARD, La justice S. 381.

543) Trad. Freising Nr. 626a (Ainhofen, 837. 1. 25.) S. 533–535, hier S. 533 f.: *Convenerunt multi nobiles viri in locum quae dicitur Eiinhofa Erchanbertus episcopus, Liutpald comes, Ratolt comes, Engilhart comes, Riho comes et missus domni regis nomine Anternaro iusta iudicia decernenda et alii quam plurimi diversas causas dirimandas et finiendas. Ibi in presentia cunctorum accessit advocatus Erchanberti episcopi nomine Oadalrih et interpellabat nobiles viri Isanhardum et Ellanhardum pro eorum haereditatem quod habuerunt ad Durfingesdorf et ad Pachiltahofa dicens, quod avus eorum Isanhart et pater eorum Reginhart pro remedium animarum suarum tradidissent ad Slechdorf sancto Tertulino martyre Christi. Illi vero fortiter resistebant et contradicebant et multo spatio temporis inter se contentionem pro hoc habebant.*

544) Literatur: HANNIG, Zur Funktion S. 293.

ANZO (Anzo)
Graf (828–829/865?)

TÄTIGKEIT ALS KÖNIGSBOTE:
829. 1. 11.: *missus* Ludwigs des Deutschen in Emmering (Bayern) (= KRAUSE I 102)

ANZO hielt zusammen mit Bischof Hitto von Freising und Graf Liutpald auf Befehl des Königs Ludwig eine Gerichtsversammlung in Emmering ab. ANZO spielte dabei eine führende Rolle und fällte ein Urteil zugunsten der Freisinger Kirche[545].

KURZBIOGRAPHIE[546]:
Als Bischof Hitto von Freising 828 in Eching eine Synode abhielt, war *Anzo comes* anwesend[547]. Nicht gesichert ist die Identifikation mit der gleichnamigen Person, die in den 860er Jahren in Bayern nachweisbar ist[548]. Roman Deutinger vermutet, dass ANZO mit ANTERNARO indentisch sein könnte, wenn *Anzo* ein Kurzname für *Anternaro* war.

ARDUIN (Arduinus, Hardoinus, Harduinus)
Graf (838–†vor 859)

TÄTIGKEIT ALS KÖNIGSBOTE:
1) 838, nach 4. 28.: *missus* Ludwigs des Frommen in St-Calais mit FULCO (III), FOLCRAD (I) und GUNFRID (= –)

ARDUIN gehörte zu den vier Missi, die nach der Verhandlung auf der Aachener Reichsversammlung vom 28. April 838 entsandt wurden, um dem Bischof Aldrich von Le Mans mit dem Kloster St-Calais zu investieren[549].

---

545) Trad. Freising Nr. 579 (Emmering, 829. 1. 11.) S. 495–497, hier S. 495 f.: *Convenerunt venerabiles viri secundum iussionem domni regis ad eo loco quae dicitur Emheringa Hitto episcopus, Anzo comes missus dominicalis et Liutpaldus comes et alii multi legodoctores iudicia recta decernenda. Tunc quidem Hittoni venerabilis episcopi advocatus nomine Spulit quesivit ad cuidam viro nomine Alprih cuncta ęqualia, sicut […] Ea ratione cunctis hoc audientibus Anzo missus domni regis iussit Alprico legaliter iustitiam facere episcopo et advocato eius pro eo quod illam traditionem ad ipsa casa dei firmare nequiverat.*

546) Literatur: DEUTINGER, Königsherrschaft S. 171–173; GLANSDORFF, Prosopographie S. 76 f.

547) Trad. Freising Nr. 561 (Eching, 828. 5. 12.) S. 482 f.

548) Trad. Freising Nr. 890 (Föhring, 864. 6. 19.), hier S. 697 (*Anzo comes*); Trad. Regensburg Nr. 52 (863–865), hier S. 55 (ohne Titel).

549) Gesta Aldrici, Fragmente c. 6 S. 158: *Tunc domnus imperator coram illis red-*

2) 853. 11.: *missus* Karls des Kahlen in Avranches, Coutances, Bayeux, Cotentin, *Otlingua Saxonia* und ARDUINs Grafschaft, Eu sowie Lisieux mit HAIRARD, THEODERICUS (I) und HERLOIN (II) (= KRAUSE I 143)

ARDUIN war einer der Missi im Missaticum am Cotentin. Seine Grafschaft war ein Teil dieses Missaticums[550].

KURZBIOGRAPHIE[551]:

Seine Unterschrift als *comes* findet sich in der Unterschriftenliste der Aachener Versammlung[552]. 843 schenkte Karl der Kahle ihm eine Villa im Pays de Caux in der Normandie[553]. Als 859 seine Witwe Warimburg dem Kloster Fossés diese Villa[554] schenkte, war er selbst bereits gestorben[555]. Seine Tochter Asgard verheiratete sich 862 mit

---

didit Aldrico praefixo episcopo per eorum iudicium plena auctoritate monasterium Anisolae, in quo domnus Karilephus corpore requiescit, ad ius Cenomannicae matris ecclesiae, cui praefatus episcopus praeerat, futuris temporibus possidendum, et missos ei dedit, qui ei inde plenam vestituram facerent, Fulconem scilicet comitem palatii, et Arduinum et Gunfridum comites, et Folcradum vassum dominicum, qui postea, sicut domnus imperator eis iussit, plenam et legalem vestituram per cloccas et hostia senioris ipsius monasterii ecclesie […] per portas ipsius monasterii iam dicto Aldrico episcopo multis coram testibus in ipso monasterio sollempniter fecerunt. Hoc autem factum est anno incarnationis dominicae DCCCXXXVIII […] Pridie quoque kalendarum maiarum Aquisgrani palatio praedictum iudicium est actum, et in ipsa die ipsa ratio a praefixo imperatore legibus est adimpleta et plena ratione peracta […] Actum atque conscriptum est hoc memoriale Aquisgrani palatio kalendas maii in sacrarium ecclesiae sanctae Mariae, regnante Domino nostro Ihesu Christo in perpetuum. Hae vero chartae et haec praecepta publice relecta et recitata sunt ante domnum imperatorem et Drogonem eius fratrem et archicapellanum, sive etiam ante suos missos quos domnus imperator ad hanc causam audiendam et discernendam constituit … Zur Datierung vgl. auch MGH Conc. 2,2 S. 842 f. Anm. 5.

550) MGH Capit. 2 Nr. 260 S. 275: *Missi autem et pagi per missaticos qualiter fuerunt tunc ordinati. […] 7. Eirardus episcopus, Teodericus abba, Herloinus, Hardoinus missi in Aprincato, Constantino, Bagisino, Coriliso, Otlingua Saxonia et Harduini, Oxmiso et in Lisuino.*

551) Literatur: LEVILLAIN, Essai sur le comte Eude S. 163–168; KIENAST, Vasallität S. 371 mit Anm. 1295; NELSON, Charles the Bald S. 326 f.; DEPREUX, Prosopographie S. 109.

552) Gesta Aldrici, Fragmente c. 6, hier S. 160.

553) D KdK Nr. 24 (Quierzy, 843. 8. 30.), 1 S. 59–61.

554) Zur Identifikation vgl. ebd. S. 60; BF 371.

555) Tardif, Mon. hist. Nr. 170 S. 107 f. Einer der Zeugen *Harduinus* dürfte mit

Ludwig dem Stammler[556]. Die Missi Karls, HARDUIN und HADEBOLD, sind wahrscheinlich seine Söhne, denn dieser HARDUIN hat denselben Namen und reiste 870 zusammen mit ARDUINs anderem Sohn Odo mit diplomatischem Auftrag an den Hof Ludwigs des Deutschen[557].

ARIMODUS (Arimodus)

Missus (780)

TÄTIGKEIT ALS KÖNIGSBOTE:

Anfang 780: *missus* Karls des Großen in Digne (Provence) mit VIERNARIUS (= KRAUSE I 2; II 13a)

Überliefert ist eine Rechtsprechung der Missi dominici VIERNARIUS und ARIMODUS vom 23. Februar 780 über eine Besitzrestitution durch Prüfung der Chartae und Inquisitionsverfahren[558].

KURZBIOGRAPHIE:

Über ARIMODUS ist außer dieser Legation nichts bekannt.

ARN (Arno, Arn)

Bischof, seit 798 Erzbischof von Salzburg (785 – †821. 1. 24.[559])

TÄTIGKEIT ALS KÖNIGSBOTE:

1) 791. 9. 20.: *missus* Karls des Großen in Lorch (Bayern) mit GEROLD (I), MEGINFRID, RIMIGARIUS und WOLFOLT (= KRAUSE I 14)

ARN war einer der Vorsitzenden bei einer dreitägigen Gerichtsversammlung in Lorch über einen Streit unter den Huosi, einem der einflussreichen Adelsgeschlechter in Bayern[560], um die Kirche St. Martin in Haushausen[561]. Da der Konflikt unter den Huosi selbst

---

dem unten genannten HARDUIN identisch sein, obwohl er im Gegensatz zu Odo nicht als *filius eius [sc. Harduini* = ARDUINs*]* bezeichnet ist. LEVILLAIN, Essai sur le comte Eude S. 173 f. Diese als Original überlieferte Urkunde ist jedoch interpoliert. Dazu LE JAN, Famille et pouvoir dans le monde franc S. 358 Anm. 201; Telma Nr. 2030.

556) AB a. 861 S. 91.

557) AB a. 870 S. 171. Siehe oben Anm. 555.

558) Gallia chr. nov. Marseille Nr. 42 Sp. 34 f. Zu dieser Legation siehe VIERNARIUS in der Prosopographie.

559) Ann. Iuv. maiores, a. 821 S. 740.

560) Zu den Huosiern, zuletzt KRAHWINKLER, Huosi, in: RGA 15 S. 272–274.

561) Zur Identifikation von *Auuigozeshusir* mit Haushausen vgl. Trad. Freising S. 146 (mit den anderen älteren Meinungen); STÖRMER, Adelsgruppen S. 92;

nicht beigelegt werden konnte, lud sie Bischof ATTO von Freising vor die Missi, die damals in Lorch waren. Nach dreitägiger Verhandlung wurde der Streit beendet.[562].

2) 798, vor 4. 20.: *missus* Karls des Großen nach Rom mit FARDULF und anderen Missi (–)

Die Gesandtschaft Karls, an deren Spitze FARDULF stand, wurde zu Papst Leo III. geschickt, um für ARN das Pallium zu erbitten und ein Erzbistum in Bayern einzurichten[563]. Diese zwölf *prudentissimi atque fidelissimi missi* einschließlich ARN und FARDULF[564] waren wahrscheinlich identisch mit den zwölf Missi von der Legation 3[565]. Zudem hatte ARN möglicherweise eine weitere Aufgabe, die er in Rom erledigen musste. Wilfried Hartmann vermutet, dass ARN Herbst 797 auf der Synode in Aachen damit beauftragt wurde, „aus dem Kloster (San Paolo fuori le mura) eine große Reichsabtei nach

---

BROWN, Unjust Seizure S. 68 mit Anm. 2. Jahns Auffassung, *Auuigozeshusir* sei vielleicht Aufkirchen bei Schweinbach, findet meines Wissens eine Resonanz bei Krahwinkler. JAHN, Ducatus Baiuvariorum S. 486; KRAHWINKLER, Huosi, in: RGA 15 S. 272–274, hier S. 273.

562) Trad. Freising Nr. 142 (791. 9. 20.) S. 146 f.: ... *Atque omnes coheredes contentionem inter se pro ipsam ecclesiam habuerunt. Et tunc congregati fuerunt Hosi et fecerunt concilium inter illos et non potuerunt se pro ipsam ecclesiam coadunare vel reconciliari et dicebant Eioni presbitero Oadalker et Reginhart vel Nibulunc, ut veniret ad suum episcopum et nuntiaret illi. Et ipse sic fecit et ille domnus episcopus* (sc. ATTO v. Freising) *misit illum cum suis coheredibus ad missis dominicis in locum quae dicitur Lorahha in monte nuncupante Uuartperc. Ibi fuit Arn episcopus, Keroldus, Meginfridus, Uuolfuuolt et Rimicoz iudex et ibidem in praesentiam venerunt Eio presbiter cum suis coheredibus [...] Fuit haec contentio tribus diebus in praesentia supradictorum missorum dominicorum. Tertio quoque die iam dicti Egilolf et Hiltiport legitime convicti reddiderunt ipsam ecclesiam in manus Eioni presbiteri et* ... Zur Bedeutung von Lorch und dieser dort abgehaltenen Gerichtsversammlung im Jahr 791, also in der Vorbereitungszeit des Awarenkriegs vgl. HANNIG, Zur Funktion S. 275 f. Zur Bedeutung dieser Konfliktbeilegung durch die karolingischen Missi dominici am Anfang der Integrationsphase Bayerns vgl. BROWN, Unjust Seizure S. 68–72.

563) Jaffé³ 4649 ([798, ca. 4. 20.]); UB Salzburg Nr. 2b (Leos Brief an Karl) S. 5. Das vollständige Zitat findet sich bei FARDULF in der Prosopographie. Vgl. auch Jaffé³ 4647 (798. 4. 20.); UB Salzburg Nr. 2a S. 2–4.

564) Ann. Iuv. maximi, a. 798 S. 736: *Karolus XII missos Romam direxit, ubi et tunc Arn archiepiscopus factus est.*

565) Zur politischen Situation bei der Legation 2 vgl. SCHIEFFER, Die Karolinger S. 101 f.

dem Vorbild der fränkischen Abteien, vor allem von St-Martin in Tours, zu machen“[566].

3) 798: *missus* Karls des Großen in Pistoia mit elf anderen Missi (darunter PAULINUS, FARDULF und ECHERIGUS) (= KRAUSE I 23)

Die Gerichtsversammlung dieser zwölf Missi ist in einer Gerichtsurkunde von 812 erwähnt, die durch einen kaiserlichen Missus in Italien, ADALHARD (I), ausgestellt wurde. Wenn die Legationen 3 und 2 in das gleiche Jahr zu datieren sind, ergibt sich, dass die zwölf Missi nicht nur wegen des Palliums für ARN nach Rom geschickt, sondern auch mit der Ausübung der Jurisdiktion im Namen des Königs beauftragt wurden. Als Ildepertus, Abt von S. Bartolomeo di Pistoia, eine Beschwerde an die Missi richtete, führten sie eine Inquisition über den Sachverhalt durch[567].

*4) 799: im Auftrag Karls des Großen in Rom (–)

ARN war im Frühsommer 799 wegen eines unbekannten Geschäfts, wahrscheinlich einer Legation in Rom. Von dort aus schickte er einen Brief an Alkuin und berichtete über die Anschuldigungen gegen Leo III. und auch über seine eigenen bedrohlichen Erfahrungen

566) Ann. s. Amandi, a. 797 S. 14; HARTMANN, Die Synoden S. 119 mit Anm. 10.

567) MANARESI Nr. 25 S. 79 (= Perduti Nr. 20 S. 596): … *affatus est ipsse abbas* (sc. *Ildepertus*) *quod: „Tempore domni Pipini regis, dum adhuc Rotchildo viveret, persuasionem malorum hominum ab eodem Rotchildo de ipsso monasterio eiectus fuisset et in exilio missus sine ulla culpa et absque iudicio et ipsso monasterio tunc datum fuisset in beneficio Nebulungni Baiuario; et dum per monachis ipsius monasterii* (sc. S. Bartolomeo di Pistoia) *reclamatio exinde facta fuisset ad Paulinum patriarcham, Arnone archiepiscopo, Fardulfo abbati et Eccherigus comes palatii vel reliqui socii eorum, qui tunc hic in Italia missi fuerunt, .XII. insimul, sic ipssi causa inquisierant et istum munimen in suis relegi fecerunt presentia, et illas congnoscientes quod iniuste michi ipssum monasterium ablatum fuisset et non ibi aliunde debere fieri ordinatione nisi de ipssa congregatione sicut ipsse Gaidualdo medico statuere, tunc fecerunt me de ipsso exilio revocare et prefato Nebulungo de heodem monasterio foris eiecerunt et me inibi, sicut in antea, intromiserunt; postea per illa mala consuetudine, quod per eodem Nebulungo facta est, ab illo die faciunt me ire in hoste et omnes paratas et coniectas facere ad missos ac datione ad palatio, quod cum lege facere non debeo, quia quondam Gaidualdo, qui in ipsso monasterio construxit, heredes reliquid qui hostem faciunt“*. Zur Datierung vgl. ABEL/SIMSON 2 S. 137 Anm. 4 (vor 802); KRAUSE I 23 (799–802); HLAWITSCHKA, Franken S. 28 Anm. 20 (um 800); BOUGARD, La justice S. 409 Nr. 92 (799 – 802. 1. 11.); WOLFRAM, Arn S. 30 Anm. 19 (a. 798); SCHIEFFER, Arn von Salzburg S. 109 f. (a. 798).

unter den Römern[568]. Vielleicht auf dem Rückweg von dieser Legation musste ARN in Grado Station machen und dort die Wahl des neuen Patriarchen kontrollieren. Außerdem sollte er dabei feststellen, ob und wie die Attentäter des Vorgängers im Patriarchat bestraft wurden[569].

5) 799 Spätsommer: *missus/legatus* Karls des Großen in Italien mit HILDEBALD (I), CUNIPERT, BERNHARIUS, ATTO, JESSE, ERFLAICUS, HELMGAUD, ROTGAR und GERMAR (= KRAUSE II 34)

ARN war einer der Missi, die zur Untersuchung über das „Attentat" gegen Leo III. (am 25. April) nach Rom delegiert wurden. Sie begleiteten den Papst von Paderborn aus nach Rom, wo sie am 29. November ankamen[570].

---

568) Erwähnt in: Alkuins Briefe Nr. 184 (799) S. 308–310, hier S. 309: *Epistola vero prior, quae ad nos sub vestro nomine pervenit – quaerimonias quasdam habens de moribus apostolici et de periculo tuo apud eum propter Romanos – clericus verster, ut aestimo, attulit eam mihi, nomine Baldricus.* Zur Datierung auf den August 799 HEIL, Alkuinstudien S. 40–44. Vgl. auch SCHIEFFER, Arn von Salzburg S. 114–116.

569) Erwähnt in: Alkuins Briefe Nr. 207 (800. 6. 26.) S. 343–345, hier S. 344: *Tu vero prudenti consilio considera Dei omnipotentis voluntatem et honorem sanctae Dei ecclesiae, ut melior eligatur in caput ecclesiarum Ordinis; et non sine vindicta impium scelus obmittatur.* Zur Datierung dieses Briefs auf den 26. Juni 799 HEIL, Alkuinstudien S. 44. Vgl. auch CLASSEN, Karl der Große, das Papsttum und Byzanz S. 91 f.

570) Lib. Pont. XCVIII, Vita Leonis III c. 20, 2 S. 6 f.: *Et alia die, secundum olitanam consuetudinem, natale beati Andreae apostoli celebrantes, Roma introeunte cum mole gaudio et letitia in patriarchio Lateranense introivit. Et post aliquantos dies, fidelissimi missi qui cum eo venerunt in pontificalem obsequium, videlicet Hildebaldo et Arno, reverentissimis archiepiscopis, seu Cunipertus, Bernardus, Atto et Iesse, reverentissimis et sanctissimis episcopis, necnon Erflaico electo episcopo, verum etiam Helmgoth, Rottecario et Germario gloriosissimis comitibus, resedentes in triclineo ipsius domni Leonis pape, et per unum et amplius ebdomadam inquirentes ipsos nefandissimos malefactores qua malicia ab ipso ipsorum pontifice habuissent, tam Paschales quamque Campulus cum sequacibus eorum; et nihil habuerunt adversus eum quod dicerent. Tunc illos comprehendentes praedicti missi magni regis emiserunt eos Franciis*; Ann. q. d. Einhardi, a. 799 S. 107–109: *Et cum ei cuncta, propter quae venerat, intimasset, iterum Romam cum magno honore per legatos regis, qui cum eo missi sunt, reductus atque in locum suum restitutus est*; Chron. Lauris. breve, IV, 31 S. 34: *In sede apostolica per legatos suos Leo papa restituitur*. Vgl. Jaffé³ 4676–4679.

6) 802. 2. 15.: *missus* Karls des Großen in Mattighofen mit KISALHARD (= KRAUSE I 24)

Vor den Missi ARN und KISALHARD klagte der Vogt des Bischofs WALDRICH gegen einen gewissen Williperht und einen gewissen Adalperht über deren Zugehörigkeit zur Passauer Kirche[571].

7) 802(?). 2. 17.[572]: *missus* Karls des Großen in Inzing mit WALDRICH, DEOTKER und KISALHARD (= KRAUSE I 38)

Vor den anwesenden Missi wurden dem Bischof WALDRICH von Passau, der sich selbst als Missus bezeichnete, ein gewisser Epo und seine Kinder als Knechte zugesprochen und WALDRICH garantierte dessen frei geborener Frau Hrodmar und den aus dieser Ehe hervorgehenden Kindern den freien Stand[573].

8) 802. 6. 11.: *missus* Karls des Großen in Regensburg mit AUDULF, ADALWIN, DEOTKER und WERNER (II) (= KRAUSE I 29)

Er war einer der Vorsitzenden einer Gerichtsversammlung in Regensburg, wo der Streit zwischen einserseits den Geschwistern, Engilfrit, einer Nonne, und deren Bruder Kundperht, und andererseits der Freisinger Kirche über einen Besitz zugunsten der Bischofskirche geschlichtet wurde[574].

9) 802. 8. 4.: *missus* Karls des Großen in Freising mit ADALWIN (= KRAUSE I 30)

---

571) Trad. Passau Nr. 54 (Mattighofen, 802. 2. 15.) S. 46: *Dum resedissent missi domni Caroli serenissimi imperatoris in loco qui dicitur Matahgauue Arn videlicet archiepiscopus et Kislehardo iudex ad universorum causas examinandas vel recta iuditia terminanda ibique adveniens advocatus Uualdrico episcopo in vicem ipsius episcopi aliquos homines Uuilliperht necnon et Adalperht interpellaret [...] Tunc ipsi prefati missi hac causa pariter et diligenter inquirentes invenerunt, qualiter [...]*

572) Zur Datierung vgl. Reg. Passau Nr. 62 S. 17.

573) Trad. Passau Nr. 50 (Inzing, [800–804]. 2. 17.) S. 43 f., hier bes. S. 43: *Dum residissent missi serenissimi imperatoris Karoli in fisco publico ad Inzinga adquirendas causas Arn episcopus et Uualdricus episcopus et predictus abbas Deotker seu iudex Kyslehart ibidem in loco Rantolf comis aderat et omnis turba qui ibidem advenerat in presentia ipsorum exquirebat Uualdricus episcopus istum hominem Eponem ad servitium beati sancti Stephani et sancti Valentini et ipse episcopo in presentia illorum tradidit se ipsum cum filiis et filiabus suis ad serviendum deo et sancto Stephano seu Uualdrico episcopo. Et hoc fuit factum in XIII kal. mar. modo deo auxiliante Ualdricus episcopus iussit scribere hanc pagionolam ut scciretis dipsius(!) femina nominae Hroduuar quod ipsa fuit liebera genita et modo petimus deum omnipotentem ut ...*

574) Trad. Freising Nr. 183 (802. 6. 11.) S. 174. Siehe das Zitat bei ADALWIN in der Prosopographie.

Auf der Gerichtsversammlung, die die kaiserlichen Missi ARN von Salzburg und ADALWIN von Regensburg zusammen mit dem Judex ORENDIL und dem Grafen Reginhard hielten, wurde ein Streitfall um den Besitz des Klosters Schlehdorf zwischen dem Freisinger Bischof ATTO, vertreten durch Vogt Lantfrid, und einem anderen Lantfrid verhandelt[575].

10) 802. 8. 4.: *missus* Karls des Großen in Freising mit ADALWIN und ORENDIL (= KRAUSE I 31)

Auf der Gerichtsversammlung, die die drei Missi ARN von Salzburg, ADALWIN von Regensburg und Judex ORENDIL abhielten, wurde ein Streit zwischen der Freisinger Kirche und einem gewissen Reginpert um einen Besitz verhandelt[576].

11) 806. 12. 15.: *missus* Karls des Großen in Altötting mit AUDULF, ADALWIN, WERNER (II) und COTEFRETUS (= KRAUSE I 48)

Auf der Gerichtsversammlung der fünf Missi in Altötting klagten Engilhard und Hroccolf gegen einen Kleriker Wago wegen ihres Anteils am Erbgut[577].

12) 813. 6.: *missus* Karls des Großen in Mainz mit HILDEBALD (I), RICHULF und BERNHARIUS (= KRAUSE II 51)

Im Auftrag des Kaisers saß er als kaiserlicher Missus neben drei Kollegen einer Synode in Mainz vor. Ihre am 9. Juni beschlossenen Kanones wurden auf der Aachener Reichsversammlung im September dieses Jahres vorgelegt[578].

13) 806/813, wahrscheinlich 806: *missus* Karls des Großen in Bayern (in Regensburg?) (= –)

Ein wohl mit ARN zu identifizierender Erzbischof hielt auf seiner Provinzialsynode eine Rede über den Zweck und Sinn der herrscher-

---

575) Trad. Freising Nr. 184a (Freising, 802. 8. 4.) S. 175–177, hier S. 175 f. Siehe das Zitat bei ADALWIN in der Prosopographie. Vgl. auch Trad. Freising Nr. 184b (Freising, 802. 8. 4.) S. 175–177; Nr. 185 (802. 8.) S. 177 f..

576) Trad. Freising Nr. 186 (Freising, 802. 8. 4.) S. 178 f. Siehe den Text bei ADALWIN in der Prosopographie.

577) Trad. Freising Nr. 227 (Altötting, 806. 12. 15.) S. 210 f. Siehe ADALWIN in der Prosopographie.

578) MGH Conc. 2,1 Nr. 36 S. 258–273, hier S. 259: *Gloriosissimo et christianissimo imperatori Karolo Augusto … Almifice reverentiae vestrae patefacimus nos humillimi famuli ac missi vestri, Hildebaldus scilicet sacri palatii archiepiscopus, Ribholfus et Arno archiepiscopi seu Bernharius, una cum reliquis coepiscopis atque abbatibus et caetero clero, quia venimus secundum iussionem vestram in civitatem Mogontiam …*

lichen Normsetzung durch seine Missi und machte eine Kapitelliste bekannt[579]. Michael Glatthaar schätzt diese Kapitelliste als Königsbotenkapitel (*capitula missorum dominicorum*) ein und datiert sie auf 806[580].

KURZBIOGRAPHIE[581]:

ARN wurde um 740 geboren und entstammte einer hochrangigen, in der Gegend um Freising begüterten Adelsfamilie. Erzogen in Freising ging er dann nach Westen und wurde 782 Abt des Klosters St-Amand[582]. Der fränkische König könnte 785 bei ARNs Bischofserhebung noch kaum großen Einfluss ausüben haben[583]. Die erste nachweisbare Begegnung fand in Rom statt, aber ARN vertrat dabei den politischen Gegner Karls: 787 war ARN neben Abt Hunrich von Mondsee Legat des bayerischen Herzogs Tassilo III., um Papst Hadrian zur Friedensvermittlung zwischen dem Herzog und dem fränkischen König aufzufordern[584]. Trotzdem hatte ARN schon kurz nach der Integration Bayerns ins Frankenreich gute Beziehungen zu Karl. Kurz vor seiner ersten missatischen Tätigkeit bekam seine Bischofskirche von Salzburg eine Urkunde Karls des Großen mit der Bestätigung ihres Besitzes[585].

Als Pippin von Italien 796 beim Feldzug gegen die Awaren am Ufer der Donau eine Bischofsversammlung abhielt, war das Hauptthema der Verhandlung ihre Bekehrung. Das bedachtsame Missionsverfahren, das in der Denkschrift dieser Versammlung geäußert wurde, wurde dem Patriarchen von Aquileia zugeschrieben. Aber

579) SCHNEIDER, Karolingische Kapitularien. Die betreffende Kapitelliste ist MORDEK Nr. 12 (806/813),

580) Admonitio generalis, Einleitung S. 126–135. Ein Synodalsermo ARNs kann auch mit der Synode von Regensburg 806 zusammenhängen. POKORNY, Synodalsermo.

581) Literatur: SEMMLER, Zu den bayrisch-westfränkischen Beziehungen S. 391–397; DOPSCH, Die Zeit der Karolinger und Ottonen S. 157–173; WOLFRAM, Zusammenfassung S. 206–216; WOLFRAM, Grenzen und Räume S. 170–180; WOLFRAM, Arn; SCHIEFFER, Arn von Salzburg; FREUND, Bayerns Bischöfe S. 128 ff., 162 f., 211–242; DOPSCH, Arn von Salzburg; DAVIS, Charlemagne's practice S. 72–77; DAVIS, Inventing the *missi* S. 23–28.

582) SEMMLER, Zu den bayrisch-westfränkischen Beziehungen S. 393. Er verzichtete vor 808 auf diese Abtswürde. Vgl. ebd. S. 397 mit Anm. 49.

583) Vgl. SCHIEFFER, Karl der Große und die Einsetzung der Bischöfe S. 455.

584) ARF a. 787 und Ann. q. d. Einhardi a. 787 S. 74–77.

585) D KdG 168 (–, 790. 12.) S. 226.

auch ARN dürfte höchstwahrscheinlich dabei anwesend gewesen sein, denn auf dieser Versammlung wurden die Missionsgebiete zwischen dem Patriarchen von Aquileia und den bayerischen Diözesen von Salzburg und Passau aufgeteilt[586]. ARN wurde im Frühsommer 798 auf Rückweg von Rom, also kurz nach den Legationen 2 und 3, durch einen Boten Karls des Großen mit der Missionierung in Karantanien und der Avaria (Unterpannonien) beauftragt. ARN reiste aber der Conversio Bagoariorum et Carantanorum zufolge nicht sofort nach Osten, sondern in die Francia, um dem König die Botschaft des Papstes zu überbringen. Er konnte schließlich Ende August oder Anfang September – er war inzwischen krank geworden – den König persönlich sehen, wobei dieser den neuen Erzbischof von Salzburg abermals mit der Mission in dem slawischen Gebiet beauftragte. ARN begab sich daraufhin persönlich, auch wenn nur kurz, nach Osten, wohin er bereits im Vorfeld seine Priester mit dem Auftrag der Christianisierung der dortigen Bevölkerung geschickt hatte. Nach dem Rückkehr aus dem slawischen Gebiet erstattete er dem König Bericht, auf dessen Befehl ARN Theoderich zum Chorbischof weihte und ihn zusammen mit GEROLD (I) ins Land der Slawen führte[587].

In seiner Kirchenprovinz Salzburg suchte ARN, die im Umfeld Karls erarbeiteten Reformpläne durch eine aktive Synodalpraxis umzusetzen[588]. Auch an den Versammlungen im Reichszentrum nahm

586) MGH Conc. 2,1 Nr. 20 S. 172–176; Conversio c. 6 S. 110, 112. Zu diesem Kapitel vgl. WOLFRAM, Salzburg, Bayern, Österreich S. 285–287. Zu dieser Versammlung als Wendepunkt der Missionierung, bes. unter den Awaren, wobei es sich um die Spannung zwischen Theorie/Normen und Praxis/Wirklichkeit angesichts der Missionierung in Sachsen ging, vgl. HARTMANN, Die Synoden S. 116 f.; WAVRA, Salzburg und Hamburg S. 179 f. und 183–197; POHL, Die Awaren S. 319 f.; PADBERG, Diskussion S. 137–141; FREUND, Bayerns Bischöfe S. 176 f.; Paolino Opere 1, hrsg. v. G. CUSCITO S. 30 f. und 125 f. Vgl. auch Briefe Alkuins wegen der Christianisierung der Awaren an ARN, Alkuins Briefe Nr. 107 (nach 796. 5. 25.) S. 153 f. Nr. 112 (nach 796. 8. 10.) S. 162 f. und Nr. 113 (nach 796. 8. 10.) S. 163–166.

587) Conversio cc. 7 und 8 S. 112, 114 und 116. Zur Chronologie vgl. WOFLRAM, Conversio Bagoariorum S. 158 f.

588) MGH Conc. 2,1 Nr. 24 (Reisbach – Freising – Salzburg, 800) S. 205–219; Nr. 31 (am unbekannten Ort, 805. 5.) S. 233; Nr. 32 (Salzburg, 807. 1. 16.) S. 234; Trad. Freising Nr. 181 (Reisbach, 800, korr. zu 799) S. 172 f.; Nr. 231 (Regensburg, 806) S. 213 f.; Nr. 299 (Freising, 811, vor 9. 27.) S. 258 f. Zur Synode von Regensburg 806 siehe auch oben Legation 13. Zu diesen Synoden vgl. HARTMANN, Die Synoden S. 141–151; MORDEK und GLATTHAAR, Von Wahrsagerin-

er teil, nachdem ARN Herbst 801 aus Italien zurückgekehrt war, wo er bei der Kaiserkrönung Karls des Großen anwesend war[589]. Während seiner Tätigkeit sowohl im Reichszentrum als auch in seiner Region produzierte ARN verschiedene Texte[590]. ARN fertigte eine Sermones-Sammlung für seinen weltlichen Missatskollegen AUDULF an, die als moralische Ermahnung zur richterlichen Gerechtigkeit in Hinblick auf Unbestechlichkeit, Unbefangenheit usw. dienen konnte[591]. Matthew Innes vermutet sogar, dass ARN für die Redaktion der karolingischen Version der Lex Baiwariorum mehr oder weniger verantwortlich war[592]. Mit Alkuin stand er inzwischen in einem regem Briefwechsel[593], worin ein Brief Alkuins in Bezug auf

nen; PANGERL, Metropolitanverfassung S. 204–212; DAVIS, Charlemagne's practice S. 243–259. Zur Datierung der ersten Sitzung der „Tripelsynode" in Reisbach auf 799 siehe SINTPERT* (II) in der Prosopographie. MORDEK und GLATTHAAR, Von Wahrsagerinnen S. 41 f. und 60, meint, dass deren letzte Sitzung in Salzburg erst gegen 802/803, oder sogar im Herbst 803 stattfand. Die Synode vom Mai 805 (MGH Conc. 2,2 Nr. 31) fand wohl in Freising statt. Dazu HARTMANN, Die Synoden S. 148 f. PANGERL, Metropolitanverfassung S. 209–211, datiert die beiden Synoden von Regensburg (Trad. Freising Nr. 231) und von Freising (Trad. Freising Nr. 299) vorsichtig zwischen 806 und 811. Vgl. DIESENBERGER, Predigt und Politik, der anhand der Beispiele der Predigtsammlung ARNs sagt, die frühmittelalterlichen Predigte seien „ein ideales Medium, das die Politik des Herrschers entscheidend vorantreiben und dem sozialen Zusammenhalt seines Reiches dienen konnte" (S. 392).

589) Siehe oben Kapitel 2, § 2, 1, iv, über die Legation „801/802–803". Zur Anwesenheit ARNs in Rom SCHIEFFER, Arn von Salzburg S. 117 f.

590) Z. B. die Capitula de examinandis ecclesiasticis, in: MGH Capit. 1 Nr. 38 S. 109–111. Siehe oben Kapitel 2, § 2, 1, iv, über die Legation „801/802–803". Die Exhortatio ad plebem Christianam entstand auch unter ARNs Einfluss. STEINMEYER, Sprachdenkmäler Nr. 9 S. 49–54. Siehe oben Kapitel 2, § 2, 1, vi, wo ich auch die Capitula de examinandis ecclesiasticis und den Synodalsermo ARNS behandele. Das als Capitula Bavarica bekannte Bischofskapitular dürfte auch entweder ADALWIN von Regensburg oder ARN von Salzburg zugeschrieben werden. Capitula Bavarica, in: MGH Capit. episc. 3 S. 189–198. Vgl. DIESENBERGER, Predigt und Politik S. 23–26.

591) DIESENBERGER, Predigt und Politik S. 29–44 und 214–292.

592) INNES, Charlemagne, justice and written law S. 182 f. Ihm folgt DIESENBERGER, Predigt und Politik S. 25 f.

593) Wien, Österreichische Nationalbibliothek, Hs. 808, fol. 101r–221v, enthält 69 Briefe Alkuins an ARNO. Alkuins Briefe S. 4; BISCHOFF, Die südostdeutschen Schreibschulen S. 135; BULLOUGH, Alcuin. Achievement and reputation S. 56.

das Missatswesen bemerkenswert ist. In diesem ermahnt der Abt von St-Martin in Tours seinen Schüler, keine *munera* bei der Rechtsprechung anzunehmen[594]. Nicht zu übersehen ist, dass ARN manchmal ohne Missus-Kompetenz bei den Konfliktbeilegungen in Bayern die führende Rolle gespielt zu haben scheint[595]. Nach den letzen belegbaren Legationen 11 und 13 von 806 dürfte er nur noch selten für den König tätig gewesen sein. Trotzdem hielt er seine Königsnähe: 811 war er einer der Zeugen des Testaments Karls des Großen[596]. Er trug mit seinem im Auftrag des Kaisers verfassten Gutachten über die *filioque*-Frage zur Aachener Synode von 809 bei[597]. Er dürfte an den Diskussionen auf der Reichsversammlung von 811 teilgenommen haben, als Karl am Aachener Hof den Streit zwischen ARN und dem Patriarchen von Aquileia um die Zugehörigkeit der Provinz Karantanien entschied[598]. ARN wird von der Forschung auch ein Antwort-

594) Alkuins Briefe Nr. 254 S. 410–412. Vgl. HANNIG, Zentrale Kontrolle, Anm. 18; vgl. auch Alkuins Briefe an ARN zwischen 802 und 804. Alkuins Briefe, Nrn. 253, 258, 259, 260, 264, 265, 267, 268. Nr. 186 über die Wahl der Missi. Alkuin hob sonst ARN als einen guten Prediger (*praedicator*) hervor. Hierzu vgl. DIESENBERGER, Predigt und Politik S. 22 f. und 25.

595) Vgl. Trad. Freising Nr. 193a und b (Aibling, 804. 1. 13.) S. 182–185 (Die Richter waren aber da *per iussionem domni Karuli augustissimi imperatoris* oder *secundum mandatum domni Karoli imperatoris*, wie Nr. 193b zeigt. Zur Mahnrede ARNs über *pax et concordia* vgl. DIESENBERGER, Predigt und Politik S. 282 f.); Nr. 197 (Tegernsee, 804. 6. 16.) S. 187–190 (In dieser Urkunde ist eine andere Versammlung von Geistlichen erwähnt, die zwischen 791 und 793 zu St. Emmeram in Regensburg stattfand. Dabei war ARN anwesend.); Nr. 242 (An der Roth, 806/810) S. 221 (neben Missus AUDULF); Nr. 247 (806/811) S. 223 f. (neben Missus AUDULF); Nr. 251a und b (Föhring, 807. 4. 29.) S. 226 f.; Nr. 258 (Gars, 807. 7. 16.) S. 231; Nr. 299 (Freising, 811, vor 9. 27.) S. 258 f. Warren Brown und Matthew Innes vermuten, ARN habe als Erzbischof, also ohne Befugnis des Missus, Konflikte beilegen können, insbesondere wenn er eher als Kompromiss stiftender Vermittler auftrat, als dass er gerichtlich entschied. BROWN, Unjust Seizure S. 120; INNES, Charlemagne, justice and written law S. 181 f. Dagegen ist DAVIS, Charlemagne's practice S. 74–76, der Meinung, dass die Differenzierung der Titulierung ARNs in den Urkunden keinen Unterschied zwischen den verschiedenen Typen der Angelegenheiten oder denen des Verfahrens widerspiegelt, noch einen Unterschied der Befugnisse jedes Amtes, sondern jeweils einen Aspekt derselben Person.

596) Vita Karoli S. 84.

597) MGH Conc. 2, Suppl. 2 S. 123 und 253–283.

598) D KdG 211 (Aachen, 811. 6. 14.) S. 282 f. Dazu vgl. BM² 460b und 461. Die-

schreiben auf die Taufumfrage Karls des Großen im Jahr 812 zugeschrieben, das ohne Verfassernamen überliefert ist[599]. Nach seiner Teilnahme an der Mainzer Synode von 813 verschwand er aufgrund seines hohen Alters allmählich von der politischen Bühne: An der Aachner Reformversammlung von 816 konnte er nicht teilnehmen[600]. Trotzdem ist seine Königsnähe im Bereich der kaiserlichen Urkundenausstellung weiter sichtbar. ARN war im Juli 815 bei der Reichsversammlung von Paderborn anwesend, wobei er eine kaiserliche Urkunde erhielt, mit der Ludwig der Fromme den Tauschvertrag zwischen ARN und einem Hahold sowie seiner Frau bestätigte[601]. Im nächsten Jahr wird er zweimal als Petent bei der Urkundenausstellung des Kaisers belegt, einmal für seine Kirche, einmal für die Freisinger Domkirche[602].

ARNULF (Arnulfus)

Abt von St-Philibert (Noirmoutier/Grandlieu) (817 – †839. 6. 27./28.[603])

TÄTIGKEIT ALS KÖNIGSBOTE:

816/817: (*missus?/inspector?*) im Auftrag Ludwigs des Frommen mit BENEDIKT (= –)

Der Urkunde Ludwigs des Frommen von 832 für St-Denis kann man entnehmen, dass die Äbte BENEDIKT von Aniane und ARNULF nach St-Denis kamen und dort versuchten, das monastische

se Urkunde wurde 819, gegen Ende der Lebenszeit ARNs, durch Ludwig den Frommen bestätigt. D LdF 170 (Aachen, 819. 12. 27., verunechtet) S. 420–423.

599) Text 34 in: KEEFE, Water and the Word 2 S. 467–479. Text 35 in: ebd. S. 480–488, ist eine verkürzte, aber teilweise ergänzte Fassung von Text 34. Zu diesen Texten vgl. KEEFE, Water and the Word 1 S. 93–95.

600) MGH Conc. 2,1 Nr. 39, C, hier S. 458. Siehe NOTHO in der Prosopographie.

601) D LdF 69 (Paderborn, 815. 7. 16.) S. 170 f. Vgl. BM² 587b und 588.

602) D LdF 86 (Aachen, 816. 2. 5.) S. 210–212 (für Salzburg, Bestätigung der Immunität mit Königsschutz); Nr. 87 (Aachen, 816. 2. 5.) S. 212–214 (für Freising, Restauration der Zelle S. Candido, die bis dahin ARN als *beneficium* hielt). Zur Ausstellung von D LdF 170 (Aachen, 819. 12. 27., verunechtet) S. 420–423, konnte ARN nicht mehr an den Hof kommen und schickte dazu Erzdiakon Adalramnus, seinen Nachfolger im Erzbistum, nach Aachen.

603) Falls ARNULF wirklich Abt von St-Faron zu Meaux und Rebais war. Siehe unten.

Leben nach der Benediktsregel einzuführen[604]. Diese Bemühungen lassen sich mit der monastischen Legation verbinden, die im Lauf der Klosterreform um 816/817 reichsweit verwirklich wurde[605].

KURZBIOGRAPHIE[606]:

Obwohl ARNULF in der Forschung manchmal mit einem *baiulus* Ludwigs des Frommen namens *Arnoldus* identifiziert wird[607], folge ich hier Philippe Depreux, der diesen *baiulus* von Abt ARNULF unterscheidet[608].

Während ARNULF Abt von Noirmoutier war, wurde ADALHARD (I) von Corbie 814 in ARNULFs Kloster verbannt, nachdem er beim Kaiser in Ungnade gefallen war, und blieb dort für sieben Jahre[609].

Als Abt von Noirmoutier erbaute ARNULF vor dem März 819 im Konsens und mit Hilfe des Kaisers (*per nostrum consensum attque adiutorium*) ein neues Kloster in *Deas* (Grandlieu), um den Normannen auszuweichen. Er erhielt eine kaiserliche Urkunde, mit der Ludwig dem neuen Kloster eine Wasserleitung vom Fluss Boulogne über die königliche Straße (*per viam regiam*) anzulegen gestattete, unter der Bedingung, dass eine Brücke über diese Wasserleitung gebaut werde[610]. ARNULF trat wahrscheinlich um 824 von diesem Abbatiat zurück[611]. Er war zudem auch Abt des Klosters St-Florent an der Loire[612]. Ludwig stellte auf Bitten des Abtes ARNULF eine weitere

604) BM² 905; D LdF 315 (St-Denis, 832. 8. 26.) S. 774–779, hier S. 777: *Unde ad monasticae institutionis normam corrigendam duos religiosos et venerabilis vitae viros Benedictum et Arnulfum abbates constituimus, qui per nostrum a deo gubernandum et conservandum imperium seduli huic negotio studiose insisterent. Idem vero boni et devoti, sed simplicissimi patres supramemoratorum fratrum calliditate et duritia suaque simplicitate abducti, non studio, sed minus subtili et necessaria investigatione et providentia fallentes eos, qui in soliditate suae professae salvationis perduraverunt, a monasterio removerunt atque in memorata cella collocaverunt.* Vgl. SEMMLER, Saint-Denis S. 107 f.

605) Siehe die anonymen Missi „816c“ und „817. 9. b“ in der Prosopographie.

606) Literatur: SEMMLER, Corvey und Herford, 294 f.; KASTEN, Adalhard von Corbie S. 106; SEMMLER, Benediktinische Reform S. 272 Anm. 106; SEMMLER, Benedictus II S. 24 Anm. 66; DEPREUX, Prosopographie S. 111 f.

607) Vgl. z. B. KASTEN, ebd. und SEMMLER, ebd.

608) DEPREUX, Prosopographie S. 110 Anm. 4.

609) Vita sancti Adalhardi c. 32 Sp. 1525 und c. 39 Sp. 1529 f.

610) D LdF 154 (Aachen, 819. 3. 16.) S. 383 f.

611) Dazu DEPREUX, Prosopographie S. 112 mit Anm. 8.

612) So SEMMER, KASTEN und DEPREUX.

Urkunde aus, mit der er seinem – nicht zu identifizierenden – Kloster das Privileg der Immunität und der freien Abtswahl verlieh, sofern die Benediktsregel befolgt werde[613]. Außerdem wird vermutet, dass ARNULF darüber hinaus Vorsteher zweier weiterer Klöster war, St-Faron zu Meaux und Rebais, in denen er die Reformidee BENEDIKTs von Aniane eingeführt haben soll[614].

ARTHEMIUS (Arthemius)

Bischof (von Asolo?) (827?–865/866)

TÄTIGKEIT ALS KÖNIGSBOTE:

865/866: *missus* Ludwigs II. von Italien in der Gegend zwischen der Etsch und Friaul mit TEODOLDUS und PETRUS (VI) sowie den *missi* der örtlichen Bischöfe und Grafen (= KRAUSE II 154)

Für den Feldzug gegen die Sarazenen in Süditalien bot Ludwig das Heer aus Norditalien auf. ARTHEMIUS wurde zusammen mit THEODOLDUS und Bischof PETRUS (VI) damit beauftragt, in der Gegend zwischen der Etsch und Friaul die Mobilisierung zu kontrollieren und gegebenenfalls die Säumigen zu bestrafen[615]. Auffällig ist, dass bei der Mobilisierung von 865/866 nur für diese drei Missi von der Begleitung durch die *missi* der örtlichen Bischöfen und Grafen die Rede ist.

KURZBIOGRAPHIE:

Ein Bischof von Asolo namens Arthemius ist als Teilnehmer an der Synode in Mantua von 827 nachweisbar[616]. Das Bistum Asolo liegt zwar im betreffenden Gebiet der Legation, aber der zeitliche Abstand von 40 Jahren zwischen den beiden Belegen macht eine Gleichsetzung nicht unzweifelhaft[617].

613) Form. imp. Nr. 4 S. 290 f.; D LdF F 4 (ca. 814–825) S. 1182.

614) So SEMMER, KASTEN und DEPREUX.

615) MGH Capit. 2 Nr. 218 c. 3 S. 95: *… sit missus […] ab Addiza usque Forum Iulii Teodoldus, Petrus et Arthemius episcopi iunctis secum missis episcoporum et comitum.* Siehe ANDREAS (II) in der Prosopographie.

616) MGH Conc. 2,2 Nr. 47 S. 585; HARTMANN, Die Synoden S. 177 f. mit Anm. 10.

617) BORETIUS/KRAUSE, MGH Capit. 2 Nr. 218 S. 95, Anm. 11, weist auf Asolo als seinen Bischofssitz hin, aber mit einem Fragezeichen.

ASCARICUS (Ascharius)

Graf (799)

TÄTIGKEIT ALS KÖNIGSBOTE:

799. 5./6.[618]: *missus* als Empfangsgesandtschaft Karls des Großen in Spoleto mit HILDEBALD (I) und GERMAR (= –)

ASCARICUS, Erzbischof HILDEBALD (I) von Köln und Graf GERMAR wurden nach Italien abgesandt, um Papst Leo III. nach Sachsen zu Karl dem Großen zu begleiten[619]. Der Papst hatte nach dem am 25. April verübten Attentat mit Hilfe der fränkischen Missi WINIGIS (I) und WIRUNDUS in Spoleto Zuflucht gesucht, wo ihn diese Empfangsgesandtschaft abholte[620].

KURZBIOGRAPHIE[621]:

Über ASCARICUS ist nichts Weiteres bekannt.

ASOARIUS (Asoarius, Asuarius, Asuerus)

Abt von Prüm (vor 762–†804)

TÄTIGKEIT ALS KÖNIGSBOTE:

790, vor 6. 9.: *missus* Karls des Großen in Lahngau, Einrichgau und Engersgau (Rhein-Lahn-Region) mit AEHARDUS (= KRAUSE I 9)

Zur Revindikation des Besitzes eines gewissen Alpadus im Lahngau, Einrichgau und Engersgau zum Fiskus wurden die Missi Karls des Großen ASOARIUS und AEHARDUS entsandt. Diese Legation

---

618) Vgl. BM² 248b; Reg. Köln Nr. 89 (799, zwischen 25. April und Juni); Jaffé³ 4664 (799, Mai – Juni).

619) Lib. Pont. XCVIII, Vita Leonis III c. 16, 2 S. 6: … *rex, ilico ut audivit, misit in obviam eius Hildebaldo archiepiscopo et capellano, seu Ascherico comite, et postmodum proprium filium suum Pipinum excellentissimum regem cum aliis comitibus obviam eius iterum, et usque ubi ipse magnus rex eum obviavit.* Vgl. Karolus Magnus et Leo papa, v. 332–336 S. 82, über die Absendung der drei Schnellboten nach Rom (*Rapidos Romana ad moenia missos / Tres iubet ire, foret si sanus pastor opimus / Explorare gregis; quid tristia somnia signent / Miraturque; piam curam gerit ille fidelem. / Festinant rapidis legati passibus.*) und v. 400 S. 88, über GERMAR.

620) Vgl. Karolus Magnus et Leo papa, v. 372–379 S. 86: *Cum sotiis magnus paucis fugit inde sacerdos; / Clam petere auxilium Spulitinam tendit ad urbem. / A duce cum magno fit hic susceptus honore / Winigiso et multis cumulatus in ordine donis. / Audit Italiam missos venisse fideles / Francorum, et solitam Romanis ferre salutem / Non voluisse, suum quoniam sine culpa potentem / Suppliciis dominum cruciassent.* Siehe WINIGIS (I) in der Prosopographie.

621) Literatur: ABEL/SIMSON 2 S. 174 und 183.

ist deshalb bemerkenswert, weil einer der Missi selbst, nämlich Abt ASOARIUS von Prüm, aus dieser Konfiskation einen großen Vorteil ziehen konnte: Die konfiszierten Güter wurden dem Kloster Prüm geschenkt[622].

KURZBIOGRAPHIE[623]:

ASOARIUS ist seit dem 13. August 762[624] bis zu seinem Tod zwischen dem 8. April[625] und dem 25. Juli 804[626] als Abt von Prüm belegbar. Er stammte aus der Gegend von Anjou[627]. Hinter seiner Einsetzung als Missus, die seinem Kloster zum Vorteil gereichte, könnte man die enge Beziehung zwischen den Karolingern und dem Kloster vermuten[628]. Seit der Verheiratung Pippins des Jüngeren mit Bertrada aus der Gründerfamilie stand Prüm in der Gunst der Karolinger und wurde durch zahlreiche Schenkungen und Privilegien gefördert. Diese „Neugründung“ und Begünstigung begann schon vor dem Amts-

622) D KdG 165 (Mainz, 790. 6. 9.) S. 222–224, hier S. 223: ... *qualiter nos pro divino intuitu et aeterna remuneratione donamus ad monasterium [...] in loco qui dicitur Prumia [...], ubi praeest vir venerabilis Asoarius abba, donatumque ad eundem sanctum locum in perpetuum esse volumus res aliquas proprietatis nostrae in pago qui dicitur Heinrichi et in Angrisgouue, quas antedictus abba et Aehardus missi nostri iusto tramite secundum legem in causa nostra super hominem aliquem nomine Alpadum adquisissent per loca denominata Nasongae, in Squalbach et Haonstat, in Caldenbach et in Boumhaim atque in Thabernae nec non in Heringae sive Aendriche et Villare seu in Theodissa vel in Abotisscheid atque in Larheim et supra Hrenum portionem, sicut suprascripti missi nostri recto ordine super iam dictum Alpadum ad opus nostrum visi sunt evindicasse [...] totum et ad integrum, ad praefatum monasterium in aelemosina nostra iure firmissimo perpetuis temporibus ad possidendum concessimus.*

623) Literatur: HANNIG, Zentrale Kontrolle S. 334 f.; ISPHORDING, Prüm S. 165–241.

624) D PdJ 16 (*Trisgodros*, 762. 8. 13.), hier S. 24.

625) In den zwei Schenkungsurkunden für das Kloster Prüm mit diesem Datum (MrhUb Nr. 41 S. 46 f. und Nr. 42 S. 47–49) ist *Asuarius abba* erwähnt.

626) Sein Nachfolger TANKRAD* ist ab diesem Datum belegbar. MrhUB Nr. 43 S. 49 f.

627) Vgl. die ausführliche Analyse bei: ISPHORDING, Prüm S. 166–181.

628) Nach den Miracula s. Goaris sei die Schenkung Karls aus Dankbarkeit für die Heilung der Königin Fastrada von schrecklichen Zahnschmerzen in St. Goar erfolgt. ISPHORDING, Prüm S. 225.

antritt von ASOARIUS[629], aber die Abtei wurde auch unter seiner Amtszeit mehrmals durch Herrscherurkunden begünstigt[630].

Unter diesen Schenkungen und Privilegierungen ist die Urkunde von 797 kurz zu erwähnen. In dem langen Text dieser Urkunde ist die langjährige ausgezeichnete Beziehung zwischen dem König und dem Abt gut zu erkennen: Auf der Reichsversammlung in Paderberon von 777[631] bat ASOARIUS den König um die Restitution der *villae* von Chazé und Loiré im Anjou, die zum Erbgut seiner Familie gehört hatten. Dieses Erbgut wurde zwar wegen der Untreue seiner Verwandten vom Fiskus konfisziert, aber die Konfiszierung dieser *villae* war, nach ASOARIUS' Anspruch, unrecht. Karl glaubte ihm, gab ihm die *villae* zurück und beurkundete das. Seine Begründung der Rückgabe ist für diese Studie wertvoll: Er hob das Priestertum und den treuen Dienst (*eius considerantes sacerdotium et fideli servitio*) von ASOARIUS hervor[632]. Das Anrecht auf diesen Besitz wurde allerdings später gerichtlich als ungültig erwiesen. Deswegen musste ASOARIUS dem König die *villae* und die Restaurierungsurkunden zurückgeben. Trotzdem schenkte Karl die beiden *villae* zum Seelenheil seiner Eltern dem Kloster erneut[633]. Anzumerken ist, dass neben der oben erläuterten Legation zwei weitere bemerkenswerte Königsdienste belegbar sind: 788 wurde St. Goar, das dem Abt 765 von Pip-

629) Zur „Neugründung" von Prüm unter Pippin vgl. SEIBERT, Prüm, in: Lex. MA 7 Sp. 292 f.; ISPHORDING, Prüm S. 65–150.

630) Die Königsurkunden für Prüm in der Amtszeit von ASOARIUS: D PdJ 16 (*Trisgodros*, 762. 8. 13.) S. 21–25 (eine „feierliche Dotationsurkunde" als „Abschluß des Neugründungsvorgangs". Dazu ISPHORDING, Prüm S. 92–97); D PdJ 18 (*Maslario*, 763. 8. 3.) S. 26 f.; ebd. Nr. 19 (undatiert, aber *Asuarius* als Abt belegbar) S. 27 f.; D KdG 108 (Diedenhofen, 775. 11.) S. 153; ebd. Nr. 109 (Diedenhofen, 775. 11.) S. 154; ebd. Nr. 180 (Aachen, 797. 2. 17.) S. 242–244.

631) Zur Datierung vgl. ISPHORDING, Prüm S. 168 f. mit Anm. 14 f.

632) Isphording sieht hier einen „Ausweis von Aswers Vertrauenswürdigkeit". ISPHORDING, Prüm S. 167.

633) Isphording zufolge weist diese Affäre darauf hin, „wie schwer sich das frühkarolingische Königtum mit der Wahrung seiner Rechte in den Fernzonen des Reiches tat und wie schnell die Rechtsgrundlage für bestehende Besitzverhältnisse in Vergessenheit geraten konnte". Es sei eine „häufig geübte Gewohnheit [gewesen], daß unberechtigt an Klöster gestiftetes Königsgut diesen vom König, wenn auch widerwillig, bestätigt wurde". ISPHORDING, Prüm S. 166 f. und 171. ASOARIUS hatte dem Kloster Prüm bereits 777 schon einmal die *villa* von Chazé geschenkt. MrhUB Nr. 34 S. 38 f. Zur Datierung dieser Urkunde siehe ISPHORDING, Prüm S. 169 Anm. 14.

pin dem Jüngeren übertragen wurde, als Ort der Tonsurierung Tassilos III. ausgewählt[634]; nach dem Scheitern der Verschwörung von 792 wurde Pippin der Bucklige im Kloster Prüm inhaftiert[635].

ATO (Ato)

Graf (831–847/854)

TÄTIGKEIT ALS KÖNIGSBOTE:

1) 840–872: *missus* Ludwigs des Deutschen in St. Gallen/Alemannien (= –[636])

Im Auftrag des herrscherlichen Missus ATO stellte wiederum dessen Missus Ruadloh mit 50 Zeugen Güter des Klosters St. Gallen in Mönchaltorf fest[637]. Roman Deutinger ist der Meinung, dass das Mandat für ATO eine dauerhafte Gültigkeit hatte, und dass deswegen eine weitere Delegation möglich war[638]. Sophie Glansdorff verweist auf ein undatiertes Mandat Ludwigs des Deutschen an die Grafen ATO, Odalrich und die anderen Grafen in Alemannien, das Inquisitionsrecht des Klosters St. Gallen zu wahren[639].

2) 841/872[640]: *missus* Ludwigs des Deutschen in Vilsingen (Alemannien) mit GRIMALD, WILHELM* und ALBOINUS* (= KRAUSE II 204)[641]

Vor den beiden Königsboten und den anderen beiden Grafen bezeugten 27 Zeugen eidlich das Besitzrecht des Kloster St. Gallen an der Schenkung des Grafen Peratold[642].

---

634) BM² 294a.

635) Vita Karoli c. 20 S. 48.

636) Aber KRAUSE II 190 als Legation von Ruadloh.

637) UB St. Gallen 3, Anhang Nr. 4 S. 685: *Noticia testium, qui cum juramento et fide data testificati sunt coram misso Atonis comitis, videlicet Ruadloho, in vice ejusdem comitis a parte palacii missi, quod…*

638) DEUTINGER, Königsherrschaft S. 174.

639) D LdD 71 S. 101; GLANSDORFF, Prosopographie S. 83.

640) Zur Datierung vgl. BORGOLTE, Kommentar S. 455.

641) Wenn man die Titulaturen in der Urkunde ernst nimmt, waren ALBOINUS* und WILHELM* nicht Missi im Gegensatz zu Krauses Meinung. Vgl. DEUTINGER, Königsherrschaft S. 174.

642) UB St. Gallen 2, Anhang Nr. 21 S. 397. Siehe Text bei ALBOINUS*.

KURZBIOGRAPHIE[643]:
ATO ist in der Bertoldsbaar, Alemannien, als *comes* belegt[644].

ATTO (Atto)
Abt von Scharnitz-Schlehdorf, dann Bischof von Freising (764/765 – †811. 9. 27.[645])

TÄTIGKEIT ALS KÖNIGSBOTE:
1) 799 Spätsommer: *missus/legatus* Karls des Großen in Italien mit HILDEBALD (I), ARN, CUNIPERT, BERNHARIUS, JESSE, ERFLAICUS, HELMGAUD, ROTGAR und GERMAR (= KRAUSE II 34)

ATTO war einer der Missi, die zur Untersuchung des „Attentats" auf Leo III. nach Rom delegiert wurden. Sie begleiteten den Papst von Paderborn aus nach Rom[646].

2) 791? oder 806–807?[647]: *missus* Karls des Großen in Altenerding mit HUASMUOT (= KRAUSE II 35)

Der Priester Otker klagte vor Karl dem Großen gegen den Grafen Gothram wegen des von ihm entfremdeten Besitzes. Karl schickte ihm seine Missi ATTO von Freising und den Diakon HUASMUOT zur Hilfe. Sie forderten zusammen mit den Missi in Bayern, WOLFOLT und RIMIGARIUS, *de verbo regis* den Grafen zur Rückgabe des Besitzes auf[648]. ATTO war zugleich Empfänger der Schenkung

643) Literatur: BORGOLTE, Die Grafen Alemanniens S. 60–62; DEUTINGER, Königsherrschaft S. 174 und 180; GLANSDORFF, Prosopographie S. 82–84.

644) UB St. Gallen 1 Nr. 376 (838) 1 S. 351 f.; 2 Nr. 384 (836/842) S. 2 f.; 2 Nr. 414 (851?)S. 34 f.; 2 Nr. 432 (847/848/854) 2 S. 49 f. (Datierung nach Glansdorff) = Chart. Sangall. Nr. 384 (Löffingen, 838. 11. 11.) S. 360 f.; ChLA 104 Nr. 29 (Pfohren, 836./842. 6. 4.) S. 82 f.; ChLA 104 Nr. 50 (Rötenbach, 843./850. 4.) S. 131–133; ChLA 105 Nr. 17 (Pfohren, 854. 7. 1.) S. 50 f.

645) STRZEWITZEK, Die Sippenbeziehungen S. 188 mit Anm. 27 (S. 192).

646) Lib. Pont. XCVIII, Vita Leonis III c. 20, 2 S. 6 f.; Ann. q. d. Einhardi, a. 799 S. 107–109; Chron. Lauris. breve, IV, 31 S. 34. Siehe Text bei ARN in der Prosopographie.

647) Die Datierung dieser Urkunde ist problematisch. Der Herausgeber der Freisinger Traditionen datiert auf 806/807, obwohl Karl in dem Text als *rex* bezeichnet wird. DEUTINGER, Königsherrschaft S. 89 Anm. 142, datiert auf „kurz nach 788".

648) Trad. Freising Nr. 232 (Altenerding, 806./807. 9. 29.) S. 214 f. (a): *Veni ego in praesentia domni regis Karoli et nuntiavi ei et ille donavit mihi missos suos in sua elymosina Attonem episcopum et Huuasmotum diaconum. Et in ipso tempore fuerunt missi domni regis in Baioaria Uuolfolt et Rimigerus. Illi conquesierunt ipsam*

Otkers. Die Abschrift (b) enthält einen interessanten Text: *Et ego ipse ibidem coram omnibus renovavi pristinam traditionem ad domum sanctae Marie in manus Attonis episcopi*. ATTO interessierte sich also selbst für des Klägers Gewinn.

KURZBIOGRAPHIE[649]:

ATTO, der seit 750 als Priester an der Freisinger Kirche nachgewiesen ist[650], war schon unter Tassilo eine bedeutende politische Persönlichkeit, zunächst als Abt von Scharnitz-Schlehdorf[651], dann wohl seit 783[652] als Bischof von Freising. Er gehörte wie sein Amtsvorgänger Arbeo zu den Huosi. Im Freisinger Traditionsbuch wird ATTO selbstverständlich sehr oft erwähnt[653]. Nach der politischen Wende um 788 tauchten ATTO oder seine Bischofskirche, vertreten durch einen *advocatus*, in vielen im Traditionsbuch erwähnten missatischen Gerichtssitzungen als eine der Parteien auf[654]. ATTO selbst wird in der Regierungszeit Karls des Großen auch als Vorsitzender mehrerer Gerichtsversammlungen, jedoch ohne Missustitel, nachgewiesen[655]. Er war 799 bei der Synode von Reisbach, 806 der von Regensburg,

---

causam ad Cotahrammo et ipse invitus reddidit mihi omnia causa mea de verbo domni regis. Vgl. auch Fassung (b). Zu dieser Auseinandersetzung vgl. DIESENBERGER, Predigt und Politik S. 240 f.

649) Literatur: STRZEWITZEK, Die Sippenbeziehungen S. 188 f. und 191 f.; HANNIG, Zur Funktion S. 280; FREUND, Bayerns Bischöfe S. 126–128, 151–153 und 221–224; Reg. Freising Nr. 10–15.

650) Trad. Freising Nr. 5 (Oberding?, 750. 7. 3.) S. 30 f. wurde von Priester ATTO geschieben.

651) Zuerst am 26. April 768 als Abt belegt: Trad. Freising Nr. 28 (Kronacker, 768. 4. 26.) S. 56. Tassilos Schenkung an Abt ATTO von Scharnitz: ebd. Nr. 34 (Bozen, 769) S. 61 f. Das Kloster Scharnitz wurde 772 nach Schlehdorf verlegt. Ebd. Nr. 53 (772) S. 81. Vgl. BROWN, Unjust seizure S. 43 f.

652) Er wurde allerdings bereits in der letzten Amtszeit Arbeos mit der Leitung des Bistums Freising beauftragt, als Arbeo mit Tassilo in Konflikt stand. Vgl. Trad. Freising Nr. 108a (Oberbernbach, 782) S. 124 ; ABEL/SIMSON 1 S. 375 f.

653) Vgl. Namenregister in: Trad. Freising 2 S. 591 f.

654) Siehe z. B. ADALWIN, ARN, GEROLD (I), RIMIGARIUS und WOLFOLT in der Prosopographie. Vgl. BROWN, Unjust seizure S. 68 ff.

655) Trad. Freising Nr. 189b (Aibling, 804. 1. 13.) S. 182–185 (ATTO war neben ARN, dem Grafen Erchanbald und den Judices Otpert und Alprich einer der Vorsitzenden bei der *per iussionem domni Karuli augustissimi imperatoris* abgehaltenen Gerichtssammlungen. Vgl. ebd. Nr. 189a S. 182–185); Nr. 235 (806–808) S. 217 (zusammen mit *judex* Ellanperht und Graf Luitpald); Nr. 251b (Föhring, 807. 4. 29.) S. 226 f. (zusammen mit ARN, KISALHARD, ORENDIL und vielen

807 der von Salzburg und 811 der von Freising zugegen[656]. Im Bischofskapitular Capitula Frisingensia secunda wurde die wohl ARN von Salzburg zugeschriebenen Capitula de examinandis ecclesiasticis von einem bayerischen Bischof für den eigenen Gebrauch exzerpiert, um seine Diözesanpriester zu prüfen. Dieser Bischof dürfte ATTO gewesen sein[657].

AUDACHER* (Audacher, Odacrus)

Notar, dann Kandidat als Bischof von Beauvais (871–882)

TÄTIGKEIT ALS KÖNIGSBOTE:

877, Mitte–Ende August: Empfangsgesandtschaft im Auftrag Karls des Kahlen zwischen Ravenna und Vercelli mit GOIRAMNUS, HERIBERT* (II) und PIPPIN* (= –)

Karl der Kahle wurde in Orbe von ADALGAR (II), der zuvor als kaiserlicher Missus nach Ravenna delegiert worden war, darüber informiert, dass Papst Johannes VIII. nach Pavia kommen und sich mit dem Kaiser treffen wolle. Karl schickte deshalb *secundi scrinii notarius Odacrus* (AUDACHER*) und drei weitere Gesandte voraus, um dem Papst dienlich zu sein. Da Karl selbst den Papst erst in Vercelli empfing, müssen die vier Gesandten ihm zwischen Ravenna und Vercelli begegnet sein und ihn auf der Reise zum Kaiser begleitet haben[658].

---

anderen); Nr. 299 (Freising, 811, vor 9. 27.) S. 258 f. (anläßlich einer Provinzialsynode). Bei diesen allen Fällen trat ATTO allerdings als eine der Parteien auf.

656) MGH Conc. 2,1 Nr. 24 B,2 (Reisbach, 800, korr. zu 799) S. 214 f.; Trad. Freising Nr. 181 (Reisbach, 800, korr. zu 799) S. 172 f.; ebd. Nr. 231 (Regensburg, 806) S. 213. MGH Conc. 2,1 Nr. 32 (Salzburg, 807. 1. 16.) S. 234; Nr. 299 (Freising, 811, vor 9. 27.) S. 258 f. Zur Datierung der ersten Sitzung der „Tripelsynode" in Reisbach auf 799 siehe SINTPERT* (II) in der Prosopographie. Die Versammlung von St. Emmeram in Regensburg (791–793) und die in Tegernsee (804), auf denen der Streitfall zwischen Freising und Tegernsee verhandelt wurde, waren wahrscheinlich keine Synoden. Trad. Freising Nr. 197 (Tegernsee, 804. 6. 16.) S. 188 f. Vgl. Hartmann, Die Synoden S. 148.

657) Capitula Frisingensia secunda, in: MGH Capit. episc. 3 S. 206–211; MGH Capit. 1 Nr. 38 S. 109–111.

658) AB a. 877 S. 215: *Nuntiauit etiam inter alia isdem Adalgarius imperatori quoniam Iohannes papa obuiam illi Papiam ueniret. Quapropter praemisit Odacrum, secundi scrinii notarium, Goiramnum comitem et Pippinum atque Heribertum ad procuranda ipsius papae seruitia. Ipse autem festinato perrexit ad eum quem obuium habuit apud Vercellis ciuitatem, et, recepto cum honore maximo, perrexerunt simul usque Papiam.* Vgl. BZ 518; BU 277; Jaffé³ 6556. HACK, Emp-

KURZBIOGRAPHIE[659]:
Der oben behandelte Gesandte *Odacrus* wird in der Forschung mit dem Hofnotar *Audacher* identifiziert. Georges Tessier vermutet, dass AUDACHER* vor seiner Tätigkeit am Hof Mönch im Kloster St-Germain-des-Prés war[660]. Als Notar ist er am Hof Karls des Kahlen zum ersten Mal 871, aber hauptsächlich zwischen 875 und 877 nachweisbar[661]. Nach Tessier, dem auch Herbert Zielinski folgt, spiegelt die Bezeichnung *secundi scrinii notarius* in den Annalen von St. Bertin eine Reorganisation der Kanzlei wider: AUDACHER* war damals Leiter des „zweiten Schreibbüros“[662].

AUDACHER* dürfte mit dem *Odacrus* identisch sein, den der westfränkische König Ludwig III. 881/882 als Bischof von Beauvais einsetzen wollte, dies aber wegen des Widerstandes HINKMARs (I) von Reims, des zuständigen Erzbischofs, nicht durchsetzen konnte[663].

AUDACURUS (Audaccurus)

Missus (788)

TÄTIGKEIT ALS KÖNIGSBOTE:
788: *missus* Karls des Großen an der Südostgrenze mit CRAMAN (= KRAUSE II 24)

Er wurde zusammen mit CRAMAN mit dem Schutz der Südostgrenze beauftragt[664].

---

fangszeremoniell S. 467, ist allerdings der Meinung, man könne dieser einzigen Quelle nicht mit Sicherheit entnehmen, ob die vier Gesandten „als Empfangsgesandtschaft mit zeremoniellen Funktionen zu verstehen ist.“

659) Literatur: Fastes 3 S. 121 f.; TESSIER, Introduction, in: D KdK 3 S. 85–87; FLECKENSTEIN, Hofkapelle S. 150 mit Anm. 258; BZ 478.

660) TESSIER, Introduction, in: D KdK 3 S. 58 und 90. Vgl. hierzu OEXLE, Forschungen S. 21 und 109.

661) Nachgewiesen ist er zuerst in D KdK Nr. 354 (Besançon, 871. 11. 1.), 2 S. 287 f., und zuletzt in Nr. 445 (Vercelli, 877. 9. 9.), 2 S. 499–501. Vgl. hierzu TESSIER, Introduction, in: D KdK 3 S. 85.

662) TESSIER, Introduction, in: D KdK 3 S. 92; BZ 518.

663) Zu diesem *Odacrus* vgl. SCHRÖRS, Hinkmar S. 436–439; Beck, The selection of bishops S. 304–306. Zur Identifikation vgl. TESSIER, Introduction, in: D KdK 3 S. 87; BZ 518; BU 277.

664) ARF a. 788 S. 82. Siehe CRAMAN in der Prosopographie.

KURZBIOGRAPHIE[665]:
Der Gleichsetzung von AUDACURUS und AUTCHAR durch Michael Mitterauer stimme ich nicht zu und seine Untersuchung zu „den ältesten Otacharen“ im Südosten des Reichs ist für die Identifikation des Missus AUDACURUS wenig hilfreich. Mitterauer wies darauf hin, dass im Verbrüderungsbuch von St. Peter zu Salzburg die Namen *Craman* und *Aotakchar* neben einander eingetragen sind[666]. Diese Einträge finden sich allerdings unter dem Titel *Ordo communis virorum vivorum relegiosorum*, die beiden Personen waren also die Mönche anderer Klöster, die zur Zeit der Entstehung des älteren Salzburger Liber vitae gegen 784 noch lebten[667]. Folglich sind sie nicht identisch mit den beiden militärischen Missi von 788. Ein *Otakir*, der 779 mit seinen Brüdern das Kloster Schliersee gründete[668], wurde durch Mitterauer vom Gründer Tegernsees unterschieden[669]. Dieser *Otakir* könnte mit AUDACURUS identisch sein, was jedoch nicht mehr als eine Spekulation ist. Ein *Otachar*, der bei der Schenkung des Grafen Cundhart an die Freisinger Kirche als Zeuge ohne Titel zugegen war, ist auch nur schwer mit AUDACURUS zu identifizieren[670].

AUDULF (Audulfus, Otolf, Otulfus)

Seneschall, später Präfekt von Bayern (786–vor 819)

TÄTIGKEIT ALS KÖNIGSBOTE:
1) 786: *missus* Karls des Großen in der Bretagne (= KRAUSE II 19)
Beim Feldzug gegen die Bretonen setzte Karl seinen Seneschall AUDULF als Heerführer ein. Er konnte siegreich zurückkehren[671].
2) 802. 6. 11.: *missus* Karls des Großen in Regensburg mit ARN, ADALWIN, DEOTKER und WERNER (II) (= KRAUSE I 29)

---

665) Literatur: MITTERAUER, Karolingische Markgrafen S. 2, 4, 7, 50–61.
666) MITTERAUER, Karolingische Markgrafen S. 59.
667) Liber confraternitatis monasterii s. Petri Salisburgensis vetustior col. 36 Z. 9 S. 15. Vgl. MCKITTERICK, Geschichte und Gedächtnis, hier bes. S. 74 und 76.
668) Trad. Freising Nr. 94 (Schliersee, 799, 1. 21.) S. 112 f.
669) MITTERAUER, Karolingische Markgrafen S. 56.
670) Trad. Freising Nr. 165 (Freising, 793. 12. 22.) S. 161.
671) ARF a. 786 S. 72: *Tunc domnus Carolus rex misit exercitum suum partibus Brittaniae una cum misso suo Audulfo sinescalco*; Ann. q. d. Einhardi S. 73: *Cumque eo tempore dicto audiens non esset, missus illuc regiae mensae praepositus Audulfus perfidae gentis contumaciam mira celeritate compressit regique apud Wormaciam et obsides, quos acceperat, et complures ex populi primoribus adduxit.* Zu diesem Feldzug vgl. ABEL/SIMSON 1 S. 526 f.; BM² 270b.

AUDULF war einer der Vorsitzenden einer Gerichtsversammlung in Regensburg, wo der Streit zwischen den Geschwistern Kundperht und der Nonne Engilfrit einerseits und der Freisinger Kirche andererseits über Besitz zugunsten der Bischofskirche geschlichtet wurde. Interessanterweise war dieser Fall schon vorher vor AUDULF als Graf – nicht als Missus (!) – durch sieben Eideshelfer bestätigt worden[672].

3) 805/806: *missus* Karls des Großen in Forchheim, Premberg und Regensburg (= KRAUSE I 44)

AUDULF war einer der mit der Kontrolle von denjenigen Kaufleuten beauftragten Missi, die über die Grenze in die slawische oder awarische Region reisen wollten. Dabei hatten die Missi bestimmte Standorte, an denen die Kaufleute sie aufsuchen mussten. Mit drei zuständigen Standorten scheint AUDULF die größte Verantwortung bei dieser Aufgabe beigemessen worden zu sein, da er vermutlich den größten Einfluss unter den drei Missi hatte[673].

4) 806. 12. 15.: *missus* Karls des Großen in Altötting mit ARN, ADALWIN, WERNER (II) und COTEFRETUS (= KRAUSE I 48)

Auf der Gerichtsversammlung der fünf Missi in Altötting klagten Engilhard und Hroccolf gegen einen Kleriker Wago wegen ihres Anteils am Erbgut[674].

5) 806/810[675]: *missus* Karls des Großen an der Roth (Bayern) (= KRAUSE I 55)

Wegen der Klage des Bischofs ATTO von Freising gegen einen Regino führte er eine Inquisition durch. Unter den namentlich genannten Anwesenden ist allein AUDULF als Missus bezeichnet[676].

---

672) Trad. Freising Nr. 183 (802. 6. 11.) S. 174. Siehe das Zitat bei ADALWIN in der Prosopographie.

673) MGH Capit. 1 Nr. 44 c. 7 S. 123. Das vollständige Zitat findet sich bei AITO in der Prosopographie. Vgl. GLATTHAAR, Die drei Fassungen S. 474 f.

674) Trad. Freising Nr. 227 (Altötting, 806. 12. 15.) S. 210 f. Siehe ADALWIN in der Prosopographie.

675) Freund meint, dass diese Inquisition wegen der fehlenden Aktivität von ARN und ADALWIN nach 807 wohl auf 806 zu datieren ist. FREUND, Bayerns Bischöfe S. 222.

676) Trad. Freising Nr. 242 (An der Roth, 806–810) S. 221: *De inquisitione Attonis episcopi pro traditione Helmkeri quam quesivit ad quidam homini cui nomen Reginhoh in loco Uualdkereshoua. Haec adquisitio facta est ad fluvio Rotae in praesentia Arnoni archiepiscopi et Audulfi missi et Adaluuini episcopi, Meginharti abbatis, Snello abbatis …*

6) 806–810: *missus* Karls des Großen in Bayern (= KRAUSE I 56)

Als ein gewisser Salomon wegen eines Besitzes in Frauenvils und Elsenbach bei Missus AUDULF und dem Erzbischof ARN klagte, wies AUDULF den Fall dem Grafen Job und dem Judex Ellanperht zu. Diese beiden Beauftragten führten ein Inquisitionsverfahren durch[677].

KURZBIOGRAPHIE[678]:

In der Forschung wird AUDULF mit den Unruochingern in Verbindung gebracht, während seine Frau Keyla den Mainzer Otakaren zugewiesen wird. Er war zunächst Seneschall[679] und ist dann als Nachfolger GEROLDs (I) als Präfekt des eigentlichen Bayern mit Regensburg als Mittelpunkt belegt, d. h., ohne Ostland mit Lorch als Hauptort, wo WERNER (II) zuständig war. Wenn die Quellen seine Tätigkeit darstellen, wird er, Mitterauer zufolge, „immer wieder ausdrücklich als kaiserlicher *missus* bezeichnet“[680]. Als Karl der Große 805 seinen gleichnamigen Sohn mit dem Feldzug gegen die Böhmen beauftragte, führten AUDULF und WERNER (II) das zweite, aus Bayern aufgebotene Heer[681]. AUDULF war anwesend bei der Ge-

677) Trad. Freising Nr. 247 (806–811) S. 223 f., hier S. 224: *Post obitum vero Arperhti presbiteri cepit contentiosissimus Salomon dicere, quod sibi antea tradidisset quam ad domum sancte Marie et proclamavit ad Audulfum missum et ad Arnonem episcopum dicens has ecclesias cum omnibus ad eas pertinentibus sibi esse debere. Tunc iussit Audulfus Job comite et Ellanberto iudice, ut hoc caute et sollicite inquirerent [...] Inprimis Job testificavit per illum sacramentum quem domno nostro iuravit...* DIESENBERGER, Predigt und Politik S. 243–246, vermutet, dass die Sermones-Sammlung, die ARN für AUDULF angefertigt hatte, Argumente für diese kurze Mahnrede AUDULFs bot. Zu dieser Sammlung und AUDULF als dem ersten Rezipienten vgl. DIESENBERGER, Predigt und Politik S. 29–44.

678) Literatur: SCHREIBMÜLLER, Audulf; MITTERAUER, Karolingische Markgrafen S. 2–7, 58–60, 62 mit Anm. 9 und 89; WERNER, Bedeutende Adelsfamilien S. 137; BRUNNER, Fürstentitel S. 236 f.; BRUNNER, Oppositionelle Gruppen S. 66; HANNIG, Zur Funktion S. 283 f.; HAMMER, From Ducatus to Regnum S. 252; GOOD, Land and landscape S. 47–49, 233 f. und 256 f.; STIELDORF, Marken und Markgrafen S. 79, 84 Anm. 200, 194, 229 mit Anm. 187, 366, 380 und 403; DIESENBERGER, Predigt und Politik S. 39–44.

679) Zu AUDULFs (am Hof Menalkas genannt) Beziehungen zum Hofkreis wie zu Alkuin, ANGILBERT (I) und THEODULF vgl. SCHREIBMÜLLER, Audulf S. 54–57. STIELDORF, Marken und Markgrafen S. 384, scheint diesen Seneschall für eine andere Person als AUDULF zu halten.

680) MITTERAUER, Karolingische Markgrafen S. 3.

681) Chron. Mois. a. 805 S. 107.

richtssitzung, die anlässlich der Synode von Regensburg 806 stattfand[682]. 807 bestätigte Karl durch seine Urkunde den Besitztausch zwischen dem Bischof Agilward von Würzburg und AUDULF[683]. 811 war er einer der Zeugen des Testaments Karls des Großen[684]. Seine mächtige Stellung in Bayern ist in einer Urkunde, welche die Bestätigung der Schenkung eines Laien namens Engilpoto an die Freisinger Kirche durch AUDULFs gleichnamigen Sohn und Keyla betrifft, folgendermaßen formuliert: … *quomodo Audulfus super provincia Baiouuariorum tam potenter et honorabiliter a pio imperatore Karolo, deinde etiam a Hluduuuico eandem potestatem accepit hanc provinciam praevidere regere et gubernare*. Vor der Ausstellung dieser Urkunde im Dezember 819 ist AUDULF bereits verstorben[685]. Nach seinem Tod wurde für eine Weile kein Präfekt mehr eingesetzt, was mit der Etablierung der Herrschaft Ludwigs des Deutschen zusammenhängen kann[686].

AUPRAND (Auprandus, Autprandus)

Kaiserlicher Vasall (871–883)

TÄTIGKEIT ALS KÖNIGSBOTE:

871: *missus* Ludwigs II. von Italien nach Konstantinopel (= –)

Ludwig II. schrieb im Frühling 871 eine Antwort auf einen vom byzantinischen Kaiser Basileios I. geschickten Brief insbesondere bezüglich der Frage nach dem Kaisertitel und des Bündnisses gegen die Sarazenen. AUPRAND wurde beauftragt, mit diesem Antwortschreiben nach Konstantinopel zu reisen[687].

---

682) Trad. Freising Nr. 231 (Regensburg, 806) S. 213 f.

683) D KdG 206 (Aachen, 807. 8. 7.) S. 275 f. Aber man muss angesichts des damaligen Tätigkeitsbereiches AUDULFs seine Grafschaft nicht unbedingt im Taubergau suchen, wie SCHREIBMÜLLER, Audulf, bes. S. 60 f.

684) Vita Karoli S. 84.

685) Trad. Freising Nr. 397c (Aachen, 819. 12. 30.) S. 338 f.: *Defuncto vero Audulfo coniux eius Keyla remansit in Baiouuaria simul cum eius filio Audulfo iuvene*. Vgl. Ann. s. Emmerammi, a. 819 S. 739: *Hiltipaldus episcopus obiit et Odolfus comis*. HILDEBALD (I) starb allerdings am 3. September 818.

686) STIELDORF, Marken und Markgrafen S. 366 mit Anm. 79. BRUNNER, Fürstentitel S. 237, bezeichnet seine Stellung in Bayern als „*secundus a rege*“.

687) Chronicon Salernitanum c. 23 S. 107–121, hier S. 120 f.: *Postremo misimus desiderabilissime fraternitati tue Auprandum, fidelem ac familiarem hominem nostrum, qui quedam que huic desunt epistole viva voce tuo Deo tuendo reserabit imperio, qui a diligenda nobis in Christo fraternitate tua susceptus benigne, non*

KURZBIOGRAPHIE[688]:
Wenn AUPRAND, wie die Forschung annimmt, mit einem Bruder des Bischofs Garibald von Bergamo[689] namens *Auprandus* identisch ist, dann war er kaiserlicher Vasall und gehörte zu einer langobardischen Familie, die aus Valtrighe im Gebiet von Terno stammte[690]. Karl III. schenkte 883 AUPRAND als Belohnung für dessen Treue das verödete Klösterlein S. Michele Arcangelo im Ort *Cerretum* (Monasterolo am Oglio) unter der Bedingung, dass zwölf Mönche, deren Vorsteher von der Familie AUPRANDs gewählt werden sollte, dort jeden Tag für die Königsfamilie und AUPRAND beten sollten und dass dieser für Karls Seelenheil jährlich an die Kirche von Bergamo 100 Pfund Ölzins leisten sollte[691]. Dieses Klösterlein wurde mit einer an demselben Tag ausgestellten Urkunde von Karl der Bischofskirche von Bergamo unterstellt[692].

AUTCHAR (Autcharius, Otkarius)

Dux (753–774)

TÄTIGKEIT ALS KÖNIGSBOTE:
1) 753, vor 10. 14.: *missus* Pippins des Jüngeren nach Rom mit CHRODEGANG (–)

753 entsandte Pippin CHRODEGANG von Metz und Herzog AUTCHAR nach Rom, um den Papst ins Frankenreich zu geleiten. Sie waren die erste Empfangsgesandtschaft bei dieser Reise des

exceptis octo diebus quesumus ullo modo retardetur, sed celerius ad nos, quia ita convenit, nulla impediente mora Christo propicio remictatur. Zum kaiserlichen Schreiben, dessen Abfassung von der Forschung ANASTASIUS zugeschrieben wird und in dem die Absendung AUPRANDs erwähnt ist, vgl. BZ 325. Zum Kontext der diplomatischen Beziehungen vgl. NERLICH, Diplomatische Gesandtschaften S. 45 f.

688) Literatur: FISCHER, Königtum, Adel und Kirche S. 44; JARNUT, Bergamo S. 21–23 und 197; BZ 326.

689) Zu ihm vgl. SAVIO, Gli antichi vescovi 2,1 S. 26–28; JARNUT, Bergamo S. 21–25.

690) Vgl. Garibalds Testament, CDL Nr. 246 Sp. 416–421 = ChLA 95 Nr. 33 (Mailand, 870. 3.) S. 132–139, bes. S. 135, und eine Urkunde, die diese Brüder erwähnt. CDL Nr. 257 Sp. 433–435 = ChLA 95 Nr. 37 (*Scosse* und Gnignano, 874. 4. 5.) S. 149–151, hier S. 150 (*per consensum et largietatem Garibaldi episcopus(!) et Auprandi germanis, de vico Vesterica, filiis quondam Hisoni*).

691) D Ka III. 88 (Königshof Murgula, 883. 7. 30.) S. 141–143; BZ 722.

692) D Ka III. 89 (Königshof Murgula, 883. 7. 30.) S. 144–147; BZ 723.

Papstes und hatten quasi die Rolle der Leibwächter angesichts der feindlichen Langobarden. AUTCHAR fungierte wahrscheinlich auch als Kommandant der Vorhut[693].

2) 760, vor April: *missus* Pippins des Jüngeren nach Pavia, dann Rom mit REMIGIUS (= –)

Anfang 760 wurden *dux* AUTCHAR und Bischof REMIGIUS von Rouen nach Pavia ausgesandt, um mit König Desiderius der Langobarden über die päpstlichen Ansprüche auf seine Enklave zu verhandeln. Sie konnten Desiderius zu dem Versprechen veranlassen, bis zum April die *iustitias* des Papsttums in diesen Gebieten wiederherzustellen. Diese Missi reisten dann weiter nach Rom, um dem Papst Bericht darüber zu erstatten[694].

---

693) Lib. Pont. XCIIII, Vita Stephani II, cc. 18–24, 1 S. 445–447, hier c. 18, 2 S. 445: … *ipsoque [sc. misso ad regem Langobardorum] reverso, extemplo et missi iamfati Pippini regis Francorum coniunxerunt, id est Rodigangus episcopus et Autcharius dux, quatenus praedictum sanctissimum papam [sc. Stephanum], iuxta quod petendo miserat, ad suum Francie regem deducerent; quem et iam paratum invenerant ad praedictum Langobardorum regem properandum, pro recolligendis universis dominicis perditis ovibus*; ebd. c. 20 S. 445 f.: *Itaque unus ex eisdem Francorum missis, scilicet Autcharius dux, quantotius praecedens, Ticino eum prestolatus est*; ebd. cc. 22–23 S. 446: *Praedicti vero Francorum missi inminebant fortiter apud eundem Aistulfum ut praefatum sanctissimum papam Franciam pergere relaxaret. Ad haec convocans iamdictum beatissimum virum, interrogavit si eius Franciam properandi esset voluntas. Quod videlicet ille nequaquam siluit, sed suam illi propalavit voluntatem; unde ut leo dentibus fremebat. Pro quo et diversis vicibus suos satellites ad eum clam misit ut eum quoquo modo a tali intentu declinarent. Alio vero die, praesente Rodigango sanctissimo episcopo, interrogavit eundem beatissimum papam iamfatus Langobardorum rex si velle haberet Franciam ambulandi. Et ita affatus est: »Quod si tua est voluntas me relaxandi, mea omnino est ambulandi.« Tunc absolutus est ab eo*; ebd. c. 24, S: 447: …: *Unde et cum nimia celeritate, Deo praevio, ad Francorum coniunxit clusas. Quas ingressus cum his qui cum eo erant, confestim laudes omnipotenti Deo reddidit; et coeptum gradiens iter, ad venerabile monasterium sancti Christi martyris Mauricii, in quo et constitutus erat pariter se cum Francorum rege conveniri, annuente Domino, sospes hisdem beatissimus pontifex cum omnibus qui cum eo erant advenit. In quo et aliquantis demorantes diebus, coniunxerunt in praedicto venerabili monasterio Fulradus abbas et Rotardus dux directi a sepefato Pippino excellentissimo Francorum rege, petentes eundem sanctissimum pontificem ad suum progredi regem. Quem et cum magno honore cum omnibus qui cum eo erant ad eum deduxerunt*. Vgl. auch BM² 73e; Jaffé³ 4060 (753, vor 10. 14.); HACK, Empfangszeremoniell S. 418 f.

694) Jaffé³ 4155 (760, vor April); Cod. Carol. Nr. 19 S. 519 f.: … *quod nuper, dum*

KURZBIOGRAPHIE[695]:
AUTCHAR ist möglicherweise identisch mit einem der Gründer des Klosters Tegernsee[696]. Nicht sicher ist auch die Gleichsetzung dieses Missus AUTCHAR mit dem im mittelrheinischen Gebiet begüterten Autchar, dessen Gemahlin Weta/Wetta Besitz an das Kloster Prüm schenkte[697]. Nach dem Tod Pippins war AUTCHAR Anhänger des Königs Karlmann. Auch nach dem Tod Karlmanns hielt er ihm die Treue, sodass er 771 mit seiner Witwe und seinen Söhnen nach Italien zum Langobardenkönig Desiderius floh. 774 wurde er in Verona gefangengenommen, als Karl der Große mit seiner Truppe ins Langobardenreich marschierte[698].

---

ad nos coniunxissent fidelissimi missi vestri, scilicet a Deo amabilis Remedius germanus vester atque Aucharius gloriosissimus dux, constitit inter eos et Desiderium Longobardorum regem, ut per totum instantem Aprilem mensem istius tertiae decimae indictionis omnes iustitias fautoris vestri, beati Petri apostolorum principis – omnia videlicet patrimonia, iura etiam et loca atque fines et territoria diversarum civitatum nostrarum rei publicę Romanorum – nobis plenissime restituisset. Unde eccae ex parte quidem eisdem iustitiis nobis isdem Langobardorum rex fecisse dinoscitur; et reliquas omnes iustitias se profitetur atque omnino spondet nobis esse facturus. Zu dieser Legation vgl. OELSNER, JB Pippin S. 344.

695) Literatur: TELLENBACH, Regierung Italiens S. 44 f.; HLAWITSCHKA, Die Vorfahren S. 79 f.; MITTERAUER, Karolingische Markgrafen S. 50–61; WERNER, Bedeutende Adelsfamilien S. 114 Anm. 110 S. 123 und 134 f.; LE JAN, Famille et pouvoir dans le monde franc S. 51; SEMMLER, Der Dynastiewechsel S. 70; HACK, Codex Carolinus 2 S. 992 f.; MCKITTERICK, Charlemagne S. 83.

696) Historia fundationis monasterii Tegernseensis Sp. 475–496. Vgl. auch die Beschreibung der beiden Gründer in Sp. 475: ... *erant in partibus Noricorum duo fratres Albertus et Otkarius ex patre Burgundi, ex matre Bavari...*; Sp. 476: ... *unus illorum videlicet Albertus novem Comitatus possedit in Bavaria, alter vero Otkarius, qui et aetate provestior, Ducatum tenuit in Burgundia.* Der Gründer Tegernsees ist vielleicht identisch oder verwandt mit einem anderen Autchar/Otakar in der Gegend von Mainz, der jedoch mit AUTCHAR verwandt sein könnte. Vgl. STÖRMER, Adelsgruppen S. 87 f.; INNES, State and society S. 61 mit Anm. 31. Zum Mainzer Auchar/Otakar INNES, State and society S. 21 f., 60–65.

697) ISPHORDING, Prüm S. 56.

698) Lib. Pont. XCVII, Vita Hadriani I, cc. 9, 23, 31 und 34, 1 S. 488, 493 und 495 f.

BADURAD (Badaradus, Baderadus, Baduradus, Bateradus, Baturatus)

Bischof von Paderborn (815(?) – †862. 4. 17.[699])

TÄTIGKEIT ALS KÖNIGSBOTE:

833. 6.?[700]: *missus* Ludwigs des Frommen in Sachsen (Corvey) (= KRAUSE I 114)

Überliefert ist ein Mandat Ludwigs an BADURAD, mit dem der Kaiser dem Bischof befahl, den Grafen, die das Recht des Klosters Corvey verletzten, das *praeceptum*, das er diesem Kloster früher als Immunitätsprivileg gegeben hatte, vorzulesen und durch die kaiserliche Autorität – mit dem zukünftigen Verlust seiner Gnade drohend – dessen Einhaltung zu befehlen. Glücklicherweise ist dieses Mandat im Original überliefert. Auf der Rückseite des Mandats können wir die originale Adresse erkennen, die lautet: *Ad Baderadum episcopum et missum nostrum*. Daraus kann man schließen, dass BADURAD schon vor dem Empfang dieses Mandats als kaiserlicher Missus eingesetzt worden war[701].

---

699) KÄUPER, Badurad S. 125 f. mit Anm. 126.

700) Zur Datierung um/nach Juni 833, d. h. gerade nach der Ausstellung der Schenkungsurkunde vom 8. Juni 833 für Corvey (BM² 923; D LdF 329 S. 813–815) vgl. BM² 924; D LdF 330 ([Worms, 833. 6.]) S. 815–817.

701) BM² 924; Urk. Westfalen Nr. 10 S. 28 f. = SYBEL und SICKEL (Hrsgg.), Kaiserurkunden in Abbildungen. Tafeln, I, 7a; SYBEL und SICKEL (Hrsgg.), Kaiserurkunden in Abbildungen. Text. S. 4 = D LdF 330 ([Worms, 833. 6.]) S. 815–817, hier S. 816 f.: *Baderado episcopo et misso nostro. Nosse te non dubitamus, qualiter nostra iussione Adalardus quondam abba quoddam monasterium in Saxonia a novo opere construxit, quod nos et aliqui boni homines de quibusdam rebus sollemni donatione dotavimus. De quibus omnibus rebus nostrae auctoritatis praeceptum circa idem monasterium fieri iussimus, ut perpetua salvatone in iure eiusdem monasterii eedem res consisterent. Sed, ut relatione Uuarini venerabili eiusdem monasterii abbatis cognovimus, quidam comites memoratum praeceptum nostrum infringere et convellere velint, in eo videlicet quod homines tam liberos quam et latos, qui super terram eiusdem monasterii consistunt, in hostem ire conpellant et distringere iudiciario more velint, quod nolumus ut faciant. Et ideo per has litteras nostras tibi praecipimus, ut tu illud praeceptum, quod, sicut diximus, eidem monasterio fecimus, adsumas et in praesentia eorundem comitum, in cuius ministeria res praedicti monasterii esse noscuntur, relegi facias et ex nostra auctoritate eis praecipias, ut ulterius nostrae auctoritatis praeceptum violare non praesumant, sed pocius, sicut in eodem praecepto continetur, illud conservare studeant, si gratiam nostram habere velint.* [Auf der Rückseite mit gleicher Schrift] *Ad Baderadum episcopum et missum nostrum.*

KURZBIOGRAPHIE[702]:
Reinhard Wenskus vermutet, dass BADURAD, „der als Geisel ins Frankenreich kam und in Würzburg ausgebildet wurde, ein Verwandter der Immedinger war“[703]. Ludwig der Fromme bestätigte auf seine Bitte mit einer Urkunde vom 2. April 822 das Immunitätsprivileg der Paderborner Kirche. Am 25. August des gleichen Jahres weihte er als Ortsbischof den Altar des Klosters Corvey. 829 nahm er an der auf Ludwigs Befehl von Erzbischof OTGAR von Mainz an St. Alban einberufenen Synode teil[704]. 833 scheint BADURAD dem Kaiser treu geblieben zu sein[705]. Im Sommer 834 war er einer der Boten (*legati*) Ludwigs zu Lothar in Blois[706]. Er war als einer der drei *judices* anwesend bei der Absetzung des Reimser Erzbischofs EBBO auf der Reichsversammlung von Diedenhofen 835[707]. Er war auch im Mai 836 in Diedenhofen. Im Juni 838 nahm er an der Reichsversammlung in Nimwegen teil, wo er bei der Restitution eines Besitzes für das Kloster Fulda als Zeuge genannt ist[708]. Seine Teilnahme an den Synoden auch nach dem Tod Ludwigs kann belegt werden: Ingelheim 840, Mainz 847 und Mainz 852[709]. BADURAD erhielt 859 die Immunitätsurkunde Ludwigs des Deutschen für seine Bischofskirche[710].

BALDRICH (Baldricus)

Legat, dann Markgraf von Friaul (815–828)

TÄTIGKEIT ALS KÖNIGSBOTE:
815: *legatus* Ludwigs des Frommen in Sachsen (= KRAUSE II 56)

702) Literatur: DEPREUX, Prosopographie S. 116–118; KÄUPER, Badurad.

703) WENSKUS, Sächsischer Stammesadel S. 130.

704) Epistolarum Fuldensium fragmenta, (29), in: MGH Epp. 5 S. 530 = MGH Conc. 2,2 Nr. 50, C S. 604.

705) KÄUPER, Badurad S. 153, betont die *familialitas* zwischen BADURAD und Ludwig in den 830er Jahren.

706) Thegan c. 54 S. 248.

707) MGH Conc. 2,2 Nr. 55 B, hier S. 702.

708) BM² 977a; CD Fulda Nr. 513 (838. 6. 14.) S. 226. Zu seiner Teilnahme an der Reichsversammlung von 836 vgl. SIMSON 2 S. 153 mit Anm. 5; KÄUPER, Badurad S. 144.

709) MGH Conc. 2,2 Nr. 61,2 S. 805 und Nr. 61,3 S. 808; MGH Conc. 3 Nr. 14 S. 160 und Nr. 26 S. 241.

710) D LdD 97 (Frankfurt, 859. 5. 22.) S. 140f. Zu BADURAD in der Regierungszeit Ludwigs des Deutschen vgl. KÄUPER, Badurad S. 146–152.

Um einen ausgewiesenen König der Dänen, Harald Klak, zu unterstützen, schickte der Kaiser seine aus Sachsen und Abodriten bestehenden Truppen über die Eider nach Norden, wo die Dänen siedelten. Der Heerführer war der kaiserliche Legat BALDRICH, der mit der Wiederherstellung der Herrschaft Haralds beauftragt wurde. Da aber die Söhne von Godofrid[711], die Harald verbannten, sich auf einer Insel erfolgreich verteidigen konnten, mussten sich die Truppen nach Plünderung und Geiselnahme nach Paderborn zurückziehen, wo Ludwig eine Reichsversammlung veranstaltete[712].
KURZBIOGRAPHIE[713]:
Beim oben berichteten Feldzug von 815 taucht BALDRICH zum ersten Mal in den Quellen auf. Gerade nach diesem Feldzug nahm er wahrscheinlich an der Reichsversammlung in Paderborn teil. 819 wurde er Nachfolger von CHADALOH im Dukat Friaul[714] und marschierte als solcher gegen Liudewit, Herzog von Unterpannonien, erfolgreich in einen Teil Karantaniens, der ihm wie seinem Vorgänger zur Herrschaft übergeben worden war[715]. Obwohl die Reichsannalen bei der Sendung von drei Heeren gegen Liudewit im nächsten

711) Zu Godofrid (dänisch Göttrik oder Godfred) vgl. HELTEN, Zwischen Kooperation und Konfrontation S. 38–64.

712) ARF a. 815 S. 142: ... *Tunc omnes Saxonici comites omnesque Abodritorum copiae cum legato imperatoris Baldrico, sicut iussum erat, ad auxilium Herioldo ferendum trans Egidoram fluvium in terram Nordmannorum vocabulo Sinlendi perveniunt et inde profecti septimo tandem die in loco, qui dicitur* [ohne Angabe], *in litore oceani castra ponunt. Ibique stativis triduo habitis, cum filii Godofridi, qui contra eos magnis copiis et ducentarum navium classe conparata in insula quadam tribus milibus a continenti separata residebant, cum eis congredi non auderent, vastatis circumquaque vicinis pagis et acceptis popularium obsidibus XL ad imperatorem in Saxoniam reversi sunt. Ipse enim tunc temporis in loco, qui dicitur Padrebrunno, generalem populi sui conventum habebat*; Astronomus c. 25 S. 358, 360: *Iusserat porro imperator, ut Herioldo suppeditarentur Saxonici comites et Abodriti olim domno Karolo subiecti, quatenus regno restitueretur proprio, misso in hoc ipsum Baldrico legato.*

713) Literatur: HLAWITSCHKA, Franken S. 146 f.; MITTERAUER, Karolingische Markgrafen S. 85 f.; KRAHWINKLER, Friaul S. 188–197; WOLFRAM, Grenzen und Räume S. 244–247; DEPREUX, Prosopographie S. 119; WOLFRAM, Conversio Bagoariorum S. 171 f.; STIELDORF, Marken und Markgrafen S. 75, 80 ,192–197, 355, 366, 375 f., 383 und 403–405.

714) WERNER, Adelsfamilien S. 103 und 125, vermutet, dass BALDRICH mit seinem Amtsvorgänger verwandt war.

715) ARF a. 819 S. 151; Astronomus c. 32 S. 394.

Jahr nicht namentlich die Anführer nennen, wird in der Forschung vermutet, dass die erste Truppe, die von Italien aus über die Alpen marschierte, unter dem Befehl BALDRICHs stand, dem sich die an der Save wohnenden Krainer und der aufständische Teil der Karantanen nach dem Rückzug der Truppen ergaben[716]. Unter BALDRICH wurde so der Herrschaftsbereich des Friulaner Herzogtums ins bayerische Ostland erweitert, wo Herwig Wolfram „ein politisches, militärisches Machtvakuum“ nach AUDULFs Tod sieht[717].

Ludwig der Fromme schenkte der Kirche von Aquileia unter dem Patriarchen Maxentius mit einer Urkunde vom 21. Januar 824 den Besitz zu Muzzana in Friaul und zu Cilli in Sclavinien, den bisher Maxentius von CHADALOH und dann von BALDRICH als *beneficium* hatten[718]. Diese Schenkungsurkunde zählt Harald Krahwinkler zu einer Reihe von kaiserlichen Urkunden, die „sowohl den Einfluß des Patriarchen von Aquileia bei Hofe als auch die territoriale Konsolidierung seines episkopalen Bereichs“ veranschaulichen[719].

Um die Glaubwürdigkeit des Gerüchts zu beurteilen, dass der König von Bulgarien entweder verbannt oder getötet worden sei, schickte der Kaiser 826 den Pfalzgrafen BERTRICH in Karantanien zu GEROLD (II) und BALDRICH, den beiden *comites et Avarici limitis custodes*. Obwohl die Reichsannalen berichten, dass nur der Pfalzgraf zum Hof zurückkam und dem Kaiser einen unklaren Bericht erstattete[720], dürften BALDRICH und GEROLD entweder zusammen mit ihm oder etwas später ins Reichszentrum gereist sein: Nachgewiesen ist ihre Teilnahme an der Reichsversammlung vom Juni 826 in Ingelheim[721].

Der Herzog (*dux*) von Friaul wurde wegen seines Mißerfolges in der Grenzverteidigung gegen die Bulgaren auf der Reichsversammlung vom Februar 828 zu Aachen abgesetzt. Seine *marca* wurde dabei unter vier Grafen verteilt[722].

---

716) ARF a. 820 S. 152 f.; Astronomus c. 33 S. 398. Vgl. z. B. SIMSON 1 S. 158 f.; HLAWITSCHKA, Franken S. 146; WOLFRAM, Grenzen und Räume S. 244. HLAWITSCHKA, Franken S. 146. vermutet ähnliches auch bei dem Feldzug von 822.

717) WOLFRAM, Grenzen und Räume S. 220 und 223; WOLFRAM, Conversio Bagoariorum S. 171.

718) BM² 785; D LdF 233 (Ver-sur-Launette, 824. 1. 21.) S. 580 f.

719) KRAHWINKLER, Friaul S. 170 f.

720) ARF a. 826 S. 169.

721) ARF a. 826 S. 170. Vgl. STIELDORF, Marken und Markgrafen S. 375.

722) ARF a. 828 S. 174.

BENEDIKT (Benedictus)

Abt von Aniane, dann Kornelimünster (um 750 – †821. 2. 11.)

TÄTIGKEIT ALS KÖNIGSBOTE[723]:

1) 816: *inspector* Ludwigs des Frommen in verschiedenen Klöstern mit anderen Mönchen (= –)

Der Astronomus erzählt, dass der Kaiser nach der Entstehung des ersten Capitulare monasticum[724] BENEDIKT und die anderen tüchtigen Mönche damit beauftragte, zur einheitlichen Durchsetzung der Benediktsregel in alle Männer- und Frauenklöster im Reich zu reisen[725]. In der Vita Benedicti Anianensis werden BENEDIKT und die Mönche als Inspektoren bezeichnet[726].

*2) 817. 9.: *missus(?)* Ludwigs des Frommen in verschiedenen Klöstern mit anderen Mönchen (= –)

Zu den monastischen Missi von 817 ist wahrscheinlich auch BENEDIKT zu zählen, der auch an der Spitze der monastischen Missi von 816 gestanden hatte[727].

*3) 816/817: (*missus/inspector*) im Auftrag Ludwigs des Frommen in St-Denis mit ARNULF (= –)

Die Urkunde Ludwigs des Frommen von 832 für St-Denis bezeugt, dass die Äbte BENEDIKT von Aniane und ARNULF von Noirmoutier nach St. Denis kamen und versuchten, dort monas-

---

723) Zu den unten dargestellten zwei Missionen vgl. GANSHOF, Note sur la date; SEMMLER, Benedictus II S. 13; SEMMLER, Schriftlichkeit S. 78–80.

724) MORDEK Nr. 16 S. 999–1005 = CCM 1 Nr. 20 S. 451–468.

725) Astronomus c. 28 S. 376: *Itidemque constituit isdem Deo amabilis imperator Benedictum abbatem et cum eo strenue monachos per omnia vitae, qui per omnia monachorum euntes redeuntesque monasteria, uniformem cunctis traderent monasteriis, tam viris quam sanctimonialibus feminis, vivendi secundum regulam sancti Benedicti incommutabilem morem.* Vgl. auch die anonymen Missi „816c“ in der Prosopographie.

726) Vita Benedicti Anianensis c. 36 S. 200: *Judicia igitur regule cunctaque dubia ad proficuum deductam effectum, quas minus regula pandit consuetudines, adsentientibus cunctis protulit, de quibus etiam capitularem institutum imperatori confirmandum prebuit, ut omnibus in regno suo positis monasteriis obseruare preciperet, ad quem lectorem scire cupientem dirigimus. Cui protinus imperator adsensum prebuit, inspectoresque per singula posuit monasteria; qui utrum ea que iussa fuerant si obseruarentur inspicerent; quique etiam formam salubrem ignorantibus traderent.*

727) Vgl. SEMMLER, Saint-Denis S. 107 f. Siehe die anonymen Missi „817. 9. b“ in der Prosopographie.

tisches Leben gemäß der Benediktsregel einzuführen[728]. BENEDIKT dürfte entweder im Zusammenhang mit der Legation 1 oder der Legation 2 dieses Kloster besucht haben.
*4) 816/817: (*missus/inspector*) im Auftrag Ludwigs des Frommen in Sens (Ste-Colombe bei Sens) (= –)

BENEDIKT besuchte wahrscheinlich während der Legation 1 oder 2 auch das Koster Ste-Colombe bei Sens und versuchte, dort ebenfalls die in Aachen konzipierte monastische Reform durchzusetzen. Dabei stellte er die für den Bedarf der Mönche zugewiesenen Güter wieder her[729].

KURZBIOGRAPHIE[730]:

BENEDIKT, eigentlich Witiza, war um 750 als Sohn des gotischen Grafen von Maguelone geboren und wurde zur Erziehung an den Hof Pippins des Jüngeren geschickt. Bei Pippin, dann bei Karl dem Großen stand er in Hof- und Militärdienst, bevor er 774 als Mönch ins Kloster St-Seine bei Dijon eintrat[731]. Um 782[732] baute er auf seinem Erbgut das Kloster Aniane[733]. Von Karl bekam BENEDIKT einige Urkunden für das Kloster[734]: 792 wurde es unter königlichen Schutz gestellt und die Immunität sowie die freie Abtswahl verliehen[735]; 799 wurden

---

728) BM² 905; D LdF 315 (St-Denis, 832. 8. 26.) S. 774–779, hier S. 777. Siehe ARNULF in der Prosopographie. Vgl. SEMMLER, Saint-Denis S. 107 f.

729) BM² 961; D LdF 369 (Aachen, 836. 4. 2.) S. 921–924, hier S. 922: *quia olim dum monasticum ordinem usquequaque depravatum esse constaret et ad eum corrigendum atque emendandum imo ad pristinum debitumque modum et rectitudinem auxiliante domino reducendum quemdam abbatem eiusdem ordinis ferventissimum Benedictum cognomine per monasteria imperii a deo nobis commissi destinaremus, contigit eum ad monasterium, quod dicitur sanctae Columbae haud procul ab urbe Senonensi devenire, in quo cum caetera regulariter ordinare satageret, quia tunc temporis abbatem canonicum Iacob vocabulo inibi praeesse contigerat, quasdam villas, quae priscis temporibus ad usus fratrum ibidem deo famulantium fuerant destinatae, segregavit, ut absque regali aut publico servitio vel quolibet abbatis dono aut exactione usibus eorum perpetuo deservirent…*

730) Literatur: SEMMLER und BACHT, Benedikt v. Aniane, in: Lex.MA 1 Sp. 1864–1867; SEVERUS, Benedikt; SEMMLER, Benedictus II; DEPREUX, Prosopographie S. 123–129; GRABOWSKY und RADL, Benedict S. 8–24.

731) Vita Benedicti Anianensis, cc. 1–2 S. 144–146.

732) DEPREUX, Prosopographie S. 124 Anm. 13.

733) Vita Benedicti Anianensis c. 5 S. 155 und c. 17 S. 165.

734) Vita Benedicti Anianensis, cc. 18–19 S. 172–176.

735) D KdG 173 (Regensburg, 792. 6. 27.) S. 231 f. (= Vita Benedicti Anianensis c. 18, 173–175).

vom fränkischen König mehrere Klostergüter bestätigt, von denen eines bereits früher dem Kloster, nach der Grenzfestlegung durch den Königsboten LAIDRAD, zugewiesen worden war[736]. BENEDIKT nahm wahrscheinlich an den Synoden von Regensburg (792) und von Frankfurt (794) teil, auf denen mögliche Maßnahmen gegen den Adoptianismus thematisiert wurden[737]. Danach scheint er sich fleißig am Kampf gegen die Häretiker beteiligt zu haben, wie einige Briefe Alkuins zeigen. Um 800 wurde er neben LAIDRAD von Lyon und NIBRIDIUS von Narbonne, zwei örtlichen Bischöfen, mit dieser Aufgabe ausgesandt[738].

Neben dieser Nähe zum Hof Karls hatte BENEDIKT auch gute Beziehungen zu Ludwig, dem König von Aquitanien[739]. Beim Thronwechsel rief der neue Kaiser den Abt zu sich. Ihm gab er zuerst das Kloster Maursmünster (Marmoutier) und ließ dann ein neues Kloster bei Aachen für ihn (Inda/Kornelimünster) gründen[740]. Sowohl für sein altes als auch für sein neues Kloster konnte er von Ludwig mehrere Urkunden erhalten[741]. Ich weiß nicht, ob durch diese Begünstigung seine intensiven Bemühungen um die Mönchsreform, vornehmlich um die einheitliche Durchsetzung der Benediktsregel, wirklich ausgeglichen wurden: Seine großen Leistungen beschränkten sich nicht nur auf die Formulierung der monastischen Normtexte auf

736) D KdG 188 (Aachen, 799. 6.) S. 252 f. Siehe LAIDRAD in der Prosopographie.

737) DEPREUX, Prosopographie S. 124 mit Anm. 17 und 18. Zu diesen Synoden HARTMANN, Die Synoden S. 104–115.

738) Alkuins Briefe Nr. 207 (800. 6. 26. an ARN), hier S. 345: *Et ille [sc. Laidradus] cum abbate Benedicto Nifridio missus est in illas partes occidentales ad extinguendas et evacuandas huius pravissime adsertionis infidelitates. Quos nostra parvitas, quantum potuit, scriptis ecclesiasticis adiuvabat; maxime eo libello, quem nuper edidimus contra libellum illius Felicis, quem priore anno nobis direxit.* Vgl. auch ebd. Nr. 200–206 S. 330–343.

739) Vita Benedicti Anianensis, cc. 29–34 S. 188–197; BM² 969 = D LdF 377 (Aachen, 837. 10. 19.: Bestätigung der als König von Aquitanien gemachten Schenkung; verunechtet) S. 940 f.

740) Vita Benedicti Anianensis c. 35 S. 198.

741) BM² 522, 523, 524, 574, 580, 684, 728, 734; D LdF 11 (Aachen, 814. 4. 23.) S. 33–36, Nr. 12 (Aachen, 814. 4. 23.) S. 36 f., Nr. 13 (Aachen, 814. 4. 24.) S. 37–39, Nr. 55 (Aachen, 815. 2. 22.) S. 141 f., Nr. 61 (Aachen, 815. 5. 21.) S. 154 f., Nr. 151 (Aachen, 819. 3. 9.) S. 377–379, Nr. 188 (Compiègne, [820.] 10. 15.) S. 464 f. und Nr. 193 (Aachen, 821. 2. 8.) S. 476–479.

den drei wichtigen Synoden in Aachen 816–819[742]. Seine oben dargestellte Tätigkeit als kaiserlicher Missus zeigt, wie energisch er sich zur Durchsetzung der neu fixierten Normen in eigener Person bewegte. Er starb kurz nach dem Abschluss dieser Reihe der Reformsynoden, am 11. Februar 821.

BERENGAR (I) (Berengarius)

Graf (825)

TÄTIGKEIT ALS KÖNIGSBOTE:

825. 8.: *missus* Ludwigs des Frommen in den Diözesen von Noyon, Amiens, Thérouanne und Cambrai mit RANTGARIUS (= KRAUSE I 92)

BERENGAR war einer der Missi im nordwestlichen Teil der Reimser Kirchenprovinz mit Bischof RANTGARIUS von Noyon[743].

KURZBIOGRAPHIE[744]:

Philippe Depreux fand keine weitere Information über BERENGAR (I) außer der Mission von 825. Aber die Übereinstimmung des Namens und des Tätigkeitsbereichs erlaubt die Vermutung, dass BERENGAR (I) und BERENGAR (II) enge Beziehung zueinander hatten, auch wenn sie nicht identisch sind.

BERENGAR (II) (Berengarius)

Graf (853–857)

TÄTIGKEIT ALS KÖNIGSBOTE:

1) 853. 11.: *missus* Karls des Kahlen in Grafschaften von BERENGAR (II), ENGISCALCHUS und Gerhard sowie in Grafschaften von Reginar mit FULCO (IV), ADALGAR (I) und ENGISCALCHUS (= KRAUSE I 140)

BERENGAR war einer der Missi in einem Missaticum um Thérouanne, das nur mit den Namen der Inhaber der Grafschaften dargestellt wird[745].

742) Zu diesen Texten, außer den oben in Literatur genannten Arbeiten, vgl. SEMMLER, Zur Überlieferung; HARTMANN, Die Synoden S. 156–162.

743) Ansegis 2,25 S. 541, 543 f.: *De nominibus locorum, in quibus missi dominici legatione funguntur [...] Super quatuor vero episcopatus, quae ad eandem diocesim pertinent, id est Noviomacensem, Ambianensem, Tarvanensem et Camaracensem, Ragnarius episcopus et Berengarius comes.*

744) Literatur: DEPREUX, Prosopographie S. 132.

745) MGH Capit. 2 Nr. 260 S. 275. Siehe den Text bei ADALGAR (I).

2) 856. 7. 7.: *missus* Karls des Kahlen in Neustrien/Aquitanien mit Abt ADALHARD (III), RUDOLF, ADALGAR (I) und RICHUIN (= –)

Am 7. Juli 856 sandte Karl seine Missi mit einer Kapitelliste an die rebellischen Franken und Aquitanier zur Vermittlung zwischen ihnen und dem König[746].

*3) nach 856. 9. 1.: (*missus*) Karls des Kahlen in Neustrien/Aquitanien mit ADALHARD (III), RICHUIN und RUDOLF (= –)

Vier Missi wurden als Teil der dritten Verhandlungskommission, deren Mitglieder fast dieselben wie bei der ersten vom 7. Juli waren, mit einer neuen Kapitelliste an die Franken und Aquitanier ausgeschickt[747].

*4) 856. 9. 1. – 10. 10.: (*missus*) Karls des Kahlen in Neustrien/Aquitanien mit HINKMAR (I), IRMINFRID, ADALHARD (III), RUDOLF und RICHUIN (= –)

Zur vierten Verhandlungskommission gegen die ungehorsamen Franken und Aquitanier zählten neben den vier Missi der dritten Delegation HINKMAR (I) von Reims und IRMINFRID von Beauvais[748].

5) 857. 2. 14.: *missus* Karls des Kahlen, höchstwahrscheinlich in einem Teil der Normandie mit HUNFRID (II) und ENGISCALCHUS (= KRAUSE I 150)

Eine Fassung des Kapitulars von 857 wurde an Bischof HUNFRID (II) von Thérouanne sowie die Grafen BERENGAR und ENGISCALCHUS als Missi der Legation dieses Jahres adressiert. Obwohl die Grenze ihres Missaticums im Text nicht beschrieben wird, ist wegen der Übereinstimmung der Missi zwischen 853 und 857 – nämlich BERENGAR, ENGISCALCUS und ein Bischof von Thérouanne – wohl anzunehmen, dass die drei in dieser Fassung genannten Missi für dasselbe Missaticum wie 853 zuständig gewesen sind, d. h. in den Grafschaften von BERENGAR, ENGISCALCHUS und Gerhard sowie in den Grafschaften von Reginar[749].

---

746) MGH Capit. 2 Nr. 262 S. 279–281, hier S. 279. Siehe den Text bei ADALGAR (I) in der Prosopographie.

747) MGH Capit. 2 Nr. 264 S. 283 f., hier S. 283. Siehe den Text bei ADALHARD (III) in der Prosopographie.

748) MGH Capit. 2 Nr. 265 S. 284 f., hier S. 284. Siehe den Text bei ADALHARD (III) in der Prosopographie.

749) MGH Conc. 3 Nr. 38 (Quierzy, 857. 2. 14.), hier S. 389: *In nomine sanctę et individuę trinitatis. Karolus gratia dei rex Hunfrido venerabili episcopo, Ingiscalco*

KURZBIOGRAPHIE:
Wegen des gleichen Namens und der Übereinstimmung des Tätigkeitsbereiches ist es möglich, dass BERENGAR (I) und BERENGAR (II) gewisse Beziehungen zu einander hatten.

BERNHARD (I) (Bernardus, Pernhardus)
Graf von Verona (844–870)

TÄTIGKEIT ALS KÖNIGSBOTE:
1) 855. 3.: *missus* Ludwigs II. von Italien in Aibling mit NOTING (= KRAUSE II 144)

In Gegenwart Ludwigs des Deutschen wird der Streit zwischen Bischof Anno von Freising und Bischof Odalschalk von Trient um Weingärten bei Bozen verhandelt. Für die Partei von Trient delegierte Ludwig II. von Italien als seine Missi den Bischof NOTING und den Grafen BERNHARD. In Aibling wurde ein Inquisitionsverfahren durch den Grafen Ernst durchgeführt[750].

2) 855: *missus* Ludwigs II. von Italien in Rom mit ADALBERT (III) und den anderen Anonymen (= KRAUSE II 145)

---

et Berengario comitibus et ministerialibus ac fidelibus missis nostris in domino salutem.

750) D LdD 72 (Aibling, 855. 5. 17.) S. 101 f., hier S. 102: *Dum autem evenit inter alia missos regis Longobardorum affuisse, Notingum episcopum et Pernhardum comitem simulque Ődalscalci episcopi Iacobum advocatum et Willipertum, pro vineis ipsis contradicendis. Tunc mediatore rege interrogante causam terminandam quid legis fuisset, turba tota subclamat provinciarum, qui vestituram prius haberet, inter duo regalia testes exhibere, si XXX annorum etate subiectę essent vineę ad domum sanctę Marię, numquam mutaretur, sin autem ad locum Trientarum revertisset. Inito autem hoc consilio statim domnus Anno episcopus testes exhibuit, quibus presentatis domnus rex mandavit Ernsto comiti palatium adire, cum quo missi Longobardorum regis ac Ődalschalci palatium inierunt. Tunc iuraverunt testes, quorum nomina in libro traditionum habentur. Post iuramentum Ernst comes interrogavit, quomodo se res haberet; illi vero secundum legalem iusticiam solvere iuramentum parati ita dixerunt: „Hoc scimus veraciter, quod ipse vineę in vestitura domus sancte Marie XXX annos sine malo et iniuria ullius hominis permansit." Tunc Ernst comes regalem multitudinem vulgique summam interrogavit, quid iusticię esset per agendum. Omnes autem singulatim ad ultimum simul iudicabant, evis temporibus ad domum sancte Marie eas persistere, quod et rex ita definivit esse et missi inevitabili assenserunt iusticia.* Vgl. dazu Kommentar von GLANSDORFF, Diplômes S. 218–221.

BERNHARD war einer der Missi, die Ludwig 855 anlässlich der Wahl eines neuen Papstes als seine Stellvertreter nach Rom sandte[751].

KURZBIOGRAPHIE[752]:

Von der Forschung wird BERNHARD (I) als derjenige Graf identifiziert, der 844 bei der Versammlung in Rom anwesend war, auf der die Teilnehmer über die strittige Erhebung des Papstes Sergius II. verhandelten[753]. Gegen Ende 846 ist er als Graf von Verona belegt[754]. In einer um 856 abgefassten Liste des Gedenkbuchs von Brescia finden sich nach Ludwig die Namen seiner Getreuen. Der Erstgenannte ist EBERHARD (II) von Friaul, der zweite ist Graf LIUTFRID (II) von Trient, der dritte Graf ADALGIS (II) von Parma, der vierte Graf BERNHARD von Verona, dann wahrscheinlich Markgraf ADALBERT (III) von Tuszien[755]. Dies zeigt die Königsnähe BERNHARDs in der Zeit seiner beiden missatischen Legationen. Aus der Befürchtung heraus, dass Ludwig der Deutsche und Karl der Kahle das Reich des gestorbenen Königs Lothar II. unter sich aufteilen wollen würden, schickte Ludwig II. von Italien, neben zwei päpstlichen Legaten, seine Missi Bischof Wibod von Parma und Graf BERNHARD von Verona an Ludwig den Deutschen und Karl den Kahlen[756]. Diese Legation ist die letzte Nachricht über BERNHARD.

BERNHARD (II) (Bernardus)

Graf von Auvergne, Abt von Brioude (846–868/874)

TÄTIGKEIT ALS KÖNIGSBOTE:

851: *missus* Karls des Kahlen in der Auvergne (Langeac) (= –)

BERNHARD saß als *missus domni regis* einer Gerichtsversammlung in Langeac vor, wo es um die Restitution eines zu Unrecht entrissenen Besitzes eines Unfreien des Fiskus namens Quadalenus ging. BERNHARD schickte, auf die Bitte eines gewissen Golfaldus/Gul-

751) Lib. Pont. CVI, Vita Benedicti III cc. 7–8, 2 S. 141. Siehe den Text und die Literaturangabe bei ADALBERT (III) in der Prosopographie.

752) Literatur: HLAWITSCHKA, Franken S. 148–151; ZETTLER, Grafen von Verona S. 111–113.

753) Lib. Pont. CIII, Vita Sergii c. 14, 2 S. 89; MGH Conc. 3 Nr. 5 S. 25 f.; AB a. 844 S. 45 f.; BZ 26 und 27. Hierzu siehe BOSO (III) in der Prosopographie.

754) Cod. dipl. veronese Nr. 182 (Verona, [846.] 12. 12.) S. 272–278 = ChLA 60 Nr. 26 (Verona, nahe der *scola sacerdotum*, 846. 12. [12.]) S. 118–121, hier S. 120.

755) Der Memorial- und Liturgiecodex von San Salvatore / Santa Giulia in Brescia, fol. 8r1 S. 148. Hierzu vgl. ebd. S. 59–65.

756) AB a. 870 S. 175 f. (*missi*). Vgl. BZ 311.

fandus, seinen Missus Adalrandus zur Inquisition. Adalrandus gab Golfaldus und Quadalenus aufgrund der Inquisition und auf Befehl BERNHARDs den betreffenden Besitz wieder zurück, wobei die Beziehungen zwischen Golfaldus und Quadalenus nach der Quelle unklar bleiben[757].

Sein Missaticum, „*quod [...] Carolus [...] ei iniunctum habet*", dürfte nicht nur die Erledigung dieser Angelegenheit, sondern eine Vertretungsvollmacht des Herrschers in der Auvergne oder sogar in Aquitanien gewesen sein. Zu bemerken ist, dass Karl als *domnus ac gloriosissimus Carolus magnus rex* lobend erwähnt ist. Diese etwas ungewöhnliche Bezeichnung dürfte auf gute Beziehungen zwischen Karl und BERNHARD in der Zeit der Intensivierung von Karls Herrschaft in Aquitanien hinweisen[758].

757) Cart. Brioude (Baudot) Nr. CXIV S. 30: *Dum resideret vir illustris Bernardus comes, missus domni ac gloriosissimi Caroli regis, die mercoris Lanegade villa ad causas audiendas rectaque judicia terminanda, una cum pluribus personis qui cum ipso ibidem aderant, ad causas quæ inventæ sunt judicandi et rectum judicium terminandi, ibique veniens Golfaldus in eius præpetivit missos ad inquestum faciendi de rebus quæ adjacent in vicaria Contillanico in villa quæ vocatur Crumiliacum quam Viardus et Muraricus ibidem tenent maleardus iniuste omnes mansis, terris et pratis vel cum omnibus pertinentiis eorum, unde ante os dies Quadalenus servus de Antinigo fisco legitimam vestituram habuerat vel in hereditate ei successerat de parte aviæ suæ Sendaræ et genitricis suæ Bonasendæ nisi per istud malignum tempus vel risosum ipsas res prædictas ab ipso prædicto servo ipsi prœdicti per malas occasiones invadendo tulerunt vel exforniciaverunt et retro se retinent male ordine injuste. Tunc ipse prædictus comes prefato Gulfando vel ad ipsum servum prædictum missum dedit Adalrando nomine et sic ipse predictus missus una cum Golfando et ipso servi super ipsos res venerunt et pedibus eas circuiverunt et per illa testimonia vicinos circa manentes qui firmiter observatum habent diligenter inquisivit sicut iniunctum ei erat, sed ipsi iurati vel testimoniati unaminiter dixerunt quod ipsi causalicii cum omnibus appenditiis eorum terris seu et pratis quantum pedibus circuitum habemus plus debent esse Gulfaldo qui ipsas requirit vel Quemdaleno fisco de Antiniaco servo de suo beneficio vel alodus legitimus ad prædictum Aihardum et Muraricium taliter ipse predictus missus unaque cum mandamento ab ipso comite predicto una pro suo messatico quod domnus ac gloriosissimus Carolus magnus rex ei iniunctum habet ipsas res predictas cum omni intergritate Godulfo vel ipso servo predicto vissus fuit reddere vel revestire.* Zu diesem Gericht vgl. LAURANSON-ROSAZ, L'Auvergne et ses marges S. 213 und 343 f.

758) Dazu siehe Kapitel 3, § 7.

KURZBIOGRAPHIE[759]:
BERNHARD (II) ist seit Mai 846[760] als Graf von Auvergne, dann auch als Laienabt (*rector*) von Brioude, bis zum April 868[761] nachweisbar. Er nahm an der Reichsversammlung im Oktober 863 in Verberie teil[762].

Problematisch ist die Identifikation von verschiedenen *Bernardi* in der Regierungszeit Karls des Kahlen. Dieses lang von der Forschung diskutierte Problem[763] betrifft auch diese Untersuchung bei der Behandlung von BERNHARD (II) und BERNHARD (III). Zuerst ist zu überprüfen, ob BERNHARD (II) zu jenen drei *marchiones* namens Bernhardus gehörte, die 868 an der Reichsversammlung in Pîtres teilnahmen und die Karl der Kahle im nächsten Jahr nochmals in Cosne-sur-Loire sehen wollte. Zwei von diesen drei *marchiones* werden in den Annalen von St-Bertin klar identifiziert: der eine ist Bernhard von Toulouse, der andere ist Bernhard von Gothien (BERNHARD [III]). Der dritte kann BERNHARD (II) sein, was aber offen bleiben muss. Denn wir haben noch keine definitive Antwort darauf, ob BERNHARD (II) von Auvergne schon April 868 starb[764] oder noch bis 873 lebte[765].

BERNHARD (III) (Bernardus)

Markgraf von Gothien (865–nach 878)

TÄTIGKEIT ALS KÖNIGSBOTE:
870. 6. 13.: *missus* Karls des Kahlen in Narbonne (= KRAUSE I 163)

Er hielt eine Gerichtsversammlung in Narbonne ab, wobei ein Streit zwischen dem Kloster St-Thibery und einem gewissen Ato um Güter im Pagus Toulouse verhandelt wurde. Nachdem die Entschei-

759) LOT, Études carolingiennes. I. Les comtes d'Auvergne entre 846 et 877 S. 282 ff.; LEVILLAIN, Bernard S. 224 f.; LEVILLAIN, Bernard (bis).

760) Cart. Brioude (Doniol) Nr. 172 S. 184 f. = Cart. Brioude (Baudot) Nr. CCX S. 57.

761) Cart. Brioude (Doniol) Nr. 304 S. 300 f. = Cart. Brioude (Baudot) Nr. CCCXCVIII S. 118.

762) D KdK Nr. 258, 2 S. 81–86, hier S. 85 f. = MGH Conc. 4 Nr. 19 S. 164–168, hier S. 168 (Liste der Teilnehmer an einer Gerichtssitzung).

763) Die ausgewählte Literatur mit ausführlicher Analyse: DHONDT, Études sur la naissance S. 293–313; LEVILLAIN, Bernard; LEVILLAIN, Bernard (bis); CALMETTE, Les comtes Bernard; BOUCHARD, Family structure S. 651–658.

764) LOT, DHONDT.

765) LEVILLAIN, NELSON.

dung aufgrund der vorgelegten Urkunden zugunsten des Klosters ausfiel, schickte BERNHARD den königlichen Vasallen Leopard als *missus noster* aus, um dem Kloster die Güter zu restituieren[766].
KURZBIOGRAPHIE[767]:
BERNHARD (III) gehörte zu den Rorgoniden und war GAUZLINs Neffe. Seit 865 war er *marchio* des einen Teils von Gothien[768]. Im August 868 nahm er an der Reichsversammlung von Pîtres teil[769]. 872 wurde er zusammen mit BOSO (IV) und einem anderen Bernhard nach Aquitanien geschickt, um dort Ludwig den Stammler bei der Verwaltung Aquitaniens zu unterstützen[770]. Wahrscheinlich danach, aber vor 877, schrieb Karl dem Markgrafen ein Drittel der verschiedenen Einkünfte aus Barcelona und seiner Umgebung sowie einige *villae* zu[771]. BERNHARD wurde in den Annalen von St-Bertin namentlich als einer der Magnaten genannt, die 877 Karls dringenden Einberufungsbefehl nach Italien verweigerten[772]. Seine Treue zum Herrscher war zu diesem Zeitpunkt nicht gesichert. Er war deswegen

766) Urk. Languedoc Nr. 174 (Narbonne, 870. 6. 13.) Sp. 355–357: *Cum in Dei nomine resideret Bernardus comes marchio, missus serenissimo domno nostro Karolo rege, in Narbona civitate pro multorum altercationes audiendas et negotia causarum dirimenda et recta ac judicia ordinanda, una et cum Leopardo et Adalberto vasos domenicos seu […] in eorum praesentia veniens Bonesindus abbas ex monasterio Sancti Tiberii, cui vocabulum est Cesarion, una et cum ejus congregatione, et se querelavit et proclamavit et dixit: „Audite me querelantem et proclamantem, eo quod abbatia Sancti Velosiani cum ecclesias et vineas et terras et omnibus appendiciis suis et fiscum nostrum qui etiam vocatur Homegianus, quem Karolus rex perenniter contulit ad jamdicto monasterio Sancti Tiberii per istos praeceptos, quem ego hic in vestra ostendo praesentia ad relegendum" […] Tunc nos missus et vasi dominici et supradicti judices ordinavimus ipsos praeceptos ante nos relegere […] ordinavimus Leopardo vaso dominico misso nostro, ut super ipsas res venire fecisset et sic ipso abbati de praedicto monasterio vel ejus congregationi reddidisset monasterium Sancti Velosiani cum ecclesias …* Vgl. D KdK Nr. 203, 1 S. 517 f.

767) Zum Problem verschiedener „Bernard" im Westfrankenreich vgl. LEVILLAIN, Bernard; LEVILLAIN, Bernard (bis); DHONDT, Le titre du Marquis S. 293–313.

768) AB a. 865 S. 117.

769) AB a. 868 S. 151.

770) AB a. 872 S. 185 f. Der hier genannte Bernhard ist wahrscheinlich mit Bernhard Plantevelue (später Graf von Auvergne) zu identifizieren. AUZIAS, L'Aquitaine S. 536; NELSON, AB Translation S. 178 Anm. 5.

771) D KdK Nr. 455 (873/877, Deperditum), 2 S. 509.

772) AB a. 877 S. 215 f. Siehe BOSO (IV) in der Prosopographie.

einer der Magnaten, die HINKMAR (I) von Reims in seinem Brief an Ludwig vom November 877 namentlich nannte und ihn dazu aufforderte, sich an sie zu wenden[773].

Wahrscheinlich im Zusammenhang mit der rebellischen Besetzung von Évreux durch seinen Bruder Imino[774] rebellierte er 878 gegen den König[775]. Diesbezüglich schrieb HINKMAR (I) an GAUZLIN, dass er seinem Neffen den Aufstand ausreden sollte[776]. BERNHARD wurde durch die Anklage Frothars von Bourges wegen des von seinen Gefolgsleuten angerichteten Schadens[777] durch den Papst vor die Synode von Troyes geladen[778] und dann exkommuniziert[779]. BERNHARDs *honores* wurden ihm entzogen[780] und unter die Großen wie THEODERICUS (II) und Bernhard Plantevelue von Auvergne verteilt[781]. Die Verschwörung dürfte in Burgund, wahrscheinlich in der Gegend von Autun angezettelt worden sein: Auf dem Weg nach Autun zur Niederwerfung wurde Ludwig schwer krank[782].

773) Ad Ludovicum Balbum regem. Novi regis instructio ad rectam regni administrationem c. 7, in: PL 125 Sp. 987A. Hierzu siehe BOSO (IV) in der Prosopographie.

774) AB a. 878 S. 222. Vgl. auch Registrum Iohannis VIII. papae Nr. 98 S. 91 f.; BU 431; Jaffé³ 6698 (Troyes, [878. 9. 10.]).

775) Vgl. Registrum Iohannis VIII. papae Nr. 119 S. 108 (über Schaden in Septimanien); BU 343; Jaffé³ 6621 (878, [Anfang/Mitte Mai]).

776) HRE III c. 24 S. 324 (= SCHRÖRS Reg. 439).

777) Registrum Iohannis VIII. papae Nr.149 S. 126; BU 399; Jaffé³ 6670. Ebd. Nr. 155 (878 Anfang Juni, an BERNHARD) S. 129; BU 378; Jaffé³ 6646 (Troyes, [878. 7.] an Frothar von Bourges).

778) Registrum Iohannis VIII. papae Nr. 135 S. 118 f.; BU 398; Jaffé³ 6669.

779) Registrum Iohannis VIII. papae Nr.142 ([Troyes, 878. 9. 10.]) S. 122; BU 432; Jaffé³ 6699 ([Troyes, 878.7.] an BERNHARD). Hierzu vgl. WERNER, Gauzlin von Saint-Denis S. 408 mit Anm. 51 und S. 416 f. mit Anm. 76.

780) Zu diesen zählen die oben genannten Einkünfte aus der Gegend um Barcelona, die Ludwig der Bischofskirche von Barcelona gab. D LdSt Nr. 17 (Troyes, 878. 9. 9.) S. 51–55.

781) AB a. 878 S. 229 f.

782) AB a. 879 S. 234.

BERNHARIUS (Bernarius, Bernharius, Bernardus)
Bischof von Worms (um 793 – †826. 3. 21.)

TÄTIGKEIT ALS KÖNIGSBOTE:

1) 799 Spätsommer: *missus/legatus* Karls des Großen in Italien mit HILDEBALD (I), ARN, CUNIPERT, ATTO, JESSE, ERFLAICUS, HELMGAUD, ROTGAR und GERMAR (= KRAUSE II 34)

BERNHARIUS war einer der Missi, die zur Untersuchung des „Attentats" auf Leo III. nach Rom delegiert wurden. Sie begleiteten den Papst von Paderborn aus auf seinem Rückweg nach Rom[783].

2) 809. 11.: *missus* Karls des Großen nach Rom mit JESSE von Amiens und ADALHARD (I) von Corbie (= –)

Nach der Synode im November zu Aachen wurden ADALHARD (I), Bischof BERNHARIUS von Worms und Bischof JESSE von Amiens mit dem Konzilsbeschluss nach Rom geschickt, um das Problem des „Filioque" mit Papst Leo III. zu diskutieren[784].

3) 813. 6.: *missus* Karls des Großen in Mainz mit HILDEBALD (I), RICHULF und ARN (= KRAUSE II 51)

Im Auftrag des Kaisers saß er als Missus neben drei Kollegen der Synode in Mainz vor. Ihre am 9. Juni beschlossenen Kanones wurden auf der Aachener Reichsversammlung im September dieses Jahres vorgelegt[785]. Merkwürdigerweise war er der einzige Bischof, der als einer der kaiserlichen Missi von den anderen *coepiscopi* hervorgehoben wurde.

4) vor 820. 1. 20.: *missus* Ludwigs des Frommen in Würzburg mit ERMENFRID (I) (= KRAUSE II 74)

Ludwig entsandte zwei Missi, die im Interesse des Bischofs Vulfgar von Würzburg eine Untersuchung über Güter in Eßfeld und Gie-

---

783) Lib. Pont. XCVIII, Vita Leonis III c. 20, 2 S. 6 f.; Ann. q. d. Einhardi, a. 799 S. 107–109; Chron. Lauris. breve, IV, 31 S. 34. Siehe Text bei ARN in der Prosopographie.

784) Ratio de symbolo fidei inter Leonem III papam et missos Caroli imperatoris, in: MGH Conc. 2, Suppl. 2 S. 287; ARF a. 809 S. 129; Ann. Maxim., a. 809 S. 24. Das vollständige Zitat findet sich bei ADALHARD (I) in der Prospographie. Vgl. auch Äußerungen der kaiserlichen Missi nach Rom bei der Disputation über „Filioque". Ratio de symbolo S. 287–294. Zur Aachener Synode vom November 809, der Ratio de symbolo fidei und anderen Dokumenten vgl. KASTEN, Adalhard S. 63; HARTMANN, Die Synoden S. 126 f.; WILLJUNG, Einleitung, in: MGH Conc. 2, Suppl. 2 S. 1–232, bes. S. 108–116.

785) MGH Conc. 2,1 Nr. 36 S. 258–273, hier S. 259. Das vollständige Zitat finden sich bei ARN in der Prosopographie.

belstadt (die beiden im Landkreis Würzburg) durchführen sollten. Ludwig beurkundete nach dieser Untersuchung (ein Inquisitionsverfahren?) zugunsten der Würzburger Kirche die Rückgabe der betreffenden Güter an die Würzburger Kirche, der sie früher von einem Grafen Radulf widerrechtlich entrissen worden waren[786].

KURZBIOGRAPHIE[787]:

Vielleicht gehörte BERNHARIUS zu einer Seitenlinie der Karolinger. Sein Amtsvorgänger auf dem Bischofstuhl, Erembert, starb 793[788]. Seit 811 ist er zugleich als Abt von Weißenburg belegt[789]. Auf der Reichsversammlung von Quierzy 820 wurde ein Tauschvertrag zwischen HUGO (I) und Bischof BERNHARIUS von Worms durch den Kaiser genehmigt und besiegelt. Außerdem unterschrieben viele Teilnehmer der Versammlung diese Urkunde[790]. Als er gegen Ende 825 schwer krank geworden war, schickte er einen Brief an EINHARD*, in dem er ihm einen gewissen Folquicus als seinen Nachfolger empfahl[791].

BERNOLD** (Bernoldus)

Bischof von Straßburg (823–833)

TÄTIGKEIT ALS KÖNIGSBOTE:

†Vor 831. 6. 9.(?): *missus* Ludwigs des Frommen in Rätien mit Abt GOTAFRID* von Münster im Gregoriental und Graf ROTHARIUS** (= KRAUSE I 93)[792]

---

786) BM² 711; MB 28,1 Nr. 8 S. 13 f. = D LdF 171 (Aachen, 820. 1. 20.) S. 423–425, hier S. 425: *Nos vero volentes scire hanc rem qualiter se haberet, iussimus Bernarium episcopum et Ermenfridum comitem fideles missos nostros hoc inquirere nobisque renuntiare. Quae res, dum ab eisdem missis et ceteris fidelibus nostris iuxta veritatis et equitatis ordinem diligenter perscrutata et per homines bonae fidei veraciter inquisita esset, inventum est ita se habere.*

787) Literatur: Fastes 1 S. 162; ALLEMANG, Bernard; SCHIEFFER, Bernhar, Bf. v. Worms, in: Lex.MA 1 Sp. 1982; FRIEDMANN, Bistum S. 19 f.; DEPREUX, Prosopographie S. 133 f.

788) Ann. Xant. a. 793 S. 1.

789) Trad. Weissenburg Nr. 180 (Weißenburg, 811. 5. 20.) S. 382 f.

790) Trad. Weissenburg Nr. 69 (Quierzy, 820. 9. 2.) S. 268–272. Vgl. BM² 722a und 724.

791) Einharti epistolae Nr. 2 (Ende 825) und Nr. 3 (Anfang 826) S. 109 f. = Einhards Briefe Nr. 31 (vor 826. 3. 21.) und Nr. 32 (kurz vor 826. 3. 21.) S. 142–149.

792) KRAUSE S. 289 behandelt mit dieser Nr. zwei Legationen (BM² 893 [864] für die Kirche von Chur und BM² 892 [863] für das Kloster Pfäfers). Aber die beiden

Überliefert sind die vier Briefe des Bischofs Viktor III. von Chur an den Kaiser, in denen er über die vom Grafen Roderich und seinem Genossen Herloin angerichteten Schäden an der Churer Kirche und ihren Gütern klagte und zur Untersuchung einen kaiserlichen *missus fidelis* erbat[793]. Wir haben außerdem eine echte Urkunde vom 9. Juni 831, mit der Ludwig auf übersandte Bitte (*missa petitione*) des Bischofs die Bischofskirche – neben ihren anderen Besitzungen – mit den von ihm urkundlich restituierten Gütern (*hoc, quod per nostrae conscriptionis auctoritatem eidem ecclesiae reddidimus ad illud* ...) in den Königsschutz nahm und die Immunität verlieh[794]. Aber wir erfahren aus dieser Urkunde nicht genau, wann welche Güter der Kirche restituiert wurden[795].

Andererseits kann man eine andere Urkunde des Kaisers in Betracht ziehen. Obwohl diese Urkunde neuerdings von Theo Kölzer als unecht eingeschätzt wird, betrifft sie eine aufgrund der missatischen Untersuchung durchgeführte Restitution der Güter der Bischofskirche von Chur, wobei Bischof BERNOLD**, Abt GOTAFRID* von Münster im Gregoriental, Graf ROTHARIUS** und seltsamerweise auch Graf Roderich als Beauftragte angeführt werden[796]. Als Vorlagen dieser Fälschung werden von der Forschung

auf den 9. Juni 831 datierten Urkunden Ludwigs des Frommen für das Kloster Pfäfers sind der neueren Forschung zufolge Fälschungen. Siehe die folgenden Anmerkungen.

793) Bündner UB Nr. 45 (ca. 822/823), 46 (823. 6.), 47 (ca. 823) und 49 (824–827) S. 38–42. Die hier genannte Daten sind von den Herausgebern gegeben. Vgl. CLAVADETSCHER, Grafschaftsverfassung.

794) BM² 894; Bündner UB Nr. 54 S. 45 f. = D LdF 304 (Ingelheim, 831. 6. 9.) S. 751–753.

795) Vgl. aber CLAVADETSCHER, Grafschaftsverfassung S. 102 f., der, BM² 893; Bündner UB Nr. 53* = D LdF †305 zitierend, über den „geringen Umfang des zurückgegebenen Gutes“ spricht: „Die Restitution von ungefähr 831 umfaßte nur zwei Kirchen und ein Xenodochium“ (Zitat aus S. 103).

796) BM² 893; Bündner UB Nr. 53* (Straßburg, nach 824, vor 831. 6. 9, verderbt) S. 44 f. = D LdF †305 S. 753–756, hier S. 755 f.:... *ad quam investigandam causam nostros fideles Bernoldum venerabilem Strazburgensem episcopum et Cotafridum sancti Gregorii monasterii abbatem ipsumque Rodoricum predatorem necnon et Rohcharium comitem fidelem nostrum infra provinciam Retia nuncupatam direximus, ut subtili examine huiusmodi querele veritatem inter populos discuterent. Qui revertentes iuris sue ecclesie quasdam res, quas antecessores nostri, genitor noster, avus et atavus aliique deum timentes pro remedio anime sue eidem ecclesie concesserunt, iniuste subtractas esse indicaverunt, id est [...]. Unde omnis rei veritate*

eine verunechtete Urkunde Lothars I. für das Kloster Pfäfers und eine ebenfalls verunechtete Urkunde Ludwigs des Deutschen für die Kirche von Chur angeführt[797]. Die Letztere erwähnt eine Vorurkunde, die Ludwig der Fromme aufgrund des Berichts der drei Beauftragten ausgestellt habe, die er auf die Klage gegen Graf Roderich hin zur Untersuchung geschickt habe: nämlich BERNOLD**, GOTAFRID* und ROTHARIUS**[798]. Wenn die Beschreibung der Legation in der unechten Restitutionsurkunde Ludwigs des Frommen für die Churer Kirche auf der von seinem gleichnamigen Sohn ausgestellten Urkunde beruht[799], muss man überlegen, woher die Kanzlei Ludwigs des Deutschen die Information über die missatische Tätigkeit in Rätien bekam. Paul Fridolin Kehr, der diese Urkunde des jüngeren Ludwig edierte, meinte, dass sie mit Benutzung der (nun als unecht eingeschätzten) Restitutionsurkunde Ludwigs des Frommen in ihrer „ursprünglicher Gestalt verfasst" worden sei[800]. Aber die „ursprüngliche Gestalt" der nicht überlieferten Vorurkunde ist schwer rekonstruierbar, denn für die Fälschung der Kaiserurkunde wurde, wie erwähnt, Karl Jordan und Theo Kölzer zufolge umgekehrt die Urkunde des ostfränkischen Königs als Vorlage verwendet[801].

Ich bin der Meinung, dass die Beschreibung der drei kaiserlichen Beauftragten für die Churer Kirche doch die Wirklichkeit widerspiegelt. Man kann wohl vermuten, dass der Kaiser zu einem Zeitpunkt zwischen den viermaligen Gesuchen Viktors und der auf seine Bitte

perspecta placuit nobis, ut easdem res eidem Curiensi ecclesie cum omni integritate nostri auctoritate precepti restitueremus…

797) D Lo I. Nr. 44 (Straßburg, 840. 7. 24.) S. 131–133; D LdD 56 (Trebur, 849. [?] 6. 12.) S. 76–78.

798) D LdD 56, hier S. 77: *Ad quam causam investigandam Bernoldum venerabilem Strazburgensem episcopum et Gotafridum sancti Gregorii monasterii abbatem nec non et Hrocharium comitem destinavit, ut huiusmodi quaerelas subtili investigarent indagine.*

799) Auf D LdD 56 beruht auch die Fälschung bezüglich des Klosters Pfäfers (BM² 892 [als echt]; BM², Nachtrag S. 948 [moderne Fälschung]; Bündner UB Nr. 55* S. 47 f. [unecht]; D LdF †303 S. 748–751 [unecht]). In dieser Urkunde ist die Legation derselben drei Beauftragten bezüglich Pfäfers erwähnt. Aber da diese Urkunde die einzige Quelle darüber ist, muss man mit Kölzer die Realität dieser Tätigkeit für „fraglich" halten, „denn der Passus folgt D LdD. 56 (itp.) für Chur und ist dort dem echten Kern von D †303 (korrigiert zu †305?) entnommen". D LdF S. 750.

800) D LdD S. 76.

801) Hierzu vgl. D LdF S. 754 f.

durchgeführten Ausstellung der Schutz- und Immunitätsurkunde jemanden mit einer missatischen Untersuchung in Rätien beauftragte, wie der Bischof von Chur wünschte, und dessen Kirche aufgrund des Berichts über die Untersuchung einige Güter restituierte, wie die echte Schutz- und Immunitätsurkunde erwähnt. Zu fragen ist, wen Ludwig mit der Untersuchung beauftragte. Die Möglichkeit, dass die Nennung von BERNOLD**, GOTAFRID* und ROTHARIUS** eine völlige Erfindung gewesen sei, ist zwar nicht auszuschließen, scheint aber wenig wahrscheinlich. Dass zumindest GOTAFRID* im Jahr 835 mit einer diplomatischen Aufgabe nach Rom reiste, läßt uns vermuten, dass der Kaiser ihn auch um 831 mit einer innenpolitischen Legation beauftragen könnte[802].

KURZBIOGRAPHIE[803]:

Höchstwahrscheinlich ist seine Teilnahme an der Reichsversammlung vom Frühsommer 823 in Frankfurt[804], denn ein Tauschvertrag über Güter im Elsass zwischen BERNOLD** und dem Grafen ERCHANGARIUS wurde am 12. Juni 823 in Frankfurt durch den Kaiser bestätigt[805]. In der Vita Anskarii ist dargestellt, dass Ludwig der Fromme um 832 Anskar nach Rom zu Papst Gregor IV. geschickt habe, damit dieser dort das Pallium erwerbe. Dabei habe der Kaiser auch seine Missi BERNOLD**, Bischof RATOLD (I) von Verona und GEROLD (II) als Begleiter geschickt. Aber diese Darstellung dürfte eine Fiktion aus dem späteren 9. Jahrhundert sein, da das Erzbistum Hamburg der neuesten Forschung zufolge nicht in der Zeit Ludwigs des Frommen gegründet wurde[806]. Die Frage, warum diese drei Personen in die Fiktion aufgenommen wurden, bleibt offen, obwohl jeder Erfahrung als herrscherlicher Missus hatte.

---

802) Siehe GOTAFRID in der Prosopographie.

803) Literatur: DEPREUX, Prosopographie S. 140 f.

804) BM² 771a.

805) BM² 773; Alsatia diplomatica 1 Nr. 87 S. 71; Telma Nr. 555 = D LdF 221 (Frankfurt, 823. 6. [6.–12.]) S. 543–545.

806) Rimbert, Vita Anskarii c. 13 S. 46: *Et ut haec omnia perpetuum suae stabilitatis retinerent vigorem, eum honorabiliter ad sedem direxit apostolicam et per missos suos venerabiles Bernoldum et Ratoldum episcopos ac Geroldum illustrissimum comitem omnem hanc rationem sanctissimo papae Gregorio intimari fecit confirmandam.* Vgl. D LdF †338 S. 833–849; KNIBBS, Ansgar, Rimbert and the forged foundations of Hamburg-Bremen.

BERTRAMNUS (Bertramnus, Bertrannus)
Missus (867–869/870)

TÄTIGKEIT ALS KÖNIGSBOTE:

1) 867. 1.–2.: *missus* Karls des Kahlen in Lux mit ISAAK, ODO (II) und HILDEBALD (II) (= KRAUSE I 157 und 158)

Die Verhandlung über den gleichen Rechtsfall bezüglich des Besitzes des Klosters St-Bénigne wie die Sitzung 40 Tage zuvor (abgehalten durch ISAAK und ODO [II]) wurde erneut eröffnet. Nachdem die Entscheidung nochmals auf die nächste Sitzung verschoben wurde, fiel das Urteil zugunsten der Kirche von Langre aus[807].

2) 869. 6. 21. – 870. 6. 20.: *missus* Karls des Kahlen in Coton (Burgund) mit ISAAK und ODO (II) (= KRAUSE I 160)

Vor den Missi, nämlich ISAAK von Langres, Grafen ODO (II) und BERTRAMNUS klagte Alcaudus, Vogt von St-Bénigne, gegen Hildebernus darüber, dass dieser die widerrechtlich angeeigneten Güter des Klosters trotz der Rechtsprechung der Schöffen nicht zurückgab. Das Urteil fiel zugunsten des Klosters[808].

KURZBIOGRAPHIE:

BERTRAMNUS ist nicht zu identifizieren.

BERTRICH* (Bertricus)
Pfalzgraf (826)

TÄTIGKEIT ALS KÖNIGSBOTE:

*826: im Auftrag Ludwigs des Frommen (= –)

Ludwig empfing im Mai 825 in Aachen die Gesandten des Khans Omurtag von Bulgarien, deren Kommen man als Reaktion auf die Aussendung des kaiserlichen Gesandten MACHELM* verstehen kann. Diese Gesandten kamen schon Ende 824 wahrscheinlich mit MACHELM* nach Bayern, mussten dort aber auf eine kaiserliche Einladung warten. Es ging um die Grenzbestimmung zwischen den Machtbereichen der Franken und der Bulgaren. Ludwig sandte die bulgarischen Gesandten mit verschiedenen Briefen zurück[809]. Nach ihrer Heimkehr versuchte der bulgarische Khan 826 durch eine nochmalige Gesandtschaft, sofort die Grenze festzustellen. Der fränkische

807) Urk. Dijon Nr. 78 (Lux, 867. 2.) S. 107f. Siehe ISAAK in der Prosopographie.

808) Urk. Dijon Nr. 84 (Coton, 869. 6. 21. – 870. 6. 20.) S. 113–115. Siehe ISAAK in der Prosopographie.

809) ARF a. 824 S. 165 und a. 825 S. 167. Siehe MACHELM* in der Prosopographie.

Kaiser verzögerte die Antwort wegen des Gerüchts, dass der Khan entweder verbannt oder getötet worden sei. Um die Glaubwürdigkeit dessen zu beurteilen, schickte Ludwig den Pfalzgrafen BERTRICH* in Karantanien zu GEROLD (II) und BALDRICH. Der Pfalzgraf kehrte an den Hof zurück, konnte aber dem Kaiser nur einen unklaren Bericht erstatteten[810].
KURZBIOGRAPHIE[811]:
Seine Tätigkeit ist nur in diesem einen Fall sichtbar.

BETTO* (Betto)

Missus? (856)

TÄTIGKEIT ALS KÖNIGSBOTE:
*856. 7. 26. – 9. 1.: (*missus*) Karls des Kahlen in Neustrien und/oder Aquitanien mit HADABRANNUS* (= –)

Mit HADABRANNUS* brachte er ein Dokument zu den Franken und Aquitaniern, die sich gegen Karl verschworen hatten[812].
KURZBIOGRAPHIE[813]:
Janet L. Nelson weist darauf hin, dass BETTO* mit demjenigen *fidelis* Karls identisch ist, der kurz vor dieser Legation, am 14. Juli 856, anlässlich der Versammlung in Verberie[814], eine Bestätigungsurkunde eines Besitztausches mit dem Abt LUDWIG von St-Denis bekam[815].

---

810) ARF a. 826 S. 168 f., Zitat aus S. 169:... *illoque expectare iusso propter famae certitudinem comperiendam Bertricum palatii comitem ad Baldricum et Geroldum comites et Avarici limitis custodes in Carantanorum provinciam misit. Qui cum reversus nihil certi super his, quae fama vulgaverat, reportasset, imperator legatum ad se evocatum sine litteris remeare fecit.*

811) Literatur: DEPREUX, Prosopographie S. 142; PAULUS, Pfalzgrafenamt S. 146; STIELDORF, Marken und Markgrafen S. 375.

812) MGH Capit. 2 Nr. 263 S. 283: *Ista capitula misit rex de Basiu per Hadabrannum et Bettonem.*

813) Literatur: NELSON, Charles the Bald S. 183.

814) Auf dieser Versammlung wurde die Angelegenheit der ungehorsamen Franken und Aquitanier diskutiert und die erste an sie gerichtete Kapitelliste verfasst wurde. MGH Capit. 2 Nr. 262 S. 279–282.

815) D KdK Nr. 185 (Verberie, 856. 7. 14.), 1 S. 488–491.

BONIFACIUS (Bonifacius, Bonefacius)

Graf von Lucca (823–838)

TÄTIGKEIT ALS KÖNIGSBOTE:

838: *missus* Ludwigs des Frommen in Septimanien mit ADREBALD und DONATUS (= KRAUSE II 109)

Auf Bitte der Bewohner von Septimanien schickte Ludwig seine drei Missi zur Untersuchung und Restitution der widerrechtlich entfremdeten Güter[816].

KURZBIOGRAPHIE[817]:

BONIFACIUS ist am 5. Okbober 823 als Graf, wahrscheinlich von Lucca, belegt. Sein gleichnamiger Vater stammte aus Bayern. 828 war er *praefectus Corsice* und führte die Flotte im Mittelmeer[818]. Er ist einer der treuen Magnaten Ludwigs in Italien, die die gefährdete Kaiserin Judith sicher nach Aachen brachten[819]. Sein Sohn, ADALBERT (III), folgte BONIFACIUS in seiner Machtposition in Tuszien.

BOSO (I) (Boso)

Graf (826–827)

TÄTIGKEIT ALS KÖNIGSBOTE:

1) 826: *missus* Ludwigs des Frommen in Istrien (in der Gegend von Grado) (= KRAUSE I 99)

In einem Brief an Venerius, den Patriarchen von Grado, teilten ihm Ludwig und Lothar I. mit, dass sie befohlen hätten, einen Brief für den Missus BOSO anzufertigen. Er sollte eine Inquisition der Güter der Kirche von Grado vornehmen, die der Vorgänger des Patriarchen seinem Neffen Dominicus übergeben hatte. Aufgrund des Ergebnisses der Inquisition sollte der Missus durch kaiserliches Mandat

816) Astronomus c. 59 S. 526 und 528. Siehe den Text bei ADREBALD in der Prosopographie.

817) Literatur: HOFMEISTER, Markgrafen S. 285–293; TELLENBACH, Königtum und Stämme S. 54; DEPREUX, Prosopographie S. 143 f.

818) Astronomus c. 42 S. 448 und 450; ARF a. 828 S. 176.

819) AB a. 834 S. 13; Astronomus c. 52 S. 490 und 492. Die anderen zwei waren Bischof RATOLD von Verona und Pippin, Sohn des gestorbenen Königs Bernhard. Thegan c. 51 S. 244, spricht über eine Aussendung der *fideles legati* nach Italien, um die Kaiserin heimzuholen. Wenn diese *legati* mit RATOLD, BONIFACIUS und Pippin identisch wären, hätten diese drei italienischen Magnaten damals nördlich der Alpen den Kaiser Ludwig umgeben. Hierzu vgl. DEPREUX, Prosopographie S. 359; HLAWITSCHKA, Ratold S. 24 f.

Maßnahmen gegen Dominicus ergreifen[820]. Anhand des Textes wird deutlich, dass BOSO um diese Zeit schon als Missus eingesetzt worden war, weil von einer „Absendung als Missus" keine Rede ist.

2) 827. 5.: *missus* Ludwigs des Frommen in Turin (= KRAUSE I 101)

Als er als kaiserlicher Missus in Turin eine Gerichtsversammlung abhielt, kamen einige Personen aus Oulx und klagten über ihre vom Kloster Novalesa geforderte Hörigkeit und den zu leistenden Frondienst. BOSO übergab dem Grafen Ratpert, der auch bei dieser Versammlung anwesend war, die weitere Untersuchung dieses Rechtsstreits[821].

KURZBIOGRAPHIE[822]:

BOSO (I) war Graf in Italien, kam aber vom Niederrhein. Ludwig der Fromme tauschte mit ihm am 10. Juli 826 in Ingelheim einen zur Grafschaft Vercelli gehörigen Herrenmansus mit Herrenhaus und den übrigen Mansen zu Biella im Gau *Ictimolum* in Langobardien gegen

---

820) BM² 838; CD Istriano Nr. 57 (826) S. 129 = D LdF B 13 ([826]) S. 1219f.: *...epistolas nostras, quas vos vel idem diaconus indicaverat, conscribere iussimus, videlicet ad dominum apostolicum [...] necnon et ad Bosonem comitem missum nostrum de rebus ecclesię tuę, quas antecessor tuus Fortunatus Dominico nepoti suo dederat, ut inquisitionem inde faceret et secundum hoc, quod iustum esse inveniret, ex nostra iussione eidem Dominico preciperet.*

821) MANARESI Nr. 37 (*Contenasco*, 827. 5.) S. 113–118, hier S. 114f.: *Dum Boso comes vel misso domni imperatoris residisset infra civitate Taurinensi, curtis ducati, in placito publico ad singulorum hominum causas audiendo vel deliberandum, ibidem cum eo aderant Claudius episcopus sanctę Taurinensis Ecclesię, Ratperto comes, Vualfrit [et alii ...] vassis domni imperatoris, Boniperto [et alii ...] iudicibus domni imperatoris, Ansulfo et Leo, Grauso scavinis Bosoni comes, [...] et cęteris, in suprascriptorum presentia venerunt reclamandum [...] commanentes in villa Auciatis, et dicebant quod pars aecclesię sancti Petri monasterio Novalicio [...] qui contra legi pigneratos abebat, vel iniuste eos in servitio replegare volebant. Tunc ipse Boso comes vel misso domni inperatoris in suis presentiis vel suprascriptis hominibus fecit venire Ghiseberto de Felecto, qui est avogato de prefato monexterio(!) Novalicio, quid exinde responsum darit. Quid ipse Ghiseberto dixerat, ut nihil exinde sciret, nec inquirerit. Tunc fecerunt de utriusque partes, tam ipse Ghiseberto, vel suprascriptis hominibus, qui se reclamandum venerant, inter eos invuadiare, ut ipse Ghiseberto inquisiset ipsa causa et venissent in plaito(!) Ratperto comiti inter se iudicium abendum. Et insuper amonuit ipse Boso comes vel misso domni imperatoris Ratperto comite, ut ipsa causa diligenter inquireret, et ea secundo legi vel iusticia liberare fecisset, et posito inter eis constitudo.*

822) Literatur: HLAWITSCHKA, Franken S. 29 Anm. 20; DEPREUX, Prosopographie S. 147.

8 Mansen mit einer Kapelle in der *villa* Beek bei Nimwegen, welche BOSOs Eigengut waren. BOSO war also 826 bei der Reichsversammlung von Ingelheim anwesend[823]. Möglicherweise war sein Vater ein gewisser *marchio*[824].

BOSO (II) (Boso)

Abt von Fleury (833/834–840)

TÄTIGKEIT ALS KÖNIGSBOTE:

829–836: *missus* Ludwigs des Frommen in Flavigny mit ALDRICH, ALBERICH (I) und MODOIN (= KRAUSE II 112)

Er war einer der Missi Ludwigs nach Flavigny, die die Teilung der Klostereinkünfte zwischen dem Abt und den Mönchen festlegten[825].

KURZBIOGRAPHIE[826]:

Als Abt von Fleury ist BOSO (II) ab 833/834 bis zum Sommer 840 belegt. Die auf der Mission in Flavigny beruhende Bestätigung Lothars erfolgte erst nach dem Tod BOSOs. Die Mission muss während des Pontifikates ALDRICHs stattgefunden haben, also zwischen 829 und 836[827]. Nach Philippe Depreux' Meinung war die Restitution der Güter des Klosters Fleury die Belohnung[828]. Diese Restitution wurde ihrerseits auch aufgrund der Inquisition von den Missi, nämlich HUGO (I) und JONAS (I) vollgezogen. BOSO übernahm die Kontrolle über EBBO, der 835 in Diedenhofen abgesetzt und erst im Kloster Fulda, später bei FRECULF* von Lisieux in Haft genommen wurde[829].

BOSO (III) (Boso)

Graf (844–874)

TÄTIGKEIT ALS KÖNIGSBOTE:

874. 12. 28.: *missus* Ludwigs II. von Italien in Oberitalien (Mailand) mit ANSPERT (= KRAUSE I 183)

---

823) BM² 831; D LdF 256 (Ingelheim, 826. 7. 10.) S. 639–641.

824) MGH Capit. 1 Nr. 155 c. 7 S. 314.

825) D Lo I. 50 S. 144–146 = Cart. Flavigny Nr. 14 (Lucenay-l'Evêque, 840. 12. 4.) S. 50–52. Das vollständige Zitat und die Darstellung dieser Angelegenheit finden sich bei ALBERICH (I) in der Prosopographie.

826) Literatur: DEPREUX, Prosopographie S. 148.

827) D Lo I. S. 144; DEPREUX, Prosopographie S. 91 Anm. 6.

828) BM² 974.

829) MGH Conc. 2,2 Nr. 61, Appendix 3 (Narratio clericorum Remensium) S. 808.

Auf der Gerichtsversammlung der Missi, Erzbischof ANSPERT von Mailand und Graf BOSO, wurde der Streit zwischen dem Abt Petrus von S. Ambrogio in Mailand und dem Bischof Helibertus von Como über Besitz in Campione verhandelt. Die Entscheidung fiel zugunsten von S. Ambrogio[830].

KURZBIOGRAPHIE[831]:

In den Annalen von St-Bertin wird von der Flucht seiner Gemahlin Ingiltrud (Tochter des Grafen MATFRIED[832]) berichtet. An den Diskussionen um diese Angelegenheit beteiligten sich viele Geistliche, auch die Päpste Benedikt III. und Nikolaus I. sowie der Reimser Erzbischof HINKMAR (I)[833]. Darauf gehe ich hier nicht genauer ein.

BOSO (III) war wahrscheinlich Bruder des Abtes Hucbert von St-Maurice und von Lothars II. Gemahlin Theutberga, also der Oheim von BOSO (IV). Er war 844 bei der Königserhebung Ludwigs II. in Rom anwesend. Bei dieser Gelegenheit wurde auch die Erhebung des ohne kaiserliche Zustimmung gewählten Papstes Sergius II. beraten. Der Verfasser der Vita Sergii tadelt 29 Personen namentlich als hartnäckige Partei des Kaisers. BOSOs Name steht dabei an der Spitze der weltlichen Großen[834]. Er war einer der drei namentlich bekannten Grafen, die Ludwig um 871/872 zur Vertreibung der Sarazenen in Benevent aussandte[835].

---

830) MANARESI Nr. 78 (Mailand, 874. 12. 28.) S. 283–287. Kein Missus-Titel bei der Unterschrift. Vgl. BZ 403. Siehe ANSPERT in der Prosopographie.

831) Literatur: HLAWITSCHKA, Franken S. 158–162; BOUGARD, En marge du divorce.

832) MGH Conc. 4 Nr. 16 (Rom, 863. 10.) c. 4 S. 154.

833) Vgl. AB a. 862 S. 95, a. 863 S. 101–103 und a. 865 S. 121 f.; BZ 170; BOUGARD, En marge du divorce S. 41–46; BH 407, 478, 517, 518, 537, 538, 593, 642, 670, 679, 697, 710, 744, 759, 768, 780, 781, 784, 845 und 863 = Jaffé³ *5655, *5715,5731, 5732, *5737, *5738, *5835, *5847, 5867, 5884, 5906, 5922*5956, *5963, 5969, 5983, 5984, 5988, 6059 und 6081.

834) Lib. Pont. CIII, Vita Sergii c. 14, 2 S. 89; MGH Conc. 3 Nr. 5 S. 25 f.; AB a. 844 S. 45 f. Hierzu vgl. BZ 26 und 27; BH 32 und 33. Unter 29 Personen finden sich die folgenden Missi: ADALGIS (II), ANGILBERT (II), BERNHARD (I), BOSO (III), JOHANNES (III), JOHANNES (IV), JOSEPH (II), MAURINUS, PETRUS (II) und WIFRED.

835) Andreae Bergomatis historia c. 15 S. 228.

BOSO (IV) (Boso)

Graf, Kämmerer und Obertürhüter in Aquitanien, *Dux* in Italien, später König der Provence (869 – †887. 1. 11.[836])

TÄTIGKEIT ALS KÖNIGSBOTE:

876. 2. (–877?): *missus Italiae* Karls des Kahlen in Italien (= KRAUSE, S. 195 als Ehrentitel für seine „selbständige, vicekönigliche Gewalt" in der Region)

Nach HINKMAR (I) von Reims hielt Karl der Kahle nach seiner Kaiserkrönung in Rom im Februar 876 in Pavia eine Versammlung ab. Auf ihr verlieh er BOSO den Titel und die Insignien des *dux* und setzte ihn als seinen Stellvertreter im Regnum Italiae ein[837]. Dort versammelten sich viele italienische geistliche und weltliche Große, wobei ein Kapitular erlassen wurde. BOSO unterschrieb dieses Kapitular als *dux et missus Italiae sacrique palatii archiminister*[838].

KURZBIOGRAPHIE[839]:

BOSO (IV) erschien erstmals auf der politischen Bühne durch die Ehe seiner Schwester Richildis mit Karl dem Kahlen, wobei er die Abtei St-Maurice mit anderen *honores* erhielt[840]. Er fungierte zunächst im Juli 870 als Übermittler des Beurkundungsbefehls für ein

836) BZ 2827.

837) AB a. 876 S. 200: *Et nonis ianuarii Roma exiens (sc.* Karl*), Papiam rediit, ubi et placitum suum habuit et Bosone, uxoris suae fratre, duce ipsius terrae constituto et corona ducali ornato, cum collegis eius, quos idem dux expetiit, in eodem regno relictis...*

838) MGH Capit. 2 Nr. 221 S. 104 = MGH Conc. 5 Nr. 3 C, hier S. 24. Hierzu vgl. BZ 496 und 497. Bei der Anerkennung der Herrschaft Karls durch die italienischen Großen war BOSO anwesend als *dux et sacri palatii archiminister atque imperialis missus*. MGH Capit. 2 Nr. 220 S. 99 = MGH Conc. 5 Nr. 3 A, hier S. 20.

839) Literatur: KAISER, Boso von Vienne, in: Lex.MA 2 Sp. 477 f.; BOUCHARD, The Bosonids; SETTIPANI, La préhistoire S. 369–373; AIRLIE, The nearly men S. 32 ff.; DEUTINGER, Königsherrschaft S. 72.

840) AB a. 869 und 870 S. 167 und 169; BZ 2610 und 2618. Einen Boso, der in einer von Constance Brittain Bouchard auf 851 datierten Urkunde erwähnt wird, identifiziert Bouchard mit BOSO (IV.), da die Güter dieses Boso an die gerade dem Kloster Montier-en-Der geschenkten Güter im Pagus Ornois grenzten. Cart. Montier-en-Der Nr. 15 (Rupt, 851. 11. 6.) S. 80 f. (Schenkung eines Girards/Gerhards, der mit GERHARD [II] identisch sein kann). Zwar schenkte BOSO (IV) 879 diesem Kloster seine Güter, im Pagus Lassois, D Prov 16 (–, 879. 7. 25.) S. 31; BZ 2741, aber diese Identifizierung ist nicht sicher.

Diplom Karls, in dem er als *frater regine* bezeichnet wurde[841]. Nach dem Sieg gegen GERHARD (II) gab Karl 871 seinem Schwager die Grafschaft Vienne[842]. In diesem Jahr tauchte BOSO neben einem Grafen Bernhardus, möglicherweise BERNHARD (III), als Testamentsvollstrecker von ODO (II) auf[843]. 872 wurde er in die Ämter des Kämmerers und des Obertürhüters eingesetzt. Karl bedachte ihn mit der Rolle des Beraters bei Ludwig dem Stammler, nun König von Aquitanien[844]. Im folgenden Jahr wurde BOSO mit der Bewachung des abgesetzten HINKMAR (II) von Laon beauftragt und blendete ihn 875[845]. Dass er dem Kloster St-André-le-Haut vorstand, das in seiner Grafschaft Vienne lag, geht aus einer ungefähr in die erste Hälfte der 870er Jahre datierbaren Urkunde Karls hervor, die den „mit BOSOs Zustimmung" geschehenen Gütertausch zwischen dem König und dem Kloster bestätigte[846].

Für BOSOs Stellung vor Karls Kaiserkrönung sind zwei Urkunden mit dem Datum vom 27. März 875 interessant. Während BOSO einerseits in der Urkunde für die Klostergemeinschaft von St-Philibert als Petent erwähnt wurde, wurde die Schenkung einer Zelle von St-Romain im Pagus Mâcon als Almosen von Karl, seiner Gemahlin Richildis und dem Königsschwager BOSO vollzogen[847]. Andererseits ist seine besondere Königsnähe klar erkennbar in der Schenkungsurkunde für St-Denis: Im Tausch gegen die Schenkung des Landbe-

841) D KdK Nr. 341 (Ponthion, 870. 7. 20., für Graf Oliba von Carcassonne), 2 S. 260–262, hier S. 262; BZ 2625. Seine Funktion als *ambasciator* ist zudem in den folgenden Urkunden nachweisbar: D KdK Nr. 419 (Quierzy, 877. 1. 6., für die Mönche des Klosters St-Bénigne in Dijon), 2 S. 433–435, hier S. 435 (BZ 2676); D KdK Nr. 422 (Compiègne, 877. 3. 29., für das Klosters Montier-la-Celle), 2 S. 438–440, hier S. 440 (BZ 2678); D KdK Nr. 460 (–, 876. 2. – 877. 8., für das Kloster Montiéramey), 2 S. 513 (BZ 2685).

842) AB a. 871 S. 179; BZ 2635.

843) D Prov 15 (–, 871, nach 6. 21.) S. 29 f.; BZ 2642.

844) AB a. 872 S. 185 f.; BZ 2648.

845) Ann. Vedastini, a. 878 S. 43; BZ 2661. Hierzu McKeon, Hincmar of Laon S. 161 f.

846) D KdK Nr. 386 (–, 869. 9. 9. – 875. 10. 28.), 2 S. 365 f.; BZ 2643. BOSO ist als *abbas* bezeichnet.

847) Vgl. D KdK Nr. 378 (St-Denis, 875. 3. 19. für die Klostergemeinschaft v. St-Philibert), 2 S. 342–347, bes. S. 345: *ob deprecationem Bosonis comitis karissimi nostri pro elemosina nostra ac dulcissimę conjugis sive eiusdem Bosonis ...*; BZ 2654. Vgl. D Prov 19 (Lyon, 879. [12. 8.]) S. 35–38 (BOSOs Schenkung für St-Philibert), deren Echtheit allerdings zweifelhaft ist. BZ (†)2756.

sitzes forderte Karl das Gebetsgedenken für die Königsfamilie. Dabei wollte er auch seine treuen *familiares* in das Gedenken aufnehmen lassen und nannte namentlich BOSO und Wido. BOSO wurde dabei am deutlichsten begünstigt, denn sein Todestag sollte neben denen von Karl und seiner Gemahlin Richildis jährlich mit Gebet und Mahl gefeiert werden[848]. Von großer Bedeutung für seine politische Karriere war natürlich auch seine Ehe mit der Tochter Ludwigs II., Irmingard[849]. Diese war sicher einer der Gründe für BOSOs Einsetzung als italienischer Missus. BOSO und seine Gemahlin schenkten 879 dem Kloster Montier-en-Der einen Besitz in Lanty-en-Lassois, den er von Karl dem Kahlen *per praeceptum* bekommen hatte[850].

Gegen Ende der Regierung Karls war BOSO sehr einflussreich. Er war Pate des 877 geborenen Königssohnes, der allerdings bald starb[851]. Im Januar 877 restituierte Karl auf Bitte des *carissimus dux et missus Italiae sacrique palatii nostri administer* BOSO den Mönchen des Kloster St-Bénigne in Dijon zwei Villen[852]. Mit einer ähnlichen Titulatur ist er auch im März nachweisbar, da auf seine Bitte Karl dem Kloster Montiéramey eine Kirche und drei Hufen schenkte[853]. Karl schenkte auch auf Bitte BOSOs dem Kloster St-Martin in Autun zwei Villen[854]. Bei der Schenkung für einen *fidelis regni* Odilo intervenierte BOSO als *dilectissimus ministerialis*[855] und als *insignis dux nosterque ministerialis* bei der Schenkung für das Kloster Montier-la-Celle in Troyes[856]. Trotz seines Italien betreffenden *dux*- und *missus*-Titels blieb er 877 bei Karls letzten Italienzug vorerst in der Francia und sollte Ludwig, den Regenten während der Abwesenheit seines

848) D KdK Nr. 379 (St-Denis, 875. 3. 27.), 2 S. 347–350; BZ 2655. Dazu vgl. NELSON, Charles the Bald S. 16. BOSO und Wido wurden auch ins Gebetsgedanken am Kloster St-Martin in Tours aufgenommen. D KdK Nr. 441 (Montureux, 877. 8. 1.), 2 S. 488–490; BZ 2682.

849) Vgl. AB a. 876 S. 201; BZ 2671.

850) D Prov 16 S. 31; BZ 2741. Ohne *rex*-Titel, aber *Dei gratia id quod sum.*

851) AB a. 877 S. 211; BZ 2680..

852) D KdK Nr. 419 (Quierzy, 877. 1. 6.), 2 S. 433–435; BZ 2676.

853) D KdK Nr. 421 (Compiègne, 877. 3. 6.), 2 S. 438; BZ 2677. In der einzig überlieferten frühneuzeitlichen Kopie lautet die Titulatur *Boso dux et comes Italiae sacrique palatii nostri carissimus archiminister.* Aber statt *comes* ist Tessier zufolge *missus* zu lesen.

854) D KdK Nr. 444 (Besançon, 877, um 8. 11.), 2 S. 497–499; BZ 2684.

855) D KdK Nr. 458 (875. 12. 25. – 877. 10. 6.), 2 S. 511 f.; BZ 2686.

856) D KdK Nr. 422 (Compiègne, 877. 3. 29.), 2 S. 438–440; BZ 2678.

Vaters, beraten und unterstützen[857]. Als Karl in Pavia die Nachricht empfing, dass Karlmann mit einem Heer nach Italien marschierte, rief Karl die Magnaten aus dem Westfrankenreich zu sich. Einer dieser Magnaten war BOSO. Dem Vertrauen des Kaisers zum Trotz verweigerte er allerdings zusammen mit HUGO (II) Abbas, BERNHARD (III) von Gothien sowie Bernhard von der Auvergne den Einberufungsbefehl, was HINKMAR (I) von Reims in den Annalen von St-Bertin als Verschwörung beinahe aller Großen des Reichs darstellte[858].

Beim plötzlichen Tod Karls galt seine politische Treue also noch nicht dem königlichen Nachfolger, Ludwig dem Stammler. BOSO und die anderen Magnaten an sich zu ziehen, war die erste wichtige Aufgabe des Königssohns vor seiner Königserhebung, wie ihm HINKMAR riet[859]. Bei der Reise Johannes' VIII. in die Francia im folgenden Jahr begleitete BOSO den Papst auf seiner Hin- und Rückreise[860]. Um diese Zeit verheiratete er seine Tochter mit Karlmann, Ludwigs Sohn[861]. 879 schickte der tödlich erkrankte Ludwig BOSO, HUGO (II) und THEODERICUS (II) neben seinem gleichnamigen Sohn unter der Obhut Bernhards Plantevelue von Auvergne in die Gegend von Autun, wo BERNHARD (III) von Gothien sich gegen den König auflehnte. Kurz nach Ludwigs Tod vereinbarte er mit dem Kämmerer THEODERICUS (II), seine Abteien in der Gegend von Autun gegen die Grafschaft Autun zu tauschen[862]. BOSO stand wäh-

857) MGH Capit. 2 Nr. 281 c. 15 S. 359; BZ 2681. In demselben Kapitular werden BOSOs *honores* behandelt, vielleicht im Zusammenhang mit der Tributzahlung an die Normannen an der Seine. MGH Capit. 2 Nr. 281 c. 31 S. 361; NELSON, Charles the Bald S. 250 f.; COUPLAND, tribute payments S. 67. Siehe auch die anonymen Missi „877. 5./6./7." in der Prosopographie. Diese wurden in BOSOs Abwesenheit in Quierzy festgelegt. Hinkmar, Ad Ludovicum Balbum regem. Novi regis instructio ad rectam regni administrationem c. 7, in: PL 125 Sp. 986D.

858) AB a. 877 S. 215 f.; BZ 2689. Hierzu vgl. NELSON, Charles the Bald S. 251 f., die über die vermutlichen Gründe dieser „Verschwörung" spekuliert.

859) Ad Ludovicum Balbum regem. Novi regis instructio ad rectam regni administrationem c. 7, in: PL 125 Sp. 987A; BZ 2694. Vgl. APSNER, Vertrag und Konsens S. 119–121. Vgl. auch AB a. 877 S. 218 f.

860) AB a. 878 S. 223 und 230; Registrum Iohannis VIII. papae Nr. 108 ([878 Ende November] an ANSPERT von Mailand) S. 100 f.; BU454. Zu den engen Beziehungen zwischen Johannes und BOSO vgl. auch Registrum Iohannis VIII. papae Nr. 110 ([878. 11./12.] an Karl III.) S. 102; BU 454; Jaffé³ 6729.

861) AB a. 878 S. 229; BZ 2715.

862) AB a. 879 S. 234 f.; BZ 2730.

rend der offenen Frage der Thronfolge und der politischen Unruhen zuerst auf der Seite von HUGO (II) Abbas und THEODERICUS, aber noch im selben Jahr entschied er sich für sein eigenes Königtum in der Provence[863]. Seiner Karriere als König gehe ich nicht mehr nach[864].

BUOBO (Buobo)

Vasall (861–864)

TÄTIGKEIT ALS KÖNIGSBOTE:

864, vor 8. 20.: *missus* Ludwigs des Deutschen im Aargau (= KRAUSE II 198)

Als *fidelis* Notkar den König darum bat, ihn mit den von einem Vasallen Karls des Kahlen namens Liuthard übergegebenen Gütern im Aargau erneut zu investieren, setzte Ludwig seinen Vasallen BUOBO als *missus* ein und beauftragte ihn mit der Investitur[865].

KURZBIOGRAPHIE[866]:

BUOBO ist Roman Deutinger zufolge einer der wenigen Männer, „die uns im Zeitraum von knapp hundert Jahren als Vasallen der Ostfrankenkönige bekannt sind“[867]. BUOBO gilt als Person vor Ort, wenn er mit einem Buobo identisch ist, dessen Bruder Theathart im Juli 861 Güter von ihm selbst und seinem Bruder im Aargau ans Kloster St. Gallen übertrug[868]. Abt GRIMALD verlieh an demselben Tag an die Brüder die von ihnen übertragenen Güter gegen Zins[869].

---

863) AB a. 879 S. 236–239.

864) Zu seinem Königtum vgl. CHAUME, Les origines S. 281–304; BOUCHARD, Burgundy S. 330–332.

865) D LdD 113 (Regensburg, 864. 8. 20.) S. 161 f. hier S. 162: *Tunc ipse Notkarius deprecatus est clementiam nostram, ut missis nostris praecepissemus eum revestiri de praescripta proprietate ad Cholinchoue, quam praescriptus Liuthardus in praesentiam nostram ei tradidit, quod et fecimus tribuentes inde ei missum nostrum vassallum nomine Buobonem.*

866) Literatur: DEUTINGER, Königsherrschaft S. 76, 93 und 168 f.

867) DEUTINGER, Königsherrschaft S. 76.

868) UB St. Gallen 2 Nr. 486 (Mengen, 861. 7. 12.) S. 102 f.

869) UB St. Gallen 2 Nr. 487 (Mengen, 861. 7. 12.) S. 103 f.

BURCHARD (I) (Burchardus, Burghardus, Burghart)

Bischof von Würzburg (742 – †754. 2. 2.)

TÄTIGKEIT ALS KÖNIGSBOTE[870]:

Eventuell bereits 750 abgereist bzw. im Sommer 751 zurückgekehrt: *legatus* Pippins des Jüngeren (Hausmeier) nach Rom mit FULRAD (I) (= –)

BURCHARD wurde zusammen mit Abt FULRAD (I) von St-Denis nach Rom entsandt, um bei Papst Zacharias nach der Möglichkeit und Legitimität eines Dynastiewechsels zu fragen[871].

870) Olaf Schneider bezweifelt, dass BURCHARD wirklich an der Gesandtschaft beteiligt gewesen sei. SCHNEIDER, Königserhebung 751 S. 257–259 und 263. Vgl. auch PATZOLD, Episcopus S. 51 Anm. 18.

871) ARF a. 749 S. 8: *Burghardus Wirzeburgensis episcopus et Folradus capellanus missi fuerunt ad Zachariam papam, interrogando de regibus in Francia, qui illis temporibus non habentes regalem potestatem, si bene fuisset an non. Et Zacharias papa mandavit Pippino, ut melius esset illum regem vocari, qui potestatem haberet, quam illum, qui sine regali potestate manebat; ut non conturbaretur ordo, per auctoritatem apostolicam iussit Pippinum regem fieri*; Ann. q. d. Einhardi, a 749 S. 9: *Burchardus Wirziburgensis episcopus et Folradus presbyter capellanus missi sunt Romam ad Zachariam papam, ut consulerent pontificem de causa regum, qui illo tempore fuerunt in Francia, qui nomen tantum regis, sed nullam potestatem regiam habuerunt; per quos praedictus pontifex mandavit, melius esse illum vocari regem, apud quem summa potestatis consisteret; dataque auctoritate sua iussit Pippinum regem constitui*; Chron. Lauris. breve S. 27 f.: *Anno 750. incarnationis dominicae mittit Pippinus legatos Romam ad Zachariam papam, ut interrogarent de regibus Francorum, qui ex stirpe regia erant et reges appellabantur, nullamque potestatem in regno habebant, nisi tantum quod cartae et privilegia in nomine eorum conscribebantur, potestatem vero regiam penitus nullam habebant, sed quod maior domus Francorum volebat, hoc faciebant […] Zacharias igitur papa secundum auctoritatem apostolicam ad interrogationem eorum respondit melius atque utilius sibi videri, ut ille rex nominaretur et esset, qui potestatem in regno habebat, quam ille qui falso rex appellabatur. Mandavit itaque praefatus pontifex regi et Francorum populo, ut Pippinus, qui potestate regia utebatur, rex appellaretur et in sede regali constitueretur*. In der Fortsetzung des sog. Fredegar-Chronikon ist die Rede nicht von einer Absendung der Gesandtschaft nach Rom, sondern nur von einer Berichterstattung (*relatio*) beim Papst: Fredegar, Cont. 33 S. 102: *Quo tempore una cum consilio et consensu omnium Francorum missa relatione ad sede apostolica auctoritate praecepta praecelsus Pippinus electione totius Francorum in sedem regni cum consecratione episcoporum et subiectione principum […] sublimatur in regno*. Der Liber Pontificalis schweigt über dieses Ereignis. Vgl. Jaffé³ 3993 (vor 751). Zur Datierung dieser Legation vgl. SEMMLER, Der Dynastiewechsel S. 12–14. Ob

KURZBIOGRAPHIE[872]:
BURCHARD (I) wird zu den Angelsachsen gezählt, die bei der Missionierung mit Bonifatius zusammenarbeiteten[873]. 742 wurde er zum Bischof des neu gegründeten Bistums Würzburg geweiht[874]. Danach wurde die Kirche von Würzburg durch mehrmalige Schenkungen des Hausmeiers Karlmann begünstigt.[875] Neben seiner Teilnahme an den zwei Synoden unter der Leitung von Bonifatius und Karlmann (dem Concilium Germanicum von 742[876] und wahrscheinlich auch der Synode von Les Estinnes von 743)[877], ist BURCHARDs Teilnahme

die Art und Weise der Anfrage Pippins und der Antwort des Papstes tatsächlich so lauteten, wie die Reichsannalen berichten, ist nicht zweifelfrei feststellbar. Ich gehe allerdings nicht weiter auf die Diskussion über die Königserhebung Pippins von 751, hier besonders die heiklen Interpretationen der Beschreibungen in den Quellen ein. Dazu weiterführend vgl. AFFELDT, Königserhebung; SEMMLER, ebd.; MCKITTERICK, History and Memory S. 133–155.

872) Literatur: WENDEHORST, Würzburg – Bischofsreihe S. 18–25; SCHMALE, Würzburg S. 621–626; AFFELDT, Königserhebung S. 141–143; F. W. BAUTZ, Burchard, erster Bischof von Würzburg, in: BBKL 1 Sp. 816 f.; WAGNER, Bischöfe S. 18–22; Die Lebensbeschreibungen Bischof Burchards S. 1–17; HACK, Codex Carolinus 1 S. 558 mit Anm. 350 und S. 598–600.

873) Die Briefe des Heiligen Bonifatius und Lullus Nr. 49 (Brief von Denehard, Lul und BURCHARD an die Äbtissin Cuniburga, 739–741) S. 78–80; Nr. 73 (Mahnschreiben des Bonifatius an den König Aethelbald von Mercien, 746/747), bes. S. 146 f.; Nr. 74 (Brief des Bonifatius an den Priester Herefrid, 746/747), bes. S. 155 f. Hierzu vgl. Die Lebensbeschreibungen Bischof Burchards S. 3–6. Über die Jugend BURCHARDs vor seiner Reise auf den Kontinent, seinen Aufenthalt in Gallien vor seiner Erhebung zum Bischof und seine unhistorische Reise nach Rom mit Bonifatius berichten die ersten beiden von drei Viten dieses Heiligen, die Desirée Barlava ediert hat. Barlava zufolge entstanden die erste um 960/70, die zweite zwischen 1110 und 1120 und die dritte um 1350. Die Lebensbeschreibungen Bischof Burchards S. 2, 6–8, 19–24, 49–53, 90, 105–109 und 127–150.

874) Zur Datierung vgl. Die Lebensbeschreibungen Bischof Burchards S. 9. Vgl. Jaffé[3] 3932 (743. 4. 1., die Bestätigung des Papstes Zacharias); Die Briefe des Heiligen Bonifatius und Lullus Nr. 53 S. 94 f.

875) D Arnulf. Dep. 86 (742–747), 87 (742–747) und 88 (742–747) S. 105–107.

876) MGH Conc. 2,1 Nr. 1, hier S. 2 =Die Briefe des Heiligen Bonifatius und Lullus Nr. 56, hier S. 99. Dazu HARTMANN, Die Synoden S. 50–53; Concilia S. 78 f.

877) MGH Conc. 2,1 Nr. 2 S. 6f = Die Briefe des Heiligen Bonifatius und Lullus Nr. 56, hier S. 101 f., aber ohne konkrete Erwähnung von Teilnehmern. Dazu HARTMANN, Die Synoden S. 53–55; Concilia S. 21–23.

an der Synode von 747[878] besonders wichtig und für das Verständnis des Hintergrunds seiner Legation von 750/751 notwendig: Nach der Synode reiste er als Stellvertreter von Bonifatius nach Rom, um sich in dessen Namen mit dem Papst zu beraten[879]. „Burchard besaß also Erfahrung im diplomatischen Verkehr mit dem päpstlichen Hof und dürfte Papst Zacharias auch 750 willkommen gewesen sein“[880]. Darüber hinausgehende Überlegungen über die Gründe der Wahl der Gesandten von 750/751, nämlich BURCHARDs und FULRADs (I), können durch die Quellen nicht gesichert werden[881]. Vielleicht dankte er schon im Jahr 753 ab und starb am 2. Februar 754[882].

BURCHARD* (II) (Burchardus)
Stallgraf (807, 811)

TÄTIGKEIT ALS KÖNIGSBOTE:
*807: im Auftrag (als *missus?*) Karls des Großen nach Korsika mit einer Flotte (= –)

Vielleicht wegen der erfolglosen Entsendung der Flotte durch Pippin von Italien im vorigen Jahr[883] schickte Kaiser Karl diesmal sei-

---

878) MGH Conc. 2,1 Nr. 6 A und B, hier B S. 49 = Die Briefe des Heiligen Bonifatius und Lullus Nr. 82, hier S. 182. Dazu HARTMANN, Die Synoden S. 53–55; Concilia S. 21–23, wobei Deutinger Düren als vermutlichen Tagungsort nennt.

879) Jaffé³ 3985 (748. 5. 1.); Die Briefe des Heiligen Bonifatius und Lullus Nr. 80 (Brief des Papsts Zacharias an Bonifatius vom März 748), hier S. 172.

880) AFFELDT, Königserhebung S. 142.

881) „Zu modern“ (Affeldt) ist z. B. ein Versuch, den Beiden jeweils eine repräsentative Rolle zuschreiben zu wollen (so der eine stellvertretend für Austrasien und der andere für Neustrien, oder der eine als Repräsentant des älteren, mit Rom eng verbundenen Reformerkreises und der andere hingegen als Vertreter der jüngeren, rein fränkischen und mit den Karolingern zusammenarbeitenden Geistlichkeit). Dazu vgl. AFFELDT, Königserhebung S. 142 f.; STOCLET, Fulrad S. 454–62. McKitterick nimmt hingegen die Repräsentanten-These auf. MCKITTERICK, History and Memory S. 152.

882) So meint Schmale gegen Wendehorst, der das Todesjahr auf 753 datiert. WENDEHORST, Würzburg – Bischofsreihe S. 23 f.; SCHMALE, Würzburg S. 625 f. Aber vgl. WAGNER, Bischöfe S. 18–22, der die Resignation und den Tod von BURCHARD um ein Jahr nach hinten verschiebt. Barlava zieht die nur in der jüngeren Vita berichtete Abdankung in Zweifel und datiert den Tod des Bischofs auf den 2. Februar 753. Die Lebensbeschreibungen Bischof Burchards S. 16.

883) ARF a. 806 S. 122.

nen Stallgrafen BURCHARD mit einer Flotte nach Korsika gegen die Mauren aus Spanien. Er konnte sie erfolgreich zurückdrängen[884].

KURZBIOGRAPHIE[885]:

BURCHARD* (II) ist wahrscheinlich identisch mit Graf Burchardus, einem der namentlich genannten Grafen unter den fränkischen Delegierten von 811 beim eidlichen Friedensschluss an der Eider mit den Dänen[886]. Im gleichen Jahr taucht er als Zeuge des Testaments Karls des Großen auf[887].

BURCHARD (III) (Burcardus)

Bischof von Chartres (853–854)

TÄTIGKEIT ALS KÖNIGSBOTE:

853. 11.: *missus* Karls des Kahlen in Blois, Orléans, Vendôme, Chartres, Dreux, Châteaudun, Évreux, Arpajon, Poissy und Madrie mit RUDOLF und HENRICUS (= KRAUSE I 145)

BURCHARD war einer der Missi im Missaticum um Orléans und Chartres[888].

KURZBIOGRAPHIE[889]:

Auf der Synode von Soissons, April 853, wurde seine Eignung zum Bischof durch HINKMAR (I) von Reims, PARDULUS von Laon und AGIUS von Orléans geprüft. Dann wurde BURCHARD (III) von WENILO von Sens zum Bischof geweiht[890]. Im nächsten Jahr

884) ARF a. 807 S. 124: *Eodemque anno Burchardum comitem stabuli sui cum classe misit in Corsicam, ut eam a Mauris, qui superioribus annis illuc praedatum venire consueverant, defenderet. Qui iuxta consuetudinem suam de Hispania egressi primo Sardiniam adpulsi sunt ibique cum Sardis proelio commisso et multis suorum amissis – nam tria milia ibi cecidisse perhibentur – in Corsicam recto cursu pervenerunt. Ibi iterum in quodam portu eiusdem insulae cum classe cui Burchardus praeerat, proelio decertaverunt victique ac fugati sunt, amissis tredecim navibus et plurimis suorum interfectis.* Dazu ABEL/SIMSON 2 S. 375; BM² 428a.

885) Literatur: ABEL/SIMSON 2 S. 451–458, 465–467 mit Anm. 4 (S. 466).

886) Siehe die anonymen Missi „813. 9.*“ in der Prosopographie.

887) Vita Karoli S. 84.

888) MGH Capit. 2 Nr. 260 S. 276: *Missi autem et pagi per missaticos qualiter fuerunt tunc ordinati […] 9. Burcardus episcopus et Hrodulfus et Henricus abba missi in Blesiso, Aurelianensi, Vindusniso, Carentino, Durcasino, Duniso, Ebricino, Stampiso, Castriso, Pincesiso, Madreciso.*

889) Literatur: Fastes 2 S. 429; HARTMANN, Die Synoden S. 248.

890) MGH Conc. 3 Nr. 27, Kapitular c. 3 S. 281.

scheinen BURCHARD und AGIUS bei der Aushebung der Truppen gegen die Dänen zusammengearbeitet zu haben[891].

CHADALOH (Cadola, Cadolach, Cadolah, Cadolao, Cadolaus, Chadaloh)

Graf, Markgraf von Friaul (790–†819)

TÄTIGKEIT ALS KÖNIGSBOTE:

um 804: *missus* Karls des Großen und Pippins von Italien in Rižana/Risano (Istrien) mit AIO und IZZO (= KRAUSE I 37)

Zur Beilegung des Konflikts zwischen dem neu eingesetzten Herzog Johannes, den führenden Kirchenleuten und den Bewohnern hielten die Missi der Karolinger eine Gerichtsversammlung ab, wobei sie ein umfangreiches Inquisitionsverfahren durchführten und die örtlichen Gewohnheiten untersuchten[892].

KURZBIOGRAPHIE[893]:

CHADALOH wird in der Forschung als Spross eines generationenlang in Alemannien begüterten Grafengeschlechtes identifiziert. In den St. Galler Urkunden zwischen 790 und 805 ist er ohne Grafen-Titel belegt[894]. Sein Grafen-Titel ist dort allerdings erst 817 urkundlich nachweisbar: *Chadaloh divina opitulante clementia comis* übergab dem Kloster St. Gallen umfangreiche Besitzungen in Alemannien[895]. Jürgen Dendorfer stellt diese Übertragung des Besitzes in den damaligen politischen Kontext: CHADALOH wollte vielleicht kurz vor einem Feldzug „seinen Sohn Berthold in seiner Abwesenheit oder nach seinem Tod auf künftiges Handeln festlegen; bei Wohlverhalten und etwas generativem Glück konnte Berthold sogar damit rechnen, den an das Kloster übertragenen Besitz zurückzuerhalten.“ Diese Übertragung fand unmittelbar nach der kaiserlichen Entscheidung

891) AB a. 854 S. 69.

892) KRAHWINKLER, *In loco qui dicitur Riziano* S. 67–81. Siehe AIO in der Prosopographie.

893) Literatur: TELLENBACH, Königtum und Stämme S. 55; HLAWITSCHKA, Franken S. 163–165; BORGOLTE, Die Grafen Alemanniens S. 88–90; BORGOLTE, Alaholfingerurkunden, bes. S. 313 ff.; DEPREUX, Prosopographie S. 149 f.; KRAHWINKLER, *In loco qui dicitur Riziano* S. 122–124; DENDORFER, König und Adel, bes. S. 189–196.

894) Siehe dazu BORGOLTE, Die Grafen Alemanniens S. 88.

895) Chart. Sangall. Nr. 228 (Daugendorf, 817. 11. 17.) S. 224–226. Zur feierlichen Gestaltung dieser Urkunde, die allerdings nicht als Nachahmung der Herrscherurkunden gilt, MERSIOWSKY, Die Urkunde in der Karolingerzeit S. 507–509.

vom Ende Oktober 817, einen Heerzug gegen Bernhard von Italien einzuleiten, statt[896].

Es ist nicht klar, ob CHADALOH vor und nach der Legation von 804 dauerhaft in Istrien oder in Friaul tätig war. Aber spätestens 817 ist er als Verantwortlicher für die Grenzverteidigung gegen Dalmatien zu erweisen: Er verhandelte – vielleicht in Aachen, wenn die Reichsannalen genau berichten[897] – mit einem byzantinischen Legaten namens Nikephoros über die Grenzprobleme in Dalmatien. Um vor Ort die Probleme zu lösen, wurde CHADALOH zusammen mit ALBGARIUS und Nikephoros dorthin ausgeschickt[898]. Der Verfasser der Reichsannalen bezeichnet ihn dann im Abschnitt für das Jahr 818 als *Cadolaum comitem et marcae Foroiuliensis praefectum*, dessen Grausamkeit und Übermut die Gesandten des Herzogs in Unterpannonien Liudewit auf der Aachener Reichsversammlung anklagten[899]. 819 führte er das italienische Heer gegen Pannonien und starb auf dem Rückweg am Fieber, wobei die Reichsannalen ihn *dux Foroiuliensis* nennen[900].

CHADOLUS (Chadolus)

Graf (um 790–†802)

TÄTIGKEIT ALS KÖNIGSBOTE:

Um 788–791, vielleicht 791?[901]: *missus* Karls des Großen in Passau mit SINTPERT (I), UROLF, CRAMAN, WANINCHNO und COZRIIH (= KRAUSE I 11)

896) DENDORFER, König und Adel S. 195.

897) ARF a. 817 S. 145: *[Hludowicus] legatum [...] pro Dalmatinorum causa missum Niciforum nomine suscepit: quem etiam, quia Cadolah, ad quem illorum confinium cura pertinebat, non aderat et tamen brevi venturus putabatur, adventum illius iussit opperiri. Quo veniente ratio inter eum et legatum imperatoris de questionibus, quas idem detulit, habita est.* Vgl. Astronomus S. 370 mit Anm. 360; NERLICH, Diplomatische Gesandtschaften S. 41, 108 und 178. Dagegen BM² 642b.

898) ARF a. 817 S. 145. Siehe auch ALBGARIUS in der Prosopographie.

899) ARF a. 818 S. 149.

900) ARF a. 819 S. 151. Zur Interpretation dieses Nebeneinanders der Bezeichnungen vgl. DENDORFER, König und Adel S. 193 f. Astronomus bezeichet ihn auch als *finium princeps*. Astronomus S. 370. Zu den Auseinandersetzungen mit Liudewit vgl. Krahwinkler, Friaul S. 186 f.; WOLFRAM, Grenzen und Räume S. 242 f.

901) Vgl. FREUND, Bayerns Bischöfe S. 163. Vgl. auch Reg. Passau Nr. 55 S. 16: (788–800).

Vor den anwesenden königlichen Missi übergab ein Salucho der Kirche St. Stephan und St. Valentin (der Passauer Bischofskirche) seinen Besitz im Austausch für die lebenslängliche Nutznießung dieses Besitzes[902].

KURZBIOGRAPHIE[903]:

Von Michael Mitterauer wird seine Grafschaft zwischen der Enns und dem Wiener Wald lokalisiert. Er fiel 802 im Kampf gegen die Awaren[904]. Jürgen Hannig meint, dass CHADOLUS „über seinen Namen als führenden Leitnamen des Alaholfingergeschlechtes als Verwandter des Präfekten Gerolds (GEROLD [I]) angesehen werden“ kann und vermutlich mit ihm nach Bayern kam[905].

CHLODIO (Chlodio, Ludio)

Missus (751)

TÄTIGKEIT ALS KÖNIGSBOTE:

751: *missus* Pippins des Jüngeren (Hausmeier) im Nordwesten des Frankenreiches (in den Gauen Famars, Brabant, Brie, Mulcien, Beauvais, Chambliois, Vexin, Madrie, Talou, Vimeu und Amiens) mit GUICHINGUS (= KRAUSE II 1)

Auf Bitte FULRADs (I) von St-Denis um die Bestätigung der entfremdeten Güter seiner Abtei sandte der Hausmeier seine Missi zur Untersuchung ab. Aufgrund ihres Berichts stellte er eine Bestätigungsurkunde aus[906]. Dass diese Urkunde Pippins aufgrund der

902) Trad. Passau Nr. 45 S. 39 f.: *Innotiscemus in hac epistola, quomodo conciliaverunt domnus Uualtrihhus episcopus cum Salucone, quando ipse ante missos regis adquesivit filios suos et filias et uxorem. Tunc conciliaverunt, ut ipse Salucho suam tradidit hereditatem illis filiis suis in perpetuo possedendi ad ipsam sedem episcopalem et ad ipsos sanctos serviendi sancto Stephano et Ualentino et familiis eorum et pro sua anima et divinam retributionem ante istos missos domno rege Carolo. Haec sunt nomina: Sindperthus episcopus, Chadolus comax, Craman comes et Uuaninchno iudex et abbates Cozriih frater abbas, Uurolf abbas.*

903) Literatur: MITTERAUER, Karolingische Markgrafen S. 2, 5–7 und 24; HANNIG, Zur Funktion S. 265 und 283.

904) Ann. S. Emmerammi Ratisponensis maiores, a. 802, MGH SS I S. 93; *Cadaloc et Gotehrammus seu ceteri multi interfecti fuerunt ad castellum Guntionis*; Annales s. Emmeramni maiores, a. 802, MGH SS 30,2 S. 737.

905) HANNIG, Zur Funktion S. 283.

906) D Arnulf. 23 (vor 751. 9. 23. – 10. 22., vielleicht vor 6. 20.) S. 51–53, hier S. 52 f.: … *et missus(!) nostros Vuichingo et Chlodione ad eorum peticione per diversos pagos una cum ipsa strumenta ad hoc inquirendum vel investigandum di-*

Untersuchung ausgestellt wurde, fand später bei der Bestätigung der betreffenden Güter durch Karl den Großen Erwähnung[907].

KURZBIOGRAPHIE[908]:

Außer dieser Legation ist nichts Weiteres über ihn bekannt.

CHRISTIAN (I) (Christianus)

Bischof von Nîmes (814–835)

TÄTIGKEIT ALS KÖNIGSBOTE:

817. 12. 15.: *missus* Ludwigs des Frommen in Girona mit NIBRIDIUS (= KRAUSE I 67)

Zusammen mit seinem Metropoliten war er in Girona und führte zugunsten der örtlichen Bischofskirche ein Inquisitionsverfahren durch[909].

KURZBIOGRAPHIE[910]:

Im November 814 bekam der Bischof von Nîmes in Aachen eine Urkunde Ludwigs des Frommen, mit der der Kaiser eine heute verlorene Immunitäts- und Königsschutzurkunde Karls des Großen für die

---

reximus ut ubicumque eorum iusticia invenissent vel ipsi monachi vel ipsi agentes legitima strumenta presentabant, vel casa sancti Diunisii exinde vestita fuerat vel a bonis et Deo timentes hominibus ibidem datas vel conlatas fuerunt et ipsa casa legitime et racionabiliter per lege exinde vestita fuerat, et postea per iniquo ingenio de ipsa casa abstractas fuerant eis reddere deberent, quod ita et fecerunt. Id sunt per diversis pagis loca denomenata: In pago [...] ita ut, sicut ab ipsis inventum vel investigatum fuit, et ipsas res ipsi monachi vel ipsi agentes partibus sancti Diunisii receperunt deinceps et in postmodum ab hodiernum die ipsa sancta casa vel ipsi monachi seu agentes eorum aevis et futuris temporibus habeant evindecatas atque elidegatas. Unde et ipsi iam dictus Fulradus abba seu et ipsi monachi [...] nobis petierunt ut pro futuris temporibus preceptione nostra manu nostra firmata exinde eis adfirmare deberemus, quod ita et fecimus, ut sicut constat quod ipsas res per legem et iusticiam in palacio nostro evindegaverunt vel reciperunt ...

907) D KdG 101 (Quierzy, 775. 6. 26.), hier S. 145: ... *et genitor noster pro reverentia ipsius sancti Diunisii martyris vel pro amore de eorum cartas diligenter relegere rogavit et missos suos Uuichingo et Ludione ad eorum petitione per diversos pagos una cum ipsa strumenta ad hoc inquirendum vel investigandum direxit, ut* ...

908) Literatur: HAHN, Jahrbücher des fränkischen Reichs 741–752 S. 120; HENNEBICQUE-LE JAN, Prosopographica S. 253.

909) Catalunya Carolíngia 5 Nr. 7 (817. 12. 15.) S. 69 f. Das vollständige Zitat und eine Beschreibung dieser Mission finden sich bei NIBRIDIUS in der Prosopographie.

910) Literatur: Fastes 1 S. 313.

Kirche von Nîmes bestätigte[911]. CHRISTIAN (I) nahm 835 an der Synode von Diedenhofen teil: Sein Name findet sich in EBBOs Resignationsurkunde[912].

CHRISTIAN (II) (Cristianus)

Diakon (838)

TÄTIGKEIT ALS KÖNIGSBOTE:

838. 4.: *missus* Lothars I. in Lucca mit AGHAN (= KRAUSE II 108)

Anlässlich des Streits zwischen dem Bischof von Lucca und dem Fiskus über die Zugehörigkeit der Kirche S. Frediano in Lucca führten die Missi AGHAN und CHRISTIAN (II) ein Inquisitionsverfahren durch[913].

KURZBIOGRAPHIE:

Er ist nicht zu identifizieren.

CHRODEGANG (Chrodegangus, Crothgangus, Hrodegangus, Rodigangus)

Bischof von Metz (um 712/715 – †766. 3. 6.[914])

TÄTIGKEIT ALS KÖNIGSBOTE:

753, vor 10. 14.: *missus* Pippins des Jüngeren nach Rom mit AUTCHAR (= –)

753 entsandte Pippin CHRODEGANG und AUTCHAR nach Rom, um Papst Stephan II. ins Frankenreich zu geleiten. Sie waren die erste Empfangsgesandtschaft bei dieser Reise des Papstes und hatten quasi die Rolle der Leibwächter angesichts der feindlichen Langobarden[915].

---

911) BM² 549; Urk. Languedoc Nr. 30 Sp. 93 f. = D LdF 37 (Aachen, 814. 11. 28.) S. 96–98.

912) MGH Conc. 2,2 Nr. 55, B, hier S. 703.

913) MANARESI, Inquisitiones Nr. 6 S. 574–576 = ChLA 77 Nr. 12 (Lucca, 838. 4.) S. 45–47. Siehe AGHAN in der Prosopographie.

914) Ann. Laures. emend., a. 766 S. 30. Er wurde im Kloster Gorze bestattet, das er gegründet hatte. Pauli Warnefridi Liber de episcopis Mettensibus S. 268.

915) Lib. pont. XCIIII Vita Stephani II cc. 18–24, 1 S. 445–447 (das vollständige Zitat findet sich bei AUTCHAR in der Prosopographie). Pauli Warnefridi Liber de episcopis Mettensibus, hier S. 268: *Cumque esset in omnibus locuples, a Pippino rege omnique Francorum caetu singulariter electus, Romam directus est, Stephanumque venerabilem papam, ut cunctorum vota anhelabant, ad Gallias evocavit.* Vgl. auch BM² 73e; Jaffé³ 4060 (753, vor 10. 14.); HACK, Empfangszeremoniell S. 418 f.

KURZBIOGRAPHIE[916]:
Diese bekannte Person der frühen Karolingerzeit ist trotz ihrer wichtigen Rolle bei der Kirchenreform des Frankenreiches[917] nur einmal als Gesandter des Herrschers belegbar. CHRODEGANG übernahm dabei vor allem zeremonielle Aufgaben. Deswegen begnüge ich mich hier mit einer kürzeren Darstellung seines Lebens. Er stammte aus einer mächtigen Adelsfamilie am Mittelrhein[918]. Am Hof Karl Martells wurde er Referendar, dessen Amt früher ein „weltliches" gewesen war[919]. Er wurde wahrscheinlich nicht am 30. September 742, sondern um 747 zum Bischof von Metz geweiht[920]. Dass ihm 754 kurz nach seiner Rückkehr aus Rom durch Stephan II. das Pallium verliehen wurde[921], zeigt die große Bedeutung seiner Legation nach Rom. Er hatte den Vorsitz an den folgenden Synoden: Ver (755), Verberie (756), Compiègne (757), und Attigny (762)[922]. Er leitete das Kloster Lorsch, das seine Verwandten ihm 764 übergaben[923].

---

916) Literatur: SCHIEFFER, Angelsachsen S. 1456–1463; SEMMLER, Chrodegang, Bischof; OEXLE, Chrodegang, in: Lex.MA 2 Sp. 1948–1950; SEMMLER, Chrodegang von Metz, in: TRE 8 S. 71–74; KEMPF, Chrodegang, bishop of Metz c. 712–766, in: IEMA.

917) CLAUSSEN, The reform of the Frankish church. Zu seiner Regel für den Kanoniker vgl. auch The Chrodegang Rules S. 12–26. Zu seiner Reform in Metz Pauli Warnefridi Liber de episcopis Mettensibus S. 267 f. Hierzu vgl. HEN, Paul the deacon S. 210 f.

918) Vgl. INNES, State and society S. 18 f., 28 f., 51–59, und 178–182.

919) D Arnulf. 14 (*villa in palatio* Quierzy, 741. 9. 17.) S. 32–34; Pauli Warnefridi Liber de episcopis Mettensibus S. 267 (*referendarius*). Vgl. ebd. S. xxxv und xxxix; FLECKENSTEIN, Hofkapelle S. 8 f.; CLAUSSEN, The reform of the Frankish church S. 24 f.

920) Vgl. SCHIEFFER, Angelsachsen S. 1457 f.; SEMMLER, Chrodegang, Bischof S. 230; CLAUSSEN, The reform of the Frankish church S. 26 f. CHRODEGANG ist erst 748 als Bischof belegt. Cart. Gorze Nr. 1 (Andernach, 745. 5. 20., korr. zu 748) S. 1–4. Zur Datierung vgl. BM² 57c.

921) Lib. pont. XCIIII Vita Stephani II c. 53, 1 S. 456.

922) MGH Capit. 1 Nr. 14 S. 32–37 = MGH Conc. 2,1 Nr. 8 (Ver, 755. 7. 11.) S. 54; = MGH Conc. 2,1 Nr. 9 (Verberie, 756) S. 55; MGH Conc. 2,1 Nr. 11 (Compiègne, 757. 5.) S. 59–63; Nr. 13 (Attigny, 762) S. 72 f. Vgl. auch HARTMANN, Die Synoden S. 68–81.

923) Cod. Laures. 1, Chronik c. 1 S. 265–268. Hierzu vgl. SEMMLER, Die Geschichte der Abtei Lorsch S. 76 f.

COTEFRETUS (Cotefretus)

Graf (806)

TÄTIGKEIT ALS KÖNIGSBOTE:

806. 12. 15.: *missus* Karls des Großen in Altötting mit ARN, AUDULF, ADALWIN und WERNER (II) (= KRAUSE I 48)

Auf der Gerichtsversammlung der fünf Missi in Altötting klagten Engilhard und Hroccolf gegen einen Kleriker Wago auf ihren Anteil am Erbgut[924].

KURZBIOGRAPHIE:

Er kann nicht identifiziert werden.

COZRIIH (Cozriih)

Abt (um 790)

TÄTIGKEIT ALS KÖNIGSBOTE:

um 788–791, vielleicht 791?[925]: *missus* Karls des Großen in Passau mit SINTPERT (I), UROLF, CHADOLUS, CRAMAN und WANINCHNO (= KRAUSE I 11)

Vor den anwesenden königlichen Missi übergab ein Salucho seinen Besitz der Passauer Bischofskirche im Austausch für die lebenslängliche Nutznießung dieses Besitzes[926].

KURZBIOGRAPHIE:

Er ist nicht zu identifizieren.

CRAMAN/GRAMAN (Craman, Grahamannus, Graman)

Graf von Traungau (772–um 790)

TÄTIGKEIT ALS KÖNIGSBOTE:

1) 788: *missus* Karls des Großen im Südostgrenzraum mit AUDACURUS (= KRAUSE II 24)

CRAMAN wurde zusammen mit AUDACURUS, beide als *missi*, mit dem Schutz der Südostgrenze beauftragt[927].

---

924) Trad. Freising Nr. 227 (Altötting, 806. 12. 15.) S. 210 f. Siehe ADALWIN in der Prosopographie.

925) Vgl. FREUND, Bayerns Bischöfe S. 163.

926) Trad. Passau Nr. 45 S. 39 f. Siehe CHADOLUS in der Prosopographie.

927) ARF a. 788 S. 82: *Idem similiter et alia pugna commissa est inter Avaros in loco, cuius vocabulum est...., et Francis, qui in Italia commanere videntur [...] Tertia pugna commissa est inter Baioarios et Avaros in campo Ibose, et fuerunt ibi missi domni regis Caroli Grahamannus et Audaccrus cum aliquibus Francis; Domino auxiliante victoria fuit Francorum seu Baioariorum.*

2) um 788–791, vielleicht 791?[928]: *missus* Karls des Großen in Passau mit SINTPERT (I), UROLF, CHADOLUS, WANINCHNO und COZRIIH (= KRAUSE I 11)

Vor den anwesenden königlichen Missi übergab Salucho der Passauer Kirche seinen Besitz im Austausch für die lebenslängliche Nutznießung dieses Besitzes. CRAMAN wurde dabei als Graf tituliert[929].

KURZBIOGRAPHIE[930]:

CRAMAN stammte aus dem Gebiet der oberen Isen, d. h. dem Stammgebiet der Sippe Saluchos, der bei der Legation 2 erschien[931]. Graman/Craman, der zwischen 772 und 777 mehrmals bei Schenkungen an die Freisinger Kirche als Zeuge ohne Titel belegt ist, wird in der Forschung mit CRAMAN identifiziert[932]. Michael Mitterauer vermutet, dass „CRAMAN selbst einer der Führer der gegen Tassilo opponierenden Adelspartei“ war. CRAMAN war Graf von Traungau[933], und die Grenzgrafschaft im Traungau, die gerade in der Situation der Auseinandersetzung mit den Avaren sehr wichtig war, wurde ihm nach dem Sturz Tassilos übertragen. Mitterauer zufolge konnte Karl der Große um 788 nur einer zuverlässigen Person diese Grafschaft verleihen[934].

---

928) Vgl. FREUND, Bayerns Bischöfe S. 163.

929) Trad. Passau Nr. 45 S. 39 f. Siehe CHADOLUS in der Prosopographie.

930) Literatur: MITTERAUER, Karolingische Markgrafen S. 2, 7 und 26–51; STÖRMER, Früher Adel S. 214 f.; HANNIG, Zur Funktion S. 265 und 277–279.

931) Zu seiner Position im Netzwerk der bayerischen adligen Gruppen STÖRMER, Adelsgruppen S. 55 f., 58, 62–65, 71, 76 f., 84, 88 f., 141, 148, 155 f. und 167, der die Bedeutung der ARN-CRAMAN-Helmuni Gruppe in Bayern betont.

932) Trad. Freising Nr. 46b (Regensburg, 772. 8. 18.) S. 75; Nr. 50 (Isen, 772. 10. 7.) S. 78 f.; Nr. 63 (Aiterhofen, 773. 8. 30.) S. 89–91; Nr. 86 (Freising, 777. 11. 16.) S. 106 f. Dieser Graman selbst schenkte seinen und seines Bruders Pabo Besitz zu Dorfen an diese Kirche. Ebd. Nr. 62 (Dingolfing, 773. 8. 28.) S. 88 f. Hierzu MITTERAUER, Karolingische Markgrafen S. 27.

933) Vgl. Breves Notitiae c. 15, 1 (*Graman comes* im Abschnitt *Traditiones in Trungowe*), in: Notitia Arnonis und Breves Notitiae S. 114. Zu seinen Schenkungen an die Salzburger Kirche vgl. auch ebd., cc. 16,1 (*Graman vir nobilis*), 17,2, 18,3, 22,1 und 23,1 S. 114, 116 und 118.

934) Wegen seines missatischen Tätigkeitsbereichs findet sich Mitterauer zufolge CRAMANs Machtbasis in Bayern. Es gibt aber auch andere Meinungen bezüglich der Identifikation CRAMANs. TELLENBACH, Der großfränkische Adel S. 59, identifiziert ihn mit einem alemannischen Grafen Karaman. Vgl. auch JÄNICHEN, Baar und Huntari S. 89 f. und 99 f.; STÖRMER, Früher Adel S. 389 mit Anm. 55,

CUNIPERT (Cunipertus)

Bischof (799)

TÄTIGKEIT ALS KÖNIGSBOTE:

799 Spätsommer: *missus/legatus* Karls des Großen in Italien mit HILDEBALD (I), ARN, BERNHARIUS, ATTO, JESSE, ERFLAICUS, HELMGAUD, ROTGAR und GERMAR (= KRAUSE II 34)

CUNIPERT war einer der Missi, die zur Untersuchung des „Attentats“ auf Leo III. nach Rom delegiert wurden. Sie begleiteten den Papst von Paderborn aus nach Rom[935].

KURZBIOGRAPHIE[936]:

Sein Bistum kann nicht identifiziert werden.

DADDO (Daddo)

Missus (853)

TÄTIGKEIT ALS KÖNIGSBOTE:

853. 11.: *missus* Karls des Kahlen in den Grafschaften Milos und ISEMBARDs (II) (d. h. Autun, Mâcon, Dijon, Chalon-sur-Saône und Attuyer), Tonnerre, Beaune, Duesme und den Grafschaften Attelas und Romolds mit THEUTBALD, JONAS (II), ISEMBARD (II) und ABBO (= KRAUSE I 147)

Er war einer der Missi im burgundischen Missaticum um Autun und Langres, die im Herbst 853 mit einem Kapitular ausgesandt wurden[937].

KURZBIOGRAPHIE:

Er ist nicht zu identifizieren.

---

die diesen alemannischen Grafen mit dem Grafen von Traungau identifizieren. BORGOLTE, Die Grafen Alemanniens S. 157–159, befasst sich nur mit dem alemannischen Karaman und läßt die Frage der weiteren Identifikation mit dem Missus CRAMAN oder mit dem Traungauer Grafen offen.

935) Lib. Pont. 97, Vita Leonis III c. 20, 2 S. 6 f.; Ann. q. d. Einhardi, a. 799 S. 107–109; Chron. Lauris. breve, IV, 31 S. 34. Siehe Text bei ARN in der Prosopographie.

936) Literatur: ABEL/SIMSON 2 S. 187 f.

937) MGH Capit. 2 Nr. 260 S. 276. Siehe ABBO in der Prosopographie.

DEOTKER (Deotkerus, Theotgerus)

Abt von Herrieden (802–829)

TÄTIGKEIT ALS KÖNIGSBOTE:

1) 802(?). 2. 17.[938]: *missus* Karls des Großen in Inzing mit ARN, WALDRICH und KISALHARD (= KRAUSE I 38)

Vor den anwesenden Missi erhielt Bischof WALDRICH von Passau, der sich selbst als Missus bezeichnete, einen gewissen Epo und seine Kinder als Knechte der Passauer Kirche und garantierte seiner frei geborenen Frau Hrodmar und den aus dieser Ehe hervorgehenden Kindern den freien Stand[939].

2) 802. 6. 11.: *missus* Karls des Großen in Regensburg mit ARN, AUDULF, ADALWIN und WERNER (II) (= KRAUSE I 29)

DEOTKER war einer der Vorsitzenden einer Gerichtsversammlung in Regensburg, wo der Streit zwischen den Geschwistern Kundperht und der Nonne Engilfrit einerseits und der Freisinger Kirche andererseits über einen Besitz zugunsten der Bischofskirche geschlichtet wurde[940].

KURZBIOGRAPHIE[941]:

DEOTKER war 819 bei der Übertragung der Gebeine des Bonifatius in Fulda anwesend[942]. 829 nahm er an der Synode von Mainz teil[943].

DIDO (Dido)

Gastalde (877–879 [vielleicht † vor 915. 10. 9.])

TÄTIGKEIT ALS KÖNIGSBOTE:

879. 8.: *missus* Karlmanns von Bayern in der *curtis Fa(g)edo*[944] mit GERHARD (III) (= KRAUSE II 173)

Gemäß der Schenkungsurkunde, die Karlmann von Bayern am 4. August 879 am Königshof in Ötting (heute Altötting) dem von Angilberga, der Witwe Kaiser Ludwigs II. von Italien, gegründeten

938) Zur Datierung vgl. Reg. Passau Nr. 62 S. 17.

939) Trad. Passau Nr. 50 (Inzing, [800–804.] 2. 17.) S. 43 f. Siehe ARN in der Prosopographie.

940) Trad. Freising Nr. 183 (Regensburg, 802. 6. 11.) S. 174. Siehe das Zitat bei ADALWIN in der Prosopographie.

941) Literatur: STÖRMER, Früher Adel S. 61 und 342; FREUND, Bayerns Bischöfe S. 221 f.

942) Vita Aegil S. 59, Z. 657.

943) MGH Conc.2,2 Nr. 50 C, hier S. 604.

944) Dem Text der unten zitierten Urkunden Karlmanns zufolge ist *curtis Fa(g) endum* an der Adda unweit von Piacenza zu suchen. Vgl. BZ 577.

Kloster S. Sisto zu Piacenza ausstellte[945], führten vier Personen *per iussionem dompni Karlomanni regis* in der *curtis Fa(g)edo*, einem der geschenkten königlichen Höfe, die Investitur durch[946]. Unter diesen vier Personen werden der Gastalde DIDO und Bischof GERHARD (III) von Lodi als königliche Missi angesehen[947], die bei ihren Unterschriften den königlichen Auftrag erwähnten, während die Bischöfe Johannes und Paschalis jeweils als päpstliche Legaten (*legatus sancte sedis apostolice*) unterzeichneten[948]. Vom 7. Juni 879 datiert ein Brief Papst Johannes' VIII., der seine beiden Legaten wegen des Schutzes der Römischen Kirche zu Karlmann schickte[949]. Daraus ist zu schließen, dass sie noch zur Urkundenausstellung im August in Ötting blieben und dabei vom König mit der Investitur beauftragt wurden, die sie auf ihrer Heimreise durchführen sollten[950]. Im Gegensatz dazu erlaubt keine Quelle, auf die Frage klar zu antworten, ob auch die königlichen Missi DIDO und GERHARD (III) in Ötting waren und neben den päpstlichen Legaten persönlich vom König mit der Investitur beauftragt wurden. Möglicherweise wurden sie entweder münd-

945) D Karlmann (O) 27 (Altötting, 879. 8. 4.) S. 325 f. = Le carte cremonesi Nr. 23 S. 62–64. Dazu vgl. BM² 1546; BZ 573.

946) Le carte cremonesi Nr. 24 (*curte Faedo*, 879. 8.), hier S. 65: … *qualiter vel quibus presencia bonorum hominum, corum nomina subter leguntur, investivit (!) Iohannes et Pascalis episcopi sancte Romane Ecclesie et Gerardus episcopus sancte Laudensis ecclesie, nec non et Dido gastaldio missi domni Karlomanni regis per colunna de casa et servo monasterii Gariberto, Adelberto servo monasterii in honore sancte Resurectionis atque sanctorum martirum Systi et Fabiani, quod domna Angilberga imperatrix a fundamentis Placentie construxit, per iussionem dompni Karlomanni regis de curte Faeto atque curte Muciana seu et de massariciis in Vuado Meleto cum ipso Vualdo cum omnibus adiacenciis et pertinenciis, cum servis et ancillis ad ipsas prenominatas duas curtes aspicientibus in integrum ad partem predicti monasterii ad proprietatem habendam iuxta ipsum preceptum quas domnus Karlomannus rex a presenti die pro remedium anime sue prefato monasterio contulit proprietario iure omni tempore habendum atque possidendum. […] +Gerardus episcopus qui iussione regia egi subscripsi. +Ego Dido qui iussione regia egi subscripsi*. Vgl. BZ 577; WORM, Beobachtungen S. 44 f.

947) Zielinski (BZ 577) scheint nur DIDO als königlichen Missus anzusehen.

948) Zu diesen päpstlichen Legaten Johannes (Bischof von Tres Tabernae) und Paschalis (Bischof von Amelia) vgl. RIESENBERGER, Prosopographie S. 160–162.

949) Jaffé³ 6794; Registrum Iohannis VIII. papae Nr. 193 (879. 6. 7.) S. 154 f., hier S. 155: *Misimus autem ad vos pręsentes missos nostros…* Vgl. BZ 567; BU 523.

950) Vgl. BZ 577.

lich durch die päpstlichen Legaten oder durch ein (heute verlorenes) schriftliches Mandat mit der gemeinsamen Investitur beauftragt.

KURZBIOGRAPHIE[951]:

Ein gewisser Dido, der gebeten wurde (*rogatus*), das im März 877 ausgefertigte Testament der Kaiserwitwe Angilberga zu unterzeichnen[952], dürfte mit diesem Missus identisch sein[953]. Auch ein *fidelis* Dido, der im März 878 dem König zu Ötting eine Bittschrift des Abts Lutbrand des Klosters Molinellum bei Mantua überbrachte[954], dürfte mit DIDO identisch sein[955]. Die daraus zu folgernde Nähe DIDOs zu Angilberga und Karlmann erklärt, warum er als königlicher Missus mit der Investitur in der *curtis Fa(g)edum* beauftragt wurde. Nicht entschieden, aber möglich ist seine Verwandtschaft mit dem gleichnamigen Grafen, der Anfang des 10. Jahrhunderts, also etwa ein Vierteljahrhundert später als DIDOs nachweisbare Tätigkeit, „zu den seltener hervortretenden Großen Berengars I." gehörte, da der Vater dieses Grafen, der vor dem 9. Oktober 915 starb, auch Dido hieß[956].

DODO (Dido, Dodo)

Bischof von Angers (837 – †879. 11. 9.)

TÄTIGKEIT ALS KÖNIGSBOTE:

853. 11.: *missus* Karls des Kahlen in Le Mans, Angers, Tours, Corbonnais, Sées mit ROBERT und OSBERTUS (= KRAUSE I 144)

DODO war einer der Missi im Missaticum in Neustrien[957].

KURZBIOGRAPHIE[958]:

Zuerst ist DODO als Bischof in der Unterschriftenliste der Urkunde des Bischofs Aldrich von Le Mans vom April 837 nachweisbar[959]. Er war im September 838 bei der Reichsversammlung von Quierzy an-

951) Literatur: HLAWITSCHKA, Franken S. 169 Anm. 6.

952) Le carte cremonesi Nr. 20 (Brescia, 877. 3.), hier S. 56.

953) Hlawitschka ist damit vorsichtig.

954) D Karlmann (O) 13 (Ötting, 878. 3. 14.) S. 302 f.

955) So ist die Identifizierung von Zielinski (BZ 548 und 577), während Hlawitschka damit vorsichtig ist.

956) Zu diesem Grafen Dido siehe HLAWITSCHKA, Franken S. 168 f.

957) MGH Capit. 2 Nr. 260 S. 276: *Ista denuntianda sunt populo a missis nostris [...] 8. Dodo episcopus, Hrotbertus et Osbertus missi in Cinnomannio, Andegavensi atque Turonico, Corboniso et Sagiso.*

958) Literatur: Fastes 2 S. 359 f.

959) Urk. Le Mans Nr. 62 (Le Mans, 837. 4. 1., interpoliert) S. 339–346, hier S. 342 (für das Salvatorkloster bei Le Mans).

wesend[960]. 839 erschien er als Zeuge in der Schenkungsurkunde des Grafen Rorigo für das Kloster St-Maur[961]. Karl der Kahle schenkte 845 auf Bitte DODOs eine Villa dem Kloster St-Florent-le-Vieil, dessen Abt DODO war[962]. Ende 845 oder etwas später unterschrieb er eine Urkunde des Grafen Lambert von Nantes und Angers für das Kloster St-Aubin in Angers, durch die der Graf die urkundliche Bestätigung des früheren Privilegs Ludwigs des Frommen und der Schenkung Lamberts an das Kloster durch Karl den Kahlen seinerseits nochmals garantierte[963]. 851 wurde der Besitzaustausch zwischen ihm und dem Grafen ODO (II) von Angers bestätigt[964]. Seine Teilnahme an den Versammlungen in Anjou (850), in Soissons (April 853), in Bonneuil (August 855), in Tusey (Oktober 860), in Pîtres (Juni 862) und Verberie (Ende Oktober 863) ist nachweisbar[965]. Im Oktober 863 hatte er beim Hofgericht in Verberie den Beisitz[966]. 872 schenkte Karl der Domkirche von Angers die *villa* Juigné-Béné[967]. Nach dem Totenverzeichnis der Domkirche starb DODO am 9. November 879[968].

DONATUS (Donatus)

Vasall, dann Graf von Melun (816–vor 858)

TÄTIGKEIT ALS KÖNIGSBOTE:

1) 818, vor 6. 5.: *missus* Ludwigs des Frommen in der Sabina mit einem anonymen Missus (= KRAUSE II 68)

960) Gesta Aldrici, Fragment c. 7, hier S. 166.

961) Le Cartulaire de Saint-Maur sur Loire Nr. 34 (St-Maur, 839), in: Recherches sur les cartulaires d'Anjou, hrsg. v. P. MARCHEGAY S. 378 f.

962) D KdK Nr. 71 (St-Benoit-sur-Loire, 845. 6. 13.), 1 S. 201–204.

963) Cartulaire de Saint-Aubin d'Angers Nr. 17 S. 29–31. Diese Urkunde Lamberts ist Fees zufolge „nach seiner Versöhnung mit Karl im Herbst 845, aber vor dem Entzug der Grafschaft Anjou zu datieren". Die diesbezügliche Urkunde Karls ist verlorengegangen. Vgl. BF 504, 540 und 541.

964) D KdK Nr. 139 (*Litnus/Litinis?*, 851(?). 7. 3.), 1 S. 366–368. Zur Bedeutung dieses Tausches vgl. KAISER, Bischofsherrschaft S. 438 f.

965) MGH Conc. 3 Nr. 20 (Anjou[?], 850. 7./8.) S. 203; Nr. 27 (Soissons, 853. 4.) S. 264, 279; MGH Conc. 4 Nr. 3 (Tusey, 860. 10. 22. – 11. 7.) S. 22; Nr. 10 (Pîtres, 862. 6.) S. 114, 118; Nr. 18 (Verberie, 863, Ende Oktober) S. 166.

966) D KdK Nr. 258 (Verberie, 863. 10. 29.), 2 S. 81–86, hier S. 85.

967) D KdK Nr. 362 (St-Denis, 872. 4. 16.), 2 S. 302–305.

968) Fastes 2 S. 360.

Vor der Reise zum Kloster Farfa wurde DONATUS, damals Vasall, mit einem weiteren Missus, dessen Name in der Urkundenabschrift ausgelassen ist, in die Sabina zur Grenzfeststellung von Gütern geschickt, deren Ergebnis sie schriftlich beschrieben und vor Ort (mit etwas Symbolischem?) bezeichneten[969].

2) 819, vor 8. 7.: *missus* Ludwigs des Frommen im Mittelrheingebiet (im Wormsgau) (= KRAUSE II 70)

Zur Inquisition vor der Restitution der Güter des Klosters Hornbach wurde DONATUS dorthin geschickt[970].

3) 825. 8.: *missus* Ludwigs des Frommen in der Kirchenprovinz Sens mit JEREMIAS (= KRAUSE I 93)

Er war einer der zwei Missi in der Kirchenprovinz Sens[971].

4) 827: im Auftrag Ludwigs des Frommen in Spanien mit HELISACHAR und HILDEBRAND (II) (= KRAUSE II 89)

Zur Beruhigung der politischen Situation in der Spanischen Mark entsandte der Kaiser seine Truppen, aber zuvor hatte er seine Missi vorausgeschickt, nämlich HELISACHAR und die Grafen HILDEBRAND* (II) sowie DONATUS. Dank ihrer Hilfe konnten die Franken die Aufständischen unter Aizos Leitung zurückschlagen[972].

5) vor 834: *missus* Ludwigs des Frommen in Orléans mit JONAS (I) (= KRAUSE I 117)

Die Schlichtung des zweiten Konflikts zwischen dem Kloster Fleury und dem Kloster St-Denis wurde der Gerichtsversammlung überlassen, der die zwei herrscherlichen Missi vorsaßen. Die anwesenden Rechtskundigen der Lex Salica konnten die unter dem römischen Recht stehende kirchliche Sache nicht verhandeln. Die Ver-

969) BM² 664 (Aachen, 818. 6. 5.); Reg. Farfa 2 Nr. 255 (= Doc. 237) S. 194 = D LdF 141 (Aachen, 818. 6. [2.–5., 5.?]) S. 357 f., hier S. 357: … *scilicet ut a missis nostris […] et Donato vasso nostro termini eiusdem gualdi indagatione simili scripta vel designata sunt.*

970) BM² 699; Reg. Hornbach Nr. 11 = D LdF 164 (Ingelheim, 819. 8. 7.) S. 407–409, hier S. 408 f.: … *Quod nos, dum ad hoc investigandum Donatum fidelem nostrum iuxta veritatis et equitatis ordinem diligenter perscrutari iuberemus, et ille rem diligenter perscrutatam et per homines bone fidei veraciter inquisitam invenit et nobis nunciavit […] quod dum nobis predictus missus noster ita nunciasset, placuit serenitati nostre …*

971) Ansegis 2,25–26 S. 544 f.: c. 1: *Senones Hieremias archiepiscopus et Donatus comes. c. 2: Commemoratio, quid ad praedictorum missorum legationem pertineat.*

972) ARF a. 827 S. 172; Astronomus c. 41 S. 438. Die vollständigen Zitate finden sich bei HELISACHAR in der Prosopographie.

handlung wurde deshalb auf die nächste Sitzung in Orléans verschoben, wobei von diesen beiden Missi nicht mehr die Rede ist. Aus dem Text Adrevalds kann man nichts Genaueres über ihre Tätigkeit erfahren. Die Datierung dieser Mission ist nicht einfach und steht auf unsicheren Füßen. Wenn man Adrevalds Darstellung teilen möchte, war DONATUS zur Zeit dieser Legation noch Graf von Melun. Dann würde dieses Ereignis vor 834 zu datieren sein. Meiner Ansicht nach aber ist eine sichere Datierung nicht möglich[973].

973) Adrevaldus, Miraculorum sancti Benedicti liber primus c. 25 S. 56 f. = MGH SS 15 S. 489 f.: *Decurso exinde non modico tempore, alia iterum oboritur controversia inter praefatum huius loci advocatum atque advocatum Sancti Dyonisii. Colliguntur ab utrisque partibus plurimi legum magistri et iudices, qui pro partibus decertarent. Praeterea aderant in eodem placito missi a latere regis Ionas episcopus Aurelianensis et Donatus comes Milidunensium. Sed cum litem in eo placito finire nequirent, eo quod Salicae legis iudices ecclesiasticas res sub Romana constitutas lege discernere perfecte non possent, visum est missis dominicis placitum Aurelianis mutare. Venientes itaque ad condictum locum legum magistri et iudices, utraque ex parte acerrime decertabant. Aderant namque legum doctores tam ex Aurelianensi quam ex Vastinensi provincia. Enimvero longiuscule litem iudicibus protrahentibus, eo quod nec hii cedere illis, nec illi assensum aliis praebere vellent, tandem adiudicatum est, ut ab utraque parte testes exirent, qui post sacramenti fidem scutis ac baculis decertantes, finem controversiae imponerent. Sed cum id iustum rectumque visum fuisset omnibus, quidam Vastinensis regionis legis doctor, cui quodam praesagio pro humano bestiale nomen indictum erat, quique ex parte advocati Sancti Dyonisii munere corruptus advenerat, verens, ne, si duo inter se decertarent, testis eorum reprobus inveniretur, iudicium protulit: non esse rectum, ut bello propter res ecclesiasticas testes decernerent; immo magis inter se mancipia advocati partirentur. Cuius sententiae Genesius vicecomes favens, rectius dixit esse mancipia dividi quam testes bello decernere; in eamque sententiam concilium omne deflexit. At vero sanctus Benedictus nequaquam iudicis illius et legislatoris oblitus est, qui primus sententiam dividendi mancipia versute iuxta nomen suum ac bestialiter protulit. Namque continuo, ut eadem in duas divisa sunt partes mancipia, ille iusto Dei iudicio ita percussus est, ut nullo modo aliquid loqui posset, evacuato tocius linguae officio. Cognoscentes autem familiares eius, qui inibi aderant, veritatem rei gestae, deduxerunt eum ad monasterium sancti confessoris Christi, quem graviter offenderat; ibique per unum ferme demoratus est mensem, nutibus quibus poterat auxilium deposcens egregii patris. Denique aliquantulam sanitatem consecutus, ad sua regreditur; nunquam tamen, donec advixit, impetrare valuit, ut nomen sancti Benedicti lingua propria exprimeret.* Obwohl Adrevald hier diesen Missi das Wort *regis* beifügt, können sie nicht die Missi des Königs Pippin I. von Aquitanien sein. DEPREUX, Prosopographie S. 160 Anm. 3. Zu dieser Darstellung von Adrevald vgl. SCHMITZ, Kapitulariengesetzgebung S. 504–508; WORMALD,

6) 838: *missus* Ludwigs des Frommen in Septimanien mit ADREBALD und BONIFACIUS (= KRAUSE II 109)

Auf Bitte einiger Leute aus Septimanien schickte Ludwig seine drei Missi zur Untersuchung und Restitution der widerrechtlich entfremdeten Güter[974].

7) 853. 11.: *missus* Karls des Kahlen in Sens, Troyes, Gâtinais, Melun, Provins, Arcis-sur-Aube und Brienne mit WENILO und ODO (II) (= KRAUSE I 146)

DONATUS war einer der Missi in der Gegend um Sens, Troyes und Melun, d. h. in der Nähe der eigenen Machtbasen dieser drei Missi in Burgund[975].

KURZBIOGRAPHIE[976]:

Dank HINKMAR (I) von Reims wissen wir, dass DONATUS vor dem Tod des Reimser Erzbischofs WULFAR ein Beneficium aus dem Reimser Kirchenbesitz in Neuilly hatte[977]. Unsicher ist allerdings die Identifikation mit einem *iudex dominicus Donatus*, der zusammen mit einem sonst unbekannten Pfalzgrafen Ragonfredus und einem anderen Judex Ugabaldus in Girona eine Besitzeinweisung durchgeführt hatte, die die Missi NIBRIDIUS und CHRISTIAN (I) 817 inquisitorisch bestätigten, denn wir haben keine Information über das Datum der ersten Besitzeinweisung[978]. 823 ist DONATUS als Intervenient für das Kloster Santa Grata in Urgell belegt[979]. In der Krise des Rei-

---

The Making S. 30 f. und 70–72. Der intervenierende Rechtskundige aus dem Gâtinais kannte die Bestimmung des Kapitulars von 819: Ein Streit zwischen kirchlichen Parteien sollte nicht durch einen Zweikampf entschieden werden. Vgl. MGH Capit. 1 Nr. 139 c. 10 S. 282 f. WORMALD, ebd. S. 72, bemerkt, dass Adrevald es so darstellte„ als ob nur dieser Rechtskundige auf der Gerichtsversammlung diese Bestimmung gekannt hätte.

974) Astronomus c. 59 S. 526/528. Siehe den Text bei ADREBALD in der Prosopographie.

975) MGH Capit. 2 Nr. 260 S. 276: 10. *Wenilo episcopus, Odo et Donatus missi in pago Senonico, Trecasino, Wasteniso, Miliduniso, Morviso, Proviniso et in tribus Arcisisis et in duobus Brionisis*. Vgl. Karte bei NELSON, Charles the Bald S. 326 f.

976) Literatur: STAAB, Mittelrhein S. 432 f.; HANNIG, Zentrale Kontrolle S. 7 f.; DEPREUX, Prosopographie S. 160–162; MORDEK, Rechtsstreit S. 87–89; BF 373.

977) Hinkmar, Gesta de villa Novilliaco c. 4 S. 103; BZ 373. Vgl. D KdK Nr. 75 (*villa Avegio*, 845. 10. 1.), 1 S. 210–213 = HRE III c. 4 S. 194 f.; BF 495.

978) Siehe NIBRIDIUS in der Prosopographie.

979) BM[2] 775; Catalunya Carolíngia 2,1 Nr. 1 S. 259–262 = D LdF 222 (Frankfurt, 823. 6. 21.) S. 545–548.

ches 830–833 stand er auf der Seite Lothars. Deswegen verlor er seine Grafschaft Melun und das *beneficium* in Neuilly. Nach dem Vertrag von Verdun verlieh Karl der Kahle ihm allerdings nochmals die Villa in Neuilly. DONATUS *commendavit* dem König später seinen Sohn Gozlin. Er starb vor 858[980].

DROCTEGANG (Droctegangus, Druhtgangus)

Abt von Jumièges (753–763)

TÄTIGKEIT ALS KÖNIGSBOTE:

1) 753: *missus* Pippins des Jüngeren in Rom mit einem Unbekannten (= –)

Pippin beauftragt seine Missi, dem Papst seine Grüße und Nachricht von seiner Gesundheit zu überbringen[981].

2) 763: *missus* Karls des Großen und Karlmanns in Rom mit WULFARD (= –)

Karl und Karlmann schickten ihre gemeinsamen Gesandten mit ihren herzlichen Grüßen, aber ohne Geschenke nach Rom[982].

---

980) Hinkmar, Gesta de villa Novilliaco c. 4 S. 103 f.

981) Jaffé³ 4057 (753, vor 10. 14.); Cod. Carol. Nr. 4 S. 487: *Presens Droctegangus abbas sacris liminibus protectoris tui, beati apostolorum principis Petri, et nostris obtutibus presentatus, inposita sibi verba salutationis ac sospitatis a Deo servate atque amantissime excellentiae tuae [...] Etenim presens Drocteganus, fidelis tuus missus, iuxta quod nobis locutus fuit, congruum per eum tuae sublimissimae bonitati, in ore ponentes, remisimus responsum [...] Hoc autem petimus, fili: ut, dum missos tuos ad nos remittere iusseris cum responsis, hunc Iohannem virum religiosum cum eis mittere iubeas; fidelis enim tuus est et prudenter reportat responsa*; Vgl. auch ebd. Nr. 5 S. 487 f.; HACK, Codex Carolinus 2 S. 957.

982) Jaffé³ 4174 (763); Cod. Carol. Nr. 26, hier S. 530: *Missam relationem excellentiae vestrae, deferentibus harum gerulis, Droctegangum scilicet et Vulfardum religiosis abbatibus, suscipientes, votivo sumus incolomitatis vestrae nuntio relevati, obtantes, ut vitam actusque vestros sua misericordia Dominus et protegat et disponat atque ad perfectam perducat aetatem. Per easdem siquidem syllabas innotuistis, maximam vos tenere verecundiam in id, quod interim munerum commoda per harum latores nobis dirigere [non] valuistis. Sed quid est, dulcissimi atque amantissimi filii, victoriosissimi reges, quod nos muneribus vestris laetificare inhiatis? Nulla enim alia munera disideramus, quam vestrae incolomitatis prosperitatem sedule addiscere et de vestris profectibus gratulari.*

KURZBIOGRAPHIE[983]:
Er ist 762 als Mitglied des Totenbundes von Attigny belegt[984].

EBBO (Ebbo, Ebo)

Erzbischof von Reims, Bischof von Hildesheim (816–851)

TÄTIGKEIT ALS KÖNIGSBOTE:

1) 825. 8.: *missus* Ludwigs des Frommen in den Grafschaften Reims, Châlons-en-Champagne, Soissons, Senlis, Beauvais und Laon mit ROTFRID (= KRAUSE I 91)

825 wurden EBBO und ROTFRID als Missi in den sechs Grafschaften eingesetzt. Merkwürdig ist, dass Bischof ROTHADUS von Soissons schon durch dasselbe Kapitular als sein Stellvertreter in diesem Missaticum bei seiner möglichen Abwesenheit bestimmt war[985].

2) 825/826: *missus* Ludwigs des Frommen (in dem Missaticum von 1) mit ROTFRID (= KRAUSE I 98 = II 85)

In den Formulae Imperiales ist ein Formular überliefert, das eine Inquisition durch EBBO und ROTFRID erwähnt. Nach diesem Formular hätte Ludwig aufgrund des Berichts ihrer Inquisition den Petenten mit einer Urkunde ihre Freiheit und ihren Besitz bestätigt[986].

KURZBIOGRAPHIE[987]:
Obwohl EBBO als Sohn eines leibeigenen Manns geboren wurde, war er Milchbruder Ludwigs des Frommen, weil seine Mutter Himiltrud Amme des späteren Kaisers war. EBBO konnte deswegen am Hof erzogen werden und stand dem Königssohn so nahe, dass Lud-

983) Literatur: FELTEN, Laienäbte S. 128 und 230; HACK, Codex Carolinus 2 S. 996.

984) MGH Conc. 2,1 Nr. 13 S. 73.

985) MGH Capit. 1 Nr. 151, cc. 1–2 S. 308 = Ansegis, 2, 25–26 S. 542 f., 545: *In Remis Ebo archiepiscopus, quando potuerit, et quando ei non licuerit, Hruothadus episcopus eius vice. Et Hruotfridus comes sit super sex videlicet comitatus, id est Remis, Catalon, Suasion, Silvanectis, Belvacus et Laudunum…*; *Commemoratio, quid ad praedictorum missorum legationem pertineat.*

986) BM^2 822; D LdF F 45 ([825. 11. – 833. 6.]) S. 1202; Form. Imp. Nr. 45 S. 321: *Quam causam missos nostros, Ebbonem episcopum et Hruotfridum comitem, diligenter inquirere iussimus ac inquisitam nobis renuntiare; qui revertentes retulerunt nobis, per omnia ita verum esse, sicut memoratus ille Enoch [renuntia]verat.*

987) Literatur: Fastes 3 S. 87 f.; SCHENK ZU SCHWEINSBERG, Reims S. 181–192; GOETTING, Die Hildesheimer Bischöfe S. 56–84; BAUTZ, Ebo (Ebbo) von Reims, in: BBKL 1 Sp. 1447–1449; DEPREUX, Prosopographie, S. S. 169–174; BIGOTT, Reichskirche S. 98–101, 112–116 und 157; SCHRÖR, Aufstieg und Fall.

wig ihn zum Hofbibliothekar in Aquitanien ernannte[988]. Nach der Kaiserkrönung Ludwigs durch Papst Stephan IV. im Oktober 816 in Reims, also Ende 816 oder Anfang 817, wurde EBBO zum Erzbischof geweiht. EBBO bekam vom Kaiser Ludwig mehrere Urkunden einschließlich eines neuen Privilegs und einer Bestätigung früherer Privilegien[989]. Vor 825, also vor der ersten nachweisbaren Legation, schenkte der Kaiser den Kanonikern die öffentlichen Wege um die Bischofskirche zum Umbau des Klosters[990]. Ende 822 oder Anfang 823 wurde EBBO mit HALITGAR* zur Mission nach Norden gesandt[991]. EBBO kam allerdings schon im Herbst 823 zusammen mit den anderen kaiserlichen Gesandten THEOTHAR* und ROTHMUND* zurück[992]. Seine Teilnahme an der Pariser Synode von 829 ist nachweisbar[993]. 835 verzichtete er wegen des in Diedenhofen gegen ihn geführten Prozesses auf sein Bischofsamt[994]. Nach der Ab-

988) GOETTING, Die Hildesheimer Bischöfe S. 57–59; SCHRÖR, Aufstieg und Fall S. 204 f.

989) BM² Verlorene Urkunden Nr. 478, 479, 480, 481, 482 und 483; D LdF Dep. 167, 168, 169, 170, 171, 172, 173 und 174 S. 1142–1145.

990) BM² 801 (interpoliert). Vgl. D LdF †245 (unecht) S. 611–614, und Dep. 170 S. 1144.

991) Epistolae selectae pontificum Romanorum Nr. 11, in: MGH Epp. 5 S. 68–70, hier S. 70: *Collegam denique huic divine administrationis legationi ei providentes, Halitgarium religiosum adicientes ministrum, constituimus, quatinus ad sedem apostolicam oportuno valeat tempore de credito negotio facilius prestante Domino intimare et nunquam se in qualibet parte huic nostrę auctoritatis ministerio commisso neglegere.* Zur Datierung vgl. Jaffé³ 5060 (Ende 822/Anfang 823). Ann. Iuv. maximi, a. 823 S. 740: *Conventus ad Francorum vadum habitus; Lotharius imperialem coronam suscepit. Ludowitus interiit. Ebo Remensis episcopus ad terminos Danorum venit.* Vgl. dazu GOETTING, Die Hildesheimer Bischöfe S. 61–63. ARF a. 823 S. 163. Gozbert und Erimbert, die EBBO in der Mission nach Norden folgten, waren seine Verwandten. Gozbert wurde Mitte der 840er Jahren zum Bischof von Osnabrück erhoben. BIGOTT, Reichskirche S. 98 und 101.

992) ARF a. 823 S. 163.

993) Cart. gén. Paris Nr. 35, hier S. 50 f. (= MGH Conc. 2,2 S. 605 f.). Er war dann auch bei den beiden Synoden in St-Denis zugegen. MGH Conc. 2,2 Nr. (a. 829/830) S. 684 und Nr. 53 (a. 832) S. 694.

994) MGH Capit. 2 Nr. 199 S. 57 f.; MGH Conc. 2,2 Nr. 55 B S. 701–703. Vgl. auch MGH Conc. 3 Nr. 27 Anhang S. 290–293. Zu diesem Prozess vgl. SCHENK ZU SCHWEINSBERG, Reims S. 188; GOETTING, Die Hildesheimer Bischöfe S. 67 f.; DEPREUX, Prosopographie S. 174; SCHRÖR, Aufstieg und Fall S. 211–215. Zu „Ebos Sturz und seine(n) Folgen“ vgl. PATZOLD, Episcopus S. 315–357.

setzung wurde er zuerst in Fulda, danach bei FRECULF von Lisieux, dann zuletzt bei Abt BOSO (II) von Fleury in Haft gesetzt[995]. Nach dem Tod Ludwigs wurde er im August 840 auf der Synode von Ingelheim durch Lothar I. rehabilitiert. Aber im Lauf des Bruderkriegs und auch danach konnte er sich nicht mit Erfolg in Reims behaupten[996]. Um die Jahreswende 844/845 wurde er von Ludwig dem Deutschen als Bischof von Hildesheim eingesetzt[997]. In seiner Hildesheimer Zeit bis zu seinem Tod am 20. März 851 spielte EBBO eine nicht geringe Rolle bei der Nordmission[998].

EBERHARD (I) (Eborhardus, Eburhardus, Evrehardus)
Mundschenk [später Kämmerer?] (779–781 [und 806?])

TÄTIGKEIT ALS KÖNIGSBOTE:

1) 779, vor 10. 14.: *missus* Karls des Großen in Würzburg (= –)

In der Würzburger Markbeschreibung vom 14. Oktober 779 ist ein Missus Karls des Großen namens Eburhardus erwähnt. Zur Feststellung der Grenze dieser Mark nahm er die örtlichen Großen mit, die zusammen mit ihm die Grenzlinie abschritten und sie eidlich bestätigten[999].

---

995) MGH Conc. 2,2 Nr. 61, Appendix 3 (Narratio clericorum Remensium) S. 808.

996) Hierzu vgl. zuletzt SCHRÖR, Aufstieg und Fall S. 216–220.

997) Zur Datierung vgl. GOETTING, Die Hildesheimer Bischöfe S. 72–76.

998) BIGOTT, Reichskirche S. 111–116.

999) STEINMEYER, Sprachdenkmäler Nr. 24,1 S. 115 f.: *Notum sit omnibus sanctae dei ecclesiae fidelibus, qualiter Eburhardus missus domni nostri Karoli excellentissimi regis cum omnibus obtimatibus et senibus istius provinciae in occidentali parte fluvii nomine Moin marcham Vuirziburganensium iuste discernendo et ius iurantibus illis subter scriptis optimatibus et senibus circumduxit. Incipientes igitur in loco [...] Isti sunt qui in his locis suprascriptis circumduxerunt et iuramento firmauerunt [...] Incipiebant uero in eodem loco alii testes preire et circumducere [...] Hucusque preibant et circumducebant et iuramento firmabant, qui subter nominati sunt [...] Incoati sunt uero tertii testes ducere et girum pergere peracto iuramento. Ducebant ergo de loco [...] Haec loca suprascripta circumducebant et preibant iuramento asstricti, ut iustitiam non occultarent sed proderent, hi, qui subter positi sunt: Fredthant [...] Iterum alii testes, qui simul cum Fredthanto ducebant sociisque eius de loco [...] Actum publice in pago Ualtsazzi uocato et in finibus Badanahgouuono coram omnibus his, quorum nomina haec notitia in se continet scripta.* In der gemeinsam überlieferten auf Althochdeutsch geschriebenen Markbeschreibung ist kein königlicher Missus erwähnt. Ebd. Nr. 24,2 S. 116. Hierzu vgl. WERNER, Missus – Marchio – Comes S. 199 Anm. 27: Diese Urkunde sei ein Beispiel

2) 781: *missus* Karls des Großen zu Tassilo III. nach Bayern mit RICHULF (= –)

Die Reichsannalen berichten zum Jahr 781, dass Papst Hadrian und Karl der Große gleichzeitig von Rom aus ihre Gesandten mit einer Mission zu Tassilo III. beauftragt hätten, die den Herzog an die den Königen Pippin und Karl sowie den Franken geschworene Treue erinnern sollten. Daraufhin sei der bayerische Herzog nach Worms gekommen und hätte erneut die Treue zum fränkischen König gelobt[1000]. Da die Glaubwürdigkeit der Beschreibung von Tassilos Eidesleistung gegenüber Karl in Worms durch Matthias Becher in Frage gestellt wird, muss man überprüfen, ob Karl wirklich seine Gesandten nach Bayern absandte, wie nur die Reichsannalen und die von ihnen abhängigen Annalen berichten. Zumindest kann man anhand der anderen, von den Reichsannalen unabhängigen Annalen die Tatsache feststellen, dass Tassilo 781 nach Worms kam, wo die Reichsversammlung stattfand[1001]. Da eine Teilnahme des bayerischen Herzogs an einer fränkischen Reichsversammlung nicht üblich war, kann man eine Vorverhandlung zwischen dem fränkischen Königshof und dem bayerischen Herzogshof unterstellen. Deswegen halte ich es für wahrscheinlich, dass Karl seinen Vetter durch seine Gesandten zu

„des textes juridiques ou administratifs que le hasard nous a conservés en langue germanique".

1000) ARF a. 781 S. 58: *Et tunc missi sunt duo missi ab apostolico supradicto, hi sunt Formonsus et Damasus episcopi, ad Tassilonem ducem una cum missis domni regis Caroli his nominibus: Riculfum diaconem et Eborhardum magister pincernarum, ad commonendum et contestandum, ut reminisceret priscorum sacramentorum suorum et ut non aliter faceret, nisi sicut iureiurando iam dudum promiserat ad partem domni Pippini regis et domni Caroli magni regis vel Francorum. Et tunc consensit Tassilo dux Baioariorum, ut sumptos obsides a domno rege Carolo et tunc ad eius veniret praesentiam; quod et domnus praefatus rex non rennuit. Et coniungens se supradictus dux in praesentiam piissimi regis ad Wormatiam civitatem, ibi renovans sacramenta et dans duodecim obsides electos, ut omnia conservaret, quicquid domno Pippino regi iureiurando promiserat in causa supradicti domni Caroli regis vel fidelium suorum; qui et ipsi obsides recepti sunt in Carisiacum villa de manu Sinberti episcopi. Sed non diu praefatus dux Tassilo promissiones, quas fecerat, conservavit.* Vgl. auch Ann. q. d. Einhardi a. 781 S. 59; Ann. Met. pri. a. 781 S. 69, nach denen Karl während seines Aufenthaltes in Rom seine Missi an Tassilo abgeordnet habe. Vgl. BM² 235b (781. 4. 15.). Zu den päpstlichen Legaten vgl. RIESENBERGER, Prosopographie S. 84.

1001) Ann. Petav. a. 781 S. 16; Ann. Mosel. a. 781 S. 497; Ann. Laures. emend. a. 781 S. 33. Dazu vgl. BECHER, Eid S. 51–58.

einem persönlichen Treffen aufforderte, besonders wenn die Aussage der Quellen – die von den Reichsannalen berichtete Geiselstellung von Karls Seite einerseits, die von den Annales Petaviani berichteten Geschenke Tassilos an Karl andererseits – die beiden Herrscher als gleichberechtigte Partner beim Treffen darstellen[1002]. Für die Abordnung der königlichen Gesandten während Karls Aufenthalts in Rom oder auf dem Rückweg in die Francia waren nur die Begleiter des Königs auf der Romreise einsetzbar, denen Mundschenk EBERHARD wahrscheinlich zugerechnet wird. Die fränkischen Gesandten wurden also wirklich nach Bayern abgeordnet.
KURZBIOGRAPHIE[1003]:
Für die Gleichsetzung der beiden Missi, *Eburhardus* von Legation 1 und *Eborhardus* von Legation 2, gibt es keinen triftigen Grund[1004]. Aber wegen der zeitlichen und geographischen Nähe der beiden Legationen betrachte ich sie als identisch. Auch unsicher, jedoch möglich ist die Gleichsetzung mit dem Kämmerer Eberhard (*Ebrehardus/ Everardus camerarius*), der 806 in Aachen vor dem Königsgericht einen Prozess wegen zwei *mansi* im Gau Chartres gegen Abt FARDULF von St-Denis verlor[1005]. Dieser Kämmerer wird manchmal in der Forschung mit einem Missus Ludwigs des Frommen um 826 namens EVRARD gleichgesetzt[1006].

EBERHARD (II) (Eberhardus, Ebrardus)
Markgraf von Friaul (836–†864/866)

TÄTIGKEIT ALS KÖNIGSBOTE:
847/848: *missus* Lothars I. in Süditalien mit WIDO (IV), LIUTFRID (II) und ADALGIS (II) (= KRAUSE II 136)

EBERHARD war einer der Missi, die als Heerführer der ersten Einheit bei dem Feldzug gegen die Sarazenen in Süditalien fungierten[1007].

1002) BECHER, Eid S. 58.
1003) Literatur: ABEL/SIMSON 2 S. 551 f.; HANNIG, Zentrale Kontrolle S. 37 f.
1004) ABEL/SIMSON 2 S. 551 Anm. 1.
1005) D KdG 204 ([Aachen,] 806. 8. 17.) S. 273 f.
1006) Siehe unten EVRARD in der Prosopographie.
1007) MGH Conc. 3 Nr. 12 S. 139: *In prima scara sunt missi: Ebrardus, Wito, Liutfridus, Adalgisus*. Vgl. BZ 46.

KURZBIOGRAPHIE[1008]:
EBERHARD (II) war Sohn UNROCHs und gehörte damit zu den Unruochingern. Sein Amtsantritt als Markgraf von Friaul ist nur ungefähr zwischen 828 und 834 datierbar. Jedenfalls taucht er zuerst in den Quellen auf, als ihn Lothar 836 mit WALA* und dem Türhüter Richard zu seinem Vater sandte[1009]. Vielleicht um diese Zeit heiratete er Gisela, die Tochter Kaiser Ludwigs aus erster Ehe, d. h. Lothars Schwester[1010]. Er stand in Lothars I. Gunst und fungierte für den venezianischen Dogen als Intervenient[1011]. Bei Privilegien für die Kirche von Aquileia wirkte er 843 zusammen mit Bischof NOTING von Verona als Vermittler der Bitte des Patriarchen bei Lothar I.[1012] und 855 erneut bei Kaiser Ludwig II.[1013] Er war einer von dessen Begleitern, die im Mai 856 in Brescia in den Liber vitae des Klosters San Salvatore aufgenommen wurden[1014]. 858 wurde er zusammen mit Bischof NOTING von Brescia zu Ludwig dem Deutschen gesandt[1015]. Er starb 864/866. Überliefert ist sein Testament, das um 863/864 abgefasst wurde[1016]. Aus dem Katalog seiner Bücher ist das von LUPUS* von Ferrières geschenkte Gesetzbuch hervorzuheben[1017].

EBERHARD (III) (Everardus, Evrardus)

Vasall und Seneschall (865–899)

TÄTIGKEIT ALS KÖNIGSBOTE:
1) 865. 3.: *missus* Ludwigs II. von Italien in Como (oder in der Lombardei?) (mit AISTULFUS) (= KRAUSE I 178; I 179)

Auf der Legationsreise mit seinem Missatskollegen AISTULFUS und weiteren Begleitern hielt EBERHARD in Como eine Gerichtsverhandlung ohne erkennbare Beteiligung des AISTULFUS, aber mit den *iudices imperiales* Ratfred und Ratpald, ab, wobei der Streit

1008) Literatur: HLAWITSCHKA, Franken S. 169–172; WERNER, Bedeutende Adelsfamilien S. 133–137; FEES, Eberardo; MÜNSCH, Der Liber legum S. 58–63.
1009) Astronomus c. 55 S. 506; AB a. 836 S. 18.
1010) SETTIPANI, La préhistoire S. 256 f.
1011) D Lo I. 62 (Diedenhofen, 841. 9. 1.) S. 170 f.
1012) D Lo I. 76 (Gondreville, 843. 8. 22.), hier S. 192.
1013) D L II. It 17 (Pavia, [855.] 10. 30.) S. 97 f.
1014) Der Memorial- und Liturgiecodex von San Salvatore / Santa Giulia in Brescia, fol. 8r1.2 S. 148. Hierzu vgl. ebd. S. 59–65.
1015) AF a. 858 S. 48.
1016) Cart. Cysoing Nr. 1 S. 1–5.
1017) Dazu vgl. MÜNSCH, Der Liber legum.

zwischen dem Kloster S. Ambrogio in Mailand und gewissen Leuten um die Güter in den Orten Dongo und Gravedona verhandelt wurde. Nach der zweiten Sitzung wurde zugunsten des Klosters entschieden[1018]. Während der Verhandlung wurde ein Placitum der Missi ANGILBERT (II) von Mailand und URSINIANUS als Beleg vorgelegt[1019].
2) 869–870: *apocrisiarius* Ludwigs II. von Italien nach Konstantinopel mit ANASTASIUS und SUPPO (= –)

EBERHARD gehörte zur Gesandtschaft Kaiser Ludwigs II. nach Konstantinopel[1020].

KURZBIOGRAPHIE[1021]:
Eduard Hlawitschka identifiziert diesen Seneschall mit dem gleichnamigen Anhänger des Kaisers Wido und seines Sohnes Lambert in den 890er Jahren.

1018) MANARESI Nr. 68 (Como, 865. 3.) S. 246–248, hier S. 247 f.: *Dum ad potestatem domni Ludovuici imperatoris missis directi fuissemus nos quidem Aistulfus archidiaconus capelle sacri palatii et Everardus vasso et senescallo domni imperatoris, una cum Rafredo, Rapaldo, Teutulfus iudicibus imperiales, qui cum ipsis ad ipsum missaticum aderant, inter quibus per singulas denominatas comitatoras dum venisemus nos superscriptis Aistulfus et Everardus in civitate Cumo, cepit ipse Everardus una cum insimul cum Rafredo, Rapaldo resedere in iudicio in atrio eclesie sancte Eufemie et adesset ibi cum eis Apo, gastaldio domni imperatoris [...] Ibique in eorum presentia veniens Iordanne advocato monasterii sancti Ambrosii foris muro civitate Mediolanium [...* und die zweite Sitzung*] Iterum venerunt ambas partes ibi in ipso loco in presentia Everardi misso domni imperatoris, Rafredo, Ratpaldo iudicibus et reliquorum multorum. [...] Tunc nos suprascriptis auditoribus cum talem audiremus illorum altercationem, seu et ipsorum germanis professione seu manifestatione, recte nobis cui supra auditoribus paruit et ita iudicavimus, ut ... Signum manus Everardi misso domni imperatoris interfui. Rafretus notarius domni imperatoris interfuit. Rapaldo iudice domni imperatoris interfui.* Ratfred unterschrieb das Placitum als kaiserlicher Notar. Vgl. BZ 238.

1019) Siehe ANGILBERT (II) in der Prosopographie.

1020) Gesta octavæ synodi S. 305; Lib. Pont. CVIII, Vita Hadriani II cc. 42–45, 2 S. 181 f.; Anastasii bibliothecarii epistolae Nr. 5 (871, an Papst Hadrian II. zur Überreichung der lateinischen Übersetzung der Konzilsakten; vgl. Jaffé³ 6298) S. 403–415, hier S. 410. Siehe ANASTASIUS in der Prosopographie.

1021) Literatur: HLAWITSCHKA, Franken S. 179–181.

EBURIS (Eburis, Eburisus)
Missus (798)

TÄTIGKEIT ALS KÖNIGSBOTE:
798: *missus* Karls des Großen in Sachsen mit den anderen Anonymen (= KRAUSE II 33 [anonyme *missi*])

Die fränkische Delegation, unter der nur EBURIS namentlich bekannt ist, wurde zur mititärischen Unterstützung der verbündeten Abodriten gegen die Nordalbingier geschickt[1022].

KURZBIOGRAPHIE[1023]:
Über ihn ist nichts Weiteres bekannt.

ECCHARDUS (Acardus, Aechardus, Eccardus, Ecchardus, Echardus)
Graf (838–876/877)

TÄTIGKEIT ALS KÖNIGSBOTE:
858: *missus* Ludwigs des Deutschen in der Gegend von Sens mit THEODERICUS (II) (= –)

Nach Ausweis der Klageschrift gegen Erzbischof WENILO von Sens (vorgelegt auf der Synode von Savonnières, 859) waren in Sens ECCHARDUS und THEODERICUS als Missi Ludwigs des Deutschen zugegen. Während WENILO ihnen einen Brief dieses Königs reichte, übergaben sie ihm die von Ludwig urkundlich verliehene Abtei Ste-Colombe in Sens[1024].

1022) Ann. Laures. emend., a. 798 S. 42: *Et interim congregati sunt Sclaui nostri, qui dicuntur Abotridi cum missos domni regis ad illos Saxones, qui in aquilones parte Albie erant; et vastaverunt terram illam et incenderunt*; ARF a. 798 S. 104: *Nordliudi contra Thrasuconem ducem Abodritorum et Eburisum legatum nostrum conmisso proelio acie victi sunt. Caesa sunt ex eis in loco proelii quattuor milia, ceteri, qui fugerunt et evaserunt, quanquam multi et ex illis cecidissent, de pacis conditione tractaverunt. Et rex acceptis obsidibus, etiam et his, quos perfidissimos primores Saxonum consignabant, in Franciam reversus est*; Ann. q. d. Einhardi, a. 798 S. 105: *Nam Abodriti auxiliares Francorum semper fuerunt, ex quo semel ab eis in societatem recepti sunt. Quorum dux Thrasco cognito Transalbianorum motu eis cum omnibus copiis suis in loco, qui Suentana vocatur, occurrit commissoque proelio ingenti eos caede prostravit. Nam in prima congressione quattuor milia eorum cecidisse narravit legatus regis Eburis nomine, qui in eodem proelio fuit et in Abodritorum acie dextrum cornu tenuit. Fusi igitur fugatique et multis suorum amissis cum magna calamitate ad loca sua reversi sunt.*

1023) Literatur: ABEL/SIMSON 2 S. 146–148.

1024) MGH Conc. 3 Nr. 47 B (Libellus proclamationis) c. 10 S. 467: *De abbatia*

KURZBIOGRAPHIE[1025]:
Maurice Chaume identifiziert ECCHARDUS mit einem gleichnamigen Nibelungen, was mir glaubhaft zu sein scheint, weil man in der Mitte des 9. Jahrhunderts in Burgund die Nibelungen-Brüder Ecchardus und Theodericus finden kann[1026]. Zuerst ist er um 838 als *fidelis* Pippins I. von Aquitanien belegt, als ihm dieser die Villa Perrecy verlieh[1027]. Obwohl keine zeitgenössischen Quellen seine Zuständigkeit als Graf ausdrücklich bezeichnen, werden ihm in der Forschung die drei Grafschaften Autun, Mâcon und Chalon-sur-Saône zugeschrieben[1028]. Aber es ist schwer, seine Amtsdauer in den einzelnen Grafschaften quellenmäßig festzustellen. In Bezug auf die Grafschaft Autun ist festzuhalten, dass er 863 dort Graf gewesen sein dürfte[1029]. Im Januar 876 tätigte er für das Kloster Fleury eine umfangreiche Schenkung einschließlich der Villa Perrecy[1030], die er sich durch ein Inqui-

---

sanctae Columbae et rebus vel honoribus regni mei (sc. Karls des Kahlen*) apud Hludowicum fratrem meum praeceptum obtinuit et litteras ad missos, qui eandem abbatiam revocarent, Ecchardum et Teodericum impetravit*; c. 11 S. 467: *Sed in eisdem litteris ad praefatos missos iussionem fratris mei Hludowici Guenilo obtinuit, ut de muro castelli Meleduni, quod ius regiae est potestatis, petras haberent licentiam prendere. Unde constat, quia in plebe istius regni mihi a deo collati eum studebat colere et satagebat tenere*; ebd. Nr.47 C (Synodalschreiben an Erzbischof WENILO von Sens), hier S. 469: *Inputat praeterea, quod monasterium sanctae Columbae a Hludowico impetraveritis, et de assignatione eius litteras ad missos Echardum et Teodoricum*. Vgl. BM² 1435n.

1025) Literatur: LEVILLAIN, Nibelungen 1 S. 351–361; LEVILLAIN, Nibelungen 2; DHONDT, Études sur la naissance S. 157 f.; KASTEN, Erbrechtliche Verfügungen, bes. S. 285–293; SETTIPANI, La préhistoire S. 349 f.

1026) CHAUME, Les origines S. 208 mit Anm. 7. Auch Kasten neigt zu dieser Auffassung, lässt aber offen, ob ECCHARDUS und THEODERICUS die Missi Ludwigs waren oder die Missi Karls. KASTEN, Erbrechtliche Verfügungen S. 290–292.

1027) D Aq Nr. 38 (Vouneuil, 836. 6. 29. – 838, vor 12. 14.) S. 166–169.

1028) UB Saint-Benoît-sur-Loire Nr. 27 (876. 1.), Überschrift, hier S. 75: *Donatio et traditio Eccardi comitis Augustodunensis, Matisconensis et Cabilonensis …*; Epitaphium Acardi (Epitaphia varia 6), in: MGH Poetae 4 S. 1029: *Hic princeps triplicis requiescit Acardus honoris, Consulis arce tenens triplicati numinis omen.*

1029) UB Cluny Nr. 219 (zum Jahr 920) S. 208 f.: *in vicem Heccardo, in comitatu Augustudinense […].* Der in der Datierungszeile genannte König Karl ist nach Dhondt als Karl der Kahle zu verstehen. Damit wird diese Urkunde 863 datiert. DHONDT, Études sur la naissance S. 157 Anm. 4.

1030) UB Saint-Benoît-sur-Loire Nr. 25 (um 876. 1.) S. 59–67. Vgl. auch ebd. Nr.

sitionsverfahren vor den königlichen Missi ADALHARD (IV) und Bischof LIUDO von Autun sichern konnte[1031]. Er starb vor Juni 877, trotz seiner beiden Heiraten ohne leibliche Erben.

ECHERIGUS (Eccherigus)

Pfalzgraf (798)

TÄTIGKEIT ALS KÖNIGSBOTE:

798: *missus* Karls des Großen in Pistoia mit den anderen elf Missi (darunter PAULINUS, FARDULF und ARN) (= KRAUSE I 23)

Als Ildepertus, Abt von S. Bartolomeo di Pistoia, eine Beschwerde an die Missi richtete, führten sie eine Inquisition über den Sachverhalt durch[1032].

KURZBIOGRAPHIE[1033]:

Während die ältere Forschung ECHERIGUS als Pfalzgrafen in Italien ansah[1034], meinte Hans Eugen Meyer, diese Auffassung sei „unrecht“, weil er und seine Kollegen *tunc hic in Italia missi fuerunt* und „es sich nur um einen vorübergehenden Aufenthalt (von ECHERIGUS) als Königsbote handelt“[1035]. Nur anhand dieses Satzes kann man aber nicht feststellen, dass ECHERIGUS nicht in Italien, sondern im Frankenreich Pfalzgraf gewesen sei. Denn einer der Missi, PAULINUS, hatte zur Zeit der Legation sein Erzbistum bereits in Italien, und zwar das Patriarchat von Aquileia[1036]. Außerdem können wir um die Zeit dieser Legation einen Pfalzgrafen im Frankenreich[1037] und einen anderen in Italien bei Pippin von Italien[1038] na-

---

26 (um 876. 1.) S. 67–74; Nr. 27 (876. 1.) S. 74–78; Nr. 28 (St-Benoît-sur-Loire, 876. 1.) S. 78 f.

1031) Siehe ADALHARD (IV) in der Prosopographie.

1032) MANARESI Nr. 25 S. 79 (= Perduti Nr. 20 S. 596). Siehe den Text bei ARN in der Prosopographie.

1033) Literatur: ABEL/SIMSON 2 S. 554; HLAWITSCHKA, Franken S. 28 Anm. 20.

1034) FICKER, Forschungen 1 S. 312 Anm. 2; ABEL/SIMSON, ebd.

1035) MEYER, Die Pfalzgrafen S. 459 Anm. 2. Ihm folgt HLAWITSCHKA, ebd. PAULUS, Pfalzgrafenamt, behandelt diesen Pfalzgrafen nicht.

1036) Siehe PAULINUS in der Prosopographie.

1037) *Adalardus comes palatii nostri* ist im Capitulum in pago Cenomannico datum genannt. MGH Capit. 1 Nr. 31 (a. 800) S. 81 f., hier S. 82. Zu ihm MEYER, Die Pfalzgrafen S. 459 mit Anm. 3. Zur Echtheit dieses Stücks, vgl. MGH Capit. 2 S. 537; SEELIGER, Kapitularien S. 30 Anm. 1; BM² 356; SECKEL, Studien VI S. 103 f. Anm. 3; MORDEK, Bibliotheca S. 558.

1038) Hebroardus ist in den zwei Urkunden von 801 in Spoleto nachweisbar.

mentlich anführen. Also scheint es mir keinen eindeutigen Beweis für die geographische Zuständigkeit von ECHERIGUS zu geben.

EGELRICUS (Egelricus)
Missus (816)

TÄTIGKEIT ALS KÖNIGSBOTE:
816: *missus* Ludwigs des Frommen in Lyon (= –)

Zur Vervielfältigung und Kontrolle der in Aachen formulierten authentischen Texte der Kanoniker- und Kanonissenregeln wurde EGELRICUS mit einem kaiserlichen Brief zu Erzbischof Agobard nach Lyon abgesandt[1039]. Er ist einer der Missi, die im Herbst 816 in die einzelnen Kirchenprovinzen geschickt wurden[1040].

KURZBIOGRAPHIE:
Außer dieser Legation ist nichts über ihn bekannt.

EINHARD* (Einhardus, Einhart)
Abt von Fontenelle, St. Bavo in Gent, Seligenstadt usw. (um 770–†840)

TÄTIGKEIT ALS KÖNIGSBOTE:
* Nach 806. 2. 2.: im Auftrag Karls des Großen nach Rom (= –)

Er brachte eine Kopie der Divisio regnorum nach Rom, um die Unterschrift Papst Leos III. zu erlangen[1041].

MANARESI, Nr 13 S. 36 f.; Nr. 14 S. 38–40. Zu ihm vgl. MEYER, Die Pfalzgrafen S. 460 mit Anm. 1; PAULUS, Pfalzgrafenamt S. 106 mit Anm. 6.

1039) LEVISON, Handschriften des Museum S. 508 f., der die Abweichungen des Briefes an Agobard von Lyon von der Fassung für MAGNUS von Sens auflistet, in der die Legation von ERMENFREDUS und HAYMO erwähnt ist (Das vollständige Zitat findet sich bei ERMENFREDUS in der Prospographie). Zu diesem fragmentarisch überlieferten Brief Ludwigs vgl. auch CONRAT (COHN), epistola. Die kritische Edition dieses Briefs ist neuerdings erschienen: D LdF B 4 ([nach 816. 9.]) S. 1210–1212, hier S. 1211: … *misimus tue venerande paternitati per presentem missum nostrum nomine Egelricum formulam canonicę institutionis…*

1040) Vgl. die anonymen Missi „816b“ in der Prosopographie.

1041) ARF a. 806 S. 121: … *atque haec omnia litteris mandata sunt et Leoni papae, ut his sua manu subscriberet, per Einhardum missa.*

KURZBIOGRAPHIE[1042]:
Ich biete keine detaillierte Lebensbeschreibung dieses sehr bekannten Biographen Karls des Großen aus dem Maingau[1043]. Um 770 geboren, wurde er seit ca. 778 in Fulda, dessen Abt damals STURMI und seit 779 Baugulf war, als Klosterschüler ausgebildet[1044]. Zur Zeit seiner Legation nach Rom war er eine der führenden Figuren am Hof. Aber wir müssen Pazolds Bemerkung beachten: Karl gewährte EINHARD* kein „eigenes, verlässliches Einkommen: Soweit wir wissen, hat Karl dem begabten Höfling kein Land geschenkt, auch keine Funktionen übertragen, die ihn finanziell unabhängig von der könglichen Gunst hätten machen können."[1045] Obwohl er nur einmal, aber ohne administrativen Auftrag, als Königsbote belegt ist, ist er für diese Studie eine der wichtigen Personen, weil uns einige Briefe in der mit seinem Namen verbundenen Briefsammlung wertvolle Informationen über das Missatswesen geben[1046].

ELMERICH (Elmericus, Helmiricus, Helmirichus)
Bischof und Abt von Tolla (826–834/839)

TÄTIGKEIT ALS KÖNIGSBOTE:
vor 834. 4. 3. oder 838/839: *missus* Ludwigs des Frommen/Lothars I. in Chiusi (erwähnt in KRAUSE I 122 = II 113)

Beim von den Missi NORTPERT und FOLHROH durchgeführten Inquisitionsverfahren über Güter in der Gegend von Chiusi erwähnten zwei Zeugen den Missus ELMERICH, der zuvor mit dem

1042) Literatur: FLECKENSTEIN, Einhard, in: Lex.MA 3 Sp. 1737–1739; DEPREUX, Prosopographie S. 177–182; SCHEFERS (Hg.), Einhard. Studien; Introduction in: Vita Karoli, S. xi–xxiii; PATZOLD, Ich und Karl.

1043) Die Entstehungszeit der Vita Karoli ist umstritten (814, 817, 823 oder 827/828). Zur Diskussion nach der Veröffentlichung von TISCHLER, Einharts Vita Karoli, vgl. MCKITTERICK, Charlemagne S. 11–13; HARTMANN, Karl der Große S. 13; PATZOLD, Ich und Karl S. 293–295.

1044) Vgl. Walafridi Prologus, S. XXVIII. Zwischen ca. 788 und 796 werden dem Klosterschüler EINHARD die folgenden Urkunden zugeschrieben. UB Fulda Nr. 175, 189, 191, 234, 235 und 240 (780[788?] – 796. 6. 6.) S. 264–269, 284–286, 288, 337 f., 338, und 345 f. Vgl. UB Fulda, S. lxiii–lxiv; SCHEFERS (Hrsg.), Einhard. Studien S. 81 Anm. 2.

1045) PATZOLD, Ich und Karl S. 66.

1046) Siehe oben Kapitel 2, § 2, 2.

Gastalden Adalolf von Chiusi eine Untersuchung derselben Güter durchgeführt hatte[1047].

KURZBIOGRAPHIE[1048]:

Beim Gütertausch im Februar 826 mit Abt ANSFRID von Nonantola lässt ELMERICH sich als *episcopus et abbas monasterii Toll* (S. Salvatore di Tolla) bezeichnen[1049].

ENGILSCALCUS (Engilscalcus)

Missus (853)

TÄTIGKEIT ALS KÖNIGSBOTE:

853. 11.: *missus* Karls des Kahlen in Reims, Voncq, Astenois, Perthes, Bar-le-Duc, Changy, Châlons-en-Champagne, Vertus, Binson, Tardenois mit HINKMAR (I) und RICHUIN (= KRAUSE I 137)

Im Missaticum um Reims wurde ENGILSCALCUS als Missus eingesetzt[1050].

KURZBIOGRAPHIE[1051]:

Außer dieser Legation ist nichts über ENGILSCALCUS bekannt.

1047) UB St. Gallen 2, Anhang Nr. 15 S. 393 f. = Chart. Sangall. Nr. 394 (811 – 838./839. 3. 15.) S. 370 f., hier S. 371: *Agilinus dixit, quod audisset Adalolfum, qui erat gustaldius ipsius civitatis, ante Helmiricho episcopo atque misso Odalhartum, qui nunc ipsas res tenet, negare, quod nihil ibi habuisset proprietatis, pro quo heribannum reddere debuisset, nisi res sancti Galli, quas pater suus illuc ad praedictum monasterium tradiderat. Ansprandus et [...* 7 Personen *...] dixerunt, quod vidissent ipsas res illos monachos sancti Galli vivente Erchanboldo iure proprietatis possidere, adhuc etiam ipsum Odalhartum ante Helmirico misso audissent enarrantem, quod proprium non habuisset et ideo haribannum dare non debuisset.* Vgl. SCHNEIDER, Die Reichsverwaltung in Toscana S. 104; BOUGARD, La justice S. 401 f. Zur Datierung siehe NORTPERT in der Prosopographie.

1048) Literatur: HLAWITSCHKA, Franken S. 30 Anm. 20 und S. 32 Anm. 34; BOUGARD, La justice S. 401 f.

1049) Codice diplomatico Nonantolano Nr. 27 (826. 2. 8.) S. 44–46.

1050) MGH Capit. 2 Nr. 260 S. 275: *Missi autem et pagi per missaticos qualiter fuerunt tunc ordinati. 1. Hincmarus episcopus, Ricuinus, Engilscalcus missi in Remitiano, Vonziso, Stadiniso, Pertiso, Barriso, Camiziso, Catalaunio, Virtudiso, Bagensoniso, Tardaniso.*

1051) Literatur: BOURGEOIS, Kiersy-sur-Oise S. 244; NELSON, Charles the Bald S. 326 f.

ENGISCALCHUS (Engiscalchus)

Graf (853–858)

TÄTIGKEIT ALS KÖNIGSBOTE:

1) 853. 11.: *missus* Karls des Kahlen in Grafschaften von BERENGAR (II), ENGISCALCHUS und Gerhard sowie in Grafschaften von Reginar mit FULCO (IV), ADALGAR (I) und BERENGAR (II) (= KRAUSE I 140)

ENGISCALCHUS war einer der Missi in einem Missaticum um Thérouanne, das nur mit den Namen der Inhaber der Grafschaften dargestellt wird[1052].

2) 857. 2. 14.: *missus* Karls des Kahlen, höchstwahrscheinlich in einem Teil der Normandie mit HUNFRID (II) und BERENGAR (II) (= KRAUSE I 150)

Überliefert ist eine Fassung des Kapitulars Karls des Kahlen von 857 für die Missi Bischof HUNFRID von Thérouanne sowie die Grafen ENGISCALCHUS und BERENGAR[1053].

KURZBIOGRAPHIE[1054]:

ENGISCALCHUS war einer der Mächtigen, die sich 858 in der politischen Krise des Westfrankenreiches in Quierzy mit Karl trafen und gegenseitig die Treue gelobten[1055].

ERCANGARIUS (Ercangarius)

Graf (819)

TÄTIGKEIT ALS KÖNIGSBOTE:

819, vor 7. 24.: *missus* Ludwigs des Frommen im Sturmigau mit ERLEGALDUS (= KRAUSE I 72)

ERCANGARIUS wurde von Kaiser Ludwig beauftragt, zusammen mit ERLEGALDUS ein Inquisitionsverfahren wegen der Klage dreier Sachsen durchzuführen. Sie kamen zu dem Ergebnis, dass ihre Güter anläßlich der Konfiskation der Güter eines anderen, untreuen Sachsens widerrechtlich eingezogen worden waren[1056].

1052) MGH Capit. 2 Nr. 260 S. 275. Siehe den Text bei ADALGAR (I).

1053) MGH Capit. 2 Nr. 266 S. 285–291. Das vollständige Zitat und die Beschreibung ihrer Tätigkeit finden sich bei BERENGAR (II) in der Prosopographie.

1054) Literatur: NELSON, Charles the Bald S. 326 f.

1055) MGH Capit. 2 Nr. 269 S. 296 f.

1056) Urk. Westfalen Nr. 4 S. 9–11, hier S. 10 = D LdF 162 (Ingelheim, 819. 7. 24.) S. 402–404, hier S. 403: *... quia quidam homines ex pago Storminse, Etingh videlicet et Hruotmar necnon Thancmar, questi sunt missis nostris Ercangario comiti et Erlegaldo misso nostro, eo quod quando res infidelium Wigmodorum ad partem*

KURZBIOGRAPHIE[1057]:
Trotz der Gleichsetzung durch Philippe Depreux behandele ich ERCANGARIUS in Sachsen und ERCHANGARIUS in Alemannien getrennt als zwei verschiedene Personen. Einen Hinweis für ERCANGARIUS' Tätigkeitsbereich gibt die Tatsache, dass verschiedene Personen mit den Namenbestandteilen „Erchan-/Erkan-" im frühmittelalterlichen Sachsen und Thüringen nachweisbar sind[1058].

ERCHANGARIUS (Erchangarius, Erkingarius)
Graf (811/816 – 827/828)

TÄTIGKEIT ALS KÖNIGSBOTE:
um 808. 4., vor 824. 6. 2.: *missus* Ludwigs des Frommen (?) in Stammheim (Alemannien) mit LIUTHARIUS (= KRAUSE I 75 = II 71)

Als ein Roadhartus dem Kloster St. Gallen auf einer missatischen Versammlung seinen Besitz schenkte, schworen die Zeugen vor den Missi dominici ERCHANGARIUS und LIUTHARIUS[1059].

KURZBIOGRAPHIE[1060]:
ERCHANGARIUS war alemannischer Graf, der zuerst 816 im Alpgau, dann ab 817 im Breisgau belegt ist[1061]. Nicht unmöglich ist eine

---

dominicam revocate fuerint, res eorum, qui tum fideles Francis erant, pariter cum ipsis iniuste sociate fuissent. Que res dum ab eisdem missis et ceteris fidelibus nostris iuxta veritatis et equitatis ordinem diligenter perscrutata et per homines bone fidei veraciter inquisita esset, inventum est illis res eorum iniuste amisisse, eo quod illas forfactas non habuerunt nec infideles fuerunt.

1057) Literatur: DEPREUX, Prosopographie S. 183.

1058) Siehe Register von WENSKUS, Sächsischer Stammesadel S. 568.

1059) UB St. Gallen 2, Anhang Nr. 17 (Stammheim, ca. 808 – 823. 4.) hier S. 394 = Chart. Sangall. Nr. 285 (um 808. 4., vor 824. 6. 2.) S. 271 f.: *Commemoratio testium, qui in placito coram missis potentibus, videlicet Erchangario et Liuthario, in loco et in villa, quae dicitur Stamheim, cum iuramento testificaverunt, quod quidam homo nomine Roadhartus proprias res suas ad monasterium sancti Galli tradidisset* … Vgl. BORGOLTE, Geschichte der Grafschaften S. 93 f. Zur Datierung der Urkunde vgl. auch BORGOLTE, Chronologische Studien S. 167 Anm. 489 (Zur Zeit Ludwigs des Frommen); BORGOLTE, Kommentar S. 455 (808 – 823. 4.).

1060) Literatur: TELLENBACH, Königtum und Stämme S. 53; BRUNNER, Oppositionelle Gruppen S. 82; BORGOLTE, Die Grafen Alemanniens S. 105–109; DEPREUX, Prosopographie S. 182–185.

1061) UB St. Gallen 1 Nr. 221 S. 211 f., hier S. 212 = ChLA 101 Nr. 11 (Ewattingen, 816. 5.) S. 42–45, hier S. 45; UB St. Gallen 1 Nr. 226 (Mandat an die alemannischen Grafen) S. 217 f., hier S. 217 = BM^2 648 = ChLA 101 Nr. 19–24 S. 64–87, hier S. 65 (Nr. 19 als Original) = D LdF 124 (Aachen, 817. 6. 4.) S. 308–312.

weitere Identifizierung mit dem Grafen Ercangarius, der 811 das Testament Karls des Großen beglaubigte[1062]. Höchstwahrscheinlich ist seine Teilnahme an der Reichsversammlung vom Frühsommer 823 in Frankfurt[1063], denn ein Tauschvertrag über Güter im Elsass zwischen Bischof BERNOLD** von Straßburg und ERCHANGARIUS wurde am 12. Juni 823 in Frankfurt durch den Kaiser bestätigt[1064]. Seine verwandtschaftlichen Verhältnisse sind schwer zu rekonstruieren. Michael Borgolte zufolge wird er zu den Förderern des Klosters Reichenau gezählt. Nicht stimmig ist allerdings die ältere Annahme, dass ERCHANGARIUS Vater von Richgard, der Gemahlin Karls III., gewesen sei, denn sie war tatsächlich seine Enkelin, die Tochter seines gleichnamigen Sohnes[1065]. Als letzter Beleg seiner Tätigkeit gilt eine Schenkungsurkunde an St. Gallen von *IIII kal. madii, anno XV regnante domno Hluduici imperatoris et sub Erchangario comite*, die nach Borgolte ins Jahr 827 gehört[1066], während Philippe Depreux für 828 eintritt[1067]. Dieser Unterschied der Meinungen hängt mit der Frage zusammen, ob ein Graf *Erkangarius*, dessen Tauschvertrag mit Abt Waldo von Schwarzach von den Kaisern Ludwig und Lothar I. am 4. März 828 urkundlich bestätigt wurde, unser ERCHANGARIUS ist oder sein Sohn[1068]. Jedenfalls konnte(n) ERCHANGARIUS (und sein Sohn) gute Vermittler am Kaiserhof finden, weil MATFRIED die oben genannte Urkunde von 823 *ambasciavit*, während Kaiserin Judith die Kaiserurkunde vom März 828 *ambasciavit*[1069].

1062) Vita Karoli S. 86.

1063) BM² 771a.

1064) BM² 773; Alsatia diplomatica 1 Nr. 87 S. 71; Telma Nr. 555 = D LdF 221 (Frankfurt, 823. 6. [6.–12.]) S. 543–545.

1065) Dieser genealogischen Rekonstruktion folgt auch SETTIPANI, La préhistoire S. 298 f.

1066) UB St. Gallen 1 Nr. 313 S. 290 f. = Chart. Sangall. Nr. 325 (Hüningen, 828. 4. 28.) S. 303 f. Zur Datierung vgl. BORGOLTE, Chronologische Studien S. 174–176 mit Anm. 550.

1067) DEPREUX, Prosopographie S. 184. Auch so datieren die beiden Herausgeber der Urkunde. Siehe die vorausgehende Bemerkung.

1068) BM² 849; Telma Nr. 556 = D LdF 272 (Aachen, 828. 3. 4.) S. 678–680.

1069) So DEPREUX, Prosopographie S. 184.

EREMBERTUS (Erembertus)

Missus (865/866)

TÄTIGKEIT ALS KÖNIGSBOTE:

865/866: *missus* Ludwigs II. von Italien in der Gegend zwischen dem Ticino/Tessin und der Adda (= KRAUSE II 152)

Für den Feldzug gegen die Sarazenen in Süditalien bot Ludwig das Heer aus Norditalien auf. EREMBERTUS wurde damit beauftragt, im Gebiet zwischen dem Ticino/Tessin und der Adda die Mobilisierung zu kontrollieren und gegebenenfalls die Säumigen zu bestrafen[1070].

KURZBIOGRAPHIE:

Über ihn ist nichts Weiteres bekannt.

ERFLAICUS (Erflaicus)

Gewählter Bischof (799)

TÄTIGKEIT ALS KÖNIGSBOTE:

799 Spätsommer: *missus/legatus* Karls des Großen in Italien mit HILDEBALD (I), ARN, CUNIPERT, BERNHARIUS, ATTO, JESSE, HELMGAUD, ROTGAR und GERMAR (= KRAUSE II 34)

ERLAICUS war einer der Missi, die zur Untersuchung des „Attentats“ gegen Leo III. nach Rom delegiert wurden. Sie begleiteten den Papst von Paderborn aus auf den Rückweg nach Rom[1071].

KURZBIOGRAPHIE[1072]:

Sein Bistum ist nicht identifiziert.

ERIULFUS (Eriulfus)

Missus (865/866)

TÄTIGKEIT ALS KÖNIGSBOTE:

865/866: *missus* Ludwigs II. von Italien in der Gegend zwischen dem Po und dem Ticino/Tessin (= KRAUSE II 151)

Für den Feldzug gegen die Sarazenen in Süditalien bot Ludwig das Heer aus Norditalien auf. ERIULFUS wurde damit beauftragt, im

---

1070) MGH Capit. 2 Nr. 218 c. 3 S. 95: … *sit missus […] inter Ticinum et Adda Erembertus.* Siehe ANDREAS (II) in der Prosopographie.

1071) Lib. Pont. XCVIII, Vita Leonis III c. 20, 2 S. 6 f.; Ann. q. d. Einhardi, a. 799 S. 107–109; Chron. Lauris. breve, IV, 31 S. 34. Siehe den Text bei ARN in der Prosopographie.

1072) Literatur: ABEL/SIMSON 2 S. 187 f.

Gebiet zwischen dem Po und dem Ticino/Tessin die Mobilisierung zu kontrollieren und gegebenenfalls die Säumigen zu bestrafen[1073].
KURZBIOGRAPHIE:
Über ihn ist nichts Weiteres bekannt.

ERLEGALDUS (Erlegaldus)

Missus (819)

TÄTIGKEIT ALS KÖNIGSBOTE:
819, vor 7. 24.: *missus* Ludwigs des Frommen im Sturmigau mit ERCANGARIUS (= KRAUSE I 72)

ERLEGALDUS wurde von Kaiser Ludwig beauftragt, zusammen mit ERCANGARIUS ein Inquisitionsverfahren wegen der Klage von drei Sachsen durchzuführen[1074].
KURZBIOGRAPHIE[1075]:
Wie Philippe Depreux meint, dürfte ERLEGALDUS bei der Reichsversammlung vom Juli 819 in Ingelheim[1076] zugegen gewesen sein, auf der er mit seinem Missatskollegen dem Kaiser Bericht gab.

ERLWIN (Erluinus, Herlewinus)

Missus, dann Pfalzgraf (865–881)

TÄTIGKEIT ALS KÖNIGSBOTE:
1) 865, vor 4. 25.: *missus* Ludwigs des Deutschen in Kamba im Rheingau (= KRAUSE II 199)

ERLWIN wurde in den Rheingau geschickt, um einen Besitz in Kamba abzugrenzen, bevor ihn Ludwig zusammen mit einem Fischerteich und dem dahin führenden Weg dem Kloster Lorsch schenkte[1077].

1073) MGH Capit. 2 Nr. 218 c. 3 S. 95: *... sit missus [...] inter Padum et Ticinum Eriulfus.* Siehe ANDREAS (II) in der Prosopographie.

1074) Urk. Westfalen Nr. 4 S. 9–11 = D LdF 162 (Ingelheim, 819. 7. 24.) S. 402–404, hier S. 403. Siehe den Text bei ERCANGARIUS in der Prosopographie.

1075) Literatur: DEPREUX, Prosopographie S. 187.

1076) BM² 692a.

1077) D LdD 117 (Frankfurt, 865. 4. 25.) S. 166 f.: *...concessimus quasdam res proprietatis nostre ad monasterium sancti Nazarii quod vocatur Lauresham [...] consistentes in Francia in pago qui vocatur Rinechogouue in villa que dicitur Camben, id est mansum servilem unum [...] et ad ipsum mansum de terra arabili iugera XXX, de pratis ad carradas V [...] sicut missus noster Herlewinus illud consignavit et limites posuit, litem ut discerneret arvis...* Zu Kamba vgl. GOCKEL, Königshöfe S. 154 f.

*2) (870/876): *missus*(?) Ludwigs des Deutschen im Ostfrankenreich (–)

In einem Brief an ERLWIN bat Erzbischof HINKMAR (I) von Reims darum, dass ERLWIN als Missus des ostfränkischen Königs mit der Inquisition und Sicherung der Güter seiner Bischofskirche in dessen Reich betraut werde. Als „Honorar“ für seine Bemühungen bot ihm HINKMAR *vasorum argenteorum munera* an[1078].

KURZBIOGRAPHIE[1079]:

ERLWIN wird 876 beim Hofgericht in Ingelheim als *aulicus preses* bezeichnet[1080]. In einem weiteren Brief nannte ihn der Reimser Erzbischof seinen Freund (*amicus*), was quellenmäßig näher zu konkretisieren ist[1081]. Vielleicht gehörte er zu den Widonen.

ERMENFREDUS (Ermenfredus)

Missus (816)

TÄTIGKEIT ALS KÖNIGSBOTE:

816: *missus* Ludwigs des Frommen in Sens mit HAYMO (= KRAUSE II 63)

ERMENFREDUS war einer der Missi, die mit einem Brief Ludwigs den authentischen Text der Aachener Institutio canonicorum an Erzbischof MAGNUS von Sens überbrachten, der ihn sorgfältig abschreiben ließ und auf seiner Provinzialsynode weiter verbreitete, was die Missi beaufsichtigen sollten[1082]. Nur für die Kirchenprovinz Sens

1078) HRE III c. 26 S. 341 (SCHRÖRS Reg. 374): *Item significans, quod audierat pro eisdem rebus, petens, ut regi Ludovico suggerat, quatinus pro redemptione anime sue res, que abstracte sunt ecclesie Remensi, restitui faciat et eas ipsi Erluino conmendet ipsumque missum faciat ad inquirendam et peragendam de rebus ipsis iusticiam; mittens eidem Erluino quoque vasorum argenteorum munera.* Dazu vgl. HANNIG, Zur Funktion S. 273 Anm. 76.

1079) Literatur: METZ, Widonen S. 6; DEUTINGER, Königsherrschaft S. 177, 179, 185; GLANSDORFF, Prosopographie S. 124.

1080) D LdD 170 (Ingelheim, 876. 5. 18.) S. 238–241, hier S. 239.

1081) HRE III c. 26 S. 341 (SCHRÖRS Reg. 372).

1082) MGH Conc. 2,1 Nr. 39, C, hier S. 458–460:… *misimus tuae venerandae paternitati per praesentes missos nostros, Ermenfredum videlicet et Haymonem, formulas canonicae institutionis, quam idem sacer conventus ex sanctorum patrum sparsim digestis sententiis colligere atque in unum congerere studuit: quam quia vobis transcribendi angustia temporis facultatem denegavit, studii nostri fuit eam diligenter transcribi iubere, ut absque ulla depravatione aut detruncatione textus eius ad vos incolumis usque perferretur. Proinde hac litteras ad tuam direximus*

ist nachweisbar, dass zwei Missi zur Kontrolle dieser Texte abgeordnet wurden, während in die Kirchenprovinzen Bordeaux, Lyon und Salzburg jeweils nur ein Missus gesandt wurde[1083].

KURZBIOGRAPHIE:

Über ERMENFREDUS wissen wir nichts außer der oben genannten Legation. Die von Philippe Depreux[1084] vorsichtig vorgeschlagene Gleichsetzung mit ERMENFRID (I) scheint mir nicht überzeugend zu sein, weil jemand, der 819 und 820, also kurz nach dieser Legation, im östlichen Teil des Reiches (Fulda und Würzburg) als Graf fungierte[1085], kaum angemessen war für die eher kirchliche Aufgabe, die Verbreitung der Institutio canonicorum durch den Erzbischof von Sens (im westlichen Teil des Reiches) zu überwachen. Ein anderer Ermenfredus gehörte zur Kanzlei Lothars I., der er mindestens vom 20. Februar 832 bis zum 17. April 833 vorstand[1086]. Da eine der Aufga-

---

sanctitatem, per quas iubemus ut memor admonitionis nostrae, suffraganeos tuae dioceseos loco et tempore competenti ad te convocare studeas et eandem institutionem per singula capitula coram ecclesiasticis ordinibus perlegi facias et, qualiter eam sacer conventus ob emolumentum animarum instruere salubriter curaverit, patenter edoceas et his, qui canonicae professionis censentur nomine, secundum ministerium tibi divinitus collatum et nostrae auctoritatis praeceptum coram memoratis missis nostris observandam percenseas. Eorum autem, qui tardioris sunt ingenii et eam forte plene intelligere nequeunt, tuo sive comprovincialium tuorum episcoporum, dono scientiae pollentium, studio eius notitia sensibus perfundatur. Nam et tuam nihilominus providam volumus esse beatitudinem, ut eam solerti cura praedicti missi nostri omnes, prout insinuaveris, transcribere absque ulla depravatione et detruncatione praemoneant, quoniam, qualiter diligenter studioseque, distincte et aperte transcribatur, illos satis instituimus. Cuius nempe exemplar idcirco in armario palatii nostri recondi fecimus, ut per hoc nosse et inquirere possemus, utrumne ab aliquo negligenter transcripta fuerit, quia, ut comperimus, dum in eodem sacro concilio perlegeretur, antequam coram nobis ab eodem concilio prolata et necdum mensura cibi et potus plane statuta fuisset, invidi magna ex parte illam detruncantes quaedam capitula inconsulte ex ea transcripserunt. Unde necesse est, ut, si aliquem in tua diocesi tale fecisse reppereris, huiuscemodi factum coram provincialium tuorum episcoporum conventu et coram praescriptis missis nostris frustreris et hanc authenticam, ut praemisimus, diligenter, sicut missi nostri eis insinuaverint, transcribi percenseas.

1083) Siehe ADALHELM (nach Bordeaux), EGELRICUS (nach Lyon) und NOTHO (nach Salzburg) in der Prosopoghraphie.

1084) DEPREUX, Prosopographie S. 187 f.

1085) Siehe ERMENFRID (I) in der Prosopographie.

1086) Ermenfredus tauchte ohne Titel auf in den Rekognitionszeilen von: D Lo

ben der Missi von 816 die Aufsicht über das sorgfältige Abschreiben der Institutio war, erscheint es möglich, diese beiden Ermenfredi von 816 und 832/833 miteinander zu identifizieren. Aber die zeitliche Distanz von 16 Jahren und der nur in Italien nachweisbare Aufenthalt des bei Lothar I. tätigen Ermenfredus machen diese Gleichsetzung unsicher. Die Identifizierung mit Bischof IRMINFRID von Beauvais, der zwischen 843 und 859 nachweisbar und 853 als Missus Karls des Kahlen belegt ist, ist auch möglich, stützt sich aber auf keine konkrete Aussagen der Quellen.

ERMENFRID (I) (Ermenfridus)

Graf (819. 5. 29. – 820. 1. 20.)

TÄTIGKEIT ALS KÖNIGSBOTE:

Vor 820. 1. 20.: *missus* Ludwigs des Frommen in Würzburg mit BERNHARIUS (= KRAUSE II 74)

Ludwig entsandte zwei Missi, die im Interesse des Bischofs Vulfgar von Würzburg eine Untersuchung über Güter in Eßfeld und Giebelstadt durchführen sollten[1087].

KURZBIOGRAPHIE[1088]:

ERMENFRID (I) ist vielleicht identisch mit einem Grafen Ermenfridus, der in einer Schenkungsurkunde für das Kloster Fulda von 819 genannt ist[1089]. Philippe Depreux vermutet, dass ERMENFRID mit ERMENFREDUS identisch sein kann, aber ich stimme ihm hier nicht zu, wie oben erklärt.

ERMENFRID (II) (Ermenfridus)

Missus (865/866)

TÄTIGKEIT ALS KÖNIGSBOTE:

865/866: *missus* Ludwigs II. von Italien in der adriatischen Küstenregion (nämlich im Exarchat) mit MACEDO und WULFERICUS (= KRAUSE II 161)

I. 8–12 S. 69–78. Vgl. auch die Einleitung von Theodor SCHIEFFER, in: ebd. S. 16. Aber für ihn ist Ermenfredus eine „ganz unbekannte Person“.

1087) BM² 711; MB 28,1 Nr. 8 S. 13 f. = D LdF 171 (Aachen, 820. 1. 20.) S. 423–425. Siehe den Text bei BERNHARIUS in der Prosopographie.

1088) Literatur: HANNIG, Zentrale Kontrolle S. 15 f. mit Anm. 54.; BRUNNER, Oppositionelle Gruppen S. 46, 76 und Anm. 234; DEPREUX, Prosopographie S. 187 f.

1089) CD Fulda Nr. 387 (819. 5. 29.) S. 175.

Für den Feldzug gegen die Sarazenen in Süditalien bot Ludwig das Heer aus Norditalien auf. ERMENFRID wurde zusammen mit den beiden anderen Missi beauftragt, in der adriatischen Küstenregion die Mobilisierung zu kontrollieren und gegebenenfalls die Säumigen zu bestrafen[1090].

KURZBIOGRAPHIE:

Über ihn ist nichts Weiteres bekannt.

ERMENOLD (Ermenoldus)

Missus (841(?)–847/848)

TÄTIGKEIT ALS KÖNIGSBOTE:

847/848: *missus* Lothars I. in Süditalien mit GERHARD (II) und FOLCRAD (II) (= KRAUSE II 138)

ERMENOLD wurde als einer von drei Missi zum Heerführer der dritten Truppe der Franken gegen die Sarazenen in Süditalien ernannt[1091].

KURZBIOGRAPHIE[1092]:

ERMENOLD begegnet in der Namensliste derjenigen, die in Italien kein Benefizium hatten[1093]. Nach Louis Dupraz ist es nicht unmöglich, ihn mit Graf Ermenold von Auxerre gleichzusetzen, den Maurice Chaume als Ermenaude III. erwähnt[1094]. Ein gewisser *Hirmenaldus* ist 841 als einer der Gesandten Lothars I. an seine Brüder nachweisbar[1095] und könnte mit ERMENOLD identisch sein[1096].

ERMENULF (Ermenulfus, Hermenulfus)

Graf von Stazzona (865–898)

TÄTIGKEIT ALS KÖNIGSBOTE:

868, nach 4. 5.: *missus* Ludwigs II. von Italien in Rom? (= –)

1090) MGH Capit. 2 Nr. 218 c. 3 S. 95: *… sit missus […] in litore Italico Ermefridus, Macedo et Vulfericus.* Siehe ANDREAS (II) in der Prosopographie.

1091) MGH Conc. 3 Nr. 12 S. 139: *In scara Francisca sunt: Gerardus, Fulcradus et Ermenoldus.*

1092) Literatur: DUPRAZ, Le Capitulaire de Lothaire I S. 279; BZ 46.

1093) MGH Conc. 3 Nr. 12 S. 138.

1094) Vgl. CHAUME, Les origines S. 164, 169 f., 186, 217 und 413, aber ohne Quellenangabe ist seine Darstellung nicht prüfbar.

1095) Nithard II c. 10 S. 84.

1096) DUPRAZ, Le Capitulaire de Lothaire I S. 282 mit Anm. 122, weist darauf hin, dass ERMENOLD mit MONOGOLD identisch sein könnte, was ich aber für wenig wahrscheinlich halte.

Als der römische Konsul und Dux Petrus dem Kaiser Ludwig den Söller seines Anwesens in Rom mit einer *curtis*, einer Kapelle des St. Blasius und weiteren Pertinenzien, sowie eine weitere *curtis* im Ort *Tussiano* am Braccianosee (Lago di Bracciano) zum Preis von 800 Pfund Silber verkaufte, zahlte ERMENULF als kaiserlicher Missus den fälligen Betrag. Der Kaufvertrag wurde am 5. April in Salerno in Anwesenheit des Kaisers selbst abgeschlossen, wie die Actumzeile zeigt. [1097] Die Zahlung durch seinen Missus dürfte später in Rom selbst geleistet worden sein. Denn einerseits lag der hauptsächliche Verkaufsgegenstand in Rom, andererseits gaben einige Zeugen in der Kaufurkunde ihre römische Herkunft (*ex genere Romanorum* oder *de civitate Roma*) an[1098]. Wenn er zur Legation von Salerno nach Rom gesandt wurde, dürfte er wegen des Feldzugs in Süditalien mit dem Herrscher in Salerno gewesen sein[1099].

KURZBIOGRAPHIE[1100]:

ERMENULF, Sohn eines *Herembertus*, versprach der Kaiserin Angilberga im August 865 in Stabio in Gegenwart des Ludwigs II. urkundlich, ihr all seinen Besitz außer 50 Hörigen und anderen Mobilien zu überlassen – allerdings unter der Bedingung, dass sie ihm ein kaiserliches Bestätigungsdiplom für den lebenslangen Nießbrauch des Klosters Massino erwirkte, das Ludwig ihm vorher *beneficio nomine* verliehen hatte. Dieses Kloster lag in der Grafschaft Stazzona[1101]. Während der Gastalde DIDO und Bischof GERHARD (III) von Lodi als königliche Missi im August 879 auf Karlmanns Befehl

1097) Addimenta ad Chronicon Casauriense Sp. 931 f.: *Vobis domno meo Hludovvico gloriosissimo Imperatori. Ego Petrus abitator civitate Roma, filius quondam Karoli, accepissem, sicuti et in praesentia testium accepi a vobis per Hermenulfum comitem missum vestrum argentum libras octuocenti finitum pretium pro solario abtationis meae cum area, in qua extat cum curte, et sala, seu capella, quae est aedificata in honore sancti Blasii, cum balneo et viridario, omnia insimul se teneate juris mei, quam habere visus sum infra eadem civitate Roma … Actum civitate Salerno, ubi domnus Hludovvicus imperator praerat.* In der Urkunde fehlt eine Unterschrift ERMENULFs.

1098) BZ 288; Addimenta ad Chronicon Casauriense Sp. 932. Vgl. auch Chronicon Casauriense, a. 866 (… *misit ideo Ormam quemdam Hermenulfum comitem familiarem suum cum infinita pecunia* …) und a. 869 Sp. 799.

1099) CASTAGNETTI, Transalpini S. 46.

1100) Literatur: HLAWITSCHKA, Franken S. 177–179; CASTAGNETTI, Transalpini S. 44–47.

1101) ChLA 93 (Stabio, 865. 8. 14.) S. 37–39. Vgl. BZ 245–247.

zusammen mit den beiden päpstlichen Legaten in der *curtis Fa(g)edo*, einem der von Karlmann geschenkten königlichen Höfe, zugunsten des Klosters S. Sisto zu Piacenza die Investitur durchführten, war ERMENULF ebenfalls anwesend[1102]. Da dieses Kloster von Angilberga gegründet wurde, darf man hierin erneut seine Nahebeziehung zu ihr erkennen. François Bourgard identifiziert ERMENULF mit einem *Ermenulfus*, dessen *missus* zu einem unbekannten Zeitpunkt den klösterlichen Besitz am Hof Limonta inventarisierte, den Lothar I. am 24. Januar 835 dem Kloster S. Ambrogio in Mailand mit den Pertinenzien geschenkt hatte[1103].

Ein gleichnamiger Graf, der im späteren 9. Jahrhundert für Berengar Partei nahm, wird in der Forschung mit ERMENULF gleichgesetzt. Denn dieser Graf (*nostrae militiae comes*) intervenierte einmal bei Berengar für das Kloster S. Ambrogio in Mailand, so dass der König dem Kloster urkundlich eine zur Grafschaft von Stazzona gehörende Manse in Cornaredo mit allen Pertinenzien übertrug[1104]. Diesem Grafen überließ Berengar 898 außerdem einige dem Fiskus gehörende Hörige und freigelassene Liten in Lugano[1105].

EUGERIUS (Eugerius)

Missus (789)

TÄTIGKEIT ALS KÖNIGSBOTE:

789: *missus* Karls des Großen in Aquitanien mit MANCIO (= KRAUSE I 8)

EUGERIUS wurde zusammen mit MANCIO nach Aquitanien geschickt, um dort den Kapitularien von 789 (MGH Capit. 1, Nr. 23

1102) Le carte cremonesi Nr. 24 (*curte Faedo*, 879. 8.) S. 64–66. Vgl. BZ 577. Siehe DIDO in der Prosopographie.

1103) BOUGARD, La justice S. 382; MANARESI, Inquisitiones Nr. 5 (nach 835. 1. 24.) S. 572–574 = Inventari altomedievali Nr. 3,3 S. 25 = ChLA 94 Nr. 21 c (nach 835. 1. 24.) S. 87: *Breve de corte Lemunta tam de rebus quam et familiis, quod inventum est reservatum esse ad partem sancti Ambrosii. […] Reliquas vero possesiones eiusdem cortis diversis in locis constitutas, quas dudum per missum Ermenulfi ad partem predictę ecclesię adbreviatę fuerunt, idest* … Limonta liegt am Comer See, an dessen nördliches Ufer die Grafschaft Stazzona stößt, wo ERMENULF amtierte. Zur Schenkung Lothars vgl. D Lo I. 23 S. 93–95 = ChLA 94 Nr. 20 (Pavia, 835. 1. 24.) S. 80–83. Zur vor der Schenkung durchgeführten Inquisition siehe AMBROSIUS und ANSPERT in der Prosopographie.

1104) ChLA 97 Nr. 8 (Mailand, 894. 12. 2.) S. 48–51; BZ 979.

1105) ChLA 98 Nr. 40 (Mailand, 898. 2. 15.) S. 156–159; BZ 1055.

und 24) Geltung zu verschaffen und Treueide abnehmen[1106]. Gleichzeitig sollten sie das Kapitular König Pippins bekräftigen, das Karl der Große kurz nach seinem Regierungsantritt erneuert hatte (MGH Capit. 1, Nr. 18)[1107]. Eines der früheren *nostri edicti*, deren Befolgung die Missi überwachen sollten, dürfte das Kapitular von Herstal (MGH Capit. 1, Nr. 20) gewesen sein[1108].

KURZBIOGRAPHIE:

Über EUGERIUS ist außer dieser Legation nichts bekannt. Jürgen Hannig identifiziert ihn mit Pfalzgrafen ECHERIGUS[1109], aber für diese Identifizierung scheint außer dem ähnlich klingenden Namen nichts zu sprechen.

EVRARD (Evrardus)

(Kämmerer 806?) Missus, dann Judenmeister (um 826–828)

TÄTIGKEIT ALS KÖNIGSBOTE:

Vor der Jahreswende 826/827[1110]: *missus* Ludwigs des Frommen in Lyon[1111], zuerst alleine, dann zusammen mit GERRICUS und FREDERICUS (= KRAUSE I 108 [vgl. auch KRAUSE II 86])

Während des Konflikts mit den Juden in Lyon klagte Erzbischof Agobard in einem um das Frühjahr 826 geschriebenen Brief an Hilduin und WALA* über die Drohung eines anonymen Judenmeisters, vom Hof aus kaiserliche Missi rufen zu lassen[1112]. Um die Jahreswen-

1106) MGH Capit. 1 Nr. 24, Inskription S. 65: *Incipit breviarium de illa capitula quae domnus rex in Equitania Mancione et Eugerio missis suis explere iussit et sacramentum fidelitatis iurare*. Zu dieser Legation siehe auch Kapitel 2, § 2, 1, iv, „789“. Vgl. auch WOLFF, L'Aquitaine et ses marges S. 292 f.

1107) MGH Capit. 1 Nr. 24 c. 1 S. 65: *De illo edicto quod domnus et genitor noster Pippinus instituit et nos in postmodum pro nostros missos conservare et implere iussimus …*

1108) MGH Capit. 1 Nr. 24 c. 1 S. 65: *… vel de nostros edictos, quomodo fuerunt custoditi.* Die cc. 13–18 (danach Pergamentverlust) entsprechen sechs von insgesamt 23 Kapiteln von Nr. 20.

1109) HANNIG, Pauperiores vassi S. 331, und ihm folgen MORDEK, Bibliotheca S. 215; GRAVEL, Du rôle des *missi* S. 70.

1110) Zur Datierung der fünf Briefe Agobards wegen der Judenfrage vgl. neuerdings GEISEL, Die Juden S. 575–580. Ältere Meinungen kann man pauschal bei Agobardi Lugdunensis opera omnia, S. xli–xlii. finden.

1111) Zum Tätigkeitsbezirk dieser Missi GEISEL, Die Juden S. 630 Anm. 251.

1112) Agobardi Lugdunensis opera omnia Nr. 10, hier S. 188: *Quas nos auctoritates sequi cupientes, et pręceptum, quod quasi ex imperiali profertur auctoritate, transgredi metuentes, inter duo uersamur pericula: si enim pręceptum illud obseru-*

de 826/827 schrieb Agobard einen anderen Brief an den Kaiser, worin er erklärte, wie er und seine Kirche (in Wirklichkeit aber seine Anhänger) sich zugunsten der Juden vernachlässigt oder sogar „verfolgt" fühlten. Dabei wird die Ankunft der *missi vestri*, nämlich zuerst EVRARDs, dann des GERRICUS und des FREDERICUS, erwähnt. Die Aussendung der Missi wurde augenscheinlich vom Judenmeister gefordert. Die judenfreundliche Politik, die durch diese Missi intensiver als früher betrieben wurde, war derart unangenehm für Agobard, dass er direkt an den Kaiser schrieb[1113].

KURZBIOGRAPHIE[1114]:

EVRARD ist in dem Brief Agobards von Lyon an Erzbischof NIBRIDIUS von Narbonne als *magister Iudaeorum* bezeugt[1115]. Christof Geisel weist zu Recht darauf hin, dass der in den vorangehenden Briefen von Agobard erwähnte und kritisierte, aber nicht namentlich genannte Judenmeister nicht mit EVRARD identisch ist und dass

---

amus, neglectis ecclesiasticis regulis, Deum offendimus; si has sequimur, imperatoris indignationem ueremur, maxime cum magister infidelium Iudęorum incessanter nobis comminetur, se missos de palatio adducturum, qui pro istiusmodi rebus nos iudicent et distringant. Quę res non solum nobis perturbationem affert, uerum etiam eis, qui ad fidem facile conuerti poterant, quantum ingerat impedimentum, uestrae est prudentiae ęstimare. Dazu GEISEL, Die Juden S. 610 f. und 636. Krause sah diesen Text als Beleg für die Absendung der *missi de palatio* von 826 an (KRAUSE II 86).

1113) Agobardi Lugdunensis opera omnia Nr. 11 S. 191–195, hier bes. S. 191 f.: *Venerunt Gerricus et Fredericus, quos praecucurrit Eurardus, missi quidem uestri, non tamen per omnia uestra agentes, sed ex parte alterius: et ostenderunt se christianis terribiles et Iudaeis mites, maximę Lugduni, ubi partem persecutionis aduersus Ecclesiam definxerunt(! depinxerunt?), quam multis gemitibus, suspiriis et lacrimis stimulauerunt. Quę persecutio, quia praecipuę aduersum me acta est, tota a me prodenda non est, nisi forte clementissima sollicitudo uestra scire uoluerit. Tamen in quantum Ecclesiae Christi noxia est, si uestra patitur mansuetudo, breuiter intimare exordiar. [...] Coeperunt autem efferri quadam odibili insolentia Iudęi, comminantes omnibus iniuriis nos afficiendos per missos, quos adepti fuerant ad exsoluendam uindictam de christianis. Post eos uenit Eurardus eadem iterans, et dicens maiestatem uestram commotam esse ualde aduersum me propter Iudęos. Deinde uenerunt et praedicti missi, habentes in manibus tractoriam stipendialem et capitularia sanctionum, que non putamus uestra iussione existere talia.*

1114) Literatur: LEVILLAIN, Girart S. 231–234; SCHIEFFER, Lyon S. 6; GERNER, Lyon S. 60–64; BOSHOF, Agobard S. 104–120; DEPREUX, Prosopographie S. 192; GEISEL, Die Juden S. 631–639; LANGENWALTER, Agobard S. 35–37.

1115) Agobardi Lugdunensis opera omnia Nr. 14 S. 233.

EVRARD erst *nunc*, nämlich zur Zeit der Abfassung des Briefes an NIBRIDIUS um die Jahreswende 827/828, dieses Amt übernahm[1116]. Da das Amt nur in Agobards Briefen erwähnt ist[1117], gibt es in der Forschung keine Übereinstimmung über seine Funktion: Ob der *magister Iudaeorum* als Hofbeamter nur wegen des Bedarfes des Hofes die jüdischen Kaufleute schützen sollte oder im ganzen Reich oder ob er nur für die Lyoner Gegend eingesetzt wurde, bleibt umstritten[1118]. Eine weitere Identifizierung ist nicht ohne weiteres möglich. Aus chronologischen Gründen unwahrscheinlich ist der Versuch Karl Ferdinand Werners, ihn mit einem *Ebrardus* gleichzusetzen, der als Sohn von Alpais, der Tochter Ludwigs des Frommen, und Bego, Graf von Paris, zwischen 806–810 geboren wurde[1119]. Eine Identifizierung mit *Ebrehardus camerarius* in einer Urkunde Karls des Großen von 806[1120] ist angesichts des finanziellen Charakters der beiden Ämter – wenn man die Bedeutung des Königsschutzes der Juden als

1116) GEISEL, Die Juden S. 636–639 mit Anm. 282 und S. 693 f. mit Anm. 458. Ähnlich LANGENWALTER, Agobard S. 35 (Sie scheint Geisels Werk nicht gekannt zu haben). Kompliziert ist Boshofs Auffassung: EVRARD sei Judenmeister gewesen, der selbst auch „wohl in der Funktion des Missus aufgetreten ist", während nur GERRICUS und FREDERICUS kaiserliche Missi gewesen seien, wobei EVRARD als Judenmeister die Abordnung dieser Missi angefordert hätte. BOSHOF, Agobard S. 104 f. mit Anm. 7 und S. 113 f.

1117) Außer dem Brief an NIBRIDIUS siehe Agobardi Lugdunensis opera omnia Nr. 6 (um 822/823, ADALHARD [I] von Corbie, WALA* und HELISACHAR), hier S. 116; Nr. 10 (826, an Hilduin von St-Denis und WALA*), hier S. 188. Zur Datierung der Briefe siehe Agobardi Lugdunensis opera omnia, S. XLI f. mit der Aufführung älteren Meinungen; GEISEL, Die Juden S. 606.

1118) Vgl. GEISEL, Die Juden S. 600–602. Vgl. auch LANGENWALTER, Agobard S. 37: „Given the amount of supposition surrounding this theoretical office, I think it is time for scholars to take a fresh look at the evidence for the *magister Iudaeorum* and determine if such an office even existed, and if so, what role it played in the empire."

1119) HRE IV c. 46 S. 448. Gegen den Identifizierungsversuch von LOUIS, Girart S. 25 f. vgl. LEVILLAIN, Girart S. 231 f.; WERNER, Nachkommen S. 430. Obwohl die neuere Forschung zur Auffassung tendiert, dass Alpais Tochter Ludwigs sei, plädiert Settipani wieder für die Auffassung, sie sei Tochter Karls des Großen. SETTIPANI, La préhistoire S. 200–203 mit der Forschungsgeschichte. Die Arbeiten seit Settipani halten allerdings die Filiation von Alpais als Tochter Ludwigs aufrecht. BOSHOF, Ludwig der Fromme S. 59 mit Anm. 219; DEPREUX, Prosopographie S. 122 Anm. 29; SCHIEFFER, Die Karolinger S. 112.

1120) D KdG 204 ([Aachen,] 806. 8. 17.) S. 273 f.

Kaufleute in Betracht zieht – nicht undenkbar[1121]. Dagegen ist die Gleichsetzung mit *Eborhardus magister pincernarum* (EBERHARD [I]) wegen des zeitlichen Abstandes unmöglich, während die Gleichsetzung des letztgenannten Eborhardus mit dem Kämmerer von 806 möglich ist[1122]. EVRARD dürfte dank der Tätigkeit als Beauftragter des Kaisers während des Konflikts in der Gegend von Lyon eine gewisse Machtbasis erlangt haben, denn in der neueren Forschung wird EVRARD oft mit *pater eius [sc. Bertmundi] Ebrardus* in zwei Urkunden Lothars I. für die Lyoner Kirche identifiziert: Vater und Sohn hätten die entfremdeten Güter der Kirche *in beneficio* erhalten[1123].

FARDULF (Fardulfus)

Abt von St-Denis (792–†806)

TÄTIGKEIT ALS KÖNIGSBOTE:

1) 798, vor 4. 20.: *missus* Karls des Großen nach Rom mit ARN und anderen Missi (–)

FARDULF stand an der Spitze der Gesandten an Papst Leo III. und teilte ihm *viva voce* – also vielleicht keinen Brief des Königs vorlesend – mit, dass Karl dem Papst durch ihn (*ipsum*, also nur ihn!) auftrug, ARN das Pallium zu verleihen und ein Erzbistum in Bayern einzurichten[1124]. Die Anzahl der *prudentissimi atque fidelissimi missi vestri* war einschließlich ARN und FARDULF zwölf[1125] und sie waren wahrscheinlich identisch mit den zwölf Missi der Legation 2[1126].

2) 798: *missus* Karls des Großen in Pistoia mit den anderen elf Missi (darunter PAULINUS, ARN und ECHERIGUS) (= I 23)

1121) So schon LEVILLAIN, Girart S. 232 f. BOSHOF, Agobard S. 108 hält diese Gleichsetzung für „zweifellos“.

1122) Siehe EBERHARD (I) in der Prosopographie.

1123) D Lo I. 117 (841/852), hier S. 270 und Nr. 124 (um 852), hier S. 285. Dagegen ist DEPREUX, ebd.

1124) Jaffé³ 4649 ([798, ca. 4. 20.]); UB Salzburg Nr. 2b (Leos Brief an Karl) S. 5: *Quapropter venientes ad nos per vestram regalem sanctionem prudentissimi atque fidelissimi missi vestri unus ex ipsis eximiis missus videlicet praecellentissimus Fardulfus religiosus abbas fidelissimus vester familiariter viva voce intonuit nobis, quod vestra a deo protecta regalis ęxcellentia mandasset nobis per ipsum, quod Arnoni episcopo pallium tribueremus et in provincia Baiovvariorum archiepiscopum constitueremus.* Vgl. auch Jaffé³ 4647 (798. 4. 20.); UB Salzburg Nr. 2a S. 2–4.

1125) Ann. Iuv. maximi, a. 798 S. 736: *Karolus XII missos Romam direxit, ubi et tunc Arn archiepiscopus factus est.*

1126) Siehe auch ARN in der Prosopographie.

Als Ildepertus, Abt von S. Bartolomeo di Pistoia, eine Beschwerde an die Missi richtete, führten sie eine Inquisition des Sachverhalts durch[1127].

3) 802, Frühling: *missus* Karls des Großen in der Pariser Gegend mit STEPHAN (= KRAUSE I 26)

FARDULF und Graf STEPHAN von Paris wurden in einer Fassung des Kapitulars von 802 mit einem Missaticum betraut, das die Pagi von Paris, Meaux, Melun, Provins, Étampes, Chartres und Poissy umfasste, in deren Mitte ungefähr seine Abtei St-Denis lag[1128].

Wenn die Identifizierung durch Wilhelm Levison richtig ist, empfing FARDULF 802 einen Brief von WULFAR[1129], der schon kurz vor seiner Weihe zum Erzbischof von Reims als Missus in der Region um Reims tätig war. Ihm zufolge war FARDULF zu diesem Zeitpunkt schon so erfahren als Missus, dass WULFAR sich bei ihm Rat holte[1130]. Außerdem glaubte er, dass eine *pagina*, die auf der Aachener Versammlung vom März 802 vor dem Kaiser und den Anwesenden vorgelesen worden war, bei FARDULF verfügbar sei, während er sie nicht zur Hand hatte. WULFARs Äußerung spricht dafür, dass FARDULF schon vor 802 außer der italienischen Legation von 798 weitere Missionen geleistet hat.

KURZBIOGRAPHIE[1131]:

Der geborene Langobarde, der während der fränkischen Eroberung in die Verbannung ging, fand nach dem Untergang des Langobarden-

---

1127) MANARESI Nr. 25 S. 79 (= Perduti Nr. 20 S. 596). Siehe den Text bei ARN in der Prosopographie.

1128) Edition in ECKHARDT, Capitularia missorum specialia S. 500–504 (B/C), bes. S. 503: *XXI. In Parisiaco, Melciano, Melidunense, Provinense, Stampinse, Carnotinse, Pinciacense, Fardulfus et Stephanus.* Vgl. auch die Karte der Missatica von 802 auf S. 512 f.

1129) LEVISON, Formularbuch S. 293–304.

1130) Collectio sancti Dionysii Nr. 24, in: MGH Form. S. 509: *Et ideo quia pre cunctis excellentius subtiliusque eandem legationem a vobis ordinari scimus, de vestra inviolabile caritate freti, consilium expetimus, quomodo ipsam agere debeamus, ut, sicut eam penes vos habetis depositam, qualiter episcopos vel ca[no]nicos aut monachos vel quibus capitulis ab eis debeamus requirere, per ordinem cuncta celerius ad nos recurrens ostendat epistola.*

1131) Literatur: FLECKENSTEIN, Hofkapelle S. 74, 89, 98, 105 f. 108 und 237; FELTEN, Laienäbte S. 222 f.; PETERS, Die Entwicklung des Grundbesitzes S. 164–167; STORY, Cathwulf S. 14–21.

reiches seinen Platz bei Karl[1132]. Als er die Verschwörung des Königssohnes Pippins „des Buckligen“ aufdeckte, wurde er vom König mit der Abtei St-Denis belohnt[1133]. Nach Josef Fleckenstein gehörte er sehr wahrscheinlich schon vorher der Hofkapelle an, doch gibt es dafür keinen konkreten Beleg. Jedenfalls zählte FARDULF seitdem zu Karls vertrautem Beraterkreis. Zu der Tatsache, dass er Mitglied der Gesandtschaft nach Rom (Legation 1) wurde und überdies an ihrer Spitze stand, trugen sowohl das Vertrauen des Königs als auch seine Herkunft bei. 806 gewann er in Aachen vor Karl dem Großen einen Prozess gegen den Kämmerer Eberhard (möglicherweise identisch mit EBERHARD [I]) um zwei *mansi* im Gau Chartres[1134]. Das oben bei der Legation 3 behandelte Briefformular ist in einer Brief- und Formelsammlung enthalten, die hauptsächlich Italien betreffende Stücke enthält und wahrscheinlich in der Amtszeit FARDULFs zusammengestellt wurde.

FLOTHARIUS (Flotharius)

Missus (870)

TÄTIGKEIT ALS KÖNIGSBOTE:

870, Anfang Juli: *missus* Karls des Kahlen in Poilly (= KRAUSE II 120 [zum Jahr 868])

Nachdem Bischof HINKMAR (II) von Laon im Streit mit dem König um die Kirchengüter die Synode von Attigny Anfang Juli 870 eigenmächtig verlassen hatte, scheint Karl Maßnahmen gegen die HINKMAR erhobenen Vorwürfe bezüglich der Lehen aus den Laoner Kirchengütern getroffen zu haben. Davon ist nur die Tätigkeit von FLOTHARIUS konkret bekannt: Als *missus regis* übergab er dem Grafen Nortmannus, der vorher vom Laoner Bischof des Raubs von Kirchengut beschuldigt worden war, den Besitz in Poilly[1135].

1132) HAUCK, Kirchengeschichte Deutschlands 2 S. 162 f.

1133) Ann. q. d. Einhardi, a. 792 S. 91 und 93.

1134) D KdG 204 ([Aachen,] 806. 8. 17.) S. 273; BM² 422.

1135) MGH Conc. 4 Nr. 33 S. 391 f. (Zitat aus S. 392): [HINKMAR (II) von Laon] *Mandat vobis* [sc. HINKMAR (I) von Reims], *quia vos sapitis, quae illi nunc factum fuit in Attiniaco, propter quod inde ambulavit, sicut vobis per Teutlandum mandavit, et vos sapitis, quomodo illi iam altera vice factum fuit, quando rex illum detinuit. Mandat vobis, quia res de sua aecclesia illi tolutae sunt, et Flotharius regis missus eas consignavit Nortmanni homini, et hoc meus senior iam sciebat, quando de Attiniaco ambulavit, quia sic deveniret, quia homo Nortmanni Herimundus hoc seniori meo dixit, quando rex de Silnectis revenit*; Hinkmar von

KURZBIOGRAPHIE:
FLOTHARIUS dürfte mit Flotharius *villarum regiarum maior* identisch sein, den HINKMAR (I) in einem Brief an seinen Neffen erwähnt[1136].

FOLCRAD (I) (Folcradus)

Vasall (838)

TÄTIGKEIT ALS KÖNIGSBOTE:
838, nach 4. 28.: *missus* Ludwigs des Frommen in St-Calais mit FULCO (III), GUNFRID und ARDUIN (= –)

FOLCRAD (I) gehörte zu den vier Missi, die nach der Verhandlung auf der Aachener Reichsversammlung vom 28. April 838 ent-

---

Laon, Rotula prolixa, in: MGH Conc. 4,2, hier S. 367: *[rex] putaret mihi posse sufficere, quod hinc iam coram episcopis benigno animo et allocutione placida mihi in Attiniaco palatio dixit, videlicet quoniam ad illum pervenit me amplius praesumpsisse de rebus, de quibus nunc mandavi, quia Flotharius missus eius Nortmanno consignaverit, quam ecclesiae mihi commissae debeantur et amplius quam in praecepto habeantur, per quod mihi res a longo tempore ab ecclesia Laudunensi subtractas restituit vel gratis meae petitioni annuens dedit, sicut et manifestissime claruit de his, quas contra rationem ad iustitiam illegaliter atque irregulariter usurpavi, quae in praecepto non continentur, et iuste atque rationabiliter secundum legem homo suus reconquisivit. Propterea illas res, videlicet villam Pauliacum, quae a longo tempore ab ecclesia Laudunensi subtractae fuerant, praesentaliter reciperem et illas alias, de quibus ad eum reclamatio venit, interim non reciperem, sed tantum inde expectarem, donec illud praeceptum apportarem et suus ac vester missus in ipsum pagum irent et ex his rei veritatem investigarent et, quidquid inventum fuisset, quod ex eisdem rebus iuste et rationabiliter ad Laudunensem ecclesiam pertineret, non solum non discuteret, verum et libenter eas ipsi ecclesiae concedere vellet, et ego ex his nihil tunc contradixi, a fine respondere incipio. […] Et post hoc alia atque alia interposita fuerunt, usque dum ad hoc perventum est, ut diceret se mihi concedere eandem villam et, quicquid in meo continebatur praecepto, praeter illa quinque mansa, quae Ansgarius homo suus retinebat; de illis auctem volebat, ut id ipsum verbum ponam, ut sic starent, usque dum per missos suos cum vestro et meo inde rei veritatem inquireret et, si etiam posset invenire, quod ad villam Pauliacum iuste pertinerent, mihi redderet. Illud autem praeceptum, quandiu postea in Attiniaco fui, a me non requisivit, usque dum Flotharius easdem res homini Nortmanni reconsignavit.* Zu diesem Prozess mit der Datierung vgl. MCKEON, Hincmar of Laon S. 100–109. Zur Streit um diese *villa* in Poilly vgl. MCKEON, Hincmar of Laon S. 179–185. Vgl. auch D KdK Nr. 308 (858–867), 2 S. 181.

1136) HRE III c. 22, hier S. 298; MGH Conc. 4 Nr. 37 (Douzy, 871. 8. 5. – 9. 6.) c. 19 S. 444.

sandt wurden, um Bischof Aldrich von Le Mans mit dem Kloster St-Calais zu investieren[1137].

KURZBIOGRAPHIE[1138]:

Seine Teilnahme an der Versammlung in Aachen vom April 838 ist nachweisbar durch seinen Namen in der als authentisch anzusehenden Unterschriftenliste[1139].

FOLCRAD (II) (Folcradus, Fulcradus)

Graf von Arles (847–860?)

TÄTIGKEIT ALS KÖNIGSBOTE:

847/848: *missus* Lothars I. in Süditalien mit GERHARD (II) und ERMENOLD (= KRAUSE II 138)

FOLCRAD wurde als einer von drei Missi zum Heerführer der dritten Truppe der Franken gegen die Sarazenen in Süditalien ernannt[1140].

KURZBIOGRAPHIE[1141]:

FOLCRAD (II) war Graf von Arles. 847/848 wurde er zum Missus ernannt, obwohl er kurz zuvor, 845, an einem Aufstand gegen Lothar beteiligt gewesen war[1142]. Er war 853/858 bei einer Versammlung in Sermorens anwesend, auf der der Streit zwischen Erzbischof Agilmar von Vienne und Graf Wigericus verhandelt wurde[1143]. Um 860 tritt er als Intervenient in einer Urkunde Karls von der Provence für die Kirche von Orange in Erscheinung[1144].

Maurice Chaume sieht verwandtschaftliche Beziehungen zwischen FOLCRAD und FULRAD (I) von St-Denis: FOLCRAD könnte mit dem Grafen von Auxerre, Ermenaud III. (für Chaume unser ERMENOLD), verwandt gewesen sein, der seinerseits FULRADs

---

1137) Gesta Aldrici, Fragmente c. 6 S. 158. Siehe den Text bei ARDUIN in der Prosopographie.

1138) Literatur: DEPREUX, Prosopographie S. 193 f.

1139) Gesta Aldrici, Fragmente c. 6, hier S. 160.

1140) MGH Conc. 3 Nr. 12 S. 139: *In scara Francisca sunt: Gerardus, Fulcradus et Ermenoldus.*

1141) Literatur: POUPARDIN, Introduction, in: D Prov S. 3 f.; DUPRAZ, Le Capitulaire de Lothaire I S. 279; STOCLET, Fulrad S. 378 f., 412 f. und 524–527; SCREEN, entourage S. 263 f.

1142) AB a. 845 S. 49; AF a. 845 S. 35.

1143) BALUZE, Capitularia 2, Appendix Nr. 80 Sp. 1467 f.; Gallia chr. nov. Arles Nr. 204 Sp. 85.

1144) D Prov 6 (Uzès, 860.[?] 8. 25.) S. 13 f. (als *comes et ministerialis*).

Großneffe sei. So dürfte FOLCRAD auch FULRADs Großneffe gewesen sein[1145]. Aber dies bleibt ohne konkrete Beweisführung. Die verwandtschaftliche Beziehung zwischen FULRAD (I) und Graf Ermenaud I. von Auxerre[1146] wurde von Alain J. Stoclet zu Recht verworfen.

FOLHROH (Folhroh, Folchroh)

Missus (834. 4. 3. – 838/839)

TÄTIGKEIT ALS KÖNIGSBOTE:

834. 4. 3. – 838/839: *missus* Ludwigs des Frommen oder Ludwigs des Deutschen in Chiusi/Toskana mit NORTPERT (= KRAUSE I 122 = II 113)

Bei der Zeugenaussage über einen Besitz des Klosters St. Gallen in der Gegend von Chiusi waren als königliche (!) Missi Bischof NORTPERT von Reggio und FOLHROH anwesend. Sie scheinen ein Inquisitionsverfahren durchgeführt zu haben. Der Angeklagte Odalhart schwor FOLHROH mit einem *wadium*, dass er vor dem Hofgericht erscheinen werde[1147].

KURZBIOGRAPHIE[1148]:

Über FOLHROH ist nichts Weiteres bekannt.

FORMOLDUS (Formoldus)

Graf (751?)

TÄTIGKEIT ALS KÖNIGSBOTE:

751?: *missus* Pippins des Jüngeren in Mâcon mit LEUTARIUS (= –)

Zur Bestätigung der Immunität, die Pippin als Hausmeier der Bischofskirche Mâcon gewährt hatte[1149], schickte er als König seine Missi FORMOLDUS und Abt LEUTARIUS aus. Das Ergebnis wurde als Breve aufgezeichnet. Bei dieser missatischen Untersuchung fallen jedoch folgende Aspekte auf. Erstens wurden die betreffenden Güter aufgeteilt. Der eine Teil sollte die völlige Immunität genießen. Der andere Teil, den der König selbst nutzte oder an sein Gefolge

---

1145) CHAUME, Les origines S. 170 und 186 Anm. 1.

1146) Ebd. S. 108.

1147) UB St. Gallen 2, Anhang Nr. 15 S. 393 f. = Chart. Sangall. Nr. 394 (811 – 838./839. 3. 15.) S. 370 f. Siehe den Text bei NORTPERT in der Prosopographie. Vgl. SCHNEIDER, Die Reichsverwaltung in Toscana S. 104; BOUGARD, La justice S. 401 f.

1148) Literatur: DEPREUX, Prosopographie S. 418.

1149) D Arnulf. 17 (Metz, 743. 1. 1.) S. 39–41.

als Benefizien verlieh, blieb ohne Immunität im Austausch gegen die jährlichen Zinsen. Zweitens reservierten die Missi einen gewissen Teil der Güter im Namen von *elemosina domni regis*. Während aus diesem Teil die Beleuchtung der Kirche finanziert wurde, konnten die Missi selbst Unterhalt und Bekleidung (d. h. wahrscheinlich die Kosten während der Untersuchung) decken[1150]. Ingrid Heidrich verbindet diese Untersuchung mit der in einigen Annalenwerken notierten Anordnung Pippins, zu Beginn seiner Königszeit die Kirchengüter aufzuzeichnen[1151].

KURZBIOGRAPHIE:

Über FORMOLDUS ist nichts Weiteres bekannt.

FRECULF* (Freculfus)

Bischof von Lisieux (nachweisbar seit 824, als Bischof 825–850)

TÄTIGKEIT ALS KÖNIGSBOTE:

824–825: im Auftrag Ludwigs des Frommen nach Rom mit ADEGARIUS (= –)

Dass FRECULF* und sein *socius* ADEGARIUS* im Auftrag Ludwigs nach Rom gesandt wurden, kann man aus der Darstellung der Reichsannalen über die Gesandten des byzantinischen Kaisers Michael schließen, die über die Bilderverehrung mit dem fränkischen Kaiser sowie mit dem Papst zu unterhandeln hatten und die Ludwig im November 824 in Rouen empfangen hatte. Nach dem Meinungsaustausch befahl der Kaiser, die griechischen Gesandten auf ihrer Reise nach Rom zu begleiten. Obwohl die Absendung von FRECULF*

1150) HEIDRICH, Das Breve S. 21 f. (Text) und 22 ff. (Kommentar): *Breve memoratorium qualiter domnus noster Pipinus rex Francorum per suum praeceptum et iussionem vel promissos vos Leutarium abbatem et Formoldum comitem ad causam sancti Vincentii martyris Christi urbis Matiscensium vel ipsi Matiscensi episcopo quem ipse domnus rex inantea Christo propitio iubebit ibi promittere pro suo augmento vel mercede ipsum locum concessurus est hoc est de illas episcopales villas et abatas de quibus hic inserendum modo immune occurrit nisi tantum de modico loquitur casatisve locis nominatis …*; *Excepto de his aliis villis quas domnus rex beneficio dedit et id quod ad suum opus habet et abbatias tam beneficiatas quam dominicatas a rege iussum est ut annis singulis censum ad partem eiusdem ecclesiae vel ipsi episcopo qui ibidem deservit sicut eorum continet brevis de una quaque villa vel abbatia*; … *suprascripti missi in elemosina domni regis dare iusserunt unde ipsi victum et vestitum habere vel lumen ecclesiae preparare valeant.*

1151) Ann. Alam. a. 751, Ann. Guelf. a. 751, Ann. Nazar. a. 751 S. 152 f. HEIDRICH, Das Breve S. 24.

und ADEGARIUS* als kaiserliche *missi* oder *legati* nach Rom nicht quellenmäßig nachzuweisen ist, zeigt ihr mündlicher Bericht auf der Pariser Synode von 825 über die Beratung mit dem Papst und den Bischöfen, dass sie nicht nur die Begleiter waren[1152].

KURZBIOGRAPHIE[1153]:

Vor seiner Bischofserhebung lebte FRECULF* spätestens seit 822 im Kloster Fulda und blieb dort bis zum Juli 824[1154]. Seit dieser Zeit stand er in guten Beziehungen mit Hrabanus Maurus, der damals Abt des Klosters war[1155].

Die Legation nach Rom kurz nach seiner Bischofserhebung zeugt von Ludwigs Vertrauen in seine Fähigkeiten und Persönlichkeit[1156]. Sein Meisterwerk, eine umfangreiche Weltchronik, die er in den 820er Jahren geschrieben haben dürfte[1157], entstand in direkter Verbindung mit Ludwigs Umgebung. Während er HELISACHAR den ersten Teil des Werkes widmete[1158], richtete sich der zweite Teil dediziert an Kaiserin Judith, damit sie dieses Werk zur Bildung des neugeborenen Kaisersohns, Karls des Kahlen, verwenden könne[1159]. Seine Teilnahme an der Pariser Synode von 829 ist nachweisbar[1160]. Als EBBO von Reims 835 in Diedenhofen auf sein Bischofsamt verzich-

---

1152) ARF a. 824 S. 165; MGH Conc. 2,2 Nr. 44 B S. 482. Die vollständigen Zitate finden sich bei ADEGARIUS* in der Prosopographie. Vgl. auch Michaels Brief, MGH Conc. 2,2 Nr. 44 A S. 475–480, bes. S. 479 f. Dazu BM² 793a; DE CLERCQ, La législation (814–900) S. 53.

1153) Literatur: Fastes 2 S. 237; DEPREUX, Prosopographie S. 197 f.; ALLEN, Prolegomena S. 11*–18* (Anm 1 über verschiedene Varianten der Onomastik); ALLEN, Fréculf de Lisieux S. 62 f. und 66.

1154) ALLEN, Prolegomena S. 12*–15*. Ich konnte keine Quellen finden, die Heinz Löwes Darlegung unterstützen können, dass FRECULF* 822 als *missus dominicus* gewirkt hätte. WATTENBACH-LEVISON III S. 351.

1155) ALLEN, Prolegomena S. 12*, zu seinem Brief an Hrabanus S. 19*–25*. Die Edition dieses auf 824/825 datierbaren Briefes, in dem er sich als Bischof bezeichnet, findet sich in: Frechulfi Lexoviensis episcopi Opera omnia. Textus S. 5–7.

1156) Michael I. Allen sieht in seiner Bischofserhebung Ludwigs ausdrücklichen Willen bestätigt. ALLEN, Prolegomena S. 16*.

1157) Zu diesem Werk neuerdings vgl. ALLEN, Fréculf de Lisieux.

1158) Prologus ad Elisacharum abbatem, in: Frechulfi Lexoviensis episcopi Opera omnia. Textus S. 17–20. Dazu Depreux, ebd.; ALLEN, Prolegomena S. 15*f.

1159) Prologus ad Iudith imperatricem, in: Frechulfi Lexoviensis episcopi Opera omnia. Textus S. 435–437. Dazu NELSON, Charles the Bald S. 84; DEPREUX, ebd.; BF 8; ALLEN, Prolegomena S. 16*f.; ALLEN, Fréculf de Lisieux S. 66 f.

1160) Cart. gén. Paris Nr. 35, hier S. 50 f. (= MGH Conc. 2,2 S. 605 f.).

tete, war FRECULF* zugegen[1161]. EBBO wurde zuerst nach Fulda in Haft geschickt. Dann nahm ihn FRECULF* für eine gewisse Zeit in Gewahrsam, bis BOSO (II), Abt von Fleury, die Kontrolle über ihn übernahm[1162].

Obwohl kein königlicher Auftrag nachweisbar ist, dürfte FRECULF* weiterhin in guten Beziehungen zu Karl dem Kahlen gestanden haben. Vielleicht schon in der Zeit des Bruderkriegs nach dem Tod Ludwigs des Frommen widmete er ihm eine Abschrift von Vegetius' Epitoma rei militaris[1163]. Unklar ist aber, warum Karl dem Kloster St-Philibert 847 die Villa Fontaines übergab, die ein gewisser Bischof Freculf, wahrscheinlich unser FRECULF*, bis dahin besessen hatte[1164]. Er hat an drei Synoden unter Karl teilgenommen, nämlich in Germigny-des-Prés von Herbst 843[1165], in Paris vom Ende 846 oder Anfang 847[1166] und wahrscheinlich im Anjou vom Juli/August 850[1167]. Außerdem befindet sich seine Unterschrift auf einer Urkunde von Erzbischof WENILO von Sens über die Verlegung des Klosters St-Rémy von Sens nach Vareilles. Aus dieser Urkunde schließt Wilfried Hartmann, dass eine Synode, jedoch keine Provinzialsynode von Sens, zu einem bestimmten Zeitpunkt zwischen 842 und 845 in der Kirchenprovinz Sens stattgefunden haben dürfte[1168]. Da FRECULF* an der Synode von Soissons 853 nicht mehr teilnahm[1169], ist der 8. Oktober als Todestag entweder auf 850, 851 oder 852 zu beziehen[1170].

1161) MGH Conc. 2,2 Nr. 55 B S. 703. Vgl. BM² 938c.

1162) MGH Conc. 2,2 Nr. 61, Appendix 3 (Narratio clericorum Remensium) S. 808.

1163) ALLEN, Prolegomena S. 25*–28*; BF 285. Edition von *Prologus ad Karolum Calvum regem* in: Frechulfi Lexoviensis episcopi Opera omnia. Textus S. 727–729.

1164) D KdK Nr. 91, 1 S. 245 f. Vgl. auch BF 554.

1165) MGH Conc. 3 Nr. 1 S. 6.

1166) MGH Conc. 3 Nr. 13 S. 148 f.

1167) MGH Conc. 3 Nr. 20 S. 204.

1168) MGH Conc. 3 Nr. 10 S. 56 und 60.

1169) MGH Conc. 3 Nr. 27 S. 264 f.

1170) ALLEN, Prolegomena S. 12*.

FREDERICUS (Fredericus)

Missus (826)

TÄTIGKEIT ALS KÖNIGSBOTE:

Vor der Jahreswende 826/827: *missus* Ludwigs des Frommen in Lyon mit GERRICUS (= KRAUSE I 108)

FREDERICUS war Mitglied der zweiten Delegation Ludwigs wegen des Konfliktes zwischen Erzbischof Agobard von Lyon und den dortigen Juden. Bemerkenswert ist, dass er und GERRICUS bei ihrer Ankunft in Lyon kaiserliche Traktorien und schriftlich fixierte Anordnungen zur Bestrafung (*capitularia sanctionum*) derjenigen, die den kaiserlichen Befehl nicht beachteten, mit sich führten[1171].

KURZBIOGRAPHIE[1172]:

Während Philippe Depreux und Anna Langenwalter nicht erwähnen, dass FREDERICUS mit einem *Fredericus* identisch sein dürfte, der 841 bei der Verhandlung Lothars I. mit seinen Brüdern einer seiner Vertreter war, wies Egon Boshof darauf hin[1173].

FREHOLF (Frehholf)

Missus (790/794/815–822)

TÄTIGKEIT ALS KÖNIGSBOTE:

822. 4. 3.: *missus* Ludwigs des Frommen in Ergolding mit NIDHART (= KRAUSE II 79)

Ludwig entsandte die Missi FREHOLF und NIDHART, um die Klage wegen einer Kapelle im Bistum Freising zu untersuchen, die sich Bischof Hitto angeblich widerrechtlich angeeignet hatte. Nach der Anhörung – vielleicht einer Inquisition, weil diese Kapelle möglicherweise zu Nutzen des Herrschers erbaut worden war – fiel das Urteil zugunsten des Bischofs aus[1174].

1171) Agobardi Lugdunensis opera omnia Nr. 11 S. 191–195, hier bes. S. 191 f.; GEISEL, Die Juden S. 639 f. Zur Datierung und Beschreibung der Mission siehe EVRARD in der Prosopographie. Dort findet sich das vollständige Zitat der Quelle.

1172) Literatur: BOSHOF, Agobard S. 114 mit Anm. 45; DEPREUX, Prosopographie S. 198; LANGENWALTER, Agobard S. 35 f.

1173) Nithard II, 10 S. 84.

1174) Trad. Freising Nr. 463 (Ergolding, 822. 4. 3.) S. 394: *Dum sedissent Cotafrid videlicet et Hatto ad Ergeltingas Adalhram, Hitto, Baturih, Reginheri, Agnus episcopi, Kisalhart et Ellanperht judices ceterique omnes coronatores viri ibique inter eos surrexerunt Nidhart et Frehholf missi dominici et interpellabant Hittonem episcopum pro ecclesiam quae sita est in loco nominato Feringa dicentes a domno*

Kurzbiographie[1175]:
Philippe Depreux identifiziert diesen Missus mit einem in der Freisinger Gegend belegten Frecholf[1176].

FRIUNTO (Friunto)

Missus (vor 821)

Tätigkeit als Königsbote:
Vor 821. 2. 15.[1177]: *missus* Ludwigs des Frommen im Zürichgau mit SIGIBERTUS, HILTERATUS, GERHARD (I) und LIUDERICUS (II) (= Krause II 114)

29 Zeugen bestätigten eidlich dreimal vor den Missi dominici – zuerst vor SIGIBERTUS und FRIUNTO, dann vor HILTERATUS und GERHARD (I), zuletzt vor LIUDERICUS (II) –, dass Uznach, Lützelau und Bäretswil eigentlich zum Kloster St. Gallen gehören sollten[1178]. Da dieses Verfahren als Vorstufe der Rückgabe des dem Kloster durch den Fiskus Zürich entrissenen Besitzes in Uznach (821)[1179] anzusehen ist, war die Anwesenheit der Missi dominici notwendig.

---

imperatore eis iniunctum fuisse pro ipsam ecclesiam investigare, utrum ad episcopatum pertinere aut specialiter cappella ad opus dominicum fieri deberet, eo quod Gregorius domno imperatore referebat Hittonem episcopum ipsam praefatam ecclesiam iniuste praeripuisse. Quod ilico falsum fuisse inventum est pro episcopos abbates comites ceterosque bonos veracesque viros qui narraverunt ex temporibus Pippini regis iam supradictam ecclesiam in episcopatum sanctae Mariae ad Frigisinga cum omnibus ad eam iacentibus pertinuisse. Tunc quoque praedicti missi Nidhart et Frehholf crediderunt sibi, ut nequaquam iam fata ecclesia ab illo episcopatu abstracta fieri non potuit. Vgl. Hannig, Zur Funktion S. 292 f.

1175) Literatur: Depreux, Prosopographie S. 198.

1176) Trad. Freising Nr. 336 (815. 3. 15.) S. 286 f.; Nr. 401c (Allershausen 818. 9. 15.) S. 345 f.; Nr. 407 ([Eching,] 819. 1. 13.) S. 350 f.

1177) Zur Datierung vgl. Borgolte, Geschichte der Grafschaften S. 90 f.; Borgolte, Kommentar S. 455.

1178) UB St. Gallen 2, Anhang Nr. 19 S. 396 = Chart. Sangall. Nr. 269 (vor 821. 2. 15.) S. 257 f.: *Breve commemoratio de illis hominibus, qui in ministerio Liuderici cum sacramento testificati sunt tribus vicibus de causa sancti Gallonis ante missos domni regis, inprimis ante Sigibertum et Friuntonem, postea ante Hilteratum et Gerhardum, et tercia vice ante Liudericum, id est de Uzinacha, quod Lantolt et Pieta habuerunt, et Luzilunauia tota et Peroluesuillare. Id sunt [...] Et hoc isti cum sacramento testificati sunt, quod supradictas res ad sanctum Gallolonem legibus pertinere deberent.*

1179) BM² 735; D LdF 194 (Aachen, 821. 2. 15.) S. 479–481. Laut diesem Kaiser-

KURZBIOGRAPHIE[1180]:
FRIUNTO ist nur hier bezeugt und dürfte einer der Verwalter des Fiskus Zürich gewesen sein. Nicht unwahrscheinlich ist die Annahme, dass die dreistufige Vereidigung die Dreiteilung der Zuständigkeit innerhalb des Fiskus, z. B. in Uznach, Lützelau und Bäretswil, widerspiegeln sollte.

FROTHAR* (Frotharius, Frotarius, Flotarius)

Bischof von Toul (814–849/850)

TÄTIGKEIT ALS KÖNIGSBOTE:
*825 Spätsommer/Herbst: Im Auftrag Ludwigs des Frommen zwischen den Alpen und Aachen (= –)

FROTHAR* fragte in einem Brief an HETTI von Trier, wann der Erzbischof *pro legatione vobis iniuncta* in seine Diözese kommen wolle und wann das vor kurzem angekündigte *sinodale concilium* einberufen werden solle, weil er selber *secundum imperiale praeceptum* vom Oktober bis spätestens zum 30. November abwesend sein müsse, um die Unterkünfte für ausländische Gesandtschaften zwischen den Alpen und Aachen vorzubereiten[1181]. Obwohl in dem Brief kein konkretes Wort wie *missus*, *legatio* usw. begegnet, das ihn sicher als Königsboten erkennbar macht, möchte ich diesen Auftrag in die Reihe missatischer Legationen aufnehmen. Denn FROTHAR* musste deswegen weit über die Grenzen seiner eigenen Diözese hinaus reisen, und zudem gehörte die Kontrolle der Gastungseinrichtungen zur Fiskalverwaltung, also einer der Hauptaufgaben der Missi.

Während dieser Brief bisher auf die Zeit zwischen Dezember 828 und 3. April 829 datiert wurde[1182], gehört er wohl eher in den Herbst

---

diplom wurde *Geroldus fidelis noster* (ohne Titulatur des Missus) mit der Inquisition beauftragt. Siehe GEROLD (III)* in die Prosopographie.

1180) Literatur: BORGOLTE, Geschichte der Grafschaften S. 90; DEPREUX, Prosopographie S. 418.

1181) Frothar Nr. 18 S. 126 (= MGH Epp. 5 Nr. 12 S. 284): ... *Quapropter vestris litteris mihi signifcari expeto, quando huc pro legatione vobis iniuncta venire vel quando sinodale concilium iuxta modernam constitucionem debeatis convocare. De his ob id praecipue sollicitus maneo, quia et ipse secundum imperiale praeceptum ad providendas mansiones, in quibus legati suscipi debent, scilicet a monte Iovis usque palatium Aquis ire debeo et infra mensem Octobrem egrediens ante solemnitatem beati Andreæ domum regredi cupio.* Zu diesem Auftrag vgl. WAITZ, Verfassungsgeschichte 4 S. 24.

1182) Vgl. Frothar Nr. 18 S. 126; MGH Epp. 5 Nr. 12 S. 284.

825. Wenn FROTHAR* seine Sorge darüber äußert, dass HETTI schon im Oktober oder November in die Gegend von Toul kommen könnte, wenn er selbst wegen der kaiserlichen Legation abwesend sein würde, passt das gemäß dem Kontext nicht in die Zeit nach der Winterversammlung von 828. Denn nach dieser Versammlung, aber noch vor dem Jahresende, wurde schriftlich reichsweit mitgeteilt, dass die Missi am 4. April ihre Legation beginnen und erst danach, aber frühestens ab dem 23. Mai, also noch im Frühling, die vier Konzilien stattfinden sollten[1183]. Warum hätte FROTHAR*, wenn ihm die Einberufung der Konzilien und die Absendung der Missi in naher Zukunft schon im Winter 828 bekannt geworden wäre, eine solche Sorge um den nächsten Herbst haben sollen, wie man sie in seinem Brief findet? Dagegen fand die Reichsversammlung in Aachen[1184], als deren Ergebnis man die Admonitio ad omnes regni ordines und mittelbar auch die Commemoratio missis data ansehen kann[1185], im August 825 statt. In der Commemoratio ist HETTI als einer der Missi in seiner Kirchenprovinz genannt[1186], die an zwei oder drei Orten in ihrem Legationsbezirk jeweils eine Versammlung abhalten sollten[1187]. Sofern sie damit bald nach der Reichsversammlung beginnen wollten, ist anzunehmen, dass sie schon im selben Herbst ihre Versammlung(en) einberiefen. Es ist also plausibel, dass FROTHAR* im Spätsommer oder Herbst 825 bei HETTI wegen dessen Legation anfragte. Für diese Datierung spricht auch das 19. Kapitel der Admonitio ad omnes regni ordines, worin die Rolle von Missi eines anderen Typs bestimmt wird, nämlich *missorum ad hoc specialiter constitutorum*, die besonders mit der Vorsorge für die Unterbringung der Gesandtschaften beauftragt waren[1188]. FROTHARs* Mission war somit im Herbst 825 von einiger Aktualität.

1183) Vgl. die neueren Interpretationen der Dokumente des Winters 828 (d. h. MGH Capit. 2 Nr. 184, 185A und 185B S. 2–6) in: PATZOLD, Episcopus S. 545–549; DE JONG, The penitential state S. 170–176.

1184) BM² 797c.

1185) MGH Capit. 1 Nr. 150 S. 303–307 = Ansegis, 2, 1–24 S. 521–541; ebd. Nr. 151 S. 308 f. = Ansegis 2, 25–27 S. 541–547. BM² 798 und 799; GANSHOF, Was waren die Kapitularien? S. 85 f. Anm. 212; Ansegis, Einleitung S. 38 f. Aber vgl. auch Guillots vorsichtigere Datierung der Admonitio zwischen 823 und 825. GUILLOT, Une ordinatio méconnue S. 378.

1186) Siehe HETTI in der Prospographie.

1187) Ansegis 2, 26 S. 545.

1188) MGH Capit. 1 Nr. 150 c. 19 S. 306 = Ansegis, 2, 17 S. 535: *In illis vero locis*

KURZBIOGRAPHIE[1189]:
FROTHAR* war Priester an der Bischofskirche von Trier und wurde am 22./27. März 813 zum Bischof von Toul erhoben[1190], was er vielleicht Karl dem Großen verdankte[1191]. 817 empfing er von HETTI als kaiserlichem Missus ein Mandat zur Mobilisierung[1192]. In der zweiten Hälfte der 820er Jahre rief die Klostergemeinschaft Moyenmoutier FROTHAR* und SMARAGD von St-Mihiel an, um den Konflikt zwischen dem dortigen Abt Ismond und den Mönchen bezüglich der Güterzuteilung beizulegen. FROTHAR* erstattete dem Kaiser brieflich Bericht über die Angelegenheit[1193]. Er wurde offensichtlich als Diözesanbischof dazu herangezogen[1194]. Den Gesta episcoporum Tullensium zufolge wurde die Kirche von Toul unter FROTHARs* Leitung in der zweiten Hälfte der 820er Jahre von Ludwig dem Frommen und Lothar I. urkundlich begünstigt: Sie erwarb eine Pancarta ihrer durch einen Brand verlorenen gegangenen Urkunden, ihr wurde Immunität verliehen und sie bekam den Forst Ermundies als Geschenk[1195]. Dass Ludwig eine Urkunde, mit der FROTHAR* dem Kloster St-Èvre einen Besitz verliehen hatte,

---

ubi modo via et mansionatici a genitore nostro et a nobis per capitulare ordinati sunt, missos ad hoc specialiter constitutos, qui hoc iugiter praevident, habent, ut omnia, quae ad easdem legationes suscipiendas pertinent, fideles nostri ad hoc constituti ad tempus praeparare studeant, ut non tunc sit necesse de longe quaerere vel adducere, quando tempus est illa dare vel persolvere… Vgl. ebd. c. 18 = Ansegis 2, 16, 534 f. über den Empfang ausländischer Gesandtschaften. NERLICH, Diplomatische Gesandtschaften S. 130, sieht die anonymen Missi „814b“ als Vorstufe dieser „Institutionalisierung“.

1189) Literatur: ANTON, Frot(h)arius, Bf. v. Toul, in: Lex.MA 4 Sp. 993 f.; DEPREUX, Prosopographie S. 204 f.; GAILLARD, Frothaire; BARBIER, L'évêque et le palais.

1190) Zur Datierung vgl. GAILLARD, Frothaire S. 11–14.

1191) Vgl. Frothar Nr. 21 (813. 5. – 814. 1., wahrscheinlich von FROTHAR* an Karl) S. 130. Zu seiner Bischofsweihe vgl. auch SCHIEFFER, Karl der Große und die Einsetzung der Bischöfe S. 457. Siehe auch AMALAR in der Prosopographie.

1192) Siehe HETTI in der Prosopographie.

1193) Frothar Nr. 3 (825/6–830, an Ludwig den Frommen) S. 94–96. Vgl. auch Frothar Nr. 1 (825/6–830, an Erzkapellan Hilduin) S. 92 und Nr. 2 (825/6–830, an Türhüter Gerung) S. 94, mit denen FROTHAR* um ihre Vermittlung zum Kaiser bat. GAILLARD, Frothaire S. 19 f., sieht diese beiden als herrscherliche Missi an.

1194) Vgl. EBERHARDT, Via Regia S. 43 f.; GAILLARD, Frothaire S. 20.

1195) Gesta episcoporum Tullensium c. 26 S. 636; D LdF Dep. 199 ([825–830]) S. 1160.

eigens per kaiserlichem Diplom bestätigte, dürfte überdies auf seine gute Beziehungen zum Kaiser hindeuten, weil FROTHAR vor seiner Bischofserhebung Abt dieses Klosters war[1196]. Auf seine Bitten restituierte der Kaiser St-Èvre eine entfremdete *villa*, die Pippin der Jüngere diesem Kloster geschenkt hatte[1197]. FROTHAR* war wahrscheinlich bei der Reichsversammlung vom Februar 828 in Aachen anwesend und nahm in der Folge am Kriegszug nach Spanien teil[1198]. Ludwig der Fromme beauftragte FROTHAR* mit dem Umbau der Pfalz Gondreville in der Nähe von Toul, als der Kaiser im Herbst 828 möglicherweise dort verweilte[1199]. Der Bischof von Toul nahm ebenso an den Reichsversammlungen von Mainz (Juni 829), Diedenhofen (835) und Ingelheim (August 840) teil[1200]. Er starb am 22./31. Mai 847/849/850[1201].

FULCO (I) (Fulco)

Missus (782)

TÄTIGKEIT ALS KÖNIGSBOTE:

782. 6. 3.: *missus* Karls des Großen in Narbonne mit ADALBERT (I), GIBUINUS und GUALTARIUS (= KRAUSE I 5)

FULCO war einer der Vorsitzenden der Verhandlung über den Güterstreit zwischen der Kirche von Narbonne und dem Grafen Milo[1202].

1196) Gesta episcoporum Tullensium c. 25 S. 636; D LdF Dep. 58 ([828 / 836–838]) S. 1074.

1197) D LdF Dep. 59 ([819–830]) S. 1074 f. Zum Streit nach dieser Restauration und zu FROTHARs* Handlungen vgl. MERSIOWSKY, Regierungspraxis S. 159.

1198) ARF a. 828 S. 174; Frothar Nr. 8 (Ende 827 – Anfang 828, an Drogo von Metz) S. 102–104; BARBIER, L'évêque et le palais S. 29.

1199) Frothar Nr. 11 (Ende 828 / Anfang 829, an Erzkapellan Hilduin) S. 110–114. In diesem Brief klagte FROTHAR*, dass er aufgrund der finanziellen Not in seiner Diözese den Auftrag nicht erfüllen konnte. Vgl. BARBIER, L'évêque et le palais S. 37 f.

1200) MGH Conc. 2,2 Nr. 50 C S. 604; Nr. 55 B S. 703; Nr. 61, 793.

1201) Zur Diskussion über seinen Todestag vgl. DEPREUX, Prosopographie S. 204; GAILLARD, Frothaire S. 11 und 13.

1202) Urk. Languedoc Nr. 6 Sp. 47–50. Zu dem vollständigen Zitat und der Darstellung dieses Gerichtes siehe ADALBERT (I) in der Prosopographie.

KURZBIOGRAPHIE[1203]:
Wie Gerhard Schneider und Jürgen Hannig bemerkten, war der Name Fulco bis in die 830er Jahre ausgesprochen selten. Die längeren Namensvarianten Fulcharius, Fulcricus, Fulcoaldus, Fulcradus, Fulcramus, Fulcoinus, Folchardus, Focluicus usw. können uns wenig helfen. Hannig wollte FULCO (I) mit FULCOALD in Verbindung bringen, aber ohne sichere Quellenbasis behandle ich sie in dieser Prosopographie differenzierend als zwei Personen.

FULCO (II) (Fulco, Fulcho)

Abt, Erzkapellan, Chorbischof von Reims (827–845)

TÄTIGKEIT ALS KÖNIGSBOTE:
836. 12. 17.: *missus* Ludwigs des Frommen in Narbonne (= KRAUSE I 120)

FULCO hielt in der Villa *Juliano* nahe Narbonne eine Gerichtsverhandlung über den Streit zwischen Abt David von St-Martin in Cauchène und den Vasallen Trasoarius sowie Teuderedus über bestimmte Güter ab[1204].

1203) Literatur: SCHNEIDER, Fulco S. 2 mit Anm. 6; HANNIG, Pauperiores vassi S. 328 f.

1204) Urk. Languedoc Nr. 90 (836. 12. 17.) Sp. 194–198: *Cum in Dei nomine resederet vir venerabilis Fulcho, advocatus archiepiscopus, qui est missus domno nostro Ludovico imperatore, in villa Juliano territorio Narbonense pro multorum altercationes audiendo et rectis judiciis causarum dirimendo una cum plurimum bonorum hominum qui in ipso judicio residebant; id est […] et vassus ispius Fulchoni Petrus […] veniens Walaricus, qui est mandatarius David abbas de monasterio Sancti Martini Caucanensis […] dicens […] Tunc prefatus missus et judices interrogaverunt Trasoario et Teuseredo […] Quod post hec factum fuit, tunc David cum mandatario suo Walarico venientes ad illorum placitum quia arramitum habuerunt ante predicto misso et judices in villa Juliano territorio Narbonense et ibidem illorum testimonia protulerunt bonos, idoneos, his nominibus […], qui sic testificaverunt in supradictorum judicio et serie condiciones; hec juraverunt in ecclesia Sancti Pauli, cujus baselica sita est in villa Juliano „Quia […]“ Et cum prefatus missus vicedominis et judices videntes talem adprobationem de David abbate vel de mandatario suo Waltared (!) securitatem et illorum patuisset clara justicia, tunc decrevimus judicium per lege Gotorum…* Dieser Missus ist vielleicht, aber als *missi* (plural!), auch in D Aq Nr. 42 (817–838: deperdita) S. 172, erwähnt, das auch zu Davids Gunsten ausgestellt wurde: … *rebus quas idem David super Trasoarium et Theoderedum quoram missis sepedicti domni ac genitoris nostri conquisierat, id est ecclesiam sancti Marcelli et sanctae Mariae et sancti Felicis…* Vgl. auch D KdK Nr. 41, 1 S. 111–115; BF 418.

KURZBIOGRAPHIE[1205]:
Nicht völlig auszuschließen ist die Vermutung, dass FULCO (II) *(ad-)vocatus archiepiscopus* von Narbonne war, da Erzbischof Bartholomaeus 835 in Diedenhofen zusammen mit EBBO abgesetzt worden war[1206]. Wahrscheinlich ist er identisch mit Abt Fulco von St-Remi in Reims, der nach der Absetzung EBBOs die Verwaltung des Reimser Bistums übernahm[1207], und möglicherweise auch mit dem gleichnamigen Erzkapellan.

FULCO hatte anscheinend mehrere Abteien inne[1208]: St-Hilaire in Poitiers[1209], St-Wandrille (seit dem 16. März 834, also gerade vor der Legation)[1210] und Jumièges[1211]. 833 erscheint er zweimal als Intervenient in Urkunden Kaiser Ludwigs[1212]. Er hatte großen Einfluss an dessen Hof, weshalb Lothar 834 gerade mit ihm über die Auslieferung seines Vaters beraten wollte[1213]. 837 wurde er zusammen mit RICHARD (II) und ADREBALD zu Lothar I. nach Italien geschickt[1214]. Seine Stellung als Verwalter der Reimser Diözese behielt er auch unter Karl dem Kahlen[1215]. An der Synode von Germigny-des-Prés (843. 9./10.) nahm er als Abt teil[1216]. Dass *abbas et presbyter* FULCO 845 an der Synode von Beauvais teilnahm, ist rückblickend

1205) Literatur: GRIERSON, Fulco; FLECKENSTEIN, Hofkapelle S. 54 f. und 69; AUBERT, Fulco; DEPREUX, Prosopographie S. 194–196.

1206) MGH Conc. 2,2 Nr. 55, hier S. 698.

1207) BM² 926p.

1208) BF 164 lässt die Frage offen, ob es hier um ein und dieselbe Person handelt.

1209) Vgl. D Aq. Nr. 7 (*in villa Warda*, 827. 6. 24.) S. 21–23.

1210) Chronique de abbés de Fontenelle c. 14 S. 194. Vgl. BF 164.

1211) DEPREUX, Prosopographie S. 195 Anm. 19.

1212) BM² 921; D LdF 327 (Worms, 833. 4. 4., für das Kloster Kempten) S. 808–810, hier S. 810 Anm. 1 und BM² 925; D LdF 331 (Worms, 833. 6. 10, mit Judith für das Kloster Ste-Colombe bei Sens) S. 817–820, hier S. 819 Anm. 4.

1213) Astronomus c. 51 S. 488.

1214) BM² 965c; Astronomus c. 55 S. 510.

1215) Narratio clericorum Remensium, in: MGH Conc. 2,2 Nr. 61 Appendix 3 S. 811: *Post haec vero dividentes inter se regna paterna Lotharius imperator ac domnus noster Karolus, gloriosissimus rex, devenit iam saepe dicta mater nostra Remensis ecclesia in partem et ditionem gloriosissimi regis Karoli, cum quo erat gratissimus ac potentissimus Fulco abbas, qui ipsam ecclesiam domni Ludovici imperatoris antea presbyter obtinuerat et gratia eiusdem regis, cum quo erat, iterum adeptus est eam.* Vgl. auch MGH Conc. 4 Nr. 27 S. 235; HRE I c. 20 S. 109 und III c. 1 S. 190, wo FULCO als *presbyter* bezeichnet ist. SCHRÖRS, Hinkmar S. 36.

1216) MGH Conc. 3 Nr. 1 S. 7.

im Synodalschreiben der Synode von Troyes 867 an Papst Nikolaus I. erwähnt[1217].

FULCO (III) (Fulco)

Pfalzgraf (838)

TÄTIGKEIT ALS KÖNIGSBOTE:

838, nach 4. 28.: *missus* Ludwigs des Frommen in St-Calais mit ARDUIN, FOLCRAD (I) und GUNFRID (= –)

FULCO gehörte zu den vier Missi, die nach der Verhandlung auf der Aachener Reichsversammlung vom 28. April 838 entsandt wurden, um Bischof Aldrich von Le Mans mit dem Kloster St-Calais zu investieren[1218].

KURZBIOGRAPHIE[1219]:

Während FULCO (III) bei der Investitur nur als *comes palatii* erwähnt wird, bezeichnet sich er in der Unterschriftenliste der Aachener Versammlung als *vassus dominicus et comes palatii*[1220]. Oliver Salten vermutet, dass FULCO und der neben ihm genannte Ragenarius vor dieser Versammlung einfache Vasallen waren und bei dieser Gelegenheit zu Pfalzgrafen ernannt wurden.

FULCO (IV) (Fulco, Folcoinus, Folcwinus)

Bischof von Thérouanne (816 – †855. 12. 15.)

TÄTIGKEIT ALS KÖNIGSBOTE:

853. 11.: *missus* Karls des Kahlen in Grafschaften von BERENGAR (II), ENGISCALCHUS und Gerhard sowie in Grafschaften von Reginar mit ADALGAR (I), ENGISCALCHUS und BERENGAR (II) (= KRAUSE I 140)

FULCO war einer der Missi in einem Missaticum um Thérouanne, das nur mit den Namen der Inhaber der Grafschaften dargestellt wird[1221].

1217) Jaffé³ 6082; MGH Conc. 4 Nr. 24 S. 235 (= MGH Conc. 3 Nr. 9 S. 50). Vgl. BH 865.

1218) Gesta Aldrici, Fragmente c. 6 S. 158. Siehe den Text bei ARDUIN in der Prosopographie.

1219) Literatur: DEPREUX, Prosopographie S. 196; SALTEN, Vasallität und Benefizialwesen S. 23–25.

1220) Gesta Aldrici, Fragmente c. 6 S. 159 f.

1221) MGH Capit. 2 Nr. 260 S. 275. Siehe den Text bei ADALGAR (I).

KURZBIOGRAPHIE[1222]:
Über das Leben dieses heiliggesprochenen Bischofs stehen uns zwei literarische Quellen zur Verfügung, die sein gleichnamiger Großneffe verfasste, nämlich ein Abschnitt der Gesta abbatum S. Bertini Sithiensium und die Vita Folquini. FULCO (IV) war Sohn von HIERONYMUS, dem Halbbruder Pippins des Jüngeren, und seiner (west-) gotischen Gemahlin Erkensinda/Ercheswinda, wodurch er als Enkel Karl Martells zu den Karolingern im weiteren Sinn zählt. Ende 816 oder Anfang 817 wurde er Bischof von Thérouanne. Die Gesta betonen die Einflussnahme Ludwigs des Frommen bei FULCOs Bischofserhebung[1223]. Er war 816 bei der Kaiserkrönung Ludwigs in Reims anwesend. Nicht sicher ist, ob er mit einem Bischof *Fulcharius* identisch ist, der 829 die bei der Pariser Synode ausgestellte Urkunde unterschrieb[1224]. Obwohl er 840 an der Ingelheimer Synode zur Restitution EBBOs teilnahm, war er später bei zwei westfränkischen Synoden zugegen: Paris 846/847 und Quierzy 849[1225]. Er starb am 14. Dezember 855 in Esquelbecq und wurde in St-Bertin begraben[1226].

FULCO (V) (Fulco, Folco)

Kapellan, Abt, dann Erzbischof von Reims (865–900)

TÄTIGKEIT ALS KÖNIGSBOTE:
865, nach 2. 19.: *missus* Karls des Kahlen in Burgund mit GAUZLIN, WALTARIUS und LANTUINUS (= KRAUSE I 156)

FULCO war einer der Missi, die nach dem Herrschertreffen in Tusey (19. Februar) von Karl wegen politischer Unruhen nach Bur-

1222) Literatur: Fastes 1 S. 135 f.; BLED, Reg. Thérouanne S. 50–54; BROUETTE, Folcuin; BERINGS, Folcuin, hl., Bf. v. Thérouanne, in: Lex.MA 4 Sp. 607 f.; SETTIPANI, La préhistoire S. 359–361; MÉRIAUX, Thérouanne S. 399–401.

1223) Gesta abbatum S. Bertini Sithiensium c. 46 S. 614: *Folcwinus [...] ab ipso rege [sc. imperatore Hludowico] super ecclesiae imponitur candelabrum Terwanensique civitati delegatur ad pontificatum anno incarnationis dominicae 817 et prefati regis 4.*

1224) MGH Conc. 2,2 Nr. 50 S. 606.

1225) MGH Conc. 3 Nr. 13 S. 148; Nr. 18 S. 195. FULCO unterschrieb auch das Verhandlungsprotokoll der Synode von Soissons 853, aber sein Name ist im Text des Protokolls nicht erwähnt. Seine Unterschrift dürfte nachträglich hinzugefügt worden sein. Vgl. MGH Conc. 3 Nr. 27 S. 253, 264 und 278.

1226) Gesta abbatum S. Bertini Sithiensium c. 62 S. 619.

gund geschickt wurden. Dabei führten sie ein dort durchzuführendes Kapitular mit sich[1227].

KURZBIOGRAPHIE[1228]:

Gerhard Schneider, der in seiner Biographie des Reimser Erzbischofs Fulco die Personen dieses Namens im Westfrankenreich des 9. Jahrhunderts durchmusterte, wies darauf hin, dass dieser Missus mit dem späteren Erzbischof identisch sein könnte[1229]. Das wurde von Karl Ferdinand Werner noch wahrscheinlicher gemacht: FULCO (V), der im Kapitular von 865 zusammen mit GAUZLIN erwähnt ist, dürfte mit dem Abt Fulco identisch sein, der 877 wieder neben GAUZLIN seinen Platz hatte[1230]. Man kann diese Gleichsetzung zudem durch Flodoards Darstellung von Fulcos früherer Karriere stützen, wonach er lange Zeit am Hof tätig gewesen ist[1231]. Denn das Kapitular von 865 wurde sogleich nach dem Herrschertreffen von Tusey ausgefertigt und den Missi mitgegeben, die offenbar zu Karls Begleitern bei der Zusammenkunft zählten[1232]. Wenn FULCO damals den König begleitete, ist seine Zugehörigkeit zum Hof sehr wahrscheinlich. Demnach ist FULCO mit dem späteren Erzbischof von Reims gleichzusetzen.

Als Karl 877 nach Italien zog, beauftragte er namentlich genannte Große, darunter Abt FULCO, mit der Reichsverwaltung und der Unterstützung Ludwigs des Stammlers[1233]. Während seine Abtei von 877 nicht zu identifizieren ist, wurde er (*Fulco canonicus*) 878 Abt

---

1227) MGH Capit. 2 Nr. 274, Inskription, hier S. 329: *Haec, quae sequuntur, capitula misit domnus rex Karolus in Burgundiam exequenda per Gauslinum et Fulconem et per Waltarium et Lantvinum de Tusiaco…*; (Proöm.): *Karolus gratia Dei rex omnibus episcopis, abbatibus, abbatissis, comitibus et vassis nostris seu cunctis Dei et nostris fidelibus in regno Burgundiae consistentibus salutem. Volumus et expresse praecipimus, ut in his, quae subiuncta sunt, exequendis et in aliis, quae ad Dei voluntatem et sanctae ecclesiae statum atque ad nostram fidelitatem et ad nostrum honorem ac ad regni soliditatem necnon ad commune fidelium nostrorum salvamentum pertinent, unusquisque secundum quod suo ordini et suae personae competit, istis missis nostris obedientes et adiutores in omnibus existatis.*

1228) Literatur: PLATELLE, Foulques; SCHNEIDER, Fulco; BUR, Fulco, Ebf. v. Reims, in: Lex.MA 4 Sp. 1018 f.

1229) SCHNEIDER, Fulco S. 5 f.

1230) WERNER, Gauzlin von Saint-Denis S. 172 Anm. 58.

1231) HRE IV c. 4 S. 379.

1232) Siehe Kapitel 1, § 3.

1233) MGH Capit. 2 Nr. 281 c. 15 S. 359.

von St-Bertin[1234], und fünf Jahre später als Nachfolger HINKMARs (I) zum Erzbischof von Reims erhoben. Zugleich übergab er seinem Nachfolger Rodulf seine Abtei[1235].

FULCO (VI) (Fulco)

Missus (vor 870)

TÄTIGKEIT ALS KÖNIGSBOTE:

844. 5. 13. – 870. 6. 28.: *missus* Karls des Kahlen in Narbonne (= –)

In einer Urkunde Karls, die den Besitz des Klosters La Grasse bestätigt, wird ein einzelnes Besitztum erwähnt, dessen Abgrenzung vor dem missatischen Gericht des Missus FULCO festgesetzt worden sei[1236]. Da die Bestätigung hauptsächlich Güter betraf, die das Kloster seit der Urkunde Karls vom 13. Mai 844 erhalten hatte, kann die Tätigkeit FULCOs zwischen 844 und 870 datiert werden.

KURZBIOGRAPHIE:

Über FULCO (VI) ist nichts Weiteres bekannt. Möglicherweise ist er identisch mit dem Pfalzgrafen Fulco, der zwischen 861 und 868 nachweisbar ist[1237]. Auch möglich ist eine Gleichsetzung mit einem Abt Fulco, der 869 an der Synode von Verberie teilnahm[1238].

FULCOALD (Fulcoaldus, Fulgualdus)

Graf (827? – vor 837)

TÄTIGKEIT ALS KÖNIGSBOTE:

837, vor 10. 21.: *missus* Ludwigs des Frommen in Septimanien mit RAGAMBALD (= –)

FULCOALD war einer der beiden Missi, die gemäß einer Urkunde Ludwigs für das Kloster Aniane vom 21. Oktober 837 die Berg-

---

1234) Cart. St-Bertin Nr. 58 (878. 2. 9.) S. 126 f.

1235) Cart. St-Bertin Nr. 59 (883) S. 127. Zu seiner weiteren Karriere vgl. SCHNEIDER, Fulco S. 30 ff.

1236) D KdK Nr. 340 (Attigny, 870. 6. 28.), 2 S. 257–260, hier S. 259: … *et in pago Narbonensi, Capudspina cum ecclesia sancti Petri super fluvium Clamose sitam cum terminis et adjacentiis suis, sicut in ipso juditio resonat quod Agila abbas appraehendit ante Fulconem missum nostrum…*

1237) D KdK Nr. 228 (Compiègne, 861. 7. 1.), 2 S. 7–9; Nr. 259 (Verberie, 863. 11. 4.), 2 S. 86–89; Nr. 314 II (Rouy, 868. 4. 10.), 2 S. 194–196. In der letzten Notitia findet sich noch ein anderer Graf Fulco. Zu diesen beiden vgl. SCHNEIDER, Fulco S. 5 f. mit Anm. 18 und 19.

1238) MGH Conc. 4 Nr. 29, hier. S. 356. Zu ihm vgl. SCHNEIDMÜLLER, Welfen S. 5.

weiden zu Jols an der Grenze der Gaue Rouergue und Nîmes dem Kloster übertragen hatten[1239].
KURZBIOGRAPHIE[1240]:
FULCOALD ist wahrscheinlich gleichzusetzen mit dem Grafen Fulgualdus von Rouergue, dem Vater des Grafen und Marchio Raimundus von Toulouse[1241]. Sollte er auch mit einem Fulgualdus identisch sein, der 827 eine Urkunde König Pippins I. von Aquitanien *impetravit*, dürfte er einflußreich an dessen Hof gewesen sein[1242].

FULCRICUS (Fulcricus)

Kapellan (865)

TÄTIGKEIT ALS KÖNIGSBOTE:
865. 8. 3.: *missus* Ludwigs II. von Italien in Vendresse (= KRAUSE II 149)

Nach der Entscheidung des Papstes Nikolaus I. musste Lothar II. Theutberga als seine rechtmäßige Frau und Königin wieder annehmen. Sie hatte sich bis dahin im Westfrankenreich aufgehalten und wurde von den Bischöfen ISAAK von Langres und Erkanraus von Chartres nach Vendresse begleitet, wo Lothar, die Grafen, Vasallen und Bischöfe seines Reiches sowie zwei Gesandte aus Italien versammelt waren, nämlich der päpstliche Legat Arsenius und der kaiserliche Missus FULCRICUS[1243].
KURZBIOGRAPHIE[1244]:
Über FULCRICUS ist nichts Weiteres bekannt.

1239) BM² 970; D LdF 378 (Aachen, 837. 10. 21., interpoliert) S. 942–945, hier S. 943: ... *alpes [...] quas dicunt Iaullo [...] quas holim prefato monasterio per missos nostros Ragambaldo seu Fulcoaldo comite tradidimus cum omni integritate, sicut a temporibus domni et genitoris nostri ab eisdem monachis possessum fuit.*

1240) Literatur: AUZIAS, L'Aquitaine S. 130 f. und 257 Anm. 27; DEPREUX, Prosopographie S. 206; SETTIPANI, La noblesse du Midi S. 3 und 5.

1241) Urk. Languedoc Nr. 160 Sp. 329. Vgl. DEPREUX, Prosopographie S. 353.

1242) D Aq Nr. 8 (Alzonne, zw. Carcassonne u. Castelnaudary, 827. 9. 27.) und S. lvi ff.

1243) AB a. 865 S. 120 f.: *Nomina episcoporum in quorum praesentia et qui interfuerunt haec sunt [...] Fulcricus capellanus et missus imperialis.* Hierzu vgl. BM² 1307a; BZ 2577 (865. 8. 3.); HEIDECKER, The divorce S. 168 f.

1244) Literatur: FLECKENSTEIN, Hofkapelle S. 130.

FULRAD (I) (Folradus, Fulradus)

Abt von St-Denis, Kapellan, Oberster Kapellan (750 – †784. 7. 16.[1245])

TÄTIGKEIT ALS KÖNIGSBOTE:

1) eventuell bereits 750 abgereist bzw. im Sommer 751 zurückgekehrt: *legatus* Pippins des Jüngeren (Hausmeier) nach Rom mit BURCHARD (I) (= –)

FULRAD wurde zusammen mit Bischof BURCHARD von Würzburg nach Rom entsandt, um bei Papst Zacharias nach der Möglichkeit und Legitimität eines Dynastiewechsels zu fragen[1246].

2) 754 Frühjahr: Empfangsgesandtschaft Pippins des Jüngeren im Kloster St-Maurice d'Agaune mit ROTHARD (= –)

Als zweite Empfangsgesandtschaft empfingen FULRAD und der Dux ROTHARD Papst Stephan II., den die erste Empfangsgesandtschaft (CHRODEGANG und AUTCHAR) aus Rom mitbrachte. Dann begleiteten sie den Papst zu König Pippin nach Ponthion[1247]. Von Bedeutung ist die Tatsache, dass Stephan II. danach im Kloster St-Denis, dem FULRAD vorstand, verweilte und dort Pippin und seine Söhne salbte[1248].

3) 755: *missus* Pippins des Jüngeren nach Rom mit HIERONYMUS und den anderen *proceres* (= KRAUSE II 3 zum Jahr 754)

Nach Pippins erfolgreicher Belagerung von Pavia und der Kapitulation des Langobardenkönigs Aistulf kehrte Papst Stephan II. nach Rom zurück, wohin ihn Pippins Missi begleiteten. Bemerkenswert ist, dass die fränkischen Quellen namentlich FULRAD nennen, während der Liber Pontificalis nur den Namen des Königs(halb)bruders HIERONYMUS erwähnt. Durch diese Legation wird klar, dass beide

---

1245) ABEL/SIMSON 1 S. 486 mit Anm. 2.

1246) ARF a. 749 S. 8; Ann. q. d. Einhardi, a 749 S. 9; Fredegar, Cont. 33 S. 102. Siehe BURCHARD (I) in der Prosopographie.

1247) Lib. Pont. XCIIII, Vita Stephani II c. 24, 1 S. 447: *In quo et aliquantis demorantes diebus, coniunxerunt in praedicto venerabili monasterio Fulradus abbas et Rotardus dux directi a sepefato Pippino excellentissimo Francorum rege, petentes eundem sanctissimum pontificem ad suum progredi regem. Quem et cum magno honore cum omnibus qui cum eo erant ad eum deduxerunt.* Hierzu vgl. OELSNER, JB Pippin S. 125 f.; HACK, Empfangszeremoniell S. 419.

1248) Lib. Pont. XCIIII, Vita Stephani II c. 27, 1 S. 448. Dazu vgl. auch STOCLET, Fulrad S. 463; SEMMLER, Der Dynastiewechsel S. 46 f.; SEMMLER, Verdient um das karolingische Königtum S. 94 f.

Magnaten am Italienzug Pippins teilnahmen[1249]. Wenigstens FULRAD scheint weiter in Rom geblieben zu sein, denn er kehrte erst später wegen Aistulfs Missachtung des Friedenspakts von Pavia mit einem an Pippin und seine Söhne gerichteten Hilferuf des Papstes in die Francia zurück[1250].

*4) 756: im Auftrag Pippins des Jüngeren ins Exarchat von Ravenna und die Pentapolis (= KRAUSE II 4)

Nach der zweiten Belagerung von Pavia und der nochmaligen Kapitulation Aistulfs beauftragte Pippin seinen *consiliarius* FULRAD damit, zusammen mit Aistulfs Missi für die verabredete Übergabe der Städte im Exarchat von Ravenna an den Papst zu sorgen[1251]. FULRAD dürfte dazu allgemein bevollmächtigt worden sein[1252] und blieb nach seiner Mission im Exarchat weiter in Rom. Nach dem Tod Aistulfs beriet sich Papst Stephan II. mit FULRAD und sandte ihn zusammen mit dem Diakon Paul – seinem Bruder und dem künftigen Papst Paul I. – sowie seinem Berater Christoforus nach Tuszien

---

1249) ARF a. 755 S. 12: *Eodemque anno Stephanus papa reductus est ad sanctam sedem per missos domni regis Pippini, Folradum et reliquis, qui cum eo erant*; Ann. q. d. Einhardi, a. 755 S. 13: … *[Pippinus] Stephanum papam cum Folrado presbytero capellano et non minima Francorum manu Romam remisit*; Lib. Pont. XCIII, Vita Stephani II c. 38, 1 S. 451: *Dirigensque cum eo saepefatus christianissimus atque Deo amabilis rex Francorum missos suos, fratrem suum Hieronimum atque alios proceres suos, cum non paucis hominibus qui eum, usque dum Roma reverteret, in obsequium eius essent.* Zu diesen Ereignissen vgl. NOBLE, Republic S. 88 f.

1250) Jaffé³ 4101 (755); Cod. Carol. Nr. 6 S. 488–490, hier S. 490: *De omnibus vero tribulationibus nostris, quas passi sumus vel denuo patimur, Deo auxiliante Folradus filius noster, vester consiliarius, et eius socii enarrent vobis.* Vgl. auch Jaffé³ 4102 (755); Cod. Carol. Nr. 7, hier S. 492. Hierzu vgl. NOBLE, Republic S. 90 f.

1251) Lib. Pont. XCIIII, Vita Stephani II c. 47, 1 S. 454: *Ad recipiendas vero ipsas civitates misit ipse christianissimus Francorum rex suum consiliarium, id est Fulradum, venerabilem abbatem et presbiterum, absolsit(!), et continuo eius eximietas feliciter cum suis exercitibus Franciam reppedavit. Praenominatus autem Fulradus, venerabilis abbas et presbiter, Ravennatium partes cum missis iamfati Aistulfi regis coniungens et per singulas ingrediens civitates, tam Pentapoleos et Emiliae, easque recipiens et obsides per unamquamque auferens atque primatos secum una cum claves portarum civitatum deferens, Romam coniunxit.*

1252) Vgl. Stephans II. Lob für FULRADs Leistungen anlässlich seiner Heimreise in: Jaffé³ 4117 (757. 3.–4.); Cod. Carol. Nr. 11, hier S. 507: *Ipse vero dilectus filius noster Folradus in omnibus causis iuxta tuam praeceptionem peregit; et maximas gratias illi egimus pro suo certamine. Qui videlicet, ad vos revertens, omnia qualiter acta sunt, bonitati vestrae intimabit.*

zu Verhandlungen mit dem langobardischen Königskandidaten Desiderius, der für die päpstliche Hilfe zur Durchsetzung seines Herrschaftsanspruchs gegen Ratchis die Vollendung der von Aistulf versprochenen Rückgabe der Städte anbot. Nach der Verhandlung entschied sich der Papst für Desiderius und FULRAD unterstützte ihn zusammen mit den anderen Franken[1253].

KURZBIOGRAPHIE[1254]:

FURLAD (I) stammte aus einer adligen Familie in der Moselregion[1255]. Er ist als Abt von St-Denis zuerst in einem Placitum des Hausmeiers Pippin des Jüngeren vom 17. August 750 nachweisbar, wo er als Ankläger im Besitzstreit mit dem Abt Hormungus von Maroilles erschien[1256]. Seine Zugehörigkeit zur Hofkapelle, als deren Leiter er tätig war (nachweisbar 768, 777), ist gesichert. Interessant ist dabei sein Titel. Während er bei seiner Selbstbezeichnung[1257] und in Pippins Urkunde nur als *capellanus* auftritt, wurde er von anderen manchmal als *archipresbiter* bezeichnet[1258].

1253) Lib. Pont. XCIIII, Vita Stephani II cc. 49–50, 1 S. 455: *Tunc isdem praecipuus pater et bonus pastor, inito consilio cum sepefato Fulrado venerabile presbitero et abbate atque consiliario christianissimi Pippini Francorum regis, misit suum germanum, Paulum scilicet diaconum, atque Christoforum consiliarium una cum praelato(!) Fulrado in partes Tusciae, ad praedictum Desiderium. Cum quo loquentes confestim conscriptam paginam terribili iuramento isdem Desiderius cunctam professus est superius adnexam sponsionem adimplere. Haec vero peracta statim suum missum, id est Stefanum venerabilem presbiterum, cum apostolicis exortatoriis litteris praefato Ratchiso vel cuncti genti Langobardorum direxit; properans et praefatus Fulradus venerabilis abbas cum aliquantis Francis in auxilium ipsius Desiderii, sed et plures exercitus Romanorum, si necessitas exigerat, in eius disposuit occurri adiutorium.*

1254) Literatur: FLECKENSTEIN, Fulrad; FLECKENSTEIN, Hofkapelle S. 44–48; PIJCKE, Fulrad (Saint); FLECKENSTEIN, Fulrad, Abt v. St-Denis, in: Lex.MA 4 Sp. 1024 f.; PETERS, Die Entwicklung des Grundbesitzes S. 144–163; STOCLET, Fulrad; SEMMLER, Verdient um das karolingische Königtum; HACK, Codex Carolinus 2 S. 997–999.

1255) FLECKENSTEIN, Fulrad S. 10–19; STOCLET, Fulrad S. 47–51, 414 f. und 445–453.

1256) D Arnulf. 21 (Attigny, 750. 8. 17.) S. 45–48.

1257) Sein „Testament“ von 777. TANGL, Testament S. 210 (Fassung A), 212 (Fassung B) und 214 (Fassung C). Siehe auch Edition bei STOCLET, Fulrad S. 471, 473 und 476.

1258) Zu seinem Titel vgl. FLECKENSTEIN, Hofkapelle S. 45–47.

Nach dem Tod Pippins stand FULRAD auf der Seite Karlmanns, aber als dieser 771 nach kurzer Regentschaft starb, wandte er sich zügig Karl zu[1259]. Solange er Abt von St-Denis war, wurde die Abtei von den Karolingern stark begünstigt[1260], besonders durch Karl den Großen, wie die Forschung betont[1261]. Dabei ist zu beachten, dass FULRAD unter Karl niemals als *missus* oder *legatus* belegt ist. Seine mehrfachen römischen Aufenthalte wurden mit der Übertragung eines *hospitale infra basilicam beati Petri* und einer *domus posita iuxta monasterium beati Martini* in Rom zu lebenslanger Nutzung honoriert. Dieser urkundliche Gunsterweis Papst Stephans II. von 757[1262] wurde 781 durch Hadrian I. nur für das *hospitale* bestätigt, zugleich aber auf FULRADs Nachfolger in St-Denis ausgedehnt[1263].

Die von einigen Historikern vorgeschlagene Hypothese, dass FULRAD mit der Familie der Karolinger versippt gewesen sei, weil seine Nichte als die Mutter FULRADs (II) anzusehen sei, wurde von Stoclet abgelehnt. Er stellte seinerseits die Hypothese auf, dass FULRAD bei FULRAD (II) Pate gestanden habe, denn er hätte als Leiter der Hofkapelle Pippins mit dem Königsbruder HIERONYMUS, also FULRADs (II) Vater, in näherer Beziehung gestanden, wie sich zum Beispiel 755 an der gemeinsamen Legation nach Rom erkennen lasse[1264]. Als FULRAD am 16. Juli 784 starb, folgte ihm MAGINARIUS, ein anderer Diplomat, nach.

1259) ARF a. 771 S. 32.

1260) Schon aus der Hausmeierzeit. D Arnulf. 22 (Attigny, 751. 6. 20.) S. 48–50; Nr. 23 (vor 751. 9. 23. – 10. 22., vielleicht sogar vor 6. 20.) S. 50–53.

1261) Vgl. z. B. FELTEN, Laienäbte S. 216–221.

1262) Jaffé³ 4115; PUU Frkr. NF. 9 Nr. 3 S. 71 f. Vgl. auch Jaffé³ 4114; PUU in Frkr. NF. 9, Nr. 2a, S. 64–66. Mit diesem Privileg unterstellte der Papst alle *monasteria*, die FULRAD und seine Nachfolger im Frankenreich gründen wollten, der päpstlichen Jurisdiktion und stellte sie unter päpstlichen Schutz.

1263) Jaffé³ 4423; PUU Frkr. NF. 9 Nr. 6 S. 78 f.; SCHIEFFER, *schola Francorum* S. 32 f.; SEMMLER, Verdient um das karolingische Königtum S. 98; HACK, Codex Carolinus 1 S. 999.

1264) STOCLET, Fulrad S. 382–384.

FULRAD (II) (Fulradus)

Abt von St-Quentin (771 – †826. 1. 31.[1265])

TÄTIGKEIT ALS KÖNIGSBOTE:

1) 802, Frühjahr: *missus* Karls des Großen in der Gegend um Lüttich, Arras und Vermand mit RADO (II) und UNROCH (= –)

Aus dem in Ghaerbalds Kapitulariensammlung fragmentarisch überlieferten Kapitular für die Missi von 802 schließt Eckhardt, dass einige Missi von 806 in dieser Region (Legation 2) schon 802 als Missi eingesetzt wurden[1266].

2) 806, Frühling: *missus* Karls des Großen in der Gegend um Lüttich mit ADALHARD (I), UNROCH und HROCCULF (= KRAUSE I 63)

FULRAD und drei weitere Missi waren damit beauftragt, in ihrem Missaticum die Durchsetzung der von früheren Missi bekanntgemachten Bestimmungen zu überprüfen und die Ergebnisse der Inspektion auf der nächsten Versammlung im kommenden April dem Kaiser vorzutragen. Deswegen forderten die Missi die Grafen dazu auf, sich an die bisher schriftlich und mündlich erlassenen Vorschriften zu erinnern und sie zu befolgen[1267].

KURZBIOGRAPHIE[1268]:

FULRAD (II) ist Sohn von HIERONYMUS, dem Halbbruder Pippins des Jüngeren, aus dessen zweiter Ehe mit Ercheswinda, vielleicht einer Westgotin. Sein Geburtsjahr ist unbekannt, aber seit 771 ist er als Abt von St-Quentin nachweisbar. Seit 823 war er auch Abt von Lobbes[1269]. Karl der Große befahl ihm 806 in einem Brief, an einer Reichsversammlung in Staßfurt teilzunehmen, wohin er mit seinem bewaffneten Gefolge kommen sollte. FULRAD ist dabei nicht als

1265) Vgl. Annales Laubienses, a. 826 S. 13; Folcuini Gesta abbatum Lobiensium c. 11 S. 60.

1266) ECKHARDT, Die Kapitulariensammlung, Text LXI c. XXVIIII S. 92 (= Nr. 34 c. 14 und 15); ECKHARDT, Capitularia missorum specialia S. 507 und 516.

1267) MGH Capit. 1 Nr. 85 S. 183 f.; ECKHARDT, Die Kapitulariensammlung Nr. LXIV S. 99–102, hier S. 99 f. Dazu vgl. ECKHARDT, Die Kapitulariensammlung S. 33–37; KASTEN, Adalhard S. 60 f. Siehe den Text bei ADALHARD (I) in der Prosopographie.

1268) Literatur: PYCKE, Fulrad 2; SETTIPANI, La préhistoire S. 360 f.

1269) Folcuini Gesta abbatum Lobiensium, cc. 9–10 S. 59 f.

Missus angesprochen[1270]. Er nahm 814 an der Synode von Noyon teil, die WULFAR von Reims abhielt[1271].

GAIDUALDUS (Gaidualdus, Gaidoald)

Missus (807)

TÄTIGKEIT ALS KÖNIGSBOTE:

807. 2. 22.: *missus* Karls des Großen und Pippins von Italien in Rieti mit HARTMANN (= KRAUSE I 49)

Auf einer missatischen Gerichtsversammlung in Rieti wurde ein Streit zwischen dem Kloster Farfa und seinen Gegnern verhandelt. Am Anfang der Urkunde ist von der doppelten Beauftragung durch Karl den Großen und seinen Sohn Pippin die Rede. GAIDUALDUS unterschieb sie ohne Missus-Titel[1272].

KURZBIOGRAPHIE[1273]:

Über GAIDUALDUS ist nichts Weiteres bekannt.

GAILO (Gailo, Geilo)

Stallgraf (782)

TÄTIGKEIT ALS KÖNIGSBOTE:

782: *missus/legatus* Karls des Großen in Sachsen mit ADALGIS (I) und WORAD (= KRAUSE II 16)

Karl beauftragte drei seiner Hofbeamten, mit dem ostfränkischen und sächsischen Aufgebot gegen die Slawen zwischen Elbe und Saale zu marschieren. Während des Feldzugs konkurrierten Graf Theoderich, ein Verwandter des Königs, und die herrscherlichen Missi um

1270) MGH Capit. 1 Nr. 75 S. 168. Zur Datierung vgl. GANSHOF, Deux documents de Charlemagne. Siehe oben Kapitel 2, § 2, 2, ii.

1271) HRE II c. 18 S. 173 f.

1272) MANARESI Nr. 21 (Rieti, 807. 2. 22.) S. 68–70: *Notitia iudicati. Dum per iussionem dominorum nostrorum Karoli imperatoris vel domni regis Pipini perrexissemus nos Ardemannus et Gaidualdus missi dominorum nostrorum hic in civitate Reatinam et residentibus nobiscum […] ad singulorum hominum decidendam vel deliberandam intentionem […] Et finitum est inter eos. Quam vero notitiam iudicati ex dictato suprascripti Ardemanni et Gaidualdi missorum domini regis scripsi ego Hisimundus notarius […] Signum manus Ardemanni missi domini regis, qui hic signum sanctę fecit. Ego Gaidoald his actis interfui.* Vgl. TAURINO, Osservazioni S. 81.

1273) Literatur: HLAWITSCHKA, Franken S. 28 Anm. 20.

das Verdienst und die Ehre. Zum Teil auch wegen dieser Rivalität kamen GAILO und ADALGIS auf dem Feldzug ums Leben[1274].

KURZBIOGRAPHIE[1275]:

Nach den revidierten Reichsannalen war GAILO zur Zeit dieser Legation Stallgraf Karls des Großen. Informationen zu ihm finden sich nur hier.

GARAMANN (Garamannus)

Dux (787/791)

TÄTIGKEIT ALS KÖNIGSBOTE:

788/789: *missus* Karls des Großen in Rom (= –)

GARAMANN wurde wegen des Verbrechers Johannes, eines Mönchs, nach Rom abgesandt[1276].

KURZBIOGRAPHIE[1277]:

In einem grob zwischen 787 und 791 datierbaren Brief Hadrians an Karl sind diejenigen Güter der Ravennater Kirche erwähnt, die sich GARAMANN angeeignet hatte[1278]. Ob diese Aneignung chronologisch vor seiner Legation zu datieren ist oder danach, ist jedoch nicht klar. Eduard Hlawitschka setzt *Grahamannus* (unseren CRAMAN) mit *Garamannus* gleich. Ihm folgt Achim Thomas Hack. Nach Michael Mitterauer muss man aber die Namensformen *Graha-/Craa-* und *Gara-/Kara-* unterscheiden. Andererseits bleibt offen, ob GA-

1274) ARF a. 782 S. 60; Ann. q. d. Einhardi, a. 782 S. 61. Das vollständige Zitat findet sich bei ADALGIS (I) in der Prosopographie. Zum Ortsnamen Süntel vgl. SPRINGER, Die Sachsen S. 188. Zu diesem Feldzug vgl. ABEL/SIMSON 1 S. 415–432; SPRINGER, Die Sachsen S. 187–190.

1275) Literatur: ABEL/SIMSON 2 S. 555; BRUNNER, Oppositionelle Gruppen S. 47; HANNIG, Pauperiores vassi S. 332 f. Anm. 108.

1276) Jaffé³ 4552 (788–789); Cod. Carol. Nr. 88 S. 624: *Ilud autem, quod nobis vestra innotuit regalis potentia per suum fidelissimum missum, scilicet Garamannum gloriosum ducem, pro Iohanne monacho atque presbitero – qui, sicuti in vestris referebatur regalis apicibus, de captivatione hominum et de aliis inlicitis causis, quae a pravis perpetrantur hominibus, vobis enuntiasset, ut Deo propitio per vestrum precelsum regalem dispositum corrigerentur vel emendarentur – quemadmodum nobis poposcit regalis potentia, libenti eum suscepimus animo, solito in omnibus vestris accommodantes votis.*.

1277) Literatur: TELLENBACH, Der großfränkische Adel S. 59 und 65; HLAWITSCHKA, Franken S. 26; MITTERAUER, Karolingische Markgrafen S. 26; BORGOLTE, Die Grafen Alemanniens S. 157–159; HACK, Codex Carolinus 2 S. 999.

1278) Jaffé³ 4576 (787–791); Cod. Carol. Nr. 86, hier S. 622.

RAMANN mit einem alemannischen Grafen namens Caraman/Karaman im Scherragau/Bertoldsbaar identisch ist, weil nicht eindeutig zu klären ist, wie viele Personen namens Karaman tatsächlich zwischen 794–834 in diesem Gebiet als Graf tätig waren[1279].

GARIBALD (Garibaldus)
Hofrichter (833–845)

TÄTIGKEIT ALS KÖNIGSBOTE:

845. 2.: *missus* Ludwigs II. von Italien in Trient (= KRAUSE II 139)

Wegen der Klage des Abtes Audibert von S. Maria in Organo zu Verona über einige in der Grafschaft Trient lebende Hörige des Klosters beauftragte Ludwig seinen Hofrichter GARIBALD als Missus mit einer gerichtlichen Untersuchung. Er hielt zusammen mit Paulitio, *missus atque locopositus* des *dux* LIUTFRID (II), im Herzogshof in Trient eine Gerichtssitzung ab. Nach zwei Sitzungen, bei deren zweiter ein Inquisitionsverfahren, anscheinend auf Initiative der Schöffen, durchgeführt worden war, wurde der Streit zwischen dem Kloster und seinen Hörigen, die sich der Grundherrschaft des Klosters entziehen wollten, zugunsten des Klosters entschieden[1280].

1279) Borgolte erkennt mindestens zwei Grafen namens Karaman. Hlawischka, Borgolte und Hack lassen die Gleichsetzung mit dem alemannischen Karaman offen.

1280) MANARESI Nr. 49 (Trient, 845. 2.) S. 160–166, hier S. 161–164: *Dum ad excellentissimam potestatem domni Hludovuichi gloriosissimi regis domni Hlotharii imperatoris filii proclamandum et dicendum venisset Audiber abba monasterie sancte Marie, quod est situm non longe a civitatem Veronam ad portam Organi, quod […] Tunc predictus rex de suis presentiis missum suum Garibaldum palatinum iudicem illuc direxit ad ipsam suprascriptam causam inquirendum et eidem abbati iustitiam fatiendum. Tunc coniungente se suprascriptus Garibaldus missus atque iudex in civitatem Tridentina curtem ducalem cum Paulicione misso domni Liutfridi duci atque locoposito, hubi aderant cum eis Corentianus de Marcha [… etc.] et aliis vassi domnicis tam Teutisci quam et Langobardi ad singulorum hominum causas audiendum vel deliberandum. Ibique veniens ad eorum presentia Audibertus abba una cum Anscauso advocato suprascripti monasterii proclamandum et dicendum contra Lupone Suplainpunio filius quondam Lupardo de Tilliarno quia […] Dum nos suprascripti scavinis taliter audivimus, iudicavimus eis, ut darent vuadiam de consignatione et ipsi ita fecerunt, et posuerunt fideiusorem Launulfum et posuerunt constitutum similiter ad suprascriptum curtem. Posito autem constituto, iterum coniugentes nos in civitatem Tridentinam ad curtem ducalem nos suprascriptus Garibaldus missus et Paulitius locopositus seo suprascripti scavinis et sculdassiis et ceteri plures homines, ibique nostrorum presentia coniugentem se*

Kurzbiographie[1281]:
Herbert Zielinski zufolge könnte GARIBALD mit dem 833 bezeugten *advocatus* des Klosters S. Zeno in Verona identisch sein[1282].

GARICH (Garih)

Missus (798)

Tätigkeit als Königsbote:
798: *missus/legatus* Karls des Großen in Sachsen mit RICHOLF und den Grafen RORICH, GOTTSCHALK sowie HAD und weiteren Anonymen (= Krause I 17)

„Zur Durchsetzung der Gerechtigkeit (*ad iustitias faciendas*)" wurden die königlichen Missi mit einer missatischen Aufgabe (*missaticum*) von Sachsen aus über die Elbe geschickt. Fünf namentlich genannte Missi kamen infolge des Aufstandes der *Nordliudi* ums Leben, die übrigen wurden durch ein Lösegeld freigekauft[1283].

Audibertum abbatem simul cum Anscauso [...], nec non ex aliam partem ipsis suprascriptis homines cum quibus pars monasterii altercabant, in primis interrogavimus nos suprascriptis scavinis et auditores Lupone Supplainpunio, si aberet paratos ipsos testes sicut vadiam dedit, et ipse dixit quod sic aberet, et presentavit suos testes [...]. Dum suprascripti testes in nostra presentia presentati fuissent, sic nos iudices ipsos testes unum ab alio separari fecimus et minutius atque diligenter inquisivimus [...] Sic fecimus nos suprascripti scavini predictos testes a nostris presentiis unumquisque manum suam super sancta evuangelia ponere et iuraverunt, ut, qualiter de ipsa causa testimonium dixerunt, sic fuisset veritas, et Lupo Supplainpunio iuravit et confirmavit testes suos, ut, qualiter testes eius de ipsa causa testimonium dixerunt, sic fuisset veritas. Post hunc sacramentum factum et omnia veritate per ipsos testes inquesita, tunc apparuit nobis iudicibus recte et iudicavimus, ut... GARIBALDs Unterschrift fehlt. Zielinski meint, dass GARIBALD schon abgereist sei.

1281) Literatur: BZ 30 und 31.

1282) D Lo I. 11 (Mantua, 833. 1. 15.), hier S. 75. Diese Urkunde erwähnt die anonymen Missi, die einst in der Nähe von Verona tätig waren. Siehe die anonymen Missi „vor 833. 1." in der Prosopographie.

1283) Epistolae variorum inde a morte Caroli Magni Nr. 2 S. 301: *Fuit namque nobis, serenissime imperator (sc.* Ludwig der Fromme*), pater nomine Richart et patruelis nomine Richolf, ambo Saxones, et hereditas eorum in ipsa extiterat Saxonia. Dum autem in servitio patris vestri, felicis memoriae domni Caroli imperatoris, extiterunt, propinqui eorum atque pagenses, causa christianitatis furore se super eos turbantes, omnia quae in domibus propriae elaborationis habuerunt, cuncta raptim diripuerunt; eo quod in fide christianitatis velle eos persistere senserunt, et eam negare ullo modo noluerunt. Postea vero contigit, ut domnus imperator patruelem meum Richolf misit in missaticum super Elbam cum his inferius scriptis, id est*

KURZBIOGRAPHIE[1284]:
Über GARICH ist nichts Weiteres bekannt.

GAUSBERT (Gausbertus)

Vasall und Minister (852–853)

TÄTIGKEIT ALS KÖNIGSBOTE:
(852. 10. –) 853. 4.: *missus* Ludwigs II. von Italien in Lucca mit ADALBERT (III) und JOHANNES (IV) (= KRAUSE I 170)

Die von den kaiserlichen Missi Bischof JOHANNES von Pisa, Markgraf ADALBERT von Tuszien sowie GAUSBERT geleitete Gerichtssitzung verhandelte den Streit zwischen Bischof Jeremias von Lucca und dem Presbyter Bellisarius über den verpachteten Kirchenbesitz von Lucca, wobei ein Inquisitionsverfahren eingeleitet wurde[1285].

KURZBIOGRAPHIE:
Über GAUSBERT ist nichts Weiteres bekannt.

Rorih comite, Gotesscalc comite, Had comite et Garih; qui omnes una ibidem fuerunt occisi propter christianitatis stabilimentum. Quo audito, perrexit pater meus Richart nunciare hoc domno imperatori Carolo; ARF a. 798 S. 102: *Sed in ipso paschae tempore Nordliudi trans Albim sedentes seditione commota legatos regios, qui tunc ad iustitias faciendas apud eos conversabantur, conprehendunt, quosdam ex eis statim trucidantes, ceteros ad redimendum reservant; ex quibus aliqui effugerunt, ceteri redempti sunt*; Ann. q. d. Einhardi a. 798 S. 103: *Cum iam ver adpeteret, nondum tamen propter inopiam pabuli exercitus de hibernis produci potuisset, Saxones Transalbiani occasionem nancti legatos regis, qui ad eos ob iustitias faciendas missi erant, conprehensos interficiunt, paucis eorum quasi ad redimendum reservatis, trucidantes cum caeteris et Godescalcum regis legatum, quem ılle ante paucos dies ad Sigifridum regem Danorum miserat. Is cum eodem tempore reverteretur, ab huius seditionis auctoribus interceptus atque occisus est.* Während der Brief eines anomymen Sachsen, der ein Neffe von RICHOLF war, das Schicksal der fünf genannten Missi zusammen behandelt, erwähnen die revidierten Reichsannalen den Legaten GOTTSCHALK getrennt. Damit mag man vermuten, dass seine Aufgabe (*missaticum*) von der der hier erwähnten Missi verschieden war.

1284) Literatur: ABEL/SIMSON 2 S. 143 f.

1285) MANARESI Nr. 57 (Lucca, 853. 4.) S. 198–205 = ChLA 80 Nr. 26 (Lucca, 853. 4.) S. 92–99, hier S. 93–95; BZ 92, 93 und 105; D L II. It 6 S. 76 f. und Nr. 7 S. 77. Das vollständige Zitat findet sich bei ADALBERT (III) in der Prosopographie.

GAUSELMUS (Gauscelinus, Gauselinus, Gauselmus, Gautselinus, Gautselmus, Gauzselmus, Gotcelmus)

Graf von Roussillon (807/812–†834)

TÄTIGKEIT ALS KÖNIGSBOTE:

807?: *missus* Ludwigs des Frommen (König von Aquitanien) in Béziers (= KRAUSE II 40)

In einer Schenkungsurkunde Ludwigs des Frommen für das Kloster Gellone (St-Guilhem-le-Désert), das Wilhelm, der ehemals mächtige Graf von Toulouse, gründete, erscheint Graf GAUSELMUS als Missus Ludwigs, der mit der Grenzbestimmung des zu schenkenden Fiskalguts beauftragt worden sei[1286]. Diese Urkunde ist allerdings nun von Kölzer als „unecht" eingeschätzt worden[1287]. Inwieweit sich darin ein historisch echter Kern widerspiegelt, also ob die Legation von GAUSELMUS wirklich stattfand, kann ich hier leider nicht beurteilen. Aber die Tatsache, dass er in einem anderen Kontext sicher von Ludwig dem Frommen mit einer Grenzbestimmung beauftragt wurde[1288], erlaubt es zu vermuten, dass GAUSELMUS potentiell als Missus von Ludwig mit einer administrativen oder fiskalischen Aufgabe beauftragt werden konnte.

1286) BM² 517; Urk. Languedoc Nr. 18 (Toulouse, 807. 12. 28.) Sp. 70–72, hier S. 71 (Text nach D LdF †3 S. 11):.. *placuit nobis […] ad monasterium, quod dicitur Gellonis […] aliquid ex rebus tradere nostris, id est fiscum quemdam nostrum in pago Biderrense, qui dicitur Miliacus, cum villa et ecclesia sancti Paragorii et Miliciano villa atque Campaniano cum omnibus apendiciis et adiacenciis suis sub omni integritate, sicut a misso nostro comite Gotcelmo per cruces in lapidibus sculptas seu decursus aquarum in terminationibus traditum et asignatum est et a genitore nostro et a nobis possessum*. Vgl. BM² 517.

1287) D LdF †3 S. 8–10.

1288) D KdK Nr. 50 (Toulouse, 844. 5. – 844. 6. 20.), 1 S. 144–146, hier S. 146: *Petiit etiam idem venerabilis abba Centullus* [von St-Polycarpe in Razès] *celsitudinem nostram ut homines liberi commorantes infra terminos eiusdem monasterii, quos praefixerunt auctoritate domni ac genitoris nostri Gauselinus et Bernardus comites, terras quas ex eremo traxerunt quiete possideant et congruum obsequium sicut homines ingenui exinde eidem monasterio exhibeant, ne eorum ingenuitas vel nobilitas vilescat*. Hier sind aber GAUSELMUS und Bernhard weder als *missi* noch als *legati* bezeichet.

KURZBIOGRAPHIE[1289]:
GAUSELMUS war Sohn Wilhelms von Toulouse[1290], stammte also aus einer adligen fränkischen Familie. Sein Bruder Bernhard von Septimanien ist als wichtige politische Person unter Ludwig dem Frommen bekannt[1291]. Auch wenn die seine Legation erwähnende Urkunde eine Fälschung ist, wird seine Grafschaft spätestens durch das Praeceptum pro Hispanis Karls des Großen vom 2. April 812 belegt[1292]. Die Grafschaft von GAUSELMUS wird von der Forschung in Roussillon gesehen[1293]. Ob er aber später zusätzlich die Grafschaft auch in Girona bekommen hat, ist fraglich[1294]. GAUSELMUS scheint doch in Girona statt seines Bruders die gräfliche Macht ausgeübt zu haben[1295]. Sein *marchio*-Titel ist nur in einer Urkunde Karls des Kahlen von 844 und seiner auf dieser basierenden Urkunde von 860, also nur rückblickend und in einem bestimmten Kontext, erkennbar[1296]. Doch wird er in den Gesta der Äbte von Fontenelle als *custos limitis (marcae Hispanicae)* bezeichnet[1297]. Es ist deswegen denkbar, dass er neben Pippin I. von Aquitanien und *suis optimatibus et Hispanici limitis custodibus* im Februar 826 in Aachen war[1298].

1289) Literatur: CALMETTE, Gaucelme; AUZIAS, L'Aquitaine S. 71 f., 93, 95 und 525; ABADAL I DE VINYALS, La Catalogne 5 S. 159–161 und 173–177; ABADAL I DE VINYALS, Els primers comtes S. 221 f.; DEPREUX, Prosopographie S. 207; STIELDORF, Marken und Markgrafen S. 192, 377 und 416; CHANDLER, Carolingian Catalonia S. 72–74, 97 und 103 f.

1290) Zu ihm vgl. LUBICH, Wilhelm I. d. Hl., Gf. v. Toulouse, in: Lex.MA 9 Sp. 151 f.

1291) Zu ihm vgl. DEPREUX, Prosopographie S. 137–139.

1292) MGH Capit. 1 Nr. 76 S. 169 = D KdG 217 (Aachen, 812. 4. 2.) S. 289 f.

1293) Vielleicht auch in Empúries. So CHANDLER, Carolingian Catalonia S. 73.

1294) Vgl. CALMETTE, Gaucelme; AUZIAS, L'Aquitaine S. 95; DHONDT, Études sur la naissance S. 178 (Pro). Nirgends in neuerer Literatur konnte ich diese Hypothese finden. Vgl. BOLÒS und HURTADO, Atles de Girona S. 13 und 16.

1295) CHANDLER, Carolingian Catalonia S. 103.

1296) D KdK Nr. 38 (Toulouse, 844. 5. 14.), 1 S. 102–105, hier S. 104 und Nr. 221 (Ponthion, 860. 11. 19.), 1 S. 557. Vgl. ABADAL I DE VINYALS, La institució S. 45.

1297) Chronique de abbés de Fontenelle c. 13, 2 S. 158: … *Gautselinum custodem limitis illius [sc. marcae Hispanicae]* …

1298) ARF a. 826 S. 169. CHANDLER, Carolingian Catalonia S. 97, zählt GAUSELMUS zu den Machthabern in der Spanischen Mark, die 822 über die Segre „*in Hispania*" marschierten, obwohl die beiden erzählenden Quellen die Namen dieser *comites/custodes* nicht erwähnen. ARF a. 822 S. 158 (*comites marcae Hispanicae*); Astronomus c. 35 S. 408 (*custodes limitis Hispanici*).

Zugegen war er bei einer Gerichtssitzung des Pfalzgrafen Ademar[1299] am Aachener Hof, die Depreux auf Ende 814 datiert[1300]. In einer undatierten Urkunde Ludwigs wird die Fürbitte von GAUSELMUS für das Kloster St-André-de-Sorède erwähnt[1301]. Seine Fürbitte bei der Ausstellung der Immunitäts- und Königsschutzurkunde Ludwigs für das Kloster Sant Medir i Sant Genís (S. Maria de Amer) kann man der Bestätigungsurkunde Karls des Kahlen entnehmen[1302].

Obwohl er durch den kaiserlichen Legaten ANSEGIS, den Abt von Fontenelle, aus einem unklaren Grund verhört wurde[1303], scheint GAUSELMUS treu auf der Seite Ludwigs geblieben zu sein: In der Krise um 833/834 wurde er zusammen mit ADREBALD als Gesandter der Parteigänger Ludwigs zur Verhandlung mit Lothar I. abgesandt[1304]. 834 wurde er bei der Verteidigung der Stadt Chalon-sur-Saône[1305] von den Parteigängern Lothars enthauptet[1306].

GAUTSELMUS (Gautselmus)

Kleriker (861)

TÄTIGKEIT ALS KÖNIGSBOTE:

861. 9. 24.: *missus* Karls des Kahlen in Reims (= KRAUSE II 126, zum Jahr 871)

Durch den *clericus* GAUTSELMUS wurde auf Befehl König Karls eine Villa in Condé-sur-Marne dem Kloster St-Remi übergeben[1307].

1299) Zu ihm vgl. DEPREUX, Prosopographie S. 87 f.

1300) Cart. Fontjoncouse Nr. 3, hier S. 114. Zu Datierung vgl. DEPREUX, Prosopographie S. 401–403. Anders die Herausgeber von Catalunya carolíngia, die auf 812 datieren. Catalunya Carolíngia 5 Nr. 3 S. 68; Catalunya Carolíngia 6 Nr. 4 S. 88.

1301) BM² 914 (a. 832); Urk. Languedoc Nr. 70 (ca. 825) Sp. 158 f. = Catalunya Carolíngia 2,1 Nr. 1 S. 267–269 (Frankfurt, 823. 7.) = Catalunya Carolíngia 6 Nr. 14 (Frankfurt, 823. 7.) S. 91. Bei dieser Datierung vorsichtig sind DEPREUX, ebd.; D LdF 335 ([vor 834. 3. 1.]) S. 827–829.

1302) D KdK Nr. 38, 1 S. 104. Vgl. BF 413; D LdF Dep. 9 ([826–834, 829/30?]) S. 1040.

1303) Siehe ANSEGIS in der Prosopographie.

1304) Astronomus c. 51 S. 486–488. Das vollständige Zitat findet sich bei ADREBALD in der Prosopographie.

1305) CHANDLER, Carolingian Catalonia S. 104, meint, dass GAUSELMUS 830, also anlässlich der Flucht seines Bruders Bernhard vom Hof, nach Burgund geflohen sei, wo auch der Grundbesitz seiner Familie lag.

1306) Astronomus c. 52 S. 496; Nithard I c. 5 S. 24–26.

1307) Le polyptyque de Saint-Remi S. 71 f.: [90] *Anno Incarnationis Domini*

KURZBIOGRAPHIE:
Über GAUTSELMUS ist nichts Weiteres bekannt.

GAUZLIN (Gauzlenus, Goslinus)

Kanzler, Abt (839–886)

TÄTIGKEIT ALS KÖNIGSBOTE:
865, nach 2. 19.: *missus* Karls des Kahlen in Burgund mit FULCO (V), WALTARIUS und LANTUINUS (= KRAUSE I 156)

GAUZLIN war einer der Missi, die nach dem Herrschertreffen in Tusey von Karl wegen politischer Unruhen nach Burgund geschickt wurden. Dabei nahmen sie ein dort durchzuführendes Kapitular mit[1308].

KURZBIOGRAPHIE[1309]:
GAUZLIN war lange am Hof Karls, besonders in der Kanzlei tätig. 858 wurden er und sein Halbbruder LUDWIG von St-Denis durch die Normannen gefangen genommen. Das Lösegeld für sie war eine große Belastung für den Fiskus und die Kirchengüter[1310]. Aus dem diesbezüglichen Brief HINKMARs von Reims[1311] ist zu erfahren, dass GAUZLIN in Reims als Kleriker erzogen worden war. Er nahm an der Synode von Bonneuil im August 855 teil[1312]. Am 25. Juni 861 war er in Pîtres anwesend[1313], und im Oktober 863 Beisitzer beim Hofgericht in Verberie[1314]. 867 folgte er seinem verstorbenen Halb-

.DCCCLXI., episcopatus autem domni Hincmari .XVII., veniens missus domni regis Karoli, nomine Gautselmus clericus in villam Condatum, sitam super fluuium Matronam, .VIII. Kal. octobri, ex praecepto praefati gloriosi regis, coram testibus multis, francis videlicet atque colonis, et consignans tradidit ipsam villam missis domni Hincmari, Adaloldo scilicet, custodi ecclesie sancti Remigii, et Heringaudo, ipsius aduo(ca)to. Hi testes in praesenti fuerunt : Mainherus, Teodaldus, Eleboldus, Hagano, Ailo, Teodericus, Herilfridus, Ragnoardus, Hieronimus, Emmo, Laidiaudus et alii quamplures. Sunt ibi mansi absi ingenuiles .IIII. et accola .I. Est ibi nauis una unde exeunt solidi .XV., de altera que est Amarisel exeunt speltae modii .XIII. et denarii .XX.

1308) MGH Capit. 2 Nr. 274, Inskription, hier S. 329. Siehe den Text bei FULCO (V) in der Prosopographie.

1309) Literatur: TESSIER, Intruduction, in: D KdK 3 S. 42–46; BAUTIER, Introduction, in: D LdSt S. lxii–lxv; WERNER, Gauzlin von Saint-Denis.

1310) AB a. 858 S. 77.

1311) HRE III c. 24 S. 324 f. (SCHRÖRS Reg. 483).

1312) MGH Conc. 3 Nr. 34, hier S. 371.

1313) MGH Conc. 4 Nr. 6, hier S. 56.

1314) D KdK Nr. 258 (Verberie, 863. 10. 29.), 2 S. 81–86, hier S. 85.

bruder im Erzkanzleramt nach[1315]. Eine im April 869 auf der Synode von Verberie ausgestellte Bestätigungsurkunde für das Kloster St-Vaast in Arras wurde auf Weisung Erzbischof HINKMARs (I) von Reims von GAUZLIN geschrieben und unterschrieben[1316]. 871 wurde er von Karl zusammen mit dem Grafen Baldwin von Flandern zu dem aufständischen Königssohn Karlmann geschickt[1317]. Auf der Reichsversammlung von Quierzy 877 trat er als einer der acht Vertrauten hervor, die bei Karls Tod seine Bibliothek unter St-Denis, Notre-Dame in Compiègne und seinem Sohn Ludwig aufteilen sollten[1318]. Am Ende dieser Versammlung veröffentlichte er als Kanzler vier Kapitel als Ergebnis der Beratung[1319]. Seine politisch führende Stellung behielt er auch unter Ludwig dem Stammler. Er war neben HUGO (II) – seinem künftigen politischen Erzrivalen – einer der Magnaten, die HINKMAR von Reims in seinem Brief an Ludwig vom November 877 namentlich nannte mit der Aufforderung, sich an sie zu wenden[1320]. Während GAUZLIN schon verschiedene Abteien wie Jumièges[1321], St-Amand[1322] und St-Germain-des-Prés[1323] innehatte, erhielt er nach Karls Tod die Abtei St-Denis, die der Kaiser bis dahin innehatte. GAUZLIN fungierte auch unter Ludwig dem Stammler und Ludwig III. als Erzkanzler. 884 wurde er zum Bischof von Paris erhoben. 886 fiel er im Kampf gegen die Normannen. Da die beiden Rivalen GAUZLIN und HUGO nach 877 politisch sehr einflussreich waren, bezeichnete der Mainzer Fortsetzer der Fuldaer Annalen GAUZLIN und HUGO, der ebenfalls 886 starb, gemeinsam als *abbates et duces praecipui Galliae regionis*[1324].

1315) Zuerst nachweisbar mit D KdK Nr. 298 (Compiègne, 867. 4. 22.), 2 S. 154–156.

1316) MGH Conc. 4 Nr. 29, hier S. 356.

1317) AB a. 871 S. 179.

1318) MGH Capit. 2 Nr. 281 c. 12 S. 358 f.

1319) MGH Capit. 2 Nr. 282 S. 361 f.

1320) Ad Ludovicum Balbum regem. Novi regis instructio ad rectam regni administrationem c. 7, in: PL 125 Sp. 987A.

1321) D KdK Nr. 237 (Isles-lès-Villenoy, 862. 1. 31.), 2 S. 26–28 (Bestätigung des Gütertausch zwischen Warnarius und GAUZLIN).

1322) Vgl. D KdK Nr. 357 (St-Vaast, 872. 2. 4.), 2 S. 294–296 (Güterbestätigung für die Mönche des Klosters)

1323) Vgl. D KdK Nr. 363 (St-Denis, 872. 4. 20.), 2 S. 305–312 (Bestätigung des Privilegs Ludwigs des Frommen für das Kloster).

1324) AF (cont. Mogont.) a. 886 S. 104.

GEILO (Geilo)

Kapellan (853–860)

TÄTIGKEIT ALS KÖNIGSBOTE:

853–860: *missus* Karls des Kahlen in Nevers (= –)

Während die anderen Karolinger ihre Hofkapelläne und (sowohl zum Hof gehörende als auch lokale) Vasallen hauptsächlich zur Untersuchung oder Genehmigung von Besitzungen als Missi ausgesandt haben, gibt es unter Karl dem Kahlen einen merkwürdigen Sonderfall. Zu einem Zeitpunkt zwischen 853 und 860[1325] schickte Karl einen Brief an Erzbischof WENILO von Sens, worin es um die Geisteskrankheit (*insania*) des Bischofs Hermann von Nevers ging[1326]. Auf die Klage der Bewohner von Nevers teilte er WENILO seine Entscheidung mit, den *sacri palatii nostri minister* Liudo[1327] und den *missus noster sacrae capelle nostrae minister* GEILO mit der Verwaltung des Bistums Nevers zu beauftragen. Da uns dieser Brief nur partiell überliefert ist, können wir nichts Genaueres über diese Legation sagen. Aber die Aufgabe der Bistumsverwaltung ist als eine dauerhafte Bevollmächtigung zu sehen[1328].

KURZBIOGRAPHIE[1329]:

Über GEILO ist nichts Weiteres bekannt.

GEORG (Georgius)

Bischof von Ostia und dann auch Amiens (754–798)

TÄTIGKEIT ALS KÖNIGSBOTE:

773, Anfang: *missus* Karls des Großen in Italien mit WULFARD und ALBUIN (= –)

1325) Zur Datierung des Briefes vgl. D KdK Nr. 224, 1 S. 563 f., hier S. 564.

1326) Dieses Problem wurde 853 auf den Synoden in Soissons und in Verberie verhandelt, bei denen Karl der Kahle anwesend war. MGH Conc. 3 Nr. 27 S. 253–293, hier bes. c. 5 S. 280; ebd. Nr. 31 S. 302–307, hier bes. c. 1 S. 304.

1327) Dieser Liudo ist nicht identisch mit unserem LIUDO, Bischof von Autun, weil dieser *minister* Liudo später als *vocatus episcopus* von Nevers belegt ist. MGH Conc. 4 Nr. 19 (Pîtres, 864. 6.) S. 173. Vgl. Fastes 2 S. 485; FLECKENSTEIN, Hofkapelle S. 148 und 161 f.

1328) D KdK Nr. 224 (853–860), 1 S. 564: … *consulatu fidelium nostrorum necessario providimus, h[…]c dilectum sacri palatii nostri ministrum nomine Liudonem dispensationi et ordinationi atque et gubernationi inferendum ac omnem diligentiam totius juris predictę eclesię secundum Dei voluntatem nostrumque honorem ejus providentie commissimus, quem una cum dilecto misso nostro Geilone sacrae capelle nostrae ministro* …

1329) Literatur: FLECKENSTEIN, Hofkapelle S. 148 und 161 f.

Vor der langobardischen Bedrohung suchte Papst Hadrian I. Hilfe bei den Franken und sandte seinen *missus* Petrus zu Karl nach Diedenhofen[1330]. Bevor dieser schließlich den Feldzug nach Italien einleitete, delegierte er drei Missi zur Untersuchung nach Italien, da er von Seiten des langobardischen Königs Desiderius informiert wurde, er habe die eroberten Städte bereits der römischen Kirche zurückgegeben. Als die Missi persönlich feststellten, dass Desiderius den Frankenkönig betrog, erklärte ihnen der Papst, was tatsächlich geschah. Von Rom aus reisten die Missi zurück in die Francia, wohin sie von päpstlichen Legaten begleitet wurden. Unterwegs verhandelten sie mit dem Langobardenkönig. Trotz der durch die Missi mitgeteilten Ermahnung des fränkischen Königs lehnte es Desiderius schließlich ab, dem Papst die widerrechtlich eroberten Städte zurückzugeben. Die Missi kehrten mit den päpstlichen Legaten in die Francia zurück und erstatteten dem König Bericht[1331]. Karl versuchte nochmals, durch seine Missi mit Desiderius zu verhandeln[1332].

1330) ARF a. 773 S. 34; Ann. Met. pri. S. 59.

1331) Lib. Pont. XCVII, Vita Hadriani I cc. 26 f., 1 S. 494: *Post haec coniunxerunt ad sedem apostolicam missi saepiusdicti Caroli excellentissimi regi Francorum et patricio Romanorum, id est Georgius sanctissimus episcopus, Gulfardus religiosus abba et consiliarius, seu Albuinus deliciosus ipsius regis, inquirentes si praefatus Langobardorum rex abstultas civitates et omnes iustitias beati Petri reddidisset, sicut false Franciam dirigebat, adserens se omnia reddidisse; et satisfacti sunt presentaliter nihil ab eo redditum fuisse. Quibus referens isdem precipuus pontifex cuncta quae gesta erant, eos Franciam absolsit (!) remeandos, dirigens cum eos suos missos ad prefatum excellentissimum Francorum regem cum apostolicis ammonitionum sillabis, adiurans eum fortiter ut ea quae beato Petro cum suo genitore sanctae memoriae Pippino rege pollicitus est adimplere et redemptionem sanctae Dei aecclesiae perficere, seu universa quae abstulta sunt a perfido Langobardorum rege, tam civitates et reliquas iustitias, suo certamine reddere beato Petro principi apostolorum fecisset. Ipsi itaque Francorum missi properantes cum apostolicae sedis missis declinaverunt ad praenominatum Desiderium; qui et constanter eum deprecantes adhortati sunt, sicut illis a suo rege praeceptum extitit, ut antefatas quas abstulerat civitates pacifice beato Petro redderet, et iustitias parti Romanorum fecisset. Sed minime quicquam horum apud eum obtinere valuerunt; adserens se minime quicquam redditurum. Accepto vero hoc responso, reversi sunt ipsi antefati missi Francorum in regionem suam, properantes simul et apostolicae sedis missi; qui subtilius cuncta referentes et de maligno proposito praenominati Desiderii adnuntiantes antefato excellentissimo et a Deo protecto Carulo magno regi …*; Jaffé[3] 4298 (773 Anfang) und 4299.

1332) Siehe die anonymen Missi „773“ in der Prosopographie. Die oben gegebene Chronologie der Ereignis beruht auf ABEL/SIMSON 1 S. 139–141.

KURZBIOGRAPHIE[1333]:
GEORG war offenkundig eine der bedeutendsten Personen in der „Diplomatie“ des 8. Jahrhunderts, denn er war sowohl als päpstlicher wie auch als königlicher Missus tätig. Als Papst Stephan II. 754 die Francia besuchte, war GEORG einer seiner Begleiter[1334]. Für seine mehrfach nachweisbaren Tätigkeiten als päpstlicher Legat am fränkischen Hof dürften diese Erfahrungen ausschlaggebend gewesen sein[1335]. 756 brachte er zusammen mit zwei anderen päpstlichen Legaten und dem Missus Pippins, WARNEHARIUS, drei Schreiben des Papstes Stephan II. in die Francia, um militärische Hilfe der Franken gegen die Langobarden zu erwirken[1336]. 757 nahm er an der Synode von Compiègne teil[1337]. Danach wurde seine „twofold position“ (Levison) klar. Da ihn Pippin bei sich halten wollte, billigte Papst Paul per Brief seinen weiteren Aufenthalt in der Francia[1338]. Als er an der römischen Synode von 769 teilnahm, wurde er noch als Bischof von Ostia bezeichnet[1339]. Danach erhielt er zusätzlich das Bistum Amiens. Nach der oben behandelten Legation von 773 reiste er um 781/783 nochmals im Auftrag des Königs nach Rom[1340]. 786 wurde er allerdings wieder als päpstlicher Legat tätig und gemeinsam mit einem anderen Legaten, dem Bischof Theophylactus von Todi, und dem Gesandten des fränkischen Königs, WIGBOD, nach Britannien ausgesandt. GEORG erstattete dem Papst Bericht über die dort abgehaltenen Synoden[1341]. Gegen Ende seines Lebens ist ca. 798 die Teil-

---

1333) Literatur: Fastes 3 S. 128 f.; LEVISON, England S. 128 f.; RIESENBERGER, Prosopographie S. 26–31; WALLACE-HADRILL, England S. 685 f.; STORY, Carolingian connections S. 55–92; HACK, Codex Carolinus 2 S. 1001–1004. Zur ausführlichen Information über ihn vgl. bes. RIESENBERGER.

1334) Lib. pont. XCIIII, Vita Stephani II cc. 23 f., 1 S. 446 f. Er ist dabei als erster Begleiter genannt.

1335) HACK, Codex Carolinus 2 S. 1001, zufolge brachte GEORG zumindest acht Papstbriefe in die Francia: Cod. Carol. Nr. 8, 9, (10), 11, 16, 17, 18, und 73.

1336) Jaffé³ 4104 (756, um 2. 24.); Cod. Carol. Nr. 8 S. 497; Lib. Pont. XCIIII, Vita Stephani II c. 42, 1 S. 452.

1337) MGH Capit. 1 Nr. 15 c. 14 S. 38.

1338) Jaffé³ 4163 (761) und 4186 (764–766); Cod. Carol. Nr. 21 und 37 S. 524 und 549; Cod. Carol. dep. Nr. 23 S. 963.

1339) MGH Conc. 2,1 Nr. 14 S. 75 und 80.

1340) Cod. Carol. Nr. 73 S. 604; Cod. Carol. dep. Nr. 40b S. 969.

1341) Alkuins Briefe Nr. 3 (von GEORG an Papst Hadrian I.) S. 19–28; Jaffé³ 4517 (786).

nahme an der Weihe der Kirche des Klosters St-Riquier belegt, dessen Abt ANGILBERT (I) war[1342]. GEORG starb vor 799: In diesem Jahr ist JESSE als Bischof von Amiens belegt.

GERBERTUS (Gerbertus)
Abt (761)

TÄTIGKEIT ALS KÖNIGSBOTE:
761[1343]: *missus* Pippins des Jüngeren in Italien mit WIDMARUS und HUCBALD (= KRAUSE II 8)

GERBERTUS war einer der drei Missi, die Pippin zu Papst Paul I. sandte, um ihn bei der Durchsetzung der päpstlichen Ansprüche gegen den Langobardenkönig zu unterstützen[1344].

1342) Angilberti abbatis de ecclesia Centulensi libellus c. 1 S. 174. Anwesend waren außer ihm noch MAGENARDUS von Rouen, neun weitere Bischöfe und zwei päpstliche Legaten.

1343) Zur Datierung vgl. HACK, Codex Carolinus 2 S. 1076, der der Datierung von Paul Fridolin Kehr folgt.

1344) Jaffé³ 4184 (762–766); Cod. Carol. Nr. 34 S. 540–542, hier S. 541 f.: *Interea duarum epistularum series, quas vestra direxit excellentia, cum magno suscepimus amore: unam [...] et aliam per praesentes fidelissimos vestros missos, Widmarum scilicet et Gerbertum abbates adque Hugbaldum virum inlustrem ...; Unde et in nostra fixi caritatis conexione ideo – iuxta id quod petendo direximus – prelatos ad nos vestros videmini direxisse missos, qui apud Langobardorum inminerent regem pro diversis sanctae Dei ecclesiae causis ac iustitiis et in nostro assisterent solacio. Pro quo innumerabiles vobis referimus gratiarum actiones [...] Prelati denique missi vestri in nostri presentia cum Langobardorum missis nec non et Pentapolensium ac singularum nostrarum civitatum hominibus adsistentes, conprobatio coram eis facta est de habitis inter utrasque partes aliquibus iustitiis, videlicet de peculiis inter partes restitutis. Nam de finibus civitatum nostrarum et patrimoniis beati Petri ab eisdem Langobardis retentis atque invasis nihil usque hactenus recepimus; etiam ea, quae primitus reddiderant, denuo invaserunt. Unde constitit, ut nostri ac singularum nostrarum civitatum missi ad Desiderium Langobardorum regem cum vestris progredi debeant missis, ut in eorum atque praedicti regis praesentia pro eisdem finibus ac patrimoniis comprobatio fiat nobisque omnia iuxta pacti seriem restituantur. Et nescimus, quid ex hoc proveniendum sit. Attamen per praefatos vestros missos rei agnoscere potestis meritum [...] Etenim ea, quae vestri missi sibimet a vestra praecellentia iniuncta habuerunt, nobis liquidius referentes, ad singula eis responsum reddimus et de omnibus eos informavimus, quae vestrae excellentiae referre debeant, nostrasque petitiones vestris studeant intimare auribus.*

KURZBIOGRAPHIE[1345]:
Über GERBERTUS ist nichts Weiteres bekannt.

GERHARD (I) (Gerhardus)

Missus (vor 821)

TÄTIGKEIT ALS KÖNIGSBOTE:
Vor 821. 2. 15.[1346]: *missus* Ludwigs des Frommen im Zürichgau mit SIGIBERTUS, FRIUNTO, HILTERATUS und LIUDERICUS (II) (= KRAUSE II 114)

29 Zeugen bestätigten eidlich vor den Missi dominici dreimal – zuerst vor SIGIBERTUS und FRIUNTO, dann vor HILTERATUS und GERHARD, zuletzt vor LIUDERICUS (II) –, dass Uznach, Lützelau und Bäretswil eigentlich zum Kloster St. Gallen gehören sollten[1347]. Da dieses Verfahren als Vorstufe der Rückgabe des dem Kloster durch den Fiskus Zürich entrissenen Besitzes in Uznach (821)[1348] anzusehen ist, war die Anwesenheit der Missi dominici notwendig.

KURZBIOGRAPHIE[1349]:
GERHARD (I) ist nur hier bezeugt und dürfte einer der Verwalter des Fiskus Zürich gewesen sein. Nicht unwahrscheinlich ist die Annahme, dass die dreistufige Vereidigung die Dreiteilung der Zuständigkeit innerhalb des Fiskus, z. B. jeweils in Uznach, Lützelau und Bäretswil, widerspiegeln sollte.

GERHARD (II) (Gerardus)

Graf von Paris, dann Graf von Lyon und Vienne (837 – †877./879. 3. 4.)

TÄTIGKEIT ALS KÖNIGSBOTE:
847/848: *missus* Lothars I. in Süditalien mit FOLCRAD (II) und ERMENOLD (= KRAUSE II 138)

1345) Literatur: HACK, Codex Carolinus 2 S. 1004.

1346) Zur Datierung vgl. BORGOLTE, Geschichte der Grafschaften S. 90 f.; BORGOLTE, Kommentar S. 455.

1347) UB St. Gallen 2, Anhang Nr. 19 S. 396 = Chart. Sangall. Nr. 269 (vor 821. 2. 15.) S. 257 f. Das vollständige Zitat findet sich bei FRIUNTO in der Prosopographie.

1348) BM² 735; D LdF 194 (Aachen, 821. 2. 15.) S. 479–481.

1349) Literatur: BORGOLTE, Geschichte der Grafschaften S. 90; DEPREUX, Prosopographie S. 418.

GERHARD wurde als einer von drei Missi zum Heerführer des dritten Truppenteils der Franken gegen die Sarazenen in Süditalien ernannt[1350].

KURZBIOGRAPHIE[1351]:

GERHARD (II) war Bruder Adalhards „des Seneschalls". Er heiratete Bertha, die Schwester der Kaiserin Irmingard[1352]. Zunächst ist er als Graf von Paris nachweisbar, als er 837 Karl dem Kahlen Treue gelobte[1353]. Für einige Jahre war er auf der Seite Karls: 840 wurde er zu Lothar I. geschickt[1354]. Kurz darauf verließ er Karl und wechselte zur Partei Lothars[1355]. Unter Lothar wurde er Graf von Lyon und Vienne. Als er um 852 den Kaiser um eine Begünstigung für die Kirche von Lyon bat, wurde er als *illustris comes atque marchio nobis fidelissimus* bezeichnet[1356]. Er war auch unter Lothars Söhnen politisch einflussreich. In einer Urkunde Lothars II. ist er als Intervenient nachweisbar[1357]. Um 863 bekamen er und Erzbischof Remigius von Lyon bezüglich der Güter des Bistums und der Grafschaft ein dem Inquisitionsrecht ähnliches Privileg[1358]. Noch deutlicher war sein Einfluss in der Provence. Er hatte die Kirche von St-Marcel zu Vienne als Benefizium von Lothar I. inne, die allerdings Karl von der

---

1350) MGH Conc. 3 Nr. 12 S. 139: *In scara Francisca sunt: Gerardus, Fulcradus et Ermenoldus.*

1351) Literatur: LOUIS, Girart; LEVILLAIN, Girart; D Prov S. 5, 10–14; GERNER, Lyon S. 43–51; WINZER, Gerhard II., Gf. v. Paris , in: Lex.MA 4 Sp. 1311; KIENAST, Vasallität S. 214 f., 224 und 229; BF 62 und 117; SCREEN, entourage S. 262–264; BZ 1,3,4,1, Einleitung, S. vi–x.

1352) BZ 2496.

1353) Nithard I c. 6 S. 30 (deutlich als *comes Parisii civitatis*).

1354) Nithard II c. 3 S. 50–52.

1355) Nithard II c. 6 S. 64–66. Vgl. D Lo I. 68 (Diedenhofen, 842. 11. 12.) S. 181 f., wobei Lothar das Vermächtnis Richards, des Parteigängers Lothars, in der Form der Schenkung für das Kloster Prüm erfüllte. GERHARD war damals Pfalzgraf. Vgl. D Lo II. 23 (Aachen, 865. 3. 7.) S. 420 f. Ein *Gherardus comes*, der Anfang 842 zusammen mit WENILO von Sens durch Karl den Kahlen beauftragt wurde, sich nach Autun zu begeben und dort mit Erzbischof Amolo von Lyon über die Besetzung der Bischofsstühle von Autun und Chalon-sur-Saône zu verhandeln (Lupus 1 Nr. 26 S. 122–128), ist also nicht identisch mit GERHARD (II), wie PATZOLD, Consensus S. 44, meint. Vgl. BF 277.

1356) D Lo I. 126 S. 287.

1357) D Lo II. 18 (Mantaille, 863. 4. 30.) S. 413 f., für die Kirche von Vienne; BZ 2554.

1358) D Lo II. 21 S. 417 f.; BZ 2558.

Provence in der zweiten Hälfte der 850er Jahre auf Bitte von GERHARD und Remigius dem Erzbischof von Vienne zurückgab[1359]. Als Intervenient bei Karl trat er noch zweimal auf: für die Kirche von Lyon als *comes et parens noster ac nutritor*[1360] und für die Kirche von Viviers als *comes ac magister noster*[1361]. Er ist als erster der anwesenden Grafen bei einer Versammlung in Sermorens von 855/858 bezeugt, bei der es sich um den Streit zwischen Erzbischof Agilmar von Vienne und dem Grafen Wigericus ging[1362]. 860 konnte er erfolgreich seinen Dukat gegen die Normannen verteidigen[1363]. Auch gegen Karl den Kahlen behauptete er sich und das Reich in der Provence[1364]. Aber schon vor der Zuteilung von Lyon und Vienne zu Karls Reich 870 bat GERHARD 868 diesen König um ein Privileg, das den Schutz des von ihm mit seiner Frau im Avallonois gegründeten Klosters Vézelay betraf[1365]. Sei es, dass dies eine Annäherung zwischen den beiden gewesen wäre, sei es, dass GERHARD sein Kloster zu einem Stützpunkt seiner Herrschaft machen wollte, jedenfalls besiegte Karl um die Jahreswende 870/871 GERHARD und brachte Lyon und Vienne unter seine Kontrolle[1366]. GERHARD starb am 4. März gegen Ende der 870er Jahre[1367].

1359) D Prov 5 (855. 9. 28. – 860. 7. 6.) S. 10–12; BZ 2525.

1360) D Prov 1 (Tramoyes, 856. 10. 10.) S. 1–3; BZ 2501.

1361) D Prov 9 (*Bieltavo villa*, 862. 12. 22.) S. 18–20; BZ 2542.

1362) BALUZE, Capitularia 2, Appendix Nr. 80 Sp. 1467 f.; Gallia chr. nov. Arles Nr. 204 Sp. 85; BZ 2509.

1363) BZ 2526.

1364) Vgl. z. B. BZ 2532 (Klage bei HINKMAR [I] von Reims über Karl den Kahlen) Vgl. auch BZ 2533–2537.

1365) D KdK Nr. 309 (Pouilly-sur-Loire, 868. 1. 7.), 2 S. 181–184; BZ 2590. GERHARD (II) übertrug zusammen mit seiner Frau zuerst um 858/859, dann nochmals 863, der römischen Kirche die beiden Klöster Vézelay und Pothières, um sie unter päpstlichen Schutz zu stellen. Vgl. BH 479 und 614; BZ 2522, 2532, 2550 und 2560.

1366) AB a. 870–871 S. 178 f.; BZ 2634–2635. Karl empfing die anderen Burgen durch seine Missi. Dann gab er BOSO die Grafschaft von Vienne. Siehe die anonymen Missi „871, Anfang“ und BOSO (IV) in der Prosopographie.

1367) LOUIS, Girart S. 122 f. LEVILLAIN, Girart S. 242–244, datiert sein Todesjahr nicht auf 877 (wie LOUIS, ebd.), sondern auf 878/879, wobei Levillain GERHARD mit *Gerardus* identifiziert, der im Juni 877 damit beauftragt wurde, im Fall der Abwesenheit des Pfalzgrafen ADALHARD (IV) mit dem *sigillum* bei Ludwig dem Stammler zu sein. MGH Capit. 2 Nr. 281 c. 17 S. 359. Diese Identifikation ist jedoch nicht gesichert.

GERHARD (III) (Gerardus)

Bischof von Lodi (876–888)

TÄTIGKEIT ALS KÖNIGSBOTE:

879. 8.: *missus* Karlmanns von Bayern in der *curtis Fa(g)edo* mit DIDO (= KRAUSE II 173)

Als Missi König Karlmanns statteten GERHARD und der Gastalde DIDO sowie zwei päpstliche Legaten das Kloster S. Sisto in Piacenza mit zwei *curtes* an der Adda aus[1368]. Die Einsetzung des Bischofs von Lodi in die Legation dürfte sich aus der geographischen Nähe seines Bischofssitzes zu den beiden geschenkten *curtes* erklären: Die *curtes Fa(g)edum* und *Muciana* lagen an der Adda, an deren Ufer auch die Stadt Lodi liegt[1369].

KURZBIOGRAPHIE[1370]:

GERHARD (III) war bei der Versammlung vom Februar 876 in Pavia zugegen, wo Karl der Kahle von den Anwesenden unter der Leitung Erzbischof ANSPERTs von Mailand nach seiner Kaiserkrönung in Rom zu ihrem Herrscher gewählt wurde[1371]. Er unterzeichnete das auf dieser Versammlung promulgierte Kapitular[1372]. Seine Anwesenheit ist auch bei der Synode vom August 877 in Ravenna nachweisbar, als die Bestätigung der Kaiserkrönung Karls des Kahlen angesichts seiner Niederlage in Andernach nochmals benötigt wurde[1373].

Aus seiner Amtszeit ist ein Privileg des Papstes Marinus I. von 883 überliefert, das auf GERHARDs Bitte das Recht der Kirche und der Bischöfe von Lodi auf das Kloster Savignone und dessen Besitz sicherte[1374]. Die in dieser Urkunde erwähnte (zweimalige?) Privilegierung Ludwigs II. für das Kloster kann aber nicht sicher auf GERHARDs Amtszeit oder die seines Vorgängers Rapertus[1375] da-

1368) BZ 577; Le carte cremonesi Nr. 24 (*curte Faedo*, 879. 8.), hier S. 65. Das vollständige Zitat findet sich bei DIDO in der Prosopographie.

1369) DARMSTÄDTER, Reichsgut S. 173 f., zufolge lagen die beiden *curtes* im Gebiet von Lodi.

1370) Literatur: MANZINI, I Vescovi S. 61–65.

1371) MGH Capit. 2 Nr. 220, hier S. 99 = MGH Conc. 5 Nr. 3 A, hier S. 19.

1372) MGH Capit. 2 Nr. 221, hier S. 103 = MGH Conc. 5 Nr. 3 A, hier S. 24.

1373) Jaffé³ 6554 (877 Anfang – Mitte August); Cart. Autun Nr. 30 (877. 11. 26.) S. 50 f. Zu dieser Synode vgl. HARTMANN, Die Synoden S. 347–349.

1374) Jaffé³ 7070 (883. 6. 22.); CDLM Lodi Nr. 1.

1375) GERHARD wird nur durch das Mailander Synodalprotokoll vom Oktober 863 (nicht 864, wie MANZINI, ebd. S. 60) nachgewiesen. MGH Conc. 4 Nr. 17, hier S. 162. Hierzu BZ 212.

tiert werden[1376]. Überliefert ist zudem ein Tauschvertrag, den GERHARD 883 in Lodi mit Abt Petrus von S. Ambrogio in Mailand abschloss[1377]. Aus einem Privileg des Papstes Hadrian III. vom 17. April 885 für das Kloster S. Sisto in Piacenza, das auch an die Kaiserwidwe Angilberga adressiert ist, wird deutlich, dass GERHARD an einer von diesem Papst einberufenen Synode teilnahm[1378]. Als Kaiser Karl III. im Frühjahr 885 dem Kloster S. Pietro in Lodi Vecchio auf Bitten des Abts Leo die Privilegien der vormaligen Kaiser bestätigen und die Kapelle S. Raffaele zu Portadore (nahe Lodi) schenken wollte, wurde die Privilegierung erst in GERHARDs Anwesenheit und Zustimmung (*presente et consensiente[!]*) verwirklicht[1379]. Die nochmalige Bestätigung des Königs Berengar, vermutlich vor dem September 888, geschah ebenfalls während GERHARDs Amtszeit[1380].

GERMANUS (Germanus)

Missus (vor 814)

TÄTIGKEIT ALS KÖNIGSBOTE:

Vor 814: *missus* Karls des Großen in Andernach (= –)

1376) Vgl. BZ 448 (Das ist nicht sicher Ludwig zuzuschreiben; aber vgl. D L II. It Dep. 125 [850–875] S. 258) und 462. Beides sind Deperdita. Da das päpstliche Privileg feststellt, GERHARD habe das, was Ludwig der Kirche von Lodi für Mönche und Kloster von Savignone übergeben, danach umsichtig besorgt hat (*ea quę ad usus monachorum ac totius eiusdem coenobii utilitatem cunctis possessionibus ac recordandae memoriae piissimo Ludohuvico quondam augusto per preceptum suum delegata atq(ue) concessa et postea a te diligenter provisa*), dürfte zumindest BZ 462 eher auf GERHARDs Amtszeit datiert werden.

1377) CDL Nr. 327 (Lodi, 883. 3. 22.) Sp. 549–551.

1378) Jaffé[3] 7098 (885. 4. 17.); CDL Nr. 328 Sp. 551–553, bes. Sp. 552 = MGH Conc. 5 Nr. 19 S. 207–210. Zu dieser Synode vgl. HARTMANN, Die Synoden S. 354.

1379) BZ 746 (Deperditum). Das Zitat aus der Klosterchronik des Mönchs Anselmo Vairano findet sich in: AGNELLI, Dei Monasteri del Lodigiano S. 118. Bei den Beschreibungen der anderen Privilegierungen Karls für das Kloster erwähnt Vairano eine Mitwirkung des Bischofs von Lodi nicht. BZ 640 (880), 759 (Frühjahr 886); AGNELLI, Dei Monasteri del Lodigiano S. 115 und 118 f.

1380) BZ 870 (Deperditum). Das Zitat aus der Klosterchronik des Mönchs Anselmo Vairano findet sich in: AGNELLI, Dei Monasteri del Lodigiano S. 119.

GERMANUS unterwarf die Familie einer Frau, die sich später bei Ludwig dem Frommen darüber beschwerte[1381], widerrechtlich der Knechtschaft und überwies sie dem Fiskus Andernach[1382].
KURZBIOGRAPHIE[1383]:
Wahrscheinlich war GERMANUS Fiskalverwalter in Andernach und nicht identisch mit GERMAR.

GERMAR (Germar, Germarius)
Graf (799)

TÄTIGKEIT ALS KÖNIGSBOTE:
1) 799. 5./6.: *missus* als Empfangsgesandtschaft Karls des Großen in Spoleto mit ASCARICUS und HILDEBALD (I) (= –)

Graf ASCARICUS, Erzbischof HILDEBALD (I) von Köln und GERMAR wurden beauftragt, Papst Leo III. nach Sachsen zu Karl dem Großen zu begleiten[1384].
2) 799 Spätsommer: *missus/legatus* Karls des Großen in Italien mit HILDEBALD (I), ARN, CUNIPERT, BERNHARIUS, ATTO, JESSE, ERFLAICUS, HELMGAUD und ROTGAR (= KRAUSE II 34)

GERMAR war einer der Missi, die zur Untersuchung des „Attentats“ auf Leo III. nach Rom delegiert wurden. Sie begleiteten den Papst von Paderborn aus nach Rom[1385].
KURZBIOGRAPHIE[1386]:
Nach Abel/Simson sei GERMAR mit GERMANUS identisch, aber ich teile diese Auffassung nicht, da GERMANUS keine bedeutende

1381) Siehe die anonymen Missi „814–825“ in der Prosopographie.

1382) Form. Imp. Nr. 51 S. 324: … *qualiter genealogia eius a quodam homine nomine Germano, domni et genitoris nostri Karli serenissimi augusti misso, iniuste in servicium addicta et ad ius fisci regalis qui dicitur Andernacus inclinata fuisset…* Vgl. D LdF Dep. 208 ([vor 819–840]) S. 1165.

1383) Literatur: BM² 815; HUISKES, Andernach S. 88; D LdF F 51 S. 1205 f.

1384) Lib. Pont. XCVIII, Vita Leonis III c. 16, 2 S. 6; Karolus Magnus et Leo papa, v. 332–334 S. 82, über die Absendung der drei Eilboten nach Rom und v. 400 S. 88, über GERMAR. Siehe den Text bei ASCARICUS in der Prosopographie.

1385) Lib. Pont. XCVIII, Vita Leonis III c. 20, 2 S. 6 f.; Ann. q. d. Einhardi, a. 799 S. 107–109; Chron. Lauris. breve, IV, 31 S. 34. Siehe Text bei ARN in der Prosopographie.

1386) Literatur: ABEL/SIMSON 2 S. 187 f. Anm. 1.

Persönlichkeit gewesen zu sein scheint, die für eine solche diplomatische Aufgabe geeignet war.

GEROLD (I) (Geroldus, Ceroldus, Keroldus, Kerolt)

Graf, Präfekt von Bayern (785 – †799. 9. 1.)

TÄTIGKEIT ALS KÖNIGSBOTE:

1) 791. 9. 20.: *missus* Karls des Großen in Lorch mit ARN, MEGINFRID, RIMIGARIUS und WOLFOLT (= KRAUSE I 14)

GEROLD war einer der Vorsitzenden bei einer dreitägigen Verhandlung in Lorch über einen Streit unter den Huosi[1387].

2) 791–793[1388]: *missus* Karls des Großen in Bayern mit MEGINFRID (= KRAUSE I 13)

Ein Priester Tutilo, der wegen eines an die Freisinger Kirche übergegebenen Oratoriums in Konflikt mit seinen Verwandten geraten war, erwirkte ein Mandat Karls des Großen, worin die königlichen Missi GEROLD und MEGINFRID mit der Klärung des Falles beauftragt wurden. Nach einer Verhandlung bestätigten sie, dass Tutilo auf Lebenszeit Nutznießer des Oratoriums sei, das nach seinem Tod an die Freisinger Kirche übergehen solle[1389]. Tutilo stammte aus einer schwäbisch-bayerischen Familie und war mit GEROLD verwandt[1390].

3) 791–799 (wohl vor dem Herbst 793)[1391]: *legatus* Karls des Großen in Bayern mit RICHULF (= –)

Das Kloster Otting, das vom Grafen Guntharius im Chiemgau erbaut und dann an die Salzburger Bischofskirche übergeben wurde, wurde danach zum Gegenstand des Konflikts zwischen der Partei der

---

1387) Trad. Freising Nr. 142 (Lorch, 791. 9. 20.) S. 146 f. Siehe den Text bei ARN in der Prosopographie.

1388) Möglicherweise fand die Gerichtsversammlung, der GEROLD (I) und MEGINFRID vorsaßen, auch 791 in Lorch statt, wie HANNIG, Zur Funktion S. 276, meint.

1389) Trad. Freising Nr. 143b (791–793) S. 148 f.: …*Orta enim contentione inter eos quidam enim volentes expellere praedictum Tutilonem presbiterum de ipsa ecclesia, unde minime potuerunt quia confirmatus et ordinatus erat auctoritate canonice seu cum consensu proximorum, verumtamen percrevit ipsa contentio et pervenit usque ad palatium domni regis acceptum brevem et perduxit ante missos domni regis, id sunt Kerolt et Meginfrid et ibi definitum est inter eos ea ratione, ut…* Zu dieser Legation vgl. HANNIG, Zur Funktion S. 276 f.

1390) Vgl. STÖRMER, Früher Adel S. 221 f.

1391) Zur Datierung siehe RICHULF in der Prosopographie.

Gründerfamilie und ARN. Obwohl Karl der Große einmal in diesen Konflikt eingriff, scheint er nicht völlig beigelegt worden zu sein[1392]. Als es zur Auseinandersetzung zwischen ARN und einem Wenilo, vielleicht dem Rechtsnachfolger des genannten Grafen, über den Besitz des Klosters, hauptsächlich eine Zelle zu Michaelbeuern, kam, verhandelten die beiden Parteien darüber zuerst im Herbst 791 vor Ludwig dem Frommen, als er auf dem Rückweg vom Awarenkrieg war[1393]. Da der Streit aber wieder ausbrach, verhandelten sie diesmal vor den beiden königlichen Missi, RICHULF und GEROLD[1394].

KURZBIOGRAPHIE[1395]:

GEROLD (I) war Schwager Karls des Großen, der seine Schwester Hildegard heiratete. Die Familie war im alemannischen Raum gut begütert[1396] und wahrscheinlich mit den beiden abgesetzten Herzogshäusern in Alemannien und Bayern verwandt, was seine spätere Statthalterschaft in Bayern legitimieren konnte. Missus ODALRICUS (I), der in Alemannien tätig war, war vielleicht sein Bruder[1397]. GEROLD hatte bereits in seiner Heimat Alemannien ein Grafenamt inne[1398]. In

1392) Zu dieser Vorgeschichte vgl. Notitia Arnonis c. 6, 24–25 und Breves Notitiae c. 13, 1–12, in: Notitia Arnonis und Breves Notitiae S. 78, 80, 102 und 104.

1393) Zur Datierung und Identifizierung des im Text genannten *Ludwicus* vgl. WOLFRAM, Salzburg, Bayern, Österreich S. 204 f. mit Anm. 82.

1394) Breves Notitiae c. 13,13, in: Notitia Arnonis und Breves Notitiae S. 104: *Porro de illa ęcclesia ad Pûron placitum est habitum coram Ludwico rege. Item Wenilo ad Bûrun donavit servos II cum omnibus rebus eorum. Rursus placitum est habitum de ipsa ecclesia Arnonis et Wenilonis coram Richolfo et Geroldo legatis domni Karoli regis.*

1395) Literatur: JÄNICHEN, Baar und Huntari S. 96 f.; MITTERAUER, Karolingische Markgrafen S. 8–25; BORGOLTE, Die Grafen Alemanniens S. 122–126; HANNIG, Zur Funktion S. 265, 275–277, 279 f., und 282; WOLFRAM, Grenzen und Räume S. 154–156, 188, 213 f., 217–219, 226, 235, 239, 294 und 335 f.; WOLFRAM, Salzburg, Bayern, Österreich S. 117, 154 f., 173, 179, 183 mit Anm. 465, 188, 191, 195, 204 f. und 290 f.; RAPPMANN, Das Totengedenken S. 473 f.; HAMMER, From Ducatus to Regnum S. 251 f.; STIELDORF, Marken und Markgrafen S. 402 f.

1396) Zu seiner materiellen Förderung der Klöster St. Gallen und Reichenau vgl. BORGOLTE, ebd.; Visio Wettini Walhfridi S. 116 Z. 820 f.

1397) Siehe ODALRICUS (I) in der Prosopographie. Vgl. auch Verbrüderungsbuch der Abtei Reichenau, Bl. 114 D/1 (*Cerolt comis / Odalrich comis*); das ältere Verbrüderungsbuch, fol. 13v (pag. 8) = SCHMID, Versuch einer Rekonstruktion S. 116 (*odalricus / kerolt*); BORGOLTE, ebd. S. 123.

1398) Er taucht in den Quellen zum ersten Mal als *comes* um 784 auf, als er dem Kloster St. Gallen seine Güter übertrug. Chart. Sangall. Nr. 101 (Nagold, 784?. 5.

der Integrationszeit Bayerns ins Karolingerreich wurde er als oberster Statthalter in Bayern – später auch in weiter östlichen Regionen – eingesetzt, wobei die Forschung ihn als den ersten bayerischen Präfekten ansieht. Aber in seiner Lebzeit wurde er niemals mit dem *praefectus*-Titel bezeichnet[1399]. Hannig meint, die bei ihm zum ersten Mal verwendete Formel *comes et missus dominicus* dürfte seine Stellung als *praefectus* genauer umschreiben[1400]. Die Legation von 791 ist der erste Nachweis seiner Tätigkeit in Bayern. In dieser frühen Phase seiner dortigen Tätigkeit dürfte er vom König die durch uns unbekannte Missi beschlagnahmten Grundstücke des Grafen Helmuni als königliches *beneficium* bekommen haben, die er bis zu deren Rückgabe an Helmuni 793 behielt. Mit dem Verfahren der Rückgabe einschließlich der Investitur und der Festlegung der Besitzgrenzen beauftragte GEROLD seinen Missus Adalunc[1401]. Die Conversio Bagoariorum et Carantanorum berichtet, dass GEROLD zusammen mit ARN von Salzburg den neu geweihten Chorbischof Deodericus (Theoderich) in Karantanien einführte[1402]. Dieses Geschehen ist von Wolfram auf 799 datiert[1403]. Am 20. Juni 799 bekam er auf einer Synode in *Treisma* von Bischof WALDRICH von Passau die Martinskirche zu Linz im Traungau samt dem dazugehörigen *castrum* lebenslangen Pacht[1404],

5.) S. 90 f. Vgl. zwei Fälschungen von Diplomen Karls des Großen für das Kloster Reichenau, in denen GEROLD als *comes* erwähnt wird. D KdG 231, hier S. 316 und Nr. 232, hier S. 318.

1399) Erst in den revidierten Reichsannalen und der Vita Karoli Einhards. Hierzu vgl. BRUNNER, Fürstentitel S. 236; STIELDORF, Marken und Markgrafen S. 193 f. und 229 mit Anm. 187.

1400) HANNIG, Zur Funktion S. 275, und 282 f. Von dieser doppelten Titulatur ausgehend meint Wolfram: „Derartige weiträumige Beauftragungen verbanden das gräfliche Mandat mit den Aufgaben eines ständigen Königsboten, eines *missus*. Wo immer sie erfolgen, werden einem solchen Mandatsträger weitere Grafen als *comites socii* zugeordnet." WOLFRAM, Salzburg, Bayern, Österreich S. 173.

1401) Trad. Freising Nr. 166a S. 161–163. Siehe die anonymen Missi „um 788 (vor 793)" in der Prosopographie. Es ist nicht auszuschließen, dass einer der hier erwähnten Missi GEROLD gewesen ist, wie Hannig vermutet. HANNIG, Zur Funktion S. 279 f.

1402) Conversio Bagoariorum et Carantanorum c. 8 S. 116. HANNIG, Zur Funktion S. 282, sieht hier GEROLD als „Vertreter der weltlichen Gewalt".

1403) WOLFRAM, Salzburg, Bayern, Österreich S. 293 f.

1404) Trad. Passau Nr. 46 S. 40 f. (als *comes*); Reg. Passau Nr. 48 S. 14 f.

die der Bischof vorher vom König erhalten hatte[1405]. Er fiel kurz darauf, am 1. September 799, im Kampf gegen die Awaren[1406], was Alkuin in seinem Brief an ARN betrauerte[1407]. Sein Leichnam wurde auf die Reichenau transportiert und dort bestattet[1408].

GEROLD (II) (Geroldus, Geroltus, Keroltus)
Graf, Markgraf (811–832)

TÄTIGKEIT ALS KÖNIGSBOTE:

1) 815: *legatus* Ludwigs des Frommen in Rom (= KRAUSE II 57)

Als Ludwig vom Attentatsversuch auf Papst Leo III. hörte, sandte er Bernhard von Italien, der zusammen mit dem Kaiser in Sachsen war, nach Rom, um die Lage zu untersuchen. Da Bernhard allerdings in Rom krank wurde, erstattete GEROLD (II), der zusammen mit ihm dorthin gesandt worden war, dem Kaiser Bericht über die Ergebnisse der Untersuchung[1409].

2) 820 (vor 4. 28.): *missus* Ludwigs des Frommen in Spoleto mit ANSEGIS und HAITO (= KRAUSE I 78 = II 73)

Als GEROLD zusammen mit dem Basler Bischof HAITO und ANSEGIS von Fontenelle als kaiserliche *missi* im Dukat Spoleto tätig waren, beauftragte der Kaiser sie zusätzlich konkret mit der Beilegung des Konfliktes zwischen dem Bischof Sigualdus von Spoleto und dem Abt Ingoald von Farfa[1410].

1405) Reg. Passau Nr. 47 S. 14. Hierzu vgl. WOLFRAM, Grenzen und Räume S. 187 f.; WOLFRAM, Salzburg, Bayern, Österreich S. 117 und 290.

1406) ARF a. 799 S. 108 (als *Geroldus comes, Baioariae praefectus*).

1407) Alkuins Briefe Nr. 185 (Ende 779), hier S. 310. Dazu vgl. STIELDORF, Marken und Markgrafen S. 17.

1408) Visio Wettini Walahfridi S. 116 Z. 825 f.

1409) ARF a. 815 S. 142: … *adlatum est ei [sc. Ludovico], quosdam de primoribus Romanorum ad interficiendum Leonem papam in ipsa urbe Roma conspirasse ac deinde, cum huius causae indicium ad pontificem esset delatum, omnes illius factionis auctores ipsius iussu fuisse trucidatos. Quod cum moleste ferret, ordinatis tunc Sclavorum et Herioldi rebus ipsoque in Saxonia dimisso, cum ad Franconofurd palatium venisset, Bernhardum regem Italiae, nepotem suum, qui et ipse cum eo in Saxonia fuerat, ad cognoscendum, quod nuntiabatur, Romam mittit. Is cum Romam venisset, aegritudine decubuit, res tamen, quas compererat, per Geroldum comitem, qui ad hoc ei legatus fuerat datus, imperatori mandavit.*

1410) BM² 719; Reg. Farfa 2 Nr. 265 (= Doc. 247) S. 204 f. = D LdF 180 (Aachen, 820. 4. 28.) S. 445–447, hier S. 446 f. Siehe ANSEGIS in der Prosopographie.

3) 818–838: *missus* Ludwigs des Frommen (?) in Triftern/Uttendorf (= KRAUSE I 113; II 95)

Überliefert ist die Aufzeichnung der eidlich geleisteten Zeugenaussage in Triftern vor Bischof Reginhar von Passau, Graf (nur als *comes* bezeichnet) GEROLD, Graf Engildeo und *vassus dominicus* Engilpald, dass die Zelle Rott in der Zeit Karls des Großen und Ludwigs des Frommen der Passauer Kirche gehörte, aber dieser Kirche durch einen Gisalhartus (vielleicht KISALHARD?) ohne Inquisition (*sine inquisitione*) entfremdet worden sei[1411]. Die Rückgabe des Besitzes zu Uttendorf am Kollbach wurde in Gegenwert von GEROLD *comes atque missus dominicus* abgeschlossen[1412].

KURZBIOGRAPHIE[1413]:

GEROLD (II) war Markgraf der Ostmark. Wegen des gleichen Namens und der geographischen Nähe der jeweiligen Amtszuständigkeit ist die Forschung der Meinung, dass GEROLD (I) und GEROLD (II) verwandt sind und dass Letzterer sogar Neffe des Ersteren ist. Durch seine Mutter ist GEROLD (II) auch mit Erich von Friaul verwandt. Das Netzwerk von GEROLD (II) lag also im Südosten des Reichs. 811 war GEROLD einer der Zeugen des Testaments Karls des Großen[1414]. Im gleichen Jahr intervenierte GEROLD in Aachen bei der Urkundenausstellung Karls für das Kloster Niederaltaich[1415]. Aus seiner Legation von 815 erfahren wir, dass er damals zusammen mit dem Kaiser in Sachsen und dann am Pfalzort Frankfurt war. Er nahm im September 820 an der Reichsversammlung in

1411) Trad. Passau Nr. 73a und aa S. 61 f.

1412) Trad. Passau Nr. 73c S. 62: *Ad Chalpaha qui vocatur Eotindorf habuit Ipurkc ibidem illa reddidit etconomus eius koram Kerolte comite atque misso dominico et in presentia nostra seu in manus vocati nostri non potuimus ad vestituram pervenire.* HANNIG, Zur Funktion S. 294, ist der Meinung, dass der Titel *comes atque missus* hier kein Zeichen der unmittelbare Beauftragung durch den Herrscher gewesen sei und dass GEROLD diesen Titel „als Selbstaussage verwendet, wenn er ihm zur Steigerung seiner Amtsautorität in dem entlegeneren Uttendorf, wohin er offenbar allein von Triftern aus gezogen war, notwendig erscheint".

1413) Literatur: MITTERAUER, Karolingische Markgrafen S. 3, 5, 7 f. ,16–25 und 79–81; BRUNNER, Oppositionelle Gruppe S. 82; WOLFRAM, Salzburg, Bayern, Österreich S. 300–302, 308–310; DEPREUX, Prosopographie S. 210 f.; STIELDORF, Marken und Markgrafen S. 79 Anm.173 S. 192–197, 355, 366, 375 f. und 403.

1414) Vita Karoli S. 86 unter *comites*.

1415) D KdG 212 (Aachen, 811. 11. 26.) S. 283 f., als *comes fidelis noster*.

Quierzy teil[1416]. GEROLD wird erst 826 als Befehlsinhaber im Ostland nachgewiesen: In diesem Jahr schickte der Kaiser den Pfalzgrafen BERTRICH in Karantanien zu GEROLD und seinem Amtskollegen BALDRICH von Friaul, um die Glaubwürdigkeit des Gerüchts zu beurteilen, dass der Khan von Bulgaren entweder verbannt oder getötet worden sei. Die Reichsannalen berichten, dass nur der Pfalzgraf zum Hof zurückkam und dem Kaiser keinen verlässlichen Bericht erstatten konnte[1417]. Trotzdem berichten dieselben Annalen, dass GEROLD und BALDRICH etwas später an der Reichsversammlung vom Juni 826 in Ingelheim teilnahmen[1418]. Depreux vermutet, dass GEROLD auch bei der Aachener Reichsversammlung vom Februar 828 anwesend gewesen sei, auf der BALDRICH, Herzog (*dux*) von Friaul, abgesetzt wurde[1419].

GEROLD (III) (Geroldus, Keroldus, Kerolt)
Graf (821–843?)

TÄTIGKEIT ALS KÖNIGSBOTE:

*1) vor 821. 2. 15.: im Auftrag Ludwigs des Frommen im Zürichgau (= KRAUSE II 75)

Auf Klage des Abtes Gozbert von St. Gallen, dass die *villa* Uznach ungerecht vom Fiskus Zürich konfisziert worden sei, entschloss sich der Kaiser zu einer *iustissima inquisitio*, wobei ein *fidelis* GEROLD (III)* damit beauftragt wurde, die Güterlage des Klosters St. Gallen zu untersuchen[1420].

2) 843[?]. 4. 19.: *missus* Ludwigs des Deutschen in Winterthur (= KRAUSE II 197)

Ein Graf Gerold unterschrieb die Schenkungsurkunde eines Adamar an das Kloster St. Gallen. Ihre Datierungszeile nennt neben dem König Ludwig auch *Keroldus comes seu missus regi.* Obwohl man diese Urkunde nicht mit Sicherheit auf ein bestimmtes Jahr datieren

1416) Trad. Weissenburg Nr. 69 (Quierzy, 820. 9. 2. Tauschvertrag zwischen HUGO [I] von Tours und BERNHARIUS von Worms), hier S. 271.

1417) ARF a. 826 S. 169.

1418) ARF a. 826 S. 170.

1419) ARF a. 828 S. 174.

1420) UB St. Gallen 1 Nr. 263 S. 249 f., hier S. 250 = ChLA 102 Nr. 4 S. 18–21, hier S. 19 = Chart. Sangall. Nr. 270 S. 258 f., hier S. 259 = D LdF 194 (Aachen, 821. 2. 15.) S. 479–481, hier S. 480: … *Cuius petitioni nos adsensum praebentes fecimus, ut rogaverat, et Geroldo fideli nostro hanc causam inquirere iussimus et diligenter inquisitam nobis renuntiare…* Siehe FRIUNTO in der Prosopographie.

kann, möchte ich der Vermutung von Michael Borgolte[1421] folgend diesen *Keroldus* mit dem hier behandelten gleichnamigen Grafen von Zürichgau identifizieren[1422].

KURZBIOGRAPHIE[1423]:

Obwohl GEROLD (III) zur Zeit seiner Mission noch nicht den Titel eines Grafen trug, wird er von der Forschung mit dem ab 826 belegten Grafen von Zürich identifiziert. Dort wird er bis in den November 837 als solcher bezeugt. Während seiner Amtszeit erweiterte er seinen Machtbereich. Zwischen 834 und 837 ist er als Graf von Thurgau nachweisbar. Borgolte weist auch auf einen zwischen 837 und 840 bezeugten Grafen Gerold in Breisgau hin, den er mit unserem GEROLD zu identifizieren versucht.

GERRICUS (Gerricus)
Falkner (794–826)

TÄTIGKEIT ALS KÖNIGSBOTE:

Vor der Jahreswende 826/827: *missus* Ludwigs des Frommen in Lyon mit FREDERICUS (= KRAUSE I 108 [vgl. auch KRAUSE II 86])

GERRICUS war Mitglied der zweiten Delegation Ludwigs wegen des Konfliktes zwischen Erzbischof Agobard von Lyon und den dortigen Juden. Er und FREDERICUS führten bei ihrer Ankunft in Lyon kaiserliche Traktorien und schriftlich fixierte Anordnungen zur Bestrafung (*capitularia sanctionum*) derjenigen mit sich, die den kaiserlichen Befehl nicht beachteten[1424].

KURZBIOGRAPHIE[1425]:

Philippe Depreux identifiziert GERRICUS mit einem Garicus, der am 3. August 794 in Jouac eine Urkunde des Königs Ludwig von

1421) BORGOLTE, Die Grafen Alemanniens S. 128. Hierzu vgl. ChLA 107 S. 16.

1422) UB St. Gallen 2 Nr. 388 S. 9 = ChLA 107 Nr. 2 ([Ober-]Winterthur, 843./848./854./865. 4. 19.) S. 16 f., hier S. 17: *Signum Kerolt comitis [...] Facta tradicio temporibus Ludouuici regis et Keroldi comite seu missus regi...* Aber eine Identifikation mit dem gleichnamigen Nachfolger ist auch möglich. Zu diesem jüngeren Grafen Gerold vgl. BORGOLTE, Die Grafen Alemanniens S. 130.

1423) Literatur: BORGOLTE, Die Grafen Alemanniens S. 127–129; DEPREUX, Prosopographie S. 212 (Gérold [II]).

1424) Agobardi Lugdunensis opera omnia Nr. 11 S. 191–195, hier bes. S. 191 f. Zur Datierung und Beschreibung der Mission siehe EVRARD und FREDERICUS in der Prosopographie.

1425) Literatur: BOSHOF, Agobard S. 114 mit Anm. 45; DEPREUX, Prosopographie S. 215 f.; LANGENWALTER, Agobard S. 35 f.

Aquitanien unterschrieb[1426]. Nach Depreux ist dieser Garicus sehr wahrscheinlich identisch mit einem Falkner/Falkenmeister (*capis praelatus*) Gerricus, den Ludwig 813 zu seinem Vater Karl entsandte, um bei ihm wegen einiger wichtiger Angelegenheiten Rat zu suchen[1427]. Angesichts der Beharrlichkeit Agobards im Konflikt mit den Juden ist die Entsendung eines langjährigen Vertrauten in der zweiten diesbezüglichen Legation nachvollziehbar, sodass mir Depreux's Identifizierung plausibel scheint.

GERVOLD (Geroaldus, Gervoldus)

Bischof von Évreux, Abt von Fontenelle (vor 783 – †806. 6. 14.[1428])

TÄTIGKEIT ALS KÖNIGSBOTE:

783–796[1429]: *legatus* Karls des Großen in Mercien (= –)

Da GERVOLD sich mit dem König Offa von Mercien gut befreundete, wurde er mehrfach nach Mercien ausgesandt[1430]. In diesem Kontext ist die folgende Episode um 790 zu erwähnen: Karl war mit König Offa in Verhandlungen getreten, an deren Ende eine Eheschließung zwischen Karls ältestem Sohn und Offas Tochter stehen sollte. Damit nicht zufrieden, verlangte Offa eine weitere Eheverbindung zwischen seinem Sohn und der fränkischen Prinzessin Bertha. Karl der Große ärgerte sich über Offas Ansinnen und befahl, dass niemand aus Britannien und keine Angeln wegen des Handels an der Küste Galliens landen dürften. Die Gesta der Äbte von Fontenelle

---

1426) BM² 516; ChLA 19 Nr. 681, hier S. 37 = D LdF 1 (Jouac, 794. 8. 3.) S. 1–5, hier S. 4.

1427) Astronomus c. 20 S. 342.

1428) Chronique de abbés de Fontenelle c. 12, 3 S. 144. Im nächsten Kapitel ist allerdings dargestellt, dass Trasarius 807 beim Tod GERVOLDs die Abtei übernahm. Chronique de abbés de Fontenelle c. 13, 1 S. 148. Die beiden Jahresangaben stimmen allerdings nicht mit seiner von den Gesta angegebenen Amtszeit von 18 Jahren und fünf Monaten überein, wenn man seinen Amtsantritt als Abt auf 787 datiert. Vielleicht deswegen gibt Pascal Pradié „787, ou mieux 789–807“ als GERVOLDs Amtszeit an. Chronique de abbés de Fontenelle S. 135.

1429) Offa starb im Juli 796. BULLOUGH, Offa, Kg. v. Mercien, in: LexMA 6 Sp. 1367 f.

1430) Chronique de abbés de Fontenelle c. 12, 2 S. 136: *Unde Offae regi Anglorum siue Merciorum potentissimo, in amicitiis ualde cognoscitur adiunctus. Extant adhuc epistolae ab eo ad illum, id est Geruoldum, directae, quibus se amicum ac familiarem illius carissimum fore pronuntiat. Nam multis uicibus ipse per se iussione inuictissimi regis Karoli ad praefatum regem Offam legationibus functus est.*

hob die Rolle GERVOLDs als Vermittler hervor, durch dessen Ermahnungen und Bitten Karl seinen Befehl zurückzog[1431].
KURZBIOGRAPHIE[1432]:
Nach den Gesta der Äbte von Fontenelle stammte GERVOLD aus einer vornehmen Familie. Nachdem er Kleriker geworden war, kam er zum Königshof und war dort als Kapellan der Königin Bertrada, Mutter Karls des Großen, tätig. Obwohl GERVOLD dank dieser Königin (†783[1433]) von Karl als Bischof von Évreux eingesetzt wurde, gab er um 786/787 sein Bistum auf und erhielt vom König die Abtei Fontenelle[1434]. GERVOLD war jahrelang der Verwalter der Handelsgeschäfte des Reichs (*super regni negotia procurator*) und nahm als solcher in verschiedenen Häfen und Städten, besonders in Quentovic, öffentliche Abgaben und Zölle ein. Diese Tätigkeit am Meer dürfte mit seiner Freundschaft mit Offa und seinen diplomatischen Rollen zusammengehangen haben[1435]. Auf Bitten GERVOLDs resti-

---

1431) Chronique de abbés de Fontenelle c. 12, 2 S. 136 und 138: *Nouissime uero propter filiam eiusdem regis, quam in coniugium expostulabat Karolus iunior; sed illo non acquiescente nisi Berta, filia Magni Karoli, eius filio nuptui traderetur, aliquantulum potentissimus rex commotus, praecepit, ut nemo de Brittania insula ac gente Anglorum mercimonii causa littus Oceani maris attingeret in Gallia. Sed ne hoc fieret, ammonitione ac supplicatione uenerandi praedicti patris Geruoldi inhibitum est.* Hierzu vgl. STORY, Carolingian connections S. 135 f. und 184–188, die auch die Rolle Alkuins bei den Verhandlungen betont. Vgl. auch BM² 309a. MCKITTERICK, Charlemagne S. 282–284, vermutet allerdings, diese Geschichte der Eheschließung sei vom Verfasser der Gesta erfunden worden.

1432) Literatur: Fastes 2 S. 229; FLECKENSTEIN, Hofkapelle S. 31, 58, 66, 88, 94, 106 und 108; HEUCLIN, Les abbés S. 333 f.; Chronique de abbés de Fontenelle S. 219-222.

1433) Am 8. Juni 783 (Ann. Laures. emend. a. 783 S. 71) oder am 12. Juli 783 (ARF a. 783 S. 66; Ann. Met. pri. a. 783 S. 71).

1434) Chronique de abbés de Fontenelle c. 12, 1 S. 134, 136. Der Verfasser der Gesta datiert allerdings seine Abdankung vom Bischofsamt und seinen Amtsantritt als Abt auf die Zeit drei Jahre nach dem Tod Bertradas, also um 786, während gleichzeitig der Amtsantritt während der Legationsreise WITBOLDs, also 787, stattfinden sollte. GERVOLD brachte seinen Verwandten ANSEGIS zum Königshof. Chronique de abbés de Fontenelle c. 13, 1 S. 148. Im Gegensatz zur Vermutung Duchesnes (Fastes 2 S. 229) ist GERVOLD nicht mit einem Gaerbodus identisch, dem die Synode von Frankfurt 794 das Bistum aberkannt wurde. MGH Conc. 2,1 Nr. 19 G c. 10 S. 167. Vgl. BM² 325.

1435) Chronique de abbés de Fontenelle c. 12, 2 S. 136.

tuierte Karl dem Kloster Fontenelle allen entfremdeten Besitz[1436]. Er richtete eine Klosterschule ein und unterrichtete die Mönche selbst im Gesang, was der Politik Karls des Großen entsprach[1437].

GIBUINUS (Gibuinus)
Missus (782)

TÄTIGKEIT ALS KÖNIGSBOTE:

782. 6. 3.: *missus* Karls des Großen in Narbonne mit ADALBERT (I), FULCO (I) und GUALTARIUS (= KRAUSE I 5)

GIBUINUS war einer der Vorsitzenden der Verhandlung über den Güterstreit zwischen der Kirche von Narbonne und dem Grafen Milo[1438].

KURZBIOGRAPHIE:

Über GIBUINUS ist außer dieser Mission nichts bekannt.

GISLERAMNUS (Gisleramnus, Gisleranus)
Abt (833?–837)

TÄTIGKEIT ALS KÖNIGSBOTE:

837, vor 12. 15.: *missus* Lothars I. in Brescia mit PRANDO (= –)

Lothar I. bestätigte den Besitz des Nonnenklosters S. Salvatore in Brescia aufgrund des Berichts seiner Missi, der beiden Äbte GISLERAMNUS und PRANDO, die zusammen mit den Bischöfen Rambert von Brescia und Adalgis von Novara mit der Untersuchung der Umstände beauftragt worden waren[1439].

KURZBIOGRAPHIE[1440]:

GISLERAMNUS ist wahrscheinlich identisch mit dem Abt Gisleramnus, den Lothar I. 833 zum lebenslangen Inspektor des Non-

1436) Chronique de abbés de Fontenelle c. 12, 2 S. 138. Vgl. BM² Dep. 577, der diese Beurkundung auf Karls Kaiserzeit, d. h. zwischen 801 und 806 datiert.

1437) Chronique de abbés de Fontenelle c. 12, 2 S. 140 und 220 f. Anm. 4.

1438) Urk. Languedoc Nr. 6 Sp. 47–50. Zum vollständigen Zitat und der Darstellung dieses Gerichtes siehe ADALBERT (I) in der Prosopographie.

1439) D Lo I. 35 (Marengo, 837. 12. 15.), hier S. 113 f.: *Quapropter nos missis nostris dispositis atque ad hoc deliberandum et future rate mansurum confirmandum dereximus Prandonem et Gisleranum eiusdem ordinis eruditissimos et prudentissimos abbates, qui in presentia venerabilissimorum episcoporum nostrorum Ramberti et Adalgisi cum nobilibus personis perquirerent atque nobis ita renunciarent, ut absque scrupulo nostra comfirmatione perhenniter manere deberet; sicuti et fecerunt.* Vgl. BOUGARD, La justice S. 394.

1440) Literatur: D Lo I. & II. S. 504.

nenklosters S. Maria Theodota in Pavia, betreffend die Befolgung der Benediktsregel, ernannt hatte[1441].

GODDRAMNUS (Goddramnus)

Türhüter (788)

TÄTIGKEIT ALS KÖNIGSBOTE:
787–788: *missus* Karls des Großen nach Benevent mit MAGINARIUS, JOSEPH (I), LIUDERICUS (I) und ADDO (= –)

Fünf Missi wurden nach Süditalien geschickt, um dort die politische Stellung der Beneventaner zu untersuchen. Als ADDO in Salerno bleiben musste, reiste GODDRAMNUS allein zu seinen Kollegen zurück[1442].

KURZBIOGRAPHIE[1443]:
Über ihn ist nichts Weiteres bekannt.

GODEBERTUS (Godebertus)

Missus (791)

TÄTIGKEIT ALS KÖNIGSBOTE:
791. 8. 14.: *missus* Karls des Großen in *Vemundinga palatio publico* mit ACBERTUS (= KRAUSE I 12)

Die königlichen Missi, ACBERTUS und GODEBERTUS saßen einer Gerichtsversammlung vor, auf der der Streit über die Zugehörigkeit eines Walds zur Villa Marolles im Gau von Melun zwischen dem Abt Ratbertus von St-Germain-des-Prés und dem Grafen Autbertus beigelegt wurde[1444].

1441) D Lo I. 12 (Pavia, 833. 4. 17.) S. 76–78.

1442) Jaffé³ 4535 (788, nach 1. 22.) = Cod. Carol. Nr. 82 S. 615 f.; Jaffé³ 4537 (788, nach Januar) = Cod. Carol. Nr. 83 S. 615–619; Cod. Carol. Append. 2 S. 655–657 = ChLA 16 Nr. 629 S. 59–65 = Telma Nr. 2957 (MAGINARIUS' Zwischenbericht, und wahrscheinlich Anfrage, an Karl). Siehe auch MAGINARIUS, ADDO und LIUDEICUS (I) in der Prosopographie.

1443) Literatur: HACK, Codex Carolinus 2 S. 1005.

1444) Urk. St-Germain-des-Prés Nr. 22 S. 35 f. = ChLA 16 Nr. 633 (*Uemundinga*, 791. 8. 14.) S. 78–81, dazu vgl. GANZ, *Temptabat* S. 13. Zum vollständigen Zitat und der Darstellung dieses Streites siehe ACBERTUS in der Prosopographie.

KURZBIOGRAPHIE[1445]:
Über ihn ist außer dieser Urkunde nichts bekannt. Schwierig ist eine Gleichsetzung mit jenem Grodebert, der 807 wegen des Inzestvorwurfs seinen Besitz in Anjou und Rennois verlor[1446].

GODEFRED (Godefredus)
Graf (802)

TÄTIGKEIT ALS KÖNIGSBOTE:
802, Frühling: *missus* Karls des Großen in Burgund (von *civitas* Orléans zur Seine, dann nach Troyes mit dem ganzen Gau Troyes, dann nach Langres, von da nach Besançon, von dort nach Autun, dann zur Loire und wieder nach Orléans) mit MAGNUS (= KRAUSE I 28)

In einer Fassung des Kapitulars für die Legation vom Frühling 802 ist der zuständige Bezirk von GODEFRED und seinem Kollegen beschrieben[1447].

KURZBIOGRAPHIE[1448]:
Über GODEFRED ist außer dieser Legation nichts bekannt.

GOIRAMNUS* (Goiramnus, Goirannus)
Graf (875?/877–879)

TÄTIGKEIT ALS KÖNIGSBOTE:
877, Mitte–Ende August: Empfangsgesandtschaft im Auftrag Karls des Kahlen zwischen Ravenna und Vercelli mit AUDACHER, HERIBERT* (II) und PIPPIN* (= –)

GOIRAMNUS* wurde zusammen mit AUDACHER*, HERIBERT* (II) und PIPPIN* von Orbe aus geschickt, um Papst Johannes VIII. zu Karl dem Kahlen zu begleiten[1449].

1445) Literatur: HENNEBICQUE-LE JAN, Prosopographica S. 250.

1446) Sein Besitz wurde von HUGO (I) und TANKRAD* konfisziert. D KdG 205 S. 274 f.

1447) ECKHARDT, Capitularia missorum specialia S. 500 (Sp. D): *INPRIMIS DE AURELIANENSE CIVITATE AD SEGONNAM, quomodo rectum est, deinde ad Tricas cum Tricassino toto, inde ad Lingonis, de Lingonis ad Bissancion in villa parte Burgundię, inde vero ad Augustidunum, postea ad Ligerem usque ad Aurilianis, sunt missi Magnus archiepiscopus et Godefredus comes.* Vgl. auch die Karte (ebd. S. 513). Zu dieser Legation, siehe Kapitel 2, § 2, 1, iv, „801/802–803“.

1448) Literatur: ABEL/SIMSON 2 S. 272; BÜHLER, Capitularia relecta S. 371.

1449) AB a. 877 S. 215. Das vollständige Zitat findet sich bei AUDACHER* in der Prosopographie. Vgl. BZ 518; BU 277; Jaffé³ 6556; HACK, Empfangszeremoniell S. 467.

KURZBIOGRAPHIE[1450]:
GOIRAMNUS* dürfte mit dem gleichnamigen Grafen identisch sein, an den HINKMAR (I) von Reims als königlicher Missus (deswegen vor 875 oder zwischen 877 und 882) einen Brief schickte[1451]. In der Zeit der politischen Unordnung nach dem Tod Ludwigs des Stammlers scheint GOIRAMNUS* zur Partei des Abtes HUGO (II), des Grafen BOSO (IV) und des Kämmerers THEODERICUS (II) gehört zu haben. Die Parteiführer schickten GOIRAMNUS* und den Grafen Ansgar zu Verhandlungen mit Ludwig dem Jüngeren des Ostfrankenreichs, um im Austausch für den westlichen Teil des ehemaligen Reichs Lothars II. die beiden Söhne Ludwigs des Stammlers das Westfrankenreich erben zu lassen[1452].

GOTAFRID* (Cotafridus, Godefridus, Gotafridus, Gothafridus)
Abt von Münster im Gregoriental (823–835)

TÄTIGKEIT ALS KÖNIGSBOTE:
†1) vor 831. 6. 9.: *missus?* Ludwigs des Frommen in Rätien mit BERNOLD** und ROTHARIUS** (= KRAUSE I 93)[1453]

Ein Diplom Ludwigs des Frommen, dessen Echtheit jetzt in Frage steht, stellt dar, dass auf Bitte des Bischofs Viktor III. von Chur Ludwig der Fromme seine Missi nach Rätien geschickt habe. Diese Missi hätten die durch den Grafen Roderich angerichteten Schäden an Kirchengütern untersuchen müssen. Aufgrund ihres Berichts habe der Kaiser die Restitution der Güter befohlen[1454].

*2) 835: im Auftrag Ludwigs des Frommen nach Rom (= –)

Nach der Synode vom Februar 835 in Diedenhofen wurde GOTAFRID* mit dem kaiserlichen Brief zu Papst Gregor IV. geschickt, um dessen Zustimmung zur in Diedenhofen von den Bischöfen beschlossenen Abdankung EBBOs einzuholen[1455].

1450) Literatur: SCHRÖRS, Hinkmar S. 588, Anm. 180; HRE III c. 26 S. 343, Anm. 88.

1451) HRE III c. 26 S. 343 (SCHRÖRS Reg. 555: 875–882). Siehe HINKMAR (I) in der Prosopographie.

1452) AB a. 879 S. 237.

1453) Zu Krauses Auffassung siehe BERNOLD** in der Prosopographie.

1454) D LdF †305 S. 753–756. Zu den Quellen und Problemen siehe BERNOLD** in der Prosopographie.

1455) MGH Conc. 4 Nr. 24 B (867) S. 239–243, hier S. 241: *His autem ab episcopis taliter definitis, domnus imperator per Godefridum monasterii sancti Gregorii venerabilem abbatem suae dignitatis litteras praedecessori vestro domno Gregorio*

KURZBIOGRAPHIE[1456]:
GOTAFRID* kam, wahrscheinlich anlässlich der Reichsversammlung vom Mai 823[1457], nach Frankfurt, wo der Kaiser seinem Kloster am 12. Juni auf seine Bitte einen Teil des Waldes, der zum Fiskus Colmar gehörte, urkundlich schenkte[1458]. Um dieselbe Zeit bekam auch BERNOLD** von Straßburg in Frankfurt eine kaiserliche Bestätigungsurkunde[1459]. 826 bekam GOTAFRID* in Ingelheim von den beiden Kaisern eine Bestätigungsurkunde des früheren Immunitäts- und Abtswahlprivilegs[1460]. Seine mit diesen Beurkundungen bezeugte Königsnähe dürfte uns eine Vermutung erlauben, dass GOTAFRID* neben der Legation nach Rom 835 auch mit einer missatischen Untersuchung beauftragt wurde, auch wenn die Legation †1 eine Fiktion ist.

GOTSELM (Gotselmus)

Missus (853)

TÄTIGKEIT ALS KÖNIGSBOTE:
853. 11.: *missus* Karls des Kahlen in Paris, Meaux, Senlis, Vexin, Beauvais und Vendeuil mit LUDWIG, IRMINFRID und INGILWIN (= KRAUSE I 141)

GOTSELM war einer der Missi im Missaticum um Paris[1461].

KURZBIOGRAPHIE:
Über ihn ist nichts Weiteres bekannt.

---

venerando papae dirigens, eius adsensum, si fieri posset, in depositione ipsius Ebonis expostulans. Ipse vero per praefatum abbatem suae auctoritatis litteras ei remissit, sed quid in ipsis insertum fuerit, omnibus episcopis et cunctis regni nostri ordinibus habetur incognitum.

1456) Literatur: FELTEN, Laienäbte S. 196 Anm. 95; DEPREUX, Prosopographie S. 220 f.

1457) BM² 771a.

1458) BM² 772; D LdF 220 (Frankfurt, 823. 6. 12.) S. 541–543.

1459) BM² 773; D LdF 221 (Frankfurt, 823. 6. [6.–12.]) S. 543–545, womit der Kaiser den Tauschvertrag zwischen BERNOLD** und dem Grafen ERCHANGARIUS bestätigt.

1460) BM² 833; D LdF 258 (Ingelheim, 826. 10. 27.) S. 647–649.

1461) MGH Capit. 2 Nr. 260 S. 276: *Missi autem et pagi per missaticos qualiter fuerunt tunc ordinati […] 5. Hludowicus abba, Yrminfridus episcopus, Ingilwinus, Gotselmus missi in Parisiaco, Melciano, Silvanectensi, Vircasino, Belvacense et Vindoiliso.*

GOTTSCHALK (Gotesscalc)

Graf (798)

TÄTIGKEIT ALS KÖNIGSBOTE:
798: *missus/legatus* Karls des Großen in Dänemark (= –), danach: in Sachsen mit RICHOLF, GARICH, HAD und RORICH sowie weitere Anonymen (= KRAUSE I 17)

GOTTSCHALK wurde zum dänischen König Sigifrid geschickt. Auf dem Rückweg wurde er infolge des Aufstandes der *Nordliudi* ermordet. Seine Legation kann vielleicht im Rahmen der Legation der anderen Missi „zur Durchsetzung der Gerechtigkeit (*ad iustitias faciendas*)“ in Sachsen jenseits der Elbe verstanden werden[1462].
KURZBIOGRAPHIE[1463]:
Über ihn ist nichts Weiteres bekannt.

GOZBERT (Gozbertus, Gozpertus, Kozpertus)

Graf, dann Pfalzgraf ([855]...886...[†910])

TÄTIGKEIT ALS KÖNIGSBOTE:
886. 11. 11.: *legatus* Karls III. in Winterthur/Alemannien mit SALOMO (II), HILDEBOLD und RUADHOH (= KRAUSE II 212)

Die vier Missi waren als Zeugen bei einem Hörigentausch zwischen dem Abt Bernhard von St. Gallen und einem gewissen Tisi anwesend[1464]. Roman Deutinger nimmt an, dass dies auf einem allgemeinen Gerichtstag geschah, dem die Missi vorsaßen[1465].

1462) Epistolae variorum inde a morte Caroli Magni Nr. 2 S. 301; ARF a. 798 S. 102; Ann. q. d. Einhardi a. 798 S. 103: ... *Godescalcum regis legatum, quem ille ante paucos dies ad Sigifridum regem Danorum miserat. Is cum eodem tempore reverteretur, ab huius seditionis auctoribus interceptus atque occisus est.* Aus dieser einfachen Beschreibung erfahren wir nichts über den genauen Zweck seiner Legation. Siehe den vollständigen Text bei GARICH in der Prosopographie.

1463) Literatur: ABEL/SIMSON 2 S. 143 f.

1464) UB St. Gallen 2 Nr. 656 S. 260 = ChLA 109 Nr. 36 (Winterthur, 886. 11. 11.) S. 88 f., hier S. 89: *Actum in Vuintartura publice, in presentia legatorum imperatoris, Salomonis episcopi, Kozperti comitis, Ruadhoi abbatis, Hilteboldi comitis et in presentia Adalberti comitis...* Der letztgenannte Graf Adalbert ist ADALBERT (V).

1465) DEUTINGER, Königsherrschaft S. 173 und 175.

KURZBIOGRAPHIE[1466]:
In den alemannischen Quellen aus dem Zeitraum zwischen 855 und 910 ist der Name Gozbert mehrfach belegt. Aber wie Michael Borgolte und Sophie Glansdorff, die sich jeweils mit einer umfangreichen Prosopographie befassten, vorsichtig bemerkten, kann man nicht mit Sicherheit die Anzahl der Personen namens Gozbert bestimmen. Ich bringe deswegen nur diejenigen Informationen, die relativ sicher den Missus GOZBERT betreffen.

Deutinger bemerkt zu Recht, dass GOZBERTs Legation mit SALOMO (II), HILDEBOLD und RUADHOH während der Abwesenheit des Herrschers vom Ostfrankenreich stattfand. Hier kann man mit ihm die stellvertretende Funktion dieser Missi in Alemannien sehen[1467]. Damit wird die Gleichsetzung des Missus GOZBERT mit dem späteren gleichnamigen Pfalzgrafen[1468] wahrscheinlicher, der zumindest zwischen 898 und 910 in Alemannien als Stellvertreter des Herrschers auftrat. Deutinger sieht hier einen „Weg von der missatischen Gewalt zur Pfalzgrafenwürde“[1469]. GOZBERT ist 910 beim Einfall der Ungarn in Alemannien umgekommen[1470].

GOZSO (Gozso)

Missus (853)

TÄTIGKEIT ALS KÖNIGSBOTE:
853. 11.: *missus* Karls des Kahlen in Nevers, Auxerre und Avallon mit HUGO (II) und NIVELUNGUS (= KRAUSE I 148)

1466) Literatur: BORGOLTE, Die Grafen Alemanniens S. 134–139; DEUTINGER, Königsherrschaft S. 173, 175, 182 f. und 187; GLANSDORFF, Prosopographie S. 146 f.

1467) Dabei bleibt allerdings offen, warum ADALBERT (V), der in den 870er Jahren in Alemannien zumindest zweimal als Karls Missus belegt ist und auch bei diesem Tausch anwesend war (*in presentia Adalberti comitis*), 886 nicht zum Missus ernannt wurde. ADALBERT wurde z. B. 876 als Missus beauftragt, einen Besitztausch zwischen Abt Wolvene von Reichenau und einem Grafen namens Gozbert (vielleicht GOZBERT?) zu vollziehen. Siehe ADALBERT (V) in der Prosopographie.

1468) Vgl. PAULUS, Das Pfalzgrafenamt S. 49 und 152 f.

1469) DEUTINGER, Königsherrschaft S. 182 f.

1470) Ann. Alam. a. 910 (Cod. Modoetiensis) S. 186 (als *comes*).

Nachdem Karl der Kahle vom Herrschertreffen mit Lothar I. in Koblenz zurückkehrte, setzte er in Servais insgesamt 43 Missi ein, zu denen GOZSO zu zählen ist[1471].
KURZBIOGRAPHIE:
Über ihn ist nichts Weiteres bekannt.

GRAUSO (Grauso)
Judex (876–895)

TÄTIGKEIT ALS KÖNIGSBOTE:
880. 4.: *missus* Karls III. in Turin mit ADALROCH (= KRAUSE II 176)

Wegen des Rechtsstreits zwischen dem Kloster Novalesa und einem gewissen Maurinus über seine Hörigkeit wurden Graf ADALROCH und der kaiserliche Judex GRAUSO als kaiserliche Missi nach Turin abgeordnet und waren bei der Gerichtssitzung Suppos Beisitzer[1472].
KURZBIOGRAPHIE[1473]:
Kurz nach seiner Legation war er, bezeichnet als *Grauso de finibus Torrensi iudex domni regi(!)*, Beisitzer bei einer Gerichtsversammlung vom 1. August 880 in Asti, die *Baterico vicecomes* in Vertretung des Grafen Suppo – desselben Grafen wie bei der oben dargestellten Legation – abhielt[1474]. Als herrscherlicher *iudex* war er auch im November 887, wieder in Asti, tätig. GRAUSO[1475] ist als einfacher *iudex* am gleichen Ort noch in drei weiteren Urkunden zwischen 876 und 895 nachweisbar[1476].

1471) MGH Capit. 2 Nr. 260 S. 271–276, hier nur S. 276 zitiert: *Hugo, Gozso, Nivilungus missi in Niverniso, Alciodriso, Avaliso.*

1472) MANARESI, Dep. Nr. 17 S. 595, inseriert in: MANARESI Nr. 89 (880. 11.) S. 318–322, hier S. 321 f. Siehe ADALROCH in der Prosopographie.

1473) Literatur: BZ 617, 627 und 768; BOUGARD, La justice S. 150 f. mit Anm. 45, 182 mit Anm. 176, 282 Anm. 4 und 348.

1474) MANARESI Nr. 88 S. 315–318, hier S. 316.

1475) MANARESI Nr. 96 S. 347–350, als *iudex domni nostri (sc. Karoli imperatoris)* und *advocatus* des Bistums von Asti.

1476) Le piú antiche carte Asti Nr. 12 (876. 12.), hier S. 16 Nr. 17 (886. 6.), hier S. 24 und Nr. 25 (895. 4.), hier S. 39 (*iudex*)

GRIMALD (Crimaldus, Grimaldus)

Erzkanzler, Abt von Weißenburg und St. Gallen (824–872)

TÄTIGKEIT ALS KÖNIGSBOTE:

841/872[1477]: *missus* Ludwigs des Deutschen in Vilsingen (Alemannien) mit ATO, WILHELM* und ALBOINUS* (= KRAUSE II 204)

Vor den beiden Königsboten und den anderen beiden Grafen (beziehungsweise vor den vier Missi) bezeugten 27 Zeugen eidlich das Besitzrecht des Klosters St. Gallen darauf, was ihm Graf Peratold geschenkt hatte[1478].

KURZBIOGRAPHIE[1479]:

GRIMALD war mit den beiden Erzbischöfen von Trier HETTI und Teutgaud verwandt: Der Erstere war sein Onkel und der Letztere sein Bruder. 824 ist er in der Hofkapelle Kaiser Ludwigs nachweisbar. 833 wurde er von Ludwig dem Deutschen zusammen mit Graf Gebhard nach Aachen geschickt, um den von Lothar in Haft genommenen Kaiser Ludwig zu sehen[1480]. Im August dieses Jahres ist er als Abt von Weißenburg nachweisbar[1481], zwischen 833 und 837 als Rekognoszent der Urkunden Ludwigs des Deutschen. GRIMALD *abba et summus cancellarius* erhielt 835 eine Urkunde von Ludwig, mit der der König GRIMALDs Güter bestätigte, die ihm früher von Ludwig dem Frommen geschenkt worden waren[1482]. Kurz vor 840 gab er das Kloster Weißenburg ab, wurde aber 841 von Ludwig dem Deutschen zum Abt von St. Gallen ernannt[1483] und bekam vor dem Ende Juni 847 die Abtei von Weißenburg zurück[1484]. Die Klosterchronik von

---

1477) Zur Datierung vgl. BORGOLTE, Kommentar S. 455.

1478) UB St. Gallen 2, Anhang Nr. 21 S. 397. Siehe Text bei ALBOINUS*. Wenn man allerdings die Titulaturen in der Urkunde ernst nimmt, waren ALBOINUS* und WILHELM* nicht Missi im Gegensatz zu Krauses Meinung. Vgl. DEUTINGER, Königsherrschaft S. 174.

1479) Literatur: FLECKENSTEIN, Hofkapelle S. 89, 170–176 und 179–183; Helvetia Sacra III, 1,2 S. 1275–1277; GEUENICH, Zur Stellung und Wahl S. 182–184; DEPREUX, Prosopographie S. 221 f.; BIGOTT, Ludwig der Deutsche S. 33–35, 38 f., 43, 59, 72 f., 81 f., 88 f., 127 f., 131, 136–139, 161–167, 184, 189, 199, 210–212, 228 f., 236 f., 249 f. und 255; DEUTINGER, Königsherrschaft S. 39, 59, 131–135, 142 f. und 174.

1480) Thegan c. 47 S. 240.

1481) Trad. Weißenburg Nr. 158 (833. 8. 18.) S. 360 f.

1482) D LdD 17 (Worms, 835. 9. 30.) S. 20 f.

1483) Ratpert, St. Galler Klostergeschichten c. 7 S. 188.

1484) Trad. Weißenburg Nr. 200 (847. 6. 30.) S. 410 f.

St. Gallen schreibt ihm die Einführung der *regularis vita* zu, die zur karolingischen Kloster- und Reformpolitik gehörte[1485]. Er scheint während des Bruderkriegs in der Nähe des Königs gewesen zu sein, z. B. im Jahr 842 zu Aachen bei der Verhandlung über die Reichsteilung[1486]. 848 wurde er Erzkapellan Ludwigs des Deutschen und leitete seit 854 auch noch die Kanzlei. Gleich zu Beginn seines Erzkanzleramtes erhielt das Kloster St. Gallen eine Königsurkunde, mit der Ludwig den langjährigen Streit zwischen dem Kloster und dem Bistum Konstanz beilegen wollte[1487]. Am 22. Juli dieses Jahres bestätigte Ludwig dem Kloster auf GRIMALDs Bitte die von seinem Vater verliehene Immunitüt und die freie Abtswahl[1488]. Das Kloster bekam zu dieser Zeit auch das Inquisitionsrecht, was der König den Grafen in Alemannien urkundlich bekannt machte[1489]. Während GRIMALDs Amtszeit erwarb die Abtei weitere Königsurkunden[1490].

Er verblieb im Königsdienst bis 870, weswegen er nur selten in seinem Kloster auftreten konnte und einen Stellvertreter bestellen musste[1491]. Er ist allerdings nur einmal als königlicher *missus* zur Innenpolitik, und zwar in Alemannien, nachweisbar. Als Berater des Königs war er aber sehr einflußreich, wie sich an HINKMAR (I) von Reims zeigt, der um 859/860 in einem Brief GRIMALD bat, dass er dem König anraten solle, nicht mehr gegen Karl den Kahlen im Westfrankenreich einzugreifen[1492]. In der Tat ist er um diese Zeit in der Nähe des Königs nachweisbar, z. B. als die *legati* der Bischöfe, die sich 859 in Metz für die große Versammlung in Savonnières vorbe-

1485) Ratpert, St. Galler Klostergeschichten c. 7, S: 192. Hierzu SCHIEFFER, Ludwig der Fromme und die Klöster S. 120 f.

1486) Vgl. BIGOTT, Ludwig der Deutschen S. 131.

1487) D LdD 69 S. 96–99 = ChLA 105 Nr. 18 (Ulm, 854. 7. 22.) S. 52–57. Dazu vgl. TREMP, St. Gallen, Reichenau und Konstanz S. 130 f.

1488) D LdD 70 S. 99 f. = ChLA 105 Nr. 21 S. 68–71.

1489) D LdD 71 S. 101 = ChLA 105 Nr. 22 (ca. 854. 7. 22.) S. 72 f.

1490) D LdD 87 S. 124 f.; Nr. 103 S. 149 f.; Nr. 105 S. 151–153 = ChLA 105 Nr. 43 (Regensburg, 857. 8. 26.) S. 122–127; ChLA 106 Nr. 19 (Frankfurt, 861. 4. 1.) S. 52–55; ebd. Nr. 34 (Frankfurt, 861. 10. 7.) S. 86–89. UBL, Recht in der Region S. 218–222, beobachtet eine große Erweiterung der Bestände der Rechtshandschriften von St. Gallen nach 850. „Vermutlich spiegelt sich darin die politische Bedeutung des Klosters im ostfränkischen Reich unter Abt Grimald und seinen Nachfolgern wider“ (Zitat aus S. 222).

1491) Ratpert, St. Galler Klostergeschichten c. 7 S. 190 und 192.

1492) MGH Epp. 8,1 Nr. 130 S. 68 = HRE III c. 24 S. 322 (SCHRÖRS Reg. 135).

reiteten, in Worms Ludwig den Deutschen aufsuchten[1493]. Weiter ist seine Teilnahme an den Mainzer Synoden vom Oktober 852[1494] und vom Juni 861/863[1495] beweisbar[1496].

GUALTARIUS (Gualtarius)

Missus (782)

TÄTIGKEIT ALS KÖNIGSBOTE:

782. 6. 3.: *missus* Karls des Großen in Narbonne mit ADALBERT (I), FULCO (I), und GIBUINUS (= KRAUSE I 5)

GUALTARIUS war einer der Vorsitzenden der Verhandlung über den Güterstreit zwischen der Kirche von Narbonne und dem Grafen Milo[1497].

KURZBIOGRAPHIE:

Er ist nicht zu identifizieren.

GUICHINGUS (Guichingus, Uuichingus)

Missus (751)

TÄTIGKEIT ALS KÖNIGSBOTE:

751: *missus* Pippins des Jüngeren (Hausmeier) im Nordwesten des Frankenreichs (in den Gauen Famars, Brabant, Brie, Mulcien, Beauvais, Chambliois, Vexin, Madrie, Talou, Vimeu und Amiens) mit CHLODIO (= KRAUSE II 1)

Auf Bitte FULRADs (I) von St-Denis um die Bestätigung der entfremdeten Güter seiner Abtei schickte der Hausmeier seine Missi zur

1493) MGH Conc. 3 Nr. 45 (Metz, 859. 5. 28. – 6. 4.), hier S. 443 f. (Relatio legatorum von HINKMAR [I]).

1494) MGH Conc. 3 Nr. 26, hier S. 241.

1495) MGH Conc. 4 Nr. 12, hier S. 129 f. Die hier zitierte Quelle ist ein Brief des Papstes Nikolaus I. an die Synodalen, worin er klagt, dass GRIMALD auf der Synode ein falsches Schreiben vorgelegt habe, das der Papst angeblich geschickt habe. Vgl. BH 515; Jaffé³ 5850.

1496) Er war im Mai 868 in Mainz in Begleitung Ludwigs des Deutschen, der bei der Wormser Synode anwesend war, obwohl GRIMALDs Name sich nicht in der Teilnehmerliste findet. BIGOTT, Ludwig der Deutsche S. 184 mit der Quellenangabe.

1497) Urk. Languedoc Nr. 6 Sp. 47–50. Zu dem vollständigen Zitat und der Darstellung dieses Gerichtes siehe ADALBERT (I) in der Prosopographie.

Inquisition ab, aufgrund deren Berichts er eine Bestätigungsurkunde ausstellte[1498].
KURZBIOGRAPHIE[1499]:
Über ihn ist sonst nichts Weiteres bekannt[1500].

GUNDERICUS (Gundericus)
Missus (761)

TÄTIGKEIT ALS KÖNIGSBOTE:
Um 761: *missus* Pippins des Jüngeren in Rom mit ANDREAS (I) (= KRAUSE II 7; vgl. auch II 6)

Zusammen mit ANDREAS wurde er zu Papst Paul I. geschickt, um ihn gegen die Langobarden zu unterstützen[1501].
KURZBIOGRAPHIE[1502]:
Über ihn ist nichts Weiteres bekannt.

GUNDWIN (Gunduinus)
Fidelis (852?/859–860)

TÄTIGKEIT ALS KÖNIGSBOTE:
859–860: *missus* Lothars II. in Burgund (in den Grafschaften Portois und Bassigny) (= KRAUSE II 116)

Ein gewisser Witgar erhob Beschwerde gegen die aufgrund des Untersuchungsberichts eines Grafen Succardus[1503] vollzogene Restitution von Gütern an die Kirche von Lyon. Nach der Beratung mit Karl dem Kahlen und Karl von der Provence in Gondreville beauftragte Lothar II. einen *fidelis* GUNDWIN mit der örtlichen Inquisition und mit der Objektbeschreibung, deren Ergebnisse er beim Herrschertreffen in Koblenz vorlegen sollte. Aufgrund von GUND-

1498) D Arnulf. 23 (vor 751. 9. 23. – 10. 22., vielleicht vor 6. 20.) S. 51–51, hier S. 52 f. Siehe CHLODIO in der Prosopographie.

1499) Literatur: HAHN, Jahrbücher des fränkischen Reichs 741–752 S. 120; HENNEBICQUE-LE JAN, Prosopographica S. 267.

1500) In der Zeugenliste einer unechten Urkunde Pippins mit der angeblichen Datierung vom Juni 753, die wahrscheinlich Anfang des 9. Jahrhunderts gefälscht wurde, findet sich der Name Uuichingus erwähnt. D PdJ 32 (unecht), hier S. 45.

1501) Jaffé³ 4156 (nach April 760); Cod. Carol. Nr. 20, hier S. 522 und Jaffé³ 4163 (761); Cod. Carol. Nr. 21, hier S. 522 und 524. Siehe den Text bei ANDREAS (I) in der Prosopographie.

1502) Literatur: HACK, Codex Carolinus 2 S. 1005.

1503) Krause zählt ihn als *missus* (II 115), obwohl er keinen Missus-Titel hatte.

WINs Bericht fiel die Entscheidung zugunsten der Lyoner Kirche aus[1504].

KURZBIOGRAPHIE[1505]:

Nach dem Herausgeber der Urkunde, Theodor Schieffer, könnte GUNDWIN mit einem Lehnsinhaber Gundwin identisch sein, der in einer Urkunde Lothars I. von ca. 852 erwähnt ist[1506].

GUNFRID (Gunfridus)

Graf (838)

TÄTIGKEIT ALS KÖNIGSBOTE:

838, nach 4. 28.: *missus* Ludwigs des Frommen in St-Calais mit FULCO (III), FOLCRAD (I) und ARDUIN (= –)

GUNFRID gehörte zu den vier Missi, die nach der Verhandlung auf der Aachener Reichsversammlung vom 28. April 838 entsandt wurden, um Bischof Aldrich von Le Mans mit dem Kloster St-Calais zu investieren[1507].

KURZBIOGRAPHIE[1508]:

Unter den vier zusammenarbeitenden Missi scheint nur GUNFRID nicht an der Aachener Versammlung vom April 838 teilgenommen zu haben: Sein Name findet sich nicht in der Unterschriftenliste[1509]. Da zudem sein Herrschaftsgebiet unklar ist[1510], gibt es keine Anhalts-

1504) D Lo II. 15 ([860, nach Mai]), S. 406–408, hier S. 407: *Sursum enim ut rei veritas veracius elucidaretur et ambiguitas in hoc nulla maneret arreptoque consilio praefatorum regum obtimatumque nostrorum circumadstantium misimus Gunduinum fidelem nostrum per verediciores melioresque homines huiusce rei veritatem sub iure iurando investigaturum nec non utrarumque rerum qualitatem et quantitatem descripturum nobisque Confluentibus perlaturum ibique Witgarium regali auctoritate cum praecepto quem fuit confessus praesentaturum. Tandem vere missus noster imperata sibi complere fideliter accelerans iam dicto loco ad praesentiam nostram studuit remeare deferens hanc optutibus nostris rerum descriptionem.*

1505) Literatur: D Lo II. 15 S. 407.

1506) D Lo I. 124 S. 283–285, hier S. 285.

1507) Gesta Aldrici, Fragmente c. 6 S. 158. Siehe den Text bei ARDUIN in der Prosopographie.

1508) Literatur: DEPREUX, Prosopographie S. 227.

1509) Vgl. Gesta Aldrici, Fragmente c. 6, hier S. 160.

1510) HENNEBICQUE-LE JAN, Prosopographica S. 251, vermutet, dass er mit einem Graf Gunfridus identisch sei, der vor dem August 806 in Chartres tätig war. D KdG 204 ([Aachen,] 806. 8. 17.) S. 273. Aber wie Depreux bemerkt, ist der zeitliche Abstand von ca. 30 Jahren zu groß, um dieser Gleichsetzung einfach zuzustimmen.

punkte, die klären könnten, warum und wie er zum Missus für diese Angelegenheit ernannt wurde.

GUNTRAM (Guntramnus)
Graf (775–782)

TÄTIGKEIT ALS KÖNIGSBOTE:
782. 6. 6.: *missus* Karls des Großen in Schwanheim (Mittelrhein) mit RICHARD (I) (= KRAUSE II 17)

Nach einer Gerichtsverhandlung einschließlich der *inquisitio* vor dem König über die Zugehörigkeit von Schwanheim zu der von Karl an Lorsch geschenkten Villa Hurfeld (Fehlheim), kamen die beiden Missi GUNTRAM und RICHARD (I) zur Einweisung des betroffenen Besitzes Schwanheim dorthin. Man muss aber bemerken, dass Graf GUNTRAM bei der betreffenden Gerichtssitzung eine Gruppe der Zeugen führte[1511]. Graf Heimrich, der der anderen Gruppe der Zeugen vorstand, war Sohn des Grafen Cancor und gehörte damit zur Gründerfamilie des Klosters Lorsch, den Robertinern. Seine Besitzansprüche auf das Kloster waren ihm 772 durch das Hofgericht vor Karl dem Großen abgesprochen worden[1512]. Deswegen sieht die Forschung in dem Streit von 782 Heimrich als Führer der Partei gegen Lorsch an. Im Gegensatz dazu dürfte GUNTRAM, dem beim Hofgericht die *scabini* folgten, bei dieser Auseinandersetzung auf der Seite des Klosters gestanden haben. In diesem Sinn hatte GUNTRAMs

1511) Cod. Laures. 2 Nr. 228 S. 31: *In anno XIIII regni domni nostri gloriosissimi imperatoris Karoli magni, publico apud eundem principem habito placito, facta est inquisitio de Sueinheim, si per drictum deberet adtingere ad uillam Hurfeldo marcam, quam ipse dominus et semper nominandus Karolus dedit in elemosina ad partem sancti Nazarii. Hęc sunt nomina testium qui in ipso placito fuerunt, Heimiricus comes, filius domnę nostrę Willisuuindę [*zwei weitere Personen*]… Ibi fuerunt etiam domni regis Guntrammus et Heriradus cancellarius, et scavini, et testes quorum ista sunt nomina, Guntramnus comes, [*acht weitere Personen*], Rado, [*sechs weitere Personen*] Isti omnes attestati sunt, quod absque ulla ambiguitate per drictum in elemosina domni regis ad partem sancti Nazarii uilla Sueinheim cum omnibus adiacentiis suis attingere deberet, eo quod infra marcam Hurfeldun ipsa uilla Sueinheim sita est. Igitur in illo die lunę quem nos dicimus secundam feriam proximo qui fuit VIII idus iunii, uenerunt missi domni regis Richardus et Guntramnus comes in iam dictam uillam Sueinheim, cum prefatis scabinis, et testibus, et similiter omnes consona uoce sicut prius in primo placito dixerunt, ac sic precepto regali testificatio illorum confirmata est.*

1512) D KdG 65 (Herstal, vielleicht 772) S. 94 f.

Einsetzung als Missus eine symbolische Bedeutung in der regionalen Politik[1513].

KURZBIOGRAPHIE[1514]:

GUNTRAM ist 777 bei der Einweisung des Fuldaer Abtes STURMI in den von Karl dem Großen geschenkten Fiskus Hammelburg als *vassus dominicus* nachweisbar[1515]. Er war nördlich von Worms begütert[1516] und ist in den 770er und 780er Jahren mehrmals als Zeuge in mittelrheinischen Urkunden erwähnt[1517].

GUNZO (Gunzo)

Bischof von Worms (858–†872)

TÄTIGKEIT ALS KÖNIGSBOTE:

858, vor. 4. 29.: *missus* Ludwigs des Deutschen in Speyer (= KRAUSE II 195)

Auf Bitte des Bischofs Gebhard von Speyer schickte Ludwig GUNZO als Missus nach Speyer, um die Rechtmäßigkeit von Gütertransaktionen zu untersuchen und darüber Bericht zu erstatten[1518].

1513) Vgl. BM² 261a; HANNIG, Zentrale Kontrolle S. 28–33; INNES, State and society S. 180–185. Innes betont, dass die hier behandelte Urkunde zu den frühesten Belegen von *scabini* gehört.

1514) Literatur: HANNIG, Zentrale Kontrolle S. 30–33; INNES, State and society S. 114, 150 und 182–185.

1515) UB Fulda Nr. 83 (777. 10. 8.), hier S. 153. Obwohl HANNIG, Zentrale Kontrolle S. 30 Anm. 123, die Grafen Nithard und Heimo sowie einen Finnold und GUNTRAM als *missi* bezeichnet, findet sich in der Urkunde keine solche Bezeichnung.

1516) INNES, State and society S. 183 Anm. 57, führt die vier folgenden Traditionsnotizen bezüglich des Klosters Lorsch an: Cod. Laures. 2 Nr. 1561 (766. 4. 5.) S. 426 (in Oppenheim); Nr. 1650 (775. 9. 27.) S. 440 (in Dinenheim in der Edition, aber Dienheim?); Nr. 1732 (779/780) S. 453 (in Dinenheim/Dienheim); ebd. 3 Nr. 2803 (781. 7. 22.) S. 83 (in Dahlheim).

1517) Zuerst in Cod. Laures. 2 Nr. 860 (771. 9. 13.) 2 S. 252, zuletzt ebd. Nr. 256 (789. 1. 20. vom Herausgeber, aber von Innes auf 782 datiert) S. 48 (als *comes*). Siehe weitere Quellenangaben durch INNES, State and society S. 183 Anm. 57 (Fehlerhaft ist dagegen HANNIG, Zentrale Kontrolle S. 30 Anm. 123).

1518) D LdD 92 (Frankfurt, 858. 4. 29.) S. 133: *Nos ergo petitionem eius firmiter auribus nostris accomodantes misimus missum nostrum Gunzonem videlicet venerabilem episcopum partibus illis praecipientes, ut et ipsas res previderet, ubi vel in quo loco existerent vel qualiter fructifera essent, seu diligenter didiceret, utrum voluntas esset fratrum in illo domo persistentium ita agendi an non.*

KURZBIOGRAPHIE[1519]:
Zu seiner Person finden sich außer dieser Legation kaum Imformationen.

HAD / HATTO? (Had)

Graf (798)

TÄTIGKEIT ALS KÖNIGSBOTE:
798: *missus/legatus* Karls des Großen in Sachsen mit den Grafen RICHOLF, RORICH und GOTTSCHALK sowie GARICH und weiteren Anonymen (= KRAUSE I 17)

HAD war einer der Missi, die „zur Durchsetzung der Gerechtigkeit (*ad iustitias faciendas*)" von Sachsen aus über die Elbe geschickt wurden und dort infolge des Aufstandes der *Nordliudi* zu Tode kamen[1520].

KURZBIOGRAPHIE[1521]:
Über ihn ist nichts Weiteres bekannt.

HADABRANNUS* (Hadabrannus)

Missus? (856)

TÄTIGKEIT ALS KÖNIGSBOTE:
856. 7. 26. – 9. 1.: im Auftrag Karls des Kahlen in Neustrien und/oder Aquitanien mit BETTO (= –)

Gemeinsam mit BETTO* brachte er den Franken und Aquitaniern, die sich gegen Karl verschworen hatten, ein Dokument (*capitula*)[1522].

KURZBIOGRAPHIE[1523]:
Dieser in den Quellen ohne Titel erwähnte Mann ist nicht identifizierbar. Obwohl Janet L. Nelson ihn als Bischof Hildebrand von Séez[1524] identifiziert, fehlt dieser Auffassung eine konkrete Basis.

1519) Literatur: HANNIG, Zentrale Kontrolle S. 16; BIGOTT, Reichskirche S. 39.

1520) Epistolae variorum inde a morte Caroli Magni Nr. 2 (c. 815) S. 301; ARF a. 798 S. 102; Ann. q. d. Einhardi a. 798 S. 103. Siehe den Text bei GARICH in der Prosopographie.

1521) Literatur: ABEL/SIMSON 2 S. 143 f.

1522) MGH Capit. 2 Nr. 263 S. 283: *Ista capitula misit rex de Basiu per Hadabrannum et Bettonem.*

1523) Literatur: NELSON, Charles the Bald S. 183 mit Anm. 99.

1524) Fastes 2 S. 234.

HADEBOLD (Hadeboldus)

Missus (um 870)

TÄTIGKEIT ALS KÖNIGSBOTE:

Um 870: *missus* Karls des Kahlen im Westfrankenreich (zwischen der Seine und der Oise?) mit seinem Bruder HARDUIN (= KRAUSE I 161)

In einem Brief HINKMARs (I) von Reims an Graf HARDUIN sind HADEBOLD und sein Bruder als *missi regis in hoc regno* genannt[1525].

KURZBIOGRAPHIE:

Über seine Person ist nicht Weiteres bekannt[1526].

HAGAN (Haguno, Haganus)

Vasall (821–831)

TÄTIGKEIT ALS KÖNIGSBOTE:

*1) 821, vor 7. 16.: im Auftrag Ludwigs des Frommen im Engersgau/ Mittelrhein (= –)

Zur Untersuchung der Besitzlage in der *villa* Meinborn im Engersgau wurde HAGAN dorthin geschickt. Kaiser Ludwig restituierte in der Folge einem Fulquin urkundlich sein Eigengut[1527].

2) vor 831. 1. 18.: *missus* Ludwigs des Frommen im Königsforst *Columbarias* nahe dem Fiskus Barisis (= –)

Auf Klage seines *fidelis* Leo wegen des konfiszierten Waldes schickte er HAGAN zur Untersuchung[1528].

1525) HRE III c. 26 S. 340; SCHRÖRS Reg. 552. Siehe HARDUIN in der Prosopographie.

1526) Zu seiner Familie siehe HARDUIN in der Prosopographie.

1527) BM² 739; MrhUB Nr. 53, hier S. 60 = D LdF 196 (Aachen, 821. 7. 16.) S. 483 f., hier S. 484: *Idemque obnixe deprecatus est, ut in nostra aelemosina hoc inquirere iuberemus, utrum ita veritas esset an non. Nos vero eius peticioni propter divinum amorem rennuere noluimus, sed libuit nobis potius Hagunonem vasallum nostrum hanc rem investigare pręcipere. Qui nobis renuntians per omnia ita verum esse sicut dicebat, ob hoc placuit nobis, ut…*

1528) BM² 881; D LdF 293 (Aachen, 831. 1. 18.) S. 730 f., hier S. 731: *Cuius nos rei veritatem cupientes scire direximus missum nostrum Haganum vassallum, qui hanc causam in nostra elemosina investigasset et nobis renuntiasset. Qui iussionem nostram explens, sicut nobis renuntiavit, invenit per legem et iusticiam iamdictam silvam ad supradictam cellam legibus pertinere et per forciam exinde ablatam fuisse. Et dum nobis predictus vassallus ita renuntiaret, placuit serenitati nostre ob…* Ob der *fidelis* Leo mit dem Italiener LEO (I) identisch ist, wie DEPREUX, Pro-

KURZBIOGRAPHIE[1529]:
HAGAN war Vasall Ludwigs des Frommen: Bei den beiden Legationen wurde er als solcher bezeichnet. Depreux hält es für wahrscheinlich, dass HAGAN an der Reichsversammlung in Aachen im Februar 831 teilnahm, die kurz nach der Ausstellung der auf seinem Bericht beruhenden Urkunde Ludwigs stattfand.

HAIRARD (Airardus, Hairardus, Eirardus, Erardus)
Bischof von Lisieux (853)

TÄTIGKEIT ALS KÖNIGSBOTE:
853. 11.: *missus* Karls des Kahlen in Avranches, Coutances, Bayeux, Cotentin, *Otlingua Saxonia* und ARDUINs Grafschaft, Eu sowie Lisieux mit THEODERICUS (I), HERLOIN (II) und ARDUIN (= KRAUSE I 143)

HAIRARD war einer der Missi im Missaticum am Cotentin. Sein Bistum war ein Teil dieses Missaticums[1530].

KURZBIOGRAPHIE[1531]:
HAIRARD nahm an mehreren westfränkischen Synoden teil: Soissons (April 853), Verberie (August 853), Bonneuil (August 855), Savonnières (Juni 859), Pîtres (Juni 861), Soissons (wahrscheinlich schon in Pîtres, Juni 862) und Ponthion (Juni 876)[1532].

HAITO (Haito, Hatto, Heito, Haido, Hetdo, Hetto, Hitto)
Bischof von Basel, Abt von Reichenau (763–823, †836. 3. 17.)

TÄTIGKEIT ALS KÖNIGSBOTE:
1) 811: *legatus* Karls des Großen nach Konstantinopel mit HUGO (I) und AIO (= –)

---

sopographie, 295 f., für wahrscheinlich hält, lasse ich offen. Vgl. CASTAGNETTI, Il conte Leone S. 37.

1529) Literatur: DEPREUX, Prosopographie S. 229.

1530) MGH Capit. 2 Nr. 260 S. 275. Siehe den Text bei ARDUIN in der Prosopographie.

1531) Literatur: Fastes 2 S. 237; NELSON, Charles the Bald S. 326 f.

1532) MGH Conc. 3 Nr. 27 (Soissons, 853. 4.) S. 278 und 292; Nr. 31 (Verberie, 853. 8.) S. 304 und 306; Nr. 34 (Bonneuil, 855. 8.) S. 370; Nr. 47 (Savonnières, 859. 6.) S. 463 und 469; MGH Conc. 4 Nr. 6 (Pîtres, 861. 6.) S. 55; Nr. 10 (Pîtres–Soissons, 862. 6.) S. 113 und 117; Nr. 29 (Verberie, 869. 4.) S. 335; MGH Conc. 5 Nr. 6 (Ponthion, 876. 6.) S. 47 f., 50 und 56.

Als diplomatischer Gesandter reiste er mit HUGO (I) und AIO nach Konstantinopel[1533]. Über die Reise schrieb er für Karl einen Bericht, der heute verloren ist[1534].
2) 820, vor 4. 28.: *missus* Ludwigs des Frommen in Spoleto mit ANSEGIS und GEROLD (II) (= KRAUSE I 78 = II 73)
Während HAITO zusammen mit ANSEGIS von Fontenelle und Graf GEROLD (II) als kaiserlicher *missus* im Dukat Spoleto tätig war, beauftragte der Kaiser sie zusätzlich mit der Beilegung des Konfliktes zwischen dem Bischof Sigualdus von Spoleto und dem Abt Ingoald von Farfa[1535].
KURZBIOGRAPHIE[1536]:
Er wurde als Sohn einer adligen schwäbischen Familie 763/764 geboren und trat um 768/769 ins Kloster Reichenau ein. Im Dezember 805 ist er als Bischof von Basel nachweisbar[1537]. Um 805/806 nahm er zusammen mit dem alemannischen Grafen Hitto 10 Westfalen als Geiseln auf[1538]. Er trug mit seinem im Auftrag des Kaisers verfassten Gutachten über die *filioque*-Frage zur Aachener Synode von 809 bei[1539].

1533) ARF a. 811 S. 133 f.; Notker, II, 6 S. 55–57. Das vollständige Zitat findet sich bei AIO in der Prosopographie. Außerdem: Ann. Alam., a. 811 S. 146: *hatto episcopus super mare transivit*.

1534) WATTENBACH-LEVISON, VI S. 777 mit Anm. 415 u. S. 799 mit Anm. 488. In der Visio Wettini beschrieb Walahfrid Strabo die Reise seines Lehrers. HAITO nahm seinen Schüler Erbald (Erlebald) mit nach Konstantinopel, der später sein Nachfolger als Abt der Reichenau wurde. Visio Wettini Walahfridi S. 72, 74, Z. 71–77: *Dirigiturque maris trans aequora vasta profundi / Graecorum ad proceres, scopulisque illisa carina / Fudit onus cunctumque virum, sed praesul ab undis / Seque suosque manum domino praebente recepit. / Nulla maris post haec rabidi discrimina passus, / Sed potius recto cursu fatisque secundis / Argivum responsa rato tulit ordine Francis*; ebd. S. 76 Z. 136–138: ... *[i.e. Erbaldum] secumque vehit per terga liquentum / Camporum, fluctusque secant Argosque penetrant, / Diximus ut supra, redeuntque Augense sub antrum*. Zu Erlebald vgl. BEGRICH, Reichenau S. 1071.

1535) BM² 719; Reg. Farfa 2 Nr. 265 (= Doc. 247) S. 204 f. = D LdF 180 (Aachen, 820. 4. 28.) S. 445–447, hier S. 446 f. Siehe ANSEGIS in der Prosopographie.

1536) Literatur: BRUCKNER et al., Die Bischöfe von Basel S. 165; BEGRICH, Reichenau S. 1070; DEPREUX, Prosopographie S. 234 f.

1537) BRUCKNER, ebd., stellt eine Hypothese auf, dass er schon seit 802 „Hilfsbischof" von Basel bei seinem Vorgänger Waldo gewesen sei.

1538) MGH Capit. 1 Nr. 115, hier S. 233; BM² 410; KOSTO, Hostages S. 142–144.

1539) MGH Conc. 2, Suppl. 2 S. 213–215 und 385–395.

811 war er einer der Zeugen des Testaments Karls des Großen[1540]. Um 823 trat er von seinen Ämtern zurück[1541] und starb am 17. März 836[1542].

HALABOLD (Halaboltus)

Abt (801)

TÄTIGKEIT ALS KÖNIGSBOTE:

801. 5. 11.: *missus* Pippins von Italien (in Classicella?) (= KRAUSE II 37)

Im Auftrag des Königs Pippin von Italien wurde Abt HALABOLD zur Revestitur einer Zelle S. Pietro zu Classicella zum Kloster Farfa geschickt[1543].

KURZBIOGRAPHIE[1544]:

Über HALABOLD ist nichts Weiteres bekannt. Einem italienischen Kloster kann er nicht zugeordnet werden.

HALITGAR* (Halitgarius, Alitgarius)

Bischof von Cambrai (822–†830)

TÄTIGKEIT ALS KÖNIGSBOTE:

*828: im Auftrag Ludwigs des Frommen nach Konstantinopel mit ANSFRID (= –)

HALITGAR* und ANSFRID* wurden aus einem unbekannten Grund nach Konstantinopel geschickt[1545]. Den Gesta episcoporum

---

1540) Vita Karoli S. 84.

1541) Hierzu DEPREUX, Prosopographie S. 234 mit Anm. 7. Vgl. Visio Wettini Walahfridi S. 76 Z. 139 f. und S. 78 Z. 163 f.

1542) DEPREUX, Prosopographie S. 234 Anm. 8 und 9.

1543) Reg. Farfa 2 Nr. 182 (= Doc. 166 [801. 5. 11.]) S. 138 f.: *Notitia memoratorii breuis, in quorum praesentiam reuestiuit Halabolt abbas et missus domni Pipini regis, per illius excellentissimi regis iussionem, partem monasterii sanctae Mariae de cella sancti Petri, quae est constituta in loco qui nuncupatur Classicella, unde altercationem habuerunt contra partem monasterii homines Brisciae constricti, idest Theufrit aduocatum de sancto monasterio, una cum aliis aduocatis. Et sic postea misericordia motus ipse piissimus domnus rex direxit praedictum Halabold abbatem et missum suum, qui ipsam cellam sancti Petri in Classicella ad partem monasterii retraderet per eius iussionem.* Vgl. COSTAMBEYS, Power and patronage S. 109 f.

1544) Literatur: HLAWITSCHKA, Franken S. 28 Anm. 20.

1545) ARF a. 828 S. 174; Astronomus c. 42 S. 444. Das vollständige Zitat findet sich bei ANSFRID* in der Prosopographie.

Cameracensium zufolge brachte HALITGAR* viele Reliquien aus Konstantinopel mit[1546].

KURZBIOGRAPHIE[1547]:

Im Dezember 825 überbrachte HALITGAR* als Vertreter der Pariser Synode zusammen mit AMALAR dem Kaiser ein synodales Gutachten über die Bilderfrage[1548]. HALITGAR* ist auch bekannt als Verfasser eines Bußbuchs, das er um 830 auf Bitte des Reimser Erzbischofs EBBO anfertigte und diesem widmete[1549]. Angesichts dieser Beziehung zu EBBO kann man einen *Halitgarius religiosus minister*, der Ende 822 oder Anfang 823 im Auftrag des Papstes Paschalis mit EBBO zur Evangelisierung in den Norden geschickt wurde, mit dem späteren Bischof von Cambrai identifizieren[1550]. Er nahm an der Pariser Synode von 829 teil[1551]. Das später verfasste Chronicon Vedastinum datiert seinen Tod auf 830[1552].

1546) Gesta episcoporum Cameracensium c. 42 S. 416. Zu diesem späteren Text, der zwischen 1024–1179 entstand, vgl. Gesta episcoporum Cameracensium, in: Rep. Geschichtsquellen (http://www.geschichtsquellen.de/repOpus_02449.html [14. August 2020]).

1547) Literatur: Fastes 3 S. 112 f.; DEPREUX, Prosopographie S. 230 f.

1548) MGH Conc. 2,2 Nr. 44 B (Libellus synodalis Parisiensis), hier S. 483; ebd. Nr. 44 C (Hludowici et Hlotharii imperatorum epistola ad Hieremiam Senonensem archiepiscopum et Ionam Aurelianensem episcopum directa), hier S. 533. Dazu vgl. BM² 818; HARTMANN, Die Synoden S. 168–171.

1549) Ad epistolas variorum supplementum Nr. 2, I (von EBBO an HALITGAR*) und II (von HALITGAR* an EBBO, also Widmungsbrief), in: MGH Epp. 5 S. 617 = HRE II c. 19 S. 177 f. Vgl. KOTTJE, Die Bussbücher Halitgars. Zum Buch VI des *Paenitentiale Halitgarii* vgl. KÖRNTGEN, Studien S. 87 ff. Den Versuch Wilfried Hartmanns, dem Bischof HALITGAR* vier Kapitellisten, die anonym überliefert und jeweils als Bestimmungen einer Diözesansynode angesehen sind, zuzuschreiben, lehnt Rudolf Pokorny ab, der diese vier Texte als Capitula Neustrica I–IV ediert. HARTMANN, Neue Texte; MGH Capit. episc. 3, hrsg. v. POKORNY S. 48–73, hier bes. S. 63 f.

1550) Epistolae selectae pontificum Romanorum Nr. 11, in: MGH Epp. 5 S. 68–70, hier S. 70. Zur Datierung vgl. Jaffé³ 5060 (Ende 822/Anfang 823). Siehe EBBO in der Prosopographie.

1551) Cart. gén. Paris Nr. 35, hier S. 50 f. (= MGH Conc. 2,2 S. 605 f.).

1552) Chronicon Vedastinum, a. 830 S. 708. Zu dieser Chronik vgl. Chronicon Vedastinum, in: Rep. Geschichtsquellen (http://www.geschichtsquellen.de/repOpus_01212.html [14. August 2020]).

HARDUIN (Harduinus, Hardoinus)

Graf (863–870)

TÄTIGKEIT ALS KÖNIGSBOTE:

Um 870: *missus* Karls des Kahlen im Westfrankenreich (zwischen der Seine und der Oise?) mit seinem Bruder HADEBOLD (= KRAUSE I 161)

In einem Brief HINKMARs (I) von Reims an Graf HARDUIN sind die beiden Brüder als *missi regis in hoc regno* benannt, wobei die genaue Ortsidentifizierung ihres Missatsgebiets nicht möglich ist. HINKMAR (I) ermahnte sie, das verbrecherische Gefolge eines Wipert zu verfolgen und bestrafen. Er forderte außerdem ein Gespräch mit einem gewissen königlichen *fidelis* Gangulf, der den Übeltätern Unterschlupf gewährte, und bezüglich der Vorwürfe am Hof weitere Kommunikation mit HINKMAR (I) selbst[1553].

KURZBIOGRAPHIE[1554]:

HARDUIN wird in der Forschung als Sohn ARDUINs identifiziert, denn zum einen hat er den fast gleichen Namen, zum anderen wurde HARDUIN 870 zusammen mit ARDUINs Sohn Odo und Bischof Odo von Beauvais zum Hof Ludwigs des Deutschen geschickt[1555]. Damit wird auch HADEBOLD dieser Familie zugeordnet. Asgard, die Gemahlin Ludwigs des Stammlers, hatte also drei nachweisbare Brüder, Odo, HARDUIN und HADEBOLD[1556].

1553) HRE III c. 26 S. 340: (SCHRÖRS Reg. 552) *Item [Harduino comiti] pro quibusdam malefactoribus hominibus cuiusdam Wiperti, qui rapinas, incendia et homicidia et alia mala faciebant, conmonens eundem Harduinum, ut cum fratre suo Hadeboldo decertet, quatinus hec mala legibus emendentur et cessent, ne ipsi, qui missi erant regis in hoc regno, pro talibus offensam illius incurrant. Quod ipse quoque certaret agere, nisi corporali detineretur infirmitate. Insuper et cum Gangulfo, regis fideli, loquatur, qui hos malefactores recipere ferebatur, et ostenderet illi, quantum periculum suum in eos recipiendo faceret admonens, ut a talibus deinceps se custodiret.* (SCHRÖRS Reg. 553) *Item de his, quibus significaverat se accusatum apud regem, et quia non expresse litteris eandem intimaverat accusationem, mandat, ut ad se missum fidelem et rationabilem dirigat et per quem rei veritatem diligentius agnoscere possit et ei verum consilium dare et ipsum inde pro viribus adiuvare*. Vgl. DEVISSE, Hincmar S. 886.

1554) Literatur: KIENAST, Vasallität S. 371 Anm. 1295; NELSON, AB S. 100 Anm. 13 und S. 167 Anm. 9; MGH Epp. 8,2 Nr. 302 S. 416 Anm. 1.

1555) AB a. 870 S. 171; LEVILLAIN, Essai sur le comte Eude S. 173 f. Siehe ARDUIN in der Prosopographie.

1556) Zu Asgard/Ansgard vgl. SETTIPANI, La préhistoire S. 315 f.

HARDUINs politische Tätigkeit ist schon 863 belegt, als er beim Hofgericht den Beisitz hatte[1557]. Ende 870 oder Anfang 871 schrieb HINKMAR (I) von Reims einen weiteren Brief an ihn wegen des Aufstandes von Karlmann, dem Sohn Karls des Kahlen[1558].

HAROINUS (Haroinus, Haruinus, Ardionus, Aroin, Aroinus, Aruinus)

fidelis, dann Graf/*dux* (781–798/800)

TÄTIGKEIT ALS KÖNIGSBOTE:

1) 787–788: *missus* Karls des Großen nach Rom (= – [oder II 23 als anonyme *missi*?])

In einem Brief des Papstes Hadrian an Karl ist HAROINUS als königlicher Missus bezeichnet. Er sollte dem fränkischen König Briefe bringen und über die Situation in Benevent, besonders bezüglich der Rückkehr von Adelchis, berichten[1559]. Der eigentliche Zweck seiner Legation ist in einem wenig später verfassten Brief Hadrians rückblickend erklärt: nämlich die Vollziehung der *donatio* der Gegenden von Populonia und Roselle sowie der Städte im Gebiet von Benevent[1560]: Hadrian hatte Karl um die Aussendung seiner *idonei missi* zu diesem Zweck gebeten[1561]. Daneben ist bekannt, dass HAROINUS zusammen mit einem Brief Karls an Hadrian noch zwei Pferde als Geschenk mitbrachte[1562]. Bei dieser Legation wurde er in den päpstlichen Briefen bald als *comes*, bald als *dux* bezeichnet.

1557) D KdK Nr. 258 (Verberie, 863. 10. 29.), 2 S. 85. Kurz danach unterschrieb er auch in Verberie die Urkunde für Wenilo von Rouen. Ebd. Nr. 259 (Verberie, 863. 11. 4.)r S. 89.

1558) HRE III c. 26 S. 340 [Ende 870] (= SCHRÖRS Reg. Nr. 295 [Ende 870]). Schieffer datiert diesen Brief auf den Januar 871: MGH Epp. 8,2 Nr. 302 S. 416.

1559) Jaffé³ 4539 (788, gegen April); Cod. Carol. Nr. 80, hier S. 612: *Nos vero nuper, quod de ipso protervo Athalchiso audivimus, per fidelissimum missum vestrum Aruinum comitem vobis intimare non obmisimus...*

1560) Jaffé³ 4547 (788); Cod. Carol. Nr. 84, hier S. 620: *Repperimus quidem in ipsis vestris apicibus embolim: quia de civitatibus partibus Beneventanis, quibus beato Petro apostolo et nobis devota obtulistis mentae, de Rosellas, de Populonio Aruino duci iussistis, qualiter cum ceteris fidelibus vestris missis ita omnia complere debeant, sicut Deo placeat et beato Petro apostolo et nobis; propterea in his pro vestra benivola excellentia non sinimus divinam exorare clementiam.*

1561) Cod. Carol. Nr. 79 S. 611; BERTOLINI, Carlomagno e Benevento S. 637.

1562) Eines der Pferde war allerdings auf der Reise gestorben. Jaffé³ 4533 (787); Cod. Carol. Nr. 81 S. 614: *Prę̨fulgidos atque nectareos regalis potentiae vestrae per*

2) 798. 5.: *missus* Karls des Großen in Spoleto mit MANCIO und ISEMBARD (I) (= KRAUSE I 16)

HAROINUS war als einer der Vorsitzenden bei einer Gerichtsversammlung, auf der ein Streit zwischen WINIGIS (I) von Spoleto und dem Kloster Farfa beigelegt wurde, beteiligt[1563]. Da WINIGIS (I) hier zuerst als Beisitzender bezeichnet ist, dürften die drei Missi nicht nur für diese Angelegenheit, sondern allgemein für Angelegenheiten in Spoleto ausgeschickt worden sein. Interessant ist auch, dass die Missi nicht gemeinsam, sondern nur WINIGIS (I) die Untersuchung durchführte, obwohl seine *homines* eine am Prozess beteiligte Partei waren.

Aruinum ducem suscepimus apices [...] Suscepimus enim per eundem Haruinum equum utilem unum a vobis directum; alius autem, qui cum ipso directus est, defectus in ipso itinere mortuus est. Unde ob vestram memoriam maximas referuimus grates.

1563) MANARESI Nr. 10 (798. 5.) S. 29 f.: *Dum in Dei nomine resedissemus nos Mancio abbas, Haroinus et Hisembard missi domni regis civitate Spoletana in palatio ad singulorum hominum audiendas vel deliberandas intentiones, ubi nobiscum aderant Guinichis dux, Stabilis notarius, Radoin de Placentia, Hilpidius, Tribunus et Magio castaldii, Grisio et Maximus sculdahis, ibique venit Iohannes monachus monasterii sanctę Dei genitricis Marię [...] una cum Hilderico castaldio advocato ipsius monasterii, et retulit nobis quod, homines suprascripti Guinichis ducis contenderent piscarias iam dicti monasterii, quas habet per singula loca ducatus Spoletani, et retia ipsius monasterii rupissent et pisces tulissent et homines eius vapulassent. Dum ipsi nobis talia retulissent, diximus eidem Guinichis duci ut eis exinde daret responsum. Qui dixit: „Certissime ego piscarias vestras nunquam contempsi nec contemnere mandavi; sed si hoc factum est, sine mea voluntate factum est et nesciente me. Et ego vobis exinde facio iustitiam“. Dum ipse Guinichis dux nobis talia dixisset, diximus ut causam ipsam inquireret et ad placitum venisset ad eis iustitiam faciendam. Cum talia ei dixissemus, affatus est ipse Guinichis dux: „Certissime verum est, sicut iste Hildericus dicit, quia homines mei ipsas piscarias contempserunt, sed, ut dixi, non per meum commandatum, nec per meam voluntatem. Ego volo exinde ad partem monasterii iustitiam facere sicut michi iudicatis“. Dum autem ipse Guinichis nobis talia retulisset, iussimus, ut eundem Iohannem monachum et Hildericum de ipsis piscariis ad partem iam dicti monasterii revestiret, sicut et factum est. Insuper fecimus eos dare guadiam de compositione iuxta legem pro eo quod homines eius ibi vapulati fuissent et retia rupta vel pisces ablati. Et finita est causa. [...] Ego in Christi nomine Mancio acsi indignus abbas missus domni regis Karoli interfui. Signum manus Haroini missi domni regis, qui interfuit. Signum manus Hisembardi, qui his actis interfuit.* Zu dieser Sitzung vgl. TAURINO, Osservazioni S. 79 f.

3) 774–800: *missus* Karls des Großen in Norditalien (Turin oder Novalesa?) mit WIBERT (KRAUSE I 20 zum Jahr 799)

In einem ungewissen Jahr vor der Kaiserkrönung Karls[1564] hielten WIBERT und HAROINUS als königliche Missi Gericht, wobei die Freiheit der Leute von Oulx verhandelt wurde[1565].

KURZBIOGRAPHIE[1566]:

Die erste Erwähnung des HAROINUS in den Quellen findet sich in der Urkunde Karls des Großen vom 16. Dezember 781, die aufgrund der Entscheidung des Königsgerichts in Quierzy ausgestellt wurde. Unter den anwesenden königlichen *fideles* kann man den Namen *Aroinus* finden[1567]. Den Grafentitel führte HAROINUS zuerst bei der Legation 1, wobei sein Herrschaftsgebiet unbekannt bleibt. Jedenfalls musste er anlässlich der Legation 1 zwischen dem fränkischen Königshof und Rom pendeln. Nach François Bougard sei „sans doute“ Graf Aroin von Piacenza mit unserem HARUINUS identisch[1568]. Wenn diese Identifikation richtig wäre, hätte HARUINUS spätestens vor der Legation 2 seine Grafschaft in Italien erworben, da Aroin in einer Placentiner Urkunde vom 6. Juli 791[1569] als *comes* nachweisbar ist[1570]. Die Identität von HARUINUS und Aroin wird, nach Bougard, dadurch untermauert, dass ein Scabinus von Piacenza namens

1564) Die Anwesenheit des Bischofs Andreas von Turin macht leider eine präzisere Datierung nicht möglich. Vgl. SAVIO, Gli antichi vescovi 1 S. 300 f.

1565) MANARESI, Dep. Nr. 14 S. 594, erwähnt in: MANARESI Nr. 37 (827. 5.), hier S. 116 f.: *Et continebat in priori iudicato quod Hunno cum Adam et Dondone monacos de prefato monasterio (sc. Novalesa) iudicium abuerunt [...] presentia Vuibertus(!) et Ardioni missis(!) domni Caroli regis et domnus Andreas episcopus, etiam scavinis eorum [*sechs Personen*] et ibidem ostenderunt ipsis pernominatis(!) homines cartola libertatis, quam dominus eorum Dionisius, qui fuit genitor Unnoni, in eos emisiset, et ipse Hunno cum ipsos monachos ipsa cartola per testimonia de treginta annorum tacita fecisset, et ipsi per treginta annis eidem Dionisius vel eidem Hunnoni servitio fecissent sub conditionem.* Vgl. BOUGARD, La justice S. 407 (Deperd. Nr. 83).

1566) Literatur: ABEL/SIMSON 1 S. 611 und 636 f.; HLAWITSCHKA, Franken S. 27 f. Anm. 20; HANNIG, Pauperiores vassi S. 324; BOUGARD, Gandolfinigi S. 14 f.; HACK, Codex Carolinus 2 S. 991 f.

1567) D KdG 138 S. 188 f.

1568) BOUGARD, Gandolfinigi S. 14 f.

1569) BOUGARD, Gandolfinigi S. 14, schreibt irrtümlich die Jahreszahl 799.

1570) Urk. Piacenza Nr. 3 S. 32–34.

Radoin bei der Gerichtssitzung von 798 in Spoleto anwesend war[1571], der HARUINUS bei seiner Legation begleitet haben dürfte. Anders als seine Kollegen MANCIO und ISEMBARD hatte HARUINUS also bei der Legation von 798 nach Spoleto schon seine Machtbasis in Italien. Hlawitschka weist außerdem darauf hin, dass der *Haroinus* der Legationen 1 und 2 mit dem *Ardionus* der Legation 3 identisch ist.

HARTMANN (Ardemannus, Artmannus, Hartdemannus, Hartmannus)

Graf (807–820)

TÄTIGKEIT ALS KÖNIGSBOTE:

1) 807. 2. 22.: *missus* Karls des Großen und Pippins von Italien in Rieti mit GAIDUALDUS (= KRAUSE I 49)

Auf einer missatischen Gerichtsversammlung in Rieti wurde ein Streit zwischen dem Kloster Farfa und dessen Gegnern verhandelt. Am Anfang der Urkunde ist von der doppelten Beauftragung durch Karl den Großen und seinen Sohn Pippin die Rede[1572].

2) 817, vor 11. 20.: *missus* Ludwigs des Frommen in Tournai mit IRMINO und INGOBERT (= KRAUSE II 67)

Bevor Ludwig dem Bischof Wendilmar von Tournai Fiskalland zur Erweiterung seiner Kanonikergemeinschaft schenkte, beauftragte er seine Missi mit der Ausmessung des betroffenen Besitzes[1573].

3) 820, vor 4. 27.: *missus* Ludwig des Frommen in Piacenza mit ADALOCH (= KRAUSE I 77 = II 72)

1571) *Radoin de Placentia* findet sich unter den Beisitzern. MANARESI Nr. 10, hier S. 29. *Radoin scavinus de Placentia* hatte bei den zwei Gerichtssitzungen des italischen Pfalzgrafen Evrard in Spoleto den Beisitz. MANARESI Nr. 11 (801. 8.) und 12 (801. 8.) S. 36–40. Zu Radoin vgl. auch BOUGARD, La justice S. 362.

1572) MANARESI Nr. 21 (Rieti, 807. 2. 22.) S. 68–70. Das vollständige Zitat findet sich bei GAIDUALDUS in der Prosopographie.

1573) BM² 658; D LdF 134 (Aachen, 817. 11. 20.) S. 343–345, hier S. 344: *Nos itaque ad hoc previdendum et inspiciendum Irminonem venerabilem abbatem et Ingobertum et Hartmannum missos nostros direximus, qui hoc pręviderent iuxta quod necessitas ad eandem claustram faciendam exigebat de fisco nostro ex nostra auctoritate ei consignarent, quod ita et fecerunt... Quapropter volumus atque iubemus, ut per hanc nostram auctoritatem nostris videlicet et futuris temporibus prędicte terre secundum dimensionem et collaterationem a missis nostris dispositam predictus Wendilmarus episcopus [...] in nostra elemosina concessas habeant...* Vgl. dazu SEMMLER, Kanoniker S. 73 f.

Ludwig beauftragte ADALOCH von Straßburg und HARTMANN mit einer Inquisition bezüglich der Restituierung des Klosters Gravago an die Kirche von Piacenza[1574]. Philippe Depreux vermutet, dass die beiden Missi schon früher[1575] in Italien gewesen seien[1576].

KURZBIOGRAPHIE[1577]:

Ich folge der Auffassung von Eduard Hlawitschka und Depreux, dass *Ardemannus* der Legationen 1 und 3 und *Hartmannus* der Legation 2 identisch sind. Als Graf ist HARTMANN seit 815 belegt: Ludwig der Fromme bestätigte auf seine Bitte durch eine Urkunde vom 23. März 815 die Vereinbarung zwischen dem Kloster Gorze und Graf HARTMANN, sodass er die dem Kloster geschenkten Güter im Pagus Scarponnais zur lebenslangen Nutznießung erhalten konnte[1578]. Das bedeutet, dass HARTMANN in Lothringen begütert war, aber auch, dass HARTMANN bei seinen drei Legationen immer als ortsfremde Person die herrscherlichen Aufträge ausführte.

HARTUNI (Hartuni)

Missus (815?)

TÄTIGKEIT ALS KÖNIGSBOTE:

815?: *missus* eines Herrschers (Ludwigs des Frommen?) in Unter- oder Oberkienberg in der Gegend von Freising (= –)

1574) BM² 715; D LdF 176 (Aachen, 820. 4. 27.) S. 436–438, hier S. 437. Siehe den Text bei ADALOCH in der Prosopographie.

1575) Gemeint ist wahrscheinlich die Legation von 819. Vgl. MGH Capit. 1. Nr. 137–141; D LdF 176 (Aachen, 820. 4. 27.) S. 437 und oben Kapitel 2, § 2, 1, iv, zur Legation 818/819.

1576) DEPREUX, Prosopographie S. 232.

1577) Literatur: HLAWITSCHKA, Franken S. 29 Anm. 20; DEPREUX, Prosopographie S. 231 f.

1578) BM² 579; Cart. Gorze Nr. 45 S. 81–83 = D LdF 60 (Aachen, 815. 3. 23.) S. 151–153. Deswegen ist nicht sicher, bzw. eher unwahrscheinlich, dass ein *advocatus Hartmannus* des Klosters Murbach, der 835 in einer Tauschurkunde immer ohne Grafentitel erwähnt ist, mit HARTMANN identisch ist, zumal der Tausch der Hörigen mit Erlaubnis des Kaisers an einem *palatio regio* Illzach (Mülhausen) durchgeführt wurde. Alsatia diplomatica 1 Nr. 94 (835. 3. 23.) S. 76; Reg. Alsatiae Nr. 498 S. 313 f. Vgl. DEPREUX, Prosopographie S. 232 („Il n'est pas impossible, mais plus improbable"). Dieser *advocatus Hartmannus* ist nicht erwähnt in einer kurz danach ausgestellten Urkunde, mit der Ludwig der Deutsche im Mai 835 den Tauschvertrag zwischen dem Abt Sigimar von Murbach und einem Hagilo bestätigte. D LdD 16 (Sierenz, 835. 5. 30.) S. 19 f.

Als Bischof Hanto von Augsburg und sein Vogt anlässlich der Reichsversammlung in Paderborn eine Kirche in (Unter- oder Ober-) Kienberg für seine bischöfliche Kirche beanspruchten, gab sie ihm ein nicht zu identifizierender Adalhald zurück. Dabei wurde HARTUNI als *missus dominicus* mit der Einweisung vor Ort beauftragt[1579].
KURZBIOGRAPHIE[1580]:
Philippe Depreux weist darauf hin, dass ein oder mehrere *Hartuni* zwischen 816 und 824 in der Gegend von Freising als Zeuge tätig war(en)[1581], obgleich dessen/deren Identität mit HARTUNI offen bleibt.

HATTO (Hatto)
Graf (819–824)

TÄTIGKEIT ALS KÖNIGSBOTE:
1) 822. 4. 14.: *missus* Ludwigs des Frommen in Föhring mit KISALHARD (= KRAUSE I 83)

Auf der Gerichtsversammlung der Missi KISALHARD und HATTO wurde ein Rechtsfall zwischen dem Bischof Hitto von Freising und einem gewissen *Adaluni* verhandelt. Es handelte sich dabei um die Kirche in Hinterholzhausen. Die beiden Missi leiteten das Inquisitionsverfahren ein[1582].

1579) Trad. Freising Nr. 475 (Allershausen, 822. 8. 31.), hier S. 406: *Inde vero pręnominatus Anthugi dixit Hantonem cum suo defensore ipsam ecclesiam cum omnibus ad ipsum locum accedentibus in palatio habito ad Phadarprunnin in Adalhardo evindicasse ad episcopatum Augustę civitatis ad sanctam Mariam et ut ibidem Adalhardus hoc ipsud reddidisset necnon et missus dominicus nomine Hartuni ipsius rei revestisset Hantonem.* Reg. Augsburg Nr. 25 S. 32. Dies ist die Vorgeschichte des Streitfalls, der auf der 822 von HATTO abgehaltenen Gerichtssitzung behandelt wurde. Siehe HATTO in der Prosopographie. Vgl. HAMMER, From Ducatus to Regnum S. 305–325.

1580) Literatur: DEPREUX, Prosopographie S. 418 mit Anm. 135.

1581) Trad. Freising Nr. 355 (816. 2. 13.) S. 304 und Nr. 509 (Freising, 824. 7. 19.), hier S. 435.

1582) Trad. Freising Nr. 466 (Föhring, 822. 4. 14.) S. 398–400: *Cum sedisset Hitto videlicet et Baturicus episcopi, Hatto et Kaisalhardus missi dominici in publico placito in loco qui vulgo dicitur Pheringa ibique multorum advenientium causas recte terminandas ibique Hitto episcopus et defensor eius Engilhart interpellabant quidam hominem nomine Adaluni pro ecclesiam ad Holzhusun quam ab antiquis temporibus praedecessores Hittoni (!) episcopi potestative in episcopatum sanctae Marię habuerunt et suis iunioribus in beneficium prestiterunt pariterque et praedictus venerabilis Hitto episcopus potestative habuit et beneficiavit Deotperhto*

2) 822. 8. 31.: *missus* Ludwigs des Frommen in Allershausen (= KRAUSE I 82)

Als *missus dominicus* saß er zusammen mit den Bischöfen Hitto von Freising, Baturich von Regensburg und Nidker von Augsburg sowie KISALHARD, der vor vier Monaten sein Missatskollege gewesen war, aber diesmal nur als *publicus judex* bezeichnet wurde, einer Gerichtsversammlung in Allershausen vor, die den Streit zwischen den Bischöfen von Freising und Augsburg um die Kirche in Unterkienberg behandelte. HATTO und KISALHARD führten das Inquisitionsverfahren durch[1583].

KURZBIOGRAPHIE[1584]:

Graf HATTO schickte im Dezember 819 seinen *missus* Hiltiroch zu der Versammlung in Cham, auf der Bischof Baturich von Regensburg versuchte, dem Kloster St. Emmeram die entrissene Mark (*commarca*) zu restituieren[1585]. Kurz vor seiner missatischen Tätigkeit war er bei der Gerichtsversammlung in Ergolding anwesend, die die Missi NID-

---

clerico fratre suo, usque praefatus Adaluni ipsam ecclesiam iniuste contradixit et se ipsum vestivit […] Tunc vero praedicti missi vocaverunt illos homines qui hanc causam optime noverunt eosque fecerunt iurare in sacris reliquiis et ut veritatem huius rei ostenderent quorum nomina hic inseruntur […] Et post sacramentum factum omnes una voce dixerunt […] Tunc quoque iusserunt praedicti missi Adalunam iustitiam facere … Vgl. HANNIG, Zur Funktion S. 291 f.

1583) Trad. Freising Nr. 475 (Allershausen, 822. 8. 31.) S. 406 f.: *Dum convenissent Hatto videlicet missus dominicus, Hitto, Baturicus et Nidkerus episcopi necnon et Kysalhardus publicus iudex in loco quae vulgo dicitur Adalhareshusir ibique multorum advenientium causas iuste terminandas, ibique surrexit in praesentia Reginpertus advocatus Hittonis episcopi et interpellavit Nidkerum episcopum et defensorem eius Anthugi pro ecclesiam quae est constructa in loco nuncupato Chenperc dicens ipsam supradictam ecclesiam ad Chenperc cum omnibus ibidem pertinentibus in episcopatum sancte Marię ad Frigisinga pertinere debere. […] Hoc audientes Hatto missus dominicus et Kysalhardus iudex vocaverunt illos homines quibus haec causa optime nota est eosque fecerunt iurare in sacris reliquiis, ut huius rei veritatem ostenderent quorum nomina hic inserunter: Inprimis Liutpald comes testificavit per sacramentum dominicum […] Et post sacramentum factum dixerunt se praesentes esse ubi Adalhardus hoc relaxavit in manus Hittonis episcopi […] Quam ob causam iussit praedictus missus legem inter eos decrevisse. Inprimis Kisalhardus publicus iudex sanxit iuxta legem Baiouuariorum ad iustitiam …* Vgl. HANNIG, Zur Funktion S. 290 f.

1584) Literatur: HANNIG, Zur Funktion S. 289 f.; DEPREUX, Prosopographie S. 232 f.; BROWN, Unjust seizure S. 147–152.

1585) Trad. Regensburg Nr. 16 (Cham, 819. 12. 14.) S. 15–17.

HART und FREHOLF abhielten[1586]. Im Mai 824 hielt er zusammen mit den Bischöfen Hitto von Fresing und Baturich von Regensburg sowie den Grafen KISALHARD, ORENDIL, Liutpald und Ellanperht erneut eine Gerichtsversammlung in Ergolding ab, auf der der Streit zwischen Hitto und *quidam homines* Hroadolt und Engilman um die Kirche zu Oberbachern beigelegt wurde[1587]. Philippe Depreux vermutet, dass 823 ein Streit zwischen HATTO und einem *vassus domni regis* Peretolt vor dem Kaiser verhandelt wurde[1588].

HAYMO (Haymo)

Missus (816)

TÄTIGKEIT ALS KÖNIGSBOTE:

816: *missus* Ludwigs des Frommen in Sens mit ERMENFREDUS (= KRAUSE II 63)

HAYMO war einer der Missi, die mit einem Brief Ludwigs den authentischen Text der Aachener Institutio canonicorum an Erzbischof MAGNUS von Sens überbrachten[1589].

KURZBIOGRAPHIE[1590]:

Depreux weist darauf hin, dass Ludwig der Fromme am 17. August 818 eine Urkunde für Abt Heimo und das Kloster Manglieu ausstellte[1591]. Aber die Gleichsetzung der beiden HAYMO/Heimo ist nicht sicher.

HEIMINUS (Aimoinius, Erminius, Haiminus, Heiminus)

Bischof von Sitten, Abt von St-Maurice d'Agaune (825–857)

TÄTIGKEIT ALS KÖNIGSBOTE:

1) 825. 8.: *missus* Ludwigs des Frommen in der Kirchenprovinz Besançon mit MONOGOLD (= KRAUSE I 87)

1586) Trad. Freising Nr. 463 (Ergolding, 822. 4. 3.) S. 394 f.

1587) Trad. Freising Nr. 507 (Ergolding, 824. 5. 24.) S. 432 f.

1588) Ann. Guelf. a. 823 S. 177; DEPREUX, Prosopographie S. 141 mit Anm. 13 und 14.

1589) MGH Conc. 2,1 Nr. 39, C S. 458 f. Siehe den Text bei ERMENFREDUS in der Prosopographie.

1590) Literatur: DEPREUX, Prosopographie S. 2 Anm.9.

1591) BM² 668; D LdF 144 (Angers, 818. 8. 17.) S. 363 f. SEMMLER, Benedictus II S. 24 f. mit Anm. 68, sieht diesen Abt Heimo von Manglieu als monastischen *missus* des Kaisers an, der um 817 in St-Germain-des-Prés tätig war.

Bei der Legation von 825 wurde HEIMINUS als einer der Missi im Missaticum um Besançon eingesetzt[1592]. Diese Legation dauerte mindestens bis Mai 826[1593].

2) 826: *missus* Ludwigs des Frommen in der Kirchenprovinz Besançon mit MONOGOLD (= –)

In ANSEGIS' Kapitulariensammlung sind zehn Kapitel überliefert, die wahrscheinlich aufgrund der Berichte der Missi über ihre Legation von 825, eventuell von 826, formuliert wurden. In einem dieser Kapitel sind die beiden Missi HEIMINUS und MONOGOLD erwähnt. Sie sollten den fraglichen Status von zwei Frauen untersuchen und herausfinden, ob sie einer Kirche oder dem Fiskus gehörten. Da es um das Fiskalgut ging, dürfte das *interrogere* ein Inquisitionsverfahren bedeuten[1594].

KURZBIOGRAPHIE[1595]:

Karl Ferdiand Werner identifizierte HEIMINUS als Bischof von Sitten/Sion, was in der Forschung bisher wenig bestritten worden ist[1596]. Der Bischof von Sitten war zugleich Abt von St-Maurice d'Agaune[1597]. Er nahm an der nach dem Tod Ludwigs einberufenen Synode von Ingelheim teil, auf der EBBO sein Bischofsamt zurückerhielt[1598]. Im Kapitular Lothars I. von 847 findet sich sein Name unter den Personen, die in Italien kein Benefizium hatten. Wahrscheinlich wurde er beim Feldzug gegen die Sarazenen in Benevent aufgebo-

1592) MGH Capit. 1 Nr. 151, cc. 1–2 S. 308 = Ansegis, 2, 25–26 S. 541 f., 545: *In Vesontio, quae est diocesis Bernoini archiepiscopi, Heiminus episcopus et Monogoldus comes…*; *Commemoratio, quid ad praedictorum missorum legationem pertineat*. Zu dieser Legation von 825, siehe Kapitel 2, § 2, 1, iv „825–826“.

1593) MGH Capit. 1 Nr. 152 S. 309 f. = Ansegis, 2. 28 S. 547–549.

1594) MGH Capit. 1 Nr. 155 S. 314 f. = Ansegis, App. 3, 5 S. 680: *De duabus feminis quae indiculos attulerunt: interrogandi sunt Heiminus et Monoaldus, utrum ecclesiasticae an fiscales fuissent.*

1595) Literatur: Fastes 1 S. 247; DEPREUX, Prosopographie S. 233; BRAUN et al. (Hgg.), Das Bistum Sitten S. 140 f.

1596) WERNER, Missus – Marchio – Comes S. 197 Anm. 20; KAISER, Les évêques de Langres S. 99; DEPREUX, ebd.; BRAUN, ebd. Skeptisch ist dagegen Schmitz (Ansegis S. 541 Anm. 140) unter Hinweis auf die bei GAMS, Series episcoporum S. 312, angegebene Sedenzzeit..

1597) Fastes, ebd.; BRAUN, ebd.

1598) MGH Conc. 2,2 Nr. 61, hier S. 793; Appendix 2 S. 804 und 805; Appendix 3 S. 808 (als *Erminius*). Zu dieser Synode, HARTMANN, Die Synoden S. 197 f.

ten[1599]. Die letzten Informationen über ihn sind in einem Brief Papst Benedikts III. an Erzbischöfe und Bischöfe im Reich Karls der Provence enthalten. Laut dieses Briefs verlor HEIMINUS sein Kloster wegen Hucbert, dem Sohn eines Grafen Boso und Bruder des italienischen Grafen BOSO (III) und der Gemahlin Lothars II. Theutberga, also dem Onkel von BOSO (IV)[1600].

Unsicher ist, ob ein Heiminus, der um 825 oder 826 zusammen mit HELISACHAR in Streit mit einem Maginarius geraten ist, mit HEIMINUS identisch ist[1601]. Aber wenn das der Fall wäre, wäre zu fragen, wo sich dieser Streitfall ereignete: Wenn der Ort des Konflikts im Missaticum von HEIMINUS um Besançon gelegen hätte, könnte man in den oben erwähnten zehn Kapiteln von 825/826 eine herrscherliche Maßnahme sehen, dass die Missi ausgeschickt werden und diesen Konflikt schlichten sollten, weil ein örtlicher Missus selbst in einen Streit in seinem Missaticum verwickelt war[1602].

HEINARD (Heinardus, Heinhardus)

Abt von Fossés (847–vor 862)

TÄTIGKEIT ALS KÖNIGSBOTE:

855, vor 9. 25.: *missus* Karls des Kahlen im Kloster St-Benoît-sur-Loire mit WENILO, AGIUS und HILDEGAR (= –)

HEINARD war einer der vier geistlichen Missi, die Karl der Kahle auf Bitte der Mönche des Klosters St-Benoît-sur-Loire zur Untersuchung der Besitzlage ausschickte. Aufgrund dieser Untersuchung bestätigte Karl den Besitz und dessen Nutzung für den Abt, die Mönche sowie für den königlichen Dienst[1603].

1599) MGH Conc. 3 Nr. 12, hier S. 138. Zu diesem Kapitular siehe oben Kapitel 3, § 4, 1.

1600) MGH Epp. 5, hier S. 612 f.; Jaffe³ 5653 ([857]); BH 408. Hier ist Hugobert als *clericus* bezeichnet

1601) DEPREUX, Prosopographie S. 233 Anm. 4. Gerhard Schmitz setzt allerdings diese zwei Personen gleich. Ansegis S. 680 Anm. 9 und 14.

1602) MGH Capit. 1 Nr. 155 c. 9 S. 315 = Ansegis, App. 3, 9 S. 680: *Querelam, quam Helisachar et Heiminus contra Maginarum habent: volumus, ut missi nostri secundum iustitiam et aequitatem definiant.*

1603) D KdK Nr. 177 (*Apud illum Casnum*, 855. 9. 25.), 1 S. 465–469, hier S. 467 f. Siehe den Text bei AGIUS in der Prosopographie.

KURZBIOGRAPHIE[1604]:

Karl der Kahle bestätigte 847 auf Bitte des Abtes HEINARD eine Urkunde Ludwigs des Frommen für das Kloster Fossés[1605]. Er war bei der Synode von Bonneuil im August 855 anwesend[1606]. Sein Nachfolger Odo nahm im Juni 862 als Abt von Fossés an der Reichsversammlung von Pîtres teil[1607].

HEISTULF (Heistulfus)

Erzbischof von Mainz (813–†826)

TÄTIGKEIT ALS KÖNIGSBOTE:

825. 8.: *missus* Ludwigs des Frommen in der Kirchenprovinz Mainz mit RUOTBERT (I) (= KRAUSE I 88)

Bei der Missaticaeinteilung von 825 wurde die Mainzer Kirchenprovinz als Missaticum des örtlichen Erzbischofs und des Grafen RUOTBERT (I) festgelegt[1608]. Diese Legation dauerte mindestens bis Mai 826[1609].

KURZBIOGRAPHIE[1610]:

HEISTULF wurde 813 Erzbischof von Mainz. In Bezug auf die Reichspolitik ist außer der missatischen Legation nichts weiter bekannt.

HELISACHAR (Helisachar)

Erzkanzler (808 – vor 840)

TÄTIGKEIT ALS KÖNIGSBOTE[1611]:

1) 827: im Auftrag Ludwigs des Frommen nach Spanien mit HILDEBRAND (II) und DONATUS (= KRAUSE II 89)

1604) Literatur: OEXLE, Bischof Ebroin S. 152 und 194.

1605) D KdK Nr. 93 (Compiègne, 847. 4. 19.), 1 S. 251 f.; BF 566.

1606) MGH Conc. 3 Nr. 34, hier S. 371.

1607) MGH Conc. 4 Nr. 10, C, hier S. 115.

1608) MGH Capit. 1 Nr. 151, cc. 1–2 S. 308 = Ansegis, 2, 25–26 S. 542: *In Mogontia, quae est diocesis Heistulfi archiepiscopi, idem Heistulfus episcopus et Ruodbertus comes…*; *Commemoratio, quid ad praedictorum missorum legationem pertineat.*

1609) MGH Capit. 1 Nr. 152 S. 309 f. = Ansegis, 2. 28 S. 547–549.

1610) Literatur: Reg. Mainz S. 51–55; HANNIG, Zentrale Kontrolle S. 15; DEPREUX, Prosopographie S. 229 f.; PANGERL, Metropolitanverfassung S. 310–313.

1611) KRAUSE I 119 = II 101 = BM² 942; Urk. Le Mans Nr. 83F S. 397 f. = D LdF †352 S. 877–879, die HELISACHAR und WIDO (II) als Missi in der Gegend von Le Mans erwähnt, ist eine Fälschung und wird hier nicht behandelt.

Zur Beruhigung der Spanischen Mark entsandte der Kaiser seine Truppen, hatte aber seine Missi HELISACHAR und die Grafen HILDEBRAND* (II) sowie DONATUS vorausgeschickt. Dank ihrer Unterstützung konnten die Franken die Aufständischen unter Aizos Leitung zurückschlagen[1612]. Nach der Darstellung der Reichsannalen dürfte HELISACHAR an der Spitze dieser Delegation gestanden haben. Obwohl sie nicht mit einem *missus/legatus*-Titel bezeichnet wurden, nehme ich zum Vergleichszweck diese militärische Mission in die Prosopographie auf.

2) Ende 834: *missus* Ludwigs des Frommen in Le Mans (= KRAUSE I 118 = II 100a)

Auf Bitte des Bischofs Aldrich von Le Mans beschloss Ludwig die Aussendung HELISACHARs als Missus zur Restitution der entfremdeten Güter der Kirche von Le Mans[1613].

KURZBIOGRAPHIE[1614]:

Seit der aquitanischen Zeit war HELISACHAR bei Ludwig Kanzleivorsteher und nach 814 der erste Erzkanzler des Kaiserhofes Ludwigs[1615]. Er war seit ihrer gemeinsamen aquitanischen Zeit mit

1612) ARF a. 827 S. 172: *Imperator Helisachar presbyterum et abbatem et cum eo Hildibrandum atque Donatum comites ad motus Hispanicae marcae componendos misit. … Cum ad sedandos ac mitigandos Gothorum atque Hispanorum in illis finibus habitantium animos Helisachar abbas cum aliis ab imperatore missus multa et propria industria et sociorum consilio prudenter administrasset…*; Astronomus c. 41 S. 438: *Ad quos motus comprimendos nostrosque roborandos domnus imperator exercitum illuc mittendum ordinat, premisit Helisachar abbatem et Hildebrandum comitem necnon et Donatum. Qui praecedentes, iunctis sibi Gothorum Hispanorumque copiis, illorum proterviȩ pertinaciter restiterunt, Berhardo quammaxime Barcinonȩ comite conatus eorum in irritum deducente.*

1613) Urk. Le Mans Nr. 44 S. 300 = D LdF 351 (834. 3. 1. – 835. 6. 24.) S. 876 f., hier S. 877: … *Nam memoratus missus tuus nostram deprecatus est pietatem, ut aliquem missum tibi dederimus, qui predictas res tibi ȩcclesiȩque tibi commissȩ consignaret et vestituram legitimam faceret. Qua de re Helisacharo misso nostro precepimus, ut de supradictis beneficiis tibi vestituram faciat, quando illas in partes a nobis directus fuerit.*

1614) Literatur: FLECKENSTEIN, Helisachar, in: Lex.MA 4 Sp. 2121; GEUENICH, Zur Stellung und Wahl S. 176 f.; DEPREUX, Prosopographie S. 235–240; JÉGOU, Les déplacements S. 228 f.

1615) Seine Tätigkeit als *cancellarius/archicancellarius* behandle ich hier nicht weiter. Vgl. DEPREUX, ebd.

BENEDIKT von Aniane befreundet[1616]. Als Ludwig 818 das Kloster St-Aubin in Angers besuchte, empfing HELISACHAR als Abt den Kaiser[1617]. Obwohl er seit 819 nicht mehr Kanzler war, hatte er doch am Hof eine gehobene Stellung, wie Ermold 826 bezeugt, wonach HELISACHER den Platz zur Linken des Kaisers hatte[1618]. Zwei Briefe Agobards stellen ihn auch als Intervenienten beim Kaiser dar[1619]. 824 führte er eine Truppe gegen die Bretonen neben Pippin I. von Aquitanien und Graf HUGO (I) von Tours[1620]. 830 beauftragte ihn der Kaiser mit der Grenzverteidigung in der bretonischen Mark neben LAMBERT*[1621]. Nicht genau datierbar ist seine Reise nach Süden, um im Auftrag Ludwigs zusammen mit dem Grafen Oliba die Grenzen des Besitzes des Klosters La Grasse und seiner Prioren festzulegen[1622]. Im Lauf seiner Karriere erhielt er weitere Abteien, nämlich St-Riquier und wahrscheinlich auch Jumièges[1623]. Seine Beziehung zum Kaiser litt trotz der politischen Krise der frühen 830er Jahre nicht. Noch 839 wurde er von der Kanzlei Pippins I. von Aquitanien als *fidelis genitoris nostri* bezeichnet[1624].

1616) Er war sogar am Totenbett BENEDIKTs. Vita Benedicti Anianensis c. 42/2 S. 215.

1617) BM² 667b.

1618) Ermold, Carmen, IV, v. 2294 f. S. 176. Den Platz zur Rechten des Kaisers hatte Hilduin von St-Denis.

1619) Agobardi Lugdunensis opera omnia Nr. 6, hier S. 115 und Nr. 7, hier S. 123.

1620) Ermoldus, Carmen, v. 2006 f. S. 152.

1621) Astronomus c. 45 S. 460. Aus dem Wortlaut: *Helisachar item abbatem iustitias direxit (sc. Hludowicus) facturum cum eo (sc. Lantbertus)*, schließt KRAUSE II 109, dass diese Aufgabe eine missatische Legation gewesen sei.

1622) Erwähnt in: D Aq. Nr. 34 (St-Martin-en-Campagne, 838. 9. 3.), hier S. 159 (= KRAUSE II 106). Zu Oliba vgl. DEPREUX, Prosopographie S. 411 mit Anm. 64, der Oliba in seine Prosopographie der „Entourage“ Ludwigs des Frommen nicht aufnimmt, weil HELISACHAR und Oliba nicht mit einem Missus-Titel bezeichnet wurden.

1623) Hariulf, Chronique III c. 4 S. 98 f.

1624) D Aq. Nr. 34 (St-Martin-en-Campagne, 838. 9. 3.), hier S. 159.

HELMGAUD (Helmgaudus, Helmengaldus)
Pfalzgraf, Graf von Meaux (799–813)

TÄTIGKEIT ALS KÖNIGSBOTE:

1) 799 Spätsommer: *missus/legatus* Karls des Großen in Italien mit HILDEBALD (I), ARN, CUNIPERT, BERNHARIUS, ATTO, JESSE, ERFLAICUS, ROTGAR und GERMAR (= KRAUSE II 34)

HELMGAUD war einer der Missi, die zur Untersuchung des „Attentats" auf Leo III. nach Rom delegiert wurden. Sie begleiteten den Papst von Paderborn aus auf dem Rückweg nach Rom[1625].

2) 802–803: *missus* Karls des Großen nach Konstantinopel mit JESSE (= –)

Nach dem Empfang der Gesandtschaft der byzantinischen Kaiserin Eirene schickte Karl seine Missi nach Konstantinopel, um Frieden zu stiften[1626]. Sie kehrten 803 mit der byzantinischen Gesandtschaft zurück, als Karl in Salz weilte[1627].

3) 808, vor Ende März: *missus* Karls des Großen nach Rom mit HUNFRID (I) (= –)

Zur Vermittlung zwischen Pippin von Italien und Papst Leo III., die miteinander in Konflikt geraten waren, schickte Karl zwei Missi nach Rom, nämlich die Grafen HELMGAUD und HUNFRID (I). Ihre Legation scheint erfolgreich gewesen zu sein[1628]. Aber die

1625) Lib. Pont. XCVIII, Vita Leonis III c. 20, 2 S. 6 f.; Ann. q. d. Einhardi, a. 799 S. 107–109; Chron. Lauris. breve, IV, 31 S. 34. Siehe Text bei ARN in der Prosopographie.

1626) ARF a. 802 S. 117: *Herena imperatrix de Constantinopoli misit legatum nomine Leonem spatarium de pace confirmanda inter Francos et Grecos, et imperator vicissim propter ipsum absoluto illo misit Iesse episcopum Ambianensem et Helmgaudum comitem Constantinopolim, ut pacem cum ea statuerent.*

1627) ARF a. 803 S. 118: *et missi domni imperatoris de Constantinopoli reversi sunt, et venerunt cum eis legati Nicifori imperatoris, qui tunc rempublicam regebat, – nam Herenam post adventum legationis Franciae deposuerunt – quorum nomina fuerunt Michahel episcopus, Petrus abbas et Calistus candidatus. Qui venerunt ad imperatorem in Germania super fluvium Sala, in loco qui dicitur Saltz, et pactum faciendae pacis in scripto susceperunt. Et inde dimissi cum epistola imperatoris Romam regressi atque Constantinopolim reversi sunt.* Zu den anderen Quellen vgl. NERLICH, Diplomatische Gesandtschaften S. 262 f.

1628) Jaffé[3] 4853 (808, Ende März); Leonis III. papae epp. Nr. 1 S. 87 f., hier S. 87: *Post vero muneribus offensionem insinuaverunt nobis fidelissimi missi vestri, Helmengaudus videlicet atque Hunfridus, gloriosi comites, quod filius noster domnus Pippinus rex ad limina apostolorum per vestram largitatem media quadragensima cupit venire atque conloquium nobiscum habere. Unde in magnum gaudium cor*

Handlungen dieser Missi und ihrer Begleiter in Ravenna – wahrscheinlich auf der Rückreise – erregten das Missfallen des Papstes[1629].

KURZBIOGRAPHIE[1630]:

In der Grabschrift ist HELMGAUD als *praefectus in aula*, nämlich Pfalzgraf, bezeichnet[1631]. Seine Familie war seit der Generation seines Großvaters, Graf Helmgaudus von Meaux, in Neustrien einflussreich. Sein Vater Gauzohelmus dürfte ebenfalls Graf von Meaux gewesen sein. 813 schenkte er dem Kloster St-Martin in Tours umfangreiche Güter[1632].

HENRICUS (Henricus)

Abt (838–853)

TÄTIGKEIT ALS KÖNIGSBOTE:

1) 838, Sommer: *missus* Ludwigs des Frommen in St-Calais mit JONAS (I) (–)

Wegen der das Kloster St-Calais betreffenden Angelegenheit ist er 838 als Missus im Bistum Le Mans belegt. Er empfing ein schriftliches

---

nostrum relevatum est, quod ipsi fidelissimi missi vestri viva voce vobis insinuare possunt; S. 88: *Iterum, postquam coniunxerunt ad nos ipsi praedicti missi filii nostri domni Pippini regis et dixerunt nobis, quod in media quadragensima minime coniungere potest, porrexerunt nobis praefati missi vestri, videlicet Helmengaudus et Hunfridus gloriosi comites, aliam epistolam serenitatis vestrae. Ubi continebat, ut ipsi fidelissimi missi vestri apud filium nostrum domnum Pippinum prius adirent et de vestro verbo ei praeciperent, ut , ubi ambobus placuisset, nobis obviam occurrisset, ut, quod vos omnimodis optatis, cum Dei adiutorio veniat ad perfectionem, id est ut pax et concordia inter nos firma et stabilis Deo mediante constituatur*. Hierzu vgl. BM[2] 431b.

1629) Jaffé[3] 4854 (808, nach April); Leonis III. papae epp. Nr. 2 S. 89–91, hier S. 91: *De autem sacerdotalibus causis, unde nobis ad detrimentum venire speramus, quae nos non sic possumus emendare, vobis insinuamus, ut interrogetis Helmengaudum et Hunfridum fideles vestros, quando a nobis absoluti sunt et in Ravenna coniunxerunt, et ab archiepiscopo ad prandium invitati, id est dominico die ad palmas: quales lectiones et quales ammonitiones ante ipsa mensa recitatas audierunt, sicut decet in sancto quadragesimali tempore, quando omnes de suis facinoribus Deum deprecantur, ut mereantur emendare. Sed et ea, quae ibidem audierunt, nobis turpitudo est vobis in scriptis insinuare.*

1630) Literatur: ABEL/SIMSON 2 S. 187 Anm. 1 und S. 553 f.; HENNEBICQUE-LE JAN, Prosopographica S. 249 und 253; PAULUS, Das Pfalzgrafenamt S. 116 und 145 f.

1631) Theodulfi Carmina Nr. 40, in: MGH Poetae 1 S. 532.

1632) Hierzu vgl. HENNEBICQUE-LE JAN, ebd.

Mandat Ludwigs, mit dem der Kaiser JONAS (I) von Orléans und HENRICUS bevollmächtigte[1633].
2) 853. 11.: *missus* Karls des Kahlen in Blois, Orléans, Vendôme, Chartres, Dreux, Châteaudun, Évreux, Arpajon, Poissy und Madrie mit BURCHARD (III) und RUDOLF (= KRAUSE I 145)
HENRICUS war einer der Missi im Missaticum um Orléans und um Chartres[1634].
KURZBIOGRAPHIE[1635]:
Es gibt dafür keinen Quellenbeleg, aber der Missus von 838 scheint mir mit dem Missus von 853 identisch zu sein. Wenn das Kloster des Abtes *Henricus* von Legation 2 in seinem Missaticum, nämlich nicht weit von Orléans entfernt lag – das ist höchstwahrscheinlich –, ist eine Zusammenarbeit des Bischofs von Orléans mit diesem Abt im Jahr 838 gut vorstellbar[1636]. Theo Kölzer weist darauf hin, dass HENRICUS mit dem gleichnamigen Abt von Micy identisch sein könnte, dessen Kloster zur Bischofskirche von Orléans gehörte[1637].

HERIBALD* (Heribaldus)

Bischof von Auxerre (829[1638]–857)

TÄTIGKEIT ALS KÖNIGSBOTE:
*Vor 845. 4.: *legatio* im Auftrag Karls des Kahlen in Burgund (= KRAUSE I 130)

In einem Brief des Abtes LUPUS* von Ferrières wird dargestellt, dass HERIBALD*, als er von seiner missatischen Legation befreit wurde und vom Hof aus nach Ferrières kam, LUPUS* den Befehl des Königs übermittelte, dass LUPUS* und PRUDENTIUS* bis zur nächsten Reichsversammlung statt HERIBALD* seine Aufgabe erfüllen sollten. Seine Aufgabe als Missus dürfte die Inspektion der

1633) Urk. Le Mans Nr. 53 S. 315 f. = D LdF 386 ([838, Sommer], interpoliert) S. 960–962. Siehe JONAS (I) in der Prosopographie. Vgl. auch Urk. Le Mans Nr. 54 S. 316 = D LdF 387 ([838, Sommer]) S. 962 f.

1634) MGH Capit. 2 Nr. 260 S. 276. Siehe BURCHARD (III) in der Prosopographie.

1635) Literatur: DEPREUX, Prosopographie S. 241.

1636) Sein Missatskollege Bischof BURCHARD (III) von Chartres arbeitete 854 mit Bischof AGIUS von Orléans gegen die einfallenden Dänen zusammen. Siehe BURCHARD (III) in der Prosopographie.

1637) D LdF S. 961.

1638) 824 bei SASSIER, Les Carolingiens et Auxerre S. 28.

Klöster gewesen sein. Unklar ist der Grund, warum HERIBALD* seine Mission absagen musste und konnte[1639].

KURZBIOGRAPHIE[1640]:

Nach den Gesta der Bischöfe von Auxerre[1641] war HERIBALD* Sohn eines Bayern namens *Antelmus* und einer Frau aus dem Gâtinais und wurde am Hof erzogen (*in palatio educatum*)[1642]. Das Jahr seiner Bischofserhebung ist nicht in den Quellen aufgezeichnet. Die Angabe der Gesta über seine 33 jährige Amtszeit ist wahrscheinlich ein Irrtum, wenn die Darstellung seiner Bischofserhebung durch Erzbischof ALDRICH von Sens auf Befehl des Kaisers Ludwig historisch richtig ist. Denn ALDRICH wurde erst 829 zum Erzbischof erhoben[1643]. Damit kann die Amtszeit HERIBALDs* ungefähr zwischen 829 und 857 datiert werden[1644]. In der Tat nahm er erst im Juni 829 als Bischof von Auxerre an der Pariser Synode teil[1645]. Er zählt zu denjenigen Bischöfen, die 833 bei der Absetzung Ludwigs durch Lothar Anhänger des Letzteren und untreu gegen den älteren Kaiser waren und nach der Rehabilitation Ludwigs, Lothar begleitend, ihre Bistümer verließen[1646]. 838 ist er allerdings wieder als Bischof von Auxerre belegt und nahm im September an der Reichsversammlung in Quierzy teil[1647]. Nach dem Tod Ludwigs stand er auf der Seite Ludwigs des Deutschen und Karls des Kahlen[1648]. Seine Anwesenheit ist bei den folgenden Reichsversammlungen oder Synoden belegt: Germigny-des-Prés im September/Oktober 843, vielleicht Anjou im Juli/August 850 und Soissons im April 853[1649]. Als er bei der Synode von

1639) Lupus 1 Nr. 41 S. 172 f. Siehe den Text bei LUPUS* in der Prosopographie.

1640) Literatur: Fastes 2 S. 450 f.; SASSIER, Les Carolingiens et Auxerre S. 25 und 28 f.; DEPREUX, Prosopographie S. 241 f.

1641) Der erste Teil der Gesta einschließlich des Kapitels über HERIBALD* entstand 872/875, also zeitlich nicht weit entfernt von HERIBALDs* Lebenszeit. Les gestes des évêques d'Auxerre, S. viii.

1642) Les gestes des évêques d'Auxerre c. 36 S. 149

1643) Siehe ALDRICH in der Prosopographie.

1644) Vgl. Les gestes des évêques d'Auxerre, S. lxvi–lxvii.

1645) Cart. gén. Paris Nr. 35, hier S. 50 f. (= MGH Conc. 2,2 S. 605 f.). Er war auch im Januar 832 bei der Synode in St-Denis anwesend. MGH Conc. 2,2 Nr. 53 S. 694.

1646) HRE II c. 20 S. 184.

1647) Gesta Aldrici, Fragment Nr. 7, hier S. 166.

1648) Les gestes des évêques d'Auxerre c. 36 S. 153.

1649) MGH Conc. 3 Nr. 1 S. 5; Nr. 20 S. 203; Nr. 27 S. 278.

Bonneuil im August 855 anwesend war[1650], übergab er dem Reimser Erzbischof HINKMAR (I) den *Sermo* des Diakons Florus von Lyon über die Frage der Prädestination[1651]. Er dürfte 856 auch an der Provinzialsynode in Sens teilgenommen haben[1652]. 850 bestätigte Karl auf Bitte des Bischofs dessen Zuweisung gewisser Kirchengüter an die Kanoniker[1653]. Er bekam noch eine andere Urkunde Karls zur Wiederherstellung verschiedener Kirchengüter von Auxerre, die allerdings nicht datierbar ist[1654].

HERIBERT (I) (Heribertus, Heripreth)

Missus (801–830?)

TÄTIGKEIT ALS KÖNIGSBOTE:

812: *missus* Karls des Großen in Aquitanien (=KRAUSE II 45)

Ludwig der Fromme schickte ein Heer zur Eroberung von Huesca. Dessen Anführer war HERIBERT, der aber als Missus Karls des Großen delegiert wurde[1655].

KURZBIOGRAPHIE[1656]:

HERIBERT (I) nahm 801 an der Belagerung von Barcelona[1657] und 809 an der von Tortosa teil[1658]. Bei diesen zwei Feldzügen begleitete HERIBERT Ludwig den Frommen. Es gibt keine Anhaltspunkte, unseren HERIBERT mit einem Heribert zu identifizieren, der Bruder Bernhards von Septimanien war und 830 auf Befehl Lothars geblendet und nach Italien verbannt wurde[1659].

1650) MGH Conc. 3 Nr. 34 S. 370.

1651) MGH Epp. 8,1 Nr. 131, hier S. 69, zitiert bei: MGH Conc. 3 Nr. 34 S. 367.

1652) MGH Conc. 3 Nr. 37, hier S. 382.

1653) D KdK Nr. 124 (Bourges, 850. 1. 16.), 1 S. 328–331.

1654) D KdK Nr. 195 (840. 6. 20. – 857. 4. 25.), 1 S. 506 (Deperditum).

1655) Astronomus c. 17 S. 330: *At post anni instantis excursum exercitum ordinavit et Hoscam cum misso patris Heriberto mittere statuit.*

1656) Literatur: DEPREUX, Prosopographie S. 242.

1657) Ermoldus, Carmen S. 28.

1658) Astronomus c. 16 S. 330 mit Anm. 187 zur Datierung. Vgl. DEPREUX, ebd. Die Identifikation seines Kollegen Isembard mit ISEMBARD (I) ist problematisch. Vgl. BORGOLTE, Die Grafen Alemanniens S. 156; DEPREUX, ebd. S. 273.

1659) Astronomus c. 45 S. 460 mit Anm. 651; AB a. 830 S. 2; Nithard I c. 3 S. 12 mit Anm. 31. Vgl. DEPREUX, ebd. S. 242; Astronomus S. 330 Anm. 188.

HERIBERT* (II) (Heribertus)
Graf (877–†900/907)

TÄTIGKEIT ALS KÖNIGSBOTE:

877, Mitte–Ende August: Empfangsgesandtschaft im Auftrag Karls des Kahlen zwischen Ravenna und Vercelli mit AUDACHER, GOIRAMNUS* und PIPPIN* (= –)

HERIBERT* wurde zusammen mit seinem Bruder PIPPIN* und den beiden anderen Kollegen von Orbe aus geschickt, um Papst Johannes VIII. zu Karl dem Kahlen zu begleiten[1660].

KURZBIOGRAPHIE[1661]:

HERIBERT* (II) war Enkel König Bernhards von Italien und damit ein Karolinger. Er wird in der Forschung als Begründer des Hauses „Vermandois“ angesehen. Zur Zeit der Legation scheint allerdings keiner der Brüder ein nennenswertes Amt innegehabt zu haben. Wir können nur vermuten, dass ihre königliche bzw. italienische Herkunft den Kaiser dazu bewegt hat, die beiden zur Empfangsgesandtschaft in Norditalien einzusetzen.

Ob HERIBERT* wirklich schon Ende 889 Königsnähe zu Odo besaß und sogar bereits Graf war[1662], ist nicht sicher, da die Echtheit der Urkunde Odos vom 30. Dezember 889 in Frage steht, die die Intervention HERIBERTs* als königlicher *procer* zusammen mit dem Grafen Hucbald für das Kloster St-Hilaire zu Poitiers erwähnt[1663]. HERIBERT* und PIPPIN* sind allerdings noch vor 893 Grafen geworden, d. h. bevor sie sich von Odo entfremdeten und den karolingischen Prinzen Karl den Einfältigen zum König erhoben, wobei sie sogar als *principes* angesehen wurden[1664]. Die Forschung hat den politischen Aufstieg HERIBERTs* damit zu erklären versucht, dass sein Vater Pippin schon unter Karl dem Kahlen in der Gegend um Paris

---

1660) AB a. 877 S. 215. Das vollständige Zitat findet sich bei AUDACHER* in der Prosopographie. Vgl. BZ 518; BU 277; Jaffé³ 6556; HACK, Empfangszeremoniell S. 467.

1661) Literatur: WERNER, Frühzeit des französischen Fürstentums 3 S. 93–100; SCHNEIDMÜLLER, Heribert I., Gf. v. Vermandois, in: LexMA 4 Sp. 2154; SETTIPANI, La préhistoire S. 22o–222; MACLEAN, Kingship and politics S. 106–109.

1662) So WERNER, Frühzeit des französischen Fürstentums 3 S. 93; SETTIPANI, La préhistoire S. 220.

1663) Telma Nr. 1069.

1664) Regino, Chronicon, a. 892 S. 140 f. Vgl. auch den Brief des Erzbischofs FULCO (V) von Reims an Arnolf vom Ostfrankenreich, der allerdings PIPPIN nicht erwähnt. HRE IV c. 5 S. 381.

eine Machtposition etabliert hatte und dass seine einflussreichen Verwandten in dieser Gegend, und vielleicht auch HERIBERT* selbst, seit den 880ern zur Abwehr der Normannen herangezogen wurden[1665]. HERIBERT* dürfte nach Karl Ferdiand Werner inzwischen die Grafschaften Soissons, Meaux und Mérezais, Beauvais, Vexin und Senlis sowie verschiedene Laienabbatiate akkumuliert haben[1666]. Nachdem er sich 896 wieder auf die Seite Odos schlug, erwarb HERIBERT* die Grafschaft Vermandois und das Laienabbatiat von St-Quentin. Er wurde jedoch während der Auseinandersetzungen mit Graf Baldwin II. von Flandern erschlagen.

HERIBRAND (Heribrandus, Eriprandus)
Kaiserlicher Vasall (853–865)

TÄTIGKEIT ALS KÖNIGSBOTE:
1) 857. 12.: *missus* Ludwigs II. von Italien in Lucca mit JOHANNES (V) (= KRAUSE I 171)

Ein Placitum, das die von den kaiserlichen Missi JOHANNES und HERIBRAND in Lucca abgehaltene Gerichtssitzung aufzeichnet, ist überliefert. Der Streit zwischen der Bischofskirche von Lucca und dem Kloster S. Salvatore di Sesto wurde zugunsten der Kirche von Lucca entschieden. Aus dieser Urkunde wird deutlich, dass diese Missi damals in Tuszien zuständig waren[1667].

1665) MACLEAN, Kingship and politics S. 106–109, betont die Kontinuität in der Verteidigungspolitik seit der Zeit Ludwigs III. und Karlmanns II.

1666) Settipani erwähnt weder Beauvais noch Senlis, während Schneidmüller hinsichtlich des Erwerbs der Grafschaften Beauvais, Vexin und Senlis vosichtig ist.

1667) MANARESI Nr. 61 S. 221–223 = ChLA 81 Nr. 20 (Lucca, 857. 12.) S. 64–69, hier S. 65: *Dum ad potestate domni Hludovuici perpetui augustj partibus Tustjae missi directj fuisemus nos Iohannes et Heribrandus, vassi imperialis, singulorum hominum iustjtjam faciendum, cum venissemus civitate Luca, resedentes nos in iuditjo curte ducale cum Hieremiam episcopum et Hildebrandum comitem, Adelbertum, Ratfredum et Ratpaldum iudices sacri palatji, erantque nobiscum Ademarius, Teodemundus vassi idem augustj, [...] Ibique in nostri venerunt presentja, idest Gisulfus advocatus episcopii civitatjs ipsius Lucensis, nec non et Andreas scavinus advocatus monasterii domini Salvatoris situm Sextum, altercatjonem habentes. [...] Professio hac facta, rectum nobis omnibus paruit esse et iudicavimus, ut pars episcopii Lucensis, iuxta eidem Andreatj professione, iam dicta basilica cum portjcale ante se atque cum rebus ad eam pertinentes habere deberet absque ulla contradictjone de parte monasteri (!) Sexto. Et hanc notjtja qualiter actum est pro securitate iamdicti episcopii Lucensis facere commonuimus [...] +Ego Iohannes, missus domni imperatoris, subscripsi +Ego Eriprandus, missus domni inperatoris, subscripsi...*; BZ 165.

2) 858. 3. 23.: *missus* Ludwigs II. von Italien in Pisa mit JOHANNES (V) (= KRAUSE I 172)

Während ihrer Legationsreise in Tuszien hielten die beiden Missi auch in Pisa eine Gerichtsversammlung ab, wobei der Streit zwischen der Bischofskirche von Pisa und einem gewissen Leo sowie seiner Gemahlin verhandelt wurde. Nachdem die Missi Pisa verließen, um ihre Legationsreise weiterzuführen, wurde die Sitzung durch *imperialis iussio* von dem Gastalden Raginard von Pisa zusammen mit Bischof JOHANNES (IV) von Pisa geleitet[1668].

KURZBIOGRAPHIE[1669]:

Hansmartin Schwarzmaier zufolge war HERIBRAND wahrscheinlich der Bruder des Bischofs Jeremias von Lucca, der 857 bei der missatischen Gerichtsversammlung in Lucca anwesend war. Damit ist er als Bruder des Grafen HILDEBRAND (III) zu identifizieren, der ebenfalls an dieser Sitzung teilnahm[1670].

1668) MANARESI Nr. 62 (Pisa, 858. 3. 23.) S. 223–227, hier S. 224–226: *Dum in Dei nomine ad potestate piissimi domni Hludovici imperatoris partibus Tuscie directi fuissent Iohannes et Heriprandus vassi imperiales singulorum hominum iustitias faciendum, et cum venissent civitate resedentes in iudicio in sala olim Aganoni comiti, residentes cum eos Adalbertus et Ratfredus, iudices sacri palatii, Ansiprandus, Alpertus et Gumpertus, vassi eidem cesari […] Ibique in iudicio in nostri venit presentia Leo filius quondam Petri una cum coniuge sua nomine Adelinda, necnon et Gosfrid advocato episcopatui sancte Marie Pisense, in quo vir beatissimo Ioanne episcopo preesse videtur, altercationem inter se habentes […] Dum ipsi missi cum prefati iudices imperiales perrexissent parti… in servitio eidem augusti, et non fuissent ad ipsum predistinatum placitum, tunc per imperialem iussionem una cum memorato Ioanne reverentissimo episcopo Pisense, Raghinardo gastaldio, in domo huius episcopatui Pisensis resedentes in iudicio nos prefatis […] reversi sunt ambas partes ante nos in iudicio […] Hoc professio facta, causa manifestata quomodo aut qualiter ab hordinem superius legitur, paruit nobis recte quorum supra auditores et iudices, una cum omnibus ibi nobiscum adsistentibus et ita iudicabimus, ut secundum eorum altercationem et secundum ipsorum Leoni et de coniuge eius professionem habere debuisset suprascripta casa et res parte episcopatui sancte Marie […] absque illorum Leoni et de coniuge eius contradictionem et pars ipsorum Leoni et de coniuge eius essent exinde remoti et contempti. Et taliter est inter eis finita casa. Unde qualiter ante nos hac causa perhacta et deliberata est, hanc notitia iudicati nostri pro securitate memorati episcopati sancte Marie fieri previdemus…* Der Urkunden fehlen Unterschriften von HERIBRAND und JOHANNES (IV); BZ 169.

1669) Literatur: SCHWARZMAIER, Lucca S. 96 f., 183, 186 f., 216.

1670) Siehe HILDEBRAND (III) und S. 293 Anm. 47, S. 769 Anm. 2581.

HERLOIN (I) (Herloinus, Herluinus)

Graf? (853–863?)

TÄTIGKEIT ALS KÖNIGSBOTE:

853. 11.: *missus* Karls des Kahlen in Rouen, Talou, Vimeu, Ponthieu und Amiens mit PAUL, HILMERAD und HUNGAR (KRAUSE I 142)

HERLOIN war einer der Missi im Missaticum um Rouen und Amiens[1671].

KURZBIOGRAPHIE[1672]:

Für jedes der beiden benachbarten Missatica, das eine um Rouen und das andere um Coutances, wurde ein HERLOIN zum Missus ernannt. Ohne parallele Beispiele vermeide ich aber die Annahme, dass es sich hier um einen einzigen HERLOIN handelt, deshalb behandle ich hier die beiden HERLOIN getrennt.

Es ist allerdings nicht sicher, über welchen HERLOIN die Quellen uns informieren. Ein Herloinus gelobte im März 858, also in der Krise des Westreiches, in Quierzy neben anderen Missi von 853 dem König Treue[1673]. Als Karl der Kahle am 4. November 863 in Verberie auf Bitte Erzbischof Wenilos von Rouen eine Pancarta anstelle der verlorenen Urkunden der Rouener Kirche ausstellte, unterschrieb ein Graf Herluinus neben HARDUIN[1674]. Da der Bischof von Coutances, der zwischen 843 und 862 nachweisbar ist, auch Herluinus heißt[1675], kann man vermuten, dass Personen mit dem Namen Herloinus/Herluinus in der späteren Normandie zu einer einflußreichen Verwandtschaft gehörten[1676].

1671) MGH Capit. 2 Nr. 260 S. 275: *Paulus episcopus, Hilmeradus episcopus, Herloinus, Hungarius missi in Rotmense, Tellau, Vitnau, Pontiu, Ambianense.*

1672) Literatur: NELSON, Charles the Bald S. 186 Anm. 113 und S. 326 f.

1673) MGH Capit. 2 Nr. 269 S. 296 f.

1674) D KdK Nr. 259 (Verberie, 863. 11. 4.), 2 S. 89.

1675) Fastes 2 S. 240.

1676) Hariulf, Chronique III c. 10 S. 117, erwähnt einen Heligaud, der RUDOLF in der Abtswürde nachgefolgt sei. Der Herausgeber der Chronik, Ferdinand Lot, sieht hier einen chronologischen Irrtum Hariulfs und identifiziert Heligaud als Graf von Ponthieu im früheren 10. Jahrhundert (ebd. S. xxx und 117 Anm. 1). Eben dort ist ein Herluinus als sein Sohn und Nachfolger in der Grafschaft erwähnt. Zu beachten ist, dass Ponthieu im Missaticum von HERLOIN (I) liegt.

HERLOIN (II) (Herloinus)

Graf? (853–863?)

TÄTIGKEIT ALS KÖNIGSBOTE:

853. 11.: *missus* Karls des Kahlen in Avranches, Coutances, Bayeux, Cotentin, *Otlingua Saxonia* und ARDUINs Grafschaft, Eu sowie Lisieux mit HAIRARD, THEODERICUS (I) und ARDUIN (= KRAUSE I 143)

Er war einer der Missi im Missaticum am Cotentin[1677].

KURZBIOGRAPHIE[1678]:

Siehe die Beschreibung in HERLOIN (I).

HERMINGAUD (Hermingaudus)

Missus (795)

TÄTIGKEIT ALS KÖNIGSBOTE:

795. 4. 27.: *missus* Ludwigs des Frommen (als König von Aquitanien) in Poitiers mit ALDEBALD (= KRAUSE I 10)

Als die beiden Missi des aquitanischen Königs eine Gerichtsversammlung hielten, kam ein Odascira und erhob Anklage gegen Faramundus wegen des Besitzes in Pin-Saint-Denis-en-Aunis[1679].

KURZBIOGRAPHIE[1680]:

HERMINGAUD ist schwer zu identifizieren. Philippe Depreux versucht, ihn mit Karls des Großen Pfalzgrafen Helmengaudus (HELMGAUD) zu identifizieren. Es ist dann aber zu fragen, ob ein Magnat des Hofes Karls im Namen seines Sohnes nach Aquitanien geschickt worden wäre, um in die Politik des Regnum Aquitanorum zu intervenieren. Dies widerspricht der üblichen Politik Karls: Er ordnete dorthin immer seine eigenen Missi ab. Oder machte ein Mitglied der vertrauten Umgebung Ludwigs später eine weitere, glänzende Karriere am Hof Karls? Ohne eine definitive Antwort darauf zu geben, behandle ich HELMGAUD und HERMINGUD getrennt.

Eine andere Identifizierungsmöglichkeit ist in der Chronik von St-Mihiel zu finden. Der Abt von St-Mihiel im späten 8. Jahrhundert, nämlich Vorgänger des bekannten SMARAGD, hieß (H)ermengau-

1677) MGH Capit. 2 Nr. 260 S. 275. Siehe den Text bei ARDUIN in der Prosopographie.

1678) Literatur: NELSON, Charles the Bald S. 167 und 326 f.

1679) UB Nouaillé Nr. 7 (Poitiers, 795. 4. 27.) S. 10 f. Das vollständige Zitat und die Darstellung dieser Sitzung finden sich bei ALDEBALD in der Prosopographie.

1680) Literatur: DEPREUX, Prosopographie S. 243.

dus. 772 bekam er eine Urkunde von Karl dem Großen. Der Chronik zufolge hätte er 778 beim spanischen Feldzug den fränkischen König begleitet und in Cahors den Leib des heiligen Anatolius für sein Kloster bekommen[1681]. Aber auch diese Gleichsetzung ist wenig wahrscheinlich.

Jedenfalls kann man in Aquitanien während des 9. Jahrhunderts zwei Grafen namens (H)ermengaudus finden: den Grafen von Albi (825–†867) und dessen Enkel, den Grafen von Rouergue (875–†936)[1682]. Es scheint also im karolingischen Aquitanien eine Tradition dieses Namens gegeben zu haben.

HETTI (Hetti, Etti, Hecti, Heti)

Erzbischof von Trier (814/816–847)

TÄTIGKEIT ALS KÖNIGSBOTE:

1) 817, Herbst: *legatus* Ludwigs des Frommen in der Kirchenprovinz Trier (?) (= KRAUSE I 68)

Anlässlich der dringenden Mobilisierung gegen Bernhard von Italien schickte HETTI als *legatus* einen Befehl *de verbo imperatoris* an seinen Suffraganbischof FROTHAR* von Toul, der seinerseits diesen Mobilisierungsbefehl weiterleiten sollte[1683]. Die Quellenlage erlaubt allerdings nicht, die Frage zu beantworten, ob HETTI (und die anderen *legati* in anderen Regionen) vorher, z. B. auf einer Reichsversammlung, zum kaiserlichen Legaten ernannt worden ist[1684]. Nicht auszuschließen ist die Vermutung, dass HETTI erst durch ein von den Eilboten gebrachtes briefliches Ernennungsmandat des Kaisers mit der dringenden Mobilisierung beauftragt worden ist, wozu Titel

---

1681) Chronicon s. Michaelis in pago Virdunensi, in: MGH SS 4 S. 80; D KdG 68 (*Dripione*, 772. 5.) S. 99 f.; ABEL/SIMSON 1 S. 123 und 317.

1682) SETTIPANI, La noblesse du Midi S. 21–27.

1683) Frothar Nr. 26 (817, Herbst) S. 136: *Hetti misericordia Dei archiepiscopus dioceseos Treforensis necnon et legatus Hludwici serenissimi imperatoris venerabili fratri Frothario Tullensis episcopo eternam salutem. Notum sit tibi, quia terribile imperium ad nos pervenit domni imperatoris, ut omnibus notum faceremus, qui in nostra legacione manere videntur, quatenus huniversi se praeparent, qualiter proficisci valeant ad bellum in Italiam [...] Propterea tibi mandamus adque praecipimus de verbo domni imperatoris, ut ...*

1684) Siehe auch die anonymen Missi „817. 9. a“ in der Prosopographie.

und Befugnis der kaiserlichen Missi vorteilhaft gewesen sein dürften[1685].

2) 825. 8.: *missus* Ludwigs des Frommen in der Kirchenprovinz Trier mit ADALBERT (II) (= KRAUSE I 89)

Er war Missus in seiner eigenen Kirchenprovinz[1686].

3) Ende 825: *missus* Ludwigs des Frommen in Remiremont mit ADALBERT (II) (= KRAUSE I 97)

In der als Formular überlieferten Urkunde Ludwigs des Frommen werden ADALBERT (II) und HETTI als *missi* bezeichnet[1687].

KURZBIOGRAPHIE[1688]:

HETTI stammte aus einer adligen Familie, die an der Mosel und der Saar in kirchlichen Leitungsfunktionen nachweisbar ist: Sein Neffe war GRIMALD, Abt von St. Gallen und Weißenburg sowie Erzkaplan Ludwigs des Deutschen.

Über HETTIs administrative Tätigkeit ist außer seinen Legationen noch ein Brief erwähnenswert. Dieser Brief betrifft die Durchsetzung der einheitlichen Lebensordnung der Kanoniker und Kanonissen sowie der Mönche, die auf den Aachener Reformsynoden 816–818/819 behandelt und beschlossen wurde. Deswegen ist er auf „Ende 818?" bzw. „Ende 818 oder Anfang 819" datiert worden[1689]. In diesem an seinen Suffraganbischof FROTHAR* von Toul adressierten Brief erklärt HETTI, dass er im selben Jahr schon wegen des kaiserlichen Befehls einen ähnlich lautenden Ermahnungsbrief geschickt habe[1690].

1685) Zu dieser Mobilisierung und den hier erwähnten Eilboten, siehe auch anonyme Missi „817, Herbst" in der Prosopographie.

1686) MGH Capit. 1. Nr. 151 S. 308 = Ansegis 2, 25 S. 542: *In Treveris Hetti archiepiscopus et Adalbertus comes... c. 2. Commemoratio, quid ad praedictorum missorum legationem pertineat.*

1687) Form. Imp. Nr. 9 S. 293; D LdF F 9 S. 1184. Siehe den Text bei ADALBERT (II) in der Prosopographie.

1688) Literatur: DEPREUX, Prosopographie S. 244–246; APSNER, Die hoch- und spätkarolingische Zeit S. 261–266; PANGERL, Metropolitanverfassung S. 49–51.

1689) Vgl. MGH Epp. 5 Nr. 3, hrsg. v. Karl HAMPE S. 278 mit Anm. 3; Frothar Nr. 29 S. 142–144.

1690) Dieser kaiserliche Befehl ist nicht überliefert, jedoch ein anderes Schreiben des Kaisers an HETTI: Ludwig erteile ihm, seinen Nachfolgern und Suffraganen die Vollmacht, die zur Priesterweihe gewählten Kirchenhörigen vor Klerus und Volk freizulassen und die Freigelassenen nach Einreichung der in der geregelten

Er erhielt 816 vom Kaiser ein Immunitätsprivileg für die Trierer Kirche[1691]. Er nahm an den Reichsversammlungen von Aachen (August 816) und von Diedenhofen (März 835) teil[1692]. Im Rundschreiben von 828/829 wurde er zur Mainzer Synode eingeladen[1693].

HETTI war nach Ludwigs Tod auf der Seite Lothars I. Er war 840 in Ingelheim bei der Rehabilitation EBBOs von Reims zugegen[1694]. Der junge Kaiser empfing gerade in Trier die Gesandtschaft aus Byzanz – so erklärt die Urkunde, mit der HETTI das Kloster Mettlach zurückbekam[1695]. Lothar beurkundete 845 den Besitztausch zwischen HETTI und Abt Markward von Prüm[1696]. 847 bekam er von Pippin II. von Aquitanien eine Urkunde für einen Besitz in Aquitanien (um Limoges)[1697].

HIERONYMUS (Hieronimus)
Graf (755 [–782/783?])

TÄTIGKEIT ALS KÖNIGSBOTE:
755: *missus* Pippins des Jüngeren nach Rom mit FULRAD (I) (= KRAUSE II 3 zum Jahr 754)

Als Missi des fränkischen Königs, die den Papst von Pavia nach Rom begleiteten, nennt der Liber Pontificalis namentlich nur den Königsbruder HIERONYMUS, während die Reichsannalen nur FULRAD (I) nennen[1698].

Form abgefaßten Freilassungsurkunde zu weihen. MGH Capit. 1 Nr. 173 S. 355 f. = D LdF B 7 ([821]) S. 1216. Hierzu vgl. JEREMIAS in der Prosopographie.

1691) BM² 626; MrhUB Nr. 50 S. 55–57 = D LdF 105 (Aachen, 816. 8. 27.) S. 251–254.

1692) BM² 622a; MGH Conc. 2,2 Nr. 55 S. 703. Eine Kaiserurkunde (BM² 928), die erzählt, HETTI sei bei der Weihe Anskars zum Erzbischof von Hamburg anwesend gewesen, ist Kölzer zufolge eine Fälschung. D LdF †338 S. 833–849.

1693) MGH Capit. 2 Nr. 184 S. 2.

1694) MGH Conc. 2,2 Nr. 61,2 S. 805; ebd. Nr. 61,3 S. 808.

1695) D Lo I. 67 (Mötsch, 842. 8. 29.) S. 178–180. WIDO (III) hatte in der Zeit des Bruderkriegs dieses Kloster inne.

1696) D Lo I. 87 (Aachen, 845. 1. 1.) S. 211.

1697) D Aq Nr. 54 (847. 7. 25.) S. 214–217.

1698) ARF a. 755 S. 12; Ann. q. d. Einhardi, a. 755 S. 13; Lib. Pont. XCIII, Vita Stephani II c. 38, 1 S. 451. Zu dieser Legation vgl. FULRAD (I) in der Prosopographie.

KURZBIOGRAPHIE[1699]:
HIERONYMUS war Sohn Karl Martells und einer Konkubine. Die Annalen von Fulda bezeichnen ihn rückblickend als *dux*[1700]. In einer Urkunde Karls des Großen, die Mühlbacher ungefähr um 782/783 datiert, ist ein Graf Hieronymus als Beisitzer des Hofgerichts nachweisbar[1701].

HILDEBALD (I) (Hildeboldus, Hildipaldus, Hiltipaldus)

Erzkapellan, Bischof, dann Erzbischof von Köln
(787/788 – †818. 9. 3.[1702])

TÄTIGKEIT ALS KÖNIGSBOTE:
1) 799. 5./6.: *misssus* Karls des Großen als Empfangsgesandtschaft in Spoleto mit ASCARICUS und GERMAR (= –)

Graf ASCARICUS, Erzbischof HILDEBALD (I) von Köln und Graf GERMAR wurden abgesandt, um Papst Leo III. nach Sachsen zu Karl dem Großen zu begleiten[1703].

2) 799 Spätsommer: *missus/legatus* Karls des Großen in Italien mit ARN, CUNIPERT, BERNHARIUS, ATTO, JESSE, ERFLAICUS, HELMGAUD, ROTGAR und GERMAR (= KRAUSE II 34)

HILDEBALD war einer der Missi, die zur Untersuchung des „Attentats“ auf Leo III. nach Rom delegiert wurden. Sie begleiteten den Papst von Paderborn aus auf dem Rückweg nach Rom[1704].

3) 813. 6.: *missus* Karls des Großen in Mainz mit RICHULF, ARN und BERNHARIUS (= KRAUSE II 51)

Im Auftrag des Kaisers saß er als kaiserlicher Missus neben drei Kollegen einer Synode in Mainz vor. Ihre am 9. Juni beschlossenen

1699) Literatur: HLAWITSCHKA, Die Vorfahren S. 80 f.; SETTIPANI, La préhistoire S. 359 f.

1700) AF a. 754 S. 7.

1701) D KdG 148 ([Diedenhofen], –, aber 782/783?), hier S. 201. Diese Gerichtsurkunde betrifft den Streit zwischen der Trierer Kirche und den Widonen um das Kloster Mettlach, wobei Missus WICBERT nachweisbar ist.

1702) Reg. Köln Nr. 139 S. 47; ZELL, Erzbischof Hildebald S. 137 mit Anm. 192.

1703) Lib. Pont. XCVIII, Vita Leonis III c. 16, 2 S. 6; Karolus Magnus et Leo papa, v. 332–334 S. 82 und v. 400 S. 88. Siehe den Text bei ASCARICUS in der Prosopographie.

1704) Lib. Pont. XCVIII, Vita Leonis III c. 20, 2 S. 6 f.; Ann. q. d. Einhardi, a. 799 S. 107–109; Chron. Lauris. breve, IV, 31 S. 34. Siehe Text bei ARN in der Prosopographie.

Kanones wurden auf der Aachener Reichsversammlung im September dieses Jahres vorgelegt[1705].

4) 816. 6.(?): Empfangsgesandtschaft Ludwigs des Frommen für Papst Stephan IV. mit THEODULF und JOHANNES (II) (= –)

Kurz nach seiner Weihe zum Papst (22. Juni 816) plante Stephan IV. eine Reise ins Frankenreich und teilte dem Kaiser seinen Plan mit. Der Kaiser befahl zunächst seinem Neffen Bernhard, den Papst zu begleiten. Daneben schickte er weitere, allerdings uns anonyme Missi zu demselben Zweck[1706]. Vielleicht nach dem Alpenübergang des Papstes wurde die dritte Empfangsgesandtschaft entgegen geschickt, die diesmal aus drei Erzbischöfen und anderen Geistlichen bestand und ihn kirchlich-feierlich willkommen heißen sollte[1707].

KURZBIOGRAPHIE[1708]:

HILDEBALD (I) ist um 787/788 als *episcopus* nachweisbar[1709]. Während er den *archiepiscopus*-Titel als persönlichen Ehrentitel führte, wird die Erhebung Kölns zum Metropolitanbistum ohne klare Quel-

---

1705) MGH Conc. 2,1 Nr. 36 S. 258–273, hier S. 259. Das vollständige Zitat finden sich bei ARN in der Prosopographie.

1706) Siehe dazu die anonymen Missi „816a" in der Prosopographie.

1707) Astronomus c. 26 S. 364–366: *Imperator autem eius (sc.* Stephan IV.*) adventu praecognito, Berhardo quidem nepoti eum commitari iussit, sed et adpropinquanti alios missos, qui eum cum debito perducerent honore, direxit; ipse autem eius adventum Remis sustinere statuit. Cui etiam obviam Hildeboldum archicappellanum sacri palatii, Theodulfum episcopum Aurelianensem, Iohannem Arelatensem aliorumque copiam ministrorum ecclesię procedere iussit, infulis indutos sacerdotalibus*; ARF a. 816 S. 144: *Quod ubi imperator audivit, Remis ei statuit occurrere missisque obviam his, qui eum illo deducerent, adventum eius praeveniens cum magno eum ibidem honore suscepit*; Thegan c. 16 S. 196: *Quod audiens (sc.* Ludwig*), magno tripudio repletus cępit gaudere et statim iussit missos suos obviam ire sancto pontifici cum salutationibus maximis et servicia praeparare. Perrexit post missos Ludouuicus obviam supradicto pontifici.* Vgl. dazu HACK, Empfangszeremoniell S. 419 f. und 422 f.

1708) Literatur: FLECKENSTEIN, Hofkapelle S. 49–52; Reg. Köln Nr. 82–139 S. 35–47; DEPREUX, Prosopographie S. 246 f.; PANGERL, Metropolitanverfassung S. 57 f., 117, 121–129, 280, 303 f. und 309; ZELL, Erzbischof Hildebald.

1709) LEVISON, Die Bonner Urkunden Nr. 14 (787/788) S. 242. Im Gegensatz zur Meinung von ZELL, Erzbischof Hildebald S. 55 mit Anm. 1 und S. 125 Anm. 144, ist der Oktober 787 nicht der terminus ante quem für die Bischofserhebung HILDEBALDs, weil die Urkunde ohne genaues Datum nur „im 22. Regierungsjahr Karls" datiert wird. Vgl. PERLBACH, Aus einem verlorenen Codex Nr. 14 S. 156; BM² 115e und 130d. HILDEBALDs Karriere vor der Bischofserhebung ist

lenaussage nur ungefähr zwischen 794/795 und 811 datiert. Daniel Carlo Pangerl und Verena Zell sind aber der Meinung, dass die Aufwertung Kölns zum Erzbistum spätestens 805 geschah[1710]. Um 794 scheint seine Beziehung zum König enger geworden zu sein. Auf der Synode von Frankfurt wurde er aufgrund der Bewilligung des Papstes Hadrian und der Zustimmung der Synodalväter von der Residenzpflicht befreit, damit er ständig am Hof verweilen konnte[1711]. Aber er dürfte vielleicht schon kurz nach dem Tod des Erzbischofs Angilram von Metz das Amt des Erzkapellans übernommen haben, mit dessen Befugnis er sich auch an der Urkundenausstellung beteiligte[1712]. In einem Brief, der im Zusammenhang mit der Frankfurter Synode stehen dürfte, dankte Karl der Große den fünf *episcopi* für ihre Antworten auf seine Frage über die Gnaden des Heiligen Geistes. Einer dieser fünf Bischöfe war HILDEBALD[1713]. Er war Abt des Stifts St. Cassius und Florentius in Bonn[1714]. In Bayern gab Karl seinem Erzkapellan das Reichskloster Mondsee[1715]. Im Testament Karls wird er

unklar. Vgl. SCHIEFFER, Karl der Große und die Einsetzung der Bischöfe S. 463; ZELL, Erzbischof Hildebald S. 55–57.

1710) PANGERL, Metropolitanverfassung S. 124–127; ZELL, Erzbischof Hildebald S. 67–73.

1711) MGH Conc. 2,1 Nr. 19 G c. 55 S. 171. Dazu FLECKENSTEIN, Hofkapelle S. 50 mit Anm. 39.

1712) Vgl. D KdG 206 (Ingelheim, 807. 8. 7.) S. 276: *Hildebaldus episcopus ita firmavit.*

1713) Epp. variorum Nr. 21, in: MGH Epp. 4 S. 529 f. Die anderen genannten Bischöfe sind MAGENARDUS von Rouen, Egino von Konstanz, Gerhoh von Eichstätt und ein nicht identifizierbarer Bischof Hartrichus. Zur Beziehung dieses Briefs mit der Frankfurter Synode von 794, vgl. BM² 362; WENDEHORST, Eichstätt – Bischofsreihe S. 33

1714) ZELL, Erzbischof Hildebald S. 85–87.

1715) Vgl. Trad. Mondsee Nr. 11 (Mondsee, 803. 3. 18.) S. 110 f., die eine Schenkung zum Kloster bezeugt: *ubi preest sanctus ac venerabilis Hiltipaldus archiepiscopus et sacri palatii capellanus* (S. 110). Dazu vgl. ZELL, Erzbischof Hildebald S. 133 Anm. 172 und S. 173–175. ZELL, ebd. S. 127 mit Anm. 150 sowie S. 132 f. und 175, vermutet, HILDEBALD habe im Sommer und Herbst 803 Karl den Großen auf seiner Reise nach Bayern begleitet und eventuell die Gelegenheit genutzt, dieses Kloster zu besuchen. Ob die Schenkung vom 18. November 803 in Regensburg in HILDEBALDs Beisein gemacht wurde, ist allerdings unklar. Trad. Mondsee Nr. 21 (Regensburg, 803. 11. 18.) S. 120 f. Vgl. BM² 402a–406. Sein Aufenthalt in Mondsee ist sonst nicht nachzuweisen. ZELL, ebd. S. 125–130 (Tabelle 1: Die Aufenthaltsorte Hildebalds). Bei einer Schenkung eines Meginrat ans Kloster

als erster Zeuge bezeichnet[1716]. Anders als andere vertraute Berater Karls behielt HILDEBALD sein Hofamt auch am Hof Ludwigs des Frommen. Seine Teilnahme am Empfang Stephans IV. spiegelt Ludwigs Vertrauen in ihn deutlich wieder.

HILDEBALD (II) (Hildebaldus)

Abt (867)

TÄTIGKEIT ALS KÖNIGSBOTE:

867. 1.–2.: *missus* Karls des Kahlen in Lux (Burgund) mit ISAAK, ODO (II) und BERTRAMNUS (= KRAUSE I 157 und 158)

Die Verhandlung des Rechtsfalls zwischen der Kirche von Langres, vertreten durch den Vogt Alcaudus, und einem gewissen Hildebernus, den die 40 Tagen zuvor durch ISAAK und ODO (II) abgehaltene Gerichtssitzung verhandelte, wurde wiedereröffnet. Nachdem die Entscheidung nochmals auf die nächste Sitzung verschoben wurde, fiel das Urteil zugunsten des Alcaudus aus[1717].

KURZBIOGRAPHIE[1718]:

Reinhold Kaiser weist darauf hin, dass HILDEBALD (II) mit dem *Hildebaldus abbas* identisch sein könnte, der in der Chronik des Klosters St-Bénigne erwähnt ist. Dieser *Hildebaldus abbas* trat nur einmal in der Chronik auf. Der Herausgeber bezeichnet ihn im Register zwar als Abt von St-Bénigne, aber ohne konkreten Grund. Der betreffende Text der Chronik lautet: *In tertio vero anno in curte Arnonis ipso Domno Isaac Episcopo, Odone comite, Hildebaldo abbate,*

Mondsee waren Mamalo, welcher Mönch und *praepositus* des Klosters war, sowie Diakon Lantperht, der als *missus Hildepaldi* bezeichet wird, zugegen. Trad. Mondsee Nr. 115 (Mondsee, 805) S. 219f. ZELL, ebd. S. 174f., vermutet, „dass es sich bei ihm um einen Vertrauten Hildebalds gehandelt haben könnte, wahrscheinlich aus dem Kölner Umfeld und nicht aus der Mondseer Mönchsgemeinschaft“. HILDEBALD beauftragte Lantprecht, ein Homiliar zu erstellen, der als *abbas* dem Erzbischof das angefertigte Werk widmete. Deswegen datiert DIESENBERGER, Predigt und Politik S. 26, die Entstehung dieses Homiliars zwischen 811 und 818. Dagegen schlägt ZELL, Erzbischof Hildebald S. 192f., dessen Entstehung um 810 vor, denn „die Handschrift muss vor 816 nach Köln gelangt sein, weil sich danach der Kontakt zu Mondsee merklich verringerte“.

1716) Vita Karoli S. 84.

1717) Urk. Dijon Nr. 78 (Lux, 867. 2.) S. 107f., hier 108. Siehe ISAAK in der Prosopographie.

1718) Literatur: KAISER, Les évêques de Langres S. 101f. mit Anm. 31.

Bertranno atque ceteris missis dominicis mallum gerentibus[1719]. Es gibt also keine Hinweise, dass er Abt von St-Bénigne gewesen sei. Weiteres über ihn ist nicht bekannt.

HILDEBOLD (Hildeboldus, Hildibaldus, Hiltiboldus)

Graf (867–893)

TÄTIGKEIT ALS KÖNIGSBOTE:

1) 867. 8. 17.: *missus* Ludwigs des Deutschen im Argengau (Alemannien) (= KRAUSE II 200)

Als Intervenienten bei der Ausstellung eines Privilegs für Podololt, seinen Bruder Folcherat und 15 andere Bewohner des Argengaus werden HILDEBOLD und Graf Odalrich[1720] namentlich genannt. Aus dieser Urkunde wird allerdings nichts Genaueres über seine missatische Funktion klar[1721]. Roman Deutinger meint allerdings, dass „die Erteilung der missatischen Gewalt an Hildebold [...] nicht erst ad hoc (erfolgte), sondern [...] Seine Stellung als Missus in Alemannien“ hätte ihm zufolge „den Grund für die Argengauer“ gebildet, „ausgerechnet ihn als Fürsprecher beim König auszuwählen“[1722].

2) 872. 4. 14.: *missus* Ludwigs des Deutschen im Argengau (= KRAUSE II 203)

Beim Besitztausch zwischen dem Abt GRIMALD von St. Gallen und den oben genannten Folcherat war er in Buchhorn/Friedrichshafen als Zeuge anwesend[1723].

3) 886. 11. 11.: *legatus* Karls III. in Winterthur (Alemannien) mit SALOMO (II), GOZBERT und RUADHOH (= KRAUSE II 212)

Die vier Missi waren als Zeugen beim Hörigentausch zwischen dem Abt Bernhard von St. Gallen und einem gewissen Tisi anwesend[1724].

1719) Chron. St-Bénigne S. 103.

1720) Zu ihm vgl. TELLENBACH, Königtum und Stämme S. 51 (Nr. 28, c); GLANSDORFF, Prosopographie S. 195–197.

1721) D LdD 124 (Regensburg, 867. 8. 17.) S. 174 f., hier S. 174: ... *qualiter dilectus nepos noster Odolricus comes et Hildeboldus missus noster innotuerunt nobis, quod quidam homines de Argengeuue deprecarentur celsitudinem nostram, ut ...*

1722) DEUTINGER, Königsherrschaft S. 175.

1723) UB St. Gallen 2 Nr. 557 S. 171 = ChLA 107 Nr. 54 (Buchhorn, 872. 4. 14.) S. 136 f., hier S. 136: +*Hiltiboldi missi regis.*

1724) UB St. Gallen 2 Nr. 656 S. 260 = ChLA 109 Nr. 36 (Winterthur, 886. 11. 11.) S. 88 f., hier S. 89. Siehe GOZBERT in der Prosopographie.

KURZBIOGRAPHIE[1725]:
Als Graf kann HILDEBOLD zwischen 879 und 886/887 in Alemannien nachgewiesen werden. 893 saß er als *missus* des Kaisers Arnolf einer Gerichtsversammlung in Alemannien vor[1726].

HILDEBRAND (I) (Hildebrandus)
Graf (belegbar 796, gestoben 818)

TÄTIGKEIT ALS KÖNIGSBOTE:
796[1727]: *missus* Karls des Großen in *Botedonovilla* im Gau von Autun mit ANSBERT (= KRAUSE I 159)

Nachweisbar war er als einer der Vorsitzenden beim Gerichtsverfahren, das die Hörigkeit eines Dodo zum König verhandelte[1728]. Hier ist zu fragen, ob die beiden genannten Personen *Hildebrandus missus* und *Hildebrannus comes* identisch waren. Wie unten erklärt, sehe ich hier ein und denselben HILDEBRAND (I). Da es sich bei der Streitsache um das Fiskalrecht des Königs handelte, wollte oder musste er vielleicht statt seiner Jurisdiktion als ortsfremder Graf (ein Theoderich war Graf in Autun) mit der königlichen Jurisdiktion durch seine missatischen Befugnisse zu Gericht sitzen.

Eine andere Besonderheit dieses Gerichtsverfahrens ist, dass der Ankläger der *advocatus* des ortsfremden Grafen HILDEBRAND (I) war, der die Villa Joux als Benefizium hatte.

1725) Literatur: BORGOLTE, Die Grafen Alemanniens S. 143; DEUTINGER, Königsherrschaft S. 173 und 175 f.; GLANSDORFF, Prosopographie S. 159 f.

1726) UB Zürich Nr. 159 (893. 5. 7.) S. 70.

1727) Krause datiert, aufgrund der älteren, frühneuzeitlichen Edition von Pérard, diese Legation im Jahr 867. Aber diese Datierung wurde durch die Herausgeber dieser Urkunde, Prou und Vidier, abgelehnt. Ich folge der neuen Edition. Vgl. UB Saint-Benoit-sur-Loire S. 23 Anm. 3. Ebd. Nr. XII & XIII S. 28–30 zum Todesjahr 818.

1728) UB Saint-Benoît-sur-Loire Nr. IX (*Botedonovilla*, 796. 2.) S. 24: *Notitia quibus præsentibus Ansberto et Hildebrando, missis dominicis, seu ceteris personis qui ibidem aderant, ibique adveniens Moyses, advocatus Hildebranno comiti, die martis, Botedono villa, mallavit hominem aliquo nomine Dodono, quod servus erat domno Karolo de suum beneficium, de villa quæ dicitur Jovo, quæ est in pago qui dicitur Augustidunense super fluvium Vulraca. Tunc interrogatum fuit jam dicto Dodono quid dicere vellebat, sed ille jam dictus Dodo minime denegavit et ad pedes ipsius Moyse jactavit atque recredidit quod servus erat domno Karolo rege de jam dicta villa Jovo, deinde suum wadium dedit quæ negligens de ipso servitio fuit, qualiter sua lex est.*

KURZBIOGRAPHIE[1729]:
HILDEBRAND (I) war Sohn Nibelungs, der seinerseits Sohn des älteren Hildebrand, nämlich des Halbbruders Karl Martells, war. Nach den umfangreichen Untersuchungen Léon Levillains über die Nibelungen war seine Auffassung allgemein anerkannt: *Hildebrandus missus* von 796 sei identisch mit *Hildebrandus comes*, der 827 als Heerführer nach Spanien gesandt wurde. Der zuletzt genannte *Hildebrandus* war Vater von ECCHARDUS, dessen Tätigkeit sowie Tätigkeiten seiner Geschwister noch bis zum Anfang der 880er Jahren nachweisbar sind. Brigitte Kasten war jedoch skeptisch gegenüber Levillains Auffassung und wies auf eine mögliche Lücke zwischen Nibelung und ECCHARDUS' Vater Hildebrand bei Levillains genealogischer Rekonstruktion hin. Aber aufgrund Kastens Hinweis ging Christian Settipani weiter und unterschied zwei Hildebrand, nämlich Nibelungs Sohn einerseits und sein Enkel und ECCHARDUS' Vater andererseits. In der vorliegenden Arbeit werden sie als HILDEBRAND (I) und HILDEBRAND* (II) behandelt.

HILDEBRAND* (II) (Hildebrandus, Hildebrannus)
Graf (821–827)

TÄTIGKEIT ALS KÖNIGSBOTE:
*827: im Auftrag Ludwigs des Frommen nach Spanien mit HELISACHAR und DONATUS (= KRAUSE II 86)

Zur Beruhigung der Spanischen Mark schickte Ludwig seine Missi, nämlich HELISACHAR und Grafen HILDEBRAND* sowie DONATUS voraus, bevor er dorthin die Truppen entsandte[1730].

KURZBIOGRAPHIE[1731]:
Die Forschung hat diesen Grafen im militärischen Auftrag lange Zeit aufgrund der verdienstvollen Untersuchungen Levillains mit dem Sohn Nibelungs I. identifiziert. Dagegen unterscheidet Settipani den Missus-Graf HILDEBRAND (I) von einem anderen HILDEBRAND* (II), der 827 nach Spanien geschickt wurde. Mit

---

1729) Literatur: LEVILLAIN, Nibelungen 1; LEVILLAIN, Nibelungen 2; KASTEN, Erbrechtliche Verfügungen S. 298–302; DEPREUX, Prosopographie S. 248; SETTIPANI, La préhistoire S. 342–344.

1730) ARF a. 827 S. 172; Astronomus c. 41 S. 438. Die vollständige Zitate finden sich bei HELISACHAR in der Prosopographie.

1731) Literatur: LEVILLAIN, Nibelungen 1; LEVILLAIN, Nibelungen 2; KASTEN, Erbrechtliche Verfügungen S. 298–302; DEPREUX, Prosopographie S. 248; SETTIPANI, La préhistoire S. 342–346.

HILDEBRAND* (II) wird Graf Hildebrand identifiziert, der 826 in einem Brief Ludwigs des Frommen an einen Missus erwähnt wurde: HILDEBRAND* klagte vor den für seine Grafschaft zuständigen Missi gegen seine *pagenses*, die sich weigerten, Postpferde abzuliefern[1732]. THEOTBERT war sein Bruder.

HILDEBRAND (III) (Hildeprandus, Ildebrandus)
Graf (857–899)

TÄTIGKEIT ALS KÖNIGSBOTE:

871, vor 12. 18.: *missus* Ludwigs II. von Italien in Lucca mit OSCHISUS, PLATO, ADALBERT (III), ANDREAS (III) und UBALD (= KRAUSE II 167)

Auf Bitte des Bischofs Gerhard von Lucca setzte Ludwig die Bischöfe OSCHISUS von Pistoia, PLATO von Pisa, *vocatus episcopus* ANDREAS (III) von Florenz, den Markgrafen ADALBERT (III), Grafen HILDEBRAND (III) und den kaiserlichen *fidelis* UBALD als Missi ein, damit sie in Bezug auf die entfremdeten Kirchengüter von Lucca das Inquisitionsverfahren durchführen konnten[1733].

KURZBIOGRAPHIE[1734]:

HILDEBRAND (III) war Bruder des Bischofs Jeremias von Lucca (852–867/868), der vor der Legation HILDEBRANDs gestorben war[1735]. Die Vorfahren dieser Brüder waren Schwarzmaier zufolge eben jene Langobarden, die seit alters her mit den Franken zusammenarbeiteten. Während ihr Vater Eriprand nur als *vassus domni imperatoris* nachgewiesen wird[1736], hatte HILDEBRAND seit 857 den Titel des Grafen: In diesem Jahr war er zusammen mit Jeremias bei der missatischen Gerichtssitzung in der *curtis ducalis* von Lucca anwesend[1737]. Im Oktober 862 tauschte er mit seinem Bruder seinen

1732) MGH Capit. 1. Nr. 155 c. 10 S. 315 = Ansegis App. 3, 10 S. 681.

1733) D L II. It. Nr. 55 (vor 871. 12. 18.) S. 174 f., inseriert in: MANARESI Nr. 71, hier S. 258 f. = ChLA 82 Nr. 42 (Lucca, 871. 12. 18.) S. 138–145, hier S. 140. Siehe OSCHISUS in der Prosopographie.

1734) Literatur: HOFMEISTER, Markgrafen S. 335–340; SCHWARZMAIER, Lucca S. 95–97; BZ 339.

1735) Zu Jeremias vgl. SCHWARZMAIER, ebd.

1736) 840 war er bei der missatischen Gerichtssitzung in Lucca anwesend. MANARESI Nr. 44 (Lucca, 840. 2.) S. 144–147. Siehe dazu MAURINUS und RODINGUS in der Prosopographie.

1737) MANARESI Nr. 62 (Lucca, 857. 12.) S. 222 (die betreffenden Missi waren HERIBRAND und JOHANNES [V]).

Besitz in der Gegend von Grosseto gegen Kirchengüter von Lucca im Gebiet von Montopoli[1738]. Er hatte eine gewisse Verbindung zu Lucca, war aber nicht Graf von Lucca. Er ist in verschiedenen Urkunden bis 899 nachweisbar, die aus Lucca überliefert sind.

HILDEGAR (Hildegarius)

Bischof von Meaux (855–873)

TÄTIGKEIT ALS KÖNIGSBOTE:

855, vor 9. 25.: *missus* Karls des Kahlen im Kloster St-Benoît-sur-Loire mit WENILO, AGIUS, und HEINARD (= –)

Auf Bitte der Mönche schickte Karl vier Geistliche als Missi nach dem Kloster zur Untersuchung der Besitzlage aus. Aufgrund dieser Untersuchung bestätigte Karl den Besitz und dessen Nutzung für den Abt, die Mönche sowie für den königlichen Dienst[1739].

KURZBIOGRAPHIE[1740]:

Vor seiner Bischofserhebung war HILDEGAR Mönch in St-Denis und verdankte dem König seinen Bischofssitz. Als Bischof ist er zuerst 855, also kurz vor seiner Legation, bei der Synode von Bonneuil belegt[1741]. 856 war er bei der Provinzialsynode in Sens anwesend[1742]. Im Synodalschreiben an Ludwig den Deutschen, das auf der Synode von Quierzy 858 formuliert wurde, ist seine aktive Rolle bei der Kritik am ostfränkischen König erwähnt[1743]. Er war auch 859 bei der Vorbesprechung in Metz für die große Versammlung in Savonnières anwesend: Er war einer der bischöflichen *legati*, die an Ludwig den Deutschen gesandt wurden[1744]. Danach kam er nach Savonnières[1745]. In den folgenden Jahren ist seine Anwesenheit bei den vielen Versammlungen nachweisbar: Aachen im Februar 860, Tusey im Herbst

---

1738) UB Lucca, 4,2 Nr. 36 S. 48 f. = ChLA 81 Nr. 38 (Lucca, 862. 10. 9.) S. 114–117 (Tauschurkunde); UB Lucca 5,2 Nr. 761 S. 457 f. = ChLA 81 Nr. 40 (Lucca, 863. 3. 29.) S. 120–123 (zur Zahlung der Abgabe an die Kirche von Lucca).

1739) D KdK Nr. 177 (*Apud illum Casnum*, 855. 9. 25.), 1 S. 465–469, hier S. 467 f. Siehe den Text bei AGIUS in der Prosopographie.

1740) Literatur: Fastes 2 S. 479.

1741) MGH Conc. 3 Nr. 34 (Bonneuil, 855. 8. 24.) S. 370. Seine Unterschrift für das Verhandlungsprotokoll der Synode von Soissons 853 wurde nachträglich hinzugefügt. Ebd. Nr. 27 S. 278 mit Anm. 145.

1742) MGH Conc. 3 Nr. 37 S. 382.

1743) MGH Conc. 3 Nr. 41 c. 3 S. 409.

1744) MGH Conc. 3 Nr. 45 (Metz, 859. 5. 28. – 6. 4.), hier S. 438.

1745) MGH Conc. 3 Nr. 47 (Savonnières, 859. 6. 14.) S. 463 und 468.

860, Pîtres im Juni 861 sowie im Juni 862, Verberie im Oktober 863, Soissons im August 866, Troyes im Herbst 867, Verberie im April 869, Pîtres im Juli 869, Attigny im Frühsommer 870, Compiègne im Januar 871, Douzy im Sommer 871 und Senlis 873[1746]. Außerdem hatte er im Oktober 863 beim Hofgericht in Verberie den Beisitz[1747].

HILMERAD (Hilmeradus, Elemeradus)

Bischof von Amiens (846/847–871)

TÄTIGKEIT ALS KÖNIGSBOTE:

853. 11.: *missus* Karls des Kahlen in Rouen, Talou, Vimeu, Ponthieu und Amiens mit Erzbischof PAUL von Rouen, HERLOIN (I) und HUNGAR (KRAUSE I 142)

Er war einer der Missi im Missaticum um Rouen und Amiens[1748]. Bemerkenswert ist, dass er nicht mit seinem eigenen Metropoliten (HINKMAR [I] von Reims), sondern mit dem Erzbischof von Rouen zusammenarbeitete.

KURZBIOGRAPHIE[1749]:

Auf seine Erhebung zum Bischof von Amiens übten Karl der Kahle und LUPUS* von Ferrières Einfluss aus[1750]. Im Sommer 850, wahrscheinlich im Anjou, trafen die westfränkischen Bischöfe zusammen, um Maßnahmen gegen die Übergriffe des bretonischen Fürsten NOMINOE zu ergreifen. HILMERAD war dort anwesend[1751]. Nachweisbar ist seine Teilnahme ansonsten an den Synoden von Paris 846 oder 847, von Soissons im April 853, von Verberie im August 853, von Bonneuil im August 855, von Savonnières im Juni 859, von Tu-

1746) MGH Conc. 4 Nr. 2 (Aachen, 860. 2.) S. 8; Nr. 3 (Tusey, 860. 10. 22. – 11. 7.) S. 21 und 40; Nr. 6 (Pîtres, 861. 6. 25.) S. 55; Nr. 10 (Pîtres, 862. 6.) S. 113, 117 und 120; Nr. 18 (Verberie, 863, Ende Oktober) S. 168; Nr. 23 (Soissons, 866. 8. 18.–25.) S. 217, 221 und 227, Nr. 24 (Troyes, 867. [10.–11.]) S. 238 und 245; Nr. 29 (Verberie, 869. 4.) S. 331; Nr. 31 (Pîtres, 869. 7.) S. 362; Nr. 33 (Attigny, 870. 6./7.) S. 388; Nr. 36 (Compiègne, 871. 1.) S. 407 (in Bezug auf die Exkommunikation Karlmanns wieder erwähnt im Beschluss von Douzy, im Sommer 871, ebd. Nr. 37 S. 447); Nr. 37 (Douzy, 871. 8. 5. – 9. 6.) S. 517 f., 522 f. und 572; Nr. 39 (Senlis, 873) S. 577 f.

1747) D KdK Nr. 258 (Verberie, 863. 10. 29.), 2 S. 81–86, hier S. 85.

1748) MGH Capit. 2 Nr. 260 S. 275. Siehe den Text bei HERLOIN (I) in der Prosopographie.

1749) Literatur: Fastes 3 S. 130; NELSON, Charles the Bald S. 326 f.

1750) Lupus 2 Nr. 74 (an Mönch Ratramnus von Corbie) S. 14, 16.

1751) MGH Conc. 3 Nr. 20 S. 202–206, hier S. 203.

sey im Oktober 860, von Pîtres im Juni 862, von Verberie im Oktober 863, von Quierzy im Dezember 868 und von Verberie im April 869[1752]. 870/71 konnte er an den Synoden von Attigny im Sommer 870 und von Douzy im Sommer 871 nicht persönlich teilnehmen[1753].

HILPIDIUS (Hilpidius)
Gastalde (787)

TÄTIGKEIT ALS KÖNIGSBOTE:
787. 5.: *missus* Karls des Großen in Valva mit ANGILBERT (I) und RESMO (= KRAUSE II 20)

Karl beauftragte seine drei Missi mit der Inquisition beim Streit zwischen dem Kloster S. Vincenzo al Volturno und den Bewohnern in Valva[1754].

KURZBIOGRAPHIE:
Über ihn ist nichts Weiteres bekannt.

HILTERATUS (Hilteratus)
Missus (vor 821)

TÄTIGKEIT ALS KÖNIGSBOTE:
Vor 821. 2. 15[1755].: *missus* Ludwigs des Frommen im Zürichgau mit SIGIBERTUS, FRIUNTO, GERHARD (I) und LIUDERICUS (II) (= KRAUSE II 114)

29 Zeugen bestätigten eidlich vor den Missi dominici dreimal – zuerst vor SIGIBERTUS und FRIUNTO, dann vor HILTERATUS und GERHARD (I), zuletzt vor LIUDERICUS (II) –, dass Uznach,

1752) MGH Conc. 3 Nr. 13 (Paris, 846/847) S. 148; Nr. 27 (Soissons, 853. 4.) S. 264 und 277; Nr. 31 (Verberie, 853. 8. 27.) S. 304 und 306; Nr. 34 (Bonneuil, 855. 8.) S. 370; Nr. 47 (Savonnières, 859. 6. 14.) S. 469; MGH Conc. 4 Nr. 3 (Tusey, 860. 10. 22. – 11. 7.) S. 22; Nr. 10 (Pîtres, 862. 6.) S. 112, 117 und 120; Nr. 18 (Verberie, Ende 860) S. 167; Nr. 28 (Quierzy, 868. 12. 3.) S. 320; Nr. 29 (Verberie, 869. 4.), S: 330 und 334.

1753) MGH Conc. 4 Nr. 33 (Attigny, 870. 6./7.) S. 388 (*vicario suo*); Nr. 37 (Douzy, 871. 8. 5. – 9. 6.) S. 522 (*Geroldus presbyter ad vicem domni et patris mei Helmeradi...* Seine Unterschrift zur Synodalurkunde für St-Médard in Soissons dürfte eine nachträgliche sein. Ebd. S. 572.)

1754) MANARESI, Inquisitiones Nr. 1 (Peltino, 787. 5.) S. 549–566. Siehe den Text bei ANGILBERT (I).

1755) Zur Datierung, vgl. BORGOLTE, Geschichte der Grafschaften S. 90 f.; BORGOLTE, Kommentar S. 455.

Lützelau und Bäretswil eigentlich zum Kloster St. Gallen gehören würden[1756].

KURZBIOGRAPHIE[1757]:

HILTERATUS ist nur hier bezeugt und dürfte einer der Verwalter des Fiskus in Zürich gewesen sein. Nicht unwahrscheinlich ist die Annahme, dass die dreistufige Vereidigung die Dreiteilung der Zuständigkeit innerhalb des Fiskus, z. B. jeweils in Uznach, Lützelau und Bäretswil, widerspiegeln sollte.

HIMEMNO (Himemno)

Pfalzgraf (869/874)

TÄTIGKEIT ALS KÖNIGSBOTE:

Ende 869 – 874. 10.: *missus* Karls des Kahlen im Poitou mit HITERIUS (= –)

Auf Bitte des Abtes Frothar von Charroux (Erzbischof von Bordeaux) ernannte Karl zwei Missi, die den Besitz des Klosters, der aus Königsgut stammte, untersuchen sollten. Für diese Legation stellte er ein Mandat an die öffentlichen Amtsträger aus, mit dem er ihnen befahl, die Mission nicht zu stören und keine Abgaben zu fordern. Nicht zu übersehen ist die Aussage, dass einer dieser Missi gegebenenfalls allein zur Untersuchung kommen könne. Das ist bemerkenswert, weil einer der Missi HITERIUS *junior* des Pfalzgrafen HIMEMNO war und deswegen im Vergleich zu seinem Chef kaum über eigene Macht verfügt haben dürfte[1758].

1756) UB St. Gallen 2, Anhang Nr. 19 S. 396 = Chart. Sangall. Nr. 269 (vor 821. 2. 15.) S. 257 f. Das vollständige Zitat findet sich bei FRIUNTO in der Prosopographie.

1757) Literatur: BORGOLTE, Geschichte der Grafschaften S. 90; DEPREUX, Prosopographie S. 418.

1758) D KdK Nr. 375 (Ende 869 – 874. 10.), 2 S. 334–336, hier S. 335 f.: … *ob peticionem Frotarii venerabilis abbatis ex Karroffo monasterio missos constituimus super causam sancti Salvatoris ejusdem monasterii, quod est constructum in nostro proprio, Himemnonem videlicet, comitem palatii nostri, et Hiterium juniorem ejus ut justicias facere studeant et inde infra ditionem regni, ubicumque ipse res conjacent. Petiit etiam ut quemadmodum ab avo nostro Karolo seu dompno genitore nostro Ludovico eidem concessum est monasterio, ad ipsam causam una cum ipsis missis nostris inquirendam advocatos per nostre auctoritatis scriptum eis habere concederemus, quod ita et fecimus. Ideoque hos celsitudinis nostre apices eis dari jussimus, per quos precipimus atque jubemus ut ubicumque in ministerio seu potestatibus prefati missi nostri aut simul aut sigillatim venerint ad nostrarum rerum*

KURZBIOGRAPHIE[1759]:
Da es sich um eine Angelegenheit im Poitou handelte, könnte man diesen Pfalzgrafen HIMEMNO mit dem Grafen Emino im Poitou identifizieren[1760]. Aber in allen Quellenaussagen über einen Emino oder Personen mit einem ähnlich klingenden Namen in Aquitanien, besonders im Poitou des 9. Jahrhundert (etwa von 828 bis 878)[1761] muss es sich nicht unbedingt um denselben Emino/Himemno handeln. Deswegen muss eine eindeutige Übereinstimmung bei der Identifizierung der einzelnen Belege mit einem bestimmten Emeno offen bleiben. Im Personenkreis des Hofes kann man einen Immo finden, an den HINKMAR (I) von Reims über den Besitz der Reimser Kirche in Aquitanien schreibt[1762].

HINKMAR (I) (Hincmarus)

Erzbischof von Reims (als Erzbischof 845 – †882. 12. 21./23.[1763])
TÄTIGKEIT ALS KÖNIGSBOTE:
1) 853. 11.: *missus* Karls des Kahlen in Reims, Voncq, Astenois, Perthes, Bar-le-Duc, Changy, Châlons-en-Champagne, Vertus, Binson, Tardenois mit RICHUIN und ENGILSCALCUS (= KRAUSE I 137)

Im Missaticum um Reims wurde HINKMAR als Missus eingesetzt[1764].

2) 854. 6.: *missus* Karls des Kahlen in Reims (= KRAUSE I 149; I 166)

HINKMAR war höchstwahrscheinlich auch bei der missatischen Legation von 854 Missus, denn zum einen setzt das 1. Kapitel des Kapitulars vom Juni 854 eine Personalergänzung voraus, d. h. die Missi vom November 853 blieben in der Regel in ihrer missatischen Funk-

---

ejusdem monasterii causas inquirendas, benigne eos suscipiatis et adjutorium prebeatis, ut nostram causam secundum equitatis ordinem veramque legem seu virorum bonorum testimonio adquirere seu diffinire valeant …

1759) Literatur: AUZIAS, L'Aquitaine S. 519–526 und 533–535; DHONDT, Études sur la naissance S. 194 f.; KIENAST, Volksstämme S. 59 Anm. 55; OEXLE, Bischof Ebroin von Poitiers S. 179 mit Anm. 203.

1760) Vgl. AUZIAS, L'Aquitaine S. 535; TESSIER, Intruduction, in: D KdK 3 S. 335.

1761) Vgl. OEXLE, Bischof Ebroin von Poitiers S. 179 mit Anm. 203.

1762) HRE III c. 26 S. 332. STAAB, Mittelrhein S. 418 Anm. 795, versucht die Datierung von SCHRÖRS Reg. 378 (a. 875–876) zu korrigieren. Ihm zufolge wird dieser Brief auf 857 datiert.

1763) WERNER, Gauzlin von Saint-Denis S. 453 mit Anm. 186.

1764) MGH Capit. 2 Nr. 260 S. 275. Das vollständige Zitat findet sich bei ENGILSCALCUS in der Prosopographie.

tion. Zudem ist eine Liste der Namen jener überliefert, die auf einer Versammlung in Reims den Treueid leisteten[1765].

*3) 856. 9. 1. – 10. 10.: (*missus*) Karls des Kahlen in Neustrien/Aquitanien mit IRMINFRID, ADALHARD (III), RUDOLF, RICHUIN und BERENGAR (II) (= –)

Zur vierten Verhandlungskommission gegen die ungehorsamen Franken und Aquitanier zählten HINKMAR von Reims und IRMINFRID von Beauvais neben den vier Missi der dritten Delegation[1766].

*4) 868?: (als *missus?*) im Auftrag Karls des Kahlen in Laon (= –)

Überliefert ist ein Mandat HINKMARs an seine *confratres et comministri* in Laon, das Gerhard Schmitz gefunden und zwischen 853 und 875, aber mit einiger Sicherheit ins Jahr 868 datiert hat. Im ersten Teil dieses Mandats zitiert HINKMAR wörtlich das Mandat Karls des Kahlen an ihn[1767]. Obwohl HINKMAR weder im zitierten Mandat Karls noch in seinem eigenen Brief als Missus bezeichnet ist, dürfte er als Missus dieses Mandat empfangen haben. Zum einen, weil der in diesem Schreiben problematisierte Missstand in Laon den von Klerikern betriebenen Wucher betrifft und dessen Kontrolle in den karolingischen Kapitularien zu den Aufgaben der Missi gezählt wird[1768]; zum anderen sollten die von Hinkmar nach Laon geschickten Missi ihrerseits noch einige *missi* aus den Reihen der (wahrscheinlich örtlichen) Laien bestellen. Dabei wirkten sie alle – HINKMAR, seine Missi nach Laon und deren Missi in der Laoner Grafschaft – *per mandatum domni nostri regis Karoli, ex banno domni regis* oder *auctoritate domni regis*[1769]. Dieser Umstand könnte besser verstanden werden, wenn HINKMAR *missus regis* gewesen wäre[1770].

1765) MGH Capit. 2 Nr. 261 c. 1 S. 277 und Namenliste S. 278.

1766) MGH Capit. 2 Nr. 265 S. 284 f., hier S. 284. Siehe den Text bei ADALHARD (III) in der Prosopographie.

1767) SCHMITZ, Wucher in Laon, mit der Edition S. 556–558. Zur Datierung ebd. S. 542–544. Zu dieser Quelle vgl. auch BÜHLER, Capitularia Relecta S. 386 f.; SIEMS, Handel und Wucher S. 791–797; MERSIOWSKY, Regierungspraxis S. 144 f., 148 f. und 155; MGH Epp. 8,2 Nr. 221 S. 280.

1768) Vgl. MGH Capit. 1 Nr. 46 (a. 806) c. 11 S. 132. Zur Thematisierung des Wuchers in den karolingischen Rechtsquellen wie Kapitularien und Konzilsbeschlüssen vgl. SCHMITZ, Wucher in Laon S. 546–551; SIEMS, Handel und Wucher S. 717–848.

1769) SCHMITZ, Wucher in Laon S. 557. Siehe oben Kapitel 2, § 2, 2, ii.

1770) Schon so eingeschätzt von SCHMITZ, Wucher in Laon S. 542. Wenn HINK-

5) 855–875?: *missus* Karls des Kahlen im Erzbistum Reims (= KRAUSE I 166)

In einem Brief an einen Graf Liutard mahnte HINKMAR als *missus* durch die göttliche und heilige Autorität sowie durch den königlichen *bannus* dazu, auf keinen Fall der Reimser Kirche zu schaden[1771].

6) 875/882: *missus* (eines westfränksichen Königs?) im Erzbistum Reims? (= KRAUSE I 166)

In einem Brief an den Grafen GOIRAMNUS erklärt HINKMAR seine missatische Befugnis: Zur Verfolgung der Verbrecher nutze er seine beiden Befugnisse, nämlich die vom König beauftragte und die zum bischöflichen *ministerium* gehörende[1772].

7) 876/877: *missus* Karls des Kahlen im Erzbistum Reims (= KRAUSE I 166)

In einem Brief an den Grafen Amalbert fordert HINKMAR die Durchsetzung der Gerechtigkeit. Dabei werden seine Stellung als kaiserlicher Missus und die in dieser Angelegenheit sehr effektiven *capitula* ausdrücklich erwähnt[1773].

MAR wirklich als Missus dominicus mit dieser Angelegenheit beschäftigt gewesen wäre, könnte man hier die Veränderung des geographischen Rahmens einzelner Missatica erkennen. Denn, obwohl das Bistum Laon zur Reimser Kirchenprovinz gehörte, war Laon 853 einem anderen Missaticum zugeteilt worden als jenem, dem der Erzbischof von Reims – damals auch HINKMAR – vorstand.

1771) HRE III c.26 S. 336 f. (SCHRÖRS Reg. 547): ...*mandat illi (sc. Liutardo illustri viro) ex auctoritate dei et sancte Marie et sancti Remigii et sua episcopali necnon ex banno regis, cuius missus ipse pontifex (=Hincmarus) erat, ut nullum impedimentum vel ipse vel homines sui hominibus Remensis ecclesie faciant nec per aliquod ingenium vel per consensum suum, sed, si quid rationabile querere vult contra potestatem Remensis ecclesie, per legem querat, quia, si aliter fecerit, tam per episcopalem auctoritatem quam per missaticum regis, quod inde rectum fuerit, sustinebit. Excommunicat etiam quendam diaconum ipsius, qui adversabatur famulis sancti Remigii, et cetera.*

1772) HRE III c. 26 S. 343 (SCHRÖRS Reg. 555: 875–882): *Goiranno comiti propter quendam hominem ipsius, qui gravia quedam commisisse ferebatur crimina, et quia non audebat ea domnus presul indiscussa dimittere, praecatur hunc propter dilectionem, ut eum ad se venire iubeat discutiendum ab ipso; quia, si non fecerit, distringetur gravius ab illo tam de ministerio episcopali quam de missatico regis.* Da der Königstitel erwähnt ist, darf die Kaiserzeit Karls ausgeschlossen werden.

1773) HRE III c. 26 S. 345 f. (SCHRÖRS Reg. 408: 876–877) : ... *quia missus imperatoris erat et capitula ipsius pro defensandis advenis et necestuosis habebat. Unde tam eidem comiti quam omnibus exactoribus atque iuditibus, qui in hoc resederant iuditio, ex verbo dei omnipotentis et banno imperatoris episcopali auctoritate prae-*

8) 855/882: *missus* Karls des Kahlen? im Erzbistum Reims (= KRAUSE I 166)

Als HINKMAR in seinem Brief an einen Grafen Achadeus über die Plünderung durch dessen Gefolge klagte, erklärte der Reimser Erzbischof, dass er durch sein *missaticum* die Räuber exkommunizieren könne, und mahnte, dass der Graf eigentlich die Übeltäter verfolgen müsse[1774].

KURZBIOGRAPHIE[1775]:

Da bereits zwei Biographien über diesen bekannten Prälaten von Heinrich Schrörs und Jean Devisse[1776] vorgelegt wurden, konzentriere ich mich hier in der Regel auf seine Tätigkeit in der Reichsverwaltung und seine Beziehungen zu den Königen, besonders zu Karl dem Kahlen.

HINKMAR (I) verdankte dem jungen König Karl seinen Bischofssitz[1777], und die enge Beziehung zwischen ihnen ist schon in der Urkunde vom 12. August 844 sichtbar, mit der Karl ihm Besitz im Pincernais schenkte. Anhand des Ausstellungsorts der Urkunde in der Auvergne wird klar, dass HINKMAR Karls Feldzug nach Aqui-

cipit, ut eundem hominem nullus pro hac re condempnet aut inquietet vel contradictionem faciat, donec ipse presul per se ipsum vel per missos suos hanc causam diligenter inquirat et secundum leges ecclesiasticas et humanas hoc iuste et rationabiliter diffiniat denuntians, quod quisque hoc contra dei preceptum praesumpserit agere, primo secundum capitula legalia hoc eum emendare faciat, deinde secundum legis ecclesiasticas illum a communione christianorum usque ad satisfactionem repellat.

1774) HRE c. 26 S. 345 (SCHRÖRS Reg. 546: ca. 855–882) : *...pro rapinis, quas audiebat ab eius hominibus fieri in ipsius comitatu et pro villa Spantia, de qua ille annonam ecclesie Remensis auferri disponebat; notificans ei, quod, si aliquid inde raperet, tam ipsum quam suos excommunicaret et alienos ab omni christianitate faceret atque per suum missaticum, quod de illo comite fieri debet, qui in suo comitatu iniusticiam faciat, exequi procuraret.*

1775) Literatur: SCHRÖRS, Hinkmar; DEVISSE, Hincmar; STRATMANN, Hinkmar von Reims als Verwalter; Rudolf SCHIEFFER, Hinkmar von Reims, in: TRE 15 S. 355–360; STONE, Introduction: Hincmar's world.

1776) Zu dieser letzteren Biographie vgl. SCHIEFFER, Möglichkeiten und Grenzen. Neuerdings ist zudem ein Sammelband über ihn erschienen: STONE und WEST (Hrsg.), Hincmar of Rheims.

1777) MGH Conc. III Nr. 9 S. 47–55; HRE III c. 1 S. 190 f.; D KdK Nr. 90bis. (845. 4. – 847. 1.), 2 S. 517. Er war anwesend an der Synode von Beauvais im April 845 als *presbyter et vocatus archiepiscopus.* MGH Conc. 3 Nr. 9 S. 54.

tanien begleitete[1778]. Kurz nach seiner Bischofserhebung bekam er außerdem am 1. Oktober 845 eine Urkunde Karls, mit der der König die entfremdeten Güter der Reimser Kirche restituierte[1779]. Zwischen 847 und 851 reiste er zu den Höfen Lothars I. und Ludwigs des Deutschen: In Flodoards Briefregesten ist ein Brief HINKMARs an Karl überliefert, in dem der Reimser Erzbischof dem König von seiner Friedensmission bei Lothar I. und Ludwig dem Deutschen berichtete. Aus dem knappen Text kann man allerdings keine konkrete Informationen zu dieser Mission gewinnen[1780]. Er nahm an der Synode von Metz am 28. Mai 859 teil, die als Vorstufe der Wiederherstellung des Friedens auf der großen Synode in Savonnières zehn Tage später anzusehen ist. Dabei wurde HINKMAR (I) zu einem der Legaten an den ostfränkischen König Ludwig in Worms gewählt. Der Relatio legatorum zufolge scheint HINKMAR (I) an der Spitze dieser Gesandten gestanden zu haben[1781]. Er war auch an der Versammlung von Tusey beteiligt[1782]. Im Oktober 863 hatte er beim Hofgericht in Verberie den Beisitz[1783]. Nachdem Ludwig der Deutsche und Karl der Kahle 865 in Tusey einen Vertrag[1784] geschlossen hatten, wählte jeder König dafür die Bürgen jeweils aus den anwesenden Großen seines Bruders aus: Ludwig wählte neben dem Kämmerer und Grafen Engilram auch HINKMAR[1785]. Er wurde 867 beim Vertrag in Metz noch einmal zu einem der Bürgen ernannt[1786]. Gerade in den Briefregesten über die Angelegenheit des aufständischen Karlmann, um 870, kommentierte Flodoard, dass HINKMAR durch das königliche Mandat eine Versammlung der Bischöfe und der weltlichen Großen

---

1778) D KdK Nr. 57 (*in villa Mariscarias* in der Auvergne, 844. 8. 12.), 1 S. 161–163. Vgl. LOT und HALPHEN, Le règne de Charles le Chauve S. 119–121.

1779) D KdK Nr. 75 (*in villa Avegio* im Anjou, 845. 10. 1.), 1 S. 210–213 = HRE III c. 4 S. 194 f.; BF 495.

1780) Hinkmars Bericht 847–851: MGH Epp. 8,1 Nr. 41 S. 25 = HRE III. c. 18 S. 257: *Item (sc. Karolo) de missatico suo, quod executus est apud Lotharium imperatorem et Ludowicum Transrenensem, fratres ipsius Karoli, pro pacto pacis inter eosdem tres fratres componendo.* Vgl. auch Epp. 8,1 Nr. 42 S. 25.

1781) MGH Conc. 3 Nr. 45, hier S. 438 und 433 f. (Relatio). Zu dieser Synode vgl. HARTMANN, Die Synoden S. 255 f.

1782) MGH Conc. 4 Nr. 3 (Tusey, 860. 10. 22. – 11. 7.) S. 20 und 37.

1783) D KdK Nr. 258 (Verberie, 863. 10. 29.), 2 S. 81–86, hier S. 85.

1784) MGH Capit. 2 Nr. 244 (865. 2. 19.) S. 165–167.

1785) AF a. 864 (korr. zu 865. 2.) S. 62.

1786) MGH Capit. 2 Nr. 245 S. 167 (Inskription).

statt des abwesenden Königs einberufen sollte[1787]. Karl benannte 877 HINKMAR als einen von acht Vertrauten, die bei seinem Tod seine Bibliothek unter St-Denis, St. Maria in Compiègne und seinem Sohn Ludwig aufteilen sollten[1788].

Wichtig für die vorliegende Arbeit über die Missi ist allerdings zu bemerken, dass HINKMAR trotz seiner Führungsrolle in der Reichsregierung, seiner Königsnähe und seiner mehrmaligen Legationen das Missatswesen nicht erläuterte, als er gegen Ende seines Lebens für den jungen westfränkischen König Karlmann II. einen Fürstenspiegel mit einer Darstellung der idealen Reichsregierung verfasste[1789].

Während seines Pontifikats wurden er und die Reimser Kirche von Karl mehrmals belohnt[1790]. Der oben erwähnten Restitution (845) folgend bestätigte Karl 850 eine Urkunde Ludwigs des Frommen für die Reimser Kirche über die Befreiung von Dienst und Abgaben zur Aachener Pfalz und über die Schenkung bezüglich der Stadtmauer und der öffentlichen Wege[1791]. Als die Annäherung zwischen Ludwig dem Deutschen und Karl in den 860er Jahren zu beobachten war, strebte HINKMAR die Sicherung der entlegenen Güter der Reimser Kirche in Thüringen an. Er schrieb zum Beispiel wegen dieser Angelegenheit an Bischof Altfrid von Hildesheim, den er auf der diplomatischen Bühne mehrmals gesehen und wahrscheinlich gut kennengelernt hatte[1792]. Die von Flodoard registrierte Urkunde Ludwigs zur Rückgabe der entfremdeten Güter der Reimser Kirche im Wormsgau, in den Vogesen und in Thüringen wurde höchstwahr-

---

1787) HRE III c. 18 S. 254 f.: *Domno vero Hincmaro rex idem non solum de rebus ecclesiasticis, sed et de populo in hostem convocando, ut ipse hoc ageret, mandare solebat, et ipse accepto regis mandato tam episcopos quam comites convocare solitus erat.* Die Herausgeberin Stratmann meint, die hier gemeinten „Kriegszüge“ seien „die Aufgebote gegen die Normanen“. Ebd. S. 255 Anm. 19.

1788) MGH Capit. 2 Nr. 281 c. 12 S. 358 f.

1789) Hinkmar, De ordine palatii.

1790) Flodoard registriert sechs Schenkungen Karls, HRE III c. 10 S. 209, von denen eine möglicherweise mit D KdK Nr. 130 (= HRE III c. 4 S. 197) identisch ist. HRE III S. 209 Anm. 47.

1791) D KdK Nr. 130 (Verberie, 850. 5. 26.), 1 S. 340–342. Eine Schenkungsurkunde Ludwigs des Frommen für die Reimser Kirche unter EBBO ist eine Fälschung. BM² 801; D LdF †245 S. 611–614.

1792) HRE III c. 23 S. 303. Vgl. hierzu GOETTING, Die Hildesheimer Bischöfe S. 97–101.

scheinlich in diesem Kontext ausgestellt[1793]. Um die Jahreswende 879/880 schrieb HINKMAR an Leutgard, Gemahlin Ludwigs des Jüngeren, und bat sie um ihre Vermittlung beim ostfränkischen König: Durch seine eigenen Gesandten wollte HINKMAR Ludwig dazu anregen, seine Missi nach Reims zu schicken, damit diese die Reimser Kirche und die in seinem Bistum liegenden Klöster vor der Gewalt der ostfränkischen Truppen schützen[1794]. Für HINKMAR gab es also die Option, zur Sicherung der Rechte seiner Kirche Missi eines auswärtigen Herrschers herbei zu rufen[1795].

HINKMAR (II) (Hincmarus, Incmarus)

Bischof von Laon (858–871, †879)

TÄTIGKEIT ALS KÖNIGSBOTE:

864? (spätestens 867): *missus* Karls des Kahlen in Gothien (= –)

HINKMAR (II) verteidigte sich 870 vor dem Königsgericht in Attigny gegen die Anklage eines Vasallen der Kirche von Laon namens Ragenardus mit folgender Aussage: Als er auf Befehl des Königs als Missus nach Gothien geschickt worden sei, hätte ihn Ragenardus ohne Erlaubnis verlassen. Da HINKMAR außerdem behauptete, dass er diesen Vasallen drei Jahre lang nicht gesehen habe, wird diese Legation nach Gotien spätestens auf 867 datiert[1796]. Nach Peter R. McKeon steht sie mit der in den Annalen von St-Bertin erwähnten missatischen Legation von 864 in Zusammenhang[1797].

1793) D LdD 120 S. 170 = HRE III c. 10 S. 210.

1794) HRE III c. 27 S. 351 (SCHRÖRS Reg. 490: 880) (= KRAUSE II 208).

1795) Schon beim Güterstreit zwischen HINKMAR (I) und Bertha, der Tochter Lothars I. und Äbtissin des Klosters Avenay, schrieb er um 846/847 an Kaiserin Irmingard und bat sie um die Entsendung kaiserlicher Missi zur Untersuchung des Sachverhalts. MGH Epp. 8,1 Nr. 12 (846–847. 2.) S. 4 f. = HRE III c. 27 S. 346 f. (SCHRÖRS Reg. 12; KRAUSE II 191). Siehe auch oben Kapitel 2, § 2, 2, iii, und ERLWIN in der Prosopographie.

1796) Rotula prolixa, in: MGH Conc. 4, Suppl. 2 S. 368 f. :... *reclamavit primus, qui dicitur Ragenardus. De quo talem ab exordio incipiens reddidi rationem, quoniam, dum idem domnus rex me Gotiam suo in missatico misisset, sine mea licentia reversus est. Deinde quia iam tres anni erant peracti, ex quo eundem Ragenardum non vidi.* Vgl. MCKEON, Hincmar of Laon S. 103.

1797) MCKEON, Hincmar of Laon S. 194 Anm. 93. Siehe anonyme Missi von 864 in der Prosopographie.

KURZBIOGRAPHIE[1798]:

HINKMAR (II) wurde wahrscheinlich zwischen 835 und 838 geboren und am Hof seines Onkels HINKMAR (I) in Reims erzogen. Bald nach seiner Bischofserhebung Anfang 858 gewann er das Vertrauen des Königs: In der Krise des Westreiches sammelten sich 17 Große am 21. März 858 in der Pfalz Quierzy und leisteten dem König den Treueid, während der König ihnen seinerseits Gerechtigkeit schwor. HINKMAR wird neben seinem Onkel zu den fünf Bischöfen gezählt[1799]. Er nahm an der Synode von Metz am 28. Mai 859 teil, die als Vorstufe zur Wiederherstellung des Friedens auf der großen Synode in Savonnières anzusehen ist. Dabei wurde HINKMAR wie auch sein Onkel zum Legaten an den ostfränkischen König Ludwig in Worms gewählt. Der Leiter dieser Legation scheint HINKMAR (I) gewesen zu sein[1800]. Um 860 restituierte Karl der Laoner Kirche den entfremdeten Besitz, wahrscheinlich als Belohnung für seine Verdienste in dieser Zeit[1801]. Abgesehen von der oben genannten Legation leistete HINKMAR noch weitere königliche Dienste (*regis servitium*), wie er bei seiner Selbstverteidigung in Attigny erklärte[1802]. Er nahm 862 an der Reichsversammlung in Pîtres teil[1803] und war beim Hofgericht in Verberie vom 29. Oktober 863 anwesend, das anlässlich der Reichsversammlung gehalten wurde[1804]. 867 war er einer der Bürgen für den Vertrag, den Ludwig der Deutsche und Karl in Metz abschlossen[1805].

1798) Literatur: MCKEON, Hincmar of Laon; GROSSE, Hinkmar, Bf. v. Laon, in: Lex.MA 5 Sp. 29; HARTMANN, Die Synoden S. 321–328; NELSON, Charles the Bald S. 186 ff.; F. W. BAUTZ, Hinkmar von Laon, in: BBKL 2 Sp. 881 f.

1799) MGH Capit. 2 Nr. 269 S. 295–297. Dazu vgl. APSNER, Vertrag und Konsens S. 216–222. Nach Apsner spielte dieser Eid beim Konflikt zwischen HINKMAR (II) und dem König eine Rolle.

1800) MGH Conc. 3 Nr. 45, hier S. 438 und 433 f. (Relatio). Zu dieser Synode, vgl. HARTMANN, Die Synoden S. 255 f.

1801) Vgl. MCKEON, Hincmar of Laon, Reg. 7 (860, Anfang–Frühjahr) S. 169. Tessier datiert diese Restitution vage zwischen 858 und 867. D KdK Nr. 308, 2 S. 181. Kein historisches Faktum ist McKeon zufolge die in den Quellen genannte Intervention von RUDOLF und Konrad kurz nach dieser Restitution, mit dem Ziel, ihn zu einem Prekarie-Vertrag mit Graf Nortmannus zu bewegen.

1802) Rotula prolixa, in: MGH Conc. 4, Suppl. 2 S. 369. Dort ist ein militärischer Dienst erwähnt.

1803) MGH Conc. 4 Nr. 10 C, hier S. 114; D, hier S. 117; F, hier S. 121.

1804) D KdK Nr. 258, 2 S. 81–86, hier S. 85; MGH Conc. 4 Nr. 18, hier S. 168.

1805) MGH Capit. 2 Nr. 245 S. 167 (Inskription).

In den späten 860er Jahren geriet HINKMAR aber sowohl mit seinem Onkel, dem Erzbischof von Reims, als auch dem westfränkischen König in Konflikt. Bei den Streitigkeiten mit seinem Onkel ging es um die Beziehung zwischen dem Erzbischof und seinen Suffraganen, mit Karl dem Kahlen stritt er um das Laoner Kirchengut[1806]. Mehrere Synoden waren Schauplatz dieser Auseinandersetzungen, wobei der König auch oft anwesend war (868 in Pîtres, 869 in Verberie, 870 in Attigny, 871 in Compiègne). Trotz mehrmaliger Appellationen nach Rom wurde der Bischof von Laon schließlich auf der Synode von Douzy 871 abgesetzt[1807]. In dieser schwierigen Zeit verband er sich mit Karlmann, dem rebellischen Sohn Karls. Parallel zum Schicksal dieses Prinzen wurde HINKMAR 873 in Haft genommen. Er wurde 875 vor Karls Italienzug von BOSO (IV) geblendet[1808]. Die Echtheit seiner Unterschrift als Laoner Bischof auf der 875 in Chalon-sur-Saône ausgestellten Synodalurkunde ist deswegen fragwürdig[1809]. Der Papst gab 876 die Erlaubnis zur Wahl eines neuen Bischof von Laon, HINKMAR konnte aber 878 nach einem Spruch des Papstes einen Teil der Einkünfte aus den Gütern des Bistums Laon erhalten. Als Geistlicher wurde er insofern rehabilitiert, als es ihm erlaubt wurde, die Messe zu lesen. Er nahm also als ehemaliger Bischof von Laon an der in Anwesenheit des Papstes gehaltenen Synode in Troyes von 878 teil[1810]. HINKMAR starb kurz danach 879[1811].

1806) Dazu siehe auch FLOTHARIUS in der Prosopographie.

1807) Nach der Publikation von McKeons Studien sind kritische Editionen wichtiger Quellen zu diesen Auseinandersetzungen erschienen. MGH Conc. 4 (hg. v. Wilfried HARTMANN) und MGH Conc. 4,2 (hg. v. Rudolf SCHIEFFER). Ich gehe hier auf den Problemkreis der pseudoisidorischen Fälschungen, die bei dieser Angelegenheit eine große Rolle spielten, nicht ein.

1808) Registrum Iohannis VIII. papae Nr. 101 (878 August – Mitte September, von HINKMAR an Johannes), hier S. 95; BU 403; Ann. Vedastini, a. 878 S. 43. Hierzu MCKEON, Hincmar of Laon S. 161 f.

1809) MGH Conc. 5 Nr. 1 (St-Marcel-lés-Chalon, 875), hier S. 4 mit Anm. 63.

1810) AB a. 878 S. 229; Ann. Vedastini, a. 878 S. 43. Vgl. hierzu HARTMANN, Die Synoden S. 336–340 mit Anm. 15.

1811) MCKEON, Hincmar of Laon, Reg. 177 S. 178.

HISELMUNDUS (Hiselmundus)

Bischof (865/866)

TÄTIGKEIT ALS KÖNIGSBOTE:

865/866: *missus* Ludwigs II. von Italien im *ministerium* Berengars von Camerino (= KRAUSE II 159)

Ludwig bot das Heer aus Norditalien für den Feldzug gegen die Sarazenen in Süditalien auf. HISELMUNDUS wurde damit beauftragt, die Mobilisierung im *ministerium* Berengars von Camerino zu kontrollieren und gegebenenfalls die Säumigen zu bestrafen[1812].

KURZBIOGRAPHIE:

Über ihn und seinen Bischofssitz ist nichts Weiteres bekannt.

HITERIUS (Hiterius)

Missus (859?–869/874)

TÄTIGKEIT ALS KÖNIGSBOTE:

Ende 869 – 874. 10.: *missus* Karls des Kahlen im Poitou mit HIMEMNO (= –)

Auf Bitte des Abtes Frothar von Charroux (Erzbischof von Bordeaux) ernannte Karl zwei Missi zur Inquisition des Besitzes dieses Klosters, der aus Königsgut stammte[1813].

KURZBIOGRAPHIE[1814]:

HITERIUS ist schwer identifizierbar. Vielleicht ist er mit dem Iterius identisch[1815], der in einer Urkunde Karls des Kahlen vom 9. Januar 859 erwähnt ist. Der König schenkte mit dieser Urkunde dem Kloster St-Germain in Auxerre ein Fiskalgut in Auxerrois, Tonnerrois und Avallonois, das vorher ein (verstorbener)[1816] *fidelis* Gauzmarus, danach Iterius (ohne Titel) als *beneficium* gehalten hatte. Iterius erhielt das Recht, dieses Landgut gegen einen jährlichen Zins von drei Solidi lebenslang zu pachten, falls der Herrscher keinen Ersatz für dieses Landgut schaffen sollte[1817].

1812) MGH Capit. 2 Nr. 218 c. 3 S. 95: ... *in ministerio Verengari Hiselmundus episcopus.* Siehe ANDREAS (II) in der Prosopographie. Zur Identifikation des Amtsbezirks Berengars, der zu diesem Zeitpunkt anscheinend schon gestorben war, vgl. HOFMEISTER, Markgrafen S. 358; BZ 70 und 249.

1813) D KdK Nr. 375, 2 S. 334–336. Siehe den Text bei HIMEMNO in der Prosopographie.

1814) Literatur: KIENAST, Vasallität S. 384 mit Anm. 1338.

1815) Table alphabéthique, in: D KdK 3 S. 332.

1816) So meint KIENAST, ebd.

1817) D KdK Nr. 200, 1 S. 511 f.

HREDI (Hredi)

Missus (805/806)

TÄTIGKEIT ALS KÖNIGSBOTE:

805/806: *missus* Karls des Großen in Bardowick bei Lüneburg (Sachsen) (= KRAUSE I 40)

HREDI war einer der Missi, die mit der Kontrolle der Kaufleute beauftragt wurden, die über die Grenze in die slawische oder awarische Region reisen wollten[1818].

KURZBIOGRAPHIE:

Abgesehen von diesem Kapitular finden sich keine weitere Informationen zur Person HREDIs. Analog zu seinen bayerischen Missatskollegen (MADALGAUD [II], AUDULF und WERNER [II]) ist aber denkbar, dass auch HREDI seine Machtbasis in Sachsen in der Gegend um Bardowick hatte. Die hier ergriffenen Maßnahmen zielten zwar auf den Erhalt der Ordnung in der Grenzregion ab, es wäre aber verfehlt, davon auszugehen, dass Bardowick als Grenzposten am Rande des Reichs fungierte[1819].

HROCCULF (Hrocculfus, Hroccolfus, Hruoculfus, Roculphus)

Graf (806–817)

TÄTIGKEIT ALS KÖNIGSBOTE:

806, Frühling: *missus* Karls des Großen in der Gegend um Lüttich mit ADALHARD (I), FULRAD (II) und UNROCH (= KRAUSE I 63)

HROCCULF und drei weitere Missi waren damit beauftragt, in ihrem Missaticum die Durchsetzung der von früheren Missi bekanntgemachten Bestimmungen zu überprüfen und die Ergebnisse der Inspektion auf der nächsten Versammlung im kommenden April dem Kaiser vorzutragen. Deswegen forderten sie die Grafen dazu auf, sich an die bisher schriftlich und mündlich gegebenen Vorschriften zu erinnern und sie zu befolgen[1820].

1818) MGH Capit. 1 Nr. 44 c. 7 S. 123. Das vollständige Zitat findet sich bei AITO in der Prosopographie. Vgl. GLATTHAAR, Die drei Fassungen S. 466 f.

1819) LÜCK, Der wilde Osten S. 125 f., bes. S. 126; BRUNNER, Diedenhofener Kapitular, in: RGA 5 S. 407 f., hier S. 408.

1820) MGH Capit. 1 Nr. 85 S. 183 f.; ECKHARDT, Die Kapitulariensammlung Nr. LXIV S. 99–102, hier S. 99 f. Dazu vgl. ECKHARDT, Die Kapitulariensammlung S. 33–37. Siehe den Text bei ADALHARD (I) in der Prosopographie.

KURZBIOGRAPHIE[1821]:

Aufgrund seines Namens zählt Karl Ferdinand Werner diesen Grafen zu den Unruochingern. Wenn sein These zutrifft, waren die Missatskollegen HROCCULF und UNROCH miteinander verwandt. Die beiden unterzeichneten 811 das Testament Karls des Großen[1822]. Möglicherweise ist HROCCULF identisch mit einem Grafen Hruoculfus von Tournai, der 817 belegt ist[1823]. Karl Brunner und Brigitte Kasten wiesen darauf hin, dass HROCCULF mit einem Missus Karls namens Roculphus identisch sein könnte, der zusammen mit Agamus nach Jerusalem geschickt wurde und 809 zurückkam[1824]. Diese Identifizierung ist zuletzt von Michael McCormick untermauert worden[1825].

HRUOTFRID (Hruotfridus)

Abt von St-Amand (808–809)

TÄTIGKEIT ALS KÖNIGSBOTE:

808–809: *missus* Karl des Großen in Northumbria mit NANTHAR (= –)

Als Karl im Frühjahr 808 zu Ostern in Nimwegen weilte, kam der verbannte König von Northumbria, Eardwulf, zu ihm, um seine Notlage zu erklären. Anschließend brach er nach Rom auf, um dort

1821) Literatur: ECKHARDT, Die Kapitulariensammlung S. 35; WERNER, Bedeutende Adelsfamilien S. 136 f.; BRUNNER, Oppositionelle Gruppen S. 83; KASTEN, Adalhard S. 60 f. mit Anm. 110.

1822) Vita Karoli S. 86.

1823) D LdF 134 (Aachen, 817. 11. 20.) S. 343–345. Dieser Graf hatte im Fiskalgut zu Tournai sein Amtsgut. Diese Urkunde wurde nach der missatischen Untersuchung von HARTMANN, IRMINO und INGOBERT ausgestellt. Siehe HARTMANN in der Prosopographie.

1824) Leonis III. papae epp. Nr. 8 S. 67; Jaffé³ 4874 (808/809): *Interea revertentes praesentes fideles servientes vestri, Agamus videlicet et Roculphus, a Hierosolymis detulerunt nobis epistolam Thomae Hierosolymorum patriarchae. Quam relegentes reperimus, ut per nostram precatoriam epistolam vestrae pietati eos commendaremus. Qua de re precamur vestram imperialem potentiam, ut, sicut soliti estis super omnes fideles vestros impertire suffragium, ita cum eis misericordiam facere iubeatis. Ipsam vero epistolam, quam nobis praedicti fideles vestri detulerunt, vestrae serenitati misimus.*

1825) McCormick verbindet diese Gesandtschaft mit der Entstehung des in einem Basler Rotulus überlieferten Dossiers, das die Zustände der religiösen Einrichtungen und deren Personals im Heiligen Land aufzeichnet. MCCORMICK, Charlemagne's survey S. 165–181.

päpstliche Unterstützung zu erwirken und kam mit einem päpstlichen Legaten, dem Diakon Aldulf, in die Francia zurück. Die angelsächsische Abstammung Aldulfs war sicher entscheidend für seine Einsetzung als Papstlegat. Eardwulf bekam Hilfe von Seiten des Kaisers: Karl ordnete zwei kaiserliche Missi als Begleitung für den verbannten König ab, dank deren Unterstützung Eardwulf den Thron wieder besteigen konnte. Es ist unklar, ob die kaiserlichen Missi und der päpstliche Legat auf dem Rückweg getrennt reisten. Jedenfalls wurde nur Aldulf auf dem Rückweg von Piraten gefangen genommen[1826].

KURZBIOGRAPHIE[1827]:

HRUOTFRID war vielleicht Abt von St-Amand, das ist aber nicht gesichert[1828]. Joanna Story weist auf eine mögliche Gleichsetzung mit ROTFRID hin, der 825 neben EBBO Missus um Reims war.

HUASMUOT (Huasmuot)

Diakon (791/806)

TÄTIGKEIT ALS KÖNIGSBOTE:

791? oder 806–807?[1829]: *missus* Karls des Großen in Bayern mit ATTO (= KRAUSE II 35)

1826) ARF a. 808 S. 126 f.: *Interea rex Nordanhumbrorum de Brittania insula, nomine Eardulf, regno et patria pulsus ad imperatorem, dum adhuc Noviomagi moraretur, venit et patefacto adventus sui negotio Romam proficiscitur; Romaque rediens per legatos Romani pontificis et domni imperatoris in regnum suum reducitur. Praeerat tunc temporis ecclesiae Romanae Leo tertius, cuius legatus ad Brittaniam directus est Aldulfus diaconus de ipsa Brittania, natione Saxo, et cum eo ab imperatore missi abbates duo, Hruotfridus notarius et Nantharius de sancto Otmaro*; ebd. a. 809 S. 128: *Postquam Ardulfus rex Nordanhumbrorum reductus est in regnum suum et legati imperatoris atque pontificis reversi sunt, unus ex eis, Aldulfus diaconus, a piratis captus est, ceteris sine periculo traicientibus, ductusque ab eis in Brittaniam a quodam Coenulfi regis homine redemptus est Romamque reversus*. Vgl. auch Annales Sithienses, a. 809 S. 37, die den päpstlichen Legaten nicht erwähnen: *Hardulfus rex Nordanhumbrorum in regnum suum reductus est per legatos imperatoris*. Vgl. auch Ann. Maxim., a. 808 S. 24.

1827) Literatur: ABEL/SIMSON 2 S. 381–383 und 398 f.; WALLACE-HADRILL, England S. 696 f.; STORY, Carolingian connections S. 146–156.

1828) Vgl. STORY, Carolingian connections S. 146 Anm. 48.

1829) Die Datierung dieser Urkunde ist problematisch. Der Herausgeber der Freisinger Traditionen datiert auf 806/807, obwohl Karl in dem Text als *rex* bezeichnet ist. DEUTINGER, Königsherrschaft S. 89 Anm. 142, datiert auf „kurz nach 788".

Der Priester Otker klagte vor Karl dem Großen gegen den Grafen Gothram wegen des von diesem entfremdeten Besitzes. Karl gab ihm seine Missi ATTO von Freising und Diakon HUASMUOT zu Hilfe. Sie forderten den Grafen zusammen mit den Missi in Bayern, WOLFOLT und RIMIGARIUS, *de verbo regis* zur Rückgabe des Besitzes auf[1830].

KURZBIOGRAPHIE[1831]:

HUASMUOT war Diakon der Freisinger Kirche.

HUCBALD (Hucbaldus, Hugbaldus)

Missus (761–770)

TÄTIGKEIT ALS KÖNIGSBOTE:

1) 761: *missus* Pippins des Jüngeren in Italien mit WIDMARUS und GERBERTUS (= KRAUSE II 8)

HUCBALD war einer der drei Missi, die Pippin zu Papst Paul I. sandte, um ihn bei der Durchsetzung der päpstlichen Ansprüche gegen den Langobardenkönig zu unterstützen[1832].

2) 770: *missus* Karls des Großen in Ravenna mit anderen Anonymen (= KRAUSE II 10)

Nach dem Tod von Erzbischof Sergius wurde HUCBALD mit den anderen anonymen Missi nach Ravenna gesandt, um bei der Bischofswahl anwesend zu sein. Er vertrieb Michael, der das Bischofsamt zu usurpieren versuchte, und verhalf dem erwählten Leo zur Durchsetzung seines Anspruchs[1833].

1830) Trad. Freising Nr. 232 (Altenerding, 806./807. 9. 29.) S. 214 f. (a). Vgl. auch Fassung (b). Siehe ATTO in der Prosopographie.

1831) Literatur: HANNIG, Zur Funktion S. 280; FREUND, Bayerns Bischöfe S. 223.

1832) Cod. Carol. Nr. 34 S. 541 f.; Jaffé³ 4184 (762/766). Siehe den Text bei GERBERTUS in der Prosopographie.

1833) Jaffé³ 4552; Cod. Carol. Nr. 85 (788/789, Hadrian an Karl, also rückblickend) S. 621: *commemoratorium, ut asserebat, vestre excellentiae exaratum, scilicet de electione episcoporum Ravennatis ecclesiae: quia, quando Sergius archiepiscopus obiit, in electione Leonis archiepiscopi fuerunt missi vestri, Hucbaldus vel pares sui. In hoc enim omnino valde vestram excellentiam meminere credimus, quia , quando predictus Sergius archiepiscopus obiit, per suam arrogantiam Michaelius presumtor invadere ausus fuit ecclesiam Ravennatem et, per auxilium Desiderii sevissimi regis ipsam enormiter invadens, ecclesiam diu detinebat, et a suo proprio rectore destituta atque viduata manebat. Tunc ad decessorem nostrum sanctae recordationis, domnum Stephanum papam predictus Hucbaldus a vestra directus regale excellentia pro ceteris causis ab eodem prelato domno Stephano papa per*

KURZBIOGRAPHIE[1834]:
Über HUCBALD ist nichts Weiteres bekannt.

HUCBERT (Hucbertus)
Missus (859)

TÄTIGKEIT ALS KÖNIGSBOTE:
859. 2.: *missus* Ludwigs II. von Italien in Piacenza (= KRAUSE I 173)

Der Missus HUCBERT hielt mit dem Pfalzrichter Leo im Auftrag des Kaisers im Bischofshof von Piacenza eine Gerichtsversammlung ab, auf der der Streit zwischen dem Erzpriester Raginaldus, Domkanoniker (von Piacenza) und Propst des Xenodochium in *Larciano*, und einem gewissen Rodoinus um die Leitung dieses Xenodochium verhandelt wurde. Das Urteil fiel zugunsten des Raginaldus und der Bischofskirche von Piacenza[1835].

---

vestrum a Deo roboratum regale adminiculum Ravennam missus est, eundem prefatum Michaelium invasorem ex ipsa Ravennatis ecclesia expellendum et hic Roma tamquam transgressorem sacrorum canonum deferendum; Lib. Pont. XCVI, Vita Stephani III c. 26, 1 S. 477 f.: *Sed dum nullo modo firmissimam mentis constantiam ipsius sanctissimi pontificis flectere potuerunt nequissimi consentanei ipsius Michaelii, tunc dum missi excellentissimi Caruli(!) regis Francorum et patricii Romanorum praesentaliter adessent, dirigens hisdem beatissimus praesul suos missos denuo, tam praedictos Francorum missos quamque omnes Ravinianos ammonendo, statim insurrexerunt super ipsum Michelium et eum cum obprobrio de ipso episcopio proicierunt. Quem vinctum hic Romam dirigentes, elegerunt sepefatum Leonem archidiaconum ipsius ecclesiae.*

1834) Literatur: HACK, Codex Carolinus 2 S. 1006 f.

1835) MANARESI Nr. 63 (Piacenza, 859. 2.) S. 227–229: *Dum in Dei nomine civitate Placencia in claustra domui ipsius episcopii in iudicio resedissemus nos Hucbertus misso domni imperatoris ab eo ibi directo una simul cum Leonem iudice sacri palacii, resedentibus nobiscum Gaiderissius gastaldio, Rodoaldus, Paulus et Undulfus scavinis ipsius civitatis, Simpertus et Landepertus notariis de Papia [...]. Ibique nostri veniens presencia Raginaldus arcepresbiter, cardinalis ipsius civitatis et prepositus senedocii fundatum ab quondam Agimpaldus in loco et fundo Larciano, una simul cum Petrum de Cassiano advocato suo, nec non et Rodoinus de loco Septimo, altrecacionem(!) habentes. Dicebat ipse Rodoinus quod [...] Cum taliter semel et bis fuisset professus, rectum nobis paruit esse et iudicavimus, ut [...] Et finita est causa [...] Signum + manus suprascripto Hucberti missus ut supra, qui interfuit. Leo notarius domni imperatoris interfui.* Vgl. BZ 176.

KURZBIOGRAPHIE[1836]:
Über HUCBERT ist nichts Weiteres bekannt. Dass die oben genannte Gerichtsversammlung nicht im Hof des Grafen WIFRED wie bei anderen missatischen Gerichtssitzung in Piacenza stattfand, dürfte darauf hinweisen, dass die Bischofskirche die Missi angefordert hatte.

HUGO (I) (Hugo)

Graf von Tours (807–†837)

TÄTIGKEIT ALS KÖNIGSBOTE:
*1) um 807 (vor 807. 4. 28.): *(missus?)* (im Auftrag Karls des Großen?) im Anjou und Rennois mit TANKRAD* und gewissen anderen *fidelibus* (= –)

Am 28. April 807 wurde eine Urkunde zugunsten des Klosters Prüm ausgestellt. Abt TANKRAD* erhielt je einen Besitz im Anjou und Rennois, die vorher einem gewissen Grodebert gehört hatten: Dieser hatte Inzest und andere Verbrechen begangen. Seine Güter waren dann in einem gerichtlichen Verfahren von Graf HUGO (I) von Tours, TANKRAD* und anderen *fidelibus* rechtmäßig konfisziert worden[1837]. Obwohl die beiden nicht als *missi* bezeichnet wer-

1836) Literatur: BOUGARD, La justice S. 181 Anm. 173.

1837) D KdG 205 (Aachen, 807. 4. 28.) S. 274 f.: … *donamus ad monasterium […] loco qui dicitur Prumia, ubi preest venerabilis Tancradus abba, donatumque in perpetuum esse volumus res aliquas nostras sitas in pago Andegavino in loco qui dicitur Laniaco nec non et in pago Rodonico in loca nuncupantes Stivale sive Caucina et in Turicas et in Villanova et inter tota illa locella manentes decem et novem una cum terris domibus ędificiis accolabus mancipiis vineis campis silvis pratis aquis aquarumque decursibus, totum et ad integrum, quantumcumque in suprascripta [loca] Grodebertus quondam tenuit et pro incestuosa vel alia inlicita opera legibus perdidit et ad fiscum nostrum legibus devenerunt et Hugo comes una cum praedicto Tangrado venerabili abbate vel aliis quam plures fidelibus nostris secundum iudicium legitimo ordine ac iuste et racionabiliter partibus nostris adquisivit vel evindicavit, pro mercędis nostrę augmentum ad supradictum sanctum locum plenissima deliberatione concessisse atque confirmasse cognoscite. Statuentes ergo iubemus, quod perpetualiter circa memoratum sanctum locum iure firmissimo mansurum esse volumus, ut memoratus Tancradus abba suique in perpetuum successores, qui fuerint rectores antedicti monasterii sancti Salvatoris, et monachi ibidem sub sancta regula consistentes suprascriptas res cum omni integritate, sicut partibus nostris legibus devenerunt, inspecto iudicato memorati Hugoni comitis fidelis nostri manibusque bonorum hominum roboratum, sicut inibi declaratur, qualiter cum iusticia et equitate ad partem nostram vindicate devenerunt, per hanc nostram auctoritatem teneant atque possideant, ita ut in luminaribus ipsius sanctę dei ęcclesię*

den, möchte ich aufgrund einer früheren ähnlichen missatischen Legation von ASOARIUS, Amtsvorgänger TANKRADs*, bei diesen königlichen Beauftragten eine Funktion als Missi sehen[1838].

2) 811: *legatus* Karls des Großen nach Konstantinopel mit HAITO und AIO (= –)

HUGO (I) reiste als diplomatischer Gesandter mit HAITO und AIO nach Konstantinopel[1839].

3) 827: *missus* Ludwigs des Frommen mit MATFRIED nach Spanien (= KRAUSE II 90)

Wegen des Aufstandes der Goten unter Aizos Leitung sandte der Kaiser seinen Sohn Pippin I. von Aquitanien und zwei Missi als Heerführer in die Spanischen Mark[1840]. Wegen des Scheiterns dieser Operation wurden die Missi HUGO und MATFRIED im folgenden Jahr als Grafen abgesetzt[1841].

4) vor 835. 8. 24. (vor 828?): *missus* Ludwigs des Frommen im Bistum Orléans (Fleury) mit JONAS (I) (= KRAUSE II 103)

Als Ludwig der Fromme 835 für das Kloster Fleury eine Urkunde zur Güterrestitution ausstellte, begründete er seine Gunst mit einer ihm vorgelegten Urkunde Pippins des Jüngeren sowie dem Bericht der Untersuchung durch seine Missi JONAS und HUGO[1842]. Die

---

seu stipendia servorum dei pro animę nostrę remedium nostris futurisque temporibus perpetualiter proficiant in augmentis.

1838) Siehe TANKRAD* in der Prosopographie mit dem vollständigen Zitat.

1839) ARF a. 811 S. 133 f.; Notker, II, 6 S. 55–57. Das vollständige Zitat findet sich bei AIO in der Prosopographie.

1840) ARF a. 827 S. 173: *Contra quem imperator filium suum Pippinum Aquitaniae regem cum inmodicis Francorum copiis mittens regni sui terminos tueri praecepit. Quod ita factum esset, ni ducum desidia, quos Francorum exercitui praefecerat, tardius, quam rerum necessitas postulabat, is, quem ducebant, ad marcam venisset exercitus. Quae tarditas in tantum noxia fuit, ut Abumarvan vastatis Barcinonensium ac Gerundensium agris villisque incensis, cunctis etiam, quae extra urbes invenerat, direptis cum incolomi exercitu Caesaraugustam se prius reciperet, quam a nostro exercitu vel videri potuisset*; Astronomus c. 41 S. 440: *Porro imperator Pippinum filium suum Aquitaniae contra eos misit regem, simulque missos ex latere suo Hugonem et Matfridum comites. Quibus serius meticulosiusque quam decuit occurrentibus, tamdiu more innexe sunt Moris, quousque illi vastata Barcinonę atque Gerundę regione, Cęsaraugustam sese incolumes receperunt.*

1841) Astronomus c. 41 S. 440 c. 42 S. 444. Zu seiner Absetzung vgl. KRAH, Absetzungsverfahren S. 57 f.

1842) BM² 947; D LdF 357 (Coucy, 835. 8.24.) S. 888–890, hier S. 890: *Sed cum ad hanc causam diligentius investigandam nobisque renunciandam missos nostros, Io-*

Datierung der dort genannten Mission ist umstritten. Wie Depreux betont, verlor HUGO 828 seine Grafschaft Tours und war 834 und 837 auf der Seite des rebellischen Kaisersohns Lothar I. Der zeitliche Abstand von ca. sieben Jahren sei aber nicht nachvollziehbar[1843].

KURZBIOGRAPHIE[1844]:

Bei der Legation 1 kann HUGO (I) erstmalig belegt werden. Auf der Reichsversammlung von Quierzy 820 wurde ein Tauschvertrag zwischen HUGO und Bischof BERNHARIUS von Worms durch den Kaiser genehmigt und besiegelt. Außerdem unterschrieben viele Teilnehmer der Versammlung diese Urkunde[1845]. Die Vermählung seiner Tochter Irmingard mit Lothar I. von 821[1846] zeigt die Richtung seiner weiteren Karriere. 824 führte er eine Einheit gegen die Bretonen neben Pippin I. von Aquitanien und HELISACHAR[1847].

Nach seiner Absetzung 828 stand HUGO auf Seiten der Gegner Ludwigs. Als die Partei Lothars I. 834 endgültig scheiterte, floh er zusammen mit ihm nach Italien und starb dort 837 während einer Epidemie[1848].

HUGO (II) (Hugo)

Abt von St-Germain in Auxerre, dann von St-Martin in Tours (853–†886)

TÄTIGKEIT ALS KÖNIGSBOTE:

1) 853. 11.: *missus* Karls des Kahlen in Nevers, Auxerre und Avallon mit GOZSO und NIVELUNGUS (= KRAUSE I 148)

---

nam videlicet Aurelianensem venerabilem episcopum et Hugonem illustrem comitem, destinassemus et tam ex eorum relatione quamque et ex memorati avi nostri praecepti lectione luce clarius nobis patesceret memoratas villulas de iure saepedicti monasterii iniuste abstractas fuisse, placuit nobis…

1843) DEPREUX, Prosopographie S. 263 f.

1844) Literatur: WILSDORF, Étichonides S. 7–21; KRAH, Absetzungsverfahren S. 57 f.; HENNEBICQUE-LE JAN, Prosopographica S. 256; DEPREUX, Prosopographie S. 262–264.

1845) Trad. Weissenburg Nr. 69 (Quierzy, 820. 9. 2.) S. 268–272. Vgl. BM² 722a und 724; D LdF Dep. 221 S. 1172 f.

1846) ARF a. 821 S. 156.

1847) Ermoldus, Carmen, v. 2006 f. S. 152.

1848) AB a. 837 S. 22; AF a. 837 S. 27 f.; Astronomus c. 56 S. 512.

Nachdem Karl der Kahle von dem Herrschertreffen mit Lothar I. in Koblenz zurückgekehrt war, setzte er in Servais insgesamt 43 Missi ein, zu denen HUGO zu zählen ist[1849].

2) 877. 3.: *missus* Karls des Kahlen in Brescia mit RICHARD (III) (= KRAUSE I 185; II 171)

Die beiden Missi Karls, Abt HUGO und Graf RICHARD (III), unterschrieben das Testament Angilbergas, der Witwe Ludwigs II. von Italien[1850].

KURZBIOGRAPHIE[1851]:

In der Forschung wird HUGO (II) oft als „Hugo Abbas" bezeichnet. Im Juli 853, also kurz vor seiner Ernennung zum Missus, stellte Karl den Mönchen des Klosters St-Germain in Auxerre, dessen Abt HUGO war, bestimmte Güter zur Verfügung[1852]. HUGOs Bruder Konrad war Graf in Auxerre[1853]. Sie waren Vettern Karls, weil Karls Mutter Judith Schwester ihres Vaters Konrad war. Die beiden Söhne Konrads kamen wahscheinlich erst um 853 in den Westen[1854]. Aber bevor die Brüder nach Auxerre kamen, gab es bereits seit der Zeit Pippins des Jüngeren eine Verbindung zwischen Auxerre und dem Osten[1855]: HUGOs Vater Konrad, der in Alemannien seine Machtbasis hatte, hatte auch gute Beziehungen zum Bischof von Auxerre und zum Kloster St-Germain[1856]. Der damalige Bischof HERIBALD* stammte auch aus einer bayerischen Familie[1857].

1849) MGH Capit. 2 Nr. 260 S. 271–276, hier nur S. 276 zitiert: *Hugo, Gozso, Nivilungus missi in Niverniso, Alciodriso, Avaliso.*

1850) Carte cremonesi Nr. 20 (Brescia, 877. 3.) S. 49–58, hier S. 56: *Signum + manus Ugoni abbati et missi imperialis testis.* Vgl. BZ 2679.

1851) Literatur: WERNER, Gauzlin; FELTEN, Laienäbte S. 8, 51, 271; NELSON, Charles the Bald S. 177–179, 190f., 201, 210, 214, 234, 244, 248, 251f. und 255; PYCKE, Hugues l'Abbé; SCHNEIDMÜLLER, Welfen S. 62–71.

1852) D KdK Nr. 156 (Ouanne, 853. 6. 30.), 1 S. 411–413.

1853) Zu ihm GLANSDORFF, Prosopographie S. 109.

1854) So SASSIER, Les Carolingiens et Auxerre S. 30f.; NELSON, Charles the Bald S. 178f. AF a. 858 S. 51, erklären, dass Konrads Söhne, nämlich Konrad und HUGO (II), von Ludwig dem Deutschen zur Spionage ins Reich Karls geschickt wurden, sich aber auf Karls Seite stellten. Sassier und Nelson sind der Meinung, dass die Annalen hier rückblickend eine Geschichte von 853 darstellen dürften.

1855) SASSIER, Les Carolingiens et Auxerre S. 24f.

1856) Zu ihm GLANSDORFF, Prosopographie S. 106–109.

1857) Siehe HERIBALD* in der Prosopographie.

Auxerre war während der Krise 858 ein wichtiger Stützpunkt gegen Ludwig den Deutschen. Auch HUGO konnte davon profitieren[1858]. Das Kloster St-Germain wurde auf seine Bitte von Karl in den Königsschutz aufgenommen[1859]. HUGO wurde zwischen 859 und 861 wegen Untreue des Abtes ADALHARD (III) auch mit der Leitung des Klosters St-Bertin beauftragt[1860].

HUGOs Stellung war allerdings in den 860er Jahren noch nicht gefestigt. 861 bewegte sich HUGO ins Königreich Lothars II., um dort *honores* zu erhalten: HUGOs Mutter und Lothars Mutter waren Schwestern. Er wurde 864 nach der Absetzung Gunthars – trotz seines Rangs als Subdiakon – auf königliche Initiative hin zum Erzbischof von Köln erhoben[1861], aber die Kölner Geistlichen verweigerten sich diesem neuen Erzbischof[1862].

Später kehrte er in den Westen zurück. Nach dem Tod ROBERTs des Tapferen gab Karl HUGO die Grafschaften Tours und Anjou sowie mehrere Abteien einschließlich des Klosters St-Martin in Tours und räumte ihm als Nachfolger ROBERTs eine Führungsposition in Neustrien ein[1863]. Seine Klöster wurden in der Folge mehrmals vom König urkundlich begünstigt[1864]. In dieser Zeit wurde er in Neustrien mit der Verteidigung des Landes gegen den Angriff der Normannen betraut. 871 wurde er von HINKMAR (I) von Reims getadelt, weil die Offensive gescheitert war[1865], doch er konnte als *abbas et marchio* viele Normannen taufen lassen[1866]. Beim letzten Italien-

1858) NELSON, Charles the Bald S. 190 f.

1859) D KdK Nr. 214 (Monastère de Meung-sur-Loire, 859. 9. 11.), 1 S. 540–543. Ebenfalls auf Bitte HUGOs wurde am gleichen Tag die Besitzausstattung durch den König bestätigt. D KdK Nr. 215, 1 S. 543 f.

1860) Cart. St-Bertin Nr. 36 S. 107; Gesta abbatum S. Bertini c. 64 S. 619 (zum Amtsantritt). Cart. St-Bertin Nr. 38 S. 109 f.; Gesta abbatum S. Bertini c. 66 S. 620 (zum Rücktritt).

1861) AB a. 864 S. 111.

1862) WEINFURTER und ENGELS, Series episc. 5,1, Köln S. 16.

1863) AB a. 866 S. 132, wobei er als *clericus* bezeichnet wurde. Er hatte später weitere Abteien wie St-Vaast, Ste-Colombe in Sens und St-Aignan in Orléans inne. PYCKE, ebd. Sp. 181 f.

1864) D KdK Nr. 307 (St-Germain in Auxerre, 867. 12. 27.), 2 S. 179–181; Nr. 319 (Cosne, 869. 1. 30.), 2 S. 201–203; Nr. 396 (850./861./866./875. 12. 25.), 2 S. 377–380; Nr. 432 (872/877, Anfang Juli), 2 S. 465 f.; Nr. 437 (Ponthion, 877. 7. 12.), 2 S. 477–479; Nr. 438 (Ponthion, 877. 7. 12.), 2 S. 480–482.

1865) AB a. 871 S. 181.

1866) AB a. 876 S. 206.

zug Karls vom Sommer 877 blieb HUGO nördlich der Alpen. Er wurde damit beauftragt, in Neustrien (jenseits der Seine) Ludwig den Stammler zu unterstützen[1867], nahm aber an der Reichsversammlung von Quierzy nicht teil[1868]. HUGO zog trotz des dringenden Einberufungsbefehls Karls angesichts von Karlmanns Vordringen nicht nach Italien. Ein ähnliches Verhalten war unter vielen westfränkischen Großen zu beobachten, was HINKMAR (I) von Reims als „Verschwörung“ ansah, an deren Spitze HUGO gestanden hätte[1869].

HUGOs Karriere nach dem Tod Karls[1870] ist von der Rivalität mit GAUZLIN und seiner Partei[1871] geprägt, aber es kam nicht immer zu offenem Streit. Er war neben GAUZLIN einer der Magnaten, die HINKMAR von Reims in seinem Brief an Ludwig vom November 877 namentlich nannte: Er forderte darin Ludwig dazu auf, sich an diese zu wenden[1872]. Nach der Königserhebung im Dezember stand HUGO dem neuen König nahe. Kurz vor dessen Tod wurde er damit beauftragt, zusammen mit BOSO (IV) und THEODERICUS (II) den gleichnamigen Königssohn, der in der Obhut Bernhard Plantevelues stand, bei der Niederschlagung des Aufstandes BERNHARDs (III) von Gothien zu unterstützen, der bei Autun gegen den König rebellierte[1873]. In der Nachfolgekrise nach dem Tod Ludwigs des Stammlers im April 879 spielte HUGO eine führende Rolle und stand in Konkurrenz zur aristokratischen Partei um GAUZLIN. Diese Rivalität führte im März 880 in Amiens zur Reichsteilung zwischen

1867) MGH Capit. 2 Nr. 281 c. 15 S. 359.

1868) Ad Ludovicum Balbum regem. Novi regis instructio ad rectam regni administrationem c. 7, in: PL 125 Sp. 986D.

1869) AB a. 877 S. 215 f.

1870) Dass HUGO unter Ludwig und seinen Söhnen das Amt des Erzkapellans innegehabt hätte, ist quellenmäßig nicht sicher belegt. Zumindest ist er nirgends so tituliert, während er den Annalen von St-Colombe in Sens zufolge die *monarchiam clericatus in palatio* innegehabt hätte. Vgl. FLECKENSTEIN, Hofkapelle S. 163 f.

1871) Zur Kritik an dem in der früheren Literatur herrschenden Schema „die Welfen gegen die Rorgoniden und die Robertiner“ für die Interpretation der politischen Konstellation dieser Zeit vgl. Chronicle of Regino, übers. v. MACLEAN S. 102–105.

1872) Hinkmar, Ad Ludovicum Balbum regem. Novi regis instructio ad rectam regni administrationem c. 7, in: PL 125 Sp. 987A. Hierzu siehe BOSO (IV) in der Prosopographie.

1873) AB a. 879 S. 234 f.; BZ 2730.

Ludwig III. und Karlmann II.[1874] HUGO war, auch nach dem Tod Ludwigs III. und der Wiedervereinigung des Westreiches, bei Karlmann II. als Hauptberater tätig und hatte einen großen Einfluss bei der Besetzung vakant gewordener Bistümer[1875]. Er starb 886[1876].

HUNFRID (I) (Hunfridus, Unfredus)

Verwalter Istriens, Graf von Rätien (799?–823)

TÄTIGKEIT ALS KÖNIGSBOTE:

1) 808, vor Ende März: *missus* Karls des Großen in Rom mit HELMGAUD (= –)

Zur Vermittlung zwischen Pippin von Italien und Papst Leo III. schickte Karl zwei Missi nach Rom, nämlich die Grafen HELMGAUD und HUNFRID (I)[1877].

2) 823: *missus* Ludwigs des Frommen in Rom mit ADALUNG (= KRAUSE II 79a)

Ludwig schickte Abt ADALUNG von St-Vaast und Graf HUNFRID als kaiserliche Missi von Frankfurt nach Rom, um die Umstände der Morde an zwei pro-karolingischen Geistlichen zu untersuchen[1878].

KURZBIOGRAPHIE[1879]:

Strittig in der Forschung ist die Identifikation der Grafen namens Hunfrid in Rätien wegen der sporadischen Überlieferung. Hier folge

1874) Vgl. AB a. 879–880 S. 235–242. Hierzu ausführlich WERNER, Gauzlin von Saint-Denis.

1875) Vgl. HRE III c. 23 S. 318 (= SCHRÖRS Reg. 465, Ende 879, HINKMAR (I) von Reims an Berno von Châlons); c. 24 S. 326 f. (= SCHRÖRS Reg. 464 und 468, Ende 879, die beiden von HINKMAR an HUGO). Beim Angriff Ludwigs des Jüngeren auf das Westreich beriet HINKMAR sich brieflich mit HUGO über die Maßnahmen. HRE III c. 24 S. 327 (= SCHRÖRS Reg. 486, Januar 880).

1876) In der Mainzer Fortsetzung der Fuldaer Annalen wurden er und GAUZLIN, der auch 886 starb, als *abbates et duces praecipui Galliae regionis* bezeichnet. AF (cont. Mogont.) a. 886 S. 104.

1877) Leonis III. papae epp. Nr. 1 S. 87 f., hier S. 87; Jaffé[3] 4853 (808, Ende März). Hierzu vgl. ebd. Nr. 2 S. 89–91, hier S. 91; Jaffé[3] 4854 (808, nach April); BM[2] 431b. Siehe den Text bei HELMGAUD in der Prosopographie.

1878) ARF a. 823 S. 161 f. Vgl. Astronomus c. 37 S. 416–420; Thegan c. 30 S. 218. Siehe ADALUNG in der Prosopographie.

1879) Literatur: CLAVADETSCHER, Grafschaftsverfassung; HLAWITSCHKA, Franken S. 206 f.; BORGOLTE, Geschichte der Grafschaften S. 219–229; SCHMID, Von Hunfrid; KAISER, Churrätien S. 58–62.

ich der Auffassung, dass der 806/808 belegte Graf HUNFRID (I) sowohl mit dem Missus von 808 als auch mit dem Missus von 823 identisch ist[1880]. Nicht zu übersehen ist die Tatsache, dass HUNFRID der erste Graf in Rätien war, obwohl die betreffende Urkunde mit dem Grafentitel HUNFRIDs nur ungefähr zwischen 806 und 808 datierbar ist[1881]. Nach der Darstellung der Translatio sanguinis Domini aus dem 10. Jahrhundert – wenn sie die historische Wirklichkeit um 799–801 erzählt [1882]– war er um 799 Verwalter Istriens und reiste im Auftrag Karls zusammen mit Waldo von Reichenau nach Korsika, um dort die Christusreliquien zu holen.

HUNFRID (II) (Hunfridus, Unfridus)

Abt von Prüm, Bischof von Thérouanne (856 – †870. 3. 8.)

TÄTIGKEIT ALS KÖNIGSBOTE:

857. 2. 14.: *missus* Karls des Kahlen, höchstwahrscheinlich in einem Teil der Normandie mit ENGISCALCHUS und BERENGAR (II) (= KRAUSE I 150)

Überliefert ist eine Fassung des Kapitulars Karls des Kahlen von 857 für die Missi Bischof HUNFRID von Thérouanne sowie die Grafen ENGISCALCHUS und BERENGAR (II)[1883].

KURZBIOGRAPHIE[1884]:

HUNFRID (II) wurde als Nachfolger von FULCO (IV)[1885] 856 zum Bischof von Thérouanne erhoben[1886]. Seine Unterschrift als Bischof unter das Verhandlungsprotokoll der Synode von Soissons (853) wurde also ohne Zweifel nachträglich hinzugefügt[1887]. Vor der Bischof-

1880) Eine gute Zusammenfassung der Auffassungen von Clavadetscher, Borgolte und Schmid findet man bei KAISER, ebd.

1881) Bündner UB Nr. 35 S. 34 f. Zur Datierung vgl. BORGOLTE, Chronologische Studien S. 164; KAISER, Churrätien S. 55 Anm. 141.

1882) Vgl. KLÜPPEL, Reichenauer Hagiographie S. 108–112.

1883) MGH Capit. 2 Nr. 266 S. 285–291. Das vollständige Zitat und die Beschreibung ihrer Tätigkeit finden sich bei BERENGAR (II) in der Prosopographie.

1884) Literatur: Fastes 1 S. 136; BLED, Reg. Thérouanne S. 54–57.

1885) Über diesen vakanten Bischofsitz sprach HINKMAR (I) von Reims mit König Karl. So berichtete HINKMAR selbst in seinem Brief an PARDULUS von Laon. HRE III c. 21 S. 284 = MGH Epp. 8,1 Nr. 93 S. 43 (= SCHRÖRS Reg. 97).

1886) Über seine Bischofserhebung schrieb HINKMAR von Reims einen Brief an Theoderich von Cambrai, dessen Inhalt nicht bekannt ist. HRE III c. 21 S. 285 = MGH Epp. 8,1 Nr. 94 S. 43 (= SCHRÖRS Reg. 98).

1887) MGH Conc. 3 Nr. 27 S. 278.

serhebung war er Abt von Prüm. Anfang der 860er Jahre fragte er bei Papst Nikolaus I. an, ob er bei Vertreibung aus seinem Bistum durch die Normannen nach Prüm zurückkehren dürfe, was der Papst ihm untersagte[1888]. Nach dem Tod Abt ADALHARDs (III) wurde er 864 Abt von St-Bertin[1889]. König Karl entzog ihm aber 866 die Abtei und gab sie Hilduin[1890]. In den 860er Jahren nahm er an vier Versammlungen teil[1891]. Wilfried Hartmann weist auf eine mögliche Identität unseres HUNFRID (II) mit einem Abt Unfredus hin, der im Herbst 843 an der Synode von Germigny-des-Prés teilnahm[1892]. Er starb am 8. März 869[1893].

HUNGAR (Hungarius)

Missus, *miles* (853–870)

TÄTIGKEIT ALS KÖNIGSBOTE:

853. 11.: *missus* Karls des Kahlen in Rouen, Talou, Vimeu, Ponthieu und Amiens mit PAUL, HILMERAD und HERLOIN (I) (KRAUSE I 142)

Er war einer der Missi im Missaticum um Rouen und Amiens[1894].

KURZBIOGRAPHIE[1895]:

HUNGAR war einer der Mächtigen, die im März 858, also in der Krise des Westreiches, in Quierzy dem König auf Gegenseitigkeit beruhende Treue gelobten[1896]. Bis 870 besaß ein *miles* Hungarius *jure beneficiario* die *villa* Drucat (*Durcaptum*), die zum Kloster St-Riquier gehörte[1897]. Er ist wahrscheinlich identisch mit unserem HUNGAR.

1888) Jaffé³ 5763; Nicolai I. papae epistolae Nr. 104 S. 612 f.; BH 506.

1889) Cart. St-Bertin Nr. 39 S. 110 f.; Gesta abbatum S. Bertini c. 67 S. 620.

1890) Cart. St-Bertin Nr. 41 S. 112; Gesta abbatum S. Bertini c. 69 S. 621.

1891) MGH Conc. 4 Nr. 3 (Tusey, 860. 10. 22. – 11. 7.) S. 21, 37 und 39; Nr. 10 (Pîtres, 862. 6.) S. 114 und 117; Nr. 18 (Verberie, 863, Ende Okt.) S. 168; Nr. 23 (Soissons, 866. 8. 18.–25.) S. 217, 218, 220 und 227.

1892) MGH Conc. 3 Nr. 1 S. 7 mit Anm. 61.

1893) BLED, Reg. Thérouanne Nr. 111 S. 87.

1894) MGH Capit. 2 Nr. 260 S. 275. Siehe den Text bei HERLOIN (I) in der Prosopographie.

1895) Literatur: NELSON, Charles the Bald S. 186 Anm. 113 und S. 326 f.

1896) MGH Capit. 2 Nr. 269 S. 296 f.

1897) D KdK Nr. 333 (Aachen, 870. 1. 15.), 2 S. 236–238, hier S. 237. Vgl. auch Hariulf, Chronique III c. 19 S. 136 (*Hungarius miles*)

HUNROG (Hunrogus)

Graf (794/800)

TÄTIGKEIT ALS KÖNIGSBOTE:

794–800[1898]: *missus* Karls des Großen im Grabfeldgau usw. (= KRAUSE II 36)

Als Karl der Große und Bischof Berowelp (Bernwelf) von Würzburg Güter in Grabfeldgau tauschten, wurde dieses Rechtsgeschäft durch die Vermittlung des königlichen Missus HUNROG durchgeführt[1899].

KURZBIOGRAPHIE[1900]:

Diesen HUNROG mit UNROCH zu identifizieren, ist nicht unmöglich, aber nicht gesichert.

IMMO (I) (Immo)

Missus (757)

TÄTIGKEIT ALS KÖNIGSBOTE:

757 Frühjahr: *missus* Pippins des Jüngeren in Rom (= KRAUSE II 5)

Diakon Paul berichtete in einem Brief an Pippin, dass Papst Stephan II. gestorben und Paul selbst zum neuen Papst gewählt sei. Inzwischen sei IMMO (I) als Missus des Frankenkönigs nach Rom gekommen. Nach Verhandlungen zwischen IMMO und dem Gewählten sowie seiner Entourage wurde entschieden, dass er bis zur Weihe Pauls in Rom bleiben und erst danach mit den päpstlichen Gesandten in die Francia zurückkehren sollte[1901]. Aus dem Text dieses Briefes

---

1898) Vgl. WENDEHORST, Das Bistum Würzburg S. 33 f.

1899) Vgl. die Urkunde Ludwigs des Frommen vom Dezember 837 für die Würzburger Kirche. BM² 971; D LdF 379 (Aachen 837. 12. 20.) S. 945–948, hier S. 947: *eo quod tempore domni et genitoris nostri Karoli serenissimi imperatoris Berouuelpus Uuirciburgensis episcopus datis quibusdam ecclesiae suae rebus ad fiscum eiusdem genitoris nostri interveniente misso illius Hunrogo comite alias eiusdem meriti res ad partem suae ecclesiae ex potestate fisci accepisset. Dedit igitur, sicut in eisdem commutationum conscriptionibus continebatur, praedictus Berouuelpus episcopus de rebus praefati episcopii sui […] praefato Hunrogo comiti ad partem domni et genitoris nostri Karoli praestantissimi imperatoris quandam basilicam sitam in pago vocabulo Graffelt […] Et econtra in conpensatione praefatarum rerum dedit antedictus Hunrogus comes domni et genitoris nostri iussu ex eiusdem rebus praefato Berouuelpo episcopo ad partem praefati episcopii res* … Zu diesem Tausch vgl. SCHERZER, Der Übergang; WENDEHORST, ebd.; D LdF S. 946.

1900) Literatur: SCHERZER, Der Übergang S. 99 Anm. 16; BOSL, Franken S. 125.

1901) Jaffé³ 4143 (757. 4.–5.); Cod. Carol. Nr. 12 S. 507 f.: *Et dum haec ageren-*

geht allerdings nicht hervor, womit IMMO bei seiner Legationsreise nach Rom beauftragt war.
KURZBIOGRAPHIE[1902]:
Während Josef Semmler IMMO (I) mit einem Immo/Immino, der im mittelrheinischen Gebiet begütert war[1903], gleichsetzt, scheint Achim Thomas Hack dieser These nicht zu folgen[1904]. Tatsächlich stützt sich Semmlers Identifizierung nur auf die Namensgleichheit, weswegen keine definitive Antwort auf diese Frage gegeben werden kann.

IMMO (II) (Immo, Emmo, Exemeno)
Bischof von Noyon, Vermand und Tournai (841–859)
TÄTIGKEIT ALS KÖNIGSBOTE:
853. 11.: *missus* Karls des Kahlen in Noyon, Vermand, Arras, Courtrai, Flandern, Grafschaften Engilrams und Grafschaften WALTCAUDs mit ADALHARD (III), WALTCAUD und ODALRICUS (II) (= KRAUSE I 139)

IMMO war einer der Missi im nördlichsten Missaticum am Ärmelkanal[1905].
KURZBIOGRAPHIE[1906]:
Während des Bruderkriegs nach dem Tod Ludwigs des Frommen sandte König Karl im September 841 Bischof IMMO (II) an Lothar I. zur Verhandlung[1907]. Karl bestätigte 842 auf Bitte IMMOs die

tur, convenit Romam Immo, christianissimę excellentiae tuae missus. Et cum eo loquentes, una cum nostris obtimatibus aptum prospeximus: eum hic detineri, donec Dei providentia sacra apostolica benedictione inlustrati fuissemus; et tunc plenius satisfactus de nostra vel cuncti populi puritate et dilectione, quam erga tuam benignissimam excellentiam et cunctam gentem Francorum gerimus, eum ad vos repedandum cum nostris missis apostolicis absolveremus …

1902) Literatur: SEMMLER, Der Dynastiewechsel S. 77 mit Anm. 291; HACK, Codex Carolinus 2 S. 1007.

1903) STAAB, Mittelrhein S. 394 und 398. Als Schenker an das Kloster Lorsch erscheint er in: Cod. Laures. Nr. 1301 (768/769) S. 381; Nr. 1411 (768. 11. 5.) S. 402; Nr. 1938 (767. 10. 29.) S. 485. Vgl. auch ebd. Nr. 1300 (765. 8. 29.) S. 380 f.; D KdG 110 (Schlettstadt, 775. 12.) S. 155 f.

1904) HACK, ebd. S. 1007: „Außer seiner Funktion als königlicher Missus ist über ihn nichts bekannt". Er zitiert dennoch Semmlers Buch.

1905) MGH Capit. 2 Nr. 260 S. 276. Siehe den Text bei ADALHARD (III) in der Prosopographie.

1906) Literatur: Fastes 3 S. 106.

1907) Nithard III c. 3 S. 102.

Immunitätsurkunden seiner Vorfahren für die Kirche von Noyon, wobei er als Bischof von Vermand, Tournai und Noyon bezeichnet wird[1908]. IMMO erhielt von Karl auch eine Urkunde für die Kirche von Tournai, mit der der König die Besitzzuweisung für die Kanoniker bestätigte[1909]. Während der Regierungszeit Karls nahm er an acht Versammlungen[1910] teil: Germigny-des-Prés im Herbst 843, Beauvais, im April 845, Paris um 846/847, Quierzy im Frühjahr 849, Anjou(?) im Sommer 850, Soissons im April 853, Verberie im Augsut 853 und Bonneuil im August 855[1911]. 859 wurde IMMO in Noyon von den Normannen getötet[1912].

INGILWIN (Ingilwinus, Ingeluinus)
Missus (847–853)

TÄTIGKEIT ALS KÖNIGSBOTE:
853. 11.: *missus* Karls des Kahlen in Paris, Meaux, Senlis, Vexin, Beauvais und Vendeuil mit LUDWIG, IRMINFRID und GOTSELM (= Krause I 141)

INGILWINN war einer der Missi im Missaticum um Paris[1913].

KURZBIOGRAPHIE[1914]:
Wahrscheinlich ist INGILWIN identisch mit dem *fidelis* Ingeluinus, der 847 von Karl fünf Mansen zu Villers in der Grafschaft Vendeuil erhielt. Vendeuil gehörte zum Missaticum INGILWINs[1915]. In dieser Urkunde ist auch die frühere Schenkung der Villa Fontaine-sous-Catheux an ihn erwähnt[1916].

1908) D KdK Nr. 14 (Quierzy, 842. 12. 24.), 1 S. 34–37; BF 343.

1909) D KdK Nr. 173 (Verberie, 855. 7. 25.), 1 S. 455–459.

1910) Seine Name in der Teilnehmerliste von Savonnières 859 ist fragwürdig, weil er schon tot war. MGH Conc. 3 Nr. 47 S. 462 und S. 468.

1911) MGH Conc. 3 Nr. 1 S. 6; Nr. 9 S. 54; Nr. 13 S. 148 f.; Nr. 18 S. 196; Nr. 20 S. 203; Nr. 27 S. 264, 273 f. 277; Nr. 31 S. 304; Nr. 34 S. 370.

1912) AB a. 859 S. 81.

1913) MGH Capit. 2 Nr. 260 S. 276. Siehe den Text bei GOTSELM in der Prosopographie.

1914) Literatur: KIENAST, Vasallität S. 404.

1915) D KdK Nr. 96 (Compiègne, 847. 6. 14.), 1 S. 255 f.; BF 572.

1916) D KdK Nr. 95, 1 S. 255 (Deperditum).

INGOBERT (Ingobertus)

Graf (808–825/826)

TÄTIGKEIT ALS KÖNIGSBOTE:

1) 808?: *missus* Karls des Großen nach Spanien (= KRAUSE II 44)

Er wurde zur Heerführung anstelle der beiden Herrscher, Karl und Ludwig (*vice amborum*), nach Spanien geschickt[1917].

2) 814 Frühjahr: im Auftrag Ludwigs des Frommen in Aachen mit WALA, LAMBERT* und WARNAR (= –)

Als Ludwig nach dem Tod Karls des Großen von Aquitanien nach Aachen reiste, schickte er WALA*, WARNAR*, LAMBERT* und INGOBERT mit dem Auftrag nach Aachen vor, für Ordnung am Hof zu sorgen und bis zur Ankunft des neuen Kaisers der Unzucht oder des Majestätsverbrechens Schuldige im strengen Gewahrsam zu halten[1918].

3) 817, vor 11. 20.: *missus* Ludwigs des Frommen in Tournai mit IRMINO und HARTMANN (= KRAUSE II 67)

Bevor Ludwig auf Bitte Bischof Wendilmars von Tournai der Kanonikergemeinschaft einen Landbesitz des Fiskus schenkte, beauftragte er seine Missi mit der Ausmessung des betreffenden Besitzes[1919].

4) 825. 8.: *missus* Ludwigs des Frommen in der Kirchenprovinz von Rouen mit WILLIBERT (= KRAUSE I 94)

INGOBERT wurde zusammen mit WILLIBERT zum Missus in der Kirchenprovinz Rouen eingesetzt[1920].

1917) Astronomus c. 15 S. 324–326 : *Attamen [Karl] misit ei (sc. Ludwig) missum suum Ingobertum, qui filii praesentiam praeferret et vice amborum contra hostes exercitum duceret.*

1918) Astronomus c. 21 S. 348: ... *misit Uualam et Uuarnarium necnon et Lantbertum sed et Ingobertum: qui Aquasgrani venientes, talibus, ne accidere possent, cautela prospicerent et aliquos stupri immanitate et superbiae fastu reos maiestatis caute ad adventum usque suum adservarent.* Hierzu vgl. auch BOSHOF, Ludwig der Fromme S. 92.

1919) BM² 658; D LdF 134 (Aachen, 817. 11. 20.) S. 343–345, hier S. 344. Siehe den Text bei HARTMANN in der Prosopographie.

1920) MGH Capit. 1 Nr. 151 S. 308 = Ansegis 2, 25–26 S. 544 f.: *Rothomagum Willibertus archiepiscopus et Ingobertus comes...*; *Commemoratio, quid ad praedictorum missorum legationem pertineat...*

KURZBIOGRAPHIE[1921]:
Im Gegensatz zu Ernst Tremp, der die Identifizierung offen lässt[1922], identifiziert Philippe Depreux die oben genannten Ingoberts miteinander. Der INGOBERT der Legation 1 ist ein Verwandter der ersten Gemahlin Ludwigs, Irmingard. Diese Irmingardsippe steht in engem Zusammenhang mit den Robertinern[1923]. Aus der Legation 4 ist zu vermuten, dass INGOBERT seine Grafschaft in der Kirchenprovinz Rouen hatte. Er war im September 820 bei der Reichsversammlung in Quierzy anwesend[1924]. Ein Graf Ingobertus war 826 bei der Translation der Reliquien des Heiligen Sebastian in Rom anwesend, die Hilduin organisierte[1925].

IOTSELMUS (Iotselmus)

Missus (865/866)

TÄTIGKEIT ALS KÖNIGSBOTE:
865/866: *missus* Ludwigs II. von Italien im Gebiet zwischen dem Po und der Trebbia (= KRAUSE II 150)

Für den Feldzug gegen die Sarazenen in Süditalien bot Ludwig das Heer aus Norditalien auf. IOTSELMUS wurde damit beauftragt, die Mobilisierung im Gebiet zwischen dem Po und der Trebbia zu kontrollieren und gegebenenfalls die Säumigen zu bestrafen[1926].
KURZBIOGRAPHIE[1927]:
Über IOTSELMUS ist nichts Weiteres bekannt.

IRING (Iring)

Missus (848, 853)

TÄTIGKEIT ALS KÖNIGSBOTE:
Vor 853(?). 3. 11.: *missus* Ludwigs des Deutschen im östlichen Alemannien (= KRAUSE II 194)

1921) Literatur: BOSHOF, Ludwig der Fromme S. 78; DEPREUX, Prosopographie S. 271 f.

1922) Astronomus S. 326 Anm. 182.

1923) WERNER, Bedeutende Adelsfamilien S. 119 Anm. 133.

1924) Trad. Weissenburg Nr. 69 (Quierzy, 820. 9. 2. Tauschvertrag zwischen HUGO [I] von Tours und BERNHARIUS von Worms), hier S. 271.

1925) Ex Odilonis translatione S. Sebastiani c. 10, in: MGH SS 15, 1 S. 384: *vir illustris Ingobertus comes … isque venerabili Hilduino abbati amicissimus existens.*

1926) MGH Capit. 2 Nr. 218 c. 3 S. 95: *A flubio Pado usque Trebia sit missus Iotselmus.* Siehe ANDREAS (II) in der Prosopographie.

1927) Literatur: BZ 249.

IRING hielt als *missus dominicus* eine Gerichtssitzung ab, bei der er einen Streit zwischen dem Kloster Kempten und den örtlichen Bewohnern in einem Inquisitionsverfahren schlichten wollte. Da die Bewohner die Entscheidung zugunsten des Klosters aber nicht befolgten, sollte der Fall nochmals vor das Königsgericht gebracht werden[1928]. Nach Boris Bigott ist diese Verweigerung der missatischen Gerichtsbarkeit vor dem Hintergrund zu sehen, dass IRING und Graf Pabo, Beisitzer des Gerichts, wegen ihrer engen Beziehungen zu Erchanbert, Abt von Kempten und Bischof von Freising, nicht ohne Befangenheit und Parteilichkeit handeln konnten[1929].

1928) D LdD 66 (*Regenunto* bei Regensburg, 853[?]. 3. 11.), hier S. 91 f.: *...qualiter Iring missus domni iam dicti Hludouuici serenissimi regis residens cum Babone et Perhtoldo comitibus et cum magna multitudine Hilargaugensis et Augusgaugensis et Albigaugensis populi fecit iurare primos et seniores de omni populo super sanctorum reliquias, quod quicquid de ipsa marcha que est inter monasterium sancte Marie quod dicitur Campidona, ubi tunc temporis Erchanbertus Frigisigensis episcopus preesse videbatur, et inter omnes circumquaque positos, certissime et verissime scirent, id sine mendatio et ulla dubitatione testarentur. Illi quidem post datam fidem et interrogatione facta dixerunt, se veraciter scire ita interfinium esse et marcham Campidonensem infra hos terminos consistere [...] infra hos terminos iuraverunt predicti seniores ipsam marcham [...] specialiter ad potestatem domus dei Campidonensis monasterii [...] contineri et quod numquam in alterius hominis potestate iusta vestitura fuerit, ex quo ipsum Campidonense monasterium [...] nullus comes infra predictam marcham aliquod iuditium facere audebat, sed semper ipse abbas et monachi et agentes sui et advocatus ipsius monasterii eam cum omni tranquillitate possederunt, donec ipse populus circumquaque ipsam marcham positus iniusta invadatione transgressionem in ea fecisset. Peracto enim scabinorum iuditio noluerunt audire vel adquiescere eorum iudiciis, sed paraverunt se sine ulla audientia a placito constituto discedere, ac per hoc predictus dominicus missus videlicet Iring verbo regis pannavit omnes pariter, testes videlicet atque idoneos scabinos nec non et populum circumquaque ipsam marcham positum, quatenus omnes in die deputato starent coram rege ad Reginesburg.*

1929) Zu diesem missatischen Gericht und dem Widerstand der dortigen Bewohner gegen die Entscheidung vgl. HANNIG, Zur Funktion S. 293 f.; BIGOTT, Reichskirche S. 186–189; HARTMANN, Ludwig der Deutsche S. 154; DEUTINGER, Königsherrschaft S. 172 f. HARTMANN, ebd., betont, dass „der König die gesamte Beweisaufnahme, die bereits vor dem Missatsgericht durchgeführt worden war, noch einmal wiederholen lässt“.

KURZBIOGRAPHIE[1930]:

Wenn Bigotts Beobachtung richtig ist, ist IRING wohl mit einem Iring identisch, der der Freisinger Kirche 848 zusammen mit seiner Gemahlin Fridaburg und seinem Sohn Meginhard Güter in Ried, Asch und Ellbach gegen Rückerstattung als Lehen und Verleihung der Kirche in Thankirchen schenkte[1931].

IRMINFRID (Ermenfridus, Hirminfridus, Yrminfridus)

Abt, dann Bischof von Beauvais (843–859)

TÄTIGKEIT ALS KÖNIGSBOTE:

1) 853. 11.: *missus* Karls des Kahlen in Paris, Meaux, Senlis, Vexin, Beauvais und Vendeuil mit LUDWIG, INGILWIN und GOTSELM (= Krause I 141)

Er war einer der Missi im Missaticum um Paris[1932].

*2) 856. 9. 1. – 10. 10.: (*missus*) Karls des Kahlen in Neustrien/Aquitanien mit HINKMAR (I), ADALHARD (III), RUDOLF, RICHUIN und BERENGAR (II) (= –)

Zur vierten Verhandlungskommission gegen die ungehorsamen Franken und Aquitanier zählten HINKMAR (I) von Reims und IRMINFRID von Beauvais neben den vier Missi der dritten Delegation[1933].

KURZBIOGRAPHIE[1934]:

IRMINFRIDs Teilnahme an der Pariser Synode von 846/847 ist belegt[1935]. Ein Abt *Ermenfredus*, der bei der Versammlung von Germigny-des-Prés 843 anwesend war, wird von Hartmann mit IRMINFRID gleichgesetzt[1936]. Später nahm er regelmäßig an folgenden Synoden teil: Quierzy im Frühjahr 849, Anjou(?) im Juli/August 850, Soissons im April 853, Verberie im August 853, Bonneuil im August

1930) Literatur: DIEPOLDER, Freisinger Traditionen, bes. S. 173–178; BIGOTT, Reichskirche S. 186–189; GLANSDORFF, Prosopographie S. 188.

1931) Trad. Freising Nr. 701, S. 586–588. Meginhard wurde später Pfalzgraf in Bayern als Nachfolger Fritilos. PAULUS, Das Pfalzgrafenamt S. 58 und 117–119; GLANSDORFF, Prosopographie S. 188.

1932) MGH Capit. 2 Nr. 260 S. 276. Siehe den Text bei GOTSELM in der Prosopographie.

1933) MGH Capit. 2 Nr. 265 S. 284 f., hier S. 284. Siehe den Text bei ADALHARD (III) in der Prosopographie.

1934) Literatur: Fastes 3 S. 121.

1935) MGH Conc. 3 Nr. 13, hier S. 148.

1936) MGH Conc. 3 Nr. 1, hier S. 7 mit Anm. 58.

855 und Savonnières im Juni 859[1937]. Sein Name in der Unterschriftenliste der Synode von Tusey 860 ist fragwürdig: Die Liste enthält viele Interpolationen[1938]. IRMINFRID gelobte auf der kleinen Versammlung in Quierzy am 21. März 858 die auf Gegenseitigkeit beruhende Treue zum König[1939]. Bischof Odo von Beauvais unterschrieb eine 862 anlässlich der Versammlung in Pîtres ausgestellte Urkunde für St-Calais folgendermaßen: *Odo Belloacensis ecclesiae episcopus consensum patris mei Hirminfridi confirmans subscripsi*[1940]. Die Annalen von St-Bertin aber berichten, dass IRMINFRID 859 durch die Normannen getötet worden sei[1941].

Unsicher, aber nicht ausgeschlossen ist die Identifizierung mit einem geistlichen Missus Ludwigs des Frommen von 816, ERMENFREDUS[1942].

IRMINO (Irmino)

Abt von St-Germain-des-Prés (811–823)

TÄTIGKEIT ALS KÖNIGSBOTE:

817, vor 11. 20.: *missus* Ludwigs des Frommen in Tournai mit INGOBERT und HARTMANN (= KRAUSE II 67)

Der Kaiser beauftragte seine Missi mit der Ausmessung eines fiskalen Landbesitzes, den er auf Bitte des Bischofs Wendilmar von Tournai der Kanonikergemeinschaft schenken wollte[1943].

KURZBIOGRAPHIE[1944]:

IRMINO war 811 einer der Zeugen des Testaments Karls des Großen[1945]. Ludwig der Fromme verweilte 814 bei ihm in Paris auf seinem ersten Weg nach Aachen nach dem Tod seines Vaters[1946]. Eine Urkunde, mit der Ludwig 816 anläßlich des Aachener Konzils dem Kloster St-Germain-des-Prés die von Karl Martell erbaute Fischerei

1937) MGH Conc. 3 Nr. 18 S. 196; Nr. 20 S. 203; Nr. 27 S. 264 und 277; Nr. 31 S. 304 und 306; Nr. 34 S. 370; Nr. 47 S. 463 und 468.

1938) HARTMANN, Unterschriftenlisten S. 134–139.

1939) MGH Capit. 2 Nr. 269, hier S 296.

1940) MGH Conc. 4 Nr. 10, F S. 121.

1941) AB a. 859 S. 81.

1942) Siehe ERMENFREDUS in der Prosopographie.

1943) BM² 658; D LdF 134 (Aachen, 817. 11. 20.) S. 343–345, hier S. 344. Siehe den Text bei HARTMANN in der Prosopographie.

1944) Literatur: DEPREUX, Prosopographie S. 172 f.

1945) Vita Karoli S. 84.

1946) Ermoldus, Carmen, II, v. 797–803 S. 62.

in der Seine zu Rueil im Pincerais geschenkt habe, ist aber der neuesten Beurteilung Theo Kölzers zufolge eine Fälschung. Kölzer hält trotzdem IRMINOs Teilnahme an diesem Konzil für wahrscheinlich[1947]. Obwohl er 823 letztmalig in den Quellen erwähnt ist[1948], meint Dieter Hägermann, dass das Polyptichon von St-Germain-des-Prés „mit Sicherheit“ unter Abt IRMINO angelegt wurde und zwar zwischen 825 und 828[1949].

ISAAK (Isaac)

Bischof von Langres (849 – †880. 7. 18.[1950])

TÄTIGKEIT ALS KÖNIGSBOTE:

1) 866 Ende Dezember: *missus* Karls des Kahlen in Lux (Burgund) mit ODO (II) (= KRAUSE I 157)

Der Vogt der Kirche von Langres namens Alcaudus lud einen gewissen Hildebernus vor das Gericht der Missi ISAAK von Langres und ODO (II) von Mâcon und klagte ihn wegen widerrechtlicher Rodung des Besitzes des Klosters St-Bénigne an. Aber es kam zu keiner Entscheidung: Alcaudus versprach, Zeugen beizubringen, und ein Schöffe bestimmte, dass dieser Fall 40 Tage später in der nächsten Sitzung derselben Missi verhandelt werden solle[1951].

2) 867. 1.–2.: *missus* Karls des Kahlen in Lux mit ODO (II), HILDEBALD (II) und BERTRAMNUS (= KRAUSE I 157 und 158)

Die Verhandlung über den gleichen Rechtsfall wie in der Sitzung 40 Tage vorher wurde wiedereröffnet. Nachdem die Entscheidung nochmals auf die nächste Sitzung verschoben worden war, fiel das Urteil zugunsten von Alcaudus aus[1952].

1947) BM² 628; D LdF †107 (Aachen, 816. 8. 30.) S. 256–259..

1948) Vgl. DEPREUX, Prosopographie S. 273 Anm. 10.

1949) HÄGERMANN, Das Polyptychon, S. VI.

1950) Annales S. Benigni, a. 880 S. 39.

1951) Urk. Dijon Nr. 76 (Lux, 866, Ende Dezember) S. 106: *Cum resedisset Isaac, dono Dei episcopus, et Odo comes, vel missi dominici, in Luco villa, in mallo publico, ad universorum causas audiendas vel recta judicia judicantes vel dirimendas una cum scabineis et aliis plures hominibus qui ibidem aderent, veniens homo aliquis ibi, nomine Alcaudus, advocatus sancti Mamme vel Isaac episcopi, mallavit hominem aliquem nomine Hildebernum. Et dixit quod* [… Anklage …] *et dixit quod tales testes haberet; et per judicium escabineorum Vualdricus, arramivit post XL noctes in proximo mallo, quod in Uscarense et in Atoeriis ipsi missi tenent, ipse Alcaudus cum sua testimonia, Hildeberno ad probare faciat.*

1952) Urk. Dijon Nr. 78 (Lux, 867. 2.) S. 77 f.: *Noticia Geist carte qualiter Hel-*

3) 869. 6. 21. – 870. 6. 20.: *missus* Karls des Kahlen in Coton (Burgund) mit ODO (II) und BERTRAMNUS (= KRAUSE I 160)

Vor den Missi ISAAK von Langres, den Grafen ODO (II) und BERTRAMNUS klagte Alcaudus, Vogt von St-Bénigne, gegen Hildebernus, weil er widerrechtlich angeeignete Güter des Klosters trotz anderslautender Rechtsprechung der Schöffen nicht zurückgab. Das Urteil fiel zugunsten des Klosters[1953].

KURZBIOGRAPHIE[1954]:

ISAAK ist erstmals 849 belegt, als er als Diakon des Laoner Bischofs PARDULUS an der Synode von Quierzy teilnahm[1955]. Vorher war er Schüler Hilduins, des Abtes von St-Denis und Erzkapellans Ludwigs des Frommen[1956]. In dieser Zeit muss er also HINKMAR (I), den späteren Erzbischof von Reims, kennengelernt haben, der bei ISAAKs Bischofserhebung eine gewisse Rolle spielte: HINKMAR schrieb wegen dieser Angelegenheit an GERHARD (II) von Lyon und Vienne sowie an Erzbischof Remigius von Lyon, also an die weltliche und die kirchliche Spitze der Kirchenprovinz Lyon, der das Bistum Langres angehörte[1957]. Nach seiner Bischofserhebung im Jahr 857 auf der Synode von Quierzy[1958] konnte er erst 859 auf der Synode von Savonnières seinen Bischofssitz sichern, weil es zwei Gegen-

---

debernus geitivus apparuit pro ea causa, unde Alcaudus, advocatus sancti Stephani et sancti Benigni, vel Isaac episcopi, in Luco villa, in mallo publico, ante predictum Isaac episcopum et Oddonem comitem et Hildebaldum abbatem sive Bertrannum, missos dominicos, et alios plures qui ibi adfuerunt ad multorum causas audiendas vel recta judicia facienda…

1953) Urk. Dijon Nr. 84 (Coton, 869. 6. 21. – 870. 6. 20.) S. 113–115, hier S. 115: *Noticia evindicationis, qualiter veniens Alcaudus, advocatus sancti Benigni et sancti Stephani, in mallo publico, in villa que dicitur Curtavonus, ante Isaac episcopum et Odonem comitem sive Bertrannum, missos dominicos, et alios plures, qui ibi adfuerunt, ob multorum causas audienda sive recta judicia terminanda, interpellavit seu mallavit quendam hominem, nomine Hildibernum, et dixit quod Hildebernus ante hoc dies, per judicium scabineorum ad respectum fuissent res sancti Benigni quas idem Hildebernus injuste retinebat…*

1954) Literatur: Fastes 2 S. 190; MGH Capit. episc. 2 S. 161 f.

1955) MGH Conc. 3 Nr. 18, (4) S. 196.

1956) HRE III c. 24, S 321 f. (an Hilduin = SCHRÖRS Reg. 104).

1957) HRE III c. 21 S. 274 (an Remigius, SCHRÖRS Reg. 105) und c. 26 S. 332 (an GERHARD = SCHRÖRS Reg. 107); BZ 2498.

1958) HRE III c. 24, S 321 f. (an Hilduin = SCHRÖRS Reg. 104).

kandidaten gab[1959]. Bei zwei Sitzungen des Hofgerichts vom Herbst 863 ist sein Beisitz belegt[1960]. 865 begleitete er *ex parte Karoli regis* zusammen mit Bischof Erkanraus von Chartres Königin Theutberga nach Vendresse, wo sie von Arsenius, dem päpstlichen Legaten, empfangen wurde, woraufhin Lothar II. sie wieder als rechtmäßige Ehefrau aufnahm[1961]. In demselben Jahr schenkte ISAAK dem Kloster Flavigny auf Bitte des Bischofs JONAS (II) von Autun zwei Kirchen im Pagus Attuyer (südlich von Langres)[1962]. Im Sommer 869 erhielt er auf seine Bitte hin eine Besitzbestätigungsurkunde zur Restitution des Klosters St-Bénigne in Dijon und Etablierung der benediktischen Mönchsgemeinschaft[1963]. Als Karl 871 Langres besuchte, verlieh er auf Bitte ISAAKs eine Bestätigungsurkunde des Besitzes, der für die Bereitstellung der Bekleidung der Kanoniker der Kirche von Langres genutzt wurde[1964]. Im nächsten Jahr verlieh Karl wieder auf Bitte ISAAKs das Münzrecht[1965]. Seine Unterschrift findet sich auf der Synodalurkunde, mit der die Synodalen 875 in Chalon-sur-Saône die Güter, die Karl der Klostergemeinschaft von St-Philibert geschenkt hatte, bestätigten[1966]. 878 erhielt er einen Brief Papst Johannes' VIII., der eine Synode in Troyes einberief. Der Papst verlangte, dass ISAAKs Missi Unterkünfte für den Papst vorbereiten und ihn nach Troyes führen sollten[1967]. Überliefert ist auch sein umfangreiches Bischofskapitular, das nur ungenau auf seine spätere Amtszeit datiert werden kann[1968].

1959) MGH Conc. 3 Nr. 47, A c. 5 S. 459 f., Unterschrift als Bischof S. 463, auch im Synodalschreiben an WENILO von Sens S. 469.

1960) D KdK Nr. 258 (Verberie, 863. 10. 29.), 2 S. 81–86.

1961) AB a. 865 S. 12of.

1962) Cart. Flavigny Nr. 21 (865. 10.) S. 65–67.

1963) D KdK Nr. 326 (Pîtres, 869. 7. 21.), 2 S. 218–223. Vgl. auch seine eigene Urkunde zur Restauration von St-Bénigne, Urk. Dijon Nr. 89 (872. 5.) S. 120–123.

1964) D KdK Nr. 352 (Langres, 871. 10. 7.), 2 S. 282–285.

1965) D KdK Nr. 365 (Pontailler, 872. 8. 21.), 2 S. 315–317.

1966) MGH Conc. 5 Nr. 1 (St-Marcel-lès-Chalon, 875) hier S. 3.

1967) Registrum Iohannis VIII. papae Nr. 126 ([Chalon-sur-Saône, 878 Mitte Juni]) S. 113; BU 386; Jaffé³ 6653.

1968) MGH Capit. episc. 2 S. 180–241.

ISEMBARD (I) (Hisembard, Isanbardo, Isanhardus, Ysanbardo)
Graf? (von Thurgau?, 770/771/773/774–779(?), bzw. von einer ungewissen Grafschaft, ca. 798–†806)[1969]

TÄTIGKEIT ALS KÖNIGSBOTE:
798: *missus* Karls des Großen in Spoleto mit MANCIO und HAROINUS (= KRAUSE I 16)

ISEMBARD war einer der missatischen Vorsitzenden bei einer Gerichtsversammlung, auf der ein Streit zwischen WINIGIS (I) von Spoleto und dem Kloster Farfa beigelegt wurde[1970].

KURZBIOGRAPHIE:
Eduard Hlawitschka vermutet, dass ISEMBARD (I) mit dem gleichnamigen Grafen von Thurgau identisch sei[1971], auch wenn Michael Borgolte in seiner Prosopographie der alemannischen Grafen die Legation nicht erwähnt[1972]. Wenn diese Zuschreibung richtig ist[1973], war ISEMBARD (I) Nachfolger seines Vaters Warin im Grafenamt, verlor aber um 779[1974] – vielleicht aufgrund der Spannungen mit Königin Hildegard – seine *honores*[1975]. Später, wahrscheinlich um

---

1969) Sein Todestag ist der 29. Mai 806. BORGOLTE, Die Grafen Alemanniens S. 150.

1970) MANARESI Nr. 10 (798. 5.) S. 29 f. Das vollständige Zitat findet sich bei HAROINUS in der Prosopographie. Zu dieser Sitzung vgl. TAURINO, Osservazioni S. 79 f.

1971) HLAWITSCHKA, Franken S. 27 Anm. 20.

1972) BORGOLTE, Die Grafen Alemanniens S. 150–156.

1973) Hier ist auch eine andere Möglichkeit zu erwähnen, die mir allerdings unwahrscheinlicher zu sein scheint. In einer verfälschten Urkunde Karls des Großen um 804–6 (Dazu siehe NIBRIDIUS in der Prosopographie) ist ein *Ysumberts(!)* erwähnt (Recueil des chartes de l'abbaye de La Grasse Nr. †2 S. 6). Mit ihm habe der König einst eine Villa Ribaute gegen etwas hier nicht näher Bestimmtes eingetauscht. Wenn dieser *Ysumberts* in Septimanien tatsächlich seinen Besitz und Machtbasis gehabt hätte, wäre es nicht unnatürlich, dass er gemeinsam mit einem anderen Mächtigen aus dem Süden, MANCIO, eine Legation leisten sollte. Siehe aber ISEMBARD (II) in der Prosopographie.

1974) Bis 779 ist er mehrmals als Graf nachweisbar: UB St. Gallen 1 Nr. 62 (770/771/773/774. 4. 12) S. 61 f.; Nr. 71 (774. 8. 28.) S. 69 f.; Nr. 80 (775/776/778/779.6.26.) S. 76 f.; Nr. 86 (799(?). 3. 16.) S. 82 = Chart. Sangall. Nr. 66 (St. Gallen, 774. 8. 12.) S. 58 f.; Nr. 67 (St. Gallen, 774. 8. 12.?) S. 59 f.; Nr. 76 (St. Gallen, 776. 4. 30.) S. 67 f.; Nr. 83 (Schwarzenbach, 778./779. 3. 16./17.) S. 73. Zur Datierung dieser Urkunden vgl. BORGOLTE, Chronologische Studien S. 157 f. 160 f. mit Anm. 441, 451, 453–455; BORGOLTE, Kommentar S. 342, 344–346.

1975) Dazu BORGOLTE, Die Grafen Alemanniens S. 152 f.

die Jahrhundertwende[1976], konnte er seine Ehre zurückgewinnen. Darauf weist auch eine Geschichte Notkers des Stammlers in seinen Gesta Karoli Magni hin, obwohl seine Erzählung so nicht richtig sein kann[1977]: ISEMBARD (I), Sohn Warins, habe bei einer Jagd mit den Gesandtschaften der „Perser“ ein Tier, das Karl den Großen verletzte, niedergeschlagen. Die Königin, die ISEMBARD (I) bis zu diesem Vorfall gehasst habe, sei von dieser Geschichte begeistert gewesen. Als Belohnung seien ihm seine entzogenen *honores* zurückerstattet worden, außerdem habe er ein großzügiges Geschenk von ihr bekommen[1978]. Wenn ISEMBARDs Rehabilitation tatsächlich 798

1976) Vgl. UB St. Gallen 1 Nr. 154 S. 146 = Chart. Sangall. Nr. 154 (Matzingen, 798. 12. 16.) S. 144. Dabei schenkte *Ysanbardo comes* dem Kloster St. Gallen seinen Besitz im Thurgau. Zur Datierung dieser Urkunde auf den 16. Dezember 798/801, vgl. BORGOLTE, Chronologische Studien S. 160 f. mit Anm. 453; BORGOLTE, Kommentar S. 358. Er konnte noch am 29. Februar 804 seinen Besitz im Thurgau schenken. UB St. Gallen 1 Nr. 178 S. 168 = Chart. Sangall. Nr. 175 (804. 2. 29.?) S. 164 f. Aber zur Unsicherheit der Datierung BORGOLTE, Chronologische Studien S. 160 Anm. 452. Vgl. auch eine nur fragmentarisch überlieferte undatierbare Zeugenliste einer Schenkung ISEMBARDs: UB St. Gallen 2, Anhang Nr. 20 S. 397 = Chart. Sangall. Nr. 184 (um 778/779 – um 806) S. 173.

1977) Es gibt einen Widerspruch hinsichtlich der auftretenden Personen. Während Königin Hildegard schon 783 starb, kamen die abbasidischen Gesandtschaften erst 801 nach Westen. BORGOLTE, Die Grafen Alemanniens S. 152.

1978) Notker, II, 8 S. 60 f.: *Phebea spargebat lampade terras, Titoni croceum linquens Aurora cubile, cum ecce quietis et otii impatientissimus Karolus ad venatum bissontium vel urorum in nemus ire et Persarum nuncios secum parat educere. Qui cum ingentia illa viderent animalia, nimio pavore perculsi in fugam conversi sunt. At non territus heros Karolus ut in equo sedebat acerrimo, appropinquans uni eorum, extracta spata cervicem eius abscidere conabatur, sed frustrato ictu, galliculam regis et fasciolam ferus immanissimus disrumpens tibiamque illius summo licet cornu perstringens paulo tardiorem reddidit et in convallem tutissimam, lignis et lapidibus asperatam, casso vulnere irritatus aufugit. Cumque ad obsequium domini cuncti pene hossas suas vellent extrahere, ille prohibuit dicens: „Sic affectus ad Hildigardam venire debeo“. Consecutus autem feram Isambardo, filius Warini persecutoris patroni vestri Othmari, cum propius non fuisset ausus accedere, librata lancea inter armum et guttur cor eius penetravit et imperatori palpitantem consignavit. Quod cum ille quasi non advertisset, cadavere sociis relicto, reversus est domum advocataque regina ostendit ocreas disruptas et dixit ei: „Quid dignus est, qui de hoste haec infligente me liberavit?“ Illaque respondente: „Omni bono“ enarravit imperator cuncta per ordinem et immanissimis cornibus in testimonium prolatis ad lacrimas et suspiria pugnosque pectoris dominatricem coegit. Quae cum audisset,*

oder kurz davor erfolgt sein sollte, passt seine neu/erneut erworbene Gunst beim Herrscher gut mit seiner Legation um dieselbe Zeit nach Italien zusammen.

ISEMBARD (II) (Isembardus, Isimhardus)

Graf von Autun, Mâcon, Châlon (849–870)

TÄTIGKEIT ALS KÖNIGSBOTE:

1) 853. 11.: *missus* Karls des Kahlen in den Grafschaften Milos und ISEMBARDs (II) (Autun, Mâcon, Dijon, Chalon-sur-Saône und Attuyer), Tonnerre, Beaune, Duesme und den Grafschaften Attelas und Romolds mit THEUTBALD, JONAS (II), ABBO und DADDO (= KRAUSE I 147)

ISEMBARD war einer der Missi im burgundischen Missaticum um Autun und Langres, die im Herbst 853 mit einem Kapitular ausgesandt wurden[1979].

2) 857. 2. 14.: *missus* Karls des Kahlen in einem Teil Burgunds(?) mit JONAS (II) (= KRAUSE I 151)

In der Adresse einer Fassung des auf den 14. Februar 857 datierten Kapitulars werden Bischof JONAS (II) und Graf ISEMBARD als Missi vom König begrüßt. Ungewiss ist der Umfang ihres Missaticums. Während die beiden Magnaten auch bei der Legation von 853 in Burgund um Autun und Langres als Missi belegt sind, war nun die Anzahl der Missi von fünf auf zwei reduziert. Allein aufgrund dieser Adresse kann man nicht beurteilen, ob die beiden Missi demselben großen Missaticum wie im Jahr 853 zugeordnet waren oder ob das damalige Missaticum bei dieser missatischen Legation verkleinert wurde[1980].

KURZBIOGRAPHIE[1981]:

ISEMBARD (II) war ein Sohn des mächtigen Grafen Warin von Mâcon, Chalon und Autun[1982]. Er nahm 849 am Feldzug in Aquitanien

---

quod tunc odibilis et cunctis honoribus exspoliatus Isambardo imperatorem de tali adversario vindicasset, eius pedibus advoluta impetravit ei omnia, quaecumque illi fuerant ablata, sed et ipsa eidem est munera largita.

1979) MGH Capit. 2 Nr. 260 S. 276. Siehe ABBO in der Prosopographie.

1980) MGH Conc. 3 Nr. 38 S. 389: *In nomine sanctę et individuę trinitatis. Karolus gratia dei rex dilecto nobis Ionę venerabili episcopo et Isimhardo inlustri comitis missis nostris salutem.*

1981) Literatur: DHONDT, Études sur la naissance S. 153 f.; NELSON, Charles the Bald S. 161 und 186.

1982) Chronicon Fontanellense, a. 849 S. 303 = Ann. Fontenelle, a. 849 S. 83.

und Septimanien teil. 850 wurde er zusammen mit ALEDRAMNUS, *custos* Barcelonas und der Spanischen Mark, von Wilhelm von Septimanien gefangen genommen[1983]. Vor seiner Mission von 853 starb sein Vater, dessen Machtbasis in Burgund er übernahm. Als Karl der Kirche von Autun, deren Bischof JONAS (II) war, die Kirche St-Croix wiederum zuwies, ist in der Urkunde ISEMBARDs Zustimmung erwähnt[1984]. Seine Treue und große Macht in Burgund halfen König Karl 858 in der durch den Einfall Ludwigs des Deutschen verursachten Krise so sehr, dass Karl 859 seinem *fidelis* ISEMBARD Güter in Narbonne schenkte[1985]. ISEMBARD tauschte die dabei erworbenen Güter von Ribaute mit dem Abt Sunifredus von La Grasse[1986].

ITHERIUS (Ittherius)

Kapellan und Notarius, dann Abt von St-Martin in Tours (753–†796)

TÄTIGKEIT ALS KÖNIGSBOTE:

1) 771/772 : *missus* Karls des Großen in Benevent mit den anderen Anonymen (= KRAUSE II 12)

ITHERIUS wurde zusammen mit anderen Missi von Karl nach Benevent entsandt, um dort das päpstliche Patrimonium zu sichern. Papst Stephan III. lobte ihn in seinem Brief an Karl und seine Mutter Bertrada sehr[1987].

2) 781–782: *missus* Karls des Großen in der Sabina mit MAGINARIUS (= KRAUSE II 14)

In einem Brief Papst Hadrians I. an Karl, datiert zwischen Mai und September 781, sind zwei Missi erwähnt, die zusammen mit einem päpstlichen Missus in der Sabina Untersuchungen bezüglich des päpstlichen Patrimoniums machten. Nachdem durch die Missi

---

1983) AB a. 850 S. 58 f.; Chron. Fontanellense, a. 849 S. 303 = Ann. Fontenelle, a. 849 S. 83. Siehe ALEDRAMNUS in der Prosopographie.

1984) D KdK Nr. 165 (Bourges, 854. 7. 26.), 1 S. 432 f.

1985) D KdK Nr. 208 (Attigny, 859. 6. 20.), 1 S. 527–530.

1986) Vgl. D KdK Nr. 340 (Attigny, 870. 6. 28.), 2 S. 257–260, hier S. 259.

1987) Jaffé³ 4249 (770–771); Cod. Carol. Nr. 46 S. 564: *Itaque praesens Ittherius religiosus ac prudentissimus vir et re vera vester nosterque sincerus fidelis, quem cum suis concomitibus et reliquis vestris missis pro exsequendis faciendisque iustitiis fautoris vestri beati Petri direxistis, ad nos coniungens, ilico partes Beneventani profectus est ducatus pro recolligendo illis in partibus situm patrimonium eiusdem protectoris vestri, apostolorum principis. Qui videlicet sollertissimus vir in omnibus secundum vestram nostramque decertavit voluntatem suique laboris constantiam, iuxta ut a vobis illi praeceptum est, in ipsis apostolicis exhibuit utilitatibus…*

festgestellt wurde, dass das Papsttum Rechte in der Sabina hatte, reisten sie zurück. Da der Papst aber nicht in der Lage war, das Patrimonium vollständig in seinen Besitz zu bringen, bat er den König, jene Missi, oder mindestens einen der beiden, wieder nach Italien auszusenden, um die Übergabe des Patrimoniums zu vollenden[1988]. Die zweite Legation scheiterte ebenfalls und die beiden Missi kehrten zurück. Daraufhin schickte der Papst seinen Gesandten Stephan zu Karl und bat, abermals dieselben Missi oder einen der zwei mit Stephan zurückzuschicken[1989].

1988) Jaffé³ 4421 (781. 5.–9.); Cod. Carol. Nr. 69 S. 599: *Recordari vos credimus, excellentissimae et a Deo protectae fili et magne rex, quomodo disposuistis vestros prudentissimos ac fidelissimos missos: ut cum nostris parter missis pergerent ad suscipiendum in integro patrimonium nostrum Savinense, quod pro vestrae animae mercede et venia delictorum beato Petro, protectori vestro, concedere iussistis. Dumque vero nostri vestrique illuc pergerent missi, inventi sunt ibidem fidelissimi atque seniores testes annorum plus minus centum, qui testificantes super altare intus ecclaesiam sanctae Dei genetricis Mariae, in loco quidem Forobono, coram sancta Christi evangelia in praesentia fidelissimis ac nobilissimis vestris missis, scilicet Itherium et Magnarium – tantummodo vestri missi, absque praesentia nostris missis – adfirmantes dixerunt, quod et ipsi vestri missi vobis subpliciter, sicut textes illi iurati patefecerunt, referre possunt, quomodo antiquitus ipse beatus Petrus sanctaque nostra Romana ecclesia eundem detinuit patrimonium. […] Quatenus petimus vestram praecelsam regalem potentiam, ut pro amore eiusdem Dei apostoli atque nostro ipsos iam fatos fidelissimos missos vestros aut unum ex illis cum alia persona, quae vobis placuerit, dirigere iubeatis, ut ipsum patrimonium Savinensem, sicut caepistis, in integro iustitia annuente nobis contradatur…* Vgl. COSTAMBEYS, Power and patronage S. 326–328. Die Grenzbestätigung des Patrimoniums in der Sabina ist erwähnt auch im Pactum Hludowici Pii cum Paschali pontifice (das sog. Hludowicianum) von 817. MGH Capit. 1 Nr. 172 S. 353 = D LdF 125 (817, erste Jahreshälfte, nach 1. 25., interpoliert) S. 312–320, hier S. 317 f.: *Eodem modo territorium Sabinense, sicut a genitore nostro Karolo imperatore beato Petro apostolo per donationis scriptum concessum est sub integritate, quemadmodum ab Itherio et Magenario abbatibus, missis illius, inter idem territorium Sabinense atque Reatinum definitum est.*

1989) Jaffé³ 4426 (781. 5. – 782. 3.); Cod. Carol. Nr. 71 S. 601 f.: *Euntes autem apud Savinensem territorio nostros vestrosque fidelissimos missos, videlicet filius noster, Ittherius venerabilis abbas, seu Maginarius religiosus cappellanus, sicut per vestrum bonum dispositum voluerunt nobis contradere in integro iam fato Savinense territorio, et minime potuerunt, mittentes varias occasiones perversi et iniqui homines. Tamen et ipsi iam fati fidelissimi missi omnia vobis subtiliter vice nostra referre possunt. Quapropter vestre a Deo protectae regali potentiae reverentissi-*

3) 786 um Juli: *missus* Karls des Großen in Rom mit MAGINARIUS (= –)

ITHERIUS und MAGINARIUS wurden ein weiteres Mal zusammen nach Rom geschickt, um sich beim Papst Rat zu holen, wie diejenige Sachsen, die zwar Christen geworden waren, sich aber wieder dem Heidentum zuwandten, bestraft werden sollten[1990].

KURZBIOGRAPHIE[1991]:

Seit 753 befasste sich ITHERIUS mit der Urkundenausstellung am Hof Pippins des Jüngeren[1992]. Ab 768 wurde die Rekognitionszeile in seinem Namen geschrieben[1993]. Die letzte, an deren Ausstellung ITHERIUS beteiligt war, ist die Urkunde Karls des Großen vom Januar 777[1994]. In diesem Zeitraum ist er im Liber Pontificalis als *capellanus et notarius* belegt, als er die Bestätigungsurkunde der Pippinischen Schenkung abfasste[1995]. Ab 775 ist er als Abt von St-Martin in Tours belegt[1996]. 790 gab ITHERIUS dem Fiskus den Besitz des Klosters im Breisgau zurück, da ein Fulridus, der ihm diesen verkauft hatte, sich diesen zu Unrecht vom Fiskus angeeignet hatte. Der König aber schenkte diesen dem Kloster St-Martin[1997]. Möglicherweise nahm er an einer Versammlung von Geistlichen teil, die vor der Ein-

---

mum missum nostrum Stephanum, dudum saccellarium, direximus suggerendum, ut pro mercaede anime vestrae, sicut caepistis, ita in integro iam fato territorio Savinense beato Petro regni caelorum clavigero contradere iubeatis, ut, ipse Dei apostolus pro vestra a Deo promota regali precellentia precipuae suffragante, cum sanctis omnibus regnare me reamini. Quatenus pro eiusdem Dei apostoli amore et mercedis animę vestrae unum e duobus iam fatis missis cum prefato Stephano misso nostro nobis dirigere iubeatis…

1990) Jaffé³ 4502 (786, um Juli); Cod. Carol. Nr. 77 S. 609: … *scilicet Ittherium et Magenarium religiosos abbates, sciscitati sunt nes interrogantes de Saxonibus, qui christiani fuerunt et ad paganissmum reversi sunt, qualem penitentiam eis sacerdotes iudicare debeant.*

1991) Literatur: FLECKENSTEIN, Hofkapelle S. 58, 64, 76–81, 91, 94, 105, 107 f., 122, 128, 142; FELTEN, Laienäbte S. 188 Anm. 67 und s. 230–237; HACK, Codex Carolinus 2 S. 1007 f.

1992) D PdJ 6 (753. 7. 8.), hier S. 9 (Vormerkung).

1993) D PdJ 24 (Poitiers, 768. 7.), hier S. 33.

1994) D KdG 114 S. 160 f., wenn *Liudberti* aus *Hitherii* verderbt ist. Vgl. auch ebd. S. 70. Vgl. Übersicht seiner Erwähnung in den Rekognitionszeilen, D KdG S. 541.

1995) Lib. Pont. XCVII, Vita Hadriani I c. 42, 1 S. 498.

1996) D KdG 97 (Diedenhofen, 775. 5. 10.) S. 139 f.

1997) D KdG 167 (Kostheim, 790. 8. 31.) S. 225.

richtung des Erzbistums Salzburg am Kloster St. Emmeram in Regensburg stattfand. Dort wurde der Streitfall zwischen dem Bischof ATTO von Freising und dem Abt Adalbert von Tegernsee verhandelt[1998].

IZZO (Iso, Izzo)

Priester (804)

TÄTIGKEIT ALS KÖNIGSBOTE:

Um 804: *missus* Karls des Großen und Pippins von Italien in Rižana-Risano (Istrien) mit AIO und CHADALOH (= KRAUSE I 37)

Zur Beilegung des Konflikts zwischen dem neu eingesetzten Herzog Johannes, den führenden Kirchenleuten und den Bewohnern hielten die Missi der beiden Karolinger ein Placitum, wobei sie ein umfangreiches Inquisitionsverfahren durchführten und die örtlichen Gewohnheiten untersuchten[1999].

KURZBIOGRAPHIE[2000]:

IZZOs Identifikation ist unsicher und seine Herkunft und Karriere sind nur zu vermuten. Harald Krahwinkler tendiert zur möglichen Identifikation mit einem gleichnamigen Priester von Farfa[2001].

Interessant ist allerdings, dass IZZO, vor zwei Grafen genannt, an der Spitze der Legation in Istrien gestanden zu haben scheint, obwohl

1998) Diese Versammlung ist erwähnt in: Trad. Freising Nr. 197 (Tegernsee, 804. 6. 16.) S. 188. Die Anwesenheit ITHERIUS' beruht auf der Vermutung, dass *Itheri abbas* mit ITHERIUS identisch ist. Vgl. Reg. Passau Nr. 43 S. 13; Reg. Freising Nr. 12, hier S. 9. Wenn *Reginperht cappellanus presbiter* und *Uuolfheri cappellanus presbiter* zur Hofkapelle gehörten (FLECKENSTEIN, Hofkapelle S. 24, 60 und 104), ist es gut vorstellbar, dass diese Versammlung während des Aufenthalts Karls des Großen in Bayern zwischen August 791 und dem Herbst 793 (BM^2 311d–320g) stattfand, wenn auch nicht anlässlich der Synode von Regensburg 792 (BM^2 317b).

1999) KRAHWINKLER, *In loco qui dicitur Riziano* S. 67–81. Siehe AIO in der Prosopographie.

2000) Literatur: FLECKENSTEIN, Hofkapelle S. 61 und 104 (als *capellanus*, aber ohne klare Quellenangabe); KRAHWINKLER, *In loco qui dicitur Riziano* S. 121 f.

2001) Vgl. auch ESDERS, Regionale Selbstbehauptung S. 50 Anm. 4. Der betreffende Priester war Vertreter des Klosters Farfa in einer Gerichtsversammlung im Januar 811 an einem unbekannten Ort. Er ist in der Urkunde dreimal, aber jeweils unterschiedlich genannt: *Itto presbiter et monacus monasterii sancte Dei genitricis Marie; Izzo presbiter; Izo presbiter.* MANARESI Nr. 23 S. 72 f. Interessant ist, dass trotz der Anwesenheit des Vogtes Scaptolfus der Streitgegenstand, nämlich ein Besitz, in die Hand dieses Priesters zurückgegeben wurde.

er einfach als *presbiter* tituliert ist[2002]. Dies ist meines Wissens der einzige Fall, dass ein – anscheinend einfacher – Priester als Königsbote eine politisch wichtige Aufgabe wie die Führung einer regionalen Versammlung übernahm[2003].

JEREMIAS (Hieremias)

Erzbischof von Sens (822 – †828. 12. 7.)

TÄTIGKEIT ALS KÖNIGSBOTE:

1) 825. 8.: *missus* Ludwigs des Frommen in der Kirchenprovinz Sens mit DONATUS (= KRAUSE I 93)

Er war einer der zwei Missi in der Kirchenprovinz Sens[2004].

2) 825 Herbst: *missus* (oder *legatus*) Ludwigs des Frommen nach Rom mit JONAS (I) (= –)

Um über die Ergebnisse der Pariser Synode bezüglich der Bilderverehrung zu berichten, wurde JEREMIAS mit seinem Suffragan JONAS (I) nach Rom zum Papst geschickt[2005]. Die beiden Missi bekamen dabei einen Brief der beiden Kaiser und wurden beauftragt, die

2002) Ob dies der schwachen Überlieferung der betreffenden Gerichtsurkunde zuzuschreiben ist, ist unklar. Diese Urkunde ist nur in einer Papierhandschrift aus dem 15. oder beginnenden 16. Jahrhundert kopial überliefert. KRAHWINKLER, *In loco qui dicitur Riziano* S. 107.

2003) Nicht direkt vergleichbar sind die Mönche, die als Königsboten bei innenklösterlichen Angelegenheiten abgeschickt wurden. Sonst vgl. RATOLD (II) in der Prosopographie, der auch Priester ist.

2004) Ansegis 2,25–26 S. 544 f. c. 1: *Senones Hieremias archiepiscopus et Donatus comes. c. 2: Commemoratio, quid ad praedictorum missorum legationem pertineat.*

2005) MGH Conc. 2,2 Nr. 44 D S. 534 f.: *Quibus perlectis ea vestrae sanctitati legenda atque examinanda per hos legatos nostros, Hieremiam scilicet et Ionam venerabiles episcopos, mittere curavimus, cum quibus, si vestra paternitas dignum duxerit, de eadem legatione, quae in Graeciam a vobis mittenda est, non inutilem, sed potius proficuam conlationem habere potestis, quia et in sacris sunt litteris admodum eruditi et in rationibus disputatoriis non minimum exercitati...; Et si vestrae sanctitati placet, ut pro hac ipsa legatione missi nostri simul cum vestris illas in partes dirigantur, et hoc nos tempore congruo scire permittite et non solum hoc, sed etiam si ituri sunt, ubi et quando cum vestris missis se iungere debent. Non ideo tamen de nostris missis illuc dirigendis interrogamus, quasi necessarium nobis videatur aut nos vestros missos hanc legationem per se perficere dubitemus, sed potius propter hoc eos vobis offerimus, ut sciatis nos in omnibus esse paratos, quae huius sacratissimae sedis necessitas aut voluntas postulaverit.* Vgl. BM² 818, 819 und 825.

Dossiers zu überprüfen und dem Papst eine sorgsam gewählte Auslese vorzulegen[2006].

KURZBIOGRAPHIE[2007]:

Wir sind wenig informiert über die frühere Karriere von JEREMIAS. Es ist aber nicht unmöglich, ihn mit einem *Hieremia* gleichzusetzen, der 813 – und nur einmal – als Kanzleivorsteher in der Urkunde Karls des Großen auftrat[2008]. Ludwig der Fromme stellte im Mai 822 auf JEREMIAs Bitte eine Urkunde aus, mit der der Kaiser den drei zur Kirche von Sens gehörigen Zellen die durch eine Synodalurkunde angewiesenen Güter bestätigte[2009]. Unter Mitwirkung von JEREMIAS bekam auch das Kloster St-Pierre-le-Vif eine kaiserliche Urkunde, mit der Ludwig dem Kloster die *cella* in Mauriac und allen ihm gehörenden Besitz bestätigte[2010]. Bezüglich der Befehlsstruktur ist eine Formel bemerkenswert: Ein Erzbischof von Sens, wahrscheinlich JEREMIAS, lässt vor der Priesterweihe einen Kirchenhörigen frei, und zwar „dem Schreiben des sehr durchlauchtigen Kaisers Ludwig zufolge, das im Archiv der bischöflichen Kirche von Sens aufbewahrt ist"[2011]. Dieses kaiserliche Schreiben ist zwar nicht überliefert[2012], das dürfte aber ein ähnliches sein wie die Briefe an andere Erzbischöfe, zum Beispiel an HETTI von Trier[2013].

2006) BM² 818; MGH Conc. 2,2 Nr. 44 C S. 532 f. (= D LdF B 11 [Ende 825] S. 1218). Ludwig der Fromme bezeichnet in diesem Brief die beiden Prälaten aber nicht als seine *missi*. Die Urkunde für die Kirche von Sens mit der Datierung vom 9. Mai 826, mit der DEPREUX, Prosopographie S. 276, meint, JEREMIAS sei vor diesem Datum von Rom in die Francia zurückgekommen, ist nun als Fälschung beurteilt. BM² 829; D LdF †254 S. 632–636.

2007) Literatur: Fastes 2 S. 416 f.; DEPREUX, Prosopographie S. 275 f.

2008) Vgl. FLECKENSTEIN, Hofkapelle S. 105 Anm. 389; DEPREUX, Prosopographie S. 275 mit Anm. 9 und 10.

2009) BM² 756; D LdF 209 (Aachen, 822. 5. 18.) S. 515–518.

2010) D LdF Dep. 189 ([827. 5. 9.?]) S. 1153 f.

2011) Formulae Senonenses recentiores Nr. 9, in: MGH Form. S. 215 f., hier S. 215: … *tanta serenissimi Hludowici augusti auctoritate, quae Senonis in arcibo ecclesiae episcopii servatur.*

2012) D LdF B 9 ([821–828]) S. 1217.

2013) MGH Capit. 1 Nr. 173 S. 355 f. = D LdF B 7 ([821]) S. 1216.

JESSE (Iesse)

Bischof von Amiens (799–836/837)

TÄTIGKEIT ALS KÖNIGSBOTE:

1) 799 Spätsommer: *missus/legatus* Karls des Großen in Italien mit HILDEBALD (I), ARN, CUNIPERT, BERNHARIUS, ATTO, ERFLAICUS, HELMGAUD, ROTGAR und GERMAR (= KRAUSE II 34)

JESSE war einer der Missi, die zur Untersuchung des „Attentats" auf Leo III. nach Rom delegiert wurden. Sie begleiteten den Papst von Paderborn aus auf dem Rückweg nach Rom[2014].

2) 802–803: *missus* Karls des Großen nach Konstantinopel mit HELMGAUD (= –)

Nach dem Empfang der Gesandtschaft der byzantinischen Kaiserin Eirene schickte Karl seine Missi nach Konstantinopel, um Frieden zu schaffen[2015]. Hier arbeitete JESSE wieder mit HELMGAUD zusammen.

*3) 808, nach April: im Auftrag Karls des Großen nach Rom (= –)

Im Auftrag Karls sollte er in Rom etwas uns Unbekanntes leisten[2016].

4) 809. 11.: *missus* Karls des Großen nach Rom mit BERNHARIUS und ADALHARD (I) (= –)

Nach der Synode zu Aachen im November wurden ADALHARD (I) von Corbie, Bischof BERNHARIUS von Worms und Bischof JESSE von Amiens mit dem Konzilsbeschluss nach Rom geschickt, um wegen des „Filioque"-Problems mit Papst Leo III. zu disputieren[2017].

2014) Lib. Pont. XCVIII, Vita Leonis III c. 20, 2 S. 6 f.; Ann. q. d. Einhardi, a. 799 S. 107–109; Chron. Lauris. breve, IV, 31 S. 34. Siehe Text bei ARN in der Prosopographie.

2015) ARF a. 802 S. 117 und a. 803 S. 118. Siehe den Text bei HELMGAUD in der Prosopographie.

2016) Jaffé³ 4854 (808, nach April); Leonis III. papae epp. Nr. 2, hier S. 91: *Iesse vero episcopus, serviens vester, aliud servitium vobis facere potest. Nam missaticum per patrias deportare, non nobis videtur, quod idoneus sit, neque ad secretum consilium provocandus. Sed rogamus vestram clementiam, ut de hac re elementer considerare debeatis; quia nos omnes in vestro servitio salvi existere cupimus.*

2017) Ratio de symbolo fidei inter Leonem III papam et missos Caroli imperatoris, in: MGH Conc. 2, Suppl. 2 S. 287. Bei ARF a. 809 S. 129, und Ann. Maxim., a. 809 S. 24, ist JESSE nicht erwähnt. Das vollständige Zitat findet sich bei ADALHARD (I) in der Prospographie. Vgl. auch Äußerungen der kaiserlichen

KURZBIOGRAPHIE[2018]:
JESSE wurde bald nach seiner Bischofserhebung 798/799 – sein Vorgänger GEORG ist bis 798 nachweisbar – mit der Legation 1 beauftragt. JESSE verfasste einen langen Text für seine Diözesankleriker zur Einweisung in die Taufpraxis und drückt am Beginn sein Bedauern aus, aufgrund seiner Abwesenheit derzeit keine mündlichen Instruktionen geben zu können[2019]. Die neuere Forschung datiert dieses Werk etwa 10 Jahre früher als Karls Rundbrief über den Taufritus. Susan Keefe verbindet das Verfassen dieses Werks mit der langen Abwesenheit von JESSE wegen der Legation nach Konstantinopel[2020]. Dies ist also ein interessantes Beispiel für Maßnahmen, die herrscherliche Beauftragte ergriffen, um negative Auswirkungen ihrer Abwesenheit von ihrem Amtssprengel so gering wie möglich zu halten. 811 ist JESSE als Zeuge des Testaments Karls belegt[2021].

Neben der Synode in Noyon 814[2022] ist auch seine Teilnahme an der Pariser Synode von 829 nachweisbar[2023]. Aber im Gegensatz zur Zeit Karls des Großen scheint JESSE Ludwig dem Frommen politisch nicht gedient zu haben. In den 830er Jahren stand er auf Seiten Lothars[2024]. Er zählt zu denjenigen Bischöfen, die Ludwig 833 bei seiner

---

Missi nach Rom bei der Disputation über „Filioque". Ratio de symbolo S. 287–294. Zur Aachener Synode vom November 809, der Ratio de symbolo fidei und anderen Dokumenten, vgl. KASTEN, Adalhard S. 63; HARTMANN, Die Synoden S. 126 f.; WILLJUNG, Einleitung, in: MGH Conc. 2, Suppl. 2 S. 1–232, bes. S. 108–116.

2018) Literatur: Fastes 3 S. 129; DEPREUX, Prosopographie S. 408 f.

2019) Text 30, in: KEEFE, Water and the Word 2 S. 405–428, hier S. 405 f.: *Sacris sacerdotibus et in christo omnibus dioecesi nostrae digne militantibus, Iesse, humilis episcopus, in domino salutem. Quoniam quidem dubitor me loqui vobis, cum saepius fore cognosco de divinis libris ac sacerdotalis officii mysteriis, quanquam mihi causa impossibilitatis impediat ac absentiae, ideo breviter vobis in quantum temporum adfuit spatium, qualiter a sacri baptismatis unda per gradus perveniri debeatur scribendo perstrinximus. Scio vero quia multi ex vobis eius bene noverunt mysteria, sed propter exercitationem et ignorantiam, causam convenientius mihi omnibus scribere videtur, quam aliquibus insciis.* Zu diesem Text vgl. ebd. 1 S. 52–59. Nach Keefe war der Taufordo von JESSE dem römischen Ordo nicht völlig entsprechend.

2020) KEEFE, Water and the Word 1 S. 53 f. mit Anm. 3 und 4.

2021) Vita Karoli S. 84.

2022) HRE II c. 18 S. 173.

2023) Cart. gén. Paris Nr. 35, hier S. 50 f. (= MGH Conc. 2,2 S. 605 f.).

2024) Siehe die Quellenangaben, die DEPREUX, ebd. zusammenfasst.

Absetzung untreu waren und Lothar anhingen. Nach der Rehabilitierung Ludwigs verließ JESSE Amiens und floh mit Lothar nach Italien[2025]. Dort starb er um 836/837[2026].

JOHANNES (I) (Iohannes)

Legat (787)

TÄTIGKEIT ALS KÖNIGSBOTE:

787 Frühjahr: *legatarius* Karls des Großen mit WITBOLD (= –)

JOHANNES wurde nach Konstantinopel entsandt, um über die Vermählung der Königstochter Rotrud mit dem byzantinischen Kaiser Konstantin VI. zu verhandeln[2027].

KURZBIOGRAPHIE:

Über ihn ist nichts Weiteres bekannt.

JOHANNES (II) (Iohannes)

Erzbischof von Arles (811–816)

TÄTIGKEIT ALS KÖNIGSBOTE:

1) 812, nach 4. 12.: *missus* Karls des Großen in Septimanien (= KRAUSE I 57 = II 47)

Als sich die *Hispani*, die spanischen Einwanderer in Septimanien und in der Spanischen Mark, beim Kaiser über die Unterdrückung durch örtliche Grafen sowie deren Untergebene und die Schwierigkeiten, denen sie dort ausgesetzt waren, beschwerten, sandte Karl nicht direkt, sondern vermittelt durch JOHANNES als Missus sein Mandat an seinen Sohn Ludwig in Aquitanien. Der Missus hatte Ludwig die Umstände genau zu erklären, anschließend musste der aquitanische König nach Süden reisen und die örtlichen Grafen anweisen, wie diese *Hispani* leben sollten. Dies war in der Anordnung Karls an die acht betreffenden, namentlich adressierten Grafen festgelegt[2028]. Karls Hof versuchte hier, diese administrative Maßnahme

2025) HRE II c. 20 S. 184.

2026) Astronomus c. 56 S. 512.

2027) Chronique de abbés de Fontenelle c. 12 S. 134–136. Siehe WITBOLD in der Prosopographie. Vgl. BM² 235b und 282c; NERLICH, Diplomatische Gesandtschaften S. 140 f.; SCHIEFFER, Die Karolinger S. 81–84.

2028) Praeceptum pro Hispanis, MGH Capit. 1 Nr. 76 S. 169 = D KdG 217 (Aachen, 812. 4. 2.) S. 289 f.: *Quamobrem iussimus Iohanne archiepiscopo misso nostro, ut ad dilectum filium nostrum Lodoicum regem veniret et hanc causam ei per ordinem recitaret. Et mandavimus illi, ut tempore oportuno illuc veniens, et vos in eius praesentiam venientes, hordinare faciat, quomodo aut qualiter ipsi Ispani*

durch zwei Befehlslinien abzusichern, nämlich durch den Missus und den Königssohn einerseits, und durch das direkt an die Grafen zugestellte Mandat andererseits. JOHANNES wurde dabei sicherlich von Karl am Hof mit dieser Mission beauftragt, weil eine Umleitung der Anordnung vom kaiserlichen Hof über den Erzbischof in Arles zum Hof des aquitanischen Königs ineffizient gewesen wäre.

2) 813. 5.: *missus* Karl des Großen in Arles mit NIBRIDIUS (= KRAUSE II 52)

Als Kaiser Karl die gleichzeitige Abhaltung von fünf Synoden in seinem Reich anordnete, präsidierte JOHANNES zusammen mit seinem Amtskollegen als kaiserlicher Missus im Mai bei einer Synode in Arles. In der Vorrede des Synodalbeschlusses wurden der Wille des Kaisers das allgemeine Wohl des Reiches betreffend und seine Initiative in dieser Angelegenheit betont. Am Ende des Beschlusses wurde erklärt, dass die Missi ihm die Ergebnisse der Beratung berichten müssten[2029].

---

vivere debeant. Der Befohlene, der *illuc*, d. h. nach Süden, reisen musste, dürfte Ludwig gewesen sein, weil er erst *tempore oportuno* den kaiserlichen Befehl ausführen musste. Wenn JOHANNES als Missus gleich nach dem Besuch des aquitanischen Hofs nach Septimanien oder in die Mark hätte reisen müssen, hätte das herrscherliche Mandat diese Formulierung nicht verwendet. Der Wortlaut des Mandats macht nicht klar, ob Missus JOHANNES den aquitanischen König begleiten sollte. Zu diesem Dokument im Vergleich mit den anderen die *Hispani* betreffenden Urkunden vgl. DEPREUX, Les préceptes pour les Hispani. Zur Wirksamkeit und Bedeutung der karolingischen administrativen Maßnahmen bezüglich der *Hispani* und der *aprisiones* in Septimanien und der Mark vgl. auch CHANDLER, Carolingian Catalonia S. 80–85, der auch diese Legation behandelt.

2029) MGH Conc. 2 Nr. 34 S. 248–253, hier S. 248 f. und 253: *Dum anno XL sexto incliti et orthodoxi domni et principis nostri Karoli imperatoris, sub die sexto Idus Maias, era DCCCLI., unanimitatis nostrae conventus in Arelatensium urbe in basilica sancti Stephani martyris primi adgregatus consisteret, atque unusquisque nostrorum ex more secundum ordinationis suae tempus in locis debitis resideret, rerum prius omnium Domino devotissima gratiarum iura persolvimus pro eo, quod nos et alternae visionis contuitu solari permisit et alternae pacis osculo confovendos statuit, diffusis cordibus simulque et vocibus precum murmura effundentes, ut, sicut nos alternorum osculorum impensione laetificos efficit, ita serenissimum ac religiosissimum praedictum domnum nostrum Karolum imperatorem, cuius iussu fraternitatis nostrae coetus est adunatus, fidei suae conservatione stabiliat, praerogatione iusticiae muniat, pacem ei locupletem reddat, impensione misericordiae fulciat, virium fortitudine roboret, commissa sibi regni gubernacula discreto moderamine tenere concedat, ut commissos sibi populos benigne regat, aeque disponat et iure*

3) 810–816[2030]: *legatus* Ludwigs des Frommen nach Ravenna, dann Rom (= –)

In einer nicht genau fassbaren Auseinandersetzung zwischen Erzbischof Martin von Ravenna und Papst Leo III. beschwerte sich der Letztere per Boten beim fränkischen Kaiser. Ludwig ordnete JOHANNES nach Ravenna mit dem Auftrag ab, Martin nach Rom zu bringen. JOHANNES kam nach Ravenna zur Verhandlung und zwang Martin mittels Bürgen, nach Rom zu gehen. Diese *viri*, vermutlich aus der Umgebung des Erzbischofs oder der Bevölkerung von Ravenna, verbürgten sich dafür mit der Summe von 2000 Solidi, ausgenommen im Fall einer Krankheit Martins. Dieser brach tatsächlich auf, schickte aber auf dem Weg einen eigenen Boten nach Rom mit der Erklärung, dass Martin, obwohl er dazu gewillt sei, wegen Krankheit nicht persönlich zum Papst kommen könnte. Obwohl der Papst sich darüber empörte, sandte er diesen Boten mit JOHANNES nach Ravenna zurück. Nach der Darstellung von Agnellus scheint dieser kaiserliche Missus gewusst zu haben, dass Martin eine Krankheit vortäuschte, weil dieser bei JOHANNES' Rückkehr nach Ravenna quasi als Schweigegeld seine Dankbarkeit mit einem prunkvollen Gastmahl und Geschenk zeigte[2031]. Ohne Parallelüber-

---

pietatis modificet. His devotione promptissima actis caepit unionis nostrae numerositas de rebus spiritalibus mutua collatione inter se ora diffundere atque eventum rei expectatione mansuetissima praestolari. Igitur cum haec attentius agerentur, sic in eisdem venerabiles missi gloriosissimi ac piissimi domni nostri, Iohannes Arelatensis aecclesiae archiepiscopus necnon et Nibridius Narbonensis saedis archiepiscopus, surgentes steterunt in medio concilii … [… 26 Kapitel …] *Haec igitur sub brevitate, quae emendatione digna perspeximus, quam brevissime adnotavimus et domno imperatori praesentanda decrevimus, poscentes eius clementiam, ut, si quid hic minus est, eius prudentia suppleatur, si quid secus quam se ratio habet, eius iudicio emendetur, si quid rationabiliter taxatum est, eius adiutorio divina opitulante clementia perficiatur.* Zur Vorrede des Synodalbeschlusses von Arles vgl. HARTMANN, Die Synoden S. 131, der sie für „nicht authentisch" hält.

2030) Diese Legation wird zwischen der Bischofserhebung Martins von Ravenna und dem Tod Papst Leos III. datiert. DEPREUX, Prosopographie S. 275 Anm. 9. Vgl. NOBLE, Republic S. 171, der dieses Ereignis auf 814 datiert.

2031) Agnelli Ravennatis Liber pontificalis ecclesiae Ravennatis c. 169 S. 349 f.: *Non post multum tempus iratus Leo papa cum Martino antistite, misit legatum suum Franciam ad Lodouicum imperatorem, uolens contra praedictum Martinum agere pontificem. Tunc Lodouicus imperator consensit uoluntati eius et misit Iohannem Areletensem episcopum, praecipiens illi ut iret cum Martino pontifice Romam et ageret cum Leone papa. Qui praedictus Iohannes Arelatensis sedis antistes*

lieferung kann man die Parteilichkeit der Darstellung letztlich nicht ausräumen. Jedenfalls ist festzustellen, dass während des Pontifikats Leos III. die Beziehungen zwischen Rom und Ravenna nicht gut waren und der oben dargestellte Fall nicht das einzige Beispiel für die Suche Ravennas nach Unterstützung durch die Karolinger war, auch wenn die Oberherrschaft des Papsttums über Ravenna in der Regel vom fränkischen Königtum anerkannt wurde[2032].

4) 816. 6.(?): Empfangsgesandtschaft Ludwigs des Frommen, wahrscheinlich südlich des Frankenreiches mit HILDEBALD (I) von Köln und THEODULF von Orléans (= –)

Bei der Reise Papst Stephans IV. ins Frankenreich schickte Kaiser Ludwig mehrere Male Begleiter und Empfangsgesandtschaften[2033]. JOHANNES gehörte zur dritten Empfangsgesandtschaft, die aus drei Erzbischöfen und anderen Geistlichen bestand. Sie sollte diesseits der Alpen kirchlich-feierlich den Papst willkommen heißen[2034].

KURZBIOGRAPHIE[2035]:

Sowohl JOHANNES' (II) Bischofserhebung als auch sein Todesjahr sind nicht genau datierbar. Erst im Testament Karls des Großen

---

ueniens Rauennam, et inito [cum] archiepiscopo consilio, coegit eum per fideiussorem ut iam dictus Rauennae sedulus Romam iret, et fideiusserunt eum uiri per solidos aureos duo milia, excepta infirmitate corporis. Post .x. uero dies de sua egressus sede, ibat ut properaret Romam, et ueniens non longe a Rauenna quasi miliarios .xv. ad Nouas, ibi olim fuit ciuitas nunc dirupta, infra ecclesiam beati Stephani per .xv. dies ibi commoratus est. Et misit legatum suum Romam, qui diceret quia egressus de ciuitate uenire uoluit et infirmauit, ille autem equitare non ualebat, quia minutus erat corpus; ex parte simulabat infirmitatem. Quo audito, Romanus pontifex tristatus est ualde, quia eum ad se accersire non potuit ut ualde eo coartaret. Tunc siniuit eum et iussit reuerti una cum legato imperatoris ad propriam sedem. Post haec autem, expleta legatione, Arelatensis sacerdos ingressus est Rauennam, et suscepit eum Martinus pontifex cum gaudio magno et alacritate multa, et prae dapibus repleti, Rauennae sedulus uascula argentea totam expletam mensam, factam in modum platani, quam ex dimissione Valerii archiepiscopi in suo palatio erat, quod suis in temporibus fecit, et alapas euangeliorum aureas paruas, mechanicis facta operibus.

2032) Zu den Beziehungen zwischen den Karolingern, Rom und Ravenna vgl. BROWN, A Ravenna perspective.

2033) Siehe dazu die anonymen Missi „816a" in der Prosopographie.

2034) Astronomus c. 26 S. 364–366; ARF a. 816 S. 144; Thegan c. 16 S. 196. Das vollständige Zitat findet sich bei HILDEBALD (I) in der Prosopographie. Zu dieser Gesandtschaft Vgl. HACK, Empfangszeremoniell S. 419 f. und 422 f.

2035) Literatur: Fastes 1 S. 261; DEPREUX, Prosopographie S. 274 f.

von 811 findet sich sein Name unter den vornehmen Zeugen[2036]. Sein Nachfolger im Erzbistum, Notho (NOTHO?), ist seit dem 7. November 824 nachweisbar[2037].

Obwohl der Kaiser 812 an seine Erzbischöfe ein Rundschreiben wegen der Taufumfrage schickte, ist keine Antwort von JOHANNES überliefert[2038]. Bemerkenswert ist allerdings, dass ein *Johannes episcopus* als Adressat des Widmungsschreibens des in diesem Kontext von THEODULF von Orléans verfassten Traktates bezeichnet ist. Nur in zwei von acht Handschriften ist das Schreiben an MAGNUS, THEODULFs Metropolit, namentlich adressiert[2039], obwohl es – wegen des Kontextes der Entstehung dieses Traktates – in der Forschung zu Recht als THEODULFs Antwortschreiben auf MAGNUS' Umfrage über die Taufe in seiner Kirchenprovinz Sens verstanden wird: In der Regel sollte ein Erzbischof seine Suffragane nach der Taufpraxis befragen und in Zusammenarbeit mit ihnen auf die Fragen des Kaisers antworten. Ich bin nicht sicher, ob JOHANNES von Arles außer seinen Suffraganen auch den Bischof von Orléans um seine Meinung gebeten und THEODULF mit demselben Text darauf antwortet hatte[2040]. Jedenfalls wurde das Problem der Taufe auch 813 auf der Synode in Arles thematisiert, der JOHANNES als kaiserliche Missus präsidierte[2041].

JOHANNES (III) (Iohannes)

Graf (840–844)

TÄTIGKEIT ALS KÖNIGSBOTE:

um 840: *missus* Lothars I. in Novara mit LEO (I) (= KRAUSE II 134)

Auf Bitte des Bischofs Adalgis von Novara setzte Lothar LEO (I) und JOHANNES, die der Bischof selbst wünschte, als Missi zum

2036) Vita Karoli S. 84.

2037) Gallia chr. nov. Arles Nr. 195 Sp. 79–82. Depreux notiert, Notho wäre erst seit Anfang Januar 825 nachweisbar, obwohl er in seiner Kurzbiographie von LEIBULF diese Urkunde von 824 zitiert. Vgl. Fastes 1 S. 261; DEPREUX, Prosopographie S. 274 Anm. 3 und 293.

2038) Vgl. dazu AMALAR, ARN, LAIDRAD und MAGNUS sowie JESSE und THEODULF in der Prosopographie.

2039) Epistolae variorum Carolo Magno regnante scriptae Nr. 24 S. 533 Anm. 3; Text 16, in: KEEFE, Water and the Word 2 S. 96, kritische Apparate.

2040) Im Quellenkatalog von: Gallia chr. nov. Arles Sp. 78, ist die Anschrift dieses Schreibens als Nr. 191 vorsichtig aufgenommen.

2041) Vgl. MGH Conc. 2,1 Nr. 34 c. 3 S. 250.

Schutz der bischöflichen Kirche von Novara, ausgestattet mit dem Inquisitionsrecht, ein[2042].

KURZBIOGRAPHIE[2043]:

JOHANNES (III) ist Sohn LEOs (I). Als er zusammen mit seinem Vater mit dem Schutz der Kirche von Pavia (*ad peragendam huiuscemodi advocationem*) beauftragt wurde, wurden sie in diesem Fall nicht als Lothars Missi eingesetzt. Der Kirche wurde allerdings das Inquisitionsrecht verliehen[2044]. Ab dem April 844 trat er als Graf auf: JOHANNES hatte auf der Gerichtssitzung, die die Missi ANGILBERT (II) und LEODOINUS delegierten, Vorsitz und unterschrieb die *notitia*[2045]. JOHANNES war 844 bei der Königserhebung Ludwigs II. in Rom anwesend[2046]. Eduard Hlawitschka und Andrea Castagnetti vermuten, dass JOHANNES mit *Joan comes palatii* identisch sei, der nach MAURINUS das Pfalzgrafenamt innegehabt haben dürfte[2047].

2042) D Lo I. 42 (–) S. 129f., hier S. 130: ... *quia Adalgisus venerabilis episcopus Nouariensis eclesie nostram petiit clementiam, ut Leonem et Iohannem filium eius commites pro utilitate eclesie sue, cui deo auctore presidere dinoscitur, missos constitueremus una cum advocato suo, ubicumque pro suis necessitatibus aliquam abuerit querimoniam, quatenus eorum studio ageretur, ne inrationabiliter ab eis de possessione prefate eclesie quippiam auferatur. Cuius peticioni adquiescentes presentes sublimitatis nostre litteras statuimus fieri, quibus decernimus atque iubemus, ut predicti commites nostri de rebus vel familiis memorate eclesie, quantumcumque necessitas postulaverit, fungantur missatico absque alicuius contradictione. Precipimus denique, ut, ubicumque necessitas incubuerit, de rebus eiusdem eclesie ac familiis iniuste privatis inquisitio per veraces idoneasque personas, in quibus huiusmodi res est examinanda, ex auctoritate nostra fiat, ne propter aliquam ocasionem seu disceptacionem iudicii ab eadem eclesia iniuste aliquid auferatur, quod ei rationabiliter habere competit.* Vgl. D Lo I. 39 (überarbeitet: Pavia, 839. 5. 8.) S. 119–121 und 43 (840?) S. 130f., Verleihung des Inquisitionsrechtes ohne Missi.

2043) Literatur: HLAWITSCHKA, Franken S. 212f.; CASTAGNETTI, Il conte Leone S. 60–73, dem zufolge JOHANNES Graf von Seprio war.

2044) D Lo I. 59 (Aachen, 841. 7. 20.) S. 165f. KRAUSE II 135, führt diese Urkunde als Beleg für die missatische Tätigkeit von LEO und JOHANNES (III).

2045) MANARESI Nr. 48 (Mailand, 844. 4.) S. 156–160; BZ 20.

2046) Lib. Pont. CIII, Vita Sergii c. 14, 2 S. 89; MGH Conc. 3 Nr. 5 S. 25f.; AB a. 844 S. 45f.; BZ 26 und 27. Hierzu siehe BOSO (III) in der Prosopographie.

2047) HLAWITSCHKA, Franken S. 213 mit Anm. 5; CASTAGNETTI, Il conte Leone S. 66f.

JOHANNES (IV) (Iohannes)

Bischof von Pisa (ca. 826–858)

TÄTIGKEIT ALS KÖNIGSBOTE:

(852. 10. –) 853. 4.: *missus* Ludwigs II. von Italien in Lucca mit ADALBERT (III) und GAUSBERT (= KRAUSE I 170)

Die von den kaiserlichen Missi Bischof JOHANNES von Pisa, Markgraf ADALBERT von Tuszien sowie GAUSBERT geleitete Gerichtssitzung verhandelte den Streit zwischen Bischof Jeremias von Lucca und dem Presbyter Bellisarius über verpachteten Kirchenbesitz von Lucca, wobei ein Inquisitionsverfahren eingeleitet wurde[2048].

KURZBIOGRAPHIE[2049]:

JOHANNES (IV) nahm im Juni 844 neben Ludwig II. an der großen Versammlung in Rom teil, bei der es besonders um die Wahl des Papstes Sergius II. ging[2050]. Er war bei der 858 in Pisa abgehaltenen Gerichtssitzung anwesend, auf der der Streit zwischen der Kirche von Pisa und einem gewissen Leo sowie seiner Gemahlin verhandelt wurde[2051].

JOHANNES (V) (Iohannes)

Kaiserlicher Vasall (857–858)

TÄTIGKEIT ALS KÖNIGSBOTE:

1) 857. 12.: *missus* Ludwigs II. von Italien in Lucca mit HERIBRAND (= KRAUSE I 171)

Ein Placitum, das die von den kaiserlichen Missi JOHANNES und HERIBRAND in Lucca abgehaltene Gerichtssitzung aufzeichnet, ist überliefert[2052].

2) 858. 3. 23.: *missus* Ludwigs II. von Italien in Pisa mit HERIBRAND (= KRAUSE I 172)

2048) MANARESI Nr. 57 (Lucca, 853. 4.) S. 198–205 = ChLA 80 Nr. 26 (Lucca, 853. 4.) S. 92–99, hier S. 93–95; BZ 92, 93 und 105; D L II. It 6 S. 76 f. und Nr. 7 S. 77. Das vollständige Zitat findet sich bei ADALBERT (III) in der Prosopographie.

2049) Literatur: BZ †68.

2050) Lib. Pont. CIII, Vita Sergii c. 14, 2 S. 89; MGH Conc. 3 Nr. 5 S. 25 f.; AB a. 844 S. 45 f.; BZ 26 und 27. Hierzu siehe BOSO (III) in der Prosopographie.

2051) MANARESI Nr. 62 (Pisa, 858. 3. 23.) S. 223–227. Siehe HERIBRAND in der Prosopographie.

2052) MANARESI Nr. 61 S. 221–223 = ChLA 81 Nr. 20 (Lucca, 857. 12.) S. 64–69. Siehe HERIBRAND in der Prosopographie.

Aus der Zeit der Legationsreise von HERIBRAND und JOHANNES in Tuszien ist ein weiteres Placitum überliefert, das die Gerichtsverhandlung in Pisa über den Streit zwischen der Bischofskirche von Pisa und einem gewissen Leo sowie seiner Gemahlin aufzeichnet[2053].

KURZBIOGRAPHIE[2054]:

Eduard Hlawitschka, Herbert Zielinski und Andrea Castagnetti identifizieren diesen Missus JOHANNES (V) mit dem Grafen JOHANNES (III), dem Sohn LEOs (I). Aber ich bin mit dieser Identifizierung vorsichtig, weil JOHANNES während seiner Legation zwischen 857 und 858 nicht als Graf, sondern als Vasall bezeichnet wird, während JOHANNES (III) bereits 840 Graf war.

JOHANNES (VI) (Iohannes)

Erzkanzler (864–865)

TÄTIGKEIT ALS KÖNIGSBOTE:

1) 865 (nach Februar?): *missus* Ludwigs II. von Italien in Tuszien mit PETRUS (IV) und WINIGIS (II) (= KRAUSE I 180)

JOHANNES war einer der Missi in Tuszien[2055], die wahrscheinlich im Februar eingesetzt und mit dem missatischen Dossier ausgestattet wurden[2056].

2) 865. 4.: *missus* Ludwigs II. von Italien in Lucca/Tuszien mit WINIGIS (II) (= KRAUSE I 180)

2053) MANARESI Nr. 62 (Pisa, 858. 3. 23.) S. 223–227. Siehe HERIBRAND in der Prosopographie.

2054) Literatur: HLAWITSCHKA, Franken S. 212 f.; BZ 164; BOUGARD, La justice S. 181 f. mit Anm. 174 und S. 474 (Register); CASTAGNETTI, Il conte Leone S. 68–73.

2055) MANARESI Nr. 69 (Lucca, 865. 4.) S. 249–252 = ChLA 82 Nr. 4 (Lucca, 865. 4. [vor 20.]) S. 26–29, hier S. 26: *Dum ad potestatem piissimi domni Hludovuici augusti directi fuisemus nos Petrus sancte Aretine ecclesie episcopus et Iohannem sacri Palatii arcecangelarius seu Vuinigisum comes partibus Tussie singulorum hominum iusticias faciendas et deliberandas…*; MANARESI Nr. 70 (Lucca, 865. 4.) S. 252–254 = ChLA 82 Nr. 3 (Lucca, 865. 4. [vor 20.]) S. 22–25, hier S. 23: *Dum domnus Hludovuicus serenissimus augustus partibus Tusscie missi directi fuissemus nos Petrus venerabilis episcopus sancte Aretine ecclesie seu Iohannes sacri Palacii arcecangelarius et Vuinigisum comes singulorum hominum iusiticias faciendas et deliberandas …*

2056) Vgl. auch BZ 233 und 234.

Als die drei Missi in Tuszien nach Lucca kamen, hielten JOHANNES und WINIGIS auf Bitte des örtlichen Bischofs eine Gerichtsversammlung ab, wobei es um einen Streit zwischen der Kirche S. Maria a Monte (Provinz Pisa) und einem gewissen Minto über Besitz im Ort *Puciatello* (Pociatello?) ging. Nach der Verhandlung und Verlesung zweier Urkunden leiteten die Missi das Inquisitionsverfahren ein. Die Urteil fiel zugunsten der Kirche S. Maria a Monte aus[2057].
KURZBIOGRAPHIE[2058]:
Über die frühe Karriere von JOHANNES (VI) ist nicht bekannt: Er scheint ohne Erfahrung in einer Kanzlei (weder Lothars I. noch Ludwigs) als Kanzleivorsteher eingesetzt worden zu sein. Ab Februar 864 ist JOHANNES als dritter Erzkanzler Ludwigs II. belegt[2059]. Wohl im gleichen Monat leistete er als *archicancellarius* beim Kaiser Fürbitte für das Kloster Farfa[2060]. Er formulierte selbst die Urkunde vom November desselben Jahres und wurde dabei als *sacri palatii protonotarius* tituliert[2061]. Die letzte Urkunde, in der er als Erzkanzler

2057) ChLA 82 Nr. 4 (Lucca, 865. 4. [vor 20.]) S. 26 f.: … *et cum venissemus civitatem Lucam, ressedente nos Iohannes arcecangelarius et Vuinigisum comes in iudicio in episscopio ipsius civitatis per postulacionem et volumtate Geremie venerabili episcopo ipsius sedis, ressedentibus nobiscum ipse presul, Theodricus vassus domni imperatoris, Alpertus iudex idem augusti, Iohannes gastaldius de eadem civiate, Cunimundus et Teofredus scavinis de ipsa civitate, Conradus et Flaipertus vassi imperialis, Leotardus notarius Papiense, Adelfredus, Giselfredus, Roffredus et Georgius notariis de iamdicta civitate Luca et reliqui. Ibique in nostri venerunt presencia, idest Teudiperto advocato ecclesie sancte Marie sita Monte, necnon et Minto filius quondam Petri, altercacionem inter se abentes […] Qui dixit quod sic poteret, si exinde inquisicionem fieri fecisemus da parte iamfate ecclesie. Et dum ibi ad presens esset Turingus de Lunata, Adelprandus et Atroaldus germanis de Iunciano, et dum eos per Teufredus et Alpertus seu Teutulfus boni et receptibiles inveniremus suorum abentem vuidregildum, fecimus eos iurare ad sancte Dei euvangelias, ut quod exinde sirent et nos eos interogaremus decerent veritatem. […] Inquisicio hac facta, paruit nobis esse recte et iudicavimus, ut abere deberet iamfata ecclesia campum ipsum unde agebantur. […] +Iohannes archicancellarius domni imperatoris et missus subscripsi. +Ego Vuinigis comes et misso ibi fui…* Vgl. BZ 239.

2058) Literatur: FLECKENSTEIN, Hofkapelle S. 130 f., 137 und 140; WANNER, D L II. It, Einleitung S. 6 f.

2059) D L II. It 38 (Città Leonina, 864. 2. 23.) S. 144.

2060) D L II. It 39 ([Rom, 864. 2.], verunechtet) S. 145 f.

2061) D L II. It 40 (*Orcho*, 864. 11. 3.) S. 146 f. Vgl. BZ 224 und 225.

nachweisbar ist, wurde vor seiner Legationsreise ausgestellt[2062]. Da in den später ausgestellten Urkunden Ludwigs die *advicem*-Formeln außer Gebrauch kamen und etwa vier Jahre lang kein Erzkanzler mehr namentlich genannt wurde, ist nicht klar, bis zu welchem Zeitpunkt JOHANNES sein Amt am Hof innehatte[2063]. Konrad Wanner vermutet, dass „der Schwerpunkt seiner Tätigkeit außerhalb der Kanzlei gelegen haben (dürfte).“[2064]

Bezüglich seiner weiteren Karriere ist nichts gesichert. In der Forschung werden allerdings zwei Hypothesen aufgestellt: er dürfte entweder Bischof von Arezzo[2065] oder von Rieti[2066] geworden sein.

2062) D L II. It 42 (Santa Sofia, 865. 2. 2.) S. 149–152. Zum Ausstellort vgl. BZ 231.

2063) Erst 869 erschien der nächste Kanzleileiter Faremundus. Vgl. FLECKENSTEIN, Hofkapelle S. 129–131; WANNER, ebd. S. 7.

2064) WANNER, ebd. S. 6.

2065) Petrus Damianus, Passio sanctarum virginum Florae et Lucillae c. 3, in: PL 144 Sp. 1030C: *Quo tempore religiosus pater Joannes episcopus Aretinus, cancellarius palatinus, sacra sanctarum Florae et Lucillae et Eugegii regis corpora a Benedicto ejus nominis Romano pontifice III petiit et accepit*. Zu Bischof Johannes von Arezzo vgl. TAFI, La chiesa aretina S. 286–297. Zur Gleichsetzung mit dem Erzkanzler TAFI, ebd. S. 286; WANNER, ebd. S. 7

2066) Libellus de imperatoria potestate S. 203: (Sc. Ludwig II.) *constituit denique consultu Romanorum principum in urbe Roma Arsenium quendam episcopum, sanctitate et scientia adornatum et apocrisarium Sedis Romanae, deditque illi adiutorem lohannem diaconum et archicancellarium suumque secretarium, qui postea Reatinus episcopus effectus est*... Wahrend Fleckenstein wörtlich diesen Satz aufnimmt, meint Fischer allerdings, dass man *Reatinus* zu *Aretinus* korrigieren sollte. FLECKENSTEIN, Hofkapelle S. 137 Anm. 170; FISCHER, Königtum, Adel und Kirche S. 70. Dieses Werk entstand spätestens im ersten Jahrzehnt des 10. Jahrhunderts. Vgl. WATTENBACH-LEVISON IV S. 424–426. Dieser Erzkanzler JOHANNES (VI) und Bischof Arsenius von Orte dürften jeweils der kaiserliche und der päpstliche Stellvertreter in Rom gewesen sein, wie die Constitutio Romana von 824 (MGH Capit. 1 Nr. 161 c. 4 S. 323) bestimmte. Lib. pont. 2 S. 103 Anm. 30; RIESENBERGER, Prosopographie S. 367. Obwohl Arsenius, der als päpstlicher Apokrisiar eingesetzt worden ist, von der kaiserfreundlichen Partei war, darf man ihn nicht als „ständigen kaiserlichen Missus in Rom“ ansehen, wie BZ 227 meint. Zu Arsenius vgl. RIESENBERGER, Prosopographie S. 145–150 und 367 f.

JOHANNES (VII) (Ioannes)
Bischof von Tortona (865/866)

TÄTIGKEIT ALS KÖNIGSBOTE:

865/866: *missus* Ludwigs II. von Italien im *ministerium* WIDOs (III) von Spoleto mit RIMMO (= KRAUSE II 158)

Für den Feldzug gegen die Sarazenen in Süditalien bot Ludwig das Heer aus Norditalien auf. JOHANNES wurde zusammen mit RIMMO damit beauftragt, in Widos *ministerium* die Mobilisierung zu kontrollieren und gegebenenfalls die Säumigen zu bestrafen[2067]. Hier handelt es sich um das *ministerium* WIDOs (III), sein Herzogtum Spoleto[2068].

KURZBIOGRAPHIE:

Obwohl JOHANNES (VII) im Kapitular klar als *episcopus de Tortona* bezeichnet ist, ist seine Identifikation problematisch. Denn zwischen 862 und 877 ist ein Teudulf als Bischof von Tortona nachweisbar, wohingegen ein Bischof von Tortona namens Johannes um 830 nachweisbar ist[2069].

JOHANNES (VIII) (Iohannes)
Bischof von Pavia (875–†911)

TÄTIGKEIT ALS KÖNIGSBOTE:

1) 880 (April?): *missus* Karls III. in Italien mit ADALBERT (IV) und ALBERICH (II) (= –)

Karl ernannte schon kurz nach seinem Herrschaftsantritt in Italien Bischof JOHANNES von Pavia, Graf ADALBERT (IV) und Graf ALBERICH (II) von Mailand zu seinen Missi in Italien, die ihre Legationsreise von Ort zu Ort machen mussten[2070].

2) 880. 5. 17.: *missus* Karls III. in Como mit ADALBERT (IV) und ALBERICH (II) (= KRAUSE I 186)

Die drei Missi hielten in Como eine Gerichtssitzung ab, wobei ein Inquisitionsverfahren wegen des Streites zwischen den Klöstern Reichenau und S. Ambrogio in Mailand um den Besitz von sechs Mansen

---

2067) MGH Capit. 2 Nr. 218 c. 3 S. 95: ... *sit missus [...] in ministerio Witonis Rimmo et Ioannes episcopus de Tortona.* Siehe ANDREAS (II) in der Prosopographie.

2068) HOFMEISTER, Markgrafen S. 358; HLAWITSCHKA, Widonen S. 47 f.

2069) Hierzu SAVIO, Gli antichi vescovi 1 S. 382 f.

2070) D Ka III. 23 S. 39 f.; MANARESI, Inquisitiones Nr. 8 (Como, 880. 5. 17.) S. 581–585, hier S. 582. Siehe den Text bei ADALBERT (IV) in der Prosopographie.

in Limonta eingeleitet wurde. Von den drei Missi unterschrieb nur JOHANNES mit dem Missus-Titel[2071].

3) 885 Spätsommer: *missus* Karls III. in Rom (= –)

Kaiser Karl III. lud 885 Hadrian III. in die Francia ein. Vor der Reise vertraute der Papst dem kaiserlichen Missus JOHANNES die Stadt Rom an. Nach dem Tod Hadrians beteiligte sich JOHANNES an der Wahl des neuen Papstes Stephan V.[2072] Möglicherweise war JOHANNES derjenige kaiserliche Missus, den der Kaiser nach der Constitutio Romana von 824 in Rom eingesetzt hatte[2073].

KURZBIOGRAPHIE[2074]:

Im Februar 876 nahm JOHANNES (VIII) an der Reichsversammlung in Pavia teil und unterschrieb die Urkunde bezüglich der Kaiserkrönung Karls des Kahlen. Außerdem ist seine Teilnahme an der Ravennater Synode von 877 nachweisbar[2075]. Im folgenden Jahr plante Papst Johannes VIII. die Abhaltung einer Synode in Pavia, dem Bischofssitz seines Vertrauten JOHANNES, die dann aber nicht stattfand.[2076] Er hatte den Beisitz beim Königsgericht vom November 880 in Pavia[2077]. Gegen Ende 881 überbracht er dem Papst Johannes VIII. einen Brief Karls III., mit dem der Kaiser den Papst zu einem Tref-

2071) MANARESI, Inquisitiones Nr. 8 (Como, 880. 5. 17.), hier S. 582–585. Siehe den Text bei ALBERICH (II) in der Prosopographie.

2072) Lib. Pont. CXII, Vita Stephani V c. 4, 2 S. 191: *Tunc iam nominatus Adrianus pontifex Romae reliquerat Iohannem venerabilem Ticinensem episcopum et missum Karoli excellentissimi imperatoris pro tuitione urbis; et omnes cum eodem legato imperiali iuncti unanimes venerunt ad domum ubi cum patre ipse almificus Stephanus sancto meditabatur colloquio*. Vgl. Jaffé³ 7111 (885 Ende August – Anfang September); AF a. 885 S. 103.

2073) So meinten DUCHESNE, Lib Pont. 2 S. 197 Anm. 5; RIESENBERGER, Prosopographie S. 224 mit Anm. 19. Die Annalen von Fulda berichten allerdings, dass Karl III. zuerst irritiert war, weil die Römer sich vor der Wahl und Weihe nicht mit dem Kaiser beraten hatte. Nach dem Gesandtenaustausch wurde Stephan V. einmütig gewählt und geweiht. AF a. 885 S. 103 f.

2074) Literatur: SAVIO, Gli antichi vescovi 2,2 S. 391–395; RIESENBERGER, Prosopographie S. 221–225; HARTMANN, Die Synoden S. 348–350.

2075) MGH Capit. 2 Nr. 220, hier S. 99 = MGH Conc. 5 Nr. 3 A S. 19; MGH Conc. 5 Nr. 8 C, hier S. 75.

2076) Johannis VIII papae epistolae Nr. 146 S. 124 f.; BU 456; Jaffé³ 6731 (878, Ende November). Vgl.RIESENBERGER, Prosopographie S. 221–223.

2077) D Ka III. 25, hier S. 41.

fen am 2. Februar 882 in Ravenna einlud[2078]. Papst Stephan V. übergab vielleicht im August 885 JOHANNES den Dukat von Comacchio[2079].

JONAS (I) (Ionas)

Bischof von Orléans (818–840/841)

TÄTIGKEIT ALS KÖNIGSBOTE:

1) 825 Herbst: *missus* (oder *legatus*) Ludwigs des Frommen nach Rom mit JEREMIAS (= –)

JONAS wurde mit seinem Metropoliten JEREMIAS von Sens zum Papst nach Rom geschickt, um über die Ergebnisse der Pariser Synode Bericht zu erstatten[2080].

2) vor 835. 8. 24. (vor 828?): *missus* Ludwigs des Frommen im Bistum Orléans (Fleury) mit HUGO (I) (= KRAUSE II 103)

Als Ludwig der Fromme 835 eine Urkunde zur Güterrestitution für das Kloster Fleury ausstellte, begründete er seine Gunst mit einer Urkunde Pippins des Jüngeren, die ihm vorgelegt worden war, sowie dem Bericht der Untersuchung durch seine Missi JONAS und HUGO[2081].

3) vor 834: *missus* Ludwigs des Frommen in Orléans mit DONATUS (= KRAUSE I 117)

Die Schlichtung des zweiten Konflikts zwischen dem Kloster Fleury und dem Kloster St-Denis wurde der Gerichtsversammlung überlassen, der die zwei herrscherlichen Missi vorsaßen. Die anwesenden Rechtskundigen der *Lex Salica* konnten die unter römischem Recht stehende kirchliche Sache nicht behandeln. Die Verhandlung wurde auf die folgende Sitzung in Orléans verschoben, wobei diese beiden Missi nicht mehr erwähnt werden, obwohl Orléans der Bischofssitz des Missus JONAS war[2082].

2078) BZ 676 (Ende 881). Vgl. BZ 678; BU 708; Jaffé³ 6985 (881, Anfang Januar); Johannis VIII papae epistolae Nr. 297 (882. 1.) S. 259.

2079) Jaffé³ 7121 (885. 8.) und 7165 (886); Fragmenta registri Stephani papae V Nr. 4 S. 335 f.

2080) BM² 818; MGH Conc. 2,2 Nr. 44 C S. 532 f. (= D LdF B 11 [Ende 825] S. 1218) und Nr. 44 D S. 534 f. Siehe JEREMIAS in der Prosopographie.

2081) BM² 947; D LdF 357 (Coucy, 835. 8. 24.) S. 888–890, hier S. 890. Siehe HUGO (I) in der Prosopographie.

2082) Adrevaldus, Miraculorum sancti Benedicti liber primus c. 25 S. 56 f. = MGH SS 15 S. 489 f. Siehe DONATUS in der Prosopographie.

4) 838, Sommer: *missus* Ludwigs des Frommen in St-Calais mit HENRICUS (–)

JONAS ist im Zusammenhang mit einer St-Calais betreffenden Angelegenheit 838 als Missus im Bistum Le Mans belegt. Er erhielt ein schriftliches Mandat Ludwigs, der JONAS und HENRICUS *plena auctoritate* bevollmächtigte. Trotzdem schrieb der Kaiser vorsichtig weiter: Wenn die Missi den Gehorsam der das Kloster verwüstenden Mönche nicht erzwingen könnten, müssten sie diese auf der nächsten Reichsversammlung vor den Kaiser kommen lassen[2083].

KURZBIOGRAPHIE[2084]:

Beim ersten Zug nach Aachen als alleiniger Herrscher besuchte Ludwig der Fromme auf dem Weg nach Norden Orléans[2085]. Nach der Reise nach Rom (Legation 1) bat JONAS (I) den Kaiser um eine Bestätigung seines bischöflichen Privilegs, das JONAS dem Kloster St-Mesmin-de-Micy wegen der freien Abtswahl und der Sicherung des Besitzes verliehen hatte. Bemerkenswert ist zum einen, dass JONAS die Zustimmung seines Metropoliten JEREMIAS für seine Privilegierung eingeholt hatte, der sein Partner bei der gerade durchgeführten Legation nach Rom gewesen war. Zum anderen bestimmte der Kaiser in der *sanctio* der Urkunde, dass bei einem Verstoß des Bischofs von Orléans gegen diese Bestimmungen zuerst der Erzbischof von Sens mit seinen Suffraganen, gegebenenfalls dann der Kaiser zusammen mit einer allgemeinen Versammlung der Bischöfe ein Urteil fällen sollte[2086].

2083) Urk. Le Mans Nr. 53 S. 315 f., hier S. 315 = D LdF 386 ([838, Sommer], interpoliert) S. 960–962, hier S. 962: *Quapropter volumus, ut missus noster sis una cum Henrico abbate et eosdem monachos plena auctoritate canonum et regulari atque nostra ad proprium monasterium redire compellatis. Si vero quispiam eorum vos non obaudierit, volumus ut compellatis eum venire ad nostram presentiam in proximo placito, quod habituri sumus domino annuente Carisiacum.* Vgl. auch Urk. Le Mans Nr. 54 S. 316 = D LdF 387 ([838, Sommer]) S. 962 f., hier S. 963 (aber nicht als *missus* genannt): *Quapropter tibi precipimus et Henrico abbati, ut vos omni diligentia illud inquiratis et cum omni integritate res ecclesiasticas eidem ecclesie restituere faciatis. Tale ex hoc habeto studium, sicut per te bene confidimus et sicut in hoc nostram cognoscis voluntatem.*

2084) Literatur: REVIRON, Jonas d'Orléans S. 23–36; DEPREUX, Prosopographie S. 276 f.

2085) BM² 665d.

2086) BM² 825; Cart. Sainte-Croix Nr. 38 S. 75–78 = D LdF 252 (Aachen, 826. 2. 17.) S. 626–629.

JONAS' Teilnahme an Pariser Synode von 829 ist nachweisbar[2087]. Im April 838 beteiligte er sich an der Reichsversammlung in Quierzy, wobei die Angelegenheit zwischen dem Bischof von Le Mans und dem Kloster St-Calais intensiv diskutiert und gerichtlich entschieden wurde[2088].

Nach Ludwigs Tod diente JONAS dem jungen König Karl, starb aber bald nach dessen Regierungsantritt.

JONAS (II) (Jonas)

Bischof von Autun (841–864/865)

TÄTIGKEIT ALS KÖNIGSBOTE:

1) 853. 11.: *missus* Karls des Kahlen in den Grafschaften Milos und ISEMBARDs (II) (Autun, Mâcon, Dijon, Chalon-sur-Saône und Attuyer), Tonnerre, Beaune, Duesme und den Grafschaften Attelas und Romolds mit THEUTBALD, ISEMBARD (II), ABBO und DADDO (= KRAUSE I 147)

JONAS war einer der Missi im burgundischen Missaticum um Autun und Langres, die im Herbst 853 mit einem Kapitular ausgesandt wurden[2089].

2) 857. 2. 14.: *missus* Karls des Kahlen in einem Teil Burgunds(?) mit ISEMBARD (II) (= KRAUSE I 151)

Eine Fassung des auf den 14. Februar 857 datierten Kapitulars enthält die Adresse, in der Bischof JONAS und Graf ISEMBARD (II) als Missi vom König begrüßt werden. Ungewiss ist der Umfang ihres Missaticums[2090].

KURZBIOGRAPHIE[2091]:

Zwischen 841 und 850 war JONAS (II) in der Kanzlei Karls des Kahlen als *notarius* und/oder *diaconus* tätig[2092]. Karl wies 854 mit ISEM-

2087) Cart. gén. Paris Nr. 35, hier S. 50 f. (= MGH Conc. 2,2 S. 605 f.). Er war auch im Januar 832 bei der Synode in St-Denis anwesend. MGH Conc. 2,2 Nr. 53 S. 694.

2088) Gesta Aldrici, Fragment Nr. 6 S. 160.

2089) MGH Capit. 2 Nr. 260 S. 276. Siehe ABBO in der Prosopographie.

2090) MGH Conc. 3 Nr. 38 S. 389. Siehe den Text bei ISEMBARD (II) in der Prosopographie.

2091) Literatur: Fastes 2 S. 182; TESSIER, Introduction, in: D KdK 3 S. 49–54.

2092) Zuerst D KdK Nr. 2 (Bourges, 841. 1. 12.), 1 S. 3–8, zuletzt D KdK Nr. 124 (Bourges, 850. 1. 16.), 1 S. 328–331. Tessier vermutet, er könnte Kanoniker der Domkirche in Paris gewesen sein. TESSIER, Introduction, in: D KdK 3 S. 49 Anm. 4 und S. 90.

BARDs Zustimmung der Kirche von Autun die Kirche St-Croix wieder zu[2093]. Auf einer Synode in der Gegend von Langres im April 859 übergab er den Kanonikern eine *villa* Sampigny zur Sicherung ihres Lebensunterhalts. Dieses Rechtsgeschäft wurde kurz danach von Karl dem Kahlen auf Bitte von JONAS bestätigt[2094]. Im gleichen Jahr restituierte Karl auf Bitte des Bischofs der Kirche von Autun eine *villa* in Tillenay[2095]. 865 bat JONAS den Bischof ISAAK von Langres um die Schenkung zweier Kirchen im Pagus Attuyer an das Kloster Flavigny, das in der Diözese Autun lag[2096].

JOSEPH (I) (Joseph)

Diakon (787–790er Jahre?)

TÄTIGKEIT ALS KÖNIGSBOTE:

787–788: *missus* Karls des Großen nach Benevent mit MAGINARIUS, LIUDERICUS (I), ADDO und GODDRAMNUS (= –)

Fünf Missi wurden nach Süditalien geschickt, um dort die politische Stellung der Beneventaner zu untersuchen. Bei dieser Legation reiste JOSEPH mit MAGINARIUS und LIUDERICUS[2097].

KURZBIOGRAPHIE[2098]:

Nach Josef Fleckenstein gehörte JOSEPH (I) zur Hofkapelle. Er war Ire und Schüler Alkuins.

2093) D KdK Nr. 165 (Bourges, 854. 7. 26.), 1 S. 432 f.

2094) MGH Conc. 3 Nr. 44 S. 432–434; D KdK Nr. 205 (Tusey, 859. 6. 14), 1 S. 518–521. Aber Karls Urkunde führt neben Sampigny noch weitere *villae* an.

2095) D KdK Nr. 216 (Tusey, 859. 10. 13.), 1 S. 544–547.

2096) Cart. Flavigny Nr. 21 (865. 10.) S. 65–67. Er war schon im Jahr zuvor bei der urkundlich getroffenen Maßnahme des Abtes von Flavigny bezüglich der Mönche in Corbigny anwesend. Cart. Flavigny Nr. 52 (Flavigny, 864. 3. 22.) S. 125–128.

2097) Jaffé³ 4535 (788, nach 1. 22.) = Cod. Carol. Nr. 82 S. 615 f.; Jaffé³ 4537 (788, nach Januar) = Cod. Carol. Nr. 83 S. 615–619; Cod. Carol. Append. 2 S. 655–657 = ChLA 16 Nr. 629 S. 59–65 = Telma Nr. 2957 (MAGINARIUS' Zwischenbericht und Anfrage an Karl). Siehe auch MAGINARIUS, ADDO und LIUDEICUS (I) in der Prosopographie.

2098) Literatur: FLECKENSTEIN, Hofkapelle S. 59 mit Anm. 105, und S. 71; HACK, Codex Carolinus 2 S. 1009 f.

JOSEPH (II) (Joseph, Josippus)

Bischof von Ivrea, Erzkapellan, Abt von Novalesa (840–853)

TÄTIGKEIT ALS KÖNIGSBOTE:

1) 829. 1.: *missus* Ludwigs des Frommen in Rom mit LEO (I) (= KRAUSE I 107)

JOSEPH und Graf LEO (I), die als Missi in das Grenzgebiet zwischen dem Dukat Spoleto und Rom ausgeschickt wurden, leiteten im Lateran in Gegenwart von Papst Gregor IV. eine Gerichtssitzung, auf der ein Güterstreit zwischen dem Kloster Farfa und der römischen Kirche behandelt wurde. Während das Kloster seine Ansprüche mit Urkunden bekräftigen konnte, hatte die Partei des Papstes kein Beweismittel. Am folgenden Tag brachte die Partei von Farfa Zeugen für ihre Rechte bei, deren Aussagen die römische Kirche nicht widersprechen konnte. Dann wurden die *boni et veraces homines* aus der betroffenen Gegend vorgeladen. Sie zeugten für das Kloster beim Treueid, den sie dem Kaiser geschworen hatten, und bei den vier Evangelien. Obwohl die Missi und die *iudices* durch dieses Inquisitionsverfahren entschieden, dass die umstrittenen Güter dem Kloster Farfa gehörten, war der Papst damit unzufrieden und forderte eine weitere Sitzung in Gegenwart des Kaisers. Trotzdem befahlen die Missi die Ausstellung einer Gerichtsurkunde, um die Güter des Klosters in Zukunft zu schützen[2099].

2099) MANARESI Nr. 38 (Rom, 829. 1.) S. 118–122: *Dum a pietate domni et a Deo coronati Hludovici magni imperatoris a finibus Spoletanis seu Romania directi fuissemus nos Ioseph ępiscopus et Leo comes, missi ipsius augusti singulorum hominum causas audiendas et deliberandas, et coniunxissemus Romę, residentibus nobiscum ibidem in iudicio in palatio Lateranensi in pręsentia domni Gregorii papę, et una simul nobiscum aderant […] Ibique veniens ipse Ingoaldus abbas monasterii sanctę Dei genitricis Marię, quod situm est Sabinis in loco qui nuncupatur Acutianus, cum Audulfo advocato suo retulit nobis quod: „Domni Adrianus et Leo pontifices per fortia invasissent res ipsius monasterii, idest […], unde tempore Stephani, Paschalis et Eugenii semper reclamavimus et iustitiam minime invenire potuimus. Modo, si vobis placet, iudicate nobis exinde iustitiam sicut domnus imperator in verbis vobis mandavit“. Nos autem qui supra missi et iudices talia audientes, pręsente domno apostolico, interrogavimus advocatum ipsius domni apostolici sanctę Romanę Ęcclesię nomine Gregorium quid exinde dicere voluisset. At ubi respondebat ipse dicendo: „Istas prędictas curtes, quas vos dicitis, nos tenemus ad partem sanctę Romanę Ęcclesię, sed non contra legem, et ad partem monasterii sanctę Marię nichil pertinuerunt“. Nos vero qui supra missi et iudices talem responsionem audientes interrogavimus iam dictum Ingoaldum abbatem […], si aliqua pertinentia aut testes de ipsis prędictis curtibus haberent. Qui respondentes dixerunt quia:*

2) 853. 12.: *missus* Lothars I. und Ludwigs II. von Italien in Rom mit NOTING, PETRUS (IV) und PETRUS (V) (= –)

„Et monimina et testes exinde habemus et pręsentialiter ostendimus". […] Et cum ipsa monimina relegi fecissemus, continebatur in eis qualiter […] Ubi respondebat ispse Gregorius […] dicebat: „Non est vęrum quod istas predictas curtes ad partem monasterii sanctę Marię per ista monimina habuissetis vel tenuissetis". […] Nos qui supra missi et iudices, dum talem altercationem inter eos audissemus reguadiare eos fecimus et fideiussores ponere, uterque secundum suam legem, ut alia die in iudicio ante nos parati essent. Alia vero die, dum simul convenissemus in supradictum palatium Lateranense in pręsentiam iam dicti pontificis, venit prędictus Ingoardus […] et dixit: „Domini, ecce nos parati in vestris pręsentiis cum ipsis testimoniis, sicut inter nos guadiare fecistis". Et cum ipsa testimonia ante nos venire fecissemus, interrogavimus […] eos, si voluissent de ipsa causa testimonium reddere, aut non, aut si aliquid de ea scirent. Illi vero dixerunt: „Istam causam bene scimus et testimonium reddimus". Deinde interrogavimus Gregorium […], si aliquid contra ipsa testimonia dicere voluisset. Ipse vero respondit: „Contra ipsa testimonia nichil contrarium dicere volo, nec possum, quia boni homines michi esse videntur". Iterum fecimus venire Ioseph castaldium ipsius civitatis Reatinę et alios bonos et vęraces homines in eadem civitate commanentes et interrogavimus eos per ipsum sacramentum, quod domno imperatori factum habebant, si ipsi testes suum testimonium affirmare potuissent, aut non. Qui respondentes dixerunt: „Per ipsum sacramentum, quod domno imperatori factum habemus, quia isti homines boni et vęraciores sunt et suum testimonium ante domnum imperatorem et ante nos affirmare possunt". Tunc nos iam dicti missi et iudices talia audientes fecimus eos secundum legem separare et, evangeliis positis, iuraverunt. Primus ita dixit quia […] Deinde fecimus venire homines bonos et vęraciores XII et hęc sunt nomina eorum […] et fecimus eos iurare, et interrogavimus eos quid de ipsa causa scirent. Et ipsi similiter dixerunt. Postea Audolphus advocatus ipsius monasterii iuravit dicens: „Per ista sancta IIII evangelia, quia sicut isti testes dixerunt, sic fuit vęrum". Nos quis upra [sic! qui supra?] missi et iudices talia audientes rectum comparuit et iudicavimus, ut ipse Gregorius […] retradere debuisset ipsas curtes Audulfo advocato ad partem ipsius monasterii sanctę Marię. Quod facere noluit. Vęrum etiam et ipse domnus apostolicus dixit nostro iudicio se minime credere usque dum in pręsentia domni imperatoris nobiscum simul veniret. Cum talia nobis domnus apostolicus renuntiasset pro firmitate iam dicti monasterii brevem exinde facere iussimus, ut in futuris temporibus per possessionem ipsum sanctum monasterium easdem curtes minime perdere debuisset. Hęc autem inquisitio facta est per Ioseph episcopum et Leonem comitem missos imperiales […] +Ego Ioseph ępiscopus et missus domni imperatoris in his actis interfui et manu mea subscripsi. +Ego Leo missus domni imperatoris concordans subscripsi. Zu diesem Konflikt vgl. SCHERER, Gregors IV. S. 90–92, die allerdings den Verlauf der Inquisition anders interpretiert. Vgl. auch COSTAMBEYS, Power and patronage S. 340 f.

An der römischen Synode vom Dezember 853, auf der vor allem das Problem des flüchtigen und exkommunizierten ANASTASIUS Bibliothecarius verhandelt wurde, nahmen die Bischöfe JOSEPH von Ivrea, NOTING von Brescia, PETRUS (IV) von Arezzo und PETRUS (V) von Spoleto als Stellvertreter der Kaiser (*missi*) teil. Ziel war ein endgültiges und kanonisch nicht anfechtbares Urteil über ANASTASIUS[2100].

KURZBIOGRAPHIE[2101]:

Philippe Depreux vermutet, dass ein Bischof Joseph, der 829 Missus Ludwigs des Frommen war, 839 und 842 auf Lothars Seite stand[2102]. Es ist weiterhin möglich, diesen Joseph mit dem *episcopus* Joseph zu identifizieren, der 833 und später nochmals 841 von Lothar I. als Abt von Fontenelle eingesetzt wurde[2103]. Außerdem nahm dieser 840 an

---

2100) MGH Conc. 3 Nr. 32 S. 331: *Leo episcopus servus servorum dei venerabilibus missis sacratissimorum imperatorum filiorum nostrorum, Ioseph Epporediensis ecclesiae antistiti seu Petro Spolitinae ecclesiae itemque Petro Aretine ecclesiae episcopis ac Notingo episcopo universequae sanctae synodo hic pariter congregate...*; ebd. S. 334: *Sancta synodus interea dixit: Requiratur, si sepedictus Anastasius presbiter excommunicatus utrum venit an non? Requisitus minime est inventus. Tunc sacratissimus papa imperialibus superius iam dictis missis dixit: Cur nobis sanctoque concilio secundum imperialem epistolam iam dictum non presentatis presbiterum? Ipsi autem adfirmantes dixerunt: Nos eum secundum preceptionem domni magnique imperatoris reducere vobisque presentare maluimus, sed minime illum invenire potuimus*; ebd. S. 334 (Lothars Mandat): *Vestrae denique serenitatis industria cognoscat de Anastasio presbitero, quur ad vos non pervenerit, nostro satis animo displicuisse. Quare nunc karissimos missos nostros, Ioseph videlicet reverentissimum episcopum atque dilecti filii nostri Hludoici archicapellanum nec non et iam Petrum sanctae sedis Spolitine venerabilem episcopum et Adelgisum illustrem comitem nostrum, presentaliter vobis mittimus, quidquid canonice et secundum deum super illo vestra deliberaverit sententia nil contradicentes. Tantum sollicite cavere ac prudenter tractare curate, ne in hoc facto divina voluntas offendatur in aliquo*; Lib. Pont. CV, Vita Leonis IV c. 91, 2 S. 129: *... cum eo LXVII episcopi residerunt, ex quibus IIII episcopi ab imperatoribus destinati, Ioseph Eporegensis, Nottingus Brissensis, Petrus Spoletinus, et alius Petrus Aretinus...* Vgl. BH 307.

2101) Literatur: FLECKENSTEIN, Hofkapelle S. 126–128 und 131; DEPREUX, Prosopographie S. 278; D L II. It., Einleitung S. 1 f.; BF 164; GAVINELLI, Il vescovo Giuseppe S. 167–175; SCHÄPERS, Lothar I. S. 559–568.

2102) DEPREUX, Prosopographie S. 278. Siehe Nithard I c. 7 S. 36 und IV c. 3, 134 und 136.

2103) Chronique de abbés de Fontenelle c. 14 S. 194; Chronicon Fontanellense, a. 841 S. 301 = Ann. Fontenelle, a. 841 S. 75. Dazu Fastes 2 S. 229 Anm. 3; BF 164;

der Synode von Ingelheim teil, wobei sein Name in einer dort ausgestellten Urkunde Lothars unter den italienischen Bischöfen genannt ist[2104]. Da dieser Bischof Joseph 829 zusammen mit dem Italiener LEO (I) mit einer wichtigen Legation in Rom beauftragt wurde und in den 830er Jahren gute Beziehungen zu Lothar hatte, kann er mit dem gleichnamigen Bischof von Ivrea identisch sein, der einer der engen Vertrauten Lothars I. und Ludwigs II. von Italien war.

JOSEPH (II) war 844 bei der von Drogo von Metz geleiteten Synode in Rom anwesend[2105]. Er erwarb 845 in Aachen als Abt von Novalesa zwei Urkunden Lothars I. für sein Kloster[2106] und legte 846 beim Kaiser Fürbitte für einen Diakon von Pavia namens Godebert ein[2107]. Er war einer der Vorsitzenden der Synode von Pavia um 849/850, in deren Synodalschreiben er erstmals als *archicapellanus* bezeichnet ist[2108]. Bei der Kaiserkrönung Ludwigs II. in Rom war er als einer der Gesandten Lothars anwesend, wobei er zusätzlich beim Papst für die Kaiserin Irmingard wegen des neu gegründeten Klosters Erstein Fürbitte einlegte[2109]. Im Herbst 850 fand eine weitere

---

Nithard S. 37 Anm. 112.

2104) MGH Conc. 2,2 Nr. 61 S. 793.

2105) Lib. Pont. CIII, Vita Sergii c. 14, 2 S. 89; MGH Conc. 3 Nr. 5 S. 25 f.; AB a. 844 S. 45 f.; BZ 26 und 27. Hierzu siehe BOSO (III) in der Prosopographie.

2106) D Lo I. 91 (Aachen, 845. 6. 13., Bestätigung der Zoll- und Abgabenfreiheit) S. 223–225 und Nr. 92 (Aachen, 845. 10. 10., Bestätigung der Immunität des Tales Bardonecchia usw.) S. 225–228.

2107) D Lo I. 97 (Aachen, 846. 7. 8.) S. 235 f.

2108) MGH Conc. 3 Nr. 21, hier S. 210. GAVINELLI, Il vescovo Giuseppe S. 175, sieht aufgrund der alten Edition von G. D. Mansi die letzte nachgewiesene Tätigkeit von JOSEPH bei einer Synode vom Februar 855 in Pavia, die in der Tat allerdings mit der Synode um 849/850 identisch ist.

2109) Vgl. BZ 67; BH 228; SCHEFFER-BOICHORST, Erstein S. 294. Er war dabei zusammen mit Erzkanzler Hilduin und Priester Roland zugegen. Sie alle sind in der Papsturkunde als *legati* bezeichnet. Lothar wies Ludwig II. brieflich an, dass er den sächsischen *fidelis* Waltbert auf seiner Pilgerreise nach Rom unterstützen solle. D Lo I. 108 ([850]) S. 256 f.; BZ 66. Nach einem zumindest verfälschten Brief Lothars an Papst Leo IV. sei Waltbert zugleich sein Bote an den Papst gewesen, durch den der Kaiser Reliquien zur Christianisierung der Sachsen und Friesen erlangen wollte. D Lo I. 110 ([850]) S. 258 f.; BZ 66. Dass Waltbert kaiserlicher Vasall war, ist im Mandat Lothars an die geistlichen und weltlichen Amtsträger erwähnt. D Lo I. 109 ([850]) S. 257 f.; BZ 66A. Im Schreiben an Ludwig (D Lo I. 108) erklärt Lothar, dass sein *legatus* diesen Vasallen begleitete. Ludwig sollte die beiden empfangen und dem Pilger seinen eigenen Schutzbrief geben. D Lo I. 108

Synode in Pavia statt, die er zusammen mit ANGILBERT (II) von Mailand und Patriarch Theodemer von Aquileia leitete[2110]. Er nahm an der Römischen Synode vom Dezember 853 teil[2111]. Stefan Esders schreibt ihm eine italienische Rechtshandschrift (Wolfenbüttel HAB Blankenburg 130) zu[2112]. JOSEPH könnte auch der Verfasser der Capitula Eporediensia sein, die zur Kontrolle der priesterlichen Amts- und Lebensführung dienen konnte[2113].

Konrad Wanner hält es für möglich, dass JOSEPH mit dem gleichnamigen Bischof von St-Jean-de-Maurienne identisch war[2114] und gleichzeitig zwei Bistümer regierte. Dann konnte JOSEPH mit den Bistümern von Ivrea und St-Jean-de-Maurienne sowie der Abtei Novalesa die wichtigen Verkehrswege zwischen Italien und dem transalpinen Teil des Mittelreiches kontrollieren. JOSEPH „erfüllte […] also in erster Linie eine Verbindungsfunktion zwischen Lothar I. und Ludwig II.“[2115]

KISALHARD (Kaisalhardus, Kisalhart, Kislehardus, Kyslehartus, Kysalhardus, Kysalhart)

Judex, dann Graf (vor 800–827)

TÄTIGKEIT ALS KÖNIGSBOTE:

1) 802. 2. 15.: *missus* Karls des Großen in Mattighofen mit ARN (= KRAUSE I 24)

Vor den Missi ARN und KISALHARD klagte der Vogt des Bischofs WALDRICH gegen Williperht und Adalperht wegen ihrer Zugehörigkeit zur Passauer Kirche[2116].

([850]) S. 256 f. Dieser *legatus* dürfte mit der Gesandtschaft identisch sein, die aus JOSEPH, Hilduin und Roland bestand und die Papst Leo IV. in seiner Urkunde für Irmingard als *legati* bezeichnete. Vgl. auch D Lo I. S. 252.

2110) MGH Conc. 3 Nr. 23, hier S. 220.

2111) MGH Conc. 3 Nr. 32 S. 331. Vgl. auch Lib. Pont. CV, Vita Leonis IIII c. 101, 2 S. 129.

2112) ESDERS, Deux *libri legum* S. 82 f. Zu weiteren Handschriften, die mit JOSEPH zusammenhängen können, vgl. GAVINELLI, Il vescovo Giuseppe S. 175–190.

2113) Capitula Eporediensia, in: MGH Capit. episc. 3 S. 235–242.

2114) Vgl. die Chronik von Novalesa, die diesen Bischof als Abt von Novalesa bezeichnet. Monumenta novaliciensia 2 VIIII S. 134 f. Vgl. GAVINELLI, Il vescovo Giuseppe S. 172 f.

2115) D L II. It., Einleitung S. 2.

2116) Trad. Passau Nr. 54 (Mattighofen, 802. 2. 15.) S. 46. Siehe ARN in der Prosopographie.

2) 802(?). 2. 17.[2117]: *missus* Karls des Großen in Inzing mit ARN, WALDRICH und DEOTKER (= KRAUSE I 38)

Vor den anwesenden Missi erhielt Bischof WALDRICH von Passau, der sich selbst als Missus bezeichnete, einen gewissen Epo sowie dessen Kinder als Knechte der Passauer Kirche und garantierte seiner frei geborenen Frau Hrodmar und den aus dieser Ehe hervorgehenden Kindern den freien Stand[2118].

3) 822. 4. 14.: *missus* Ludwigs des Frommen in Föhring mit HATTO (= KRAUSE I 83)

Auf der Gerichtsversammlung der Missi KISALHARD und HATTO wurde ein Rechtsstreit um die Kirche in Hinterholzhausen verhandelt und durch das Inquisitionsverfahren untersucht[2119]. KISALHARD wird in der Urkunde als *publicus iudex* und *vassus dominicus* bezeichnet und steht an der Spitze der Beurteilenden[2120].

KURZBIOGRAPHIE[2121]:

Vor 800 ist KISALHARD als Zeuge einer Schenkung an St. Florian belegt[2122]. Als Judex war er 806 neben anderen weltlichen Großen bei einer geistlichen Versammlung (*in publico conventu episcoporum seu etiam presbiterorum*) in Regensburg anwesend[2123]. Er trat 807 wieder neben ARN von Salzburg als *judex* auf[2124]. Der erste Beleg für seine Grafenwürde ist eine Urkunde vom 30. Dezember 819, in der er als *comes et iudex* zu den Zeugen zählt. Da diese Urkunde in Aachen ausgestellt wurde, ist seine Anwesenheit am Hof um diese Zeit nachgewiesen[2125]. Im April 822 war er als *judex* bei der Gerichtsversammlung in Ergolding anwesend, wobei NIDHART und FREHOLF als Missi fungierten[2126]. Während sein Missatskollege HATTO der

---

2117) Zur Datierung vgl. Reg. Passau Nr. 62 S. 17.

2118) Trad. Passau Nr. 50 (Inzing, [800–804]. 2. 17.) S. 43 f. Siehe ARN in der Prosopographie.

2119) Trad. Freising Nr. 466 (Föhring, 822. 4. 14.) S. 398–400. Das vollständige Zitat findet sich bei HATTO in der Prosopographie.

2120) Trad. Freising Nr. 466 S. 399: *Et haec sunt nomina illorum qui hoc ad legem Baiouuariorum decreverunt: Kysalhart publicus iudex, Liutpald comes vassi dominici…*

2121) Literatur: DEPREUX, Prosopographie S. 287.

2122) Trad. Passau Nr. 48 (vor 800) S. 42.

2123) Trad. Freising Nr. 231 (Regensburg, 806) S. 213 f.

2124) Trad. Freising Nr. 251a und b (Föhring, 807. 4. 29.) S. 226 f.

2125) Trad. Freising Nr. 397c (Aachen, 819. 12. 30.) S. 338 f.

2126) Trad. Freising Nr. 463 (Ergolding, 822. 4. 3.) S. 394 f.

Gerichtsversammlung vom August desselben Jahres in Allershausen wieder als *missus dominicus* vorsaß, war KISALHARD als *publicus judex* anwesend. Interessanterweise führte er dabei trotz des Verlusts seiner Qualifikation als Missus wieder zusammen mit HATTO das Inquisitionsverfahren durch[2127]. KISALHALD hielt im Mai 824 als Graf eine weitere Gerichtsversammlung in Ergolding zusammen mit HATTO, ORENDIL und weiteren bayerischen Mächtigen.[2128] Er ist zuletzt durch eine Urkunde vom 2. April 827 nachgewiesen, in der er als Graf erscheint[2129].

KOBBO (Cobbo)

Graf (842–845…)

TÄTIGKEIT ALS KÖNIGSBOTE:

845: *missus* Ludwig des Deutschen in Sachsen/Dänemark mit den anderen anoymen (= –)

Er stand an der Spitze der Gesandschaft zum Normannenkönig Horich[2130].

KURZBIOGRAPHIE[2131]:

Sophie Glansdorff erklärt, wie schwer es ist, den älteren Kobbo (unserem KOBBO) und den jüngeren Kobbo in den Quellen zu unterscheiden. Hier werden nur einige Informationen angeführt, die sich auf die Person des älteren KOBBO beziehen.

2127) Trad. Freising Nr. 475 (Allershausen, 822. 8. 31.) S. 406 f. Das vollständige Zitat findet sich bei HATTO in der Prosopographie.

2128) Trad. Freising Nr. 507 (Ergolding, 824. 5. 24.) S. 432 f.

2129) Trad. Freising Nr. 541 (Freising, 827. 4. 2.) S. 461 f.

2130) Ex miraculis s. Germani in: MGH SS 15,1 S. 13: (c. 14) *Quod miraculum ope atque intercessione almi Germani mirabiliter gestum, quoniam non interfuimus, ignorabamus. Postea autem a fidelibus missis Loduwici regis Bewariorum, quos ad regem Normannorum Horich nomine legationis causa direxerat, et qui sibi ea quae diximus fideliter narraverunt, ita ut effamur actum esse, cognovimus. Ipsi enim ea quae Loduwico retulerunt, ne forte frivole atque mendose videantur esse conficta, ab ipsis audierunt qui tunc, quando haec gesta sunt, in ipsa aecclesia fuerunt.* (c. 15) *Illud autem summum et admirabile cunctisque stupendum, quod tunc temporis in eadem aecclesia factum est, miraculum, et quod postea per Cobbonem illustrem ducem, hominem Ludowici Bewariorum regis, agnovimus, minime decet tegi silentio*. Zu dieser Gesandtschaft vgl. BM^2 1384a.

2131) Literatur: TELLENBACH, Königtum und Stämme S. 54; GLANSDORFF, Prosopographie S. 102–106.

842 wurde er mit dem Grafen Konrad und Adalhard „dem Seneschall“ zu Lothar I. ausgeschickt, um ihm von Seiten Ludwigs des Deutschen und Karls des Kahlen eine Reichsteilung vorzuschlagen[2132]. Sein Einfluss auf Ludwig spiegelt sich darin wider, dass der ostfränkische König während der Vakanz des Osnabrücker Bischofssitzes die dem Bistum zustehenden Zehnten den Klöstern Corvey und Herford verlieh, weil diesen Klöstern KOBBOs Bruder Warin und seine Schwester Addila vorstanden. Ihr Vater Egbert war Vertrauter Karls des Großen in Sachsen[2133] und ihre Familie dürfte gute Beziehungen zu den Liudolfingern unterhalten haben. Also war KOBBO in Sachsen politisch sehr bedeutend. Nach Roman Deutinger dürfte der *dux*-Titel von KOBBO und seinem Vater Egbert allerdings als ein militärisches Mandat zur Normannenabwehr zu verstehen sein[2134].

LAIDRAD (Laidradus, Leidradus, Leideradus, Leydrath)
(Erz-)Bischof von Lyon (798–815)

TÄTIGKEIT ALS KÖNIGSBOTE:

*1) 798: beauftragt mit einer *praefectura* von Karl dem Großen in Südgallien mit THEODULF (= KRAUSE I 18)

In THEODULFs Beschreibung seiner Inspektionsreise in den Süden des Reiches ist LAIDRAD als sein Kollege erwähnt[2135].

2) vor Juni 799: *missus* Karls des Großen in Celleneuve bei Montpellier (= –)

In einer Urkunde Ludwigs des Frommen für das Kloster Aniane, mit der der Kaiser dessen Güter, Immunität und freie Abtswahl bestätigte, wird eine Legation LAIDRADs erwähnt[2136]. Die

---

2132) Nithard, IV c. 3 S. 138.

2133) Stephani V. papae epistolae Nr. 3, in: MGH Epp. 7 S. 359–363 (S. 360 über KOBBO). Vgl. Jaffé ³ 7225 (Ende 890) und 7229 (891, nach 21. Februar). BECHER, Rex, Dux und Gens S. 109 und 121. Siehe auch die anonymen Missi „813. 9.*“ in der Prosopographie.

2134) DEUTINGER, Königsherrschaft S. 204–206. Vgl. BECHER, Rex, Dux und Gens S. 121 f.

2135) Zu der Quelle und deren Interpretation siehe THEODULF in der Prosopographie.

2136) BM² 970; D LdF 378 (Aachen, 837. 10. 21., interpoliert) S. 942–945, hier S. 944: *... et in loco qui dicitur Sogrado cellulam, quam ipsi monachi hedificaverunt, cum adiacentiis suis; omnia hec cum omni integritate, sicuti a misso genitoris nostri Karoli Leydrath archiepiscopo traditum et in arboribus per cruces et termi-*

Zella in Saugras bei Argelliers mit all ihrem Zubehör, deren Grenze LAIDRAD als Karls Missus festlegte und dem Kloster zuwies, scheint schon durch Karls Urkunde vom Juni 799 bestätigt worden zu sein[2137]. Deswegen könnte diese Legation vor den Juni 799 datiert werden.

3) 814/815: *missus* Ludwigs des Frommen in Mâcon (in der Kirchenprovinz Lyon) (= KRAUSE II 54)

LAIDRAD wurde aufgrund einer Beschwerde des Bischofs Hildebald von Mâcon mit einer Untersuchung über die Zugehörigkeit des Zolls und der Salinen zur Kirche von Mâcon beauftragt. Aufgrund dieser Untersuchung stellte Ludwig eine Urkunde für diesen Bischof aus[2138].

Wenn man diese Legation LAIDRADs in Zusammenhang mit jener umfangreichen Absendung von Missi stellt, die Ludwig am Anfang seiner Regierung zur Wiederherstellung des Rechts angestrebte, dürften Burgund und Septimanien in dieser Zeit unter seine Aufsicht gestellt worden sein[2139]. LAIDRADs Zuständigkeit in den Jahren 814–815 in Septimanien korreliert gut mit seiner Erfahrung bei der Legation 1.

KURZBIOGRAPHIE[2140]:

Sein Missatskollege THEODULF wusste, dass LAIDRAD aus Bayern kam[2141]. Über seine frühere Karriere ist nichts sicher nachweis-

---

nationes adsignatum fuit et ab ipsis monachis a temporibus genitoris nostri possessum.

2137) D KdG 188 (Aachen, 799. 6.) S. 252 f., hier S. 252: *... in loco qui dicitur Asogrado cellam edificasset cum omni adiacentia sua ...*

2138) BM^2 561; Cart. Saint-Vincent Nr. 539 S. 316 f., hier S. 316 = D LdF 80 (814–815?, interpoliert) S. 196 f., hier S. 197: *Nos interea missum nostrum venerabilem scilicet [virum] Leidrardum archiepiscopum ad hanc rem investigandam et diligenter inquirendam misimus, et invenit, quod per iusticiam predictae ecclesiae iuxta divisionem, quae dudum facta est <[et] esse debebat> [...]. Qui rediens nobis renunciavit hanc rem ita se habere sicut predictus episcopus asserebat, quod nostra excellentia presentialiter hoc ei in nostra eleemosina reddidit.* Die Datierungszeile der Urkunde ist nicht überliefert.

2139) Zur dieser Vermutung siehe OSTORICUS in der Prosopographie.

2140) Literatur: Fastes 2 S. 171 f.; LECLERCQ, Lyon Sp. 232–244; SEMMLER, Zu den bayrisch-westfränkischen Beziehungen S. 402–415; GERNER, Lyon S. 57–59; BRUNNER, Oppositionelle Gruppen S. 74; MÜLLER, Die Kirche von Lyon S. 242–245; DEPREUX, Prosopographie S. 287 f.; ULRICH, Leidradus; PANGERL, Metropolitanverfassung S. 74–77.

2141) MGH Poetae 1 S. 496.

bar[2142]. Doch wenn er schon lange vor seiner Bischofserhebung mit Alkuin Freundschaft geschlossen haben sollte, wie ein Brief aus dem Jahr 790 nahelegt[2143], hätte er bereits in den 790er Jahren gute Beziehungen zum Hof anbahnen können. LAIDRADs Legation 1 fand noch vor seiner Bischofserhebung statt, allerdings war er wahrscheinlich schon gewählt[2144]. Eine genaue Datierung seiner Bischofserhebung ist nicht möglich, aber wahrscheinlich fand sie kurz nach der Legation mit THEODULF statt. Sein Bischofsamt verdankte LAIDRAD Karl dem Großen[2145]. Jedenfalls ist er 799 als Bischof von Lyon nachweisbar, als er sich am Kampf gegen den Adoptianismus beteiligte. Dabei arbeitete er außer mit Alkuin auch mit BENEDIKT von Aniane und NIBRIDIUS von Narbonne zusammen[2146]. Die Hauptfigur dieser Häresie, Bischof Felix von Urgell, befand sich später bei LAIDRAD in Gewahrsam[2147]. Er wurde mit der Diözesanverwaltung von Urgell beauftragt: Am 6. April 805 schenkte LAIDRAD, hier als *episcopus* und *presul* des Bistums Urgell, dem Abt und den Mönchen von Sant Sadurní de Tavèrnoles die Kirche (*mea ecclesia!*) von Sant Sadurní[2148].

2142) Vgl. Semmlers Rekonstruktionsversuch, SEMMLER, Zu den bayrisch-westfränkischen Beziehungen.

2143) Vgl. Alkuins Briefe Nr. 10 (Ende 790) S. 35 f. In diesem Brief an ARN von Salzburg bittet Alkuin ihn darum, seinen *consocium et amicum* LAIDRAD zu grüßen. Das dürfte darauf hinweisen, dass LAIDRAD damals noch in Bayern gewesen ist.

2144) Vgl. Alkuins Briefe Nr. 141 (ca. 798) S. 222 f.

2145) Epp. variorum Nr. 30, in: MGH Epp. 4 S. 542. Dazu SCHIEFFER, Karl der Große und die Einsetzung der Bischöfe S. 455.

2146) Alkuins Briefe Nr. 172 (799 Frühling, an Karl den Großen) S. 284 f. Vgl. Alkuins zwei Briefe an LAIDRAD, NIBRIDIUS und BENEDIKT, ebd. Nr. 200 und 201 (a. 800) S. 330–334. Nach ebd. Nr. 207 S. 345 wurden diese drei Geistlichen zur Ausrottung der Häresie nach Südwesten „geschickt“, aber unklar ist, wer sie geschickt hat (der König? eine Synode?). Vgl. HEIL, Der Adoptianismus S. 106–108. Heil ist vorsichtig mit der Auffassung, dass THEODULF und LAIDRAD auf ihrer Legationsreise in den Süden auch Maßnahmen gegen den Adoptionismus ergreifen sollten. Vgl. WOLFF, L’Aquitaine et ses marges S. 276 mit Anm. 54. Vgl. PANGERL, Metropolitanverfassung S. 74 f., der als erste sichere Zeugnisse für den Bischofstitel LAIDRADs die um 800 datierbaren Quellen anführt.

2147) Alkuins Briefe Nr. 208 (800 Frühling/Sommer, an ARN von Salzburg) S. 345 f.

2148) Doc. Nr. 1, in: Diplomatari del monestir de Sant Sadurní de Tavérnoles S. 72 f. Zur Datierung vgl. ebd. S. 59.

Das Bistum Lyon wurde unter seinem Episkopat zum Metropolitanbistum erhoben[2149]: Im Testament Karls des Großen, das LAIDRAD als Zeuge unterschrieb, ist Lyon als eines der Metropolitanbistümer im Reich genannt[2150]. LAIDRAD antwortete als Erzbischof von Lyon um 812 auf die Taufumfrage Karls des Großen[2151]. Da seine Antwort unzureichend war[2152], musste er auf Aufforderung des Kaisers nochmals ein Schreiben über diese Thematik verfassen[2153]. Die Funktion von LAIDRAD auf der Synode von 813 in Chalon-sur-Saône ist nicht klar. Die entscheidende Rolle bei der Formulierung des Konzilsbeschlusses spielte THEODULF von Orléans. Man kann nur vermuten, dass er wie andere Metropoliten der Synode *totius Galliae Lugdunensis* als kaiserlicher Missus vorsaß[2154]. Schon vor seinem Tod resignierte er *initio imperii Ludovici* sein Erzbistum[2155]. Ludwig verlieh aber der Kirche von Lyon wahrscheinlich noch in LAIDRADs Amtszeit die Immunität[2156]. Er starb am 20. Dezember eines unbekannten Jahres im Kloster St-Médard in Soissons.[2157]

2149) Vgl. PANGERL, Metropolitanverfassung S. 74–76.

2150) Vita Karoli c. 33 (a. 811) S. 78, 80 und 84.

2151) Text 25 in: KEEFE, Water and the Word 2 S. 353–384. Zu diesem Schreiben vgl. ebd. 1 S. 65–69 und S. 120.

2152) DAHLHAUS-BERG, Nova antiquitas S. 101 Anm. 16 führte zwei Punkte auf: „eine nähere Erklärung der *abrenuntiatio*“ und „eine Erklärung des Wortes *pompae*“. Vgl. auch Keefes Kommentar: „Leidrad may have avoided too exact a description of a specific liturgical *ordo* because the priests of his diocese were using different ones. […] Probably in many parishes babtism was celebrated without a series of Lenten scrutiny meetings.“ KEEFE, Water and the Word 1 S. 66; vgl. auch ebd. S. 90.

2153) Epp. variorum Nr. 29, in: MGH Epp. 4 S. 540 f., hier S. 541: *Vos autem, consueta bonitate auditis responsionibus nostris, quas nos absque reprehensione utique dicere non potuimus, iuxta benignitatem vestram, qua cunctos mortales anteitis, tamquam vobis placitas laudare dignati estis*. Der Hauptteil des Schreibens ist ediert in: PL 99 Sp. 873–884.

2154) HARTMANN, Die Synoden S. 132 mit Anm. 15.

2155) Adonis Chronicon, in: MGH SS 2 S. 320. BM² 595; Telma Nr. 5002 = D LdF †116 (angeblich Aachen, 816. 11. 11.) S. 282–289, zeigt nicht mehr den Terminus ad quem. Aber Theo Kölzer meint, dass LAIDRAD Mitte 815 tatsächlich am Kaiserhof war. D LdF S. 287.

2156) D LdF Dep. 114 (Aachen?, 814–830, 814/815) S. 1109 f.

2157) Adonis Chronicon, in: MGH SS 2 S. 320; Obituaires de la province de Lyon S. 137.

LAMBERT* (Lantbertus)

Graf von Nantes (814–837)

TÄTIGKEIT ALS KÖNIGSBOTE:

814 Frühjahr: im Auftrag Ludwigs des Frommen in Aachen mit WALA, WARNAR* und INGOBERT (= –)

Als Ludwig sich nach dem Tod Karls des Großen von Aquitanien nach Aachen begab, schickte der neue Kaiser WALA*, WARNAR*, LAMBERT* und INGOBERT mit dem Auftrag nach Aachen voraus, für Ordnung am Hof zu sorgen[2158]. LAMBERT* wurde während der Ausführung dieses Auftrages von Hodoin am Bein verletzt.

KURZBIOGRAPHIE[2159]:

LAMBERT* ist anlässlich der oben genannten Legation zu Anfang der Regierungszeit Ludwigs des Frommen erstmals in den Quellen erwähnt. Weitere missatische Tätigkeit LAMBERTs ist nicht nachweisbar. Dieser Widone, bezeichnet als *amicus* des Kaisers, spielte dennoch unter Ludwig eine wichtige politische Rolle. Er war im September 820 bei der Reichsversammlung in Quierzy anwesend[2160]. 830 beauftragte Ludwig den Grafen LAMBERT* mit der intensiven Bewachung der Grenze zur Bretagne[2161]. In den 830er Jahren jedoch unterstützte er mit großer Energie Ludwigs Sohn Lothar. Als die politischen Umstände für dessen Partei ungünstig wurden, reiste er zusammen mit Lothar und seinen Anhängern nach Italien und verlor damit seine *honores* in der Francia[2162]. Er starb in Italien 837[2163].

LANDBERT (Landbertus)

Missus (800)

TÄTIGKEIT ALS KÖNIGSBOTE:

800. 5. 6.: *nuntius* Karls des Großen in Fulda (= –)

Der königliche *nuntius* LANDBERT ist als Zeuge bei der Schenkung der Schwestern Helmswind und Crapucha für das Kloster Fulda

---

2158) Astronomus c. 21 S. 348. Das vollständige Zitat findet sich bei INGOBERT in der Prosopographie.

2159) Literatur: HENNEBICQUE-LE JAN, Prosopographica S. 258; SMITH, Province and empire S. 53, 66 und 77–81; HLAWITSCHKA, Widonen S. 27–30; DEPREUX, Prosopographie S. 288–291; D LdF Nr. 164 und 219 S. 407–409, 539 f. (für Hornbach).

2160) Trad. Weissenburg Nr. 69 (Quierzy, 820. 9. 2. Tauschvertrag zwischen HUGO [I] von Tours und BERNHARIUS von Worms), hier S. 271.

2161) Astronomus c. 45 S. 460. Zur Vorstufe Ermoldus, Carmen S. 98–102, 120, 152.

2162) Astronomus c. 52 S. 492.

2163) AB a. 837 S. 22; AF a. 837 S. 27 f.; Astronomus c. 56 S. 512.

belegt[2164]. Seine Anwesenheit wird von Karl Bosl damit erklärt, dass die Kirche in Wackernheim, an der die Schwestern einen erblichen Anteil besaßen, den sie dem Kloster schenkten, eigentlich eine Königskirche gewesen sei[2165].
KURZBIOGRAPHIE[2166]:
Da der Name Landbertus sich vielfach in den mittelrheinischen Quellen findet[2167], ist eine sichere Gleichsetzung dieses *nuntius* mit einem bestimmten Landbert nicht möglich. Ich folge der Auffassung von Jürgen Hannig, dass LANDBERT Pfalzverwalter, vielleicht von Ingelheim, gewesen sein dürfte.

LANDEBERT (Landebertus)
Missus (865/866)

TÄTIGKEIT ALS KÖNIGSBOTE:
865/866: *missus* Ludwigs II. von Italien im Gebiet zwischen Adda und Etsch (= KRAUSE II 153)

Für den Feldzug gegen die Sarazenen in Süditalien bot Ludwig das Heer aus Norditalien auf. LANDEBERT wurde damit beauftragt, im Gebiet zwischen Adda und Etsch die Mobilisierung zu kontrollieren und gegebenenfalls die Säumigen zu bestrafen[2168].
KURZBIOGRAPHIE:
Über ihn ist nichts Weiteres bekannt.

LANDRAMNUS (Landramnus)
Erzbischof von Tours (816–835)

TÄTIGKEIT ALS KÖNIGSBOTE:
825. 8.: *missus* Ludwigs des Frommen in der Kirchenprovinz Tours mit RUOTBERT (II) (= KRAUSE I 95)

2164) UB Fulda Nr. 267 S. 383 f., hier S. 384: *Landberti nuntio domni regis.*

2165) BOSL, Franken S. 94. Ihm folgt HANNIG, Zentrale Kontrolle S. 42. STAAB, Mittelrhein S. 384, ist vorsichtig mit dieser Auffassung. Vgl. auch INNES, State and society S. 62: „The transaction was important enough to be witnessed by two counts and an Imperial (!) *missus.*"

2166) Literatur: STAAB, Mittelrhein S. 384 und 432; HANNIG, Zentrale Kontrolle S. 41–43.

2167) Angeführt bei STAAB, Mittelrhein S. 432 Anm. 932.

2168) MGH Capit. 2 Nr. 218 c. 3 S. 95: … *sit missus […] inter Adda et Addiza Landebertus.* Siehe ANDREAS (II) in der Prosopographie.

LANDRAMNUS war einer der Missi in der Kirchenprovinz Tours[2169].

KURZBIOGRAPHIE[2170]:

Am 22. Dezember 832 weihte LANDRAMNUS Aldrich zum Bischof von Le Mans. Seine Teilnahme an der Pariser Synode von 829 ist nachweisbar[2171]. Auch war er im März 835 bei der Versammlung in Diedenhofen anwesend, auf der EBBO auf sein Bischofsamt verzichtete[2172].

LANDRICH* (Landricus)

Abt von Jumièges (787)

TÄTIGKEIT ALS KÖNIGSBOTE:

*787: im Auftrag Karls des Großen in den Besitzungen des Klosters Fontenelle mit RICHARD (I) (= KRAUSE II 27 [a. 788])

In den Gesta der Äbte von Fontenelle ist das Ergebnis einer Untersuchung des Klosterbesitzes überliefert. Nach dieser Darstellung hätten RICHARD (I) und LANDRICH* auf Befehl Karls den Klosterbesitz inventarisiert. Obwohl sie in den Gesta nicht als *missi* oder *legati* bezeichnet werden, ist es denkbar, dass sie diese Inventarisierung als königliche Missi mittels einer missatischen Inquisition geleistet haben, weil ein Teil des Klosterbesitzes einigen *regiis hominibus*, wahrscheinlich als Benefizien *verbo regis*, übergeben worden war[2173].

KURZBIOGRAPHIE:

LANDRICH* war, gemäß den Gesta, Abt von Jumièges, einem Kloster südlich von Fontenelle.

2169) Capit. 1. Nr. 151 S. 308 = Ansegis, 2, 25 S. 541 und 544 f.: *De nominibus locorum, in quibus missi dominici legatione funguntur [...] Turones Landramnus archiepiscopus et Hruotbertus comes.*

2170) Literatur: DEPREUX, Prosopographie S. 292.

2171) Cart. gén. Paris Nr. 35, hier S. 50 f. (= MGH Conc. 2,2 S. 605 f.).

2172) MGH Conc. 2,2 Nr. 55 B S. 703.

2173) Chronique de abbés de Fontenelle c. 11, 3 S. 132: *Haec uero est summa de rebus eiusdem coenobii quae praecepto inuictissimi Karoli regis adnumerata est a Landrico abbate Gemmetico ac Richardo comite anno XX regni sui qui est obitus praedicti patris.* Zur Datierung zum Jahr 787 vgl. ebd. S. 218 Anm. 4.

LANTUINUS (Lantvinus)

Missus (865)

TÄTIGKEIT ALS KÖNIGSBOTE:

865, nach 2. 19.: *missus* Karls des Kahlen in Burgund mit GAUZLIN, FULCO (V) und WALTARIUS (= KRAUSE I 156)

LANTUINUS war einer der Missi, die nach dem Herrschertreffen in Tusey von Karl wegen politischer Unruhen nach Burgund geschickt wurden. Dabei nahmen sie ein dort durchzuführendes Kapitular mit[2174].

KURZBIOGRAPHIE:

Über LANTUINUS ist nichts Weiteres bekannt.

LEIBULF (Leibulfus, Laibulfus, Libulfus)

Graf (800/801–828[2175])

TÄTIGKEIT ALS KÖNIGSBOTE:

Vor 814. 4. 23.: *missus* Ludwigs des Frommen (= KRAUSE II 52a)

In einer interpolierten Schenkungsurkudne Ludwigs des Frommen für das Kloster Aniane ist Graf LEIBULF als *missus* erwähnt. Er wurde mit der Ausmessung eines Salzgartens im Pagus von Narbonne beauftragt[2176]. Philippe Depreux vermutet, dass LEIBULFs Legation in die Königszeit Ludwigs gehört[2177].

KURZBIOGRAPHIE[2178]:

LEIBULF ist wahrscheinlich identisch mit Libulfus, der 801 an der Belagerung von Barcelona teilnahm[2179]. Er ist einer der Grafen im Süden, an die Karl der Große 812 wegen der spanischen Siedler ein

2174) MGH Capit. 2 Nr. 274, Inskription, hier S. 329. Siehe den Text bei FULCO (V) in der Prosopographie.

2175) Datum der Abfassung seines Testaments: 16. März 828. DEPREUX, Prosopographie S. 293 mit Anm. 10. Vgl. D LdF S. 942 f.

2176) BM² 522; D LdF 11 (Aachen, 814. 4. 23., interpoliert) S. 33–36, hier S. 35: *… et in pago Narbonensi salinas, que sunt in loco nuncupante Ad Signa, quantascumque eis noster missus Leibulfus comes designavit, cum terminis et laterationibus suis.*

2177) DEPREUX, Prosopographie S. 293.

2178) Litteratur: AUZIAS, L'Aquitaine S. 49 f. Anm. 32 und S. 71 f. Anm. 5; DHONDT, Études sur la naissance S. 173 f.; WOLFF, L'Aquitaine et ses marges S. 290 f.; DEPREUX, Prosopographie S. 292 f.

2179) Ermoldus, Carmen S. 28.

Mandat schickte[2180]. Umstritten ist aber in der Forschung, für welche Grafschaft er zuständig war (Béziers oder Agde). LEIBULF schloss 824 mit Erzbischof NOTHO von Arles einen Tauschvertrag[2181], den Ludwig der Fromme im nächsten Jahr urkundlich bestätigte[2182].

Depreux zählt LEIBULF zu den Beispielen dafür, dass Mitglieder von Ludwigs Entourage nicht unbedingt tadellos waren. Eine Beschwerde über ihn ist in einer *condiciones sacramentorum* vom September 834 überliefert: LEIBULF habe einem Johannes mit Gewalt und zu Unrecht den Besitz, den dieser als *aprisio* innegehabt hatten, entrissen[2183].

LEO (I) (Leo)

Vasall, dann Graf (801–847)

TÄTIGKEIT ALS KÖNIGSBOTE:

1) 821. 8.: *missus* Ludwigs des Frommen in Norcia mit ALEDRAMNUS und ADALHARD (II) (= KRAUSE I 81)

Graf ALEDRAMNUS von Troyes und die kaiserlichen Vasallen ADALHARD (II) und LEO wurden als kaiserliche Missi schriftlich damit beauftragt, den Konflikt zwischen dem Kloster Farfa und Herzog WINIGIS (I) von Spoleto bezüglich der von WINIGIS durchgeführten Konfiskation des Klostergutes beizulegen. Grundlage hierfür waren die vorherige Untersuchung durch die Bischöfe RATOLD (I) und NORTPERT sowie LEO[2184] und das betreffende kaiserliche Schreiben[2185].

2) 821 (fast gleichzeitig mit Legation 1): *missus* Ludwigs des Frommen in Italien (auch in Norcia?) mit ALEDRAMNUS und ADALHARD (II) (= –)

2180) MGH Capit. 1 Nr. 76 S. 169 = D KdG 217 (Aachen, 812. 4. 2.) S. 289 f., hier S. 289.

2181) Gallia chr. nov. Arles Nr. 195 (Arles, 824. 11. 7.) Sp. 79–82.

2182) BM² 794 (Aachen, 825. 1. 3.); D LdF 239 (Aachen, 825. 1. 3., verfälscht?) S. 596–599.

2183) Musée des archives départementales Nr. 5 S. 10–12, hier S. 12 = Telma Nr. 3773 (833. 9. 11.). Zum betreffenden *villare Fontes* vgl. BF 423; D LdF S. 125 f.

2184) *Pręterito anno.* MANARESI Nr. 32 (Norcia, 821. 8.), hier S. 99 f. Hlawischka sieht hier eine „Missatsfunktion“. HLAWITSCHKA, Ratold S. 18. In der Tat sind alle drei Beauftragten vorher und/oder nachher als Missi belegt.

2185) Reg. Farfa 2 Nr. 269 (= Doc. 251) S. 207 f. = MANARESI Nr. 32 S. 98–103, hier S. 99–102. Siehe den Text bei ADALHARD (II) in der Prosopographie. Vgl. CASTAGNETTI, Il conte Leone S. 26–31.

Die Missi ALEDRAMNUS, ADALHARD (II) und LEO behandelten auch eine Klage des Klosters Farfa wegen anderer Klostergüter, die von einem gewissen Gemmolus und einer gewissen Maurica geschenkt, aber von WINIGIS konfisziert worden waren. Auch diese Entscheidung fiel zugunsten des Klosters aus[2186]. Der Kaiser bestätigte auf Bitte des Abtes urkundlich die Ergebnisse der beiden missatischen Richtertätigkeiten[2187].

3) 829. 1.: *missus* Ludwigs des Frommen in Rom mit JOSEPH (II) (= KRAUSE I 107)

LEO saß zusammen mit Bischof JOSEPH (II) von Ivrea einer Gerichtssitzung vor, die über den Güterstreit zwischen dem Kloster Farfa und der römischen Kirche verhandelte[2188].

4) nach 823. 4. (eher nach 834)/vor 840. 6. 20.: *missus* Ludwigs des Frommen in Mailand (= –)

LEO hielt in Mailand eine Gerichtsversammlung mit dem kaiserlichen Vasallen Autpert und dem kaiserlichen Notar Paul (die beiden sind als kaiserliche *iudices* bezeichnet) ab, auf der der Güterstreit zwischen dem alemannischen Grafen ALBGARIUS und einem Diakon namens Ragipert schlichtet wurde. Von LEOs Handeln während der Sitzung ist in der Gerichtsurkunde keine Rede. Er unterschrieb sie aber *concordans*[2189].

2186) BM² 766; Reg. Farfa 2 Nr. 282 (= Doc. 267) S. 218 = D LdF 215 (Worms, 822. 11. 6.), S. 530; Exzerpt in: MANARESI, Dep. Nr. 4 S. 589. Siehe den Text bei ADALHARD (II) in der Prosopographie.

2187) BM² 766; Exzerpt in: MANARESI, Dep. Nr. 4 S. 589; Reg. Farfa 2 Nr. 282 (= Doc. 267) S. 218 = D LdF 215 (Worms, 822. 11. 6.) S. 529 f., hier S. 530. Vgl. Reg. Farfa 2 Nr. 298 (= Doc. 282bis) S. 233–238 = D Lo I. 51 (Chagny, 840. 12. 15.)., 146–153, hier S. 151.

2188) MANARESI Nr. 38 (Rom, 829. 1.) S. 118–122. Siehe JOSEPH (II) in der Prosopographie. Dazu vgl. CASTAGNETTI, Il conte Leone S. 41 f.

2189) MANARESI Nr. 45 S. 147–151 = ChLA 94 Nr. 29 (Mailand, 834. 8. – 840. 6. 20.) S. 112–115, hier S. 114: *Dum, in Dei nomine, foris muro civitatis Mediolanensis in dommum basilice sancti Nazarii in iudicio ressiderimus nos Leo comes et missus domni imperatoris, ubi nobiscum aderant Autpert et Paulus iudices domni imperatoris […] ibique venerunt in nostri presencia Alpcharius comes de Alamania, nec non et Ragipert diaconus de Retzano cum Melfrit, germano et advocato suo, altercacionem habentes. Dicebat ipse Alpcharius: „Tempore domni Pippini regis, dum ego eram baiolus Adelaide filie ipsius Pippini regis, conquisieram ego per hanc cartulam casas et res in Italia […] [*bei MANARESI: *Postea, dum per iussionem] domno Pippino rege ambolavi cum predicta Aidelaida in Fanciam (!) ad domnum Carolum imperatorem, et dum in eius servicio illic demorassem, sua mercede dedit*

5) um 840: *missus* Lothars I. in Novara mit JOHANNES (III) (= KRAUSE II 134)

Auf Bitte des Bischofs Adalgis von Novara setzte Lothar LEO (I) und JOHANNES (III), also Vater und Sohn, die der Bischof selbst wünschte, zu seinen Missi zum Schutz der bischöflichen Kirche von Novara mit dem Inquisitionsrecht ein[2190].

6) 847. 5. 12.: *missus* Lothars I. (und Ludwigs II. von Italien) in Barbarino nahe Bobbio (–)

Als Lothar I. und Ludwig II. von Italien gemeinsam in Pavia weilten[2191], beauftragten sie LEO wegen des Streites zwischen dem Kloster S. Paolo di Mezzano unter Abt Joseph und dem Kloster Bobbio unter Abt Amalrich und dem Propst Hermerissius über die Zelle Barbarino mit einer gerichtlichen Untersuchung. LEO begab sich nach Barberino unweit von Bobbio, wo er als *iudex et vassus*[2192] Gericht hielt. Da das Gericht allerdings bei dieser ersten Verhandlung noch zu keinem Ergebnis kam, musste er am gleichen Ort ein weiteres Mal Gericht halten[2193]. Anzumerken ist, dass bei dieser zweiten Ver-

---

mihi comitum(!); et dum, pro his et ceteris palatinis serviciis preocupatus, venire in hac patria licenciam non habuissem, tunc iste Ragipertus [...] et Melfrit [...] introierunt et me desvestierunt malo ordine et contra legem, sine ullo iudicio, de casis et rebus illis iuris meis [...] unde quero ut inter nos detur iudicium". Respondebant ipsi Ragipertus [...] et Melfrit [...]: „Certe, casas et res ipsas [...] verum est quia nos habemus, set non malo ordine, quia sicut tu per cartulam eas conquisisti, ita et nos ibidem introivimus". Dum hec et alia multas inter se exinde haberent contenciones, ad ultimum professi sunt ipsi Ragipertus [...] et Melfrit [...]: „Certe veritatem dicamus quia, dum tu in hac patria non esses et ad placitum te habere non poteramus, introivimus in ipsis casis et rebus, tamen, ut diximus, per monimen; set cum nobis longum sit hanc causam ventilandum et maximo labore ad auctorem dandum, concredimus nos modo quia ipsas defendere nullatenus possumus, set volumus te exinde revestire". Sicuti et de presenti per fustem eum exinde revestiverunt. Et hanc noticiam pro securitate predicti Albcharii ego Sigempertus notarius ex dictato predicti Leonis comitis scripsi [...] Leo comes concordans subscripsi. Autpert vassus domni imperatoris interfui. Paulus notarius domni imperatoirs ibi fui. Vgl. CASTAGNETTI, Il conte Leone S. 41 f.

2190) D Lo I. 42 (–) S. 129 f. Siehe JOHANNES (III) in der Prosopographie. Vgl. CASTAGNETTI, Il conte Leone S. 47 f.

2191) Dies ist Lothars einzig nachweisbarer Aufenthalt in Italien nach 840. ZIELINSKI, Italienzug; BZ 44.

2192) Also nicht als Graf.

2193) VOLPINI, Placiti Nr. 3 (856. 4.) S. 285–290, hier S. 286–288: *Cum taliter audivissent ipsis augustis eratque ibi Leo iudex et vassus ipsis(!) augusti, iusserunt ut*

sammlung das Inquisitionsverfahren angewendet wurde, obwohl die Partei von Bobbio eine Bestätigungsurkunde des Langobardenkönigs Liutprand vorgelegt hatte. Erst nach diesem Verfahren fiel die Entscheidung zugunsten des Klosters Bobbio[2194]. LEO (I) trat nicht als Graf, sondern als Vasall auf[2195].

---

de presenti ambulassent in eadem monasteria et venire fecissent manentes et commorantes comitatu Placentino ad discernendum eandem contentionem et diligenter inquirendum ad cuius pars legibus pertinet habere. Tum ipse Leo iudex et missus ambulantem ad ipsam cella que dicitur Barbarino placitum generalem ibi instituit ibique venerunt ambe partes [...], in presentia ipsius Leoni missus(!) et vassus(!) domni imperatoris [...Blattverlust...] *ubi in iudicium residebat ad predicta cella ad causam requirendas vel deliberandas, residentibus cum eis* [Namen der vielen Beisitzenden]. *Tunc ceperunt altercationem habere. [...] Cum ipse missus et iudex et auditores taliter audissent, ceperunt inter se ac causa certissime inquirere qualiter ad finem per legem discernere possant(!). Ibi presentialiter fecimus Iohannem advocatum* [von S. Paolo di Mezzano] *dare vadia eorum Radoni et Grimperti advocatores* [von Bobbio] *de ipsum preceptum aut inquisitionem, quod se dicebat habere; iterum et ipsis Radoinus et Grimpertus fecimus dare vadiam similiter aut de preceptorias aut de testes vel inquisitionem da parte monasterii eidem Sancti Columbani quomodo aut qualiter invenire de eadem cella et insula defendere potuissent; et inter ipsas ambas partes placitum munitum mittere fecimus veniendum. In alioque die in ipsum locum Barbarino fines accipiendum venientes ambas partes in eodem iudicium, sicut inter eis iudicatum est, deinde interogavimus ipsum Iohannem, si haberet aut preceptum aut testes vel inquisitionem, ante nos ostenderet. Quibus et ipse dixit et manifestum fuit: „Vere inquisivi per multas locoras homines unde inquisitionem aut testimonia dare potuissem, sed minime invenire potui nec testes vel preceptoras aut aliqua scriptione quomodo defendere aut contradicere possim". Cum taliter nostris presentiis manifestum fuisset quod habere minime potuisset, tunc interogavimus ipsum Radoimum et Grimpertum advocatores ut nobis ostendant aut preceptoras aut inquisitionem quomodo ipsa cella defendere possent „sicut vadiam datam habetis". Qui dixerunt et manifesti fuerunt: „Vere sicut nos vadiam datam habemus vestris presentiis, ita parati sumus". Statim ipsis advocatores ostenderunt preceptum, in quo legebatur quod domnus Liutprandus confirmaverat sicut iam antea per dona regum per preceptoras confirmatum est. Relectum ipsum preceptum claruit veritas monasterii Sancti Columbani, quod per fines et coherentia donatum et confirmatum est.*

2194) VOLPINI, Placiti Nr. 3, hier S. 288 f.: *Deinde cepimus inquisitionem facere per bonos et ydoneos homines [...] ante nos venire fecimus et adduci sancta Dei evangelia. Cum postea fuissent, unum ad unum iurare fecimus quid de hac causa scirent certissime nobis dicerent veritatem. [...] Cum hoc dictum et manifestum fuissent, ante nos sancta Dei evangelia adduci fecimus et manu superposita iurati dixerunt quod „de hac causa sicut nos iuravimus, ita veritas est". Similiter ipsi*

KURZBIOGRAPHIE[2196]:

Als *vassus dominicus* war LEO (I) Anfang des 9. Jahrhunderts bei vielen Gerichtssitzungen anwesend[2197], z. B. 812 und 814 bei ADALHARD (I) von Corbie[2198]. Im April 823 hielt LEO in Spoleto *per iussionem domni Hlotharii* eine Gerichtssitzung ab, die über den Streit zwischen dem Kloster Farfa und dem gleichnamigen Sohn des WINIGIS (I) verhandelte[2199]. Auch 823 trat er als Vertreter der kaiserlichen Partei und Vogt des Klosters Farfa auf, als der päpstliche Legat Gregor in Anwesenheit des kaiserlichen Missus LEUTHERIUS dem Kloster den umstrittenen Besitz zurückgab[2200]. Als er 824 bei der Gerichtsversammlung WALAs* in Reggio den Beisitz hatte, unterschrieb er als *comes*[2201]. Lothar I. schickte LEO, „der damals bei ihm in hohem Ansehen stand", 837 nach Bologna, damit er die Reise der Gesandtschaften Ludwigs des Frommen und des Papstes Gregors IV. verhindere[2202]. 841 wurde LEO zusammen mit seinem Sohn

---

Radoinus et Grimpertus advocatores iurati dixerunt ad ipsa sancta Dei evangelia: „Quod ipsis inquisitis hominibus dixerunt et iuraverunt, omnia veritas dixerunt". Deinde interogavimus ipsum Benedictum prepositum et Iohannem advocatum quid adversus ipsis homines dicere volerent, si bonis aut receptabiles sunt ad testimonium dicendum aut si habere quomodo contradicere possent. Quibus ipsi dixerunt unanimiter: „Boni et receptabiles sunt et sicut diximus et dicimus quod nullam firmitatem habemus pro quo recordare possumus". Cum omnia taliter professi fuissent bis et tertia vices nostris presentia, rectum nobis misso et iudices vel auditores paruit esse et ita iudicavimus ut ipsa cella Barbarino cum ipsa insula, sicut ipsis suprascriptis hominibus per suarum adfirmaverunt sacramentum, ut in antea pars monasterii Sancti Columbani habere et detinere debeat ad suam proprietatem. Et finita est hanc causa. Vgl. CASTAGNETTI, Il conte Leone S. 49–52.

2195) Vgl. CASTAGNETTI, Il conte Leone S. 52–54.

2196) Literatur: HLAWITSCHKA, Franken S. 219 f.; BULLOUGH, Leo; DEPREUX, Prosopographie S. 293–296; CASTAGNETTI, Il conte Leone S. 13–59.

2197) Zuerst im August 801: MANARESI Nr. 13 (in der Gegend von Spoleto), hier S. 36. Siehe eine Tabelle in CASTAGNETTI, Il conte Leone S. 122 f.

2198) MANARESI Nr. 25 (Pistoia, 812. 3.) S. 77–80; MANARESI Nr. 28 (Spoleto, 814. 2.) S. 85–89. Dazu vgl. CASTAGNETTI, Il conte Leone S. 22–26.

2199) MANARESI Nr. 35, 108–109 (als *vassus domni imperatoris*). Dazu vgl. CASTAGNETTI, Il conte Leone S. 31–33.

2200) Dies ist dargestellt in D Lo I. 51 (Chagny, 840. 12. 15.), hier S. 148. Zu dieser Urkunde vgl. BM² 1077; BZ 2. Siehe LEUTHERIUS in der Prosopographie.

2201) MANARESI Nr. 36 S. 109–113 = ChLA 88 Nr. 32 (Reggio, 824. 12.) S. 125–127, hier S. 126. Dazu vgl. CASTAGNETTI, Il conte Leone S. 33–35.

2202) Astronomus c. 56 S. 512. Ludwig der Fromme beauftragte 831 auf Klage ei-

JOHANNES (III) mit dem Schutz der Kirche von Pavia beauftragt, abermals mit dem Inquisitionsrecht, aber hier nicht als *missus*, sondern *ad peragendam huiuscemodi advocationem*[2203].

LEO (II) (Leo)
Missus (881)

TÄTIGKEIT ALS KÖNIGSBOTE:

881. 2.: *missus* Karls III. in Piacenza mit SIGERADUS (= –)

Die am Hof des verstorbenen Grafen WIFRED von den beiden Missi SIGERADUS und LEO abgehaltene Gerichtssitzung verhandelte über einen Streit zwischen Privatleuten um Besitzungen in *Tranquiliano*[2204].

KURZBIOGRAPHIE[2205]:

Da SIGERADUS Sohn LEOs (I) ist, ist LEO (II) dessen Enkel. Die Bezeichnung des Urkundenschreibers (*civi de Placencia*) dürfte auf seine Machtbasis in Piacenza hinweisen. Ein Leo *de civis Placencia*, der vielleicht mit LEO identisch ist, schenkt 872 in Piacenza *in [cur] te b[one] m[emorie] Vuifi com[es]* einem Diakon Gariprand seine Güter[2206].

---

nes *fidelis* Leos HAGAN mit einer Untersuchung. BM² 881; D LdF 293 (Aachen, 831. 1. 18.) S. 730 f. Siehe HAGAN in der Prosopographie. Ob dieser *fidelis* Leo mit dem Italiener LEO (I) identisch ist, wie DEPREUX, Prosopographie, 295 f. für wahrscheinlich hält, lasse ich offen. Vgl. CASTAGNETTI, Il conte Leone S. 37.

2203) D Lo I. 59 (Aachen, 841. 7. 20.) S. 165 f. KRAUSE II 135, führt diese Urkunde als Beleg für die missatische Tätigkeit von LEO und JOHANNES (III) an.

2204) BZ 651; MANARESI, Dep. Nr. 19 (881. 2.) S. 596; inseriert in: MANARESI Nr. 105 (Pomaro, 897. 9.) S. 381–384, hier S. 383: *In tercio namque monimen, quod est noticia una iudicati, continente in ea inter cetera, qualiter presencia Sigeradi et Leoni filio ipsius Sigeradi missi domni regis civi de Placencia, in curte qui fuit quondam Vuifredi comes, et iudices abuissent, altercacione Arimundus et Teutberga iugalibus seu Ildeprandus genitor ipsius Arimundi cum Thomas et Savino et Ragimpaldus vel cum suorum consortes de casis et rebus illis quibus essent positis in loco et fundo Tranquiliano vel in eius adiacenciis, et per iudicium ipsi Arimundus et Teutberga iugalibus seu Ildeprandus genitor ipsius Arimundi super eosdem Thomas et Savino seu Ragimpaldus vel suos consortes advicissent. Erat noticia ipsa firmata ab eisdem missi domni imperatoris et ab iudices seu scavinis adque ab ceteris bonis hominibus*. Vgl. auch ChLA 71 Nr. 19, hier S. 89.

2205) Literatur: HLAWITSCHKA, Franken S. 220; CASTAGNETTI, Il conte Leone S. 92–104.

2206) Le carte più antiche di S. Antonio di Piacenza Nr. 17 S. 26–28 = ChLA 65 Nr. 11 (Piacenza, 872. 5. 26.) S. 44 f.

LEODOINUS (Leodoinus)
Graf (844)

TÄTIGKEIT ALS KÖNIGSBOTE:
Vor 844. 4.: *missus* Lothars I. in Mailand mit ANGILBERT (II) (= KRAUSE I 168)

Als ein Streitfall zwischen dem Kloster S. Ambrogio in Mailand und einem gewissen Teutpertus *de Vico Mercato* vor die kaiserlichen Missi gebracht wurde, führten Graf LEODOINUS und Erzbischof ANGILBERT (II) von Mailand als Missi die gerichtliche Untersuchung durch[2207].

KURZBIOGRAPHIE[2208]:
Über seine Karriere und Familienzugehörigkeit ist nichts Gesichertes bekannt[2209].

LEUTARIUS (Leutarius)
Abt (751?)

TÄTIGKEIT ALS KÖNIGSBOTE:
751?: *missus* Pippins des Jüngeren in Mâcon mit FORMOLDUS (= –)

Zur Bestätigung der Immunität, die Pippin als Hausmeier den Kirchengütern von Mâcon gewährt hatte, schickte er als König seine Missi LEUTARIUS und Graf FORMOLDUS aus. Das Ergebnis wurde als Breve aufgezeichnet[2210].

KURZBIOGRAPHIE:
Über LEUTARIUS ist nichts Weiteres bekannt.

2207) MANARESI Nr. 48 S. 156–160 = ChLA 94 Nr. 33 (Mailand, 844. 4.) S. 129–135, hier S. 130 f. Siehe ANGILBERT (II) in der Prosopographie.

2208) Literatur: HLAWITSCHKA, Franken S. 58, 134 und 220 f.; BZ 20.

2209) Er könnte mit einem Gastalden *Leodohinus/Leoduinus* identisch sein, der 842 die von ihm, seiner Gemahlin und ihren Erben an die Kirche von Parma geschenkten Güter in Erbpacht nahm. ChLA 88 Nr. 11 (Modena, 842. 9. 19.) S. 50 f. Auch wenn LEODOINUS Vater des Grafen Adalbert von Aprutium (heute in der Provinz Teramo) gewesen wäre, der gegen Ende des 9. Jahrhunderts nachgewiesen wird, ist nicht klar, wo LEODOINUS seine Grafschaft hatte. Hierzu und zu weiteren Hypothesen vgl. HLAWITSCHKA, ebd. S .220 f. Anm. 2.

2210) HEIDRICH, Das Breve S. 21 f. (Text) und 22 ff. (Kommentar); D Arnulf. 17 (Metz, 743. 1. 1.) S. 39–41 . Das vollständige Zitat findet sich bei FORMOLDUS in der Prosopographie.

LEUTHERIUS (Leutherius)

Missus (823)

TÄTIGKEIT ALS KÖNIGSBOTE:

823: *missus* Lothars I. in Farfa (= –)

Nach der Gerichtssitzung vom Frühling 823 in Rom anlässlich des Rombesuchs Lothars I. wurde dem Kloster Farfa der widerrechtlich entrissene Besitz in der Sabina und im Gebiet von Rom durch den päpstlichen Legaten, *scriniarius* Gregor, zurückgegeben. LEUTHERIUS war dabei als Missus Lothars anwesend. Zu bemerken ist, dass derjenige, der in Rom als Vertreter der kaiserlichen Partei und Vogt des Klosters symbolisch (*dante eo mappulam suam advocato suo [sc. papae] supra dicto Sergio*) den betreffenden Besitz zurückerhalten hatte, nicht LEUTHERIUS, sondern LEO (I) war[2211].

KURZBIOGRAPHIE[2212]:

Nach Eduard Hlawitschka ist LEUTHERIUS Lothars Begleiter bei seinem Romzug gewesen. Ansonsten ist über ihn nichts weiter bekannt[2213].

LIUDERICUS (I) (Liudericus, Leudericus)

Graf (787–788)

TÄTIGKEIT ALS KÖNIGSBOTE:

787–788: *missus* Karls des Großen nach Benevent mit MAGINARIUS, JOSEPH (I), ADDO und GODDRAMNUS (= –)

Fünf Missi wurden nach Süditalien geschickt, um dort die politische Stellung der Beneventaner zu untersuchen. Nachdem LIUDE-

2211) Dies ist dargestellt in D Lo I. 51 (Chagny, 840. 12. 15.), hier S. 148: [Papst Paschalis] *per iussionem ipsius, dante eo mappulam suam advocato suo supra dicto Sergio, revestivit Leonem, qui de parte nostra eiusdemque monasterii advocatus erat. Et ut ipsa redditio perpetim rata et inviolata permaneret, misit domnus apostolicus missum suum Gregorium nomine eiusdem sanctę Romanę ęcclesię scriniarium, qui res superius nominatas inspiceret et misso nostro Leutherio nomine et monachis monasterii sanctę Marię Sabinensis presentialiter redderet, sicuti et factum est.* Zu dieser Urkunde vgl. BM² 1077; BZ 2.

2212) Literatur: HLAWITSCHKA, Franken S. 29 Anm. 20.

2213) HACK, Codex Carolinus 2 S. 1010 Anm. 96, identifiziert diesen Missus mit dem „Chef des Fiskus Zürich", nämlich unserem LIUDERICUS (II). Er schließt außerdem nicht aus, dass LEUTHERIUS mit LIUDERICUS (I) identisch gewesen sei.

RICUS etwas später in Rom eingetroffen war[2214], begab er sich mit MAGINARIUS und JOSEPH auf Legationsreise[2215].

KURZBIOGRAPHIE[2216]:

Achim Thomas Hack schließt nicht aus, dass LEUTHERIUS mit LIUDERICUS (I) identisch gewesen sei. Aber wegen des zeitlichen Abstandes halte ich diese Identifizierung nicht für gesichert.

LIUDERICUS (II) (Liudericus)

Missus (vor 821)

TÄTIGKEIT ALS KÖNIGSBOTE:

vor 821. 2. 15.[2217]: *missus* Ludwigs des Frommen im Zürichgau mit SIGIBERTUS, FRIUNTO, HILTERATUS und GERHARD (I) (= KRAUSE II 114)

29 Zeugen bestätigten eidlich vor den Missi dominici dreimal– zuerst vor SIGIBERTUS und FRIUNTO, dann vor HILTERATUS und GERHARD (I), zuletzt vor LIUDERICUS –, dass Uznach, Lützelau und Bäretswil eigentlich dem Kloster St. Gallen gehörten[2218]. Da dieses Verfahren als Vorstufe der Rückgabe des dem Kloster durch den Fiskus Zürich entrissenen Besitzes in Uznach (821)[2219] anzusehen ist, war die Anwesenheit der Missi dominici notwendig.

2214) Jaffé³ 4535 (788, nach 1. 22.); Cod. Carol. Nr. 82 S. 615 f., hier S. 615: *Qui nostri presentia residentes prenominati quattuor missi, id est Maginarium [...] seu Attonem et Ioseph [...] atque Goteramnum [...] – dum adhuc minime coniunxisset nostris apostolicis optutibus Liudericus, qui cum prelato Maginario seu Ioseph ad nos missus fuit –, tale illis prebuimus consilium: ut nullo modo se alterutrum separari, sed preeuntes Atto et Goteramnus in oppido Valvae, ibidem expectarent tam Maginarium et Ioseph quam Liudericum, quem socii eius aput nos morantes expectabant.*

2215) Jaffé³ 4535 = Cod. Carol. Nr. 82 S. 615 f.; Jaffé³ 4537 (788, nach Januar) = Cod. Carol. Nr. 83 S. 616–619; Cod. Carol. Append. 2 S. 655–657 = ChLA 16 Nr. 629 S. 59–65 = Telma Nr. 2957 (MAGINARIUS' Zwischenbericht, wahrscheinlich Anfrage an Karl). Siehe auch MAGINARIUS und ADDO in der Prosopographie.

2216) Literatur: HACK, Codex Carolinus 2 S. 1010 mit Anm. 96.

2217) Zur Datierung vgl. BORGOLTE, Geschichte der Grafschaften S. 90 f.; BORGOLTE, Kommentar S. 455.

2218) UB St. Gallen 2, Anhang Nr. 19 S. 396 = Chart. Sangall. Nr. 269 (vor 821. 2. 15.) S. 257 f. Das vollständige Zitat findet sich bei FRIUNTO in der Prosopographie.

2219) BM² 735; D LdF 194 (Aachen, 821. 2. 15.) S. 479–481.

KURZBIOGRAPHIE[2220]:
LIUDERICUS (II) ist nur hier bezeugt. Da das beschriebene Verfahren in seinem *ministerium* stattfand, betrachtet ihn Michael Borgolte als Hauptverwalter des Fiskus Zürich. Nicht unwahrscheinlich ist auch die Annahme, dass die dreistufige Vereidigung die Dreiteilung der Zuständigkeit innerhalb des Fiskus, z. B. jeweils in Uznach, Lützelau und Bäretswil, widerspiegeln sollte.

LIUDO (Liudo, Leudo, Liduo)

Diakon, dann Bischof von Autun (863–873/875)

TÄTIGKEIT ALS KÖNIGSBOTE:
*1) 863: *legatus* Karls des Kahlen nach Rom (= –)

Diakon LIUDO wurde mit den Briefen Karls des Kahlen und des Reimser Erzbischofs HINKMAR (I) in der Angelegenheit des Bischofs Rothad II. von Soissons nach Rom geschickt. Er kam im Dezember mit dem Brief des Papstes zurück[2221].

2) 866–875: *missus* Karls des Kahlen in Autun mit ADALHARD (IV) (= KRAUSE I 162)

Bischof LIUDO von Autun und Graf ADALHARD (IV) führten auf ihrer Gerichtsversammlung eine Inquisition über den Streitfall zwischen Erzbischof Wulfad von Bourges und Graf ECCHARDUS von Mâcon durch[2222].

2220) Literatur: BORGOLTE, Geschichte der Grafschaften S. 90–92; DEPREUX, Prosopographie S. 297 f. Depreux identifiziert LIUDERICUS (II) mit LIUTHARIUS.

2221) MGH Epp. 8,1 Nr. 165 (Spätsommer 863) S. 143: ... *rescripsit nobis ipse Hincmarus reverendus archiepiscopus, quod eam [sc. epistolam] minime viderit [...] Nunc autem venit Liudo religiosus diaconus secum epistolas iam fati regis et Hincmari ferens, quae te iussu ipsius regis de monasteriali custodia eductum et cuidam episcopo familiari tuo commendatum esse fatebantur [...] Karolus christianissimus rex et nobis devotissimus pariter et Hincmarus frater et coepiscopus noster scriptis suis praesenti tempore te ad nos missuros fore se firmissime sunt omnibusque modis polliciti*; Nr. 169 (Anfang 864) S. 146: ... *interea Liudo legatus domni nostri regis a vestra rediens sanctitate pridie Kal. Decembris vestras apostolicas litteras domno nostro regi filio vestro in civitate Autisiodoro detulit.*

2222) UB Saint-Benoît-sur-Loire Nr. 24 (Mont, 866–875) S. 57–59. Siehe den Text bei ADALHARD (IV) in der Prosopographie.

KURZBIOGRAPHIE[2223]:
Die Gleichsetzung von Diakon LIUDO und Bischof LIUDO ist zwar nicht absolut sicher, aber wahrscheinlich. Als Bischof von Autun nahm er an den folgenden Synoden/Reichsversammlungen teil: 866 in Soissons, 867 in Troyes, 870 in Attigny und 873 in Chalon-sur-Saône[2224]. Anlässlich der Synode von Douzy 871 schickte LIUDO seinen Stellvertreter Eudo[2225].

LIUTFRID (I) (Liutfridus)
Missus (773)

TÄTIGKEIT ALS KÖNIGSBOTE:
773. 1. 24.[2226]: *missus* Karls des Großen? in Lorsch (= –)

Auf einer Verkaufsurkunde eines Liudwin an das Kloster Lorsch findet sich eine Unterschrift LIUTFRIDs als *missus dominicus*[2227]. Wer dieser *dominus* ist, ist nicht klar. In den Lorscher Urkunden, die den Ort Dornheim (bei Mannheim) betreffen, werden allerdings nur Pippin der Jüngere, Karl der Große, Ludwig der Fromme und der heilige Nazarius als *dominus* bezeichnet. LIUTFRID (I) ist jedenfalls der einzige *missus dominicus*, der in diesen Urkunden nachgewiesen ist[2228]. Ich nehme ihn in die Prospographie der Missi auf, weil die Möglichkeit nicht auszuschließen ist, dass LIUTFRID ein königlicher Missus war.

KURZBIOGRAPHIE[2229]:
Vielleicht ist LIUTFRID (I) einer der Liutfrids, die im mittelrheinischen Raum des späten 8. Jahrhunderts nachweisbar sind. Franz Staab rekonstruiert zwei Personen mit diesem Namen, nämlich den älteren und den jüngeren Liutfrid. Da der jüngere Liutfrid zwischen 790 und

2223) Literatur: Fastes, 2 S. 182.

2224) MGH Conc. 4 Nr. 23 (866. 8. 18.–25.), C S. 217, D S. 221 und G S. 227; Nr. 24 (867. 10.–11.), A S. 238; Nr. 33 (870. 6./7.) S. 388; Nr. 38 (873. 5. 21.) S. 574 (= Cart. St.-Marcel-lès-Chalon Nr. 29 S. 54–56).

2225) MGH Conc. 4 Nr. 37 (871. 8. 5. – 9. 6.) S. 522.

2226) Im Codex ist die Urkunde im 5. Regierungsjahr Karls des Großen datiert. Aber der Editor Glöckner weist aufgrund der Reihenfolge der Urkunden im Codex darauf hin, dass man diese Zahl *V* zu *VIII* oder *VIIII* korrigieren könnte. Cod. Laures. 2 Nr. 540 S. 149 Anm. 2.

2227) Cod. Laures. 2 Nr. 540 S. 149: *Liutfridi, missi dominici testis.*

2228) Cod. Laures. 2 Nr. 533–547 S. 146–151.

2229) Literatur: STAAB, Mittelrhein S. 392 f.

825, frühestens 784 nachgewiesen ist[2230], dürfte dieser mit dem hier behandelten Missus nicht identisch sein. Der ältere ist in den späten 760er Jahren bezeugt. Er war damals in Wendelsheim (in Alzey-Worms) und in Geinsheim (bei Groß-Gerau) begütert[2231]. Dieser Liutfrid ist vielleicht identisch mit Liutfridus, der 754 in Wackernheim begütert war[2232]. Ob ein Liutfrid, der am 18. Januar 782 in Lorsch bei einer Schenkung eines kleinen Landbesitzes in Oncular im Oberrheingau als Zeuge auftrat, mit dem älteren oder dem jüngeren gleichzusetzen ist, ist unklar, wobei er auch ein dritter Liutfrid sein könnte[2233].

LIUTFRID (II) (Liutfridus)

Graf, Dux (847–†865/866)

TÄTIGKEIT ALS KÖNIGSBOTE:

847/848: *missus* Lothars I. in Süditalien mit EBERHARD (II), WIDO (IV) und ADALGIS (II) (= KRAUSE II 136)

LIUTFRID war einer der Missi und Heerführer der ersten Einheit beim Feldzug gegen die Sarazenen in Süditalien[2234].

KURZBIOGRAPHIE[2235]:

LIUTFRID (II) war Sohn des Grafen HUGO (I) von Tours, d. h., Schwager Lothars I., der sich mit HUGOs Tochter Irmingard verheiratete. Wahrscheinlich begleitete er 834 zusammen mit seinen Eltern Lothar ins Exil nach Italien. Er ist mit dem *dux Liutfridus* gleichzusetzen, dessen *missus atque locopositus* Paulitio zusammen mit dem Missus Ludwigs II. GARIBALD in Trient am Herzogshof eine Ge-

2230) Zuerst Cod. Laures. 3 Nr. 3000 = 3775a (790. 5. 23.) S. 289, zuletzt CD Fulda Nr. 459 (*Eigratesheim* [Eckelsheim?] *in conventu pubulico*, 825. 4. 20.) S. 202 f. Staab vermutet, der Zeuge Liutfrid für die Äbtissin Emhilt von Milz könnte mit dem jüngeren Liutfrid identisch sein. UB Fulda Nr. 154 (Milz, 784 [783?]. 3. 25. und nachher) S. 227–231, hier S. 230.

2231) Cod. Laures. 2 Nr. 1805 (zwischen 766. 11. – 767. 11.: Liutfrid schenkt dem Kloster Lorsch ein kleines Ackerland in Wendelsheim) S. 464; 2 Nr. 197 (Lorsch, 766 – 768. 6. 18.: Liudfrid verkauft dem Kloster eine Weide in Geinsheim) S. 18.

2232) UB Fulda Nr. 27 (754. 7. 31.) S. 51 f.

2233) Cod. Laures 2 Nr. 212 (Lorsch, 782. 1. 18.) S. 24.

2234) MGH Conc. 3 Nr. 12 S. 139: *In prima scara sunt missi: Ebrardus, Wito, Liutfridus, Adalgisus*. Vgl. BZ 46.

2235) Literatur: TELLENBACH, Königtum und Stämme S. 52; HLAWITSCHKA, Franken S. 221–223; HEIDECKER, The divorce S. 69–71, 104, 111, 125, 137, 143 und 168.

richtssitzung abhielt[2236]. Elina Screen zufolge gehörte LIUTFRID neben MATFRIED, EBERHARD (II) von Friaul, Adalhard (dem Seneschall) zu den „key figures of the Lothar's kingdom“[2237]. In der Immunitätsurkunde Lothars I. für das Kloster Münstergranfelden vom August 849 tritt er als Bittsteller auf und ist als *inluster comes domnusque monasterii* bezeichnet[2238]. Er war einer der Begleiter Kaiser Ludwigs II., die im Mai 856 in Brescia waren und in den Liber vitae des Klosters San Salvatore aufgenommen wurden[2239]. Vielleicht während der 850er Jahre wechselte LIUTFRID seinen Tätigkeitsbereich und trat in die Dienste Lothars II. ein: Beim Treffen der drei Karolinger in Koblenz 860 zählte LIUTFRID zu dessen begleitenden Magnaten[2240]. Er erschien während des Ehestreits dreimal als Interessenvertreter des Königs in Italien[2241]. Von Bedeutung war dabei neben seiner Verwandtschaft mit dem König, dessen Onkel er war, wohl auch seine jahrelange Erfahrung in Italien. Lothar II. schickte LIUTFRID im Frühling 865 zu seinem Bruder Ludwig II., um durch dessen Vermittlung den Papst zu bewegen, Ludwig den Deutschen und Karl den Kahlen zur Bewahrung des Friedens und zur Respektierung seines Reiches brieflich zu mahnen[2242]. Er starb vor dem 19. März 866[2243].

LIUTHARIUS (Liutharius)

Graf (814/823–828)

TÄTIGKEIT ALS KÖNIGSBOTE:

um 808. 4., vor 824. 6. 2.: *missus* Ludwigs des Frommen (?) in Stammheim (Alemannien) mit ERCHANGARIUS (= KRAUSE I 75 = II 71)

2236) MANARESI Nr. 49 (Trient, 845. 2.), S. 160–166.

2237) SCREEN, Entourage S. 292.

2238) D Lo I. 105 (Remiremont, 849. 8. 25.: Verunechtet) S. 245–251.

2239) Der Memorial- und Liturgiecodex von San Salvatore / Santa Giulia in Brescia, fol. 8r1.3 S. 148. Hierzu vgl. ebd. S. 59–65.

2240) MGH Capit. 2 Nr.242 S. 154.

2241) Epistolae ad divortium Lotharii II. regis pertinentes Nr. 1 (860, Lothar II. an Papst Nikolaus), hier S. 209 f. (zusammen mit Walther, Erzbischof Thietgaud von Trier und Bischof Atto von Verdun, bezeichnet als *legati*); AB a. 862 S. 93 f. (mit Walther); AB a. 865 S. 117 (gesandt an Ludwig II. von Italien).

2242) AB a. 868 S. 117; BZ 241. Papst Nikolaus I. schickte tatsächlich Bischof Arsenius von Orte zu Ludwig und Karl. AB a. 868 S. 117 f. Zu Arsenius vgl. RIESENBERGER, Prosopographie S. 145–150.

2243) Vgl. D Lo II. Nr 28, hier S. 431.

Als ein Roadhartus dem Kloster St. Gallen auf einer missatischen Versammlung seinen Besitz schenkte, schworen die Zeugen vor den Missi dominici ERCHANGARIUS und LIUTHARIUS[2244].

KURZBIOGRAPHIE[2245]:

Nach Michael Borgolte war LIUTHARIUS Nachfolger seines Missatskollegen ERCHANGARIUS im Grafenamt im Breisgau[2246]. Mit einer Urkunde von 828 bestätigte Ludwigs der Fromme zusammen mit seinem Mitkaiser Lothar I. die Urkunde Pippins des Jüngeren, die bestimmt hatte, dass die dort benannten Freien im Breisgau dem Kloster St. Gallen den ursprünglich an den Fiskus zu zahlenden Zins entrichten sollten. Vor der Bestätigung befahl der Kaiser LIUTHARIUS eine Inquisition, weil der Bittsteller, der Missus von Abt Gozbert von St. Gallen, keine Originalurkunde besaß. Durch das Inquisitionsverfahren konnte LIUTHARIUS die Wahrheit feststellen und berichtete dem Kaiser darüber[2247]. Unklar ist, ob er diese das Fiskalrecht betreffende Inquisition als *missus* vollzog[2248], da auch ein Graf gegebenenfalls mit einem herrscherlichen Auftrag ein Inquisitionsverfahren durchführen konnte[2249]. Philippe Depreux weist sehr vorsichtig darauf hin, dass LIUTHARIUS mit LIUDERICUS (II)

2244) UB St. Gallen 2, Anhang Nr. 17 (Stammheim, ca. 808 – 823. 4.) hier S. 394 = Chart. Sangall. Nr. 285 (um 808. 4., vor 824. 6. 2.) S. 271 f. Das vollständige Zitat findet sich bei ERCHANGARIUS in der Prosopographie. Vgl. BORGOLTE, Geschichte der Grafschaften S. 93 f. Zur Datierung der Urkunde vgl. auch BORGOLTE, Chronologische Studien S. 167 Anm. 489 (Zu Zeit Ludwigs des Frommen); BORGOLTE, Kommentar S. 455 (808 – 823. 4).

2245) Literatur: BORGOLTE, Die Grafen Alemanniens S. 179 f.; DEPREUX, Prosopographie S. 297 f.

2246) Aber diese Auffassung basiert auf seiner unsicheren Datierung der unten darzustellenden Urkunde. Dazu DEPREUX, Prosopographie S. 184 f. mit Anm. 18 f.

2247) BM² 845; UB St. Gallen 1 Nr. 312 S. 289 f. = Chart. Sangall. Nr. 324 S. 302 f. = D LdF 268 (Aachen, 828. 2. 12.) S. 669–671, hier S. 671: *Sed quia super hac concessione praeceptum avi nostri Pippini regis conscriptum non habebant, iussimus Liuthario comiti hanc causam diligentius, si ita esset, inquirere. Qui iuxta veritatis et aequitatis ordinem diligenter perscrutatam renunciavit nobis, quia, sicut per illos pagenses et veraces homines per sacramentum invenire potuit, ita esse verum, sicut superius conpraehensum est.*

2248) So meinen Krause (KRAUSE II 91) und Depreux. Dagegen ist Borgolte.

2249) Vgl. BRUNNER, Zeugen- und Inquisitionsbeweis S. 209–224; HUCK, Beobachtungen S. 197 f.

identisch sein könnte, der vor 821 als *missus regis* in seinem *ministerium* nachweisbar ist[2250].

LUDWIG (Hludowicus, Ludovicus)

Abt von St-Denis, Erzkanzler (ca. 800 – †867. 1. 9.[2251])

TÄTIGKEIT ALS KÖNIGSBOTE:

853. 11.: *missus* Karls des Kahlen in Paris, Meaux, Senlis, Vexin, Beauvais und Vendeuil mit IRMINFRID, INGILWIN und GOTSELM (= Krause I 141)

LUDWIG war einer der Missi im Missaticum um Paris[2252].

KURZBIOGRAPHIE[2253]:

LUDWIG ist ein Sohn aus der Ehe des Grafen Rorigo mit Rotrud, einer Tochter Karls des Großen. Vor 840 trat er ins monastische Leben im Kloster St-Denis ein, dem er ungefähr seit der Jahreswende 840/841 als Abt vorstand. Er hatte auch die Abteien St-Riquier[2254] und St-Wandrille inne[2255], aber jeweils nicht dauerhaft. Als Karl in St-Denis verweilte, verlieh er einem Vasallen LUDWIGs, Hermann, einen Mansus aus dem Königsgut im Gau von Paris. Hermann ist dabei auch als Karls *fidelis* bezeichnet[2256]. Die Annalen von St-Bertin berichten, dass LUDWIG zusammen mit seinem Halbbruder GAUZLIN 858 von den Normannen gefangen genommen wurde. Um ihre Freilassung zu erreichen, forderte König Karl im ganzen Reich Tribut ein. Der Darstellung der Annalen zufolge war dies auch ein Grund für die Unzufriedenheit eines Teils der westfränkischen Großen, die sich zu einem großen Aufstand entwickeln sollte[2257]. Um 840 ist LUDWIG erstmalig als Kanzleivorsteher belegt. Er hatte dieses Amt bis zu seinem Tod 867 inne. Seine Teilnahme an den folgenden Versammlungen ist belegt: Germigny-des-Prés (843. 9./10.),

---

2250) Siehe LIUDERICUS in der Prosopographie.

2251) AB a. 867 S. 134 mit Anm. 3.

2252) MGH Capit. 2 Nr. 260 S. 276. Siehe den Text bei GOTSELM in der Prosopographie.

2253) Literatur: TESSIER, Intruduction, in: D KdK 3 S. 38–42; WERNER, Bedeutende Adelsfamilien S. 137; SETTIPANI, La préhistoire S. 204.

2254) D KdK Nr. 58 (Compiègne, 844. 9. 27.), 1 S. 163–166; BF 444.

2255) D KdK Nr. 160 (Quierzy, 853./854. 3. 21.), 1 S. 419–426.

2256) D KdK Nr. 5 (St-Denis, 841. 11. 6.), 1 S. 16–18.

2257) AB a. 858 S. 77.

Ver (844. 12.), Paris (846/847), Bonneuil (855. 8.), Pîtres (861. 6. 25.), Pîtres (862. 6.)[2258].

LUPUS* (Lupus)

Abt von Ferrières (828/829–†862/863)

TÄTIGKEIT ALS KÖNIGSBOTE:

*1) 844 (Dezember?)[2259]: (als *missus?*) im Auftrag Karls des Kahlen in Burgund (= KRAUSE I 131)

In einem Brief an Abt LUDWIG von St-Denis berichtet LUPUS*, dass er „im letzten Jahr" nach Burgund geschickt worden sei, wobei er 10 Pferde verlor[2260]. Aus dem Text dieses Briefes wird der Inhalt der Mission nicht klar. Wilfried Hartmann und, ihm folgend, Irmgard Fees beziehen diese Reise auf die Synode von Ver im Dezember 844[2261]. Dadurch können sie die Rolle des Abtes LUPUS* als Missus aus einem anderen Brief an einen gewissen Abt Usuard ablesen: In seiner Funktion als königlicher Missus konnte er durch die Autorität der Synode, des Metropoliten und des Königs diesen Abt dazu mahnen, den Synodenbeschluss und die Anordnung des Metropoliten zu befolgen[2262].

*2) 845. 4.: *legatio* im Auftrag Karls des Kahlen im Orléanais, Sénonais, Troiesin und Gâtinais mit PRUDENTIUS* (= KRAUSE I 132)

LUPUS* teilte PRUDENTIUS* von Troyes in einem Brief mit, dass nach dem Rücktritt des Bischofs HERIBALD* von Auxerre von seiner Legation auf Befehl des Königs nun LUPUS* und PRUDENTIUS* damit beauftragt wurden, HERIBALDs* Legation rasch zu vollziehen. Die Zeit war knapp, weil sie dem Herrscher auf der nächsten Reichsversammlung Bericht über ihre Legation erstatten mussten. Die Hauptaufgabe scheint die Inspektion der Klöster im

---

2258) MGH Conc. 3 Nr. 1, hier S. 7; Nr. 7, hier S. 38; Nr. 13, hier S. 148; Nr. 34, hier S. 371; MGH Conc. 4 Nr. 6, hier S. 54 f. (Synodalurkunde für St-Denis); Nr. 10, C, hier S. 106–115, D, 115–118; E, hier S. 120 (für St-Martin in Tours).

2259) Zur Datierung vgl. MGH Conc. 3 S. 45; BF 449.

2260) Lupus 1 Nr. 45 (845) S. 190: *Superiore anno missus in Burgundiam decem equos amisi.*

2261) MGH Conc. 3 S. 45; BZ 448, 449.

2262) Lupus 1 Nr. 40 (844) S. 170: *Verum, quia id hactenus distulistis et memoratus presbiter tam diuturnam calamitatem cupit effugere, synodali et metropolitani simulque auctoritate regia commoneo ut, quod per me vobis injunctum est, sine dilatione perficiatis, ne forte pro triplici contemptu multiplicem vindictam sustinere cogamini.*

Hinblick auf die Weiterführung der Reform gewesen zu sein. Dem Wortlaut des Briefes zufolge scheinen LUPUS* und PRUDENTIUS* schon vorher mehrere Klöster besucht und untersucht zu haben, wobei nicht deutlich wird, ob sie dabei herrscherliche Missi waren. Nicht zu übersehen ist, dass der königliche Befehl durch HERIBALD*, gegebenenfalls nur mündlich, übermittelt wurde. Dieser Brief zeigt auch, wie wichtig Pferde, Futter und Tractoriae für die Legationsreise waren[2263].

*3) *legatio* im Auftrag Karls des Kahlen nach Rom (= –)

LUPUS* reiste 849 mit einer diplomatischen Aufgabe nach Rom zu Papst Leo IV. Diese Legation betraf kirchliche Angelegenheiten, aber wir sind über den genauen Inhalt der Legation nicht informiert[2264]. Auch hier ist anhand der Briefe Lupus' wieder zu beobachten, wie die Missi auf ihren Reisen nicht nur die Aufträge ihres Herr-

---

2263) Lupus 1 Nr. 41 S. 172/174: *VII iduum aprilium Heribaldus episcopus, paulo ante regressus a rege, mandavit mihi ex praecepto ejusdem regis ut, quoniam se ipse legationis functione absolvisset, eandem nos strenue ac celeriter exequeremur, ut in conventu generali memoratus rex de singulis locis posset certior fieri. Itaque, quia et tempus appropinquat nec sine difficultate, maxime propter equorum pabulum, colloqui possumus nec vero ante copiam herbae, quod jubetur, inchoare, et valitudinem vestram et quid super hac re vobis placeat continuo directis litteris declarate. Ut autem hinc meam sententiam vobis aperiam, supervacuum judico loca, quorum statum jam perspeximus, iterum adire, quando nulla sit correctio subsecuta, et in Aurelianensi ac Senonico et vestro ac nostro pago restent quaedam coenobia in quibus tempus interim tenere possumus, ut, sicut in aliis locis, ita et in his etiam emendanda per nos rex cognoscat. Et ne in legatis ejus ipsius jussio contemnatur, si voluerit, sanciat. Quanti enim simus habiti, immo ipse qui nos miserat, nobis impensus honor patefecit et monasteriorum instaurata religio. Proinde antequam legationem adoriamur, regi per me de his quae videbuntur suggerere statui et tractorias accipere et tunc, favente Dei gratia, proficisci. Vicissim ergo sensum vestrum litteris exprimite, ut optimum factu ex utriusque ingenio colligatur. Illud autem non vos fugiat, quantumcumque in hac legatione laboraverimus, nec nobis nec hominibus nostris aliquid remittendum, quin agamus quod ceteri, si motus his, qui actenus vexarunt, extiterint similes.* Vgl. BF 478.

2264) Lupus 2 Nr. 75–77 (849) S. 16–22, zur Vorbereitung für die Reise nach Rom. Ebd. Nr. 100 (855–858, an Papst Benedikt III.) S. 120–124, hier S. 120: *Tempore decessoris vestri beatae memoriae Leonis functus legatione Romae, cui auctore Deo praesidetis, et ab eodem antistite exceptus benigne atque tractatus.* Vgl. NUSBAUM, Lupus S. 85; MÜNSCH, Der Liber legum S. 27.

schers ausführten, sondern auch ihre persönlichen Angelegenheiten vorantrieben[2265].

KURZBIOGRAPHIE[2266]:

LUPUS*, mit dem Beinamen Servatus, studierte in Fulda[2267]. 836 kehrte er ins Kloster Ferrières zurück[2268]. Im Spätsommer oder Herbst dieses Jahres traf er in Frankfurt zusammen mit seinem Abt Odo den Kaiser und die Kaiserin[2269]. Im Herbst 837 wurde LUPUS* von Kaiserin Judith an den Hof eingeladen, obwohl die Quellen schweigen, mit welcher Funktion sein Aufenthalt dort verknüpft war[2270]. Nach dem Tod Ludwigs des Frommen diente LUPUS* dem jüngsten Kaisersohn Karl und verdankte ihm seine Abtswürde: Am 22. November 840 wurde er Abt von Ferrières, nachdem Karl den

---

2265) Lupus 2 Nr. 77 (849 Sommer, an Markward von Prüm) S. 20: *Orationis gratia et quarundam ecclesiasticarum studio causarum, quas, Deo volente, reversus, cum vos videro, paternitati vestrae apertiam, Romam proficicor.* LUPUS* bereitete ein – wahrscheinlich persönliches – Geschenk für den Papst vor. Vgl. HERBERS, Leo IV. S. 180 f.; NOBLE, Lupus S. 243.

2266) Literatur: LEVILLAIN, Introduction in: Lupus 1 S. v–ix; NUSBAUM, Lupus; DEPREUX, Prosopographie S. 322 f.; MÜNSCH, Der Liber legum S. 9–33.

2267) Der damaliger Abt von Ferrières, ALDRICH, schickte ihn nach Fulda. Lupus 1 Nr. 1 (829/830) S. 2–10, hier S. 6. Seine Herkunft ist nicht unumstritten: Die Briefsammlung von LUPUS* enthält einen Brief, dessen Verfasser HERIBALD* seinen Bruder nennt, obwohl der Name des Verfassers dem überlieferten Text des Briefes fehlt. Lupus 2 Nr. 95 (828–857) S. 108–112, hier S. 108. Skeptisch sind LEVILLAIN, Lupus 2 S. 108 f. Anm. 8; DEPREUX, Prosopographie S. 242. Positiv äußern sich NUSBAUM, Lupus S. 35 f.; MÜNSCH, Der Liber legum S. 11 f.; KOCH, Kaiserin Judith S. 177.

2268) Vgl. Lupus 1 Nr. 5 (836. 5.) S. 40–52, here S. 42. Zur Möglichkeit, dass LUPUS* als *judex* bei der Gerichtsversammlung in Orléans, die über den Streit zwischen Fleury und St-Denis verhandelte, zugegen war, vgl. WORMALD, The Making S. 30–32; MÜNSCH, Der Liber legum S. 21–26. Da ich allerdings die Gerichtssitzungen bezüglich dieses Streites vor 834 datiere, schließe ich diese Möglichkeit aus, da LUPUS* in dieser Zeit noch in Fulda war. Siehe DONATUS und JONAS (I) in der Prosopographie.

2269) Vgl. NUSBAUM, Lupus S. 21; DEPREUX, Prosopographie S. 322 f.; MÜNSCH, Der Liber legum S. 20.

2270) Lupus 1 Nr. 11 (837. 9. 22.) S. 84. Vgl. NUSBAUM, Lupus S. 20–37; DEPREUX, Prosopographie S. 322 f.; MÜNSCH, Der Liber legum S. 21; KOCH, Kaiserin Judith S. 176–178.

Abt Odo abgesetzt hatte[2271]. In den früheren 840er Jahren, vor seinen zwei Legationen, wurde sein Kloster zweimal mit Königsurkunden begünstigt[2272]. Er schrieb seinerseits drei „Fürstenspiegel" für den jungen König jeweils in Form eines Briefes[2273]. Daneben sind viele Briefe an verschiedene Adressaten überliefert[2274]. Unter seinen literarischen Werken ist der Liber legum für EBERHARD (II) von Friaul wohl am bekanntesten[2275]. Aber meines Wissens ist nichts Vergleichbares aus seiner Feder für einen Westfranken überliefert. Auch der Synodalbeschluss von Ver 844 wurde von LUPUS* formuliert[2276], ebenso das Synodalschreiben an den Bretonenfürsten NOMINOE 850[2277]. Im Lauf des Prädestinationsstreits schrieb er 849 auf Wunsch Karls des Kahlen den Liber de tribus quaestionibus[2278]. Außerdem ist seine Teilnahme an den folgenden Versammlungen nachweisbar: Ger-

2271) Lupus 1 Nr. 24 (840 Ende Dezember – 841 Januar) S. 118; Nr. 27 (842. 6./7.) S. 130. Vgl. BF 131.

2272) D KdK Nr. 3 (Attigny, 841. 5. 10.), 1 S. 9–12; BF 187. D KdK Nr. 30 (St-Martin in Tours, 843. 12. 27.), 1 S. 74–77; BF 400. Die beiden Urkunden wurden auf Bitte des Abtes LUPUS* ausgestellt. Die Rückgabe der Cella bei Quentovic, die Karl mit seiner Urkunde von 843 zusagte, blieb allerdings wirkungslos. Vgl. Lupus 1 Nr. 42 (845. 8./9.) S. 174–178; Nr. 49 (846. 10. 31. oder kurz danach) S. 202–208; Nr. 57 (846. 11. 1. – 847. 1.) S. 220-224. Vgl. BF 493, 537 und 553. Das Kloster Ferrières konnte sie erst 849 zurückerhalten. Lupus 2 Nr. 86 S. 74–76. Zu diesem Problem vgl. NUSBAUM, Lupus S. 49–67; MÜNSCH, Der Liber legum S. 28 f.

2273) Lupus 1 Nr. 31 (ca. 843) S. 140–146; Nr. 37 (844. [9.?]) S. 160–164 (mit einem Büchlein der *imperatorum gesta brevissime comprehensa*); Nr. 46 (845 Ende November/Anfang Dezember) S. 192–196. Vgl. BF 402, 443 und 507; NUSBAUM, Lupus S. 82–85; MÜNSCH, Der Liber legum S. 27.

2274) Vgl. Lupus 1 S. 252–259 und 2 S. 247–255 (Überblick der Briefe). Zu seinen Briefpartnern zählten z. B. Karl der Kahle (Nr. 22, 31, 37, 42, 46, 49, 57, 78, 124), EINHARD (Nr. 1, 2, 3, 4, 5), IMMO (II) (Nr. 7), LUDWIG (Nr. 15, 16, 25, 36, 45, 47, 82, 111, 112), JONAS (I) (Nr. 17, 20, 24), SICARDUS (II) (Nr. 18), PRUDENTIUS* (Nr. 41), HINKMAR (I) (Nr. 43, 48, 59, 79, 108), WENILO (Nr. 44, 92,103, 104, 118, 120, 127, 130), PARDULUS (Nr. 66, 71, 72, 73), NOMINOE (Nr. 81), HERIBALD* (Nr. 95, 96, 97), und GERHARD (II) (Nr. 110).Hier gehe ich nicht auf die Analyse einzelner Briefe ein.

2275) Ausführlich MÜNSCH, Der Liber legum S. 65 ff.

2276) MGH Conc. 3 Nr. 7 S. 36, 38–44.

2277) MGH Conc. 3 Nr. 20 S. 202–206. Dieses Schreiben ist in der Handschrift, die die Briefsammlung des Abtes LUPUS* enthält, überliefert.

2278) NUSBAUM, Lupus S. 85; MÜNSCH, Der Liber legum S. 30 f. und 42.

migny-des-Prés vom September/Oktober 843; Mainz vom Oktober 848; Soissons vom April 853; Bonneuil, vom August 855; Savonnières vom Juni 859; Pîtres vom Juni 861; Pîtres vom Juni 862[2279]. Er trug auch militärisch zu Karls Königsherrschaft bei. Bei dem Feldzug nach Aquitanien im Juni 844 aber wurde er verletzt und von den Anhängern Pippins II. von Aquitanien gefangengenommen[2280]. 862 erkrankte er schwer[2281] und starb wahrscheinlich kurz danach.

MACEDO (Macedo)

Missus (865/866)

TÄTIGKEIT ALS KÖNIGSBOTE:
865/866: *missus* Ludwigs II. von Italien in der adriatischen Küstenregion (im Exarchat) mit ERMENFRID (II) und WULFERICUS (= KRAUSE II 161)

Für den Feldzug gegen die Sarazenen in Süditalien bot Ludwig das Heer aus Norditalien auf. MACEDO wurde zusammen mit den beiden Missi beauftragt, in der adriatischen Küstenregion die Mobilisierung zu kontrollieren und gegebenenfalls die Säumigen zu bestrafen[2282].

KURZBIOGRAPHIE:
Über ihn ist nichts Weiteres bekannt.

MACHELM* (Machelmus)

Gesandter (822–824)

TÄTIGKEIT ALS KÖNIGSBOTE:
*824: im Auftrag Ludwigs des Frommen (= –)

Nachdem Liudewit, Fürst von Siscia, 823 gestorben war und das Frankenreich in Unterpannonien und Dalmatien seinen Einfluss etablierte, entstand ein Grenzproblem zwischen den Franken und den Bulgaren. Als Ludwig 824 die Gesandten des Khans der Bulgaren Omurtag empfing, wollte der Kaiser weitere Informationen und sandte die Gesandten mit einem Bayern namens MACHELM* zu-

2279) MGH Conc. 3 Nr. 1, hier S. 7; Nr. 16, hier S. 182; Nr. 27, hier S. 264, 270 und 279; Nr. 34, hier S. 371; Nr. 47, hier S. 463; MGH Conc. 4 Nr. 6, hier S. 56; Nr. 10, C, hier S. 114.

2280) Lupus 1 Nr. 45 (845) S. 190; AB a. 844 S. 46 f.

2281) Lupus 2 Nr. 119 (862), hier S. 176.

2282) MGH Capit. 2 Nr. 218 c. 3 S. 95: *… sit missus […] in litore Italico Ermefridus, Macedo et Vulfericus.* Siehe ANDREAS (II) in der Prosopographie.

rück[2283]. Es ist nicht völlig klar, ob MACHELM* Ende des Jahres bei seiner Rückkehr zusammen mit den nächsten bulgarischen Gesandten in Bayern – zwar seiner Machtbasis – warten musste, bis der Kaiser sie zum Hof einlud[2284].

KURZBIOGRAPHIE[2285]:

Diesen kaiserlichen Gesandten identifiziert Wilhelm Störmer mit einem *Machelm filius Otleipi*, der 822 bei der Gerichtsversammlung in *Rodhoheskirihha*, wo ein Konflikt zwischen dem Regensburger Bischof Baturich und einem Bernhard beizulegen war, den Grafen Walto unterstützte[2286]. Sonst ist nichts Sicheres über ihn bekannt. Aber aufgrund seines Namens kann man vermuten, dass er zu einer seit der Agilolfingerzeit in Bayern einflussreichen Familie gehörte[2287].

MADALGAUD (I) (Madalgaudus)

Missus (805/806)

TÄTIGKEIT ALS KÖNIGSBOTE:

805/806: *missus* Karls des Großen in *Schezla* (= KRAUSE I 41)

MADALGAUD war einer der mit der Kontrolle von Kaufleuten, die über die Grenze in die slawische oder awarische Region reisen wollten, beauftragten Missi[2288].

KURZBIOGRAPHIE:

Außer diesem Kapitular findet sich keine weitere Information über MADALGAUDs Person. Aber in Analogie zu seinen bayerischen Missatskollegen (MADALGAUD [II], AUDULF und WERNER

2283) ARF a. 824 S. 164: *Rex Bulgarorum N. velut pacis faciendae gratia legatos ad imperatorem cum litteris misit. Quos ille cum audisset ac litteras, quae adlatae fuerant, legisset, rei novitate non inmerito permotus ad explorandam diligentius insolitae et numquam prius in Franciam venientis legationis causam Machelmum quendam de Baioaria cum ipsis legatis ad memoratum regem Bulgarorum direxit.* Vgl. BM² 785a; FINE, The early Medieval Balkans S. 107; WOLFRAM, Grenzen und Räume S. 246 f.

2284) ARF a. 824 S. 165. Die Reichsannalen erwähnen ihn aber nicht.

2285) Literatur: STÖRMER, Früher Adel S. 105 f.

2286) Trad. Regensburg Nr. 20 S. 25–27, hier S. 26.

2287) Z. B. zu einem Grafen Machelm, der in der 2. Hälfte des 8. Jahrhunderts nicht nur in Bayern, sondern östlich des Rheins einflussreich war, vgl. WOLFRAM, Grenzen und Räume S. 117, 127, 133 und 136 f.

2288) MGH Capit. 1 Nr. 44 c. 7 S. 123. Das vollständige Zitat findet sich bei AITO in der Prosopographie. Vgl. GLATTHAAR, Die drei Fassungen S. 466 f. und 474 f.

[II]) ist denkbar, dass auch MADALGAUD in Sachsen um *Schezla*[2289] seine Machtbasis hatte. Die oben genannte Maßnahme hatte zwar die Ordnung in der Grenzregion zum Ziel, trotzdem ist *Schezla* nicht unbedingt als Grenzposten am Rande des Reichs anzusehen[2290].

MADALGAUD (II) (Madalgaudus)

Missus (805/806)

TÄTIGKEIT ALS KÖNIGSBOTE:

805/806: *missus* Karls des Großen in Erfurt und Hallstadt (= KRAUSE I 43)

MADALGAUD war einer der mit der Kontrolle der im östlichen Grenzgebiet tätigen Kaufleute beauftragten Missi[2291].

KURZBIOGRAPHIE:

MADALGAUD dürfte nach Karl Bosl zu einer Adelssippe der Mattonen gehören, deren Besitz in Mainfranken und nördlich des Mains verstreut lag[2292].

MADELGAUDUS (Madelgaudus)

Graf (von Beauvais) (nachweisbar als Missus 802)

TÄTIGKEIT ALS KÖNIGSBOTE:

802 Frühling: *missus* Karls des Großen im westlichen Neustrien (in den Gauen von Le Mans, Exmes, Lisieux, Bayeux, Coutances, Avranches, Évreux, Mérey und dem links der Seine liegenden Teil des Gaus von Rouen) mit MAGENARDUS (= KRAUSE I 27)

MADELGAUDUS war einer der Missi bei der Legation vom Frühling 802[2293].

2289) *Schezla* ist nicht mit Sicherheit zu lokalisieren. LÜCK, Der wilde Osten S. 126, notiert „möglicherweise bei Jeetzel, Landkreis Lüchow-Dannenberg". SCHNEEWEISS, Neue Überlegungen, hat zuletzt eine überzeugende Identifizierung vorgelegt: *Schezla* sei sehr wahrscheinlich mit der Siedlung Meetschow (bei Gorleben) und ihrer Umgebung am westlichen Fuß des Höhbeck zu identifizieren.

2290) LÜCK, Der wilde Osten S. 125 f., bes. S. 126; BRUNNER, Diedenhofener Kapitular, in: RGA 5 S. 407 f., hier S. 408; ADAM, Zollwesen S. 169 f. Siehe AITO in der Prosopographie.

2291) MGH Capit. 1 Nr. 44 c. 7 S. 123. Das vollständige Zitat findet sich bei AITO in der Prosopographie. Vgl. GLATTHAAR, Die drei Fassungen S. 466 f.

2292) BOSL, Franken S. 64–71, bes. S. 67; WENSKUS, Sächsischer Stammesadel S. 137 mit Anm. 1172.

2293) ECKHARDT, Capitularia missorum specialia S. 503 (Sp. B/C): *In Cenoma-*

KURZBIOGRAPHIE[2294]:
MADELGAUDUS war verwandt mit ANGILBERT (I) und gehörte zu einem Geschlecht, dessen Machtbereich im 8. und früheren 9. Jahrhundert im westlichen Neustrien gewesen zu sein scheint[2295]. Im Martyrologium Belvacense (12. Jahrhundert) taucht der Name Madelgaudus auf, weswegen unser MADELGAUDUS vermutlich Graf von Beauvais war[2296].

MAGENARDUS (Maginhartus, Magnardus, Magenardus)
Erzbischof von Rouen (ca. 794–802)

TÄTIGKEIT ALS KÖNIGSBOTE:
802: *missus* Karls des Großen im westlichen Neustrien (in den Gauen von Le Mans, Exmes, Lisieux, Bayeux, Coutances, Avranches, Évreux, Mérey und dem links der Seine liegenden Teil des Gaus von Rouen) mit MADELGAUDUS (= KRAUSE I 27)

MAGENARDUS war einer der Missi bei der Legation vom Frühling 802. Sein Missaticum stimmte nicht mit seiner Kirchenprovinz überein. Ihm wurde der größte Teil der Kirchenprovinz Rouen zuzüglich des zur Kirchenprovinz Tours gehörigen Le Mans zugewiesen, aber anscheinend nicht sein Erzbistum Rouen selbst[2297].

---

nico, Hoxonense, Livino, Baiocasim, Constantino, Abrincadin, Ebrecino et Madricinse et de illa parte Sequane Rodomense, Magenardus episcopus et Madelgaudus.

2294) Literatur: ABEL/SIMSON, I S. 272 Anm. 1; CHAUME, Les origines S. 83 f. und 544 f.; HENNEBICQUE-LE JAN, Prosopographica S. 258; SETTIPANI, La préhistoire S. 365.

2295) Nithard, IV c. 5 S. 150: *Fuit hic vir (sc. Angilbertus) ortus eo in tempore haud ignotae familiae. Madhelgaudus autem, Richardus et hic una progenie fuere et apud Magnum Karolum merito magni habebantur.* SETTIPANI, La préhistoire S. 363–365, stellt die Hypothese auf, dass dieses Geschlecht durch RICHARD (I) auf HIERONYMUS zurückgeht.

2296) *XXI(!) kl. mart. Oportet vobis agere memoriam Madelgaudi comitis, quia ipsius domo traditum est Hildini villare vestro cenobio; XV kl. sept. Obiit Madelgaudus qui dedit nobis arpennum vineae in Mongenullo.* Zitiert nach: LABANDE, Histoire de Beauvais S. 14 Anm. 5.

2297) ECKHARDT, Capitularia missorum specialia S. 503 (Sp. B/C): *In Cenomanico, Hoxonense, Livino, Baiocasim, Constantino, Abrincadin, Ebrecino et Madricinse et de illa parte Sequane Rodomense, Magenardus episcopus et Madelgaudus.* Zur Beschreibung Missaticums vgl. ECKHARDT, Capitularia missorum specialia S. 505 und 512 f. (Karte); PANGERL, Metropolitanverfassung S. 309 f.

KURZBIOGRAPHIE[2298]:
MAGENARDUS' Geburtsjahr und das Jahr seiner Bischofserhebung sind nicht klar. Er ist erst um 794 quellenmäßig nachweisbar. In einem Brief, der zwischen 787/88 und Juni 794 zu datieren ist, dankte Karl der Große den fünf *episcopi* für ihre Antworten auf seine Frage bezüglich der Gnaden des Heiligen Geistes. Einer dieser fünf Bischöfe war Maginhartus, den man mit unserem Erzbischof von Rouen identifizieren kann[2299]. Seine Anwesenheit bei der Frankfurter Synode von 794 ist nicht gesichert, aber die Absetzung eines gewissen Gaerbordus betraf auch ihn. Der Grund für dessen Absetzung war, dass Gaerbordus keine Zeugen für seine Bischofsweihe hatte und darüber hinaus nicht einmal kanonisch zum Diakon und Priester geweiht worden war, trotzdem aber von MAGENARDUS die bischöflichen Insignien erhalten hatte. MAGENARDUS wurde als Metropolit mit der Durchführung der Absetzung Gaerbordus' beauftragt[2300].

Um 798 war er bei der Weihe der Kirche des Klosters St-Riquier neben neun weiteren Bischöfen und zwei päpstlichen Legaten anwesend[2301].

MAGINARIUS (Maginarius)

Kapellan, Abt von St-Denis (769–790)

TÄTIGKEIT ALS KÖNIGSBOTE:
1) 781–783: *missus* Karls des Großen nach Rom mit ITHERIUS (= KRAUSE II 14)

MAGINARIUS und ITHERIUS wurden zweimal in die Sabina entsandt, um dem Papsttum das dortige Patrimonium zu sichern. Nach diesen wenig erfolgreichen Legationen[2302] wurde MAGINA-

---

2298) Literatur: Fastes 2 S. 210; PANGERL, Magnardus, Erzbischof von Rouen; PANGERL, Metropolitanverfassung S. 56–58 und 307–310.

2299) Epp. variorum Nr. 21, in: MGH Epp. 4 S. 529 f. Die anderen genannten Bischöfe sind HILDEBALD (I) von Köln, Egino von Konstanz, Gerhoh von Eichstätt und ein nicht identifizierbarer Bischof namens Hartrichus. Zur Datierung dieses Briefs vgl. PANGERL, Metropolitanverfassung S. 57 f. Zur Beziehung dieses Briefs zur Frankfurter Synode von 794 vgl. BM² 362; WENDEHORST, Das Bistum Eichstätt S. 33.

2300) MGH Conc. 2,1 Nr. 19 G c. 10 S. 167.

2301) Angilberti abbatis de ecclesia Centulensi libellus c. 1 S. 174.

2302) Jaffé³ 4421 (781. 5./9.); Cod. Carol. Nr. 69 S. 599 und Jaffé³ 4426 (781. 5. – 782. 3.); Cod. Carol. Nr. 71 S. 601 f. Siehe den Text bei ITHERIUS in der Prosopographie.

RIUS zum dritten Mal – diesmal allein – dorthin entsandt, abermals erfolglos[2303].

2) 786 um Juli: *missus* Karls des Großen in Rom mit ITHERIUS (= –)

MAGINARIUS wurde wieder zusammen mit ITHERIUS nach Rom geschickt, um sich beim Papst Rat zu holen, wie diejenigen Sachsen, die zwar Christen geworden waren, aber wieder zum Heidentum zurückkehrten, bestraft werden sollten[2304].

3) 787–788: *missus* Karls des Großen nach Benevent mit JOSEPH (I), ADDO und GODDRAMNUS sowie LIUDERICUS (I) (= –)

Fünf Missi wurden nach Süditalien geschickt, um dort die politische Stellung der Beneventaner zu untersuchen. Ziel der Legation war wohl außerdem, mit Adalperga, der Witwe des verstorbenen Herzogs Arichis, zu verhandeln[2305]. ADDO und GODDRAMNUS reisten zu zweit nach Süden, während MAGINARIUS mit JOSEPH (I) und LIUDERICUS einen anderen Weg nach Süden einschlug. Die Kooperation dieser zwei Gruppen war nicht erfolgreich: ADDO und GODDRAMNUS verließen gegen Rat des Papstes den verabredeten Treffpunkt in Valva, ohne auf die Ankunft von MAGINARIUS, JOSEPH und LIUDERICUS zu warten. Schließlich erreichen nur ADDO und GODDRAMNUS Salerno. Als MAGINARIUS und seine Kollegen von feindlichen Handlungen der Beneventaner hörten, flohen sie mit GODDRAMNUS, der zum Gespräch mit seinen Kol-

2303) Jaffé³ 4440 (Ende 781 – 783. 4.); Cod. Carol. Nr. 72 S. 603: *Veniente igitur hic apud nos fidelissimo Maginario, denuntians nobis vestrae sospitates regalis potentiae, nimis pro huius nuntii noster relevatus est animus: repleti sumus omni letitia et exultatione. Qualiter vero ei praecepit vestra a Deo promota triumphatorissima excellentia pro Savinense territorio , ut nobis sub integritate contraderet, sicut beato Petro clavigero regni caelorum tribuistis, minime propter malignos ac perversos homines potuit. Totam enim iustitiam, quam beatus Petrus apostolus, protector vester, ex ipso territorio habet, presentaliter iam fatus Maginarius missus vester vidit tam per donationes imperiales quam per ipsorum protervorum regum Langobardorum, ipsum territorium cum masis sibi pertinentibus enucleatius designantes…*

2304) Jaffé³ 4502 (786, um Juli); Cod. Carol. Nr. 77 S. 609. Siehe den Text bei ITHERIUS in der Prosopographie.

2305) Nach dem Scheitern dieser Legation wurde Grimoald im Sommer 788 aus der Geiselhaft freigelassen. Karl übergab ihm das Beneventaner Herzogtum Arichis', des kurz vorher verstorbenen Vaters Grimoalds. BM² 294b; SCHIEFFER, Die Karolinger S. 85.

legen gekommen war, von Benevent aus über Spoleto weiter nach Rom, während ADDO allein in Salerno bleiben musste[2306].

KURZBIOGRAPHIE[2307]:

MAGINARIUS war zunächst am Hof Karlmanns als Kanzleivorsteher tätig [2308] und kam nach dessen Tod an den Hof Karls des Großen. Er unterschrieb 781 das Testaments FULRADs (I). Möglicherweise hatte er eine in den Quellen nicht verifizierbare Abtei, bevor er 784 FULRADs Nachfolger als Abt von St-Denis wurde. Er ist zuletzt mit einer Schenkungsurkunde Karls für St-Denis im August

---

2306) Jaffé³ 4535 (788, nach 1. 22.); Cod. Carol. Nr. 82 S. 615 f.: *Meminit vestra a Deo promota regalis excellentia, qualiter ad nos emisit fidelissimis missis, scilicet Attonem religiosum diaconum seu Goteramnum magnificum ostiarium. Et postergum eorum ad nos evenerunt videlicet Maginarius religiosus abba seu religiosus Ioseph diaconus, qui nobis fideliter intimaverunt ea, quae illis iniuncta habuit vestra prerectissima regalis potestas, ut secundum nostrum apostolicum consilium partibus Beneventanis ita peragerent. […] Qui precedentes, scilicet Atto cum Goteramno, nullo modo nostris accommodaverunt consiliis, sed, relinquentes penitus Maginarium seu Ioseph et Liudericum, abierunt singulariter Benevento. Qui postergum eorum euntes, Maginarius cum Ioseph et Liuderico, in Benevento iam Attonem et Goteramnum nullo modo invenire valuerunt, eo quod in Salerno perrexerant [ad] Adalbergam, relictam Arichis ducis. Qui dum Maginarius cum sociis suis a fidelibus vestris audissent, sicut nobis ipsi intimaverunt, eo quod infideliter peragerent tam relicta predicti Arichissi ducis quamque ceteri Beneventani – erga vestram regalem excellentiam atque nostrum apostolatum iniqua atque adversa tractari non desinunt –, fugam arripientes Maginarius cum Ioseph et Liuderico una cum Goderamno, qui ad eos adloquendum venerat a Salerno, introierunt in finibus ducati Spoletini in prelato oppido Valvae et ibidem morantur usque ad vestrum regalem triumphum dispositum. Atto vero audiens, ut fertur, fugiens intus in ecclesia Salerno, pre timore eiusdem ecclesiae altare tenuit; ipsi autem Beneventani eum suadentes, ut reor, dissimulantes mitigaverunt et [ad] vestram excellentiam fictae miserunt, se ipsos fideles in omnibus commendantes.* Vgl. auch Jaffé³ 4537 (788, nach Januar) = Cod. Carol. Nr. 83 S. 616–619; Cod. Carol. Append. 2 S. 655–657 = ChLA 16 Nr. 629 S. 59–65 = Telma Nr. 2957 (MAGINARIUS' Zwischenbericht, und wahrscheinlich Anfrage an Karl). Siehe auch ADDO und LIUDERICUS (I) in der Prosopographie.

2307) Literatur: FELTEN, Laienäbte S. 221 f.; PETERS, Die Entwicklung des Grundbesitzes S. 163 f.; HACK, Codex Carolinus 2 S. 1011.

2308) Schon in der ältesten überlieferten Urkunde Karlmanns, D Karlmann 43 (Samoussy, 769. 1.) S. 62 f. Vgl. Übersicht seiner Erwähnungen in den Rekognitionszeilen, D KdG S. 541.

790 belegt[2309]. Sein Nachfolger in dieser Abtei, der Langobarde FARDULF, ist ab 792 als Abt nachweisbar.

MAGNUS (Magnus)
Erzbischof von Sens (802–816)

TÄTIGKEIT ALS KÖNIGSBOTE:

802: *missus* Karls des Großen in Burgund (von der *civitas* Orléans zur Seine, dann nach Troyes durch den ganzen Gau Troyes, dann nach Langres, von da nach Besançon, von dort nach Autun, dann zur Loire und wieder nach Orléans) mit GODEFRED (= KRAUSE I 28)

In einer Fassung des Kapitulars für die Legation vom Frühling 802 ist der zuständige Bezirk von MAGNUS und seinem Kollegen beschrieben[2310].

KURZBIOGRAPHIE[2311]:

MAGNUS' Herkunft und frühere Karriere sind unbekannt. Die oben genannte Legation ist seine erste Tätigkeit, die mittels Quellen nachweisbar ist. Sein Todestag ist ebenfalls unbekannt[2312], aber sein Nachfolger im Amt ist ab dem 18. Mai 822 belegt[2313]. Als Metropo-

---

2309) D KdG 166 (Kostheim, 790. 8. 31.) S. 224. Nicht das Jahr 791, wie bei FELTEN und PETERS. Überliefert ist eine verfälschte Urkunde des Königs Offa von Mercien, mit der er 790 die Güter der Abtei St-Denis in Südengland bestätigt hätte. Diese Urkunde sei auf Bitten des Abtes MAGINARIUS ausgestellt worden, der dafür einen Mönch namens Nadelharius nach Mercien geschickt hätte. Telma Nr. †2958 (Tamworth, 790. 4. 12.). Obwohl diese Urkunde in ihrer überlieferten Form eine Fälschung ist, könnte man vermuten, dass sie auf einer älteren verlorenen Urkunde basiert und historische Tatsachen widerspiegelt. MAGINARIUS dürfte einen Gesandten an Offa geschickt haben. ATSMA und VEZIN, Le dossier suspect, bes. S. 228–231 und 235 f.; PETERS, Die Entwicklung des Grundbesitzes S. 56–58. Ein Nodalharius (!) ist als Mönch von St-Denis nachgewiesen. OEXLE, Forschungen S. 33.

2310) ECKHARDT, Capitularia missorum specialia S. 500 (Sp. D). Das vollständige Zitat findet sich bei GODEFRED in der Prosopographie. Vgl. auch die Karte (ebd. S. 513). Zu dieser Legation, siehe Kapitel 2, § 2, 1, iv, „801/802–803".

2311) Literatur: Fastes, 2 S. 419 f.; POKORNY, MGH Capit. episc. 3 S. 7 Anm. 10; PANGERL, Magnus, Erzbischof von Sens, in: BBKL 31 Sp. 823; PANGERL, Die Metropolitanverfassung S. 47, 55, 71–73, 172 mit Anm. 51, 281, 308–310, 315 f. und 318 f.

2312) Das von der Forschung anscheinend ohne konkrete Quellenaussage angegebene Todesjahr 818 (z. B. RIO, Frankish Formulae S. 125) ist hier abzulehnen. Dazu vgl. POKORNY, ebd.

2313) Siehe JEREMIAS in der Prosopographie.

lit weihte MAGNUS 807 *iussu Karoli imperatoris* Angelelmus zum Bischof von Auxerre[2314]. Nachdem Karl 812 seine Rundschreiben über die Taufpraxis an die Metropoliten geschickt hatte[2315], sandte er in Zusammenarbeit mit seinen Suffragenen[2316] ein Antwortschreiben[2317] zurück. Darin teilte er mit, wie vom Kaiser im Fragebogen gefordert, welche Kentnisse Erzbischöfe und Bischöfe in ihren (Erz-) Diözesen bezüglich der Taufe besaßen und wie sie diese in die Praxis umsetzten[2318]. 816 nahm MAGNUS an der Aachener Reichssynode teil. Er erhielt später von Kaiser Ludwig dem Frommen den authentischen Text der zwei Aachener *Institutiones* (die eine für die Kanoniker und die andere für die Kanonissen) durch den kaiserlichen Boten ERMENFREDUS mit dem Mandat, dass er sie als Erzbischof auf der Provinzialsynode veröffentlichen und auf Grundlage des authentischen Textes weitere Abschriften für seine Suffragane erstellen lassen sollte[2319]. Die Bischofskirche von Sens erhielt in der Amtszeit MAGNUS' eine Urkunde Ludwigs des Frommen, mit der der Kaiser der Kirche die Immunität mit Königsschutz bestätigte[2320].

2314) Les gestes des évêques d'Auxerre c. 35 S. 143. Nach dem Wortlaut der Gesta sei JEREMIAS der Erzbischof gewesen, der Angelelmus weihte. Dieser Erzbischof muss allerdings MAGNUS gewesen sein, weil Angelelmus 807 zum Bischof ordiniert wurde. Zu dieser Auffassung vgl. PANGERL, Die Metropolitanverfassung S. 281 mit Anm. 62.

2315) KEEFE, Water and the Word 2, Text 14 S. 261–263.

2316) Ein Gutachten THEODULFs von Orléans ist überliefert. Text 16, in: KEEFE, Water and the Word 2 S. 279–321. Ein anderer Text eines anonymen Bischofs der Kirchenprovinz Sens ist ediert als Text 17, in: KEEFE, Water and the Word 2 S. 322–326, zu diesem Text vgl. ebd. 1 S. 91–93. In diesem Kontext entstanden auch die zwei Instruktionen der zwei anonymen (Erz-)Bischöfe in der Kirchenprovinz Sens: Text 18 und Text 19, in: ebd. 2 S. 327 f. und S. 329–332. Zum Ablauf der schriftlichen Kommunikation um MAGNUS vgl. ebd. 1 S. 147.

2317) Epp. variorum Nr. 25, in: MGH Epp. 4 S. 534 f. (nur Anfang); PL 102 Sp. 981–984. Jetzt als Text 15 in: KEEFE, Water and the Word 2 S. 265–271. Zu diesem Text vgl. ebd. 1 S. 90 f.

2318) Vgl. auch DAHLHAUS-BERG, Nova antiquitas S. 99–108.

2319) MGH Conc. 2,1 Nr. 39 C S. 458–464 (Sp. Magn.). Nicht zutreffend ist Wilfried Hartmanns Auffassung, dass MAGNUS wie Agobard von Lyon „anscheinend vor dem Abschluß der Synode abreiste(n) und daher die Beschlüsse zugesandt erhielt(en)", denn auch die anderen Metropoliten bekamen durch die kaiserlichen Missi die authentischen Texte der Beschlüsse. Vgl. HARTMANN, Die Synoden S. 157. Dazu siehe die anonymen Missi „816b" in der Prosopographie.

2320) D LdF Dep. 187 (814–816) S. 1152 f.

Neben dem oben genannten Brief an Karl sind weitere Texte MAGNUS zuzuschreiben. Nach Rudolf Pokorny dürfte MAGNUS Verfasser der Capitula Corbeiensia gewesen sein, die wohl zum mündlichen Vortrag vor Klerikern – entweder auf einer Diözesansynode oder bei einer bischöflichen Sendreise – ausgearbeitet wurden. Pokorny schließt aber nicht aus, dass „es sich bei den Capitula Corbeiensia eventuell um eine in Hofkreisen entstandene Musteransprache an den Diözesanklerus handelt, die in leicht variierender Fassung in die Kapitulariensammlungen mehrerer Missi Eingang gefunden hätte und zumindest von Magnus von Sens vor der Diözesanpriesterschaft auch vorgetragen worden ist."[2321] Wenn der *Magnonis laterculus alter*, den ein Magnus einem Carolus gewidmet hätte, wirklich unserem MAGNUS zuzuschreiben ist, wäre dies ein Nachweis für seine gute Beziehung zu Karl dem Großen und seine fundierte Rechtskenntnis[2322]. Da die Formelsammlung Formulae Senonenses recentiores „undoubtedly" im Zusammenhang mit Sens steht[2323], dürfte der zu einer Formel umgearbeiteten Schenkungsurkunde eines *episcopus* vom 8. Kaiserjahr Karls des Großens wahrscheinlich eine Urkunde von MAGNUS zugrundeliegen[2324]. Außerdem wird ihm der Auftrag zur Überarbeitung der Vita des Heiligen Severinus von Agaune zugeschrieben[2325].

2321) MGH Capit. episc. 3 S. 3–7, Zitat S. 6 f. Edition: ebd. S. 11–15; MGH Capit. 1 Nr. 119 S. 236 f. Zu dieser *capitula* vgl. auch BUCK, Admonitio S. 364–368.

2322) Magnonis laterculus alter, in: Notarum laterculi, hrsg. v. Theodor MOMMSEN S. 285–300. Zur Verfasserschaft vgl. ebd. S. 285: *Haec iuris* σημεῖα *libens rex accipe Carle, / offert devotus quae tibi Magno tuus.* Zu „Siglen (*litterae singulares*)" als Abkürzungen in den Rechtshandschriften in der Karolingerzeit vgl. SICKEL, Lehre von den Urkunden S. 306 f. mit Anm. 2.

2323) RIO, Frankish Formulae S. 124 f. In dieser Sammlung sind auch zwei Briefe an MAGNUS überliefert. Der eine ist von Erzbischof Ebroin von Bourges, der andere von Bischof Franco I. von Le Mans. Formulae Senonenses recentiores Nr. 14 und 15, in: MGH Form. S. 218 f.

2324) Formulae Senonenses recentiores Nr. 12, in: MGH Form. S. 217 f.

2325) Vita Severini abbatis Acaunensis, A (Praefatio), hrsg. v. Bruno KRUSCH, in: MGH SS rer. Merov. 3 S. 168: ... *iubente etiam venerabili viro Magno meritis et nomine, urbis Senonicae antistite ...*

MANCIO (Mancio)

Missus (789, 798), Abt (798), Bischof von Toulouse (im frühen 9. Jahrhundert?)

TÄTIGKEIT ALS KÖNIGSBOTE:

1) 789: *missus* Karls des Großen in Aquitanien mit EUGERIUS (= KRAUSE I 8)

MANCIO wurde zusammen mit EUGERIUS nach Aquitanien geschickt, um dort den neuen (MGH Capit. 1, Nr. 23 und 24) wie auch früheren Kapitularien (MGH Capit. 1, Nr. 18 und 20) Geltung zu verschaffen[2326].

2) 798. 5.: *missus* Karls des Großen in Spoleto mit HAROINUS und ISEMBARD (I) (= KRAUSE I 16)

MANCIO war als einer der Vorsitzenden an einer Gerichtsversammlung beteiligt, auf der ein Streit zwischen WINIGIS (I) von Spoleto und dem Kloster Farfa beigelegt wurde[2327].

KURZBIOGRAPHIE:

Jürgen Hannig identifiziert den MANCIO der Legation 1 mit einem Bischof von Toulouse[2328], den THEODULF in einem Briefgedicht an MODOIN von Autun erwähnt[2329]. Aber die dort beschriebene Geschichte habe THEODULF von einem gewissen Gairardus gehört, dem sie vorher ein gewisser Pascasius erzählt habe[2330]. Deswegen ist nicht sicher, ob dieser Mancio in der Zeit der Legationsreise von THEODULF nach Südfrankreich (798) schon Bischof war, wie

2326) MGH Capit. 1 Nr. 24, Inskription und c. 1 S. 65. Die cc. 13–18 (danach Pergamentverlust) entsprechen den sechs von den insgesamt 23 Kapiteln von MGH Capit. 1 Nr. 20. Siehe EUGERIUS in der Prosopographie. Zu dieser Legation siehe auch Kapitel 2, § 2, 1, iv, „789“. Vgl. auch WOLFF, L'Aquitaine et ses marges S. 292 f.

2327) MANARESI Nr. 10 (798. 5.) S. 29 f. Das vollständige Zitat findet sich bei HAROINUS in der Prosopographie. Zu dieser Sitzung vgl. TAURINO, Osservazioni S. 79 f.

2328) HANNIG, Pauperiores vassi S. 331.

2329) Theodulfi Carmina Nr. 72, III. De pugna avium, in: MGH Poetae 1 S. 567 f.; Neuedition in: SCHALLER, Philologische Untersuchungen S. 43–51, Zitat aus S. 47 und 49: *Nempe Tolosani locus est rurisque Caturci / extimus; hoc finit pagus uterque loco […] Ipse Tolosana praesul quoque venit ab urbe / Mancio; plebs rogat, haec ales an esca fiat. / „Inlicitis spretis licitas adsumite“, dixit: / Plaustra onerant avibus, in sua quisque redit.*

2330) SCHALLER, Philologische Untersuchungen S. 47: *Quod mihi Gairardus retulit, Pascasius illi: / hic audita mihi, visa et ei ille refert.*

Hannig meint, zumal dieses Gedicht erst nach der Absetzung von THEODULF, also nach 818, von ihm zu seiner Rechtfertigung geschrieben wurde. Der Vorgänger Mancios im Bischofssitz von Toulouse, Arrichius, ist einerseits nur bis 785 sicher nachweisbar[2331]. Andererseits ist sein Nachfolger, Samuel, nur mit einer Urkunde Karls des Kahlen von 844 zu belegen[2332]. Die Amtszeit von Mancio kann man daher nur vage bestimmen. Allerdings musste der MANCIO der Legation 1 bei dieser Legation nicht unbedingt schon Bischof sein, zumal er in der Inskription des betreffenden Kapitulars ohne Titel genannt ist: Üblicherweise ist ein zum Missus ernannter Bischof auch mit dem *episcopus*-Titel genannt. Es ist daher naheliegender, den MANCIO von Legation 1 mit Abt MANCIO von Legation 2 zu identifizieren[2333] und zu vermuten, dass MANCIO bei den beiden Legationen von 789 und 798 zwar noch nicht Bischof von Toulouse war, aber bereits 789 als Abt in Aquitanien mehr oder weniger einflussreich in der Region agierte. Da man im 9. Jahrhundert außer einem *presbyter* namens Mancio in Limoges, den wiederum THEODULF in einer anderen undatierbaren Dichtung erwähnt[2334], noch zwei andere Manciones im heutigen Südfrankreich finden kann[2335], ist es nicht allzu weit hergeholt, die Herkunft und das verwandtschaftliche Netzwerk von MANCIO in Aquitanien zu sehen. Unklar ist allerdings, ob MANCIO mit dem aquitanischen Grafen Mantio verwandt war, der *consubrinus* des aquitanischen Herzogs Waifar war und im Kampf gegen das fränkische Heer Pippins des Jüngeren fiel[2336].

2331) Fastes 1 S. 308. Das Dokument über eine Synode in Narbonne von 788(?), in dessen Unterschriftenliste sich ein Arricho findet, ist eine Fälschung. WERMINGHOFF, Verzeichnis 742–843 S. 493.

2332) D KdK Nr. 33 (Avens, 844. 4. [5.?]), 1 S. 88–91, hier S. 90. Dazu Fastes 1 S. 308; BF 405.

2333) Vgl. HLAWITSCHKA, Franken S. 27 Anm. 20.

2334) Theodulfi Carmina Nr. 48 S. 549.

2335) SETTIPANI, La noblesse du Midi S. 16 und 90.

2336) Fredegar c. 44 S. 112.

MATFRIED (Matfredus, Matfridus, Mantfredus)
Graf (815–†836)

TÄTIGKEIT ALS KÖNIGSBOTE:

*1) 822–823, vor 1. 8.: im Auftrag Ludwigs des Frommen in Hornbach zuerst mit Lothar I., dann mit den anderen *fideles* (= KRAUSE II 77 und 78)

Ludwig sandte Lothar mit MATFRIED zur Untersuchung der Güter, die der Klage des Abtes von Hornbach zufolge dem Kloster von einem *actor* des Fiskus Frankfurt widerrechtlich entzogen worden waren. Später wurde MATFRIED mit den anderen nochmals zur *inquisicio* der Umstände geschickt[2337].

2) 827: *missus* Ludwigs des Frommen mit HUGO (I) in die Spanische Mark (= KRAUSE II 90)

Gegen den Aufstand der Goten unter Aizos Leitung in der Spanischen Mark sandte der Kaiser als Hilfstruppen seinen Sohn Pippin

---

2337) Reg. Hornbach Nr. 12 S. 5 f.; BM² 770; UB Frankfurt Nr. 5 S. 2 = D LdF 219 ([Frankfurt,] 823. 1. 8.). S. 539 f., hier S. 540: *quia adiens serenitatem culminis nostri vir inlustris Lantbertus comes suggessit nobis, eo quod quidam actor dominicus nomine Nantcarius ex fisco nostro Franconofurd proprisset tempore domni et genitoris nostri Karoli bone memorie piissimi imperatoris quasdam res, id est terras et silvas et prata super marcham sitas, que est ex monasterio suo quod dicitur Orombach. Nos vero hanc rem iussimus investigari dilecto filio nostro Hlothario imperatori necnon et Mantfredo inlustri viro. Postea veniens ad nos Uuyrundus predicti venerabilis monasterii abba eandem causam nobis suggessit. Nos iterum iussimus Matfredo et alios fideles nostros hanc rem diligenter atque subtiliter inquirere. Qui sicut nobis renunciaverunt, invenerunt per Hruotbertum comitem et ceteros nobiles ac veraces homines circa manentes, quod predictus Nantcharius cum servis dominicis iniuste ipsam investituram de potestate predicti monasterii abstulisset et per iusticiam et rectitudinem inter nostram et predicti monasterii partem esse debebat et quod predicta marcha divisa esset in via, que dicitur Talanuueck, et inde ad Geroldisphad, deinde ad Uuisigartauueck. Sed et Gheroldus actor noster, qui predictum fiscum nostrum in ministerio habet, interrogatus ab eis nullam rei certitudinem potuit demonstrare, qualiter ad nostram partem legibus tenere potuisset, et ideo placuit nobis secundum hanc inquisitionem eandem marcham predicto monasterio reddi, sicut inquisitum et testificatum est. Proinde hanc auctoritatem preceptionis nostre fieri iussimus, per quam precipimus atque iubemus, ut sicut a fidelibus nostris inquisitum et nobis nunciatum est …* Lothar I. und MATFRIED sind von der bisherigen Forschung als *missi dominici* angesehen worden, z. B. KRAUSE Nr. II 77; HANNIG, Zentrale Kontrolle S. 25 f.; DEPREUX, Prosopographie S. 330. Aber in der betreffenden Urkunde wurde weder Lothar noch MATFRIED mit dem *missus*-Titel belegt.

I. von Aquitanien und zwei Missi[2338]. Wegen des Scheiterns dieser militärischen Mission wurden die Missi HUGO und MATFRIED im folgenden Jahr als Grafen abgesetzt[2339].

KURZBIOGRAPHIE[2340]:

MATFRIED war Graf von Orléans. Seine Tätigkeit als *ambasciator* bei Ludwig und seine Karriere wurden bereits detailliert durch Philippe Depreux analysiert und vorgestellt. Ohne die Bezeichnung *missus* führte er 824 neben Ludwig dem Deutschen ein Heer gegen die Bretonen[2341]. Wegen seines Ansehens und Einflusses am Hof wurde er das Ziel verschiedener Anklagen: So existiert beispielsweise eine Klageschrift Agobards von Lyon gegen den Grafen von Orléans, in der der Kirchenmann die Rechtlosigkeit in den Nachbarregionen und die Korruption am Hofe anprangert, verbunden mit der dringenden Mahnung an MATFRIED, diese Übelstände zu bekämpfen[2342]. Seine Teilnahme an der Partei Lothars führt ihn ins Exil nach Italien, wo er im Herbst 836 starb[2343].

MAURINUS (Maurinus)

Pfalzgraf (835–844)

TÄTIGKEIT ALS KÖNIGSBOTE:

840. 2.: *missus* Lothars I. in Lucca mit RODINGUS (= KRAUSE I 167)

840 hielten Pfalzgraf MAURINUS und Bischof RODINGUS eine Gerichtsversammlung in Lucca, auf der der Streit zwischen dem kaiserlichen Vasallen Giselmarius, der *praepositus* der Kirche von S. Silvestro in Lucca war, und dem Kloster S. Giacomo verhandelt wurde. Der Fall wurde zugunsten des Klosters entschieden. Die beiden Missi unterschrieben die Gerichtsurkunde aber ohne Missus-Titel[2344].

2338) Astronomus c. 41 S. 440; ARF a. 827 S. 173. Das vollständige Zitat findet sich bei HUGO (I) in der Prosopographie.

2339) Astronomus c. 41 S. 440, c. 42 S. 444. Zu seiner Absetzung vgl. KRAH, Absetzungsverfahren S. 57 f.

2340) Literatur: DEPREUX, Matfrid d'Orléans; DEPREUX, Prosopographie S. 329–331.

2341) Ermoldus, Carmen, v. 2004 f. S. 152.

2342) Agobardi Lugdunensis opera omnia Nr. 13 S. 225–227.

2343) Astronomus c. 56 S. 512.

2344) MANARESI Nr. 44 S. 144–147 = ChLA 77 Nr. 35 (Lucca, 840. 2.) S. 107–111: *Dum in Dei nomine, civitate Luca in curte que dicitur Regine, in iudicio resederimus nos Rodingus episcopus et Maurinus comes Palacii, missi domni Hlotharii*

KURZBIOGRAPHIE[2345]:
Anfang 835 wurde MAURINUS zusammen mit dem Grafen ADALGIS (II) – nämlich seinem Bruder und Amtsvorgänger als Pfalzgrafen – und dem Hofkapellan Ructald mit einer Untersuchung in Cremona beauftragt. Lothar befreite aufgrund dieser Untersuchung die Cremoneser Kleriker von der Bereitstellung der Postpferde und Wagen für einen öffentlichen Dienst[2346]. MAURINUS war 844 bei der von Drogo von Metz geleiteten Synode in Rom anwesend[2347]. Hlawitschka vermutet, dass „er in die Familie der Supponiden einzuglieden ist, in der der Name Maurin (Moring) vorkommt"[2348].

---

perpetui agusti, cum Agano comite, residentibus nobiscum Paulo, Martino iudicibus, Eriprando, Gumperto, Asprando et Theutperto vassis domni imperatoris […] venerunt ibi in nostri presencia Giselmarius vassus domni imperatoris qui ecclesie Sancti Silvestri foris porta uius civitatis que dicitur Sancti Petri preesse videbatur una cum Fraimanno advocato ipsius ecclesie nec non et Andreas advocatus monasteri Sancti Iacobi (a) quondam Iagobo episcopo fundati altergacionem habentes. […] Cum taliter agerent, fecimus nobis comutacionem ipsam relegi, et contenebatur ultra quadraginta annorum emissa fuisset. Hec relecta, dum ambe partes nullum testem propter longinquitatem inde dare professi sunt, iudicatum est ad suprascripti scavinis ut ipse Andreas advocatus […] ut diceret iuratus a Dei euvangelia cum sagramentalibus suis iuxta legem qualiter […] Et taliter eidem Fraimannno vuadiam dedit. Posito constituto, in statuta die venerunt ambe partes denuo nostri presencia et, aducta sancta Dei euvangelia, fecit ipse Andreas advocatus sacramentum ipsum sicut vuadiam dederat cum sacramentalibus suis iuxta legem. Dato sacramento, iudicatum est ut, iuxta eorum altergacionem, pars predicti monasterii Sancti Iacobi eundem solarium et area in qua extat seu ortum, sicut nunc usque habuit, in antea habere et possidere deberet. Et finita est causa. Et hanc noticiam pro securitatem predicti monasterii facere comonuimus […] +Ego Hrodingus episcopus interfui. Signum + manus notarii Maurini comitis Palacii qui in his actis interfuit …

2345) Literatur: HLAWITSCHKA, Franken S. 236 f.; BOUGARD, Les Supponides S. 384–391.

2346) D Lo I. 25 (Sospiro, 835. 3. 7.) S. 98 f. Vgl. auch ADALGIS (II) in der Prosopographie.

2347) Lib. Pont. CIII, Vita Sergii c. 14, 2 S. 89; MGH Conc. 3 Nr. 5 S. 25 f.; AB a. 844 S. 45 f.; BZ 26 und 27. Hierzu siehe BOSO (III) in der Prosopographie.

2348) HLAWITSCHKA, Franken S. 237.

MEGINFRID (Meginfridus, Meginfrid)

Kämmerer (791–†800)

TÄTIGKEIT ALS KÖNIGSBOTE:

1) 791. 9. 20.: *missus* Karls des Großen in Lorch (in Bayern) mit ARN, GEROLD (I), RIMIGARIUS und WOLFOLT (= KRAUSE I 14)

MEGINFRID war einer der Vorsitzenden bei einer dreitägigen Gerichtsversammlung in Lorch über einen Streit unter den Huosi[2349].

2) 791–793: *missus* Karls des Großen in Bayern mit GEROLD (I) (= KRAUSE I 13)

Auf Bitte des Priesters Tutilo setzte Karl mit einem schriftlichen Mandat GEROLD (I) und MEGINFRID als Missi zur Schlichtung des Konflikts zwischen Titulo und seinen Verwandten und zur Bestätigung der Rechte Tutilos ein[2350].

KURZBIOGRAPHIE[2351]:

MEGINFRID wird mit einem Meginfrid identifiziert, der Kämmerer am Hof Karls war. Dieser Kämmerer Meginfrid führte beim Awarenkrieg von 791 mit dem Grafen Theoderich am nördlichen Donauufer einen Teil des Heeres, der aus Sachsen, Franken und Friesen bestand, durch Böhmen[2352]. Er gehörte wohl zum engeren Freundeskreis um Alkuin[2353]. Alkuin rät ihm in einem Brief, bei einer Delegation um-

---

2349) Trad. Freising Nr. 142 (791. 9. 20.) S. 146 f. Siehe den Text bei ARN in der Prosopographie.

2350) Trad. Freising Nr. 143b (791–793) S. 148 f. Siehe GEROLD (I) in der Prosopographie.

2351) Literatur: ABEL/SIMSON 2 S. 221 f. und 250; BM² 370 f.; HLAWITSCHKA, Franken S. 26 mit Anm. 16.

2352) Ann. q. d. Einhardi, a. 791 S. 89: *Cuius partem Theoderico comiti et Meginfrido camerario suo committens eos per aquilonalem Danubii ripam iter agere iussit. [...] Alias vero copias, quibus Theodericum et Meginfridum praefecerat, per Beehaimos via, qua venerant, reverti praecepit. [...] Saxones autem et Frisiones cum Theoderico et Meginfrido per Beehaimos, ut iussum erat, domum regressi sunt.* Vgl. auch BM² 314b. Zu diesem Feldzug vgl. POHL, Die Awaren S. 315–317. Zur Identifikation vgl. STÖRMER, Früher Adel S. 221; HANNIG, Zur Funktion S. 275 mit Anm. 85. Zu diesem Kämmerer vgl. ABEL/SIMSON 2 S. 548.

2353) Alkuins Briefe Nr. 111 S. 159 (*Dilectissimo in Christi caritate amico et regalis palatii arcario Megenfrido*) und Nr. 211 S. 351 (*Maganfredum fidelem vestrum, nobisque carissimum amicum*).

sichtig zu sein[2354]. Er starb bei einem Heerzug gegen Benevent im Jahre 800, wahrscheinlich an einer Krankheit[2355].

MILO (Milo)

Missus (850/859)

TÄTIGKEIT ALS KÖNIGSBOTE:

850/859: *missus* Ludwigs II. von Italien in Ravenna mit ANGILBERT (II) (= –)

In einer fragmentarisch überlieferten Urkunde wird berichtet, dass der Streit um einen Besitz zwischen der ravennatischen Kirche und gewissen Bewohnern von Comacchio in Gegenwart von zwei kaiserlichen Missi beigelegt wurde[2356].

KURZBIOGRAPHIE:

Er ist nicht zu identifizieren.

MODOIN (Motuinus)

Bischof von Autun (815–840)

TÄTIGKEIT ALS KÖNIGSBOTE:

829–836: *missus* Ludwigs des Frommen in Fleury mit ALBERICH (I) von Langres, ALDRICH von Sens und BOSO (II) von Fleury (= KRAUSE II 112)

Er war einer der Missi Ludwigs nach Flavigny, die die Teilung der Klostereinkünfte zwischen dem Abt und den Mönchen festlegten[2357].

KURZBIOGRAPHIE[2358]:

815 erhielt MODOIN in Paderborn ein Immunitätsprivileg Ludwigs für seine Kirche[2359]. MODOIN scheint in der politischen Krise von 833 Ludwig dem Frommen Treue bewahrt zu haben[2360]. Er war als einer der drei *judices* bei der Absetzung des Reimser Erzbi-

2354) Alkuins Briefe Nr. 111 S. 161: *Esto […] prudens in legationibus […] iustus in iudiciis …*

2355) Alkuins Briefe Nr. 211 S. 351.

2356) Le carte ravennati Nr. 19 S. 44–48 (= VOLPINI, Placiti Nr. 1 S. 275–280). Siehe ANGILBERT (II) in der Prosopographie.

2357) D Lo I. 50 S. 144–146 = Cart. Flavigny Nr. 14 (Lucenay-l'Evêque, 840. 12. 4.) S. 50–52. Das vollständige Zitat und eine Darstellung dieser Angelegenheit finden sich bei ALBERICH in der Prosopographie.

2358) Literatur: BRUNHÖLZL, Geschichte der lateinischen Literatur 1 S. 309–311; DEPREUX, Prosopographie S. 333 f.

2359) BM² 589; D LdF 70 (Paderborn, 815. 7. 22.) S. 172–174.

2360) AB a. 833 S. 9 Anm. g.

schofs EBBO auf der Reichsversammlung von Diedenhofen 835 anwesend[2361]. Im Sommer 840 wurde er zusammen mit Graf Autbert von Avallon von Karl dem Kahlen mit der Führung eines Teils des königlichen Heers in Clermont beauftragt[2362].

Einige Gedichte MODOINs sind überliefert. Als THEODULF 818 abgesetzt wurde und im Exil lebte, wechselte MODOIN mit ihm Briefgedichte[2363].

MONOGOLD (Monogoldus, Monoaldus)

Graf (825–826)

TÄTIGKEIT ALS KÖNIGSBOTE:

1) 825. 8.: *missus* Ludwigs des Frommen in der Kirchenprovinz Besançon mit HEIMINUS (= KRAUSE I 87)

Bei der Legation von 825 wurde MONOGOLD als einer der Missi im Missaticum um Besançon eingesetzt[2364]. Diese Legation dauerte mindestens bis Mai 826[2365].

2) 826: *missus* Ludwigs des Frommen in der Kirchenprovinz Besançon mit HEIMINUS (= –)

In ANSEGIS' Kapitelsammlung sind zehn Kapitel überliefert, die wahrscheinlich aufgrund der Berichte der Missi über ihre Legation von 825, eventuell von 826, formuliert wurden. In einem dieser Kapitel ist das Missi-Paar HEIMINUS und MONOGOLD erwähnt[2366].

KURZBIOGRAPHIE[2367]:

Aus den bei der Legation 1 genannten Quellen wissen wir, dass MONOGOLD Graf war. Wir haben zwar keine weitere Information, aber es ist gut denkbar, dass seine Grafschaft in der Kirchenprovinz Besançon lag[2368].

2361) MGH Conc. 2,2 Nr. 55 B, hier S. 702.

2362) BF 110.

2363) Siehe SCHALLER, Philologische Untersuchungen.

2364) MGH Capit. 1 Nr. 151, cc. 1–2 S. 308 = Ansegis, 2, 25–26 S. 541 f., 545. Zu dieser Legation von 825 siehe Kapitel 2, § 2, 1 , iv, „825–826“ und HEIMINUS in der Prosopographie.

2365) MGH Capit. 1 Nr. 152 S. 309 f. = Ansegis, 2. 28 S. 547–549.

2366) MGH Capit. 1 Nr. 155 S. 314 f. = Ansegis, App. 3, 5 S. 680. Das vollständige Zitat findet sich bei HEIMINUS in der Prosopographie.

2367) Literatur: DEPREUX, Prosopographie S. 334.

2368) DUPRAZ, Le Capitulaire de Lothaire I S. 282 mit Anm. 122, weist auf seine mögliche Identität mit ERMENOLD hin, aber ohne konkrete Begründung.

NANTHAR (Nantharius)

Abt von Sithiu/St-Bertin (805–†vor 820)

TÄTIGKEIT ALS KÖNIGSBOTE:

808–809: *missus/legatus* Karls des Großen in Northumbria mit HRUOTFRID (= –)

NANTHAR und HRUOTFRID wurden als kaiserliche Missi damit beauftragt, zusammen mit dem päpstlichen Legaten Aldulf den verbannten König von Northumbria bei seiner Heimkehr zu begleiten und bei seiner Rehabilitation zu unterstützen[2369].

KURZBIOGRAPHIE:

Seit 805 war NANTHAR Abt von Sithiu/St-Bertin[2370].

NIBRIDIUS (Nibridius, Nifridius, Nifridus, Nimfridus)

Erzbischof von Narbonne, Abt von La Grasse (um 799–†827/828)

TÄTIGKEIT ALS KÖNIGSBOTE:

1) 813. 5.: *missus* Karls des Großen in Arles mit JOHANNES (II) (= KRAUSE II 52)

Als Kaiser Karl anordnete, fünf Synoden in seinem Reich gleichzeitig abzuhalten, präsidierte NIBRIDIUS zusammen mit seinem Kollegen des Nachbarerzbistums als kaiserlicher Missus im Mai einer Synode in Arles[2371].

2) 817. 12. 15.: *missus* Ludwigs des Frommen in Girona mit CHRISTIAN (I) (= KRAUSE I 67)

Bei dieser Legation wurde ein älteres Inquisitionsverfahren erneut durch die missatische Inquisition bestätigt. Die *villa* Bàscara war, nachdem deren Grenze von einem Pfalzgrafen Ragonfredus[2372] und zwei herrscherlichen Richtern festgelegt worden war, der Kirche von Girona zugeteilt worden. Aus einem unbekannten Grund wurde es

---

2369) ARF a. 808 S. 126; ebd. a. 809 S. 128; Annales Sithienses, a. 809 S. 37; Ann. Maxim., a. 808 S. 24. Das vollständige Zitat und eine Erläuterung des Geschehens finden sich bei HRUOTFRID in der Prosopographie.

2370) Gesta abbatum S. Bertini Sithiensium c. 39 S. 613.

2371) MGH Conc. 2 Nr. 34 S. 248–253, hier S. 248 f. und 253. Das vollständige Zitat und die weitere Darstellung findet sich bei JOHANNES (II) in der Prosopographie.

2372) Über diesen Pfalzgrafen ist nichts Weiteres bekannt. Möglicherweise darf er mit einem Raganfredus gleichgesetzt werden, der 794 in der Umgebung Ludwigs des Frommen war. Aber das ist sehr hypothetisch. Vgl. DEPREUX, Prosopographie S. 353 f.

notwendig, nochmals durch eine missatische Inquisition ihre Grenze und Zugehörigkeit zur Kirche von Girona zu bestätigen[2373].

Girona war nach der fränkischen Eroberung in die Zuständigkeit des Erzbischofs von Narbonne gefallen[2374], weswegen es angemessen war, dass dieser mit seinem Suffragan von Nîmes nach Girona kam. Vielleicht kamen diese Missi im Rahmen der umfangreichen missatischen Inspektion dieses Jahres nach Girona, die am 1. September begann[2375].

KURZBIOGRAPHIE[2376]:

Über seine Jugendzeit ist nichts bekannt[2377]. NIBRIDIUS wird in einer Urkunde Karls des Großen Ende des 8. Jahrhunderts für das

---

2373) Catalunya Carolíngia 5 Nr. 7 (817. 12. 15.) S. 69 f.: *Condictiones sacramentorum atque exordinationes de missos gloriosissimos domno nostro Ludovico imperatore, Nifridius episcopus, Christianum item episcopum, seu et iudices qui iussi sunt de ipsos missos dirimere causas, id est [*8 Personen*], vel in presentia aliorum multorum hominum qui cum ipsis ibidem aderant. Iuraverunt testes prolati, quos profert advocatus Walarico episcopo, id est, vicarius, dicens in faciem Godaldi, pro causa unde intentio vertebatur in testes. Hec sunt nomina testium qui iurare debent et iurant, id est [*8 Personen*], qui iuraverunt: Dicimus per Deum Patrem omnipotentem [...] et ad locum venerationis Sancti Andree, que fundata est in villa Borraciano, in territorio Bisuldunense, super cuius sacrosanctum altare has conditiones manibus nostris continemus vel iurando contangimus, quia nos suprascripti testes scimus et bene in veritate notum habemus et presentialiter fuimus quando erat Ragonfredus comes palacio, unacum iudices dominicos Donatum et Ugabaldum, in villa que dicitur Baschara, et perquisierunt terminos de ipsa villa, archas et fixorias et vindenates. Nos vidimus testantes in omnibus ... Et testificaverunt et iuraverunt et fuerunt per ipsas archas et ficxorias, unde nos supradicti testes pedibus circuivimus et manibus nostris hostendimus signa. Et sic revestivit Walarico episcopo de ipsa villa suprascripta cum terminos vel omnes fines suos a parte Sancti Felicis beatissimi martiris Christi sedis Gerundensis. Et ea que scimus recte et fideliter testificamus per supradictum iuramentum in Domino [...] Magnetius sagio, qui hunc iuramentum per iussionem de missos dominicos vel iudices recepi SSS ...*

2374) Fastes 1 S. 301 f.

2375) Siehe die anonymen Missi „817. 9. a“ und „817. 9. b“ in der Prosopographie.

2376) Literatur: Fastes 1 S. 305; SEMMLER, Benediktinische Reform: Zur Frage S. 268 f.; PANGERL, Nibridius.

2377) Ein *summae sanctitatis strenuus vir Nibridius* in der Gegend von Aniane, der vielleicht in den 780er Jahren BENEDIKT von Aniane traf und ihn sehr schätzte, könnte mit NIBRIDIUS identisch sein. Vita Benedicti Anianensis c. 3 S. 150.

Kloster La Grasse zur Besitzbestätigung als dessen Gründer und Abt bezeichnet[2378]. Obwohl die drei Urkunden Karls des Großen, in denen Abt NIBRIDIUS auftaucht, Fälschungen sind[2379], dürfte sich im Kern einer dieser Urkunden, die angeblich am 28. Juni 804/805/806 ausgestellt war, vielleicht ein Funken Wahrheit widerspiegeln: Eine echte Urkunde Ludwigs des Frommen vom 19. November 814 bestätigt ein Immunitätsprivileg Karls des Großen für das Kloster und seine untergeordneten Zellen[2380]. Darin sind die Zellen von St-Couat, Cabrespine und Lapalme genannt, die beiden letzteren finden sich auch in der angeblichen Urkunde Karls. Mit dieser sei dem Kloster vom Kaiser Zollfreiheit und das Immunitätsprivileg verliehen worden[2381]. Bemerkenswert für diese Untersuchung ist die Beschreibung von Cabrespine, von dem ein/eine Aquila vor einem königlichen Missus Falco einst Besitz ergriffen hätte[2382]. Im Süden des Reiches war tatsächlich ein gleichnamiger Missus, FULCO (I), im späten 8. Jahrhundert tätig[2383]. Aufgrund dieser mit der Wirklichkeit korrespondierenden Beschreibungen in der Urkunde kann man vermuten, dass dem Kloster noch in der Abtszeit von NIBRIDIUS die Güter einschließlich Cabrespine aus dem Fiskus, gegebenenfalls unter Mitwirkung von Königsboten, geschenkt wurden[2384].

2378) D KdG 189 S. 253 f. Zur Datierung dieser original, aber teilweise mangelhaft überlieferten Urkunde entweder auf 799 oder Juni 800 vgl. BM² 357 und Mühlbachers Vorbemerkung in der Edition, D KdG S. 253 f. Elisabeth Magnou-Nortier und Anne-Marie Magnou versuchen, sie aufgrund der neuzeitlichen Abschriften auf den 19. Januar 779 zu datieren. Mit dieser Datierung müsse man ihnen zufolge die bisherigen Kenntnisse der „Kanzlei"-geschichte Karls des Großen korrigieren. Recueil des chartes de l'abbaye de La Grasse S. 3 f. (zu Nr. 1).

2379) Recueil des chartes de l'abbaye de La Grasse Nr. †2 (Attigny, 804./805./806. 6. 28.) S. 5–7 Nr. †3 (Narbonne, 806. 4. 5.) S. 7 f. (= D KdG †275 S. 408–410) und Nr. †4 (Narbonne, 806./807. 4. 5.) S. 9 f.

2380) BM² 557; Urk. Languedoc Nr. 31 Sp. 94–96 = D LdF 44 (Aachen, 814. 12. 29.)S. 114–116.

2381) Recueil des chartes de l'abbaye de La Grasse Nr. †2 S. 5–7 mit Anm. 2 und Nr. 7 S. 12–14.

2382) Recueil des chartes de l'abbaye de La Grasse Nr. †2 S. 6: … *de rebus nostris propriis quae sunt in comitatu Narbonensi, Caputalpina cum ecclesia Sancti Petri, cum decimis et adiacentiis et terminiis, quod Aquila apprehendit ante Falconem missum nostrum* …

2383) Siehe FULCO (I) in der Prosopographie.

2384) Vgl. Recueil des chartes de l'abbaye de La Grasse Nr. 1, hier S. 4: … *campos*

799/800 war NIBRIDIUS im Kampf gegen den im Süden des Reiches verbreiteten Adoptianismus tätig, in guter Zusammenarbeit mit LAIDRAD von Lyon und BENEDIKT von Aniane. In diesem Zusammenhang ist er zum ersten Mal als Bischof nachweisbar[2385].

Als Erzbischof ist er erst 813 belegt, zur Zeit der Legation 1, obgleich das Erzbistum Narbonne nicht zu den in Karls Testament von 811 genannten 21 Metropolitankirchen zählte. Da Atala schon in einer Urkunde vom 14. Oktober 813 als Abt von La Grasse genannt ist, behielt NIBRIDIUS neben seinem Bischofsamt diese Abtei nicht lang[2386]. Nach Glenn C. Byer war NIBRIDIUS einer der Metropoliten, die 811/812 einen Rundbrief Karls des Großen über die Taufpraxis empfingen, doch ein positiver Beleg dafür fehlt[2387].

Als die Kirche von Narbonne und das in der Umgebung der Stadt liegende Kloster St. Paul am 29. Dezember 814, also im ersten Jahr der Regierung Ludwigs, das Privileg des Königsschutzes und der Immunität bekamen, besuchte NIBRIDIUS persönlich den Aachener Hof[2388]. Als Ludwig der Fromme der Zelle Bella Cella (St-Benoît-de-Castres) am 9. März 819 das Privileg der freien Abtswahl und der Selbständigkeit als Kloster verlieh, wurde diese Privilegierung erst mit der Zustimmung von Abt Georg von Aniane und NIBRIDIUS als zuständigem Erzbischof vollzogen[2389]. Im Zusammenhang mit dem Kloster Aniane tauchte NIBRIDIUS nochmals in einer Urkunde Ludwigs auf, als Tructesind von den Mönchen in Anwesenheit von NIBRIDIUS und seinem Amtskollegen Agobard von Lyon zum Abt gewählt wurde[2390]. Die letzte Quelle, welche seine Tätigkeit belegt,

---

ad laborandum vel prata de causa nostra fiscalium et absentorum hominum accepisset.

2385) Alkuins Briefe Nr. 207 (800. 6. 26., an ARN), hier S. 345. Vgl. auch ebd. Nr. 200–206 S. 330–343; BM² 358a; HEIL, Der Adoptianismus S. 106–108. Siehe BENEDIKT und LAIDRAD in der Prosopographie.

2386) Recueil des chartes de l'abbaye de La Grasse Nr. 5 S. 10 f.

2387) BYER, Charlemagne and baptism S. 18 f.

2388) D LdF 44 (Aachen, 814. 12. 29.) S. 114–116, hier S. 115: … *quia vir venerabilis Nifridius Narbonnensis urbis archiepiscopus adiens obtutibus nostris deprecatus est mansuetudinem culminis nostri, ut …*

2389) BM² 684; D LdF 151 (Aachen, 819. 3. 9.) S. 377–379.

2390) BM² 743; D LdF 200 (Diedenhofen?, 821. 2. 11. – 822. 3. 19., vielleicht 821. 10., interpoliert) S. 493–497. Im Gegensatz zu SEMMLER, ebd. S. 269, bin ich der Meinung, dass weder NIBRIDIUS noch Agobard von Lyon kaiserliche *missi* waren.

ist die Urkunde Ludwigs des Frommen vom 11. November 822 für das Kloster Bañolas in der Diözese Girona, wo die Abtswahl von den Mönchen unter Leitung des zuständigen Erzbischofs NIBRIDIUS vorgenommen wurde[2391].

Um die Jahreswende 827/828 schickte Agobard von Lyon in seiner Notlage wegen der „Judenproblematik" einen Hilfeschrei in Form eines Briefes an NIBRIDIUS[2392]. Eine Antwort ist nicht überliefert, es gibt aber keinen Anhaltspunkt dafür, dass NIBRIDIUS antijüdisch eingestellt war[2393]. Er starb vor Ende des Jahres 828, sein Nachfolger Bartholomaeus ist in einem kaiserlichen Rundschreiben von Ende 828 erwähnt[2394].

NIDHART (Nidhart, Nidhardus)

Missus (822)

TÄTIGKEIT ALS KÖNIGSBOTE:

822. 4. 3.: *missus* Ludwigs des Frommen in Ergolding mit FREHOLF (= KRAUSE II 79)

Ludwig entsandte die Missi NIDHART und FREHOLF, um die Klage wegen einer Kapelle im Bistum Freising zu untersuchen, die sich Bischof Hitto angeblich widerrechtlich angeeignet hatte. Nach der Anhörung – vielleicht einer Inquisition, weil diese Kapelle möglicherweise zu Nutzen des Herrschers erbaut worden war – fiel das Urteil zugunsten des Bischofs aus[2395].

KURZBIOGRAPHIE[2396]:

Eine sichere Gleichsetzung mit einem der mehrfach belegten Nidharte/Nitharte in Bayern ist sehr schwer. Philippe Depreux identifizert NIDHART mit dem Nidhart, der 816 von Bischof Hitto die der Freisinger Kirche von seinem Vater und Bruder geschenkten Güter in

2391) BM² 759; D LdF 212 (Attigny, 822. 9. 11.) S. 522–525.

2392) Agobardi Lugdunensis opera omnia Nr. 14 S. 231–234. Zur Datierung des Briefes GEISEL, Die Juden S. 575–580.

2393) GEISEL, Die Juden S. 695–697.

2394) MGH Capit. 2 Nr. 184, hier S. 2 = MGH Conc. 2,2 Nr. 50A, hier S. 597; MGH Capit. 2 Nr. 185, hier S. 6; MGH Conc. 2,2 Nr. 50 (B), hier S. 601.

2395) Trad. Freising Nr. 463 (Ergolding, 822. 4. 3.) S. 394. Vgl. BROWN, Unjust seizure S. 146 f. Siehe FREHOLF in der Prosopographie.

2396) Literatur: DEPREUX, Prosopographie S. 334 f.

Pirhtilindorf gegen Zins erhielt[2397]. Dieser Nidhart erhielt 836 vom Nachfolger Erchanbert urkundlich dasselbe *beneficium*[2398].

NIVELUNGUS (Nivelongus, Nivelungus)

Graf (843–879, als Graf ab 864)

TÄTIGKEIT ALS KÖNIGSBOTE:

853. 11.: *missus* Karl des Kahlen in Nevers, Auxerre und Avallon mit HUGO (II) und GOZSO (= KRAUSE I 148)

Nachdem Karl der Kahle von dem Herrschertreffen mit Lothar I. in Koblenz zurückgekehrt war, setzte er in Servais insgesamt 43 Missi ein, zu denen NIVELUNGUS zu zählen ist[2399].

KURZBIOGRAPHIE[2400]:

NIVELUNGUS gehörte zur adligen Familie der Nibelungen, deren Stammvater Hildebrand, ein Bruder Karl Martells, ist[2401]. Er war schon in der Zeit des Bruderkriegs *fidelis* Karls des Kahlen und erwarb am 13. Januar 843 als Belohnung für seinen Dienst (*ob devotionem servicii sui*) Besitzungen aus dem Fiskalgut im Auxerrois und Gâtinais[2402]. Welches Amt er bei der Legation von 853 innehatte, ist unklar. In einer Urkunde Karls des Kahlen vom 29. Januar 864, in der er Karls Schenkung eines bisher zur Grafschaft gehörenden Gutes an das Kloster St-Denis zustimmt, erscheint er als Graf von Vexin[2403]. 868 ist er als Beisitzer des Hofgerichts in Rouy belegt, wobei er als *comes* zwei Gerichtsurkunden unterschrieb[2404]. Er war im Mai 879 noch am Leben, als er eine Schenkungsurkunde eines Grafen Ale-

2397) Trad. Freising Nr. 364 (Oexing, 816. 6. 12.) S. 311. Einer der Zeugen ist ORENDIL.

2398) Trad. Freising Nr. 620 (Velden, 836. 11. 23.) S. 530.

2399) MGH Capit. 2 Nr. 260 S. 271–276, hier nur S. 276 zitiert: *Hugo, Gozso, Nivilungus missi in Niverniso, Alciodriso, Avaliso.*

2400) Literatur: LEVILLAIN, Nibelungen 1 S. 348 f. (als Nibelung III.); KASTEN, Erbrechtliche Verfügungen S. 303; KIENAST, Vasallität S. 378–380 mit Anm. 1315 f. und 1320; SETTIPANI, La préhistoire S. 352 (als Sohn Nibelungs III.).

2401) Zu dieser Familie vgl. LEVILLAIN, Nibelungen 1; LEVILLAIN, Nibelungen 2; KASTEN, Erbrechtliche Verfügungen; SETTIPANI, La préhistoire S. 341–354.

2402) D KdK Nr. 16 (Valenciennes), 1 S. 38–40. Dazu BF 350.

2403) D KdK Nr. 263 (Compiègne), 2 S. 93–95. Er ist der einzig sicher nachweisbare Graf von Vexin im 9. Jahrhundert. GRIERSON, L'origine S. 86 mit Anm. 25.

2404) D KdK Nr. 314 I (Placita: 868. 4. 9.) und II (Notitia), 2 S. 192–196.

tramnus *regis Hludouuici propinquus* für St-Denis unterschrieb[2405]. Danach hört man nichts mehr von ihm.

NOMINOE (Nominoe)

Graf von Vannes, Missus in der Bretagne (832–851)

TÄTIGKEIT ALS KÖNIGSBOTE:

834–840: *missus* Ludwigs des Frommen in der Bretagne (= KRAUSE S. 195 als Ehrentitel für seine „selbständige, vicekönigliche Gewalt" in der Region)

In einigen aus der Bretagne überlieferten Urkunden ist NOMINOE als kaiserlicher Missus bezeichnet[2406].

KURZBIOGRAPHIE[2407]:

Ich behandle das Leben dieses bekannten Magnaten in der frühmittelalterlichen Bretagne nicht im Detail[2408]. NOMINOE war Graf von Vannes und wurde von Ludwig auf der Ingelheimer Reichsversammlung 831 als Führer der Bretonen eingesetzt[2409]. Die Gesta sanctorum Rotonensium erzählen rückblickend[2410], dass er zuerst im Auftrag Ludwigs des Frommen, dann selbständig über die ganze Bretagne herrschte[2411]. Im ähnlichen Sinn bezeichnet eine im Kopialbuch des Klosters Redon überlieferte Urkunde bereits zu dessen Lebzeiten

---

2405) DOUBLET, S. Denys S. 783.

2406) Cart. Redon Nr. 2 (834. 6. 18.) S. 2: *missus imperatoris Lodovici Nomine.* Zur ähnlichen Bezeichnung in den späteren 30er Jahren, vgl. Cart. Redon Nr. 148 S. 114: *Miminogio misso in Brittannia*; Nr. 177 (837. 12.) S. 136; Nr. 179 (837. 12.) S. 139: *Nominoe misso imperatoris in Brittannia*; Nr. 200 (826/832–840) S. 156: *Nominoe misso in Brittannia.*

2407) Literatur: BRUNNER, Der fränkische Fürstentitel S. 264–267; SMITH, Province and empire S. 77–85; DEPREUX, Prosopographie S. 335–337.

2408) Vgl. die genannten Arbeiten von Karl Brunner, Julia M. H. Smith und Philippe Depreux mit der von ihnen zitierten älteren Literatur.

2409) Vgl. SMITH, Province and empire S. 83 zu NOMINOEs Missus-Titel: „We may therefore presume that at Ingelheim Louis designated Nominoe as his missus. But although his authority came from the emperor, Nominoe held no office, no honor in the Carolingian sense, on which his power or status was based. In this respect he was quite unlike those men chosen to act as missi elsewhere in the empire..."

2410) Zur Datierung der Gesta vgl. The Monks of Redon S. 5–10.

2411) Gesta sanctorum Rotonensium, I, 1, in: The Monks of Redon S. 109: ... *ad Nominoe principem, qui regebat illo (sc.* Ludwigs des Frommen*) tempore paene totam Britanniam, primitus ex iussione Ludouici imperatoris; postea uero suo arbitrio omnem prouinciam inuaserat.*

NOMINOE als *commes(!) in tota Britannia*[2412]. Von außen gesehen galt er zur selben Zeit als *tyrannus Britonnum*[2413].

NORTPERT (Nordbertus, Nordpertus, Nortpertus, Northpertus)
Bischof von Reggio (814–835/838/839)

TÄTIGKEIT ALS KÖNIGSBOTE:

1) 814–815: *missus/legatus* Ludwigs des Frommen nach Konstantinopel mit RICHOIN (= –)

Um die Freundschaft (*amicitia*) zwischen den Kaisern zu erneuern und den Frieden zu sichern, wurden Bischof NORTPERT und Graf RICHOIN nach Konstantinopel zu Kaiser Leo V. entsandt[2414]. Sie kamen 815 erfolgreich zurück[2415].

2) 834. 4. 3. – 838/839[2416]: *missus* Ludwigs des Frommen[2417] oder Ludwigs des Deutschen[2418] in Chiusi/Toskana mit FOLHROH (= KRAUSE I 122 = II 113)

2412) Cart. Redon Nr. 249 (850. 10. 5.), hier S. 201.

2413) Chronicon Fontanellense (hg. v. LAPORTE), a. 850 S. 85.

2414) ARF a. 814 S. 140 f.: *Quibus susceptis atque dimissis domnus Hludowicus legatos suos, Nordbertum Regiensem episcopum et Richoinum Patavinum comitem, ad Leonem imperatorem ob renovandam secum amicitiam et praedictum pactum confirmandum direxit*; Astronomus c.23 S. 354: *Quos cum imperator remitteret, simul cum eis misit missos suos Leoni substituto imperatori, Northbertum Reginensem episcopum et Ricoinum Pictauinum comitem, petens amicitiarum sotietatem et renovationem antiquarum, simul et pacti confirmationem.* Siehe auch die anonymen Missi „814b" in der Prosopographie.

2415) ARF a. 815 S. 143: *Nordbertus episcopus et Richoinus comes de Constantinopoli regressi descriptionem pacti, quam Leo imperator eis dederat, detulerunt; qui inter cetera terrae motum gravissimum mense Augusto per continuos quinque dies ibi contigisse retulerunt, quo et ipsius urbis aedificia conplura cecidisse et aliarum civitatum populos ruinis oppressos esse testati sunt*; Astronomus c. 25 S. 360–362: *Quo tempore Norbertus episcopus et Ricoinus comes a Constantinopoli regressi sunt federisque pactum inter ipsum et Francos detulere gratissimum.* Vgl. NERLICH, Diplomatische Gesandtschaften S. 107 und 181.

2416) BORGOLTE, Chronologische Studien S. 167 Anm. 489; BORGOLTE, Kommentar S. 455.

2417) DEPREUX, Prosopographie S. 337. Vgl. UB St. Gallen 2, Anhang Nr. 15 S. 394 = Chart. Sangall. Nr. 394 S. 371: *Post hoc testimonium dedit Odalhartus vvadium Folcroho misso, ut esset paratus in praesentia domini imperatoris in placito generali iusticiam faciendi …*

2418) DEPREUX, Prosopographie S. 418.

Bei der Zeugenaussage über einen Besitz des Klosters St. Gallen in der Gegend von Chiusi waren die königlichen (!) Missi NORTBERT und FOLHROH anwesend[2419]. Sie scheinen ein Inquisitionsverfahren durchgeführt zu haben.

KURZBIOGRAPHIE[2420]:

820 wurde NORTPERT zusammen mit Bischof RATOLD (I) von Verona und dem kaiserlichen Vasallen LEO (I) damit beauftragt, die Klage des Abtes Ingoald von Farfa über ungerechte Konfiskationen eines Gutes der Abtei durch Herzog WINIGIS (I) von Spoleto zu überprüfen[2421]. NORTPERT hatte 824 bei einer von WALA* abgehaltenen Gerichtssitzung in Reggio wiederum neben LEO (I) den Beisitz[2422]. 827 nahm er an der Synode in Mantua teil[2423]. 835 unterschrieb er die Schenkungsurkunde der Witwe des Königs Bernhard, Kunigunde, für das Kloster S. Alessandro in Parma[2424].

NOTHO (Notho)

Missus, dann Erzbischof von Arles? (816)

TÄTIGKEIT ALS KÖNIGSBOTE:

816: *missus* Ludwigs des Frommen in Salzburg (= KRAUSE II 61)

Er ist einer der Missi, die einen Brief Ludwigs und den authentischen Text der Aachener Institutio canonicorum an ARN von Salzburg überbrachten[2425].

2419) UB St. Gallen 2, Anhang Nr. 15 S. 393 f. = Chart. Sangall. Nr. 394 S. 370 f.: *Haec est inquisitio de curtis, qui fuerunt traditi ad monasterium sancti Galli in fine Clusina ab Erchanboldo Alamanno, qualiterque nuper misso nostro praesenti requisierunt Nordpertus episcopus et Folhroh comes, missi domni regis, et qualiter isti, qui hic subterscripti, testificaverunt. […] Post hoc testimonium dedit Odalhartus vvadium Folcroho misso, ut esset paratus in praesentia domini imperatoris in placito generali iusticiam faciendi.* Vgl. SCHNEIDER, Die Reichsverwaltung in Toscana S. 104; BOUGARD, La justice S. 401 f.

2420) Literatur: DEPREUX, Prosopographie S. 337.

2421) Dies ist erwähnt in einem Placitum vom August 821 mit einer Angabe: *Pręterito anno.* MANARESI Nr. 32 (Norcia, 821. 8.), hier S. 99 f. Hlawitschka sieht hier eine „Missatsfunktion“. HLAWITSCHKA, Ratold S. 18. In der Tat sind alle drei Beauftragten vorher und/oder nachher als Missi belegt.

2422) MANARESI Nr. 36 S. 109–113 = ChLA 88 Nr. 32 (Reggio, 824. 12.) S. 125–127, hier S. 126. Siehe WALA* in der Prosopographie.

2423) MGH Conc. 2,2 Nr. 47, hier S. 585.

2424) ChLA 93 Nr. 2 (Parma, 835. 1. 16.) S. 19–23, hier S. 22.

2425) MGH Conc. 2,1 Nr. 39, C. hier S. 458–460. Siehe ERMENFREDUS in der Prosopographie.

KURZBIOGRAPHIE:
Hier ist zu erwähnen, dass ein gleichnamiger Erzbischof Notho[2426] von Arles zwischen 824 und 844 nachweisbar ist[2427], auch wenn die Identifizierung dieser zwei Personen nicht sicher ist[2428]. Der Erzbischof ist erstmals bei einem Tauschvertrag mit Graf LEIBULF vom 7. November 824 in Arles nachweisbar[2429]. Dieser Vertrag wurde 825 in Aachen durch Ludwig den Frommen bestätigt[2430]. Zuvor hatte Ludwig allerdings NOTHO brieflich damit beauftragt, die Gegenstände des Tausches zu bewerten. Erst danach konnte NOTHO mit LEIBULF eine Tauschurkunde ausfertigen[2431]. NOTHO wurde durch das kaiserliche Rundschreiben zur Synode in Toulouse 829 einberufen[2432]. Er nahm auch an den Synoden von Diedenhofen 835, Quierzy 838 und Germigny-des-Prés 843 teil[2433]. 844 wurde er von Karl dem Kahlen zusammen mit Pfalzgraf Hilmerad, Markgraf Sunifrid und Graf Suniarius mit einer Untersuchung der Situation der *Hispani* in Aspiran und Albinian beauftragt[2434].

NOTING (Notingus)

Bischof von Vercelli, Verona, dann Brescia (844–859)

TÄTIGKEIT ALS KÖNIGSBOTE:
1) 853 Anfang Mai[2435]: *missus* Ludwigs II. von Italien nach Ravenna mit ADALGIS (II) (= –)

2426) *Noto* oder *Notho*.
2427) Gallia chr. nov. Arles Nr. 195–202 Sp. 79–82; Fastes 1 S. 261. Andererseits scheint mir unwahrscheinlich, unseren NOTHO mit einem anderen Noto zu identifizieren, der Abt von St-Remi in Reims und zwischen 844–845 Verweser des Reimser Erzbistums war. Vgl. MGH Conc. 4 Nr. 27 S. 235; HRE III c. 1 S. 190; SCHRÖRS, Hinkmar S. 36.
2428) Für diese Gleichsetzung ist PANGERL, Metropolitanverfassung S. 310 Anm. 69 und S. 319.
2429) Gallia chr. nov. Arles Nr. 195 Sp. 79–82.
2430) BM² 794 (Aachen, 825. 1. 3.); D LdF 239 (Aachen, 825. 1. 3., verfälscht?) S. 596–599.
2431) D LdF Dep. 19 (vor 825. 1. 3.) S. 1047.
2432) MGH Capit. 2 Nr. 184 S. 2; Nr. 185 B S. 6.
2433) MGH Conc. 2,2 Nr. 55, B S. 703; Gesta Aldrici, Fragment 7 S. 166; MGH Conc. 3 Nr. 1 S. 5.
2434) D KdK Nr. 40 (Toulouse, 844. 5. 19.), 1 S. 108–110, hier S. 110; BF 417.
2435) Vgl. BZ 106.

Als Ludwig II. Ravenna verließ, ließ er Graf ADALGIS (II) und Bischof NOTING von Brescia als Missi zurück, die den exkommunizierten ANASTASIUS Bibliothecarius dem Papst vorführen sollten[2436].

2) 853. 12.: *missus* Lothars I. und Ludwigs II. von Italien in Rom mit JOSEPH (II), PETRUS (IV) und PETRUS (V) (= –)

An der römischen Synode vom Dezember 853, auf der vor allem das Problem des flüchtigen und exkommunizierten Priesters ANASTASIUS Bibliothecarius verhandelt wurde, nahmen die Bischöfe JOSEPH (II) von Ivrea, NOTING von Brescia, PETRUS (IV) von Arezzo und PETRUS (V) von Spoleto als Stellvertreter der Kaiser (*missi*) teil[2437].

3) 855. 3.: *missus* Ludwigs II. von Italien in Aibling mit BERNHARD (I) (= KRAUSE II 144)

In Gegenwart Ludwigs des Deutschen wurde der Streit zwischen Bischof Anno von Freising und Bischof Odalschalk von Trient um Weingärten bei Bozen verhandelt. Für die Partei von Trient delegierte Ludwig II. von Italien Bischof NOTING und Graf BERNHARD (I) als seine Missi[2438].

KURZBIOGRAPHIE[2439]:

NOTING war zunächst Bischof von Vercelli, dann von Verona und zuletzt von Brescia. Karl Schmid vermutet seine Herkunft nördlich der Alpen, in Alemannien[2440]. 830 gründete NOTING auf seinem Erbgut das Kloster Hirsau. Im Frühjahr 840 wurde er zum Bischof von Verona gewählt[2441]. Dann kam er in den Lahngau[2442]. Im August 843 war er immer noch *electus episcopus*[2443]. NOTING stand so-

2436) MGH Conc. 3 Nr. 32 (Rom. 853. 12., also rückblickend) S. 332. Siehe ADALGIS (II) in der Prosopographie..

2437) MGH Conc. 3 Nr. 32 S. 331 und 334; Lib. Pont. CV, Vita Leonis IV c. 91, 2 S. 129. Siehe den Text bei JOSEPH (II) in der Prosopographie.

2438) D LdD 72 (Aibling, 855. 5. 17.) S. 101 f., hier S. 102. Siehe den Text bei BERNHARD (I) in der Prosopographie.

2439) Literatur: SAVIO, Gli antichi vescovi 2,1 S. 192–195; SCHMID, Kloster Hirsau und seine Stifter S. 30–53; HLAWITSCHKA, Franken S. 32 Anm. 36; BZ 13 und †68; HLAWITSCHKA, Ratold S. 27 f.

2440) SCHMID, Kloster Hirsau und seine Stifter S. 34. Ihm folgt HLAWITSCHKA, Franken S. 39. Vgl. JÄNICHEN, Baar und Huntari S. 97.

2441) Vgl. Cod. dipl. veronese Nr. 159 (840. 3. 17.) S. 224.

2442) BM² 1003d.

2443) Hrabani Mauri epistolae Nr. 22, in: MGH Epp. 5 S. 428.

wohl bei Lothar I. als auch bei seinem Sohn Ludwig in Gunst. Bei der Besitzbestätigung für die Kirche von Aquileia durch Lothar I. wirkte NOTING zusammen mit EBERHARD (II) von Friaul als Vermittler der Bitte des Patriarchen von Aquileia. Damals war er *vocatus episcopus* von Verona[2444]. Auch auf NOTINGs Bitte hin erhielt sein Vasall Ortin am gleichen Tag vom Kaiser eine Bestätigung der Prekarie mit der Kirche von Lodi für die Dauer von zwei Generationen[2445]. Aus diesen zwei in Gondreville ausgestellten Urkunden schließt Theodor Schieffer, dass NOTING im August 843 beim Abschluss des Vertrags von Verdun anwesend war[2446].

Er nahm an der Römischen Synode vom Dezember 853 teil[2447]. 858 wurde er zusammen mit EBERHARD (II) von Friaul zu Ludwig dem Deutschen geschickt[2448].

ODALRICUS (I) (Odalrihcus, Odalrich)

Missus (um 800) [Graf? (778 – vor 824)]

TÄTIGKEIT ALS KÖNIGSBOTE:

Um 800[2449]: *missus* Karls des Großen in Munzach (Alemannien) mit RECHO (= KRAUSE II 2 [ca. 751–752])

Bei einem *placidum* (=*placitum?*) in Munzach schenkte ein Dhutharius dem Kloster St. Gallen seinen Besitz. Dabei schworen die Zeugen vor den königlichen Missi ODALRICUS und RECHO[2450].

KURZBIOGRAPHIE[2451]:

Mit der neueren Datierung dieser Urkunde auf ca. 800 kann man nun versuchen, den Missus ODALRICUS (I) mit einem Grafen *Odalri-*

2444) D Lo I Nr. 76 (Gondreville, 843. 8. 22.), hier S. 192.

2445) D Lo I Nr. 75 (Gondreville, 843. 8. 22.), hier S. 191.

2446) D Lo I S. 191. Vgl. auch BZ 13 und 15.

2447) MGH Conc. 3 Nr. 32 S. 331. Vgl. auch Lib. Pont. CV, Vita Leonis IIII c. 101, 2 S. 129.

2448) AF a. 858 S. 48.

2449) Zur Datierung vgl. BORGOLTE, Chronologische Studien S. 157 Anm. 436, aufgrund BRUCKNERs Datierung in: ChLA 2 Nr. 154 S. 93 (Borgolte irrtümlich „Nr. 156"). Urk. Signatur: St. Gallen Stiftsarchiv II 10.

2450) UB St. Gallen 2, Anhang Nr. 16 S. 394 = Chart. Sangall. Nr. 17 (Munzach, um 800) S. 18: *Nomina testium, qui ante Odalrihcum et Rechonem, missus(!) domni regis, iuraverunt et testificaverunt sic, quod Dhutharius omnes suas (res?) tradedisset ad monasterium sancti Gallonis, sicut cartula ista con(ti?)net.*

2451) Literatur: BORGOLTE, Geschichte der Grafschaften, passim; BORGOLTE, Die Grafen Alemanniens S. 248–254.

chus in Alemannien gleichzusetzen[2452]. Dieser alemannische Graf, den Michael Borgolte in seiner Prosopographie als „Udalrich (I)“ bezeichnet, war Bruder der Königin Hildegard[2453]. Wenn diese Identifizierung richtig ist, kann man beobachten, dass die beiden Brüder der Königin, ODALRICUS und GEROLD (I), in Alemannien und in Bayern jeweils als Stellvertreter des Königs tätig waren. ODALRICUS ist als Stammvater der Udalrichinger anzusehen. Seine Nachkommen sind weiterhin in Alemannien als Grafen nachweisbar.

ODALRICUS (II) (Odalricus)

Missus (853–861)

TÄTIGKEIT ALS KÖNIGSBOTE:

853. 11.: *missus* Karls des Kahlen in Noyon, Vermand, Arras, Courtrai, Flandern, den Grafschaften Engilrams und WALTCAUDs mit IMMO (II), ADALHARD (III) und WALTCAUD (= KRAUSE I 139)

ODALRICUS war einer der Missi im nördlichsten Missaticum am Ärmelkanal[2454].

KURZBIOGRAPHIE:

ODALRICUS (II) war am gegenseitigen Treueid zwischen dem König und den westfränkischen Magnaten 858 in Quierzy beteiligt[2455]. Er ist wohl identisch mit einem *praeclarus Odalricus*, der 861 seinen Besitz im Hennegau mit Abt LUDWIG von St-Denis tauschte und darüber eine Bestätigungsurkunde Karls erhielt[2456].

ODALRICUS (III) (Oadalrih, Odalrich, Odalricus, Odolricus, Vodalrih)

Graf in Bayern (855–890)

TÄTIGKEIT ALS KÖNIGSBOTE:

860: *missus* Ludwigs des Deutschen im pannonischen Grenzgebiet (= KRAUSE II 196)

Ludwig der Deutsche schenkte der Salzburger Kirche die Stadt Steinamanger und *Peinihhaa* sowie zahlreiche bisher zu Lehen be-

2452) Borgolte behandelt in seiner Prosopographie unseren Missus ODALRICUS (I) nicht.

2453) Notker, I, 13 S. 17.

2454) MGH Capit. 2 Nr. 260 S. 276. Siehe den Text bei ADALHARD (III) in der Prosopographie.

2455) MGH Capit. 2 Nr. 269 S. 297.

2456) D KdK Nr. 229 (Quierzy, 861. 7. 7.), 2 S. 10f.

sessene Höfe und Kirchen, nachdem ODALRICUS als Missus die Grenzen festgelegt hatte[2457].

KURZBIOGRAPHIE[2458]:

In einer Urkunde vom April 855 über den Besitztausch zwischen Bischof Anno von Freising und einem gewissen Liutprand ist eine Villa Haidlfing (nördlich von Freising) mit der Ortsbezeichnung *in comitatu Odalrici* beschrieben. Sophie Glansdorff sieht dies als ersten Beleg seiner Grafschaft. Nach einer Urkunde Ludwigs des Deutschen für das Kloster Mattsee liegt Zöbern (südlich von Wien) *in comitatu Odalrici*[2459]. ODALRICUS' (III) Mission wurde also in seinem Tätigkeitsbereich geleistet. 869 war er als Zeuge bei der Inquisition vor dem König Karlmann anwesend[2460]. Glansdorff sieht eine Urkunde Arnolfs für das Kloster St. Emmeram von 890 als letzten Beleg seiner Tätigkeit an[2461]. Er wird von Michael Mitterauer zu den Udalrichingern gezählt.

ODO (I) (Odo)

Legatus (810), vielleicht Graf (811)

TÄTIGKEIT ALS KÖNIGSBOTE:

810, Herbst: *legatus* Karls des Großen in Ostsachsen (= KRAUSE II 43)

Als Karl 810 in Aachen war, erhielt er verschiedene Nachrichten. In einer von ihnen ist von einem ODO die Rede, der als kaiserlicher Legat in Ostsachsen mit der Grenzverteidigung beauftragt war. Die Burg *Hohbuoki*[2462] an der Elbe wurde bei einem Einfall der Wilzen besetzt[2463]. Roman Deutinger sieht in diesem ODO einen kaiserlichen Mandatsträger mit markgräflicher Funktion[2464].

2457) D LdD 102 (Mattighofen, 860. 11. 20.) S. 147 f.

2458) Literatur: MITTERAUER, Karolingische Markgrafen S. 204 f.; DEUTINGER, Königsherrschaft S. 168; GLANSDORFF, Prosopographie S. 193 f.

2459) D LdD 101 S. 145 f.

2460) Trad. Freising Nr. 898 S. 702 f.

2461) D Arn 75 (Mosapurc, 890. 3. 21.) S. 112 f.

2462) Klebel lokalisiert sie „bei Gartow an der Elbe“ (S. 7), während Deutinger sie als Höhbeck bezeichnet. Siehe die unten genannte Literatur.

2463) ARF a. 810 S. 131 f.: *Sed dum imperator memorato loco stativa haberet, diversarum rerum nuntii ad eum deferuntur [...] castellum vocabulo Hohbuoki Albiae flumini adpositum, in quo Odo legatus imperatoris et orientalium Saxonum erat praesidium, a Wilzis captum...* Vgl. BM² 450a.

2464) DEUTINGER, Königsherrschaft S. 201 mit Anm. 283.

KURZBIOGRAPHIE[2465]:
Möglicherweise war ODO (I) dort schon 808 für die Verteidigung gegen die Slawen zuständig[2466]. Mit Hinweis auf Wenskus' Studien über den sächsischen Adel[2467] vermutet Deutinger, dass ODO eine verwandtschaftliche Beziehung zu den späteren Liudolfingern hatte. Die von Klebel vorgeschlagene Gleichsetzung von ODO und AITO, der im Diedenhofener Kapitular von 805/806 als Missus um Magdeburg bezeichnet ist, hat keine sichere Grundlage, ist aber denkbar[2468]. Wenn unser ODO bei der gescheiterten Verteidigung besagter Burg im Jahre 810 nicht gestorben ist, dürfte er mit einem Grafen Odo/Uodo identisch sein, der 811 bei Friedensverhandlungen mit den Dänen anwesend war[2469].

ODO (II) (Odo)

Graf von Châteaudun, dann Angers, dann Troyes, dann Mâcon (845 – †871. 8. 10.)

TÄTIGKEIT ALS KÖNIGSBOTE:
1) 853. 11.: *missus* Karls des Kahlen in Sens, Troyes, Gâtinais, Melun, Provins, Arcis-sur-Aube und Brienne mit WENILO und DONATUS (= KRAUSE I 146)

ODO war einer der Missi in dem Teil von Burgund um Sens einschließlich seiner Grafschaft Troyes[2470].
2) 866, Ende Dezember: *missus* Karls des Kahlen in Lux (Burgund) mit ISAAK (= KRAUSE I 157)

Der Vogt der Kirche von Langres namens Alcaudus lud einen gewissen Hildebernus vor das Gericht der Missi ISAAK von Langres und ODO von Mâcon und klagte ihn wegen widerrechtlicher Ro-

2465) Literatur: ABEL/SIMSON 2 S. 390 f.; KLEBEL, Ostgrenze S. 7–9; DEUTINGER, Königsherrschaft S. 201.
2466) Vgl. die anonymen Missi „808, Herbst“ in der Prosopographie.
2467) WENSKUS, Sächsischer Stammesadel S. 70.
2468) Der Beweisgrund für seine These ist ein mögliches Schwanken der Schreibweise des Namens: Odo–Oudo–Audo und Aito–Atto–Ohto.
2469) ABEL/SIMSON 2 S. 467 Anm. 1, weist auf diese Möglichkeit hin. Siehe auch die anonymen Missi „813. 9.*“ in der Prosopographie.
2470) MGH Capit. 2 Nr. 260 S. 276. Siehe den Text bei DONATUS in der Prosopographie.

dung des Besitzes des Klosters St-Bénigne in Dijon an. Doch es fiel keine Entscheidung[2471].

3) 867. 1.–2.: *missus* Karls des Kahlen in Lux mit ISAAK, HILDEBALD (II) und BERTRAMNUS (= KRAUSE I 157 und 158)

Die Verhandlung über den oben erwähnten Rechtsfall wurde nach 40 Tagen wieder aufgenommen, wobei zwei weitere Missi anwesend waren. Die Entscheidung wurde abermals auf eine Folgesitzung vertagt, das Urteil dann letztlich zugunsten des Alcaudus gefällt[2472].

4) 869. 6. 21. – 870. 6. 20.: *missus* Karls des Kahlen in Coton (Burgund) mit ISAAK und BERTRAMNUS (= KRAUSE I 160)

Vor den Missi ISAAK von Langres, Graf ODO und BERTRAMNUS klagte Alcaudus, Vogt von St-Bénigne, gegen Hildebernus, weil dieser sich weigerte, die Güter des Klosters, die er sich widerrechtlich angeeignet hatte, trotz der Rechtsprechung der Schöffen zurückzugeben. Das Urteil fiel zugunsten des Klosters[2473].

KURZBIOGRAPHIE[2474]:

ODO (II) gehört zu denjenigen, die einen Teil der zur Reimser Kirche gehörenden Güter bis zur Rückgabe 845 als Lehen innehatten[2475]. Nach Léon Levillain war ODO bei seiner Schenkung im Mai 846 für das Kloster St-Martin in Tours schon Graf von Châteaudun. Vor seiner ersten Legation 853 wurde er zweimal vom König begünstigt. Mit der Urkunde vom 11. Oktober 849 schenkte Karl der Kahle *fidelem nostrum, Odonem, dilectum nobis comitem atque ministerialem nostrum* aus dem Königsgut 50 Mansen der *villa* Nogentel im Omois[2476]. Da die Urkunde in Narbonne ausgestellt wurde, sieht die Forschung in dieser Schenkung eine Belohnung für ODOs Ver-

---

2471) Urk. Dijon Nr. 76 (Lux, 866, Ende Dezember) S. 106. Siehe ISAAK in der Prosopographie.

2472) Urk. Dijon Nr. 78 (Lux, 867. 2.) S. 107 f. Siehe ISAAK in der Prosopographie.

2473) Urk. Dijon Nr. 84 (Coton, 869. 6. 21. – 870. 6. 20.) S. 113–115. Siehe ISAAK in der Prosopographie.

2474) Literatur: LEVILLAIN, Essai sur le comte Eudes S. 153–163; WERNER, Frühzeit des französischen Fürstentums 2 S. 153–158; KIENAST, Vasallität S. 371 Anm. 1295 und S. 373; NELSON, Charles the Bald S. 130 f., 176 f., 186–188 und 192–196. Die Identität dieses ODOs (II) mit Odo, dem Sohn ARDUINs und Schwager Ludwigs des Stammlers, wurde in der Forschung bereits überzeugend abgelehnt.

2475) Vgl. D KdK Nr. 75 (*villa Avegio*, 845. 10. 1.), 1 S. 210–213 = HRE III c. 4 S. 194 f.; BF 374 und 495.

2476) D KdK Nr. 119, 1 S. 315–317; NOIZET, Les chanoines S. 58 mit Anm. 18.

dienst beim Feldzug in Aquitanien und Gothien[2477]. (Diese Güter wurden nach ODOs Tod 871 dem Kloster St-Martin de Tours durch die Testamentsvollstrecker Graf BOSO [IV] und Graf Bernardus, möglicherweise BERNHARD [III], geschenkt[2478].) 851 ist ODO als Graf von Angers belegt, als Karl den Besitzaustausch zwischen ihm und Bischof DODO von Angers bestätigte[2479]. Außerdem intervenierte er als *rector* des Klosters St-Aubin in Angers für seinen Mönch Anscarius beim König, sodass Karl diesem die lebenslange Beibehaltung eines Benefiziums aus dem Klosterbesitz bestätigte[2480]. Vor 853 übergab ODO ROBERT die Grafschaft Angers und wechselte als Graf nach Burgund, wo er 855 als Graf von Troyes belegt ist[2481]. Die Beauftragung mit der Legation von 853 – also kurz nach seiner Versetzung – und seine Anwesenheit bei der gegenseitigen Treueidleistung zwischen dem König und seinen Magnaten im März 858 in Quierzy[2482] zeigen wohl Karls Vertrauen zu ihm. Kurz danach wechselte ODO jedoch auf die Seite seines langjährigen Gefährten ROBERT, der zwischen 857 und 861 gegen Karl rebellierte. Im Juli 858 reiste ODO zusammen mit Abt ADALHARD (III) von St-Bertin ins Ostfrankenreich, um Ludwig den Deutschen nach Westen zu rufen[2483]. Im Synodalschreiben an westfränkische Große, das auf der großen Versammlung von Savonnières (859) verfasst wurde, wurde ODO nach ROBERT als zweiter der aufständischen Großen angeredet[2484]. Aber wahrscheinlich versöhnte er sich – wie ROBERT – 861 mit dem König. Danach befand er sich mehrmals im königlichen

2477) Vgl. Chronicon Fontanellense, a. 849 S. 302 = Ann. Fontenelle, a. 849 S. 83.
2478) D Prov 15 S. 29 f.; BZ 2642.
2479) D KdK Nr. 139 (*Litnus/Litinis?*, 851.[?] 7. 3.), 1 S. 366–368.
2480) D KdK Nr. 140 (Juvardeil, 851. 8. 16.), 1 S. 368–370.
2481) D KdK Nr. 171 (Attigny, 854./855. 4. 25.), 1 S. 449–453.
2482) MGH Capit. 2 Nr. 269 S. 296 f.
2483) AF a. 868 S. 49.
2484) MGH Conc. 3 Nr. 47 (859. 6. 14.), G S. 482.

Dienst einschließlich der oben genannten mehrmaligen Legationen in Burgund bis zu seinem Tod[2485]. Er starb am 10. August 871[2486].

ORENDIL (Orendil)

Judex, dann Graf (802–824)

TÄTIGKEIT ALS KÖNIGSBOTE:

802. 8. 4.: *missus* Karls des Großen in Bayern mit ARN und ADALWIN (= KRAUSE I 31, ohne Erwähnung von ORENDIL)

Auf der Gerichtsversammlung, die die drei Missi ARN von Salzburg, ADALWIN von Regensburg und *judex* ORENDIL abhielten, wurde ein Streit zwischen der Freisinger Kirche und einem gewissen Reginpert um einen Besitz verhandelt[2487].

KURZBIOGRAPHIE[2488]:

In der Forschung werden verwandtschaftliche Beziehungen zu den Huosi bzw. den Klostergründern von Scharnitz-Schlehdorf und Schäftlarn vermutet. Jedenfalls waren seine Verwandten bereits vor der karolingischen Eroberung Bayerns in diesem Gebiet beheimatet[2489]. Er ist zuerst 802 als *judex*[2490], dann ab 806 als *comes* be-

2485) Epp. variorum Nr. 23/III, in: MGH Epp. 6 S. 176 f., hier S. 176; D KdK Nr. 329 (869, Ende August/Anfang September), 2 S. 226 f. (als Karls Bote zu Erzbischof Ado von Vienne. Ado erhielt diesen Brief am 26. September in Vienne.); BZ 2606. D KdK Nr. 347 (Servais, 871. 6. 8.), 2 S. 272–274, über die Konfiskation eines Besitzes im Mâconnais durch ODO, obwohl Karl wegen der Beschwerde ADALHARDs (IV) diesen Besitz zurückgab. Kurz vor seinem Tod intervenierte ODO für Erzbischof Remigius von Lyon. D KdK Nr. 348 (869. 9. 9. – 871, Anfang August), 2 S. 274–276; BZ 2638 (auch zu D KdK Nr. 347 [Servais, 871. 6. 8.], 2 S. 272–274).

2486) LEVILLAIN, Essai sur le comte Eude S. 154 mit Anm. 1.

2487) Trad. Freising Nr. 186 (Freising, 802. 8. 4.) S. 178 f. Siehe den Text bei ADALWIN in der Prosopographie. Unter den oben genannten Missi unterschrieb aber nur ORENDIL als *judex* die Urkunde. Außerdem diskutierten die Missi „mit ORENDIL“ (*ipsi missi cum Orendilo iudice et ceteris veracibus hominibus tractaverunt*). Diese Beobachtungen lassen uns bezweifeln, ob ORENDIL wirklich königlicher Missus war.

2488) Literatur: STÖRMER, Früher Adel S. 458; HANNIG, Pauperiores vassi S. 318.

2489) Vgl. BROWN, Unjust Seizure S. 103 Anm. 4.

2490) Trad. Freising Nr. 183 (Regensburg, 802. 6. 11., Missatsgericht von ADALWIN, ARN, AUDULF, DEOTKER und WERNER [II]) S. 174; Nr. 184a–b (Freising, 802. 8. 4., Missatsgericht von ADALWIN und ARN) S. 175; Nr. 185 (802. 8.) S. 177 f.

legt[2491]. Im Juli 807 hielt Graf ORENDIL zusammen mit ARN von Salzburg und Graf Amalrich eine Gerichtsversammlung in Gars ab, auf der die Söhne eines Wolpert ihre Ansprüche auf die der Freisinger Kirche von ihren Vorfahren geschenkten Güter aufgaben[2492]. Er hatte seinen Besitz in Schammach, den er 814 der Freisinger Kirche schenkte[2493]. Im August 822 wurde der Konflikt zwischen dem Bischof Hitto von Freising und einem *nobilis vir* Hrodhoh über das Gebiet bei Aßling auf einer Versammlung beigelegt, der ORENDIL und Hitto vorsaßen[2494]. Im Mai 824 hielt er als Graf zusammen mit den Bischöfen Hitto von Fresing und Baturich von Regensburg sowie den Grafen HATTO, KISALHARD, Liutpald und Ellanperht eine Gerichtsversammlung in Ergolding[2495].

OSBERTUS

Missus (853–858)

TÄTIGKEIT ALS KÖNIGSBOTE:

853. 11.: *missus* Karls des Kahlen in Le Mans, Angers, Tours, Corbonnais, Sées mit DODO von Angers und ROBERT (= KRAUSE I 144)

Er war einer der Missi im Missaticum in Neustrien[2496].

KURZBIOGRAPHIE[2497]:

2491) Trad. Freising Nr. 229 (Freising, 806. 12. 21.) S. 212 (als Zeuge); Nr. 251a (Föhring, 807. 4. 29.) S. 226 f. (Beisitzer einer Gerichtsversammlung neben Erzbischof ARN, *judex* KISALHARD und vielen anderen)

2492) Trad. Freising Nr. 258 (Gars, 807. 7. 16.) S. 231.

2493) Trad. Freising Nr. 313 (814. 1. 15.) S. 268 f.

2494) Trad. Freising Nr. 473 (822. 8. 1.) S. 404 f.

2495) Trad. Freising Nr. 507 (Ergolding, 824. 5. 24.) S. 432 f. Ansonsten ist er als Graf nachgewiesen in: Trad. Freising Nr. 364 (Oexing, 816. 6. 12.: als Zeuge beim Lehnsvertrag NIDHARTs) S. 311; Nr. 370 ([Freising,] 817. 1. 28.: als Zeuge bei der Schenkung eines Klerikers Arpio und seiner Schwester Erchana) S. 315; Nr. 405 ([Eching], 819. 1. 13.: als Zeuge bei der Schenkung eines Priesters Cozolt) S. 349; Nr. 434c (Ottershausen, 820. 4. 19.: als Zeuge bei der Schenkung eines Priesters Heripald und der Bestätigung einer früheren Schenkung eines Priesters Adalunc) S. 372; Nr. 457 (Isen, 821: als Zeuge bei der Schenkung eines Priesters Isanperht) S. 389 f.; Nr. 475 (Allershausen, 822. 8. 31.: anwesend beim Missatsgericht von HATTO neben KISALHARD) S. 406 f.

2496) MGH Capit. 2 Nr. 260 S. 276. Siehe den Text bei DODO in der Prosopographie.

2497) Literatur: NELSON, Charles the Bald S. 167, 186 und 266.

OSBERTUS war einer der Mächtigen, die in der Krise des Reiches im März 858 in Quierzy dem König den Treueid leisteten[2498].

OSCHISUS (Oschisus, Oschis, Hoschisus)

Bischof von Pistoia (861–877)

TÄTIGKEIT ALS KÖNIGSBOTE:

1) 871, vor 12. 18.: *missus* Ludwigs II. von Italien in Lucca mit PLATO, ANDREAS (III), ADALBERT (III), HILDEBRAND (III) und UBALD (= KRAUSE II 167)

Auf Bitte des Bischofs Gerhard von Lucca schickte Ludwig sechs Missi dorthin, damit sie das Inquisitionsverfahren bezüglich der entfremdeten Kirchengüter von Lucca durchführen konnten. Ludwig gab Gerhard dieses Mandat als Garantie für ein reibungsloses Verfahren[2499].

2498) MGH Capit. 2 Nr. 269 S. 296 f.

2499) D L II. It. Nr. 55 (vor 871. 12. 18.) S. 174 f., inseriert in: MANARESI Nr. 71, hier S. 258 f. = ChLA 82 Nr. 42 (Lucca, 871. 12. 18.) S. 138–145, hier S. 140: *Unde petiit pietatem nostram, ut ob amorem dei et veneratjonem eiusdem ecclesie, veram et legalem inquisitjonem fieri sup sagramentum iuberemus, sicuti et fecimus. Ideoque constituimus missos nostros Oschisum Pistoriensem et Platonem Pisane ecclesie venerabiles epischopos seu Andream Florentine ecclesie vocatum episcopum nec non Adelbertum inluster comitem adque marchionem nostrum et Ildebrandum comitem simul cum Ubaldo fidele nostro qui veram et integram iustitjam eidem episcopo vel advocato ipsius ecclesie de quibuscunque causis movilibus vel inmovilibus quesierint presentaliter fieri faciant, ut lex est, vel unde predictus episcopus vel suus advocatus veram inquisitjonem fieri petierit per bonos et veraces homines hoc adimplere studeant. Precipientes etjam iubemus ut nullus fidelium nostrorum de hac inquisitjonem quot ipse episcopus Lucane ecclesie vel advocatus ipsius petierit, aut quislibet ex missis nostris venire aliquem iusserit ad plenam iustitiam predictos episcopo vel advocato ipsius faciendum, ullatenus venire se suptrahat: quot, si venire aliquis contempserit et iustitjam facere neglexerit aut facta inquisitjone rei veritate sup sagramento dicere noluerit, bannum nostrum in rebus illius per predictos missos nostros mittere iubemus absque ulla dilatatjone. Quot si fortasse omnes predicti missi nostri ad hanc iustitja (!) faciendum simul se coniungi non potuerint, tunc monemus adque precipimus ut cuicunque illorum predictus episcopus Gherardus vel advocatus ipsius hoc anuntjaverit vel hanc nostra epistola ostenserit per se absque ulla dilatatjonem prefato Lucane ecclesie episcopo seo eidem (!) ecclesie advocato veram iustitjam et plenam inquisitjonem facere studeat et cum rei veritas inventa fuerit, statim predictum episcopum vel advocatum ipsius ad partem prefate Lucane ecclesie sine mora revestire faciat.*

2) 871. 12. 18.: *missus* Ludwigs II. von Italien in Lucca (= KRAUSE II 168)

Unter den mit dem Mandat Ludwigs ernannten Missi scheint nur OSCHISUS wirklich nach Lucca gekommen zu sein. Auf der zweiten Gerichtssitzung des OSCHISUS wurde das Mandat Ludwigs vorgelesen und das Inquisitionsverfahren durchgeführt. Interessanterweise ist OSCHISUS in dem Urkundentext während der ersten Sitzung niemals als *missus* bezeichnet. Erst auf der zweiten Sitzung, nachdem der Vogt der Kirche von Lucca das kaiserliche Mandat vorgelesen, OSCHISUS *missus* genannt und das Inquisitionsverfahren gefordert hatte, begann OSCHISUS das Inquisitionsverfahren mit dem Missus-Titel[2500].

2500) ChLA 82 Nr. 42 S. 140 f.: ... *Et cum iussio ipsa domni imperatoris relecta fuisset, cepi ipse Eriteo dicere: „Volo ut iste Hoschisus episcopus, qui est missus, de causa istius epischupatui iuxta easdem iussio domni imperatoris facias exinde inquisitjonem ...“ Et dum ipse Eriteo taliter diceretur, sic ipse Hoschisus, episcopus et misso, cepit ex iussio domni imperatoris precipere iusta illam auctoritatem, quas ibi relecta fuit, ut homines ipsos presenti venisserunt qui hoc scirent ut causas ipsas per veram ratjonem inquisita fuisset. Et cum hoc ipse Fraiperto audisset, dixit […] Et tunc ipso infantulo de ipso iudicio ante nos ambulare fecit et iterum se exinde de ipso iudicio foris abiit. Et tunc ipse Hoschisum, episcopus et missus, cepit bannire iusta ipsa iussionem ut ibi stetisserunt et ratjionem exinde abuisserunt. Iterum ipse Fraiperto reversus est et rursum dixit [..] Et dum unam et alia mittere hoccansione, tunc foras se exinde abiit. Post hec ipse Hoschisus, episcopus et missus, iusta ipsa iussionem domni imperatoris cepi exigere et demandare ipsos homines qui hoc scirent quomodo ipse Eriteo iam dixerat ut suis presentja venire. Et dum sua presentja venisserunt […] Tunc feci adduci sancta Dei evuangelie ante nos. In primis Alateo iuravit per ipsas Dei evuangelias quot de hac causa scire veritatem nobis dicere […] Sagramentas ipsas deducta, tunc ipse domnus Hoschisus, episcopus et missus, interrogavit ipso Alateo quit exinde scire quot certa veritatem exinde dixisset. […] Et dum hec omnia ab ordine factum fuisset, tunc ipse episcopus et missus eiusdem augusti sequenter ipsa iussio domni imperatoris per fuste de manum sua vestivi eundem Gherardus episcopus et Eriteo advocatus de rebus ipsis unde inquisitjone facta fuerat et intentjo inter eis orta fuit. […] Et ego quidem Roffridi notarius ex dicto adque demandatjone suprascripti Hoschisi, episcopi et missus domni imperatori, et suprascriptorum schabini scripsi […] +Ego Hoschisi episcopus et missus domni imperatoris interfui.*

KURZBIOGRAPHIE[2501]:
OSCHISUS nahm 861 an der römischen Synode[2502] und 877 an der Synode in Ravenna[2503] teil. Als die griechischen Bewohner Kalabriens Kaiser Ludwig durch Gesandte ihre Unterwerfung anboten und ihn gleichzeitig um Hilfe im Kampf gegen die Sarazenen baten, schickte Ludwig im Herbst 870 OSCHISUS mit anderen Mächtigen und den Truppen nach Süden. Unter ihnen befand sich Bischof Gerhard von Lucca, auf dessen Bitte Ludwig etwa ein Jahr später OSCHISUS und die anderen zu seinen Missi für die Kirche von Lucca einsetzte[2504].

OSTORICUS (Ostoricus)
Graf (814–815)

TÄTIGKEIT ALS KÖNIGSBOTE:
814 Sommer – 815. 2. 6.: *missus* Ludwigs des Frommen in Tournus (in Burgund und Septimanien) (= KRAUSE I 69)

OSTORICUS wurde neben anderen Missi in Burgund und Septimanien damit beauftragt, die in der Zeit Karls des Großen unrechtmäßig entzogenen Güter zu untersuchen und zurückzugeben, und hielt eine Gerichtsversammlung in Tournus ab. Es ist aber anhand dieser Urkunde schwer zu bestimmen, wer die kaiserlichen Missi neben OSTORICUS waren. Denkbar ist, dass LAIDRAD als *archiepiscopus atque missus dominicus imperatoris* seine Missi in Tournus eingesetzt hatte, da er um diese Zeit (814 oder 815) als *missus* in Mâcon nachweisbar ist[2505]. Wenn die Wortform *missos*, also der Plural, kein Fehler in der Aufzeichnung oder der Abschrift und demnach ernst zu nehmen ist, könnten Stilligon, Droctadus und Betelinus vielleicht gleichzeitig Missi des Erzbischofs und Missi des Kaisers gewesen sein[2506]. Dass Aribernus, Amalbert und Malbertus *missi dominici* waren, ist wahrscheinlicher. Aber in diesem Fall ist nicht klar zu bestimmen, wer dieser *dominus* ist, weil die in dieser Urkunde oben zweimal benutzte Bezeichnung *missi domni imperatoris* und die hier

2501) Literatur: BZ 339 und 340.
2502) MGH Conc. 4 Nr. 8 (861. 11.) hier S. 64.
2503) HARTMANN, Die Synoden S. 348 mit Anm. 16.
2504) Andreae Bergomatis historia c. 14 S. 227. Vgl. BZ 313.
2505) Siehe LAIDRAD in der Prosopographie.
2506) Zu einem vergleichbaren Fall siehe HINKMAR (I) in der Prosopographie über die Gelegenheit in Laon um 868. Siehe auch Kapitel 3, § 2, 2.

verwendete Bezeichnung *missi dominici* eine bewusste Unterscheidung sein könnte[2507].

Auch die Datierung dieser Gerichtsurkunde ist nicht einfach[2508]. Philippe Depreux datiert sie in die Zeit kurz nach Ludwigs Regierungsbeginn[2509]. Zwar kann man die Legation, mit der OSTORICUS und andere Missi beauftragt wurden, mit jener Legation identifizieren, die Thegan in seiner Biographie Ludwigs als eine der ersten Leistungen seines Helden als Kaiser beschreibt[2510]. Aber wenn der Epochentag Ludwigs nach Depreux auf den 2. Februar datiert wird[2511], scheint die Legation von OSTORICUS nur schwer in den Anfang Februar 814 datierbar zu sein. Ludwig hielt am 2. Februar 814 in Doué eine Reichsversammlung ab, sodass ein kaiserlicher Missus erst zu diesem Zeitpunkt beauftragt und abgesandt worden sein kann. Aber die Distanz zwischen Doué und Tournus von ca. 400 km ist zu weit, um sie innerhalb von vier Tagen zurückzulegen, sollte OSTO-

2507) UB Cluny Nr. 3 (814/815. 2. 6.?) S. 6: *Noticia qualiter vel quibus presentibus bonis hominibus qui subterfirmaverunt, dum resideret Ostoricus comes, missi gloriosissimi domni nostri Ludovici imperatoris, in Tornone castro, in mallo publico, una cum Stilligon, Droctado et Betelino, missos Leydradi archiepiscopo, atque missos domni imperatoris, necnon Ariberno, Amalbert, Malberto, missis dominicis; Vualdierio, Ansmundo, Ragamberto, Bertardo, Landoynus vel aliis compluris bonis hominibus qui cum eos ibidem aderat, pro multorum hominum altercationes audienda et negocia causarum derimenda, atque juxta vel recta judicia terminenda sunt. Aliter piissimus domnus imperator per immensam suam clemenciam precepit per predictos suos missos partibus Borgundiæ ac Septimaniæ, imperante in eo divina clemencia, ut omnes homines, aut vicarios vel centenarios, sive etiam ante missos dominicos, vel in quacumque judiceria potestate vel qualibet ingenio, injuste res abstractas fuerunt, temporibus domni hac genitoris sui piissimi Karoli imperatoris, ut omnes, anime sue salute, ad pristinum in eius dominatione revocarentur, legitima debeat esse possessio. Per hanc autem auctoritatem, secundum jussionem domni imperatoris, veniens Vualaradus ante predictos missos, se reclamavit, …* Vgl. auch LAIDRAD in der Prosopographie.

2508) UB Cluny Nr. 3 S. 7: *Facta noticia, die lunis, primo quodam menses februarius, in anno, Christo propicio, primo imperante gloriosissimi domni nostri Ludovici imperatoris*. Vgl. einen Kommentar des Editors, ebd. S. 7f. Anm. 7. Der 1. Februar 814 war Mittwoch; der 1. Februar 815 war Donnerstag; Montag waren der 6. Februar 814 und der 5. Februar 815.

2509) DEPREUX, Wann begann? S. 262f. Anm. 68; DEPREUX, Prosopographie S. 338f.

2510) Thegan c. 13 S. 192, 194.

2511) So auch D LdF, Einleitung, S. lxiv.

RICUS am ersten Montag des Februars 814, nämlich dem 6. Februar, seine Gerichtsversammlung durchgeführt haben[2512]. Außerdem musste LAIDRAD von Lyon seinerseits seine eigenen Missi (*Stilligon, Droctado et Betelino, missos Leydradi archiepiscopo*) wählen und nach Tournus absenden. Dieser „Umweg" dürfte mehr Zeit benötigt haben. Daher wäre es besser, diese Urkunde (und die Tätigkeit dieses Missus) auf Anfang Februar 815 zu datieren, zumal man die von Thegan genannte Absendung der Missi nicht mit der Versammlung am 2. Februar in Doué, sondern besser mit der Aachener Reichsversammlung vom Sommer 814 verbinden kann[2513].

KURZBIOGRAPHIE:

Über das oben Genannte hinaus haben wir keine biographische Information[2514].

OTGAR (Otogarius, Otgarius Otgerus, Autcarius, Autcharius, Autgarius, Autecarius, Otkerus, Othgarius)

Erzbischof von Mainz, Abt von Klingenmünster und Weißenburg (826 – †847. 4. 21.[2515])

TÄTIGKEIT ALS KÖNIGSBOTE:

829: *missus* Ludwigs des Frommen um Mainz? (= KRAUSE I 103)

In der Tagesordnung für die Synoden vom Sommer 829 ist seine *legatio* erwähnt. OTGAR scheint während seiner Legation im Frühjahr schon einmal Nonnenklöster untersucht zu haben[2516].

KURZBIOGRAPHIE[2517]:

OTGAR war Erzbischof von Mainz. Bei seiner Bischofserhebung scheint Ludwig der Fromme großen Einfluss ausgeübt zu haben,

---

2512) Die Reisegeschwindigkeit im Mittelalter überstieg nur in Ausnahmefällen 100 km pro Tag. In der Forschung wird die durchschnittliche Reisegeschwindigkeit der Eilboten mit 50–75 km pro Tag berechnet. Zur Reisegeschwindigkeit in der Karolingerzeit vgl. ZIELINSKI, Reisegeschwindigkeit; DEPREUX, Wann begann? S. 263–265; GRAVEL, Distances S. 83–92.

2513) Vgl. anonyme Missi von „814a" in der Prosopographie.

2514) DEPREUX, Prosopographie S. 338 f.

2515) AF a. 847 S. 36

2516) MGH Capit. 2 Nr. 186 c.3 S. 7: *Similiter de monasteriolis puellarum in legatione Autgarii, in quibus nullus ordo bonae conversationis tenetur.* Siehe oben Kapitel 2, § 2, 1, iv, „828–829".

2517) Literatur: Reg. Mainz S. 55–63; DEPREUX, Prosopographie S. 339 f.; BIGOTT, Ludwig der Deutsche S. 37 f., 42, 62–64, 72 f., 77–96, 103, 122, 195 und 236 f.

da OTGAR zuvor sein Hofkapellan war. Er saß 829 der Synode in Mainz vor[2518]. OTGAR war auch Abt von Klingenmünster[2519]. 836 wurde er zusammen mit Bischof Hildi von Verdun, Graf Warin und Graf ADALGIS (II) zu Lothar I. abgeordnet[2520]. Im Juni 838 nahm er an der Reichsversammlung in Nimwegen teil, wobei er bei der Restitution eines Besitzes für das Kloster Fulda als Zeuge genannt ist[2521]. OTGAR schenkte dem Kloster Bleidenstadt eine Villa zu Geisenheim, die er von seinem *ministerialis* Hildebert gekauft hatte[2522]. Er stand eine kurze Weile dem Kloster Weißenburg vor, nachdem GRIMALD um 839 die Abtei verlor[2523]. Er nahm 840 an der von Lothar I. einberufenen Synode in Ingelheim teil[2524]. OTGAR gilt als einer der Gegner Ludwigs des Deutschen[2525].

PARDULUS (Pardulus)

Bischof von Laon, *rector* von Montier-en-Der (845–857)

TÄTIGKEIT ALS KÖNIGSBOTE:

853. 11.: *missus* Karls des Kahlen in Laon, Porcien, Soissons, Orxois und Valois mit ALTMAR und THEODACRUS (= KRAUSE I 138)

PARDULUS war einer der Missi im Missaticum um Laon[2526].

KURZBIOGRAPHIE[2527]:

PARDULUS ist einer derjenigen, die einen Teil der zur Reimser Kirche gehörenden Güter bis zur Rückgabe 845 als Lehen innehatten[2528]. Er hatte einen gewissen Einfluss am Hof und spielte eine Rol-

2518) Epistolarum Fuldensium fragmenta (29), in: MGH Epp. 5 S. 529 = MGH Conc. 2,2 Nr. 50, C S. 604. Er war auch im Januar 832 bei der Synode in St-Denis anwesend. MGH Conc. 2,2 Nr. 53 S. 694.

2519) BIGOTT, Ludwig der Deutsche S. 237.

2520) Vita et translatio s. Severi c. 2 S. 292.

2521) BM² 977a; CD Fulda Nr. 513 (838. 6. 14.) S. 226.

2522) Cod. dipl. Nassoicus Nr. 58 (Mainz, 838. 10. 28.) S. 24 f.

2523) BIGOTT, Ludwig der Deutsche S. 72 f. und 236. Siehe GRIMALD in der Prosopographie.

2524) MGH Conc. 2 Nr. 61, hier S. 793, 805, 808 und 812.

2525) Vgl. Reg. Mainz Nr. 36, 38, 39 und 42 S. 59 f.; BIGOTT, Ludwig der Deutsche S. 37, 77–96, 122, 125 und 165.

2526) MGH Capit. 2 Nr. 260 S. 276. Siehe ALTMAR in der Prosopographie.

2527) Literatur: Fastes 3 S. 140.

2528) Vgl. D KdK Nr. 75 (*villa Avegio*, 845. 10. 1.), 1 S. 210–213 = HRE III c. 4 S. 194 f.; BF 376 und 495.

le als Intervenient[2529]. Er war auf der im April 853 im Beisein Karls des Kahlen abgehaltenen Synode von Soissons einer der vier Richter, die zur Schlichtung des Streits zwischen HINKMAR (I) von Reims und den um 840/841 von EBBO geweihten Klerikern von beiden Parteien gewählt wurden[2530]. Ende Januar und Anfang Februar 857 ist sein Aufenthalt am Hof nachweisbar, weil er als Laoner Bischof und *rector* des Klosters Montier-en-Der zwei Urkunden für dieses Kloster erhielt[2531]. Auch war er einer der Bischöfe im Reich Karls, deren Teilnahme an den verschiedenen Versammlungen quellenmäßig nachweisbar ist[2532].

PAUL (Paulus)

Erzbischof von Rouen (849–856[2533])

TÄTIGKEIT ALS KÖNIGSBOTE:

853. 11.: *missus* Karls des Kahlen in Rouen, Talou, Vimeu, Ponthieu und Amiens mit Bischof HILMERAD von Amiens, HERLOIN (I) und HUNGAR (KRAUSE I 142)

PAUL war einer der Missi im Missaticum um Rouen und Amiens[2534]. Er arbeitete nicht mit seinen Suffraganen zusammen, sondern mit dem Bischof von Amiens, dessen Metropolit HINKMAR (I) von Reims war. Das kann man vielleicht mit der damals wegen der Einfälle der Normannen verwirrten Situation in seiner Kirchenprovinz erklären. Zugleich weist es darauf hin, dass sich Missatica in der Zeit Karls des Kahlen nicht strikt an der kirchlichen Hierarchie orientierten.

KURZBIOGRAPHIE[2535]:

Nach der Eroberung und Plünderung von Rouen am 14. Mai 841 durch die Wikinger war die Kirchenprovinz Rouen in einer Zeit der

2529) D KdK Nr. 197bis (847/857), 2 S. 520.

2530) MGH Conc. 3 Nr. 27, Verhandlungsprotokoll S. 264–279, bes. S. 269.

2531) D KdK Nr. 191 (Quierzy, 857. 1. 25.), 1 S. 495–498; ebd. Nr. 192 (Quierzy, 857. 2. 6.) S. 499–501 = Cart. Montier-en-Der Nr. 16 und 17 S. 81–88.

2532) MGH Conc. 3 Nr. 18 (Quierzy, 849 Frühjahr) S. 196; Nr. 20 (Anjou[?], 850. 7./8.) S. 203; Nr. 27 (Soissons, 853. 4.) S. 264, 268 f., 277, 278, 279 und 281; Nr. 31 (Verberie, 853. 8. 27.) S. 304 und 306; Nr. 34 (Bonneuil, 855. 8. 24.) S. 370.

2533) Vgl. Fastes 2 S. 211 Anm. 5.

2534) MGH Capit. 2 Nr. 260 S. 275. Siehe den Text bei HERLOIN (I) in der Prosopographie.

2535) Literatur: Fastes 2 S. 211; KAISER, Bischofsherrschaft S. 152; NELSON,

Wirren und der Zerstörung[2536]. In dieser Zeit sind die Informationen über den damaligen Erzbischof nicht so zahlreich. Am 6. Januar 849 wurde PAUL zum Erzbischof von Rouen geweiht. Sein Name findet sich in einem Brief an den bretonischen Fürsten NOMINOE, den die im Sommer 850 im Anjou zusammengekommenen Bischöfe verfassten[2537]. Zudem nahm er an weiteren drei Synoden, nämlich in Soissons vom April 853, in Verberie vom August 853 und in Bonneuil vom August 855 teil[2538]. Auf der Synode von Quierzy im November 858 war schon sein Nachfolger Wenilo zugegen[2539].

PAULINUS (Paulinus)

Patriarch von Aquileia (776 – †802. 11. 1.)

TÄTIGKEIT ALS KÖNIGSBOTE:

798: *missus* Karls des Großen in Pistoia mit elf anderen Missi (darunter FARDULF, ARN und ECHERIGUS) (= KRAUSE I 23)

Als Ildepertus, Abt von S. Bartolomeo di Pistoia, eine Beschwerde an die Missi richtete, führten sie eine Inquisition über den Sachverhalt durch[2540].

KURZBIOGRAPHIE[2541]:

PAULINUS ist vermutlich vor 740 im Friaul geboren[2542]. Zum ersten Mal trat er 776, also zwei Jahre nach der Eroberung des Lango-

---

Charles the Bald S. 326 f.; PANGERL, Die Metropolitanverfassung S. 59 f., 83 f. und 312 f.

2536) Karl der Kahle stellte am 4. November 863 in Verberie auf Bitte des Erzbischofs Wenilo eine Pancarta anstelle der verlorenen Urkunden der Kirche von Rouen aus. D KdK Nr. 259, 2 S. 86–89.

2537) MGH Conc. 3 Nr. 20 (Anjou? 850), hier S. 203.

2538) MGH Conc. 3 Nr. 27 (Soissons, 853. 4.), hier S. 277; Nr. 31 (Verberie, 853. 8. 27.), hier S. 304 f.; Nr. 34 (Bonneuil, 855. 8.), hier S. 370.

2539) MGH Conc. 3 Nr. 41 (Quierzy, 858. 11.), hier S. 408.

2540) MANARESI Nr. 25 S. 79 (= Perduti Nr. 20 S. 596). Siehe den Text bei ARN in der Prosopographie.

2541) Literatur: GIANNONI, Paulinus; L'oeuvre poétique, hrsg. v. D. NORBERG S. 10 f.; KRAHWINKLER, Friaul S. 158–166; Axel MÜSSIGBROD, Paulinus von Aquileja, in: BBKL 7 Sp. 25–27; Introduzione generale, in: Paolino Opere 1, hrsg. v. G. CUSCITO S. 13–48. Sein literarisches Werk sowie Alkuins Briefe und Dichtungen an ihn finden sich mit Übersetzungen ins Italienische und Kommentaren zusammengestellt in: Paolino Opere 1, hrsg. v. G. CUSCITO; Paolino Opere 2, hrsg. v. A. PERŠIČ und S. PIUSSI.

2542) Um 726 (GIANNONI, Paulinus S. 7), vor 740 (MÜSSIGBROD, Paulinus von Aquileja Sp. 25), oder zwischen 730–740 (Paolino Opere 1 S. 15).

bardenreiches, in Erscheinung. Damals wurde er als *vir venerabilis Paulinus artis grammatice magister* bezeichnet und von Karl dem Großen mit dem konfiszierten Besitz beschenkt, den ein bezwungener Feind des Königs, Waldandus, besessen hatte[2543]. Kurz danach kam er zum Königshof und befreundete sich mit anderen Gelehrten[2544]. 787 wurde er zum Patriarchen von Aquileia erhoben[2545]. Aber auch nach seiner Bischofserhebung war er gelegentlich nördlich der Alpen präsent und spielte eine nicht geringe Rolle bei der Kirchenpolitik des Großreiches. Er nahm an den Versammlungen auf Reichsebene teil. Anlässlich der Regensburger Versammlung von 792, auf der über den Adoptianismus diskutiert wurde[2546], erhielt er für seine Kirche zwei Privilegien: das eine für die kanonische Wahl ihres Patriarchen und Abgabenbefreiung[2547], das andere für die Besitzbestätigung und Immunität[2548]. Die andere große Versammlung, an der PAULINUS teilnahm, war die Frankfurter Synode von 794, wobei wieder die adoptianistische Häresie behandelt wurde[2549]. Mit dem Thema Adoptianismus befasste er sich auch nach der Synode weiter und schrieb zwischen 798 und 800 im Auftrag des Königs einen Traktat gegen die Lehre des Bischofs Felix von Urgell[2550].

Eine seiner wichtigen Aufgaben als Patriarch war die Missionierung im Osten. Als Pippin von Italien 796 beim Feldzug gegen die Awaren am Ufer der Donau eine Bischofsversammlung abhielt, war das Hauptthema der Verhandlung die Bekehrung dieses Volkes. Die

---

2543) D KdG 112 (Ivrea, 776. 6. 17.) S. 158 f.

2544) GIANNONI, Paulinus S. 8–13; Paolino Opere 1 S. 16; Paolino Opere 2 S. 599. Zur Datierung der hier relevanten Dichtung von Alkuin (MGH Poetae 1 S. 220–223 [Nr. IV]) vgl. BULLOUGH, Alcuin. Achievement and reputation S. 316–318.

2545) GIANNONI, Paulinus S. 13–15; Paolino Opere 1 S. 17 f.

2546) Zu dieser Versammlung vgl. HARTMANN, Die Synoden S. 104 f.

2547) D KdG 174 (Regensburg, 792. 8. 4.) S. 233 f.

2548) D KdG 175 (Regensburg, 792. 8. 4.) S. 234–236.

2549) Zu seiner Anwesenheit vgl. MGH Conc. 2,1 Nr. 19 D. Libellus sacrosyllabus episcoporum Italiae S. 130–142, hier S. 131; Nr. 19 F. Epistola Karoli Magni ad Elipandum et episcopos Hispaniae S. 157–164, hier S. 160. Zu dieser Synode vgl. HARTMANN, Die Synoden S. 105–115.

2550) Contra Felicem, hrsg. v. D. NORBERG, bes. S. 4 (Widmungsbrief): *Igitur saluberrimis uenerabilium incitantibus litterarum uestrarum imperiis, quatenus iuxta paruitatis meae intellegentiam, licet pigriores ingenii obsistat possibilitatis facultas, scribere tamen quae me contingit pro causa fidei contra pestilentes praui commenti obiectiones, qualicumque non rennuo stilo.* Zur Datierung vgl. ebd., S. v.

Idee eines behutsamen Missionsverfahrens, das in der Denkschrift dieser Versammlung geäußert wurde, wird dem Patriarchen von Aquileia zugeschrieben[2551]. Auf dieser Versammlung wurde die Zuständigkeit für die Missionsgebiete zwischen dem Patriarchen von Aquileia und den bayerischen Diözesen Salzburg und Passau aufgeteilt[2552]. PAULINUS' andere wichtige Aufgabe als Patriarch war die Übermittlung und Durchsetzung der Beschlüsse im Zentrum in die Peripherie des Reichs. Ende 796 oder Anfang 797 berief er eine Provinzialsynode in Cividale del Friuli ein, wo der Kampf gegen den Adoptianismus und die Kirchenreform thematisiert wurden, wiederum die Themen, die auf der Frankfurter Synode von 794 behandelt worden waren[2553].

Er starb 802[2554], sein Todestag ist der 1. November. Sein Epitaph wurde von Alkuin verfasst[2555].

2551) MGH Conc. 2,1 Nr. 20 S. 172–176, hier bes. S. 176 (Ende der Schrift): *Paulinus licet indignus servorum Domini ultimus servus [...] horum venerabilium fratrum socius et auditor fui.* Zu dieser Versammlung als Wendepunkt der Missionierung, besonders unter den Awaren, im Hinblick auf die Spannung zwischen Theorie/Normen und Praxis/Wirklichkeit angesichts der Missionierung in Sachsen vgl. HARTMANN, Die Synoden S. 116 f.; WAVRA, Salzburg und Hamburg S. 179 f. und 183–197; POHL, Die Awaren S. 319 f.; PADBERG, Diskussion S. 137–141; FREUND, Bayerns Bischöfe S. 176 f.; Paolino Opere 1 S. 30 f. und 125 f. Wenn das Carmen de conversionen Saxonum, ein Gedicht über die gezwungene Massentaufe der Sachsen von 777, wirklich dem späteren Patriarchen von Aquileia zugeschrieben werden kann (Schaller), dürfte auch PAULINUS schon eine konkrete Vorstellung von der Situation in Sachsen gehabt haben. Vgl. SCHALLER, Carmen de conversione. Vgl. auch einen Brief Alkuins an PAULINUS wegen der Christianisierung der Awaren, Alkuins Briefe Nr. 99 (a. 796) S. 143 f. und einen Brief an Erich von Friaul, den Heerführer beim Feldzug von 796, um ihn dazu zu bewegen, PAULINUS zu Rate zu ziehen, ebd. Nr. 98 S. 142.

2552) Conversio c. 6 S. 110, 112. Zu diesem Kapitel vgl. WOLFRAM, Salzburg, Bayern, Österreich S. 285–287. Vgl. auch die vorangehende Anmerkung.

2553) Zu dieser Synode vgl. HARTMANN, Die Synoden S. 117–119; Paolino Opere 1 S. 31–37.

2554) Chron. Lauris. breve, a. 802 S. 35.

2555) GIANNONI, Paulinus S. 123 f.; Paolino Opere 1 S. 30. Alcuini carmina Nr. 19, in: MGH Poetae 1 S. 240.

PETRUS (I) (Petrus)

Abt von Nonantola (808[?] – †825. 5. 29.[?][2556])

TÄTIGKEIT ALS KÖNIGSBOTE:

813, Frühjahr: *missus/legatus* Karls des Großen nach Konstantinopel mit AMALAR (= –)

PETRUS und Erzbischof AMALAR von Trier wurden zu Kaiser Michael nach Byzanz als diplomatische Gesandtschaft mit einem Brief Karls zum Friedensschluss[2557] gesandt[2558]. Ihre Rückkehr im Jahr 814 ist in den Reichsannalen[2559], bei Thegan[2560] und beim Astronomus[2561] verzeichnet. Dabei begleiteten sie die byzantinische Gesandtschaft aus Konstantinopel nach Aachen[2562].

KURZBIOGRAPHIE:

PETRUS (I) war vielleicht seit 808 bis zu seinem Tod Abt von Nonantola. Für seine Amtszeit sind zwei Gerichtsurteile zugunsten des Klosters bekannt, die aber verloren sind[2563]. Nach der Rückkehr aus

---

2556) Catalogi abbatum Nonantulanorum, I, in: MGH SS rer. Lang. S. 570: *Petrus a. 17. Obiit 4. Kal. Iun.*; II, in: ebd. S. 571: *Petrus annos 17. Ordinatus anno dominice incarnacionis 804. Hic fecit totam conscribi abbatiam et universum redditum, et ordinavit, quantum in helemosinis pauperum, in susceptione hospitum, in ornamentis ecclesiarum et in necessitatibus fratrum in unoquoque loco oporteret. Obiit 4. Kal. Iun. Ansfrith annos 17. Ordinatus anno Domini 821.* PETRUS (I) war noch im Dezember 824 als Abt tätig, wie unten dargelegt. Sein Nachfolger ANSFRID ist erst im Dezember 825 nachweisbar. Deswegen kann man den Todestag von PETRUS (I) auf den 29. Mai 825 datieren. Wenn die Angabe seiner Amtszeit im Äbtekatalog zuverlässig ist, wird man seinen Amtsantritt um vier Jahre verschieben und auf 808 datieren müssen. Siehe auch ANSFRID in der Prosopographie.

2557) Epp. variorum Nr. 37, in: MGH Epp. 4 S. 555 f., hier S. 556. Das vollständige Zitat findet sich bei AMALAR in der Prosopographie.

2558) ARF a. 813 S. 137. Zu den anderen Quellenangaben über diese Gesandtschaft vgl. ABEL/SIMSON 2 S. 498 f. Anm. 4; BM² 476a; NERLICH, Diplomatische Gesandtschaften S. 267.

2559) ARF a. 814 S. 140.

2560) Thegan c. 9 S. 190.

2561) Astronomus c. 23 S. 352–354.

2562) Zu diesem Gesandtschaftsaustausch von 813–814 vgl. CLASSEN, Karl der Große, das Papsttum und Byzanz S. 95 f.; NERLICH, Diplomatische Gesandtschaften S. 267 f.

2563) BOUGARD, La justice S. 406, Deperd. Nr. 78 (811. 5.) und 79 (vor 814. 1. 28.). Die Gerichtsversammlung von 811 wurde vom kaiserlichen Missus ADALHARD (I) abgehalten.

Byzanz schrieb er einen Brief an AMALAR, worin er seinen Reisepartner darum bat, ihm die Messerklärung, die AMALAR unterwegs geschrieben hatte, sowie sein für Karl den Großen verfasstes Schreiben über die Taufe zu schicken, damit er sie für seine Klostergemeinschaft verwenden könne[2564]. Obwohl AMALAR diese Messerklärung nicht veröffentlichen wollte, sandte er dem Abt die gewünschten Werke mit einem Brief und einem ihm gewidmeten Gedicht über ihre gemeinsame Reise[2565].

Eine Beurkundung Karls des Großen für das Kloster Nonantola unter Leitung von PETRUS ist nachweisbar[2566], was auf seine gute Beziehungen zu Karl hinweist. Auch Ludwig der Fromme begünstigte das Kloster Nonantola in der Abtszeit von PETRUS. Der Kaiser bestätigte im Augtst 814 in Aachen, also gerade nach der Rückkehr aus Konstantinopel, auf Bitte von PETRUS einen Tauschvertrag zwischen diesem und dem *rector* Hrodulf von S. Salvatore in Brescia[2567]. Dieser Tausch war bereits im Juni 813, als PETRUS auf Legationsreise war, von ADALHARD (I) von Corbie als kaiserlichem Missus urkundlich gebilligt[2568]. PETRUS ist noch im Dezember 824 als Abt

---

2564) Epistula Petri abbatis Nonantulani ad Amalarium (Petr.), in: Amalarii Episcopi Opera 1 S. 229 (I-A).

2565) Epistula Amalarii ad Petrum abbatem Nonantulanum (Non.), in: Amalarii Episcopi Opera 1 S. 229–231 (I-B). Zu diesem Briefwechsel vgl. STECK, Der Liturgiker Amalarius S. 59 f. Siehe auch AMALAR in dieser Prosopographie. Zu unserem Verständnis des frühmittelalterlichen Briefwesens wäre zu überlegen, „warum er (= AMALAR) an PETRUS auch jenen Brief (zurück-)sandte, den ihm Petrus zuvor geschickt hatte“. Vgl. ebd. S. 60 Anm. 245.

2566) BM² Dep. 365. Vgl. BZ 171; D L II. It 29 (Rom, 858. 3. 30.) S. 123. MANARESI, Dep. Nr. 11 S. 592 f., datiert dieses Deperditum auf 814. Da dies die kaiserliche Entscheidung beim Streit zwischen PETRUS (I) und dem Bischof Theodor von Bologna betrifft, ist es wahrscheinlich auf 813 oder noch früher zu datieren, zumal unklar ist, wann Theodor zum Bischof erhoben wurde. Vgl. Codice diplomatico della Chiesa Bolognese Nr. 11 (804./814. 1. 29.) S. 69.

2567) ChLA 88 Nr. 30 S. 116–119 = D LdF 18 (Aachen, 814. 8. 1.) S. 47–49.

2568) CDL Nr. 88 Sp. 164–166 = ChLA 80 Nr. 29 (813. 6. 4.) S. 110–115. Dieses Breve erklärt, dass ADALHARD zunächst PETRUS vor den Kaiser führte. Dieses Treffen bei Hof ist vor der Legation zu datieren. Siehe ADALHALD (I) in der Prosopographie mit der Darlegung seiner gerichtlichen Entscheidung zugunstens des Klosters Nonantola (MANARESI, Dep. Nr. 10 [811. 5.] S. 592).

nachweisbar, als er an einer von WALA* abgehaltenen Gerichtsversammlung teilnahm[2569].

PETRUS (II) (Petrus)

Bischof von Volterra (821?–845?)

TÄTIGKEIT ALS KÖNIGSBOTE:

833, um Oktober: *missus* Lothars I. in Siena mit AGIPRAND (= KRAUSE I 99)

Vor Oktober 833 beauftragte Lothar I. die Bischöfe AGIPRAND von Florenz und PETRUS (II) von Volterra schriftlich mit der Untersuchung des Streits zwischen Bischof Petrus von Arezzo (möglicherweise PETRUS [III]) und Abt Vigilius von Sant'Antimo um die Zelle San Pietro d'Asso[2570]. Sie hielten im Oktober in Siena eine Gerichtsversammlung ab[2571].

KURZBIOGRAPHIE:

PETRUS (II) war Bischof von Volterra: Sein Vorgänger ist bis zum 27. Oktober 821, sein Nachfolger ab dem 30. Dezember 845 nachweisbar. In der Amtszeit des Bischofs PETRUS verlieh Lothar I. der Kirche von Volterra die Märkte in San Silvestro und Sant'Ottaviano[2572]. Der *Petrus episcopus Bolutarensis*, der 826 an der Synode in Rom teilnahm, ist wahrscheinlich PETRUS[2573]. Er war wieder am 15. Juni 844 bei der Synode in Rom anwesend[2574].

PETRUS (III) (Petrus)

Bischof (847)

TÄTIGKEIT ALS KÖNIGSBOTE:

847: *missus* Lothars I. in Benevent mit ANSELMUS und WIDO (III) (= –)

Lothar schickte drei Missi als Unterhändler, Vermittler und Bürgen zur friedlichen Herrschaftsteilung zwischen Sikonulf und Ra-

2569) MANARESI Nr. 36 S. 109–113 = ChLA 88 Nr. 32 (Reggio, 824. 12.) S. 125–127.

2570) D Lo I. 152 (vor 833. 10.) S. 334 f.

2571) MANARESI Nr. 42 (Siena, 833. 10.) S. 132–139. Siehe den Text bei AGIPRAND in der Prosopographie.

2572) D Lo I. 164 (822–825, 829–845) S. 339. Vgl. BZ 77.

2573) MGH Conc. 2,2 Nr. 46 S. 562.

2574) Lib. Pont. CIII, Vita Sergii c. 14, 2 S. 89; MGH Conc. 3 Nr. 5 S. 25 f.; AB a. 844 S. 45 f.; BZ 26 und 27. Hierzu siehe BOSO (III) in der Prosopographie.

delchis nach Benevent. Gleichzeitig mussten diese Missi den Frieden zwischen den Franken und den Beneventanern sichern[2575].
KURZBIOGRAPHIE[2576]:
Uns fehlt ein entscheidender Nachweis für die Identifizierung dieser Person. Von der Forschung werden zwei Bischöfe namens Petrus angeführt: Petrus I. von Arezzo[2577] und Petrus von Spoleto (= PETRUS [V]). Ich begnüge mich hier mit der Bemerkung, dass die beiden Bischöfe bei den italienischen Herrschern in Gunst standen.

PETRUS (IV) (Petrus)

Bischof von Arezzo (853–865)

TÄTIGKEIT ALS KÖNIGSBOTE:
1) 853. 12.: *missus* Lothars I. und Ludwigs II. von Italien in Rom mit JOSEPH (II), NOTING und PETRUS (V) (= –)

An der römischen Synode vom Dezember 853, auf der insbesondere das Problem des flüchtigen und anathematisierten Priesters ANASTASIUS Bibliothecarius verhandelt wurde, nahmen die Bischöfe JOSEPH (II) von Ivrea, NOTING von Brescia, PETRUS von Arezzo und PETRUS (V) von Spoleto als Abgesandte der Kaiser (*missi*) teil[2578].

2) 855 (um 7. 17.): *missus* Lothars I. nach Rom mit PETRUS (V) (= –)

Im Gegensatz zu seiner früheren feindlichen Handlung gegenüber HINKMAR (I) von Reims intervenierte Lothar in dem Konflikt zwischen HINKMAR und den um 840/841 von EBBO geweihten Klerikern zugunsten des Erzbischofs. Die beiden Gesandten des Kaisers

2575) MGH Conc. 3 Nr. 12 c. 11 S. 137. Das vollständige Zitat findet sich bei ANSELMUS in der Prosopographie.

2576) Literatur: DUPRAZ, Le Capitulaire de Lothaire I S. 253 mit Anm. 32; RIESENBERGER, Prosopographie S. 127 mit Anm. 2; BZ 46.

2577) Petrus I. von Arezzo: D Lo I. 14 S. 80–82 (Aachen 833. 12. 9.: Bestätigungsurkunde für die Bischofskirche von Arezzo über den Besitz der Klöster Sant'Ansano und San Pietro d'Asso); ebd. Nr. 28 S. 103 f. (Schenkung einer Kirche in der Diözese an die Bischofskirche von Arezzo); ebd. Nr. 78 S. 195 f. (Remiremont, 843. 8. 28.: Bestätigung von Immunität und Königsschutz für seine Kirche); ebd. Nr. 79 S. 197 f. (Remiremont, 843. 8. 29.: Bestätigung der Ausstattung für die von diesem Bischof eingesetzten Kanoniker). Er war wahrscheinlich beim Abschluss des Vertrags von Verdun anwesend, so Theodor Schieffer in: D Lo I. S. 191.

2578) MGH Conc. 3 Nr. 32 S. 331 und 334; Lib. Pont. CV, Vita Leonis IV c. 91, 2 S. 129.

sollten dem Papst Leo IV. zusammen mit HINKMARs Gesandten ein kaiserliches Schreiben überbringen, durch das Lothar den Papst um die Bestätigung der Synodalbeschlüsse von Soissons (853) ersuchte[2579].

3) 865 (nach Februar?): *missus* Ludwigs II. von Italien in Tuszien mit JOHANNES (VI) und WINIGIS (II) (= KRAUSE I 180)

PETRUS war einer der Missi in Tuszien[2580].

4) 865. 4.: *missus* Ludwigs II. von Italien in Lucca (Tuszien) (= KRAUSE I 182)

Als PETRUS auf seiner Legationsreise nach Lucca kam, hielt er eine Gerichtsversammlung ab, auf der der Streit zwischen der Kirche S. Cassiano und einem gewissen Audiprand aus dem Ort *Basilica* verhandelt wurde. Die Entscheidung fiel zugunsten der Kirche[2581].

2579) MGH Epp. 8,1 Nr. 198 (867 an Papst Nikolaus I.), hier S. 213: *Quae cum ad fratres et coepiscopos nostros retuli, rogantibus eis apud Hlotharium imperatorem epistolam exinde ipso ex animo largiente per missos suos optinui, ubi inter cetera ita scriptum habetur: Sed ad nostras petitiones exequendas et optinendas Petrum venerabilem et dilectissimum nobis Spolitinum episcopum viva voce nostra vice executorem instruximus. Et alium Petrum, venerabilem aeque et amantissimum episcopum Aritinum, litteris commonuimus et alios fideles vestros atque nostros similiter inde monuimus, et reliqua. Sicque cum ista epistola et cum legatione imperatoris per praefatum venerabilem episcopum missos meos cum litteris Romam direxi, quibus in via nuntius venit de obitu papae Leonis*; HRE III c. 10 S. 208: *Ad hoc denique obtinendum, quod pro predicto presule petebat, idem Lotharius Petrum Spoletanum episcopum, mandatis super hac re per semet instructum, executorem direxerat et alium Petrum Aretinum episcopum litteris exinde commonuerat aliosque quosdam tam suos quam premissi pape fideles ad id peragendum destinaverat*. Vgl. BM² 1172a; BH 332.

2580) MANARESI Nr. 69 (Lucca, 865. 4.) S. 249; Nr. 70 (Lucca, 865. 4.) S. 252 f. = ChLA 82 Nr. 4 (Lucca, 865. 4. [vor 20.]) S. 26–29, hier S. 26; Nr. 3 (Lucca, 865. 4. [vor 20.]) S. 22–25, hier S. 23. Das vollständige Zitat findet sich bei JOHANNES (VI) in der Prosopographie.

2581) ChLA 82 Nr. 3 (Lucca, 865. 4. [vor 20.]) S. 23: … *et cum venissemus civitatem Lucam, ressedente ego Petrus episcopus in iudicio in domo ipsius episscopii, in caminata, una simul cum Germina episcopus ipsius civitatis, ressedentibus nobiscum … Ademarius et Eriprandus vassos domni imperatoris, Alpertus, Thomas, Agelmundus et Stefanus iudicibus sacri palacii, Filoardus et Teofredus scavinis Lucenses, Conradus vassus imperialis et reliqui. Ibique in nostra venerunt presencia, idest Garipertus diaconus custodem ecclesie sancti Cassiani una cum Rumoaldo advocato ipsius ecclesie, necnon et Audiprando de vico qui dicitur Basilica altergacionem inter se abentes. […] Cum ipse Audiprando ita profiteretur, iterum in-*

KURZBIOGRAPHIE[2582]:
Bekannt als Petrus II. von Arezzo. Der erste sichere Beleg für sein Bischofsamt stammt aus dem Verhandlungsprotokoll der Römischen Synode vom Dezember 853[2583]. Aber dieser PETRUS (IV), nicht Bischof Petrus I. von Arezzo, ist wahrscheinlich identisch mit *Petrus Aritinus episcopus*, durch den Lothar I. um Juni 853 Papst Leo IV. darum ersuchte, die Synodalakten von Soissons vom April 853 nicht zu bestätigen[2584].

PETRUS (V) (Petrus)
Bischof von Spoleto (843–864)

TÄTIGKEIT ALS KÖNIGSBOTE:
1) 853. 12.: *missus* Lothars I. und Ludwigs II. von Italien in Rom mit JOSEPH (II), NOTING und PETRUS (IV) (= –)

An der römischen Synode vom Dezember 853 nahmen die Bischöfe JOSEPH (II) von Ivrea, NOTING von Brescia, PETRUS (IV) von Arezzo und PETRUS von Spoleto als Abgesandte der Kaiser (*missi*) teil[2585].

2) 855 (um 7. 17.): *missus* Lothars I. nach Rom mit PETRUS (IV) von Arezzo (= –)

Die beiden gleichnamigen Bischöfe wurden von Lothar I. damit beauftragt, zusammen mit den Gesandten des Erzbischofs HINK-

---

terogavimus ibsum Garibertus diaconus et Rumoaldus advocato eius, si potuissent adprobare per testimonia aut per inquisicionem quod de ipsa casa et res infra istos treginta annos ipsa ecclesia vestituram abuisset aut possedisset. Qui dixerunt quod sic poterent. Et statim dedit vuadia ipse Rumoaldus advocato ipsius Audiprandi ita adprobandum, et statim in nostris presenciis presentavit testes de parte iam dicte ecclesie, id sunt Eudo, Fredulfo et Iohannes. […] +Ego Petrus episcopus et missus ibi fui. Die Option der Inquisition wurde nicht gewählt. Vgl. BZ 240.

2582) Literatur: TAFI, La chiesa aretina S. 282–285.

2583) MGH Conc. 3 Nr. 32 S. 331. Vgl. auch Lib. Pont. CV, Vita Leonis IIII c. 101, 2 S. 129. Siehe den Text bei JOSEPH (II) in der Prosopographie. Die Gerichtsurkunde vom April 850 über den Streit zwischen PETRUS (IV) von Arezzo und dem Bischof von Siena ist eine Fälschung. MANARESI Nr. †53 (Rom, 850. 4.) S. 176–187. Vgl. MGH Conc. 3, Anhang S. 495–502; BZ 68.

2584) MGH Epp. 8,1 Nr. 198 (867. 7.), hier S. 213. Vgl. ebd. Nr. 72* (853–855) und 74* (855. 6./7.) S. 38; BH 283 (853, nach April) und 290 (853. 6./7.); Jaffé[3] 5477 und 5487.

2585) MGH Conc. 3 Nr. 32 S. 331 und 334; Lib. Pont. CV, Vita Leonis IIII c. 91, 2 S. 129. Siehe den Text bei JOSEPH (II) in der Prosopographie.

MAR (I) von Reims ein kaiserliches Schreiben nach Rom zu bringen, um Papst Leo IV. zu bitten, bezüglich des im April 853 auf der Synode von Soissons verhandelten Streits zwischen HINKMAR und den um 840/841 von EBBO geweihten Klerikern die Synodalbeschlüsse von Soissons zu bestätigen[2586].

KURZBIOGRAPHIE[2587]:

Nach dem Tod des Abtes Sichard von Farfa wurde PETRUS (V) 842 von Lothar I. mit der Leitung dieses Klosters beauftragt. Auf seine Bitte hin bestätigte Lothar 843 dem neu gewählten Abt Hilderich die Leitung des Klosters und verlieh den dortigen Mönchen das Recht der freien Abtswahl[2588]. Aufgrund der genannten Urkunde Lothars vermutet Herbert Zielinski, dass PETRUS „einer Gruppe von italischen Getreuen Lothars I. an[gehörte], die sich im Vorfeld des Tages von Verdun am Hofe Lothars in Aachen aufhielt". Auch bei der Schenkung eines Besitzes durch Ludwig II. im Tal des Turano an das Kloster Farfa vom Februar 864 erschien PETRUS als Intervenient[2589].

Auch Papst Leo IV vertraute auf PETRUS und beauftragte ihn als päpstlichen Gesandten: Bezüglich des Streits zwischen HINKMAR (I) von Reims und den um 840/841 von EBBO geweihten Klerikern forderte der Papst, anscheinend zugunsten der Letzteren, eine weitere Synode und schickte dazu PETRUS ins Westfrankenreich[2590]. Wie oben berichtet, wurde PETRUS allerdings zwei Jahre später diesbezüglich von Lothar I. mit einer Aufgabe beauftragt, die das Gegenteil zum Ziel hatte. Ansonsten ist seine Teilnahme an der von Nikolaus I. einberufenen römischen Synode vom November 861 bekannt[2591].

2586) MGH Epp. 8,1 Nr. 198 (867. 7. an Papst Nikolaus I.), hier S. 213; HRE III c. 10, S, 208; BM² 1172a; BH 332; Jaffé³ 5603. Siehe PETRUS (IV) in der Prosopographie.

2587) Literatur: RIESENBERGER, Prosopographie S. 126–129; BZ 11; COSTAMBEYS, Power and patronage S. 344.

2588) D Lo I Nr. 73 (Aachen, 843. 5. 26.) S. 188 f. Vgl. BZ 11.

2589) D L II It Nr. 38 (Città Leonina, 864. 2. 23.) S. 144. Vgl. BZ 216.

2590) Epistola selectae Leonis IV. Nr. 11 (853. 6./7. an HINKMAR [I] von Reims), in: MGH Epp. 6, hier S. 589. Vgl. BH 290 und 837; Jaffé³ 5487 und 6040; Nicolai I. papae epistola Nr. 79 (866. 12. 6. an die Teilnehmer der Synode von Soissons im August 866), hier S. 416.

2591) MGH Conc. 4 Nr. 8 S. 64.

PETRUS (VI) (Petrus)

Bischof (865/866)

TÄTIGKEIT ALS KÖNIGSBOTE:

865/866: *missus* Ludwigs II. von Italien in der Gegend zwischen der Etsch und dem Friaul mit TEODOLDUS und ARTHEMIUS (= KRAUSE II 154)

Für den Feldzug gegen die Sarazenen in Süditalien bot Ludwig das Heer aus Norditalien auf. PETRUS wurde zusammen mit TEODOLDUS und Bischof ARTHEMIUS damit beauftragt, in der Gegend zwischen der Etsch und dem Friaul die Mobilisierung zu kontrollieren und gegebenenfalls die Säumigen zu bestrafen[2592].

KURZBIOGRAPHIE:

Eine sichere Identifizierung ist schwierig, weil mehrere Bischöfe namens Petrus um diese Zeit nachweisbar sind. Boretius/Krause halten Florenz und Arezzo[2593] für die wahrscheinlichsten Sitze dieses Petrus', weisen aber darauf hin, dass die Bischöfe von Albano, Imola und Urbino ebenfalls Petrus hießen[2594]. Zudem führte auch der Bischof von Senigallia diesen Namen[2595].

PIPPIN* (Pippinus)

Graf (877–893)

TÄTIGKEIT ALS KÖNIGSBOTE:

877, Mitte–Ende August: Empfangsgesandtschaft im Auftrag Karls des Kahlen zwischen Ravenna und Vercelli mit AUDACHER, GOIRAMNUS* und HERIBERT* (II) (= –)

Auf Befehl Karls des Kahlen reiste PIPPIN* zusammen mit seinem Bruder HERIBERT* (II) und zwei weiteren Kollegen von Orbe aus in Richtung Ravenna, um Papst Johannes VIII. zu begleiten, der in Pavia Kaiser Karl treffen wollte[2596].

2592) MGH Capit. 2 Nr. 218 c. 3 S. 95: *… sit missus […] ab Addiza usque Forum Iulii Teodoldus, Petrus et Arthemius episcopi iunctis secum missis episcoporum et comitum.* Siehe ANDREAS (II) und ARTHEMIUS in der Prosopographie.

2593) Hier handelt es sich um Petrus II. von Arezzo (= PETRUS [IV]).

2594) BORETIUS/KRAUSE, MGH Capit. 2 Nr. 218 S. 95, Anm. 10.

2595) HARTMANN, Die Synoden S. 291 und 348.

2596) AB a. 877 S. 215. Das vollständige Zitat findet sich bei AUDACHER* in der Prosopographie. Vgl. BZ 518; BU 277; Jaffé³ 6556; HACK, Empfangszeremoniell S. 467.

KURZBIOGRAPHIE[2597]:
PIPPIN* war Enkel König Bernhards von Italien und wird damit zu den Karolingern gezählt. Weder PIPPIN* noch sein Bruder hatten allerdings 877 Grafschaften, wenn man der Erzählung HINKMARs (I) in den Annales Bertiniani glaubt. Im Vergleich zu seinem jüngeren Bruder HERIBERT* (II) wissen wir außer der oben behandelten Legation nur wenig über PIPPIN*. Regino von Prüm zählt ihn zu den Magnaten (*principes*), die im Januar 893 Karl den Einfältigen zum König wählten, während König Odo in Aquitanien war. Regino nennt PIPPIN* dabei ebenso „Graf" wie seinen Bruder HERIBERT* (II)[2598].

PLATO (Plato)

Bischof von Pisa (871)

TÄTIGKEIT ALS KÖNIGSBOTE:
871, vor 12. 18.: *missus* Ludwigs II. von Italien in Lucca mit OSCHISUS, ANDREAS (III), ADALBERT (III), HILDEBRAND (III) und UBALD (= KRAUSE II 167)

Auf Bitte Bischof Gerhards von Lucca setzte Ludwig die Bischöfe OSCHISUS von Pistoia, PLATO von Pisa, *vocatus episcopus* ANDREAS (III) von Florenz, den Markgrafen ADALBERT (III), den Grafen HILDEBRAND (III) und den kaiserlichen *fidelis* UBALD als Missi ein, damit sie das Inquisitionsverfahren betreffend die entfremdeten Kirchengüter von Lucca durchführen konnten[2599].
KURZBIOGRAPHIE[2600]:
PLATO war vor seiner Bischofserhebung Kapellan Ludwigs II. von Italien.

POPPO* (Peppo)

Vasall (839)

TÄTIGKEIT ALS KÖNIGSBOTE:
*Vor 839. 2. 17.: im Auftrag Ludwigs des Frommen in Alemannien (= KRAUSE II 110)

2597) Literatur: WERNER, Frühzeit des französischen Fürstentums 3 S. 93; SETTIPANI, La préhistoire S. 215.

2598) Regino, Chronicon, a. 892 S. 140 f.

2599) D L II. It. Nr. 55 (vor 871. 12. 18.) S. 174 f., inseriert in: MANARESI Nr. 71, hier S. 258 f. = ChLA 82 Nr. 42 (Lucca, 871. 12. 18.) S. 138–145, hier S. 140. Siehe OSCHISUS in der Prosopographie.

2600) Literatur: FLECKENSTEIN, Hofkapelle S. 140 mit Anm. 182; BZ 339.

Beim Besitztausch zwischen einem kaiserlichen Vasallen namens Helmericus und dem Kloster Fulda befahl Kaiser Ludwig seinem Vasallen POPPO*, mit den Missi des Abtes Hrabanus und den anderen Personen die zu tauschenden Güter zu untersuchen und zu inventarisieren[2601]. Obwohl POPPO* in der Urkunde Ludwigs nicht mit dem Titel des Missus bezeichnet ist, möchte ich ihn in diese Prosopographie aufnehmen[2602]. Denn dieser Tausch betraf das Fiskalgut und die Inventarisierung des Fiskalguts wurde zu den Funktionen der Missi gezählt[2603].

KURZBIOGRAPHIE[2604]:

Während Philippe Depreux ihn als nicht identifizierbaren Vasallen behandelt, setzt Sophie Glansdorff diesen Missus mit dem gleichnamigen Grafen gleich, der zwischen 814 und 840 in Franken nachgewiesen ist. Da POPPO* noch 839 in einer Herrscherurkunde als *vassallus*, d. h.

2601) BM² 987; Urk. Württemberg 1 Nr. 101 S. 116 f. = D LdF 393 (Frankfurt, 839. 2. 17.) S. 973–975, hier S. 974 f.: …*quia vir venerabilis Rabban abba petiit celsitudinem nostram, eo quod pro ambarum partium oportunitate quasdam res iuris nostri, quas Helmericus vassallus noster beneficiario munere possidet, commutare voluisset. Cuius petitioni, quia non inutilis nec inrationabilis nobis esse videbatur, libenter adsensum praebuimus et praecepimus Pepponi vassallo nostro, ut cum missis praedicti venerabilis Rabban abbatis adhibitis etiam aliis pluribus hominibus in eadem vicinia conmanentibus perspiceret easdem res petitas earumque qualitatem et quantitatem hinc et inde diligenter inspiceret et consideraret et inbreviatam ad nostram deferret notitiam, quod ita et fecit simulque nobis retulit, quod ambabus partibus huiuscemodi commutatio utilis et profectuosa esse potuisset, et ideo nostra decrevit voluntas ut ita fieret. Dedit igitur praedictus venerabilis Rabban abba de rebus monasterii sui vocabulo Uulda praedicto Helmerico ad partem beneficii sui iurisque nostri in ducatu Alamanniae in villa vocatam Steinheim hobas quattuor et unam ad Hamarstat tresque homines ibidem manentes ac mancipia numero sedecim, quae [*15 Personen*] *nominantur, quarum rerum ac mancipiorum merito dedit praedictus Helmericus vassallus noster per nostram iussionem saepedicto venerabili Rabban abbati ad partem iamfati monasterii sui de rebus iuris nostri, quas ipse iure beneficiario possidere cognoscitur in villa, quae dicitur Zimbra, hobas decim desertas.*

2602) So meint auch DEPREUX, Prosopographie S. 348: „Pépon […] n'est pas attesté comme *missus* de l'empereur, mais il dut en exercer la fonction".

2603) Dazu siehe Kapitel 3, § 2.

2604) Literatur: DEPREUX, Prosopographie S. 348 f.; GLANSDORFF, Prosopographie S. 206–208.

ohne Grafentitel, erwähnt ist, scheint mir die Auffassung Depreuxs plausibler[2605].

POSSESSOR (Possessor)
Erzbischof (775–781)

TÄTIGKEIT ALS KÖNIGSBOTE:

1) 775 Herbst – Winter: *missus* Karls des Großen in Spoleto und Benevent mit RABIGAUD (= –)

POSSESSOR reiste 775 mehrmals zwischen dem Frankenreich und Italien hin und her, um den Briefwechsel zwischen Karl dem Großen und Papst Hadrian zu bewerkstelligen[2606]. Ende 775 zogen POSSESSOR und RABIGAUD im Auftrag des Königs weiter nach Spoleto und Benevent, um mit den Herzögen Hildeprand von Spoleto und Arichis von Benevent zu verhandeln und sie, wenn möglich, zu unterwerfen. Der Papst war mit dieser Legation in Süditalien nicht völlig zufrieden[2607].

2605) Vgl. DEUTINGER, Königsherrschaft S. 75–90.

2606) Jaffé³ 4343 (775, vor Oktober); Cod. Carol. Nr. 51 S. 572: *De missis nempe nostris, Andream videlicet coepiscopum seu Pardum egumenum, unde nobis intimandum direxistis, ut cum missi vestri, Possessorem fratrem nostrum, episcopum, atque Dodonem religiosum abbatem, ad vestris regalis vestigiis repedantes, dirigeremus: ita adimplere velotius destinavimus. Sed Pardus egumenus propter inbecillitatem corporis sui proficiscere minime valuit; et direximus in vicem illius Valentinum episcopum.* Jaffé³ 4355 (Ende 775); Cod. Carol. Nr. 52 S. 574: *Itaque, precellentissime fili, coniungentes ad nos fidelissimi vestri misi, scilicet Possessorem sanctissimum fratrem nostrum, episcopum, seu Rabigaudum religiosum abbatem, detulerunt a nobis desiderantissimas vestre sublimitatis syllabas.*

2607) Jaffé³ 4353 (Ende 775); Cod. Carol. Nr. 56 S. 580f.: *At vero, excellentissimae et a Deo servate fili, bone et optime rex, tuae per huius nostrae apostolicae relationis seriem deducimus notioni, eo quod, dum ad nos pervenisset de fidelissimi vestri missi adventu, scilicet Possessorem sanctissimum fratrem nostrum, episcopum, seu Rabigaudum religiosum abbatem, in magno gaudio noster elevatus est animus, quoniam desiderabilis sum adsidue, missos excellentiae vestrae solite cum magno gaudio et decenti honore suscipere et per eos de vestrae sublimitatis sospitate certos esse; unde nos ilico, secundum qualiter missis vestrae regalis potentiae decet, omnem praeparationem seu et caballos in obviam eorum direximus. Illi nempe, dum Perusiam coniunxissent, relaxsantes recto itinere ad nos coniungendum – secundum qualiter a vestro a Deo protecto culmine directi fuerunt et ut vestros honorandos apices relegentes invenimus –, nos despicientes apud Hildibrandum in Spoletium perrexerunt, dirigentes nobis per nostros missos: „eo quod tantummodo cum Hildibrandum loquimur; et deinde, ut directi sumus, una vobiscum apud domnum*

2) Ende 779 – Anfang 780: *missus* Karls des Großen und Papst Hadrians I. in Mainz mit TILPIN und WEOMAD (= –)

POSSESSOR prüfte zusammen mit TILPIN von Reims und WEOMAD von Trier im Auftrag Papst Hadrians I. und Karls des Großen, ob Lul von Mainz für das Metropolitenamt geeignet war[2608].

3) 783/784: *missus* Karls des Großen in Rom (= –)

POSSESSOR war als königlicher Missus bei der Gerichtssitzung anwesend, deren Abhaltung das von ihm überbrachte Schreiben Karls des Großen forderte. Auf der Versammlung wurde über Potho, den abgesetzten Abt von S. Vincenzo al Volturno, verhandelt[2609].

---

apostolicum coniungemus" [...] Sed illi, nescimus quid pertractantes, statim a Spolecio in Beneventum perrexerunt, nos in magnum derelinquentes ignominium, et Spoletinos ampliaverunt in protervia. Jaffé³ 4354 (Ende 775); Cod. Carol. Nr. 57 S. 582: ... *sepius vobis innotuendum direxissemus de Hildibrandum Spoletinum ducem seu Arighisidem Beneventanum ducem atque Rodcausum Foroiulanum de sevisimum consilium, quod erga nos atque vos gerendum non differunt. Nunc vero dum fidelissimi vestri missi, revera sanctissimus frater noster Possessor episcopus atque Rabigaudus religiosus abbas, a Benevento repedantes, per praedictum Hildibrandum apud nos properati sunt, nimis nos obsecrantes pro prenominati Hildibrandi noxa, ut ei veniam tribuissemus, adserentes, ut apud eum nostrum indiculum et obsides pro sua dubitatione mitteremus et Hildibrandus nostris se pressentasset optutibus.*

2608) Jaffé³ 4401 (Ende 779 – Anfang 780); HRE II c. 17 S. 169: *Iniungimus etiam fraternitati tue, ut, quia de ordinatione episcopi nomine Lul, sancte Mogontine ecclesie, ad nos quedam pervenerunt, assumptis tecum Viomago et Possessore, episcopis et missis gloriosi ac spiritalis filii nostri Karoli Francorum regis, diligenter omnia de illius ordinatione inquiras et fidem ac doctrinam illius atque conversationem et mores ac vitam investiges; ut, si aptus fuerit et dignus ad episcopalem cathedram gubernandam, expositam et conscriptam et manu sua propria subscriptam catholicam et orthodoxam fidem per missos suos cum litteris ac testimonio tuo seu aliorum episcoporum, quos tecum esse mandavimus, ad nos dirigat, ut pallium illi secundum consuetudinem transmittamus et ordinationem illius firmam iudicemus et in eadem sancta ecclesia Moguntina archiepiscopum constitutum esse faciamus.* Vgl. PANGERL, Metropolitanverfassung S. 107 f. Zur Datierung dieses Briefes Hadrians an TILPIN vgl. PANGERL, Metropolitanverfassung S. 35 f. Anm. 22. Siehe auch das Glaubensbekenntnis Luls bei SCHIEFFER, Angelsachsen S. 1535 f.: *Fidem meam catholicam [...] exponere cupiens, qualiter a me creditur vel docetur, iuxta praeceptum apostolici pontificis Adriani pape et missorum eius Viemadi, Tilpini, Possessoris pontificum et missorum domini nostri Carli regis gloriosissimi ...*

2609) Jaffé³ 4481 (783–784); Cod. Carol. Nr. 67 S. 594–597, hier S. 594 f.: *Precelsas ac Deo inspiratas per reverentissimum et sanctissimum Possessorem archiepisco-*

KURZBIOGRAPHIE[2610]:
Zum Zeitpunkt der Legation 1 war POSSESSOR noch Bischof. Spätestens seit 781 war er Erzbischof. Offen bleibt allerdings die Frage, wo sein Bischofssitz war.

PRANDO (Prando)
Abt (837)

TÄTIGKEIT ALS KÖNIGSBOTE:
837, vor 12. 15.: *missus* Lothars I. in Brescia mit GISLERAMNUS (= –)

Die Urkunde Lothars I. für das Nonnenkloster S. Salvatore in Brescia erwähnt die Untersuchung des Klosterbesitzes durch die herrscherlichen Missi GISLERAMNUS und PRANDO, die sie zusammen mit den Bischöfen Rambert von Brescia und Adalgis von Novara ausführten[2611].
KURZBIOGRAPHIE[2612]:
Über ihn ist nichts Weiteres bekannt.

---

pum, fidelissimum missum vestrum, sagacisismas precipuasque syllabas suscipientes, valde in his noster relevatus est animus, regales triumphos in eis atque sospitates reperientes. Et pro hoc magnas omnipotenti Deo referuimus grates, in aula fautoris vestri, beati Petri apostoli, divinam exorantes clementiam. Referebatur quippe in ipsis vestris regalis apicibus, quia causa vestra nostra sit et nostra vestra; in oc vero freti existimus, quia divina inspiratione veritas haec procul dubio a vobis exarata prorsus omnibus manifesta ac certa splendescit. Et quoniam ad nostrum iudicium canonice simulque regulariter contentiones inter monachos venerabilis monasterii sancti Vincentii et abbatibus eiusdem monasterii, scilicet Autbertum et Pothonem, discuti atque examinari vestra direxit precelsa regalis excellentia, ipse quippe prefatus Autbertus dudum abba, calle itineris peragratus, repentina morte occupatus, minime nostris apostolicis valuit se manifestare presentiis. Quapropter convenientes plures ex primatis monachis cum prefato Pothone abbate ipsorum, adstiterunt omnes pariter in conspectu apostolici decreti nostri. Qui residentes una cum reverentissimo et sanctissimo Possessore archiepiscopo seu Ansoaldo abbate venerabilis monasterii sancti Petri, pariter […]. Hierzu ABEL/SIMSON 1 S. 465–468.

2610) Literatur: HACK, Codex Carolinus 2 S. 1016 f.; PANGERL, Metropolitanverfassung S. 42 f. und 137–139 Anm. 592.

2611) D Lo I. 35 (Marengo, 837. 12. 15.), hier S. 113 f. Siehe den Text bei GISLERAMNUS in der Prosopographie.

2612) Vgl. BOUGARD, La justice S. 394.

PRUDENTIUS* (Prudentius)
Kapellan, dann Bischof von Troyes (gegen Ende 820er Jahre/846–†861)

TÄTIGKEIT ALS KÖNIGSBOTE:
*845. 4.: *legatio* im Auftrag Karls des Kahlen im Orléanais, Sénonais, Troiesin und Gâtinais mit LUPUS* (= KRAUSE I 132)

Nach dem Rücktritt des Bischofs HERIBALD* von Auxerre von seiner Legation mussten PRUDENTIUS* und LUPUS* von Ferrières innerhalb kurzer Zeit dessen Aufgaben erfüllen[2613].

KURZBIOGRAPHIE[2614]:
PRUDENTIUS* mit dem Beinamen Galindo, der als Verfasser der Annalen von St-Bertin zwischen 835–861 bekannt ist, besaß spanische Eltern[2615]. Er war am Hof Ludwigs und vielleicht als Kapellan tätig[2616]. In der ersten Hälfte der 840er Jahre wurde er Bischof von Troyes, als solcher ist er gegen Ende 846 oder Anfang 847 belegt: Er unterschrieb die auf der Pariser Synode ausgestellte Synodalurkunde für das Kloster Corbie[2617]. Belegt ist auch seine Teilnahme an der Synode im Sommer 850, auf der Abt LUPUS* ein Synodalschreiben an NOMINOE verfasste[2618]. PRUDENTIUS* war auf der im April 853 im Beisein Karls des Kahlen abgehaltenen Synode von Soissons einer der vier Richter, die zur Schlichtung des Streits zwischen HINKMAR (I) von Reims und den um 840/841 von EBBO geweihten Klerikern von den beiden Parteien gewählt wurden[2619]. Bei den Reichsversammlungen und Synoden in Quierzy 853 sowie in Bonneuil 855 ist seine Anwesenheit belegt[2620]. Da er an der Provinzialsynode in Sens 856 nicht teilnehmen konnte, entschuldigte er sich bei WENILO von Sens per Brief[2621]. PRUDENTIUS* war der Hauptgegner

2613) Lupus 1 Nr. 41 S. 172/174. Siehe den Text bei LUPUS* in der Prosopographie.

2614) Literatur: Fastes 2 S. 456; NELSON, AB S. 7–9; STRATMANN, Prudentius, Bf. v. Troyes, in: Lex.MA 7 Sp. 289; DEPREUX, Prosopographie S. 349 f.

2615) AB a. 861 S. 84. Vgl. RICHÉ, Les réfugiés S. 181 f.

2616) Dazu vgl DEPREUX, ebd.

2617) MGH Conc. 3 Nr. 13, hier S. 148 f.

2618) MGH Conc. 3 Nr. 20, hier S. 203.

2619) MGH Conc. 3 Nr. 27, Verhandlungsprotokoll S. 264–279, bes. S. 269.

2620) MGH Conc. 3 Nr. 28 (Quierzy, 853 Frühjahr), hier S. 295; Nr. 34 (Bonneuil, 855. 8. 24.) S. 370.

2621) MGH Conc. 3 Nr. 37, 1 S. 380 f.

des Reimser Erzbischofs HINKMAR (I) bei der Auseinandersetzung über das Eigenkirchenwesen[2622]. Er starb 861[2623].

RABIGAUD (Rabigaudus)

Abt von St-Calais (771–775)

TÄTIGKEIT ALS KÖNIGSBOTE:

Ende 775: *missus* Karls des Großen in Spoleto und Benevent mit POSSESSOR (= –)

Ende 775 zogen sie im Auftrag des Königs weiter nach Spoleto und Benevent, um mit den Herzögen Hildeprand von Spoleto und Arichis von Benevent zu verhandeln und sie, wenn möglich, zu unterwerfen[2624].

KURZBIOGRAPHIE[2625]:

RABIGAUD war Abt von St-Calais und erwarb zwei Urkunden Karls des Großen. 771 nahm der König auf Bitten RABIGAUDs das Kloster mit dessen Mönchen in seinen Schutz und bestätigte die bisher bewahrte Immunität[2626]. Karl der Große bestätigte 774 in Pavia auf Bitte des Bischofs Merolus von Le Mans und RABIGAUDs einen zwischen den beiden abgeschlossenen Tauschvertrag[2627]. RABIGAUD war also vor seinem Missatsamt wenigstens einmal in Italien.

RADO (I) (Rado)

Missus (vor 795)

TÄTIGKEIT ALS KÖNIGSBOTE:

Vor oder in 795[2628]: *missus* Karls des Großen in Heppenheim (= KRAUSE II 29)

2622) Hinkmar von Reims, Collectio de ecclesiis et capellis, Einleitung S. 8–14.

2623) AB a. 861 S. 84.

2624) Jaffé³ 4355 (Ende 775); Cod. Carol. Nr. 52 S. 574. Jaffé³ 4353 (Ende 775); Cod. Carol. Nr. 56 S. 580 f. Jaffé³ 4354 (Ende 775); Cod. Carol. Nr. 57 S. 582. Siehe POSSESSOR in der Prosopographie.

2625) Literatur: HLAWITSCHKA, Franken S. 27 Anm. 29 und S. 30; HACK, Codex Carolinus 2 S. 1018.

2626) D KdG 62 (Valenciennes, 771. 7.) S. 90 f. Vgl. BM² 141.

2627) D KdG 79 (Pavia, 774. 2. 19.) S. 113 f.

2628) Die Grenzfestlegung durch Graf WARIN, die auch in der Heppenheimer Markbeschreibung erwähnt ist, wurde im *anno XXVII regni* Karls des Großen, also 795, durchgeführt. RADOs Tätigkeit ging ihr voran.

In der Markbeschreibung von Heppenheim ist erwähnt, dass Missus RADO die drei Grenzhügel einrichtete. Diese Mark wurde vorher (20. Januar 773) vom König an Lorsch geschenkt[2629].

KURZBIOGRAPHIE[2630]:

Da diese Grenze zwischen dem Königsgut Michelstadt und dem Klostergut in der Heppenheimer Mark gezogen wurde, dürfte RADO (I) Fiskalverwalter gewesen sein. Jürgen Hannig hält außerdem eine enge Beziehung zwischen RADO und den Rupertinern für „sicher".

RADO (II) (Rado)

Abt von St-Vaast in Arras, Protonotar (777–†808)

TÄTIGKEIT ALS KÖNIGSBOTE:

1) 802, Frühjahr: *missus* Karls des Großen in der Gegend um Lüttich, Arras und Vermand mit FULRAD (II) und UNROCH (= –)

Aus dem in Ghaerbalds Kapitulariensammlung fragmentarisch überlieferten Kapitular für die Missi von 802 schließt Wilhelm Alfred Eckhardt, dass einige Missi von 806 in dieser Region (Legation 2) schon 802 als Missi eingesetzt wurden[2631].

2) Anfang 806: *missus* Karls des Großen in der Gegend um Lüttich mit FULRAD (II) und UNROCH (= –)

FULRAD und UNROCH erklärten in einem Rundbrief an die Grafen in ihrem Missaticum, dass sie einen der bisherigen Missi namens RADO ersetzen mussten, weil er seine Aufgabe wegen Krankheit nicht mehr erfüllen könne. Daher ist zu vermuten, dass RADO

2629) Cod. Laures. 1 Nr. 6a S. 279 f.: *Inde in Burgunthart, de Burgunthart in Eicheshart, ubi Rado domni regis missus fecit tumulum in confinio silvę, quę ad Michlinstat pertinet. De illo tumulo in Vlisbrunnen. Inde in Mosehart, ubi alius tumulus est factus. Deinde in Lintbrunnen, ubi est tercius tumulus.* Vgl. HANNIG, Zentrale Kontrolle S. 33. Cod. Laures. 1 Nr. 6a 1 S. 278 f., stellt dar, dass Graf WARIN, der die *villa* Heppenheim als *beneficium* erhielt, im August 795 auf Befehl Karls des Großen (*ex precepto*) eine Gerichtsversammlung abhielt, auf der er gerichtlich die Grenzen der Güter bestimmte. Vgl. BM² 152. Siehe WARIN in der Prosopographie.

2630) Literatur: GOCKEL, Königshöfe S. 257; HANNIG, Zentrale Kontrolle S. 41.

2631) ECKHARDT, Die Kapitulariensammlung, Text LXI c. XXVIIII S. 92 (= Nr. 34 c. 14 und 15); ECKHARDT, Capitularia missorum specialia S. 507 und 516.

einer der Missi war, die nach der Kapitularienausstellung in Diedenhofen um die Jahreswende 805/806 ausgeschickt wurden[2632].

KURZBIOGRAPHIE[2633]:

Zwischen Mai 772[2634] und Juni 799[2635] war RADO (II) in der Kanzlei Karls des Großen tätig, der er ab Januar 777 vorstand[2636]. 780 bekam er eine nicht näher bezeichnete Abtei[2637] und wurde 790 Abt von St-Vaast[2638]. Er starb 808, etwa zwei Jahre nach der Abgabe seiner missatischen Aufgabe[2639].

RAGAMBALD (Ragambaldus)

Missus (837)

TÄTIGKEIT ALS KÖNIGSBOTE:

837, vor 10. 21.: *missus* Ludwigs des Frommen in Septimanien mit FULCOALD (= –)

RAGAMBALD war einer der beiden Missi, die gemäß einer Urkunde Ludwigs für das Kloster Aniane vom 21. Oktober 837 die Bergweiden zu Jols an der Grenze der Gaue Rouergue und Nîmes dem Kloster übertragen hatten[2640].

KURZBIOGRAPHIE[2641]:

Im Gegensatz zu Mühlbachers Auffassung war RAGAMBALD kein Graf. Außer der oben genannten Legation haben wir keine weitere Information über ihn.

2632) MGH Capit. 1 Nr. 85 S. 183; ECKHARDT, Die Kapitulariensammlung Nr. LXIV S. 99. Vgl. MGH Capit. 1 Nr. 43 und 44 S. 120–126.

2633) Literatur: FLECKENSTEIN, Hofkapelle S. 76, 85, 104–108 und 237 f.; HACK, Codex Carolinus 2 S. 1018 f.

2634) D KdG 67 (Diedenhofen, 772. 5.), hier S. 99.

2635) D KdG 188 (Aachen, 799. 6.), hier S. 253. Vgl. Übersicht seiner Erwähnung in den Rekognitionszeilen, D KdG S. 541.

2636) D KdG 116 (Herstal, 777. 1. 7.), hier S. 163. In einem Brief des Papstes Hadrian ist er als *protonotarius* bezeichnet. Jaffé³ 4578 (790–791); Cod. Carol. Nr. 94, hier S. 632.

2637) *Rado abbas* in tironischen Noten in: D KdG 131 (Lippspringe, 780. 6. 28.), hier S. 182.

2638) Chronicon Vedastinum, a. 790 S. 705. Alkuin schenkte ihm eine revidierte Fassung der Vita sancti Vedasti. Alkuins Briefe Nr. 74 (790–796) S. 115–117.

2639) Chronicon Vedastinum, a. 808 S. 705.

2640) BM² 970; D LdF 378 (Aachen, 837. 10. 21., interpoliert) S. 942–945, hier S. 943. Siehe FULCOALD in der Prosopographie.

2641) Literatur: BM² 970; DEPREUX, Prosopographie S. 353.

RANTGARIUS (Ragnarius, Rangarius, Rantgarius)

Bischof von Noyon (vor 822–829)

TÄTIGKEIT ALS KÖNIGSBOTE:

825. 8.: *missus* Ludwigs des Frommen in den vier Diözesen Noyon, Amiens, Thérouanne und Cambrai mit BERENGAR (I) (= KRAUSE I 92)

RANTGARIUS war einer der Missi im nordwestlichen Teil der Reimser Kirchenprovinz mit Graf BERENGAR (I)[2642].

KURZBIOGRAPHIE[2643]:

Seine Teilnahme an der Pariser Synode von 829 ist belegt[2644]. Die einzige Quelle, aus der hervorgeht, dass RANTGARIUS Bischof von Noyon war, ist ein Brief AMALARs an ihn[2645]. Da dieser Brief der ersten Redaktion des Liber Officialis, die AMALAR spätestens im Sommer 822 anfertigte, angefügt wurde, kann seine Bischofserhebung auf das Jahr 822 oder noch früher datiert werden[2646].

RATOLD (I) (Ratoldus, Rataldus, Ratholdus, Rotaldus)

Bischof von Verona (799/802–840/858)

TÄTIGKEIT ALS KÖNIGSBOTE:

820. 3. 31.: *missus* Ludwigs des Frommen in Verona (= KRAUSE I 76)

Als RATOLD als Missus an seinem Bischofssitz Verona eine Gerichtsversammlung abhielt, klagte ein königlicher Notar namens Bonifrid als Vertreter des Klosters Nonantola gegen den Grafen dieser Stadt, Hucpald: Dieser habe sich die Wälder am Rand der Stadt, die dem Kloster gehörten, widerrechtlich angeeignet. Die Verhandlung wurde auf die zweite Sitzung in der *curtis regia* namens Pozzuolo verschoben, auf der die Entscheidung zugunsten des Klosters fiel. Be-

---

2642) Ansegis 2,25 S. 541, 543 f.: *De nominibus locorum, in quibus missi dominici legatione funguntur [...] Super quatuor vero episcopatus, quae ad eandem diocesim pertinent, id est Noviomacensem, Ambianensem, Tarvanensem et Camaracensem, Ragnarius episcopus et Berengarius comes.*

2643) Literatur: Fastes 3 S. 105; DEPREUX, Prosopographie S. 357.

2644) Cart. gén. Paris Nr. 35, hier S. 50 f. (= MGH Conc. 2,2 S. 605 f.)., als *episcopus.*

2645) Amalarii Episcopi Opera 2 S. 389–391 (Epistola IIII), hier S. 389: *Amalarius Rantgario reverentissimo episcopo civitatis Noviomensis.*

2646) STECK, Der Liturgiker Amalarius S. 84 f., vermutet, dass AMALAR den Bischof von Noyon persönlich kannte und RANTGARIUS dem Liturgiker wohl mündlich die Frage stellte, auf die AMALAR mit dem hier genannten Brief antwortete.

merkenswert ist zum einen der Ort der zweiten Sitzung der missatischen Gerichtsversammlung – eine *curtis regia*. Zum anderen befahl RATOLD dem Grafen *de domni imperatoris iussu*, die Tatumstände zu klären[2647].

KURZBIOGRAPHIE[2648]:

Nach der Darstellung in den Miracula S. Marci aus Reichenau stammte RATOLD (I) aus Alemannien und folgte ungefähr zwischen 799 und 802, wahrscheinlich 801, seinem Landsmann Egino im Veroneser Bischofsamt nach[2649]. Er war Vorsteher der Hofkapelle Pippins von Italien (*princeps palatii sui sacerdos*), der den Bischof zur Begutachtung der 800/801 überbrachten Reliquien des Hl. Genesius nach Treviso *misit*[2650]. RATOLDs richterliche Rolle als Bischof ist ebenfalls belegt. 806 hielt er zusammen mit dem örtlichen Grafen Hademar

---

2647) Cod. dipl. veronese Nr. 121 (Verona – Pozzuolo sul Mincio in *curtis regia*, [820.] 3. 31.) S. 158–161 = MANARESI Nr. 31 S. 95–98, hier S. 96 f.: *Dum in Dei nomine civitate Verona in iudicio resedissemus nos Rataldus episcopus misso domni imperatoris ad singulorum hominum deliberandas intentiones, resedentes nobiscum Hucpaldus comis ipsius civitatis, Andreas iudex et Bonifrit notarius regalis, Draco et Raginpert scavinis ipsius civitatis, vel reliquis. Sed ipse Bonifrit notarius, iusta ut nos illi commendavimus, cepit querere prefati Hucpaldi comiti de parte monasterii Nonantule ex silva que nominatur Ostilia, que posita esse videtur in finibus ipsius civitatis Verone, porcionem illam que fuit quondam Anselmi abbati et Tadini germani eius, quorum res a prefato monasterio devenerunt hoc est […] Et dicebat quod contra legem ipse Hucpaldus eam haberet. Hec nos audientes commendavimus ipsius Hucpaldi, ut inquireret de causa hec; si eam legibus haberet, veniret ad plaido et qualiter melius poterit eam defenderet. Et cum nos illi hec commendaremus de domni imperatoris iussu, sic ipse Hucpaldus commendavit suprascripto Ragimperto scavino et avocatore suo, ut exinde inquireret et a plaido plenam racionem exinde donaret. Posito plaido, venientes nos instituto die in curte regia, que dicitur Puciolo, ripa fluvio Mencio, et cum resedissemus inibi ad causas audiendas, resedentes nobiscum […], sic ipse Bonifrit retulit nobis de hac causa et dixit: „Ecce modo plaido est. Volumus scire quid iste Hucpaldus comis de ipsa silva que nominatur Ostilia …“ […] Ego Rataldus episcopus missus domni imperatoris manus mea subscripsi.*

2648) Literatur: WATTENBACH-LEVISON VI S. 783 f.; DEPREUX, Prosopographie S. 358–360; HLAWITSCHKA, Ratold; ZOTZ, Ratold.

2649) HLAWITSCHKA, Ratold S. 6 f. mit Anm. 4 und 5 sowie S. 11–13.

2650) WATTENBACH, Genesius S. 12; FLECKENSTEIN, Hofkapelle S. 65, 105 und 113. Pippin und RATOLD reisten später nach Schienen in Alemannien, um sich von der Überführung der betreffenden Reliquien zu überzeugen. Ich gehe hier nicht auf die verschiedenen Reliquientranslationen auf die Reichenau und Bischof

eine Gerichtsversammlung, wobei die Stellvertreter der beiden Vorsitzenden jeweils wegen der *causas sancti Zenonis* und der *causa regis* um das Recht an einem Wald namens *Rupta Adelmi* stritten. Nach der Entscheidung zugunsten des Klosters S. Zeno[2651] versuchte RATOLD dieses Kloster wieder aufzubauen, wobei die Mitwirkung König Pippins erkennbar ist[2652]. In diesem Zusammenhang erhielt er drei Kaiserurkunden Karls des Großen[2653]. Der oben angeführte Streit bedeutete übrigens keinen Bruch zwischen RATOLD und Graf Hademar. 809 trat RATOLD neben dem neuen Grafen von Verona als Testamentsvollstrecker auf[2654].

Nach dem Tod Karls des Großen hatte RATOLD auch gute Beziehungen zum neuen Kaiser, als dessen Missus er belegt ist. Eine Schenkung Ludwigs, und zwar der Kirche S. Fosca auf der Insel Torcello könnte „urkundlich überwiesen"[2655], also ohne persönliches Erscheinen RATOLDs am Kaiserhof vor November 815 vollzogen worden sein[2656]. Der Astronomus bezeichnet ihn als einen der treuen Hauptinformanten über den Aufstand des italienischen Königs

---

RATOLD ein. Die Miracula s. Genesii wurden zwischen 823 und 838, also zu Lebzeiten RATOLDs, verfasst.

2651) Cod. dipl. veronese Nr. 71 ([Verona], [806.] 4.) S. 86–89.

2652) Cod. dipl. veronese Nr. 74 ([Verona], [806.?] 12. 8.), 75 (807?) und 77 (807?/810. 7. 8.), 80 (807?), 82 (807?), 83 (807?) und 84 (807?) S. 92–94, 94 f., 96 f., 97 f., 99 f., 100 und 100 f.

2653) Cod. dipl. veronese Nr. 76 (807./814. 1. 28.) Nr. 78 (807?/814. 1. 28.) und Nr. 81 (807./814. 1.) S. 95 f. S. 96 f. und 98 f. Alle sind *deperdita*. Eine Diskussion über die Echtheit der Randnotiz auf einem Pergament des 13. Jahrhunderts über Karls Verleihung des Marktrechts werde ich hier nicht führen. Cod. dipl. veronese Nr. 96 (812?) S. 117 f. Dazu vgl. HLAWITSCHKA, Ratold S. 16 Anm. 50.

2654) Cod. dipl. veronese Nr. 87 ([Verona?], vor 809. 5. 13.) S. 102 f. und Nr. 89 ([Verona, 809.] 5. 13.) S. 103–107.

2655) So meint HLAWITSCHKA, Ratold S. 16 mit dem Ausdruck *per preceptum … delegavit.*

2656) Cod. dipl. veronese Nr. 110 (814, Ende Januar – 840) S. 140 f. = D L II. It. Nr. 13 (*curte Auriola*, 853. 8. 24.), hier S. 90: *… et in territorio Torcellensi eclesiam sanctę Fuscę cum omnibus appendiciis suis, quam ipse augustus [sc.* Ludwig der Fromme*] ad eundem [sc.* RATOLD*] per preceptum sue auctoritatis delegavit locum…* Eine Kaiserurkunde von 815, die angeblich auf Bitte RATOLDs für das Kloster San Zeno in Verona ausgestellt worden sei, wird inzwischen als Fälschung eingeschätzt. BM² 597; Cod. dipl. veronese Nr. 117 S. 152–156 = D LdF †74 (angeblich Aachen, 815. 11. 19.) S. 181–185.

Bernhard[2657]. Eduard Hlawitschka betont die Bedeutung dieser Melde-Aktion für die missatischen Beauftragungen in den folgenden Jahren[2658]. Nach seiner belegten missatischen Legation in Verona wurde er im selben Jahr zusammen mit Bischof NORTPERT von Reggio und dem kaiserlichen Vasallen LEO (I) damit beauftragt, die Klage des Abtes Ingoald von Farfa über die ungerechtfertigte Konfiskation eines Abteigutes durch Herzog WINIGIS (I) von Spoleto zu überprüfen[2659]. Dokumentiert ist um 830 eine Vermittlung RATOLDs an einen Frankenkönig, wahrscheinlich den damals Alemannien zugewiesenen Karl den Kahlen, als der aus Venedig vertriebene Dogen Johannes Zuflucht im Frankenreich suchte[2660]. 834 befreite RATOLD zusammen mit Graf BONIFACIUS von Lucca, Pippin, dem Sohn des 817 geblendeten Königs Bernhard[2661] und anderen Großen Kaiserin Judith, die in Tortona im Gefängnis war, und führte sie nach Aachen[2662]. Aber diese Treue zu Ludwig erschwerte seine Rückkehr nach Italien und er musste in der Francia bleiben[2663]. RATOLD nahm 835 an der Reichsversammlung in Diedenhofen teil[2664]. Seine Anwesenheit ist außerdem bei der Reichsversammlung vom April 838 in Aachen belegt[2665]. Im Juni desselben Jahres nahm er auch an der Reichsversammlung in Nimwegen teil, wobei er bei der Restitution eines Besitzes für das Kloster Fulda als Zeuge genannt ist[2666]. Er zog sich in die von ihm gegründete Stiftung Radolfzell zurück. Spätestens

2657) Astronomus c. 29 S. 382.

2658) HLAWITSCHKA, Ratold S. 18. Eine Kaiserurkunde von 820, die angeblich auf Bitte RATOLDs bezüglich der von ihm gegründeten Schule in Verona ausgestellt worden sei, ist jetzt als Fälschung eingeschätzt. BM² 722; Cod. dipl. veronese Nr. 122 S. 161–165 = D LdF †183 (angeblich Aachen, 820. 6. 13.), 451–456.

2659) Dies ist erwähnt in einem Placitum vom August 821 mit der Angabe: *Prẹterito anno.* MANARESI Nr. 32 (Norcia, 821. 8.), hier S. 99 f. HLAWITSCHKA, Ratold S. 18, sieht hier eine „Missatsfunktion". In der Tat sind alle drei Beauftragten vorher und/oder nachher als Missi belegt.

2660) BF 10.

2661) HLAWITSCHKA, Franken S. 246 f.

2662) AB a. 834 S. 13; Astronomus c. 52 S. 490–492; Thegan c. 51 S. 244, Hierzu siehe BONIFACIUS in der Prosopographie.

2663) Vgl. AB a. 836 S. 19.

2664) MGH Conc. 2,2 Nr. 55 B, hier S. 703.

2665) Gesta Aldrici, Fragment Nr. 6 S. 159.

2666) BM² 977a; CD Fulda Nr. 513 (838. 6. 14.) S. 226.

840 musste er endgültig auf das Bistum Verona verzichten: In diesem Jahr trat NOTING als gewählter Bischof auf.

RATOLD (II) (Rataldus)

Priester (823)

TÄTIGKEIT ALS KÖNIGSBOTE:

823. 7. 31.: *missus* Ludwigs des Frommen (oder Lothars I.?) in Resenterio (Norditalien) (= KRAUSE I 85* = II 80)

Als ein *vassus domni imperatoris* namens Hernust und seine Frau Weltrud untereinander ihre Güter tauschten, stand an der Spitze der Zeugenreihe RATOLD (II) *presbiter et missus domni imperatoris*[2667].

KURZBIOGRAPHIE[2668]:

Philippe Depreux setzt diesen Priester-Missus mit RATOLD (I) von Verona gleich, was aber wegen des Rangunterschieds wenig wahrscheinlich ist. Josef Fleckenstein sieht ihn als Hofkapellan Ludwigs des Frommen an. Es ist nicht unmöglich, dass ein Hofkapellan vom Hof (entweder aus der Francia oder auch aus Pavia, wo Lothar im Frühling 823 auf seinem Rückweg von Rom in die Francia einen kurzen Aufenthalt hatte[2669]) als Missus geschickt wurde. Es gibt aber keine Quellenaussage, die RATOLD (II) deutlich mit dem Kaiserhof verbindet.

RECHO (Recho)

Missus (um 800)

TÄTIGKEIT ALS KÖNIGSBOTE:

Um 800[2670]: *missus* Karls des Großen in Munzach (Alemannien) mit ODALRICUS (I) (= KRAUSE II 2 [ca. 751–752]).

Bei einem *placidum* (=*placitum*?) in Munzach schenkte ein Dhutharius dem Kloster St. Gallen seinen Besitz. Dabei schwo-

2667) CDL Nr. 102 (Resenterio, 823. 7. 31.) Sp. 186 f. = ChLA 97 Nr. 1 S. 18: *...et iuxta ipsa traditione nostra ex rebus ipsis nobis unus alteris vestitura fecimus, presencia Rataldi presbiter et misso (!) domni imperatoris...*

2668) Literatur: FLECKENSTEIN, Hofkapelle S. 61 und 104; DEPREUX, Prosopographie S. 359 mit Anm. 11.

2669) BM² 1018b. Lothar war aber am 4. Juni schon in Rankweil. D Lo I. 2 S. 52–54.

2670) Zur Datierung vgl. BORGOLTE, Chronologische Studien S. 157 Anm. 436, aufgrund BRUCKNERs Datierung in: ChLA 2 Nr. 154 S. 93, obwohl Borgolte irrtümlich „Nr. 156“ bezeichnet. Urk. Signatur: St. Gallen Stiftsarchiv II 10.

ren die Zeugen vor den königlichen Missi ODALRICUS (I) und RECHO[2671].

KURZBIOGRAPHIE:

Über RECHO ist nichts Weiteres bekannt. Aber ein gewisser Reccho schenkte am 24. April 885 dem Kloster St. Gallen seinen Besitz, den er folgendermaßen beschrieb: *hoc est quicquid ab Oadalricho cum hereditate mea concambiavi*[2672]. Da dieser Oadalrichus Nachkomme von ODALRICUS (I) war[2673], könnte man vermuten, dass die beiden Missi nach ihrer gemeinsamen Tätigkeit noch in Alemannien gute Beziehungen unterhielten.

REGINOLF (Reginolfus, Reginolf)

Missus (834/841/848–874/876?)

TÄTIGKEIT ALS KÖNIGSBOTE:

834./841./848. 10. 8.(?): *missus* Ludwigs des Deutschen mit SALOMO (I) in *Hostrahun* (Hoftrahun oder Ostrach?) (Alemannien) (= KRAUSE II 193)

Eine *ancilla Dei* namens Engildruda ließ mit ihrem Vogt Richolf ihren Hörigen Sigimar frei, sodass dieser die Priesterweihe empfangen durfte. Dieses Rechtsgeschäft wurde in Gegenwart von zwei königlichen Missi durchgeführt[2674]. Roman Deutinger hielt es für wahrscheinlich, dass die Freilassung auf einer von den beiden Missi abgehaltenen allgemeinen Gerichtsversammlung stattfand[2675].

KURZBIOGRAPHIE[2676]:

In St. Galler Urkunden ist der Name Reginolf zwischen 843 und 874 nachweisbar, wobei es sich um mehrere Personen handeln könnte[2677].

2671) UB St. Gallen 2, Anhang Nr. 16 S. 394 = Chart. Sangall. Nr. 17 (Munzach, um 800) S. 18. Das vollständige Zitat findet sich bei ODALRICUS (I) in der Prosopographie.

2672) UB St. Gallen 2 Nr. 643 (Gurtweil, 885. 4. 24.) S. 248 f.

2673) BORGOLTE, Die Grafen Alemanniens S. 264 f.

2674) UB St. Gallen 2 Nr. 417 S. 37 f. = ChLA 104 Nr. 44 (*Hostrahun*, 834./841./848. 10. 8.[?]) S. 116 f., hier S. 116: *Actum in villa Hostrahun nuncupata, in prȩsentia Salomonis et Reginolfi missis domni Hludauuici regis.*

2675) DEUTINGER, Königsherrschaft S. 173.

2676) Literatur: BORGOLTE, Die Grafen Alemanniens S. 166 f.; DEUTINGER, Königsherrschaft S. 173 Anm. 184.

2677) So vorsichtig ist DEUTINGER, ebd.

Unter den von Deutinger angeführten Urkunden[2678] sind die folgenden Beispiele bemerkenswert: Ein Reginolf schenkt vielleicht 843 mit seinem Sohn Egilolf dem Kloster St. Gallen Güter im Apphagau, wobei ein *Salomo diaconus* als Zeuge anwesend war[2679]. Als Abt GRIMALD von St. Gallen in Buchhorn/Friedrichshafen mit einem gewissen Folcherat Güter tauschte, war ein Reginolf neben dem Missus HILDEBOLD dabei als Zeuge anwesend[2680].

REMIGIUS (Remigius, Remedius)

Bischof von Rouen (750/51–†771)

TÄTIGKEIT ALS KÖNIGSBOTE:

760, vor April: *missus* Pippins des Jüngeren nach Pavia, dann Rom mit AUTCHAR (= –)

Zusammen mit AUTCHAR wurde REMIGIUS zu Desiderius, König der Langobarden, entsandt, um die Streitigkeiten zwischen diesem und dem Papsttum beizulegen[2681].

KURZBIOGRAPHIE[2682]:

REMIGIUS, auch Remedius[2683] genannt, war ein natürlicher Sohn Karl Martells. Vor seiner Bischofserhebung um 750 oder 751 wurde

---

2678) UB St. Gallen 2 Nr. 427 S. 46 = ChLA 105 Nr. 29 (Uznach, 854./855. 3. 17./16.) S. 88 f. (als Zeuge); UB St. Gallen 2 Nr. 448 S. 66 = ChLA 105 Nr. 37 (Uznach, 855./856. 3. 16./21.[?]) S. 104 f. (als Zeuge); UB St. Gallen 2 Nr. 461 S. 78 = ChLA 105 Nr. 48 (St. Gallen, 858. 3. 27.) S. 136 f. (als Zeuge); UB St. Gallen 2 Nr. 502 S. 116 f. = ChLA 106 Nr. 48 (Luttolsberg, 864. 8. 10.[?]) S. 118 f. (als Zeuge); UB St. Gallen 2 Nr. 582 S. 195 = ChLA 108 Nr. 28 (Uznach, 874/876. 6. 25./22.) S. 82 f. (als Zuge). Die drei in Uznach ausgestellten Urkunden erwähnen wahrscheinlich ein und denselben Reginolf.

2679) UB St. Gallen 2 Nr. 387 S. 8 f. = ChLA 104 Nr. 32 (St. Gallen, 843[?]. 12. 26.) S. 92 f.

2680) UB St. Gallen 2 Nr. 557 S. 171 f. = ChLA 107 Nr. 54 (Buchhorn/Friedrichshafen, 872. 4. 14.) S. 136 f.

2681) Jaffé³ 4155 (760, vor April); Cod. Carol. Nr. 19 S. 519 f. Das vollständige Zitat findet sich bei AUTCHAR in der Prosopographie.

2682) Literatur: Fastes 2 S. 209 f.; HLAWITSCHKA, Die Vorfahren S. 81; FREISE, Genealogia S. 227 f.; SETTIPANI, La préhistoire S. 178 f.; HACK, Codex Carolinus 2 S. 1019 f.

2683) Unklar ist, ob ein *fidelis* Pippins des Jüngeren namens Remedius, der 748 beim Hofgericht den Beisitz hatte, mit REMIGIUS identisch ist. D Arnulf. 18 (Pfalz *Vernum*, 748. 2. 11.) S. 102 f. Zu diesem Remedius vgl. HENNEBICQUE-LE JAN, Prosopographica S. 262. Für die Gleichsetzung dieser beiden Remigii plädiert SEMMLER, Der Dynastiewechsel S. 62. Achim Thomas Hack zitiert in seiner Bi-

er von Pippin mit der Rückgabe der Reliquien des heiligen Benedikt an Montecassino beauftragt[2684]. Die Gesta sanctorum patrum Fontanellensis coenobii, die REMIGIUS' Bischofserhebung auf 755 datieren, betonen freundschaftliche Beziehungen (*amicitiae iure coniuncti*) zwischen ihm und dem damaligen Abt von Fontanelle, Witläic[2685]. Er war Mitglied des Totenbunds von Attigny (762), wobei er als *vocatus episcopus* in die Namenliste eingetragen wurde[2686]. Er starb Anfang 771[2687].

Es ist nicht viel über diesen Königsbruder bekannt. Zwei Episoden weisen jedoch auf eine über bloße Blutsverwandtschaft hinausgehende Königsnähe hin. Zum einen berichtet das sogenannte Chronicon Besuense, dass Pippin seinem Halbbruder die Güter des Bistums von Langres übergab, die REMIGIUS seinerseits seinen Anhängern verlieh. Wenn die Aussage dieser späteren Überlieferung aus dem 12. Jahrhundert zuverlässig ist, scheint REMIGIUS diese Güter innegehabt zu haben, bis er wegen seiner Erhebung zum Bischof von Rouen Burgund verließ[2688]. Zum anderen scheint er anlässlich seiner Legation nach Italien den römischen Kirchengesang kennengelernt zu haben. Dass er diesen mit Hilfe eines römischen Kantors namens Simeon in Rouen einzuführen versuchte, ist aus einem nicht genau datierbaren Brief Pauls I. an Pippin zu schließen. Simeon, der in Rouen REMIGIUS' *monachos* in Gesang unterrichtete, wurde allerdings

---

bliographie über REMIGIUS (bei ihm Remedius) die beiden Werke von Régine Hennebicque-Le Jan und Josef Semmler, erwähnt aber diesen Remedius von 748 nicht im Haupttext seiner Prosopographie.

2684) Adrevaldus, Miraculorum sancti Benedicti liber primus, cc. 15–17 S. 37–42 (= S. 484 f. in MGH SS 15,1). Dazu vgl. auch Jaffé³ 3999 (ein Brief des Papstes Zacharias, zitiert in c. 15, zum Jahr 750/751). Von Adrevald wurde REMEGIUS retrospektiv als *Rotomagensis episcopus, naturalis suus [sc. Pippini] ac Karlomanni frater* bezeichnet. Für Louis Duchesne (Fastes 2 S. 210 Anm. 3) ist nicht sicher, ob die von Adrevald berichtete Mission tatsächlich durchgeführt wurde. Hack berücksichtigt diesen Text nicht.

2685) Chronique de abbés de Fontenelle c. 11, 3 S. 132.

2686) MGH Conc. 2,1 Nr. 13 S. 73.

2687) ABEL/SIMSON 1 S. 105 mit Anm. 4.

2688) Antiquum Besuensis abbatiæ chronicon S. 248 f.: *Pipinus igitur rex habuit quendam fratrem, nomine Remigium, cui in Burgundia plurima loca concessit. Inter quae etiam res ad episcopatum ecclesiæ Lingonensis pertinentes, quas sicut sibi visum est, suis asseclis dimisit. [...] Postquam autem remoto Remigio episcopatus Lingonensis episcopis legitimis cesit* ... Dazu vgl. SEMMLER, Die Aufrichtung S. 34 und 37.

nach Rom zurückgerufen, weil der Vorsteher der römischen Gesangsschule, Georgius, gestorben war und Simeon zu seinem Nachfolger ernannt wurde. Da die Mönche noch nicht ausreichend unterwiesen worden waren, schickte REMIGIUS sie nach Rom zu Simeon. In dieser Sache wandte sich Pippin an den Papst und setzte sich für die Pläne seines Verwandten beim römischen Bischof ein[2689]. Diese zweite Episode kann als Hinweis darauf dienen, dass ein herrscherlicher Missus auf seiner Legationsreise neben den „offiziell" zu leistenden Aufgaben auch Gelegenheiten finden konnte, eigenen Interessen nachzugehen.

RESMO (Resmo, Resnus, Risinus)

Missus (787)

TÄTIGKEIT ALS KÖNIGSBOTE:

1) 787. 5.: *missus* Karls des Großen in Valva (Benevent) mit ANGILBERT (I) und HILPIDIUS (= KRAUSE II 20)

Karl beauftragte seine drei Missi mit der Inquisition des Streites zwischen dem Kloster S. Vincenzo al Volturno und den Leuten in Valva[2690].

2) 787: *missus* Karls des Großen in der Villa Trita in Valva (Benevent) mit ANGILBERT (I) (= KRAUSE II 21)

Aufgrund der Ergebnisse der Inquisition, die die Missi ANGILBERT (I) und RESMO durchgeführt hatten, sprach Karl dem Kloster S. Vincenzo al Volturno die Leute der Villa Trita als Hörige zu[2691].

KURZBIOGRAPHIE[2692]:

Über RESMO ist nichts Weiteres bekannt. Jürgen Hannig bewertet die Bedeutung RESMOs folgendermaßen: „(…) da er neben dem Abt von St-Riquier als missus agiert, werden wir in ihm einen in Italien ansässigen Großen zu sehen haben, sicher keinen kleinen Hofvasallen im Sinne Krauses". Aber dass nur ANGILBERT und RESMO in Karls Urkunde erwähnt werden, dürfte darauf hinweisen, dass der Gastalde HILPIDIUS als Einheimischer nach Abschluss der Legation

---

2689) Jaffé³ 4201 (758–767); Cod. Carol. Nr. 41 S. 553 f.; Cod. Carol. dep. Nr. 24 S. 963; OELSNER, JB Pippin S. 346 f.

2690) MANARESI, Inquisitiones Nr. 1 (Peltino, 787. 5.) S. 549–566. Siehe den Text bei ANGILBERT (I).

2691) D KdG 159 (ohne Eschatokoll) S. 216 f.

2692) Literatur: HANNIG, Pauperiores vassi S. 323 f.; HANNIG, Zentrale Kontrolle S. 31 f.

in Italien blieb, während ANGILBERT und RESMO nach Norden zurückreisten.

RICHARD (I) (Richardus)
Graf (782–794)

TÄTIGKEIT ALS KÖNIGSBOTE:

1) 782. 6. 6.: *missus* Karls des Großen in Schwanheim (Mittelrhein) mit GUNTRAM (= KRAUSE II 17)

Nach einer Gerichtsverhandlung (*inquisitio*) vor dem König über die Zugehörigkeit von Schwanheim zur Villa Fehlheim, die Karl an Lorsch geschenkt hatte, kamen zwei Missi namens GUNTRAM und RICHARD zur Einweisung des betreffenden Besitzes dorthin[2693].

2) 787: im Auftrag Karls des Großen in den Besitzungen des Klosters Fontenelle mit LANDRICH (= KRAUSE II 27 [a. 788])

In den Gesta der Äbte von Fontenelle ist das Ergebnis einer Untersuchung des Klosterbesitzes überliefert. Nach ihrer Darstellung hätten RICHARD und LANDRICH* auf Befehl Karls den Klosterbesitz inventarisiert. Obwohl sie in den Gesta nicht als *missi* oder *legati* bezeichnet werden, ist denkbar, dass sie als königliche Missi diese Inventarisierung durch eine missatische Inquisition geleistet haben, weil ein Teil des Klosterbesitzes einigen *regiis hominibus*, wahrscheinlich als Benefizien *verbo regis*, übergeben worden war[2694].

3) 794: *missus* Karls des Großen in Aquitanien mit WILLIBERT (= KRAUSE II 28)

Zur Restitution der Fiskalgüter für seinen Sohn Ludwig schickte Karl RICHARD und WILLIBERT nach Aquitanien[2695].

2693) Cod. Laures. 2 Nr. 228 S. 31. Siehe GUNTRAM in der Prosopographie.

2694) Chronique de abbés de Fontenelle c. 11, 3 S. 132. Siehe LANDRICH in der Prosopographie.

2695) Astronomus c. 6 S. 302 und 304: *Volens autem huic obviare necessitati, sed cavens ne filii dilectio apud optimates aliquam pateretur iacturam, si illis aliquid per prudentiam demeret, quod per inscientiam contulerat, misit illi missos suos, Uuillebertum scilicet, Rotomage postea urbis archiepiscopum, et Richardum comitem, villarum suarum provisorem, precipiens ut ville, que eatenus usui servierant regio, obsequio restituerentur publico; quod et factum est.*

KURZBIOGRAPHIE[2696]:
Franz Staab vermutet, dass der RICHARD der Legation 1 ein Fremder im Mittelrheingebiet war[2697]. Dieser könnte dann mit dem RICHARD der Legationen 2 und 3 identisch sein. Er ist verwandt mit ANGILBERT (I) und MADELGAUDUS[2698]. Hypothetisch ist aber Christian Settipanis Versuch, RICHARD (I) als Sohn von HIERONYMUS zu identifizieren[2699]. RICHARD genoss ein großes Ansehen bei Karl. Nach Régine Le Jan war er Graf von Rouen und identisch mit einem Grafen Richardus, der beim Hofgericht von 781 anwesend war[2700].

RICHARD (II) (Richardus)

Graf (825–837)

TÄTIGKEIT ALS KÖNIGSBOTE:
825. 8.: *missus* Ludwigs des Frommen in den Kirchenprovinzen Lyon, Tarentaise und Vienne mit ALBERICH (I) (= KRAUSE I 96)

RICHARD war als Missus zusammen mit ALBERICH (I) in drei südöstlichen Kirchenprovinzen beauftragt[2701].

KURZBIOGRAPHIE[2702]:
837 wurde RICHARD (II) zusammen mit FULCO (II) und ADREBALD zu Lothar I. nach Italien geschickt[2703].

RICHARD (III) (Ricardus)

Graf (877)

TÄTIGKEIT ALS KÖNIGSBOTE:
877. 3.: *missus* Karls des Kahlen in Brescia mit HUGO (II) (= KRAUSE I 185; II 171)

2696) Literatur: ABEL/SIMSON 2 S. 89 Anm. 1; VERHEIN, Studien zu den Quellen zum Reichsgut der Karolingerzeit. II. S. 378 mit Anm. 217 f.; HENNEBICQUE-LE JAN, Prosopographica S. 262 (Nr. 246); DEPREUX, Prosopographie S. 362; Astronomus S. 304 Anm. 102.

2697) STAAB, Mittelrhein S. 431 f.

2698) Nithard, IV c. 5 S. 150.

2699) SETTIPANI, La préhistoire S. 361.

2700) D KdG 138 ([Quierzy], 781. 12. 16.] S. 188 f., hier S. 189.

2701) Ansegis, 2, 25 S. 541 und 545: *De nominibus locorum, in quibus missi dominici legatione funguntur […] Ludunum, Tarentasia et Vienna Albricus episcopus et Richardus comes.*

2702) Literatur: DEPREUX, Prosopographie S. 362 f.

2703) BM² 965c; Astronomus c. 55 S. 510.

Die zwei Missi Karls, Abt HUGO (II) und Graf RICHARD, unterschrieben das Testament Angilbergas, der Witwe Ludwigs II. von Italien[2704].

KURZBIOGRAPHIE[2705]:

Herbert Zielinski zufolge könnte RICHARD (III) entweder mit dem Stadtgrafen von Piacenza[2706] oder mit dem Bruder BOSOs (IV), nämlich Richard von Autun[2707] identisch sein. Eine sichere Gleichsetzung ist allerdings nicht möglich.

RICHOIN (Richoin, Ricoin)

Graf (814–815)

TÄTIGKEIT ALS KÖNIGSBOTE:

814–815: *missus/legatus* Ludwigs des Frommen nach Konstantinopel mit NORTPERT (= –)

Um die Freundschaft (*amicitia*) zwischen den Kaisern zu erneuern und den Frieden zu sichern, wurden Bischof NORTPERT und Graf RICHOIN nach Konstantinopel zu Kaiser Leo V. gesandt[2708].

KURZBIOGRAPHIE[2709]:

Ob RICHOIN Graf von Padua oder von Poitiers war, ist schwer zu entscheiden[2710]. Auch wenn man „wohl eher einen Grafen von Poitiers als von Padua vor sich haben" dürfte[2711], kann man ihn nicht leicht in eine verwandtschaftliche Beziehung zum Missus Karls des Kahlen RICHUIN setzen.

2704) Carte cremonesi Nr. 20 (Brescia, 877. 3.) S. 49–58, hier S. 56: *Signum + manus Ricardi comitis et missi imperialis testis*. Vgl. BZ 2679.

2705) Literatur: BZ 513.

2706) Vgl. HLAWITSCHKA, Franken S. 252 f.

2707) Vgl. BOUCHARD, The Bosonids; SETTIPANI, La préhistoire S. 381–383.

2708) ARF a. 814 S. 140 f.; Astronomus c.23 S. 354 und ARF a. 815 S. 143; Astronomus c. 25 S. 360–362. Siehe den Text bei NORTPERT in der Prosopographie. Vgl. auch NERLICH, Diplomatische Gesandtschaften S. 108.

2709) Literatur: HLAWITSCHKA, Franken S. 296 f.; DEPREUX, Prosopographie S. 365.

2710) So DEPREUX, ebd.

2711) So HLAWITSCHKA, ebd.

RICHOLF (Richolf)

Graf? (798)

TÄTIGKEIT ALS KÖNIGSBOTE:

798: *missus/legatus* Karls des Großen in Sachsen mit RORICH, GOTTSCHALK und HAD sowie GARICH und weiteren Anonymen (= KRAUSE I 17)

RICHOLF war einer der Missi, die „zur Durchsetzung der Gerechtigkeit (*ad iustitias faciendas*)" von Sachsen aus über die Elbe geschickt wurden und dort infolge des Aufstands der *Nordliudi* ums Leben kamen[2712].

KURZBIOGRAPHIE[2713]:

RICHOLF war sächsischer Herkunft. Sabine Krüger sieht ihn und seinen Bruder Richard als Grafen an[2714].

RICHUIN (Richuinus, Ricuinus)

Graf (843–860)

TÄTIGKEIT ALS KÖNIGSBOTE:

1) 853. 11.: *missus* Karls des Kahlen in Reims, Voncq, Astenois, Perthes, Bar-le-Duc, Changy, Châlons-en-Champagne, Vertus, Binson, Tardenois mit HINKMAR (I) von Reims und ENGILSCALCUS (= KRAUSE I 137)

Im Missaticum um Reims wurde RICHUIN als Missus eingesetzt[2715].

2) 856. 7. 7.: *missus* Karls des Kahlen in Neustrien/Aquitanien mit ADALHARD (III), RUDOLF, ADALGAR (I) und BERENGAR (II) (= –)

Am 7. Juli 856 sandte Karl seine Missi mit einer Kapitelliste an die rebellischen Franken und Aquitanier zur Verhandlung[2716].

*3) nach 856. 9. 1.: (*missus*) Karls des Kahlen in Neustrien/Aquitanien mit ADALHARD (III), RUDOLF und BERENGAR (II) (= –)

2712) Epistolae variorum inde a morte Caroli Magni Nr. 2 S. 301; ARF a. 798 S. 102; Ann. q. d. Einhardi a. 798 S. 103. Siehe den Text bei GARICH in der Prosopographie.

2713) Literatur: ABEL/SIMSON 2 S. 143 f.

2714) KRÜGER, Studien zur sächsischen Grafschaftsverfassung S. 46 f. mit Anm. 1.

2715) MGH Capit. 2 Nr. 260 S. 275. Das vollständige Zitat findet sich bei ENGILSCALCUS in der Prosopographie. Zu den Aufgaben dieser missatischen Legation siehe Kapitel 2, § 2, 1, iv, „853–854".

2716) MGH Capit. 2 Nr. 262 S. 279–281, hier S. 279. Siehe den Text bei ADALGAR (I) in der Prosopographie..

Die vier Missi wurden als dritte Verhandlungskommission mit einer neuen Kapitelliste an die Franken und Aquitanier ausgeschickt[2717].
*4) 856. 9. 1. – 10. 10.: (*missus*) Karls des Kahlen in Neustrien/Aquitanien mit HINKMAR (I), IRMINFRID, ADALHARD (III), RUDOLF und BERENGAR (II) (= –)

Zur vierten Verhandlungskommission gegen die ungehorsamen Franken und Aquitanier gehörten neben den vier Missi der dritten Delegation HINKMAR (I) von Reims und IRMINFRID von Beauvais an[2718].

KURZBIOGRAPHIE[2719]:

Nach der Reichsteilung von 843 und vor der Bischofserhebung HINKMARs von Reims verlieh Karl RICHUIN *in beneficium* die *villa* Leuilly und anderen Besitz der Reimser Bischofskirche[2720]. Im Herbst 843 schickte Karl ihn zu Ludwig dem Deutschen, um seinem Bruder den Text des Vertrags von Coulaines zu übermitteln[2721]. RICHUIN nahm 844 am Feldzug nach Aquitanien teil und wurde am 14. Juni bei Angoulême von den Anhängern Pippins II. gefangengenommen[2722]. RICHUIN war beim Treffen der drei Karolinger in Koblenz 860 zugegen[2723].

2717) MGH Capit. 2 Nr. 264 S. 283 f., hier S. 283. Siehe den Text bei ADALHARD (III) in der Prosopographie.

2718) MGH Capit. 2 Nr. 265 S. 284 f., hier S. 284. Siehe den Text bei ADALHARD (III) in der Prosopographie.

2719) Literatur: BOURGEOIS, Kiersy-sur-Oise S. 244; LOT und HALPHEN, Le règne de Charles le Chauve S. 96 Anm. 1, S. 97 mit Anm. 3 und S. 116 f.; WERNER, Frühzeit des französischen Fürstentums 2 S. 159 f.; NELSON, Charles the Bald S. 326 f.

2720) Vita Remigii c. 28 S. 324; BF 372 (843. 8. – 845. 10.). Vgl. D KdK Nr. 75 (*villa Avegio*, 845. 10. 1.), 1 S. 210–213 = HRE III c. 4 S. 194 f.; BF 495.

2721) MGH Epp. 8,2 Nr. 213 (868, Ende August; SCHRÖRS Reg. 214) S. 264–269, hier S. 265; BF 397.

2722) AB a. 844 S. 46 f.; BF 429.

2723) MGH Capit. 2 Nr. 242 S. 154.

RICHULF (Richolfus, Richulfus, Rihholfus)

Hofkapellan, Erzbischof von Mainz (787 – †813. 8. 9.[2724])

TÄTIGKEIT ALS KÖNIGSBOTE:

1) 781: *missus* Karls des Großen an Tassilo III. nach Bayern mit EBERHARD (I) (= –)

Während seines Aufenthalts in Rom beorderte Karl der Große seine Gesandten an Tassilo III., um durch diese den bayerischen Herzog zu einem Treffen zu bewegen[2725].

2) 791–799 (wohl vor dem Herbst 793)[2726]: *legatus* Karls des Großen in Bayern mit GEROLD (I) (= –)

Obwohl die Auseinandersetzung zwischen ARN von Salzburg und einem Wenilo, vielleicht dem Rechtsnachfolger des Grafen und des Klostergründers Guntharius, über den Besitz des Klosters Otting schon einmal im Herbst 791 vor Ludwig dem Frommen verhandelt wurde, brach der Streit erneut aus. Die beiden Parteien verhandel-

2724) Reg. Mainz Nr. 27 S. 51; ABEL/SIMSON 2 S. 503 mit Anm. 2; SCHIEFFER, Richulf S. 341. mit Anm. 67. RICHULF wurde in St. Alban zu Mainz bestattet, dessen neue, große Anlage er geweiht hatte.

2725) ARF a. 781 S. 58; Ann. q. d. Einhardi a. 781 S. 59; Ann. Met. pri. a. 781 S. 69. Das vollständige Zitat mit Überlegungen zur Glaubwürdigkeit der Quellen findet sich bei EBERHARD (I) in der Prosopographie.

2726) Notker erzählt in seiner Gesta Karoli Magni eine Anekdote, Karl der Große habe im Awarenkrieg 791 RICHULF beauftragt, seine Gemahlin Hildegard (†783: korr. zu Fastrada?) in seine Obhut zu nehmen und mit ihr im Reich zu bleiben, wobei RICHULF so hochmütig geworden sei, dass er statt seines eigenen Bischofsstabs das königliche Zepter tragen wollte. Notker, I, 17 S. 21 f. Auch wenn man angesichts Notkers harscher Kritik an den Bischöfen in seinem Werk an diese Anekdote als solche nicht glauben darf (vgl. SCHIEFFER, Richulf S. 334 Anm. 14 und S. 342), scheint es doch möglich, dass RICHULF beim Awarenkrieg den König nach Bayern begleitete und zwischen 791 und 793 in Regensburg verweilte oder zuweilen dort den Hof besuchte, wo sich auch Königin Fastrada aufhielt. Vgl. BM² 312–320g. Dann dürfte die Legation hypothetisch nach dem August 791 und vor dem Herbst 793 stattgefunden haben. Es ist zwar nicht völlig auszuschließen, dass der *legatus Richolfus* nicht mit RICHULF identisch ist, es ist wenig wahrscheinlich: Während dieser *Richolfus* angesichts der Namenanordnung in den Breves Notitiae zumindest mit dem bayerischen Präfekt gleichrangig sein dürfte, ist kein anderer *Richolfus/Richulfus* in den Quellen zu finden als eben der RICHULF, der in Bayern eine ARN betreffende Streitigkeit beilegen konnte.

ten diesmal vor den beiden königlichen Missi, RICHULF und GEROLD[2727].

*3) 809[2728]: *missus(?)* Karls des Großen in Fulda (= –)

RICHULF wurde zur Schlichtung des Konflikts zwischen Abt Ratgar und den Mönchen von Fulda gesandt[2729].

4) 813. 6.: *missus* Karls des Großen in Mainz mit HILDEBALD (I) von Köln, ARN von Salzburg und BERNHARIUS von Worms (= Krause II 51)

Im Auftrag des Kaisers saß RICHULF als kaiserlicher Missus zusammen mit drei Kollegen einer Synode in Mainz vor. Ihre am 9. Juni beschlossenen Kanones wurden auf der Aachener Reichsversammlung im September desselben Jahres vorgelegt[2730].

Kurzbiographie[2731]:

Zur Zeit der ersten Legation war RICHULF noch Diakon. Er zählte zum Gelehrtenkreis am Hof und hatte gute Beziehungen zu Alkuin. Dem Angelsachsen Lul folgte er am 16. Oktober 786 im Mainzer Bistum[2732]. Er war wahrscheinlich bei der Kaiserkrönung Karls in Rom anwesend[2733]. RICHULF wird in einer Urkunde Karls des Großen zugunsten des Klosters Hersfeld erwähnt. Karl schenkte und bestätigte dem Kloster auf Bitte RICHULFs diejenigen Güter, die dem Kloster zu einem früheren Zeitpunkt von einem Hörigen des Fiskus namens Maginfredus ohne rechtsgültiges Verfahren und Befugnis ge-

2727) Breves Notitiae c. 13,13, in: Notitia Arnonis und Breves Notitiae S. 104. Siehe GEROLD (I) in der Prosopographie.

2728) Reg. Mainz Nr. 15 S. 48.

2729) Chron. Lauris. breve, IV, 41 S. 37: *XLI. Imperator ad Aquis totum annum redit, et Richolfus ad monasterium nostrum Fulda, id est sancti Bonifatii, missus est abbatis et fratrum causa, et ecclesia sanctae Mariae in monte dedicata.* Zur Fuldaer Fassung vgl. ebd. S. 16, 20–23; Wattenbach-Levison II, S: 264 f.

2730) MGH Conc. 2,1 Nr. 36 S. 258–273, hier S. 259. Das vollständige Zitat finden sich bei ARN in der Prosopographie. Vgl auch Ann. Lauriss. min. a. 813, in: MG SS 1 S. 121: *iussu imperatoris*; BM² 478.

2731) Literatur: Reg. Mainz, S. xvi–xvii, 45–51; Schieffer, Richulf; Pangerl, Die Metropolitanverfassung S. 106, 126–128 und 308 f.

2732) Schieffer, Richulf S. 332–334.

2733) Vgl. Reg. Mainz Nr. 8 und 9 S. 46 f. Schieffer, Richulf S. 334–337, rekonstruiert RICHULFs Tätigkeiten in der Reichspolitik auch aus indirekten Quellenaussagen. Die sächsischen Geiseln sollten nach dem Ende der Sachsenkriege, Mitte der Fastenzeit 805/806 nach Mainz entsandt werden. Vgl. MGH Capit. 1 Nr. 115, hier S. 233; BM² 410; Kosto, Hostages S. 142–144.

geben worden waren. Bemerkenswert und ein Indiz für den Einfluss RICHULFs beim Kaiser ist dies, weil diese Schenkung zuvor als ungültig beurteilt und rückgängig gemacht worden war[2734]. Aus dem Jahr 810 ist ein Brief überliefert, in dem RICHULF seinem Suffragan Egino von Konstanz die Fastenordnung Karls des Großen übermittelt[2735]. 811 war er einer der Zeugen des Testaments Karls des Großen[2736]. Vermutlich gegen Ende seiner Amtszeit verfasste er ein Bischofskapitular, das „das Programm einer Inquisitio der Diözesanpriesterschaft" umreißt[2737]. Theodor Schieffer resumiert: „Die reichsgeschichtliche Rolle der Mainzer Kirche im mittelalterlichen Sinne beginnt mit dem Pontifikat RICHULFs"[2738].

RIMIGARIUS (Rimigarius, Rimicoz)
Judex (791–806)

TÄTIGKEIT ALS KÖNIGSBOTE:

1) 791. 9. 20.: *missus* Karls des Großen in Lorch (Bayern) mit ARN, GEROLD (I), MEGINFRID und WOLFOLT (= KRAUSE I 14)

Judex RIMIGARIUS war einer der Vorsitzenden bei einer dreitägigen Gerichtsversammlung in Lorch über einen Streit unter den Huosi[2739].

2) vor 806. 1.: *missus* Karl des Großen in Wallersheim (Mittelrhein) (= KRAUSE I 46)

Er wurde als *missus* zur Revindikation eines Besitzes geschickt, den einst ein *servus* des Fiskus, Meginfredus, dem Kloster Prüm geschenkt hatte[2740].

2734) D KdG 198 (Schweigen, 802. 9. 15.) S. 266 f.

2735) ChLA 2 Nr. 176 S. 133. Dieses Stück ist kein Original aus RICHULFs Hand, sondern eine örtliche Kopie. Hierzu vgl. auch MERSIOWSKY, Regierungspraxis S. 121, 136 und 161 f.

2736) Vita Karoli S. 84.

2737) Capitula Moguntiacensia, in: MGH Capit. episc. 3 S. 175–180, Zitat aus S. 175.

2738) SCHIEFFER, Richulf S. 334.

2739) Trad. Freising Nr. 142 (791. 9. 20.) S. 146 f. Siehe den Text bei ARN in der Prosopographie.

2740) D KdG 203 (Diedenhofen, 806. 1. 20.) S. 272: … *donamus ad monasterium sancti Salvatoris […] in loco qui dicitur Prumia, donatumque in perpetuum esse volumus mansum unum in villa que vocatur Walemaresthorpf una cum servo nomine Williario cum omni peculiare vel adquaesitu suo et totam legem, quam pro ipso manso vel pro ipso servo ipse Tancradus venerabilis abba et eius advocatus*

3) 791? oder 806/807: *missus* Karls des Großen in Bayern mit WOLFOLT (= KRAUSE I 22)

Ein Priester namens Otker klagte vor Karl dem Großen gegen Graf Gothram, der ihm Besitz entfremdet hatte. Karl unterstützte ihn durch seine Missi ATTO von Freising und Diakon HUASMUOT. Sie forderten den Grafen zusammen mit den Missi in Bayern, WOLFOLT und RIMIGARIUS, *de verbo regis* zur Rückgabe des Besitzes auf[2741].

KURZBIOGRAPHIE[2742]:

Über RIMIGARIUS ist nichts Weiteres bekannt.

RIMMO (Rimmo)

Missus (865/866)

TÄTIGKEIT ALS KÖNIGSBOTE:

865/866: *missus* Ludwigs II. von Italien im *ministerium* WIDOs (III) von Spoleto mit JOHANNES (VII) (= KRAUSE II 158)

Für den Feldzug gegen die Sarazenen in Süditalien bot Ludwig das Heer aus Norditalien auf. RIMMO wurde zusammen mit Bischof JOHANNES (VII) von Tortona damit beauftragt, im *ministerium* des gestorbenen WIDO (III) die Mobilisierung zu kontrollieren und gegebenenfalls die Säumigen zu bestrafen[2743].

KURZBIOGRAPHIE:

Über ihn ist nichts Weiteres bekannt.

---

rewadiavit pro eo, quod Meginfredus quondam servus noster non habens potestatem ad ipsam casam dei antea delegaverat et missus noster Rimigarius comis in causa nostra legibus super eum evindicavit. Idcirco in elemosina nostra denuo ad ipsum sanctum locum plenius ex nostra largitate concessimus. Zum Geschehen von 806 vgl. ISPHORDING, Prüm S. 245 f. Siehe auch TANKRAD* in der Prosopographie.

2741) Trad. Freising Nr. 232 (Altenerding, 806./807. 9. 29.) S. 214 f. Siehe ATTO in der Prosopographie.

2742) Literatur: MITTERAUER, Karolingische Markgrafen S. 61.

2743) MGH Capit. 2 Nr. 218 c. 3 S. 95: … *sit missus […] in ministerio Witonis Rimmo et Ioannes episcopus de Tortona.* Siehe ANDREAS (II) und JOHANNES (VII) in der Prosopographie.

ROBERT (Robertus, Rotbertus)

Graf von Angers (845–†866)

TÄTIGKEIT ALS KÖNIGSBOTE:

853. 11.: *missus* Karls des Kahlen in Le Mans, Angers, Tours, Corbonnais, Sées mit DODO und OSBERTUS (= KRAUSE I 144)

ROBERT war einer der Missi im Missaticum in Neustrien[2744].

KURZBIOGRAPHIE[2745]:

In der Forschung wird ROBERT der Beiname „der Tapfere" gegeben. Er ist der erste Robertiner, der in den Quellen sicher nachweisbar ist. Es gibt aber keine zeitgenössische Quelle, die direkt über seine Herkunft und Karriere Zeugnis gibt. Dennoch wurde seine „Vorgeschichte"von Karl Glöckner und Karl Ferdinand Werner gut rekonstruiert. Nach Glöckner war ROBERTs Vater Graf RUOTBERT (I) vom Wormsgau und *missus dominicus* Ludwigs des Frommen. Man kann zudem die Verwandtschaft mit den Lambertinern/Widonen aufgrund der gemeinsamen Namensgebung und des gemeinsamen Hausheiligen vermuten. Werner betrachtet diese Verwandtschaft als Grundlage für ROBERTs Einfluss im Westen des Frankenreichs, weil die Widonen dort bis zu den vierziger Jahren tätig waren. Aber wir sollten die Bedeutung dieser Verbindung für ROBERT in Anbetracht der guten Beziehungen zwischen den Robertinern und den mit den Widonen verfeindeten (!) Rorgoniden zurückhaltend bewerten. Es gibt eine andere Erklärungsmöglichkeit für ROBERTs wachsenden Einfluss: Nach Werner gab es schon früher eine politische Verbindung zwischen den Rupertinern und der Familie Adalhards, des Seneschalls Karls des Kahlen. Dieser Seneschall war ein Onkel Irmintruds, der ersten Königin Karls. Deren Vater, Odo von Orléans, war mit einem anderen ODO (II), Graf von Angers (also ROBERTs Amtsvorgänger) verwandt, der wiederum der Alliierte ROBERTs im Westen war. Werner nennt diese Gruppe den Verband um die Königin Irmintrud und misst ihm große Bedeutung zu. Janet L. Nelson relativiert dagegen die Bedeutung dieser Verbindung: Beispielsweise blieb ODO (II) während ROBERTs Aufstand

2744) MGH Capit. 2 Nr. 260 S. 276. Siehe den Text bei DODO in der Prosopographie.

2745) Literatur: GLÖCKNER, Lorsch S. 323–352; WERNER, Frühzeit des französischen Fürstentums 2; WERNER, Robert d. Tapfere, in: Lex.MA 7 Sp. 883 f.; SETTIPANI, La préhistoire S. 399–401; WERNER, Les premiers Robertiens et les premiers Anjou; BACCOU, Les débuts.

Karl dem Kahlen für eine Weile treu und leistete am 21. März 858 Karl in Quierzy einen Treueid[2746].

Festzuhalten ist jedenfalls, dass er einer derjenigen war, die bis zur Rückgabe 845 einen Teil der zur Reimser Kirche gehörigen Güter als Lehen innehatten[2747]. Das bedeutet, dass ROBERT bereits Ende der 830er Jahre oder Anfang der 840er Jahre aus dem Rheingebiet nach Westen gekommen sein muss. Als er 853 zum Missus ernannt wurde, war er Graf von Angers[2748]. Doch nach der Einrichtung eines *ducatus* in Neustrien für Ludwig den Stammler 856[2749] verschlechterten sich seine Beziehungen zum westfränkischen König zusehends, was schließlich im großen Aufstand von 857–861 eskalierte. Erst 861 konnte der König sich mit ROBERT versöhnen, der seine *honores* zurückerhielt[2750]. Für die Folgezeit finden sich in den Quellen mehrmals seine Kämpfe gegen die Dänen, Normannen und Bretonen[2751]. Auf der Reichsversammlung in Pîtres von 864 verlieh der König seinem *fidelis* ROBERT die *honores* im Autunois, die er dem untreuen Grafen Bernhard „Plantapilosa" entzogen hatte[2752]. Als Karl seinen Sohn Ludwig wieder nach Neustrien delegierte, gab er ROBERT, bezeichnet von HINKMAR (I) von Reims als *marchio* im Anjou, die Grafschaften Auxerre und Nevers[2753]. Beim Besitztausch vom März 865 mit Bischof Actardus von Nantes gab Graf ROBERT einen Besitz *de terra comitatis Blesensis*, d. h. aus der Grafschaft von Blois[2754]. 866 wurde ROBERT durch Karl den Kahlen als Laienabt

2746) NELSON, Charles the Bald S. 176 f.

2747) Vgl. D KdK Nr. 75 (*villa Avegio*, 845. 10. 1.), 1 S. 210–213 = HRE III c. 4 S. 194 f.; BF 378 und 495.

2748) Dass ROBERT 852 erstmals in Neustrien, dem späteren Herrschaftszentrum der Robertiner, in einer Urkunde Karls des Kahlen zugunsten des Klosters Marmoutier als Laienabt (*rector*) belegt sei (D KdK Nr. 147 [Quierzy, 852. 4. 2.], 1 S. 387–389), war seit langem die herrschende Lehre. Sie steht nun allerdings in Zweifel. Philippe Baccou behauptet, dass *Rothbertus rector* von Marmoutier mit RUOTBERT (II) identisch sein dürfte. Vgl. BACCOU, Les débuts.

2749) AB a. 856 S. 72.

2750) AB a. 861 S. 86.

2751) Vgl. AB a. 862 S. 89; a. 864 S. 116; a. 865 S. 122; a. 866 S. 125.

2752) AB a. 864 S. 114. Vgl. NELSON, Charles the Bald S. 221.

2753) AB a. 865 S. 123.

2754) MABILLE (Hg.), Chroniques des Comtes d'Anjou, pièces justificatives Nr. 1, S. lxxxix–xci. In dieser Urkunde ist ROBERT als *comes* bezeichnet. Zur Datierung dieser Urkunde vgl. WERNER, Frühzeit des französischen Fürstentums 2 S. 147–150.

von St-Martin in Tours eingesetzt, wobei er den König dazu bewog, seinen Gefolgsleuten die *honores qui ultra Sequanam*, das heißt in Neustrien, zuzuteilen[2755]. Im gleichen Jahr fiel er im Kampf gegen die Normannen[2756].

RODBERT (Rodbertus)

Missus (758)

TÄTIGKEIT ALS KÖNIGSBOTE:

758: *missus* Pippins des Jüngeren in Rom (= –)

RODBERT wurde wegen der Probleme des Papsttums mit den Langobarden nach Rom geschickt[2757].

KURZBIOGRAPHIE[2758]:

Die Forschung identifiziert ihn mit dem Vater Cancors, des Gründers von Lorsch, und ordnet ihn damit den Robertinern zu. Wenn diese Identifizierung richtig ist, ist er auch mit CHRODEGANG von Metz verwandt, der schon früher im Auftrag Pippins nach Rom delegiert worden war[2759].

RODINGUS (Rodingus, Hrodingus, Radingus)

Bischof von Florenz (840–852)

TÄTIGKEIT ALS KÖNIGSBOTE:

840. 2.: *missus* Lothars I. in Lucca mit MAURINUS (= KRAUSE I 167)

RODINGUS leitete zusammen mit dem Pfalzgrafen MAURINUS eine Gerichtsversammlung in Lucca, der Nachbarstadt seines Bischofssitzes[2760].

2755) AB a. 866 S. 126.

2756) AB a. 866 S. 131.

2757) Jaffé³ 4151 (758); Cod. Carol. Nr. 17, S. hier S. 515: *At vero, excellentissime fili et noster spiritalis compater agnoscas, nos pridem per apostolicas litteras eximiaetati tuae innotuisse, quae in his partibus a Desiderio Langobardorum rege impie peracta sunt atque crudeliter perpetrata. Igitur dum tam perniciosam eius operationem cerneremus, aptum prospeximus, praesentem fidelissimum vestrum missum Rodbertum hic apud nos detinere, quatenus, quid cepta iam fati Desiderii regis vel Longobardorum populi malitia pareret, praesentialiter agnoscens atque conspiciens vestram certiorem reddidisset eximiam praecellentiam.*

2758) Literatur: HACK, Codex Carolinus 2 S. 1020.

2759) Siehe CHRODEGANG in der Prosopographie.

2760) MANARESI Nr. 44 S. 144–147 = ChLA 77 Nr. 35 (Lucca, 840. 2.) S. 107–111. Siehe MAURINUS in der Prosopographie.

KURZBIOGRAPHIE[2761]:
Während Viktor Krause, Cesare Manaresi und Eduard Hlawitschka RODINGUS als Bischof von Lucca identifizieren, sieht Hansmartin Schwarzmaier in ihm den Bischof von Florenz, der für das Jahr 852 belegt ist. Er ist wahrscheinlich mit dem Bischof namens *Hrodingus* identisch, der im August 840 an der Synode von Ingelheim teilnahm[2762].

RODSELMUS (Rodselmus)
Missus (865/866)

TÄTIGKEIT ALS KÖNIGSBOTE:
865/866: *missus* Ludwigs II. von Italien in Florenz, Volterra und Arezzo (= KRAUSE II 156)

Für den Feldzug gegen die Sarazenen in Süditalien bot Ludwig das Heer aus Norditalien auf. RODSELMUS wurde damit beauftragt, in Florenz, Volterra und Arezzo die Mobilisierung zu kontrollieren und gegebenenfalls die Säumigen zu bestrafen[2763].
KURZBIOGRAPHIE:
Über ihn ist nichts Weiteres bekannt.

RORICH (Rorih)
Graf (798)

TÄTIGKEIT ALS KÖNIGSBOTE:
798: *missus/legatus* Karls des Großen in Sachsen mit RICHOLF, GOTTSCHALK, HAD, GARICH und weiteren Anonymen (= KRAUSE I 17)

RORICH war einer der Missi, die „zur Durchsetzung der Gerechtigkeit (*ad iustitias faciendas*)" von Sachsen aus über die Elbe geschickt wurden und dort infolge des Aufstands der *Nordliudi* ums Leben kamen[2764].

2761) Literatur: KRAUSE S. 237; HLAWITSCHKA, Franken S. 358; SCHWARZMAIER, Lucca S. 94.

2762) MGH Conc. 2,2 Nr. 61 S. 793. Wilfried Hartmann identifiziert diesen Bischof nicht. HARTMANN, Die Synoden S. 197 und 519.

2763) MGH Capit. 2 Nr. 218 c. 3 S. 95: ... *sit missus [...] Florentia, Volterra et Aritio Rodselmus.* Siehe ANDREAS (II) in der Prosopographie.

2764) Epistolae variorum inde a morte Caroli Magni Nr. 2 S. 301; ARF a. 798 S. 102; Ann. q. d. Einhardi a. 798 S. 103. Siehe den Text bei GARICH in der Prosopographie.

KURZBIOGRAPHIE[2765]:
Es ist nicht klar, ob der seltene Name RORICH mit dem Adelsgeschlecht der Rorgoniden in Zusammenhang steht[2766].

ROTFRID (Hruotfridus, Rotfridus)

Graf (814[?]–825)

TÄTIGKEIT ALS KÖNIGSBOTE:
1) 825. 8.: *missus* Ludwig des Frommen in den Grafschaften Reims, Châlons-en-Champagne, Soissons, Senlis, Beauvais und Laon mit EBBO (oder ROTHADUS in dessen Abwesenheit) (= KRAUSE I 91)

825 wurden EBBO von Reims und ROTFRID als Missi in den sechs Grafschaften eingesetzt[2767].

2) 825/826: *missus* Ludwigs des Frommen in dem Missaticum der Legation 1 mit EBBO von Reims (= KRAUSE I 98 = II 85)

In den Formulae Imperiales ist ein Formular überliefert, das eine Inquisition durch EBBO und ROTFRID erwähnt. Nach diesem Formular hätte Ludwig aufgrund des Berichts dieser Inquisition den Petenten mit einer Urkunde ihre Freiheit und ihren Besitz bestätigt[2768].

KURZBIOGRAPHIE[2769]:
Martina Stratmann weist darauf hin, dass ein Graf Rotfridus in der Teilnehmerliste der Synode von Noyon in 814 mit unserem Missus ROTFRID identisch sein könnte[2770].

ROTGAR (Hrotgarius, Rotgerius, Rottecarius)

Graf von Limoges (778–799)

TÄTIGKEIT ALS KÖNIGSBOTE:
799 Spätsommer: *missus/legatus* Karls des Großen in Italien mit HILDEBALD (I), ARN, CUNIPERT, BERNHARIUS, ATTO, JESSE, ERFLAICUS, HELMGAUD und GERMAR (= KRAUSE II 34)

2765) Literatur: ABEL/SIMSON 2 S. 143 f.; HANNIG, Pauperiores vassi S. 332 f. Anm. 108.

2766) WERNER, Bedeutende Adelsfamilien S. 137 Anm. 2.

2767) MGH Capit. 1 Nr. 151, cc. 1–2 S. 308 = Ansegis, 2, 25–26 S. 542 f. und 545. Das Zitat findet sich bei EBBO in der Prosopographie.

2768) Form. Imp. Nr. 45 S. 321; BM² 822; D LdF F 45 S. 1202. Das Zitat findet sich bei EBBO in der Prosopographie.

2769) Literatur: DEPREUX, Prosopographie S. 369 f.

2770) HRE II c. 18 S. 173 mit Anm. 43.

ROTGAR war einer der Missi, die zur Untersuchung des „Attentats“ auf Leo III. nach Rom delegiert wurden. Sie begleiteten den Papst von Paderborn aus auf dem Rückweg nach Rom[2771].

KURZBIOGRAPHIE[2772]:

Nach Abel/Simson dürfte er mit dem Grafen Rotgar identisch sein, der 778 von Karl dem Großen in Limoges eingesetzt wurde[2773]. In einer ungefähr zwischen 785 und 800 datierten Urkunde Karls des Großen für das Kloster Charroux ist dieser Graf als Gründer erwähnt[2774].

ROTHADUS (Hruothadus)

Bischof von Soissons (814–829)

TÄTIGKEIT ALS KÖNIGSBOTE:

825. 8.: *missus vicem Ebbonis* Ludwigs des Frommen in den Grafschaften Reims, Châlons-en-Champagne, Soissons, Senlis, Beauvais und Laon mit ROTFRID (= KRAUSE I 91)

825 wurden EBBO und ROTFRID als Missi in den sechs Grafschaften eingesetzt. Dabei wurde merkwürdigerweise ROTHADUS zum Stellvertreter EBBOs für den Fall ernannt, dass der Reimser Erzbischof seine missatische Legation nicht leisten könne[2775]. Aber wir wissen nicht, ob ROTHADUS tatsächlich als Missus fungiert hätte.

KURZBIOGRAPHIE[2776]:

814 nahm er an der Synode in Noyon unter der Leitung WULFARs von Reims teil. Der Streit um die Diözesangrenzen zwischen ROTHADUS und Wendilmar von Noyon war das Hauptthema dieser Synode[2777]. Seine Teilnahe an der Synode von Paris 829 ist ebenfalls nachweisbar[2778].

2771) Lib. Pont. XCVIII, Vita Leonis III c. 20, 2 S. 6 f.; Chron. Lauris. breve, IV, 31 S. 34; Ann. q. d. Einhardi, a. 799 S. 107–109. Siehe Text bei ARN in der Prosopographie.

2772) Literatur: ABEL/SIMSON 2 S. 187 Anm. 1.

2773) Astronomus c. 3 S. 292. Zu ihm WOLFF, L’Aquitaine et ses marges S. 290 f.

2774) D KdG 194 S. 260 f.

2775) MGH Capit. 1 Nr. 151, cc. 1–2 S. 308 = Ansegis, 2, 25–26 S. 542 f., 545. Das Zitat findet sich bei EBBO in der Prosopographie.

2776) Literatur: Fastes 3 S. 91; DEPREUX, Prosopographie S. 371.

2777) HRE II c. 13 S. 173.

2778) Cart. gén. Paris Nr. 35, hier S. 50 f. (= MGH Conc. 2,2 S. 605 f.).

ROTHARD (Chrodardus, Crothardus, Roadhartus, Rotardus)
Dux (754); Graf (749–769)

TÄTIGKEIT ALS KÖNIGSBOTE:

754 Frühjahr: Empfangsgesandtschaft Pippins des Jüngeren im Kloster St-Maurice d'Agaune mit FULRAD (I) von St-Denis (–)

Als zweite Empfangsgesandtschaft empfingen Abt FULRAD von St-Denis und ROTHARD Papst Stephan II., den die erste Empfangsgesandtschaft (CHRODEGANG und AUTCHAR) von Rom aus ins Frankenreich geleitet hatte. Dann begleiteten sie den Papst zu König Pippin nach Ponthion[2779].

KURZBIOGRAPHIE[2780]:

Dieser *dux* dürfte identisch mit einer Person sein, die als *Chrodardus* oder *Chrothardus* in Pippins Umgebung erschien. 752 und 753 taucht er in der Liste der Beisitzer der Sitzungen des Hofgerichtes auf, bei denen FULRAD (I) als Ankläger auftrat[2781]. 762 unterschrieb er als Graf die Schenkungsurkunde Pippins für das Kloster Prüm[2782].

Von der Forschung ist ROTHARD außerdem mit dem Grafen identifiziert worden, der zwischen 749 und 769 im Elsass und im Alemannien tätig war[2783]. Er wurde zusammen mit Warin[2784] um 758/759 mit der Verwaltung von Alemannien beauftragt[2785], obwohl unklar ist, ob es sich dabei um einen offiziellen Titel als *administrator* o. ä. handelte. ROTHARD ist auch als Gründer mehrerer Klöster im Oberrheingebiet wie zum Beispiel Arnolfsau und Gengenbach belegt. Überliefert ist eine Verkaufsurkunde des Grafen Chrodhardus für Abt FULRAD (I) vom 17. Juli 767, worin es um die Güter im *ducato* Alemannien, im Pagus Breisgau, ging[2786].

2779) Lib. pont. XCIIII Vita Stephani II, c. 24, 1 S. 447. Das vollständige Zitat findet sich bei FULRAD (I) in der Prosopographie. Hierzu vgl. OELSNER, JB Pippin S. 125 f.; HACK, Empfangszeremoniell S. 419.

2780) Literatur: OELSNER, JB Pippin S. 14, 73, 126, 327, 357, 364 und 377; TELLENBACH (Hrsg.), Studien und Vorarbeiten, passim (siehe Index: Ruthard); STOCLET, Fulrad S. 138 ff.; BORGOLTE, Die Grafen Alemanniens S. 229–236; SEMMLER, Der Dynastiewechsel S. 68–70.

2781) D PdJ 1 (Verberie, 752. 3. 1.), hier S. 3: *cum … Crothardo*; ebd. Nr. 6 (753. 7. 8.), hier S. 10: *cum … [C]hrothardo.*

2782) D PdJ 16 (Trisgodros, 762. 8. 13.), hier S. 24: *Signum Chrodardi comitis.*

2783) Zu den einzelnen Quellenbelegen siehe BORGOLTE, ebd.

2784) Zu ihm vgl. BORGOLTE, Die Grafen Alemanniens S. 282–287.

2785) Walahfridi Strabonis Vita sancti Galli confessoris, hier S. 322 f.

2786) STOCLET, Fulrad, 169–184 mit der Edition S. 170–173.

ROTHARIUS** (Rotharius)

Graf (vor 831)

TÄTIGKEIT ALS KÖNIGSBOTE:

†Vor 831. 6. 9.: *missus?* Ludwigs des Frommen in Rätien mit BERNOLD** und GOTAFRID* (= KRAUSE I 93)[2787]

In einer Urkunde, deren Echtheit jetzt in Frage steht, ist dargestellt, dass nach den viermaligen Gesuchen des Bischofs Viktor III. von Chur Ludwig der Fromme seine Missi nach Rätien geschickt habe. Diese Missi hätten die durch den Grafen Roderich angerichteten Schäden an Kirchengütern untersuchen müssen. Aufgrund ihres Berichts habe der Kaiser die Restitution der Güter befohlen[2788].

KURZBIOGRAPHIE:

ROTHARIUS** ist nicht zu identifizieren.

ROTHMUND* (Hruodmundus, Hruotmundus, Rothmundus)

Graf (823–826)

TÄTIGKEIT ALS KÖNIGSBOTE:

823, vor November: im Auftrag Ludwigs des Frommen in Dänemark mit THEOTHAR (= –)

Kaiser Ludwig schickte zwei Grafen zu den Söhnen des früheren Königs der Dänen, Godofrid, um von ihnen einen Lagebericht einzuholen und die Zustände des gesamten dänischen Reichs gründlich zu untersuchen. Die Gesandten erstatteten dann auf der Reichsversammlung vom November 823 zu Compiègne dem Kaiser Bericht. Diese Legation geschah noch vor der Ankunft des dänischen Königs Harald Klak in Compiègne, der dort um Beistand gegen die Söhne Godofrids bat[2789]. Denn die beiden dänischen Parteien hatten schon im vorherigen Jahr jeweils ihre Gesandten zum Kaiser entsandt und Ludwig war deshalb über die Lage in Dänemark mehr oder weniger infor-

2787) Zu Krauses Auffassung siehe BERNOLD** in der Prosopographie.

2788) Zu den Quellen siehe BERNOLD** in der Prosopographie.

2789) ARF a. 823 S. 162 f.: *Venerat et Harioldus de Nordmannia, auxilium petens contra filios Godofridi, qui eum patria pellere minabantur; ob cuius causam diligentius explorandam ad eosdem filios Godofridi Theotharius et Hruodmundus comites missi fuerunt, qui et causam filiorum Godofridi et statum totius regni Nordmannorum diligenter explorantes adventum Harioldi praecesserunt et imperatori omnia, quae in illis partibus comperire potuerunt, patefecerunt.* Vgl. BM² 783a; HELTEN, Zwischen Kooperation und Konfrontation S. 100 f.

miert[2790]. Diese kaiserlichen Gesandten kamen zusammen mit EBBO von Reims zurück, der Ende 822 oder Anfang 823 mit HALITGAR* zur Missionierung des Nordens entsandt worden war[2791].
KURZBIOGRAPHIE[2792]:
Die Forschung identifiziert ROTHMUND* üblicherweise mit dem gleichnamigen Grafen, dem der Kaiser erlaubte, seine Abwesenheit bei einer regionalen Versammlung an einer kaiserlichen Pfalz eidlich zu entschuldigen, da er damals in seinem Auftrag unterwegs war[2793]. Ort und Zweck dieses Auftrags bleiben unbekannt, daher zähle ich die Ausführung dieses besagten Auftrages durch ROTHMUND* nicht zu den missatischen Tätigkeiten.

RUADHOH (Hruothofus, Ruadhous)

Abt von Reichenau (871–888)

TÄTIGKEIT ALS KÖNIGSBOTE:
886. 11. 11.: *legatus* Karls III. in Winterthur (Alemannien) mit SALOMO (II), GOZBERT und HILDEBOLD (= KRAUSE II 212)

Die vier Missi waren als Zeugen beim Hörigentausch zwischen Abt Bernhard von St. Gallen und einem gewissen Tisi anwesend[2794].
KURZBIOGRAPHIE[2795]:
Karl III. bestätigte auf Bitte des Abtes RUADHOH die Urkunde Ludwigs des Frommen, die dem Kloster Reichenau die Immunität, das Recht der freien Abtwahl und den Königsschutz verlieh[2796].

2790) ARF a. 822 S. 159. HELTEN, Zwischen Kooperation und Konfrontation S. 99 f.

2791) ARF a. 823 S. 163: *Cum quibus et Ebo Remorum archiepiscopus, qui consilio imperatoris et auctoritate Romani pontificis praedicandi gratia ad terminos Danorum accesserat et aestate praeterita multos ex eis ad fidem venientes baptizaverat, regressus est.*

2792) Literatur: DEPREUX, Prosopographie S. 367 f.

2793) So Gerhard Schmitz (Ansegis S. 679 Anm. 8) und Philippe Depreux. MGH Capit. 1 Nr. 155 c. 4 = Ansegis, App. 3, 4 S. 679: *De causa Rothmundi comitis: ut ei liceat hic in palatio sacramentum suum iurare, quia propter nostrum servitium sibi constitutum placitum intra patriam observare non licuit.* Das fragliche Dokument (Responsa missis data) wird um 826 datiert.

2794) UB St. Gallen 2 Nr. 656 S. 260 = ChLA 109 Nr. 36 (Winterthur, 886. 11. 11.) S. 88 f., hier S. 89. Siehe GOZBERT in der Prosopographie.

2795) Literatur: DEUTINGER, Königsherrschaft S. 173–175.

2796) D Ka III. 6 (878. 1. 13.) S. 9 f.

RUADPERT (I) (Ruatpertus)

Vasall (833/837–848)

TÄTIGKEIT ALS KÖNIGSBOTE:

847./848. 5. 24./22.: *missus* Ludwigs des Deutschen? in Rieden (Alemannien) (= –)

Beim Gütertausch zwischen einem Reginbold und Abt GRIMALD von St. Gallen war RUADPERT (I) *missus* als Zeuge anwesend[2797]. Es ist aber nicht sicher, ob RUADPERT als *missus* wirklich den König vertrat.

KURZBIOGRAPHIE[2798]:

Roman Deutinger identifiziert RUADPERT (I) mit dem gleichnamigen *vassallus regis* in Alemannien, der zu einem Zeitpunkt zwischen 833 und 837 mit dem Grafen Waning ein Inquisitionsverfahren über den Besitz des Klosters St. Gallen in Schönenberg einleitete. Die beiden sind in der *notitia* allerdings nicht als *missi* bezeichnet[2799].

RUADPERT (II) (Ruatpertus)

Missus, Vikar (882–887)

TÄTIGKEIT ALS KÖNIGSBOTE:

1) 882. 5. 10.: *missus* Karls III. in Harthausen (Alemannien) (= KRAUSE II 209)

In der Datierungszeile einer in Harthausen wegen einer Besitzübertragung ausgestellten Urkunde findet sich die Formel: *Ruadpertvm missum imperatoris in vicem comitis*[2800].

2) 887. 4. 8.: *vicarius* Karls III. in Baldingen (Alemannien) (= –)

2797) UB St. Gallen 2 Nr. 405 (Rieden, 848. 5. 22.) S. ChLA 104 Nr. 43 (Rieden, 847./848. 5. 24./22.) S. 115: *Signum Ruatperti missi.*

2798) Literatur: DEPREUX, Prosopographie S. 373 (als Vasall Ludwigs des Frommen); DEUTINGER, Königsherrschaft S. 77 mit Anm. 87 S. 89, 93, 173 f. und 180.

2799) UB St. Gallen 2, Anhang Nr. 18 S. 395 = ChLA 102 Nr. 51 S. 125–127 = Chart. Sangall. Nr. 322 S. 300 f. Zur Datierung vgl. DEUTINGER, Königsherrschaft S. 77 mit Anm. 87. Der Editor der neuesten Edition datiert diese Urkunde ungefähr zwischen 816 und 828, ohne Deutingers Arbeit zu erwähnen. Ich folge Deutinger und lehne mit ihm die Auffassung Borgoltes (BORGOLTE, Geschichte der Grafschaften S. 224) ab, RUADPERT (I) sei identisch mit dem gleichnamigen Grafen vom Linz- und Argengau.

2800) UB St. Gallen Nr. 620 S. 229 = ChLA 108 Nr. 52 (Harthausen, 882. 5. 10.) S. 146.

In der Datierungszeile einer in Baldingen wegen einer Besitzübertragung ausgestellten Urkunde findet sich die Formel: *sup(!) vicario Ruadperto*[2801].

KURZBIOGRAPHIE[2802]:

Michael Borgolte zieht zu seiner Untersuchung der Verstärkung der Königsherrschaft unter Karl III. in der Gegend von Neudingen diese beiden Urkunden heran. Aus ihnen ist zu schließen, dass es damals in dieser Gegend keinen Grafen gab. Deutinger ist der Auffassung, dass „sein missatischer Auftrag [...] also fast den Charakter einer allgemeinen Stellvertretung des Herrschers in dieser Gegend Alemanniens gehabt zu haben (scheint)“[2803].

Deutinger, dessen Auffassung ich folge, unterscheidet aus Altersgründen RUADPERT (I) und (II). Borgolte lässt offen, ob RUADPERT (II) mit dem gleichnamigen Kapellan Karls III.[2804] identisch ist. Ohne konkrete Informationen über RUADPERTs Funktion bleibt diese Frage offen.

RUDOLF (Rudolfus, Hruodulphus, Rodulfus, Ruodulfus)
Graf (846 – †866. 1. 6.)

TÄTIGKEIT ALS KÖNIGSBOTE:

1) 853. 11.: *missus* Karls des Kahlen in Blois, Orléans, Vendôme, Chartres, Dreux, Châteaudun, Évreux, Arpajon, Poissy und Madrie mit BURCHARD (III) und HENRICUS (= KRAUSE I 145)

Er war einer der Missi im Missaticum um Orléans und Chartres[2805].

2) 856. 7. 7.: *missus* Karls des Kahlen in Neustrien/Aquitanien mit ADALHARD (III), RICHUIN, ADALGAR (I) und BERENGAR (II) (= –)

2801) UB St. Gallen 2 Nr. 657 S. 261 = ChLA 109 Nr. 38 (Baldingen, 887. 4. 8.) S. 94.

2802) Literatur: BORGOLTE, Karl III. und Neudingen S. 44 f.; DEUTINGER, Königsherrschaft S. 174. und 180.

2803) DEUTINGER, Königsherrschaft S. 174.

2804) Karl III. schenkte seinem *custos capellae* Ruodpert drei Mansen in Ippingen in der Grafschaft Baar. D Ka III. 19 (–, 880. 2. 8.) S. 32 f. Im folgenden Jahr schenkte der Kaiser ihm, der diesmal als *fidelis ac dilectus presbiter nec non ministerialis noster* bezeichnet ist, eine vorher als *beneficium* besessene Kirche in Klengen. D Ka III. 38 (Pavia, 881. 5. 9.) S. 64–67. FLECKENSTEIN, Hofkapelle S. 192.

2805) MGH Capit. 2 Nr. 260 S. 276. Siehe BURCHARD (III) in der Prosopographie.

Am 7. Juli 856 sandte Karl seine Missi mit einer Kapitelliste an die rebellischen Franken und Aquitanier zur Verhandlung[2806].

*3) nach 856. 9. 1.: (*missus*) Karls des Kahlen in Neustrien/Aquitanien mit ADALHARD (III), RICHUIN und BERENGAR (II) (= –)

Die vier Missi wurden als dritte Verhandlungskommission mit einer neuen Kapitelliste an die Franken und Aquitanier ausgeschickt[2807].

*4) 856. 9. 1. – 10. 10.: (*missus*) Karls des Kahlen in Neustrien/Aquitanien mit HINKMAR (I), IRMINFRID, ADALHARD (III), RICHUIN und BERENGAR (II) (= –)

Zur vierten Verhandlungskommission gegen die ungehorsamen Franken und Aquitanier gehörten HINKMAR (I) von Reims und IRMINFRID von Beauvais, neben den vier Missi der dritten Delegation[2808].

KURZBIOGRAPHIE[2809]:

RUDOLF war ein Bruder der Kaiserin Judith und daher Onkel Karls des Kahlen[2810]. Ab 846 war er *rector* von St-Riquier[2811]. 849 erhielt er eine Bestätigungsurkunde Karls über die Güterzuweisung an sein Kloster Jumièges[2812]. Er wird zur treuen Entourage Karls des Kahlen gezählt. In der Reichskrise von 858–859 blieb er auf Karls Seite: RUDOLF war einer der Großen, die dem König im März 858 in Quierzy den Treueid leisteten und ein *sacramentum regis* empfingen[2813]. Auch beim Treffen der drei Karolinger in Koblenz 860 zähl-

---

2806) MGH Capit. 2 Nr. 262 S. 279–281, hier S. 279. Siehe den Text bei ADALGAR (I) in der Prosopographie..

2807) MGH Capit. 2 Nr. 264 S. 283 f., hier S. 283. Siehe den Text bei ADALHARD (III) in der Prosopographie.

2808) MGH Capit. 2 Nr. 265 S. 284 f., hier S. 284. Siehe den Text bei ADALHARD (III) in der Prosopographie.

2809) Literatur: TELLENBACH, Über die ältesten Welfen; FELTEN, Laienäbte S. 51; BORGOLTE, Die Grafen Alemanniens S. 227; NELSON, Charles the Bald S. 141, 177 f..

2810) Zu RUDOLFs Karriere vor dem Tod Ludwigs des Frommen vgl. KOCH, Kaiserin Judith S. 89, 94, 107 und 181.

2811) Hariulf erzählt im Chronicon Centulense, dass die Abtei St-Riquier nach dem Tod LUDWIGs (†867. 1. 9.) *vir egregius Hruodolphus* als *rector* hatte. Obwohl RUDOLF schon 866 starb, ist in der Forschung dieser *Hruodolphus* mit RUDOLF identifiziert, da er nach Hariulf *vir imperialis* und *avunculus gloriosissimi regis Karoli* ist. Vgl. Hariulf, Chronique III c. 9 S. 113 (mit Anm. 2).

2812) D KdK Nr. 111 (Quierzy, 849. 2. 26.), 1 S. 293–297.

2813) MGH Capit. 2 Nr. 269, hier S. 297. NELSON, Charles the Bald S. 191, zu-

te er zu den begleitenden Magnaten Karls[2814]. 864 trat RUDOLF bei Karl als Intervenient für das Kloster Montiéramey auf[2815]. Er starb 866[2816].

RUOTBERT (I) (Ruadbertus, Ruodbertus)

Graf (796/812–834)

TÄTIGKEIT ALS KÖNIGSBOTE:

825. 8.: *missus* Ludwigs des Frommen in der Kirchenprovinz Mainz mit HEISTULF (= KRAUSE I 88)

Bei der Missaticaeinteilung von 825 wurde die Mainzer Kirchenprovinz als Missaticum für den örtlichen Erzbischof HEISTULF und Graf RUOTBERT festgelegt[2817]. Diese Legation dauerte mindestens bis Mai 826[2818].

KURZBIOGRAPHIE[2819]:

Der Name Ruotbert findet sich in vielen mittelrheinischen Urkunden des späteren 8. und früheren 9. Jahrhunderts. Es ist nicht genau feststellbar, um wie viele Personen es sich dabei handelt. Karl Glöckner unterscheidet Ruotpert (nachweisbar 795–807) und Ruotbert (812–834), während Matthew Innes die Ansicht vertritt, dass es sich in den Quellen um ein und denselben Ruotbert handelt[2820]. Jedenfalls gehörte der 825 als *missus* belegte RUOTBERT (I) zu den Rupertinern, der Familie des Gründers des Klosters Lorsch, und hatte seine Machtbasis im Wormsgau, wahrscheinlich um Dienheim als Mittelpunkt. Hier werden nur die Belege angeführt, die auf seine Beziehungen zu den karolingischen Herrschern hinweisen. So ist ein *Rotbertus comes*, der im März 812 beim Hofgericht in Aachen den Beisitz hatte,

---

folge dürfte seine Treue allerdings nicht von ganzem Herzen gewesen sein. Vgl. MGH Epp. 8,1 Nr. 126 (859. 2.), hier S. 63 f.

2814) MGH Capit. 2 Nr. 242 S. 154.

2815) D KdK Nr. 265 (Compiègne, 864. 3. 15.), 2 S. 97–99.

2816) AB a. 866 S. 125. Sein Todesdatum ist der 6. Januar 866.

2817) MGH Capit. 1 Nr. 151, cc. 1–2 S. 308 = Ansegis, 2, 25–26 S. 542. Siehe HEISTULF in der Prosopographie.

2818) MGH Capit. 1 Nr. 152 S. 309 f. = Ansegis, 2. 28 S. 547–549.

2819) Literatur: GLÖCKNER, Lorsch S. 305–307; DEPREUX, Prosopographie S. 366 f.; INNES, State and society S. 126–129, 193 f. mit Anm. 94.

2820) Vgl. INNES, State and society S. 194 Anm. 94 mit der dort angeführten weiteren Literatur.

erwähnt[2821]. Er war im September 820 bei der Reichsversammlung in Quierzy anwesend[2822].

RUOTBERT (II) (Ruodbertus)

Graf, Laienabt von Marmoutier und von St-Martin in Tours(?)
(825–852[?])

TÄTIGKEIT ALS KÖNIGSBOTE:
825. 8.: *missus* Ludwigs des Frommen in Neustrien (Kirchenprovinz Tours) mit LANDRAMNUS (= KRAUSE I 95)

Er war einer der Missi in der Kirchenprovinz Tours[2823].

KURZBIOGRAPHIE[2824]:
852 erhielt ein *Rothbertus rector* von Marmoutier von Karl dem Kahlen eine Urkunde zur Bestätigung des Besitzes seines Klosters. Dieser Rothbertus wird in der Forschung meistens mit Robert dem Tapferen (ROBERT) gleichgesetzt. Philippe Baccou behauptet dagegen, dass er mit RUOTBERT (II) identisch sein dürfte. Wenn Baccou recht hat, dürfte RUOTBERT als Nachfolger von Vivian (†851) ebenfalls Laienabt von St-Martin in Tours gewesen sein.

RUTHARD (Ruthardus)

Graf (840)

TÄTIGKEIT ALS KÖNIGSBOTE:
Um 840?: *missus* Ludwigs des Deutschen im mittelrheinischen Gebiet (= –)

Als *comes et missus* des Königs *Hludovicus iunior* wurde RUTHARD mit einer Untersuchung über den Umfang des Besitzes von Lorsch in Langen bei Darmstadt beauftragt, der als ehemaliges Königslehen von den Hörigen des Fiskus Trebur eingezogen worden war[2825].

2821) D KdG 216 (Aachen, 812. 3. 8.), hier S. 289.

2822) Trad. Weissenburg Nr. 69 (Quierzy, 820. 9. 2. Tauschvertrag zwischen HUGO [I] von Tours und BERNHARIUS von Worms), hier S. 271.

2823) MGH Capit. 1 Nr. 151 S. 308 = Ansegis, 2, 25 S. 541 und 544 f. Siehe den Text bei LANDRAMNUS in der Prosopographie.

2824) Literatur: DEPREUX, Prosopographie S. 367; BACCOU, Les débuts.

2825) Cod. Laures. 3 Nr. 3770 S. 256: *Et hęc nomina uirorum qui iurauerunt presente Ruthardo comite et misso regis Ludouuici iunioris, quod secundum conscriptionem istorum locorum semper eadem silua pertineret ad Langunga et ita habuit eam in beneficium quidam vir nomine Folcrat, et post eum Osther …*

KURZBIOGRAPHIE[2826]:
RUTHARD wird von der Forschung nicht sicher identifiziert. Ich folge hier Jürgen Hannig und setze ihn mit dem gleichnamigen Grafen gleich, der 836 in Lorsch bei der Schenkung eines Franko als Spitzenzeuge zugegen war[2827].

SALOMO (I) (Salomon)

Bischof von Konstanz (838/839–†871)

TÄTIGKEIT ALS KÖNIGSBOTE:
1) 834./841./848. 10. 8.[?]: *missus* Ludwigs des Deutschen in *Hostrahun* (Hoftrahun oder Ostrach?) (Alemannien) mit REGINOLF (= KRAUSE II 193)

Die Freilassung eines Hörigen namens Sigimar von einer *ancilla Dei* namens Engildruda wurde in Gegenwart von zwei königlichen Missi durchgeführt[2828]. Da der Missus SALOMO nicht als *episcopus* bezeichnet ist, dürfte eine Datierung der Urkunde auf 834 nicht unwahrscheinlich sein.

*2) 864, vor 4./5.: im Auftrag (*missus*?) Ludwigs des Deutschen in Rom (= –)

SALOMO reiste 864 im Auftrag Ludwigs des Deutschen nach Rom, wobei es vor allem um die Eximierung des Bistums Bremen von der Kirchenprovinz Köln und den lotharischen Ehestreit ging[2829].

KURZBIOGRAPHIE[2830]:
Nach der Ausbildung in Fulda wurde SALOMO (I) 838 oder 839 Bischof von Konstanz. Seine Teilnahme an verschiedenen Synoden ist nachweisbar: 847 in Mainz, 852 wieder in Mainz, 857 in Worms oder

2826) Literatur: STAAB, Mittelrhein S. 420 mit Anm. 827; HANNIG, Zentrale Kontrolle S. 19 f.

2827) Vgl. Cod. Laures. 2 Nr. 218 (836: Franko schenkt dem Kloster Lorsch eine Mühle zusammen mit dem Grundstück, auf dem diese Mühle liegt.) S. 26 f. *S. Ruthardi comitis.*

2828) UB St. Gallen 2 Nr. 417 S. 37 f. = ChLA 104 Nr. 44 (*Hostrahun*, 834./841./848. 10. 8.[?]) S. 116 f., hier S. 115.: *Actum in villa Hostrahun nuncupata, in pręsentia Salomonis et Reginolfi missis domni Hludauuici regis.*

2829) Nicolai I. papae epp. Nr. 27, in: MGH Epp. 6 S. 293 f., hier S. 293: *Multas omnipotenti Deo gratias egimus in adventu fratris et coepiscopi nostri Salomonis, qui missus a filio nostro glorioso rege Hludowico et munera tua (*sc. König Horich von Dänemark*) obtulit…*; BH 698; Jaffé³ 5899 (864. 4.–5. 30.). Vgl. BH 699, 705, 706 und 713; Jaffé³ 5902, 5904, 5907.

2830) Literatur: DEGLER-SPENGLER (Hrsg.), Helvetia Sacra I, 2, 1 S. 249 f.

Koblenz, 861/863 in Mainz und 868 wieder in Worms[2831]. 854 fiel die Entscheidung im langjährigen Streit zwischen der Konstanzer Kirche und dem Kloster St. Gallen zugunsten des Klosters[2832]. SALOMOs Königsnähe blieb aber auch danach gesichert. In der Zeit der Friedensstiftung nach dem schließlich gescheiterten Einfall Ludwigs ins Westreich ist SALOMO in der Nähe des Königs nachweisbar: Er war es, der 859 in Worms zusammen mit GRIMALD von St. Gallen die geistlichen Gesandten aus dem Westreich und dem Mittelreich empfing[2833]. Auch beim Treffen der drei Karolinger in Koblenz 860 war SALOMO anwesend[2834]. Seine Legation nach Rom kann auch im Kontext seiner Königsnähe verstanden werden[2835].

SALOMO (II) (Salomon)

Bischof von Konstanz (876 – †889. 12. 23.[2836])

TÄTIGKEIT ALS KÖNIGSBOTE:

886. 11. 11.: *legatus* Karls III. in Winterthur/Alemannien mit GOZBERT, HILDEBOLD und RUADHOH (= KRAUSE II 212)

Die vier Missi waren als Zeugen beim Hörigentausch zwischen dem Abt Bernhard von St. Gallen und einen gewissen Tisi anwesend[2837].

2831) MGH Conc. 3 Nr. 14 (Mainz, 847. 10.) S. 151 und 160; Nr. 26 (Mainz. 852. 10. 3.) S. 240; Nr. 39 (Worms/Koblenz, 857[?]. 2.) S. 400; MGH Conc. 4 Nr. 12 (Mainz, 861–863. 6.) S. 129 f.; Nr. 25 (Worms, 868. 5.) S. 307 und 310.

2832) D LdD 69 S. 96–99 = ChLA 105 Nr. 18 (Ulm, 854. 7. 22.) S. 52–57. Siehe GRIMALD in der Prosopographie.

2833) MGH Conc. 3 Nr. 45 S. 443 f. Siehe HINKMAR (I) in der Prosopographie.

2834) MGH Capit. 2 Nr. 242 S. 158.

2835) Vielleicht wurde SALOMO (I) zudem 862 von Ludwig mit anderen Bischöfen zu Karl dem Kahlen geschickt. Vgl. AB a. 862 S. 94: *missi.* Dazu vgl. GOETTING, Die Hildesheimer Bischöfe S. 98 f.: *Altfridus episcopus et college.* In einer frühneuzeitlichen Notiz finden sich die Namen von Altfrid von Hildesheim, SALOMO (I) von Konstanz, Adventius von Metz und Atto von Verdun. MGH Capit. 2 Nr. 243 S. 159.

2836) MAURER, Konstanzer Bischöfe S. 88 f. mit Anm. 27.

2837) UB St. Gallen 2 Nr. 656 S. 260 = ChLA 109 Nr. 36 (Winterthur, 886. 11. 11.) S. 88 f., hier S. 89. Siehe GOZBERT in der Prosopographie.

KURZBIOGRAPHIE[2838]:
SALOMO (II) ist der zweite Bischof von Konstanz namens Salomo und ein Neffe Bischof SALOMOs (I). Der erste Beleg für sein Bischofsamt datiert vom August 876: Es ist die Tauschurkunde Karls III., die die Legation ADALBERTs (V) bezeugt. SALOMO war beim Tauschverfahren zwischen Karl III. und Abt Wolvene des Klosters Rheinau einerseits und dem Grafen Gozbert (vielleicht GOZBERT?) andererseits anwesend[2839]. Seit diesem Zeitpunkt scheint SALOMO enge Beziehungen zum König gehabt zu haben: Er reiste um 877/878 im Auftrag Karls III. zum Kloster Luxeuil[2840].

SAMSON (Samson, Sanson)
Gastalde von Valva (871–873)

TÄTIGKEIT ALS KÖNIGSBOTE:
872: *missus* Ludwigs II. von Italien in *Trita* im Tal des Tirino (Herzogtum Spoleto) (= KRAUSE I 169 zum Jahr 873; vgl. I 166)

Dieser Fall ist ein gutes Beispiel einer Delegation mit temporärer Befugnis. Als Ludwig in *Trita* im Tal des Tirino eine Klage des Abtes Maio von S. Vincenzo al Vorturno über die ungehorsamen Hörigen und die entfremdeten Güter des Klosters erhielt, beauftragte er zunächst einen Adrald[2841] „in Vertretung des Pfalzgrafen" mit der gerichtlichen Untersuchung des Streits. Dieser Adrald saß einer Gerichtsversammlung in *Trita* vor, wobei der örtliche Gastalde SAMSON den Beisitz hatte. Auf diese Weise konnte er die Umstände kennenlernen. Als Adrald dem Kaiser berichtete, dass die Beklagten der Ladung nicht gefolgt waren, befahl er Adrald und SAMSON die unverzügliche Investitur des Abtes mit den entfremdeten Gütern, die aufgrund des kaiserlichen Mandats erfolgreich durchgeführt wurde[2842]. Dann beauftragte der Kaiser nur den Gastalden SAMSON

2838) Literatur: FLECKENSTEIN, Hofkapelle S. 190 f.; DEGLER-SPENGLER (Hrsg.), Helvetia Sacra I, 2, 1 S. 251 f.; MAURER, Konstanzer Bischöfe S. 84–88.

2839) D Ka III. 1 (Eschenz, 876. 8.) S. 4 f. Siehe ADALBERT (V) in der Prosopographie.

2840) Collectio Sangallensis Nr. 33, in: MGH Form. S. 417.

2841) Er ist nicht identifizierbar. Vgl. HLAWITSCHKA, Franken S. 294.

2842) MANARESI Nr. 72 (im Tal Trita, 872) S. 261–265, hier S. 262: *Dum in Christi omnipotentis nomine venisset domnus Hludovicus serenissimus augustus in castaldatum Balvensem, loco qui vocatur valle Tritana, in cella de monasterio sancti Vincentii, sita in ipso loco Trite, tunc veniens Maio, venerabilis abbas eiusdem monasterii, eius misericordiam reclamans, quod de ipsa cella Trite vel de aliis*

durch ein schriftliches Mandat damit, „in Vertretung des Pfalzgrafen" die hörigen Klosterleute gegebenenfalls mit Gewalt (*potestative*) vorzuladen und sie dem Kloster gerichtlich zuzusprechen[2843]. Mit diesem Mandat hielt SAMSON als *missus domni imperatoris* eine Gerichtsversammlung *in villa Cerquetu* ab, um die kaiserliche Anweisung zu vollziehen[2844]. Nachdem die betreffenden Leute versucht hatten, ihre Freiheit zu beweisen und keinen Erfolg hatten, urteilte

---

locis, per pravos et iniquos homines, subdole et ingeniose servos et ancillas, vel obligatos, vel alias res subtractas esse de ipso monasterio, et minime exinde iustitiam usque actenus invenire potuisset, ille vero, misericordia motus, Adraldi vice comiti palatii iussit, ut resideret in iuditio […] Et tunc nos Adraldus, cum ipso iudice palatino, et cum Samson castaldeo ipsius civitatis Balvense, resedissemus nos ibidem in Trite, ad ecclesiam sancti Iuvenalis, in plaito […] dum nos Adraldus ipsos servos, nec per districtum, nec per demandatum, ad nostrum plaitum habere potuissemus, sic perreximus ad domnum imperatorem et renuntiavimus ei omnia hęc superscripta. Tunc ipse augustus statim precepit ipse Adraldo et Samson castaldeo, ut statim pergerent et ipsum abbatem cum suis monachis et cum Teudelasio abbocatore eorum reinvestirent de omnia superscripta, quę subtracta fuerant de ipso monasterio, ad partem predicti monasterii. Et secundum preceptum augusti ita factum est. Krause sieht auch Adrald als *missus dominicus* (= KRAUSE I 166). Vgl. BZ 336.

2843) Ludwigs Mandat, MANARESI Nr. 72 S. 262 f.: *Tunc ipse augustus Samson superscripto castaldeo precepit, ut in vice comiti palatii sui pergeret cum ipso venerabili abbate ad eius iustitiam pleniter adimplendam ad partem ipsius monasterii, ut omnes ipsi servi, qui subtracti erant […] qui ad eius placitum venire noluissent, potestative eos apprehenderet, et in ipso servitio eos replicaret cum familiis et filiis et rebus et mobilibus absque cuiuslibet contradictione ad partem predicti monasterii; et ipsi homines, qui ad eius placitum venissent, et legibus servi de ipso monasterio esse deberent, ut in ipsius presentiam sic eos replicarent in servitio de ipso monasterio, sicut in presentia ducum vel comitum palatii sui sic per suam auctoritatem in ipso monasterio confirmare dignatus est.* Vgl. BZ 337.

2844) MANARESI Nr. 72 S. 263 f.: *Et dum nos Samson castaldeus et missus domni imperatoris, in Christi nomine, in plaito(!) resedissemus in ipsa valle Tritana, in villa Cerquetu, ut iussionem domini imperatoris adimpleremus, ubi nobiscum erant in ipso plaito […] Ibique venientes in nostri suprascripta presentia Maio venerabilis abbas una cum Theodelasio abbocatore suo, et querelas nobis reddentes super Ansefredum [etc. …] „Isti omnes prenominati, qui hic presentes stare videntur, patres eorum et matres eorum, servi et ancille fuerunt de predicto monasterio de eius cella Trite, modo se subtraxerunt de ipso servitio, pro qua causa nescimus"…* Vgl. BZ 341.

SAMSON darüber auf der nächsten Sitzung in Ofena, dem kaiserlichen Mandat folgend, zugunsten des Klosters[2845].
KURZBIOGRAPHIE[2846]:
SAMSON ist im Placitum des Pfalzgrafen Heribald vom Dezember 873 in Casauria belegt[2847].

SEUFRED (Seufredus, Sofredus)

Bischof von Piacenza (837/850–865)

TÄTIGKEIT ALS KÖNIGSBOTE:
854. 8. 25.: *missus* Ludwigs II. von Italien in Moragnano (Emilia) (mit WIFRED) (= KRAUSE II 164)

Graf WIFRED von Piacenza und Bischof SEUFRED von Piacenza hielten in Moragnano eine Gerichtsversammlung ab, wobei nur SEUFRED als kaiserlicher Missus bezeichnet ist. Auf der Sitzung wurde der Streit zwischen dem Erzpriester Johannes der Kirche S. Pietro in Varsi und einem Sigiprand de *Basilica Duci* (Baselicaduce) über Zehntrechte im Gebiet von Castellana verhandelt[2848]. Da es mit

2845) MANARESI Nr. 72 S. 264 f.: *Audientes nos suprascriptus castaldeus et missus domni augusti talem professionem eos facientes, rectum nobis apparuit velut ita, et iudicavimus secundum iussionem domni augusti et eius auctoritate, que coram nobis relecta est, ut ipsos suprascriptos servos recolligeret ipse abbas venerabilis cum Teodelasio abbocatore suo et cum suis monachis in eorum servitio ad partem predicti monasterii. Quod ita factum est.* Vgl. BZ 342; TAURINO, Osservazioni S. 85 und 90–92.

2846) Literatur: TAURINO, Osservazioni S. 85; BOUGARD, La justice S. 182 und 409.

2847) MANARESI Nr. 74 (Casauria, 873. 12. 3.), hier S. 271; Nr. 75 (Casauria, 873. 12. 4.), hier S. 273. HLAWITSCHKA, Franken S. 294 Anm. 3, schließt die Möglichkeit nicht aus, dass Pfalzgraf Heribald mit dem oben genannten Adrald identisch sein könnte. BOUGARD, La justice S. 182 und 409, weist ohne Belege darauf hin, dass SAMSON als Gastalde bis 879 nachweisbar sei, was ich allerdings nicht nachvollziehen konnte.

2848) MANARESI Nr. 59 (Moragnano, 854. 8. 25.) S. 208–217, hier S. 210 und 216: *Dum in Dei nomine locus nuncupante Moraniano, curte eclesie sancti Laurenti, fine Castellana, in iudicio resedissemus nos quidem Vuifredus illuster comes una cum Seufredo viro venerabili episcopus sancte Placentine Ecclesie et dilectus missus ad domnus Hludovicus piissimus imperator Hlotharii filius singulorum hominum rectas iusticias fatiendas et deliberandas, ibique nobiscum in eodem iudicio resedentibus Arifusus, Adelbertus, Rothari et Leo iudices domini imperatoris [...] Ibique nostris venerunt presentiam idest Iohannes archipresbiter ecclesie sancti Petri sita Varsio una cum Adone de vico Moralio, advocatus ipsius ecclesie, necnon et ex*

dem Zehnten um eine kirchliche Angelegenheit ging, wurde nur der Bischof SEUFRED als Missus qualifiziert – so vermutet François Bougard[2849]. Nachdem die Partei der Kirche S. Pietro in Varsi eine Urkunde verlesen hatte, wurde ein Inquisitionsverfahren durchgeführt[2850]. Das Urteil fiel zugunsten des Erzpriesters[2851].

KURZBIOGRAPHIE[2852]:

SEUFREDs Bischofsamt ist seit 841 urkundlich nachweisbar[2853]. Ludwig schenkte SEUFRED um 850 seinen Hörigen namens Hisembald[2854], 851 dann dessen Gattin Giseberga[2855]. Joachim Fischer vermutet, dass SEUFRED 865 auf der Synode in Pavia von seinem Bischofsamt zurückgetreten sei, was allerdings nicht gesichert ist[2856]. Jedenfalls war SEUFRED 865 nicht mehr Bischof und sein Neffe Paul stieg zum Bischof auf. Aber da dessen Bischofserhebung wider die kanonischen Vorschriften stattfand, versuchte Papst Nikolaus I., durch seine Legaten SEUFRED wiedereinzusetzen[2857].

SICARDUS (I) (Sicardus)

Graf (812–814/840)

TÄTIGKEIT ALS KÖNIGSBOTE:

814–840: *missus* Ludwigs des Frommen wahrscheinlich im Alpenraum mit TEUTARDUS (= KRAUSE I 127)

---

alia parte Sigiprando filio bone memorie Ageprandi de Basilica Duci intentionem inter se habentes. [...] Signum + manus Vuifredi illustri comiti in his actis interfuit. + Ego Seufredus indignus episcopus et missus subscripsi... Vgl. BZ 126.

2849) BOUGARD, La justice S. 187.

2850) MANARESI Nr. 59 S. 214: ... *fecimus adduci sancta Dei evuangelia et unus ad unus ad ipsa Dei evangelia iurare fecimus, ut quid exinde scirent et nos eos de hac causa interrogaremus nobis certe dicere veritatem.*

2851) Bemerkenswert ist, dass diese Gerichtsurkunde zweimal ein *capitulare domni imperatoris* als Norm erwähnt. MANARESI Nr. 59 S. 213 (*ut lex est vel capitularem domni imperatoris continet*) und 216 (*iuxta capitularem vuadiam dedit*).

2852) Literatur: FISCHER, Königtum, Adel und Kirche S. 64, 71 f., 74 und 85; BZ 95, 236 und 243.

2853) Urk. Piacenza Nr. 32 (Carpaneto Piacentino, 841. 3. 4.) S. 85–88.

2854) D L II. It. Dep. 93 (850. 4. – 851. 10. 5.) S. 246.

2855) D L II. It. Nr. 3 (*Orba*, [851.]10. 5.) S. 71 f.; BZ 95.

2856) FISCHER, Königtum, Adel und Kirche S. 71 und 85 mit Anm. 42. Hierzu BZ 236.

2857) Jaffé³ *5981; BH 760 und 771.

Als Formular ist eine Urkunde Ludwigs des Frommen überliefert. Diesem Dokument zufolge klagten ein gewisser Ermengar und sein Bruder Ingilardus vor den Missi SICARDUS (I) und TEUTARDUS gegen den Abt von Mont-Joux, der ihnen widerrechtlich ihren Besitz entzogen und dem Kloster angeeignet hätte. Der Kaiser restituierte den Brüdern diesen Besitz, nachdem seine Missi durch die Inquisition die Rechtmäßigkeit ihres Anspruchs festgestellt und ihm darüber berichtet hatten[2858].

KURZBIOGRAPHIE[2859]:

Philippe Depreux identifiziert diesen Missus mit dem gleichnamigen Grafen, der einer der Beisitzer des Hofgerichts Karls des Großen vom 8. März 812 war[2860].

SICARDUS (II) (Sichardus, Sychardus)

Hofkapellan, dann Abt? (827–840?)

TÄTIGKEIT ALS KÖNIGSBOTE:

827. 6. 6.: *missus* Ludwig des Frommen und Lothars I. in Mantua mit THEOTO (= –)

Auf der Synode von Mantua wurde über den Streit bezüglich der Beziehungen zwischen Aquileia und Grado verhandelt. Dabei waren neben zwei päpstlichen Legaten auch zwei kaiserliche Missi zugegen. Obwohl die beiden Kaiser vorher den Patriarchen Venerius von Grado angewiesen hatten, in Rom vor dem Papst (Eugen II.) und kaiserlichen *missi* den Konflikt mit Maxentius, dem Patriarchen von Aquileia, zu lösen[2861], fand die Synode tatsächlich in Mantua, also in der Kirchenprovinz des Patriarchen von Aquileia statt. Als die kaiser-

2858) Form. imp. Nr. 50 S. 324: *Notum sit igitur omnibus fidelibus nostris, tam praesentibus quam et futuris, quia quidam homines, Ermengarius videlicet et germanus eius Ingilardus, questi sunt coram missis nostris, Sicardo scilicet et Teutardo comitibus, eo quod quondam Vultgarius abbas ex monasterio, quod est situm in monte Iovis, res iuris eorum sitas in pagis illis et villis, quae invociferantur illas et illas, iniuste et contra legem eis tulisset et ad praedictum monasterium revocasset. Quae causa dum ab eisdem missis diligenter perscrutata et per homines bone fidei veraciter esset inquisita, inventum est, sicut idem missi nostri nobis renuntiaverunt, ita verum esse*; D LdF F 50 S. 1205.

2859) Literatur: DEPREUX, Prosopographie S. 374.

2860) D KdG 216 ([Aachen], 812. 3. 8.), hier S. 289.

2861) D LdF B 14 (826–827, vor Juni) S. 1220 f.: *Ideoque decernimus, ut iterum tempore congruo Romam ad presentiam domini apostolici quam et in eorundam missorum nostrorum contentio vestra iuste et canonice difiniatur.*

lichen Missi in Tarvis waren, hatten sie durch einen Boten Venerius zur Synode berufen. Er kam allerdings nicht nach Mantua. Zu spät war die Ankunft seines Vertreters Tiberius mit angeblichen Rechtstiteln der Kirche von Grado. Die Synode traf den Beschluss, dass Grado und die istrischen Bistümer dem Metropolitanbistum Aquileia unterstellt und in die Kirchenprovinz Aquileia eingegliedert werden sollten[2862].

KURZBIOGRAPHIE[2863]:

Wegen der Bezeichnung *palatinus presbyter* wird SICARDUS (II) in der Forschung unter die Mitglieder der Hofkappelle gezählt. Fleckensteins Versuch, ihn mit dem gleichnamigen Abt von Farfa gleichzusetzen, ist allerdings von Depreux zu Recht abgeleht worden. Depreux identifiziert SICARDUS mit dem gleichnamigen *magister*, an

---

2862) Jaffe³ 5111; MGH Conc. 2,2 Nr. 47 (Mantua, 827. 6. 6.) S. 583–589, hier 584–588: … *synodus in civitate Mantua, in qua affuerunt vir venerabilis et sanctissimus Benedictus episcopus et Leo reverentissimus diaconus bibliothecarius, legati videlicet sanctae Romanae aecclesiae, habentes locum beatissimi papae Eugenii, Sychardus palatinus presbyter et vir spectabilis Theoto, a praefatis Augustis directi, […* weitere 29 Geistliche*]. Residentibus igitur in hac synodo reverentissimis episcopis, adstantibus diaconibus et caetero clero, veniens vir sanctissimus Mayentius, Aquileiensis patriarcha […] Deinde ergo hoc statuentibus et loquentibus legati sanctae Romanae aecclesiae et prefati illustrium imperatorum missi exorsi sunt palam omnibus dicentes: „Notum sit universis presentibus et futuris in hac synodo et nostris definitionibus affectum animi et consensum domini papae esse Eugenii atque piissimorum Chlodowici ac Lotharii imperatorum, quatenus Aquileiensis aecclesia ad pristinum reformetur ducus nunc et in perpetuum". Sane et id necessario indicandum duximus, quod Sychardus, id est palatinus presbyter, et Theoto vir spectabilis, sacrorum imperatorum missi, cum essent prius in civitate Tarvisio, ad Venerium, Gradensem episcopum, suum missum miserunt precipientes, ut ipse ad synodum, quae Mantuae futura erat, cum auctoritatibus, si haberet, pro defensione suae aecclesiae paratus adesset. In qua eius prestolantes adventum diebus V resederunt. Sed propter quorumdam episcoporum ad hostem pergentium impedimentum, iam coepto ipsorum itinere, plus expectare nequiverunt. Tamen adhuc eis stantibus et abire volentibus sic tandem venit Tyberius, diaconus et oeconomus aecclesiae Gradensis, a Venerio eiusdem castri episcopo missus, obsecrans, ut auctoritates, quas pro sua aecclesia duxerat, in presentia synodi legerentur.* Zu dieser Synode vgl. HARTMANN, Die Synoden S. 177 f.; PANGERL, Die Metropolitanverfassung des karolingischen Regnum Italiae S. 87–90.

2863) Literatur: Lupus 1 S. 101 Anm. 7; FLECKENSTEIN, Hofkapelle S. 60 und 107; DEPREUX, Prosopographie S. 374 f.; GOULLET und VULLIEZ, Etude littéraire S. 51 mit Anm. 25.

den FROTHAR* von Toul einmal schrieb und bat, einen Sohn des Grafen Haudulf, den er SICARDUS' *famulus* nannte, bei *senior noster domnus* Lothar I. vorzustellen[2864]. Goullet und Vulliez vermuten, dass dieser *magister* mit dem Adressaten eines Briefs Abt Odos von Ferrières identisch ist. Wenn diese Identifikation richtig ist, scheint SICARDUS um 840 Abt eines Klosters gewesen zu sein[2865].

SIGERADUS (Sigeradus, Sigeratus)

Vasall (865–881)

TÄTIGKEIT ALS KÖNIGSBOTE:

881. 2.: *missus* Karls III. in Piacenza mit LEO (II) (= –)

Die von den beiden Missi SIGERADUS und LEO abgehaltene Gerichtsitzung verhandelte über einen Streit zwischen Privatleuten um Besitzungen[2866].

KURZBIOGRAPHIE[2867]:

SIGERADUS ist 865 als *vassus domni imperatoris, filius bone memorie Leoni comite* nachweisbar, als er dem Kloster S. Ambrogio in Mailand seinen Besitz zu Balerna in Seprio urkundlich übertrug[2868]. Dieser Graf Leo ist mit LEO (I) identisch. JOHANNES (III) ist dann sein (wahrscheinlich älterer) Bruder.

SIGIBERTUS (Sigibertus)

Missus (vor 821)

TÄTIGKEIT ALS KÖNIGSBOTE:

Vor 821. 2. 15.[2869]: *missus* Ludwigs des Frommen im Zürichgau mit FRIUNTO, HILTERATUS, GERHARD (I) und LIUDERICUS (II) (= KRAUSE II 114)

29 Zeugen bestätigten eidlich vor den Missi dominici dreimal – zuerst vor SIGIBERTUS und FRIUNTO, dann vor HILTERATUS und GERHARD (I), zuletzt vor LIUDERICUS (II) –, dass Uz-

2864) Frothar Nr. 6 ([817–830]) S. 100 f.

2865) Lupus Nr. 18 (840 Spätsommer/Herbst), 1 S. 100–103.

2866) BZ 651; MANARESI, Dep. Nr. 19 (882. 2.) S. 596; inseriert in: MANARESI Nr. 105 (Pomaro, 897. 9.) S. 381–384, hier S. 383. Siehe LEO (II) in der Prosopographie.

2867) Literatur: HLAWITSCHKA, Franken S. 220; CASTAGNETTI, Il conte Leone S. 92–104.

2868) BZ 235; CDL Nr. 235 (Pavia, 865. 2. 18.). Sp. 393 f.

2869) Zur Datierung vgl. BORGOLTE, Geschichte der Grafschaften S. 90 f.; BORGOLTE, Kommentar S. 455.

nach, Lützelau und Bäretswil eigentlich zum Kloster St. Gallen gehörten[2870].

KURZBIOGRAPHIE[2871]:

SIGIBERTUS ist nur hier bezeugt und dürfte einer der Verwalter des Fiskus Zürich gewesen sein. Nicht unwahrscheinlich ist die Annahme, dass die dreistufige Vereidigung die Dreiteilung der Zuständigkeit innerhalb des Fiskus, z. B. jeweils in Uznach, Lützelau und Bäretswil, widerspiegeln sollte.

SINDOLT (Sindoltus)

Missus (771)

TÄTIGKEIT ALS KÖNIGSBOTE:

771. 2. 16.: *missus* Karls des Großen in Mainz (= KRAUSE I 1 = II 11)

SINDOLT taucht als *missus regis* am Ende der Zeugenliste einer Schenkungsurkunde für das Kloster Fulda auf[2872]. Der Zweck seiner Legation wird in dieser Urkunde nicht erwähnt. Aber wie Jürgen Hannig zu Recht bemerkt, war SINDOLT deswegen anwesend, „weil der in Mommenheim geschenkte Weinberg an Besitzungen des Fiskus Nierstein angrenzte, wo Königs- und Privatgut in Gemenge lagen, und wie die anderen Anrainer, die als Zeugen gefordert waren, unterzeichnet der *missus* möglicherweise als Vertreter für den Fiskus (Nierstein)“[2873]. Von den Grenznachbarn unterschrieben allerdings außer SINDOLT nur Hatto und Rathadus. Jedenfalls scheinen die

---

2870) UB St. Gallen 2, Anhang Nr. 19 S. 396 = Chart. Sangall. Nr. 269 (vor 821. 2. 15.) S. 257 f. Das vollständige Zitat findet sich bei FRIUNTO in der Prosopographie.

2871) Literatur: BORGOLTE, Geschichte der Grafschaften S. 90; DEPREUX, Prosopographie S. 418.

2872) UB Fulda Nr. 52 (771. 2. 16.) S. 86–88, hier S. 88: *Sindolti missi regis.*

2873) HANNIG, Zentrale Kontrolle S. 40. UB Fulda Nr. 52 S. 87: *Simili modo donamus (sc. Haguno et Hartnand etc.) aliam vineam in Mononheimo villa et in ipsa marca, quod sunt adfinis de una parte Hattoni, de alia parte domni regis Karoli, tertia parte Hrathadi et fratrum suorum, quarta parte Ratolfi et Hrodberti, totum et integrum a die presente ad predictum monasterium.* HANNIG, ebd., kommentiert folgendermaßen weiter: „Sindolt war also kein *missus discurrens*, wie Krause annimmt, sondern ein ‚ad hoc'-Bevollmächtigter, der von der Fiskalverwaltung, vielleicht aus Nierstein, geschickt war“. Aber Krause ist sich nicht sicher, ob SINDOLT ein allgemeiner oder ein *ad hoc* Bevollmächtigter war, und trägt SINDOLTs Legation sowohl in der Liste I. „wandernder und ständiger Königsboten“ als auch in der Liste II. „der Königsboten für den Einzelfall“ ein.

von Franz Staab genannten Gründe für die Anwesenheit eines königlichen Missus, nämlich „die Schwierigkeiten der Erbauseinandersetzung" oder „die Auslassung von Königslehen", nicht vorzuliegen[2874].

Da SINDOLT nicht nur bei dieser Mission, sondern auch, wie unten in der Kurzbiographie erwähnt, im folgenden Jahr im Mainzer Gebiet nachweisbar ist, kann man mit Hannig vermuten, dass er wegen seines Amtes als örtlicher Fiskalverwalter bei dieser Gelegenheit als Missus eingesetzt wurde[2875]. Jedenfalls erfüllte er abgesehen von seiner Anwesenheit als Zeuge keine übliche missatische Funktion bezüglich der Fiskalverwaltung wie z. B. die Durchführung eines Inquisitionsverfahrens zur Festlegung des Fiskalgutes.

KURZBIOGRAPHIE[2876]:

Nach Staab ist keine weitere Tätigkeit von SINDOLT im Mittelrheingebiet nachweisbar und „er wäre als ‚Unparteiischer' zu bezeichnen". Doch Hannig findet einen Sindolt als Zeugen bei zwei Schenkungen für Fulda im Jahr 772[2877]. Ich stimme dieser Identifizierung zu. Hannig weist außerdem auf eine mögliche Begründung für das Auftreten SINDOLTs als Zeuge und Vertreter des Fiskus bei diesen Schenkungen hin: Eine der betreffenden Besitzungen, die *villa Uuacharenheim* (Wackernheim) im Wormsgau, grenzte an die *viae publicae*[2878].

Dass ein *Sindoltus* 823 und 829 als Abt von Ellwangen belegt ist, könnte außerdem auf den höheren Rang der Verwandten von SINDOLT in der adligen Gesellschaft östlich des Rheins hinweisen[2879].

2874) Vgl. STAAB, Mittelrhein S. 431.

2875) So HANNIG, Zentrale Kontrolle S. 40.

2876) Literatur: STAAB, Mittelrhein S. 431; HANNIG, Zentrale Kontrolle S. 40 f.

2877) UB Fulda Nr. 59 (Mainz, 772. 2. 24.) S. 101 f.; Nr. 61 (772. 5. 3.) S. 103 f.

2878) UB Fulda Nr. 59.

2879) BM² 781; D LdF 228 (Ingelheim, 823. 8. 21. Schenkungsurkunde für das Kloster Ellwangen) S. 565–567; MGH Conc. 2,2 Nr. 50 (Synode von Mainz, a. 829) S. 604. Zu Sandolt, den Hannig unter den Zeugen einer Schenkung für Fulda (791/794/796?) findet und auf dessen mögliche Identität mit SINDOLT er hinweist, vgl. HANNIG, Zentrale Kontrolle S. 41 Anm. 177.

SINTPERT (I) (Sintbertus)

Bischof von Regensburg (nach 756–†791)

TÄTIGKEIT ALS KÖNIGSBOTE:

788–791, vielleicht 791?[2880]: *missus* Karls des Großen in Passau mit CRAMAN, UROLF, CHADOLUS, WANINCHNO und COZRIIH (= KRAUSE I 11)

Vor den anwesenden königlichen Missi übergab Salucho seinen Besitz der Kirche St. Stephan und St. Valentin im Austausch gegen den lebenslänglichen Nießbrauch dieses Besitzes[2881]. SINTPERT stand an der Spitze der Gruppe der Missi.

KURZBIOGRAPHIE[2882]:

SINTPERT (I), Bischof von Regensburg, gehörte verwandtschaftlich zu der herzognahen, im Donaugau dominierenden Adelsgruppe. Seine Bischofserhebung wird um 768 datiert. Die Reichsannalen erzählen, dass Tassilo III. 781 nach der Wormser Reichsversammlung dem fränkisichen König durch Bischof SINTPERT zwölf Geiseln gestellt habe[2883]. Dass SINTPERT bereits am Anfang der Integrationsphase Bayerns gute Beziehungen zu Karl hatte, wird mit dem Beispiel seiner Legation gezeigt. Karl verweilte zwischen 791 und 793 in Regensburg[2884], wo die ehemalige Pfalz der Agilolfinger und SINTPERTs Bischofssitz lagen. SINTPERT starb bereits 791 während des Feldzugs gegen die Awaren[2885]. Laut Wilhelm Volkert könnte es sich bei diesem Missus *Sintbertus* um SINTPERT* (II) von Neuburg-Augsburg handeln[2886]. Egon Boshof lässt beide Möglichkeiten offen[2887].

2880) Vgl. FREUND, Bayerns Bischöfe S. 163.

2881) Trad. Passau Nr. 45 S. 39 f. Siehe CHADOLUS in der Prosopographie.

2882) Literatur: HANNIG, Zur Funktion S. 265 und 277–279; FREUND, Bayerns Bischöfe S. 85 f., 116, 126, 132, 150 f., 159, 163, 165–167; FREUND, Sintpert, Bischof von Regensburg.

2883) ARF a. 781 S. 58. Siehe die kritischen Bemerkungen über diese Darstellung von BECHER, Eid, 51–57.

2884) Vgl. BM² 312–320g.

2885) BM² 316d. Vgl. HACK, Codex Carolinus 1 S. 322 f.

2886) Vgl. Reg. Augsburg Nr. 12 S. 24 f. Ihm folgt FREUND, Sintpert, Bischof von Augsburg.

2887) Reg. Passau Nr. 54 (788–800).

SINTPERT* (II) (Sintbertus, Simpertus)

Bischof von Augsburg und Neuburg (779 – †807(?). 10. 13.)

Tätigkeit als Königsbote:

*799. 1.[2888]: (*missus?*) im Auftrag Karls des Großen nach Reisbach (mit anonymen *aliis relegiosis(!) viris*) (= –)

In der Vorrede der Beschlüsse der bayerischen Synoden von Reisbach, Freising und Salzburg ist ein Bischof SINTPERT* erwähnt. Laut diesem Text habe der König versucht, den bayerischen Geistlichen die Beschlüsse der fränkischen Synoden durch SINTPERT* zu überbringen[2889].

2888) Zur Datierung der Synode von Reisbach auf den 20. Januar 799 vgl. Reg. Passau Nr. 45; Schieffer, Arn von Salzburg S. 113 f.; Pangerl, Die Metropolitanverfassung S. 206 f.

2889) Werminghoff, Zu den bayrischen Synoden S. 43 = Mordek, Bibliotheca S. 974 f.: *Simulque etiam in unum revolventes quod gloriosissimus rex constituerat ad emendationem totius ecclesiae, – hoc per virum venerabilem Sintbertum* [*Sintpertum* bei Mordek] *episcopum usque ad nos dirigere studuit cum aliis relegiosis(!) viris, – quicquid ad Aquis de religionis statu vel vitae morum oportunitate, discerpsit pariterque et illud, quod in magno concilio cum capitulis collectis in loco nuncupato Francorum vado quae per omnes provincias observare decrevit, nosque haec in medium deferentes studuimus ea per singula recitare et, in quantum potuimus, quae illic inserta non fuerant nos canonum auctoritate augere curavimus.* Vgl. Hartmann, Die Synoden S. 143; Mordek und Glatthaar, Von Wahrsagerinnen S. 43; Davis, Charlemagne's practice S. 244. Die Forschung ist verschiedener Meinung über die Identifizierung der 8 Kapitel im Codex Salzburg, Erzbischöfliches Konsistorialarchiv, 10/107 mit der Überschrift: *Carolus gratia dei eiusque misericordia donan<te rex> et rector regni Francorum et deuotus san<ct>e ecclesie defensor et humilis adiutor.* Während z. B. Hartmann, Die Synoden S. 143 Anm. 9, für „nichts anderes als ein etwas verunstalteter Auszug" aus der hier zitierten Vorrede der Reisbacher Synode hält, hat zuletzt Hubert Mordek diese Kapitelliste als „Karoli regis capitula ad Arnonem archiepiscopum Salisburgensem directa" ediert. Mordek Nr. 6 S. 974 f. Vgl. MGH Conc. 2,1 Nr. 24 B, 1 S. 213 f. (als „Karoli regis mandatum ad Arnonem … directum" bezeichnet). Eine Notiz, die in einer Handschrift des 16. Jahrhunderts an diese Kapitelliste anschließt, lautet ähnlich wie die oben genannte Vorrede der bayerischen Synoden. MGH Conc. 2,1 Nr. 24, B 1, Anm. * = Mordek Nr. 6 S. 975 Anm. b: *Carolus Magnus Sintpertum episcopum ad Arnonem archiepiscopum mittit cum aliis religiosis viris [mittit], ut quicquid ad Aquas, in Moguntiaco concilio et in Vado Francorum decretum est de religione, vita, moribus, statu per omnes obseruetur provintias.* Dieser Notiz folgend vermutet Mordek, dass Karl in Aachen die Beschlüsse der Synoden in Aa-

KURZBIOGRAPHIE[2890]:
Die Identifizierung von SINTPERT* (II) mit dem Bischof von Neuburg an der Donau ist gesichert durch die Teilnehmerliste der Synode von Reisbach, in der sich ein *Simpertus Newburgensis* findet[2891]. Dass dieses Bistum um diese Zeit noch zur bayerischen Kirchenprovinz gehörte, zeigt ein Schreiben des Papst Leos III. an die bayerischen Bischöfe, in dem er mitteilt, dass er ARN das Pallium verliehen und ihn zum ihnen vorstehenden Erzbischof erhoben habe. Unter den Adressaten ist auch SINTPERT* von Neuburg zu finden[2892]. Wie seine Legation zeigt, nahm er 799 an der Synode in Reisbach unter der Leitung des Erzbischofs ARN teil[2893].

SINTPERT* war auch Bischof von Augsburg: Seine Bichofserhebung ist von der Forschung um 778 datiert[2894]. Ihm wurde das Bistum Neuburg vielleicht um 787/788 übertragen[2895]. Noch in der Königszeit Karls des Großen wurde die Bischofskirche von Augsburg urkundlich begünstigt: Der König bestätigte der Kirche die von Pippin dem Jüngeren übertragenen Güter und schenkte einige weitere[2896]. Die beiden Bistümer, die SINTPERT* verwaltete, wurden zwischen 801 und 807 mit Zustimmung Papst Leos III. und Karls des

---

chen von 789 und in Frankfurt von 794 in einer Liste zusammengefasst habe und dass möglicherweise SINTPERT* (II) diese Liste nach Bayern gebracht habe.

2890) Literatur: Reg. Augsburg Nr. 10–20; BILY, Simpert, Bischof von Augsburg; STÖRMER, Augsburg S. 83 f.; FREUND, Sintpert, Bischof von Augsburg. Vgl. auch WEITLAUFF, Bistum Augsburg S. 56 f.

2891) MGH Conc. 2,1 Nr. 24 B, 2 (Notitia concilii Rispacensis) S. 215.

2892) Reg. Augsburg Nr. 14 S. 25 f.; FREUND, Bayerns Bischöfe S. 182 mit Anm. 153. Vgl. auch Reg. Augsburg Nr. 16 S. 27 f. Zu den „überzähligen Bischöfen" ohne kanonisch festes Bistum in dieser Zeit um Neuburg vgl. JAHN, Ducatus Baiuvariorum S. 404–407. WEITLAUFF, ebd., spricht von einer Art „Unterbistum".

2893) MGH Conc. 2,1 Nr. 24 B,2 (Reisbach, 800) S. 214 f. (als Bischof von Neuburg); Reg. Augsburg Nr. 15 S. 26 f.; FREUND, Bayerns Bischöfe S. 229 f.

2894) Reg. Augsburg Nr. 10 S. 23 f. Bezüglich der Identifikation SINTPERTs* (II) mit dem zwischen 789 und 791 nachweisbaren *episcopus et abbas* von Murbach: STÖRMER, Augsburg S. 84, ist für, Reg. Augsburg Nr. 10; FREUND, Sintpert, Bischof von Augsburg, sind vorsichtig mit dieser Ansicht.

2895) STÖRMER, Augsburg S. 84.

2896) Reg. Augsburg Nr. 11 S. 24.

Großen vereinigt[2897]. Bis 805/806 nahm SINTPERT* zwei Sachsen als Geiseln in seine Obhut[2898].

SMARAGD (Smaragdus, Smaracdus, Zmaragdus)

Abt von St-Mihiel (809 – †830. 10. 29.[2899])

TÄTIGKEIT ALS KÖNIGSBOTE:

1) 819/820: *missus* Ludwigs des Frommen in St-Claude mit TEUTBERT (= –)

Im Katalog der Äbte von St-Oyend-de-Joux (St-Claude) findet sich eine Notiz, dass die beiden kaiserlichen Missi SMARAGD und TEUTBERT im sechsten Regierungsjahr Ludwigs des Frommen das Güterverzeichnis des Klosters aufstellten[2900].

*2) 817? (vor 825/826. 2. 26.[2901]): im Auftrag Ludwigs des Frommen in Moyenmoutier (= –)

Als Patriarch Fortunatus von Grado Abt des Klosters Moyenmoutier war, kam SMARAGD „auf Befehl des Kaisers“ in das Kloster, um den Mönchen einen Teil der Klostergüter zuzuweisen, sodass sie „regelmäßig“, d. h. nach der Benediktsregel leben konnten[2902]. In der Forschung wird dieser Auftrag im Zusammenhang mit der Klosterreform gesehen[2903]. Philippe Depreux zählt SMARAGD zu den

---

2897) Reg. Augsburg Nr. 17 S. 28. STÖRMER, Augsburg S. 83–85, scheint diese Vereinigung um 800, und sogar vor 800 zu datieren.

2898) MGH Capit. 1 Nr. 115 S. 233 f.; BM² 410; Reg. Augsburg Nr. 18 S. 28 f.; KOSTO, Hostages S. 142–144.

2899) EBERHARDT, Via Regia S. 46 und 74–78, versucht, SMARAGDs Todesjahr um 830 zu datieren.

2900) Catalogus abbatum s. Eugendi Iurensis S. 744: *Zmaragdus abbas et Teutbertus capellanus, missi domni nostri Ludovici imperatoris, in anno 6. imperii eius inbreviarunt res monasterii sancti Eugendi et invenerunt colonicas vestitas 840, absas 17.* Von einer missatischen Inquisition ist allerdings keine Rede. Ludwig stellte am 6. September 820 eine Urkunde zur Bestätigung der Zollfreiheit. D LdF 184 (Quierzy, 820. 9. 6.) S. 456–458. Nach Theo Kölzer könnte diese Privilegierung in Zusamenhang mit der Legation von 819/820 stehen.

2901) Vor dem Todestag des Abtes Fortunatus, Patriarch von Grado, aber nicht in der Zeit Karls des Großen. Vgl. EBERHARDT, Via Regia, 35 f.; Frothar S. 93.

2902) Frothar Nr. 3 (825/826–830, an Ludwig den Frommen) S. 94–96, hier S. 94: *... quod tempore Fortunati Mediolanensis monasterii abbatis per iussionem vestram Smaracdus ipsius monasterii monachis portionem de abbatia dedit, ut regulariter viverent. Et idcirco bene et secundum regulam vixerunt, quousque Fortunatus recessit.*

2903) Vgl. z. B. EBERHARDT, Via Regia S. 43 f. (bald nach der Reichsversammlung

monastischen Missi um 817[2904]. Obwohl er im fraglichen Brief nicht als *missus* bezeichnet ist, möchte ich diesen Auftrag als missatische Legation betrachten, weil SMARAGD dabei auf Befehl des Kaisers außerhalb der Diözese Verdun tätig war, in der sein Kloster lag[2905].

KURZBIOGRAPHIE[2906]:

SMARAGD war nach seiner Herkunft wahrscheinlich Westgote[2907]. Es ist nicht genau bekannt, wann er zum Priester geweiht und dann als Abt von St-Mihiel[2908] eingesetzt wurde, sicher aber vor dem Tod Karls des Großen[2909]. Unter den verschiedenen Schriften SMARAGDs führe ich hier nur diejenigen an, die für die Herrscher bzw. im Zusammenhang mit ihrer Politik verfasst wurden. So schrieb er anlässlich der Kontroverse über die *filioque*-Frage 809 für Karl den Großen ein Gutachten[2910]. Auch in die Regierungszeit Karls, jedoch für seinen Sohn Ludwig, fällt SMARAGDs Fürstenspiegel Via Regia[2911]. Im Zusammenhang mit der karolingischen Klosterreform, die in der Zeit Ludwigs des Frommen unter Leitung BENEDIKTs von Aniane durchgesetzt wurde, schrieb SMARAGD einen Kommentar zur Regula Benedicti[2912] und eine Tugendlehre für Mönche unter dem Titel: Diadema monachorum[2913]. In seinen letzten Lebensjahren wurde SMARAGD zusammen mit Bischof FROTHAR* von Toul von der Klostergemeinschaft Moyenmoutier angerufen, um

---

von 818/819); SEMMLER, Benediktinische Reform S. 278 (SMARAGD als *missus*).

2904) DEPREUX, Prosopographie S. 377. Siehe die anonymen Missi „816c“ und „817. 9. b“ in der Prosopographie.

2905) Vgl. GAILLARD, Frothaire, évêque de Toul S. 20.

2906) Literatur: RÄDLE, Studien zu Smaragd S. 11–21; EBERHARDT, Via Regia S. 29–78; GEUENICH, Zur Stellung und Wahl S. 181 f.; RÄDLE, Smaragdus v. St-Mihiel, in: LexMA 7 Sp. 2011 f.; DEPREUX, Prosopographie S. 376–378; PONESSE, Standing distant S. 74–77.

2907) RÄDLE, Studien zu Smaragd S. 15–19; EBERHARDT, Via Regia S. 31–33; RICHÉ, Les réfugiés S. 181..

2908) Zu seiner Tätigkeit als Abt vgl. Chronique et chartes de Saint-Mihiel c. 5 S. 7–9, die die engen Beziehungen SMARAGDs zu Ludwig dem Frommen betont.

2909) Hierzu vgl. EBERHARDT, Via Regia S. 33–39.

2910) MGH Conc. 2, Suppl. 2 S. 301–312. Dazu vgl. ebd. S. 29–35, 139–170.

2911) PL 102 Sp. 933–970. Zu diesem Fürstenspiegel vgl. EBERHARDT, Via Regia.

2912) Smaragdi abbatis expositio in Regulam S. Benedicti, hrsg. v. Alfredus SPANNAGEL und Pius ENGELBERT (Corpus Consuetudinum Monasticarum 8, Siegburg 1974).

2913) PL 102 Sp. 593–690.

den Konflikt zwischen dem dortigen Abt Ismond und den Mönchen beizulegen[2914]. Er wurde offensichtlich aufgrund seiner vormaligen Legationstätigkeit in diesem Kloster dazu herangezogen, während FROTHAR* der diözesane Bischof war[2915].

Das Kloster St-Mihiel wurde in der Amtszeit SMARAGDs mehrmals von Ludwig dem Frommen begünstigt. Urkundlich bestätigte der Kaiser im Juni 816 in Aachen St-Mihiel auf Bitten SMARAGDs die Immunität mit Königsschutz[2916]. Im darauf folgenden Monat befahl Ludwig urkundlich den Grafen, den kaiserlichen Vasallen und all denjenigen, die von St-Mihiel *beneficia* erhielten, jedes Jahr dem Kloster die Neunten und Zehnten zu zahlen[2917]. Durch eine dritte Urkunde verlieh der Kaiser dem Kloster die Zoll- und Abgabenfreiheit auf Wagen und Saumtiere zum Transport des Eigenbedarfs[2918]. Diese drei Kaiserurkunden wurden also kurz vor und nach der großen Reformversammlung zu Aachen im August ausgestellt, was auf die Anwesenheit SMARAGDs hinweist[2919]. Im August 824 erlangte er die kaiserliche Bestätigung eines Tauschvertrags, den er mit Adalhardus, Rodaldus und Aldaruus geschlossen hatte[2920]. Er erhielt 826 das Privileg der freien Abtswahl, das Ludwig gemeinsam mit Lothar I. verlieh[2921]. Ludwig beauftragte außerdem zu Lebzeiten SMARAGDs[2922] seinen Missus WOLMOD damit, zusammen mit dem Vogt von St-Mihiel jene Grafen und ihre Untergebenen, in deren Grafschaften klösterliche Güter entfremdet worden waren, im Na-

2914) Frothar Nr. 3 (825/826–830, an Ludwig den Frommen) S. 94–96. Vgl. auch Frothar Nr. 1 (825/826–830, an Erzkapellan Hilduin) S. 92 und Nr. 2 (825/826–830, an Türhüter Gerung) S. 94.

2915) Vgl. EBERHARDT, Via Regia S. 44; GAILLARD, Frothaire, évêque de Toul S. 20.

2916) D LdF 94 (Aachen, 816. 6. 2.) S. 228–230.

2917) D LdF 100 (Diedenhofen, 816. 7. 13.) S. 243 f.

2918) D LdF 112 (Aachen, 816. 9. 2.) S. 273 f.

2919) BM² 622a. Vgl. EBERHARDT, Via Regia S. 42. EBERHARDT, Via Regia S. 43, vermutet anhand der Notitia de servitio monasteriorum (in: CCM 1 S. 483–499, bes. S. 494), dass SMARAGD auch an der großen Reichsversammlung von Ende 818/Anfang 819 teilgenommen hat.

2920) D LdF 235 (Compiègne, 824. 8. 16.) S. 584 f.

2921) D LdF 260 (Aachen, 826. 12. [2.]) S. 650–652.

2922) EBERHARDT, Via Regia S. 74–78, versucht, SMARAGDs Todesjahr um 830 zu datieren.

men des Kaisers die Revindikation anzumahnen[2923]. SMARAGDs Todesjahr ist unbekannt.

STABILIS (Stabilis)
Bischof von Clermont (823–860)

TÄTIGKEIT ALS KÖNIGSBOTE:
823. 9.: *missus* Ludwigs des Frommen in Conques (= KRAUSE II 81)

Auf Bitte des Abtes Anastasius von Conques, der den Kaiser persönlich am Hof besucht hatte, beauftragte Ludwig Bischof STABILIS damit, einen Besitztausch zwischen Anastasius und dem kaiserlichen Vasallen Bertran durchzuführen[2924].

KURZBIOGRAPHIE[2925]:
Neben der oben genannten Legation ist außerdem seine Teilnahme an der Synode in Tusey im Oktober 860 nachweisbar[2926].

STEPHAN (Stefanus, Stephanus)
Graf von Paris (802–811, †812 – 815. 8. 16.)

TÄTIGKEIT ALS KÖNIGSBOTE:
1) 802, Frühling: *missus* Karls des Großen in der Pariser Gegend mit FARDULF (= KRAUSE I 26)

Graf STEPHAN und Abt FARDULF von St-Denis wurden in einer Fassung des Kapitulars von 802 mit einem Missaticum betraut, das die *pagi* von Paris, Meaux, Melun, Provins, Étampes, Chartres und Poissy umfasste[2927].

2) 803, Frühling: höchstwahrscheinlich *missus* Karls des Großen in der Pariser Gegend (= –)

Im Codex Paris Lat. 4995 besitzt das Capitulare legibus additum von 803 eine einzigartige Inskription, die die Bekanntmachung dieses

2923) D LdF Dep. 122 (814–830) S. 1115, erwähnt in D Lo I. 54 ([841. 1.]) S. 155 f., hier S. 156. Siehe WOLMOD in der Prosopographie.

2924) Cart. Conques Nr. 460 (823. 9.) S. 332 f.: *unde ipse dominus imperator peticionis ipsius abbati audiri non rennuit, sed in omnibus, sicut sua fuit peticio, excambiandi ita promisit ut fieret, et missum venerabilem virum Stabilem episcopum dedit ut inter Anastasium abbatem et Bertrannum concambiare et confirmare debuisset, quod ita et fecit. […] Stabilis indignus episcopus jubente domino Lodohici imperatoris signavit.* Vgl. D LdF Dep. 44 (vor 823./824. 9.?, zweifelhaft) S. 1064.

2925) Literatur: Fastes 2 S. 39; DEPREUX, Prosopographie S. 378.

2926) MGH Conc. 4 Nr. 3 S. 22, 37 und 39.

2927) Edition in ECKHARDT, Capitularia missorum specialia S. 500–504. Vgl. auch die Karte der Missatica von 802 auf S. 512 f.

Kapitulars durch Graf STEPHAN in Paris beschreibt[2928]. Da dieses Verfahren auf der regionalen Versammlung STEPHANs der Anweisung Karls des Großen an seine Missi von 803 entspricht[2929], können wir es für sehr wahrscheinlich halten, dass er auch bei der Legation von 803 zum Missus ernannt wurde.

KURZBIOGRAPHIE[2930]:

STEPHAN ist einer der 15 Grafen, die das Testament Karls des Großen bezeugten[2931]. Er schenkte 811 zusammen mit seiner Frau Amaltrude verschiedene Güter im Pagus von Paris an die Pariser Bischofskirche. Aus dieser Urkunde lässt sich ablesen, dass er einst *per iussionem domni imperatoris Karolo (sic)* Güter mit der Pariser Kirche ausgetauscht hatte. Aufgrund der Urkunde kann außerdem nachgewiesen werden, dass er einen Bruder namens Leutardus hatte, der ebenfalls Graf war[2932]. Über seine Tätigkeit nach 811 ist nichts bekannt. Sein Todestag ist nach dem Nekrolog von St-Germain-des-Prés der 16. August[2933]. Obwohl die Datierung des Mandats, in dem

---

2928) *In Christi nom. incipiunt cap. legis imperatoris Karoli nuper inventa. Anno tertio clementissimi domni nostri Karoli augusti sub ipso anno haec facta capitula sunt et consignata Stephano comiti ut haec manifesta fecisset in civitate Parisius mallo pubplico et ipsa legere fecisset coram illis scabineis quod ita et fecit. Et omnes in uno consenserunt quod ipsi voluissent omni tempore observare usque in posterum; etiam omnes scabinei episcopi abbatis comitis manu propria subter firmaverunt.* MORDEK, Bibliotheca S. 551

2929) MGH Capit. 1 Nr. 40 c. 19 S. 116: *Ut populus interrogetur de capitulis quae in lege noviter addita sunt; et postquam omnes consenserint, subscriptiones et manufirmationes suas in ipsis capitulis faciant.* Zum Dossier der Legation von 803 siehe Kapitel 2, § 2, 1, iv, „801/802–803".

2930) Literatur: LEVILLAIN, Les comtes de Paris S. 169–174; LEVILLAIN, Note critique; ECKHARDT, Capitularia missorum specialia S. 505; BRUNNER, Oppositionelle Gruppen S. 80; HENNEBICQUE-LE JAN, Prosopographica S. 264

2931) Vita Karoli S. 84.

2932) Cart. gén. Paris Nr. 29 S. 37–40. Während der Editor Lasteyrie die Echtheit dieser Urkunde in Frage stellt, ihren Inhalt aber für echt hält (S. 37 Anm. 2), vertritt Levillain die Auffassung, dass die überlieferte Kopie der Urkunde eine Verfälschung ist, die auf der echten Schenkungsurkunde STEPHANs und seiner Frau von 811 basierte. Wie auch immer – die Informationen über STEPHAN sind wohl glaubwürdig, da er auch durch andere Quellen nachweisbar ist. Was genau STEPHAN und seine Frau 811 an die Pariser Kirche schenkten, lässt sich nicht mit Sicherheit feststellen. Zumindest sollte der Besitz in Sucy-en-Brie ausgeschlossen werden. LEVILLAIN, Note critique.

2933) Obituaires Sens 1 S. 269: *XVII kal. Dep. Stephani comitis.*

sein Bruder Bego als Nachfolger in der Grafschaft zum ersten Mal erwähnt ist, umstritten ist[2934], kann sein Todestag jedenfalls spätestens auf den 16. August des Jahres 815 datiert werden.

STEPHAN ist der erste nachweisbare Graf von Paris nach dem Tod des Grafen Gerhard (†779), den Pippin der Jüngere eingesetzt hatte[2935]. Nach der Untersuchung Léon Levillains ist es in der Forschung herrschende Meinung, Gerhard sei STEPHANs Vater. Interessant ist in diesem Zusammenhang Levillains Hypothese, dass der Besuch Papst Stephans II. von St-Denis 754 Gerhards Namensgebung für seinen Sohn beeinflusst hätte[2936]. Gerhards Verbindung mit den Karolingern wird in der Forschung vermutet, aber nicht sicher nachgewiesen[2937]. Dass Bego, einer der Vertrauten Ludwigs des Frommen[2938], die Kaisertochter Alpais heiratete[2939], hätte auch STEPHANs Beziehungen zum Königtum beeinflussen können, aber darüber ist nichts Konkretes bekannt. Auf die Diskussion über die weiteren verwandtschaftlichen Beziehungen dieser Familie der Pariser Grafen gehe ich hier nicht ein[2940].

2934) Während BM² 553; DEPREUX, Prosopographie S. 121; D LdF 41 S. 105–107, das betreffende Mandat aufgrund der Bestätigungsurkunde des Privilegs vom 1. Dezember 814 für das Kloster St-Denis auf 814 (und sogar denselben Tag) datieren, versucht LEVILLAIN, Saint-Denis IV S. 55 f., auf den Oktober 815 zu datieren, indem er die Ausstellung des Mandats mit dem Anlass des Markts zu St-Denis verbindet.

2935) Zu Gerhard LEVILLAIN, Les comtes de Paris S. 152–163; HENNEBICQUE-LE JAN, Prosopographica S. 248 f.

2936) Aufgrund dieser Hypothese datiert auch Hennebicque-Le Jan STEPHANs Geburtsjahr 754–755.

2937) Herangezogen werden die Namen der Frauen seiner Familie, besonders der Name seiner Mutter Rotrud. LEVILLAIN, Les comtes de Paris S. 151, 153–155; BRUNNER, Oppositionelle Gruppen S. 80.

2938) DEPREUX, Prosopographie S. 120–122.

2939) Umstritten ist, ob sie eine Tochter Karls oder eine Tochter Ludwigs ist. Vgl. SETTIPANI, La préhistoire S. 200–203 (für die erstere Hypothese) und DEPREUX, Prosopographie S. 122; SCHIEFFER, Die Karolinger S. 112 (für die letztere Hypothese).

2940) Vgl. dazu außer der oben genannten Literatur auch VIANELLO, Unruochingi.

STURMI* (Sturmi, Sturmio)

Abt von Fulda (747 – †779. 12. 17.)

TÄTIGKEIT ALS KÖNIGSBOTE:

*Um 769[2941]: im Auftrag Karls des Großen nach Bayern bei Tassilo III. (= –)

Er wurde nach Bayern geschickt, um zwischen Karl und Tassilo III. zu vermitteln[2942]. Vielleicht weil „Tassilo durch die von Abt Sturmi vermittelten Abmachungen irgendwie gebunden war", setzte er sich bei der Eroberung des Langobardenreiches durch den Frankenkönig nicht für seinen Schwiegervater Desiderius ein[2943].

KURZBIOGRAPHIE[2944]:

STURMI* wurde im frühen 8. Jahrhundert in Bayern geboren. Wahrscheinlich lernte er den angelsächsischen Missionar Bonifatius bei dessen kurzem Aufenthalt in Bayern 719 kennen[2945]. STURMI* schloss sich Bonifatius an und erhielt seine Ausbildung im Kloster Fritzlar. 744 wurde er von seinem Lehrer mit der Gründung des Klosters Fulda beauftragt und stand als erster Abt dem Konvent vor[2946].

2941) Zur Datierung vgl. REINDEL, Grundlegung: Das Zeitalter der Agilolfinger (bis 788) S. 172 Anm. 169.

2942) Vita Sturmi c. 22 S. 376 [zitiert nach ENGELBERT c. 23 Sp. W S. 157 f.]: *Illis quoque temporibus suscepta legatione inter Karolum regem Francorum et Tasilonem Noricae provinciae ducem per plures annos inter ipsos amicitiam statuit*; Vgl. auch ebd. ENGELBERT Sp. EPB S. 157 f.: *Anno vero regni ipsius quarto suscepta beatus Sturmis legatione inter eundem Karlum regem Francorum et Desilonem Noricae provinciae ducem amicitiam per plures annos statuit.* Die letztere ist die jüngere Fassung. Dazu Vita Sturmi, hrsg. v. ENGELBERT S. 46–53, bes. S. 48 mit dem Beispiel vom hier zitierten Ereignis um 769.

2943) REINDEL, Grundlegung: Das Zeitalter der Agilolfinger (bis 788) S. 173.

2944) Literatur: SCHIEFFER, Angelsachsen S. 1500–1508; ENGELBERT, Sturmi; STÖRMER, Sturmi; HEUTGER, Sturmius; BECHT-JÖRDENS, Sturmi, in: Lex.MA 8 Sp. 269 f.

2945) FREUND, Bayerns Bischöfe S. 49 Anm. 140.

2946) Vita Sturmi c. 12 S. 370 [ENGELBERT S. 142 f.]. Vgl. BM² 47. Vor der Gründung des Klosters Fulda hatte STURMI, 736 oder 742, in Hersfeld eine Einsiedelei (*cella*) gegründet. Vgl. STRUVE, Hersfeld, Lex.MA 4, hier Sp. 2182; BECHT-JÖRDENS, ebd., hier S. 269. Interessant für diese Arbeit ist die Abordnung der *nuntii* vom Hausmeier, die auf einer Versammlung regionaler Großer im Namem Karlmanns zur Übertragung ihres Eigentums in Grabfeld aufforderten. Vita Sturmi c. 12 S. 370 [zitiert nach ENGELBERT S. 143]: *… et misit nuntios suos, ut congregarent omnes viros nobiles, qui in regione Graffelt commorassent, ut eos regis sermonibus rogassent, ut omnis, quicumque in loco illo aliquid proprium videretur*

747/748 reiste er nach Italien, um die benediktinischen *consuetudines* in Rom und Monte Cassino zu lernen. Während seiner Amtszeit als Abt erhielt das Kloster mehrmals Herrscherurkunden[2947]. Dies zeigt seine guten Beziehungen zu den Karolingern[2948]. 772 wurde er mit der Missionierung in Sachsen beauftragt[2949]. 779 begleitete er noch den König beim Feldzug gegen die Sachsen[2950], wobei er allerdings erkrankte. Er starb am 17. Dezember 779 in Fulda[2951].

Seine Herkunft aus einer bayerischen adligen Familie und vielleicht auch seine Verbindung mit dem bayerischen aristokratischen Netzwerk dürften bei der Legation nach Bayern von Bedeutung gewesen sein[2952].

---

habere, quemadmodum fecit rex, ita et ipsi tradendo facerent. Cumque ad condictum diem omnes fuissent congregati, advenientes regis nuntii: Omnes vos, inquiunt, rex suis salutare praecepit sermonibus poscebatque et imperabat, ut omnis qui aliquid proprietatis visus fuisset habere in loco qui dicitur Eihloha, servis Domini inhabitandum totum traderet. Qui cum hoc audissent, nutu Dei statim cum omni diligentia quidquid ibidem habere potuerunt, viro Dei Sturmi totum tradiderunt. Dazu vgl. INNES, State and society S. 29.

2947) D PdJ 13 (Attigny, 760. 6., aber ohne Namen von STURMI*) S. 18 f.; D KdG 63a, 86, 85 = UB Fulda Nr. 62 (Longlier, [773. 1.]) S. 104–111; ebd. Nr. 67 (Düren, 774. 9. 24., die freie Abtswahl) S. 115–121; ebd. Nr. 68 (Düren, 774. 9. 24., die Immunität) S. 121–125; ebd. Nr. 116 (Herstal, 777. 1. 7., Schenkung) S. 162 f. = UB Fulda Nr. 77 S. 140–147. Mit der letztgenannten Urkunde schenkte Karl das Fiskalgut in Hammelburg, dessen Grenzfeststellung und Einweisung im Oktober durch zwei Grafen und zwei *vassi dominici* vollgezogen wurden. UB Fulda Nr. 83 S. 151–154. Dass diese Grenzfeststellung eines Fiskalgutes mit einer unter Eid getätigten Aussage der örtlichen *nobiles*, aber ohne Missi dominici durchgeführt wurde, ist bemerkenswert. Diese Schenkung wurde von den Brüdern des Klosters sehr positiv bewertet, sodass sie noch in der Zeit der Abfassung der Vita Sturmi (*usque hodie*) für Karls Wohlergehen beteten. Vita Sturmi c. 21 S. 375 f. [ENGELBERT c. 22 Sp. W S. 157].

2948) Obwohl er in den 760er Jahren, um 762, bei Pippin in Ungunst stand und nach Jumièges verbannt wurde, konnte er 765 wieder rehabilitiert werden. Zeitlich parallel gab es eine Auseinandersetzung um Fulda mit Lul von Mainz. Dazu vgl. SCHIEFFER, ebd.

2949) Vita Sturmi c. 22 S. 376 [ENGELBERT c. 23 S. 158 f.].

2950) Vita Sturmi c. 24 S. 377 [ENGELBERT c. 25 S. 160–162].

2951) Vita Sturmi c. 25 S. 377 [ENGELBERT c. 26 S. 162].

2952) STÖRMER, Sturmi S. 2 f.

SUPPO (Suppo)

Kaiserlicher Vasall, Markgraf von Spoleto (869–877, †vor 879. 8.)

TÄTIGKEIT ALS KÖNIGSBOTE:

869–870: *apocrisiarius* Ludwigs II. von Italien nach Konstantinopel mit ANASTASIUS und EBERHARD (III) (= –)

SUPPO gehörte zur Gesandtschaft Kaiser Ludwigs II. nach Konstantinopel[2953].

KURZBIOGRAPHIE[2954]:

SUPPO, bezeichnet als *archiminister* im Liber pontificalis, war Vetter der Kaiserin Angilberga und Schwager EBERHARDs (II) von Friaul. Sein Vater war MAURINUS[2955]. Kurz nach der Rückkehr von der Legationsreise belohnte Kaiser Ludwig SUPPO mit der Schenkung von zwei Höfen in der Grafschaft Parma. Die Schenkungsurkunde bezeichnet SUPPO als *vassus dilectusque consiliarius noster*[2956]. Wahrscheinlich im September 871 wurde er Markgraf von Spoleto[2957]. Im November 871 ist *Sisenandus [...] missus Supponis comitis* in Vicoli Vecchio nachweisbar, als er Ludwig II. seinen gesamten Besitz in Casauria verkaufte[2958]. *Fratellus auditor Supponis comitis et Radepertus castaldio eius et missus* hielten in Chieti anstelle von SUPPO eine Gerichtsversammlung ab[2959]. Wegen seiner Nähe zum Kaiserpaar bat Papst Johannes VIII. SUPPO, sich bei ihnen für Walarius als Kandidaten für das Bischofsamt von Luni einzusetzen[2960].

2953) Gesta octavæ synodi S. 305; Lib. Pont. CVIII, Vita Hadriani II cc. 42–45, 2 S. 181 f.; Anastasii bibliothecarii epistolae Nr. 5 (871, an Papst Hadrian II. zur Überreichung der lateinischen Übersetzung der Konzilsakten; vgl. Jaffé³ 6298) S. 403–415, hier S. 410. Siehe ANASTASIUS in der Prosopographie.

2954) Literatur: HLAWITSCHKA, Franken S. 271–273; KELLER, Zur Struktur S. 200; BOUGARD, Les Supponides S. 390 f.

2955) Addimenta ad Chronicon Casauriense Sp. 935 (SUPPOs Schenkungsurkunde von 872): *Suppo dux, filius quondam Maurini.*

2956) D L II. It 50 (Venosa, 870. 4. 3., verunechtet) S. 162–164; BZ (†)306. Wanner und Zielinski scheinen aber dazu zu tendieren, dem angeblich originalen Diplom die inhaltliche Echtheit zuzusprechen.

2957) Vgl. MANARESI S. 288.

2958) Addimenta ad Chronicon Casauriense Sp. 932–934; BZ 338.

2959) MANARESI Nr. 79 (Chieti, 875. 3.) S. 287–289. Vgl. ebd. Nr. 80 (Casoli, nahe Chieti, 871–875) S. 289–291 (über eine andere Gerichtsversammlung, die Fratellus abhielt).

2960) Jaffé³ 6401 (872 – 875. 8.); Fragmenta registri Iohannis VIII. papae Nr. 2 S. 274; BU 47.

SUPPO unterschrieb 877 Angilbergas Testament[2961]. Nach dem Tod Ludwigs II. unterstützte er gemeinsam mit Angilberga die Etablierung des ostfränkischen Königtums in Italien und geriet daher in Konflikt mit Papst Johannes VIII. Dieser beauftragte ihn wohl gerade wegen seiner guten Beziehungen zum König der Ostfranken im Juli 878, zusammen mit ANSPERT von Mailand und Wibod von Parma zu König Karlmann zu reisen[2962]. SUPPO war bereits verstorben, als Papst Johannes VIII. Anfang August 879 Angilbergas Bitte um die Aufhebung der Exkommunikation Erzbischof ANSPERTs von Mailand zurückwies[2963].

TANKRAD* (Tancradus)

Abt von Prüm (804–†828/829)

TÄTIGKEIT ALS KÖNIGSBOTE:

*Um 807 (vor 807. 4. 28.): *(missus?)* (im Auftrag Karls des Großen?) im Anjou und Rennois mit HUGO (I) und gewissen anderen *fidelibus* (= –)

Am 28. April wurde eine Urkunde zugunsten des Klosters Prüm ausgestellt. TANKRAD* erhielt mit dieser Urkunde die Güter eines gewissen Grodebert im Anjou und Rennois, die wegen Inzests und anderer Verbrechen durch das gerichtliche Verfahren von Graf HUGO (I) von Tours mit TANKRAD* und anderen *fidelibus* konfisziert wurden[2964]. Da sein Amtsvorgänger, ASOARIUS, in einem ähnlichem Fall als *missus* bezeichnet wird[2965], spricht Bernd Isphording davon, dass TANKRAD* als Missus eingesetzt worden sei[2966]. Die beiden Äbte von Prüm erhielten nämlich nach der gerichtlichen Konfiskation eines Besitzes denselben Besitz für ihr Kloster. Auch wenn TANKRAD* in den Quellen nicht als *missus* bezeichnet wird, kann man seine Einsetzung als solchen nicht gänzlich ausschließen. Einerseits liegt der Gerichtsort im Anjou oder Rennois weit entfernt

2961) Carte cremonesi Nr. 20 (Brescia, 877. 3.) S. 49–58, hier S. 56. Siehe HUGO (II) und RICHARD (III) in der Prosopographie.

2962) Jaffé³ 6668 ([Troyes, 878. 7.]); Registrum Iohannis VIII. papae Nr. 128 S. 114; BU 397 (an SUPPO).

2963) Jaffé³ 6821 (879, Anfang August); Registrum Iohannis VIII. papae Nr. 212 S. 190 f.; BU 558.

2964) D KdG 205 (Aachen, 807. 4. 28.) S. 274 f. Siehe HUGO (I) in der Prosopographie.

2965) Siehe ASOARIUS in der Prosopographie.

2966) ISPHORDING, Prüm S. 246. Vgl. auch HANNIG, Pauperiores vassi S. 334 f.

von seiner Abtei, und das Anjou gehörte auch nicht zur Grafschaft seines damaligen Mitarbeiters HUGO (I) von Tours. Andererseits ist aber zu bedenken, dass TANKRAD* vermutlich aus dem Anjou stammte[2967]. Möglicherweise wurden TANKRAD* und HUGO (I) im Frühling 807 von Aachen nach Neustrien mit der Mobilisierungsanordnung für die Bewohner dieses Gebietes[2968] gesandt und dürften während dieser Legation das in der Urkunde erwähnte Gericht gehalten haben. Aber das bleibt eine reine Spekulation.

KURZBIOGRAPHIE[2969]:

TANKRADs* Amtsantritt als Abt von Prüm wird zwischen dem 8. April[2970] und dem 25. Juli 804[2971] datiert. Er blieb bis zu seinem Tod um 828/829 in seinem Amt. Kurz vor der Ausstellung der oben erwähnten Urkunde von 807 erhielt das Kloster noch eine weitere Urkunde von Karl dem Großen. Da diese Urkunde am 20. Januar 806 in Diedenhofen ausgestellt wurde, nahm TANKRAD* höchstwahrscheinlich an der dortigen Reichsversammlung im Februar 806 teil[2972] und war beim Abschluss der Divisio regnorum am 6. Februar anwesend[2973]. Mit der Ausstellung dieser Urkunde von 806 wurde „ein typischer Konfliktfall zwischen Fiskus und Kloster“[2974] beendet. Für die vorliegende Studie ist bemerkenswert, dass es sich dabei um eine frühere missatische Legation von RIMIGARIUS handelte[2975]. Unter TANKRAD* erhielt das Kloster Prüm auch von Ludwig dem Frommen Urkunden zur Begünstigung[2976]. Hier ist die Urkunde von 816 interessant, weil es sich um eine doppelte missatische Lega-

2967) ISPHORDING, Prüm S. 243 f. und 246.

2968) MGH Capit. 1 Nr. 48 S. 134 f. Zu diesem Kapitular, siehe die Beschreibung im Kapitel 2, § 2, 1, iv, „807“.

2969) Literatur: ISPHORDING, Prüm S. 243–256.

2970) Sein Vorgänger ASOARIUS ist bis zu diesem Datum nachweisbar. MrhUb Nr. 41 S. 46 f. und Nr. 42 S. 47–49.

2971) MrhUB Nr. 43 S. 49 f.

2972) D KdG 203 (Diedenhofen, 806. 1. 20.) S. 272.

2973) BM² 415a.

2974) ISPHORDING, Prüm S. 245.

2975) Siehe RIMIGARIUS in der Prosopographie.

2976) BM² 572; D LdF 53 (Aachen, 815. 2. 3.) S. 136–138 (Immunitätsbestätigung mit Königsschutz). BM² 638; D LdF 115 (Compiègne, 816. 11 .8., verunechtet) S. 280–282 (Grenzbestätigung). BM² 712; D LdF 172 (Aachen, 820. 1. 30.) S. 425–427 (Schenkung). BM² 782; D LdF 230 (Koblenz, 823. 8. 29.) S. 575 f. (Tauschbestätigung). BM² 783; D LdF 231 (Herstal, 823. 10. 15.) S. 577 f. (Tauschbestäti-

tion handelte. Bei einem Streit zwischen der Prümer Abtei und den Fiskalleuten von Thommen um die Waldgrenze sandte der Kaiser zuerst seinen Seneschall ADALBERT (II) zur Inquisition. Nach der Bestätigung der Rechtmäßigkeit des Anspruchs des Klosters schickte Ludwig einen weiteren Missus, WITHAR, zur Klärung der Grenzlinie. Erst nach dieser zweiten Legation stellte Ludwig seine Urkunde aus[2977].

TEODOLDUS (Teodoldus)

Missus (865/866)

TÄTIGKEIT ALS KÖNIGSBOTE:

865/866: *missus* Ludwigs II. von Italien in der Gegend zwischen der Etsch und dem Friaul mit PETRUS (VI) und ARTHEMIUS (= KRAUSE II 154)

Für den Feldzug gegen die Sarazenen in Süditalien bot Ludwig das Heer aus Norditalien auf. TEODOLDUS wurde zusammen mit den Bischöfen PETRUS (VI) und ARTHEMIUS damit beauftragt, in der Gegend zwischen der Etsch und dem Friaul die Mobilisierung zu kontrollieren und gegebenenfalls die Säumigen zu bestrafen[2978].

KURZBIOGRAPHIE:

Über TEODOLDUS ist nichts Weiteres bekannt.

TEUTARDUS (Teutardus)

Graf (814/840)

TÄTIGKEIT ALS KÖNIGSBOTE:

814–840: *missus* Ludwigs des Frommen wahrscheinlich im Alpenraum mit SICARDUS (I) (= KRAUSE I 127)

Als Formular ist eine Urkunde Ludwigs des Frommen überliefert. Diesem Dokument zufolge erhoben ein gewisser Ermengar und sein Bruder Ingilardus vor den Missi SICARDUS (I) und TEUTARDUS gegen den Abt von Mont-Joux Klage, da er ihnen ihren Besitz widerrechtlich entzogen und dem Kloster einverleibt hätte. Der Kaiser re-

---

gung). BM² 824; D LdF 251 (Aachen, 826. 1. 26.) S. 623–626 (Immunitätsbestätigung).

2977) BM² 638 = D LdF 115 (Compiègne, 816. 11. 8., verunechtet) S. 280–282. Siehe ADALHARD (II) und WITHAR in der Prosopographie. Zu dieser Beurkundung vgl. auch ISPHORDING, Prüm S. 249 f.

2978) MGH Capit. 2 Nr. 218 c. 3 S. 95: *... sit missus [...] ab Addiza usque Forum Iulii Teodoldus, Petrus et Arthemius episcopi iunctis secum missis episcoporum et comitum.* Siehe ANDREAS (II) und ARTHEMIUS in der Prosopographie.

stituierte den Brüdern diesen Besitz, nachdem seine Missi durch die Inquisition die Berechtigung ihres Anspruchs festgestellt und ihm darüber berichtet hatten[2979].
KURZBIOGRAPHIE[2980]:
Außer dieser Mission ist nichts Weiteres über ihn bekannt.

TEUTARIUS (Theotarius, Teutharius)

Bischof von Girona (875 – vor 879. 4.)

TÄTIGKEIT ALS KÖNIGSBOTE:
Vor 879. 4. 10.: *missus* Ludwigs des Stammlers in der Gegend von Girona (= –)

Bei einer Gerichtssitzung in Castelló d'Empúries behauptete Abt Ansemundus von Banyoles/Bañolas[2981], dass der König TEUTARIUS als Missus für ihn geschickt habe[2982]. Die Beauftragung kann zwischen den 12. September 878[2983] und den Todestag des Ludwigs, den 10. April 879[2984], datiert werden. Aber da Ludwig bereits gestorben war, wird TEUTARIUS, Vorsitzender der Gerichtsversammlung von 879, in der Quelle nicht als Missus bezeichnet.

2979) Form. imp. Nr. 50 S. 324; D LdF F 50 S. 1205. Das vollständige Zitat findet sich bei SICARDUS (I) in der Prosopographie.

2980) Literatur: DEPREUX, Prosopographie S. 382.

2981) Dieses Kloster liegt in der Diözese von Girona, aber weder in den Grafschaften Girona oder Empúries, sondern in der Grafschaft Besalú. Vgl. die Karte in: BOLÒS und HURTADO, Atles de Girona S. 79.

2982) Catalunya Carolíngia 5 Nr. 52 (Castelló d'Empúries, 879. 6. 26.) S. 92–94, hier S. 93: *Et cum ipsos preceptos reclamavit se Ansemundus abba in eorum presentia et dixit: »Iuvete me audire cum histo domno Teuthario, sedis Iherundensis episcopo, qualiter quondam Ludovicus rex missit illum missum per me ut me revestissent de iamdictas cellulas a partibus iamdicto monasterio, sicut in istos preceptos resonat quod avus suus condam Ludovicus et condam Karllus bone memorie, pater suus, donavit ad predicto monasterio propter remedium anime sue, seu et in ipso precepto quod condam Ludovicus rex michi fecit; sed noluit domnus episcopus adimplere quod ille rex illi precepit. Propter hoc notum vobis hoc facio«.*

2983) Ansemundus bekam in Troyes eine Urkunde Ludwigs, die zwischen dem 12. und 17. September dieses Jahres ausgestellt wurde. D LdSt Nr. 23 S. 71–74.

2984) D LdSt, introduction, S. xxxiv.

KURZBIOGRAPHIE:
Seine Teilnahme an Synoden ist dreimal nachweisbar: 875 in Chalon-sur-Saône[2985], 876 in Ponthion[2986] und 878 in Troyes[2987].

TEUTBERT (Teutbertus)

Kapellan (819/820)

TÄTIGKEIT ALS KÖNIGSBOTE:
819/820: *missus* Ludwigs des Frommen in St-Claude mit SMARAGD (= –)

TEUTBERT wurde als kaiserlicher Missus zusammen mit Abt SMARAGD von St-Mihiel mit der Inventarisierung der Güter des Klosters St-Oyend-de-Joux (St-Claude) beauftragt[2988].

KURZBIOGRAPHIE[2989]:
Außer dieser Inventarisierung ist nichts Weiteres über TEUTBERT bekannt.

TEUTMUNDUS (Teutmundus)

Missus (865/866)

TÄTIGKEIT ALS KÖNIGSBOTE:
865/866: *missus* Ludwigs II. von Italien in Pisa, Lucca, Pistoia und Luni (= KRAUSE II 155)

Für den Feldzug gegen die Sarazenen in Süditalien bot Ludwig das Heer aus Norditalien auf. TEUTMUNDUS wurde damit beauftragt, in Pisa, Lucca, Pistoia und Luni die Mobilisierung zu kontrollieren und gegebenenfalls die Säumigen zu bestrafen[2990].

KURZBIOGRAPHIE:
Über TEUTMUNDUS ist nichts Weiteres bekannt. Aber er kann mit einem kaiserlichen Vasallen Teudimund (853 und 857 in Lucca) identisch sein.

2985) MGH Conc. 5 Nr. 1 (St-Marcel-lès-Chalon, 875), hier S. 4.

2986) MGH Capit. 2 Nr. 279 D, hier S. 350; MGH Conc. 5 Nr. 6 (Ponthion, 876. 6. 21. – 7. 16.), D S. 48 f. HARTMANN, Die Synoden S. 335 mit Anm. 9

2987) Catalunya Carolíngia 5 Nr. 47 S. 90 f.; MGH Conc. 5 Nr. 9 (Troyes, 878. 8. 11. – Mitte September), hier S. 104, 135, 137 und 141. HARTMANN, Die Synoden S. 338 mit Anm. 15.

2988) Catalogus abbatum s. Eugendi Iurensis S. 744. Siehe den Text bei SMARAGD in der Prosopographie.

2989) Literatur: FLECKENSTEIN, Hofkapelle S. 61; DEPREUX, Prosopographie S. 382.

2990) MGH Capit. 2 Nr. 218 c. 3 S. 95: *… sit missus […] Pisa, Luca, Pistoris et Lunis Teutmundus.* Siehe ANDREAS (II) in der Prosopographie.

THEODACRUS (Theodacrus)

Missus (853)

TÄTIGKEIT ALS KÖNIGSBOTE:

853. 11.: *missus* Karls des Kahlen in Laon, Porcien, Soissons, Orxois und Valois mit PARDULUS und ALTMAR (= KRAUSE I 138)

THEODACRUS war einer der Missi im Missaticum um Laon[2991].

KURZBIOGRAPHIE:

Er ist nicht zu identifizieren.

THEODERICUS (I) (Theodericus)

Abt von Jumièges (843–853)

TÄTIGKEIT ALS KÖNIGSBOTE:

853. 11.: *missus* Karls des Kahlen in Avranches, Coutances, Bayeux, Cotentin, *Otlingua Saxonia*, Eu, Lisieux und ARDUINs Grafschaft mit HAIRARD, HERLOIN (II) und ARDUIN (= KRAUSE I 143)

THEODERICUS war einer der Missi im Missaticum am Cotentin[2992].

KURZBIOGRAPHIE[2993]:

Abt Theodericus von Jumièges war im Herbst 843 bei der Synode von Germigny-des-Prés anwesend[2994]. Die räumliche Nähe von Jumièges zu dem betreffenden Missaticum lässt die Gleichsetzung dieser zwei *Theoderici* zu[2995].

THEODERICUS (II) (Teodericus, Teotricus, Teudericus, Theodericus, Theodoricus)

Graf, Kämmerer (vor 858 – †vor 885. 4.)

TÄTIGKEIT ALS KÖNIGSBOTE:

858: *missus* Ludwigs des Deutschen in der Gegend von Sens mit ECCHARDUS (= –)

Nach dem Text der Klageschrift gegen Erzbischof WENILO von Sens (vorgelegt auf der Synode von Savonnières 859) waren in Sens ECCHARDUS und THEODERICUS als Missi Ludwigs des Deutschen zugegen. Während WENILO ihnen einen Brief dieses Königs

---

2991) MGH Capit. 2 Nr. 260 S. 276. Siehe ALTMAR in der Prosopographie.

2992) MGH Capit. 2 Nr. 260 S. 276. Siehe den Text bei ARDUIN in der Prosopographie.

2993) Literatur: NELSON, Charles the Bald S. 326 f.

2994) MGH Conc. 3 Nr. 1 S. 7.

2995) Vgl. ebd. S. 7 Anm. 59, wobei Wilfried Hartmann kommentiert, Theodericus von Jumièges sei „nur hier belegt".

reichte, übergaben sie ihm die von Ludwig urkundlich verliehene Abtei Ste-Colombe in Sens[2996].

KURZBIOGRAPHIE[2997]:

THEODERICUS (II) war ein Bruder des Grafen ECCHARDUS und gehörte damit zu den Nibelungen. Er scheint schon in den 830er oder 840er Jahren als Graf tätig gewesen zu sein[2998]. Der *Theodoricus comes*, der 870 bei der Verhandlung zwischen den Vertretern Karls des Kahlen und Ludwigs des Deutschen bezüglich der Teilung des lotharingischen Reiches als zweiter von Karls Partei (bzw. dritter von allen Anwesenden) die Ehrlichkeit seines Herren beschwor[2999], dürfte mit dem hier behandelten Missus identisch sein[3000]. Beim letzten Italienzug Karls des Kahlen von 877 blieb THEODERICUS in der Francia, um Ludwig den Stammler zu unterstützen[3001].

Auch nach dem Tod Karls stand er Ludwig dem Stammler nahe. 878 war THEODERICUS als Ludwigs Kämmerer nachweisbar und zählte zu den *consiliarii* des Königs. Um diese Zeit wurde ihm ein Teil der dem rebellischen Markgrafen BERNHARD (III) von Gothien entzogenen *honores* übertragen[3002], nämlich die Grafschaft Autun. Als Graf von Autun bat er den König Anfang 879 um die Rückgabe

---

2996) BM² 1435n; MGH Conc. 3 Nr. 47 B (Libellus proclamationis) c. 10 S. 467; c. 11 S. 467; ebd. Nr.47 C (Synodalschreiben an Eb. WENILO von Sens), hier S. 469. Das vollständige Zitat findet sich bei ECCHARDUS in der Prosopographie.

2997) Literatur: CHAUME, Les origines S. 208 mit Anm. 7; KASTEN, Erbrechtliche Verfügungen S. 290–292, 297 f.; SETTIPANI, La préhistoire S. 346 f.

2998) Das Verbrüderungsbuch der Abtei Reichenau, Bl. 2, C/4: *Theoterichus com.*, im Gegensatz zu seinem Bruder ECCHARDUS, der ohne Titel im Verbrüderungsbuch eingetragen wurde. Vgl. hierzu KASTEN, Erbrechtliche Verfügungen S. 294 f. SETTIPANI, La préhistoire S. 346 mit Anm. 1053, datiert sein Geburtsjahr um 810.

2999) MGH Capit. 2 Nr. 250 S. 192.

3000) Diese Meinung vertritt Janet Nelson im Register von: NELSON, AB, Translation S. 265; NELSON, Charles the Bald S. 348.

3001) MGH Capit. 2 Nr. 281 c. 15 S. 359, als einer der vier genannten Grafen. Gegen diese Identifikation ist WERNER, Gauzlin von Saint-Denis S. 416 mit Anm. 74, der hier den gleichnamigen Grafen von Vermandois und Abt von St-Quentin sieht.

3002) AB a. 878 S. 229 f. Ob er schon 876, als BOSO (IV) *dux* und *missus* von Italien wurde, dieses Amt innehatte, ist nicht nachzuweisen. Vgl. KASTEN, Erbrechtliche Verfügungen S. 297 Anm. 198. Nelson vermutet, dass er 877 beim Regierungsantritt Ludwigs zum Kämmerer ernannt worden sei. AB, Translation S. 203 Anm. 19.

der *villa* Bligny, die früher dem Bistum entzogen und der Grafschaft zugeschrieben worden war, an die Bischofskirche von Autun[3003]. Er war einer der Magnaten, die der schwer erkrankte Ludwig nach Autun sandte, um den Markgrafen BERNHARD zu besiegen, was für THEODERICUS wegen seiner Grafschaft auch von eigenem Interesse gewesen sein dürfte[3004]. Kurz danach starb der König, der die königliche Insignien seinem älteren Sohn, Ludwig III., durch Odo von Beauvais und den Grafen Albuin hatte übersenden wollen. Doch die beiden Männer übergaben sie nicht Ludwig, sondern dem Kämmerer THEODERICUS. Dieser gab sie nicht sofort an Ludwig weiter. Statt dessen beschlossen die Magnaten, die sich bei dem Königssohn aufhielten, eine Versammlung in Meaux abzuhalten und dort über die Thronfolge zu verhandeln. In dieser Situation verabredete THEODERICUS mit BOSO (IV), die Grafschaft Autun gegen die Abteien zu tauschen, die BOSO in dieser Region innehatte[3005]. Während der darauffolgenden Unruhe bezüglich der Thronfolge stand THEODERICUS auf der Seite von HUGO (II) Abbas gegen die Partei von GAUZLIN[3006].

Als Graf Richard von Autun (BOSOs Bruder) 880 König Karlmann II. um die Rückgabe der *villa* Teigny an die Kirche von Autun bat – was man mit THEODERICHUS' Bitte im vergangenen Jahr vergleichen kann –, erschien THEODERICUS als Intervenient[3007]. Bei einer nochmaligen Privilegierung dieses Königs für die Kirche von Autun intervenierte er 883 wieder, in diesem Fall zusammen mit einem anderen Grafen namens Anscharius[3008].

THEODERICUS war schon gestorben, als sein Sohn im April 885 zusammen mit seinem Schwiegersohn dem Kloster Fleury das Gut in Perrecy-les-Forges zurückgab, das sich THEODERICUS

3003) D LdSt Nr. 29 (Gondreville, 879. 1. 23.) S. 85–87.

3004) AB a. 879 S. 234 f.; BZ 2730. Siehe BOSO (IV) und HUGO (II) in der Prosopographie.

3005) AB a. 879 S. 234 f.

3006) AB a. 879 S. 236 f.

3007) D Karlmann II (W) 49 (*apud Nerondam villam*, 880. 11. 30.) S. 123 f. Siehe ADALGAR (II) in der Prosopographie.

3008) D Karlmann II (W) 68 (Trucy, 883. 3. 6.) S. 176–179.

trotz der Schenkung seines Bruders[3009] widerrechtlich, sozusagen als Erbe angeeignet hatte[3010].

THEODORICUS (Teodoricus, Theodoricus)

Missus (851/852)

TÄTIGKEIT ALS KÖNIGSBOTE:

851. 10. 5. – 852. 1. 29.: *missus* Ludwigs II. von Italien in Cremona (= KRAUSE II 142)

Beim Hofgericht in Pavia beauftragte Ludwig seinen *consiliarius* THEODORICUS mit der Untersuchung der Klage der Einwohner von Cremona gegen ihren Bischof wegen der von diesem erhobenen Hafengebühren und -zölle. Nach der ersten Sitzung in Pavia unter Vorsitz des Pfalzgrafen Hucpald hielt THEODORICUS in Cremona die zweite Sitzung ab, wobei er durch das Inquisitionsverfahren die Rechtmäßigkeit der Ansprüche des Bischofs feststellte und die Klage abwies[3011]. Aufgrund des Ergebnisses der Untersuchung durch

---

3009) UB Saint-Benoît-sur-Loire Nr. 27 (876. 1.) S. 74–78.

3010) UB Saint-Benoît-sur-Loire Nr. 30 (St-Benoît-sur-Loire, 885. 4.) S. 83–85. Hierzu vgl. KASTEN, Erbrechtliche Verfügungen S. 337 f.

3011) MANARESI Nr. 56 S. 193 = Le carte cremonesi Nr. 12 S. 32–36 = CDLM Cremona/Sicardo Nr. 57 (Cremona, 851. 10. 5. – 852. 1. 29.): *Dum, in Dei nomine, domnus Hludovuicus imperator suum generalem placitum detineret civitatem Ticinensem, ibique eidem proclamandum venerunt, id est Rothecharius, Dodilo, Gudiperis et ceteri habitatores de civitate Cremona, eo quod eis Benedictus v(ir) v(enerabilis), episcopus Sancte Ecclesie Crem(onensi)s, multas violentias iniuste fecisset de suis navibus que adducunt ad portum ipsius civitatis, quod nobis ripaticum et palificturam seu pastum detulisset, que nos nec parentes nostros antea numquam dederunt. Quidem domnus gloriosissimus imperator, audiens hunc clamorem, direxit de sui presentia missum Teodoricum, dilectum consiliarium suum, quia hec omnia diligenter inquireret atque diligenter definiret. Tunc predictus Theodoricus, veniens in ipsum palatium, ubi in iuditio residebat Hucpaldus comes sacri palatii, residentes cum eo Adelgiso et Achedeo comitibus, cum reliquis iudicibus palatii, ibique veniens iam dictus Benedictus episcopus et supradicti clamatores et cum ibi multum inter eos de hac causa orta fuisset intentio, statuit ipse Theodoricus inter eos placitum in civitate Cremona, ubi de hac causa per veraces et idoneos homines circa manentes de ipsa civitate investigare aut invenire potuisset per legem. Tunc ipse Theodoricus, missus domni imperatoris, veniens hic in civitate Cremona, in domo ipsius Ecclesie, in iuditio resedens, resedentibus cum eo predictus Benedictus episcopus, Landebertus et Aripertus et reliqui plures, ibique venientes supradicti habitatores cum reliquis habitatoribus de ipsa civitate asserebant […] Et ad hoc probandum testes idoneos homines publicavit coram suprascripto Theoderico, misso*

THEODORICUS bestätigte Ludwig der bischöflichen Kirche von Cremona auf Bitte des dortigen Bischofs Benedikt die Rechte und Erträge des Hafens von Cremona, wobei THEODORICUS als *sacri palacii nostri optimas* bezeichnet wird[3012].

KURZBIOGRAPHIE[3013]:

Über die Identifizierung dieses Missus herrscht in der Forschung Uneinigkeit. Während Dieter Riesenberger THEODORICUS mit dem gleichnamigen Bischof von Teate identifiziert, ist er für Eduard Hlawitschka nicht weiter identifizierbar. Hagen Keller weist auf zwei „Theodorici" hin: Der eine ist ein *vassus domni imperatoris*, der im Placitum von 865 in Lucca nachgewiesen ist[3014], der andere ist ein westfränkischer Graf, der 842 von der Seite Karls des Kahlen auf die Lothars I. überging[3015].

---

domni regis. In primis Odepertus archipresbiter dixit adiuratus in suo sacerdotio […] Demum post multos testes et multa similia testimonia manifeste professi sunt se non habere ullam firmitatem per quam contra Sanctam Ecclesiam Cremonensem vel eius pontifices ripaticum vel palificturam subtrahere possent, set ipsos sacerdotes et alios homines qui de hac causa iurati vel inquisiti dixerunt omnia vera dixisse et se ripaticum et palficturam(!) et pastum ad riparios dare debere. Tunc Theodoricus interrogavit Landebertus gastaldio de Sexpiles simulque Ariperto advocatum de ipsa curte, ut, si aliquod haberet firmitatem aut homines per quibus pars regie ibidem de ipsa ripa contradicere poterent. Qui dixerunt quod nec per homines nec per ullam aliam firmitatem da(!) parte regi non habemus nec invenire possimus […] Dum hec omnia taliter audissemus et clare factum fuisset iuxta ipsam inquisitionem vel eorum manifestationem, tunc paruit nobis quorum supra auditoribus rectum esse ita et iudicavimus, ut ipsi homines ipsum ripaticum vel palficturam de suis navibus iuxta ipsum pactum deantea dare deberent. Et finita est causa. […] Quidem ego Petrus notarius ex iussione ipsius Theodorici, missus domni imperatoris, scripsi. Signum manu Theodorici qui missus de hac causa inquirendum fuit et in omnibus actis interfui. Vgl. BZ 82

3012) D L II. It 4 (Sospiro, 852. 1. 29.) S. 73 f., hier S. 74: *De quibus dum a quibusdam loci consistentibus oriretur intentio et ad hoc subtiliter inquirendum strenuos dirigere missos* [Textlücke] *Theodoricum sacri palacii nostri obtimatem, omni inquisitione adinvenimus eundem portum sub omni integritate eidem ęcclesie pertinere et cuiuscumque loci vel gentis…* Vgl. BZ 84.

3013) Literatur: HLAWITSCHKA, Franken S. 275; RIESENBERGER, Prosopographie S. 185 f.; KELLER, Zur Struktur S. 220 f.

3014) ChLA 82 Nr. 4 (Lucca, 865. 4. [vor 20.]) S. 26 f.; BZ 239. Das vollständige Zitat findet sich bei JOHANNES (VI) in der Prosopographie.

3015) Nithard II, 3 S. 54.

THEODULF (Theodulfus, Teodulfus, Theodulphus, Teodulphus, Theotolfus, Teotolphus, Theudulfus, Teudulfus, Teudulfis, Dietolfus)

Bischof von Orléans, Abt von Fleury, St-Aignan, Meung-sur-Loire sowie St-Mesmin-de-Micy (798–†820/821)

TÄTIGKEIT ALS KÖNIGSBOTE:

*1) 798: beauftragt mit einer *praefectura* von Karl dem Großen in Septimanien mit LAIDRAD (= KRAUSE I 18)

THEODULF beschreibt in seiner Ermahnungsdichtung gegen Richter[3016] eine Inspektionsreise, die er zusammen mit LAIDRAD im königlichen Auftrag im heutigen Südfrankreich durchführte. In der Forschung wird ihre Tätigkeit als die von *missi dominici* bewertet, obwohl THEODULF hier weder sich selbst noch seinen Kollegen als *missus* oder *legatus* bezeichnet: Der missatische Auftrag wird mit dem Wort *praefectura* bezeichnet[3017]. Die Verwendung dieses Wortes

3016) Versus Teudulfi episcopi contra Iudices, in: MGH Poetae 1, Theodulfi carmina Nr. 28 S. 493–517 (dazu mit Emendationen in: COLLINS, Sur quelques vers de Théodulfe S. 218f.); die neuere Edition: HAGEN, De iudicibus (vgl. allerdings dazu W. Wattenbachs Rezension in: NA 8 (1883) S. 442, und E. Dümmers Kommentar in: MGH Poetae 2 S. 695). Der in den älteren Editionen verwendete Titel: *Paraenesis ad iudices* dürfte zum Charakter der Dichtung besser passen, wie MONOD, Les moeurs judiciaires S. 3 Anm. 1, und FUHRMANN, Philologische Bemerkungen S. 257, meinen. BAUNARD, Théodulfe S. 264, charakterisiert sie schon als „une instruction aux magistrats de la Gaule, en même temps qu'un compte-rendu de son inspection". Diese Dichtung beruht ebenso wie die Admonitio generalis (a. 789) inhaltlich größtenteils auf Isidors von Sevilla Libri sententiarum, vor allem im Hinblick auf die Ablehnung der Bestechlichkeit, falscher Zeugen und Meineid bei Gericht. Vgl. dazu FUHRMANN, Philologische Bemerkungen. Nach Fuhrmann ist dies quasi ein Beispiel der „Versifikation einer gegebenen Prosa-Vorlage" (S. 269). Vgl. auch GODMAN (Hrsg.), Poetry S. 13–16; GODMAN, Poets S. 70–73. Die Dichtung ist in der Forschung aus verschiedenen Blickwinkeln interpretiert worden: Vgl. MONOD, Les moeurs judiciaires (zum Verständnis des Gerichtswesens); WOLFF, L'Aquitaine et ses marges S. 276 mit Anm. 54; ABADAL I DE VINYALS, El domini S. 158–164 (über den religiösen Charakter dieser Mission gegen den Adoptianismus); MAGNOU-NORTIER, La mission financière (über nicht gerichtliche, sondern vor allem finanzadministrative Funktionen der gräflichen Versammlungen); JÉGOU, Les déplacements S. 229 (über den religiösen Charakter dieser Mission als „tournée de prédication").

3017) Bereits im 19. Jahrhundert wurde das von der Forschung allgemein so eingeschätzt. Vgl. MIGNE, in: PL 105 Sp. 285A, Anm. a; WAITZ, Verfassungsgeschichte 3 S. 457f. Anm. 3; FUSTEL DE COULANGES, Les Transformations S. 557f. (er-

in Bezug auf karolingische *missi dominici* ist zwar anderweitig nicht nachweisbar[3018], dennoch zähle ich THEODULF und LAIDRAD aufgrund des Charakters der Reise (sie fand im königlichen Auftrag statt und beinhaltete eine „Kontrollaufgabe") zu den Missi dominici. Zudem ist der Text eine Dichtung, was vielleicht die ungewöhnliche Bezeichnung der Reise erklärt. Die Gesandten sollten eine Ordnung herstellen, die einerseits der Durchsetzung der Autorität der Synoden unter den Geistlichen dienen, andererseits aber dem „Volk" (*populus*) zu seinem Recht verhelfen sollte. Darüber hinaus sollten die Missi die örtlichen Machthaber kontrollieren, damit sie als Vorbild für das Volk dienen könnten[3019]. Primär ist das Ziel dieser Dichtung allerdings nicht die Darstellung von THEODULFs Tätigkeit als Missus. Sie ist als eine „Ermahnung" der Richter auf Grundlage seiner Erfahrung in Gerichtsverhandlungen in Südgallien, sogar als ein Traktat über Gerechtigkeit zu interpretieren. Wir können aus dem Text – abgesehen von einer ausführlichen Beschreibung der Bestechungsversuche des Volkes – nicht sehr viel über die Legation erfahren[3020].

---

schien zuerst 1892). Fustel de Coulanges begründet mit dieser Dichtung THEODULFs seine Auffassung, dass die Missi dominici im allgemeinen die meiste Zeit ihrer Legation für Rechtsprechung verwenden sollten, denn THEODULF beschrieb in seiner Dichtung fast nur seine gerichtlichen Funktionen. Mir scheint diese Dichtung für eine solche Argumentation nicht geeignet zu sein, weil THODULF sie nicht als Reisebericht eines königlichen Missus verfasste.

3018) Vgl. Art. *praefectura* in: Niermeyer, Lexicon, und in: BLAISE, Lexicon S. 717.

3019) Versus Teudulfi episcopi contra Iudices, Z. 99–122 S. 496 f. (Hagens Revisionen, abgesehen von der Orthographie, werden in Klammern mit „H." gezeichnet): *Praefectura mihi fuerat peragenda tributa / Resque actu grandes officium* (H.: *officiumque*) *potens. / Nulli vi studiisque piis armisque secundus / Rex dedit hanc Carolus, primus ad omne bonum; / Cui parent Walis* [… weitere Namen der Flüsse] */ Quo sinodus clerum, populum lex stringeret alma, / Duxque foret cunctis regula calle suo; / Ecclesiae sanctus matris quo cresceret ordo, / Urbibus et validis mosque decorque pius: / Quas Arar et Wardo, Rodanus quas alluit acer, / Elauris, sive his connumerandus Atax, / Quasque Alpes Lazio, Libia discriminat aequor, / Quasque Pyrineus mons* (H.: –) *orbe ab, Hibere, tuo; / Seu quas Lugdunum Arcturo aut Aquilone revellit, / Resque, Aquitana, tuis, pulchra Tolosa locis. / Haeserat hac nobis Laidradus sorte sodalis, / Cederet ut magnus hoc relevante labor. / Noricus hunc genuit, hunc tu, Lugdune, futurum / Pontificem speras relligionis ope. / Arte cluit, sensuque viget, virtute redundat; / Cui vita ad superam transitus ista manet* [dann folgt die Darstellung ihres Reisewegs].

3020) Zur neuesten Interpretation dieser Dichtung vgl. UBL, Der Entwurf S. 187–

2) 816. 6.(?): Empfangsgesandtschaft Ludwigs des Frommen für Papst Stephan IV., wahrscheinlich im Süden des Frankenreiches mit HILDEBALD (I) und JOHANNES (II) (= –)

Der Kaiser befahl 816 seinem Neffen Bernhard, Papst Stephan IV. zu begleiten, der eine Reise ins Frankenreich plante. Darüber hinaus entsandte er weitere anonyme Missi mit derselben Aufgabe[3021]. Vielleicht nach dem Alpenübergang des Papstes wurde eine dritte Empfangsgesandtschaft geschickt, die aus drei Erzbischöfen und anderen Geistlichen bestand, um den Papst kirchlich-feierlich willkommen zu heißen[3022].

KURZBIOGRAPHIE[3023]:

Trotz THEODULFs umfangreicher literarischer Tätigkeit sind Details seines Lebens nicht leicht greifbar. Sein Geburtsjahr könnte um 760 datiert werden[3024]. Seine westgotische Abstammung[3025] scheint von großer Bedeutung bei der Legationsreise nach Septimanien (Legation 1) gewesen zu sein. Als Flüchtling kam er zu einem ungewissen Zeitpunkt ins Frankenreich, dann an den Hof des fränkischen

---

191. BAUNARD, Théodulfe S. 282–284, sieht in einem anderen Gedicht (Theodulfi carmina Nr. 48, in: MGH Poetae 1 S. 549) THEODULFs zweite Legationsreise nach Aquitanien. So interpretiert auch JÉGOU, Les déplacements S. 234, aber ohne konkrete Begründung. Dieses Gedicht beschreibt zwar THEODULFs Aufenthalt in Limoges mit einem gewissen Auduredus und ihre Reise nach Périgueux, dann weiter nach Süden über die Dordogne. Aber es gibt im Text keinen Hinweis auf eine herrscherliche Beauftragung. Zu diesem fragmentarisch überlieferten Gedicht vgl. SCHALLER, Philologische Untersuchungen S. 85; ALEXANDRENKO, The poetry S. 271–273.

3021) Siehe dazu die anonymen Missi „816a" in der Prosopographie.

3022) ARF a. 816 S. 144; Astronomus c. 26 S. 364–366; Thegan c. 16 S. 196. Das vollständige Zitat findet sich bei HILDEBALD (I) in der Prosopographie. Zu dieser Gesandtschaft Vgl. HACK, Empfangszeremoniell S. 419 f. und 422 f.

3023) Literatur: Fastes, 2 S. 463; ALEXANDRENKO, The poetry S. 2–9; DAHLHAUS-BERG, Nova antiquitas, bes. S. 1–21 für sein Leben; BROMMER, Gesetzgebung, bes. S. 3–15 für sein Leben und S. 3 Anm. 1 für verschiedene Varianten der Schreibweise seines Namens; FREEMAN, Theodulf, a Visigoth; SAUER, Theodulf, in: Lex. MA 8 Sp. 647 f.; KRÄNZLE, Theodulf; DEPREUX, Prosopographie S. 383–385; TIGNOLET, Les élites et la mobilité; TIGNOLET, Théodulf et Orléans.

3024) DÜMMLER, in: MGH Poetae 1 S. 437 mit Anm. 1; DAHLHAUS-BERG, Nova antiquitas S. 7; BROMMER, Gesetzgebung S. 3; SAUER, ebd. Sp. 647, KRÄNZLE, ebd. Sp. 1103; RICHÉ, Les réfugiés S. 179.

3025) DAHLHAUS-BERG, Nova antiquitas S. 5–7; RICHÉ, Les réfugiés S. 179; FREEMAN, Theodulf, a Visigoth S. 185.

Königs. Neben zahlreichen Dichtungen[3026] verfasste THEODULF auch theologische Werke. Das erste wichtige Werk entstand anlässlich der Auseinandersetzung in der Bilderfrage, die Libri Carolini[3027]. Elisabeth Dahlhaus-Berg sieht hier „Theodulfs Eintritt in den Kreis der theologischen Berater Karls", veranlasst durch Alkuins temporäre Abwesenheit wegen seiner Reise nach England[3028]. Da zumindest die Praefatio der Libri Carolini um 790 datiert wird[3029], kann man annehmen, dass THEODULF spätestens um 790 zum Hofkreis gehörte[3030].

Der Zeitpunkt seiner Bischofserhebung ist unklar[3031], aber er ist spätestens 798 als Bischof nachweisbar[3032]. Er verdankte Karl dem Großen neben seinem Bistum auch die Abtei Fleury, die eigentlich Reichskloster war[3033]. Hervorzuheben ist, dass er der einzige Fremde war, der von Karl ein fränkisches Bistum erhielt[3034]. Die Forschung ist uneins, ob THEODULF vor seiner Bischofserhebung mindestens

3026) Vgl. MGH Poetae 1 S. 437–569. Zu THEODULF als Dichter vgl. einen Überblick bei GODMAN (Hrsg.), Poetry S. 11–17. Vgl. außerdem DAHLHAUS-BERG, Nova antiquitas S. 3 f.: „Gerade im poetischen Werk Theodulfs finden sich verschiedentlich Anspielungen oder direkte Aussagen zur eigenen Person und Lebensgeschichte, zu Herkunft, Ausbildung und persönlichen Erfahrungen, Reflexionen über die politischen Ereignisse, über die Verwaltungsstruktur und die Rechtsordnung des fränkischen Staatswesens, engagierte Zustimmung und besorgte Kritik gegenüber königlichen Entscheidungen und eine ebenso entschiedene wie bewegende Stellungnahme zur eigenen Absetzung in den Briefgedichten aus der Haft."

3027) Zu seiner Verfasserschaft zuletzt DAHLHAUS-BERG, Nova antiquitas S. 169–180; FREEMAN, Einleitung, in: MGH Conc. 2, Suppl. 1 S. 12–23.

3028) DAHLHAUS-BERG, Nova antiquitas S. 180–186.

3029) Vgl. MGH Conc. 2, Suppl. 1 S. 36.

3030) Vgl. TIGNOLET, Théodulf et Orléans S. 2.

3031) Fastes, 2 S. 463.

3032) Alkuins Briefe Nr. 149 (an Karl den Großen, 798. 7. 22.), hier S. 244 und Nr. 160 (an THEODULF, 798), hier S. 258. Constance B. Bouchard schätzt Karls des Großen Urkunde von 775/76 für Flavigny, die von der Forschung als Fälschung betrachtet wird (D KdG †228), für echt ein und meint, dass THEODULF schon um 775/76 Bischof von Orléans gewesen sei. Cart. Flavigny Nr. 13 S. 48 f. Ihrer Behauptung scheint mir allerdings eine konkrete Basis zu fehlen.

3033) Catalogus abbatum Floriacensium S. 500. Dazu vgl. DAHLHAUS-BERG, Nova antiquitas S. 2; TIGNOLET, Théodulf et Orléans S. 3.

3034) HAUCK, Kirchengeschichte Deutschlands S. 173; DAHLHAUS-BERG, Nova antiquitas S. 9.

eine Tochter, Gisla, bekommen hatte[3035]. Elisabeth Magnou-Nortier geht von seiner Blutsvaterschaft aus und behauptet, während der Mission nach Süden sei THEODULF Laie gewesen, sodass THEODULF und LAIDRAD als übliches Paar von einem Weltlichen und einem Geistlichen gesehen werden können[3036]. Ich teile allerdings ihre Auffassung nicht. Ob THEODULF als Laie oder als Geistlicher mit der Legation im Süden des Reiches beauftragt wurde, ist hier keine wichtige Frage, zumal ein „übliches Paar" keine Grundregel war.

Jedenfalls besaß er abgesehen von den oben genannten theologischen auch Kenntnisse über weltliche und kirchliche *leges*[3037]. Diese Fachkenntnisse dürften bei seiner Einsetzung in die Reichsverwaltung durch den fränkischen König eine wichtige Rolle gespielt haben. THEODULF scheint die königliche Reformpolitik gut verstanden zu haben. Wegen der inhaltlichen Übereinstimmung seiner Paraenesis in Bezug auf den Kampf gegen Richterbestechung und Falscheid mit der Admonitio generalis, die etwa 9 Jahre vor seiner Legation erlassen wurde, meint Manfred Fuhrmann, dass „die Paraenesis in hohem Maße das Gewicht einer öffentlichen Aussage hat [...] sie zielt auf dieselbe Wirklichkeit des öffentlichen Lebens wie die Kapitularien und sucht sie ebenso wie jene zu bessern, wobei sie sich lediglich durch die nur ihr gemäßen Mittel, die Ermahnung und den satirischen Angriff, von den Verlautbarungen des Herrschers unterscheidet[3038]." In diesem Kontext sind auch THEODULFs Bemühungen um die Reform seiner Diözese zu erwähnen[3039]. Diese spiegeln sich in seiner bischöflichen Normsetzung für seine Diözesankleriker durch

3035) Theodulfi carmina Nr. 43, in: MGH Poetae 1 S. 541 f., hier S. 541: *Gisla, favente deo venerabile suscipe donum, / Quod tibi Theudulfus dat pater ecce tuus.* Zu den verschiedenen Meinungen darüber vgl. ALEXANDRENKO, The poetry S. 5 und 252 Anm. Anm. 3. Vgl. zwei Beispiele: FICHTENAU, Imperium S. 102, der THEODULF neben ANGILBERT (I) und EINHARD* zu „einer Zwischenschicht" unter den Hofakademikern zählt, „die Geistliches und Weltliches ohne innere Divergenz verband". Dagegen sieht BROMMER, Gesetzgebung S. 6 mit Anm. 29 in dieser Gisla eine Tochter Karls des Großen.

3036) MAGNOU-NORTIER, La mission financière S. 92 f.

3037) Vgl. seine Dichtung über den Vergleich verschiedener *leges*, in: MGH Poetae 1 Nr. 29 S. 517–520. Zu dieser Dichtung vgl. MONOD, Les moeurs judiciaires S. 3 und 11; GODMAN, Poets S. 73 f. Vgl. zuletzt auch UBL, Der Entwurf S. 187–191.

3038) FUHRMANN, Philologische Bemerkungen S. 273.

3039) Vgl. TIGNOLET, Théodulf et Orléans S. 4.

das sog. 1. Kapitular THEODULFs, das unter der Quellengattung „Capitula episcoporum“ eine sehr große Verbreitung und Nachwirkung hatte, wider[3040]. Außerdem stellte THEODULF neben seinem Episkopat noch einige Klöster unter seine Aufsicht. Während St-Mesmin-de-Micy eher mit dem Bischofssitz von Orléans als mit seiner Person verbunden gewesen zu sein scheint[3041], befanden sich die Klöster Fleury, St-Aignan, Meung-sur-Loire unter seiner direkten Leitung[3042].

Zu beachten ist die Tatsache, dass er trotz seiner Würde als Erzbischof mit der Verleihung des Palliums 802 nicht als Missus in der Region um Orléans eingesetzt wurde. Dies ist noch bemerkenswerter, wenn man seine frühere Erfahrung als herrscherlicher Missus in Betracht zieht. Das ist aber nicht als Zeichen für ein Misstrauen Karls gegen THEODULF zu werten. Bei einer Auseinandersetzung über einen geflohenen Kleriker zwischen THEODULF und Alkuin um 802 schickte Karl THEOTBERT als kaiserlichen *missus* nach Tours und vertraute auf die Meinung von THEODULF[3043]. Er trug mit seinem umfangreichen Gutachten über die *filioque*-Frage zur Aachener Synode von 809 bei[3044]. 811 tauchte er als einer der Zeugen von Karls Testament auf[3045]. Als Karl um 812 seinen Rundbrief an die Metropoliten schickte, um nach der Taufpraxis zu fragen, schrieb Theodulf für seinen zuständigen Erzbischof MAGNUS von Sens ein Gutachten[3046]. Dass THEODULF die Absichten Karls gut verstand, geht

---

3040) Die genaue Datierung der Entstehung ist unmöglich. Zu diesem Text vgl. Brommers Kommentar, in: MGH Capit. episc. 1 S. 73–100. Die Edition, in: ebd. S. 103–142. Rudolf Pokorny stellte neuerdings THEODULFs Autorschaft des sog. 2. Kapitulars THEODULFs (ebd. S. 148–184) und dessen Klassifikation als „Capitula episcoporum“ in Frage. MGH Capit. episc. 4 S. 96–100.

3041) Vgl. BM² 825; Cart. Sainte-Croix Nr. 38 S. 75–78 = D LdF 252 (Aachen, 826. 2. 17.) S. 626–629.

3042) DEPREUX, Prosopographie S. 384 mit Anm. 28–31.

3043) BM² 392; DAVIS, Charlemagne's settlement S. 158. Zu dieser Auseinandersetzung siehe THEOTBERT in der Prosopographie.

3044) MGH Conc. 2, Suppl. 2 S. 188, 211 und 315–382.

3045) Vita Karoli S. 84.

3046) Zu seinem Text vgl. DAHLHAUS-BERG, Nova antiquitas S. 107–168; KEEFE, Water and the Word 1 S. 62–65. Nach Keefe benutzte THEODULF in seiner Diözese seine eigene Version des römischen Taufordo, teilweise parallel zum romano-spanischen Ordo von Narbonne. KEEFE, Water and the Word 1 S. 64 f. Vgl. auch DAHLHAUS-BERG, Nova antiquitas S. 144–146.

klar aus seinem Widmungsschreiben an MAGNUS hervor, das seinen Ausführungen voransteht[3047]: Karl wolle, nach THEODULF, nicht etwas durch eine Rundfrage lernen, sondern lehren, was im Zusammenhang mit seinem Reformwerk in der letzten Phase seiner Regierung zu sehen ist[3048]. Dahlhaus-Berg sieht außerdem THEODULFs Initiative bei der Formulierung der Canones der Synode von Chalon 813: Bei deren Analyse ergeben sich zahlreiche inhaltliche und stilistische Parallelen zu zwei THEODULF zugeschriebenen Kapitellisten[3049]. Obwohl man die eine dieser Kapitellisten, sog. Theodulf II,

---

3047) Bemerkenswert ist, dass der Adressat des Widmungsschreibens in einigen Handschriften *Johanni* statt *Magno* ist. Epistolae variorum Carolo Magno regnante scriptae Nr. 24 S. 533 Anm. 3; Text 16, in: KEEFE, Water and the Word 2 S. 96, kritische Apparate. Ich bin nicht sicher, ob JOHANNES (II) von Arles außer seinen Suffraganen auch den Bischof von Orléans nach seiner Meinung gefragt hatte und THEODULF mit demselben Text darauf antwortete. Siehe JOHANNES (II) in der Prosopographie.

3048) *Questiones interea istae ut ego te nosse certus sum, a regali celsitudine non sunt factae necessitate discendi sed studio docendi. Nec ut ipse his absolutis de nescitis valeat imbui, sed ut alii de somno desidiosi torporis ad rerum absolvendarum utilitatem valeant excitari. Quippe cui hoc semper familiare est: ut exerceat praesules ad sanctarum scripturarum indagationem et sanam sobriamque doctrinam, omne(!) clerum ad disciplinam, philosophos ad rerum divinarum humanarumque cognitionem, monachos ad religionem, omnes generaliter ad sanctitatem; primates ad consilium, iudices ad iustitiam, milites ad armorum experientiam, praelatos ad humilitatem, subditos ad oboedientiam, omnes generaliter ad prudenciam, iustitiam, fortitudinem, temperantiam atque concordiam. His et his similibus rebus ille virorum optimorum deo sibi propitio sanctae ecclesiae fastigium accumulare non cessat et admirabili in rerum ecclesiasticarum sive civilium amministratione strenuus, et sapientiae fonte redundat, et virtutis exhibitione triumphat.* Text 16 in: KEEFE, Water and the Word 2 S. 279–321, hier S. 281. Dazu STEINEN, Karl und die Dichter S. 81 f.; DAHLHAUS-BERG, Nova antiquitas S. 108; KEEFE, Water and the Word 1 S. 5.

3049) DAHLHAUS-BERG, Nova antiquitas S. 221–235. Aber ich kann ohne konkrete Quellenaussage nicht ohne weiteres ihrer Meinung folgen, Karl hätte THEODULF „zusammen mit einem der Metropoliten zum kaiserlichen Missus ernannt, wobei in Rechnung zu stellen ist, daß die Synode der Gallia Lugdunensis nicht in einer der Metropolen stattfand, wo Karl den Hausherrn schwerlich hätte übergehen können. In Chalon war Theodulf, der den Erzbischof-Titel und das Pallium als persönliche Auszeichnung Leos III. trug, gleichen Ranges mit den Metropoliten und durch seine Zugehörigkeit zum Hofkreis, zu den engsten Mitarbeitern Karls bei der Kirchenreform, der geeignete Mann, um die Erfahrungen und

nicht mehr als THEODULFs Bischofskapitular ansehen kann[3050], darf ich immer noch der Auffassung von Dahlhaus-Berg folgen. THEODULFs gutes Verhältnis zu Karl zeigt sich auch in den Immunitätsprivilegien für seine Kirche von Orléans und für sein Kloster[3051], die beiden 814 durch Ludwig den Frommen bestätigt wurden[3052].

Auch wenn diese Bestätigung der früheren Privilegien durch Ludwig nur als eines der Beispiele für die umfangreiche Erneuerung der Immunitätsprivilegien in Verbindung mit dem Königsschutz zu Beginn seiner Regierung[3053] verstanden werden sollte, scheint THEODULF gute Beziehungen zum neuen Kaiser gehabt zu haben. Der Erzbischof wollte selbst seine Königsnähe sichern, als er kurz nach dem Tod Karls des Großen versuchte, den neuen Kaiser auf seinem Weg von Aquitanien nach Aachen in Orléans zu empfangen[3054]. Ohne Ludwigs Vertrauen in ihn wäre THEODULF nicht 816 mit seiner zweiten, ehrenvollen Legation beauftragt worden. 818 wurde er allerdings als Bischof wegen des Verdachts auf Teilnahme am Aufstand Bernhards von Italien abgesetzt. Die Beteiligung an dem Aufstand ist umstritten, ebenso, wer hinter dem Vorwurf stand[3055]. Dieter Schaller behauptet neuerdings, dass THEODULF, wenn auch nicht als Anstifter der Verschwörung, so doch „durch persönliche Anteilnahme in das Schicksal des jungen Bernhard involviert war“, und weist auf eine Rivalität zwischen ihm und der Kaiserin Irmingard hin, die mit der politischen Affäre von 817 in Zusammenhang stehen

---

Wünsche der Region dem Hof, das Reformprogramm des Hofes der Region zu vermitteln.“ (ebd. S. 234 f.)

3050) Pokorny, in: MGH Capit. episc. 4 S. 96–100.

3051) Diese Urkunden sind verloren gegangen. BM² deperdita Nr. 396 S. 863 und Nr. 7 S. 839.

3052) BM² 541; Cart. Sainte-Croix Nr. 34 S. 66–68 = D LdF 30 (Aachen, 814. 9. 11.) S. 78–80, für die Kathedralkirche von Orléans. BM² 543; D LdF 31 (Aachen?, 814. 2. 2. – 818. 4. Vielleicht 814. 9. 11.: interpoliert) S. 80–82, für das Kloster St. Aignan. Vgl. BM² 542 und 544; Form. imp. Nr. 19–21 S. 300–302; D LdF F 19–21 S. 1189 f.

3053) Dazu Boshof, Ludwig der Fromme S. 108–110.

3054) Astronomus c. 21 S. 346. Vgl. auch Ermoldus, Carmen, v. 790–793 S. 62: Nach Ermoldus reiste Ludwig wirklich via Orléans.

3055) Vgl. Depreux’ neuere Auffassung, dass MATFRIED durch eine „Verfolgung“ THEODULFs nicht sehr hätte profitieren können. Vgl. Depreux, Poètes S. 313; Depreux, Matfrid d’Orléans S. 347–351.

müsse[3056]. THEODULF konnte sich mit dem Kaiser nicht versöhnen und starb in Angers, wohin er verbannt worden war. Sein Todestag kann nur vage nach dem 8. Februar 820, aber vor Oktober 821, datiert werden[3057].

THEOTBERT (Teotbertus)

Graf von Madrie (802?–822)

TÄTIGKEIT ALS KÖNIGSBOTE:

802?: *missus* Karls des Großen im Kloster St-Martin in Tours (= KRAUSE II 39)

Um 802[3058] gab es eine Auseinandersetzung zwischen Alkuin einerseits und Karl dem Großen sowie Bischof THEODULF von Orléans andererseits über einen inhaftierten Kleriker, der aus Orléans nach St-Martin in Tours geflohen war und dort um Asyl gebeten hatte. Karl hörte zwar beide Seiten, ergriff aber Partei für THEODULF und verurteilte die Mönche von St-Martin als ungehorsam. Unter diesen Umständen wurde THEOTBERT als königlicher *missus* nach Tours gesandt. Aus Karls Brief an Alkuin ist nur abzulesen, dass ein nicht namentlich genannter Missus Alkuin und die Mönche von St-Martin vor dem königlichen Gericht (*ad placitum nostrum*) erscheinen lassen sollte[3059]. Alkuin wiederum klagte in einem Brief an Karl über die Gewalttätigkeit und Willkür eines Missus namens THEOTBERT bei seiner Inquisition[3060]. Der in Karls Brief erwähnte Missus wurde also auch mit der Inquisition der Mönche beauftragt. Bemerkenswert ist hier der Kontrast in Alkuins Beschreibung der beiden

---

3056) SCHALLER, Briefgedichte, Zitat aus S. 161.

3057) So DEPREUX, Prosopographie S. 385.

3058) BM² 392.

3059) Alkuins Briefe Nr. 247 S. 401 (Ende des Briefes): *Vos autem, qui contemptores nostrae iussionis extitistis, sive canonici sive monachi vocamini, ad placitum nostrum, iuxta quod praesens missus noster vobis indixerit, nobis vos adsistere scitote. Et, quamvis ad nos missa hic factae seditionis vos excuset epistola, venite et condigna satisfactione iniustum crimen eluite.* Wallach ordnet diesen Brief Karls der Gattung „Gerichtsurkunde“ zu. WALLACH, Alcuin and Charlemagne S. 100f. mit Anm. 3.

3060) Alkuins Briefe Nr. 249, hier S. 402: *Numquid non missus auctoritatis vestrae, vir venerablis Teotbertus, decem et novem dies pro hac inquisitione inter nos fuit; etiam et per vices accusatores nostri cum eo? Quos volebat flagellavit; quos volebat in catenam misit; quos volebat iurare fecit; quos placuit, ad vestram vocavit praesentiam.*

Missi dominici: einerseits der willkürliche und gewalttätige THEOTBERT, andererseits ein weiter oben in ein und demselben Brief erwähnter *vir perfectus et iudex incorruptus et missus fidelis* WIDO (I), der ebenfalls das Leben der Mönche (wahrscheinlich nach der Inquisition durch THEOTBERT?) untersuchte[3061].

KURZBIOGRAPHIE[3062]:

Die Forschung identifiziert THEOTBERT mit dem Grafen Theotbertus von Madrie (Gebiet an der Eure unterhalb von Chartres), dessen Tochter sich 822 mit Pippin I. von Aquitanien verheiratete[3063]. Zur Rekonstruktion seiner Abstammung wird dabei eine Urkunde Pippins I. von Aquitanien herangezogen, die allerdings als Fälschung betrachtet wird[3064]. Deswegen bleibt seine Zugehörigkeit zur Familie der Nibelungen hypothetisch, obwohl es einen historischen Kern in der Darstellung dieser Urkunde geben könnte. Nur mit diesem Vorbehalt muss man THEOTBERT in die Genealogie der Nibelungen einreihen. Hier identifiziere ich mit Christian Settipani THEOTBERT als Sohn Nibelungs II., der ebenfalls Graf von Madrie war[3065]. HILDEBRAND (I) ist damit als sein Onkel anzusehen, während HILDEBRAND* (II) sein Bruder war.

THEOTHAR* (Theotharius, Theotheri)

Graf (811–826)

TÄTIGKEIT ALS KÖNIGSBOTE:

823, vor November: im Auftrag Ludwigs des Frommen in Dänemark mit ROTHMUND (= –)

THEOTHAR* wurde zusammen mit ROTHMUND* nach Dänemark ausgeschickt, wo König Harald Klak mit den Söhnen des frü-

---

3061) Zu WIDOs Legation siehe WIDO (I) in der Prosopograhie. Zu dieser Auseinandersetzung und Alkuins Argumentationen vgl. WALLACH, Alcuin and Charlemagne S. 99–140 (mit einer chronologischen Liste der betreffenden Dokumente einschließlich der Deperdita in S. 99–101). Vgl. zuletzt auch KRAMER, The exemption.

3062) Literatur: WERNER, Nachkommen S. 446; HENNEBICQUE-LE JAN, Prosopographica S. 264 f. (Nr. 270); SETTIPANI, La préhistoire S. 352–354.

3063) Astronomus c. 35 S. 410. Sie hieß vielleicht Ringardis/(H)ringart. WERNER, ebd. S. 446 f.; SETTIPANI, La préhistoire S. 277 f.

3064) D Aq Nr. †25 (836. 3. 12.) S. 94–107.

3065) Zu Nibelung II. (Sohn von Nibelung I., der die sog. Fredegar-Fortsetzung verfasste) vgl. SETTIPANI, La préhistoire S. 344.

heren Königs Godofrid in Konflikt stand[3066]. Nach dieser Legation kamen die kaiserlichen Gesandten zusammen mit EBBO von Reims zurück, der seinerseits im Zuge der Christianisierung im Norden tätig war[3067].

KURZBIOGRAPHIE[3068]:

THEOTHAR* war 811 einer der zwölf fränkischen Delegierten beim Friedensschluss mit den Dänen[3069].

THEOTO (Theoto)

Missus (827)

TÄTIGKEIT ALS KÖNIGSBOTE:

827. 6. 6.: *missus* Ludwig des Frommen und Lothars I. in Mantua mit SICARDUS (II) (= –)

Bei der Synode von Mantua, auf der über die Beziehungen zwischen den Patriarchaten Aquileia und Grado verhandelt wurde, waren neben zwei päpstlichen Legaten auch zwei kaiserliche Missi zugegen[3070].

KURZBIOGRAPHIE[3071]:

Bei diesem *vir spectabilis* handelt es wahrscheinlich um einen Laien, der nicht identisch mit dem Kanzler Theoto ist[3072]. THEOTO könnte mit *Theodo, vasallus dilecti filii nostri Lotharii caesaris* identisch sein, der in einem Formular der Kaiserurkunde erwähnt ist: Kaiser Ludwig habe *Theodo* ein Fiskalgut geschenkt, weil dieser dem Kaiser sein Eigengut übertragen hatte. Nach der Arenga dieser Urkunde ist dieser „Gütertausch“ als Belohnung für den treuen Dienst dieses Vasallen zu verstehen[3073].

3066) ARF a. 823 S. 162 f.; HELTEN, Zwischen Kooperation und Konfrontation S. 99–101. Siehe ROTHMUND* in der Prosopographie.

3067) ARF a. 823 S. 163.

3068) Literatur: SIMSON 1 S. 207; DEPREUX, Prosopographie S. 385.

3069) ARF a. 811 S. 134. WALA* stand an der Spitze dieser Delegierten. Siehe WALA* und die anonymen Missi „813. 9.*“ in der Prosopographie.

3070) Jaffe³ 5111; MGH Conc. 2,2 Nr. 47 (Mantua, 827. 6. 6.) S. 583–589, hier 584–588. Siehe SICARDUS (II) in der Prosopographie.

3071) Literatur: SIMSON 1 S. 283 Anm. 4; HARTMANN, Laien S. 262.

3072) Zum Kanzler Theoto vgl. DEPREUX, Prosopographie S. 387 f.

3073) Form. Imp. Nr. 42 S. 319; D LdF F 42 ([817–825?]) S. 1200 f.

THEUTBALD (Teutboldus, Tubaldus)

Bischof von Langres (842 – †856. 8. 16.[3074])

TÄTIGKEIT ALS KÖNIGSBOTE:

853. 11.: *missus* Karls des Kahlen in den Grafschaften Milos und ISEMBARDs (II) (Autun, Mâcon, Dijon, Chalon-sur-Saône und Attuyer), Tonnerre, Beaune, Duesme und den Grafschaften Attelas und Romolds mit JONAS (II), ISEMBARD (II), ABBO und DADDO (= KRAUSE I 147)

Er war einer der Missi im burgundischen Missaticum um Autun und Langres, die im Herbst 853 mit einem Kapitular ausgesandt wurden[3075].

KURZBIOGRAPHIE[3076]:

852 bestätigte Karl auf Bitte TEUTBALDs die Urkunde Ludwigs des Frommen für die Kirche von Langres[3077]. Er nahm an den folgenden Versammlungen unter Karl dem Kahlen teil: Germigny-des-Prés (843. 9./10.), Quierzy (849 Frühjahr), Soissons (853. 4.), Verberie (853. 8. 27.) und Bonneuil (855. 8. 24.)[3078].

TILPIN (Tilpinus, Thilpinus)

(Erz-)Bischof von Reims (vor 762–†794)

TÄTIGKEIT ALS KÖNIGSBOTE:

Ende 779 – Anfang 780: *missus* Karls des Großen und Papst Hadrians I. in Mainz mit WEOMAD und POSSESSOR (= –)

TILPIN wurde zusammen mit POSSESSOR und WEOMAD von Trier von Papst Hadrian I. und Karl dem Großen beauftragt zu prüfen, ob Lul von Mainz für das Metropolitenamt geeignet war[3079].

3074) Annales S. Benigni, a. 856 S. 39.

3075) MGH Capit. 2 Nr. 260 S. 276. Siehe ABBO in der Prosopographie.

3076) Literatur: Fastes 2 S. 189.

3077) D KdK Nr. 150 (Ver, 852. 9. 17.), 1 S. 399–402. Vgl. D LdF 341 (Langres, 834. 8. 19.) S. 853–856, die auf Bitte ALBERICHs (I) ausgestellt wurde.

3078) MGH Conc. 3 Nr. 1 S. 5; Nr. 18 S. 196; Nr. 27 S. 278; Nr. 31 S. 304 und 306; Nr. 34 S. 370.

3079) Jaffé³ 4401 (Ende 779 – Anfang 780); HRE II c. 17 S. 169. Zur Datierung dieses Briefes Hadrians an TILPIN vgl. PANGERL, Metropolitanverfassung S. 35 f. Anm. 22. Vgl. auch das Glaubensbekenntnis Luls bei SCHIEFFER, Angelsachsen S. 1535 f. Siehe POSSESSOR in der Prosopographie.

KURZBIOGRAPHIE[3080]:
Vor seiner Bischofserhebung war TILPIN Mönch im Kloster St-Denis unter der Leitung FULRADs (I), wie das von HINKMAR (I) verfasste Epitaph darstellt[3081]. Diesem Epitaph zufolge zählt seine Amtszeit 40 Jahre, während Flodoard in seiner Reimser Kirchengeschichte darstellt, dass TILPIN im 47. Jahr seiner Amtszeit verstarb[3082]. Jedenfalls konnte er vielleicht erst nach dem Tod Milos von Trier (†761/762), der auch das Bistum Reims innehatte[3083], wirklich als Bischof in Reims fungieren. Er nahm 769 an der Synode in Rom teil[3084]. Nach Pippins Tod hatte TILPIN zuerst gute Beziehungen zu Karlmann, der der Reimser Kirche eine *villa* in Neuilly schenkte. Diese Schenkung wurde nach dessen Tod von Karl dem Großen bestätigt[3085]. In der Zeit seiner Legation von 779/780 war TILPIN bereits Metropolit[3086], wobei er Karl die päpstliche Verleihung des Palliums verdankte[3087]. Er scheint der vom Hof Karls des Großen ausgehenden Kultur- und Religionspolitik gefolgt zu sein: Flodoard erzählt seine Schulgründung in Reims und die Einführung der *monastica vita* am Kloster St-Remi[3088].

TIMO (Timo)

Graf, Pfalzgraf (830–837)

TÄTIGKEIT ALS KÖNIGSBOTE:
Um 834: *missus* Ludwigs des Deutschen in Bayern (Weihenstephan, Freising) (= KRAUSE –)

3080) Literatur: Fastes 3 S. 86 f.; SCHENK ZU SCHWEINSBERG, Reims S. 172–176; KAISER, Bischofsherrschaft S. 541 f.; BAUER, Turpin = Tilpin, (Erz)bisch. von Reims, in: BBKL 12 Sp. 727–733; PANGERL, Metropolitanverfassung S. 35–39.

3081) HRE II c. 17 S. 171. Vgl. auch ebd. S. 168. Es gibt einen Eintrag des Namens *Tilpinus* in der Totenliste von St-Denis, die in der zweiten Hälfte des 9. Jahrhunderts entstand. Nomina defunctorum fratrum nostrum Nr. 126, in: OEXLE, Forschungen, hier S. 28.

3082) HRE II c. 17 S. 171.

3083) Zu Milo von Trier und seiner Tätigkeit in Reims vgl. SCHENK ZU SCHWEINSBERG, Reims S. 164–171.

3084) MGH Conc. 2,1 Nr. 14, hier S. 75 und 80.

3085) MORDEK, Rechtsstreit S. 86 f. und 102 f.

3086) HER II c. 17 S. 168 f. (der Brief des Papstes Hadrian an TILPIN).

3087) HRE II c. 17 S. 171.

3088) HRE II c. 17 S. 170.

In dem um 834 entstandenen Gedicht Carmen de Timone comite[3089] ist TIMO als vom König beauftragter Missus und Richter bezeichnet. Nicht zu übersehen ist der Charakter dieses Gedichts als dem König Ludwig gewidmetes Lobgedicht, der auch indirekt dafür gelobt wird, dass sein Delegierter statt des Königs die Gerechtigkeit walten ließ, weil er wußte, dass es dem König gefallen sollte[3090]. TIMOs richterliche Tätigkeit in Weihenstephan wird darin aber teilweise auch kritisch dargestellt, da er eine Körperstrafe, ein Gottesurteil und einen Gerichtskampf nicht vermieden habe[3091].

3089) Zur Datierung vgl. WATTENBACH-LEVISON VI S. 804 mit Anm. 511; BRUNHÖLZL, Geschichte der lateinischen Literatur 1 S. 367 mit Anm. 58; PAULUS, Pfalzgrafenamt S. 131 Anm. 268. Vgl. Paulus' weitere Hypothese, dass das Gedicht möglicherweise nach dem Tod des Freisinger Bischofs Hitto und dem des darin kritisch beschriebenen Missus TIMO entstanden sei, ebd. S. 144.

3090) MGH Poet. Lat. II S. 120–124, hier S. 121: *Timo comes missusque tuus, rex inclite* (sc. Ludwig der Deutsche), *quidam / Iura bonis reddens, iure malos quaciens, / Noricus in regnum qua se diffudit agellus, / Neglectum legis restituebat opus. / Furibus exosus, raptoribus atque perosus, / Osor erat litis iusticiamque tuens. / Noverat ista placere tibi, dignissime regum. / Exercebat ob hoc munia digna tibi. / Regia, crede mihi, res est inhibere nocentes, / Insontumque gravi colla levare iugo. / Regia prorsus enim res est succurrere paci, / Discreta et regni sceptra movere manu.* Nach Anton ist dieses Gedicht „in Auswertung des durch die Fürstenspiegel des Pariser Konzils (sc. von 829) und des Jonas von Orléans gezeichneten Herrscherbildes verfaßt“ worden. ANTON, Fürstenspiegel S. 245–247, Zitat aus S. 247. Zur Deutung dieses Gedichts vgl. STÖRMER, Früher Adel S. 415–420; HANNIG, Zur Funktion S. 256–258; BROWN, Unjust Seizure S. 1–5 und 206–209; PAULUS, Pfalzgrafenamt S. 131–151.

3091) MGH Poet. Lat. II S. 122: *Inde comes proprio dictus cognomine Timo, / Iussa voluntatis perficiendo tuae, / Frigisiensis adit frondosa cacumina collis, / Quo Stephanus facta martyr in aede micat. […] Ergo comes veniens censet pendere latrones. / Furibus et furvas semper habere genas. / Detruncare reis inhonesto vulnere nares, / Iste pedem perdit, perdit et ille manum. / Disceptamen erat varium certante tumultu, / Alter habet male quod vindicat alter idem. / Cum ferro ferrum, cum scutis scuta repugnant. / Cum plumbo plumbum, cumque sudes sudibus. / Ignis, aqua occultos rimantur frustra reatus, / Quod ratio prorsus futtile vera probat. / Nam si obstrusa queunt retegi prodentibus undis, / Proditor aut dubiis actibus esse focus, / Haud opus est ratio, sapientia nulla necesse est, / Totus in ambiguum sermo loquax teritur.* Da der Dichter hier die richterlichen Methoden von TIMO kritisch beschreibt, ist der Annahme von Hannig nicht ohne Zögern zuzustimmen, dass ein Freisinger Geistlicher „wenn nicht im direkten Auftrag, so doch im unmittelbaren Interesse“ TIMOs dem König dieses Gedicht gewidmet habe. HANNIG, Zur

Roman Deutinger sieht TIMO als das erste Beispiel der neuartigen Pfalzgrafen im Ostfrankenreich an, die als Stellvertreter des Königs in einzelnen Reichsteilen fungierten und die man also als „missatische" bezeichen kann. Ihm zufolge dürfte TIMOs missatische Stellung im ganzen Noricum, d. h. in Bayern, damit zusammenhängen, dass „Ludwig selbst in diesen Jahren völlig vom Kampf um sein rechtsrheinisches Reich beansprucht war[3092]."

KURZBIOGRAPHIE[3093]:

TIMO ist in anderen Quellen nur sporadisch genannt: Am 11. Oktober 830 fungierte TIMO *palacii comes* als Spitzenzeuge bei der Besitzübergabe des Priesters Sigifuns an die Freisinger Domkirche *in publico synodo ad Frisingas*[3094]. TIMO unterschrieb 837 neben zwei mit ihrem Titel bezeichneten Grafen und anderen Männern die Schenkungsurkunde des Markgrafen Ratpod von Ostmark an das Kloster St. Emmeram. TIMO führte dabei keinen Amtstitel[3095].

Der Name *Timo* findet sich im Verbrüderungsbuch des Klosters Reichenau. Dieser Name steht dreimal auf der Seite mit der Rubrik *nomina amicorum*, die auch die Namen der Karolinger angeben[3096]. Unter diesen Nennungen wird von der Forschung auf ein Beispiel aufmerksam gemacht. Ein *Timo* ist zwischen *Rapoto - Kerolt - Erhart - Ernust - Morhart - Nandger - Ruadolf - Uuerinheri - Uuago* und *Gaganhart - Adalhelm - Uuaning*, von denen viele von der For-

---

Funktion S. 256. Dazu PAULUS, Pfalzgrafenamt S. 132 f. Das Gottesurteil wurde in der Zeit Ludwigs des Frommen 816, 818/819 und 829 stufenweise verboten. Dennoch bediente man sich auch nach 819 gegebenenfalls des Zweikampfes als einer Art Gottesurteil, wenn der Streit nicht zwischen den kirchlichen Parteien geführt wurde. SCHMITZ, Zur Kapitulariengesetzgebung S. 506–510. Hierzu vgl. auch BROWN, Unjust Seizure S. 206–209; PAULUS, Pfalzgrafenamt S. 134–144. Christof Paulus meint, dass man das Gedicht teilweise als „Anklageschrift gegen TIMO" lesen und darin vielleicht „eine Aufforderung an Ludwig den Deutschen" sehen kann, die dem König die Möglichkeit gibt, „das Verhalten Timos als nicht akzeptierte Anmaßung zu deuten". (Zitat aus S. 141 f.)

3092) DEUTINGER, Königsherrschaft S. 176 und 186 (Zitat aus S. 176).

3093) Literatur: STÖRMER, Früher Adel S. 414–420; HANNIG, Zur Funktion S. 256–258; DEUTINGER, Königsherrschaft S. 176–181, 186; HAMMER, From Ducatus to Regnum S. 262–264; PAULUS, Pfalzgrafenamt S. 117–119, 131–151; GLANSDORFF, Prosopographie S. 239–241.

3094) Trad. Freising Nr. 603 (Freising, 830. 10. 11.) S. 515 f.

3095) Trad. Regensburg Nr. 29 (Regensburg, 837) S. 36. Vgl. PAULUS, Pfalzgrafenamt S. 129.

3096) Das Verbrüderungsbuch der Abtei Reichenau, Bl. 98 X1, C1 und D4.

schung als politische Große hauptsächlich in Bayern angesehen werden, gestellt, was die politisch hohe Stellung dieses Timo zeigt[3097]. Obwohl dieser Timo (oder einer dieser drei Timos) mit dem Missus-Pfalzgrafen TIMO nicht mit Sicherheit zu identifizieren ist, ist wohl zu vermuten, dass ein Träger dieses Namens *Timo* zu einer einflussreichen Familie gehörte. Möglich ist die Annahme, dass TIMO und Fritilo, der ihm als Pfalzgraf nachfolgte[3098], zu einer Verwandtengruppe gehörten, die von der Forschung als „Pfalzgrafensippe" bezeichnet wird, und vielleicht Vater und Sohn waren[3099].

UBALD (Ubaldus)

Kaiserlicher *fidelis* (871)

TÄTIGKEIT ALS KÖNIGSBOTE:

871, vor 12. 18.: *missus* Ludwigs II. von Italien in Lucca mit OSCHISUS, PLATO, ANDREAS (III), ADALBERT (III) und HILDEBRAND (III) (= KRAUSE II 167)

Auf Bitte des Bischofs Gerhard von Lucca setzte Ludwig die Bischöfe OSCHISUS von Pistoia, PLATO von Pisa, den *vocatus episcopus* ANDREAS (III) von Florenz, den Markgrafen ADALBERT (III), den Grafen HILDEBRAND (III) und den kaiserlichen *fidelis* UBALD als Missi ein, damit sie in Bezug auf die entfremdeten Kirchengüter von Lucca das Inquisitionsverfahren durchführen konnten[3100].

KURZBIOGRAPHIE[3101]:

UBALD könnte mit dem gleichnamigen Vater des späteren Grafen Bonifaz von Bologna, später Markgraf von Spoleto, identisch sein[3102]. Dieser Ubald war nach 888 ein treuer Gefolgsmann des Kaisers Wido.

3097) Ebd., Bl. 98 D4. Dazu vgl. Mitterauer, Karolingische Markgrafen S. 128 f.; HANNIG, Zur Funktion S. 258 Anm. 8; GLANSDORFF, Prosopographie S. 241.

3098) Zu ihm vgl. GLANSDORFF, Prosopographie S. 133–135.

3099) Zu TIMOs Ahnen und Verwandten sowie der „Pfalzgrafensippe" vgl. PAULUS, Pfalzgrafenamt S. 119–125 mit der älteren Literatur. STÖRMER, Früher Adel S. 414–420, betont die Verbindung des Pfalzgrafenamtes mit dem Bistum Freising im 9. Jahrhundert. Vgl. HAMMER, From Ducatus to Regnum S. 262–264.

3100) D L II. It. Nr. 55 (vor 871. 12. 18.) S. 174 f., inseriert in: MANARESI Nr. 71, hier S. 258 f. = ChLA 82 Nr. 42 (Lucca, 871. 12. 18.) S. 138–145, hier S. 140. Siehe OSCHISUS in der Prosopographie.

3101) Literatur: BZ 339.

3102) HLAWITSCHKA, Franken S. 157 und 199 f. mit Anm. 5.

UNFRID (Unfrid)

Präfekt und Nuntius (806)

TÄTIGKEIT ALS KÖNIGSBOTE:

Nach 806. 3. 9.: *praefectus nuntiusque* Karls des Großen mit WARIN (= –)

Ein Willipracht wurde von den beiden *nuntii* des Königs gezwungen, dem Kloster Fulda die von einem verstorbenen Waltolf anvertrauten (*sicut ille adhuc uiuens nobis commendauit*) Güter zu schenken[3103].

KURZBIOGRAPHIE[3104]:

UNFRID ist Franz Staab zufolge im Mittelrheingebiet fremd und vielleicht mit HUNFRID (I) identisch. Das scheint mir allerdings wenig wahrscheinlich, weil HUNFRID (I) zum Zeitpunkt der oben genannten Legation mit der Etablierung der neuen Herrschaftsstruktur in Chur sehr beschäftigt gewesen sein muss. Über UNFRIED ist ansonsten nichts Weiteres bekannt.

UNROCH (Unrocus)

Graf (805/806–811)

TÄTIGKEIT ALS KÖNIGSBOTE:

1) 802, Frühjahr: *missus* Karls des Großen in der Gegend um Lüttich, Arras und Vermand mit RADO (II) von St-Vaast und FULRAD (II) von St-Quentin (= –)

Aus dem in Ghaerbalds Kapitulariensammlung fragmentarisch überlieferten Kapitular für die Missi von 802 schließt Wilhelm Alfred Eckhardt, dass einige der Missi von 806 in dieser Region (Legation 2) schon 802 als Missi eingesetzt wurden[3105]. Auch wenn Eckhardt UNROCH nicht erwähnt, gibt es keinen überzeugenden Grund, ihn auszuschließen.

2) 806, Frühling: *missus* Karls des Großen in der Gegend um Lüttich mit ADALHARD (I), FULRAD (II) und HROCCULF (= KRAUSE I 63)

3103) CD Fulda Nr. 228 (Fulda, 806. 3. 9.) S. 119 f., hier S. 120: *Supradictus Uuillipprahtus malo conatu ipsam supradictam rem auferre studuit sed deo uolente atque iustitia dictante coram prefectis nuntiisque imperatoris Uuerine et Unfride per uim cogatur tradidit quod debuit et isti sunt testes de illa traditione.*

3104) Literatur: STAAB, Mittelrhein S. 272 und 432; HANNIG, Zentrale Kontrolle S. 35.

3105) ECKHARDT, Die Kapitulariensammlung, Text LXI c. XXVIIII S. 92 (= Nr. 34 c. 14 und 15); ECKHARDT, Capitularia missorum specialia S. 507 und 516.

UNROCH und drei weitere Missi waren damit beauftragt, in ihrem Missaticum die Durchsetzung der von früheren Missi bekanntgemachten Bestimmungen zu überprüfen und die Ergebnisse der Inspektion auf der nächsten Versammlung im kommenden April dem Kaiser vorzutragen. Deswegen forderten die Missi die Grafen dazu auf, sich an die bisher schriftlich und mündlich erlassenen Vorschriften zu erinnern und sie zu befolgen[3106].
KURZBIOGRAPHIE[3107]:
UNROCH wird zu den Unruochingern gezählt und dürfte in Alemannien begütert gewesen sein. Ihm wurde um 805/806 eine westfälische Geisel namens Adalgaudus anvertraut[3108]. 811 war er einer der Zeugen des Testaments Karls des Großen[3109]. Im gleichen Jahr kam er als einer von zwölf fränkischen *primores* zum Treffen an der Eider mit ebenfalls zwölf dänischen Großen, um Frieden zu schließen[3110].

UROLF (Uurolf, Urulfus)

Abt von Niederaltaich (um 790–811)

TÄTIGKEIT ALS KÖNIGSBOTE:
Um 788–791, vielleicht 791?[3111]: *missus* Karls des Großen in Passau mit SINTPERT (I), CRAMAN, CHADOLUS, WANINCHNO und COZRIIH (= KRAUSE I 11)

Vor den anwesenden königlichen Missi übergab Salucho seinen Besitz der Kirche St. Stephan und St. Valentin im Austausch gegen den lebenslänglichen Nießbrauch dieses Besitzes[3112].
KURZBIOGRAPHIE[3113]:
UROLF war bei einer Versammlung von Geistlichen zu St. Emmeram in Regensburg anwesend[3114]. Er war 799 bei der Synode von

3106) MGH Capit. 1 Nr. 85 S. 183 f.; ECKHARDT, Die Kapitulariensammlung Nr. LXIV S. 99–102, hier S. 99 f. Dazu vgl. ECKHARDT, Die Kapitulariensammlung S. 33–37; KASTEN, Adalhard S. 60 f. Siehe den Text bei ADALHARD (I) in der Prosopographie.

3107) Literatur: WERNER, Bedeutende Adelsfamilien S. 133 f.; BORGOLTE, Die Grafen Alemanniens S. 271 f.

3108) MGH Capit. 1 Nr. 115 S. 233.

3109) Vita Karoli S. 84.

3110) ARF a. 811 S. 134.

3111) Vgl. FREUND, Bayerns Bischöfe S. 163.

3112) Trad. Passau Nr. 45 S. 39 f. Siehe CHADOLUS in der Prosopographie.

3113) Literatur: HANNIG, Zur Funktion S. 265 und 277–279.

3114) Diese Versammlung ist erwähnt in: Trad. Freising Nr. 197 (Tegernsee, 804.

Reisbach zugegen[3115]. Ihm wurde im November 811 in Aachen von Karl dem Großen eine Schenkungsurkunde für sein Kloster verliehen[3116].

URSINIANUS (Ursinianus)
Höfischer Notar (814–830)

TÄTIGKEIT ALS KÖNIGSBOTE:
vor 865. 3. (Herbst 823/830...?): *missus* eines Kaisers (Ludwigs des Frommen oder Lothars I.?) (in Mailand?) mit ANGILBERT (II) (= KRAUSE I 175)

In einem missatischen Placitum über den Streit zwischen dem Kloster S. Ambrogio in Mailand und gewissen Leuten über die Güter in Dongo und Gravedona ist ein älteres missatisches Placitum erwähnt, das die gleichen Güter betraf. In dieser Gerichtssitzung wurde zugunsten des Klosters entschieden[3117].

KURZBIOGRAPHIE[3118]:
Seine Anwesenheit als herrscherlicher *notarius* ist bei folgenden zwei missatischen Placita belegt: im Februar 814 bei ADALHARD (I) von Corbie in Spoleto und im Dezember 824 bei WALA* in Reggio[3119]. 830 hielt er allein als *notarius domni imperatoris* eine Gerichtsversammlung ab[3120].

---

6. 16.) S. 188. Zur Datierung dieser Versammlung zwischen 791 und 793 siehe ITHERIUS in der Prosopographie.

3115) MGH Conc. 2,1 Nr. 24 B,2 (Reisbach, 800, korr. zu 799) S. 214 f.; Trad. Freising Nr. 181 (Reisbach, 800, korr. zu 799) S. 172 f. Zur Datierung der ersten Sitzung der „Tripelsynode“ in Reisbach auf 799 siehe SINTPERT* (II) in der Prosopographie.

3116) D KdG 212 (Aachen, 811. 11. 26.) S. 283 f. Zum *Breviarius Urolfi*, das als „die älteste Aufzeichnung zur Gründungsgeschichte und zu den frühen Besitzverhältnissen der Abtei Niederalteich“ gilt, vgl. TIEFENBACH, Die Namen des Breviarius Urolfi (Zitat S. 61).

3117) MANARESI, Dep. Nr. 7 S. 591, erwähnt in: MANARESI Nr. 68 (Como, 865. 3.) S. 247 f. Siehe den Text bei ANGILBERT (II) in der Prosopographie mit der Datierung.

3118) Literatur: BZ 238; BOUGARD, La justice S. 191.

3119) MANARESI Nr. 28 (Spoleto, 814. 2.) S. 85–89, hier S. 89; Nr. 36 S. 109–113, hier S. 113 = ChLA 88 Nr. 32 (Reggio, 824. 12.) S. 125–127, hier S. 126.

3120) MANARESI Nr. 40 (Parma, 830. 3.) S. 126–128.

VIERNARIUS (Viernarius, Vernarius)

Missus (780)

TÄTIGKEIT ALS KÖNIGSBOTE:

Anfang 780: *missus* Karls des Großen in Digne (Provence) mit ARIMODUS (= KRAUSE I 2; II 13a)

Überliefert ist ein Richterspruch der Missi dominici VIERNARIUS und ARIMODUS vom 23. Februar 780 über die Besitzrestitution an das Kloster St-Victor in Marseille durch Prüfung der *chartae* und ein Inquisitionsverfahren[3121]. Vor diesem Gericht hatte VIERNARIUS einen Bericht an den König geschickt, in dem er sich selbst nicht *missus vester*, sondern *servus vester* nannte. Diesem Bericht zufolge führte er auf Karls Befehl eine Inquisition über den betreffenden Besitz durch[3122]. Obwohl der Brief nur lückenhaft überliefert ist, kann man vermuten, dass VIERNARIUS eine weitere Instruktion vom König erwartete[3123]. Wahrscheinlich erhielt er (zusammen mit seinem Kollegen ARIMODUS) tatsächlich eine königliche Anweisung und hielt daraufhin am 23. Februar 780 die oben genannte Gerichtssitzung ab.

Ich verzichte an dieser Stelle auf eine detaillierte Beschreibung dieser komplizierten Angelegenheit[3124] und greife nur das für die vorliegende Untersuchung Entscheidende heraus: 1) Die Absendung der Missi wurde eindeutig erst nach dem Besuch einer betroffenen Person, des Bischofs Maurontus von Marseille, beim König beschlossen,

---

3121) Gallia chr. nov. Marseille Nr. 42 Sp. 34 f., hier Sp. 34: *in Digna civitate publice residerent missi domni nostri Karoli, [...] id est Viernarius et Arimodus, una cum [...], pro multorum hominum altercationes audiendas, et negociis causarum dirimendis, et justis vel rectis judiciis finiendis...*

3122) Ebd. Nr. 41 Sp. 33 f., hier Sp. 33: *Et vos, domine, nobis de verbo vestro comendastis, ut nos hoc diligenter, juxta legis ordinem, per illos pagenses ingenuos homines qui hoc bene cognoscere debent, inquirere debuissemus, quod ita et fecimus, si possessio exinde fuisset ex partibus supradictis ecclesiis...... Sed nos, domine, juxta et quod nobis exinde commendastis, taliter hoc inquisivimus, et sic veracius exinde invenimus quomodo ipsas casas ecclesie Dei vel hactori ipsius ecclesie, ipsas villas possederunt ...*

3123) Ebd. Sp. 33 f.: ... *et postea pro hac causa ipsas casas ecclesie Dei Sancte Marie et Sancto Victori martiri comperdutas ... in vestra elemosima quicquid exinde facere aut ordinare* ... [...Blattverlust...].

3124) Zur Rekonstruktion der Ereignisse vgl. GEARY, Die Provence, bes. S. 388 f. Zu diesem Streit vgl. auch NEHLSEN VON STRYK, Die boni homines S. 108 f.; HANNIG, Pauperiores vassi S. 326–328.

wobei VIERNARIUS ebenfalls anwesend war. Deswegen dürften diese Missi nur zu dieser Angelegenheit eingesetzt worden sein[3125]. 2) Ein dem Gerichtsurteil zugrunde liegender Befehl Karl Martells ist erwähnt, wonach dieser seinen Missi um 735 die Restitution des Besitzes – nach Patrick Geary allerdings nur teilweise – an das Kloster befohlen hatte. Das bedeutet, dass ein karolingischer Herrscher schon eine Generation früher direkt in diese Angelegenheit eingegriffen hatte[3126]. 3) Einige wichtige Aspekte der Entfremdung des betreffenden Besitzes (z. B. die Verleihung durch zwei ehemalige *patricii* „im Namen des Klosters St-Victor" als *beneficium*), über die der Kläger Maurontus bei seinem Anspruch „absichtlich" (Geary) geschwiegen hatte, wurden durch die missatische Inquisition bei den *homines ingenui* an den Tag gebracht[3127]. 4) Man kann mit Geary zwischen diesem Besitzstreit und dem 13. Kapitel des Herstaler Kapitulars (779), das die zwei Arten von Prekarien aus Kirchenbesitz, nämlich die *precaria de verbo regis* und die *precaria spontanea voluntate facta* behandelt[3128], einen engen Zusammenhang erkennen, weil Maurontus 779

3125) Gallia chr. nov. Marseille Nr. 41 Sp. 33: *Memorari vobis credimus, domine, qualiter in palacio Aristalio Maurontus, episcopus sedis Massilie, suggessit…* 779 ist Karl von März (D KdG 121 [779. 3. 13.] S. 169 f.) bis Mai (D KdG 124 [779. 5. 3.] S. 173 f.) in Herstal nachweisbar. Dann reiste er nach Neustrien ab (BM² 222a), marschierte nach Sachsen (BM² 222d–222i) und kam im September wieder nach Herstal zurück (D KdG 126 [779. 9. 24.] S. 175 f.). Nicht ganz klar ist, ob Maurontus im Frühjahr oder im Herbst die Pfalz in Herstal besuchte. Aber die zeitliche Nähe der Legation spricht für den Herbst als Zeitpunkt seines Hofbesuchs.

3126) Gallia chr. nov. Marseille Nr. 42 Sp. 34 f.: *Et ipse episcopus jam suprascriptus ibidem aliud judicium ostendidit, qualiter per ordinationem domni Karoli, majorum dono (!), cauciarios suos missos exinde jussit ad ipsas casam Sancti Victoris revestire; quod ita et fecit.*

3127) Ebd. Nr. 42 Sp. 35: *Sed cum ipsi suprascripti missi ipsas auctoritates vidissent et relegere rogassent, sic omnes illos homines ingenuos de ipso pago Dignense, qui fuerunt et hoc cognitum habuerunt, ipsos per sacramentorum interpositionem jurare fecerunt, ut omnem rei veritatem ipsorum exinde dicere deberent. Sic omnes sic affirmaverunt quod ipsam pro beneficio Metrano, qui fuit patricius in Provincia, pro causa Massiliense, ipsam villam Caladium ipsius in beneficium cessiset; et in postmodum Abbo patricius condam, similiter pro causa Massiliense Sancte Marię et Sancti Victoris, in beneficium concessit.* Vgl. dazu GEARY, Die Provence S. 387 mit Anm. 32.

3128) MGH Capit. 1 Nr. 20 c. 13 S. 50: *De rebus vero ecclesiarum, unde nunc census exeunt, decima et nona cum ipso censu sit soluta; et unde antea non exierunt, similiter nona et decima detur; atque de casatis quinquaginta solidum unum,*

in Herstal seine Bitte tatsächlich an den König richtete. Die Missi hätten, wie VIERNARIUS' Brief beschreibt, die Sache *iuxta legis ordinem* inquiriert[3129].

KURZBIOGRAPHIE[3130]:

Seinem Brief an Karl zufolge befand sich VIERNARIUS vor seiner Legation in der Pfalz Herstal, als Maurontus seine Bitte an den König richtete[3131]. Nach Karl Ferdinand Werner gehörte er zu den Widonen. Jürgen Hannig vermutet, VIERNARIUS sei identisch „mit dem Widonenführer Werner, der nach dem Tod Karls des Großen mit seinem Verwandten Lambert, dem Grafen von Nantes, und dem 810 als *missus* und Heerführer zum Feldzug gegen Tortosa geschickten Ingobert von Ludwig dem Frommen auf dem Zug von Aquitanien nach Aachen vorausgeschickt wird, den Herrschaftsantritt Ludwigs zu sichern". Gemeint ist hier WARNAR* (in dieser Prosopographie)[3132].

Wenn so, ist VIERNARIUS mit einem Widonen Warnar identisch, der 782/783 in Diedenhofen mit seinen Brüdern vor das Königsgericht kam. Dabei verlor er den Prozess um die Zugehörigkeit des Klosters Mettlach gegen die Partei der Trierer Kirche, die vom königlichen Missus WICBERT vertreten wurde[3133].

WALA* (Wala, Walach, Walah, Walh)

Graf, Abt von Corvey, dann von Bobbio (772/780–836)

TÄTIGKEIT ALS KÖNIGSBOTE:

1) 814 Frühjahr: im Auftrag Ludwigs des Frommen in Aachen mit WARNAR, LAMBERT* und INGOBERT (= –)

Kurz nach dem Tod Karls des Großen schickte der neue Kaiser WALA*, WARNAR*, LAMBERT* und INGOBERT mit dem Auftrag nach Aachen voraus, für Ordnung am Hof zu sorgen und bis zur

---

et de casatis triginta dimidium solidum, et de viginti trimisse uno. Et de precariis, ubi modo sunt, renoventur, et ubi non sunt, scribantur. Et sit discretio inter precarias de verbo nostro factas et inter eas quae spontanea voluntate de ipsis rebus ecclesiarum faciunt.

3129) GEARY, Die Provence S. 387 mit Anm. 33.

3130) Literatur: WERNER, Bedeutende Adelsfamilien S. 117 mit Anm. 122; HANNIG, Pauperiores vassi S. 327.

3131) Gallia chr. nov. Marseille Nr. 41 Sp. 33.

3132) Siehe auch LAMBERT* und INGOBERT.

3133) Siehe dazu WICBERT in der Prosopographie.

Ankunft des neuen Kaisers der Unzucht oder des Majestätsverbrechens Schuldige in strengem Gewahrsam zu halten[3134].

*2) 824. 12.: (als Statthalter Italiens im Auftrag Ludwigs des Frommen?) in Reggio (KRAUSE I 86)

Im Dezember 824 hielt WALA* nach seinem Rückkehr aus Rom im Auftrag des Kaisers in Reggio eine Gerichtsversammlung ab, wobei der Streit zwischen dem Kloster Nonantola und den Bewohnern von Fiesso um Fischgründe und Weiden im Grenzgebiet von Reggio und Fiesso verhandelt wurde, obwohl dieser Streit schon zu einem früheren Zeitpunkt, wie im Placitum dargestellt, durch den Missus ADALHARD (II) beigelegt worden war[3135]. Dies ist die einzige Gerichtsurkunde WALAs* und für die vorliegende Arbeit problematisch ist, weil WALA* sich hier nicht als Missus bezeichnet, während ADALHARD (II) in der gleichen Urkunde klar als Missus benannt wird. WALA* wurde im Zuge der italienischen „Mission"[3136] Lothars I. tatsächlich zusammen mit dem *magister ostiariorum* Gerung[3137] nach Italien „geschickt (*directus*)", um ihm zu raten und ihn im privaten sowie im administrativen Bereich zu unterstützen[3138]. Doch keine Quelle bezeichnet WALA* meines Wissens während sei-

3134) Astronomus c. 21 S. 348. Das vollständige Zitat findet sich bei INGOBERT in der Prosopographie.

3135) MANARESI Nr. 36 S. 109–113 = ChLA 88 Nr. 32 (Reggio, 824. 12.) S. 125–127, hier S. 126: *Notitia recordationis, qualiter cum nos Vuala redeuntibus Roma in servitio domni imperatoris civitate Regio coniunxissemus cum Nortperto et Stephano episcopis, Petro abbate monasterii Nonatolę, Magno capellano, Leone comite [...] Ibidem ad nos venerunt [...] habitatores in Flexo, reclamandum quod predictus Petrus abba et pars monasterii eius Nonastolę malo ordine et contra legem contradiceret illis piscarias vel pabulum in finibus Regiensibus et Flexicianis...* Anwesend waren also auch Bischof NORTPERT von Reggio, Graf LEO (I) und Abt PETRUS (I) von Nonantola, dessen Kloster hier die eine der Parteien war.

3136) DEPREUX, Prosopographie S. 298–314, verwendet diesen Begriff zur Darstellung von Lothars Tätigkeiten in Italien.

3137) Zu ihm vgl. DEPREUX, Prosopographie S. 115 f.

3138) ARF a. 822 S. 159: *Hlotharium vero filium suum in Italiam misit, cum quo Walahum monachum propinquum suum, fratrem videlicet Adalhardi abbatis, et Gerungum ostiariorum magistrum una direxit, quorum consilio et in re familiari et in negotiis ad regni commoda pertinentibus uteretur.* Astronomus c. 35 S. 408 f.: *Finito hoc placito, Hlotharium filium suum domnus imperator in Italiam misit, et cum eo Uualam adfinem suum monachum sed et Geruncum hostiarium, quorum consilio res Italici regni componeret, erigeret, tueretur tam publicas quamque privatas.*

nes Aufenthalts in Italien als kaiserlichen Missus. Unabhängig davon, ob WALA* zusammen mit Lothar im Sommer 823 in die Francia zurückreiste oder bis 825 dauerhaft in Italien blieb[3139], dürfte sich seine Stellung in Italien von der eines Missus unterschieden haben – auch wenn man seine Funktion als ähnlich interpretieren könnte[3140].

KURZBIOGRAPHIE[3141]:

WALA* in diese Prosopographie der Missi aufzunehmen, ist nicht unproblematisch, da er, wie oben dargestellt, in den Quellen weder als *missus* noch als *legatus* bezeichnet wird. Trotzdem ist ein kurzer Eintrag über ihn nicht ohne Berechtigung, da WALA* mehrmals mit politisch wichtigen Aufgaben beauftragt und ausgesandt wurde.

Da eine anerkannte Biographie von WALA* vorliegt – ich verweise hier auf Lorenz Weinrich[3142] –, konzentriere ich mich nur auf die für die vorliegende Arbeit wichtigen Punkte. Zunächst ist seine karolingische Abstammung zu erwähnen. Als Sohn von Bernhard, Halbbruder Pippins des Jüngeren, und einer sächsischen Mutter, war WALA* jüngerer Halbbruder von ADALHARD (I) von Corbie. Nach der lobenden Darstellung von Paschasius Radbertus sei WALA* am Hof sehr einflußreich (*secundus a cesare!*) und mit mehrmaligen Feldzügen beauftragt gewesen[3143]. Die Translatio sancti Viti martyris bezeichnet ihn als *in omni Saxonica provincia prelatus*[3144]. Obwohl seine Statthalterschaft in Sachsen von Matthias Becher abge-

3139) Vgl. WEINRICH, Wala S. 49.

3140) PAULUS, Pfalzgrafenamt S. 127, sieht in WALAs* Tätigkeit in Italien „fließende Amtsgrenzen und deren flexiblen Gebrauch durch den König". „Für Wala überliefert das Epitaphium Arsenii die Ausübung königlicher Gerichtsbarkeit neben militärischen, administrativen oder missatischen Tätigkeiten". Paschasius Radbertus schätzte die Rolle WALAs* in Italien tatsächlich sehr hoch ein, besonders bei der Schaffung und Wahrung der Gerechtigkeit. Radbert's Epitaphium Arsenii, I cc. 25–26 S. 55–57. WEINRICH, Wala S. 43–53, sieht ihn daher als „Statthalter" in Italien. Dagegen vorsichtig SCHÄPERS, Lothar I. S. 166–168. Zur Darstellung im Epitaphium Arsenii vgl. DE JONG, Epitaph S. 31–34, 108 f.

3141) Literatur: ABEL/SIMSON 2 S. 466 Anm. 1; WEINRICH, Wala; HLAWITSCHKA, Franken S. 169–172; BRUNNER, Oppositionelle Gruppen S. 78; SETTIPANI, La préhistoire S. 356 f.; DEPREUX, Prosopographie S. 390–393; DE JONG, Epitaph S. 25–34.

3142) Vgl. WEINRICH, Wala, zur Beweisführung.

3143) Radbert's Epitaphium Arsenii, I c. 6 S. 29 f.

3144) Translatio sancti Viti S. 40.

lehnt wurde[3145], stand WALA* 811 an der Spitze der fränkischen Delegierten beim Friedensschluss mit den Dänen[3146]. Im gleichen Jahr war er einer der Zeugen des Testaments Karls des Großen[3147]. Im Herbst 812 begleitete WALA* den Sohn des verstorbenen Pippin von Italien, Bernhard, nach Italien und wurde mit der Verteidigung Italiens gegen die Sarazenen beauftragt[3148]. Dies sind Beispiele dafür, dass WALA* seine Macht unter Karl besonders im sächsischen Gebiet ausübte. WALAs* hohes Ansehen in der späteren Regentschaft Karls führte, dem Astronomus zufolge, dazu, dass nach dem Tode des Kaisers der Thronfolger Ludwig ihm mit Misstrauen begegnete[3149]. Obwohl er vor dem feierlichen Einzug Ludwigs in Aachen von diesem mit der „Legation" dorthin beauftragt worden war, wurde WALA* dennoch wie sein Halbbruder ADALHARD (I) verbannt. Er lebte als Mönch[3150] in Corbie, bis der Kaiser sich mit ihm – spätestens auf der Reichsversammlung von Attigny 822 – versöhnte[3151]. WALA* und ADALHARD (I) gründeten dann mit Erlaubnis und Unterstützung des Kaisers in Sachsen das Kloster Corvey als Tochterkloster von Corbie, d. h. im früheren Tätigkeitsbereich WALAs*.[3152] In der Folgezeit gewann er seinen politischen Einfluss zurück, wie seine Absendung nach Italien zeigt. Dass Agobard von Lyon während des Konflikts mit den Juden in seiner Diözese zwei Briefe an WALA* sandte und dessen Rat suchte, zeigt ebenfalls, wie einflussreich er damals am Hof Ludwigs war[3153]. Nach dem Tod seines Bruders 826 wurde er Abt sowohl von Corbie als auch von Corvey[3154].

3145) BECHER, Rex, Dux und Gens S. 119–121.

3146) Siehe die anonymen Missi „813. 9.*" in der Prosopographie.

3147) Vita Karoli S. 84.

3148) ARF a. 812 S. 136 f.

3149) Astronomus c. 21 S. 346.

3150) DE JONG, Epitaph S. 29 f., ist skeptisch, ob er 814 Mönch wurde.

3151) BM² 758a; WEINRICH, Wala S. 33–39.

3152) WEINRICH, Wala S. 39–41. Siehe auch ADALHARD (I) in der Prosopographie. Wahrscheinlich kurz danach gründeten die Brüder auch das Kloster Herford. Vgl. D LdF Dep. 81 (vor 823–825?) S. 1089; WEINRICH, Wala S. 42 f.

3153) Agobardi Lugdunensis opera omnia Nr. 6 (822/823 an ADALHARD (I) von Corbie, WALA* und HELISACHAR) S. 115–117 und Nr. 10 (vor Ende 826 an Hilduin von St-Denis und WALA*) S. 185–188.

3154) KRÜGER, Zur Nachfolgeregelung; DEPREUX, Prosopographie S. 392; DE JONG, Epitaph S. 34.

Doch in den 830er Jahren galt WALA* in Ludwigs Augen als Rebell: Er blieb bis zu seinem Tod auf der Seite Lothars und floh 834 mit ihm nach Italien. In der Folge ist er als Abt von Bobbio nachweisbar[3155]. Lothar I. delegierte 836, trotz der Aufforderung seines Vaters, persönlich zu kommen, WALA*, Graf EBERHARD (II) und den Türhüter Richard nach Diedenhofen[3156]. WALA* starb in Italien um 836/837[3157].

WALDRICH (Waldricus, Uualtrihhus)

Bischof von Passau (um 777–um 804)

TÄTIGKEIT ALS KÖNIGSBOTE:

802(?). 2. 17.[3158]: *missus* Karls des Großen in Inzing mit ARN, DEOTKER und KISALHARD (= KRAUSE I 38)

Vor den anwesenden Missi erhielt Bischof WALDRICH von Passau, der sich selbst als Missus bezeichnete, einen gewissen Epo und dessen Kinder als Knechte der Passauer Kirche und garantierte dessen frei geborener Frau Hrodmar und den aus dieser Ehe hervorgehenden Kindern den freien Stand[3159].

KURZBIOGRAPHIE[3160]:

WALDRICHs Bischofserhebung wird um 777 datiert[3161]. Ein Priester namens Perhhari erneuerte im Juni 789, also kurz nach der Integration Bayerns ins Frankenreich, mit Erlaubnis des Königs Karl (*per tempore Caroli regi[!] et cum sua licentia*) auf der Passauer Diözesansynode eine ältere Schenkung an die Bischofskirche[3162]. Eine Bestätigung des Königs war wiederum nötig, als eine gewisse Irminswind 791 eine *cellula* zu *Chirihpah* an die Bischofskirche schenkte, weil sie zur Zeit der Agilolfinger mit deren Beteiligung gegründet worden war[3163]. In Gegenwart von sechs königlichen Missi (SINTPERT [I], CHADOLUS, UROLF, CRAMAN, WANINCHNO und COZRI-

3155) WEINRICH, Wala S. 85–89.

3156) Astronomus c. 55 S. 506; AB a. 836 S. 18.

3157) Astronomus c. 56 S. 512.

3158) Zur Datierung vgl. Reg. Passau Nr. 62 S. 17.

3159) Trad. Passau Nr. 50 (Inzing, [800–804]. 2. 17.) S. 43 f.; Reg. Passau Nr. 61 und 62 S. 17. Siehe ARN in der Prosopographie.

3160) Literatur: Reg. Passau Nr. 21–79 S. 8–20.

3161) Reg. Passau Nr. 21 S. 8 f.

3162) Trad. Passau Nr. 31 ([Passau,] 789. 6. 7.) S. 26 f.; Reg. Passau Nr. 31 S. 10 f.

3163) Trad. Passau Nr. 33 (Passau, 791. 5. 11.) S. 28–31; Reg. Passau Nr. 39 S. 12 und Nr. 50 S. 15; D KdG 170 S. 228 f.

IH) übergab ein Salucho um 791 der Passauer Bischofskirche seinen Besitz im Austausch gegen den lebenslänglichen Nießbrauch dieses Besitzes[3164]. WALDRICH nahm an einer Versammlung von Geistlichen zu St. Emmeram in Regensburg teil, auf der der Streitfall zwischen dem Bischof ATTO von Freising und dem Abt Adalbert von Tegernsee verhandelt wurde[3165]. Er erhielt gegen Ende des 8. Jahrhunderts von Karl die Martinskirche zu Linz, die einst der Hofkapellan Rodland zu *beneficium* gehabt hatte[3166]. Diese Kirche wurde am 20. Juni 799 auf einer Synode in *Treisma* dem bayerischen Präfekten GEROLD (I) als lebenslange Pacht übergeben[3167]. Nach dem Sieg gegen die Awaren schenkte Karl der Passauer Kirche Besitz in der Ostmark[3168]. WALDRICH war 799 bei der Synode von Reisbach anwesend[3169].

WALPERT (Vualpertus, Walbertus, Walpertus)

Bischof von Modena (864. 11. 28. – 869. 9. 30. [†vor 871. 8. 7.])

TÄTIGKEIT ALS KÖNIGSBOTE:

864. 11. 28.: *missus* Ludwigs II. von Italien in Guastalla (= KRAUSE II 148)

Im Auftrag des Kaisers kam WALPERT zum Hof (*curtis*) Guastalla, den Ludwig seiner Gemahlin Angilberga urkundlich[3170] geschenkt hatte. Er verlas eine Kopie dieser Herrscherurkunde vor dem Publikum und investierte Petrus, den hier als *famulus et minister* be-

3164) Trad. Passau Nr. 45 S. 39 f.; Reg. Passau Nr. 54 S. 16. Siehe CHADOLUS in der Prosopographie.

3165) Diese Versammlung ist erwähnt in: Trad. Freising Nr. 197 (Tegernsee, 804. 6. 16.) S. 188. Zur Datierung dieser Versammlung zwischen 791 und 793 siehe ITHERIUS in der Prosopographie.

3166) Reg. Passau Nr. 47 S. 14.

3167) Trad. Passau Nr. 46 S. 40 f.; Reg. Passau Nr. 48 S. 14 f.

3168) Reg. Passau Nr. 72 S. 19. Die Urkunde Ludwigs des Frommen, die diese Schenkung erwähnt, ist interpoliert. D LdF 225 (I.) (Frankfurt, 823. 6. 28., interpoliert) S. 553–558.

3169) MGH Conc. 2,1 Nr. 24 B,2 (Reisbach, 800, korr. zu 799) S. 214 f.; Trad. Freising Nr. 181 (Reisbach, 800, korr. zu 799) S. 172 f. Zur Datierung der ersten Sitzung der „Tripelsynode“ in Reisbach auf 799 siehe SINTPERT* (II) in der Prosopographie.

3170) D L II. It. Nr. 40 (*Orcho*, 864. 11. 3.) S. 146 f.

zeichneten Stellvertreter der Kaiserin, mit dem betreffenden Hof und der dazu gehörenden Kapelle[3171].

KURZBIOGRAPHIE[3172]:

Seine Bischofserhebung kann nur ungefähr auf einen Zeitpunkt nach dem 3. Juni 861 datiert werden[3173]. Bei der missatischen Tätigkeit von 864 ist WALPERT erstmalig belegt, zum zweiten und letzten Mal in einer Urkunde vom 30. September 869[3174]. Er dürfte vor dem 7. August 871 gestorben sein, denn an diesem Tag war Leudoinus, ehemaliger Notar am Hof Ludwigs, zum ersten Mal als sein Nachfolger im Bischofsamt tätig[3175]. Zu den Gütern, die Ludwig II. am 1. September 874 dem Kloster Casauria urkundlich schenkte, zählten die Güter im Gebiet von Tuscania (Provinz Viterbo) in Tuszien, die WALPERT vorher dem Kaiser urkundlich übergeben hatte[3176].

3171) Le carte cremonesi Nr. 18 (Guastalla, 864. 11. 28.), hier S. 46: *Breve recordationis qualiter Vualpertus Motinense ecclesie episcopus et missus domni imperatoris veniens Vuardestalla, habens exsemplar precepti domni imperatoris quem ab multimode dilectionis auguste Inghelberge iure proprietario domno imperator predicta curtem cum capella et dote sua, cum omnibus servis et ancillis [et al.] perpetualiter habendum concesserat. Quod exemplare lectum eorum presentia quorum nomina subto leguntur, idest … In istorum omnium superscritorum praesentia, post relectum exemplar, iamdictus Vualpertus episcopus ex iussione domni imperatoris a parte domne Inghebergbae auguste Petrum iuris eius famulum et ministrum vicem eiusdem augustem per columnam de domo eiusdem curtis iamfatum Petrum revestivit iure proprietario sicut in eandem contenebatur exemplar. … +Ego Vualpertus episcopus et misso (!) domni imperatoris pos(!) acta tradizione suscripsi.* Hierzu vgl. BZ 225; WORM, Beobachtungen S. 44 f. Guastalla, heute in der Provinz Reggio Emilia, liegt ca. 37 km nordwestlich von Modena.

3172) Literatur: D L II. It., Einleitung S. 23.

3173) In einer Urkunde mit diesem Datum wird sein Vorgänger Harnidus nachgewiesen. Regesto di Modena Nr. 20 S. 29–31.

3174) Regesto di Modena Nr. 22 S. 38 f. Diese Urkunde ist eine Pacht zwischen der Kirche von Modena und einem Freien namens Johannes.

3175) Regesto di Modena Nr. 23 S. 39 f.

3176) D L II. It. Nr. 64 (Corteolona, 874. 9. 1.) S. 191–194, hier S. 193. *Similiter donamus ipsas res, quod Walbertus episcopus nobis per cartulam delegavit in territorio Tuscanense, hoc est curte in fundo Cattiano et curte in Orta cum servis et ancillis, cum mobilibus et immobilibus, cum omni pertinentia earum.* Vgl. BZ 394.

WALTARIUS (Waltarius)

Missus (865)

TÄTIGKEIT ALS KÖNIGSBOTE:

865, nach 2. 19.: *missus* Karls des Kahlen in Burgund mit GAUZLIN, FULCO (V) und LANTUINUS (= KRAUSE I 156)

WALTARIUS war einer der Missi, die nach dem Herrschertreffen in Tusey von Karl wegen politischer Unruhen nach Burgund geschickt wurden. Dabei wurde ein dort durchzuführendes Kapitular mitgeführt[3177].

KURZBIOGRAPHIE:

Über WALTARIUS ist nichts Weiteres bekannt.

WALTCAUD (Waltcaudus)

Graf (853)

TÄTIGKEIT ALS KÖNIGSBOTE:

853. 11.: *missus* Karls des Kahlen in Noyon, Vermand, Arras, Courtrai, Flandern, den Grafschaften von Engilram und den Grafschaften WALTCAUDs mit IMMO (II), ADALHARD (III) und ODALRICUS (II) (= KRAUSE I 139)

WALTCAUD war einer der Missi im nördlichsten Missaticum am Ärmelkanal, das seine Grafschaften umfasste[3178].

KURZBIOGRAPHIE:

Über ihn ist nichts Weiteres bekannt.

WANINCHNO (Uuaninchno)

Judex (um 790)

TÄTIGKEIT ALS KÖNIGSBOTE:

Um 788–791, vielleicht 791?[3179]: *missus* Karls des Großen in Passau mit CRAMAN, UROLF, CHADOLUS, SINTPERT (I) und COZRIIH (= KRAUSE I 11)

Vor den anwesenden königlichen Missi übergab Salucho seinen Besitz der Passauer Bischofskirche im Austausch für den lebenslänglichen Nießbrauch dieses Besitzes[3180].

3177) MGH Capit. 2 Nr. 274, Inskription, hier S. 329. Siehe den Text bei FULCO (V) in der Prosopographie.

3178) MGH Capit. 2 Nr. 260 S. 276. Siehe den Text bei ADALHARD (III) in der Prosopographie.

3179) Vgl. FREUND, Bayerns Bischöfe S. 163.

3180) Trad. Passau Nr. 45 S. 39 f. Siehe CHADOLUS in der Prosopographie.

KURZBIOGRAPHIE:
WANINCHNO ist nicht zu identifizieren[3181].

WARIN (Uerine, Uuarinus, Warinus)
Graf im Lobdengau (762–806)

TÄTIGKEIT ALS KÖNIGSBOTE:
Nach 806. 3. 9.: *praefectus nuntiusque* Karls des Großen mit UNFRID (= –)

Die beiden *nuntii* des Königs zwangen einen Willipracht, dem Kloster Fulda die von einem verstorbenen Waltolf anvertrauten Güter zu schenken. WARIN scheint einen benachbarten Weingarten besessen zu haben[3182].

KURZBIOGRAPHIE[3183]:
WARIN ist seit 763 als Graf im Lobdengau nachweisbar[3184] und wahrscheinlich mit einem der Grafen *Warinus* identisch, die im August 762 als Zeugen in der „Familienurkunde" der Karolinger für das Kloster Prüm nachweisbar sind[3185]. Jürgen Hannig stellt die Quellen zusammen, die seine Tätigkeit als Spitzenzeuge bei Schenkungen zwischen 763 und 778 im Lobdengau darstellen[3186]. WARIN, der die *villa* Heppenheim als *beneficium* erhielt, hielt im August 795 auf Befehl Karls des Großen (*ex precepto*) eine Versammlung ab, auf der er gerichtlich die Grenze der die *villa* betreffenden Güter feststellte[3187]. In der Forschung wird auf seine engen Beziehungen zu den Rupertinern und Widonen hingewiesen.

3181) Möglicherweise dürfte er mit jenem Grafen identisch sein, der im Nibelgau und im Lobdengau erschien. Vgl. STÖRMER, Adelsgruppen S. 44.

3182) CD Fulda Nr. 228 (Fulda, 806. 3. 9.) S. 119f., hier S. 120. Siehe UNFRID in der Prosopographie.

3183) Literatur: MITTERAUER, Karolingische Markgrafen S. 146–149; GOCKEL, Karolingische Königshöfe S. 302–305; HANNIG, Zentrale Kontrolle S. 33–36.

3184) UB Fulda Nr. 38 (Ladenburg, 763. 6. 25.) S. 65f.

3185) D PdJ 16 (*Trisgodros*, 762. 8. 13.) S. 21–25. Zu dieser ungewöhnlichen Schenkungsurkunde Pippins des Jüngeren vgl. ISPHORDING, Prüm S. 93–97.

3186) HANNIG, Zentrale Kontrolle S. 33 Anm. 140.

3187) Cod. Laures. 1 Nr. 6a1 S. 278f. Vgl. BM² 154. KRAUSE II 31; HANNIG, Zentrale Kontrolle S. 33, sehen WARIN als Missus an. Aber er ist in den Quellen nicht als *missus* oder *legatus* bezeichnet. Siehe RADO (I) in der Prosopographie.

WARNAR* (Warnarius)

Graf (814)

TÄTIGKEIT ALS KÖNIGSBOTE:

814 Frühjahr: im Auftrag Ludwigs des Frommen in Aachen mit WALA, LAMBERT* und INGOBERT (= –)

WARNAR* wurde zusammen mit WALA*, LAMBERT* und INGOBERT von Ludwig dem Frommen damit beauftragt, in Aachen für die Ordnung am Hof zu sorgen und bis zur Ankunft des neuen Kaisers Schuldige der Unzucht oder des Majestätsverbrechens in strengem Gewahrsam zu halten[3188].

KURZBIOGRAPHIE[3189]:

Dieser *amicus* Ludwigs des Frommen gehörte zu den Widonen. Er war ein Onkel LAMBERTs* und wurde während der Legation von dem Verbrecher Hodoin, der verhaftet werden sollte, getötet[3190]. WARNAR* dürfte mit dem Warnarius *quondam comes* identisch sein, der dem Kloster Donzère eine *villa* Mastaize im Pagus vom Tricastin schenkte. Aufgrund dieser Schenkung lässt sich vermuten, dass seine Grafschaft in Aquitanien lag. Nach dieser Urkunde hieß seine zweite Gemahlin Beltildis und war einst Magd (*ancilla*) Ludwigs[3191].

WARNEHARIUS (Warneharius, Warnarius)

Abt (756)

TÄTIGKEIT ALS KÖNIGSBOTE:

755 – um 756. 2. 24.: *missus* Pippins des Jüngeren in Rom (= –)

Als Papst Stephan II. im Februar 756 Pippin mit drei Schreiben um militärische Hilfe gegen die aggressiven Langobarden bat[3192], reiste WARNEHARIUS zusammen mit drei päpstlichen Legaten – darunter Bischof GEORG von Ostia – in die Francia zurück. Unklar

---

3188) Astronomus c. 21 S. 348. Das vollständige Zitat findet sich bei INGOBERT in der Prosopographie.

3189) Literatur: WERNER, Bedeutende Adelsfamilien S. 117 mit Anm. 122; DEPREUX, Prosopographie S. 206 (als „Garnier“). Vgl. oben VIERNARIUS.

3190) Astronomus c. 21 S. 348–350.

3191) BM^2 938; D LdF 347 (Diedenhofen, 835. 1. 4.) S. 865–867 (Bestätigung dieses geschenkten Besitzes); Astronomus S. 349 Anm. 277.

3192) Jaffé^3 4104, 4103, 4105 (756, um 2. 24.); Cod. Carol. Nr. 8–10 S. 494–503. Hierzu vgl. NOBLE, Republic S. 91 f.

ist, wann und mit welchem Auftrag er eigentlich nach Rom geschickt worden war[3193].

KURZBIOGRAPHIE[3194]:

Abgesehen von dieser Legation ist nichts weiteres über WARNEHARIUS bekannt. Gerd Tellenbach versucht ihn aufgrund seines Namens den Widonen zuzuordnen. Das ist zwar möglich, aber nicht mehr als hypothetisch[3195].

WENILO (Wenilo, Wanilo, Guenilo)

Erzbischof von Sens (837?–865)

TÄTIGKEIT ALS KÖNIGSBOTE:

1) 853. 11.: *missus* Karls des Kahlen in Sens, Troyes, Gâtinais, Melun, Provins, Arcis-sur-Aube und Brienne mit ODO (II) und DONATUS (= KRAUSE I 146)

WENILO war einer der Missi in einem Teil von Burgund um Sens[3196].

2) 855, vor 9. 25.: *missus* Karls des Kahlen im Kloster St-Benoît-sur-Loire mit AGIUS, HILDEGAR und HEINARD (= –)

Auf Bitten der Mönche von St-Benoît-sur-Loire sandte Karl vier Geistliche als Missi in das Kloster zur Untersuchung der Besitzlage aus. Aufgrund dieser Untersuchung bestätigte Karl den Besitz und dessen Nutzung für den Abt, die Mönche sowie für den Königs-

---

3193) Jaffé³ 4104; Cod. Carol. Nr. 8 S. 497: *Opere namque dreximus ad vestram christianissimam excellentiam praesentem nostrum missum Georgium, reverentissimum ac sanctissimum fratrem et coepiscopum nostrum, atque Warneharium relegyosum abbatem, missum vestrum, seu Thomaricum et Comitam, magnificos, idem missos nostros. Qui vobis nostros omnes dolores et cunctas dissolationes, quas a Langobardorum gente et eorum protervo rege passi sumus et assidue patimur, vobis subtili enarratione, sicut propriis oculis viderunt, viva voce dicere debeant*; Lib. Pont. XCIIII, Vita Stephani II c. 42, 1 S. 452: *Haec itaque impie ab eodem Aistulfo gesta quanto sepedicti Francorum insonuit regis in aures; sed et beatissimus pontifex per marinum iter suos ordinans et ad eum Franciam dirigens missos, una cum quodam religioso viro Warnario nomine, qui ab eodem Francorum rege hic Roma directus fuerat, cuncta quae gesta sunt et crudeliter tirannus ille peregit Aistulfus, subtili refertione suis apostolicis relationibus sepefato christianissimo et Dei cultori Pippino Francorum intimavit regi.*

3194) Literatur: HACK, Codex Carolinus 2 S. 1025.

3195) TELLENBACH, Regierung Italiens S. 45.

3196) MGH Capit. 2 Nr. 260 S. 276. Siehe den Text bei DONATUS in der Prosopographie.

dienst[3197]. Dieses Kloster gehörte nicht zu WENILOs Missaticum von 853.

KURZBIOGRAPHIE[3198]:

Über seine frühere Karriere ist nicht sehr viel bekannt. WENILO war in der Hofkapelle Karls tätig und wurde 837 anlässlich der Zuteilung des Reichsteils, der das Erzbistum Sens umfasst, zum Erzbischof erhoben[3199]. Er wurde Anfang 842 von Karl damit beauftragt, gemeinsam mit einem Grafen namens Gerhard in Autun mit Erzbischof Amolo von Lyon zu verhandeln, besonders um mit ihm Frieden (*foedus concordiae*) zu schließen[3200]. Er scheint bei den Straßburger Eiden zwischen den Parteien Karls und Ludwigs des Deutschen anwesend gewesen zu sein[3201]. Er war auf der im April 853 im Beisein Karls des Kahlen abgehaltenen Synode von Soissons einer der vier Richter, die zur Schlichtung des Streits zwischen HINKMAR (I) von Reims und den um 840/841 von EBBO geweihten Klerikern von den beiden Parteien gewählt wurden[3202]. Einige der Tätigkeiten WENILOs als Metropolitan in seiner Kirchenprovinz sind belegt. Um 850 hielt er eine Provinzialsynode in Moret[3203] und 856 eine weitere in Sens[3204]. Auch die ihm von Léon Levillain zugeschriebene Ansprache, die in der Briefsammlung des Abtes LUPUS* überliefert ist[3205], dürfte eher in seine seelsorgerische als in seine missatische Tätigkeit einzuordnen sein[3206]. Wahrscheinlich im Sommer 858, also vor

3197) D KdK Nr. 177 (*Apud illum Casnum*, 855. 9. 25.), 1 S. 465–469, hier S. 467 f. Siehe den Text bei AGIUS in der Prosopographie.

3198) Literatur: Fastes 2 S. 421; FLECKENSTEIN, Hofkapelle S. 30 f., 148 und 161; NELSON, Charles the Bald S. 93, 96, 146 f. 155 und 186–192.

3199) MGH Conc. 3 Nr. 47, B c. 1 S. 464. Zur Reichsteilung von 837 vgl. AB a. 837 S. 22 f.

3200) Da Amolo aber nicht nach Autun gekommen war, schickten WENILO und Gerhard einen Brief an ihn. Lupus 1 Nr. 26 S. 122–128. Hierzu BF 277.

3201) MGH Conc.3 Nr. 47, B c. 2 S. 464.

3202) MGH Conc. 3 Nr. 27, Verhandlungsprotokoll S. 264–279, bes. S. 269.

3203) MGH Conc. 3 Nr. 25 S. 232–234.

3204) MGH Conc. 3 Nr. 37 (Sens, 856) S. 379–382.

3205) Lupus 2 Nr. 94 S. 102–106. Vgl. Levillans Kommentar, ebd. S. 102 Anm. 1: Diese *Admonitio* sei dem 3. Kapitel des Kapitulars von 857 zufolge abgefasst und vorgelesen worden. Vgl. auch Hartmanns Kommentar, MGH Conc. 3 S. 384 und 390 Anm. 8.

3206) KRAUSE I 152, schreibt dem Abt LUPUS* diesen Brief zu und meint, LUPUS* habe als Missus diese *admonitio* an das Volk gerichtet.

dem Einfall Ludwigs des Deutschen ins Westreich, hielt er noch eine Provinzialsynode, wobei eines der Diskussionthemen die Krankheit seines Suffraganbischofs Hermann von Nevers war[3207]. WENILO scheint dem westfränkischen König zunächst treu gewesen zu sein, als er nachträglich den gegenseitigen Treueid des Königs und seiner Mächtigen bestätigte, auch wenn er bei der Zusammenkunft vom März in Quierzy nicht anwesend war[3208]. Dennoch war WENILO der einzige Bischof, der Karl 858 verließ. Auf der großen Versammlung von Savonnières (859) wurde gegen WENILO sowohl der Libellus proclamationis im Namen des Königs und als auch ein Synodalschreiben formuliert[3209]. Außerdem verfasste Erzbischof Herard von Tours persönlich ein weiteres Schreiben an ihn[3210]. Doch WENILO versöhnte sich mit dem König und ist wieder in dessen Umgebung belegt, so sein Beisitz bei zwei Sitzungen des Hofgerichts vom Herbst 863[3211]. In WENILOs Amtszeit wurden mehrere Urkunden für seine Kirche oder auf seine Bitte hin verliehen[3212]. Auch seine mehrfache Teilnahme an Versammlungen ist nachweisbar[3213].

WEOMAD (Automadus, Viomagus, Viemadus, Wiemadus)
(Erz-)Bischof von Trier (762 – †791. 11. 8.[3214])

TÄTIGKEIT ALS KÖNIGSBOTE:
Ende 779 – Anfang 780: *missus* Karls des Großen und Papst Hadrians I. in Mainz mit TILPIN und POSSESSOR (= –)

3207) MGH Conc. 3 Nr. 42 S. 428–430.
3208) MGH Conc.3 Nr. 47, B c. 4 S. 465.
3209) MGH Conc. 3 Nr. 47, B S. 464–467; C S. 468–472.
3210) Ebd. Nr. 47, D S. 472 f.
3211) D KdK Nr. 258 (Verberie, 863. 10. 29.), 2 S. 81–86.
3212) D KdK Nr. 104 (St-Martin in Tours, 848. 2. 24.), 1 S. 275–279; Nr. 148 (Quierzy, 852. 5. 7.), 1 S. 389–394; Nr. 269 (Pîtres, 864. 6. 20.), 2 S. 103–108.
3213) MGH Conc. 3 Nr. 1 (Germigny-des-Prés, 843. 9./10.) S. 5; Nr. 7 (Ver, 844. 12.) S. 38, 42; Nr. 9 (Beauvais, 845. 4.) S. 54; Nr. 11 (Meaux–Paris, 845. 6. – 846. 2.) S. 83; Nr. 13 (Paris, 846/847) S. 141, 148; Nr. 18 (Quierzy, 849 Frühjahr) S. 195, 197; Nr. 20 (Anjou[?], 850. 7./8.) S. 203; Nr. 27 (Soissons, 853. 4.) S. 264, 267, 269, 277, 2280, 281; Nr. 31 (Verberie, 853. 8. 27.) S. 301, 304 f.; Nr. 34 (Bonneuil, 855. 8. 24.) S. 370; MGH Conc. 4 Nr. 3 (Tusey, 860. 10. 22. – 11. 7.) S. 20, 37, 40; Nr. 6 (Pîtres, 861. 6. 25.) S. 55; Nr. 10 (Pîtres, 862. 6.) S. 113, 117, 119; Nr. 18 (Verberie, 863, Ende Oktober) S. 167; Nr. 19 (Pîtres, 864. 6.) S. 171, 173.
3214) Zum Todesjahr vgl. Ann. Maxim. a. 791 S. 22.

Papst Hadrian I. und Karl der Große beauftragten TILPIN, POSSESSOR und WEOMAD als ihre Missi, zu prüfen, ob Lul von Mainz für das Metropolitenamt geeignet sei[3215].
KURZBIOGRAPHIE[3216]:
WEOMAD ist zuerst am 13. August 762 als Bischof nachgewiesen, als er Pippins Schenkungsurkunde für Prüm unterschrieb[3217]. 764 unterzeichnete er als Bischof von Trier eine Schenkungsurkunde von Williswinda und ihrem Sohn Cancor, die als Gründungsurkunde des Klosters Lorsch angesehen wird[3218]. Das einzige Prilivileg, das die Trierer Kirche in der Amtszeit WEOMADs erhielt, ist das auf seine Bitten ausgestellte Diplom Karls des Großen, mit dem der König 772 ihr das Immunitätsrecht bestätigte[3219]. Um die Jahreswende 782/783 bekam die Trierer Kirche beim Hofgericht das Kloster Mettlach von den Verwandten seines Amtsvorgängers zurück, wobei der königliche Missus WICBERT der Partei WEOMADs beistand[3220]. Diese Gerichtsurkunde gilt als der älteste sichere Beleg für die Wiederherstellung des Metropolitanbistums Trier[3221]. Aber WEOMAD war wahrscheinlich bei seiner Legation von 779/780 schon Erzbischof[3222]. Daneben wurde in seiner Amtszeit der sogenannte spätmerowingisch-frühkarolingische „Bischofsstaat“ in Trier zerschlagen und der *comitatus* in und um Trier wiedereingerichtet[3223].

3215) Jaffé³ 4401 (Ende 779 – Anfang 780); HRE II c. 17 S. 169. Zur Datierung dieses Briefes Hadrians an TILPIN vgl. PANGERL, Metropolitanverfassung S. 35 f. Anm. 22. Vgl. auch das Glaubensbekenntnis Luls bei SCHIEFFER, Angelsachsen S. 1535 f. Siehe POSSESSOR in der Prosopographie.

3216) Literatur: Fastes 3 S. 40; BAUER, Weomad, Hl., Bisch. (dann EB) von Trier, in: BBKL 13 Sp. 767–772; PANGERL, Metropolitanverfassung S. 40–43.

3217) D PdJ 16 (*Trisgodros*, 762. 8. 13.) S. 21–25, hier S. 24.

3218) Cod. Laures. 1, Chronik c. 1 (764. 7. 12.) S. 268 (als *Automadus Treuerorum episcopus*). Zu seiner Beziehung zu Lorsch vgl. auch ebd. c. 7 S. 282.

3219) D KdG 66 (Diedenhofen, 772. 4. 1.) S. 95–97. Zur Besonderheit dieses Diploms vgl. Kaiser, Karls des Großen Immunitätsprivilegien.

3220) D KdG 148 ([Diedenhofen], –) S. 200–202. Zur Datierung vgl. BM² 261; D KdG S. 200; PANGERL, Metropolitanverfassung S. 40–42. Siehe WICBERT in der Prosopographie.

3221) PANGERL, Metropolitanverfassung S. 40–42.

3222) PANGERL, Metropolitanverfassung S. 42 f. mit der älteren Literatur.

3223) ANTON, Verfassungsgeschichtliche Kontinuität S. 14–21; BAUER, Lotharingien S. 199.

WERNER (I) (Wernherus, Werinherius, Warnarius, Warunherius)
Graf (767–802)

TÄTIGKEIT ALS KÖNIGSBOTE:

802. 3. 3.: *missus* Karls des Großen in Erfurt (= –)

Er erschien als Zeuge bei der Schenkung der Grafen Katan, Gunther, Gumbracht, Rimis, abermals Gunther, Asolf sowie der Gott geweihten Berhtrat an das Kloster Hersfeld[3224]. Walter Schlesinger vermutet wegen der beträchtlichen Anzahl anwesender Grafen und der zentralen Bedeutung Erfurts für Thüringen, dass diese Grafen „Mitglieder einer nach Thüringen entsandten Kommission waren, die die angeordneten Reformen durchführen und vielleicht auch Rechtsweisungen [der Lex Thuringorum] entgegennehmen sollten“[3225]. Da dies *in palatio publico* geschah, kann man hier eine vom kaiserlichen Missus gehaltene regionale Versammlung annehmen[3226]. Jürgen Hannig und ihm folgend Johannes Fried vermuten, dass zu diesem Zeitpunkt neben WERNER auch Erzbischof RICHULF von Mainz kaiserlicher Missus in Thüringen gewesen sei[3227]. Dies ist aber nicht nachweisbar.

KURZBIOGRAPHIE[3228]:

WERNER (I) gehörte zu den Widonen und war ein Enkel der Gründer von Hornbach. Er ist wohl mit dem Grafen *Warunherius* identisch, der 771 Besitz in Worms an Lorsch übergab[3229]. Angesichts seiner anderen Schenkungen an Lorsch dürften seine Güter im Lobdengau und im Oberrheingau gelegen haben[3230]. Bereits um 782/783 ist er in Königsnähe an der Seite Karls zu finden[3231]. Im Gegensatz zu

---

3224) UB Hersfeld Nr. 21 (Erfurt, 802. 3. 3.) S. 36–38, hier S. 38: *Signum Wernheri comitis atque missi domni Karoli imperatoris.*

3225) SCHLESINGER, Entstehung S. 52 und Vorbemerkungen zum Neudruck (1964), S. xii.

3226) SCHULZE, Die Grafschaftsverfassung S. 262 f.

3227) HANNIG, Zentrale Kontrolle S. 13; FRIED, Karl der Große S. 518.

3228) Literatur: MITTERAUER, Karolingische Markgrafen S. 65–71; STAAB, Mittelrhein S. 399; GOCKEL, Königshöfe S. 302 und 304.; HANNIG, Zentrale Kontrolle S. 13 und 17.

3229) Cod. Laures. 2 Nr. 820 (Pfeddersheim, 771. 9. 17.) S. 241.

3230) CD Lorsch 2 Nr. 801 (Lorsch, 767. 4. 2.) S. 234 (ohne Titel); Nr. 214 (Lorsch, 785. 5. 18.) S. 24 f. (ohne Titel); Nr. 472 (Lorsch, 792. 7. 8.) S. 124 (ohne Titel).

3231) D KdG 148 (Diedenhofen) S. 200–202 (zur Datierung vgl. auch BM^2 261). WERNER (I) war beim Hofgericht anwesend, wobei der königlicher Missus WICBERT eine Rolle spielte. Siehe WICBERT in der Prosopographie.

Mitterauers Meinung ist es schwierig, ihn mit einem anderen WERNER (II), *missus* in Bayern, zu identifizieren.

WERNER (II) (Warnarius, Vuerinharius)
Graf (802–806)

TÄTIGKEIT ALS KÖNIGSBOTE:
1) 802. 6. 11.: *missus* Karls des Großen in Regensburg mit ARN von Salzburg, AUDULF, ADALWIN von Regensburg und DEOTKER (= KRAUSE I 29)

Er war einer der Vorsitzenden einer Gerichtsversammlung in Regensburg, wo der Streit zwischen den Geschwistern Engilfrit und Kundperht einerseits und der Freisinger Kirche andererseits über einen Besitz zugunsten der Bischofskirche geschlichtet wurde[3232].

2) 805/806: *missus* Karls des Großen in Lorch (= KRAUSE I 45)

Er war einer der Missi, die mit der Kontrolle der Kaufleute, die über die Grenze in die slawische oder awarische Region reisen wollten, beauftragt wurden[3233].

3) 806. 12. 15.: *missus* Karls des Großen in Altötting mit ARN, AUDULF, ADALWIN und COTEFRETUS (= KRAUSE I 48)

Auf der Gerichtsversammlung der fünf Missi in Altötting klagten Engilhard und Hroccolf gegen einen Kleriker Wago wegen ihres Anteils am Erbgut[3234].

KURZBIOGRAPHIE[3235]:
Es ist schwierig, WERNER (II) mit WERNER (I), *missus* in Thüringen, zu identifizieren. Als Karl der Große 805 seinen gleichnamigen Sohn mit dem Feldzug gegen die Böhmen beauftragte, führten AUDULF und WERNER (II) das zweite, aus Bayern aufgebotene Heer[3236]. Die Conversio Bagoariorum et Carantanorum bezeichnet

3232) Trad. Freising Nr. 183 (802. 6. 11.) S. 174. Siehe das Zitat bei ADALWIN in der Prosopographie.

3233) MGH Capit. 1 Nr. 44 c. 7 S. 123. Das vollständige Zitat findet sich bei AITO in der Prosopographie. Vgl. GLATTHAAR, Die drei Fassungen S. 474 f.

3234) Trad. Freising Nr. 227 (Altötting, 806. 12. 15.) S. 210 f. Siehe ADALWIN in der Prosopographie.

3235) Literatur: MITTERAUER, Karolingische Markgrafen S. 64–71; HANNIG, Zur Funktion S. 283; WOLFRAM, Salzburg, Bayern, Österreich S. 182 und 298–301; WOLFRAM, Conversio Bagoariorum S. 168 f. und 263 f.

3236) Chron. Mois. a. 805 S. 107.

WERNER als dritten *confinii comes* im Ostland, und zwar als Nachfolger von Goteramnus[3237].

WIBERT (Vuibertus)
Missus (774/800)

TÄTIGKEIT ALS KÖNIGSBOTE:
774–800: *missus* Karls des Großen in Norditalien (Turin oder Novalesa?) mit HAROINUS (KRAUSE I 20 zum Jahr 799)

In einem ungewissen Jahr vor der Kaiserkrönung Karls hielten WIBERT und HAROINUS als königliche Missi Gericht, wobei es sich um die Freiheit der Leute von Oulx handelte[3238].

KURZBIOGRAPHIE[3239]:
Abgesehen von dieser Legation ist über WIBERT nichts bekannt.

WICBERT (Wicbertus)
Missus ([770?–] 782 [–786?])

TÄTIGKEIT ALS KÖNIGSBOTE:
Ende 782 – Anfang 783: *missus* Karls des Großen im mosselländischen Gebiet (Mettlach, *de ducato Moslinse*) (= KRAUSE I 4)

WICBERT kam zusammen mit Schöffen und Zeugen aus dem Moselraum vor das Hofgericht in Diedenhofen wegen des Streits zwischen den Widonen Wido, Hrodold und Warnar und der Trierer Kirche unter Erzbischof WEOMAD über das Kloster Mettlach. WICBERT stand der Trierer Kirche bei und sie gewann den Prozess[3240].

3237) Conversio c. 10 S. 120.

3238) MANARESI, Dep. Nr. 14 S. 594, erwähnt in: MANARESI Nr. 37 (827. 5.), hier S. 116 f. Das vollständige Zitat findet sich bei HAROINUS in der Prosopographie.

3239) Literatur: HLAWITSCHKA, Franken S. 27 f. Anm. 20; HANNIG, Pauperiores vassi S. 324.

3240) D KdG 148 ([Diedenhofen], –) S. 200–202: *Cum nos in dei nomine a Theodonevilla palatio nostro una cum optimatibus et fidelibus nostris ad universorum causas audiendas vel recta iudicia terminanda resederemus ibique veniens Wicbertus missus noster una cum scabinis et testibus Moslinses, qui detulerunt nobis, eo quod res proprietatis nostre, id est monasterium quoddicitur Medolago, quod avus noster Karolus quondam maiorum domus Miloni beneficiavit et postea domnus et genitor noster Pippinus quondam rex ipsius Miloni beneficiavit …; Et ibidem de hac re contentio fuit inter Wicberto misso et filios Lantberti Widoni et Hrodoldo vel Warnario…* Zur Datierung vgl. BM² 261; D KdG S. 200; PANGERL, Metropolitanverfassung S. 40–42. Vgl. VIERNARIUS und WIDO (I) in der Prosopographie.

Die komplizierten Hintergründe dieses Konflikts wurden von Theo Raach gut rekonstruiert: Der Vorfahr der genannten Widonen, Liutwin, war Gründer dieses Klosters, aber bei seiner Bischofserhebung in Trier übertrug er es dieser Kirche. Der Bischofsstuhl wurde von Liutwins Sohn Milo, WEOMADs Amtsvorgänger, übergenommen, aber das Kloster durch Karl Martell konfisziert und ihm danach als Benefizium verliehen[3241]. Der König stellte sich in dieser Frage gegen die Widonen, da das Kloster seiner Auffassung nach eine *res proprietatis nostre* war. Mit Jürgen Hannig und Matthew Innes können wir hier die Absicht des Königs erkennen, die Machtbasis einer mächtigen Adelsfamilie durch die Zurückweisung ihres Anspruchs auf ihr ehemaliges Eigenkloster zu reduzieren[3242].

KURZBIOGRAPHIE[3243]:

WICBERT ist nicht leicht zu identifizieren. Nach Hannig dürfte WICBERT ein Anführer der mittelrheinischen Adligen gewesen sein und reiche Güter im Ahrgau[3244], in Luxemburg und im Wabergau[3245] besessen haben. Eine Gleichsetzung mit einem Wigbert, der mehrfach im Lorscher Codex sowohl als Schenker wie auch als Zeuge nachweisbar ist, hält er für „sehr zweifelhaft"[3246]. Für die vorliegende Studie interessant ist die Urkunde über den Prekarievertrag für die Güter in Luxemburg und im Wabergau, da der Vertragspartner ASOARIUS war, der auch unter Karl, um 790, als Missus nachweisbar ist[3247].

WIDBOD (Vuidbodus)

Graf? (778[?]–801/802)

TÄTIGKEIT ALS KÖNIGSBOTE:

801. 6. – 802. 4.: *missus* Karls des Großen in Lucca (= KRAUSE I 32)

3241) RAACH, Kloster Mettlach/Saar S. 13–22 mit einer Übersetzung der Urkunde.

3242) HANNIG, Pauperiores vassi S. 333 f.; HANNIG, Zentrale Kontrolle S. 38–40; INNES, State and society S. 183–185. Zu dieser Konfliktbeilegung am Hofgericht vgl. auch DAVIS, Charlemagne's settlement S. 162 f.

3243) Literatur: HANNIG, Pauperiores vassi S. 333 f.; HANNIG, Zentrale Kontrolle S. 38–40.

3244) GOERZ, Mittelrheinische Regesten Nr. 206 (770. 12. 11.) S. 78 f.

3245) MrhUB Nr. 33 (786./787. 6. 25.) S. 37 f.

3246) Vgl. Register in Cod. Laures. 3 S. 341. Vgl. auch GOCKEL, Königshöfe S. 262 f., S. 279 Anm. 567, S. 281 und 292.

3247) Siehe ASOARIUS in der Prosopographie.

Die *Notitia iudicati* der Gerichtsversammlung in Lucca, die einen Rechtsstreit um eine Kirche des Klosters S. Andrea beilegte, enthält vor der Beschreibung der Gerichtsverhandlung einen Satz über die Tätigkeit eines Missus WIDBOD. Aber wegen der ungünstigen Überlieferungslage der Urkunde ist unklar, was dieser WIDBOD tatsächlich in Lucca tat[3248].

KURZBIOGRAPHIE[3249]:

Nach Eduard Hlawitschka könnte dieser Missus mit dem gleichnamigen Grafen von Périgueux identisch sein, den Karl der Große 778 in das dortige Grafenamt einsetzte[3250].

WIDMARUS (Widmarus)

Abt von St-Riquier (761–762)

TÄTIGKEIT ALS KÖNIGSBOTE:

761: *missus* Pippins des Jüngeren in Italien mit GERBERTUS und HUCBALD (= KRAUSE II 8)

WIDMARUS war einer der drei Missi, die Pippin zu Papst Paul I. sandte, um ihn bei der Durchsetzung der päpstlichen Ansprüche gegen den Langobardenkönig zu unterstützen[3251].

KURZBIOGRAPHIE[3252]:

WIDMARUS war Mitglied des Totenbunds von Attigny und bezeichnete sich dabei als Abt von St-Riquier[3253].

WIDO (I) (Wido)

Graf (782–814/818)

TÄTIGKEIT ALS KÖNIGSBOTE:

801/802: *missus* Karls des Großen in Tours (= KRAUSE I 33)

3248) MANARESI Nr. 15 (Lucca, 801. 5. – 802. 4.) S. 41–44, hier S. 42 = ChLA 72 Nr. 12 (Lucca, 801. 6. – 802. 4. 14.) S. 50–53, hier S. 51: ... *et postquam per Vuidbodum missum domni nostri Caroli [...*Textverlust wegen Schadens am Pergament...*] ...tjta fuisset ecclesia Sancti Silvestri de monasterio Sancti Andreae de loco Apuniano* ... Krause registriert seine Tätigkeit als „Revestitur".

3249) Literatur: AUZIAS, L'Aquitaine S. 10f. mit Anm. 16; HLAWITSCHKA, Franken S. 28 Anm. 20; WOLFF, L'Aquitaine et ses marges S. 290.

3250) Astronomus c. 3 S. 292.

3251) Cod. Carol. Nr. 34 S. 541f. Siehe den Text bei GERBERTUS in der Prosopographie.

3252) Literatur: HACK, Codex Carolinus 2 S. 1026.

3253) MGH Conc. 2,1 Nr. 13, hier S. 73. Hariulf, Chronique S. 43, erwähnt ihn zwar, aber er wusste nichts über diesen *sanctissimus vir*.

In einem Brief Alkuins an Karl Ende 801 oder 802 wird WIDO (I) als *judex* und *missus* gelobt. Er untersuchte die Sachlage beim Streit zwischen Alkuin und THEODULF, wobei Alkuin sich über das Verhalten des anderen Missus THEOTBERT beschwerte[3254].

KURZBIOGRAPHIE[3255]:

Vielleicht ist WIDO identisch mit Wido, einem der Widonenbrüder, die in der Urkunde Karls des Großen betreffend das Kloster Mettlach erwähnt sind[3256]. Dann dürfte er derjenige Wido sein, der 796 dem Widonenkloster Hornbach eine Schenkung machte[3257]. 799 war Graf WIDO Heerführer gegen die Bretonen[3258]. Wegen seiner missatischen Tätigkeit befreundete er sich mit Alkuin, sodass WIDO ihn um eine Art Laienspiegel für sich bat[3259]. Er starb zwischen 814[3260] und 818.

WIDO (II) (Wido, Vodo)

Graf von Vannes (820–834)

TÄTIGKEIT ALS KÖNIGSBOTE[3261]:

832. 11.: *missus* Ludwigs des Frommen in Le Mans (= KRAUSE II 96)

Ludwig beauftragte WIDO mit einer Inquisition, aufgrund deren Ergebnis der Kaiser der Bischofskirche von Le Mans den Besitz der Klöster St-Albinus und Maria in Le Mans, St-Vincentius und Lau-

3254) Alcuins Brief Nr. 249 S. 402: *Deum invoco testem conscientiae meae, quod nunquam eos tales intellexi, quales audio illos a quibusdam denotari, qui paratiores sunt accusare quam salvare. In quantum vero videri poterit et cognosci, digne Deo faciunt officia in ecclesiis Christi, sicut – verissime testor – perfectius non vidi alios in quolibet loco celebrantes nec diligentius consuetudine cotidiana pro vestra incolomitate et christiani inperii stabilitate intercedere. Illorum siquidem conversationem et vitam a viro perfecto et iudice incorrupto et misso fideli Widone audire potestis; qui, eorum omnia scrutans, agnovit, quid egissent vel qualiter vixissent.*

3255) Literatur: HENNEBICQUE-LE JAN, Prosopographica S. 267 (Nr. 297); SMITH, Province and empire S. 52 f. und 67 f.

3256) D KdG 148 S. 200–202. Siehe WICBERT in der Prosopographie.

3257) Vgl. Reg. Hornbach Nr. 7 S. 3. Hennebique-Le Jan zitiert dafür die Vita Pirminii, in: MGH SS, 15,1 S. 30.

3258) ARF a. 799 S. 108.

3259) Alkuins Briefe Nr. 305 (a. 801/804) S. 464 f. Vgl. dazu FRIED, Karl der Große S. 230–232.

3260) Cart. Redon Nr. 135 (a. 814), hier S. 103.

3261) KRAUSE I 119 = II 101 = BM² 942; Urk. Le Mans Nr. 83F = D LdF †352 S. 877–879, die HELISACHAR und WIDO (II) als Missi in der Gegend von Le Mans erwähnt, ist eine Fälschung und wird hier nicht behandelt.

rentius in Le Mans sowie St-Audoenus in Le Mans bestätigte[3262]. Obwohl WIDO in dieser kaiserlichen Urkunde nicht als *missus* bezeichnet wird, kann man ihn aufgrund der Darstellung der Gesta Aldrici[3263] als Missus ansehen. Da die Gesta von *sui strenui fideles missi* sprechen, könnte man vermuten, dass die in Ludwigs Urkunde nicht genannten Begleiter WIDOs auch als herrscherliche Missi zur Inquisition beigetragen oder dass es zumindest die Leute in Le Mans so verstanden hätten.

KURZBIOGRAPHIE[3264]:

Als Graf von Vannes ist WIDO in zwei Urkunden nachweisbar[3265]. Er war im September 820 bei der Reichsversammlung in Quierzy anwesend[3266]. 834 wurde er Graf von Maine. Im Kampf gegen die Anhänger Lothars I. in der Bretagne, wofür WIDO mit „allen" zur Verfügung stehenden Kämpfern (*omnes*) aus der Gegend zwischen der Loire und der Seine ausgeschickt (*missus*) worden war, fiel er im Sommer 834[3267]. Régine Hennebicque-Le Jan identifiziert ihn als Sohn WIDOs (I), also als Bruder LAMBERTs*.

3262) BM² 911; Urk. Le Mans Nr. 41 (Le Mans, 832. 12. 29.) S. 290–292, hier S. 291 = D LdF 321 (Le Mans, 832. 12. 29.) S. 793–795, hier S. 794: *Ad quam causam diligenter per meliores et veraciores homines circumquaque memorate urbis consistentes inquirendam nobisque renunciandam destinavimus fidelem nostrum Uuidonem nomine. Qui cum ad nos reversus esset, retulit nobis, sicut relationem bonorum hominum circa fines memoratę civitatis consistentium cum sacramenti assertione invenerat, quod prescriptę cellę non ad publicum nostrum pertinebant, sed sub iure memorate Cenomannis ęcclesię iuste et legitime esse deberent.*

3263) Gesta Aldrici c. 13 S. 131: ... *Domnus igitur Hludovicus imperator ad hoc inquirendum atque veraciter investigandum suos strenuos et fideles misit missos, qui hoc inquirerent, si fiscus esse debebat, an de iure et dominatione antedicti episcopi esse deberet.*

3264) Literatur: HENNEBICQUE-LE JAN, Prosopographica S. 267 (Nr. 298); DEPREUX, Prosopographie S. 223 f.

3265) Cart. Redon Nr. 131 (821. 4. 1.) S. 99 f.; Nr. 155 (830. 1. 16.) S. 119 f.

3266) Trad. Weissenburg Nr. 69 (Quierzy, 820. 9. 2. Tauschvertrag zwischen HUGO [I] von Tours und BERNHARIUS von Worms), hier S. 271. Vgl. BM² 724; D LdF Dep. 221 S. 1172.

3267) Nithard, I c. 5 S. 24. Vgl. AF a. 834 S. 27, wobei WIDO (II) als *comes Aurelianensis* bezeichnet wird.

WIDO (III) (Wito, Quido)

Herzog von Spoleto (842 – ca. 859)

TÄTIGKEIT ALS KÖNIGSBOTE:

1) 847: *missus* Lothars I. in Benevent mit ANSELMUS und PETRUS (III) (= –)

Lothar schickte drei Missi nach Bevenent als Unterhändler, Vermittler und Bürgen zur friedlichen Herrschaftsteilung zwischen Sikonulf und Radelchis. Gleichzeitig mussten diese Missi den Frieden zwischen den Franken und den Beneventanern sichern[3268].

2) 847/848: *missus* Lothars I. in Süditalien mit ADALBERT (III) (= KRAUSE II 137)

Auf der gleichen Reichsversammlung, auf der WIDO (III) zum Missus nach Benevent ernannt wurde (Legation 1), wurde er auch zum Missus als Führer der zweiten Einheit gegen die Sarazenen in Süditalien erhoben[3269].

KURZBIOGRAPHIE[3270]:

WIDO (III) war ein Sohn von LAMBERT* und kam 834 zusammen mit seinem Vater als Anhänger Lothars I. nach Italien. Als *dux Spolitanorum* ist er ab 842 nachweisbar[3271]. Nach Eduard Hlawitschka verheiratete er sich mit der Tochter des beneventanischen Fürsten Siko (†832) namens Ita, durch die er mit dem benachbarten Herzog von Benevent Sikonulf in verwandtschaftliche Beziehungen trat. Der Auffassung Hlawitschkas zufolge diente diese Eheverbindung dem Aufbau seiner Herrschaft in Mittelitalien[3272].

Abgesehen von seiner ab 843 nachweisbaren militärischen Tätigkeit in Süditalien – seine Tätigkeit als Missus hatte auch militärischen Charakter – ist nicht viel über seine politische oder administrative Funktion bekannt. Vor seiner Einsetzung in das Herzogsamt spielte WIDO vielleicht während der ersten Phase des Bruderkriegs für Lothar eine wichtige Rolle, weswegen er das von seinem Vorfahren gegründete Kloster Mettlach innehaben konnte. Lothar gab dieses Klo-

3268) MGH Conc. 3 Nr. 12 c. 11 S. 137. Das vollständige Zitat findet sich bei ANSELMUS in der Prosopographie.

3269) MGH Conc. 3 Nr. 12 S. 139: *In secunda scara sunt missi: Wito et Adalbertus.*

3270) Literatur: HLAWITSCHKA, Widonen S. 27–44; HLAWITSCHKA, Wido I., Herzog v. Spoleto, in: Lex.MA 9 Sp. 67 f.

3271) D Lo I. 67 (Mötsch, 842. 8. 29.) S. 178–180.

3272) HLAWITSCHKA, Widonen S. 31–35.

ster allerdings schon 842 der Trierer Kirche zurück[3273]. Ansonsten findet sich sein Name in keiner Urkunde Lothars I. und Ludwigs II. von Italien, weder als Begünstigter noch als Intervenient. WIDOs Rolle für das fränkische Königtum/Kaisertum ist dennoch sichtbar. Sein Eingreifen in die beneventanischen Wirren der 840er Jahre und die Vermittlung zwischen dem fränkischen Herrschertum und Benevent – die Legation 1 steht deutlich in diesem Kontext – brachte tatsächlich eine riesige Geldsumme nicht nur für WIDO selbst, sondern auch für den Fiskus. 846 vertrieb er – dies aber auf Bitte des Papstes, übermittelt durch dessen *legati*! – die sarazenischen Plünderer aus Rom[3274]. Hlawitschka sieht ihn sogar als „faktischen" Stellvertreter des Kaisers in Rom[3275]. Er dürfte ca. 859 gestorben sein, sein Sohn Lambert ist 860 als Herzog in Spoleto nachweisbar.

WIDO (IV) (Wito)

Missus (847/848)

TÄTIGKEIT ALS KÖNIGSBOTE:

847/848: *missus* Lothars I. in Süditalien mit EBERHARD (II), LIUTFRID (II) und ADALGIS (II) (= KRAUSE II 136)

WIDO war einer der Missi, die als Heerführer der ersten Einheit bei dem Feldzug gegen die Sarazenen in Süditalien fungierten[3276].

KURZBIOGRAPHIE[3277]:

WIDO (IV) ist identifiziert als Sohn WIDOs (III), aber nicht identisch mit dem späteren Kaiser Wido von Spoleto, der erst um 850 geboren wurde[3278].

3273) D Lo I. 67 (Mötsch, 842. 8. 29.) S. 178–180. Hierzu vgl. RAACH, Kloster Mettlach/Saar S. 24–26. Siehe auch WICBERT in der Prosopographie.

3274) Benedicti Chronicon c. 26 S. 713.

3275) HLAWITSCHKA, Widonen S. 44.

3276) MGH Conc. 3 Nr. 12 S. 139: *In prima scara sunt missi: Ebrardus, Wito, Liutfridus, Adalgisus*. Vgl. BZ 46.

3277) Literatur: BZ 46.

3278) BZ 795.

WIFRED (Uuifredus, Wicfredus)

Graf von Piacenza (843–870[3279])

TÄTIGKEIT ALS KÖNIGSBOTE:

854. 8. 25.: *missus?* Ludwigs II. von Italien (mit SEUFRED) (= KRAUSE II 164)

Graf WIFRED von Piacenza hielt 854 in Moragnano mit dem kaiserlichen Missus Bischof SEUFRED von Piacenza eine Gerichtsversammlung ab. Auf der Sitzung wurde der Streit zwischen dem Erzpriester Johannes der Kirche S. Pietro in Varsi und einem Sigiprand de *Basilica Duci* (Baselicaduce) über Zehntrechte im Gebiet von Castellana verhandelt. Diesbezüglich hatte WIFRED als Graf bereits ein Inquisitionsverfahren durchgeführt[3280].

Dieses Verfahren ist in einer Urkunde Karls III. vom Juni 883 für die Kirche von Piacenza erwähnt, wobei WIFRED als *directus missus a praefato caesare augusto* bezeichnet ist[3281]. Dies könnte eine Verwechselung der Kanzlei Karls III. sein, aber angesichts der führenden Rolle WIFREDs neben dem Missus SEUFRED – in der Urkunde von 854 sprechen bald *nos prefati Wifredus comes et Seufredus episcopus atque missus imperialis*, bald *nos comes et praesul*, bald *nos presul, comes et missus(!)* – nehme ich diesen Grafen von Piacenza in die Prosopographie auf.

KURZBIOGRAPHIE[3282]:

WIFRED ist ab 843 als Graf von Piacenza nachweisbar[3283]. Er war 844 bei der Königserhebung Ludwigs II. in Rom anwesend. Bei dieser

---

3279) Er starb vor 872. Le carte più antiche di S. Antonio di Piacenza Nr. 17 S. 26–28 = ChLA 65 Nr. 11 (Piacenza, 872. 5. 26.) S. 44 f. Die Missi SIGERADUS und LEO (II) hielten 881 in *curtis* des verstorbenen Grafen WIFRED eine Gerichtsversammlung ab. Siehe LEO (II) und SIGEADUS in der Prosopographie.

3280) MANARESI Nr. 59 (Moragnano, 854. 8. 25.) S. 208–217 (S. 212: ... *taliter per inquisitionem clarescere et adprobare poteremus* ...). Siehe SEUFRED in der Prosopographie.

3281) D Ka III. 81 (Nonantola, 883. 6. 20.) S. 131–133, hier S. 132: ... *quemadmodum imperante divae memoriae Hludouuico augusto suo tempore Sofredus eiusdem loci episcopus una simul cum Uuifredo ipsius civitatis comes et directo misso a praefato caesare augusto secundum brevem antiquum legali iudicio definierunt*... Vgl. BZ 711.

3282) Literatur: HLAWITSCHKA, Franken S. 57 und 287 f.; BOUGARD, Gandolfinigi S. 16.

3283) Le carte più antiche di S. Antonio di Piacenza Nr. 19 S. 29–31 = ChLA 65 Nr. 25 (Piacenza, 843. 3.) S. 91–93.

Gelegenheit wurde auch die Erhebung des ohne kaiserliche Zustimmung gewählten Papstes Sergius II. beraten[3284]. Am Feldzug gegen die Sarazenen 847 nahm er als Standartenträger teil[3285]. Als WIFRED mit dem Kloster Bobbio um einen Berg stritt, griff Ludwig II. in die Auseinandersetzung ein[3286]. Seine Tochter Berta heiratete den Grafen Suppo II. von Parma[3287].

WIGBALD (Uuicbaldus)

Missus (819–847?)

TÄTIGKEIT ALS KÖNIGSBOTE:

819: *missus* Ludwigs des Frommen in Sachsen/Thüringen mit ALBWIN (= –)

WIGBALD wurde zusammen mit ALBWIN als Missus damit beauftragt, das Capitulare missorum von 818/819 durchzusetzen[3288].

KURZBIOGRAPHIE[3289]:

Nach einer Urkunde vom 3. August 819 schenkte ein Wigbald zusammen mit Meginheri dem Kloster Weißenburg jenen Besitz, der ihnen zur Weitergabe an dieses Kloster von Waldbert übertragen worden war[3290]. Er könnte mit einem Wigbald identisch sein, der 847 mit seiner Gemahlin Perahttulp dem Kloster Fulda Güter im Saalegau schenkte[3291]. Dieser Wigbald dürfte einer mittelrheinischen Verwandtschaftsgruppe, die Reinhard Wenskus „-bald Gruppe" nennt, angehören. Wenskus zufolge hatte diese Gruppe „merkwürdige Berührungen mit dem südniedersächsischen Raum"[3292].

3284) Lib. Pont. CIII, Vita Sergii c. 14, 2 S. 89; MGH Conc. 3 Nr. 5 S. 25 f.; AB a. 844 S. 45 f. Hierzu vgl. BZ 26 und 27. Siehe BOSO (III) in der Prosopographie.

3285) MGH Conc. 3 Nr. 12, hier S. 139.

3286) Ludwigs Entscheidung findet sich in einer Urkunde für Bobbio. D L II. It 31 S. 127–132 = ChLA 57 Nr. 18,1 (Marengo, 860. 10. 7.) S. 91–101, hier S. 95. Zu dieser Urkunde vgl. BZ 192. Die Urkunde, die Ludwig II. angeblich durch Vermittlung WIFREDs für die Kirche von Reggio ausgestellt hat, ist verunechtet. D L II. It 52 S. 167–169.

3287) Zu ihm HLAWITSCHKA, Franken S. 269–271.

3288) MORDEK, Bibliotheca S. 380. Das vollständige Zitat und weitere bibliographische Angaben finden sich bei ALBWIN in der Prosopographie.

3289) Literatur: WENSKUS, Sächsischer Stammesadel S. 341, 353–363, 490.

3290) Trad. Weissenburg Nr. 127 S. 329 f.

3291) CD Fulda Nr. 547 (847. 10. 13.) S. 244.

3292) WENSKUS, Sächsischer Stammesadel S. 356. Andererseits finden sich in den

WIGBOD (Uuigbodus)

Abt (786)

TÄTIGKEIT ALS KÖNIGSBOTE:

786: *missus* Karls des Großen in England (= –)

WIGBOD wurde gemeinsam mit den päpstlichen Legaten, nämlich GEORG von Ostia/Amiens und Bischof Theophylactus von Todi, nach Britannien ausgesandt, um dort zwei Reformsynoden abzuhalten. GEORG erstattete dem Papst Bericht über diese Synoden[3293].

KURZBIOGRAPHIE[3294]:

Möglicherweise war WIGBOD Abt von St. Maximin in Trier[3295].

WILHELM* (Wilihelmus)

Graf (841/872)

TÄTIGKEIT ALS KÖNIGSBOTE:

*841/872[3296]: *missus?* Ludwigs des Deutschen in Vilsingen (Alemannien) mit GRIMALD, ATO und ALBOINUS* (= KRAUSE II 204)[3297]

Vor den zwei Königsboten und zwei weiteren Grafen (beziehungsweise vor den vier Missi) bezeugten 27 Zeugen eidlich das Be-

---

älteren Corveyer Traditionen die Namen mit der Namenssilbe Wic-/Wig-/Wyg. Vgl. Traditionen von Corvey, Register von Bde. 1 und 2.

3293) Alkuins Briefe Nr. 3 (von GEORG an Papst Hadrian I.) S. 19–28: *Tunc inito consilio cum praedictis regibus, pontificibus et senioribus terrae perpendentes, quod angulus ille longe lateque potenditur, permisimus Theophylactum, venerabilem epicsopum, regem Merchiorum et Britannię partes adire. Ego autem adsumpto mecum adiutore, quem filius vester excellentissimus, rex Carolus, ob reverentiam apostolatus vestri nobiscum misit, virum probatae fidei, Uuigbodum abbatem atque presbiterum, perrexi in regionem Nordanhymbrorum ad Aelfualdum regem et archiepiscopum sanctae ęcclesiae Eboracae civitatis Eanbaldum…* Vgl. Jaffé[3] 4516 (786) und 4517 (786). Siehe GEORG in der Prosopographie.

3294) Literatur: LEVISON, England S. 128f.; STORY, Carolingian connections S. 56–62.

3295) SEMMLER, Episcopi potestas S. 374, vermutet aufgrund dieser Identifikation, dass Karl der Große schon gegen 785 den Abt von St. Maximin ernannte, indem er „schon damals über die Abtei wie über ein königliches *monasterium* [verfügte]“.

3296) Zur Datierung vgl. BORGOLTE, Kommentar S. 455.

3297) Wenn man allerdings die Titulaturen in der Urkunde ernst nimmt, waren ALBOINUS* und WILHELM* im Gegensatz zu Krauses Meinung keine Missi. Vgl. DEUTINGER, Königsherrschaft S. 174.

sitzrecht des Kloster St. Gallen an dem, was Graf Peratold geschenkt hatte[3298].

KURZBIOGRAPHIE[3299]:

Nach dem Eintrag im Liber memorialis des Klosters Reichenau könnte er mit ALBOINUS* verwandt sein.

WILLIBERT (Willibertus)

Missus, dann Erzbischof von Rouen (794 – vor dem Ende 828)

TÄTIGKEIT ALS KÖNIGSBOTE:

1) 794: *missus* Karls des Großen in Aquitanien mit RICHARD (I) (= KRAUSE II 28)

Zur Restitution der Fiskalgüter für seinen Sohn Ludwig schickte Karl RICHARD (I) und WILLIBERT nach Aquitanien[3300].

2) 825. 8.: *missus* Ludwigs des Frommen in der Kirchenprovinz Rouen mit INGOBERT (= KRAUSE I 94)

WILLIBERT wurde zusammen mit INGOBERT zum Missus in der Kirchenprovinz Rouen eingesetzt[3301].

KURZBIOGRAPHIE[3302]:

WILLIBERT wurde vor seiner Bischofserhebung mit der Legation 1 beauftragt[3303]. Er ist Nachfolger von MAGENARDUS als Erzbischof von Rouen. Auf Bitte WILLIBERTs hin schenkte Ludwig der Fromme der Kirche von Rouen vielleicht 822 ein Fiskalgut[3304]. Mühlbacher zufolge nahm WILLIBERT 822 an der Reichsversammlung in Attigny teil[3305].

3298) UB St. Gallen 2, Anhang Nr. 21 S. 397. Siehe Text bei ALBOINUS*.

3299) Literatur: GLANSDORFF, Prosopographie S. 257 f.

3300) Astronomus c. 6 S. 302/304. Siehe RICHARD (I) in der Prosopographie. Ein unmittelbarer Zusammenhang mit dem Capitulare de villis ist unwahrscheinlich. Vgl. Astronomus S. 304 f. Anm. 103; SCHNEIDER, Capitulare de villis, in: HRG, 2. Aufl.

3301) MGH Capit. 1 Nr. 151 S. 308 = Ansegis 2, 25–26 S. 544 f. Siehe INGOBERT in der Prosopographie.

3302) Literatur: Fastes 2 S. 209; DEPREUX, Prosopographie S. 398; PANGERL, Metropolitanverfassung S. 311–313.

3303) Astronomus c. 6 S. 302/304.

3304) Form. Imp. Nr. 26 S. 305; D LdF F 26 S. 1192.

3305) Vgl. auch BM² 758a

WINIGIS (I) (Guinichis, Wineghisus, Winigisus)

Herzog von Spoleto (788–†822)

TÄTIGKEIT ALS KÖNIGSBOTE:

1) 788: *missus/legatus* Karls des Großen in Kalabrien mit einigen Franken (= KRAUSE II 26)

Anlässlich des Kriegs der Langobarden in Süditalien gegen Byzanz wurde WINIGIS (I) nach Kalabrien geschickt, um die Langobarden zu unterstützen[3306].

2) 799, nach dem 25. April: *missus/legatus* Karls des Großen in Rom mit WIRUNDUS (= KRAUSE I 19)

Als Papst Leo III., der am 25. April stark angegriffen, geblendet und in Haft genommen worden war, dem Gefängnis entkommen konnte, suchte er bei den Missi des fränkischen Königs Hilfe, die dem Liber pontificalis zufolge damals bei der Basilika von St. Peter waren. Diese Missi boten dem Papst Zuflucht in Spoleto[3307].

3306) ARF a. 788 S. 82.: *Eodemque anno commissum est bellum inter Grecos et Langobardos, id est duce Spolitino nomine Hildebrando seu duce Grimaldo, quem domnus rex Carolus posuit ducem super Beneventanos; et fuit missus Wineghisus una cum paucis Francis, ut praevideret eorum omnia, quae gessissent. Et auxiliante Domino victoria est facta a Francis seu supranominatis Langobardis*; Ann. q. d. Einhardi a. 788 S. 83: *Interea Constantinus imperator propter negatam sibi regis filiam iratus Theodorum patricium Siciliae praefectum cum aliis ducibus suis fines Beneventanorum vastare iussit. Qui cum imperata exsequerentur, Grimoldus, qui eodem anno post mortem patris dux Beneventanis a rege datus est, et Hildibrandus dux Spolitinorum cum copiis, quas congregare potuerunt, in Calabria eis occurrerunt, habentes secum legatum regis Winigisum, qui postea in ducatu Spolitino Hildibrando successit. Commissoque proelio inmodicam ex eis multitudinem ceciderunt ac sine suo suorumque gravi dispendio victores facti magnum captivorum ac spoliorum numerum in sua castra retulerunt*; Ann. Maxim. a. 788 S. 22: *Eodem anno commissum est bellum inter Grecos et Langubardos atque Beneventanos, ubi ex Francis fuerunt missi domni Caroli regis, et cessavit victoria Francis.*

3307) ARF a. 799 S. 106: *Romani Leonem papam letania maiore captum excecaverunt ac lingua detruncaverunt. Qui in custodia missus noctu per murum evasit et ad legatos domni regis, qui tunc apud basilicam sancti Petri erant, Wirundum scilicet abbatem et Winigisum Spolitinum ducem, veniens Spoletium est deductus*; Ann. q. d. Einhardi, a. 799 S. 107: *Ubi equo deiectus et erutis oculis, ut aliquibus visum est, lingua quoque amputata, nudus ac semivivus in platea relictus est. Deinde iussu eorum, qui huius facti auctores fuere, in monasterium sancti Herasmi martyris velut ad curandum missus Albini cuiusdam cubicularii sui cura noctu per murum dimissus a Winigiso duce Spolitino, qui audito huiusmodi facinore Romam festinus advenerat, susceptus ac Spoletium deductus est*; Chron. Lauris. breve, IV,

KURZBIOGRAPHIE[3308]:
WINIGIS (I) war Franke[3309]. Nach der Legation von 788, wahrscheinlich 789, wurde er – anders als sein Vorgänger Hildeprand – von Karl dem Großen als Herzog von Spoleto eingesetzt. Diese Einsetzung war nach Geoffrey V. B. West „quite an achievement"[3310]. 802 wurde WINIGIS von Grimoald von Benevent gefangen genommen. Erst im darauf folgenden Jahr konnte er befreit werden[3311]. Einer der Unterschiede zwischen dem vorherigen Herzog Hildeprand und WINIGIS findet sich in der Beziehung zum Kloster Farfa, deren Hintergrund Karls des Großen Einfluss in Spoleto war[3312]. Das Kloster Farfa hatte traditionell eine Verbindung zu den Herzögen von Spoleto und den Langobardenkönigen, zugleich aber auch enge Beziehung zu Gallien (schon vor 774 kamen fast alle Äbte aus Gallien). Aber es ist keine Schenkung eines Herzogs von Spoleto (einschließlich WINIGIS) nach 788/89 überliefert. Während vor 798 alle *placita*

---

31 S. 34: *Unde per Albinum cubicularium noctu per murum in fune deponitur [sc. papa], ad Winigisum ducem Spolitanum, qui circa urbem cum exercitu consederat, pervenit; qui curam adhibuit ei et in Saxoniam ad regem direxit, a quo honorificie susceptus.* Vgl. Karolus Magnus et Leo papa, v. 372–379 S. 86: *Cum sotiis magnus paucis fugit inde sacerdos; / Clam petere auxilium Spulitinam tendit ad urbem. / A duce cum magno fit hic susceptus honore / Winigiso et multis cumulatus in ordine donis. / Audit Italiam missos venisse fideles / Francorum, et solitam Romanis ferre salutem / Non voluisse, suum quoniam sine culpa potentem / Suppliciis dominum cruciassent.* Dazu vgl. ABEL/SIMSON 2 S. 583–587; BECHER, Reise Papst Leos; SCHIEFFER, Attentat; Jaffé[3] 4657–4663. Matthias Becher zufolge seien diese Missi nach Rom ausgeschickt worden, erst nachdem Karl über das Attentat informiert worden war. Das bedeutet, dass Papst Leo frühestens erst Anfang Juli die königlichen Gesandten um Hilfe hat bitten können. Becher zufolge gehörten zu diesen fränkischen Gesandten WIRUNDUS und ARN, die sich erst in Spoleto mit WINIGIS trafen. BECHER, Reise Papst Leos S. 93–97. Dazu vorsichtiger SCHIEFFER, Attentat S. 115 f. Die im Paderborner Epos erwähnten *missi fideles Francorum* könnten jedoch mit HILDEBALD (I), ASCARICUS und GERMAR gleichgesetzt werden, die an anderer Stelle in demselben Epos als *rapidi Romana ad moenia missi tres* bezeichnet werden. Siehe ASCARICUS in der Prosopographie.

3308) Literatur: HLAWITSCHKA, Franken S. 25, 27, 34 und 268; WEST, Charlemagne's involvement S. 344–347.

3309) HLAWITSCHKA, Franken S. 25.

3310) WEST, Charlemagne's involvement S. 344 mit Anm. 13.

3311) ARF a. 802 und 803 S. 117 f.

3312) Zum folgenden vgl. WEST, Charlemagne's involvement.

Farfas vom Herzog von Spoleto (oder seinem Beauftragten) verhandelt wurden, erfolgte dies nach 798 durch königliche/kaiserliche Missi. Bemerkenswert ist, dass Farfa die Missi auch 798 in dem Rechtsfall gegen WINIGIS einschaltete. WINIGIS gab 822 sein Herzogtum auf[3313], und nach 823 wurde kein Missus mehr in die Rechtsstreitigkeiten Farfas involviert. Hier ist die Auffassung von West zu zitieren: „(Franz) Felten has noted Winigis' aggression against the monastery and suggested that this was because the duke was an outsider working to establish Frankish rule. Rather I think he was working to establish himself. Indeed he may have been compelled by the weekness of his own position to try and seize ecclesiastical property. Hence, ironically, Carolingian missi were sent to deal with a problem caused by a Carolingian appointment[3314].“ Farfa benutzte die königlichen Missi, um manchmal mit, machmal gegen den Herzog von Spoleto eigene Vorteile durchzusetzen.

WINIGIS (II) (Vuinigisus)

Graf von Siena (860–881)

TÄTIGKEIT ALS KÖNIGSBOTE:

1) 865 (nach Februar?): *missus* Ludwigs II. von Italien in Tuszien mit JOHANNES (VI) und PETRUS (IV) (= KRAUSE I 180)

WINIGIS war 865 einer der Missi in Tuszien[3315].

2) 865. 4.: *missus* Ludwigs II. von Italien in Lucca/Tuszien mit JOHANNES (VI) (= KRAUSE I 180)

Als die drei Missi in Tuszien nach Lucca kamen, hielten JOHANNES und WINIGIS auf Bitte des örtlichen Bischofs eine Gerichtsversammlung ab, auf der ein Streit zwischen der Kirche S. Maria a Monte und einem gewissen Minto über Besitz im Ort *Puciatello* verhandelt wurde[3316].

3313) ARF a. 822 S. 157.

3314) WEST, Charlemagne's involvement S. 346 f.

3315) MANARESI Nr. 69 (Lucca, 865. 4.) S. 249; Nr. 70 (Lucca, 865. 4.) S. 252 f. = ChLA 82 Nr. 4 (Lucca, 865. 4. [vor 20.]) S. 26–29, hier S. 26; Nr. 3 (Lucca, 865. 4. [vor 20.]) S. 22–25, hier S. 23. Das vollständige Zitat findet sich bei JOHANNES (VI) in der Prosopographie.

3316) ChLA 82 Nr. 4 (Lucca, 865. 4. [vor 20.]) S. 26 f.; BZ 239. Das vollständige Zitat findet sich bei JOHANNES (VI) in der Prosopographie.

KURZBIOGRAPHIE[3317]:
WINIGIS (II) ist zwischen 860 und 881 als Graf von Siena nachweisbar. Als sich 872 die Abneigung der Großen des Regnum Italiae gegen Kaiserin Angilberga manifestierte, wurde die Tochter von WINIGIS als neue Gemahlin des Kaisers vorgeschlagen[3318].

WIRUNDUS (Wirundus)

Abt von Stablo (799–814)

TÄTIGKEIT ALS KÖNIGSBOTE:
799, nach dem 25. April: *missus/legatus* Karls des Großen in Rom mit WINIGIS (I) (= KRAUSE I 19)

Als Papst Leo III. dem Gefängnis entkommen konnte, flüchtete er sich mit Hilfe der Missi des fränkischen Königs nach Spoleto[3319]. Nicht völlig klar ist, wann WIRUNDUS nach Italien kam: Aus der Francia geschickt entweder schon vor dem Attentat wegen einer uns unbekannten Legation, oder erst nachdem Karl über den Umsturz des Papstes informiert worden war[3320].

KURZBIOGRAPHIE[3321]:
Eine Urkunde, mit der Papst Leo III. angeblich 803 dem Kloster Stablo das Recht der freien Wahl des Abtes, die Immunität und seine Güter bestätigt habe, ist eine Fälschung[3322]. Am 1. Oktober 814 wurde auf Bitte des Abtes WIRUNDUS hin ein Besitz des Klosters durch eine Urkunde Ludwigs des Frommen bestätigt[3323]. An demselben Tag verlieh der Kaiser wiederum auf Bitte WIRUNDUS hin Zollfreiheit auf den Flüssen Rhein und Maas[3324].

3317) Literatur: HLAWITSCHKA, Franken S. 68, 72 und 111.

3318) AB a. 872 S. 188.

3319) ARF a. 799 S. 106; Ann. q. d. Einhardi, a. 799 S. 107; Chron. Lauris. breve, IV, 31 S. 34. Siehe den Text bei WINIGIS (I) in der Prosopographie.

3320) Matthias Becher zufolge sei WIRUNDUS nach Rom ausgeschickt worden, erst nachdem Karl über das Attentat informiert worden war. Das bedeutet, dass er frühestens Anfang Juli in Rom gewesen sein konnte. BECHER, Reise Papst Leos S. 93–97. SCHIEFFER, Attentat S. 115 f., lässt es offen.

3321) Literatur: Chart. Stavelot-Malmedy, S. xxx–xxxi; NOBLE, Republic S. 200.

3322) Chart. Stavelot-Malmedy Nr. 24 (803. 2. 28.) S. 61–63. Vgl. Jaffé[3] †4761.

3323) Chart. Stavelot-Malmedy Nr. 25 S. 63–67 = D LdF 33 (Cheppy, 814. 10. 1.) S. 85–89.

3324) Chart. Stavelot-Malmedy Nr. 26 S. 68 f. = D LdF 34 (Cheppy, 814. 10. 1.) S. 89–91.

WITBOLD (Vuitboldus)

Hofkapellan, Abt von St-Serge bei Angers (787)

TÄTIGKEIT ALS KÖNIGSBOTE:

787 Frühjahr: *legatarius* Karls des Großen mit JOHANNES (I) (= –)

WITBOLD reiste mit einem JOHANNES nach Konstantinopel, um über die Vermählung der Königstochter Rotrud mit dem byzantinischen Kaiser Konstantin VI. zu verhandeln. Die Legation dauerte etwa anderthalb Jahre[3325].

KURZBIOGRAPHIE[3326]:

Den Gesta der Äbte von Fontenelle zufolge war WITBOLD Neffe des Abtes Witlaicus und sollte seinem Oheim als Abt nachfolgen. Als Witlaicus starb, war WITBOLD auf Legationsreise nach Konstantinopel. Während die Abtswürde von Fontenelle deswegen GERVOLD verliehen wurde, honorierte der König seinen Legaten WITBOLD für seinen Dienst mit der Abtei von St-Serge (Sergius) bei Angers. Angesichts seiner Legation nach Konstantinopel muss er griechische Sprachkenntnisse gehabt haben.

WITCHARIUS (Wiccharius, Witcharius)

Abt (818)

TÄTIGKEIT ALS KÖNIGSBOTE:

818: *missus/legatus* Ludwigs des Frommen in der Bretagne (= –)

3325) Chronique de abbés de Fontenelle c. 12 S. 134–136: *Saepefato namque Vuitlaico erat nepos, id est sororis suae filius, nomine Vuitboldus, gloriosissimi regis Karoli tum temporis capellanus, cui praefatum monasterium post auunculi sui recessum ad regendum promissum fuerat; sed dum is ad Constantinum imperatorem Graecorum ac Hyrenem a domno rege Karolo cum alio legatario nomine Iohanne causa legationis directus fuisset ac per annum et sex mensium spatia in redeundo moram faceret, praedicto Geruoldo saepefatum coenobium collatum est. Causa autem legationis erat super Ruatrude, filia Magni Karoli, quam isdem imperator Constantinus ad coniugium petebat; sed illo hac legatione, pro qua directus fuerat, strenuissime functo ac reuerso, monasterium sancti Sergii, quod in territorio Andegauae urbis situm est, a domno ac inuictissimo rege eidem noscitur adtributum; quod postea per plurimos feliciter rexit annos.* Zur Verhandlung und deren Abbruch vgl. BM² 282c; NERLICH, Diplomatische Gesandtschaften S. 140 f.; SCHIEFFER, Die Karolinger S. 83 f. Zur Verlobung 781 vgl. BM² 235b; SCHIEFFER, Die Karolinger S. 81 f.

3326) Literatur: FLECKENSTEIN, Hofkapelle S. 59, 105 f. und 235 f.; HEUCLIN, Les abbés S. 330 f.

Zur Verhandlung mit dem *rex* der Bretonen, Morman, wurde WITCHARIUS in die Bretagne abgeordnet. Doch diese Legation brachte keinen Erfolg und der Kaiser entschied sich für einen Feldzug gegen die Bretonen[3327].
KURZBIOGRAPHIE[3328]:
Abgesehen von dieser Legation ist nichts über ihn bekannt.

WITGERIUS (Vuitgerius, Vuiitgarius, Vitgarius, Guitgarius)
Kanzleivorsteher in Italien, dann Bischof von Turin (822–838)
TÄTIGKEIT ALS KÖNIGSBOTE:
838. 5. 1.: *missus* Lothars I. in Rovigo mit ADALGIS (II) (= –)
In Rovigo wurde eine Gerichtsversammlung abgehalten, der Bischof WITGERIUS von Turin und Graf ADALGIS (II) als kaiserliche Missi neben einem päpstlichen Missus vorsaßen[3329].
KURZBIOGRAPHIE[3330]:
Vielleicht ist WITGERIUS identisch mit dem gleichnamigen Kanzleivorsteher, der in den in Italien ausgestellten Urkunden Lothars I. zwischen dem 18. Dezember 822 und dem 31. Mai 825 belegt ist[3331]. Ansonsten ist ein *Witgarius peccator sanctae Taurinensis ecclesiae episcopus* in der Unterschriftenliste einer Urkunde für das Kloster St-Denis vom 22. Januar 832 zu finden[3332]. Während Fedele Savio und Theodor Schieffer hier unseren WITGERIUS von Turin sehen, vermuten Albert Werminghoff, der Editor dieser Urkunde, und Wilfried Hartmann, dass es sich hier um einen anderweitig nicht belegbaren

3327) Ermoldus, Carmen, v. 1320 f. S. 102: *Praestat ut ad regem missus mittatur eundem, / Qui bene nostra sibi perferat orsa prius*; v. 1324 ff., hier v. 1324 f. S. 104: *Witchariumque vocat, qui forte advenerat illuc, / Vir bonus atque sagax, et ratione capax*; v. 1342–1344 S. 104: *Witchar equo parat ire celer, pia jussa facessit; / Notus erat sibimet rex, domus atque locus; / Illius ast propter fines Wiccharius abba / Regis habebat opes munere Caesareo*; dann bis v. 1755 S. 132, über die Expedition gegen die Bretagne. Vgl. BM² 665a; SMITH, Province and empire S. 65 f.

3328) Literatur: DEPREUX, Prosopographie S. 399.

3329) MANARESI Nr. 43 (Rovigo, 838. 5. 1.) S. 139–144 = ChLA 54 Nr. 1, (Ravenna, 838. 5. 1.) S. 16–23, hier S. 17–19. Siehe den Text bei ADALGIS (II) in der Prosopographie.

3330) Literatur: SAVIO, Gli antichi vescovi 1 S. 319 f.; SCHIEFFER, Die Urkunden Lothars I S. 15.

3331) D Lo I. 1–5 S. 51–64.

3332) MGH Conc. 2,2 Nr. 53 S. 694.

Bischof von Thérouanne handeln könnte[3333]. Es ist in der Tat wenig wahrscheinlich, dass ein italienischer Bischof an einer im Kloster St-Denis abgehaltenen Synode teilgenommen hätte, bei der die anderen Bischöfe sämtlich aus nordalpinen Städten wie Sens, Mainz, Reims, Metz, Paris, Orléans, Auxerre und Nantes kamen.

WITHAR (Witharius)

Missus (816)

TÄTIGKEIT ALS KÖNIGSBOTE:

816, vor November: *missus* Ludwigs des Frommen in der Nähe von Prüm (Rommersheim usw.) (= KRAUSE II 59)

Bei einem Streit über die Waldgrenze zwischen dem Kloster Prüm und den Leuten des Fiskus Thommen schickte der Kaiser zunächst seinen Seneschall ADALBERT (II) zur Inquisition[3334]. Erst nachdem die Gültigkeit des Anspruchs der Prümer Abtei bestätigt worden war, wurde WITHAR als zweiter Missus, diesmal ohne Begleitung ADALBERTs, zur klaren Abgrenzung des Waldes gesandt[3335].

KURZBIOGRAPHIE[3336]:

Abgesehen von dieser Urkunde haben wir keine Information über WITHAR. Doch angesichts der Verteilung der Aufgaben zwischen ADALBERT (II) und WITHAR stellt sich die Frage nach dem für WITHAR möglichen „Maximum" an missatischen Aufgaben bzw. der „Mehrschichtigkeit" der missatischen Beauftragten[3337]. Konnte WITHAR wegen seines vermutlichen niedrigeren Rangs in der Machtstruktur – möglicherweise war er Fiskalverwalter in der betreffenden Gegend – nicht mit einer Inquisition beauftragt werden, während ADALBERT als mächtigem Hofamtsträger die Befugnis zur Inquisition erteilt wurde?

3333) HARTMANN, Die Synoden S. 189.

3334) Siehe ADALBERT (II) in der Prosopographie.

3335) BM² 638; D LdF 115 (Compiègne, 816. 11. 8., verunechtet) S. 280–282, hier S. 281: … *Sed dum hęc nobis relata forent, ut merces parentum nostrorum inviolabiliter conservaretur, misimus alium missum nostrum Uuitharium scilicet, ut et ipse predictum vvaldum perlatis signisque certis designaret et partem exinde predicti monasterii revestiret, quod ita et fecit. Sed dum nobis hęc omnia se fecisse retulisset, pro mercedis suę augmento iussimus hanc auctoritatem nostram fieri et primum determinationem memorati vvaldi et sicut a misso nostro designatum est inseri per loca denominata, id est marcha de Romaris villa in …*

3336) Literatur: DEPREUX, Prosopographie S. 399.

3337) Siehe Kapitel 1, § 3.

WOLFOLT (Uuolfolt, Uuoluoltus, Uuolfoltus)

Judex, Graf (787–808)

TÄTIGKEIT ALS KÖNIGSBOTE:

1) 791. 9. 20.: *missus* Karls des Großen in Lorch mit ARN, GEROLD (I), MEGINFRID und RIMIGARIUS (= KRAUSE I 14)

WOLFOLT war einer der Vorsitzenden bei einer dreitägigen Gerichtsversammlung in Lorch über einen Streit unter den Huosi[3338].

2) 791? oder 806/807: *missus* Karls des Großen in Bayern mit RIMIGARIUS (= KRAUSE I 22)

Ein Priester namens Otker klagte vor Karl dem Großen gegen den Grafen Gothram. Karl gab Otker seine Missi ATTO von Freising und Diakon HUASMUOT zu Hilfe. Sie forderten zusammen mit den Missi in Bayern, WOLFOLT und RIMIGARIUS, *de verbo regis* den Grafen zur Rückgabe des durch diesen entfremdeten Besitzes auf[3339].

KURZBIOGRAPHIE[3340]:

WOLFOLT gehört nach Meinung Jürgen Hannigs zu jener Gruppe von schwäbisch-bayerischen Adeligen, die nach dem Sturz Tassilos ihre Position in Bayern im Gefolge des Präfekten GEROLD (I) durch die Übernahme von missatischen Funktionen ausbauen konnten[3341]. In Schwaben führte WOLFOLT um 787 den Titel *iudex*[3342], während er in einer Urkunde von 799/802 in der Gegend der Alaholfsbaar/Folcholtsbaar als *comes* bezeichnet wurde[3343], allerdings nicht als Graf mit einer echten Grafschaft, vielmehr als Inhaber einer Adelsherrschaft. Michael Borgolte sieht ihn im Gegensatz dazu als königlichen Amtswalter neben den erblichen Inhabern der Adelsherr-

3338) Trad. Freising Nr. 142 (791. 9. 20.) S. 146 f. Siehe den Text bei ARN in der Prosopographie.

3339) Trad. Freising Nr. 232 (Altenerding, 806/807. 9. 29.) S. 214 f. Siehe ATTO in der Prosopographie.

3340) Literatur: JÄNICHEN, Baar und Huntari S. 111; MAYR, Studien zum Adel im frühmittelalterlichen Bayern S. 33 f.; HANNIG, Pauperiores vassi S. 317 f.; HANNIG, Zur Funktion S. 275 mit Anm. 86.

3341) Anders BORGOLTE, Die Grafen Alemanniens S. 297 f.

3342) UB St. Gallen 1 Nr. 122 S. 115 = Chart. Sangall. Nr. 110 (Rottweil, 787. 12. 6.[?]) S. 99.

3343) UB St. Gallen 1 Nr. 159 S. 150 = Chart. Sangall. Nr. 170 (799./802. 12. 21.) S. 160.

schaft[3344]. Nach Hans Jänichen gehörte er zur dominierenden Familie der Alaholfsbaar, Borgolte dagegen ist in diesem Punkt zurückhaltend. Jedenfalls wurden WOLFOLT bei der Verteilung der sächsischen Geiseln in Alemannien die weitaus meisten (möglicherweise sechs) zugesprochen[3345].

In Bayern trat er zwischen 791–793 beim einen gewissen Tutilo betreffenden Streitfall als *iudex* auf[3346]. Er wurde bei der Schenkung seiner Witwe Altigund in Albaching von 808 als *comes* bezeichnet[3347]. Zwei der in dieser Schenkungsurkunde genannten Zeugen (Tato und Liutprant) waren auch Zeugen bei der Legation 2. Daher vermutet Gottfried Mayr, dass „Graf Wolfolt deswegen als ‚missus' ausgewählt wurde, weil er persönlich mit dem Streitfall vertraut war"[3348]. Ich stelle mich gegen diese Meinung: Wenn WOLFOLT und RIMIGARIUS vor allem wegen dieses Streits ernannt worden wären, wäre der Ausdruck *in ipso tempore fuerunt missi domni regis in Baioaria* dafür ungeeignet und es wäre nicht leicht zu verstehen, warum Otker noch weitere Missi benötigte. Ob der bei einer Schenkung von 760 in Ebrach als Zeugenführer genannte *Uoluolt laicus* identisch mit WOLFOLT ist, ist wegen des zeitlichen Abstandes fragwürdig[3349].

WOLMOD (Vuolmodus)

Missus (841)

TÄTIGKEIT ALS KÖNIGSBOTE:

vor 830 und 841. 1.: *missus* Ludwigs des Frommen, dann Lothars I. in der Nähe von St-Mihiel (= KRAUSE I 128)

Abt Hadegaud von St-Mihiel legte Lothar I. ein Mandat Ludwigs des Frommen vor. Nach diesem hätte Ludwig der Fromme zu Lebzeiten des ehemaligen Abtes SMARAGD von St-Mihiel[3350]

3344) BORGOLTE, Geschichte der Grafschaften S. 162–169; BORGOLTE, Die Grafen Alemanniens S. 297.

3345) MGH Capit. 1 Nr. 115 (805/806) S. 233 f.; JÄNICHEN, Baar und Huntari S. 111 f.; BORGOLTE, Die Grafen Alemanniens S. 298.

3346) Trad. Freising, Nr 143b S. 149. Siehe GEROLD (I).

3347) Trad. Freising Nr. 278 S. 244 f.; MAYR, Studien zum Adel im frühmittelalterlichen Bayern S. 33.

3348) MAYR, ebd.; HANNIG, ebd.

3349) Trad. Freising Nr. 16 S. 44; MAYR, ebd.; HANNIG, ebd.

3350) EBERHARDT, Via Regia S. 74–78, versucht, SMARAGDs Todesjahr um 830 zu datieren.

für das Kloster seinen Missus WOLMOD abgeordnet. Er sollte mit dem Vogt des Klosters jene Grafen und ihre Untergebenen, in deren Grafschaften die klösterlichen Güter entfremdet worden waren, im Namen des Kaisers zur Revindikation mahnen. Auf Hadegauds Bitte erneuerte Lothar dieses Mandat. Interessanterweise trat dieselbe Person, WOLMOD, diesmal als Lothars Missus auf. Außerdem wird aus der Formulierung des späteren Teils der Urkunde klar, dass dieses Mandat dem Kloster ein Inquisitionsrecht verlieh, wahrscheinlich ähnlich ausgestattet wie das Mandat Ludwigs des Frommen[3351].

3351) D Lo I. 54 (–, 841. 1.), hier S. 156: … *quandam beatę memorię genitoris nostri Ludouuici augusti auctoritatem, in qua continebatur insertum, qualiter ipse quondam predecessori suo Smaragdo scilicet cunctisque fratribus in eodem cenobio degentibus concessisset missum suum Vuolmodum scilicet, qui de iusticiis memoratę ęcclesię una cum advocatis ipsius loci comites et ministros illorum, in quorum ministeria predicta ęcclesia res habere disnoscitur, ex verbo domni et genitoris nostri moneret, ut ubicumque iam dicta ęcclesia alicuius instinctu res iniuste perdidisset, per iusticiam recipere valeret. Unde prefatus abba deprecatus est pietatem nostram, ut eandem auctoritatem nostro confirmaremus precepto. Cuius precibus annuentes has serenitatis nostrę litteras scribere iussimus per quas omnibus notum fieri volumus, ut ubicumque predictus missus noster cum advocatis eiusdem ęcclesię ante cuiuslibet comitis vel ministrorum eius presentiam advenerint et de quacumque re iniuste ablata se proclamaverint, ut per illos meliores homines, qui in ipsis pagis consistunt, tam per ipsos comites quamque et per ministros eorum ante presentiam predicti missi nostri diligentissima fiat inquisitio, et ubicumque inventum fuerit, quod per iniusticiam eadem ęcclesia res perdidisset, per nostram auctoritatem et equitatis iure ante prefatum missum nostrum secundum legem recipiat iusticiam, quia ad hoc misimus illum huius rei procuratorem, ut videret, qualem iusticiam comites et ministri illorum partibus predicti monasterii facere vellent. Nam quicumque has litteras nostras parvipendens iusticiam secundum legem facere recusaverit, volumus, ut idem missus noster summa cum festinatione ad nostram noticiam hec deferat, et postea nos efficere optamus, ut unus contemptor exemplum sit ceteris, ne iusticiam omittere aut differre vel nostram ordinationem contempnere presumat.* Vgl. D LdF Dep. 122 (814–830) S. 1115. Zur Interpretation dieser Urkunde vgl. auch WEST, Reframing the feudal revolution S. 27 f. (Der Quellenverweis der Fußnote 36 auf D Lo I. 53 ist zu korrigieren), der diese Urkunde als Beispiel angibt, um zu erklären, dass das von den Karolingern eingeführte System der kirchlichen Vogtei in der Gegend zwischen Marne und Mosel sowohl mit dem Missatswesen als auch mit dem gräflichen ordentlichen Gericht wohl arbeitsfähig war.

KURZBIOGRAPHIE[3352]:
Abgesehen von dieser Legation ist über ihn nichts bekannt.

WORAD (Woradus)
Pfalzgraf (781–782)

TÄTIGKEIT ALS KÖNIGSBOTE:
1) 782: *missus/legatus* Karls des Großen in Sachsen mit dem Kämmerer ADALGIS (I) und dem Stallgrafen GAILO (= KRAUSE II 16)

Karl beauftragte drei seiner Hofbeamten damit, mit dem ostfränkischen und sächsischen Aufgebot gegen die Slawen zwischen Elbe und Saale zu marschieren. Während des Feldzugs konkurrierten Graf Theoderich, ein Verwandter des Königs, und die herrscherlichen Missi um das Verdienst und die Ehre. Zum Teil auch wegen dieser Rivalität kamen die beiden missatischen Kollegen WORADs auf dem Feldzug ums Leben[3353].

KURZBIOGRAPHIE[3354]:
Nach den revidierten Reichsannalen war WORAD während der oben genannten Legation Pfalzgraf Karls des Großen. Sein Name mit dem Titel des Pfalzgrafen findet sich unter den Namen der Beisitzer eines Königsgerichts, das wahrscheinlich 782/783 in Diedenhofen, also nach der Legation, aufgrund des Berichts von Missus WICBERT stattfand[3355]. Der Pfalzgraf *Wiraldus*, der einer der Beisitzer des Königsgerichts vom Dezember 781 in Quierzy war[3356], ist wahrschein-

3352) Literatur: DEPREUX, Prosopographie S. 400.

3353) ARF a. 782 S. 60; Ann. q. d. Einhardi, a. 782 S. 61. Das vollständige Zitat findet sich bei ADALGIS (I) in der Prosopographie. Zum Ortsnamen Süntel vgl. SPRINGER, Die Sachsen S. 188. Zu diesem Feldzug vgl. ABEL/SIMSON 1 S. 415–432; SPRINGER, Die Sachsen S. 187–190.

3354) Literatur: ABEL/SIMSON 2 S. 552; MEYER, Die Pfalzgrafen S. 459; BRUNNER, Oppositionelle Gruppen S. 47; HANNIG, Pauperiores vassi S. 332 f. Anm. 108. Die Vermutung Dümmlers, dass ein gewisser *Vuoradus dux*, dessen Todestag der 29. März sich als Randnotiz einer Handschrift findet, mit unserem WORAD identisch sein könne, wurde von ABEL/SIMSON 2 S. 552 Anm. 6, in Zweifel gezogen. Trotz der „Gegenmeinung“ von Paulus identifiziert Hannig WORAD nicht mit Wicbert von Ahrgau. Hannig deutet mit dem Pronomen „er“ nicht auf den unmittelbar vorher genannten Pfalzgrafen WORAD, sondern auf den in dem ganzen Absatz behandelten Missus WICBERT. HANNIG, Pauperiores vassi S. 333 f.; HANNIG, Zentrale Kontrolle S. 38 f.; PAULUS, Pfalzgrafenamt S. 105 Anm. 57.

3355) D KdG 148, hier S. 201. Zur Datierung vgl. ebd. S. 200 und BM^2 261.

3356) D KdG 138 (Querzy, 781. 12. 16.) S. 188 f., hier S. 189.

lich mit unserem WIRAD identisch[3357]. Wenn man buchstabengetreu *Wiraldus* und *Wiradus* unterscheidet, kann man natürlich auch die Existenz zweier verschiedener Pfalzgrafen annehmen[3358].

WULFAR (Vulfarius, Vulpharius, Wolfarius, Wolfharius)

Erzbischof von Reims (802 – †816. 10.)

TÄTIGKEIT ALS KÖNIGSBOTE:

1) 802 Frühling: *missus* Karls des Großen in der Champagne (in den Gauen Dormois, Vongeois, Castrice, Astenois, Châlonnais, Omois, Laonnais, Valois, Porcien, Tardenois und Soissonais) (= KRAUSE I 35 [„vor 804"])

WULFAR war wahrscheinlich einer der Missi, die im März 802 eingesetzt wurden, da Flodoards Darstellung von WULFARs Legation wohl mit den cc. 18 und 19 der Capitularia missorum specialia (a. 802) übereinstimmt[3359]. WULFARs Missaticum umfasste den südöstlichen Teil des Reimser Erzbistums, d. h. die Champagne[3360]. Wahrscheinlich während dieser ersten Legation schrieb WULFAR einen Brief an FARDULF über eine *legatio*, auf die ich weiter unten näher eingehe. Auch im Rahmen dieser Legation zu interpretieren ist Flodoards Darstellung von WULFARs Tätigkeit als Vorsitzender der Gerichtsversammlungen[3361]. Wie Wilhelm Levison bemerkt, konnte

---

3357) ABEL/SIMSON 2 S. 552 Anm. 6; MEYER, Die Pfalzgrafen S. 459 mit Anm. 1.

3358) PAULUS, Pfalzgrafenamt S. 105. Vgl. auch BM² 247 und 261.

3359) LEVISON, Formularbuch S. 298–301; ECKHARDT, Capitularia missorum specialia S. 507.

3360) HRE II c. 18 S. 172: *Tilpinum sequitur Vulfarius, qui ab imperatore praefato Magno Karolo missus dominicus ad recta iudicia determinanda fuerat ante episcopatum constitutus super totam Campaniam, in his quoque pagis: Dolomense scilicet, Vongense, Castricense, Stadonense, Catalaunense, Ormense, Laudunense, Vadense, Portiano, Tardunense, Suessionense, sicut et alii quidam sapientes et deum timentes habebantur abbates per omnem Galliam et Germaniam a praefato imperatore delegati, quo diligenter inquirerent, qualiter episcopi, abbates, comites et abbatisse per singulos pagos agerent, qualem concordiam et amicitiam ad invicem tenerent et ut bonos et idoneos vicedominos et advocatos haberent et, undecumque necesse fuisset, tam regias quam ecclesiarum dei iusticias, viduarum quoque et orphanorum, sed et ceterorum hominum inquirerent et perficerent et, quodcumque emendandum esset, emendare studerent, in quantum melius potuissent, et, quod emendare per se nequivissent, in presentiam imperatoris adduci facerent et de his omnibus eidem principi fideliter renunciare studerent.*

3361) HRE II c. 18, S: 172: *Residens igitur praefatus vir illustris Vulfarius ad iniuncta sibi definienda iudicia cum quibusdam comitibus in mallis publicis, iam*

Flodoard für diesen Teil des Textes eine Gerichtsurkunde als Quelle verwenden[3362]. Die Beschreibung Flodoards wurde bisher in der Forschung als Beweis für eine weitere Legation WULFARs interpretiert[3363]. Flodoards Ausdruck „*residens igitur … in mallis publicis*" schließt sich zwar an die vorangehende Darstellung seiner Legation an, aber der nächste Ausdruck „*iam quoque vocatus episcopus, adhuc etiam antequam ordinaretur*" dürfte sich weniger auf seine Legation als auf die darauf folgende Darstellung von WULFARs Bemühungen beziehen, entfremdete Kirchengüter zurückzubekommen: sowohl vor seiner Weihe (als *vocatus episcopus*) als auch nach seiner Weihe. Deswegen trage ich hier anders als frühere Forscher nur eine Legation ein.

2) vor 806?: im Auftrag (*legatio*) Karls des Großen in Rätien (= KRAUSE I 50)

Nach der Beschreibung Ratperts in seiner Klostergeschichte hielt sich WULFAR auf dem Rückweg von Rätien, wohin er wegen der kaiserlichen *legatio* zur Durchsetzung von *iustitias* abgeordnet worden war, in St. Gallen auf. Das darf als Beispiel für die Nutzung des Gastungsrechts der Missi verstanden werden. Zu bemerken ist, dass sich bei einer derartigen Gelegenheit für die Gastgeber die Chance eröffnen konnte, den herrscherlichen Vertrauten als Fürsprecher bei Herrscher und Hof zu gewinnen[3364].

---

quoque vocatus episcopus, adhuc etiam antequam ordinaretur, res quasdam Remensi ecclesie, sed et mancipia nonnulla vel colonos reimpetrasse ac legibus per ecclesie advocatos evindicasse reperitur. Necnon etiam, postquam presul ordinatus est, plura invenitur ecclesie conquisisse, et res et colonos tam apud regiam maiestatem quam apud comites et iudices publicos, nec solum per actores ecclesie, sed etiam aliquando per sui praesentiam.

3362) LEVISON, Formularbuch S. 300 mit Anm. 2.

3363) So unterscheidet Krause zwei Legationen in Nr. I 35 (vor 804) und I 36 (804). Vgl. ECKHARDT, Capitularia missorum specialia S. 507; SCHENK ZU SCHWEINSBERG, Reims S. 178.

3364) Casus sancti Galli c. 5 [11] S. 170: *Contigit autem tempore quodam Wolfharium Reminsem episcopum, legatione a domno Carolo sibi iniuncta, iustitias in Rhetia Curiense faciendas, ad ipsum pagum venisse indeque reversum ad nostrum monasterium devenisse, ibique, prout illis facultas erat, benigne susceptus devoto servitio sustentatus est. Quem cum non lateret calumnia et iniustitia, quas passi sunt incolę monasterii nostri, praedictum emunitatis praeceptum sibi ostendere rogavit. Quod cum vidisset ac perlegisset, ortatus est eos, ut per aliquem fidum hominem eandem firmitatis cartam domno imperatori dirigerent. Se vero res eorum notas imperatori facturum atque auxilium illis praebiturum promisit.* Vgl.

*3) 813. 5.: *missus?* Karls des Großen in Reims (= –)

WULFAR hielt auf Befehl Karls des Großen eine Synode in Reims ab[3365]. Obwohl er in den Quellen nicht als Missus genannt wird, kann man wohl vermuten, dass er wie andere Metropoliten[3366] dieser Provinzialsynode als kaiserlicher Missus vorsaß.

KURZBIOGRAPHIE[3367]:

Als WULFAR im März 802 zum Missus ernannt wurde, war er noch nicht *episcopus*. Er dürfte damals vielleicht Abt eines nicht identifizierbaren Klosters gewesen sein: Flodoard schreibt, dass WULFAR wie *alii … abbates* als Missus abgesandt worden sei[3368]. Nach der

auch ebd. S. 171 Anm. 139. Reinhold Kaiser versuchte, die Entstehung der Capitula Remedii, die inhaltlich stark mit der kaiserlichen Normsetzung von 802 in Einklang sind, mit der Ankunft eines oder mehrerer kaiserlicher Missi in Rätien bzw. mit der Reise WULFARs nach Rätien in Verbindung zu setzen. Dabei könnten diese Capitula als „durch den *missus* aufgrund des kaiserlichen Gebotes veranlasstes Capitulare legi additum" verstanden werden. Wenn man dieser These folgt, kann WULFARs Legation vor den Tod des rätischen *praeses et episcopus* Remedius (806) datiert werden. KAISER, Die Capitula Remedii, bes. S. 160. Harald Siems zeigte jüngst, dass die Capitula Remedii zwar eine inhaltliche Nähe zu den fränkischen Kapitularien, zum langobardischen Edikt und zur Lex Romana Curiensis aufweisen, aber in Form und Inhalt teilweise sehr eigenständig sind. Man muss deshalb vorsichtig sein, ein direktes Abhängigkeitsverhältnis zwischen den Capitula Remedii und der kaiserlichen Normsetzung von 802 anzusetzen. SIEMS, Recht in Rätien S. 208 ff.

3365) MGH Conc. 2,1 Nr. 35, hier S. 254: *Hic est ordo capitulorum breviter adnotatus, quae anno dominicae incarnationis DCCCXIII. notata sunt in conventu metropolitanae sedis Remensis ecclesiae a domno Karolo piissimo Caesare more priscorum imperatorum congregato, ordinante Uulphario eiusdem sanctae sedis archiepiscopo et ceteris quamplurimis patribus et fratribus in eodem conventu divina largiente clementia residentibus. Primo omnium mediante mense Maio Deo inspirante ab eisdem venerabilibus patribus statutum est secundum consuetudinem ieiunium triduanum, quatenus ipso miserante ea, quae ad laudem et gloriam sui sancti nominis et ad mercedem praefati gloriosissimi principis nostri seu correctionem totius Christiani imperii in eo consideranda vel statuenda erant, eo cooperante secundum suam magnam misericordiam et piissimam voluntatem ordinari mererentur*. Vgl. auch HRE II c. 18 S. 174.

3366) Siehe ARN, BERNHARIUS, HILDEBALD (I), JOHANNES (II), NIBRIDIUS und RICHULF in der Prosopographie.

3367) Literatur: Fastes 3 S. 87; LEVISON, Formularbuch S. 298 ff.; SCHENK ZU SCHWEINSBERG, Reims S. 177–180.

3368) ECKHARDT, Capitularia missorum specialia S. 507.

vorherrschenden Auffassung sollte WULFARs Erzbischofserhebung 803 datiert werden[3369], basierend auf HINKMARs (I) Aussage in einem Brief an seinen Neffen (HINKMAR [II]), nach der es nach dem Episkopat TILPINs (†794)[3370] eine Vakanz von „ungefähr" neun Jahren im Reimser Bischofssitz gegeben hätte[3371]. Doch diese Datierung scheint m. E. fraglich, wenn ich WULFARs Brief an FARDULF in Betracht ziehe[3372]. Er schrieb diesen Brief kurz vor seiner Bischoferhebung, die am 19. Juni (*die 19. mensis presentis, que eveniet 13. Kal. Iul.*) stattfinden sollte. WULFARs Aussage zufolge wurde dieser Brief im selben Monat geschrieben. Wenn dies im Jahre 803 geschehen sein sollte, liegt dieses Datum sehr kurz vor der damals bevorstehenden Reichsversammlung in Mainz[3373] und passt schlecht in den zeitlichen Rahmen seiner Legation. Denn wenn WULFAR im Frühling 803 noch als Missus in der Champagne wirkte – und dies ist doch höchstwahrscheinlich –, musste er dem Kaiser in Mainz Bericht über seine Legation erstatten[3374]. Als WULFAR in dem Brief FARDULF sowohl um seinen Rat wegen der Legation als auch um die Übersendung der *pagina* bat, die der Kaiser beim Abschluss der vorherigen Versammlung vor den Anwesenden vorgelesen hatte, hätte er nach Erhalt eines Antwortschreibens FARDULFs und der *pagina* nicht genügend Zeit gehabt, FARDULFs Ratschläge und die Anweisungen der *pagina* in die Tat umzusetzen. Aus diesem Grund datiere ich den Brief an FARDULF und WULFARs Weihe auf 802. WULFAR hätte dann von Juni bis zum nächsten Herbst, dem Termin für die nächste Reichsversammlung, Zeit gehabt, also etwa noch drei, möglicherweise auch vier Monate. Wie Levison erläutert, muss man HINKMARs

---

3369) Fastes 3 S. 87; SCHENK ZU SCHWEINSBERG, Reims S. 178; HRE S. 172 Anm. 2; KAISER, Die Capitula Remedii S. 160; PANGERL, Metropolitanverfassung S. 39. Aber ECKHARDT, Capitularia missorum specialia S. 507, datiert auf 804.

3370) Dies war 23 Jahre nach der Schenkung der Villa Neuilly an die Reimser Kirche durch Karlmann (†771) kurz vor seinem Tod, wie HINKMAR (I) in den Gesta de villa Noviliaco schreibt. MORDEK, Rechtsstreit S. 103.

3371) MGH Epp. 8,2 Nr. 260 (SCHRÖRS Reg. 279: 870. 5. 11.), hier S. 357: … *quando post eum [sc. Tilpinum] per annos circiter novem metropolis Remorum vacavit episcopo…*

3372) Collectio sancti Dionysii Nr. 24, in: MGH Form. S. 509 f. Dieser Brief wird oben im Kapitel 2, § 2, 1, iv, „801/802–803" näher analysiert.

3373) BM² 398a.

3374) MGH Capit. 1 Nr. 40 c. 3 S. 115 und cc. 25 und 29 S. 116.

Angabe über „ungefähr neun Jahre“ nicht unbedingt mit „genau neun Jahre“ gleichsetzen[3375].

Nach HINKMAR (I) hatte nach dem Tod TILPINs Karl der Große die Herrschaft über das Reimser Bistum inne[3376]. Was immer dieses *dominium* verfassungsrechtlich bedeutet, jedenfalls hatte WULFAR Karl seine Bischofserhebung zu verdanken, während Karl seinerseits eine gewisse politische Absicht mit dieser Maßnahme verfolgte. Das zeigt sich zum Beispiel in der Einsetzung WULFARs als Missus oder darin, dass er ihm nach dem Ende des Sachsenkriegs (804) fünfzehn sächsische Geiseln anvertraute[3377]: Der Kaiser wollte einen seiner Vertrauten mit der Führungsposition in der Mitte der Francia betrauen.

811 war WULFAR einer der Zeugen des Testaments Karls des Großen[3378]. 813 weihte er auf Karls Befehl FROTHAR* zum Bischof von Toul[3379]. WULFAR erhielt von Karl ein Immunitätsprivileg für die Reimser Kirche und das Kloster St-Remi, das Ludwig der Fromme später bestätigte[3380]. Karl gab ihm sogar seine Erlaubnis zur Pilgerfahrt nach Rom, allerdings ist sich schon Flodoard nicht sicher, ob WULFAR tatsächlich reiste[3381].

Über seine Tätigkeit unter Ludwig dem Frommen ist nur wenig bekannt. Als Metropolit hielt er 814 eine Synode in Noyon ab[3382]. Kurz nach dem Besuch Papst Stephans IV. in Reims starb WULFAR im Oktober 816.[3383]

3375) LEVISON, Formularbuch S. 301 f.

3376) MORDEK, Rechtsstreit S. 103: *... tenuit domnus rex Karolus Remense episcopium in suo dominicato ...*

3377) HRE II c. 18 S. 172 f.; ABEL/SIMSON 2 S. 306 f.; BM² 410; KOSTO, Hostages S. 144.

3378) Vita Karoli S. 84.

3379) HRE II c. 18 S. 174. Dazu vgl. GAILLARD, Frothaire S. 11–14.

3380) HRE II c. 18 S. 175. Die beiden Urkunden sind verloren gegangen. BM² Verlorene Urkunden Nr. 477 = D LdF Dep. 166 (814–816) S. 1142.

3381) HRE II c. 18 S. 174.

3382) HRE II c. 18 S. 173 f.

3383) SCHENK ZU SCHWEINSBERG, Reims S. 180 mit Anm. 2; HRE S. 176 Anm. 15.

WULFARD (Gulfardus, Vulfardus, Vulfhardus)
Abt von St-Martin in Tours (758–vor 775)

TÄTIGKEIT ALS KÖNIGSBOTE:

1) 758: *missus* Pippins des Jüngeren in Rom (= –)

Im Schreiben des Papstes Paul I. an Pippin ist WULFARD als Überbringer des königlichen Briefs bezeichnet. WULFARD übergab dabei Paul I., der Ende Mai zum neuen Papst geweiht wurde, das Tauftuch der Königstochter Gisela, was symbolisch auf das Anbieten einer geistlichen Patentschaft hinwies. Dieser symbolischer Akt konnte das geistliche Bündnis zwischen den Karolingern und dem Papsttum erneuern, das in der Zeit seines Vorgängers Stephan II. geschlossen worden war[3384].

2) 763: *missus* Karls des Großen und Karlmanns in Rom mit DROCTEGANG (= –)

Karl und Karlmann schickten ihre gemeinsamen Gesandten nach Rom mit ihren herzlichen Grüßen, aber ohne Geschenke[3385].

3) 764–766[3386]: *missus* Pippins des Jüngeren in Rom mit den anonymen Gefährten (= –)

WULFARD als königlicher Missus begleitete die päpstlichen Gesandten vom Frankenreich aus nach Rom. Der von ihm mitgebrachte

---

3384) Jaffé³ 4148 (758); Cod. Carol. Nr. 14 S. 511 f.: *Lator praesentium litterarum, sollertissimus Vulfardus, eximiae sagacitatis vestrae fidelis missus, plenas iocunditate nobis attulit litteras. […] Praelatus nempe sodalitatis vestrae inluster missus preciosissimum nobis supernae gratiae munus adferuit, sabanum videlicet, in quo nostra dulcissima atque amantissima spiritalis filia sacratissimo fontis lavacro abluta suscepta est. Quem et, cum magna iocunditate aggregata populi cohors infra aulam sacrati corporis auxiliatricis vitae beatae Petronellae, quae pro laude aeterna memoria nominis vestri nunc dedicata dinoscitur, caelebrantes missarum solemnia, cum magno gaudio suscepimus; et per allatum eundem sabanum eam tamquam praesentaliter nos suscepisse gaudemus. Unde, quia amor fidei vestrum benignum ignivit cor nobis per vinculum spiritalis foederis adherendum, iuxta quod domino et germano meo beate recordationis, sanctissimo Stephano papae, spopondistis, magnas gratiarum actiones a Deo protecte excellentiae vestrae persolvimus, inplorantes crebro divinam misericordiam, ut aevis vos ac prosperis in solio regni conservans tueri temporibus et magno gaudio de ipsius spiritalis nostrae filiae perfecta aetate vos iocundari permittat ad exultationem sancte suae ecclesiae.* Hierzu vgl. Angenendt, Das geistliche Bündnis S. 57–63.

3385) Jaffé³ 4174 (763); Cod. Carol. Nr. 26, hier S. 530. Siehe DROCTEGANG in der Prosopographie.

3386) RIESENBERGER, Prosopographie S. 29 Anm. 12, datiert den betreffenden Brief auf das Jahr 766.

Brief Pippins wurde auf der großen Versammlung in Rom verlesen. WULFARD wurde zum Nutzen der römischen Kirche (*pro utilitatibus sanctae nostrae ecclesiae*) delegiert. Über seine Aufgabe ist allerdings nichts Konkretes bekannt[3387].

4) 773, Anfang: *missus* Karls des Großen in Italien mit GEORG und ALBUIN (= –)

WULFARD war einer der drei Missi, die im Konflikt zwischen dem Papst und dem Langobardenkönig Desiderius mit der Untersuchung beauftragt wurden, ob Desiderius tatsächlich der römischen Kirche die zu Unrecht besetzten Städte zurückgab. Von Rom aus wurden sie von päpstlichen Legaten begleitet und verhandelten vergeblich mit dem Langobardenkönig. Nach ihrer Rückkehr erstatteten sie dem König Karl Bericht[3388].

KURZBIOGRAPHIE[3389]:

Bei der Legation von 773 bezeichnet der Liber Pontificalis ihn als *consiliarius*. WULFARD scheint im darauf folgenden Jahr den fränkischen König beim Italienzug begleitet zu haben: Er erhielt am 16. Juli 774 in Pavia die Halbinsel Sirmione im Gardasee und andere Güter für das Kloster St-Martin[3390].

3387) Jaffé³ 4186 (764–766); Cod. Carol. Nr. 37 S. 547–550, hier S. 548 f.: *Igitur, regressis nostris missis, quos ad vestrae regalis clementiae vestigia distinatos habuimus, Petro scilicet notario regionario sanctae nostrae ecclesiae et Iohanne mansionario confessioni basilice fautoris vestri beati Petri, coniungentibus etiam et vestris missis, Vulfhardo nempe eiusque sociis, protulerunt nobis honorandas nimisque desiderandas sillabas praecellentiae vestrae. Quas cum in conventu fratrum consacerdotumque meorum et cleri atque cuncti laicorum ordinis coetu legissemus, nostri ac vestri missi ea sibimet a vobis iniuncta de vestra immutabilis mentis constantia et puritatis integritate, quam pro spe sanctae Dei ecclesiae et fidei orthodoxae habere videmini, retulissent: ilico nimio gaudio repleti, elevatis ad aethera oculis extensisque palmis, inmensas omnipotenti Deo nostro et vestrae excellentiae referuimus grates, angelicam illam pro vestris meritis divinae eius potentiae canentes laudem. […] Interea duos vestros missos, id est Vullfardum et eius socium, secundum vestram praeceptionem pro utilitatibus sanctae nostrae ecclesiae, spiritalis matris vestrae, in his partibus retinuimus*. Papst Paul billigte in diesem Brief außerdem den weiteren Aufenthalt GEORGs in der Francia.

3388) Lib. Pont. XCVII, Vita Hadriani I cc. 26 f., 1 S. 494; Jaffé³ 4298 (773 Anfang) und 4299. Siehe den Text bei GEORG in der Prosopographie.

3389) Literatur: FELTEN, Laienäbte S. 229 f.; SEMMLER, Der Dynastiewechsel, 79; BULLOUGH, Albuinus deliciosus S. 75 f.; HACK, Codex Carolinus 2 S. 1024 f.

3390) D KdG 81 (Pavia, 774. 7. 16.) S. 115–117.

WULFERICUS (Vulfericus)

Missus (865/866)

TÄTIGKEIT ALS KÖNIGSBOTE:

865/866: *missus* Ludwigs II. von Italien in der adriatischen Küstenregion (im Exarchat) mit ERMENFRID (II) und MACEDO (= KRAUSE II 161)

Für den Feldzug gegen die Sarazenen in Süditalien bot Ludwig das Heer aus Norditalien auf. WULFERICUS wurde zusammen mit den beiden anderen Missi beauftragt, in der adriatischen Küstenregion die Mobilisierung zu kontrollieren und gegebenenfalls die Säumigen zu bestrafen[3391].

KURZBIOGRAPHIE:

Über ihn ist nichts Weiteres bekannt.

3391) MGH Capit. 2 Nr. 218 c. 3 S. 95: ... *sit missus [...] in litore Italico Ermefridus, Macedo et Vulfericus.* Siehe ANDREAS (II) in der Prosopographie.

ANONYME MISSI[3392]

768

TÄTIGKEIT ALS KÖNIGSBOTE:
missus Pippins des Jüngeren, dann Karls des Großen in Aquitanien (= KRAUSE II 9)

Nach der Ermordung des aquitanischen Herzogs Waifar versuchte Pippin seine Herrschaft durchzusetzen. In Saintes bestimmte er, fränkische Grafen und Vasallen in Aquitanien einzusetzen. Das Kapitular von 768 scheint auch in Saintes proklamiert worden zu sein[3393]. Das letzte Kapitel bestimmt die Stellung der Missi in Aquitanien. Sie sollten mit den örtlichen *seniores* über den Nutzen des Königtums und der Kirche sprechen. Niemand sollte ihre Übereinkunft anfechten[3394].

KURZE BEMERKUNG:
Die Bedeutung und Wirksamkeit dieser Maßnahme bleibt unklar[3395]. Nachdem Pippin einige Monate später gestorben war, erneuerte Karl der Große dessen Kapitular von 768 kurz nach seinem Regierungsantritt[3396].

773

TÄTIGKEIT ALS KÖNIGSBOTE:
773: *missi* Karls des Großen in Pavia (= –)

3392) Die anonymen Missi, die zur Bekanntmachung und Durchführung der Kapitularien eingesetzt wurden, werden in die folgende Liste nicht aufgenommen (Gemeint sind KRAUSE I 6a, 7, 25, 34, 39, 47, 51, 52, 53, 60, 70, 71, 79, 80, 100, 105, 106, 110, 129, 133, 135, 136, 149, 153, 154, 155 und 177). Zu ihren Tätigkeiten siehe Kapitel 2, § 2, 1, iv (über Dossiers der Missi und ihre Legationsreise).

3393) Vgl. BM² 104aa und 105.

3394) MGH Capit. 1 Nr. 18 c. 12 S. 43: *Ut quicquid missi nostri cum illis senioribus patriae ad nostrum profectum vel sanctae ecclesiae melius consenserint, nullus contendere hoc praesumat.*

3395) Dazu siehe Kapitel 3, § 1.

3396) MGH Capit. 1 Nr. 18, Inskription, S: 42: *Incipiunt capitula quas bone memorie genitur Pipinus sinodaliter [instituit] et nos ab homnibus conservare volumus.* McKitterick hat neuerdings betont, es sei nicht völlig klar, ob dieses Kapitular durch Karl den Großen allein oder durch die beiden Brüder (Karl und Karlmann) bestätigt worden ist. MCKITTERICK, Charlemagne S. 80 und 237. Zu diesem Kapitular vgl. auch DE CLERCQ, La législation (500–814) S. 145 f.; GANSHOF, L'usage de l'écrit S. 2.

Nachdem die diplomatischen Verhandlungen mit dem König der Langobarden, Desiderius, durch seine Missi GEORG, ALBUIN und WULFARD gescheitert waren, versuchte Karl wiederum, durch seine Missi mit ihm einig zu werden[3397].

vor 781. 3. 15.

TÄTIGKEIT ALS KÖNIGSBOTE:
missi Karls des Großen in Parma (= –)

Als Klagen über die Unterdrückung des Handels an italienischen Häfen, besonders in Mantua, aufkamen, beauftragte Karl seine Missi mit der Untersuchung der Umstände[3398].

KURZE BEMERKUNG:
Da diese Angelegenheit vor der Königserhebung Pippins von Italien (15. April 781[3399]) stattfand und Karl damals der einzige Herrscher in Italien war, gibt es keinen Zweifel, dass diese Missi von Karl eingesetzt wurden.

vor 781. 12.

TÄTIGKEIT ALS KÖNIGSBOTE:
missi Karls des Großen in der Villa Roßdorf, nahe Fulda (= KRAUSE I 3)

3397) Lib. Pont. XCVII, Vita Hadriani I c. 28, 1 S. 494: … *confestim isdem mitissimus et revera christianissimus Carolus Francorum rex direxit eidem Desiderio suos missos, id est ……, deprecans ut easdem quas abstulerat pacifice redderet civitates et plenarias parti Romanorum faceret iustitias, promittens insuper et tribui XIIII milia auri solidorum quantitatem in auro et argento. Sed neque deprecationibus, neque muneribus eius ferocissimum cor flectere valuit. Nihil enim optinentes ipsi missi Francorum ad praefatum suum christianissimum regressi sunt regem.*

3398) Le carte cremonesi Nr. 5 (Parma, 781. 3. 15.) S. 17 f., hier Zitat aus S. 18 (=D KdG 132 S. 182): *Nos vero audientes eorum altergationibus pertractavimus qualiter missis nostris (!) per portorum nos mittere deberemus ut in omnibus veritatem nobis exinde indicare deberent sicut visi sunt fecisse a veteribus. Autem missi nostri omnia quomodo aut qualiter temporibus antecessorum nostrorum Liutprandi vel ceteris consuetudinem habuerant nobis id ipsum significasse. Unde cognovimus veritatem et quod homines nostri Mantuensis de suprascripto modio sicut consuetudinem ipsi Comaclensis habuerant dandi ita sicut fuit veritas dixerunt…*

3399) BM^2 235b.

Karl der Große schenkte dem Kloster Fulda die Villa Roßdorf, die dem Kloster von Haldradus geschenkt, später aber durch die königlichen Missi konfisziert worden war[3400].
KURZE BEMERKUNG:
Der Grund der Konfiskation ist unbekannt. Die Missi wurden in dieser Urkunde nicht namentlich genannt.

vor 782. 7.

TÄTIGKEIT ALS KÖNIGSBOTE:
legati Karls des Großen in St. Goar (= KRAUSE II 15)

Wegen des Streits zwischen Bischof WEOMAD von Trier und Abt ASOARIUS von Prüm um die Zelle St. Goar schickte Karl dreimal seine *legati* zur Untersuchung und Konfliktbeilegung. Aber da WEOMAD mit der Entscheidung nicht zufrieden war, musste die Sache nochmals auf der Reichsversammlung zu Lippspringe verhandelt werden[3401].

783. 5./10.*

TÄTIGKEIT ALS KÖNIGSBOTE:
missi Karls des Großen in Rom (= KRAUSE II 18)

3400) D KdG 140 S. 190 f. = UB Fulda Nr. 147a (Quierzy, 781. 12.) S. 208–213, hier S. 211 f.: … *donamus […] villa nostra noncupante Rostorp, quem Haldradus ad ipso sancto loco per strumenta cartarum condonavit et postea missi nostri ad opus nostrum conquisierunt vel quantum ipsi monachi de conlata populi in ipsa villa per anteriores cartas habuerunt, omnia […] concedimus…*

3401) Wandalbert von Prüm, Vita et miracula sancti Goaris S. 87 f.: *Regnante vero post patris obitum Magno Carolo orta est inter Treuirorum pontificem tunc Veomadum et abbatem Asuerum pro eadem cella contentio, asserente episcopo eam ad suae ecclesiae ius pertinere, abbate contra dicente esse illam regis lege hereditaria possessionem neque in ea posse sibi aliquid ecclesiam uindicare, quae et sibi esset a rege Pippino comissa et in dominium clarissimi Caroli successionis iure transmissa. Ita eis diu multumque certantibus et re ad controuersiam sepe deducta directi sunt ex latere regis et semel et iterum et tertio legati fidissimi et ueraces, qui causam diligenter inquirerent litemque congrue terminarent, quique rem examinantes non aliud, quam quod abba protestatus fuerat, inuenerunt, regii scilicet quam ecclesiastici iuris possessionem loci saepedicti existere. Sed cum episcopo haec nequaquam sufficerent, famosissimus princeps habito in Saxonia super fontem, qui Lippia dicitur, generali conventu sub praesentia totius prope regni primatum et utriusque ordinis clarissimorum uirorum rem per se examinandam suscepit* … Vgl. BM² 253. Die Reichsversammlung zu Lippspringe (BM² 251b) fand im Juli 782 statt. Vgl. BM² 251–253.

Papst Hadrian berichtete in einem Brief an Karl über die Übeltäter aus Ravenna. Hadrian bat darum, sie durch die königlichen Missi vor ihn bringen zu lassen und zu bestrafen[3402].

Kurze Bemerkung:

Unklar ist, ob Karl in diesem Zusammenhang wirklich Missi nach Rom schickte.

786

Tätigkeit als Königsboten:

missi Karls des Großen in Italien, Neustrien und Aquitanien (= Krause I 6)

Diese Missi führten die aufständischen Thüringer nach Italien, Neustrien oder Aquitanien ab, um sie zum Treueid zu zwingen[3403]. Unklar ist, ob sie auch für die Verhaftung und Blendung der Verschwörer auf dem Rückweg verantwortlich waren.

Kurze Bemerkung:

Der Aufstand unter Führung Hardrads dürfte „den Anlass für die erste allgemeine Vereidigung im Jahr 789“ bilden[3404]. Nicht nachvollziehbar ist aber, nach welchen Kriterien Karl die Verschwörer teilte und jeweils entweder nach Italien/Rom, Neustrien oder Aquitanien

---

3402) Jaffé³ 4460 (783. 5.–10.); Cod. Carol. Nr. 75 S. 605–607, hier S. 606: *Quapropter poscentes quaesumus vestram a Deo protectam regalem potentiam per beatum Petrum apostolorum principem, cui a Domino potestas ligandi solvendique peccata in caelo et in terra data est, et ipsum sanctum baptisma, quod inter nos per spiritum sanctum habere videmur: illorum procacitas vester prefulgidus aspectus hilaris minime manifestetur, neque recipere ipsos nefandos vultu dignissimo dignemini; sed tamquam inimicos beati Petri et vestros existentes, eorum superbam gloriationem respuentes, ad nos dehonestatos per fidelissimos missos vestros humiles veniant, ut omnia, quae fati sumus, eorum comprobemus praesentia, quatenus, qui agunt talia iniqua atque perversa, per eos emendentur…*

3403) Ann. Nazar. a. 786 S. 161: *Transactis igitur quibusdam diebus, transmisit rex ipsos Thuringos una cum missis suis, aliquos in Italiam et ad sanctum Petrum, quosdam vero in Neustriam atque in Equitaniam per corpora sanctorum, scilicet ut iurarent fidelitatem regi liberisque eius quod et ita actum esse conprobatur. Qui exinde revertentes nonnulli ex illis detenti sunt in via et evulsi esse noscuntur oculi eorum. Aliqui vero pervenerunt ad civitatem Uuagionum et ibidem conprehensi sunt et exinde exiliati et illuc evulsi esse cognoscentur oculi eorum. Possessiones vero vel agros eorum omnes infiscati esse noscuntur*. Vgl. BM² 270c.

3404) Becher, Eid S. 79–85 und 122.

schickte. Diese Vereidigung war jedenfalls „die erste, die Karl innerhalb des Frankenreiches selbst anordnete“[3405].

787

TÄTIGKEIT ALS KÖNIGSBOTE:
legati Karls des Großen in Benevent (= KRAUSE II 22)

Nach dem Sieg gegen die Beneventaner schickte Karl der Große 787 seine Legaten ab, um ihnen den Treueid abzunehmen[3406].

KURZE BEMERKUNG:
Anders als die Vereidigung der ostfränkischen Verschwörer von 786 wird diese Vereidigung der Unterworfenen nicht als Vorstufe der allgemeinen Vereidigung von 789 angesehen, weil die Beneventaner keine Untertanen des Frankenkönigs waren[3407].

um 788 (vor 793)

TÄTIGKEIT ALS KÖNIGSBOTE:
missi Karls des Großen in Bayern (= KRAUSE I 15)

Mit einer Evindizierung (Konfiszierung) der Königslehen des Grafen Helmuni/Helmoin wurde ein anonymer Missus beauftragt[3408].

KURZE BEMERKUNG:
Hannig vermutet, dass die Missi sich auf GEROLD (I) bezogen[3409]. Jedenfalls behielt GEROLD die konfiszierten Güter als königliches *beneficium*, bis Karl der Große 793 sie Helmuni/Helmoin restituierte.

3405) Ebd. S. 213.

3406) Vita Karoli c. 10 S. 24: ... *legatisque ob sacramenta fidelitatis a Beneventanis exigenda atque suscipienda cum Aragiso dimissis* ...; ARF a. 787 S. 74: ... *iuraverunt omnes Beneventani, tam supradictus dux [sc. Areghis] quam et Rumaldus [sc. filius suus]*... Zu diesem Feldzug und der Vereidigung vgl. ABEL/SIMSON 1 S. 557–565; BM² 282c.

3407) BECHER, Eid S. 59, 75 und 212 f..

3408) Trad. Freising Nr. 166a (Freising, 793) S. 161–163, hier S. 162:... *dum [ego Helmoinus] de quibusdam rebus eram in contentione quas mihi in hereditatem evindicare conatus sum, contigit me a missis domni Karli gloriosissimi regis esse convictum et quod quesivi cum iustitia ut supradiximus in hereditatem obtinere non potui, sed in potestatem dominationis nostrae propriam id ipsum unde questi sumus redactum est*...

3409) HANNIG, Zur Funktion S. 279 f. Trad. Freising Nr. 166a S. 163: *Et reliqua confinia et loca per circuitum quae Keroldus comes ibidem habere in beneficio domni regis videbatur.*

793

TÄTIGKEIT ALS KÖNIGSBOTE:

missi Karls des Großen in Freising (= KRAUSE I 15)

In einer Schenkungsurkunde des Grafen Helmoin (Helmuni?) ist eine Tätigkeit von Missi Karls des Großen erwähnt. Nach der Aussage dieser Urkunde wurden die Güter eines Helmoin, die dieser als Eigengut erhalten wollte, von *missi* Karls konfisziert. Als er sie durch die Gnade des Königs wieder zurückerhielt, schenkte er sie der Kirche von Freising[3410].

KURZE BEMERKUNG:

Warren Brown sieht hier ein „act of mercy" (Gnade) des Königs, und macht darauf aufmerksam, dass sich diese Konfliktbeilegung und Schenkung während Karls Aufenthalt in Bayern ereigneten[3411]. Hannig weist darauf hin, dass der benachbarte Besitzer GEROLD (I) war[3412].

3410) Trad. Freising Nr. 166a S. 162: ... *sed dum de quibusdam rebus eram in contentione quas mihi in hereditatem evindicare conatus sum, contigit me a missis domni Karoli gloriosissimi regis esse convictum et quod quesivi cum iustitia ut supradiximus in hereditatem obtinere non potui, sed in potestatem dominationis nostrae propriam id ipsum unde questi sumus redactum est, quod ego volens nolensque cum omni iustitia consentire coactus sum. Quod ita et feci et credidi hoc me in proprietatem meam adsequi non posse. Audiens autem hoc clementissimus atque christianissimus magnus rex Karolus divina inspirante gratia in elymosinam sibi sempiternam concessit mihi per suam misericordiam in hereditatem perpetuum id ipsum quod quesivi et quod per iustissimam examinationem suae proprietati adeptum est. Eo tenore mihi eandem sub confirmatione concessit, ut mea esset potestas sicut de ceteris propriis meis donare tradere ubicumque voluissem pro aeterna mercede atque pro salute animę meę. Ea igitur mihi a clementissimo rege potestate concessa de ipsa re disposui tradere ad episcopatum Frigisiensis ad opus sanctae Mariae semper virginis territorium una cum omni confinio pertinente ad loca nominata Kaozesheim, Chuningesheid et Chriechesstat cum omnibus ...*

3411) BROWN, Unjust Seizure S. 133 f. mit Anm. 18. Der Awarenkrieg war einer der Hauptzwecke dieses Aufenthaltes 791–793. Vgl. BM² 311d–320g. Zu dieser Schenkung Helmoins an die Freisinger Kirche vgl. BOSL, Franken S. 139; STÖRMER, Adelsgruppen S. 51 und 54 f.

3412) HANNIG, Pauperiores vassi S. 321. Vgl. Trad. Freising Nr. 166a S. 163: *Nunc autem haec quae supradicta sunt omnia in elymosinam domni gloriosissimi Karoli regis et filiorum eius necnon et pro salute anime meę cum ipsa cartula donationis ego Helmoinus dono trado atque firmabo deo omnipotenti et sanctae dei genetrice Marię in praedicto loco episcopio Frigisingas [...] ibique venerabilis Atto episcopus praeesse videtur. Et reliqua confinia et loca per circuitum quae Kerol-*

808, Herbst

TÄTIGKEIT ALS KÖNIGSBOTE:

legati Karls des Großen in Sachsen (an der Elbe) (= –)

Im Herbst 808 befahl der Kaiser seinen Legaten, zur Verteidigung gegen die Slawen zwei Befestigungen an der Elbe zu bauen. Die Legaten mussten dort das Reich vor dem Einfall der Slawen schützen[3413].

KURZE BEMERKUNG[3414]:

Es ist gut vorstellbar, dass eine dieser beiden Befestigungen mit der Burg *Hohbuoki* identisch ist, die zumindest 810 nachweislich unter der Zuständigkeit des *legatus* ODO (I) war. Zu bemerken ist, dass diese militärischen Stellvertreter des Kaisers an beiden Stellen der Reichsannalen, an denen sie erwähnt werden, jeweils als *legatus*, nicht als *missus*, bezeichnet werden.

810, Frühjahr

TÄTIGKEIT ALS KÖNIGSBOTE:

nuntii Karls des Großen in das ganze Reich (= KRAUSE II 42)

Nachdem Karl in Aachen eine Nachricht über die Verwüstung von Friesland durch die Dänen erhielt, schickte er seine Sendboten zur Mobilisierung „überall in das Reich“[3415].

---

dus comes ibidem habere in beneficio domni regis videbatur et ipse Keroldus per missum suum nomine Adalunc vestivit de ipsa suprascripta loca et perduxit eum in circuitu et ostendit illi confinia quae legibus ad eum pertinebant, ipse Helmuni ut supradiximus pro mercede domni regis manibus suis tradidit ad supradicto domo sanctae Mariae.

3413) ARF a. 808 S. 127: *Imperator vero aedificatis per legatos suos super Albim fluvium duobus castellis praesidioque in eis contra Sclavorum incursiones disposito Aquisgrani hiemavit.*

3414) Literatur: ABEL/SIMSON 2 S. 390 f.; BM² 439a.

3415) ARF a. 810 S. 131: *Qui nuntius adeo imperatorem concitavit, ut missis in omnes circumquaque regiones ad congregandum exercitum nuntiis ipse sine mora palatio exiens primo quidem classi occurrere, deinde transmisso Rheno flumine in loco, qui Lippeham vocatur, copias, quae nondum convenerant, statuit operiri*; Ann. Maxim., a. 810 S. 24: *Quo audito, domnus imperator misit in omnes circumquaque regiones ad congregandum exercitum; ipse sine mora exivit de palatio, primo quidem classis occurrit, deinde transito Hreno flumine, Lippehamne expectavit exercitum.*

KURZE BEMERKUNG[3416]:
Diese Mobilisierung könnte mit der Formulierung eines Kapitulars desselben Jahres (MGH Capit. 1, Nr. 64) zusammenhängen[3417].

vor 813. 5. 9.

TÄTIGKEIT ALS KÖNIGSBOTEN:
missi Karls des Großen in Osthessen (*Hauucabrunno* zwischen Werra und Fulda) (= KRAUSE I 59)

Einen Teil des Waldes namens *Bocchonia* bei Fulda, den ein Karl getreuer Sachse namens Hiddi gerodet hatte, konfiszierten einige Missi mit der Begründung, dass dieser Wald einst zum Erbgut des *dux* Gerhaos gehörte. Hiddis Sohn Asig/Adalricus behauptete vor Karl, ein eigenes Erbrecht zu besitzen, und der Kaiser bestätigte diese Behauptung mit einer Urkunde vom 9. Mai 813[3418].

KURZE BEMERKUNG:
Hiddi und Asig werden zur älteren Generation der sächsischen Sippe der Esikonen gezählt[3419].

813. 9.*

TÄTIGKEIT ALS KÖNIGSBOTE:
Im Auftrag Karls des Großen im Norden jenseits der Elbe, an der fränkisch-dänischen Grenze (= –)

Aus der Reichsversammlung vom September in Aachen wurden die 16 fränkischen und sächsischen Magnaten nach Norden abgesandt, um an der fränkisch-dänischen Grenze einen Friedensvertrag abzuschließen und den Bruder der Dänenkönige zu seinen Landsleuten zurückzuführen[3420].

3416) Literatur: ABEL/SIMSON 2 S. 425–427; BM² 449b; HÄGERMANN, Karl der Große S. 555.

3417) Siehe Kapitel 2, § 2, 1, iv, „810" und „811".

3418) D KdG 218 S. 291: *Tunc pergens (sc. Hiddi) ad locum qui dicitur Hauucabrunno inter Uuiseraa et Fuldaa occupavit sibi partem quandam de silva quae vocatur Bocchonia, quam moriens dereliquit filio suo Asig, qui et Adalricus vocatur; sed postea venientes missi nostri ad eadem loca praedictam silvam ad opus nostrum conquisierunt, ad hereditatem scilicet Gerhao quondam ducis.*

3419) Vgl. dazu WENSKUS, Sächsischer Stammesadel S. 335–403, hier bes. S. 344–346 und 358 f.

3420) ARF a. 813 S. 138: *Missi sunt de hoc conventu quidam Francorum et Saxonum primores trans Albim fluvium ad confinia Nordmannorum, qui pacem cum eis secundum petitionem regum illorum facerent et fratrem eorum redderent. Qui-*

KURZE BEMERKUNG:
Diese Beauftragung ist vergleichbar mit dem Ereignis von 811. Obwohl dort in den Quellen nicht von einer „Absendung“ oder „Gesandten“ die Rede ist, kamen im Frühling zwölf fränkische *primores* zu einem Treffen mit den ebenfalls zwölf dänischen Großen an die Eider, um den Friedensschluss durch einen gegenseitigen, aber der jeweiligen Gewohnheit der Parteien entsprechenden Eid zu bestätigen. Von den zwölf fränkischen Großen kennen wir die Namen der elf Grafen[3421]. Außerdem finden sich die Namen der Missi bei anderen Gelegenheiten wie WALA* (an ihrer Spitze), BURCHARD (II), THEOTHAR* und UNROCH. Odo/Uodo könnte mit ODO (I) identisch sein.

bus cum pari numero – nam XVI erant – de primatibus Danorum in loco deputato occurrissent, iuramentis utrimque factis pax confirmata et regum frater eis redditus est. Dazu vgl. ABEL/SIMSON 2 S. 520; BM² 481a.

3421) ARF, a. 811 S. 134: *Condicta inter imperatorem et Hemmingum Danorum regem pax propter hiemis asperitatem, quae inter partes commeandi viam claudebat, in armis tantum iurata servatur, donec redeunte veris temperie et apertis viis, quae inmanitate frigoris clausae fuerunt, congredientibus ex utraque parte utriusque gentis, Francorum scilicet et Danorum, XII primoribus super fluvium Egidoram in loco, qui vocatur …, datis vicissim secundum ritum ac morem suum sacramentis pax confirmatur. Primores autem de parte Francorum hii fuere: Walach comes filius Bernhardi, Burchardus comes, Unrocus comes, Uodo comes, Meginhardus comes, Bernhardus comes, Egbertus comes, Theotheri comes, Abo comes, Osdag comes, Wigman comes; de parte vero Danorum inprimis fratres Hemmingi, Hancwin et Angandeo, deinde ceteri honorabiles inter suos viri, Osfrid cognomento Turdimulo et Warstein et Suomi et Urm et alius Osfrid filius Heiligen et Osfrid de Sconaowe et Hebbi et Aowin*; Ann. Maximin. a. 811 S. 24 f.: *Pax condita est inter imperatorem et Heimmingum regem Danorum, sed propter hiemis asperitatem firmari non potuit, quia in unum conloquium venire non potuerunt, qui eam firmare debuerant. Redeunte autem veris tempore, convenerunt in unum ex utrisque partibus: ex Francorum partibus Walh comes, Burchardus comes, Unrod comes, Odo comes, Bernhardus comes, Egbertus comes, Theoteri comes, Abo comes, Aosdac comes, Wigman comes; de parte vero Danorum fratres Heimmingi Hancwin et Angandeo, Ausfrid cognomento Turdimulo, Waststein, Suomi, Vurm et alius Ausfrid, Heiligen, Ausfrid de Scaonawa, Hebbi et Vowin, super fluvium Egidorum. Et utrisque partibus 12 datis vicissim secundum ritum ac morem suum sacramentis, pax firma facta est.* Vgl. ABEL/SIMSON 2 S. 465–467; BM² 460a.

800–814

TÄTIGKEIT ALS KÖNIGSBOTEN:

missi Karls des Großen (= –; Vgl. KRAUSE II 49)

Überliefert ist ein anonymisierter Brief an Kaiser Karl, in dem eine Frau, die sich als Karls Magd (*ancilla vestra*) bezeichnet, darüber Beschwerde führt, dass kaiserliche *missi*, deren Namen getilgt worden sind[3422], böswillig ihre legitim geerbten Güter weggenommen haben[3423]. Sie bittet den Kaiser um die Sendung seines *missus*, der den Sachverhalt untersuchen und sie schützen solle[3424].

814a

TÄTIGKEIT ALS KÖNIGSBOTEN:

missi/legati Ludwigs des Frommen im „ganzen“ Reich (= KRAUSE I 65)

Thegan beschreibt in seiner Biographie Ludwigs des Frommen eine umfangreiche Aussendung der Missi kurz nach dessen Regierungsantritt mit dem Ziel, Ungerechtigkeiten der Mächtigen und die Lage der Bedrückten zu *inquirere et investigare* und dann Gerechtigkeit herzustellen – *iustitias facere*[3425]. Diese Aussendung der Missi kann man

3422) Vgl. Formulae Bituricensis Nr. 14, in: MGH Form. S. 174 Anm. c.

3423) Ebd. S. 174: *Venerunt itaque* [ca. 32 getilgte Buchstaben] *dicentes, quod ex iussione vestra missi vestri fuissent, et per mala ingenia atque forcia mihi res proprietatis meae tulerunt quae legitime atque iurae hereditario mihi obvenerunt, et Ioseph episcopo mihi tradere conpulerunt, et aec omnia per mala ingenia atque contrarietate.*

3424) Ebd. S. 174: … *sicut pietas vestra potest cognoscere, si fuerit missus, qui veraciter hoc faciat investigare. Peto namque pietati vestrae, ut exinde revestita fuissem, per misericordia vestra talem missum habuissem, qui mihi exinde in locum protectionis vestrae defensare et munburire fecisset, qualiter pietati vestrae interveniente exinde recuperata fuissem.*

3425) BM² 519k; Thegan c. 13 S. 192 und 194: *Eodem tempore supradictus princeps misit legatos suos super omnia regna sua inquirere et investigare, si alicui aliqua iniustitia perpetrata fuisset; et si aliquem invenissent, qui hęc dicere voluisset et cum verissimis testibus hoc comprobare potuisset, statim cum eis in praesentiam eius venire praecepit. Qui egressi invenerunt innumeram multitudinem oppressorum aut ablatione patrimonii, aut expoliatione libertatis, quod iniqui ministri, comites et locopositi per malum ingenium exercebant. Hęc omnia supradictus princeps destruere iussit acta, quę impie in diebus patris sui per iniquorum ministrorum manus facta fuerant. Patrimonia oppressis reddidit, iniustę ad servitium inclinatos absolvit, et omnibus praecepta facere iussit et manu propria cum subscriptione confirmavit. Fecit enim hoc diu temporis.* Thegan berichtet für das Jahr 814 eine

mit der Aachener Versammlung vom Sommer 814[3426] verbinden, über welche die Reichsannalen und der Astronomus informieren[3427].

---

allgemeine Bestätigung und Erneuerung der einzelnen (Immunitäts-)Privilegien, welche Ludwigs Vorgänger für die kirchlichen Institutionen (d. h. nicht nur Klöster, sondern als auch Bischofskirchen) verliehen hatten, durch den neuen Kaiser. Thegan c. 10 S. 192: *Eodem anno iussit supradictus princeps renovare omnia praecepta quę sub temporibus patrum suorum gesta erant ęcclesiis Dei, et ipse manu propria ea cum subscriptione roboravit.* Dabei wurden Immunitätsprivilegien nicht nur bestätigt, sondern in der Regel um den Königsschutz erweitert. Da dies die kaiserliche Kirchenhoheit verstärkte, ist diese Maßnahme sowohl kirchenpolitisch als auch verfassungsrechtlich als eine Wende anzusehen, die zum Aufbau der Königs-/Reichskirche führte. SEMMLER, *Iussit … princeps*; SEMMLER, Renovatio S. 128 f.; BOSHOF, Ludwig der Fromme S. 108 f. Es ist zwar nicht klar, ob sich diese reichsweit angelegte Reform und die oben genannten Legationen der Missi von 814 aufeinander bezogen, doch ist denkbar, dass die Missi die Betreffenden auf ihrer Legationsreise über die Maßnahme informieren mussten, wenngleich die Erneuerung der Immunitätsprivilegien schon vor der Aachener Sommerversammlung begonnen hatte. BM² 522–529; D LdF 11 (Aachen, 814. 4. 23.: interpoliert), Nr 12 (Aachen, 814. 4. 23.), Nr. 13 (Aachen, 814. 4. 24.), Nr. 14 (Aachen, 814. 5. 31.), Nr. 15 (Aachen, 814. 7. 11.), Nr. 16 (Aachen[?], 814–825, 814. 7. 11.[?]), Nr. 17 (–, 814. 7. 28.), Nr. 18 (Aachen, 814. 8. 1.) S. 33–49.

Auch Ermoldus Nigellus beschreibt in seinem Lobgedicht für Ludwig diese Legationen und die Erneuerung der Urkunden. Ermoldus, Carmen, v. 824–830 S. 64–66: *Eligit extemplo missos, quos mittat in orbem, / Quorum vita proba sit, generosa fides, / Munera quos nequeant flecti, nec saeva potentum / Blandities, favor, aut ingeniosa lues, / Qui peragrent celeres Francorum regna per ampla, / Justitiam faciant judiciumque simul, / Quos pater aut patris sub tempore presserat urguens / Servitium relevent munere sive dolo. / O quantos qualesque viros, quos aspera jura / Lexque aurata premit atque potens precio, / Liberat ipse potens et libertatis honorem / Praestat habere sui Caesar amore patris! / Atque suis manibus praefirmat munere chartas, / Degere quis cuncto tempore jure queant. / Belliger ipse pater cum regna adquireret armis; / Intentus bellis assiduusque foret, / Tum vitium hoc passim spissis succrevit aristis, / Sed tamen adveniens mox, Hludowice, secas. / Qualia per mundum confregit gesta Celidri! / Christicolis cessit munera quanta quidem! / Haec canit orbis ovans late vulgoque resultant; / Plus populo resonant, quam canat arte melos. / Cujus clarescens crescit doctrina per orbem: / Commissum imperium ordinat, armat, alit.*

3426) Während Simson nach der Angabe von Chron. Mois. a. 815 (S. 133: … *III. kalendas Augusti …*) auf den 30. Juli 814 datiert, tut dies Mühlbacher aufgrund der Angabe der Chron. Lauris. breve., a. 814 (V, 1 S. 38: … *Kalendis Augusti mensis …*) auf den 1. August 814. SIMSON 1 S. 25 mit Anm. 7; BM² 528a.

3427) ARF a. 814 S. 141: *Habitoque Aquisgrani generali populi sui conventu ad*

Eine konkrete Spur dieser Legationen kann man in einem Urkundenformular bezüglich der aufgrund des Berichts der Missi vollzogenen Restitution von Freiheit finden: Mühlbacher datiert eine dem Formular Nr. 14 der Formulae Imperialis zugrunde liegende Urkunde auf 814[3428].

KURZE BEMERKUNG:

Dieses Formular ist zu vergleichen mit dem Formular Nr. 5 der Formulae imperiales, bei dem es sich ebenfalls um eine Restitution der Freiheit handelt. Auch hier ist von einer Inquisition herrscherlicher Missi die Rede, aber da das Formular Nr. 5 die umfangreiche Aussendung der Missi nach dem Tod Karls des Großen nicht erwähnt, ist es schwer zu beurteilen, ob es auch bei der Legation von 814 benutzt worden ist[3429]. Denn das Formular Nr. 9, das ebenfalls die Restituti-

---

iustitias faciendas et oppressiones popularium relevandas legatos in omnes regni sui partes dimisit …; Astronomus c. 23 S. 354: *Eodem anno generalem conventum Aquisgrani habuit et per universas regni sui partes fideles ac creditarios a latere suo misit, qui equi iuris tenaces existentes perversa corrigerent omnibusque congruum ius equo libramine penderent.* Obwohl von keiner Aussendung der Missi die Rede ist, verbindet das Chronicon Moissiacense im Codex Paris BN lat. 5941 (sog. Chronicon Anianense) diese große Versammlung mit der Maßnahme zur Restitution der Freiheit von Frauen. Chron. Mois., a. 814 (Chronicon Anianense) S. 130: *Et in ipso anno uenerunt ad imperatorem episcopi, abbates, comites, duces, et mulieres ac uiduas, et locutus est cum eis de causis necessariis et de utilitate sanctae ecclesiae. Et in ipso loco mandauit, ut mulieres in servitutem redactas (non* über die Zeile, ebd. Anm. 2.*) fuissent, et acciperent libertatem.*

3428) Form. imp. Nr. 14 S. 296:… *idcirco nos in Dei omnipotentis nomine atque adiutorio post decessum domni et genitoris nostri Karoli serenissimi imperatoris, de sua atque nostra elemosina inchoantes, decrevimus cum proceribus et fidelibus nostris, ut per omnes provincias regni a Deo nobis commissi legatos mitteremus, qui omnia pravorum comitum sive iudicum vel etiam missorum a palatio directorum facta diligenter investigarent et, ubi aliquid iniuste factum invenirent, emendare et ad iustititam revocare contenderent. Inter quos cum fideles missi nostri ille et ille, qui in pago illo ob eandem rationem directi fuerunt, inter ceteros violenter oppressos invenissent quendam hominem nomine illum ab illo comite quondam iniuste et contra legem in servicium redactum nobisque ordinem ac seriem huiusmodi iniuste et contra legem facti reportassent, placuit nobis, atque ita decernimus, ut eum iterum ad libertatem suam redire permittatur. Quapropter et hoc nostre auctoritatis praeceptum ei concedere ac dare iussimus, per quod …*; BM² 560; D LdF F 14 (814?) S. 1186 f.

3429) Form. imp. Nr. 5 S. 291: … *qualiter, cum quidam homines de territorio civitatis illius, de villa, cuius vocabulum est illius, coram nobis questi essent, dicentes,*

on der zu Unrecht entzogenen Freiheit behandelt, wird um 825 datiert[3430].

Ob die Angabe im Chronicon Moissiacense, a. 815, auch dieses Ereignis beschreibt, ist zu überlegen[3431]. Der kaiserliche Befehl an die Missi und Grafen zur Durchsetzung der Gerechtigkeit und über die Wiederherstellung der zu Unrecht entzogenen Besitztümer und der Freiheit scheint zwar mit der oben beschriebenen Legation übereinzustimmen[3432]. Die vorausgehende Erzählung über die Einsetzung der zwei Königssöhne als Könige von Bayern und von Aquitanien auf der Aachener Reichsversammlung wird auch zu den Ereignissen vom Sommer 814 gezählt[3433]. Aber der Aufstand der Basken „in demselben Jahr", dessen Beschreibung sich direkt an die Darstellung vom Befehl an die Missi und Grafen anschließt, dürfte in Zusammenhang mit dem großen Aufstand dieses Volks von 816 stehen und nicht im

---

iniuste sibi ab illo comite ereptam fuisse libertatem, et nos hoc ita verum esse, fidelibus missis nostris, illum et illum, inquirentibus et nobis renuntiantibus, comperissemus, iussimus eos a iugo inique servitutis absolvendis pristinam reddere libertatem. Propter quod hanc nostre auctoritatis praeceptionem eisdem dari iussimus, per quam … ; D LdF F5 S. 1182. Vgl. SCHMITZ, Kapitulariengesetzgebung S. 499 f. mit Anm. 141, der die Möglichkeit erwähnt, dass das Formular Nr. 5 in den Kontext der Legationen von 814 gestellt werden kann.

3430) Form. imp. Nr. 9 S. 293; D LdF F 9 (Ende 825) S. 1184. Zu diesem Formular siehe HETTI und ADALBERT (II) in der Prosopographie.

3431) Chron. Mois., a. 815 S. 133 f.: *Et III. kalendas Augusti habuit consilium magnum in Aquis. et constituit duos filios suos reges Pipinum et Clotarium. [*ergänzt im Codex Paris BN lat. 5941, sog. Chronicon Anianense: *Pipinum super aquitaniam et uasconiam, Clotarium] super Bagoaria [Baioriam* im *Chron. Anian.], et decreuit in ipso synodo domnus imperator Ludouicus ut in uniuerso regno suo monachi regulariter uiuerent secundum regulam [*ergänzt im *Chron. Anian.*: *sancti Benedicti], et canonici secundum canonum auctoritate . Mandauit etiam missis et comitibus suis ut iusticias facerent in regno ipsius. Et si aliqui homines iniuste priuati fuissent de hereditate parentum per cupiditatum comitum aut diuitum ut reddere facerent. Nec non et si aliqui homines iniuste in seruitute redacti erant, ut iterum acciperent libertatem. Eodem anno Uuascones reuellant contra imperatore [imperatorem* im Chron. Anian.*].*

3432) Vgl. BM² 519k.

3433) BM² 528a. Ohne konkrete Information über die herrschaftliche Tätigkeit der beiden Kaisersöhne nach 814 in Bayern und in Aquitanien kann man sich allerdings eine systematische Herrschaftsverteilung am Regierungsanfang Ludwigs nicht vorstellen, bei der die Kaisersöhne und die Missi dominici jeweils in ihrem vertrauten Regnum oder Missaticum herrschaftlich den Kaiser vertreten sollten.

Jahr 814 geschehen sein[3434]. Noch heikler ist die Datierung des kaiserlichen „Dekrets“, dass Mönche nach der Benediktsregel, Kanoniker nach den autoritativen *Canones* leben sollten. Da eine derartige Maßnahme für 814 in anderen Quellen nicht nachweisbar ist, kann man sie besser mit der Aachener Reform der Lebensordnung von Mönchen und Kanonikern vom August 816 in Zusammenhang bringen[3435]. Deswegen lasse ich offen, ob die im Chronicon Moissiacense, a. 815, beschriebene Aussendung der Missi 814 oder 816 geschehen ist.

814b

TÄTIGKEIT ALS KÖNIGSBOTE:
missi Ludwigs des Frommen im östlichen Teil des Reichs (= KRAUSE II 53)

Im August 814 empfing Kaiser Ludwig auf der Aachner Reichsversammlung die Gesandten des byzantinischen Kaisers, die die von Karl dem Großen nach Konstantinopel gesandten Missi, nämlich AMALAR und PETRUS (I), begleiteten[3436]. Als Ludwig sie heimkehren ließ, schickte er die Missi voraus, die ihre gastliche Aufnahme vorbereiten und kontrollieren sollten[3437].

816a

TÄTIGKEIT ALS KÖNIGSBOTE:
missi Ludwigs des Frommen zwischen Rom und Reims (= KRAUSE II 60)

Im Zusammenhang mit der Reise des neu gewählten Papstes Stephan IV. berichtet der Astronomus von drei Empfangsgesandtschaften, bestehend aus König Bernhard von Italien, den hier behandelten anonymen Missi und letztlich den geistlichen Missi unter Leitung von HILDEBALD (I) von Köln, THEODULF von Orléans und JOHANNES (II) von Arles. Wahrscheinlich über die zweite Empfangsgesandtschaft berichtet Thegan, dass sie neben dem ehrerbietigen

3434) BM² 612a.

3435) Vgl. BM² 622a; HARTMANN, Die Synoden S. 156.

3436) BM² 528a; NERLICH, Diplomatische Gesandtschaften S. 40, 181 und 183. Siehe AMALAR und PETRUS (I) in der Prosopographie.

3437) Thegan c. 9 S. 190: *Non post multos autem dies magnis honoribus decoravit eos (sc. legatos Graecorum) et dimisit ire ad propria, et ante eos misit missos suos praeparare eis, quicquid desiderabant ad opus eorum, quousque fuissent in regno eius*. NERLICH, Diplomatische Gesandtschaften S. 130.

Empfang noch die Gastung für den Papst und seine Leute vorbereiten sollten[3438].

KURZE BEMERKUNG:

Diese Empfangsgesandtschaft mit der Funktion der Gastungsbereitung ist vergleichbar mit der Legation FROTHARs* 825.

816b

TÄTIGKEIT ALS KÖNIGSBOTE:

missi Ludwigs des Frommen im ganzen Reich? (= –)

Auf der Aachener Synode 816 wurden zwei *Institutiones – canonicorum* und *sanctimonialium* – schriftlich formuliert. Nach dem Astronomus sandte Kaiser Ludwig seine Missi an „alle Städte (hier gemeint sind Bischofssitze) und Klöster (in denen man nicht nach der monastischen Regel lebte)", um dieses Buch nach dem amtlichen authentischen Text jeweils vor Ort[3439] abschreiben zu lassen[3440].

KURZE BEMERKUNG[3441]:

Die Legationen von ADALHELM, EGELRICUS, ERMENFREDUS, HAYMO und NOTHO sind nicht als Sonderfälle für die abwesenden und vorzeitig abgereisten Metropoliten[3442], sondern als konkrete Beispiele für die umfangreiche Aussendung von Missi zu interpretieren.

3438) Astronomus c. 26 S. 364–366; Thegan c. 16 S. 196; ARF a. 816 S. 144. Das vollständige Zitat findet sich bei HILDEBALD (I) in der Prosopographie. Zu dieser Gesandtschaft vgl. HACK, Empfangszeremoniell S. 419 f. und 422 f.

3439) Der Astronomus sieht hier einen *liber canonicę vitae normam gestans* für alle *viri* und *sanctimoniales*.

3440) Astronomus c. 28 S. 376: *Quem librum per omnes civitates et monasteria canonici ordinis sui misit imperii per manus missorum prudentium, qui illum in omnibus supradictis facerent transcribi locis, debitaque atque conscripta exigerent stipendia ministrari.* Der Astronomus scheint zwei missatische Legationen vermischt zu haben, nämlich die eine von 816 zur Kontrolle der Vervielfältigung der Texte und die andere vom September 817 zur Inspektion der Beachtung dieser Regeln, besonders wenn er diese Reichsversammlung im Jahr 817 datierte. Astronomus S. 375 Anm. 375. Siehe auch ADALHELM, EGELRICUS, ERMENFREDUS, HAYMO, NOTHO und die anonymen Missi „817. 9. a" und „817. 9. b" in der Prosopographie.

3441) Literatur: GANSHOF, Note sur la date; SCHIEFFER, Domkapitel S. 242–244; SEMMLER, Kanoniker S. 70–73; SEMMLER, Schriftlichkeit S. 80.

3442) Vgl. HARTMANN, Die Synoden S. 157.

816c

TÄTIGKEIT ALS KÖNIGSBOTE:
inspectores Ludwigs des Frommen im ganzen Reich? (= –)

Nach der Aachener Synode von 816 wurde neben BENEDIKT von Aniane eine Anzahl tüchtiger Mönche vom Kaiser damit beauftragt, zur Durchsetzung der einheitlichen monastischen Regel von einem zum anderen Kloster zu reisen und das Leben der dortigen Mönche zu kontrollieren[3443]. Diese monastischen Missi wurden wahrscheinlich auch damit beauftragt, das auf der Synode entstandene Capitulare monasticum I bekanntzumachen, wie in einem zeitgenössischen Kommentar zu dieser monastischen Gesetzgebung angedeutet[3444].

817, Sommer

TÄTIGKEIT ALS KÖNIGSBOTE:
legatus Ludwigs des Frommen in Sachsen/Ostgrenze (= KRAUSE II 65)

Der Kaiser erhielt eine Nachricht über die Unruhe unter den Slawen und befahl den Grafen an der Ostgrenze durch seinen *legatus*, die Grenzlinie, für die sie jeweils zuständig waren, sicher zu schützen[3445]. Aus dem Text erschließt sich nicht klar, ob dieser *legatus* Heerführer war und die hier befohlene Verteidigungsoperation leiten

3443) Astronomus c. 28 S. 376. Siehe BENEDIKT in der Prosopographie.

3444) Actuum praeliminarium synodi primae Aquisgranensis commentationes sive statuta Murbacensia, in: CCM 1 Nr. 19, hier S. 450: *Ad quorum exempla informandos per uniuersa regni sui coenobia monachos decreuit imperialis censura, ut uno modo ea quae ex auctoritate regulae seu illa quae ex consuetudinum adinuentione aguntur in usu habeantur. Unde necessarium reor, si uestrae placet dilectioni, ut in his ante premoniti certamen habeatis in his omnibus instrui, ut bonis et honestis moribus exculti non tantum coram deo laudabiles, sed etiam coram hominibus habitus uestri situs possit ad humilitatem et gratiarum actionem ceteros prouocare. Interim prouidendi sunt unus aut duo qui in unum quodlibet ex his coenobiis mittantur ad speculandam uitam et habitum illorum, qui nos in omnibus in quibus fortasse titubamus certiores reddant, qui et illis boni exempli forma sint ad quos intrauerint et nobis sine zizaniis mixtum triticum reponendum in horrea reportent.* Vgl. GEUENICH, Zur Stellung und Wahl S. 175 f.; SEMMLER, Schriftlichkeit S. 80 mit Anm. 135.

3445) ARF a. 817 S. 147: *Nuntiataque defectione Abodritorum et Sclaomiri comitibus tantum, qui iuxta Albim in praesidio residere solebant, ut terminos sibi commissos tuerentur, per legatum mandavit.* Vgl. BM² 656a.

sollte oder ob er den betreffenden Grafen den herrscherlichen Befehl nur als einfacher Bote überbrachte.

817. 9. a

TÄTIGKEIT ALS KÖNIGSBOTE:

Ab dem 1. September 817: *missi* Ludwigs des Frommen im ganzen Reich (= –; KRAUSE I 70)

In den an die Erzbischöfe adressierten kaiserlichen Briefen von 816 wurde angekündigt, dass die kaiserlichen Missi ab dem kommenden 1. September, etwa ein Jahr nach der Einführung der 816 bekanntgemachten Regeln für die Kanoniker und Kanonissen[3446], deren Durchführung und Befolgung in den einzelnen Regionen untersuchen sollten[3447]. Nach der dichterischen Wiedergabe der Delegation durch Ermoldus hätte Ludwig der Fromme *electos cleri notosque fideles*, die die kirchliche Lehre gut erlernt hätten, als seine Missi gewählt. Ermoldus' Ausdruck in Ludwigs Mund, *o famuli nostro nutrimine freti / Sive patris Caroli*, legt die Vermutung nahe, dass diese Geistlichen zur engeren Umgebung des Kaisers, möglicherweise zu den Hofgeist-

3446) Der kaiserliche Rundbrief erwähnt die Frist von einem Jahr für die Durchsetzung. MGH Conc. 2,1 Nr. 39, C (Fasssung Bordeaux und Salzburg = D LdF B 2 und 1 S. 1209), hier S. 461: ... *quia unius anni spacium dedimus, ut ea, quae premissa sunt, absque ullius difficultatis excusatione perfici, ubi necdum facta erant, facillime possent.*

3447) MGH Conc. 2,1 Nr. 39, C (Fasssung Bordeaux und Salzburg), hier S. 460 f.: *Omnes ergo tuae dioceseos episcopi et ceteri praelati eam vigilanti cura transcribere, sollerti studio intelligere, instantissimae assiduitatis exercitio divinitus adiuti operibus conplere decertent, ut, cum nos huius rei gratia inquirendae venturis Kalendis Septembribus, sicut eidem sacro et memorabili concilio meminimus nos dixisse facturos, missos nostros per imperium a Deo nobis conlatum destinaverimus, remota cuiuslibet difficultatis obpositione eiusdem salutiferae institutionis et praelati et subditi, prout Dominus posse eis dederit, strenui inveniantur operatores, quoniam diligenti indagine, vita comite, perquirere iubebimus, quis praelatorum iniunctum sibi officium strenue peragat vel quis in claustris canonicorum et ceteris habitationibus construendis et in necessariis stipendiis eis tribuendis et in domibus ad receptacula pauperum praeparandis sanctioni nostrae paruerit quisve clerum suum eadem institutione et caeteris spritalibus documentis instruere curaverit vel quis causa avaritiae eos, quos in Christi milicia rationabiliter alere poterat, propulerit, quia unius anni spacium dedimus, ut ea, quae premissa sunt, absque ullius difficultatis excusatione perfici, ubi necdum facta erant, facillime possent.* Vgl. anonyme Missi „816b“ in der Prosopographie. Die in diesem Brief erläuterte Aufgabe der Missi entspricht inhaltlich der unten zitierten Beschreibung von Ermoldus.

lichen, gehört haben. Ludwig hätte sie vor ihrer Legation mündlich über ihre Aufgaben instruiert, auch wenn Ermoldus diese kaiserliche Rede nicht wörtlich wiedergegeben hätte[3448].

KURZE BEMERKUNG[3449]:

Diese Missi und die monastischen Missi („817. 9. b“) könnten mit denjenigen Missi identisch sein, die der Astronomus bei seiner Darstellung der Aachener Reichsversammlung vom Winter 818/819 erwähnt. Ihm zufolge kamen die Missi, die der Kaiser vorher reichsweit ausgeschickt hatte, anlässlich dieser Reichsversammlung zurück und erstatteten dem Kaiser Bericht[3450].

3448) Ermoldus, Carmen, II, v. 1138–1179 S. 88–92: *Denique fama sonat latum vulgata per orbem / Quod pius induperans regna novare cupit. / Ordinat electos cleri notosque fideles, / Quorum vita sibi cognita sive placens, / Qui peragrent urbes regni, coenobia, castra, / Cuncta sui implentes jussa benigna viri. / »Eia,« ait, »o famuli nostro nutrimine freti, / Sive patris Caroli quos bene dogma docet, / Intenti nostris omnino insistite jussis, / Et mea verba pio pectore suscipite. / Res equidem peragenda manet satis ardua vobis, / Sed bona credo quidem aptaque christicolis: / Ecce, operante Deo, patrumque labore fideli, / Limina regnorum inviolata manent / Famaque Francorum hostes procul expulit atros; / Vivimus en laeti, pacificeque pie. / Sed, quia non bellis certandum est, ducimus aptum / Ut nos subjectis congrua jura demus. / Nam prius Ecclesiae culmenque decusque requiram, / Unde mei patres nomen in astra ferunt. / Nam mihi mente sedet, dederim quod nuper in orbem / Legatos, populos qui pietate regant: Nunc, nunc, o missi, certis insistite rebus, / Atque per imperium currite rite meum, / Canonicumque gregem sexumque probate virilem, / Femineum necnon, quae pia castra colunt: / Qualis vita, decor, qualis doctrina modusque, / Quantaque religio, quod pietatis opus, / Pastorique gregem quae convenientia jungat, / Ut grex pastorum diligat, ipse ut oves; / Si sibi claustra, domos, potum, tegimenque, cibumque / Praelati tribuant tempore sive loco / (Haud aliter complere queunt ex ordine cultum / Divinum, nisi haec det pia cura patrum). / Sed tamen Ecclesiae vires pensentur, et arva / Congrua, sive loca fertiliora minus. / Inventa prorsus rotulis committite cordis / Et mihi sollicite cuncta referte, placet, / Qui bene, quive minus, medieque nihilque (quod absit!) / Vivant seu teneant dogmata prisca patrum / Haec ego perpaucis vestris nunc insero verbis / Auribus; ast vosmet quaerere plura decet«.*

3449) Zu diesen Missi und den gleichzeitig abgeordneten monastischen Missi („817. 9. b“) vgl. SEMMLER, Schriftlichkeit S. 80 f.

3450) Astronomus c. 32 S. 390 und 392: *Qua hieme imperator in eodem palatio conventum populi sui celebravit publicum et renuntiantes sibi missos de omni regno suo, quos pro statu ecclesię, restaurando deiecta vel confirmando stantia miserat, audivit, et quicquid utile iudicavit, sancta inpellente devotione superaddidit, nichilque intactum reliquit, quicquid ad honorem sanctae Dei ecclesię proficere*

Überliefert ist ein Brief HETTIs von Trier an seinen Suffragan FROTHAR* von Toul, etwa drei Jahre nach der Einführung der monastischen und der Kanonikerregel geschrieben, über die Durchführung und Befolgung dieser Regeln. HETTI musste diesem Brief zufolge auf der „nächsten" Reichsversammlung dem Kaiser Bericht darüber erstatten. In diesem Brief bezeichnet HETTI weder sich selbst noch seinen Adressaten als Missus[3451]. Dieser Befund dürfte darauf hindeuten, dass weder Erzbischöfe noch Bischöfe bei der Legation vom Herbst 817 zur Kontrolle der Kanonikerregel zu Missi ernannt wurden. Anzumerken ist ferner, dass HETTI in einem anderen Zusammenhang, bei der dringenden Mobilisierung im Sommer 817, als kaiserlicher Missus nachgewiesen ist[3452].

Die großen „Widerstände und Schwierigkeiten [...] die solchen Reformvorhaben selbst in einem relativen ‚Kerngebiet' der fränkischen Kirche" entgegenstanden, worauf der oben zitierte Brief HETTIs hinweisen dürfte[3453], konnten bis zur Aachener Versammlung von 818/819 nicht überwunden werden. Ein Kapitel aus den bischöflichen Vorschlägen, die auf einer nicht genau datierbaren Synode beschlossen wurden, zeigt, dass der Kaiser für die Durchsetzung dieser Regeln weiter seine Missi und die Metropoliten einsetzen wollte[3454].

---

posse visum fuit. Interea capitula quedam legibus superaddidit, in quibus cause forenses claudicare videbantur, que actenus veluti pernecessaria servantur. Vgl. auch Ermoldus, Carmen, III, v. 1756–1795 S. 132–136: *Legati interea, quos dudum miserat orbi / Caesar, ut Ecclesiae cresceret almus honor, / Jussa patrata pii, perfectisque ordine rebus, / Undique conveniunt, orsa parata ferunt. / Urbes innumeras seu castra monastica cuncta, / Canonicosque greges seu, Benedicte, tuos, / Rite peragrantes, Caesar quo maximus illis / Jusserat, adveniunt, haec quoque dicta canunt: / »Multa, favente Deo, vestrosque labore fideli / Vidimus ornata sive peracta pie [...]« / Reddidit ast illis Caesar mox pectore grates, / Munificis donis munerat hos pariter.*

3451) Frothar Nr. 29 (Ende 818/Anfang 819) S. 142/144. Dieser Brief wird von Hampe und den anderen ihm folgenden Forschern auf die Jahreswende 818/819, also vor oder anlässlich der Aachener Reichsversammlung im Winter 818/819 datiert. Zu dieser Datierung tendiert auch Semmler in seinem neueren Aufsatz, obwohl er einst diesen Brief auf 819 oder kurz danach, nämlich erst nach der Aachener Versammlung datierte. Vgl. HAMPE, Datierung S. 750 f.; SEMMLER, Reichsidee S. 361 f. mit Anm. 80; SCHIEFFER, Domkapitel S. 244; SEMMLER, Kanoniker S. 75.

3452) Siehe Legation 1 von HETTI in der Prosopographie.

3453) SCHIEFFER, Domkapitel S. 244.

3454) MGH Conc. 2,2 Nr. 49 (819/829) c. 9, hier S. 595: *De institutione vitae ca-*

817. 9. b

TÄTIGKEIT ALS KÖNIGSBOTE:

missi Ludwigs des Frommen im ganzen Reich (= –)

Bei der Darstellung der Aussendung der Missi zur Kontrolle der 816 festgesetzten Kanoniker- und Kanonissenregeln („817. 9. a") erwähnt Ermoldus auch eine Aussendung von Mönchen als kaiserliche *legati*, die die Lebensweise der Mönche untersuchen sollten. Dieser Darstellung zufolge hätte der Kaiser dabei *iterum* seine monastischen Missi ausgesandt, was auf die monastische Legation von 816 (816c) hindeutet[3455]. In der Tat scheint während der Aachener Versammlung von 816, zumindest vorläufig, beschlossen worden zu sein, dass der Termin für die Einführung der neu gesetzten monastischen Normen der folgende 1. September sein sollte, das ist der gleiche Termin wie für den Beginn der Kontrolle der gleichzeitig eingeführten *institutiones* der Kanoniker und Kanonissen[3456].

KURZE BEMERKUNG:

Die Legation von AARON und ADALFRID in Fulda ist das konkret nachweisbare Beispiel für die monastisch-reformatorischen Missi von 817[3457]. Ob diese monastischen Missi wie die von 816 das im Juli beschlossene Capitulare monasticum II auf ihrer Legationsreise

nonicorum, quam Deo inspirante et administrante pia misericordia vestra ordinavit, ut omnes idem sentiant et huius proprio metropolitano cura delegetur, quatenus in singulis locis, ubicumque secundum iussionem vestram completa est, perfecte custodiatur et, ubi necdum consummata est, providentia et studiis perficiatur. Hic enim et congruentius ceteris missis suos suffraganeos canonica auctoritate sedulo admonere potest et tam per se quam per missos a se frequenter destinatos, ubicumque emendatione egeat perquirendo, sollicita investigatione, qualiter in locis omnibus servetur, invenire. Zu dieser Synode HARTMANN, Die Synoden S. 171 f. Vgl. SEMMLER, Kanoniker S. 75.

3455) Ermoldus, Carmen, II, v. 1180–1183 S. 92: *Legatos etiam monachorum ex ordine lectos / Caesar adesse jubet, qui sua jussa colant, / Quos iterum mittat per sacra monastica castra, / Et rogat inquirant, ut pia vita meet.*

3456) Actuum praeliminarium synodi primae Aquisgranensis commentationes sive statuta Murbacensia, in: CCM 1 Nr. 19 c. 3, hier S. 444: … *quae indutiae usque kalendas septembres proximas dande sunt.* Vgl. hierzu SEMMLER, Kanoniker S. 74 mit Anm. 99.

3457) Siehe AARON und ADALFRID in der Prosopographie. Vgl. auch ALDRICH, ARNULF, BENEDIKT, HAYMO und SMARAGD in der Prosopographie.

bekanntmachen sollten, ist mit den überlieferten Quellen nicht zu beurteilen[3458].

Wahrscheinlich in diesen Kontext zu stellen sind die Capitula in Auuam directa (817/821), ein Brief zweier Mönche an Abt HAITO von Reichenau, die mit einer *legatio* beauftragt waren, um im Musterkloster Inden das Leben der Mönche zu beobachten und die Unterschiede zum mönchischen Leben auf der Reichenau offenzulegen. Die Bestimmungen, die von den Reichenauer Gepflogenheiten abwichen, wurden von den beiden Mönchen in zwölf Kapiteln erfasst und an ihren Abt gesandt. Hier ist also eine Reaktion aus der regionalen Seite auf die monastische Gesetzgebung dieser Zeit zu beobachten[3459]. In den Capitula notitiarum findet sich ein Kapitel, das die Inspektion der Missi *pro hoc* erwähnt[3460].

817, Herbst

TÄTIGKEIT ALS KÖNIGSBOTE:
nuntii Ludwigs des Frommen ins ganze Reich (= KRAUSE II 66)

Als Ludwig die Nachricht von der Rebellion seines Neffen Bernhard von Italien erhielt, schickte er ins „ganze Reich" seine Gesandten (*nuntii*) zur Mobilisierung ab, um so schnell wie möglich einen Vorstoß aus Italien zu verhindern[3461].

KURZE BEMERKUNG:
Ein konkretes Beispiel des Mobilmachungsbefehls von 817 findet sich im Brief des Erzbischofs HETTI von Trier[3462]. Damit ist folgende Befehlsstruktur im Fall vom Herbst 817 denkbar: Der Kaiser befahl den Verantwortlichen in einzelnen Regionen (kaiserlichen *legati* wie HETTI) durch seine Eilboten (*nuntii* = „817, Herbst"), jeweils in ihren Zuständigkeitsbereichen mobilzumachen.

3458) CCM 1 Nr. 21 S. 473–481 = MORDEK Nr. 17 S. 1005–1008.

3459) Epistolae variorum inde a morte Caroli Magni Nr. 5 S. 305–307 = CCM 1 Nr. 14, S. 331–336.

3460) CCM 1 Nr. 15 c. 1, hier S 341: *In primis ut nulla in rebus ullis inter huius professionis uiros in toto regno suo, nisi ubi impossibilitas non permittit, inueniatur uarietas. Cuius impossibilitatis qualitatem summo studio missi pro hoc directi satagunt inquirere.*

3461) Chron. Mois. a. 817 S. 139: *Quo comperto, imperator misit confestim nuncios per uniuersum regnum et imperium suum, ut pariter conglobati occuparent [omnes* ergänzt im *Chron. Anian.] additos [aditus* im *Chron. Anian.] Italie, quod ita factum est.* Vgl. BM² 515l; 657a.

3462) Siehe HETTI in der Prosopographie und oben Kapitel 2, § 2, 2, iii.

818

TÄTIGKEIT ALS KÖNIGSBOTE:
legati Ludwigs des Frommen an der Ostgrenze (= KRAUSE II 69)

Die anonymen kaiserlichen Missi führten neben den sächsischen *praefecti limitis* das Heer der Sachsen und Ostfranken gegen die Abodriten. Sie nahmen im Winter 818 den König der Abodriten Schlaomir gefangen und führten ihn nach Aachen[3463].

818, vor 6. 5.

TÄTIGKEIT ALS KÖNIGSBOTE:
missi Ludwig des Frommen in der Sabina (= –)

Bevor Ludwig dem Kloster Farfa auf Bitte des Abtes Ingoald Güter schenkte, schickte er seine Missi zur Untersuchung der Besitzlage. Diese missatische Untersuchung war nötig, weil ein Teil der geschenkten Güter ein früher von einem Godoald wegen Untreue konfiszierter Besitz war[3464].

814–825

TÄTIGKEIT ALS KÖNIGSBOTE:
missus Ludwigs des Frommen in Andernach (= –)

Auf Beschwerde einer nicht namentlich genannten Frau schickte Ludwig seine Missi zur Inquisition der Sachlage, betreffend die Freiheit ihrer von Missus GERMANUS widerrechtlich zum Fiskus Andernach überwiesenen Familie und ihren Besitz[3465].

3463) ARF a. 819 S. 149: *Sclaomir Abodritorum rex, ob cuius perfidiam ulciscendam exercitus Saxonum et orientalium Francorum eodem anno trans Albiam missus fuerat, per praefectos Saxonici limitis et legatos imperatoris, qui exercitui praeerant, Aquasgrani adductus est.* Astronomus c. 31 S. 390, erwähnt im Zusammenhang mit diesem Feldzug nur die *duces Saxonum.* Zu diesem Ereignis vgl. BM² 656a und 672g.; Zum *limes Saxonicus* um diese Zeit vgl. WOLFRAM, Salzburg, Bayern, Österreich S. 180.

3464) BM² 665; Reg. Farfa 2 Nr. 204 (Doc. 237) S. 194 = D LdF Nr. 140 (Aachen, 818. 6. 5.) S. 355 f., hier S. 356: *Placuit nobis rem diligentius cognoscere atque ob hoc missos nostros dreximus, qui nobis exinde rei uęritatem afferrent. Comperta igitur uęraciter causa uisum est nobis eandem quartam praedictę possessionis portionem, quam supradictus Godoaldus habebat, ad praefatum monasterium pro mercedis nostrę augmento sollemni traditione conferre.*

3465) Form. Imp. Nr. 51 S. 324: … *qualiter a missis nostris illis et illis per nostram iussionem super hac re inquisitio facta et eis libertas simul et res restitutae fuissent.*

827

TÄTIGKEIT ALS KÖNIGSBOTE:

legatus Ludwigs des Frommen in Rom (= KRAUSE II 87)

Nachdem der kaiserliche Missus die von den Römern getroffene Papstwahl überprüft hatte, wurde Gregor IV. als Papst geweiht[3466].

828. 3.

TÄTIGKEIT ALS KÖNIGSBOTE:

missi Pippins I. von Aquitanien in Aquitanien (= –)

Kanzler Fridugis bat als Abt des Klosters St-Martin in Tours Kaiser Ludwig um die Reinvestitur der *villa* Marsat im Pagus Auvergne und Turluron, genauer in der *vicaria* Clermont. Die ehemaligen Äbte ITHERIUS und Alkuin hatten Erlald, dem Seneschall Ludwigs während seiner aquitanischen Regierung[3467], auf Ludwigs Bitte hin erlaubt, diese lebenslang gegen eine jährliche Zinszahlung an das Kloster innezuhaben. Ludwig hatte Pippin zu einem früheren Zeitpunkt befohlen, dem Kloster die betreffende *villa* nach dem Tode Erlalds zurückzugeben. Als Erlald starb, sandte Pippin seine Missi ab, um die Rückgabe öffentlich vor Ort durchzuführen. Pippin sicherte mit seiner Urkunde dieses Rechtsgeschäft für Fridugis[3468].

829

TÄTIGKEIT ALS KÖNIGSBOTE:

missi Ludwigs des Deutschen in Abersee (= –)

Bei der ersten uns bekannten Schenkung des bayerischen Königs wurde ein anonymer Missus damit beauftragt, den Abt und die

---

Zu diesem Formular vgl. BM² 815; BROWN, Carolingian Formula Collections S. 340; D LdF F 51 (819–840) S. 1205 f.

3466) ARF a. 827 S. 173 f.: *Gregorius presbyter tituli sancti Marci electus, sed non prius ordinatus est, quam legatus imperatoris Romam venit et electionem populi, qualis esset, examinavit.* Astronomus c. 41 S. 440 und 442. Hierzu vgl. SCHERER, Der Pontifikat Gregors IV. S. 147 f.; Jaffé³ *5127 und *5129. Vgl. auch MGH Capit. 1 Nr. 172 (817, Pactum Hludowici Pii cum Paschali pontifice), hier S. 354 f. und Nr. 161 (824. 11. Constitutio Romana) c. 3 S. 323.

3467) Zu ihm DEPREUX, Prosopographie S. 186 f.

3468) D Aq Nr. 10 (Aachen, 828. 3. 10.) S. 31–37, hier S. 35: *Sed, dum haec agerentur, saepedictus Erlaldus finem vivendi fecit, et nos praedictas res per missos nostros ad partem sancti Martini coram multis, sicuti et factum est, reddere jussimus.* Zum Ausdruck *in pago Arvernico ac Tolornensi*, der auf eine (Wieder-)Vereinigung der beiden *pagi* hinweist, vgl. ebd. S. 33.

Mönche des Klosters Mondsee mit dem Abersee und dem umliegenden Wald zu investieren. Bei der örtlichen Investitur scheint dieser Missus die Grenze der geschenkten Güter festgelegt zu haben[3469].

829, vor 6. 6.

TÄTIGKEIT ALS KÖNIGSBOTE:
missi Ludwigs des Frommen in Sens (= KRAUSE II 92)

Nach dem Tod des Erzbischofs JEREMIAS und der gescheiterten ersten Wahl schlug die Geistlichkeit des Erzbistums Sens bei der zweiten Wahl einen Kandidaten als ihren neuen Erzbischof vor, den die kaiserlichen Missi, die mit der Prüfung der Wahl beauftragt worden waren, allerdings ablehnten. Die Geistlichkeit von Sens bat Hilduin von St-Denis, EINHARD* und Kaiserin Judith per Brief um ihre Hilfe[3470].

829. 12.? (H.)

TÄTIGKEIT ALS KÖNIGSBOTE:
missus Ludwigs des Frommen in Alemannien (= KRAUSE I 126)

3469) D LdD 1 (Ranshofen, 829) S. 1: *Ipse vero rex ob mercedem animę fecit ita et donavit ad sanctum Michahelem supradictum lacum et forestem, ut nullus de die illa et deinceps aliquam contrarietatem in his rebus facere auderet, deditque missum suum, qui inde supranominatum abbatem et servos dei vestiret. Tunc et ille missus iussionem dominicam implens vestituram peregit – in occidente a rivo nominato Zinchinpah, ubi ipse in Aparinesseo decurrit, et ab oriente ab eo loco, ubi Tinnilipah in eundem lacum fluit, usque ad eum locum, ubi Iscula in Trunam cadit, ut absque ullius contradictione illuc constaret et ex alia parte terminum haberet usque ad Uuizinpah, ubi et ipse in Atarseo vadit, et ad alium Uuizinpah, usque dum ipse in Trunam decurrit, ita videlicet ut nemo alienus in hoc lacu piscari auderet neque in supradictis locis venationem exercere, sed pleniter ad supradictum archangelum constaret.* Hierzu vgl. WORM, Beobachtungen S. 43; DEUTINGER, Königsherrschaft S. 168.

3470) Frothar Nr. 15 (829, vor 6. Juni, an Hilduin) S. 120–122, hier S. 120: *Fecimus, domine mi, et nunc secundam electionem et invenimus hominem ex nostris […] Quem cum obtulisemus nullatenus putantes reiciendum, ipsis missis dominicis impedientibus quod optavimus non meruimus adipisci.* Vgl. auch Frothar Nr. 16 (an EINHARD*) und Nr. 17 (an Judith) S. 122–124. Überliefert ist aus der Zeit Ludwigs des Frommen auch „das Formular einer Rede, die eigens ausgesandte kaiserliche Missi vor einer örtlichen Bischofswahl zur Einschärfung kanonischer Grundsätze und biblischer Ideale halten sollten“ (Rudolf Schieffer). Formulae ecclesiasticae Nr. 1, in: MGH From. S. 549–552; SCHMITZ, Hinkmar von Reims S. 475 f.; SCHIEFFER, Karl der Große und die Einsetzung der Bischöfe S. 459.

Ludwig teilte einem Grafen G.[3471] mit, dass ein Missus H. zu einer regionalen Versammlung in die kaiserliche *villa* Heilbronn kommen würde, und befahl ihm, sich dort am 18. Dezember ebenfalls einzufinden und sich mit anderen Grafen und kaiserlichen Getreuen um die Durchsetzung kaiserlicher Anweisungen zu bemühen, die der Missus vortragen würde[3472].

KURZE BEMERKUNG:

Dieses Mandat und die anderen beiden, die ich getrennt als „818/829/832 Herbst? (H.)" behandle, ist von der Forschung mit der Einberufung des Heeres nach Tours im November 832 zum Kampf gegen Pippin I. von Aquitanien verbunden worden[3473]. Aber für diese Datierung muss man das im Mandat genannte Datum zum „18. November" abändern, wie Martina Stratmann vorschlug[3474]. Außerdem muss und kann man nicht unbedingt den Missus H. in Alemannien mit dem Missus H. in den anderen beiden Briefen gleichsetzen, deren Tätigkeitsbereich unklar ist. Zudem finden sich keine Andeutungen bezüglich einer dringenden militärischen Einberufung in diesem Mandat. Deswegen behandle ich diesen Missus (H.) und den anderen Missus (H.) neben einem Grafen (R./Hrt.) getrennt.

Steffen Patzold datierte neulich dieses Mandat gegen Ende 829 und stellt das in einen Zusammenhang mit den Ereignissen am Vorabend der ersten Rebellion gegen Ludwig den Frommen, wobei er ver-

---

3471) Mühlbacher, Hampe, Mersiowsky, Glansdorff und Kölzer weisen auf Gebhard vom Niederlahngau hin. BM² 908a. HAMPE, Lebensgeschichte S. 607; MERSIOWSKY, Regierungspraxis S. 139; GLANSDORFF, Prosopographie S. 135; D LdF B 17 S. 1223. Dagegen Stratmann identifiziert diesen Grafen G. mit Pfalzgrafen Gebuin. STRATMANN, Einhards letzte Lebensjahre S. 328.

3472) Einharti epistolae Nr. 20 (832, vor 12. 18.?) S. 120 = D LdF B 17 ([829, 832?] vor 12. 18.) S. 1223 = Einhards Briefe Nr. 19 (kurz vor 829. 12.?) S. 110: *H[ludowicus] […] G. comiti. Notum sit tibi quia volumus ut quando haec epistola nostra ad te venerit statim sine ulla dilatione prepares te ad hoc, ut XV. Kal. Ianuarii, id est VI diebus ante nativitatem Domini, obviam misso nostro H. venias in villa nostra quae dicitur Heilambrunno; et quicquid ille tibi de verbo nostro simul cum aliis comitibus et fidelibus nostris ad faciendum iniunxerit sic facere studeas et taliter exinde agas qualiter in tua fidelitate bonam habemus fiduciam.*

3473) Astronomus c. 47 S. 470; BM² 908a. Vgl. auch HAMPE, Lebensgeschichte S. 607 f.; STRATMANN, Einhards letzte Lebensjahre S. 328.

3474) STRATMANN, ebd.

mutet, dass dieses Mandat im Auftrag des Kaisers von EINHARD* geschrieben wurde[3475].

832, Anfang

TÄTIGKEIT ALS KÖNIGSBOTE:
legati Ludwigs des Frommen im Reich (= KRAUSE II 97)

Nachdem Pippin I. heimlich von Aachen nach Aquitanien geflohen war, hatte Kaiser Ludwig Anfang 832 eine Besprechung mit seinen Beratern (*consiliariis*) über Maßnahmen gegen ihn. Beschlossen wurde, dass der Kaiser eine Reichsversammlung in Orléans abhalten sollte. Während Lothar sich direkt von Italien dorthin zu begeben hatte, musste Ludwig der Deutsche in Aachen erscheinen und von dort aus zusammen mit seinem Vater nach Orléans ziehen[3476]. Die kaiserlichen Legaten wurden mit dem Auftrag ins ganze Reich geschickt, dies bekanntzumachen (*ad hoc adnunciandum*)[3477].

KURZE BEMERKUNG:
Den Annalen von St-Bertin zufolge traf kurz nach der Absendung der Legaten[3478] die Nachricht ein, dass Ludwig der Deutsche plante, sich der Herrschaft über Alemannien, das der Kaiser 829 Karl dem Kahlen zugeteilt hatte, zu bemächtigen. Ludwig der Fromme änderte unverzüglich den Plan und befahl allen West- und Ostfranken sowie Sachsen, sich am 18. April in Mainz zu versammeln[3479]. Die Quellen erklären nicht, wie dieser Befehl breit erteilt und weitergeleitet wurde und ob die oben genannten Legaten wieder dazu herangezogen wurden. Erkennbar ist zumindest, dass Bayern und Italien im Gegensatz zu der oben genannten Legation diesmal von der Befehlsstruktur ausgeschlossen wurden. Denkbar ist aber, dass die vorher nach Bayern geschickten Legaten die Informanten waren.

3475) PATZOLD, Ich und Karl der Große S. 217f. und 223 mit Anm. 1 (S. 343). Einhards Briefe Nr. 19 (kurz vor 829. 12.?) S. 110f., folgt seiner Datierung. Vorsichtig mit der Verfasserschaft EINHARDs ist allerdings Einhards Briefe S. 17 mit Anm. 2.

3476) AB a. 832 S. 5; BM² 896c–d.

3477) AB a. 832 S. 5: *Quibus ita consideratis, et ubique ad hoc adnunciandum legatis directis…*

3478) Nach Astronomus c. 47 S. 468, war es Frühling 832.

3479) AB a. 832 S. 6. Dazu vgl. BM² 899a–c.

818, Sommer / 830, Anfang / 832, Herbst? (H.)

TÄTIGKEIT ALS KÖNIGSBOTE:

1) *missus* Ludwigs des Frommen (= KRAUSE I 111)

Ludwig befahl durch sein Mandat einem *fideles* H., einen seiner Söhne für den Botendienst vorbereiten zu lassen, damit ein Graf R. und ein Missus H. dem Kaiser in Tours durch ihn ihre Nachricht übermitteln könnten[3480].

2) *missus* Ludwigs des Frommen (= KRAUSE I 123)

Ludwig befahl durch sein Mandat einem *fideles* T., sich für den Botendienst vorzubereiten, damit ein Graf Hrt. und ein Missus H. dem Kaiser in Tours durch ihn ihre Nachricht geben könnten[3481].

KURZE BEMERKUNG:

Diese beiden Mandate und ein weiteres, das ich getrennt als „829. 12.? (H.)" behandle, werden von der Forschung mit der Einberufung des Heeres nach Tours im November 832 zum Kampf gegen Pippin I. von Aquitanien verbunden[3482]. Obwohl sich die von Hampe vorgeschlagenen Grundlinien der Datierung der Briefe nicht weit über die Jahre 825–840 hinaus erstrecken[3483], ist Mersiowskys Identifizierung von „*Hrt./R. comes et H. missus*" mit dem Missi-Paar von 825 im Mittelrheingebiet, nämlich (H)RUOTBERT (I) und HEISTULF

3480) Einharti epistolae Nr.21 (ca. 832. 11.) S. 120 f. = D LdF B 18 (Anfang 830 / 832. 11.?) S. 1223 = Einhards Briefe Nr. 20 (vor 834) S. 112: *H[ludowicus] […] H. fideli nostro. Notum sit tibi quod volumus ut unum de filiis tuis vasallis nostris quem tu noveris quod hoc melius facere possit, preparatum esse iubeas ut quando R. comes et H. missus noster per illum nobis aliquid mandare voluerint sine mora vel tarditate ad Turones pergere possit quia ibi aut nos ipsos aut delectam coniugem nostram Domino volente inventurus est.*

3481) Einharti epistolae Nr. 22 (832. ca. 11.) S. 121 = D LdF B 19 (Anfang 830 / 832. 11.?) S. 1223 = Einhards Briefe Nr. 21 (vor 834) S. 114: *Hl[udowicus] […] T. fideli nostro. Notum sit tibi quia volumus ut ad hoc te prepares, quandocumque Hrt. comes et H. missus noster per te nobis aliquid mandare voluerint statim sine mora vel aliqua tarditate cum ipso mandato ad Turonos pergere possis quia ibi aut nos ipsos aut dilectam coniugem nostram Domino volente inventurus es.*

3482) Astronomus c. 47 S. 470; BM² 908a. Vgl. auch HAMPE, Lebensgeschichte S. 607 f.; STRATMANN, Einhards letzte Lebensjahre S. 328. Ludwigs Aufenthalt in Tours vom 9.–14. November 832 ist nachweisbar, obwohl es unklar ist, wann er nach Tours gekommen ist. Er war am 18. November bereits in Chouppes bei Mirebeau nahe Poitiers. BM² 908b, 909, 909a und 910. Ludwig war am 4. Oktober noch in Jouac im Limousin. BM² 907; BF 29 (Le Palais-sur-Vienne, nach Fees).

3483) HAMPE, Lebensgeschichte S. 604.

von Mainz, erwägenswert[3484]. Wenn man diesem Identifikationsvorschlag folgt[3485], dann kann man die beiden Briefe nicht auf 832 datieren, weil HEISTULF schon 826 starb[3486]. In den Regesta Imperii kann ich nur einen Eintrag über Ludwigs Aufenthalt in Tours zwischen 814 und 826 finden: seinen Besuch von St-Martin in Tours im Sommer 818 kurz vor dem Feldzug gegen die Bretonen[3487]. Auch denkbar ist ein Aufenthalt anlässlich des Einmarsches in die Bretagne im Spätsommer/Frühherbst 824[3488]. Steffen Patzold datiert dagegen neuerlich die beiden Mandate in die ersten Monate des Jahres 830, also in die Zeit des Vorabends der ersten Rebellion gegen Ludwig den Frommen[3489]. Jedenfalls sind die Vermutungen über die Person des Missus, den Ort seiner Tätigkeit und die Datierung keineswegs sicher belegbar.

vor 833. 1.

TÄTIGKEIT ALS KÖNIGSBOTE:
missi Lothars I. in Italien im Po-Gebiet (Peschiera del Garda, bei Verona) (= –)

Die Missi konnten den Streitfall zwischen Abt Leo von S. Zeno und zwei *advocati* des Grafen Gorad nicht entscheiden. Der Fall ging an das Königsgericht[3490].

3484) MERSIOWSKY, Regierungspraxis S. 145, allerdings ohne Datierung.

3485) Dafür muss man jedoch klären, warum dieses kaiserliches Mandat nur HAISTULF als Missus nennt. Möglicherweise könnte es dadurch erklärt werden, dass ein (Erz-)Bischof keine Befugnis zur Mobilmachung hatte. Siehe oben Kapitel 2, § 2, 2, ii und HETTI in der Prosopographie.

3486) In diesem Fall ist ein Graf Hruotbert, an den EINHARD vor 824 einen Brief schrieb, vielleicht auch mit RUOTBERT zu identifizieren. Einharti epistolae Nr. 7 (vor 830?) S. 112 = Einhards Briefe Nr. 11 (vor 824) S. 92 f.

3487) BM² 667a.

3488) Vgl. BM² 790b–791a.

3489) PATZOLD, Ich und Karl der Große S. 225 mit Anm. 6 (S. 343). Patzold setzt die Verfasserschaft EINHARDs voraus, in dieser Hinsicht allerdings vorsichtig. Vgl. Einhards Briefe S. 17 mit Anm. 2.

3490) MANARESI Nr. 41 S. 128–132 = D Lo I. 11 (Mantua, 833. 1. 15.) S. 74–76, hier S. 75: … *cum missi nostri in Piscaria ad universorum causas audiendas et recta iudicia terminanda resedissent, ibique veniens Leo abba et advocatus sancti Zenonis Garibaldus nomine, unde idem Leo per ordinationem Rataldi venerabilis episcopi esse videbatur, interpellaverunt Ragileusum et Ragipertum advocatos Goradi comitis dicentes, quod pars prefati Goradi silvam, que dicitur Hostilia, et pascua pertinentem ex iure sancti Zenonis suo iure occupasset inlicite et contra legem.*

KURZE BEMERKUNG:
Bemerkenswert ist die Aussage, dass der ohne Mitwirkung des herrscherlichen Missus abgeschlossene Tauschvertrag rechtlich ungültig war und die herrscherliche Bestätigung benötigte[3491].

834. 4.

TÄTIGKEIT ALS KÖNIGSBOTE:
missi Ludwigs des Frommen ins ganze Reich (= KRAUSE II 100)

Nach der Restitution als Herrscher hielt Ludwig der Fromme im April 834 in Aachen eine Zusammenkunft mit seinen Beratern und Magnaten ab, die in der Nähe waren[3492]. Dort wurde darüber diskutiert, wie sie den rebellischen Kaisersohn Lothar I. vor sich rufen könnten. Danach sandte der Kaiser „jedem Teil des Reichs" seine *missi*, um seine Befreiung bekannt zu machen, das Volk zur Bewahrung der dem Kaiser versprochenen Treue zu mahnen und eine allgemeine Amnestie für die Rebellen zu verkünden[3493].

KURZE BEMERKUNG:
Da die anwesenden Großen nur aus begrenzten Regionen nahe der Pfalz Aachen kamen, müssen die Missi, die von Aachen in die entfernten Regionen ausgeschickt wurden, dort am meistens ortsfremd gewesen sein. Es ist aber nicht nachvollziehbar, ob der Kaiser eine ausreichende Zahl an Großen bei sich hatte, um sie ins ganze Reich auszuschicken, oder ob er seine Hofvasallen oder Hofgeistlichen, die er wahrscheinlich nach seiner Rehabilitation wieder bei sich hatte, als Missi sandte. Ebenfalls unklar ist, ob diese kaiserliche Verlautbarung in Aquitanien und Bayern auch durch die kaiserlichen Missi

---

Quam rem dum prefati missi nostri per se minime diffinire potuissent, in nostram hoc pleniter deliberanda iussimus venire presentiam.

3491) Ebd. S. 76: *Sed quia regię potestatis missus inter has defuerat commutationes, pro huiusmodi occasionibus ahimendis, ne ideo ab eadem ecclesia auferantur, quoniam legaliter absque regio misso non poterant commutari, hanc nostram auctoritatem super prefatas commutationes addere libuit, per quas iubemus rate mansurum sanctimus …*

3492) Vgl. dazu SIMSON 2 S. 98 f.; BM² 926v.

3493) AB a. 834 S. 12 f.: *Et peractis festis diebus, conuocauit suos consiliarios atque optimates qui in circuitu erant et cum eis tractare studuit qualiter filium suum Hlotharium ad se uocare potuisset. Et missis legatis in unamquamque partem regni sui, iussit ut de sui liberatione populo adnuntiarent, et admonerent ut fidelitatem quam ei promiserant adimplere studerent, et quicquid contra illum deliquerant ob amorem Dei illis indulsisset.*

verbreitet wurde oder ob die Information durch die Befehlsstruktur der beiden Königreiche der zwei Kaisersöhne, Pippins I. von Aquitanien und Ludwigs des Deutschen, übermittelt wurde. Das ist denkbar, weil durch deren Mitwirkung der alte Kaiser aus der Haft befreit wurde. Pippin reiste allerdings schon vor der Aachener Versammlung nach Aquitanien ab, während Ludwig bei seinem Vater blieb[3494].

834. 11.

TÄTIGKEIT ALS KÖNIGSBOTE:
missi Ludwigs des Frommen in einem großen Teil des Reiches (= KRAUSE I 116)

Um den 11. November 834 hielt Ludwig in Attigny eine Reichsversammlung, auf der notwendige Maßnahmen gegen viele Missstände in kirchlichen und weltlichen Angelegenheiten ergriffen wurden[3495]. Eine von ihnen war die Absendung von Missi, die mit Folgendem beauftragt wurden: Sie sollten 1) in den Bischofsstädten und Klöstern das quasi zerstörte Kirchenwesen wieder aufrichten; 2) in jeder Grafschaft die zu dieser Zeit verbreiteten Räubereien und Diebstähle, gegebenenfalls unter Mitwirkung der benachbarten Grafen und der militärischen Mannschaften der Bischöfe, ausrotten; 3) dem Kaiser auf der für das Frühjahr vorgesehenen Reichsversammlung über diese Legation Bericht erstatten[3496]. Aufgrund der Berichte die-

3494) Vgl. AB a. 834 S. 11 f.; BOSHOF, Salzburg und Köln S. 203–206.

3495) Zu dieser Versammlung vgl. SIMSON 2 S. 123; BM² 931g und 941a; DEPREUX, L'Entourage S. 263–265; BOSHOF, Ludwig der Fromme S. 209; EICHLER, Fränkische Reichsversammlungen S. 78 und 105 mit Anm. 464.

3496) Astronomus c. 53 S. 498–500: *Habuit autem eo tempore circa missam sancti Martini conventum generalem in Attiniaco palatio, ubi cum multa perperam inolita purgare decrevisset tam in ecclesiasticis quam publicis rebus, tum praecipue fuerunt ista […] Missos etiam per civitates et monasteria transmisit, statumque ecclesiasticum pene conlapsum in antiquum statum erigi iussit. Itemque praecepit, ut missi per singulos comitatus irent, qui inmanitatem praedonum atque latronum, quae inaudita emerserant, cohiberent, et ubi eorum maior vis incubuerat, etiam eorum comites vicinos et episcoporum homines ad tales evincendos et proterendos sibi adscisserent. Et de his singulis sibi in proximo placito generali Uuarmatiam renuntiarent, quod futurum transacta hieme et suadente vernali gratia indixit.* SCHMITZ, Kapitulariengesetzgebung S. 514 mit Anm. 210, findet es „keineswegs unnatürlich, wenn Ludwigs Anordnungen in einem Capitulare (missorum?) ihren Niederschlag gefunden hätten". Der Astronomus dürfte hier und im nächsten Kapitel fälschlicherweise Worms als Versammlungsort bezeichnen. Ich folge der

ser Missi wurden tatsächlich im Juni 835 auf der übernächsten Reichsversammlung in Tramoyes die Maßnahmen gegen Räuber wieder thematisiert. Dabei wurden zunächst die sich als nachlässig erwiesenen Grafen bestraft. Der Kaiser ermahnte anschließend die anwesenden Kaisersöhne Pippin und Ludwig sowie die anderen Teilnehmer zur Bewahrung der Gerechtigkeit und zur Verfolgung der Räuber unter Androhung einer strengen Strafe bei Vernachlässigung dieser Aufgaben[3497].

KURZE BEMERKUNG:

Diese Legation ist inhaltlich mit den Legationen in der sog. Blütezeit der Kapitularien vergleichbar, d. h. der Zeit zwischen 789–829, und der unter Karl dem Kahlen nach 853. Aber von der Ausstellung eines Kapitulars fehlt diesmal jede Spur.

Neben dieser umfangreichen Abordnung der Missi gab Ludwig insbesondere Pippin I. von Aquitanien durch Abt Hermold[3498] den Befehl, den kirchlichen Institutionen jene Güter in seinem aquitanischen Reich unverzüglich zurückzugeben, die Pippin seinen Getreuen gegeben hatte oder die sich andere angeeignet hatten[3499]. Pippin musste diese Aufgabe in seinem Reich mit seiner eigenen Befehls- und Kommunikationsstruktur erfüllen. Es ist jedoch nicht undenkbar, dass die inhaltlich nicht näher ausgeführte Maßnahme gegen das zerstörte Kirchenwesen, die der Astronomus den Aufgaben der

---

Auffassung, die Versammlung habe 835 nicht in Worms, sondern in Tramoyes bei Lyon stattgefunden. Vgl. dazu die in der vorigen Fussnote genannte Literatur.

3497) Astronomus c. 53 S. 502–504: *Post sollempnitatem porro paschalem atque pentecostes venerabilem diem, civitatem Uuangionum, que nunc Uuarmatia vocatur, secundum condictum ad celebrandum conventum generalem adiit, ubi ei etiam filius Pippinus occurrit, nec Hludouuicus alter filius eius defuit. More autem suo imperator nequaquam conventum istum a publica utilitate vacare passus est: Diligenter namque in eo examinare studuit, quique missorum in diversas partes directi quid egerint. Et quia aliqui comitum in reprehensione et exterminatione latronum segnes reperti sunt, diversis sententiis eorum segnitiem condigna invectione castigavit; filiosque et populum admonuit, ut equitatem diligerent, raptoresque obprimentes bonos quosque eorum oppressione relevarent; interminatus etiam severiorem in eos se libraturum sententiam, qui huic ammonitioni non essent obtemperaturi.*

3498) Zu seiner Person vgl. DEPREUX, Prosopographie S. 243 f. Da Hermold Pippin nur den kaiserlichen Befehl weitergab und keinen Titel wie *missus* oder *legatus* hatte, nehme ich ihn nicht in diese Prosopographie der Missi.

3499) Astronomus c. 53 S. 498: *Mandavit filio Pippino per Hermoldum abbatem, res ecclesiasticas quae in regno eius erant, quas vel ipse suis attribuerat vel ipsi sibi praeripuerant, absque cunctatione ecclesiis restitui.*

kaiserlichen Missi zuzählt, die Wiederherstellung der Kirchengüter einschloss. Es ist also fragwürdig, ob abgesehen von Hermold kaiserliche Missi nach Aquitanien abgeordnet wurden. Der Ausschluss von Italien aus der umfangreichen Absendung ist wahrscheinlich, denn Lothar I., der sich damals nach Italien zurückgezogen hatte, hatte sich noch nicht mit seinem Vater versöhnt.

nach 834 Herbst (A.)

TÄTIGKEIT ALS KÖNIGSBOTE:
missus Ludwigs des Frommen in der Gegend von Gent (= KRAUSE I 112)

EINHARD* wandte sich an einen Missus A., weil seine Leute in Gent gedrängt wurden, den Heerbann zu zahlen, obwohl sie auf Befehl des Kaisers im Dienst der Küstenverteidigung gestanden hatten. Bemerkenswert ist, dass EINHARD* nicht um die Zurücknahme der Anordnung, sondern um eine Verschiebung der endgültigen Entscheidung bat, bis er sich beim Kaiser rechtfertigen könne[3500].

KURZE BEMERKUNG:
Da EINHARDs* Leute die Küstenverteidigung zur Aufgabe hatten, können sie im Gegend von Gent lokalisiert werden, wo EINHARD* dem Kloster St. Bavo vorstand[3501]. Damit kann auch der Tätigkeitsbereich dieses Missus A. bestimmt werden.

Gegen die von Hampe vorgeschlagene Datierung auf 832 datieren die Herausgeber der neuen Edition der Briefe EINHARDs* diesen Brief in die Zeit der Wikingerangriffe, in der natürlich die Küstenverteidigung von Gewicht war. Während die Angriffe 834 immer heftiger

3500) Einharti epistolae Nr. 23 (gegen Ende 832) S. 121 = Einhards Briefe Nr. 22 (nach Herbst 834?) S. 116: *Dilecto fratri et amico A. misso dominico E[inhartus] sempiternam in Domino salutem. Putabam tibi bene cognitum esse, quod homines nostri, quos in istis partibus habemus, secundum ordinationem et iussionem domni imperatoris ad custodiam maritimam fuerunt non solum eo tempore quando ille ad … oriam profectus est, sed etiam quando Aurelianos perrexit et ideo non videtur mihi iustum esse, ut heribannum solvere debeant qui non aliubi fuerunt nisi ubi ipse imperator precepit et ideo precor dilectionem tuam ut nobis spacium inde dones donec domnus imperator venerit et nos illum ammonebimus de iussione sua et ille tunc preceperit, qualiter illi placuerit.*

3501) BM² 904a, 906a–b; HAMPE, Lebensgeschichte S. 608; MERSIOWSKY, Regierungspraxis S. 149; STRATMANN, Einhards letzte Lebensjahre S. 336 f.

wurden, forderte der Missus A. den Heerbann erst danach, als Kaiser Ludwig im Herbst 834 in Orléans das Heer bereits aufgelöst hatte[3502].

Martina Stratmann führt Franz Staab folgend diesen Brief als einen der Beweise für „die mächtige Position Einhards und die Schwäche der Zentralgewalt“ an. Zwar ist er durchaus „als Reaktion auf missatische Handlungen zu werten“, die die mächtige, einflussreiche Position EINHARDs* belegt[3503], aber ich kann hier keine Schwäche der Zentralgewalt erkennen[3504]. Wenn EINHARDs* Erklärung, dass seine Leute nicht einrückten, weil sie auf kaiserlichen Befehl die Küsten verteidigen sollten, den Tatsachen entspricht, dürfte seine Bitte an den Missus gerechtfertigt sein. Dass man gegen eine ungerechte Maßnahme des herrscherlichen Beauftragten Einspruch erheben konnte, dürfte ein gutes Zeichen dafür sein, dass das Regierungssystem als ganzes gesund war. Trotzdem muss ich einräumen, dass nur ein einflussreicher Mann wie EINHARD* eine gute Chance hatte, sich direkt vor dem Kaiser zu rechtfertigen.

835/vor 838?

TÄTIGKEIT ALS KÖNIGSBOTE:
legati Ludwigs des Frommen in Septimanien (= –)

Der Astronomus erwähnt im 57. Kapitel seiner Herrscherbiographie eine Entsendung kaiserlicher Legaten nach Septimanien im Anschluss an die Reichsversammlung von *Stramiacus* nahe Lyon von 835. Auf dieser Versammlung wurde die politische Lage in Septimanien thematisiert, wo die Partei Bernhards von Septimanien und die des Grafen Berengar von Toulouse miteinander stritten. Da Berengar allerdings aus unbekannter Ursache „vorzeitig“ starb (*immatura morte*), behielt Bernhard die Herrschaft über den größten Teil Septimaniens. „Dorthin wurden die Legaten ausgeschickt, die das verbessern sollten, was einer Verbesserung bedurfte.“[3505]

3502) Einhards Briefe S. 117. Vgl. BM² 931e.

3503) STRATMANN, Einhards letzte Lebensjahre S. 336. Sie zitiert STAAB, Mittelrhein S. 361 f., aber dieser zitiert dort für seine These den betreffenden Brief nicht.

3504) Vgl. zuletzt Einhards Briefe S. 117, der diesem Brief als Beleg dafür ansieht, „wie stark in der karolingischen Gesellschaft formale Organisation […] einerseits und persönliche Beziehungen und Patronage-Verhältnisse andererseits ineinanderwirkten.

3505) Astronomus c. 57 S. 518: *Sed et causa Gothorum ibidem ventilata est, quorum alii partibus Berhardi favebant, alii autem favore ducebantur Beringarii Hunroci quondam comitis filii; sed Beringario immatura morte praerepto, apud*

KURZE BEMERKUNG:
Unklar bleibt nach Ausweis der Quellen die Zeit der Aussendung der Legaten. Während Ernst Tremp diese Passage als „Prolepsis" der Aussendung der Missi von 838 ansieht[3506], nimmt Cullen J. Chandler an, dass die zweite – d. h. nach seiner Absetzung wegen Untreue 832[3507] wieder errichtete – Herrschaft Bernhards in Septimanien zeitgleich mit der Tätigkeit dieser Legaten in dieser Region begann[3508]. Die Frage ist also, ob die missatische Legation in Septimanien zwischen 835 und 838 nur einmal (Tremp) oder zweimal (Chandler) stattfand. Beide Auffassungen sind möglich. Ich schlage hier jedoch vor, schon vor 838 eine missatische Legation in Septimanien in Betracht zu ziehen, denn der kaisertreue Magnat in der Region war der verstorbene Berengar[3509] und sein „vorzeitiger" Tod dürfte den Kaiser bereits dazu veranlasst haben, in der Region einzugreifen, und zwar bevor „fast alle Adligen in Septimanien" (*pene omnes Septimanię nobiles*) 838 in Compiègne gegen Bernhard Beschwerde führten[3510].

836

TÄTIGKEIT ALS KÖNIGSBOTE:
836: *legati* Ludwigs des Frommen in der Gegend von Köln (= –)

Als Kaiser Ludwig die Nachricht erhielt, dass die Gesandten des dänischen Königs Horich an den Kaiser nahe Köln getötet worden seien, sandte er seine Missi zur Ermittlung und Bestrafung der Mörder[3511].

Berhardum potestas Septimanię quam maxima remansit, legatis illuc missis, qui ea que indigebant correctione, in meliorem componerent statum. Zu Berengar und Bernhard vgl. DEPREUX, Prosopographie S. 131 f. und 137–139.

3506) Astronomus S. 519 Anm. 878. Zur Legation von 838 siehe ADREBALD in der Prosopographie.

3507) Astronomus c. 47 S. 470.

3508) CHANDLER, Carolingian Catalonia S. 109.

3509) Vgl. CHANDLER, Carolingian Catalonia S. 104–110.

3510) Siehe ADREBALD in der Prosopographie.

3511) AB a. 836 S. 20: … *de suorum ad imperatorem missorum interfectione conquestus est, qui dudum circa Coloniam Agrippinam quorundam presumptione necati fuerant; quorum necem etiam imperator, missis ad hoc solum legatis, iustissime ultus est.*

838. 3.

TÄTIGKEIT ALS KÖNIGSBOTE:
cursores Ludwigs des Frommen im ganzen Reich (= –)

Am Anfang der Fastenzeit von 838 wurde Kaiser Ludwig darüber informiert, dass Ludwig der Deutsche ohne seine Erlaubnis eine Unterredung mit Lothar I. plante. Der Kaiser, ausgesprochen ungehalten, schickte seine Boten (*cursores*) in das gesamte Reich, um so schnell wie möglich seine Getreuen (*fideles*) mobilzumachen. Diese dringliche Mobilmachung scheint erfolgreich gewesen zu sein: Die kaiserlichen Getreuen kamen zügig zum Kaiser. Er machte das geheime Treffen seiner Söhne offenbar und mahnte seine Getreuen, sich auf gegebenenfalls nötigen Widerstand gegen die beiden Söhne vorzubereiten[3512].

839, Spätsommer

TÄTIGKEIT ALS KÖNIGSBOTE:
missi Ludwigs des Frommen in Bayern (= KRAUSE II 111)

Kaiser Ludwig tauschte im Sommer 839 mit seinem gleichnamigen rebellischen Sohn Gesandte aus. Nach Verhandlungen genehmigte der Kaiser, dass Anhänger Ludwigs des Deutschen ihre konfiszierten Güter zurückbekommen sollten, wenn sie dem Kaiser treu blieben. Um von ihnen den Treueid abzunehmen, schickte der Kaiser die Missi nach Bayern[3513].

828?–840 (*comes N. et iudex N.*)

TÄTIGKEIT ALS KÖNIGSBOTE:
missi N. comes et N. iudex Ludwigs des Frommen (= KRAUSE I 124)

EINHARD* bedankte sich mit einem Brief bei den Missi, weil sie während ihrer Legation seine Leute begünstigt hätten. Wir können aus diesem Brief ablesen, dass die Missi im Zusammenhang mit dem Heerbann, vielleicht mit einer Untersuchung der Vernachlässigung der Mobilisierung, beauftragt wurden[3514].

3512) AB a. 838 S. 23: *Quod, quia se inscio inconsultoque presumpserat, egre tulit, directisque quam celerrime quaquauersum cursoribus, generaliter fideles accersit, propereque undique adcurrentibus filiorum suspectum colloquium patefacit et, si ita necessitas postulet, ad resistendum paratissimos monet.* Hierzu vgl. GOLDBERG, Struggle for Empire S. 82 f.

3513) AB a. 839 S. 33: *Directis interim ad hoc specialiter missis qui ab eis huiusmodi firmitatem sacramento susciperent.*

3514) Einharti epistolae Nr. 51 (828?–840) S. 135 = Einhards Briefe Nr. 33 (828?–

KURZE BEMERKUNG:
Während der Editor Karl Hampe diesen Brief grob zwischen 828–840 datiert[3515], schlägt Martina Stratmann eine Kontextualisierung mit dem „Verlauf der Heerfahrt gegen Ludwigs aufständischen Sohn Pippin", nämlich um September 832, vor[3516].

840. 2.

TÄTIGKEIT ALS KÖNIGSBOTE:
missi Lothars I. in Norditalien (= KRAUSE I 167a)

In dem Friedensvertrag zwischen Venedig und dessen Nachbarn[3517] findet sich ein Kapitel über die kaiserlichen Missi. Sie sollten immer *ad iustitias faciendas* bereit sein, damit alle Einwohner sowohl in Venedig als auch in den Nachbargegenden ihre *iustitia* haben könnten[3518]. Aber wir wissen nicht, ob Lothar seine Missi in Norditalien tatsächlich dafür einsetzte[3519].

840, nach 6. 20.

TÄTIGKEIT ALS KÖNIGSBOTE:
nuntii Lothars I. im Reich (= KRAUSE II 114a)

Nithard beschrieb Lothars Verhalten nach dem Tod Ludwigs des Frommen[3520] folgendermaßen: Als Lothar vom Tod seines Vaters hörte, schickte er unverzüglich Boten überallhin ins Reich, besonders

840) S. 150: *Dilectis in Christo fratribus et amicis N. comiti N. iudici gloriosi missis domni imperatoris E[inhartus] in domino salutem. Homines nostri qui de istis partibus ad nos veniunt solent nobis narrare de bona voluntate et de benignitate vestra erga nos, in eo quod homines nostros servatis et eis paratis in qualicumque loco illis parcere potestis, tam in heribannis quam in aliis causis ad vestrum missaticum pertinentibus unde vobis sicut dignum est magnas agimus gratias Deumque rogamus et sanctos eius ut* ... Vgl. STRATMANN, Einhards letzte Lebensjahre S. 336 f.

3515) HAMPE, Lebensgeschichte S. 628. Vgl. auch Einhards Briefe S. 151.

3516) STRATMANN, Einhards letzte Lebensjahre S. 336 f. Vgl. MERSIOWSKY, Regierungspraxis S. 149 f.

3517) Vgl. BM² 1067.

3518) MGH Capit. 2 Nr. 233 c. 27 S. 135: *Placuit autem super haec omnia, ut missi domini Lotharii imperatoris omni tempore parati sint iustitias facere, ita ut unusquisque ex utraque parte suam pleniter recipiat iustitiam; et ipsi missi ad partem domini nostri, quicquid iussum fuerit, recipiant*. Vgl. BM² 1067.

3519) Da dieser Vertrag am 22. Februar 840 abgeschlossen wurde, wird die Einsetzung der Missi, wenn überhaupt, nach diesem Tag datiert.

3520) Am 20. Juni 840. Vgl. BM² 1014c.

in die Francia. Er wollte durch sie seine Ankunft im ihm „gegebenen" Reich ankündigen und seinen Willen zeigen, alle ihrer *honores* zu versichern und sie sogar zu vermehren. Er befahl den Zögernden außerdem unter Androhung der Todesstrafe, sich ihm anzuschließen. Die Aufgabe der Missi beschränkte sich allerdings nicht auf die Verlautbarung: Sie wurden damit beauftragt, denjenigen, deren Treue fraglich schien, einen Treueid abzunehmen[3521].

842–843

missi Lothars I., Ludwigs des Deutschen und Karls des Kahlen im Reich (= –)

Mit dem Vertrag von Verdun teilten Lothar I., Ludwig der Deutsche und Karl der Kahle im August 843 schließlich das von ihrem Vater hinterlassene Reich[3522]. Die Fuldaer Annalen betonen, dass die Grundlage der Teilung die von den Mächtigen vorgenommene Beschreibung des Reiches war[3523]. Mit der Vorbereitung dafür wurde im vorangegangenen Jahr begonnen. Die drei Kaisersöhne beschlossen am 16. Juni 842 auf der Insel *Ansilla*, dass jeder von ihnen am 1. Oktober in Metz 40 Mächtige delegieren und das Reich beschreiben lassen sollte, um eine gerechte Teilung zu ermöglichen[3524]. Nach der Verschiebung des Treffens und der erneuten Vereinbarung zwischen Lo-

---

3521) Nithard II c. 1 S. 44: *Audiens Lodharius patrem suum obisse, confestim nuntios ubique, presertim per totam Franciam, mittit, qui se venturum in imperium, quod olim fuerat illi datum, affirment, promittens unicuique honores a patre concessos se concedere et eosdem augere velle. Dubios quoque fidei sacramento firmari praecepit; insuper autem jussit ut, quantocius possent, obviam illi procederent, nolentibus vero capitale supplicium ut praediceretur, indixit; ipse autem pedetemptim, quo se res verteret, antequam Alpes excederet, scire volens.* Vgl. BM[2] 1067a.

3522) BF 368. Zur „Entstehungsgeschichte" des Vertrags vgl. die klassischen Werke wie etwa CLAVADETSCHER, Das churrätische Reichsgutsurbar; GANSHOF, Zur Entstehungsgeschichte; CLASSEN, Die Verträge. Vgl. zuletzt SCHÄPERS, Lothar I. S. 437–449.

3523) AF a. 843 S. 34: *Descripto regno a primoribus et in tres partes diviso apud Viridunum Galliae civitatem tres reges mense Augusto convenientes regnum inter se dispertiunt.*

3524) AF a. 842 S. 33: … *et tamen conditione, ut e partibus singulorum XL ex primoribus electi in unum convenientes regnum aequaliter describerent, quo facilius postmodum inter eos pari sorte divideretur.* Vgl. AB a. 842 S. 42; Nithard IV c. 4 S. 140–142; BF 324.

thar und Karl[3525] kamen die insgesamt 120 Missi, die jeweils einen der drei Kaisersöhne vertraten, in Koblenz zusammen und verhandelten vom 19. bis zum 24. Oktober über die Reichsteilung. Nithard zufolge waren die weltlichen und geistlichen Großen der Partei Ludwigs und Karls auch bei dieser Gelegenheit der Meinung, dass eine gerechte Teilung nur auf Grundlage der genauen Kenntnis des gesamten Reiches zustande kommen könnte, die durch reichsweite Untersuchungen und Aufzeichnungen gewonnen werden sollte. Das wurde jedoch von Lothar und seiner Partei inzwischen abgelehnt[3526]. Die beiden Parteien beschlossen Ende November in Diedenhofen, den Waffenstillstand bis zum 14. Juli 843 zu verlängern, und schworen, das Reich so gerecht wie möglich zu teilen (*ut aequius possent, omne regnum dividerent*)[3527] Die „tüchtigen" Missi wurden erst daraufhin zur Untersuchung und Beschreibung ausgeschickt[3528]. Diese Missi waren die in den Fuldaer Annalen erwähnten *primores* und Ergebnisse ihrer Untersuchungen bildeten die Basis der Reichsteilung in Verdun.

845

TÄTIGKEIT ALS KÖNIGSBOTE:
legati Ludwigs des Deutschen in Thüringen (= KRAUSE II 189)

Im Eintrag der Annalen des hochmittelalterlichen Geschichtsschreibers Lampert von Hersfeld zum Jahr 845 wird über die Beilegung des jahrelangen Streits um den Zehnten in Thüringen zwischen dem Kloster Hersfeld und dem Erzbischof OTGAR von Mainz berichtet. Während die dieser Darstellung vorangehende Nachricht über

3525) Nithard IV c. 4 S. 144–146. Vgl. BZ 332–334.

3526) Nithard IV c. 5 S. 146: *Cumque ad regni divisionem hi qui a Lodhuvico et Karolo missi fuerant variis querimoniis accessissent, quesitum est si quis illorum totius imperii noticiam ad liquidum haberet. Cum nullus repperiretur, quęsitum est, cur missi illorum illud in transacto spatio non circumissent et illorum industria inbreviatum esset ; cum et hoc ut fieret Lodharium nolle repperissent, aiebant inpossibile esse ignoranti quoddam aequaliter dividere posse*; c. 5 S. 148: *Aiebant melius esse ut firmaretur pax inter illos mitterentque pariter per universum imperium et imbreviaretur ac tum tandem jurare quod certum est absque periculo aequaliterque dividere posse censebant*. Vgl. BF 337.

3527) Nithard IV c. 6 S. 152; BZ 340.

3528) AB a. 842 S. 43: … *tandem inuentum est ut missi strenui per universum suae dicionis regnum deligentur, quorum industria diligentior discriptio fieret, cuius serie trium fratrum aequissima regni diuisio inrefragabiliter statuto tempore patraretur. Quibus destinatis, Hlodouuicus Germaniam repedat…*

ein Privileg Ludwigs des Deutschen für Hersfeld auf den 31. Oktober 843 datiert wird[3529], wird die Beilegung dieses Konflikts für das Jahr 845 angenommen[3530]. Für die vorliegende Arbeit ist die Angabe wichtig, dass der Konflikt durch die Intervention der königlichen Missi (*legati*) geschlichtet worden sei. Diese Missi seien nach Lampert *episcopi et presides* gewesen. Wenn man die *presides* nicht mit den Bischöfen gleichsetzt, dürften sie weltlichen Machthaber, wahrscheinlich Grafen, gewesen sein[3531].

KURZE BEMERKUNG:

Auch die Notitia de decimis in Thuringia erzählt die Beilegung dieser Streitigkeit mit der Jahresangabe 845, aber ohne Erwähnung der königlichen Legaten[3532]. Obwohl die Echtheit dieser Notitia in der älteren Forschung in Zweifel gezogen worden ist[3533], ist ihr Quellenwert seit der Arbeit von Erwin Hölk nun allgemein in der Forschung anerkannt[3534].

847. 2.?

TÄTIGKEIT ALS KÖNIGSBOTE:

missi Lothars I., Ludwigs des Deutschen und Karls des Kahlen jeweils in ihrem eigenen Reich (= KRAUSE I 169; –; I 134)

Nach dem Herrschertreffen der drei Brüder wurde eine Liste von elf Kapiteln niedergeschrieben, wobei von der Einsetzung von Missi in jedem Reich die Rede ist. Die Missi der verschiedenen Reiche müssten gegebenenfalls zusammenarbeiten[3535].

3529) BM² 1372l. Am 31. Oktober 843 stellte Ludwig zwei andere Urkunden für Hersfeld aus. D LdD 32 und 33 S. 40–43.

3530) Lamperti Annales, a. 845 S. 26: *Monachi quoque eiusdem Herveldensis monasterii reconciliati sunt cum Otgario archiepiscopo de decimis frugum et porcorum ex terra Thuringorum per fideles legatos domni Ludowici augusti, episcopos videlicet et presides.*

3531) Vgl. NIERMEYER, Lexicon, Art. praeses.

3532) Notitia de decimis in Thuringia, in: Lamperti Opera, MGH SS rer. Germ. 38, Appendix Nr. 2 S. 355 f. = UB Hersfeld Nr. 34 S. 60 f.

3533) Vgl. BM² 1372l.

3534) HÖLK, Zehnten. Vgl. auch ALLES, Lampert S. 702.

3535) MGH Capit. 2 Nr. 204 S. 68–71 c. 7 S. 69: *Ut in singulis partibus regni missi idonei constituantur, qui querelas pauperum et oppressiones sive quorumcumque causas examinare et secundum legis aequitatem valeant definire. Et si ab uno in aliud regnum huiusmodi praesumptores confugerint, ibi similiter opprimantur.*

KURZE BEMERKUNG:
Über eine tatsächliche Aussendung der Missi ist nichts bekannt.

nach 842, vor 852. 6. 25.

TÄTIGKEIT ALS KÖNIGSBOTE:
missi Lothars I. in Nantua? (Burgund) (= KRAUSE II 143)

Eine verunechtete Urkunde Lothars für Kloster Nantua erwähnt eine Absendung von Missi zur Untersuchung. Sie erstatteten dem Kaiser den Bericht, dass die Klage der Mönche von Nantua berechtigt war[3536].

KURZE BEMERKUNG:
Die Echtheit der betreffenden Urkunde ist von der Forschung diskutiert worden. Während Engelbert Mühlbacher sie als unecht beurteilt[3537], versucht Theodor Schieffer, den echten und den verfälschten Teil zu unterscheiden. Ihm zufolge gehört der zitierte Satz über die Untersuchung durch die Missi zum ursprünglichen Text, dessen Inhalt eine wohl mit dem Inquisitionsrecht verbundene Besitzrevindikation betreffen dürfte. Die ursprüngliche Urkunde dürfte zwischen 842 und 852 ausgestellt worden sein, nachdem Lothar im Raum um die Rhône und das Jura seine Herrschaft sicherte und bevor er am 25. Juni 852 der erzbischöflichen Kirche von Lyon mit einem Diplom[3538] das Kloster schenkte[3539].

861

TÄTIGKEIT ALS KÖNIGSBOTE:
legati Ludwigs II. von Italien in Rom (= KRAUSE II 146)

Ludwig schickte auf Bitte des Erzbischofs Johannes von Ravenna, der mit der römischen Kirche in Konflikt geraten war[3540], zweimal seine Gesandten nach Rom. Auf Beschwerde der Ravennater wurde Johannes vom Papst mehrfach ermahnt und zur Synode in Rom geladen. In Abwesenheit wurde er im Februar 861 exkommuniziert. Als Johannes in Pavia Ludwig II. um Hilfe bat, ließ der Kaiser seine Le-

3536) D Lo I. 119 (842–852) S. 272–274, hier S. 273: *Hic retentis illuc nostros direximus missos, qui fideliter magnaque diligentia ea investigarent; qui vera renunciaverunt omnia ab eis praefata.*

3537) BM² 1154.

3538) D Lo I. 120 (Aachen, 852. 6. 25.) S. 274–277.

3539) D Lo I. S. 272 f.

3540) Zu diesem Konflikt vgl. FUHRMANN, Papst Nikolaus; HERBERS, Der Konflikt; BZ 201.

gaten ihn nach Rom begleiten, die Papst Nikolaus I. wegen des Kontakts mit dem Exkommunizierten tadelte[3541]. Johannes wurde dann nochmals zu einer im November abzuhaltenden Synode geladen. Der Papst reiste auf Bitte des Volks der Emilia und der Ravennater Senatoren nach Ravenna, wo er den Bewohnern von Ravenna, der Emilia und der Pentapolis die von Johannes und dessen Bruder Gregor entfremdeten Besitzungen urkundlich restituierte. Dann kehrte der Papst nach Rom zurück. Inzwischen ersuchte Johannes den Kaiser wiederum um seine Unterstützung. Der Kaiser ließ, diesmal ohne direkten Kontakt und mit Zögern, eine zweite kaiserliche Gesandtschaft den Erzbischof nach Rom begleiten. Papst Nikolaus empfing die Gesandtschaft freundlich, lehnte aber die von ihnen vorgetragene Fürsprache ab[3542].

862

TÄTIGKEIT ALS KÖNIGSBOTE:
missi Ludwigs II. von Italien in Bobbio (= –)

Das Geleitwort des Inventars des Klosters Bobbio zeigt, dass es 862 durch die inquisitorische Untersuchung der „tüchtigen und getreuen Missi" des Kaisers entstand. Sie sind allerdings nicht namentlich genannt[3543].

3541) Lib. Pont. CVII, Vita Nicolai cc. 21–24, 2 S. 155, hier c. 23 f.: *Deinde Papiam pergens, [sc. Johannes] imperatoris auribus Lodowici Cesaris molestiam intulit, solamenque mundanum quaesivit. Tunc largiente ei Augusto legatos precipuos, cum illis, superbiae repletus tumore, Romam pervenit. Sed pontifex almus, quia contra sacrorum canonum regulas excommunicato ipsi legati communicaverunt, benigne eos redarguit.* Vgl. Jaffé³ *5736, *5739, *5740, 5741 und *5742; BH 507, 535 f., 540 und 542.

3542) Lib. Pont. CVII, Vita Nicolai cc. 24–29, 2 S. 155 f., hier c. 28 S. 156: *Cumque archiepiscopus haec audisset, anxiari caepit et iterum inportunis precibus legatos imperiales expetens Romam pervenit. Quo contra beatissimus papa haec cognoscens omnem illius arrogantiam tamquam aranearum tela despiciens, in qua prius sententia fuerat perseveravit atque immobilis fuit. Tamen eisdem augustalibus missis papa sanctissimus cum magna mansuetudine huiuscemodi agens locutus est: „Si dilectus filius noster domnus imperator istius Iohannis archiepiscopi actus et bene mores cognosceret, ipse non solum pro illo nos minime flagitaret, sed etiam ut se corrigeret ad nos eum etiam eo nolente dirigeret"*. Vgl. Jaffé³ *5746, *5753, *5756 und *5757; BH 543, 547, 554 und 555.

3543) Inventari altomedievali Nr. 8,1 S. 121–144 = ChLA 57 Nr. 19 ([Bobbio,] 862) S. 110–119, hier S. 110. *[...] Ebobiensi monasterio intrinsecus et extrinsecus pertinentibus, qualiter inquisitum inventumque est anno [...] Iesu Christi DCC-*

864, 864bis

TÄTIGKEIT ALS KÖNIGSBOTE:
864: *missi* Karls des Kahlen in Gothien (= KRAUSE II 118, 119)

Hunfrid, *marchio* von Gothien, überfiel 863 Toulouse und usurpierte die Stadt[3544]. Gegen diesen Aufstand sandte Karl seine Missi nach Gothien aus, um die Städte und Burgen in Gothien einschließlich Toulouse zurückzugewinnen. Diese erste Legation endete jedoch erfolglos. In der Zwischenzeit floh Hunfrid – den Grund erklären die Annales von St-Bertin nicht – nach Italien, und Karl sandte wiederum Missi, allerdings nicht die selben, mit der gleichen Aufgabenstellung nach Gothien[3545].

867, Ende

TÄTIGKEIT ALS KÖNIGSBOTE:
missi/legati Ludwigs II. von Italien in Rom (= KRAUSE II 162)

Ludwig delegierte 867 seine Missi anlässlich der Wahl eines neuen Papstes. Aber die aufgeregten Römer, sowohl die Geistlichen als auch die Laien, verhielten sich diesen Missi gegenüber ausgesprochen ablehnend[3546].

CLXII, tempore domni Hluduici serenissimi augusti scilicet anno imperii sui tertiodecimo, indicione(!) XV, per suos quosdam idoneos ac fideles missos qui omnia diligenter inquirentes tam ędificia quamque et sacraria, thesauros ac res exteriores [...] invenerunt et sub sacramenta fidei firmare fecerunt. Vgl. BOUGARD, La justice S. 383.

3544) AB a. 863 S. 97.

3545) AB a. 864 S. 105: *Compendium rediit, [Karolus] missos suos ad recipiendos ciuitates et castella in Gothiam misit*; a. 864 S. 112 f.: *Missi regis Karoli parum pro quibus missi fuerant utilitatis agentes, a negotio reuertuntur, et Huntfrido, dimissa Tholosa ac Gotia, per Prouintiam in partes Italiae transeunte, iterum alios missos ad recipiendas ciuitates et castella Karolus ad Tholosam et in Gotiam mittit.* Hierzu vgl. NELSON, Charles the Bald S. 202 f.

3546) Lib. Pont. CVIII, Vita Hadriani II cc. 6–7, 2 S. 174: *Collectis igitur omnibus, tam episcopis cum universo clero quam promoribus Urbis cum obsecundantibus sibi populis, ab aecclesia sanctae Dei genitricis semperque virginis Mariae que appellatur ad Presepe rapitur, trahitur et ad Lateranense patriarchium certatim ac procerum et plebis multitudine deportatur. Quod audientes tunc missi principis moleste tulere, indignati scilicet non quod tantum virum nollent pontificem, quem nimirum anxie cupiebant, sed quod se dum presentes essent Quirites non invitaverint, nec optatae a se futuri presulis electioni interesse consenserint. Qui accepta ratione quod non Augusti causa contemptus, sed futuri temporis hoc omissum fuerit omnino prospectu, ne videlicet legatos principum in electione Romanorum*

868, 3.–4. 10.

TÄTIGKEIT ALS KÖNIGSBOTE:
missi Ludwigs II. von Italien in Rom (= KRAUSE II 163)

Papst Hadrian II. bat den Kaiser um die Aussendung seiner Missi nach Rom, die Eleutherius, der die mit einem anderen vermählte Tochter Hadrians entführt hatte, nach römischem Recht verurteilen sollten. Aber noch bevor sie nach Rom ankamen, ermordete Eleutherius die Gemahlin des Papstes Stephanie und die von ihm entführte Tochter. Nach den Annalen von St-Bertin wurde er von den Missi getötet, von einer Hinrichtung nach einem Gerichtsurteil ist keine Rede[3547].

869, vor 11. 24.

TÄTIGKEIT ALS KÖNIGSBOTE:
missi Karls des Kahlen in Toul (= KRAUSE II 124)

Aufgrund einer Beschwerde der Mönche des Klosters St-Èvre in Toul, einige *rectores* hätten aus Ignoranz das für die Mönche vormals von Bischof FROTHAR* bestimmte, durch Ludwig den Frommen bestätigte Vermögen vermindert, schickte Karl seine Missi zur Untersuchung der Umstände. Aufgrund des Berichts dieser Missi restituierte Karl dem Kloster das Vermögen vollständig[3548].

---

presulum mos expectandi per huiusmodi fomitem inolesceret, omnem suae mentis indignationem medullitus sedavere ac salutandum electum etiam ipsi humiliter accessere. Cumque patriarchium Lateranense ascenderent atque descenderent, tantis clamoribus universae plebis ut sibi diu desideratus vir ad consecrandum daretur clamitantis obsessi sunt ut nullus eorum lonquentis secum college sui verba posset audire. Erat enim singulis circa consecrandum pontificem … vel tantum dilectionis efficientiam possidere nec vidisse nec visuros uspiam estimasse. Denique omnes hunc certatim coram eisdem legatis rapere et ad summum pontificatus apicem provehendum trahere ac anxie nitebantur portare, nisi blanditiis senatorum et consiliis aliquantulum sedarentur.

3547) AB a. 868 S. 144: … *Adrianus papa apud imperatorem missos optinuit qui praefatum Eleutherium secundum leges romanas iudicarent. Isdem uero Eleutherius, consilio, ut fertur, fratris sui Anastasii, quem bibliothecarium Romanae ecclesiae in exordio ordinationis suae Adrianus constituerat, Stephaniam, uxorem ipsius pontificis, et eius filiam, quam sibi rapuit, interfecit et isdem Eleutherius a missis imperatoris occisus est.* Vgl. Jaffé[3] *6182 (868, 3.–4. 10.).

3548) D KdK Nr. 330 (Gondreville, 869. 11. 24.), 2 S. 228–235, hier S. 232: … *sed, negligentia quorumdam rectorum interveniente, quod pie statutum fuerat ex parte subtractum ac minoratum aliterque quam in privilegio episcoporum et praecepto genitoris nostri continebatur, missis nostris investigantibus quos ad hoc inquirendum illuc direximus manifestissimo claruit.*

870, vor 8. 8.

TÄTIGKEIT ALS KÖNIGSBOTE:
missi Ludwigs des Deutschen und Karls des Kahlen im Reich des verstorbenen Lothar II. (= –)

Im Vertrag von Meersen zur Teilung des lotharingischen Reiches findet sich eine Grenzbeschreibung, die die Grafschaft (*comitatus*) Ardennen teilen sollte. Die Grenzlinie (nach Westen entlang der Ourthe bis an die Maas und nach Osten auf geradem Weg bis in den Bitgau) wurde aufgrund einer Vermessung der gemeinsamen Missi der beiden Könige festgesetzt, die diese für „besser“ hielten[3549].

KURZE BEMERKUNG:
Angesichts der missatischen Untersuchung von 842–843 zur Reichsteilung[3550] und der Übereinstimmung der beiden Könige beim Herrschertreffen in Metz von 867[3551] dürfte sich die hier nachgewiesene Tätigkeit der gemeinsamen Missi nicht auf die Grenzfestsetzung beschränkt haben. Sie mussten die Interessen der Könige und Magnaten im betreffenden Reichsteil ausgleichen.

870, vor 10. 17.

TÄTIGKEIT ALS KÖNIGSBOTE:
missus Ludwigs des Deutschen in Aachen (= KRAUSE II 201)

3549) MGH Capit. 2 Nr. 251 S. 193–195; AB a. 870 S. 172–174: *Et haec est diuisio quam sibi Hludouuicus accepit [...] de Arduenna, sicut flumen Vrta surgit inter Bislanc et Tumbas ac decurrit in Mosam et sicut recta uia pergit in Bedensi, secundum quod communes nostri missi rectius inuenerint [...] Et haec est diuisio quam Karolus de eodem regno sibi accepit [...] de Arduenna sicut flumen Vrta surgit inter Bislanc et Tumbas ac decurrit ex hac parte in Mosam et sicut recta uia ex hac parte occidentis pergit in Bedensi secundum quod missi nostri rectius inuenerint.* Hierzu vgl. NONN, Pagus und Comitatus S. 49 f. und 153 f.

3550) Siehe die anonymen Missi „842–843“ in der Prosopographie.

3551) MGH Capit. 2 Nr. 245 S. 168: *Et si Deus nobis amplius adhuc de regnis nepotum nostrorum donaverit, et in acquirendo ac in dividendo, sicuti plus aequaliter aut nos aut nostri communes fideles invenerint, quos communi consensu elegerimus, et in ipsa divisione consentiendo et in habendo et in conservando atque defendendo tam istud, quod habemus, quam et quod nobis de praefatis regnis Dominus concesserit, absque dolositate aut deceptione vel superabreptione illi sincerus auxiliator et cooperator ero, sicut verus frater vero fratri per rectum esse debet.* Obwohl hier von *missi* keine Rede ist, kann man ein ähnliches Verfahren wie im Fall von 842 sehen, wenn die *communes fideles*, die Ludwig und Karl dazu in beiderseitiger Übereinstimmung auswählen sollten, zur Teilung des lotharingischen Reiches vor Ort tätig sein sollten.

Als Ludwig dem Abt Ansbold von Prüm und seinen Nachfolgern die Begräbniskirche in der Aachener Pfalz übergab, schenkte er auch zwei Hörige, zwei Mansen und einen anderen Mansus mit Weingärten, deren Grenze ein *missus* festgestellt hatte[3552].

871, Anfang

TÄTIGKEIT ALS KÖNIGSBOTE:
missi Karls des Kahlen in der Gegend von Vienne (= KRAUSE II 127)

Bei dem Feldzug gegen GERHARD (II) von Vienne befahl Karl, Lyon, Vienne und die anderen Burgen zu übergeben. Nachdem der König Vienne unter Kontrolle gebracht hatte, zwang er GERHARD, ihm Geiseln zu stellen, sodass GERHARD den königlichen Missi die übrigen Burgen übereignen musste[3553].

871, Frühsommer

TÄTIGKEIT ALS KÖNIGSBOTE:
missi Karls des Kahlen nach Laon (= KRAUSE II 129)

In der fragmentarisch überlieferten Anklageschrift Karls gegen HINKMAR (II) von Laon, die zum Dossier der Synode von Douzy in 871 gehört, wird erklärt, wie HINKMAR vor die Synode geladen wurde, wobei von mehrmaligen Aussendungen der Missi die Rede ist. Seit 868 hatte sich HINKMAR wiederholt geweigert, der schriftlichen Vorladung und der mündlichen Aufforderung durch die kirchlichen und weltlichen Missi nachzukommen[3554]. Karl schickte seine Missi aufgrund der Nachricht von HINKMARs Konspiration mit Lothar II. abermals nach Laon, um die Umstände zu untersuchen[3555].

3552) D LdD 133 (Aachen, 870. 10. 17.) S. 185 f., hier S. 185: *Dotavimus itaque eam dantes ibi duo mansa et tercium mansum indominicatum cum vineis, quas missus noster ibi consignavit, nec non et mancipia utriusque sexus, quorm nomina sunt.*

3553) AB a. 871 S. 178 f.: *Karolus, Vienna in potestate sua suscepta, a Gerardo sibi obsides dari pro aliis castellis suis missis tradendis coegit…*; BZ 2634.

3554) MGH Conc. 4 Nr. 37, A c. 4 S. 418: *Cum Hincmarum sepissime litteris et frequentibus tam ecclesiasticis quam et rei publicę missis venire ad me vocaverim et venire contempserit…*

3555) Ebd. c. 4 S. 418: … *et ad me relatione verisimili pervenerit , quoniam cum Hlothario nepote meo illi convenerit, ut ecclesiam et plebem sibi commissam desereret et in regno illius honores acciperet – unde et in scriptis eiusdem Hincmari, quae habeo, significationes inveni – ad Laudunum missos meos direxi, ut homines liberos de ipso episcopio, quibus, ut ad me perventum erat, Hincmarus non permisit*

Daraufhin wurde HINKMARs Ungehorsam gegen die herrscherlichen Missi festgestellt[3556]. Schließlich verlangte HINKMAR vom König durch seine Boten, Bischöfe und königliche Missi an ihn zu entsenden, damit er sicher zur Synode in Douzy reisen könnte[3557].

874

TÄTIGKEIT ALS KÖNIGSBOTE:
missi Karls des Kahlen in Neuilly (= KRAUSE II 125)

Zur Restitution jenes Teils der Villa Neuilly, den DONATUS „angeblich" als *de fisco regio*, als Benefizium, innehatte und in dem nach seinem Tod seine Frau und Söhne verblieben waren, schickte Karl seine Missi zur Inquisition der Sachlage. Die Rückgabe der Villa wurde 874 auf der Reichsversammlung in Douzy vollgezogen[3558].

---

ad me venire, quatinus ad me perducerentur. De ipsis hominibus, qui sacramento firmaverunt, ut de regno meo sine mea licentia non exirent et in mea infidelitate verbis vel scriptis in regno meo vel extra regnum meum missaticum non portarent…

3556) Ebd. c. 6 S. 419 f.: … *quia comiti et misso meo praecepi, ut quosdam liberos homines de regno meo sibi commendatos, qui de infidelitate mea reputantur et, sicut ad me perventum est, aufugere de regno meo parabant, ne ad rationem venirent, pręcepi, ut secundum legem Francorum et antiquam consuetudinem pręd-ecessorum meorum regum per fideiussores mitteret, donec ad rationem legaliter venirent; isdem Hincmarus tam liberos quam et colonos et servos secum degentes contra meam regiam potestatem armari et missis meis resisti fecit, ut , quod secundum legem praeceperam, missus meus legaliter implere non posset…*

3557) Ebd. c. 6 S. 420: … *Et missum suum Heribrandum ad me misit, qui haec penitus non denegavit; per quem mihi mandavit, ut episcopos et missos meos obviam illi transmitterem , cum quibus libere et secure ad me venire posset. Et in sequenti nocte eosdem homines, sicut et ipse missis meis dixit, a se emisit; et sicut manifestum est, ne ad rationem venirent, fugam arripere in mea infidelitate praecepit…*

3558) MORDEK, Rechtsstreit S. 105: *VI. Postea pervenit ad eius notitiam, quoniam quidam homines de ipsa villa Noviliaco per subreptionem tam apud patrem suum quam et apud eum res et mancipia in proprietatem obtenta tenerent, Landrada scilicet, uxor quondam Donati, Guntharius et Hugo et Waltrudis ac Helengaudus, filius eius, et Rotbertus et Boso; et misit suos missos ad hoc inquirendum. Et inquisitione facta et veritate, sicut ei dictum fuerat, inventa, quoniam prędicti ad rationem non venerunt, sicut banniti fuerant, iussit, ut praecepta Karlomanni et Karoli, sed et suum praeceptum coram suis fidelibus in generali placito suo apud Duziacum in causis palatinis relegerentur…* Zur Geschichte dieser Villa und dem Text, den HINKMAR (I) verfasste, vgl. die gerade zitierte Arbeit Mordeks.

874. 6.

TÄTIGKEIT ALS KÖNIGSBOTE:
missi Karls des Kahlen in Douzy und in einem unbekannten Frauenkloster (= –)

Karl der Kahle berief Juni 874 in Douzy eine große Versammlung ein, wobei eine *synodus* unter Leitung HINKMARs (I) von Reims stattfand[3559]. Auf dieser Synode wurde der Skandal der Nonne Duda behandelt. Sie hatte mit einem Priester namens Huntbertus gegen die Äbtissin ihres uns unbekannten Klosters intrigiert. Die königlichen Missi untersuchten die gefälschten Briefe (*falsos breves*), die Huntbertus geschrieben hatte, um ihre Ambitionen auf das Amt der Äbtissin zu unterstützen. Er wurde daraufhin der Täuschung, der Untreue sowie des Meineides für schuldig befunden[3560].

Huntbertus stand außerdem im Verdacht, mit Duda ein Kind gezeugt zu haben[3561]. Da die Zeugen dieser Unzucht jedoch ihr Kloster nicht verlassen konnten, sollten die Vertreter der Synodalen und die *missi regii* sie dort aufsuchen und die Sache entscheiden[3562]. In den letzten fünf Kapiteln (cc. 4–8) der Synodalbeschlüsse finden sich Anweisungen für die Untersuchung und die Bestrafung im Fall der Schuld der Verdächtigen. Das 4. Kapitel erklärt z. B., wie die einzelnen Schwestern und die einzelnen Verdächtigen getrennt voneinander befragt werden sollten (*interrogentur*)[3563]. Wenn Huntbertus trotz der vor seiner Untersuchung gemachten, ihn belastenden Zeugenaussagen seine Schuld leugnen sollte, müsste er vor den Vertretern der Synodalen, den königlichen Missi sowie Priestern, Klerikern, der Äb-

---

3559) AB a. 874 S. 196. Dazu vgl. HARTMANN, Die Synoden S. 331 f. Zum Synodalbrief und den Kanones vgl. auch UBL, Inzestverbot S. 342–344.

3560) MGH Conc. 4 Nr. 40 B c. 2 S. 588: *Et adeo latens malum excrevit, ut ipse Huncbertus contra abbatissam, cui fidelitatem iuravit, sed et contra praepositum suum falsos breves scripserit, ut abbatissa deposita, Duda regimen posset assumere. Quos breves usque ad praesentiam et inquisitionem regiorum missorum protulit, et de mendacio ac infidelitate seu periurio exinde in praesentia illorum revictus fuit ac per hoc calumniatoris crimen incurrit. […] Et de his tribus prȩfatis presbyter Huntbertus convictus ante missos regios fuisse dicitur.*

3561) MGH Conc. 4 Nr. 40 B, Praefatio S. 587.

3562) MGH Conc. 4 Nr. 40 B c. 3 S. 589: *Et quia, quae testificantur adversus eum de sacrilego adulterio, a monasterio rationabiliter longius abduci non possunt, vicarii synodi cum missis regiis ad idem accedant monasterium et subsequenti modo causam diffiniant.*

3563) MGH Conc. 4 Nr. 40 B c. 4 S. 589.

tissin und den Schwestern des Klosters, erscheinen. Sie sollten ihn in diesem Fall anhand der Zeugenaussagen seiner Schuld überführen[3564]. Außerdem sind die Missi mit dem Strafvollzug beauftragt[3565]. Mangels weiterer Quellen wissen wir allerdings nicht, ob und wie diese Untersuchung vor Ort durchgeführt wurde.

KURZE BEMERKUNG:

Bei der Synode in Douzy kamen die Teilnehmer aus verschiedenen Kirchenprovinzen zusammen. Da ein Synodalbrief bezüglich der Inzestehen und der Kirchenräuber eigens an die Bischöfe in den aquitanischen Kirchenprovinzen gerichtet wurde, ist es möglich, dass sich von den aquitanischen Bischöfen nur eine geringere Anzahl bei dieser Synode einfand[3566]. Da die Synode anlässlich des *generale placitum*[3567] stattfand, ist es möglich, dass die anwesenden königlichen Missi weltliche Große waren. Weltliche Große dürften auch diejenigen Missi gewesen sein, die zum Nonnenkloster ausgeschickt werden sollten. Der Quellentext nämlich behandelt die synodalen Vertreter, die höchstwahrscheinlich kirchliche Amtsinhaber wie Bischöfe waren, und die Missi des Königs getrennt.

3564) MGH Conc. 4 Nr. 40 B c. 4 S. 589: *Si autem idem presbyter negaverit, veniat coram synodi vicariis et missis regis ac presbyteris et clericis ipsius monasterii et coram abbatissa et congregatione, et veniat ipsa Duda et censentientes eis et revincant ipsum presbyterum, computentes tempora et loca et horas, secundum quod de crimine conscia quaeque illarum existit.*

3565) MGH Conc. 4 Nr. 40 B c. 5 S. 590: *... vel confessus vel convictus Huntbertus presbyter tribus testibus criminis sui consciis auctoritate sacrarum legum ac regularum synodali iudicio a vicariis synodi deponatur et per missos regios in longinquam terram ac perpetuum exilium iuxta imperatorum et regum antiquas et consuetudinarias leges deducatur et in aliquo monasterio ipsius exilii sub poenitentia retrudatur, laica tantum sibi communione servata.*

3566) MGH Conc. 4 Nr. 40 A S. 581–586, Zitat aus 581: *Sancta synodus plurimarum provinciarum nutu divino et sanctione domni Karoli regis gloriosi apud Duziacum [...] convocata dilectis fratribus et venerabilibus consacerdotibus nostris in provinciis Aquitanicae regionis sanctas dei ecclesias gubernantibus plurimam in salvatore salutem. Sicut ad humilitatem nostram non incerta relatione atque exinde consultatione perventum, quamplures et maxime carne nobiles et honore temporali sublimes, inter alia deo et suae saluti contraria incestis coniunctionibus et rerum ecclesiasticarum pervasionibus pestilentia exitiosa in regionibus illis depereunt.* Die Informanten dürften aus Aquitanien gekommen sein.

3567) AB a. 874 S. 196, die auch über das Einnehmen der *annua dona* berichten.

nach 874. 7. 1.

TÄTIGKEIT ALS KÖNIGSBOTE:

missi Karls des Kahlen (oder Ludwigs des Stammlers?) in der Diözese Barcelona (= –)

Auf der Versammlung von Attigny 874 wurden Streitigkeiten behandelt, die zwischen dem Bischof von Barcelona und seiner Bistumskirche einerseits und den beiden Goten Madascius und Ricosindus andererseits über Besitzrechte entstanden waren. Die Partei des Bischofs klagte, dass Madascius widerrechtlich durch eine Urkunde die Kirche St-Stephan (Sant Esteve) erhielt und Ricosindus den Grundbesitz der Kathedralkirche. König Karl beauftragte seine Missi mit der genauen Untersuchung der Sachverhalte und der Erstellung eines Ergebnisberichts in einem gesiegelten Brief[3568]. Dass diese Untersuchung vor Ort tatsächlich durchgeführt wurde, kann man einer Immunitätsurkunde Ludwigs des Stammlers entnehmen, mit der er am 9. September 878 der Kathedralkirche den betreffenden Besitz zugestand, den „ein Gote namens Recosindus [...] widerrechtlich erhielt“[3569]. Da diese Urkunde jedoch erst vier Jahre nach der Versammlung von Attigny ausgestellt wurde, ist unklar, wann und von welchem König die Missi tatsächlich nach Barcelona ausgeschickt wurden.

3568) MGH Conc. 4 Nr. 41 c. 3 S. 599f.: *De hoc, quod se reclamavit, quia Gotus quidam Madascius fraude atque subreptione per praeceptum ecclesiam sancti Stephani nobilem et antiquam impetravit, ubi postposito dei cultu foeda efficitur conversatio rusticorum, et similiter Ricosindus Gotus fraude et subreptione agrum sanctae Eulaliae per praeceptum obtinuit, iussio regia haec per fideles missos diligenter ac veraciter inquirere iubeat, et ipsam inquisitionem per fidelium custodiam sub sigillo ad notitiam suam perferri faciat. Et si inventum fuerit, quod praedicta ecclesia sancti Stephani et ager sanctae Eulaliae a praefatis Gotis per praecepta obtenta sunt, ipsa praecepta secundum legem sigillentur et una cum ipsa inquisitione ad praesentiam regiam perferantur, ut secundum dum iura forensia, qui in precibus fuere mentiti, non illis prosint, quae impetraverunt, et ibi careant ipso scriptorum beneficio, quo perducentur rescripta, et regia magnificentia recipiat quod est sui iuris Barcinonensis ecclesia.*

3569) D LdSt 17 (Troyes, 878. 9. 9.) S. 51–55, hier S. 55 = Catalunya Carolíngia 2,1 Nr. 2 S. 68–71, hier S. 71: *Concedimus [ei] agrum situm prope civitatem Barchinonam que actenus godus, nomine Recosindus, de potestate Johannis episcopi tulit et absque lege tenuit.* Vgl. HARTMANN, Die Synoden S. 333; CHANDLER, Carolingian Catalonia S. 146–148.

874–876

TÄTIGKEIT ALS KÖNIGSBOTE:
missi Ludwigs des Deutschen in den Vogesen (= KRAUSE II 206)

Wahrscheinlich auf Klage HINKMARs (I) von Reims beauftragte Ludwig der Deutsche seine Missi damit, die von unbekannten Personen entfremdeten Güter der Reimser Kirche in den Vogesen zu überprüfen. Nachdem der König aufgrund des Berichts der Missi das Recht der Reimser Kirche festgestellt hatte – darüber ist kein Diplom überliefert –, bat HINKMAR seinen *amicus* Maingaud[3570] um die Vollendung der Rückgabe[3571].

876. 2.

TÄTIGKEIT ALS KÖNIGSBOTE:
missi Karls des Kahlen in Italien (= KRAUSE I 184)

Nach der Kaiserkrönung in Rom hielt Karl im Februar 876 eine Versammlung in Pavia ab. Das dort promulgierte Kapitular enthält ein Kapitel über die missatische Funktion und Autorität der Bischöfe in ihren eigenen Bistümern[3572]. Zu „den eingesetzten Missi (*constituti missi nostri*)" in Kapitel 13 könnten auch die Missi-Bischöfe zählen, aber völlige Sicherheit darüber gibt es nicht. Denn dieses Kapitel sieht Bischöfe und Grafen in ihren Amtsbezirken als zuständig für Maß-

3570) Zu diesem Grafen vgl. GLANSDORFF, Prosopographie S. 185–188 (als Megingoz).

3571) HRE III c. 26 S. 340 (SCHRÖRS Reg. 370: 874–876. 8. 28.): *Maingaudo cuidam amico suo pro rebus sancti Remigii in Vosago coniacentibus, de quibus quidam homines quoddam mansionile conabantur auferre. Unde iam missi regis Ludowici requisierant et invenerant, quod Remensis ecclesia iuste illud teneret et manifestum esse, quia infra fines illarum rerum, quas ibi sanctus Remigius comparavit, nulla potestas aliquid haberet nisi Remensis ecclesia. Unde precatur istum, ut, si res ipsas evindicare quiete potuerit ad partem huius ecclesie, faciat.*

3572) MGH Capit. 2 Nr. 221 c. 12 S. 103 = MGH Conc. 5 Nr. 3 C c. 12 S. 23: *Ut episcopi comites et vassos nostros in parroechia eorum manentes paterno amore secundum ecclesiasticum ministerium diligant; ipsi vero comites et vassalli seu reliqua generalitas praedictos episcopos ut sanctos patres honorent et venerentur, et ad ministerium illorum peragendum, ubicumque potuerint, eos adiuvare decertent. Si vero, quod non optamus, eis infesti, cominus, quae dei sunt, exercere possint, reperti fuerint aut ipsi contra leges officia sua violaverint et eos, quos venerari debent, inquietaverint, secundum capitulare avi et genitoris nostri emendent; qualiter quoque presbyteros ac reliquos gradus honorent, ipsius capitularis forma doceantur. Ipsi nihilominus episcopi singuli in suo episcopio missatici nostri potestate et auctoritate fungantur.*

nahmen gegen die Plünderung an, während sie beim Misserfolg bezüglich dieser Aufgabe „den eingesetzten Missi" berichten müssten, wobei die letzteren „dem Kapitular unseres Großvaters und Vaters gemäß" die Übeltäter bestrafen sollten[3573]. Aber wenn alle (oder alle anwesenden) Bischöfe selbst herrscherliche Missi waren, gab es niemanden, der mit größerer Autorität ausgestattet gewesen wäre, außer wenn sie einen starken weltlichen Missus in ihrer Nähe hätten, der in der Lage war, die geforderte Amtshilfe zu leisten.

Außerdem enthält dieses Kapitular die Anordnung, dass es bei Strafe verboten sei, durch Schreiben oder Kaiserboten (*legatos*) übermittelte Befehle des Kaisers zu verletzen. Diese *legati* müssen nicht mit den oben erklärten *missi constituti* gleichgesetzt werden. Das Kapitel mit dieser Anordnung enthält den allgemeinen Befehl, die Ehre des Kaisers zu bewahren und seine Anordnungen zu beachten[3574].

KURZE BEMERKUNG:

François Bougard bezweifelt die tatsächliche Wirkung dieses Kapitels in Italien im praktischen Sinn: Es gibt nicht genügende Belege für eine „Reform" des Missatswesens in Italien, die sich stark an die kirchliche Organisation angelehnt hätte. Seiner Auffassung nach sollte dieses Kapitel nur die in der Karolingerzeit mehrfach wiederholte politisch-moralische Forderung der Kollaboration der weltlichen und geistlichen Amtsträger bestätigen[3575]. In der Tat waren bei der Versammlung in Pavia nur ein Erzbischof und elf Bischöfe anwesend. Aber wir dürfen vermuten, dass die zwölf anwesenden Kirchenamtsträger zu Missi ernannt wurden: Erzbischof ANSPERT von Mailand, die Bi-

---

3573) MGH Capit. 2 Nr. 221 c. 13 S. 103 = MGH Conc. 5 Nr. 3 C c. 13 S. 23: *… [episcopi et comites] praevideant quoque secundum ministerium unusquisque suum, ne in potestate illorum praedae et devastationes fiant. Et si aliqui hoc facere temptaverint, omni sua virtute illis resistant. Et si ipsi per se constringere ad emendationem illos non potuerint, constitutis missis nostris renuntient, ut ipsorum iuditio legaliter secundum capitulare avi et genitoris nostri emendent. Quodsi et ipsi hoc emendare nequiverint, ad nostram notitiam perducant.* Hartmann (ebd. Anm. 54) nennt als die hier heranzuziehenden Kapitularien das Capitulare Karoli M. de latronibus (a. 804?), MGH Capit. 1 Nr. 82 S. 180 f. und das Capitulare missorum (a. 819), MGH Capit. 1 Nr. 141 c. 12 S. 209 (hier zu ergänzen ist ebd. Nr. 139 c. 15 S. 284).

3574) MGH Capit. 2 Nr. 221 c. 5 S. 101 = MGH Conc. 5 Nr. 3 C c. 5 S. 22: *Ut imperialis honor ab omnibus fideliter observetur; et quae ab eo seu per epistolam seu per legatos praecipiuntur, a nullo impune audeant violari.*

3575) BOUGARD, La justice S. 296–299.

schöfe Johannes von Arezzo, JOHANNES (VIII) von Pavia, Benedikt von Cremona, Teudulf von Tortona, Adalgaud von Vercelli, Azo von Ivrea, GERHARD (III) von Lodi, Hilduin von Asti, Ratbornus von Aosta, Leodoin von Modena, Hildrad von Alba, Bodo von Acqui, Sabbatinus von Genua, Angilbert von Como, ADELHARD von Verona, Paul von Piacenza und Andreas von Florenz[3576]. Nicht klar ist hingegen, ob den elf als Zeugen genannten weltlichen Großen auch die missatische Befugnis erteilt wurde. Zumindest ist BOSO (IV) als *missus Italiae* bezeichnet.

876. 3./4.

TÄTIGKEIT ALS KÖNIGSBOTE:
missi Karls des Kahlen in Neuilly (= KRAUSE II 130)

Nach dem Rückzug aus Rom erfuhr Karl in Reims, dass die restituierte Villa Neuilly wieder in die Hände der Söhne von DONATUS übergegangen war. Er schickte seine Missi mit der Aufgabe, die Villa der Reimser Kirche zurückzugeben[3577].

KURZE BEMERKUNG:
Karls Ankunft in Reims ist wohl auf den März oder April 876 zu datieren[3578].

876. 6.

TÄTIGKEIT ALS KÖNIGSBOTE:
missi Karls des Kahlen im ganzen Westfrankenreich (= KRAUSE I 165)

Als Karl nach seiner Romreise in Ponthion eine Reichsversammlung abhielt, veröffentlichte er dasselbe Kapitular, das er im Februar in Pavia promulgiert hatte. Das Kapitel über die missatische Funktion und Autorität der Bischöfe sollte also auch die westfränkischen Bischöfe betreffen[3579].

3576) MGH Conc. 5 Nr. 3 A, S. Der Zeugenliste des Kapitulars fehlen aber die Namen von Ratbornus, Leodoin, Hildrad, Bodo, ADELHARD, Paul und Andreas. MGH Conc. 5 Nr. 3 C S. 24.

3577) MORDEK, Rechtsstreit S. 107: VIII. *Reversus autem Roma domnus Karolus imperator Remi veniens, cum tale factum audivit, satis graviter tulit et misit suos missos, qui sepe dictam villam secundum praefata praecepta Remensi ecclesię et advocato nostro restituerent, sicut plenius scriptum habemus.*

3578) MORDEK, Rechtsstreit S. 91.

3579) MGH Capit. 2 Nr. 279 D c. 12 S. 349 = Nr. 221 c. 12 S. 103 = MGH Conc. 5 Nr. 6 D c. 12 S. 45. Siehe oben die anonymen Missi „876. 2." in der Prosopographie.

KURZE BEMERKUNG:
Die erstmals in der Regierungszeit Karls nachweisbare Vollständigkeit der bischöflichen Teilnehmer aus fast dem gesamten Westfrankenreich[3580] war wahrscheinlich ein guter Anlass dazu, „alle" Bischöfe als herrscherliche Stellvertreter zu verwenden.

877. 5./6./7.

TÄTIGKEIT ALS KÖNIGSBOTE:
missi Karls des Kahlen in Franzien und Burgund (= –)

Nur in der frühneuzeitlichen Edition Sirmonds sind zwei Dokumente bezüglich des Tributs an die Normannen an der Seine überliefert (MGH Capit., Nr. 280 A und B). Nach der Überschrift der Version B wurde diese am 7. Mai 877 in Compiègne niedergeschrieben[3581]. In diesen beiden Texten sind die Missi nicht erwähnt, aber HINKMAR (I) von Reims berichtet in den Annalen von St-Bertin im Anschluss an die Darstellung der Reichsversammlung vom Juli 877 in Quierzy, dass Karl beschloss, den Tribut an die Normannen zu zahlen, wobei die Summe von 5000 Pfund Silber den Westfranken und Burgundern auferlegt werden musste. Die herrscherlichen Missi sollten von den Bischöfen das empfangen, was sie in ihren Diözesen erhoben. Ob die Missi auch für die Auferlegung des Tributs in Neustrien eingesetzt wurden, ist nicht sicher, aber vorstellbar[3582]. Dass die

---

3580) MGH Capit. 2 Nr. 279 D S. 349 f. = MGH Conc. 5 Nr. 6 D S. 46–50. Vgl. HARTMANN, Die Synoden S. 335 f.

3581) MGH Capit. 1 Nr. 280 B S. 354: *Anno incarnationis dominicae DCCCLXXVII, Nonis Maii in Compendio palatio de aliqua, sed non de tota parte regni, quod domnus imperator Karolus habuit, antequam iunior Hlotharius defunctus fuisset, haec constituta est exactio Nortmannis, qui erant in Sequana, tribuenda, ut a regno eius recederent.*

3582) AB a. 877 S. 213 f.: … *et quomodo tributum de parte regni Franciae quam ante mortem Hlotharii habuit sed et de Burgundia exigeretur disposuit, scilicet ut de mansis indominicatis solidus unus, de unoquoque manso ingenuili IIII*or *denarii de censu dominico et IIII*or *de facultate mansuarii, de manso uero seruili duo denarii de censu dominico et duo de facultate mansuarii, et unusquisque episcopus de presbiteris suae parrochiae secundum quod cuique possibile erat, a quo plurimum quinque solidos, a quo minimum IIII*or *denarios episcopi de singulis presbiteris acciperent et missis dominicis redderent. Sed et de thesauris ecclesiarum, prout quantitas loci extitit, ad idem tributum exsoluendum acceptum fuit. Summa uero tributi fuerunt quinque milia librae argenti ad pensam. Illi uero tam episcopi quam et alii qui trans Sequanam sunt de Neustria, tributum illis Nortmannis qui in Lige-*

Missi nach der Versammlung von Quierzy tätig waren, ist aus dem 30. Kapitel des dort niedergeschriebenen Kapitulars ersichtlich: Demzufolge wurde auf dieser Versammlung darüber diskutiert, wie der Tribut an die Normannen erhoben werden sollte[3583]. Möglicherweise besaßen die Missi ein ähnliches Dokument über die Erhebung des Normannentributs wie das im Mai in Compiègne niedergeschriebene.
KURZE BEMERKUNG[3584]:
Die westfränkischen Quellen verbinden die Tributzahlungen nicht immer mit der Aussendung der Missi[3585].

880. 1.

TÄTIGKEIT ALS KÖNIGSBOTE:
missi Karls III. in Norditalien (= KRAUSE I 185a)

Karl III. erneuerte den Friedensvertrag zwischen Venedig und seinen Nachbarn, den Lothar I. 840 festgesetzt hatte[3586].

um 880. 11.

TÄTIGKEIT ALS KÖNIGSBOTE:
missi Karls III. (?) in der Gegend von Ravenna? (= –)

Auf der Synode vom 8. November 880 wurde der Konflikt zwischen dem Erzbischof von Ravenna, Romanus, und dem Dux von Ravenna, Deusdedit, thematisiert. Da Romanus wegen seines vermeintlichen Inzests Deusdedit exkommuniziert hatte, appellierte der Dux an Papst Johannes VIII. Die Synode legitimierte nun dessen Ehe

---

ri erant secundum quod sibi ab eis fuit impositum, undecumque ualuerunt, reddere procurauerunt.

3583) MGH Capit. 2 Nr. 281 c. 30 S. 361: *Qualiter hoc perficiatur et ad effectum perveniat, quod Nortmannis dari debet de coniecto.* Es gibt eine Diskrepanz zwischen der Darstellung in den Annalen von St-Bertin und der Überschrift dieses Kapitulars: während HINKMAR die Versammlung in Quierzy auf *kalendis iulii* datiert, wäre das Kapitular seiner Überschrift zufolge am 14. Juni niedergeschrieben worden. AB a. 877 S. 212; MGH Capit. 2 Nr. 281 S. 355.

3584) Zu den Tributentrichtungen unter Karl dem Kahlen vgl. COUPLAND, tribute payments, bes. S. 65–68 (zum Jahr 877).

3585) Vgl. AB a. 866 S. 125.

3586) MGH Capit. 2 Nr. 236 c. 27 S. 141 = D Ka III. 17 (Ravenna, 880. 1. 11.) S. 30: *Placuit autem super haec omnia, ut missi domini imperatoris Karoli omni in tempore parati sint iustitias facere, ita ut unusquisque ex utraque parte suam pleniter recipiat iustitiam; et ipsi missi a parte domini nostri quęque fuerit recipiant.* Hierzu vgl. BZ 606. Siehe die anonymen Missi „840. 2." in der Prosopographie.

mit Maria. Nach der Synode schickte Johannes einen Brief an Romanus, den Apokrisiar und Bischof Leo von Gabii, „die Missi des Kaisers“, alle Judices, das römische Volk und alle Gläubigen. Der Papst rief die Ravennater (*vos Ravennates*) darin auf, Deusdedit bei eventuellen Übergriffen des Erzbischofs zu verteidigen[3587]. Die adressierten Missi waren daher sehr wahrscheinlich diejenigen, deren Legationsbezirk in der Gegend von Ravenna lag.

KURZE BEMERKUNG:

Während der betreffende Papstbrief nur in einer Kopie des Briefregisters überliefert ist und kein Datum enthält, datiert die Forschung ihn zwischen den 8. November und Mitte November 880[3588]. Die herrscherlichen Missi werden im Brief als „Missi des Kaisers (*missis imperatoris*)” bezeichnet. Damit dürfte Karl III. von Ostfranken als Herrscher des Regnum Italiae gemeint sein, obwohl er erst im Februar 881 zum Kaiser gekrönt wurde[3589]. Seine Missi waren jedenfalls zwischen dem Herbst 880 und dem Frühjahr 881 nachweislich in Norditalien tätig[3590].

883

TÄTIGKEIT ALS KÖNIGSBOTE:

missi Karls III. in Bobbio (= –)

Das Geleitwort des zweiten Inventars des Klosters Bobbio zeigt, dass es 883 durch die inquisitorische Untersuchung der „tüchtigen

---

3587) Jaffé³ 6936; BZ 651; Registrum Iohannis VIII. papae Nr. 286 (nach 880. 11. 8.) S. 251 = MGH Conc. 5 Nr. 13 S. 163 f.: *Reverentissimo et sanctissimo Romano archiepiscopo Ravennati pro causa Deusdedit Ravennatis et Leoni venerabili episcopo misso et apocrisiario summę sedis nostrę apostolicę necnon quibusvis missis imperatoris et omnibus iudicibus et populis Romani territorii constitutis cunctisque fidelibus sanctę Dei ecclesię pręsentibus scilicet atque futuris. […] Et si prefatus archiepiscopus aut ministri eius in rebus suis suorumque hominum invasionem et fortiam facere voluerit, vos Ravennates pro ipso illum [sc. Deusdedit] in suis defendite.* Zu dieser Synode in Rom vgl. HARTMANN, Die Synoden S. 352; ARNOLD, Johannes VIII. S. 192–194.

3588) BU 660; Jaffé³ 6936.

3589) BZ 646; BU 660.

3590) Siehe ADELHARD, LEO (II) und SIGERADUS in der Prosopographie.

und getreuen Missi“ des Kaisers entstand. Sie sind allerdings nicht namentlich genannt[3591].

3591) Inventari altomedievali Nr. 8,2 S. 145–165 = ChLA 57 Nr. 21 ([Bobbio,] 883) S. 128–137, hier S. 128. *[…] Incipit adbreviatio de rebus omnibus Ebobiensi monasterio […] intrinsecus et extrinsecus pertinentibus, qualiter inquisitum est anno […] Iesu Christi DCCCLXXXIII, tempore domni Karoli serenissimi augusti scilicet anno imperii sui tertio, indicione sexta, per suos idoneos et fideles missos, tam edificia quanque et ecclesias, thesauros ac res exteriores inventas ad fidem firmandam cumscripta sunt.* Vgl. BOUGARD, La justice S. 383. Siehe die anonymen Missi „862“ in der Prosopographie.

Beispiele für Gesandtschaften zwischen den Karolingern nach 830

830: Gesandter Ludwigs des Frommen an Pippin I. von Aquitanien und Ludwig den Deutschen, als er in Haft war[1]
= Gundbald, vielleicht Abt von Charroux[2]

833: Gesandte Ludwigs des Deutschen an Lothar I.[3]
= Abt Gozbald von Altaich[4] und Pfalzgraf Morhard[5]

833: Gesandte Ludwigs des Deutschen an Ludwig den Frommen, der bei Lothar I. in Haft war[6]
= Abt GRIMALD und St. Gallen und Graf Gebhard vom Lahngau[7]

834: Gesandte Ludwigs des Frommen an Lothar I.[8]
= Abt Markward von Prüm[9] und andere

834: Gesandte Ludwigs des Frommen an Lothar I.[10]
= Bischof BADURAD von Paderborn, Grafen Berengar von Toulouse[11] und Gebhard vom Lahngau

834: Gesandte Pippins I. von Aquitanien an Lothar I.[12]
= Abt ADREBALD von Flavigny und Graf GAUSELMUS von Roussillon.

---

1) Nithard I c. 3 S. 14.

2) OEXLE, Le monastère de Charroux S. 196 f.; DEPREUX, Prosopographie S. 218–220; Nithard S. 14 Anm. 34.

3) Thegan c. 45 S. 238 (*legati*).

4) Er war Erzkapellan und später Bischof von Würzburg. WENDEHORST, Das Bistum Würzburg S. 42–46.

5) PAULUS, Das Pfalzgrafenamt S. 126 f.; GLANSDORFF, Prosopographie S. 189 f.

6) Thegan c. 47 S. 240 (*legati*).

7) TELLENBACH, Königtum und Stämme S. 48; GLANSDORFF, Prosopographie S. 135–137.

8) Thegan c. 53, S. (*legati*).

9) DEPREUX, Prosopographie S. 327–329; ISPHORDING, Prüm S. 257–350.

10) Thegan c. 54 S. 248 (*legati*).

11) DEPREUX, Prosopographie S. 131 f.

12) Astronomus c. 51 S. 486–488.

834. 11.: Gesandter Ludwigs des Frommen an Pippin I. von Aquitanien[13]
= Abt Hermold[14]

836: Gesandte Ludwigs des Frommen an Lothar I.[15]
= Abt Markward von Prüm und andere

836: Gesandte Lothars I. an Ludwig den Frommen[16]
= WALA*, Markgraf EBERHARD (II) von Friaul und Türhüter Richard[17]

836: Gesandte Ludwigs des Frommen an Lothar I.[18]
= Abt Hugo von St-Quentin[19] und Graf ADALGAR (I)

836: Gesandte Ludwigs des Frommen an Lothar I.[20]
= Erzbischof OTGAR von Mainz, Bischof Hildi von Verdun, Graf Warin[21] und Graf ADALGIS (II)

837: Gesandte Ludwigs des Frommen an Lothar I.[22]
= Abt FULCO (II), Graf RICHARD (II) und Abt ADREBALD von Flavigny

839: Gesandte Lothars I. an Ludwig den Frommen[23]
= Bischof JOSEPH (II) von Ivrea und Türhüter Richard

840: Gesandte Karls des Kahlen an Lothar I.[24]
= Nithard[25] und ADALGAR (I)

---

13) Astronomus c. 53 S. 498.

14) DEPREUX, Prosopographie S. 243 f.

15) AB a. 836 S. 18 (*missi*); Lupus 1 Nr. 5 (836. 5.) S. 42 (*legatus*).

16) Thegan, cont. S. 254 (*legati*); Astronomus c. 55 S. 506; AB a. 836 S. 18.

17) DEPREUX, Prosopographie S. 363–365.

18) Astronomus c. 55 S. 506, 508 (*missi*).

19) DEPREUX, Prosopographie S. 264–268.

20) Vita et translatio s. Severi c. 2 S. 292.

21) TELLENBACH, Königtum und Stämme S. 45 f.; DEPREUX, Prosopographie S. 396 f.

22) BM² 965c; Astronomus c. 55 S. 510.

23) Nithard I c. 7 S. 36.

24) Nithard II c. 2 S. 48 (*missi*). Zur Datierung BF 108.

25) Zu ihm vgl. GOETZ, Nithardus, in: Lex.MA 6 Sp. 1201. Er war Sohn von ANGILBERT (I) und Bertha, Tochter Karls des Großen, also Vetter Karls des Kahlen. Wie sein Vater war er Laienabt von St-Riquier.

840. 8.: Gesandte Karls des Kahlen an Lothar I.[26]
= Abt Hugo von St-Quentin, Graf Adalhard „der Seneschall“[27], Graf GERHARD (II) von Paris und Graf Egilo[28]

841: Gesandte Lothars I. an Ludwig den Deutschen und Karl den Kahlen[29]
= Bischof Drogo von Metz[30], Hugo (Abt Hugo von St-Quentin?) und Hegibert[31]

841: Gesandte Lothars I. an Ludwig den Deutschen und Karl den Kahlen[32]
= Graf Ricwin von Nantes[33], Hirmenald (ERMENOLD?) und Friedrich (FREDERICUS?)

841: Gesandter Karls des Kahlen an Ludwig den Deutschen[34]
= Rabanus[35]

841: Gesandter Karls des Kahlen an Lothar I.[36]
= Bischof IMMO (II) von Noyon

---

26) Nithard II c. 3 S. 50–52. Zur Datierung vgl. BF 117.

27) Er ist bekannt als Seneschall Ludwigs des Frommen. LOT, Mélanges V–VI S. 185–201; WERNER, Frühzeit des französischen Fürstentums 1 S. 274 f.; WERNER, Frühzeit des französischen Fürstentums 2 S. 155 f. und 163 f.; DEPREUX, Prosopographie S. 80–82.

28) Vgl. AB a. 838 S. 25 f.

29) Nithard II c. 10 S. 84.

30) DEPREUX, Prosopographie S. 163–167.

31) Dieser *Hegibertus* kann mit Egbert identisch sein, der 842 als Lothars Gesandter nachweisbar ist. Nithard IV c. 3 S. 137 Anm. 321; SCHIEFFER, Ein Schwiegersohn S. 183.

32) Nithard II c. 10 S. 84.

33) DEPREUX, Prosopographie S. 366.

34) Nithard III c. 3 S. 102.

35) Er könnte mit einem Grafen Rabanus identisch sein, der 844 im Kampf gegen Pippin II. von Aquitanien fiel. AB a. 844 S. 47 (*Rauanus comes*); AF a. 844 S. 35 (*Hraban signifer* Karls des Kahlen); BF 253.

36) Nithard III c. 3 S. 102 (*Exemeno venerabilis episcopus*). Vgl. BF 254; Nithard III c. 3 S. 103 Anm. 259.

842: Gesandte Lothars I. an Ludwig den Deutschen und Karl den Kahlen[37]
= einige anonyme, dann JOSEPH (II) von Ivrea, Markgraf EBERHARD (II) von Friaul, Egbert[38] und andere anonyme

842: Gesandte Ludwigs des Deutschen und Karls des Kahlen an Lothar I.[39]
= Grafen KOBBO, Konrad[40], und Adalhard „der Seneschall" und andere

843: Gesandter Karls des Kahlen an Ludwig den Deutschen[41]
= Graf RICHUIN

847–851: Gesandter Karls des Kahlen an Lothar I. und Ludwig den Deutschen[42]
= HINKMAR (I) von Reims

849: Gesandter Ludwigs des Deutschen an Karl den Kahlen[43]
= Walahfrid Strabo

850. 4.: Gesandte Lothars I. an Ludwig II. von Italien[44]
= Bischof JOSEPH (II) von Ivrea, Kanzler Hilduin[45] und Priester Roland

37) Nithard IV c. 3, 134 und 136. Vgl. BF 315.

38) Zu diesem Schwiegersohn Lothars I. siehe SCHIEFFER, Ein Schwiegersohn.

39) Nithard IV c. 3 S. 138; BF 320 und 321..

40) TELLENBACH, Königtum und Stämme S. 53; GLANSDORFF, Prosopographie S. 106–109.

41) MGH Epp. 8,2 Nr. 213 (868, Ende August; SCHRÖRS Reg. 214) S. 264–269, hier S. 265; BF 397.

42) Hinkmars Bericht 847–851: Epp. 8,1 Nr. 41 = HRE III c. 18 S. 257 (*de missatico*).

43) Ermenrici Elwangensis epistola ad Grimaldum abbatem c. 27, in: MGH Epp. 5 S. 564. Zum Jahr dieser Delegation vgl. Ann. Alamannici a. 849 S. 178, die seinen Tod aufzeichneten.

44) Bei der Kaiserkrönung in Rom. Hierzu BZ 67. In der Bestätigungsurkunde des Papstes Leos IV. für die Gründung des Klosters Erstein in Elsass werden sie bezeichnet als *legati*. SCHEFFER-BOICHORST, Erstein S. 294; BH 288. Zu deiser Gesandtschaft siehe JOSEPH (II) in der Prosopographie.

45) Vgl. FLECKENSTEIN, Hofkapelle S. 52–55, 123 f.; DEPREUX, Prosopographie S. 250–256.

858. 2.: Gesandte Ludwigs II. von Italien an Ludwig den Deutschen[46]
= Bischof NOTING von Brescia und EBERHARD (II) von Friaul

861: Gesandte Ludwigs des Deutschen und Lothars II. an Karl den Kahlen[47]
= Bischof Adventius von Metz und Graf Liutard

862: Gesandte Ludwigs des Deutschen an Karl den Kahlen[48]
= Bischof Altfrid von Hildesheim[49] und andere

863: Gesandte Ludwigs des Deutschen, Ludwigs II. von Italien und Lothars II. an Karl den Kahlen[50]
= Bischof Gebhard von Speyer (von Ludwig dem Deutschen); Bischof Liutard von Pavia[51] (von Ludwig II.); Graf Nantharius (von Lothar II.)

863: Gesandter Ludwigs des Deutschen an Karl den Kahlen[52]
= Blitgarius

865: Gesandte Ludwigs des Deutschen und Karls des Kahlen an Lothar II.[53]
= Bischöfe Altfrid von Hildesheim und Erchanraus von Châlons

865: Gesandter Lothars II. an Ludwig II. von Italien[54]
= LIUTFRID (II)

---

46) AF a. 858 S. 48 (*missi*).
47) AB a. 861 S. 87 (*missaticum*).
48) AB a. 862 S. 94 (*missi*). Dazu vgl. GOETTING, Die Hildesheimer Bischöfe S. 98 f.: *Altfridus episcopus et college.* In einer frühneuzeitlichen Notiz finden sich die Namen von Altfrid von Hildesheim, SALOMO (I) von Konstanz, Adventius von Metz und Atto von Verdun. MGH Capit. 2 Nr. 243 S. 159.
49) GOETTING, Die Hildesheimer Bischöfe S. 84–115.
50) AB a. 863 S. 97.
51) Vgl. SAVIO, Gli antichi vescovi 2,2 S. 388–390.
52) AB a. 863 S. 97 f.
53) MGH Capit. 2 Nr. 244 c. 6 S. 167 (*missi*); AB a. 865 S. 116 f.
54) AB a. 865 S. 117.

869: Gesandte Ludwigs des Deutschen an Karl den Kahlen[55]
= Erzbischof Liutbert von Mainz und Bischof Altfrid von Hildesheim

869: Gesandter Ludwigs II. von Italien an Karl den Kahlen[56]
= Pfalzgraf Boderad

870: Gesandte Ludwigs des Deutschen und Karls des Kahlen (Verhandlungen)[57]
= Erzbischof Liutbert von Mainz, Bischof Altfrid von Hildesheim und Grafen Liutfrid sowie Rudolf/Radulf[58] (von Ludwig); Grafen Engilram der Kämmerer, THEODERICUS (II), Adalelm von Laon und ein anderer Adalelm sowie Bischof Odo von Beauvais[59] (von Karl)

870: Gesandte Karls des Kahlen an Ludwig den Deutschen[60]
= Bischof Odo von Beauvais, Grafen Odo[61] und HARDUIN

870: Gesandte Ludwigs II. von Italien an Ludwig den Deutschen und Karl den Kahlen[62]
= Bischof Wibod von Parma[63] und Graf BERNHARD (I) von Verona

---

55) Reginonis Chronicon, a. 869 S. 100.

56) AB a. 869 S. 168 (*missus*). Vgl. BZ 246 und 300.

57) MGH Capit. 2 Nr. 250 S. 192; AB a. 870 S. 169 (*missi*).

58) Zu Liutfrid und Rudolf/Radulf, vgl. GLANSDORFF, Prosopographie S. 176.

59) BOSHOF, Odo. Odo wurde im Frühjahr 863 mit verschiedenen Briefen nach Rom delegiert. Vgl. BH 620 und 635.

60) AB a. 870 S. 171.

61) Vielleicht Schwager Ludwigs des Stammlers, also Sohn von ARDUIN und Bruder von HARDUIN. LEVILLAIN, Essai sur le comte Eude S. 163 ff. (Sein Versuch, diesen Odo mit ODO (II) gleichzusetzen, wurde in der Forschung jedoch bereits überzeugend zurückgewiesen.); WERNER, Frühzeit des französischen Fürstentums 2 S. 154; NELSON, AB S. 167 Anm. 9.

62) AB a. 870 S. 175 f. (*missi*). Vgl. BZ 311 und 2628.

63) Zu ihm RIESENBERGER, Prosopographie S. 234–241. Wibod war einer der *fideles et optimates* des Kaisers, die dieser als Vorsitzende der Gerichtsversammlung einsetzte (*ad distringendum in eodem placito prefecit*), die im März 860 *inter fines Haesinos* (Jesi) *et Camertulos* (Camerata Picena?) abgehalten wurde. Manaresi Nr. 65 (860. 3., zwischen Iesi und Camerata Picena) S. 234–236; BZ 183. RIESENBERGER, Prosopographie S. 234, sieht Wibod als *missus*, aber es gibt keinen Hinweis darauf in dieser Urkunde. Vgl. TAURINO, Osservazioni S. 89 f.

871: Gesandte Karls des Kahlen an seinen Sohn Karlmann[64]
= Abt GAUZLIN und Graf Baldwin von Flandern

872: Gesandter Ludwigs des Deutschen an Karl den Kahlen[65]
= Graf Adalhard (im Moselgebiet)[66]

876: Gesandte Ludwigs des Deutschen an Karl den Kahlen[67]
= Erzbischof Willibert von Köln, Graf Adalhard (im Moselgebiet) und Graf Megingoz/Megingaud (von Wormsgau)[68]

---

64) AB a. 871 S. 179 (*missi*). Baldwin ist klar als *ipsius Karlomanni sororius* bezeichnet.

65) AB a. 872 S. 185 (ohne Titel).

66) Zugl. Laienabt von Echternach. GLANSDORFF, Prosopographie S. 64 f.

67) AB a. 876 S. 203 (*missi*).

68) TELLENBACH, Königtum und Stämme S. 51; GLANSDORFF, Prosopographie S. 185–188.

Namenregister

Fett gedruckte Namen verweisen auf Missi, die in die Prosopographie aufgenommenen wurden; **fett gedruckte Seitenangaben** verweisen auf Einträge in der Prosopographie

Abkürzungen:
a) Allgemein: A. = Abt, Ä. = Äbtissin, Bf. = Bischof, Btm. = Bistum, byz. = byzantinisch, dän. = dänisch, dép. = Département, Ebf. = Erzbischof, F. = Fluss, Gf. = Graf, Hl. = Heilige/r, Hz. = Herzog, Kan. = Kanton, Kg. = König, kgl. = königlich, Kgn. = Königin, Kl. = Kloster, Ks. = Kaiser, ksl. = kaiserlich, Ksn. = Kaiserin, Lkr. = Landkreis, Mgf. = Markgraf, P. = Papst, päpstl. = päpstlich, pB. = politischer Bezirk, Pgf. = Pfalzgraf, pr. = Provinz, röm. = römisch, RV = Reichsversammlung, Syn. = Synode, v. = von, zw. = zwischen
b) Herrscher: K III. = Karl III., KdG = Karl d. Große, KdK = Karl d. Kahle, LdD = Ludwig d. Deutsche, LdF = Ludwig d. Fromme, LdSt = Ludwig d. Stammler, Lo I. = Lothar I., Lo II. = Lothar II., Lu II. = Ludwig II. v. Italien, P I. Aq = Pippins I. von Aquitanien, PdJ = Pippin d. Jüngere, PvIt = Pippin v. Italien
c) Französische, Italienische, Österreichische und Spanische Bezirke/Départements/Provinzen: ABR = Abruzzen, AR = Aragonien, ARA = Auvergne-Rhône-Alpes, BFC = Bourgogne-Franche-Comté, BRE = Bretagne, CT = Katalonien, CVL = Centre-Val de Loire, EMR = Emilia-Romagna, FJV = Friaul-Julisch Venetien, GES = Grand Est, HDF = Hauts-de-France, IDF = Île-de-France, KMP = Kampanien, LGR = Ligurien, LMB = Lombardei, LTM = Latium, MRK = Marken, NAQ = Nouvelle-Aquitaine, NÖ = Niederösterreich, NOR = Normandie, OCC = Okzitanien, OÖ = Oberösterreich, PAC = Provence-Alpes-Côte d'Azur, PDL = Pays de la Loire, PMT = Piemont, Sbg. = Salzburg, T = Tirol, TSK = Toskana, TST = Trentino-Südtirol, UMB = Umbrien, V = Vorarlberg, VNT = Venetien